PRÉCIS
DE
PHILOSOPHIE

PAR

CH. BÉNARD

Dr ès-lettres, Professeur de philosophie au lycée Charlemagne, à Paris.

« Pour les choses qui regardent la philosophie, nous les avons distribuées de sorte que celles qui sont hors de doute et utiles à la vie lui puissent être montrées sérieusement et dans toute la certitude de leurs principes. »
(BOSSUET, *De l'Instruction du Dauphin*).

Certis ingeniis immorari et innutriri oportet.
(SÉNÈQUE, *Ep.* 2.)

NEUVIÈME ÉDITION

AUGMENTÉE
DE NOTIONS DE MÉTAPHYSIQUE GÉNÉRALE ET APPLIQUÉE

Ouvrage autorisé par le Conseil de l'Instruction publique

PARIS
LIBRAIRIE CH. DELAGRAVE
58, RUE DES ÉCOLES, 58

—

1876
Tous droits réservés.

AVANT-PROPOS

Exposer, en dehors de tout système, les résultats les plus certains et les plus utiles de la philosophie, appuyer ces vérités de l'autorité des noms les plus célèbres qui la représentent, telle a été la pensée qui a inspiré ce livre et en a dicté les améliorations successives. Les jeunes gens auxquels il est spécialement destiné, les personnes qui voudraient y chercher un complément à leur instruction, ont besoin qu'on leur apprenne à distinguer dans les ouvrages appartenant à des époques, à des écoles et à des esprits différents, les solutions incontestables et les vérités consacrées des doctrines sujettes à controverse, qu'il faut abandonner à l'histoire des opinions et des systèmes.

Notre but a été de dégager quelques-unes de ces vérités, de les présenter sous une forme méthodique et précise, dans le langage de la science, mais en évitant toute terminologie obscure. Notre constante préoccupation a été de n'émettre aucune opinion qui nous fût personnelle et de ne donner aucune explication hasardée. Sous ce rapport, ce livre n'a aucune prétention à l'originalité. Le seul mérite que l'auteur ambitionne est de prouver qu'il y a aussi, en philosophie, des faits et des principes que tout le monde est forcé de reconnaître, des vérités que les plus profonds penseurs ont admises comme le sens commun les admet, parce qu'elles sont le fond même de la raison humaine. Sans doute, elles ont été et seront toujours attaquées. C'est le sort de la vérité, surtout de la vérité morale. Faut-il en conclure qu'elle ne peut se distinguer de l'erreur? Un pareil scepticisme serait à plaindre; car il est sans remède. Pour ceux qui ne donnent pas dans un tel excès, mais dont la conscience a besoin d'être raffermie, pour les jeunes gens surtout, qu'il faut préserver de la maladie du doute et du découragement qui en est la suite, rien n'est plus salutaire que de leur montrer l'accord de tous les grands esprits sur les points essentiels, malgré les progrès de la pensée humaine. Ce qui trouble ceux qu'il s'agit d'initier à cette science et les en détourne, c'est la diversité et l'opposition des doctrines. Il faut d'abord chasser ce fantôme qui les effraye. Quand ils seront plus avancés, cette diversité, loin de les étonner, leur paraîtra la vie même de l'intelligence et une preuve de plus de la vérité, qui, en se développant, doit apparaître à l'esprit humain sous des faces différentes.

Ce livre a aussi pour but d'inviter à la lecture des ouvrages classiques en philosophie, d'inspirer le goût de cette étude, si profitable et si fortifiante pour qui sait s'y orienter. Tout ce qui contribue à faciliter cette communication avec les vrais auteurs est un service rendu aux bonnes et aux fortes études. Sans doute il est nécessaire que les maîtres les connaissent à fond, qu'ils se soient pénétrés de leurs doctrines et de leur langage; mais pourquoi les élèves aussi ne seraient-ils pas appelés à lire et à méditer les plus belles pages de Platon et d'Aristote, de Descartes, de Fénelon, de Leibnitz, comme ils lisent et admirent les beautés de Virgile, d'Horace, de Tite-Live

INTRODUCTION

CHAPITRE I

ART. I. OBJET DE LA PHILOSOPHIE.

Η σοφία περὶ ἀρχὰς ἐπιστήμη τίς ἐστι.
(Arist., Mét., XI, 1.)

1. Considérée dans son objet le plus général et le plus élevé, la philosophie est, selon la définition d'Aristote, *la science des principes**. Son but est d'expliquer la nature des êtres en remontant à leurs premières causes ou à leurs premiers principes. (*Voy.* Aristote, *Mét.*, liv. I.)

* *Remarque.* — Il serait facile de prouver que cette définition, ordinairement restreinte à la métaphysique, s'étend à la philosophie entière, et qu'elle est formellement ou implicitement admise par tous les philosophes anciens et modernes. Les premiers philosophes recherchaient les principes des choses, ἀρχαί. Socrate s'attachait à définir les idées du *vrai*, du *bien*, du *juste*, etc., qui sont les fondements de la philosophie morale. Suivant Platon, la philosophie, c'est le savoir appliqué au *vrai* (*Rép.*, I, v), ou simplement la *science* (*ibid.*). Or, selon lui, la science a pour objet, non la variété des choses sensibles, mais la loi, le principe, l'*idée*, qui est aussi l'essence des choses. (*Ibid.* et *passim.*) — Nous ne savons le vrai, observe à son tour Aristote, que quand nous savons la cause. (*Mét.*, I.) « Une chose n'est vraie par excellence que quand les autres choses lui empruntent leur vérité. » (*Ibid.*) — « La philosophie a pour objet les principes des choses. » (Plutarque, *Vie de Périclès*, VIII.) — Ce qui distingue le philosophe, dit Cicéron, c'est de connaître l'essence, la nature et les causes de toutes choses, *rerum vim, naturam causasque nosse*. (*De Orat.*, I, 49.) *Sapiens causas rerum naturalium et quærit et novit.* (Sénèque, *Ep.* 88.) — *Felix qui potuit rerum cognoscere causas.* (Virgile.) — La principale définition des scolastiques est celle-ci : *Philosophia est scientia ex primis principiis deducta.* Saint Thomas répète, d'après Aristote : *Sapientis est causas altissimas considerare.* — Si l'on passe aux modernes, le réformateur Bacon sanctionne cette définition : « On dit avec raison que connaître véritablement, c'est connaître par les causes. » (*Nov. Org.*, II, 2.) — Descartes s'exprime de même. « D'autant que toutes les

Philosophie veut dire *amour de la sagesse*. C'est que la science la plus élevée ne peut se séparer de la vertu la plus parfaite. A ce degré supérieur où la pratique et la spéculation s'unissent, la sagesse n'est ni une pure contemplation sans action, ni l'habitude de bien faire séparée de la connaissance du vrai (1). *Nec philosophia sine virtute est, nec sine philosophia virtus.* (Sénèque, *Ep.* 89.) La connaissance toutefois précède l'action. Or, le vrai savoir ne consiste pas à se représenter les objets particuliers ou isolés, et, comme dit Platon, « à en repaître ses yeux et ses oreilles. » (*Rép.*, V.) Savoir, c'est saisir les rapports des choses, leur ordre et leur enchaînement; c'est rattacher les lois et les causes particulières à des causes plus générales, celles-ci à la cause unique d'où elles émanent. « Nous concevons le philosophe, dit Aristote, comme connaissant l'ensemble des choses. » (*Mét.*, I, 2.) — La vraie science embrasse l'univers. Le monde, c'est l'ordre (κόσμος). *Est admirabilis quædam continuatio seriesque rerum.* (Cic., *De Nat. deor.*, I, 4.)

Telle est l'idée de la science et de la philosophie ainsi qu'elle a été conçue dès l'origine. Mais cette science est un idéal. L'homme n'est pas fait pour la posséder. Celui-là seul

sciences empruntent leurs principes de la philosophie. » (*Disc. de la Méthode*, 1ʳᵉ partie.) « La philosophie est la connaissance de la vérité par les premières causes. » (Préf. des *Principes*.) « Elle est un effort de la raison qui a pour objet de déduire des premiers principes les règles des arts et surtout celles de notre conduite. » (T. III, éd. Garnier, lett. XX.) — Qu'est-ce que *l'inconditionnel* ou *l'absolu* pour les philosophes allemands? Le premier principe dans l'ordre de la connaissance et de l'existence. — La philosophie, c'est, dit-on, aussi la *raison*, dans son mode libre et réfléchi (la *réflexion savante*, V. Cousin), par opposition à la *foi*, qui reçoit la vérité de la révélation. Mais le propre de la raison, c'est de se rendre compte des choses, de s'enquérir de la nature, de la cause et de la fin des êtres ; ce qu'exprime parfaitement un philosophe ingénieux, excellent écrivain : « De tous les objets qui intéres-
« sent la curiosité de l'homme, aucun ne l'attire avec un charme aussi
« puissant que la connaissance de la raison des choses. Les sages de
« tous les siècles en ont fait leurs délices. L'enfant commence à
« peine à bégayer, qu'il demande la raison des choses. *Pourquoi*
« est un des mots qui sortent les premiers de sa bouche, un de ceux
« qu'il répète le plus souvent; et la philosophie n'a été créée que pour
« répondre à cette question. » (Laromiguière, *Leç. de Phil.*, t. II.)
— Sur les diverses significations du mot *principes*, voy. Aristote, *Métaph.*, VI, 1.

(1) *Hoc est officium sapientiæ et indicium, ut verbis opera concordent.* (Sénèque.) — *Re et vita, non verbis modo est philosophandum.* (*Id.*)

connaît l'ensemble des choses, leur nature et leur raison finale, qui les a faites et ordonnées. Simple reflet de la science divine, la science humaine doit se la proposer pour modèle, et, par un effort constant, essayer de s'en rapprocher. Aussi la philosophie est-elle une tendance, une aspiration. C'est l'*amour du vrai* (Platon), le zèle pour la sagesse, *studium sapientiæ* (Cic.), le désir de connaître, dans ce qu'il a de plus noble et de plus désintéressé (1).

II. Puisqu'elle est la science même dans son ensemble et ses principes, la philosophie ne peut se définir, comme les autres sciences, par son objet particulier. Elle n'a d'autres bornes que celles de la raison. Trois grands objets s'offrent à ses recherches : *Dieu*, la *nature* et l'*homme*. (Bacon, *De Augm.*, liv. III, ch. 1.)

Mais il est des faits et des vérités qui attirent surtout son attention, des problèmes qui, plus que tous les autres, excitent son intérêt. Ce sont les faits et les vérités de l'ordre moral, les questions qui se rapportent à la nature, à l'origine et à la destinée de l'homme. Aussi la *connaissance de l'homme* a-t-elle été assignée à la philosophie comme son objet principal : « Se connaître soi-même, c'est la sagesse. » (Platon, Ier *Alcibiade*, XIV.)

Il est aisé de comprendre le rapport de cette définition avec la précédente. Si, de tous les problèmes qu'agite la science humaine, ceux qui ont l'homme pour objet offrent le plus d'intérêt, c'est aussi dans les idées de sa raison qu'il trouve les premiers principes de toute science. Par ces idées, il s'élève à la connaissance de Dieu, source de toute vérité, première cause et premier principe. Les découvertes sur la nature et ses lois, la connaissance des êtres qu'elle renferme, viennent aboutir à l'homme, le plus parfait de ces êtres. En nous révélant la pensée divine et le plan de l'Univers, elles marquent la place de l'homme et l'éclairent sur sa destinée. Si l'on vient à considérer l'âme et ses facultés, son origine et sa fin, d'où se déduit la règle de notre conduite en cette vie, on

---

(1) « Celui qui se porte vers toutes les sciences avec une égale ardeur et voudrait les embrasser toutes, ne mérite-t-il pas le nom de philosophe ? » (Plat., *Rép.*, V.) — Sur les *qualités* et le *caractère* du philosophe, lisez Platon, *Rép.*, VI ; Cicéron, *Tusc.*, II, 5 ; V, 24, 25 ; Sénèque, *Ep.* 88, 89.

conçoit que l'explication de la nature humaine et des problèmes qui s'y rattachent ait été regardée comme le but vers lequel tendent les efforts des philosophes, comme résumant l'esprit commun de leurs recherches les plus diverses et devant être le résultat définitif de leurs travaux : *Ut et considerandis rebus humanis philosophiæ proprio fungatur officio.* (Cic., *Tusc.*, III, 16.)

C'est le sens de la maxime de Socrate : *Connais-toi toi-même* (1), et des définitions anciennes et modernes les plus célèbres. Toutes assignent à la philosophie deux grands objets : *Dieu* et *l'homme*, la connaissance de l'homme comme conduisant à la connaissance de Dieu. *Sapientia autem est (ut a veteribus philosophis definitum est), rerum divinarum et humanarum causarumque quibus eæ res continentur scientia.* (Cic., *De Off.*, II, 2. Cf. *Tusc.*, IV, 26.) (2)

III. Un simple coup d'œil jeté sur l'histoire de la philosophie nous fera voir que si l'idée de cette science, depuis son origine, a dû se modifier et se développer, elle est, au fond restée la même sous la diversité de ses formules.

Vers les premiers temps de la philosophie en Grèce, apparaissent des hommes que le sens populaire a désignés sous le nom de *sages*. La philosophie fut donc primitivement, dans l'esprit des peuples, la sagesse et la science par excellence. Bientôt, lorsqu'on se forma une idée plus juste des bornes du savoir humain, on reconnut que l'homme n'est pas fait pour posséder la sagesse véritable, et que la science absolue n'appartient qu'à Dieu. Pythagore fut, dit-on, le premier qui prit le titre plus modeste de philosophe. (Cic., *Tusc.*, V, 3.)

A cette époque, la philosophie est livrée à des spéculations sur le monde physique. La pensée de l'homme, avant de se replier sur elle-même, devait se porter au dehors; le spectacle de la nature captiva d'abord ses regards.

Deux siècles plus tard parut Socrate, qui, pour emprun-

---

(1) Sur le sens de cette maxime, voy. Xénophon, *Mem. Socr.* II, IV; Platon, Ier *Alcibiade* et *Apologie*; Cicéron, *De Legib.*, I, 22, 23.
(2) *Sapientia est nosse divina et humana et horum causas.* (Sénèque, *Ep.* 89.) — *Hujus opus unum est de divinis humanisque verum invenire.* (Id., *Ep.* 90.)

ter les paroles de Cicéron, *fit descendre la philosophie du ciel sur la terre* (1), et prit pour devise ces mots inscrits au vestibule du temple de Delphes : γνῶθι σεαυτόν, *connais-toi toi-même.* (Xénoph., *Mem. Soc.*, IV, 2.) Cette maxime, que l'on place dans la bouche des anciens sages, le premier il en comprit le sens et la convertit en méthode. Son disciple Platon et les philosophes qui vinrent après lui restèrent fidèles à ce précepte. — Lorsque, après le moyen âge, la philosophie reprit son indépendance, au XVIIe siècle, elle proclama de nouveau, par l'organe de Descartes, l'étude de la pensée humaine la base de la philosophie. Tel est le sens du principe posé par Descartes dans ces mots qui résument sa méthode : *Je pense : donc je suis.* (*Disc. de la Mét.*, IVe part.)

Tous les philosophes ont adopté ce principe, qui domine la philosophie moderne et fait son unité, comme la maxime de Socrate avait été le mot de ralliement des écoles de la philosophie ancienne.

En résumé, la philosophie est la raison dans son emploi libre et réfléchi, cherchant à connaître la vérité dans son ensemble et par ses principes : *cognitio ex principiis* (Kant, *Raison pure*, Méthodologie, III.) Dans un sens plus restreint, elle a surtout pour objet la connaissance de l'homme, qui elle-même conduit à la connaissance de Dieu (2). Les choses *humaines* et *divines*, autrement dit les faits et les vérités de l'ordre moral, tel est son domaine propre, opposé à celui des sciences mathématiques et physiques. L'étude de l'esprit humain est la base de toutes ses recherches et marque sa méthode. Elle étudie l'âme et ses facultés (*Psychologie*); elle fixe les règles pour la direction de l'esprit (*Logique*); elle détermine la loi de la volonté (*Morale*); elle remonte à la cause première d'où l'homme tire son origine (*Théodicée*).

Tel est du moins l'objet et le plan de ce Cours élémentaire de philosophie.

(1) Socrates autem primus philosophiam devocavit e cœlo et in urbibus collocavit et coegit de vita et moribus, rebusque bonis et malis quærere. (*Tusc.*, V, 5.)
(2) La philosophie consiste principalement à rappeler l'esprit à lui-même pour s'élever ensuite, comme par un degré sûr, jusqu'à Dieu. (Bossuet.)

ART. II. UTILITÉ ET IMPORTANCE DE LA PHILOSOPHIE.

> Toutes les autres sciences, il est vrai, ont plus de rapport avec les besoins de la vie : mais aucune ne l'emporte sur elle. (ARISTOTE, *Mét.*, liv. 1.)

La philosophie est une des formes fondamentales du développement de l'esprit humain.

Comme la religion, les arts, la littérature, elle est née d'un des besoins les plus impérieux et les plus élevés de notre être : celui de réfléchir, de nous rendre compte de toute chose, et surtout de nous-mêmes, de notre nature, de notre origine, de notre destination. L'homme peut-il faire un plus noble emploi de ses facultés que de les consacrer à la méditation de ces grands problèmes (1)?

Quoiqu'il soit au-dessous de la dignité de cette science de discourir sur son utilité, elle n'en offre pas moins de nombreux avantages à ceux qui en abordent l'étude avec des dispositions convenables (2). Ces avantages sont de deux sortes : les uns, généraux, s'étendent à tous les hommes; les autres, plus particuliers, répondent aux divers états, situations ou professions de la vie.

I. *Avantages généraux.* — « Connaître et savoir, dans le

---

(1) « La plus belle, la plus agréable et la plus nécessaire de toutes nos con-
« naissances est sans doute la connaissance de nous-mêmes. De toutes les
« sciences humaines, la science de l'homme est la plus digne de l'homme.
« Cependant cette science n'est pas la plus cultivée, ni la plus achevée que
« nous ayons : le commun des hommes la néglige entièrement. Entre ceux
« mêmes qui se piquent de science, il y en a très-peu qui s'y appliquent, et
« il y en a encore beaucoup moins qui s'y appliquent avec succès. » (Malebranche, *Rech. de la Vérité*, Préf.)

(2) « Interrogez les philosophes ; consultez Socrate, Platon, Descartes, Malebranche : les réponses de ces grands hommes vous ouvriront un nouvel univers... Ils se sont retirés au-dedans d'eux-mêmes et ils ont découvert un monde rempli de merveilles, que l'œil ne peut voir, mais dont les beautés ont mille fois plus de réalité que celle du monde visible. Ils ont reconnu que l'homme extérieur n'est pas tout l'homme, ni sa plus noble partie. L'esprit a été séparé de la matière ; les ressorts cachés qui donnent le jeu à la pensée, ont été mis au jour; la raison, observée dans ses causes et dans ses effets, a été soumise à des lois, et alors, de connaissance en connaissance, elle a pu s'élever jusqu'au premier et unique régulateur, sans lequel l'ordre physique est impossible et l'ordre moral une chimère.

« Voilà quelques-unes des vérités que le genre humain doit à la philosophie. Sont-elles moins grandes, sont-elles moins belles que tout ce que nous ont appris l'astronomie et la chimie ? Sont-elles moins étrangères à notre bonheur? Qui pourrait ne pas sentir que notre premier intérêt est de nous connaître nous-mêmes? » (Laromiguière, *Leç. de Phil.* t. I, 1ʳᵉ leçon.)

but unique de connaître et de savoir, tel est le caractère de la science par excellence. » (Arist., *Mét.*, I.) Le véritable savant trouve déjà sa récompense dans la pure jouissance qui accompagne la possession de la vérité. Née de l'amour du vrai, la philosophie est une science libérale et désintéressée, *nihil sibi acquirens* (Cic., *Tusc.*, V, 3), et « le plus noble des arts. » (Platon, *Phédon.*) Comme les arts qui ont pour objet le beau, et qui sont appelés libres (*ingenuæ*), son effet est d'élever l'âme, de l'affranchir des préoccupations matérielles. Elle répond au besoin le plus élevé de l'esprit. « De même que nous appelons homme libre celui qui s'appartient et n'a pas de maître, de même cette science, entre toutes, peut porter le nom de libre. » (Arist., *Mét.*, I.) Le plaisir qu'elle procure est lui-même libéral, *liberalis quædam oblectatio* (1). Il pourrait suffire aux âmes d'élite, à ces esprits rares, faits pour goûter et aimer la vérité en elle-même (2). (Voir le portrait du philosophe par Platon, *Rép.*, V, et *Théétète.*) Mais son étude offre des avantages plus positifs à ceux qui cherchent autre chose qu'un aliment pour leur esprit et une jouissance d'un ordre élevé.

1° Dans la sphère *spéculative*, la connaissance des principes est nécessaire aux progrès de toutes les sciences. « Sans les principes généraux, il n'y a pas de science, » dit Aristote. (*Ibid.*) La science isolée des principes s'égare dans les faits de détail ou dégénère en routine. (Platon, *Rép.*, V.) Le savant ne mérite ce nom que quand il est capable d'embrasser les objets de son étude dans leurs rapports et leur ensemble, de comprendre la méthode qui le dirige et de rattacher son savoir à un savoir plus élevé. (*Ibid.*) (3) Nul savant ne doit donc rester étranger à la philosophie. C'est ce qu'ont reconnu de tout temps les hommes de génie auxquels est dû l'avancement

(1) *Studia quid referant computare illiberale est.* (Quintil., I, xi.) — *Omnes avidos sapientis cognitio ipsa rerum consideratioque delectat.* (Cic., *De Rep.*, I, 13.)

(2) *Raros esse quosdam, qui, ceteris omnibus pro nihilo habitis, rerum naturam studiose intuerentur;...* (Cic., *Tusc.*, V, 3. Cf. Sénèque, *Ep.* 88, *De Liberalibus studiis.*) — Lisez Descartes, la Préf. des *Principes.*

(3) L'homme vraiment habile et sage doit connaître non-seulement les vérités qui dérivent des principes, mais les principes eux-mêmes. (Arist., *Eth.*, *Nic.*, VI, 5.)

La philosophie, en montrant les chaînes invisibles qui lient les uns aux autres les objets épars, essaye d'introduire de l'ordre dans ce chaos d'apparences discordantes, d'apaiser le tumulte de l'imagination, et de la ramener, par la

des sciences. Tous ont été plus ou moins philosophes : *Qui non una aliqua in re separatim elaborarint, sed omnia quæcumque possent... ratione comprehenderint.* (Cic., *De Orat*, I, 3.)

2° L'utilité *pratique* et toutefois générale encore de cette étude bien dirigée, n'est pas moins grande. Les questions relatives à l'homme et à la nature humaine ne sont pas seulement faites pour exciter au plus haut point notre curiosité : de leur solution dépend notre conduite morale. Comment l'homme pourra-t-il se diriger dans la vie, s'il ne sait ni ce qu'il est, ni d'où il vient, ni où il va, *quo iturus, unde ortus* (Sénèque); s'il ignore ses propres facultés et la manière dont il doit les employer ; s'il ne connaît ni la cause première qui lui a donné l'être, ni la fin pour laquelle il a été créé?

Vivit, et est vitæ nescius ipse suæ. (Ov., *Trist.*, I, 3.) (1)

La substance dont il est formé est-elle matérielle ou immatérielle, immortelle ou périssable? L'âme doit-elle survivre au corps, ou partager sa destinée? Si ces problèmes sont les plus importants que l'homme puisse se poser, la science qui les étudie surpasse aussi toutes les autres en importance et en utilité. « Je trouve bon, dit Pascal, qu'on n'approfondisse pas l'opinion de Copernic : mais ceci!... Il importe à toute la vie de savoir si l'âme est mortelle ou immortelle. » (*Pensées*.)

La religion, dira-t-on, donne des réponses à toutes ces grandes questions. — Sans doute, mais la religion et la philosophie répondent à deux besoins différents de l'âme humaine : au besoin de croire et à celui de comprendre. La

considération des grandes révolutions de l'univers, à ce ton de tranquillité et de calme, qui est à la fois le plus agréable pour elle et le plus conforme à sa nature. (Smith, *Esq. de l'hist. de l'Astronom.*)

« La connaissance des principes ramène à une loi commune les phénomènes les plus divers et même les plus opposés en apparence; elle assimile, elle identifie des opérations qui semblaient être sans analogie : d'une multitude de parties isolées elle forme un tout symétrique et régulier ; et, chose admirable, elle ajoute aux richesses de l'intelligence en réduisant le nombre des idées. » (Laromig., t. I, 1re leçon.)

(1)   Illi mors gravis incubat,
   Qui notus nimis omnibus
   Ignotus moritur sibi.   (Sénèque, *Thyeste.*)
Sed nil dulcius est bene quam munita tenere
Edita doctrina sapientum templa serena.   (Lucrèce, II, 7.)

première s'adresse à la foi, la seconde à la raison. L'une est révélée, l'autre est le résultat d'une libre recherche de l'intelligence. — Quant à leur opposition, la vérité peut-elle se contredire? La raison et la foi, loin de se combattre, doivent se concilier et vivre en harmonie.

Cette étude n'a pas seulement fait le charme des plus grands esprits, elle leur a enseigné à supporter avec courage les adversités de la vie. L'habitude de contempler les lois immuables de la nature et le cours des événements humains élève et agrandit l'âme, lui communique de la force et de la sérénité. (*Voy.* Descartes, Préf. des *Principes.*)

On a dit de la philosophie qu'elle guérit l'homme des erreurs et des préjugés, qu'elle chasse les vaines terreurs et le délivre du joug des passions (1). Elle ne produit pas, il est vrai, ces bons effets sur tous, et au même degré. Elle ne manifeste bien son efficacité que lorsqu'elle rencontre un naturel heureusement doué, et qu'elle est convenablement étudiée; mais son but est de rendre les hommes sages et vertueux aussi bien que de les éclairer (2).

II. *Avantages particuliers*. — Si nous considérons les avantages que procure cette étude dans les diverses carrières où s'exerce l'activité humaine, il n'est aucune des professions de la vie où elle ne soit de quelque utilité, parce qu'il n'en est aucune où l'homme ne doive chercher à se connaître afin de faire un meilleur usage de ses facultés.

« Celui qui se connaît sait ce qui lui est utile, ce que ses forces peuvent supporter, ce qu'elles refusent... Celui qui ne se connaît pas et qui s'abuse sur ses facultés, ne sait pas mieux juger les autres hommes qu'il ne se juge lui-même. » (Xénoph., *Mem. Socr.*, IV.) « Ce qui donne la supériorité du savoir aux chefs des ouvriers sur les manœuvres, ce n'est pas leur habileté pratique, c'est qu'ils possèdent la théorie et qu'ils connaissent les causes. » (Arist., *Mét.*, I, 1.)

En général, il n'est aucun art dont il ne soit très-utile

---

(1) Hæc tractanti animo, et noctes et dies cogitanti existit illa a Deo Delphis præcepta cognitio, ut ipsa se mens agnoscat conjunctamque cum divina mente se sentiat; ex quo insatiabili gaudio completur. (Cic., *Tusc.*, V, 25.)

(2) Efficit hoc philosophia : medetur animis, inanes sollicitudines detrahit, cupiditatibus liberat, pellit timores. Sed hæc ejus vis non idem potest apud omnes. Tum valet multum quum est idoneam complexa naturam. (*Ibid.*, II.)

d'avoir approfondi et raisonné les principes. « A vouloir se passer de théorie, dit un des esprits les plus fermes de notre époque, il y a la prétention excessivement orgueilleuse de n'être pas obligé de savoir ce que l'on dit quand on parle, et ce que l'on fait quand on agit (1). » (Royer-Collard.)

« Dans les arts les plus nobles, l'esprit est lui-même le sujet sur lequel nous opérons. Le peintre, le poète, l'acteur, l'orateur, le moraliste, l'homme d'Etat s'efforcent tous d'agir sur l'esprit, quoique en diverses manières et pour des fins différentes... Leur art, quel qu'il soit, n'a de fondement solide et ne s'élève à la dignité de science qu'autant qu'il a pour base les principes mêmes de la constitution humaine. » (Reid, t. II, ch. I.)

Il ne suffit pas au *jurisconsulte* de posséder la connaissance des lois positives, il doit savoir remonter aux premiers principes du droit, et en faire découler ses décisions. *Penitus ex intima philosophia hauriendam juris disciplinam putes.* (Cic., *De Leg.*, I, 17.) — *L'homme d'État* doit avoir médité ces règles éternelles, afin de n'être jamais tenté de s'en écarter, et de faire prévaloir sur elles les étroits calculs d'une politique égoïste; car les vrais intérêts des peuples sont identiques avec les plus sévères maximes de la justice (2). (*Voy.* Platon, *Gorgias.*) — Pour convaincre et persuader, il est nécessaire à *l'orateur* de connaître les règles du raisonnement, d'avoir observé la nature humaine et les passions qu'il veut émouvoir (3). « La connaissance de l'homme lui apprendra quelles sont comme les routes, les avenues naturelles de l'esprit humain. » (d'Aguesseau.) « C'est en vain qu'il se flatte d'avoir le talent de persuader les hommes, s'il n'a acquis celui de les connaître. » (*Id.*) Sous peine de n'être qu'un artisan de vaines paroles, un rhéteur et un sophiste, il doit avoir réfléchi sur les principes du vrai, du bien et du juste, qu'il doit

---

(1) « Tout homme qui s'imagine que l'étude de la philosophie est inutile et oiseuse, ne fait pas attention que c'est de là que se tire tout le suc, toute la force qui se distribue à toutes les autres professions et à tous les arts... Si vous voulez qu'un arbre donne plus de fruits, en vain vous occuperez-vous des branches : c'est la terre qu'il faut remuer autour de la racine. » (Bacon, *De Dign. et Augment. scient.*, lib. II.)

(2) « L'homme politique doit savoir les choses de l'âme. » (Arist., *Eth., Nic.*, I, XI, 7.)

(3) Voy. Arist., *Rhét.*, I; Cic., *de Orat.*, III, 15 et suiv.; Quintil., lib. I, procem.; Fénelon, *Lettre à l'Acad. franç.*; d'Aguesseau, *De la Connaiss. de l'homme*, 1er disc.

faire triompher dans ses discours; car « l'homme digne d'être écouté est celui qui ne se sert de la parole que pour la pensée, et de la pensée que pour la vérité et la vertu. » (Fénelon, *Dial. sur l'éloquence.*)

L'*artiste* et le *poète* ont intérêt à se faire une idée claire de ce beau idéal que les arts ont pour but de réaliser, et qui doit rayonner dans leurs œuvres. La *critique* est frivole ou dégénère en vil métier lorsqu'elle ne sait appuyer ses jugements sur les principes fixes et invariables du beau littéraire. — Le *théologien*, pour montrer ou défendre les vérités de la foi, peut-il négliger les arguments que lui fournit la raison? « Je suis persuadé, dit Malebranche, qu'il faut « être bon philosophe pour entrer dans l'intelligence des vé- « rités de la foi, et que plus on est fort dans les vrais prin- « cipes de la métaphysique, plus on est ferme dans les vérités « de la religion. » (*Entret. sur la métaph.*, VI, 2.) — Le *médecin*, pour guérir le malade, n'a pas seulement à étudier les organes physiques : qui ne sait combien de l'état de l'âme dépend l'efficacité des remèdes du corps? Nous n'irons pas jusqu'à dire avec Platon (*Charmide*) que l'âme « est la source de tous les maux et de tous les biens pour le corps, qu'ils en proviennent comme les maux des yeux proviennent de la tête; » mais a-t-il tort de soutenir qu'il faut s'occuper de l'âme, si l'on veut que la tête et le reste du corps se portent bien...? (Cf. Cic., *Tusc.*, III, 3.) — L'*historien*, s'il veut suivre le fil des événements et dévoiler leurs véritables causes, doit connaître le jeu des passions, les mœurs et les inclinations des hommes, les mobiles de leurs actions et les lois de l'esprit humain. « Qui veut entendre à fond les choses humai- « nes, doit les reprendre de plus haut; et il lui faut observer « les inclinations et les mœurs, ou, pour dire tout en un « mot, le caractère tant des peuples dominants en général, « que des princes en particulier. » (Bossuet, *Disc. sur l'Hist. univ.*, 3ᵉ part.)

Nous pourrions invoquer ici le témoignage des auteurs les plus illustres et les plus estimés. On sait que les plus grands orateurs de l'antiquité, Périclès, Lysias, Démosthène, Cicéron, préludèrent aux luttes de la tribune ou du forum par une étude sérieuse de la philosophie. Périclès ne l'emporta, au dire de Platon, sur tous les orateurs de la Grèce que parce qu'il avait suivi les leçons du philosophe Anaxagore. (*Phèdre.*) Démosthène dut en partie le secret de son invincible éloquence à Platon, ce grand maître dans l'art de la dialectique, et le plus éloquent des philosophes (1). (Cic., *De Orat.*) Le premier des philosophes contribua à former le premier des orateurs. Quant à Cicéron, l'hommage qu'il rend à la philosophie n'est pas équivoque : *Fateor me oratorem, si modo sim, non ex rhetorum officinis, sed ex Academiæ spatiis extitisse.* (*Orat.*, 3.) — « Il demande, comme Platon, que l'orateur soit bon dialecticien ; qu'il sache définir, prouver, démêler les plus subtils sophismes. Il dit que c'est détruire la rhétorique de la séparer de la philosophie. » (Fénelon, *Dial. sur l'éloq.*) « Ou alors c'est une discoureuse dont les paroles ne sont que du son. » (Bossuet.)

Au point de vue *pédagogique*, on ne peut nier que l'étude de la philosophie ne soit une puissante gymnastique pour l'esprit. Elle développe les facultés réflexives, accoutume l'intelligence à se dégager des objets sensibles, la rend plus capable d'une forte attention aux choses abstraites, en tout plus apte aux autres études. Elle est surtout éminemment propre à exercer l'esprit à voir les choses d'ensemble, à saisir le lien des parties d'un tout, et les rapports des questions entre elles. Par là elle stimule la faculté d'invention dans tout ordre de sciences. « On ne saurait croire, dit Rollin, « combien cette sorte d'étude est propre à donner aux jeunes « gens une force, une justesse, une pénétration d'esprit qui « les conduisent peu à peu à entendre et à débrouiller les « questions les plus abstraites et les plus embarrassées. » (*Traité des Études*, liv. VII, art. II.)

Enfin qui ne voit que cette étude est un contre-poids nécessaire à celle des autres sciences qui, comme dit Aristote, ont plus de rapport avec les besoins de la vie, mais dont la culture exclusive, habituant l'esprit à se porter uniquement sur les choses de l'ordre matériel, entraînerait les plus funestes conséquences morales *.

* *Remarque.* — Nous sommes loin d'envisager d'une humeur chagrine

(1) Cujus ex epistolis intelligi licet quam frequens fuerit Platonis auditor. (Cic., *Orat.*, I, IV. Cf. Tacite, *Dial. de orat.*, XXXII.)

Nous concluons donc, avec un des esprits les plus sages qui aient donné des conseils sur l'éducation : « Il faut rendre « à la philosophie la place qu'elle mérite et le rang qui lui « est dû. C'est elle qui prépare notre esprit aux autres con- « naissances, qui le dirige dans ses opérations, qui lui ap- « prend à mettre toutes choses à leur place et qui donne « non-seulement les principes généraux, mais l'art et la « méthode de s'en servir et de faire usage de ceux qu'elle ne « lui donne pas. » (d'Aguesseau, 2ᵉ *Instruct. à son fils.*)

L'inutilité des recherches philosophiques est le thème favori l'importance que prend chaque jour l'étude des sciences mathématiques et physiques. Combien ces sciences n'étendent-elles pas les limites de la pensée de l'homme en même temps que sa domination sur la ma- ière ! Mais quand il s'agit d'éducation, le langage sévère des mora- listes doit être entendu et médité. Écoutons Aristote, l'esprit le plus positif de l'antiquité : « Il est une espèce d'instruction qu'il faut don- ner à la jeunesse, non comme *utile* ou *nécessaire*, οὐχ ὡς χρησίμην οὐδ' ὡς ἀναγκαίαν, mais comme *libérale* et *belle*, ἀλλ' ὡς ἐλευθέριον καὶ καλήν. » (*Polit.*, VIII, 3.) Cette étude a pour but de cultiver l'esprit lui-même et ses facultés. — « Les hommes, dit Malebranche, ne sont pas faits pour devenir astronomes ou chimistes, pour passer leur vie pendus à une lunette ou attachés à un fourneau. Je veux qu'un astronome ait le pre- mier découvert des terres, des mers, des montagnes dans la lune; je veux qu'un chimiste ait trouvé le secret de dissoudre les corps; en sont-ils pour cela devenus plus sages et plus heureux? » (*Rech. de la vérité*, Préf.) — « Les hommes ne sont pas nés pour employer leur temps à mesurer des lignes, à examiner des angles, à considérer les divers mouvements de la nature ; mais ils sont obligés d'être justes, équitables, judicieux dans leurs discours et dans leurs actions. » (*Lo- gique* de P.-R., 1ᵉʳ Disc. — « L'homme n'est pas obligé de savoir si le nombre des étoiles est pair ou impair, *stellarum numerus par an impar sit*; mais il doit connaître ses devoirs » (Cic., *Acad.*, II) et les vérités qui doivent servir à régler sa vie. — « Ce qui excite l'admiration des hommes, c'est la hauteur des montagnes, le mouvement des flots, la vaste étendue de l'Océan, la marche régulière des astres, et ils s'ou- blient eux-mêmes, *et relinquunt se ipsos*. » (Saint Augustin, *Confess.*, X, 8.) — « La science des choses extérieures ne me consolera pas de l'ignorance de la morale au temps d'affliction ; mais la science des mœurs me consolera toujours de l'ignorance de choses extérieures. » (Pascal.)

A ces vers si connus d'Horace :

Romani pueri longis rationibus assem
Discunt in partes centum diducere. (A. P., v. 325.)

on peut ajouter ce que dit Sénèque : *Numerare docet me arithmetica et avaritiæ commodare digitos...... Quid mihi prodest scire agellum in partes dividere, si nescio cum fratre dividere ?... Si artifex es, me- tire hominis animum. Dic quam magnus sit, quam pusillus. Scis quæ recta sit linea : quid tibi prodest, si quid in vita rectum sit igno- ras?* (Ep. 88.)

de ceux qui prétendent que l'esprit humain ne peut que s'égarer dans ces hautes spéculations, et que le *bon sens* suffit à l'homme pour se conduire dans la vie. — Le bon sens est un excellent guide; mais il ne peut mener loin, et il a l'inconvénient de ne se rendre compte de rien. Le pourquoi et le comment en tout lui échappent; il se laisse facilement séduire ou embarrasser par le sophisme, et il est presque toujours sous l'empire du préjugé. La philosophie n'est pas opposée au sens commun; elle doit le respecter, ne jamais le contredire sur les vérités morales qui sont la base des croyances du genre humain; mais en même temps elle doit l'éclairer et agrandir sa portée. La conduite de l'homme devient alors plus sage et plus ferme, parce qu'il se rend compte des principes qui le font agir, et sait les appliquer dans toutes les situations difficiles (1).

Mais comment démêler la vérité parmi tous ces systèmes qui se combattent et se détruisent les uns les autres, sans jamais arriver à une solution qui soit universellement admise? — Si tout est mobile et incertain dans les systèmes philosophiques, il faut convenir que la raison de l'homme est bien mal organisée; mais ce reproche s'adresse à Dieu lui-même, qui a mis en elle un désir insatiable de connaître le vrai et lui a refusé les moyens de le satisfaire. Heureusement il n'en est rien. La vérité, en philosophie, a aussi son immutabilité. Elle ne change pas dans son essence, le fond reste identique ou se développe (2). La morale de Socrate et de Platon, dans ses traits essentiels, a-t-elle vieilli? Socrate a réfuté les sophistes; quelqu'un a-t-il réfuté Socrate? C'est que, comme dit Platon son disciple, « le vrai ne se réfute pas. » (*Gorgias.*) Les doctrines spiritualistes de Descartes, de Fénelon, de Malebranche et de Leibnitz ne sont-elles pas d'accord avec les croyances religieuses et morales de l'humanité? Leurs ouvrages doivent faire la base première de l'éducation philosophique. Ils seront nos guides *dans cet enseignement. *Ex hoc*

* *Remarque.* — Nous disons des guides, non des autorités; car en

(1) Vita sine proposito vaga est: quod si utique proponendum est, incipiunt necessaria esse decreta. (Sénèque.)
(2) Non ex singulis vocibus philosophi spectandi sunt, sed ex perpetuitate et constantia. (Cic., *Tusc.*, V.) — La philosophie est l'harmonie des systèmes, dit saint Justin.

quasi quodam sancto et augusto fonte omnis manabit nostra oratio. (Cic., *Tusc.*, V, 12.)

ART. III. RAPPORTS DE LA PHILOSOPHIE AVEC LES AUTRES SCIENCES.

> Philosophia omnium mater artium.
> (Cic., *Tusc.*, I, 26.)

La philosophie présente avec les autres sciences des rapports généraux et des rapports particuliers, selon qu'on l'envisage comme la *science des principes*, ou qu'on lui donne pour objet spécial la *connaissance de l'homme*.

I. *Rapports généraux.* — Toutes les sciences se rattachent à la philosophie par leurs *principes*, leur *méthode*, leur *origine* et leur *but final*.

1º Chaque science particulière s'appuie sur un certain nombre d'*idées* premières, qu'elle admet sans les approfondir ni les discuter. Les *Mathématiques* étudient les *quantités* (l'arithmétique, les *nombres*; la géométrie, l'*étendue*; la mécanique, la *force*). La notion des *corps* sert de base à la *Physique*. Ici, c'est de *propriétés*, de *lois*, de *forces* qu'il s'agit. En *Chimie* apparaît la théorie des *atomes*, l'*attraction moléculaire*, la *cohésion* et l'*affinité*. En *Histoire naturelle*, la description et la classification des êtres amènent les idées de *genre* et d'*espèce*; aux degrés supérieurs, avec l'*organisation* et la *vie*, la *cause finale*, l'*analogie*, etc. Les *Sciences morales* appliquent et développent d'autres idées, celles du *bien*, du *juste*, etc. Le *beau* est l'objet de l'*art* et de la *littérature*. Or, que sont toutes ces idées ? Comment l'esprit humain s'en sert-il ? Quelle est leur nature ? leur origine ? leur valeur et

philosophie il n'y a qu'un vrai maître, le maître intérieur, comme disent Platon, Malebranche, Fénélon ou saint Augustin. « On peut apprendre le latin dans Cicéron et il serait ridicule de rejeter son autorité ; mais il n'y a point d'auteur classique en philosophie. A Platon, à Leibnitz, il est permis d'opposer la raison que chacun retrouve en lui-même. » (Kant.) — « Le maître qui nous enseigne intérieurement veut que nous l'écoutions plus que les plus grands philosophes. » (Malebranche, *Rech. de la vérité*, Préface). « Ce n'est pas dans Montaigne, c'est en moi que je vois ce que j'y vois. » (Pascal.)

leur portée? Les analyser, les discuter et les coordonner est la tâche du métaphysicien ou du philosophe. (Voy. *Questions de Phil.*, sect. I.)

Dans toutes ces sciences sont mêlés à l'observation et au raisonnement des *axiomes* sans lesquels il est impossible de faire un seul pas, et dont la nature et l'origine ne sont pas davantage l'objet d'un examen approfondi. S'il est une science qui s'occupe spécialement d'analyser et de discuter les principes des autres sciences, de les coordonner et de les réduire en système, il est clair que, sans s'engager dans leurs recherches particulières, elle pénètre au cœur de chacune d'elles et constitue leur centre commun. Elle établit entre elles une sorte de lien de société et de parenté (1). Toutes tiennent à elles par ce qu'elles ont de plus général et de plus élevé, leurs principes. Elle représente l'unité de la science qui, une dans son principe et son objet, ne s'est divisée que pour répondre aux besoins de l'analyse et à la faiblesse de l'esprit humain. Elle est la science générale et première, d'où elles sont toutes sorties comme les rameaux du même tronc. On comprend le mot de Descartes : « Toute la philosophie est comme un arbre dont les racines sont la métaphysique. » (Préface des *Principes*.) (2)

2° Chaque science a sa méthode, qui résulte de la nature spéciale de son objet et des procédés nécessaires pour l'étudier. Mais ces procédés rentrent dans d'autres plus généraux qu'emploie l'esprit humain pour la recherche de la vérité, tels que l'observation et le raisonnement. Les méthodes que suivent les sciences particulières ne sont donc que des applications de ces méthodes générales. Par là, toutes les sciences se rattachent à la Logique, comme par leurs principes elles tiennent à la Métaphysique.

3° Toute science spéciale n'est qu'un fragment de la science universelle. Quand on a étudié isolement les faits ou les vérités qui forment son domaine, on sent le besoin de les coor-

(1) Uno quodam societatis vinculo contineri. (Cic., *De Orat.*, III, 6.)
(2) Bacon avait dit également : « Comme les divisions des sciences ne ressemblent nullement à des lignes différentes qui coïncident en un seul point, mais plutôt aux branches d'un arbre qui se réunissent en un seul tronc... il est à propos de constituer une science universelle qui soit la mère commune de toutes les autres. » (*De Dignit. et Augment. scient.*, lib. III, c. I.)

donner. A l'analyse succède la synthèse. Le résultat final de cette tendance systématique est une théorie qui ramène tous les faits particuliers à une loi générale, groupe toutes les vérités de détail autour d'un principe qui les contient et les explique. Ainsi ont fait tous les savants qui méritent ce nom, Keppler, Newton, Cuvier, etc. Par là se révèle la liaison des vérités particulières avec les vérités générales. La place que chaque science occupe dans le système général des connaissances humaines se trouve fixée; l'unité de la science reparaît; partie de l'unité, elle y retourne (1). Ce travail de généralisation dans toutes les sciences, et qui les couronne, est éminemment philosophique. Le savant capable de l'exécuter est à la fois savant et philosophe (2).

II. *Rapports particuliers avec la science de l'esprit humain.* — Comme l'a fait observer Hume, « toutes les sciences touchent par quelque bout à la nature humaine; et, si loin que l'objet de quelques-unes semble les en tenir, encore ne laissent-elles pas de s'y réunir par quelque conduit souterrain. L'esprit humain est le centre et le chef-lieu de toutes les sciences; une fois que nous sommes maîtres de cette place, il nous est facile d'étendre de tous côtés nos conquêtes. » (Reid, t. III, p. 12.)

C'est ce que fait voir un examen plus approfondi.

Les sciences peuvent se diviser en trois classes : sciences *mathématiques, physiques* et *morales.*

1° *Sciences morales.* — On appelle ainsi les sciences qui, comme la *morale,* la *politique,* la *jurisprudence* et l'*histoire,* étudient les lois de l'activité humaine, le gouvernement des sociétés, les relations des hommes entre eux, les actions et les événements de la vie des peuples. Toutes ont pour objet l'homme moral, soit individuel, soit collectif. D'autres, comme la *logique,* la *grammaire,* l'*esthétique,* la haute cri-

1) Toutes choses s'élèvent par une sorte d'échelle à l'unité. Or, la science qui, sans contredit, tient le premier rang, est celle qui débarrasse l'esprit humain de la multiplicité des objets. (Bacon, *De Augm.,* I, IV.)

« Posons comme règle générale que ces divisions ont plutôt pour but de caractériser et de distinguer les sciences que de les détacher et de les séparer. L'esprit opposé rend les sciences stériles, infructueuses et erronées, vu qu'une fois séparées, elles cessent d'être nourries, soutenues et rectifiées par leur source et leur aliment commun. » (Bacon, *ibid.*)

(2) Sur l'esprit philosophique, voyez *Questions,* sect. I, Q. IV.

tique littéraire, sont aussi classées parmi les sciences morales, parce qu'elles ont pour objet la pensée humaine, ses manifestations et ses œuvres.

Ces sciences se confondent avec la philosophie ou la touchent de près. Toutes sont sœurs ou ont un lien de parenté, comme se rapportant à la nature humaine. *Omnes artes quæ ad humanitatem pertinent habent quoddam commune vinculum et quasi quadam cognatione inter se continentur.* (Cic., *Pro Archia.*) « La connaissance de l'esprit humain est la racine commune de toutes ces sciences et le tronc commun qui les nourrit. » (Reid, t. III, p. 13.)

2° *Sciences physiques.* — Qui ne voit les nombreux points de contact qui s'établissent entre la science de l'homme et les sciences qui étudient le monde physique, surtout la nature vivante et animée? L'homme, par son corps, tient à la nature et subit ses influences. Ses facultés ne se développent et ne s'exercent qu'au moyen des organes. La *psychologie*, qui étudie l'homme moral, et la *physiologie*, qui cherche à découvrir les lois de l'organisation et de la vie, quoique distinctes, s'éclairent et se complètent l'une par l'autre. La nature est le théâtre de l'activité humaine; si l'homme est le plus parfait des êtres que nous voyons, son rang lui est assigné par son rapport avec eux. La science de l'homme moral ne peut donc s'isoler des sciences naturelles et cosmologiques. Elle doit recueillir leurs résultats généraux et s'aider de leurs découvertes. Celles-ci, à leur tour, n'ont-elles rien à gagner dans la connaissance de l'esprit humain dont elles retrouvent les procédés et les lois, dans leur marche et leur développement?

3° *Mathématiques.* — Elles ont avec la Philosophie des rapports incontestables, et que l'histoire démontre. On connaît la maxime : *Philosophiæ germana mathesis.* Par cela en effet qu'elles s'occupent d'idées abstraites et de vérités nécessaires, elles ont un point de ressemblance avec la métaphysique. L'alliance du génie métaphysique et du génie mathématique se montre chez les plus grands philosophes, Pythagore, Platon, Proclus, Descartes, Leibnitz, Kant. — Elles développent l'esprit philosophique, en l'accoutumant, dit Descartes, à se repaître de vérités, et à ne point se contenter de fausses raisons. (*Disc. de la Méth.*) On a reconnu que cette étude donne de la vivacité à l'esprit et de la rapidité à la conception, *acui ingenia ac celeritatem percipiendi venire inde.* (Quintil., *Inst. or.*, liv. XI ; Platon, *Lois*, V.) — « Il y a, dit Pascal, des propriétés communes à toutes ces choses dont la connaissance ouvre l'esprit aux plus grandes merveilles de la nature. » (*Réfl. sur la Géom.*) — On peut même admettre, avec Leibnitz, « qu'il y a de la géométrie partout, et que les sciences morales peuvent y puiser de précieuses analogies. » On sait que Platon faisait de l'étude des mathématiques une introduction à la Philosophie. (*Rép.*, VII, et *Lois*, V.) De là le mot qu'on lui prête : « Personne n'entre ici, qui n'est géomètre. »

Mais il faut se garder d'exagérer et de faire de la géométrie « comme une espèce de science universelle, » selon l'expression de Malebranche. (*Rech. de la Vér.*, liv. VI, Ire part.) Vouloir, comme l'ont essayé plusieurs esprits éminents, appliquer à la Philosophie la méthode des mathématiques, est une grave et dangereuse aberration. La Philosophie doit procéder par l'étude des faits de la nature humaine. Sa méthode est expérimentale avant d'être rationnelle; son point de départ est le réel, non l'abstrait. Le mathématicien, partant de notions abstraites, de ses définitions et axiomes, construit sur cette base tout l'édifice de la science, à l'aide du raisonnement; il n'analyse ni ne discute les faits et les principes (1). Or, c'est à quoi doit s'attacher le philosophe. Aussi le mode d'exposition géométrique, adopté par Spinosa, par exemple, et qui consiste à procéder par définitions, axiomes, théorèmes et corollaires, est-il essentiellement défectueux *.

* *Remarque.* — Kant, métaphysicien profond et sévère logicien, très-versé dans les mathématiques, condamne ainsi cette méthode : « Puisque l'évidence mathématique repose sur les définitions, les axiomes et les démonstrations, il suffit de montrer que rien de tout cela ne convient en philosophie; que le géomètre, en appliquant ici sa méthode, ne bâtirait que des châteaux de cartes, comme le philosophe en transportant la sienne aux mathématiques ne pourrait rien faire que du verbiage. » (*Raison pure*, Méthodologie, I.) Un géomètre philosophe avait dit de même : « Il semble que les grands géomètres devraient être excellents métaphysiciens, au moins sur les objets dont ils s'occupent.

(1) *Illi impetranda sunt principia* (Sénèque, *Ép.* 88.). Voyez Aristote, *Métaph.*, XI, 4.

Cependant il s'en faut bien qu'ils le soient toujours; la logique de quelques-uns est renfermée dans leurs formules et ne s'étend point au-delà. On peut la comparer à un homme qui aurait le sens de la vue contraire à celui du toucher. » (D'Alembert, *Elém. de Phil.*, ch. xv.) — Il est aisé de justifier de tels arrêts. La notion de quantité, sur laquelle roulent toutes les mathématiques, n'est qu'une des idées de l'entendement, et la plus simple. De plus, elle ne s'applique bien qu'au monde matériel et inorganique. Transportée dans le règne de la vie et dans le monde moral, elle perd son exactitude et sa fécondité. Que peut apprendre le calcul sur la nature de la pensée et les lois de l'esprit ? Les phénomènes de la vie organique eux-mêmes échappent à toute mesure fixe et se dérobent aux règles du calcul. « C'est le propre des phénomènes de la vie d'échapper à tous les calculs. » (Bichat, *Anat. gén.*, t. IV.) Le mot : *Mundum regunt numeri*, n'est vrai que du monde astronomique et physique, et les paroles de l'Écriture : *Omnia cum numero, pondere et mensura disposuit*, doivent s'entendre de l'architecture de l'univers. Le monde moral se règle par d'autres lois. Aussi faut-il renvoyer à l'enfance de la science ces théories qui, semblables à celles des pythagoriciens, faisaient de l'âme un nombre qui se meut sur lui-même, de la vertu un nombre carré, et de la justice une proportion géométrique, etc. (Voy. Aristote, *De Anima*, I.) — Cette question est traitée avec étendue dans notre livre de *la Philosophie dans l'éducation classique* (2ᵉ part., sect. II, ch. II).

CONSULTEZ : Platon, *Rép.*, V et VI. — Aristote, *Métaph.*, I, I et II. — Cicéron, *Tusc.*, II, v, 3. — Sénèque, *Ep.* 20, 89, 108. — Descartes, Préf. des *Principes* et *Disc. de la Méth.*, Iʳᵉ part. — Malebranche, *Rech. de la vérité*, Préf. — Bossuet, *Connaiss. de Dieu*, ch. I. — Daguesseau, *Discours de la connaiss. de l'homme*. — Fénelon, *Dial. sur l'éloq. dial.* — Reid., trad. Jouffroy, t. III, Préf. — Laromiguière, *Leç. de Phil.*, IIᵉ part., 1ʳᵉ leçon. — V. Cousin, *Hist. gén. de la phil.*, 2ᵉ leçon.

Sur les rapports de la philosophie avec *l'éloquence*, *l'histoire*, la *poésie*, les *beaux arts*, la *jurisprudence*, les *études médicales*, etc., voy. les QUESTIONS DE PHILOSOPHIE, sect. I, où ces sujets font l'objet d'autant d'articles séparés.

CHAPITRE II

DE LA MÉTHODE PHILOSOPHIQUE.

> Rationem, quo ea me cumque ducet, sequar.
> (Cic., *Tusc.*, II, 5.)
> Il serait bon de marier, par un hymen légitime, la méthode expérimentale et la méthode rationnelle.
> (Bacon, *De Dignit. scient.*, Préf.)

§ I. De la Méthode en général.

La méthode est la marche que suit, avec réflexion, l'esprit humain dans la recherche de la vérité.

La nécessité et l'importance de la méthode se démontrent par la nature même de notre esprit, qui, étant soumis à des lois dans son développement, ne peut s'en écarter sans s'égarer et tomber dans l'erreur. Or, les règles de la méthode ne sont que les lois de l'intelligence humaine réduites en principes et appliquées avec réflexion.

L'histoire de toutes les sciences démontre l'importance de la méthode, à qui elles sont redevables de leurs progrès. L'histoire de la philosophie en particulier, prise en grand, est celle des méthodes qui ont régné, tour à tour, aux diverses époques et ont engendré tous les systèmes. Entre une méthode et un système, il y a rapport de cause à effet; une méthode étant donnée, on peut prédire en général la doctrine qui en naîtra; et, réciproquement, il est facile de remonter d'un système à la méthode qui lui a donné le jour.

§ II. Des différentes Méthodes philosophiques.

Diverses méthodes ont été suivies dans les recherches philosophiques.

1º *Méthode hypothétique.* — La première, la plus conforme aux habitudes de l'esprit au début de la science, à une époque où l'imagination domine, est la méthode hypothétique. Elle consiste à inventer des systèmes, dont la base est de pures suppositions, ou des analogies plus apparentes que réelles, fruit d'une observation superficielle. Ou avec des principes abstraits posés *à priori*, on prétend expliquer l'universalité des choses. Elle s'appelle alors méthode *à priori* ou *spéculative*.

Cette méthode ne peut servir qu'à édifier des théories plus ou moins ingénieuses et brillantes, mais d'une durée éphémère, et destinées à être remplacées par d'autres, également condamnées à périr, ainsi que le démontre l'histoire de la philosophie.

2° *Méthode théologique*. — Une autre méthode, qui convient à la théologie, est celle qui prend pour base les dogmes révélés de la religion, et en tire la solution des problèmes qu'agite la philosophie. Elle a régné au moyen âge; d'elle est née la *scolastique*.

Faisant de l'autorité, qui est la règle en matière de foi, le principe des raisonnements et des décisions de la science humaine, elle ôte à la philosophie, avec la liberté, l'existence même. La philosophie est la libre recherche de la vérité par les seules lumières de la raison. Dans le domaine qui lui est propre, elle n'admet d'autorité que celle de l'*évidence* (1). Autrement, la science se réduit à un exercice logique incapable d'avancer et de produire de nouvelles découvertes, ce que prouve l'exemple de la scolastique.

3° *Méthode sceptique*. — Les systèmes nés de ces méthodes succombent bientôt sous les attaques du *scepticisme*, qui cherche à faire régner, sur les ruines de toute croyance religieuse et philosophique, le doute universel. Quoique le but du scepticisme soit négatif, il a cependant une méthode, ou au moins une tactique et un art; ils consistent à mettre partout la raison en contradiction avec elle-même dans ses opérations et ses jugements, et à faire ressortir le côté faible de toute opinion et de tout système.

La méthode sceptique est une arme de destruction; elle n'édifie rien ou n'entasse que des ruines. Elle laisse l'esprit humain dans le doute et l'incertitude, état contraire à sa na-

---

(1) « La philosophie n'étant que la raison, on ne peut suivre en ce genre que la raison seule. » (Fénelon, *Lett. sur la Métaph.*, IV.) — « Pour être philosophe, il faut voir évidemment. » (Malebranche, *Rech. de la Vérité*, liv. I, ch. III). — « En philosophie, il n'y a que l'évidence qui doive persuader. » (*Ibid.*, IV, III).

ture; car le doute est la mort de l'intelligence. Il tarit l'activité dans sa source; l'homme ne peut agir qu'autant qu'il a un but d'action et que sa conduite est éclairée par la lumière des principes.

4° *Méthode mystique.* — Après le scepticisme naît ordinairement le *mysticisme.* Comme lui, il nie que l'homme soit capable d'atteindre la vérité avec les moyens que lui fournit la raison; il en diffère en ce qu'il prétend que l'âme humaine peut se mettre en communication directe avec la vérité par une révélation immédiate et personnelle. Celle-ci s'obtient par plusieurs moyens : les uns naturels, tels que la prière et les pratiques religieuses; les autres surnaturels, l'*évocation*, l'*extase*, etc.

Le mysticisme, introduit dans la science, la fausse ou la détruit, en substituant aux procédés légitimes tels que l'observation et le raisonnement, d'autres qui lui sont étrangers et ne peuvent que l'égarer. Heureux quand il sait se renfermer dans de sages limites, et ne se laisse pas aller aux folies et aux extravagances dont l'histoire nous offre aussi de nombreux exemples!

Aucune des méthodes précédentes ne peut donc servir à fonder la science humaine sur des bases légitimes et solides.

§ III. De la vraie Méthode philosophique.

Dieu, en créant l'homme intelligent, lui a donné des facultés qui ne peuvent le tromper, s'il en fait un bon usage. Leur emploi légitime et raisonné est la méthode elle-même. Par les sens, il connaît le monde extérieur et ses lois. Le sens intime nous révèle les faits intérieurs de l'âme. La raison conçoit les vérités éternelles et Dieu leur principe. L'esprit, à l'aide du raisonnement, découvre de nouvelles vérités. Le témoignage de nos semblables nous transmet la connaissance des événements que nous n'avons pu voir par nous-mêmes. Tous ces moyens bien employés nous mettent en possession certaine de la vérité.

I. Pour expliquer la nature des êtres, découvrir les lois qui les régissent, la première condition, c'est de les étudier en eux-mêmes, d'analyser leurs propriétés, et de pénétrer ainsi le secret de leur organisation. Il faut ensuite les comparer, saisir leurs ressemblances avec d'autres êtres et leurs différences, chercher, par des expériences nombreuses et variées, à dégager les caractères constants qui constituent leur essence et leur loi; généraliser prudemment, en étendant ces caractères à tous les objets de même genre et de même espèce, établir ainsi des principes généraux, et créer des classifications qui soient l'expression de l'ordre naturel. Il faut enfin, de ces principes, déduire des faits nouveaux, rattacher les individus aux espèces, et les espèces aux genres, faire rentrer les vérités particulières dans des vérités générales.

Tous ces procédés de la *méthode expérimentale* s'appliquent aussi bien aux faits et aux vérités de l'ordre moral qu'aux faits et aux lois du monde physique.

Cette méthode, qui est suivie avec tant de succès dans les sciences naturelles, doit donc servir aussi à l'étude de l'homme et à la philosophie. Là, en effet, s'offrent des faits qui ne peuvent être devinés ni supposés, et qui nous révèlent la nature de l'esprit humain, ses opérations intimes et ses facultés. Il est nécessaire de les analyser avec soin, de les comparer, de les classer, de constater leurs lois, et de formuler celles-ci en principes, afin d'en tirer des conséquences pour tous les problèmes que cherche à résoudre la philosophie.

La vraie méthode, en un mot, est celle qui prend pour point de départ l'*observation de l'homme*, de sa pensée et de ses facultés, et qui, dans cette étude, emploie le *sens intime* ou la conscience. V. p. 440.

II. Mais le procédé expérimental est-il toute la méthode? Non. Ce n'est point par ces opérations successives que la raison s'élève aux *idées* et aux *principes nécessaires*, dont la philosophie fait son objet spécial. Les hautes conceptions métaphysiques de l'*espace* et du *temps*, de l'*infini*, du *vrai*, du *bien* et du *beau*, qui sont le domaine de l'entendement, se séparent des notions sensibles et se dégagent par un procédé spécial propre à la raison; elles sont l'objet d'une analyse et d'une critique supérieures dont les conditions seront déterminées dans la Logique (sect. III, ch. v).

Ces idées et ces vérités ne font pas moins leur apparition dans la conscience humaine ; la réflexion les y découvre. C'est en regardant en elle-même, dans sa partie intelligente et divine, que l'âme apprend à les mieux connaître, et que la science peut en faire la théorie. Elles doivent être déterminées rigoureusement par l'analyse, avant d'être réduites en système et appliquées aux faits qu'elles dominent, ou de servir à les expliquer. Elles veulent être exposées telles qu'elles apparaissent à l'intelligence humaine, non comme elles doivent être pour répondre à un système fait d'avance. On ne peut trop se défier de la prétention de les déterminer *à priori* pour *construire* ensuite le monde réel à l'image d'un monde idéal, plus ou moins savamment ou ingénieusement combiné, mais qui peut bien n'exister que dans la pensée de son auteur. Le procédé *à priori* est légitime, c'est la raison elle-même ; mais il ne doit jamais se séparer de l'expérience, vouloir se passer d'elle. Le monde réel est la science de Dieu manifestée ; la science humaine doit être satisfaite de l'expliquer sans en créer un autre à la place.

La vraie méthode philosophique est donc à la fois *expérimentale* et *rationnelle*. L'expérience découvre les faits qui sont hors de nous et en nous ; elle les compare, les classe, les généralise, induit et déduit. Quant aux idées et aux vérités de la raison, elles échappent au procédé empirique. La pensée les saisit immédiatement par la *réflexion*. Celle-ci les dégage des faits ou des vérités d'expérience avec lesquels ils sont originairement mêlés, et cela par un procédé spécial d'abstraction et d'induction rationnelle. (*Logique*, sect. III, ch. v.) Mais les faits qu'elles régissent et qu'elles expliquent, subsistent par eux-mêmes, et rien n'autorise à les nier, à les défigurer ou à les supposer, pour les faire rentrer dans des théories faites d'avance et dans des systèmes conçus à priori.

III. La vraie méthode n'exclut pas les méthodes précédentes ; mais, en les adoptant, elle se les subordonne ; elle assigne à chacune sa place légitime et sa mesure.

L'*hypothèse* a souvent mis et peut mettre sur la voie d'importantes découvertes ; mais il ne faut pas prendre des suppositions plus ou moins ingénieuses et des explications imaginaires pour des faits réels et des vérités démontrées. L'hypothèse n'a le droit d'entrer dans la science que quand elle a été vérifiée par l'expérience ou prouvée par le raisonnement.

La *scolastique* a eu tort de vouloir donner pour base à la philosophie l'autorité, celle d'Aristote ou de l'Église; ce n'est pas que la raison doive repousser ou méconnaître les lumières de la révélation, ni les vérités découvertes par la philosophie ancienne. D'un autre côté, si la scolastique a beaucoup abusé du raisonnement, ce n'est pas un motif pour le proscrire des recherches philosophiques. Mais au lieu de s'exercer sur des questions stériles et de s'amuser à des subtilités de langage, le raisonnement doit reposer sur l'observation des faits et sur l'analyse des principes de l'entendement humain.

Le *scepticisme* comme système est absurde; mais il ne faut pas oublier ses services. Né du libre examen, il engendre la critique, condition essentielle du progrès. Le doute provisoire pratiqué par Descartes, l'ignorance savante qu'enseigna Socrate sont le point de départ de la science, ou la renouvellent. « Il y a, en général, un degré de doute et de modestie qui doit être inséparable d'un esprit juste dans toutes ses recherches et toutes ses décisions. » (Hume, *Essais philos.*) L'esprit de doute et d'examen nous apprend à nous défier des hypothèses et des vaines théories. Il renverse les faux systèmes et force la raison humaine à ne se reposer que dans des vérités certaines et des solutions incontestables (1).

Le *mysticisme*, né d'une fausse interprétation de ce grand principe: que Dieu est la source de toute vérité, repose également sur un fait intellectuel, réel et fécond: l'acte spontané d'intuition antérieur à la réflexion. D'autre part, peut-on nier les inspirations du génie? En dehors de la réflexion et des lents procédés de la science, la raison n'atteint-elle pas souvent la vérité par une intuition immédiate et spontanée, et comme par illumination soudaine? Le mysticisme fait ap-

---

(1) « A la vérité, la méthode sceptique ne satisfait pas, par elle-même, aux questions de la raison, mais elle prépare la raison en l'exerçant, elle excite sa vigilance et la conduit aux moyens fondamentaux qui peuvent lui garantir sa possession légitime. » (Kant, *Crit. de la raison pure*, Méthodologie.)

pel aux puissances cachées et aux forces secrètes de l'âme, et, par là, il peut fournir de précieuses révélations à la philosophie (1). « Il ne faut pas, dit Leibnitz, en parlant des mystiques, dédaigner leurs allégories et leurs images, ordinairement belles, et qui servent à rendre les vérités plus acceptables, pourvu qu'on donne un bon sens à ces pensées confuses. » — Mais il faut aussi se défier des prétentions du mysticisme et se préserver de ses tendances, ne pas abandonner la réflexion et les procédés sévères de la science pour une fausse inspiration; ne pas prendre pour des réalités les illusions et les fantômes d'une imagination exaltée. (*Nouv. Essais sur l'ent. hum.*, liv. IV, chap. XIX.)

En résumé, la *vraie méthode philosophique* est l'emploi régulier de tous les procédés légitimes de l'intelligence, dont les principaux sont l'*expérience* et la *raison*, s'appuyant l'un sur l'autre, s'éclairant et se contrôlant mutuellement. Sans rien exclure et en empruntant des lumières à toutes les sciences, elle prend comme point de départ de toutes ses recherches, *l'étude de l'esprit humain, l'analyse de la pensée par la conscience* ou la *réflexion*. C'est la méthode dont *Bacon* et *Descartes* ont posé les principes et déterminé les règles. (Voy. *Logique*, 3ᵉ partie.)

(1) « L'inspiration prophétique, la faculté divinatoire, a pour fondement la vertu cachée de l'âme lorsqu'elle est retirée et recueillie en elle-même; elle peut voir d'avance l'avenir dans le songe, dans l'extase, dans le voisinage de la mort. » (Bacon.)

CONSULTEZ : Descartes, *Disc. de la Méthode* et *Règles pour la direction de l'esprit.* — Bacon, *Nov. org.*, I. — Malebranche, *Rech. de la Vér.* — Locke, *Essai sur l'ent. hum.*, Introd. — Reid, t. II, ch. I; t. III, Ess., I, ch. IV.

Sur l'autorité en matière philosophique : Bacon, *Nov. org.*, I, 84; *De Aug.*, I. — Descartes, *Disc. de la Méth.*, I et VI. — *Log. de Port-Roy.*, 1ᵉʳ Disc. — Malebranche, *Rech. de la Vér.*, L, 3; II, 3.

CHAPITRE III

DIVISION DE LA PHILOSOPHIE.

ORDRE DANS LEQUEL ON DOIT EN DISPOSER LES PARTIES.

> A facillimis ordiamur. (Cic., *De Fin.*, I, v.)
> Commençons par la science de l'âme humaine;
> de ses trésors sont tirées les autres sciences.
> (Bacon, *De Augm.*, liv. IV.)

§ I. Division de la Philosophie.

Ce cours élémentaire de philosophie se compose de quatre parties : *Psychologie, Logique, Morale* et *Théodicée*.

La *Psychologie* a pour objet l'étude de l'âme et de ses facultés.

La *Logique* analyse les lois de la pensée et donne des règles pour la direction de l'esprit.

La *Morale* détermine la loi de nos actions et les devoirs qui en dérivent.

La *Théodicée*, ou religion naturelle, expose les preuves de l'existence de Dieu, ses attributs, ses rapports avec le monde et avec l'homme en particulier. L'immortalité de l'âme et la destinée future en forment le complément.

§ II. Ordre dans lequel il faut en disposer les parties.

Ces sciences doivent être rangées dans l'ordre suivant lequel nous venons de les énumérer.

La première est la psychologie. Cette science en effet ne s'appuie que sur elle-même. Elle trouve chez elle sa base légitime et certaine. Deux conditions suffisent pour la constituer : la réalité des faits qu'elle étudie, et la possibilité de les observer. (V. *Psychol.*, ch. I.)

Toutes les autres sciences philosophiques puisent en elle leurs principes ou la présupposent.

La *Logique* a pour but de déterminer les formes de la pensée et du raisonnement et de tracer des règles pour la direction de l'esprit. Or, comment diriger les facultés de l'esprit si on ne les connaît pas (1)? Peut-on, si l'on ignore leur nature et leurs opérations, assigner leur portée et leurs limites? A moins d'être arbitraires ou fausses, les règles de la logique doivent être tirées de la connaissance des lois de l'esprit humain*.

La *Morale* est la science des devoirs ; elle donne des préceptes à la volonté. Pour cela ne faut-il pas savoir ce qu'est cette volonté, si réellement elle est libre? La loi morale est révélée par la conscience. Celle-ci n'est qu'une forme de la raison qui doit aussi avoir été étudiée. La connaissance des passions n'est pas moins nécessaire au moraliste. D'où se tirent les devoirs que la morale établit et les droits qui y correspondent, sinon de la nature de l'homme, considéré dans ses rapports soit avec lui-même, soit avec les autres?

La *Théodicée* expose d'abord les preuves de l'existence de Dieu. Celles-ci, qu'elles soient physiques, métaphysiques ou morales, s'appuient toutes sur les idées de la raison : l'idée de la cause première, de l'infini, de l'être parfait, etc. Ces idées sont dans notre intelligence, c'est là qu'il faut les prendre; elles doivent y être scrutées dans leur nature et

---

* *Remarque.* — Si on la place au début des études philosophiques, la logique, non précédée et vivifiée par la psychologie, réduite à l'analyse des formes de la pensée et du raisonnement, en un mot, telle que l'a conçue Aristote, est une science parfaitement exacte sans doute ; mais on ne peut nier qu'elle ne soit, pour de jeunes esprits, une étude aride, plus capable de les dégoûter des matières philosophiques que de les y attacher. Elle a l'inconvénient grave de les accoutumer à porter leur attention sur la déduction des conséquences plus que sur la vérité des principes, de les habituer, par là, à raisonner à faux et à vide. Elle cultive le raisonnement et laisse inactive une faculté plus précieuse, l'observation. Elle forme ainsi des disputeurs habiles plutôt que des hommes sensés; elle communique une rigueur apparente aux opérations de la pensée et aux formes du langage ; mais la sagacité, la finesse, la pénétration, la souplesse de l'esprit et le talent de l'analyse sont des qualités qu'elle ne saurait développer. Rien, au contraire, n'y est plus propre que l'observation psychologique, ou l'étude des phénomènes de l'âme. Cette étude n'est pas, comme on pourrait le croire, hors de la portée des intelligences de cet âge. Restreinte, comme elle doit l'être, dans de justes limites, elle n'a rien d'ardu et de difficile; et il suffit d'être capable d'un peu de réflexion pour y réussir.

(1) « Il y a un art pour conduire les facultés de l'esprit, comme il y en a un pour conduire les facultés du corps. Mais on n'apprend à conduire celles-ci que parce qu'on les connaît ; il faut donc connaître celles-là pour apprendre à les conduire. » (Condillac, *Log.*, 1re part., ch. I.)

contrôlées dans leur légitimité. Quant aux attributs de Dieu, ni le spectacle seul de la nature, ni aucun raisonnement abstrait ne peuvent nous les démontrer. L'étude approfondie de l'âme humaine est seule capable de nous révéler un Dieu intelligent, doué de volonté, de liberté et d'amour. Les attributs moraux de bonté, de justice et de providence se puisent à la même source. L'idée de la personnalité divine a son premier type dans notre personnalité. Cette méthode est la seule qui garantisse des écueils du raisonnement abstrait. « Et c'est ainsi, dit Leibnitz, que, nous pensant nous-mêmes, nous pensons en même temps l'être, la substance simple, l'immatériel, et Dieu lui-même, en concevant comme illimité ou infini en lui ce qui est limité en nous. » — « La connaissance de nous-mêmes nous élève à la connaissance de Dieu. » — « Rien ne sert tant à l'âme, pour s'élever à son auteur, que la connaissance qu'elle a d'elle-même et de ses sublimes opérations. » (Bossuet, *Conn. de Dieu*, ch. I.)

Un autre raisonnement non moins direct mène à la même conclusion.

Que se propose la Logique? De conduire l'intelligence humaine à son but, la vérité. La Morale détermine ce qui est le bien pour l'homme, ou ce qui est conforme à sa nature et à sa fin. La Théodicée remonte au premier principe des êtres d'où l'homme tire son origine, et elle essaye de soulever le voile mystérieux qui cache sa destinée future. Ces sciences se rapportent donc à la *nature*, à l'*origine* et à la *destinée* de l'homme. Mais de ces trois problèmes, celui de la nature intellectuelle et morale de l'homme doit être traité le premier. Comment, en effet, déterminer l'origine et la fin d'un être, si l'on ne connaît sa nature et sa constitution? Sans doute, dans l'ordre des choses, la cause précède l'effet, le but explique l'œuvre. Mais, dans l'ordre scientifique et de la méthode, nous sommes forcés de remonter du connu à l'inconnu, du plus facile au plus difficile, de l'effet à la cause, de chercher dans la nature et l'organisation des êtres le secret de leur destination. Pour suivre une autre marche, il faudrait être initié d'avance à la pensée du Créateur, ou la deviner. C'est sortir des conditions de la science, ou c'est procéder par hypothèse, échanger une méthode sûre pour une méthode conjecturale, dont nous avons signalé les inconvénients et les dangers.

La place respective que nous avons assignée aux autres sciences est également facile à justifier.

La Logique doit venir immédiatement après la Psychologie, parce que le problème de la vérité intéresse au plus haut degré toutes les sciences, en particulier la Morale. Si, en effet, l'homme est incapable de discerner le vrai du faux, il ne peut distinguer non plus le bien du mal; l'incertitude doit régner dans ses actes comme dans ses pensées. Si l'intelligence est aveugle, où la volonté trouvera-t-elle un guide qui l'éclaire et la dirige? Quand le scepticisme règne dans la science et la spéculation, il passe bientôt dans la pratique. Enfin toutes les sciences ont besoin de la méthode dont la Logique fixe les règles *.

Si nous plaçons la Théodicée à la suite de la Morale, c'est qu'elle est son complément et non sa base. La Morale repose tout entière sur l'idée du bien, révélée à l'homme par sa conscience. De cette idée, la raison s'élève à l'idée de Dieu, principe du juste, comme du vrai et du beau, et elle le conçoit avec ses attributs moraux les plus élevés, la sagesse, la bonté, la justice, la providence. Il est impossible de traiter méthodiquement ces hautes questions sans avoir préalablement agité et résolu celles qui forment l'objet de la Psychologie et de la Morale. (Voy. Morale, ch. I.) **

* *Remarque.* — S'il en est ainsi, dira-t-on, la Logique ne doit-elle pas précéder la Psychologie? — Réponse : Non ; car, 1° si l'étude de l'esprit humain ne doit pas se faire sans méthode, la méthode ici, c'est la *réflexion*, le regard direct de l'esprit replié sur lui-même. De l'exercice de la réflexion naît la méthode, qui se développe avec la science et crée la Logique elle-même. Donc l'antériorité subsiste et le cercle vicieux n'est qu'apparent. 2° La Logique, née de l'étude de l'esprit humain, réagit sur elle et contribue à régulariser ses recherches, mais elle ne peut, sans fausser la vraie méthode et en vicier les résultats, introduire son formalisme dans la psychologie. Le raisonnement abstrait et ses procédés se substituent dès lors à l'observation directe par le sens intime. C'est ainsi que la scolastique a étouffé ou stérilisé la science de l'âme comme les autres sciences. Les plus grands penseurs modernes, Kant, Hégel, n'ont pas su eux-mêmes échapper à cette tendance.

** *Remarque.* — Nous indiquerons brièvement les autres parties de la philosophie qui ne peuvent figurer dans notre cadre, et le lien qui les unit à la science de l'homme.

1° La *Métaphysique*. Mêlée à toutes les sciences, elle l'est avant tout à la psychologie, dont elle est la partie rationnelle. Quand, sous le nom de science des premiers principes, elle s'en détache, elle n'en conserve pas moins ses rapports avec la science de l'esprit humain. Sa première tâche est d'analyser et de systématiser ses conceptions pour, ensuite, en discuter la valeur et la légitimité.

2° La *Grammaire générale* étudie, d'une manière abstraite, les éléments et les formes du langage humain. Elle est dans une dépendance trop étroite de la logique, pour qu'il soit besoin de prouver qu'elle doit s'appuyer sur l'étude de la pensée et des lois de l'esprit humain ; elle doit être vivifiée par la psychologie. — *L'étude comparée des langues* elle-même aurait tort de dédaigner ce secours. Sans cela, elle n'a pas la clé de ses propres découvertes.

3° Le *Droit naturel* est étroitement lié à la morale, quoiqu'il s'en distingue. Or, la science des droits, comme celle des devoirs, repose sur la connaissance de la nature humaine. Quiconque ignore ou méconnaît la vraie nature de l'homme, doit nier ou altérer ses droits.

4° L'*Esthétique* est la science du beau. Or l'idée du beau est une des notions essentielles de l'esprit. Les sentiments qu'éveille la vue du beau, les facultés qui le perçoivent ou le produisent, s'ajoutent à son analyse. La base est métaphysique et psychologique. Toutes les formes du beau dans la nature et dans l'art manifestent l'esprit. La vie, du moins, les anime et l'esprit les rend expressives. Dans les sphères supérieures apparaissent les grands mobiles de l'activité humaine : les passions, les idées, la volonté. La *Philosophie de l'art* a donc pour condition la connaissance de l'homme, de sa nature intellectuelle et morale.

5° La *Pédagogie* n'est une science que quand elle repose sur la connaissance des facultés humaines.

6° La *Philosophie de l'histoire*. On ne peut nier que la connaissance de l'homme ne soit déjà fort utile pour voir clair dans l'histoire envisagée comme récit des événements de la vie des peuples. Que sera-ce si l'on veut expliquer les événements et leur assigner leurs causes ? Sans doute, les causes physiques, le climat, la race, etc., ont une grande importance ; mais les causes morales, les passions, les idées, les mœurs doivent fixer encore plus l'attention de l'historien philosophe. La Philosophie de l'histoire, qui embrasse l'humanité tout entière, suppose la connaissance de l'être humain dans sa nature abstraite et individuelle. Le genre humain n'existe que dans les individus, dont il est l'ensemble. « La suite des hommes, dit Pascal, doit être considérée comme un même homme qui subsiste toujours. » (*Pensées*.)

7° L'*Histoire de la philosophie*. Pour comprendre et apprécier les systèmes des philosophes, il faut en chercher la clé dans la connaissance de la nature de l'homme, que ces systèmes ont la prétention d'expliquer ; la psychologie est donc le flambeau qui éclaire l'Histoire de la philosophie.

Consultez : 1° *Sur les divisions de la philosophie*. — Aristote. *Mét.* VI. *Eth., Nic.*, VI, *Topic.*, VIII. — Cicéron, *Acad.* I, 5. *De Leg.*, I, 22. *Tusc.*, V, 24, 25. — Sénèque, 5, p. 89. — Bacon, de *Dign. et Augm.*, III, ch. I. — Leibnitz. *Nouv. Ess.*, IV, 21. — Kant. *R. pure Méth.* Sect. II, *Log. Int.* III, 3. — Reid. t. III, *Préf.*, p. 7. — 2° Sur la psychologie comme base des études philosophiques. Locke, *Essai sur l'Ent.* Introd. — Reid, t. III, *Préf.* — D. Stewart. *Phil. de l'esp. hum.* Introd. Part. I, Sect. II. — Jouffroy. *Nouv. Mélanges*, III.

PSYCHOLOGIE

Nosce te ipsum.

CHAPITRE I

OBJET ET DIVISION DE LA PSYCHOLOGIE

LÉGITIMITÉ DE CETTE SCIENCE

§ I. Objet de la Psychologie.

Deux sciences se partagent l'étude de l'homme, distinctes, quoique unies entre elles par de nombreux rapports. L'une, la *physiologie*, étudie l'homme physique; l'autre prend l'homme moral pour objet de ses recherches, c'est la *psychologie*. — Avant d'aborder celle-ci, il importe de marquer avec précision son domaine et de tracer ses limites.

L'homme, dans sa double nature, offre deux ordres de faits et comme deux vies distinctes. Le *caractère*, le *principe*, la *destination* de ces faits, la manière dont on les connaît et dont on les *observe*, tout, entre eux, marque une profonde différence.

1° Les uns sont les phénomènes de la vie organique. Tel qu'il apparaît à nos sens, l'homme est ce composé de matière organisée qu'on appelle le corps. Il a un visage, des membres, une certaine stature, il se meut dans l'espace. A l'intérieur s'accomplissent des fonctions, comme la *digestion*, la *respiration*, la *circulation*, etc. Ces faits, bien que vitaux, ne sont perceptibles qu'autant qu'ils se traduisent par des formes de l'étendue et des mouvements, par des déplacements de molécules et des changements qui s'opèrent dans les organes. Mais, à côté de ces faits, s'en manifestent d'autres d'un caractère opposé : la *pensée*, la *sensation*, les *actes de la volonté*. Ceux-ci n'ont aucune des propriétés des précédents : ils n'éveillent aucune idée de forme et d'étendue. Si nous parlons de l'étendue, de la grandeur, de l'élévation de la pensée, ce sont de pures métaphores. Ces faits échappent aux conditions et aux lois auxquelles sont soumis les corps. Ils n'en éveillent même pas l'idée. De là la différence essentielle qui les caractérise.

2° Quelle que soit ici la nature de la cause, le *moi*, qui a conscience des uns, n'a nulle conscience des autres. C'est moi qui sens, qui pense, qui veux, et je le sais. Est-ce moi qui digère, qui fais circuler le sang dans les artères ou dans les veines? Ou ces faits sont-ils dus à une cause inconnue, appelée *force vitale*? (*Animisme, Vitalisme*.) Quoiqu'il en soit (1), si l'âme les produit, c'est à son insu ; ils n'en constituent pas moins une classe à part, en ce que, les produisant, l'âme ignore qu'elle les produit et quel est son mode d'action, tandis qu'aucun des actes de la pensée et des opérations de l'esprit ne lui est dérobé. Cela encore met entre ces faits une notable et profonde différence.

3° Les phénomènes de la vie organique ont pour fin la conservation et la reproduction du corps. Qui oserait prétendre que l'intelligence n'a d'autre destination que celle de veiller à l'entretien, à la santé des organes et à la reproduction de l'être matériel? Les fins de l'être moral sont si opposées à celles de l'être physique, qu'elles exigent quelquefois le sacrifice de la vie. Ainsi le savant qui use sa santé dans les veilles, poursuit un but qui n'est pas sans doute l'intérêt de son corps. — Ces deux espèces de phénomènes n'ont donc pas plus la même destination que la même nature.

4° Mais une autre raison, la raison décisive, pour qu'ils ne soient pas l'objet d'une même science, c'est qu'ils ne s'observent pas de la même manière et ne sont pas du ressort de la même faculté. Les phénomènes de la pensée échappent aux sens et aux plus subtils de nos instruments; ils ne se révèlent qu'à la *conscience*. Les phénomènes organiques, au contraire, se dérobent à la conscience et s'observent au moyen des *sens* et des instruments qui augmentent leur portée.

Par ces motifs, l'homme doit être l'objet de deux sciences

(1) Voy. *Questions de philosophie*, sect. II.

distinctes. Réunir dans une science unique des faits d'une nature aussi différente, ce serait s'exposer à les dénaturer, et, comme dit Pascal, « à parler des choses corporelles spirituellement et des choses spirituelles corporellement. » On entrevoit les conséquences d'une pareille confusion dans toutes les parties de la philosophie *.

Le domaine propre des deux sciences et leurs limites respectives sont ainsi nettement tracés. Tout ce qui est l'objet de la conscience est du domaine de la *psychologie*. Tout ce qui lui échappe appartient à la *physiologie* ou aux sciences qui lui prêtent leurs secours.

Division. La psychologie se divise en deux parties : l'une renferme l'analyse des *facultés* humaines; l'autre détermine la nature de l'*âme* et agite le problème de sa spiritualité

Quant à l'ordre à suivre, on doit commencer par l'étude des facultés. La méthode prescrit d'observer les faits avant de remonter à leur principe, d'étudier les effets avant la cause d'où ils dérivent, et de n'aborder la substance qu'après avoir reconnu ses propriétés.

§ II. Légitimité de la Psychologie.

Les droits, souvent méconnus ou contestés, de la science de l'âme doivent être revendiqués. Nous espérons montrer qu'elle peut prendre rang à côté des sciences auxquelles elle est supérieure par son objet, et qui s'intitulent *positives*. Nous pensons en particulier qu'elle n'a rien à envier à sa sœur la physiologie.

Pour qu'il en soit ainsi, il faut : 1° que les faits que cette science étudie soient aussi réels que ceux du corps; 2° qu'ils soient susceptibles d'être observés avec la même exactitude; 3° qu'ils soient soumis à des lois et qu'on en puisse faire la théorie; 4° que les résultats obtenus puissent se communiquer, sans altération, par un procédé qui les fasse admettre de tous les esprits.

---

* *Remarque.* — Nous n'en reconnaissons pas moins la nécessité de combiner les résultats des deux sciences pour en former la science totale de l'homme, qui est la science de l'âme et du corps.

La psychologie remplit toutes ces conditions.

1° L'objet de cette science, c'est la pensée et tous les faits qui s'y rattachent : les sensations, les opérations de l'esprit, les actes de la volonté. Or, ces faits sont aussi réels que ceux du corps. Il est impossible d'en contester l'existence, sans qu'immédiatement la certitude des faits physiques soit ébranlée. Comment savons-nous que les corps existent et que nous avons un corps, si ce n'est par la pensée, qui nous atteste leur réalité? Si le mathématicien a foi dans ses calculs et le physicien dans ses expériences, c'est qu'apparemment l'un et l'autre croient que le raisonnement bien conduit, les sens bien employés ne trompent pas. C'est que tous deux ont confiance dans les opérations de leur esprit. Pour s'en rapporter ainsi au témoignage des sens et se fier au raisonnement, il faut qu'avant tout nous ayons conscience de nos perceptions et de nos jugements, c'est-à-dire de notre pensée. Aussi Descartes a-t-il démontré que la certitude de la pensée est le premier fondement de toute certitude. (*Disc. de la Méth.*, IVe partie et Ire médit.) (1)

2° Si les phénomènes de l'ordre intellectuel et moral sont aussi réels que ceux de l'ordre physique, sont-ils susceptibles d'être observés avec une égale précision? Là peut commencer le doute.

Toutefois, on est forcé de le reconnaître, puisque ces faits sont certains, il faut bien qu'il y ait un moyen de s'assurer de leur existence ou de les constater. Chacun, en effet, peut, à chaque moment, en rentrant en lui-même et en observant ce qui se passe en lui, en prendre une exacte connaissance. Le discours l'atteste, expression de la pensée commune. Il est vrai que cette connaissance plus ou moins vague et confuse, réduite aux faits particuliers, n'est pas la science. Celle-ci est une connaissance supérieure et raisonnée, claire et distincte, qui s'élève au-dessus du cas particulier : elle

---

(1) Cf. Locke, *Essai sur l'Ent. hum.*, liv. II, ch. XXIII, § 15.

« J'ai beau vouloir douter de toutes choses, il m'est impossible de douter si je suis... Douter et se tromper, c'est penser. Ce moi qui pense, qui doute, qui craint de se tromper, qui n'ose juger de rien, ne saurait faire tout cela s'il n'était rien. » (Fénelon, *Exist. de Dieu*, IIe part., ch. I.)

« Si je doute, je vois clairement que je doute... Si je doute, je pense ; si je doute, je sais que je ne sais pas... Et ainsi quiconque doute, de quoi que ce soit qu'il doute, ne peut pas douter de toutes ces choses qui se trouvent dans son âme. » (Saint Augustin, *De Trin.*, lib. X, c. x.)

distingue les qualités, les classe, saisit les lois générales, rattache les faits à leurs causes ou à leurs principes et en déduit des vérités nouvelles. Or, tout cela peut se faire avec exactitude pour les faits de l'esprit comme pour ceux du corps. Qui pourrait nier qu'une attention patiente et scrupuleuse ne parvienne à démêler ces faits, à saisir leurs ressemblances et leurs différences, à les analyser, à les comparer et les classer? L'observation, conduite avec ordre et soumise aux mêmes règles de méthode que dans toute autre étude, doit produire les mêmes résultats, ou l'esprit serait en contradiction avec lui-même.

Sans doute, ici, le calcul, cet instrument de précision dans les sciences physiques, nous fait défaut. Mais il en est de même en physiologie de tous les faits de la nature organique et vivante. Les phénomènes de la pensée sont d'une nature plus délicate et plus subtile que ceux du corps; mais cette difficulté, qui tient à leur supériorité même, n'entraîne pas l'impossibilité de les observer et de les connaître avec exactitude. C'est ce que démontre déjà l'expérience journalière (1). Toutes les fois que notre attention est attirée par un vif intérêt sur les faits qui se passent en nous, nous en faisons la description fidèle. Seulement, cette description ne porte pas encore le caractère scientifique que doit lui donner l'application d'une méthode sévère et rigoureuse, surtout entre les mains d'un génie observateur.

L'analyse de la pensée et des facultés de l'esprit a été tentée avec succès par les grands philosophes, dont l'histoire nous a transmis les travaux et les recherches; si elle n'est ni complète, ni définitive, cela tient aux difficultés d'un pareil sujet et aux conditions auxquelles toute science est soumise dans son développement*.

* *Remarque.* — Il est curieux de voir comment s'y prennent les adversaires de la psychologie pour nier sa possibilité et son utilité. Voici ce que disait, à ce sujet, M. de Bonald (*Rech. phil.*, t. I, p. 65-68): « Notre esprit n'est qu'un instrument qui nous a été donné pour con-

(1) La marque que nous entendons distinctement ces opérations de notre âme, c'est que jamais nous ne prenons l'une pour l'autre. Nous ne prenons point le doute pour l'assurance, ni affirmer pour nier, ni raisonner pour sentir, nous ne confondons pas l'espérance avec le désespoir, ni la crainte avec la colère, ni la volonté de vivre avec la raison, avec celle de vivre selon les sens et les passions. (Bossuet, *Connaiss. de Dieu*, ch. II, § 14.)

3º Mais ces faits sont-il régis par des lois? Peut-on les rapporter à des principes? — D'abord, si la matière a ses lois qu'elle tient de l'esprit, comment l'esprit n'aurait-il pas les siennes? Comment le monde intellectuel et moral serait-il abandonné à l'arbitraire et au hasard? Le monde intelligent, dit Montesquieu (*Esprit des lois*, chap. I), a aussi des lois qui, par leur nature, sont invariables. «Les êtres intelligents peuvent avoir des lois qu'ils ont faites, mais ils en ont aussi qu'ils n'ont pas faites.» En examinant d'ailleurs chacune de nos facultés, on voit qu'elle est soumise dans son exercice à certaines conditions invariables qui constituent sa loi. C'est ainsi que le *raisonnement* a ses lois ; la logique ne fait que les formuler. L'homme peut les enfreindre, mais non impunément : l'erreur en est la conséquence inévitable. On peut en dire autant de la *mémoire*, de la *perception*, de la *volonté*, de l'*imagination* elle-même, cette faculté capricieuse qui semble échapper à toute loi.

nature ce qui est hors de nous (le matérialisme parle-t-il autrement ?), et lorsque nous l'employons lui-même, nous le faisons servir tout à la fois, et d'instrument pour opérer, et de matière même de notre opération : labeur ingrat et sans résultat possible, qui n'est autre chose que frapper sur le marteau, et qui ressemble tout à fait à l'occupation d'un artisan qui, pour tout ouvrage, et dépourvu de toute matière, se bornerait à examiner, compter, disposer ses outils, et passerait son temps à les polir.» — Plus loin : «Nous prenons sur nous-mêmes le point d'appui sur lequel nous voulons nous enlever; en un mot, nous nous pensons nous-mêmes; ce qui nous met dans la position d'un homme qui voudrait se peser lui-même sans balance et sans contre-poids... Je le répète, notre esprit n'est qu'un moyen de connaître, un instrument pour opérer hors de nous... L'esprit s'épuise, se dessèche, se consume dans cette stérile contemplation de lui-même; triste jouissance, etc.»

Que penser d'une telle légèreté et de ce matérialisme d'images chez un écrivain spiritualiste? Quand M. Broussais demande (*De l'Irritation et de la Folie*) qu'on lui montre les oreilles de la conscience, cela peut paraître spirituel et de bon goût dans un amphithéâtre de médecine; sous la plume d'un philosophe chrétien, ces bons mots perdent leur sel et manquent leur but. — Que peuvent les métaphores et les épigrammes contre un fait aussi clair que celui-ci : je pense, et j'ai conscience de ma pensée; je sens, et j'ai conscience de mes sensations; je veux, et j'ai conscience des motifs et des déterminations de ma volonté ? Ainsi cette étude, tant recommandée par tous les moralistes et par tous les auteurs sacrés et profanes, la voilà déclarée une étude vaine et stérile par un penseur orthodoxe! Il est défendu de rentrer en soi-même, de descendre au fond de son âme, et, dans le silence de la méditation, de se rendre compte de ses pensées les plus intimes, pour chercher à se connaître et à régler l'exercice de ses facultés ! Non-seulement l'ancien oracle a menti,

Que ces lois puissent être constatées, l'expérience en fait foi, et c'est ce que prouvent les travaux des grands philosophes. Aristote a découvert les lois du raisonnement; Bacon, celles de l'induction; Platon, Kant et d'autres, celles de la raison. Des travaux moins brillants, mais non moins utiles, ont été exécutés sur des facultés inférieures et ont servi à dévoiler la constitution de l'esprit humain.

4° Le procédé par lequel se vérifient et se transmettent les découvertes dans les sciences morales est le même que dans les autres sciences. Il consiste dans la description ou l'exposition des faits, de leurs caractères et de leurs lois. Sans doute on ne peut montrer ces faits, puisqu'ils échappent aux sens; mais chacun peut vérifier sur lui-même et sur les autres la vérité des analyses et la fidélité des descriptions. Si le langage philosophique offre ici des inconvénients et des défauts, il peut acquérir un degré d'exactitude et de précision de plus en plus grand; cela dépend de la précision et de l'exactitude même avec laquelle les faits ont été observés et la méthode a été appliquée.

La *philologie*, l'*histoire*, etc. complètent et confirment l'observation psychologique. L'étude du *langage*, expression de la pensée, miroir de l'esprit humain, qui en reproduit la structure et les lois, tient le premier rang (1). Mais ce moyen ne peut se substituer à l'observation directe par la conscience. La copie suppose l'original. Aussi la méthode qui débute par

ou Socrate l'a mal interprété; mais saint Augustin comme Platon, Bossuet, Fénelon, Malebranche comme Descartes et Leibnitz, se sont abusés. L'homme est incapable de réfléchir; sa pensée s'ignore comme celle de l'animal. — Ceux qui, comme M. de Bonald, cherchent la vérité dans le langage, devraient remarquer que les langues humaines abondent en expressions qui témoignent du fait qu'ils nient. Même parmi les phénomènes physiques, il en est qui ont quelque analogie avec ceux de l'esprit: la réflexion est une loi à la fois de la lumière et de l'esprit. Il y a là de quoi mettre toute l'optique à contribution; ce que nous ne conseillons pas plus que d'emprunter la règle et le compas aux mathématiques. —
Si nous citons ces exemples, c'est pour montrer combien sont pauvres et irréfléchis les arguments des adversaires de cette science. Ceux du *positivisme* actuel sont de la même force et tout aussi neufs. Mais cela, au moins, n'étonne pas de la part du matérialisme. (Voy. *Questions de Phil.*, sect. III, du Positivisme.)

(1) Sur toute cette question, lisez la Préface des *Esquisses de Philosophie morale* de D. Stewart, par M. Jouffroy; et Reid, t. III, *Essai* V et VI, et t. I, Préf., p. xxix.

le langage est un cercle vicieux. Néanmoins, « la connaissance des mots est nécessaire tant pour la connaissance des choses que pour la connaissance de notre esprit et de la merveilleuse variété de ses opérations *. » (Leibnitz, *Nouv. Essais*, liv. III, ch. IX, § 5.)

* *Remarque*. — En déclarant que la science de l'âme est égale en certitude et en exactitude, comme elle est supérieure en dignité, à la science du corps, on a l'air d'abord d'émettre un paradoxe. Pourtant, un examen attentif et impartial amènerait peut-être celui qui compare les deux sciences à conclure que l'homme est mieux connu et plus facile à connaître dans son âme que dans son corps. Les facultés de l'intelligence et les opérations de l'esprit, les instincts, les penchants, les inclinations de l'âme, les caractères de la sensibilité, les motifs et les déterminations de la volonté nous semblent avoir été plus soigneusement observés, plus exactement et plus clairement décrits, ramenés à des principes moins hypothétiques, mieux saisis dans leur véritable cause, qui est l'âme elle-même, que les phénomènes corporels ou organiques, même les plus extérieurs et les plus grossiers, tels que ceux de la digestion, des sécrétions, de la nutrition, etc. C'est un préjugé de croire qu'il est plus aisé de connaître le corps que l'âme. Le contraire, en un sens, est vrai. La vie intellectuelle est moins obscure, plus aisée à pénétrer et à dévoiler que la vie physique. Aussi les faits principaux de la pensée, les opérations de l'entendement et du raisonnement, les actes de la mémoire, de l'imagination, de la volonté, le mécanisme de la perception sensible sont-ils beaucoup mieux et depuis plus longtemps connus que les phénomènes de la nutrition, de l'innervation, des sécrétions, etc. Les opérations de la force vitale sont plus mystérieuses et plus impénétrables que les plus secrètes opérations de la force pensante. Les attributs et les qualités de l'âme sont plus intelligibles que les propriétés du corps, surtout du corps organisé. Les effets ici n'ont pas besoin d'être rapportés à des causes hypothétiques et inconnues; ils sont saisis dans leur vraie cause, qui est l'âme elle-même. Mais qu'est-ce que la force vitale? La science de la vie physique laissera toujours, sous ce rapport, un libre champ aux conjectures. — Que l'homme soit mieux connu et plus aisé à connaître dans son âme que dans son corps, c'est une vérité proclamée par Descartes et ses disciples, et que le temps ni les progrès des sciences naturelles n'ont pas ébranlée.

A l'appui de cette opinion, nous ne craindrions pas d'affirmer que les arts de l'esprit, la *logique*, la *grammaire*, la *morale*, etc., sont plus avancés que les arts du corps, tels que la *médecine*, l'*hygiène*, la *gymnastique* même. Mais cette question délicate nous mènerait trop loin. (V. *Questions*, sect. II, Q. III.)

CONSULTEZ : Locke, Essai sur l'Ent. hum. Introd. — Reid. œuvr. trad. Jouffroy. T. 2, Introd. t. 3. Essai, I 5, 6. — De Stewart, Phil. de l'espr. hum. Introd. — M. de Biran, œuv. inéd. t. 1. Introd. gén. — Jouffroy. Préf. aux Esq. de phil. mor. de D. Stewart — (à lire en entier). — Id. Mélanges phil., III. Nouv. Mélanges, II. — Ad. Garnier, Tr. des Fac. de l'âme, t. I, p. 3.

CHAPITRE II

THÉORIE DES FACULTÉS DE L'AME

'Ἐν ψυχῇ τρίτον τοῦτό ἐστι.
(Plat., *Rép.*, IV.)

§ I. Des facultés de l'âme en général.

On classe les phénomènes de l'âme en les rapportant à des *facultés*. Il est facile d'expliquer cette méthode et de la justifier.

Dans les sciences physiques, les causes auxquelles on attribue les différents ordres de phénomènes n'étant pas connues en elles-mêmes, mais seulement par leurs effets, on reconnaît autant de causes, d'agents ou de forces que de classes distinctes de phénomènes : *calorique, électricité, magnétisme, lumière*, etc., sauf à réduire le nombre de ces principes, à mesure que se dévoilent entre les faits des analogies et des ressemblances jusqu'alors inaperçues.

Il en est autrement pour la science de l'homme. Ici la cause des phénomènes n'est pas inconnue; l'âme, le *moi*, se saisit immédiatement dans ses opérations et ses actes, et il se sent *un*. On ne peut donc plus conclure de la diversité des effets à la pluralité des causes. Une cause unique, mais variée dans ses manifestations et ses pouvoirs, explique tous les phénomènes du monde intérieur. De là la nécessité de remplacer, dans la science qui étudie l'homme intellectuel et moral, les causes par des facultés.

L'idée de faculté (*facultas*) emporte avec elle celle d'activité. Il n'y a qu'un être essentiellement actif qui possède des facultés. Aussi l'être inerte, le minéral, a des *propriétés*, non des facultés.

Mais l'activité seule ne rend pas compte du sens que renferme ce mot. Il faut y ajouter l'idée d'une volonté libre, qui s'empare de ces pouvoirs, les dirige et les gouverne à son gré. Ainsi, la plante qui recèle en elle-même une force capable de produire, dans son développement, tous les phénomènes de la végétation, n'a encore ni pouvoirs ni facultés; elle a simplement des propriétés. L'action spontanée, la sensibilité, l'instinct, un premier degré d'intelligence ne suffisent pas pour donner à l'animal de véritables facultés. Car il agit fatalement, sans pouvoir régler et diriger l'exercice des pouvoirs que la nature a mis en lui. Aussi la vie animale se développe et se manifeste par un certain nombre de *fonctions*, comme disent les naturalistes. C'est improprement que ces fonctions usurpent quelquefois le nom de facultés.

L'homme seul possède véritablement des facultés, parce qu'il a le privilége de s'emparer de son activité, d'en disposer librement, et de la diriger vers un but marqué par son intelligence.

Les facultés humaines elles-mêmes ne méritent pas toutes et toujours ce nom également. La sensibilité, dont le caractère est d'être passive, est moins une faculté qu'une *capacité*. Les autres facultés ne se développent que successivement, et elles n'abandonnent que momentanément leur allure naturelle et spontanée pour se mettre au pouvoir de la volonté; elles rentrent sans cesse dans cet état où la fatigue et le sommeil, l'habitude ou la paresse les retiennent. Enfin, tous les hommes sont loin d'avoir sur leurs facultés le même empire; elles affectent chez les individus toutes les formes et tous les degrés de la personnalité (1).

§ II. Méthode pour déterminer les facultés de l'âme.

Comment doit-on procéder dans la détermination des facultés de l'âme? — Comme en toute science où l'on rapporte les faits à leurs causes : c'est en classant ceux-ci d'après leurs similitudes et leurs différences réelles. Il faut s'attacher, non aux caractères extérieurs, superficiels, mais aux propriétés essentielles et constitutives. Cette tâche serait facile si tous les faits étaient simples; mais la plupart sont d'une nature très-complexe. Là est la difficulté de toute classification. Dans un pareil travail, deux écueils sont à éviter. Une première erreur consiste à regarder comme simple une faculté com-

---

(1) Voy. Jouffroy, *Mélanges phil.*, des Facultés de l'âme.

posée ; une seconde, à considérer comme composée une faculté simple. Ou l'on suppose entre les faits des différences qui ne sont qu'apparentes, et l'on multiplie le nombre des facultés; ou l'on néglige des différences essentielles, et l'on confond des facultés distinctes. La dernière erreur est la plus dangereuse, parce que, si l'on vient à identifier deux faits de nature différente, l'un disparaît absorbé dans l'autre, et, à sa place, s'introduit une mauvaise théorie, dont la domination se fait sentir partout dans la science et retarde ses progrès (1).

§ III. Des divisions adoptées par les philosophes.

Sans prétendre à une théorie complète et irréprochable, nous tâcherons d'éviter les défauts où sont tombés les auteurs de systèmes en exagérant ou réduisant trop le nombre des facultés de l'âme humaine.

Une division longtemps consacrée, originairement admise par Descartes et son école, est celle en *Entendement* et *Volonté*. Que devient alors la sensibilité? Elle rentre dans l'une et l'autre des deux facultés ; mais cela est faux. Les faits sensibles n'appartiennent ni à l'entendement ni à la volonté, ils forment une catégorie à part et réclament un principe séparé.

Le système qui réduit toutes les facultés humaines en une seule, la *sensibilité* (Condillac), est encore plus faux et plus dangereux. En vain croit-on pouvoir effacer la différence essentielle qui sépare les actes de l'intelligence des faits de la sensibilité, les déterminations libres de la volonté des impressions fatales ou des mouvements de la passion, ces faits restent profondément distincts comme les principes d'où ils émanent. De cette confusion résultent les plus funestes conséquences dans toutes les divisions de la science spéculative ou pratique qui a l'homme pour objet.

Les mêmes remarques s'appliquent à d'autres théories où l'on s'est efforcé de faire dériver tous les faits de l'âme, soit de la pensée, soit de l'activité volontaire. C'est mutiler la nature humaine que de simplifier ainsi le nombre des pouvoirs

---

(1) Sur ce point, voy. Royer-Collard, *Fragm.*, à la suite des œuvres de Reid traduites par Jouffroy, t. III, p. 407.

dont elle a été douée, et cela dans l'intérêt d'un système qui commence par faire violence aux faits afin de justifier d'avance ses fausses conséquences.

Il ne faut pas non plus multiplier outre mesure le nombre des facultés, comme l'a fait l'école écossaise ou le système phrénologique (Gall, Spurzheim).

Il est évident que plusieurs de nos facultés : la perception, la conscience, la conception, l'imagination, le jugement, le raisonnement, sont les modes d'une même faculté, l'*intelligence*. Malgré leur diversité, d'autres faits : sensations, passions, affections, désirs, penchants, appartiennent à notre nature sensible et relèvent de la *sensibilité*. La *volonté* a son caractère propre, la liberté. Il est des modes mixtes, comme l'attention, la comparaison, la délibération, où est combinée l'action de la volonté et de l'intelligence. Mais les trois facultés générales restent distinctes et ne peuvent se simplifier.

§ IV. Division générale : Sensibilité, Intelligence, Volonté.

La division la moins systématique et aussi, selon nous, la plus vraie, est donc celle qui admet trois facultés principales : *Sensibilité, Intelligence, Volonté*.

Ces facultés sont distinctes. Penser n'est ni sentir ni vouloir ; vouloir n'est ni sentir ni penser. Il est vrai que je ne puis sentir ou vouloir sans penser à quelque degré, ni penser sans que quelque sensation se mêle à ma pensée ou la précède, ni vouloir sans avoir conçu un but et être sollicité par quelque motif sensible ou rationnel ; mais cela prouve uniquement la liaison intime et l'action réciproque de nos facultés. La sensation n'existe qu'autant qu'elle est sentie, c'est-à-dire qu'elle tombe sous l'œil de la conscience. La volonté n'est rien sans l'entendement qui lui révèle son objet ou son but. Néanmoins, la sensation est le premier fait qui se produit dans l'âme, et la sensibilité la première faculté qui se développe dans l'homme.

§ V. Unité et harmonie des facultés de l'âme.

Si ces facultés sont distinctes, il ne faut pas, en effet, les croire isolées. Ce serait se faire de la vie intellectuelle une fausse idée que de s'imaginer qu'elles constituent dans l'âme autant de parties différentes, et, en quelque sorte, trois âmes (*triplicem animam*) (1). « Toutes les facultés ne sont au fond que la même âme qui reçoit divers noms à cause de ses diverses opérations. » (Bossuet, *Conn. de Dieu*, I.) — En conservant leur caractère propre, elles n'existent et ne s'expliquent que dans leur mutuelle dépendance et leur solidarité. L'âme humaine est à la fois sensible, intelligente et libre, libre en tant que raisonnable, douée d'une sensibilité qui s'allie à la volonté et à la raison, qui se développe par elles et concurremment avec elles, comme celles-ci ont, à leur tour, en elle la condition de leur développement (2).

Les sensations, les affections, les idées et les actes volontaires se combinent, se pénètrent et s'entremêlent sans se confondre, et cela dans le même instant, dans le même fait. De leur diversité et de leur unité résulte ce phénomène complexe qu'on appelle la vie. « L'homme est un, quoiqu'il soit composé de plusieurs parties. Et l'union de ces parties est si étroite qu'on ne peut le toucher en un endroit sans le remuer tout entier. Toutes ses facultés se tiennent et souvent sont tellement subordonnées qu'il est impossible d'en bien expliquer quelqu'une sans dire quelque chose des autres. » (Malebr., *Rech. de la Vérité*, liv. I, ch. I.)

Dans l'enfant, au milieu des plus obscures déterminations de l'instinct et de la sensibilité, apparaissent déjà les premières lueurs de l'intelligence ; l'activité chez lui est manifeste et le besoin d'agir se trahit de mille façons. Le développement des facultés humaines s'opère successivement ; la sensibilité prédomine dans le premier âge de la vie ; la raison apparaît beaucoup plus tard ; l'être moral s'achève par la volonté libre. Mais la réciprocité de ces facultés n'est pas moins réelle. Les affections, les passions, les jouissances morales suivent le développement de l'intelligence qui, à

---

(1) *Plato triplicem finxit animam*, dit Cicéron (*Tusc.*, I, 10). Mais les trois âmes de Platon ne sont que des facultés. Il en est de même des parties de l'âme pour Aristote. La volonté se retrouve dans la partie qui raisonne, le désir et la passion dans la partie dénuée de raison. » (*De Anima*, lib. III, cap. xi.)

(2) « Je ne vois point qu'on puisse tirer aucune utilité de cette façon de parler ; il me semble plutôt qu'elle peut nuire en donnant sujet aux ignorants d'imaginer autant de diverses petites entités dans notre âme. » (Descartes, t. VIII, p. 128.)

son tour, reçoit une vive impulsion de la sensibilité. Si l'intelligence est la condition de la liberté, l'activité libre se retrouve dans toutes les opérations de l'esprit, qui deviennent volontaires après avoir été instinctives. Chacune des facultés générales de l'âme humaine en contient plusieurs qui ne peuvent éclore qu'au temps marqué par la nature; mais bientôt leur jeu se combine avec celui des autres, et il devient impossible de les en séparer sans détruire l'unité du tout.

C'est ainsi qu'il faut comprendre l'homme intellectuel et moral, le plus complexe et le plus merveilleusement organisé des êtres sortis de la main de Dieu. La force qui le constitue, douée de pouvoirs différents et de capacités très-diverses, se déploie dans sa richesse et sa variété, sans que l'harmonie de ses facultés en soit troublée comme sans perdre l'unité qui est l'attribut de sa substance.

§ VI. Ordre à suivre dans l'étude des facultés de l'âme; en quoi consiste l'étude d'une faculté.

I. Il en résulte qu'il est difficile d'aborder une de ces facultés sans toucher les autres. Et d'abord par où faut-il débuter dans leur analyse? Est-ce par l'intelligence ou par la sensibilité? Car pour la volonté elle ne peut venir que la dernière. Plus d'une raison conseille de commencer par l'intelligence. Quoique la sensibilité apparaisse la première, elle n'occupe que le dernier rang parmi nos facultés. Son rôle chez l'homme est subordonné à celui de la raison. La plupart des faits sensibles, sentiments, affections, passions, reçoivent leurs caractères des idées qui s'y joignent et qui servent à les classer comme à les expliquer. La sensation elle-même n'existe qu'autant qu'elle tombe sous l'œil de l'intelligence. Dans les actes vraiment humains, toujours la pensée intervient: *Homo cogitat dum intelligit, cogitat dum sentit, cogitat dum cupit*, disait avec raison la scolastique.
— Malgré ces motifs, l'ordre du développement des facultés doit prévaloir et nous commencerons par la sensibilité.

II. Mais d'abord, de quoi se compose l'étude complète d'une faculté? Il est bon de s'en rendre compte, même quand la tâche entière ne doit pas être remplie. Une faculté est connue quand, après l'avoir distinguée des autres facultés, on a : 1° déterminé sa *nature* et ses caractères; 2° reconnu ses *lois* ou conditions d'exercice; 3° décrit ses *formes* et son mode de *développement;* 4° assigné sa *fonction;* 5° étudié ses *rapports* avec les autres facultés. 6° Il faudrait aussi avoir saisi, s'il y a lieu, le lien qui l'unit aux organes; ce qui revient à la science des rapports du physique et du moral.

Cette tâche est, on le voit, aussi compliquée que délicate. Fixer le nombre exact des facultés, découvrir leur nature, leur mode particulier d'exercice et leur loi, leur fonction, leur action réciproque, etc., offre un problème difficile à résoudre d'une façon complète et où peuvent se glisser une foule d'erreurs. Si la difficulté est grande pour chacune des facultés, combien l'est-elle plus pour leur ensemble? L'esprit de système, l'emploi d'une mauvaise méthode, l'usage intempestif du raisonnement, mille causes peuvent vicier ce travail et en compromettre le résultat, qui ne peut guère être définitif. Un tel programme étant donné, est-il étonnant qu'aucune théorie des facultés de l'âme ne soit parfaite? Cela explique aussi la divergence des opinions sur les détails; mais on aurait tort de s'en faire un argument contre une science dont les progrès sont lents, mais réels. Nous ne nous attacherons qu'aux résultats essentiels et généraux.

CONSULTEZ : Jouffroy, *Mélanges phil.*, art. *Facultés de l'âme.* — Reid, t. III. *Ess. sur les facultés intell.*, pp. 20, 70, 405. — M. de Biran, *Œuv. inéd.*, Introd., V et VI. — V. Cousin, *Ecole écossaise*, 8ᵉ leçon. — Laromiguière, *Leç. de Phil.*, t. I, leç. 14 et 15. — Garnier, *Tr. des facultés de l'âme*, liv. II, ch. II.

Voy. aussi Platon, *Rép.*, IV et IX. — Aristote, *De Anima*, II. — Bacon, *De Augm.*, IV. — Descartes, *Médit.*, VI. — Bossuet, *Conn. de Dieu*, I. — Locke, *Ent. hum.*, II, 21. — Leibnitz, *Nouv. Ess.*, II, 21. — Ch. Bonnet, *Essai sur les facultés de l'âme.*

CHAPITRE III

SENSIBILITÉ

> Omne animal simul ut ortum est, seipsum
> et omnes partes suas diligit.
> (Cic., *De nat. deor.*, III, 13.)

L'homme partage la capacité de sentir avec les animaux. Mais, chez lui, elle a beaucoup plus d'étendue et une plus grande portée. Si, dans l'ordre intellectuel, la sensation n'est pas le principe de nos connaissances, elle en est la condition. Assujettie à des organes, notre intelligence ne se développe qu'à l'aide des impressions sensibles, et celles-ci se trouvent liées à nos conceptions les plus élevées. La sensibilité ne joue pas un moins grand rôle dans la vie pratique. Quelle place ne tiennent pas dans notre existence le plaisir et la douleur physiques, les peines et les joies de l'âme, les désirs, les sentiments et les affections! La passion ne détermine pas la volonté, mais elle influe puissamment sur elle. Les intérêts, non moins que les idées, sont les mobiles de la conduite des hommes. Sans prétendre approfondir ni explorer complètement cette région de l'âme humaine, nous étudierons la sensibilité : 1° dans sa nature et ses caractères; 2° dans les principaux faits qui lui appartiennent; 3° dans ses lois et ses principes; 4° nous essayerons de marquer ensuite sa place parmi les autres facultés.

ART. I. CARACTÈRES GÉNÉRAUX DE LA SENSIBILITÉ

> Odi et amo. Quare id faciam fortasse requiris?
> Nescio, sed fieri sentio.
> (Catul., *Carm.*, LXXXV.)

Les caractères de la sensibilité se reconnaissent dans le fait élémentaire et simple de la sensation. Comme tout fait simple, la sensation ne peut se définir, mais elle offre des qualités qui la distinguent soit des actes de l'esprit qui appartiennent à l'intelligence, soit des déterminations libres de la volonté (1).

---

(1) « Il se trouve tous les jours une infinité de gens qui se mettent fort en peine de savoir ce que c'est que la douleur, le plaisir et les autres sensations. Ils ne demeurent pas d'accord qu'elles ne sont que dans l'âme et qu'elles n'en

1° La sensation est *passive*. C'est une pure modification de l'âme, une impression subie ou reçue. Le sujet, en tant que doué d'activité, peut réagir; s'il était inerte, il ne sentirait pas; mais la sensation n'en est pas moins un fait passif. Elle est, de plus, *aveugle*, incapable par elle-même de nous faire connaître un seul objet. Elle-même, pour être perçue, a besoin d'un acte de l'esprit qui nous en donne la conscience (1). Quant à la cause de la sensation, celle-ci pourrait encore moins en fournir la notion. Le plaisir que je ressens, la passion qui m'agite, ont sans doute une cause; mais seule, la sensation ne me ferait connaître ni son existence ni ses qualités. Le désir aussi a un objet : *ignoti nulla cupido*; mais si l'intelligence ne me le montrait, je serais réduit à désirer le retour des mêmes sensations sans soupçonner l'objet de mon désir. Le caractère *objectif* ou *représentatif* accordé aux sensations est donc fictif. La sensation est dénuée du pouvoir de percevoir les qualités des objets qui l'éveillent en nous (2). (V. Reid, t. III, p. 75.)

2° La sensation est *fatale*. Ce caractère commun à tous les faits de la sensibilité la distingue de la volonté. Quand nous éprouvons une impression et que nous sommes vivement émus, lorsqu'un désir naît dans notre âme, que nous sommes agités de quelque passion, quelque chose se fait en nous (*id fieri sentio*), dont nous ne nous sentons pas être la cause. Sans doute, la passivité n'est pas l'inertie et n'exclut pas l'activité; mais tous ces mouvements intérieurs, qu'on appelle passions, quelle que soit leur violence, n'en conservent pas moins leur caractère de fatalité qu'indique le mot de *passion* lui-même. C'est la nature qui se soulève en nous, qui se sent attirée ou repoussée, qui aime ou qui hait, qui

---

sont que des modifications. Il est vrai que ces sortes de gens sont admirables de vouloir qu'on leur apprenne ce qu'ils ne peuvent ignorer. » (Malebr., *Rech. de la Vér.*, liv. X).

(1) « C'est par autre chose que la sensation que nous connaissons la sensation; car elle ne peut pas réfléchir sur elle-même. » (Bossuet, *Conn. de Dieu*, 1.)

« Sentir la douleur n'est pas la connaître. Dieu ne la sent nullement et la connaît parfaitement. Connaître, c'est avoir une idée claire de la nature de son objet et en découvrir les rapports avec la lumière d'évidence. » (Malebranche, *Ent. mét.*, III.)

(2) « Toutes les sensations pourraient subsister sans qu'il y ait aucun objet hors de nous. Elles ne sont rien autre chose que l'âme modifiée de telle ou telle façon; de sorte qu'elles sont proprement des modifications de l'âme. » (Malebranche, *Rech. de la Vér.*, liv. I.)

désire ou éprouve de l'aversion. Ce n'est pas la cause libre qui se détermine et agit par elle-même. Le *désir*, en particulier, qu'on a si souvent confondu avec la volition, est luimême fatal. Nous pouvons le combattre, le réprimer, l'empêcher indirectement de naître, en détournant sa cause, lui refuser ce qu'il demande; mais sa cause agit sur nous, nous plaît et nous agrée, il naît en nous, malgré nous. La volonté combat le désir; donc elle en diffère. Seule elle est libre. « Chacun, dit Spinosa, désire ou repousse, nécessairement d'après les lois de sa nature, ce qu'il juge bon ou mauvais. » (*Ethique*, IVe part., prop. xix.) Mais c'est la sensibilité qui subit cette loi, non comme il le prétend, la volonté, qui reste libre.

Ces caractères suffisent déjà pour distinguer la sensibilité. D'autres s'y ajoutent, qui achèvent de montrer la différence entre ces principes de notre nature.

3° La sensibilité est *mobile*. Différente selon les individus, elle varie dans le même individu avec ses divers états. Le tempérament, l'âge, le sexe, la disposition de l'esprit et du corps modifient notre manière de sentir et nos affections. Rien de plus changeant et de plus contradictoire que le cœur humain, disent avec raison les moralistes. Or, ce qui est vrai des affections en général l'est en particulier de chacun de nos désirs et de nos penchants. Les désirs s'irritent et s'apaisent, s'amortissent et renaissent, au gré des causes qui agissent sur nous et de mille influences secrètes. Toute cette partie de l'âme est remarquable par son inconstance. — Une grande diversité règne aussi dans les opinions et les jugements des hommes; mais la raison possède des vérités universelles et des principes invariables devant lesquels est forcée de s'arrêter la mobilité de l'esprit humain. De sorte que si l'on vient à comparer ces deux facultés, la raison et la sensibilité, l'unité s'oppose à la diversité, la constance à la variabilité. Le cœur humain peut se fixer, mais c'est lorsque ses sentiments s'unissent à des idées, aux idées du vrai, du beau, du juste, quand ils s'enracinent dans des convictions fortes et des croyances inébranlables.

4° D'autres différences tiennent à la manière diverse dont les mêmes objets agissent sur la sensibilité et sur l'intelligence ou la volonté, et aux effets opposés qui en résultent. Elles n'ont pas échappé aux premiers observateurs de la nature humaine. Selon Aristote (*De Anima*, III, IV, 5), la sensibilité n'admet qu'un certain degré d'intensité, μετριότης. (Cf. Platon, *Philèbe*.) Le plaisir trop vif se change en douleur, la lumière trop intense éblouit les yeux (1). L'intelligence, au contraire, ne fonctionne jamais mieux que quand elle est mise en pleine possession de son objet. La lumière intellectuelle, l'évidence, n'est jamais, pour elle, trop vive et trop éclatante. Plus elle frappe l'esprit, plus elle le ravit. Au lieu d'en être troublé, c'est en elle qu'il se repose. Elle communique avec la certitude, le calme et la sérénité. « Plus un « objet est clair et intelligible, plus il contente l'entende- « ment et le fortifie. La recherche peut en être laborieuse, « mais la contemplation en est toujours douce; c'est ce qui « a fait dire à Aristote que le sensible le plus fort offense les « sens, mais que le parfait intelligible récrée l'entende- « ment. » (Bossuet, *Conn. de Dieu.*, ch. I.)

L'habitude émousse et affaiblit la sensibilité, l'exercice, au contraire, fortifie l'intelligence et accroît la puissance de la volonté. En général, le développement excessif de la sensibilité est nuisible à celui des facultés actives, et réciproquement. « L'usage amortit les peines et émousse le plaisir, tandis que l'usage rend la pensée plus distincte. » (Bossuet, *ibid.*) (V. *Habitude*.)

On remarquera aussi que les notions opposées subsistent dans l'esprit sans se nuire. Je conçois ainsi le pair et l'impair, l'infini et le fini, le bien et le mal, l'affirmation et la négation. Mais si deux sentiments contraires se disputent notre âme, l'un tend à anéantir l'autre. Les notions semblables restent semblables et néanmoins distinctes, au lieu que les sentiments de même espèce finissent par se confondre en un sentiment unique.

(1) *Splendida porro oculi fugitant, vitantque tueri;*
Sol etiam cæcat, contra si tendere pergas.
(LUCR., IV, 325.)

« Nos sens n'aperçoivent rien d'extrême. Trop de bruit nous assourdit, trop de lumière éblouit ; trop de distance et trop de proximité empêchent la vue. Nous ne sentons ni l'extrême chaud, ni l'extrême froid. » (Pascal, *Pensées*.) « Le sens est blessé et affaibli par les objets les plus sensibles, etc. » Bossuet. (*Conn. de Dieu*, ch. I, § 17.)

Tels sont les caractères qui distinguent la sensibilité de l'intelligence. Quant à la volonté, un seul caractère saillant, mais capital, on l'a vu, la sépare de la sensibilité : elle est *libre*, celle-ci est *fatale;* elles s'opposent, loin qu'elles puissent se confondre ou s'engendrer l'une de l'autre. Je ne suis pas libre de sentir ou de ne pas sentir quand l'objet est présent. Je puis bien fermer les yeux ou les détourner; en cela, je suis libre; mais je ne puis, en ouvrant les yeux, ne pas ressentir l'impression des objets causée par la lumière. Le désir est fatal. (V. *Volonté*.)

ART. II. ANALYSE ET CLASSIFICATION DES FAITS SENSIBLES

> Capilli ejus magis numerabiles sunt quam affectus et motus cordis ejus.
> (S. August., *Conf.*, IV, 12.)

L'analyse et la classification des faits sensibles est un sujet des plus difficiles de la science de l'homme. Les énumérer est impossible, et toute théorie laisse à désirer. Plusieurs philosophes, Aristote et les Stoïciens (Cic., *Tusc.*, III et IV; Descartes, *Des Passions de l'âme;* Spinosa, *Ethique*, IIIe part.), pour ne citer que les plus illustres, ont essayé de dresser la liste des passions. Le problème a déjoué l'habileté de leur génie. Il nous suffira de reconnaître les faits principaux et de marquer les divisions générales.

Des sensations et des sentiments. — Une première division, que consacre le langage ordinaire, est celle des *sensations* et des *sentiments*.

1° Le mot *sensation* s'applique aux impressions que l'âme éprouve dans son union avec le corps. La plupart se localisent dans les organes. Telles sont les sensations du toucher, de la vue, de l'ouïe, etc. Nous les éprouvons toutes les fois que le corps accomplit régulièrement ses fonctions ou qu'il est troublé dans leur exercice. A ces sensations répondent aussi les *appétits* ou les besoins et les *instints* de notre nature animale.

2° Le nom de *sentiments* est réservé à tous les faits de la sensibilité qui se rapportent à la vie intellectuelle ou morale. Tous sont accompagnés de quelque idée ou nécessitent une opération de l'intelligence. Tels sont la *joie*, la *tristesse*, la *crainte*, l'*espérance*, le *désir*, le *regret*, les *passions* et les *affections*. Ils supposent que l'esprit aperçoit l'objet qui le réjouit ou l'afflige, prévoit le retour du bien ou du mal, ou se souvient d'avoir éprouvé leurs effets. Le *sentiment du beau* naît de l'idée du beau; le *sentiment moral*, de la notion du bien ou du juste, etc.

Cette distinction est facile; mais quand, pénétrant plus avant, on essaye la théorie de ces faits si semblables et si différents, sensations, sentiments, affections, désirs, passions, inclinations, penchants, la difficulté naît avec la complexité et la confusion est difficile à éviter. « Les passions peuvent se combiner de tant de manières et il en résulte des variétés si nombreuses qu'il est difficile d'en fixer le nombre. » (Spinosa, *Eth.*, III, 59.) Essayons néanmoins de reconnaître les principaux faits et de les caractériser. Nous adopterons la division commune : sensibilité *physique*, *intellectuelle* et *morale*.

§ I. Sensibilité physique : sensations et appétits.

A proprement parler, il n'y a pas de sensibilité physique. C'est l'âme qui sent dans le corps, non le corps. Mais les impressions de l'âme répondent aux impressions organiques; la douleur est attachée au nerf, bien que ce ne soit pas le nerf qui sente. L'ébranlement nerveux est une condition ou une suite de la sensation que l'âme seule éprouve. Quel est le secret de cette liaison? Chercher ici à dévoiler ce mystère n'est pas notre tâche; nous n'avons qu'à distinguer les faits, non à les expliquer. La sensation reconnue distincte du fait organique, il reste à marquer les diverses espèces de sensations. (Reid, III, 267.)

I. Une *première classe* est affectée à l'exercice des sens ou aux *opérations sensitives*. (V. Bossuet, *Conn. de Dieu.*, I.) Si la sensation n'est pas, comme le prétend l'école sensualiste, l'origine et le principe générateur de nos idées, elle est la condition et la cause occasionnelle d'un ordre particulier de connaissances, des idées sensibles. Telles sont les sensations de l'*ouïe*, de la *vue*, du *tact*, de l'*odorat* et du *goût*. Elles fournissent aussi à l'esprit des signes, pour fixer et rappeler ses idées. Ainsi la parole est une combinaison de sons. On a appelé ces sensations *indifférentes* (Reid, t. III, 268) ou *représentatives*; mieux vaudrait dire *significatives*. Nulle sensation n'est indifférente; la sensation ne représente rien et ne peut être l'image d'aucun objet. C'est indirectement qu'elle représente les idées qui lui sont associées, dont elle devient alors le signe. (*Ibid.*)

II. Une *seconde classe* est celle des sensations *affectives* ou agréables et désagréables. Ici c'est le *plaisir* et la *douleur*. Elles ont leur source dans nos penchants, nos appétits, les besoins de notre nature animale et tiennent à l'exercice régulier ou anormal des fonctions du corps humain. La plupart, comme la faim, la soif, les douleurs physiques, ont pour caractère de se localiser dans les différentes parties du corps. C'est au médecin qu'il appartient principalement de les étudier.

Appétits. — Le mot *appétit*, dans le sens restreint, s'applique à une classe particulière de désirs relatifs au corps. Ils se distinguent par les caractères suivants :

Chaque appétit est accompagné d'une sensation désagréable qui lui est propre, et qui est plus ou moins vive, selon la vivacité du désir que l'objet nous inspire.

Les appétits ne sont pas constants, mais périodiques; ils sont apaisés pour un temps par leurs objets, et renaissent après des intervalles déterminés.

Les plus remarquables dans l'homme, ainsi que dans la plupart des animaux, sont : la *faim*, la *soif*, et l'*appétit du sexe*. Les deux premiers ont pour but la conservation de l'individu, et le troisième la propagation de l'espèce. Sans l'impulsion de l'appétit, la raison de l'homme eût été tout à fait insuffisante pour l'accomplissement de ces fins.

Outre les appétits que la nature nous a donnés pour des fins utiles ou nécessaires, nous pouvons nous créer des *appétits factices*. L'usage réitéré des excitants qui agissent sur le système nerveux engendre la langueur et le désir de renouveler l'émotion. Par là, l'homme se crée un nouveau désir accompagné d'une sensation désagréable. L'un et l'autre, apaisés pour quelque temps, reviennent après un certain intervalle. Cette espèce d'appétit diffère de l'appétit naturel en ce qu'il est acquis par l'usage : tels sont les appétits que les hommes se donnent pour le tabac, l'opium et les liqueurs enivrantes. On les appelle communément *habitudes* et c'est avec raison; ils offrent, en effet, avec les habitudes une analogie remarquable. (Reid, t. VI, p. 38.)

§ II. **Sensibilité intellectuelle; sentiments et instincts qui se rapportent à l'intelligence.**

Faite pour connaître, l'âme éprouve une satisfaction vive et intime toutes les fois que l'intelligence ou une de ses facultés entre en exercice, lorsqu'elle découvre ou contemple la vérité, ou même que quelque objet lui en rappelle l'image. La nature a placé en nous des instincts ou des penchants qui provoquent le développement de l'esprit, et indiquent les fins de l'être intelligent. La *curiosité* et l'*amour du vrai*, la *crédulité* et la *véracité*, l'*instinct d'imitation* sont les plus à remarquer.

1° La vraie *curiosité* n'est pas ce désir frivole qui se repaît des choses futiles, c'est le penchant inné qui nous porte à connaître : *innatus cognitionis amor et scientiæ* (Cic., De Fin., V.) La nature nous a fait un esprit curieux : *curiosum nobis natura ingenium dedit.* (Senec., de Otio sap., 31.) Cela se voit dans les enfants comme dans un miroir, par les questions dont ils nous accablent (Cic., *ibid.*), et dans le vrai savant dont souvent les obscurs travaux n'ont pour mobile ni l'intérêt ni la gloire. C'est l'origine de la science qui, bien qu'utile, est désintéressée. Ainsi s'expliquent les hautes recherches où la théorie seule a des droits. Aristote place le suprême bonheur dans la vie contemplative. Quelqu'un demandait à Anaxagore quel motif aurait l'homme de préférer la vie au néant : « Celui, dit-il, de pouvoir contempler les cieux et l'ordre admirable de l'univers (1). » — 2° La *crédulité* et la *véracité* sont deux instincts non moins naturels et nécessaires à l'éducation : *oportet discentem credere.* (Arist., De Soph., II.) La vérité sort naturellement de la bouche de l'enfant. Il n'est sceptique et défiant que quand il a été

---

(1) *In ipsis rebus quæ discuntur et cognoscuntur invitamenta inesse quibus ad discendum cognoscendumque moveamur.* (Cic., De Finib., V, 19.) — Lisez Cicéron, De Finib., V, 18 et 19; De Offic., I, 4; Platon, Rép., VI; Aristote, Mét., I; Sénèque, De Otio sapientis, XXXI; Bacon, De Dignit. scient., I; Bossuet, Conn. de Dieu, ch. V, § 14; Reid, t. V, Essai VIII, ch. 2.

trompé, et si plus tard il ment, c'est qu'on lui a menti. L'homme fait, lui-même, ne ment que par calcul et par intérêt. — 3° Quant au penchant à l'*imitation*, il y a longtemps qu'Aristote a dit de l'homme qu'il est le plus imitateur des animaux, μιμητικώτατον. (*Poét.*, ch. IV.) Mais cet instinct ne se rapporte pas à l'intelligence seule, il tient encore plus à la sociabilité.

4° L'*amour du beau*, comme celui du vrai, a un caractère plus élevé et il est la source de tout un ordre particulier de jouissances. La vue du beau excite un plaisir pur, distinct de l'agréable ou des jouissances intéressées que fait naître l'utile. Le désir qu'il engendre, celui de s'unir à l'objet, non de le faire servir à notre usage, est également désintéressé (1). La description que fait Platon de l'amour du beau dans le *Phèdre* et le *Banquet* est restée classique; nous y renvoyons. — Mais contempler le beau et le posséder ne suffit pas à l'homme, il veut le réaliser. Comme il conçoit une beauté supérieure à celle qui s'offre à lui dans le monde réel, il s'efforce de la reproduire dans des images où resplendit plus ou moins cette beauté idéale. L'*instinct artistique*, lorsqu'il est servi par des facultés puissantes, devient, dans l'artiste et le poète, le *talent* ou le *génie*. De là toutes les jouissances de l'imagination et de l'art (2).

§ III. Sensibilité morale, affections, sentiments moraux.

I. DES AFFECTIONS.

I. DU SENTIMENT MORAL : *Amour du bien*, etc. — Mais l'homme n'est pas seulement fait pour connaître le vrai, contempler et admirer le beau, il est surtout né pour agir et réaliser le *bien*. Sa volonté doit obéir à la règle que sa raison lui révèle. De là tout un ordre de sentiments et de mouvements intérieurs, d'émotions, de plaisirs et de peines, d'affections dont le théâtre est la conscience. Chacun d'eux porte, à juste titre, le nom de *sentiment moral*. La nature morale, en effet, les explique. Le premier est l'*amour du bien*, amour qui nous est inné, ainsi que tous les instincts nobles et généreux, auxiliaires de la vertu et qui s'opposent

---

(1) V. Kant, *Critiq. du jugem.*, Ire partie.
(2) V. Hégel, *Esthétique*, 1re partie, ch. III.

aux mauvais penchants de notre nature inférieure ou animale: l'*estime* ou le *mépris de soi*, l'*indignation*, la *honte*, mais surtout le *remords* et la *satisfaction morale*, le plaisir de la vertu. Nous ne faisons que les indiquer; c'est au moraliste de les décrire ainsi que les idées et les jugements auxquels ils se rapportent et qui les expliquent. — Nous insisterons davantage sur les affections du cœur humain dont le principe est la sociabilité.

II. Des affections sociales. — L'homme est né pour la société; son activité se déploie dans la vie sociale. De là d'autres phénomènes sensibles qui se rapportent à cette sphère de l'âme. Ils prennent aussi le nom de *sentiments moraux* (1). Ce sont les instincts, les penchants, les affections et les passions qui ont surtout leur source dans la sociabilité : les plaisirs et les peines du cœur, etc. Ils sont si nombreux et si variés qu'il n'est guère possible de les classer. C'est d'eux surtout qu'on peut dire avec saint Augustin : *Capilli ejus magis numerabiles sunt quam affectus cordis ejus.* (*Confess.*, IV, 13.) L'artiste, le poète, le romancier y trouvent le fonds inépuisable de leurs peintures. Nous indiquerons les principaux.

L'instinct général de la *sociabilité* a été si bien décrit par Aristote (*Polit.*, I), qu'il suffit de renvoyer à cette source. Cicéron l'a aussi admirablement caractérisé en plusieurs endroits. (*De finib.*, III; *De Off.*, I; *De Legib.*, I.) Nous sommes nés, dit-il avec raison, pour l'union et la réunion des hommes et la naturelle communauté : *Facile intelligitur nos ad conjunctionem congregationemque hominum et ad naturalem communitatem esse natos.* (*De Finib.*, III, 20.)

Les affections sociales ont leur source commune dans la *sympathie*, fait mystérieux par lequel l'homme participe de la vie de tous les êtres qui l'entourent, et reçoit le contre-coup de leurs plaisirs ou de leurs souffrances. Il est aussi par là porté à s'unir à eux, ou il éprouve à leur égard de l'aversion et de la répulsion. De là deux classes d'affections, les unes *bienveillantes*, les autres *malveillantes*.

Suivons ce principe dans son développement.

L'homme éprouve une sympathie générale pour tous les

(1) V. Smith, *Théorie des sentiments moraux.*

êtres créés. Ce sentiment se prononce de plus en plus à mesure que la vie se développe dans les êtres, et se rapproche plus de la sienne. La plante l'excite à peine ; s'il est encore peu marqué à l'égard des animaux d'espèce inférieure, il l'est beaucoup plus vis-à-vis des espèces les plus voisines de l'humanité. Il y a plus, la nature entière ne nous fait-elle pas éprouver ce sentiment ? L'imagination prête la vie aux êtres inanimés, elle nous fait éprouver quelque chose d'analogue à la sympathie qu'excite en nous la présence des objets vivants. Ce principe se manifeste aux divers degrés de la vie sociale : 1° dans la vie *domestique et privée;* 2° dans la vie *civile;* 3° au sein de *l'humanité entière.*

1° *Affections domestiques.* — La famille, c'est la société humaine dans sa source et son abrégé : *seminarium reipublicæ.* (Cic., *De Offic.*, I, 17.) Ses membres ou éléments divers ont chacun leur place et leur office ; entre eux existent des rapports d'où naissent des affections réciproques aussi naturelles que les devoirs sont sacrés. Il y en a : 1° entre les *époux;* 2° des *parents aux enfants* et des enfants aux parents ; 3° des *enfants entre eux,* etc. (1). Chacune des affections qui y répondent a son caractère spécial fondé sur la nature et qui n'a rien d'arbitraire. Ainsi en est-il de l'*amour conjugal,* de la *tendresse maternelle et paternelle,* de la *piété filiale,* etc. Ils sont partout décrits, mais il est bon d'insister sur leur nécessité.

L'enfance de l'homme est plus longue et plus nécessiteuse que celle d'aucun autre animal : pendant plusieurs années il ne peut se passer de l'affection de ses parents, elle lui est ensuite du plus grand secours pendant toute la durée de la vie. Aussi ne se termine-t-elle qu'à la mort ; elle s'étend même, sans rien perdre de sa force, jusque sur les enfants des enfants. (Reid, t. VI, p. 61.)

Non-seulement ces affections sont nécessaires au salut de la race, elles sont encore d'une grande utilité pour tempérer la fougue et l'impétuosité de la jeunesse, pour soumettre son intelligence aux leçons de la sagesse et de l'expérience, pour encourager chez les pères et les mères le travail et l'économie

---

(1) Lisez Aristote, *Eth. à Nic.* VIII, 12 ; Xenoph., *Mem. Socr.*, II, 3 ; Cic., *De Off.*, I, 17 ; Sylvio Pellico, *Des Devoirs des hommes.*

qui doivent pourvoir aux besoins de leurs enfants, et pour assurer aux parents une consolation dans les infirmités de la vieillesse. — Quand ces affections agissent conformément à leur but, et qu'elles sont éclairées par les lumières de la sagesse et de la prudence, l'intérieur d'une famille est un délicieux spectacle ; parmi les sujets qui peuvent exercer la palette du peintre, le génie de l'orateur et du poète, il n'en est point de plus gracieux ni de plus touchant. (Reid, *ibid.*)

Dans le cercle de la vie privée se développent des affections d'autant plus vives qu'elles sont plus restreintes et plus exclusives : l'*amour* et l'*amitié*.

Bien que l'*amour* soit le thème favori des poètes, il est également digne des méditations du philosophe qui voit en lui non-seulement la plus intense et la plus exaltée des passions humaines, mais une grande loi de la nature et un dessein marqué de son auteur. Ses éléments sont très-divers comme les qualités qui le font naître ; l'imagination y a une grande part, l'harmonie en est la condition. Même corrompu et dégradé, il est toujours l'amour du beau et le désir de le posséder. « La production dans la beauté soit par le corps, soit par l'âme, » tel est son but, dit Platon (*Banquet*) (1). « Cette énigme qui demanderait un devin, laisse voir l'intention formelle de la nature : le renouvellement des êtres et leur immortalité terrestre. » (*Ibid.*)

L'*amitié* occupe une place élevée parmi les affections bienveillantes. L'histoire nous en offre de célèbres exemples, peu nombreux, il est vrai, mais suffisants pour montrer que la nature humaine est capable d'éprouver cet attachement, cette affection sans limites, que les anciens croyaient seule digne du nom d'amitié (Reid) (2).

2° *Affections civiques et patriotiques.* — Il est des affections

---

(1) V. Platon, *Banquet* et *Phèdre*; Plutarque, *Dial. de l'amour*; Pascal, *Des Passions de l'amour.*

(2) On ne peut mieux la définir que n'a fait Cicéron : Qui et se ipse diligit et alterum anquirit cujus animum ita cum suo misceat ut efficiat pene unum ex duobus (*De Amicitiá*, XXI); nam cum amicitiæ vis sit in eo ut unus quasi animus fiat ex pluribus. (*Ibid.*, XXV.) Dans ce texte est en germe tout le chapitre de Montaigne. Peut-on mieux motiver le besoin d'aimer et d'être aimé que dans ce qui suit? « Sed quoniam res humanæ fragiles caducæque sunt, semper aliqui anquirendi sunt quos diligamus et a quibus diligamur; caritate enim benevolentiaque sublatis omnis est e vita sublata jucunditas (XXVII). » Lisez aussi les beaux chapitres d'Aristote, *Eth. Nic.*, liv., VIII, et *Rhétor.*, II, 4; Platon, *Lysis*; surtout le chapitre de Montaigne, I, 27.

dont l'objet est plus étendu. Ce sont celles qui unissent entre eux les divers membres de la nation, de la cité, de chaque ville et de chaque pays. Il faut distinguer celle qui a pour objet la nation elle-même, la chose publique, l'État, la patrie; elle prend le nom d'*amour de la patrie* ou d'*esprit public* (1). Les républiques de l'antiquité nous en fournissent les plus beaux exemples.

3° *Philanthropie.* — D'autres affections s'adressent aux hommes comme faisant partie de la famille humaine en général, sans acception de race, ou de nation. Ici c'est la *philanthropie*, dont le nom religieux est la *charité*. Le christianisme en a fait, en la confondant avec l'amour de Dieu, la première et la plus sublime des vertus (2).

Autres affections sympathiques. — La *pitié* envers les malheureux est également une des affections les plus importantes qui soient naturelles au cœur humain. L'auteur de la nature leur a donné dans notre cœur un défenseur puissant qui plaide incessamment leur cause. Il y a peu d'âmes assez dures pour qu'une grande infortune ne triomphe pas en elles de la colère, de l'indignation et des autres affections malveillantes. Nous sympathisons même avec le traître et l'assassin, quand nous le voyons marcher au supplice; si l'intérêt de la société ne combattait pas notre répugnance, nous ne souffririons pas qu'on le retranchât du nombre des humains. (Reid.)

La *reconnaissance* aussi est naturelle à l'homme. Le bienfait produit ce sentiment envers le bienfaiteur qui lui-même s'attache à l'obligé en raison du bienfait et de la peine qu'il lui a coûtée. Souvent même le bienfaiteur aime plus que l'obligé, selon la remarque d'Aristote (V. *Eth. à Nic.*, IX, VII. Cic., *De Off.*, I., 15; Senec., *De Benef.*, II et III.)

III. Au sommet de toutes ces affections se place le *sentiment religieux*. Il a pour objet l'Être qui possède en lui toutes les perfections, vers lequel doivent tendre tous nos désirs, source de tout bien et de toute beauté, fin suprême des existences. Dans cet amour doivent se purifier, comme à leur

---

(1) « Sed omnes omnium caritates patria una complexa est. » (Cic., *De Off.*, I, c. XVII; Sylvio Pellico, *Des Devoirs des hommes*, VIII; Chateaubriand, *Génie du Christ.*, liv. VI, ch. XIV.)

(2) « Est enim primum quod cernitur in universi generis humani societate. » (Cic., *De Off.*, I, 19; Cf. Sylvio Pellico, *ibid.*, ch. VI.)

foyer commun, toutes les autres affections du cœur humain (1). Ce sentiment revêt une foule de formes et de caractères, selon l'idée plus ou moins vraie et complète que l'homme se fait de la Divinité ou selon qu'il envisage en Dieu quelque attribut isolé et prédominant, la puissance, la sagesse, la justice et la bonté. Plus pur et plus désintéressé si c'est la bonté, il est mêlé de crainte et d'espérance si la justice s'y ajoutant éveille l'idée d'un Être tout-puissant, dispensateur des biens et des maux, des peines et des récompenses. Ce sentiment offre aussi des caractères très-divers, suivant la disposition naturelle des âmes et leur degré de culture. Capable de s'exalter jusqu'au mysticisme dans les âmes tendres où la sensibilité s'allie à une imagination ardente; plus calme chez les hommes où la raison domine et dont l'intelligence s'élève à Dieu par la pensée, il se confond chez d'autres avec l'amour de l'idéal ou avec le sentiment moral. Quelles que soient ces différences, on doit le regarder comme inhérent à la nature humaine et c'est avec raison qu'on a défini l'homme un être religieux (2). Chez le sauvage qui adresse ses hommages aux êtres de la nature, chez l'idolâtre qui rend un culte à l'image façonnée de ses mains, comme dans le cœur du chrétien éclairé qui adore Dieu en esprit et en vérité, il atteste le même besoin né du même principe. Il est facile de le reconnaître même dans l'athée, qui, tout en niant Dieu, témoigne encore, dans mille circonstances de sa vie, ne fût-ce que par les traces du penchant superstitieux, de l'universalité de ce penchant plus fort que l'esprit de système (3).

On doit remarquer aussi combien il ajoute à la sociabilité. Il n'est pas de lien qui unisse plus étroitement les hommes, et qui fortifie autant tous les autres liens de la société humaine, que ce sentiment par lequel ils se considèrent tous comme enfants d'un même père et tous égaux devant lui, comme faisant partie de la même famille, issus de la même origine, poursuivant le même but et accomplissant la même distinée sous l'œil de la Providence (4).

(1) Saint François de Sales, *Tr. de l'amour de Dieu;* Malebranche, *Tr. de Mor.*, IIe part., ch. II.
(2) V. Platon, *Lois*, X; Cic., *De Leg.*, L, VIII; Sénèq., *Ep.* 117; Plutarq. adv. Colot. St. Aug. in Psal. 52.
(3) V. Bacon, *Serm. fideles*, XVI; *De atheismo*.
(4) V. Fénelon, *Lett. sur la métaph.*, III.

II. DES PASSIONS.

Le mot *passion* s'emploie dans divers sens.

1° On s'en sert d'abord d'une manière générale pour désigner tous les modes de la sensibilité. C'est ce que font les anciens philosophes. (V. Cic., *Tusc.*, III, iv.) Tout mouvement intérieur, toute émotion, tout état de l'âme où elle est passive, prend alors le nom de passion (πάθος, πάθημα). Nous n'avons rien de nouveau à en dire. On doit seulement distinguer les passions *générales*, celles qui naissent du plaisir et de la douleur, comme le *désir*, l'*amour*, la *haine*, la *joie*, la *tristesse*, l'*espérance*, le *regret*, la *honte*, l'*admiration*, le *mépris*, la *pitié*, etc., des passions *particulières*, qui ont un objet déterminé, telles que la *curiosité*, l'*ambition*, l'*amour de la gloire, de la fortune*, etc. Elles se compliquent des actes de l'esprit, comme la crainte, l'espérance, l'estime ou le mépris, et répondent à la diversité de nos idées ou de nos jugements, ce qui rend difficile de les classer. Nos dispositions, nos goûts, nos penchants, lorsque l'âme se porte de leur côté ou qu'ils deviennent exclusifs, s'appellent aussi des passions. Il y a la passion de l'artiste, du savant, du guerrier. Les qualités même de l'âme, telles que le *courage*, l'*audace*, la *timidité*, la *lâcheté*, la *générosité*, prennent également ce nom. C'est ainsi que les moralistes les décrivent. (V. Aristote, *Eth. à Nic.*, III, et *Rhétorique*, II.) — On a essayé d'énumérer et de classer les passions générales. Les uns (V. Bossuet, *Connaissance de Dieu*, I) les ramènent à onze; d'autres en admettent un plus ou moins grand nombre et, comme Descartes ou Spinosa, les font dériver d'un principe unique. Plusieurs en effet ne sont que les degrés ou les nuances d'une même passion. L'inquiétude, la peur, l'effroi, l'horreur, l'épouvante sont des variétés de la crainte. D'autres sont des habitudes transformées en besoins (V. *Habitude*). Une analyse de ces faits ne peut trouver ici sa place et n'a d'ailleurs rien de scientifique.

2° Dans sa signification ordinaire et précise, la passion, πάθος, est une certaine agitation de l'âme (perturbatio animi, Cic.) qui tend à l'entraîner hors d'elle-même et à déranger l'équilibre de ses facultés. L'homme se sent alors comme poussé à la satisfaction immédiate du désir. La passion ici n'est pas un principe nouveau, différent de nos affections, c'est le désir lui-même, avec ce degré d'intensité et de véhémence où il tend à s'emparer de l'âme entière, à franchir toute limite et à se précipiter sur son objet. Tel est, on l'a vu, le caractère de la sensibilité quand elle n'est pas contenue par la raison. Elle peut être assez violente pour aveugler l'esprit et lui ravir sa liberté, ébranler à la fois l'âme et le corps. Tout ce qu'on a dit des passions par analogie avec les forces physiques aveugles et désordonnées, de leurs ravages, etc., est vrai. Elles deviennent ainsi les maladies de l'âme, *animi morbi*. Ce sujet appartient au moraliste.

Les passions sont innombrables et le psychologue tenterait vainement d'en dresser la liste. En effet, toute affection, tout sentiment, toute tendance, légitime ou non, détournée de son but ou dépassant sa limite est une passion. Compliquée du caractère de l'individu, de son tempérament, de son milieu physique et moral, de ses situations et de ses rapports, elle prend une multitude de formes, se nuance et varie indéfiniment. C'est un Protée insaisissable. Les passions s'engendrent les unes des autres et se multiplient. On distingue avec raison les passions *inférieures* et les passions *supérieures*, de la partie basse ou de la partie haute de l'âme (animale ou spirituelle). Les anciens (Platon, *Rép.*, IV) rapportaient ces deux classes à deux puissances : l'*appétit concupiscible*, τὸ ἐπιθυμητικόν, et le θυμός, l'instinct noble, le cœur, le courage, l'appétit irascible. Il y a aussi des types généraux des passions, l'*honneur*, l'*amour*, etc., dont la peinture est réservée aux poètes et que décrivent les moralistes (1).

(1) Lisez : Platon, *Rép.*, IX ; *Timée, Philèbe, Gorgias, Lysis*; Aristote, *Eth. à Nic.*, III, IV; *Rhét.*, II; Cic., *Tusc.*, III et IV; Sénèque, *De Ira et passim;* Descartes, *Des Passions de l'âme;* Bossuet, *Conn. de Dieu*, ch. I, § 6, et *Traité de la Concupiscence;* Malebranche, *Rech. de la Vérité*, liv. I; Charron, *De la Sagesse*, liv. I; Spinosa, *Eth.*, III et IV; Pascal, *Des Passions de l'amour;* Reid, t. VI.

CONSULTEZ : Descartes, *Des Passions de l'âme.* — Malebranche, *Rech. de la vér.*, I, XIII; XI, v. — Spinosa, *Eth.*, III. — Smith, *Théorie des sentiments moraux.* — Reid, t. III et VI, III. — D. Stewart, *Esquisses de phil. morale*, II⁵ part., sect. I. — Jouffroy, *Mélanges*, III. — Maine de Biran, *Œuv. inéd.*, t. II, sect. I. — Garnier, *Tr. des facultés*, liv. VI. — *Dict. des sciences phil*, art. SENSIBILITÉ et PASSIONS.

ART. III. LOIS, PRINCIPE ET FIN DE LA SENSIBILITÉ; SA PLACE DANS LE DÉVELOPPEMENT DE NOS FACULTÉS.

§ I. Lois de la sensibilité.

> Les plaisirs, semblables aux enfants, n'ont en eux aucune raison. (PLATON, *Philèbe*.)
> Est quiddam turbulentum in hominibus.
> (CIC., *De Rep.*, III.)

Les faits sensibles classés et décrits, la tâche du philosophe est de rechercher leurs principes. Il doit 1° déterminer leur nature commune et leurs lois, 2° remonter à leur origine, 3° assigner leur fin, 4° marquer la place de la sensibilité parmi les facultés humaines.

Nature et lois de la sensibilité. — Les caractères généraux de la sensibilité nous ont révélé sa nature. Elle est l'élément passif, modificatif ou réceptif, fatal et aveugle de notre être, son essence est cette *réceptivité* même d'où dérive sa mobilité*. Malgré cette mobilité, elle a aussi ses lois. Chaque ordre de phénomènes sensibles se produit dans un ordre invariable comme les faits physiques. Les sensations, les

---

* *Remarque.* — Quant à la définir, toute tentative nous paraît vaine. « La sensibilité, dit Aristote, consiste à être *mue* ou à éprouver quelque chose. Elle paraît être une sorte d'*altération*. » (*De l'Âme*, II, V.) Elle est en *acte* ou en *puissance*. (*Ibid.*) « Elle est une sorte de *moyenne* et un rapport entre les objets. Elle reçoit la *forme* sans la matière. » (*Ibid.*, II, XII.) — Sont-ce là des définitions? Il termine ainsi : « Qu'est-ce donc que sentir une odeur, si ce n'est éprouver une certaine affection? » (*Ibid.*) — Platon aussi (*Théétète, Philèbe, Rép.* et *Timée*) décrit la sensation et la distingue, mais sans la définir. — Que sont le plaisir et la douleur? Des *mouvements* de l'âme où elle est passive. « Le plaisir consiste à se remplir de choses conformes à sa nature (*Rép.*, IX; Cf. *Gorgias* et *Philèbe*); il est mobile et mêlé de peine. » (*Ibid.* et *Phédon.*) La douleur, impression désagréable, etc., naît d'un certain vide. — Les stoïciens sont encore moins heureux dans leurs définitions, où le plaisir et la souffrance sont niés ou dénaturés. Pour Aristote, le plaisir est l'achèvement de l'acte. (*Eth. à Nic.*, X.) Ce n'est pas définir. — On ne trouve rien de plus satisfaisant chez les modernes. « La sensation, dit Bossuet, est la première perception qui se fait dans l'âme en présence des corps, elle est la première chose qui s'élève dans l'âme. (*Conn. de Dieu*, I, § 1.) Le plaisir est un sentiment agréable qui convient à la nature, et la douleur, un sentiment fâcheux contraire à la nature. (*Ibid.*) Toutes ces définitions tournent dans le même cercle; elles ne nous apprennent rien, si ce n'est que sentir c'est sentir. Je ne parle pas des définitions matérialistes, où la sensibilité n'est qu'une propriété des organes. Là elle est un mouvement, l'ébranlement nerveux, l'acte cérébral, etc.

sentiments, les désirs et les affections de l'âme offrent tous un mode régulier d'apparition et d'action. Ils naissent les uns des autres sous l'influence des causes physiques ou morales qui les produisent. La sensation suit l'impression et précède l'idée. Le désir succède à la sensation ; il est engendré par la perception de l'objet agréable ; l'aversion et la crainte se manifestent à la vue des qualités mauvaises et redoutables. Le penchant satisfait éveille le plaisir ; contrarié, il amène la douleur. Le plaisir produit la joie ; la douleur engendre la tristesse ; l'un et l'autre excitent l'amour ou l'aversion. L'amour tend à posséder l'objet aimable et porte à s'unir à lui. La crainte, l'espérance, le repentir naissent des actes de l'esprit qui perçoit le bien et le mal dans l'avenir ou le passé. Tout ces faits s'accomplissent en notre âme dans cet ordre et suivant ces conditions aussi invariablement que les phénomènes de la chaleur et de l'électricité dépendent des conditions qui constituent leur loi.

Mais par cela même qu'ils se produisent fatalement, ces faits n'ont d'autre loi que celle de naître ainsi les uns des autres sous l'influence des causes externes ou morales qui les déterminent. En soi, ils n'ont ni règle ni mesure. Leur règle est de n'en point avoir ; leur tendance est de franchir toute limite, si un pouvoir supérieur ne les contient ou ne les tempère. Entre eux, ils présentent le même désaccord et le même antagonisme. Tel penchant est opposé à tel autre penchant et ne peut se satisfaire qu'à ses dépens. — La passion est aveugle, la lumière ne peut lui venir que d'une faculté supérieure qui l'éclaire. Les plaisirs, à leur tour, non-seulement varient en nature, en durée, en intensité, ils sont mêlés de douleur et de peine ; de plus, ils sont opposés et contradictoires. La *règle*, la *mesure*, la *fixité*, l'*ordre* et l'*harmonie*, comme la *pureté*, la *vérité*, la *bonté*, la *légitimité*, ne peuvent émaner que d'un principe étranger et supérieur, qui, possédant toutes ces qualités, les communique à nos désirs.

Il résulte de là que si l'on veut introduire parmi eux l'ordre et l'harmonie qui n'y sont pas à l'origine, ce ne peut être que par l'effet de cette puissance supérieure qui contient la règle, et de la volonté qui l'applique. Or, cela ne peut se faire sans une contrainte exercée sur les passions, sans un frein mis à nos désirs, une limite posée au plaisir et cela par un pouvoir *autonome* ou qui se possède (1). Ainsi, la prétention, très-légitime d'ailleurs, d'organiser et d'harmoniser les passions, est subordonnée à la condition suprême d'une loi prise en dehors de la passion. D'où il suit que le projet moderne (Fourier) d'opérer cette harmonie des passions par un agencement habile est un rêve absurde et ridicule. Les passions ne sont pas les rouages d'une machine, mais des forces vives, naturellement indisciplinées et rebelles à la loi comme à la mesure (V. Platon, *Rép.*, IX, et *Philèbe*); la sensibilité est l'élément mobile, capricieux, déréglé, immodéré, indéterminé (ἄπειρον), de notre être. Elle ne peut obéir à la règle et s'y plier, subir ce joug sans impatience, contrainte et douleur. On aurait beau changer le milieu physique et social, la nature sensible de l'homme serait la même. Ce qui en soi est aveugle et déréglé resterait aveugle et déréglé. L'antagonisme des passions ne subsisterait pas moins ainsi que leur caprice et leur mobilité. (V. Platon, *ibid.*)

§ II. Origine et fin de la sensibilité.

Αὕτη γάρ ἐστιν ἡ τῆς ψυχῆς δύναμις
ᾗ φιλοῦμεν. (Arist., VII, 6.)

1° *Son origine.* — Y a-t-il un principe, un fait universel et primitif qui engendre les passions et tous les phénomènes sensibles ? On n'en peut douter. Ce principe est l'*amour*, un des grands faits de l'âme, dont il est difficile de rendre compte comme de tous les éléments simples et premiers de notre nature.

Tout être animé, s'il a conscience de son individualité, s'aime lui et toutes les parties de son être. *Omne animal, simul ut ortum est, et se ipsum et partes suas diligit.* (Cic., *De Fin.*, II.) (2) S'il est pourvu de tendances qui marquent

---

(1) Là est l'erreur du fatalisme. Spinosa démontre très-bien les lois de la sensibilité (*Eth.*, IIIᵉ partie); mais niant la liberté, il n'en fait pas moins de l'âme le jouet des passions. « Comme les flots de la mer soulevés par les vents contraires, notre âme flotte entre les passions. » (*Ibid.*)

(2) Per se sibi quisque carus est. Ipse enim se quisque diligit. (Cic., *De Amicit.*, XXI.) — Sur la distinction de l'amour de soi et de l'amour propre, voy.

les fins de sa nature, il doit jouir et souffrir selon qu'elles seront satisfaites ou contrariées; car il ne peut pas plus rester indifférent au développement de sa nature qu'à sa conservation. Donc encore, il ne le sera pas davantage aux causes qui la favorisent ou la contrarient et menacent de la détruire. Ainsi, quand ces tendances sont satisfaites, il jouit; quand elles sont contrariées, il souffre. De là le plaisir et la douleur, la sensation agréable et désagréable. De plus, il désire perpétuer l'une et faire cesser l'autre. Il est attiré vers la cause bienfaisante, il cherche à écarter la cause malfaisante; en un mot, il *aime* ou il *hait* (1). De là tous les sentiments qui naissent de ces passions premières et qui n'en sont que des modes (2).

Cet amour *inné* que tout être se porte à lui-même est le principe de tous les faits sensibles, sensations, passions, affections, désirs, des sentiments les plus désintéressés comme les plus intéressés. « Otez l'amour, dit Bossuet, il n'y a plus de passions; posez l'amour, et vous les faites naître toutes. » (*Conn. de Dieu*, I, 6.)

Ce principe lui-même dérive d'une cause plus générale et que conçoit la raison. Tout être tend à se conserver et à se développer et cela conformément à sa nature et à sa fin, car *tout être a une fin*. Cette fin, c'est le *bien*. Les fins sont diverses dans les créatures parce que leur nature est diverse. Mais toutes aspirent à une fin commune qui est le bien. Cette

---

Aristote, *Eth. à Nic.*, IX, ch. v, 7; Platon, *Lois*, V; Malebranche, *Traité de mor.*, Ire partie, ch. III; Vauvenargues, *De l'Esprit hum.*, xxxiv; Montesquieu, *Gr. et déc. des Rom.*, ch. xii.

(1) « Cette passion (la haine) est entièrement contraire à l'amour, mais elle n'est jamais sans amour... elle a le néant pour son terme, et l'amour a toujours l'être pour objet. Elle n'est jamais séparée de l'amour; car si le mal qui est son objet est pris pour la privation du bien, fuir le mal, c'est fuir la privation du bien, c'est-à-dire tendre vers le bien, et ainsi l'aversion de la privation du bien est l'amour du bien... L'aversion dépend de l'amour de nous-mêmes ou de l'amour de quelque chose à laquelle nous souhaitons d'être unis. L'amour et l'aversion sont donc les deux passions-mères, opposées entre elles. Mais l'amour est la première, la principale et la plus universelle. » (Malebranche, *Rech. de la Vérité*, liv. V, ch. ix.)

« Quant à la haine, elle ne saurait exister autrement que née du besoin d'aimer. La haine est un amour trahi. » (Fichte, *Destinat. de l'homme*.) Voyez aussi Bossuet, *Conn. de Dieu*, ch. I, § 6.

(2) « Il ne faut pas multiplier les passions selon les différents objets qui les causent; mais il en faut seulement admettre autant qu'il y a d'idées accessoires qui accompagnent l'idée principale du bien et du mal, et qui la changent considérablement par rapport à nous. » (Malebranche, *Rech. de la Vérité*, liv. V, ch. ix.)

tendance instinctive des êtres, fatale chez les uns, sentie chez les autres doués d'intelligence, est le principe de leur sensibilité. « Tous les êtres naturellement recherchent les choses qui leur paraissent bonnes et fuient les mauvaises. *Natura omnes ea quæ bona videntur sequuntur fugiuntque contraria.* » (Cic., *Tusc.*, IV.) Cette tendance sentie, c'est l'amour, qui est de deux sortes. Il y a la tendance générale au bien, et la tendance dirigée vers le bien particulier, fini, borné, momentané. Aveugle, la sensibilité aspire à la satisfaction immédiate, indistincte, au bien passager. Tel est le *désir*, telle est la passion proprement dite. La sensibilité est par elle-même incapable de faire cette distinction, d'apprécier l'importance de ses propres fins et de les concilier. Il en résulte que l'amour doit être éclairé, réglé, dirigé par la raison, s'il veut se porter vers le bien véritable et rétablir l'harmonie entre les fins diverses de notre nature.

Toujours est-il que l'amour est le principe de toutes nos affections et, comme dit Malebranche, « la première et la plus universelle de nos passions. » Les plus grossières comme les plus nobles découlent de cette source. Pris en soi, il n'est autre que la tendance naturelle au bien et au bonheur qui est le bien senti. Il nous porte à nous unir à tout être qui nous en offre la réalité ou l'image. « C'est là, comme dit Platon (*Banquet*), le grand et séduisant amour inné dans tous les cœurs. » C'est le besoin de persévérer dans l'être, de se développer et de se perfectionner, qui nous fait chercher dans les autres le complément de ce qui nous manque à nous-mêmes. — Il est clair aussi qu'il y a deux espèces d'amours comme deux sortes de biens. Il y a un amour aveugle, faux, capable de tous les égarements, qui s'attache aux biens trompeurs et périssables, et un amour éclairé, vrai, pur, élevé, qui s'attache aux qualités véritables des êtres, et à l'Être qui réunit en soi toutes les perfections; source de toute beauté, comme de tout bien et de toute vérité (1).

2° *Sa fin.* — La fin de la sensibilité dérive de sa nature.

---

(1) V. Platon, *Banquet* et *Phèdre* ; Bossuet *Tr. de la Concupiscence* ; saint François de Sales, *Tr. de l'amour de Dieu* ; Malebranche, *Tr. de morale*, IIe partie, ch. IV.

Cette fin est le *bien* qui, senti, devient le *bonheur* (1). Le *plaisir* lui-même qu'est-il ? Il est, comme le définit Aristote qui en a donné la théorie (*Eth. à Nic.*, X, IV), la conséquence de l'acte, ἕπεται τῇ ἐνεργείᾳ. Il est le complément de l'activité qui est la vie. Or, la vie, c'est ce que tous les hommes désirent conserver, pourvu qu'elle soit et facile et puissante. Le plaisir est, comme l'observe Leibnitz, « un sentiment de perfection, et la douleur, un sentiment d'imperfection. » (*Nouv. Essais*, liv. II, ch. XXI.) Le bonheur, c'est le plaisir calme, inaltérable, la félicité. Nous tendons au bonheur par tous les penchants de notre nature. Bien qu'aucun des objets qui nous sont offerts ne satisfasse ce besoin, il persiste au fond de tous nos désirs, de nos passions et affections. « Ainsi, l'idée générale du bien, dit Malebranche, produit un amour indéterminé qui n'est qu'une suite naturelle de l'amour-propre et du désir naturel d'être heureux. » L'amour-propre et l'amour d'autrui ont donc la même fin. « L'amour-propre, dit le même philosophe, peut se diviser en deux espèces : en l'amour de la grandeur et en l'amour du plaisir, l'amour de l'être ou du bien-être et de la félicité. » (*Rech. de la Vérité*, liv. IV, ch. v.) « Aimer, c'est se plaire dans la félicité d'un autre ; c'est faire d'un autre notre propre félicité. » (Leibnitz, t. IV, éd. Dutens, p. 295.)

§ III. Rôle de la sensibilité dans le développement de nos facultés.

Quel rôle joue la sensibilité parmi nos facultés ? Cette question ne peut être bien résolue que quand celles-ci auront été étudiées. Nous pouvons cependant faire ici une réponse générale.

I. Par rapport à l'*Intelligence*, le rôle de la sensibilité n'est pas d'engendrer la connaissance, encore moins de la guider ; elle doit, au contraire, être éclairée et guidée par elle (2).

---

(1) « L'amour en général est le désir de ce qui est bon et nous rend heureux. » (Platon, *Banquet*.)

(2) « Les sens n'apportent pas à l'âme la connaissance de la vérité, ils l'excitent, ils la réveillent, ils l'avertissent de certains effets : elle est sollicitée à rechercher les causes, mais elle ne les découvre pas, elle n'en voit les liaisons ni les principes que dans la lumière supérieure, etc. » (Bossuet, *Conn. de Dieu*, V, 14.) — « C'est une enseigne que la nature nous a donnée pour connaître. » (*Ibid.*, III, 8.)

Mais sa fonction dans la vie intellectuelle n'est pas moins importante : 1° elle est la condition imposée au développement de la faculté de connaître dans l'ordre des choses sensibles ; la sensation précède toujours la perception ; 2° elle fournit à l'esprit des *signes* à l'aide desquels il juge des propriétés des corps, de leur distance, etc. ; les sons et la parole sont un puissant moyen de développer comme de communiquer la pensée. Elle excite donc et provoque l'intelligence, la tire de son sommeil ; elle l'avertit de la présence des causes extérieures qui exercent leur action sur nous et menacent notre organisation. Elle est comme une sentinelle placée entre le monde physique et l'âme associée aux organes du corps. Messagère rapide, elle annonce ce qui se passe au dehors et devance la réflexion qui serait trop tardive à nous faire exécuter les actes nécessaires à notre conservation. (V. Reid, t. III, p. 268.)

II. Elle ne joue pas un rôle moins important dans la *vie active* : 1° les penchants de la nature sensible indiquent à la raison les fins de notre être, que celle-ci apprécie et coordonne ; 2° elle fournit à la *Volonté* des mobiles qui influent puissamment sur ses déterminations. Sans elle, la volonté manquant d'intérêt, la raison serait rarement obéie. Les passions ont besoin d'être réglées et éclairées, mais alors elles sont les auxiliaires de la raison et les mobiles de toutes les grandes actions*. L'antagonisme même des passions et leur opposition primitive à la raison s'expliquent d'une manière conforme à la sagesse qui préside au monde moral. Elles fournissent à la liberté humaine la condition d'une lutte glorieuse ; celle-ci ne peut grandir et se développer qu'en luttant contre des obstacles. Ce combat où s'enfante la vertu et se crée notre personnalité a pour résultat de nous faire mieux sentir et apprécier le *bonheur*, surtout de le mériter, comme il sera démontré dans la morale.

---

* *Remarque.* — Aussi le stoïcisme s'est-il gravement trompé et Platon a beaucoup mieux compris la nature humaine quand il a dit : « Le plaisir, la peine et le désir, ce sont là les ressorts qui tiennent suspendu tout animal mortel et sur lesquels roulent ses principaux mouvements. (*Lois*, V.) « Oportet inesse ardorem quemdam amoris sine quo nihil tum in vitâ, tum in philosophiâ magnum effici potest. » (Cic.)

CHAPITRE IV

INTELLIGENCE

DE L'INTELLIGENCE EN GÉNÉRAL

> Animal hoc providum, sagax, multiplex, acutum, memor, plenum rationis et consilii, quem vocamus, hominem. (Cic., *De Leg.*, 1.)

§ I. Caractères généraux de l'intelligence.

L'intelligence est, de toutes nos facultés, la plus noble et la plus digne de notre étude. Reconnaître sa *nature* propre et les caractères qui la distinguent; analyser ses *facultés* et ses *opérations*; examiner ses produits qui sont nos *idées*; vérifier la nature et la portée de l'instrument qui sert à ses opérations, le *langage*, tel nous paraît être le plan à suivre dans cette longue et difficile recherche.

Toutes ces facultés diverses par lesquelles notre esprit perçoit les objets, se retrace leur image et se les rappelle, conçoit la vérité, juge et raisonne, ne sont que les modes divers d'une faculté unique dont le degré supérieur dans l'homme est la raison. Quelle est sa nature, et quels sont ses caractères?

I. Le propre de l'intelligence, c'est de connaître. La sensibilité n'est que l'âme affectée de diverses manières; la volonté se détermine librement et produit des actes. La faculté de connaître, seule, a des idées. Elle voit, conçoit et juge. La pensée lui appartient. Or, il est facile de remarquer dans la pensée deux termes distincts, bien qu'inséparables : ce qui pense, et ce qui est pensé; le *sujet* et l'*objet*. La pensée la plus simple les contient déjà. Il ne saurait y avoir d'idée sans l'idée de quelque chose, Ὁ γιγνώσκων γιγνώσκει τι. (Platon, *Rép.*, V.) Dans la réflexion, la pensée en se repliant sur elle-même reproduit cette dualité. L'esprit se dédouble en quelque sorte. Donc, partout et toujours se retrouvent ces deux termes. Le rapport qui les unit est le *vrai* et le *faux*. La connaissance est vraie, si elle est conforme à son objet, fausse si elle ne l'est pas. Ces caractères distinguent l'acte intellectuel de tout autre phénomène de l'âme. Comparée à l'idée, la sensation n'a qu'un terme qui est la sensation même ou le sujet modifié. Elle est dénuée de tout caractère *objectif* ou *représentatif*. Elle a bien une cause; mais celle-ci ne devient objet pour l'esprit qu'autant qu'il la saisit ou la connaît. Aussi est-ce improprement que les épithètes de la pensée s'appliquent aux faits sensibles. S'il y a des plaisirs *vrais* et de *fausses* jouissances, la vérité leur vient de leur conformité à l'idée du bien, qui est une notion de l'esprit. Ce qui fait dire à Platon que « le plaisir et la peine marchent à la suite de l'opinion vraie et de l'opinion fausse. » (*Philèbe*.) Autrement tous les plaisirs sont *réels* et non vrais. Il y a aussi des craintes vraies et des désirs trompeurs. Leibnitz appelle « lumineux » les plaisirs de la raison et « confus » les plaisirs sensuels. (*Nouv. Essais*, liv. II.) — La volonté se propose un but; mais c'est l'intelligence qui le conçoit et il est présent à la pensée avant d'être l'objet d'une détermination volontaire. On dit que la volonté est droite et dans le vrai quand elle est conforme à la raison. « Ainsi il demeure constant que le vrai effet de l'intelligence est de connaître le vrai et le faux et de les distinguer l'un de l'autre (1). »

II. Les dangereuses conséquences du système qui, confondant l'intelligence et la sensibilité, considère aussi la volonté comme un mode de la faculté de sentir, nous forcent d'insister sur ce point capital. Sentir et connaître sont deux faits essentiellement distincts (2). La sensation est aveugle, et ne peut révéler aucun objet. Elle-même n'existe qu'autant qu'elle est perçue par la conscience et qu'un acte de l'esprit se combine avec elle. Aussi est-ce improprement que les *perceptions* des sens sont appelées des sensations. Voir n'est pas sentir. La sensation précède la perception, l'analyse les distingue. Celle-là est incapable de nous faire sortir de nous-mêmes; celle-ci nous révèle un objet extérieur à nous, revêtu de qualités qui ne sont point en nous, l'étendue, la solidité, etc. (V. Reid, t. III, p. 400.) Mais ce qui étonne, c'est que l'on ait pu confondre avec les sensations les idées de la raison. Comment une impression sensible peut-elle être

---

(1) Bossuet, *Conn. de Dieu*, I, VII. — « Il y a, dit Malebranche, des différences essentielles entre connaître et sentir, entre les idées qui éclairent l'esprit et les sentiments qui le touchent. » (*Entret. métaph.*, II, ch. VIII.)

(2) Οὐ ταὐτόν ἐστι τὸ αἰσθάνεσθαι καὶ τὸ φρονεῖν. (Arist., *De Anim.*, III.)

assimilée à un pur concept de l'entendement, comme celui de l'espace ou du temps? Une manière d'être toute passive et individuelle peut-elle se convertir en une notion universelle, en un acte de la pensée, qui saisit ou conçoit des vérités éternelles et nécessaires? Comment enfin ne voir que des modes de la sensibilité dans les opérations de l'esprit qui servent à former, à combiner ou à conserver nos connaissances? Qu'est-ce que la sensation se réfléchissant elle-même (Condillac). Qu'est-ce que l'attention définie une sensation plus intense et devenue exclusive? — Une sensation est passive, l'attention active; cette métamorphose est impossible. Y a-t-il un sens dans ces mots : la sensibilité qui compare, qui juge, qui raisonne, qui imagine, qui se souvient? (*Id.*) C'est abuser étrangement des termes du langage, que d'attribuer ces opérations de l'esprit à une simple capacité passive et aveugle. « Je ne suis pas seulement un être sensitif et passif, et quoi qu'en dise la philosophie (sensualiste), j'oserai prétendre à l'honneur de penser. » (Rousseau, *Émile*, IV.)

Un caractère qui ne permet pas de confondre l'intelligence avec la sensibilité, c'est que, dans sa forme la plus élevée, la raison, elle saisit l'universel qui échappe aux sens. « Il est impossible de sentir l'universel et ce qui s'étend à tous les objets. » La sensibilité est bornée à l'individuel. (Aristote, *Analyt. post.*, I, XXXI.)

On a aussi fait voir (*sensibilité*) la manière différente dont les deux facultés se comportent relativement à leur objet. L'intelligence, dès qu'elle s'allie à la sensibilité, ne peut plus percevoir son objet quand la sensation est trop vive. « Tout au contraire, quand l'intelligence pense quelque chose de fortement intelligible, loin de penser moins bien les choses qui sont plus faibles, elle les pense encore mieux. » (Arist., *De Anima*, III, IV.)

III. La confusion de l'*entendement* et de la *volonté* commise par plusieurs philosophes est aussi une autre source d'erreurs graves, et qui peut avoir des conséquences fâcheuses. L'acte volontaire est libre. L'acte intellectuel, pris en soi, est fatal. La lumière vient-elle à frapper notre esprit, il voit, il perçoit involontairement, malgré lui. L'assentiment lui-même est irrésistible, quand la vue est claire et distincte.

(V. *Jugement.*) Ce qui a trompé, c'est que les opérations de l'intelligence dans son mode réfléchi, l'attention, la comparaison, etc., sont sous la dépendance de la volonté. L'attention est la volonté elle-même s'emparant de l'intelligence et la fixant. Mais les actes propres et simples de l'esprit, la perception, la conception, le jugement, se produisent fatalement; l'intuition est spontanée. Nous voyons avant d'avoir voulu voir, et lorsqu'après avoir regardé nous voyons plus clairement, l'idée naît d'elle-même, la vérité apparaît après la recherche. La volonté est la condition, non la cause qui produit la connaissance. Ainsi, dans son essence la raison est fatale et impersonnelle; la volonté, c'est notre personnalité même, elle seule est vraiment libre. (V. *Raison, Volonté.*)

§ II. Division des facultés de l'intelligence.

Prise en soi, l'intelligence est une. Envisagée dans ses modes et ses opérations, elle se divise en plusieurs facultés qu'il s'agit de distinguer et de coordonner.

L'intelligence comprend deux ordres de facultés. 1° Les unes, la *conscience*, les *sens*, la *raison*, sont les sources réelles de toutes nos idées. Il faut y ajouter la *mémoire* et l'*imagination* qui les conservent et les reproduisent. Ce sont là les vraies facultés. 2° Les autres, l'attention, la comparaison, qui servent à former le *raisonnement*, ne sont que des opérations de l'esprit travaillant sur ces données premières. De là notre division en *Facultés intellectuelles* et *Opérations de l'intelligence*.

I. *Facultés.* — Les facultés elles-mêmes sont de deux sortes. — 1° Le *Sens intime*, la *Perception externe*, la *Mémoire* et l'*Imagination* sont affectés à la connaissance sensible ou ne peuvent s'en isoler. — 2° La *Raison* s'en distingue comme renfermant des connaissances *à priori* ou dont le caractère n'est plus simplement *empirique*. Seule elle conçoit l'immuable et le nécessaire. Distincte des sens et du raisonnement qu'elle dirige et à qui elle fournit des principes, elle intervient dans tous les actes de l'esprit et règle l'exercice de ses facultés, comme elle gouverne la volonté. Par delà les existences mobiles et fugitives du monde réel, elle conçoit un monde intelligible, celui des vérités éternelles et l'Être qui est leur principe. Cette faculté supérieure doit avoir une place à part proportionnée à son importance.

II. *Opérations intellectuelles.* — L'esprit possède une autre faculté par laquelle il sait tirer de ses connaissances premières de nouvelles connaissances. C'est la faculté *discursive* ou le *Raisonnement*, distincte de la raison*. Partant des données de l'expérience et des principes que lui fournit l'entendement, elle découvre ou démontre des vérités inconnues en rapport avec les vérités connues. Cette faculté propre à l'homme s'exerce par plusieurs opérations successives toutes plus ou moins dépendantes de la volonté. Ces opérations que l'on a tort de confondre avec les vraies facultés, l'*attention*, l'*abstraction*, la *comparaison*, etc., fonctionnent au profit du *raisonnement* qui les comprend et les utilise. Luimême se compose de deux procédés généraux, l'*induction* et la *déduction*. L'ensemble de toutes ces opérations forme l'*Entendement logique*.

Tel est le tableau général des facultés et des opérations de l'esprit, et l'ordre dans lequel nous nous proposons de les étudier.

* *Remarque.* — En grec, les mots λογισμός et λόγος, en allemand *Vernunft* et *Verstand*, marquent clairement cette distinction. Elle est observée partout dans les écrits de Platon et d'Aristote. La διάνοια, la connaissance raisonnée, l'acte de la faculté discursive, n'est pas l'intuition rationnelle, la νόησις, la pensée pure. (*Ibid.*) Le latin est plus équivoque (*ratio intellectus*). En français, raison, entendement, raisonnement souvent sont synonymes. L'intellect seul, ou l'esprit pur (Malebranche), a un sens plus précis. — Notre division, du reste, ne diffère pas essentiellement de la division commune et plus générale : *sens*, *entendement*, *raison*.

Consultez : Platon, *Théétète*; *Rép.*, IV, V, VI ; *Timée*, *Phèdre*, *Phédon*. — Aristote, *De Anima*, III. — Bacon, *De Augm.*, IV, III. — Descartes, *Médit.*, VI. — Bossuet, *Conn. de Dieu*, I. — Malebranche, *Rech. de la Vér.*, I, II, III. — Locke, *Ent. hum.*, IV, XVII. — Leibnitz, *Nouv. Ess.*, IV, XVII. — Kant, *Raison pure*, Ire et IIe part. — Reid, t. II, III, IV, V. — D. Stewart, *Phil. de l'espr. hum.* — Garnier, *Tr. des fac. de l'âme*, t. II, liv. VI.

CHAPITRE V

FACULTÉS INTELLECTUELLES

ART. I. DU SENS INTIME OU DE LA CONSCIENCE.

> « Quoi donc! moi qui semble concevoir avec
> « tant de netteté et de distinction ce morceau
> « de cire, ne me connais-je pas moi-même? »
> (Descartes, 2ᵉ *Médit.*)

I. *Sa nature.* — La conscience est cette faculté par laquelle l'âme se connaît elle-même dans ses pensées, ses modifications et ses actes. Le nom de *sens intime* est impropre, puisque aucun organe particulier n'est affecté à son exercice; mais il exprime très-bien l'analogie réelle qui existe entre cette faculté qui perçoit le monde intérieur de l'esprit et cette autre faculté qui nous met en relation avec le monde extérieur par l'intermédiaire des sens.

On s'est demandé comment l'esprit pouvait se voir, se donner en spectacle à lui-même, assister à ses propres opérations, être à la fois acteur et spectateur. On a même élevé des doutes sur la possibilité de cette connaissance immédiate. Il en est, dit-on, de l'âme comme de l'œil, elle voit les objets, mais ne peut se voir elle-même. *Ut oculus, sic animus se non videns alia cernit.* (Cic., *Tusc.*, I, 28.) (1) Elle ne peut que voir son image réfléchie dans le langage ou dans les actes extérieurs comme dans un miroir. — Nous demandons à notre tour comment on peut nier ce qui est évident, sous prétexte qu'on ne le comprend pas, comment surtout on croit devoir révoquer en doute un fait intellectuel, parce qu'il ne peut s'expliquer par une loi physique? L'œil ne peut se voir, donc l'âme ne peut avoir conscience d'elle-même. Belle conclusion! D'abord, si ce n'est pas l'œil qui voit, mais l'âme par l'œil, s'il ne voit pas plus les objets extérieurs qu'il

---

(1) Et quia non poteram hæc videre in animo, putabam me non posse videre animum. (S. Aug., *Conf.*, IV, 15.)

ne se voit lui-même, que devient la comparaison? Or, il est de fait que non-seulement l'esprit pense, mais qu'il pense sa pensée. « La pensée est la pensée de la pensée (1). » C'est la prérogative de l'esprit de se voir lui-même. *Est illud quidem vel maximum, animo ipso animum videre.* (Cic., *Tusc.*, I, 22.) La pensée n'est réelle qu'à cette condition; il n'y a de sensation que celle qui est sentie, de pensée que celle dont nous avons le sentiment. Penser, c'est savoir que l'on pense; sentir, savoir que l'on sent; vouloir, savoir que l'on veut. Toutes les langues du monde n'ont-elles pas une foule de mots pour exprimer cette propriété de l'âme de se replier sur elle-même, de réfléchir, et, en particulier, toute une classe de verbes qui empruntent à ce fait leur dénomination? L'âme est une force qui *se sait, vis sui conscia;* qui non-seulement se sait, mais *se meut, se possède, vis sui motrix, sui potens.* Nier ces faits en prenant ses raisons dans l'ordre physique, c'est comme si l'on niait la possibilité du mouvement des corps en s'appuyant sur quelque principe tiré de la nature de l'âme, de l'impossibilité, par exemple, où elle est de changer de lieu, parce qu'elle n'en occupe aucun.

La conscience accompagnant les autres facultés dans leur exercice, plus d'un psychologue n'a voulu voir en elle qu'une propriété générale de la pensée et lui a refusé le titre de faculté spéciale. Mais on oublie que c'est le moi qui est perçu par la conscience, le moi dont les facultés ne sont que des modes; c'est lui qui est le véritable objet du sens intime. Cela suffit pour en faire une vraie faculté; nulle autre ne peut la suppléer. Ce qui suit le rendra plus évident.

II. *Son étendue et sa portée.* — Jusqu'où va, en effet, la conscience, et quelle est sa vraie portée? Faut-il restreindre son objet aux seuls faits de la vie intérieure qui parviennent jusqu'à elle? — La cause qui les produit, l'être qui en est le sujet se dérobe-t-il à sa vue comme il est invisible aux regards des sens? — Cette opinion (Condillac, Kant) est une des plus graves erreurs de l'esprit de système. Elle jette la confusion sur toute la science de l'homme et répand ses ténèbres sur la philosophie entière. En forçant de démontrer

(1) Αὐτὸς δὲ αὐτὸν δύναται νοεῖν. — Ἔστιν ἡ νόησις νοήσεως νόησις. (Arist., *Métaph.*, *Eth. à Nic.*, X, 9.) Meminisse me memini. (S. Aug., *Conf.*, X, 10.)

par le raisonnement ce que l'esprit aperçoit par une intuition immédiate et directe, l'unité du moi, sa liberté, etc., elle compromet les vérités qui s'y rattachent. Elle fausse la méthode en transportant à la métaphysique des questions qui appartiennent à la psychologie et que l'observation seule doit résoudre. (V. *Ame, Liberté*.)

Pour peu que l'on veuille rentrer en soi, on verra que le *moi* n'est pas seulement la pensée, mais l'*être pensant*, et qu'il est saisi par la conscience. Ce moi n'est-il qu'une collection de sensations, d'idées, d'actes sans support, qui flottent dans le vide? Ma pensée n'est-elle qu'une pensée abstraite? l'attribut d'un être inconnu? est-ce un simple effet qui se rapporte à sa cause par voie d'induction? Non, cette cause, c'est moi-même et je la sens. — Il y a plus, j'ai conscience de mes facultés ou des pouvoirs de cette cause. J'ai conscience de ma faculté de penser; dans la sensation, la capacité de sentir se révèle à moi; ma puissance de vouloir et d'agir se manifeste à moi par l'énergie même et l'effort nécessaire pour prendre une résolution et produire une action; dans la détermination libre, je puise le sentiment du pouvoir de me déterminer librement. Lors même que je cesse d'agir, je sais que je puis agir et reprendre le cours des actes que j'ai interrompus. Il reste une disposition, une *tendance* à l'acte, dont nous avons conscience.

Ainsi, l'*âme*, sinon comme substance, au moins comme *force simple, active* et *libre*, se révèle immédiatement à la conscience. On ne peut le nier sans donner un démenti formel à cette faculté et se refuser à l'évidence. Comment le contester quand cette cause, qui est nous-même, nous apparaît dans son activité vivante; lorsque, au milieu du torrent qui emporte nos pensées, nos impressions, nos actions et notre existence phénoménale tout entière, nous sentons en nous une force immanente (*spiritus intus alit*), qui, au lieu de s'épuiser et de se renouveler, reste la même pendant le cours de la vie la plus longue, et après les moments de défaillance où elle semble s'évanouir, se retrouve toujours identique, toujours une et maîtresse de ses déterminations (1)?

(1) « La force, dites-vous, nous ne la connaissons que par les effets, et non

III. *Idées simples dues à la conscience.* — Il en résulte que plusieurs idées premières que l'on rapporte ordinairement aux sens ou à la raison nous viennent en réalité de la conscience : les idées d'*unité*, de *causalité*, de *liberté*. — 1° L'*unité* réelle échappe à nos sens. Les corps sont des composés d'atomes ou de molécules ; mais ni nos sens ni nos instruments ne peuvent atteindre un seul de ces éléments. Quant au point mathématique, c'est une pure conception abstraite de la raison. Pour trouver l'unité concrète, réelle et vivante, il faut rentrer en soi. Le sens intime nous en donne une idée très-claire et très-nette : j'ai conscience de l'unité, de l'indivisibilité de ma personne. — 2° Je trouve aussi en moi la vraie notion de *cause* et je la demanderais vainement à mes sens. Dans le monde physique, je ne vois que des phénomènes qui se succèdent. La cause qui les produit reste invisible et cachée. Les faits qui m'apparaissent ne seraient pas même des effets si je n'induisais la cause en vertu d'un principe de ma raison. Je ne puis pénétrer dans le sein d'aucune cause étrangère à la mienne, la saisir dans ses opérations intimes. Mais il est une cause que je connais immédiatement ; cette cause, c'est moi-même, et je sens qu'elle est libre. C'est à son image que je conçois les autres causes : les inférieures en retranchant ce qui est en plus dans la mienne ; la cause supérieure en ajoutant à la mienne ce qui lui manque.

IV. *Ses limites.* — Mais la conscience a ses limites. — 1° Tout ce que voient nos *sens* lui échappe. Ce qui même, dans la vie du corps, est corporel, n'est pas perçu par elle. Je sens l'effort pour mouvoir le muscle, non le muscle ; je sens la douleur de l'estomac, de la tête ; mais la douleur de tête me donne-t-elle l'idée de la tête ? Je n'ai conscience ni du lieu, ni de la forme de mes organes. Le moi seul, donc, ses états et ses actes tombent sous le sens intime. — 2° Ce ne sont pas ses seules limites. Même dans la vie de l'âme, combien de faits obscurs lui sont dérobés dans la veille comme dans le sommeil ! (V. Locke, II, 10.) — 3° Autres bornes du côté de la *raison*. Les vérités nécessaires se reflètent dans la conscience ; mais celle-ci ne les saisit que comme faits dans l'acte qui les

telle qu'elle est en soi. Je réponds qu'il en serait ainsi si nous n'avions pas une âme et si nous ne la connaissions pas. » (Leibnitz, *Lett.*, édit. Erdmann, p. 445.)

conçoit, non en elles-mêmes. — 4° Enfin ne confendons pas le *sens intime*, cet œil ouvert sur nous, mais simple témoin de la vie intérieure, avec la *conscience morale*, qui est un législateur et un juge. (V. Morale.)

V. *Ses formes générales*. — La conscience existe à divers degrés; comme toutes les facultés de l'esprit, elle présente deux formes principales. D'abord naturelle ou *spontanée*, elle devient *réfléchie* lorsque l'attention s'y applique. Elle prend alors le nom de *réflexion*. L'esprit se replie sur lui-même et sur ses opérations, dont il prend une connaissance plus claire et plus distincte. Cette faculté se développe et se perfectionne comme toute autre par l'exercice et l'habitude. Mais elle a des conditions spéciales qui tiennent à sa nature: la première est d'écarter les causes qui attirent l'esprit au dehors et l'empêchent de s'étudier lui-même. Les métaphysiciens les ont décrites et ont donné à ce sujet des préceptes qu'il est bon de méditer (1).

ART. II. DE LA PERCEPTION EXTERNE OU DES SENS.

> « L'homme n'est pas supérieur aux animaux parce qu'il a une main; mais il a une main parce qu'il est supérieur aux animaux. » (ARISTOTE.)

La perception des corps offre un mécanisme beaucoup plus compliqué que celui de la conscience. Pour se connaître, l'âme n'a pas besoin d'intermédiaires; mais, unie à un corps, il lui fallait des moyens pour communiquer avec les objets distribués dans l'espace et percevoir leurs propriétés diverses. Les sens sont des instruments appropriés à cet usage. Ils sont au nombre de cinq : le *toucher*, la *vue*, l'*ouïe*, l'*odorat* et le *goût*.

L'analyse des sens est un sujet très-compliqué. Les points qui doivent surtout fixer l'attention du psychologue sont ceux-ci : 1° en quoi consiste le fait de la *perception* des corps et comment il s'opère; 2° quelles sont les *lois* de la perception; 3° comment se fait l'*éducation des sens;* 4° quel *rôle* appartient à chacun d'eux ou quels sont ses *usages*.

I. NATURE DE LA PERCEPTION. — Pour connaître l'acte de la perception en lui-même, c'est dans le *toucher* qu'il faut d'a-

---

(1) Lisez Descartes, 2º *Médit.*; Malebr., *Rech. de la vérité*, Préf; Reid, t. II, ch. II; Jouffroy, *Préface aux Esquisses de D. Stewart*.

bord l'étudier. Lui seul révèle les propriétés qui constituent les corps. La vue ne saisit que des apparences, qui varient avec la distance et la position des objets. L'ouïe, l'odorat et le goût, par eux-mêmes, ne donnent que des sensations.

Or, que se passe-t-il toutes les fois que, par le toucher, nous percevons un corps? 1° Un corps est mis en contact immédiat avec notre propre corps, ou avec la main, organe spécial du toucher. 2° L'impression est transmise par les nerfs au cerveau et le cerveau lui-même est impressionné. 3° Une sensation se produit à la suite de l'impression. 4° La sensation est suivie de la *perception*.

Ces faits, qui se succèdent, sont d'une nature très-distincte, et il faut se garder de les confondre. Les uns se passent dans le corps, les autres dans l'âme. 1° Le *contact* est un fait purement physique. 2° L'ébranlement nerveux (*impression, innervation*), quel est-il? Un phénomène organique dont la nature est inconnue ainsi que l'*impression cérébrale*. 3° Quant à la *sensation*, le premier fait dont j'aie conscience, qu'est-elle à son tour? Un fait *sui generis*, une modification du moi. Elle n'a rien de commun, soit avec l'action d'un corps qui en touche un autre, soit avec l'ébranlement du nerf qui est un mouvement, soit avec la modification du cerveau qui est ce mouvement aboutissant à son centre. La sensation est un fait interne; d'elle seule j'ai conscience. Les autres faits me sont connus par les sens. 4° Mais la *sensation* n'est pas encore la *perception*; celle-ci est un acte de l'esprit. Celle-là est une pure modification de l'âme, incapable de nous faire sortir de nous-mêmes et de nous révéler un objet extérieur. L'acte de *percevoir*, au contraire, est un fait cognitif qui révèle l'extériorité. Il consiste à voir, à savoir qu'il y a *là*, dans ce lieu, un objet extérieur à moi, étendu, solide. Cet acte est déjà intellectuel, non purement sensible. C'est même un acte particulier de l'esprit qui n'est ni une conception de la raison ni une induction ou une déduction du raisonnement. Il y a là *intuition* directe, ce que je nomme une *perception*, en un mot l'acte d'une faculté spéciale (1).

(1) Consultez Reid, t. III, *Essai 2*, ch. II et suiv.; Bossuet, *Connaiss. de Dieu*, ch. III, § 7 et suiv.

Mais qu'y a-t-il dans la perception elle-même? Je perçois l'objet, comme *étendu*, il est vrai, mais d'abord comme *solide* ou *résistant*. Pour le toucher, c'est la *résistance* qui constitue le corps. Or, résister, c'est agir, et c'est ainsi que le corps m'est donné, non comme inerte; l'inertie, c'est le repos, l'équilibre. Je le perçois aussi comme étendu; mais qu'est-ce que l'étendue? Pour la main, c'est la continuité de points résistants, *continuatio resistentis*. (Leibnitz.) De sorte que la seule qualité essentielle ou première des corps est la solidité; toute autre est dérivée. Ceci donne raison au système qui fait des corps un système de *forces*. (Leibnitz.) La science le confirme par ses expériences (1).

Quoi qu'il en soit de cette question aussi grave que délicate, avec la *solidité* et l'*étendue* nous sont données, par le toucher, d'autres propriétés des corps qui ne sont que des modes des deux premières ou n'indiquent que des rapports; la *dureté*, la *mollesse*, la *fluidité*, la *divisibilité*, la *forme* et la *figure*, etc.

On attribue aussi au toucher les deux sensations particulières du *chaud* et du *froid*.

Qualités premières; qualités secondes. — La solidité et l'étendue sont les propriétés constitutives des corps, et c'est par le toucher que nous en obtenons primitivement la connaissance. Les autres propriétés ne sont point perçues, comme celles-ci, immédiatement; nous ne les connaissons d'abord que par nos sensations, dont nous plaçons la cause dans les objets. Ainsi, qu'est-ce que le *son*, la *saveur*, l'*odeur*? Des sensations dont la cause est une propriété inconnue des corps. Il est à remarquer ici que le même mot s'applique à la fois à la sensation en nous et à la qualité du corps qui la produit.

Cette équivoque, qui se retrouve dans toutes les langues, a occasionné une singulière méprise de la part de plusieurs philosophes. Ils ont prétendu que les *qualités secondes* (c'est ainsi qu'ils les appellent), le son, l'odeur, la saveur, le chaud, le froid, n'existent qu'en nous, et non dans les corps. C'est le langage de Descartes. De même, la statue imaginée par Condillac pour expliquer l'origine des idées, se sent odeur

---

(1) La matière ou la substance des corps ne tombe pas sous les sens.

de rose, odeur d'œillet, de jasmin, selon qu'une de ces fleurs est offerte à son odorat. — Le sens commun, lui, ne s'y trompe pas, il place à la fois l'odeur en nous comme sensation, et dans les corps comme propriété capable de la produire; pour lui les corps sont odorants, savoureux, sapides, comme ils sont étendus, figurés, solides.

Mais comment obtenons-nous la connaissance de ces qualités? D'abord, ce ne sont point, à proprement parler, des *perceptions*. En présence de certains corps, nous éprouvons certaines sensations. En vertu du principe de causalité, nous rattachons l'effet produit sur nous à ces corps, et nous supposons en eux un pouvoir, une qualité capable de produire cet effet sur nous. L'expérience, plusieurs fois répétée, apprend à l'enfant à associer ainsi à ses sensations les qualités correspondantes des corps. Certaines odeurs, certains sons répondent pour lui à certains objets. C'est une véritable *induction*.

Il faut donc distinguer, parmi nos perceptions, celles qui sont *primitives* ou immédiates de celles qui sont *acquises* par l'expérience. Le toucher seul nous révèle les corps avec leurs propriétés constitutives : la solidité et l'étendue. Les autres sens ne nous donnent que des sensations ou des apparences : l'*ouïe*, les *sons*; l'*odorat*, les *odeurs*; le *goût*, les *saveurs*; la *vue*, les *couleurs* et une apparence mobile bornée à deux dimensions.

II. Lois de la perception. — Ces lois ou conditions d'exercice sont nombreuses. Elles sont 1° *physiques*, 2° *physiologiques*, 3° *psychologiques*; elles varient avec les sens et les organes affectés à leur exercice.

Les premières et les secondes appartiennent à la physique et à la physiologie. Nous y renvoyons. Il suffit de rappeler que la communication avec les corps s'opère, dans le *toucher*, par le contact immédiat, et dans les autres sens, par des intermédiaires qui sont : la lumière, pour la *vue*; pour l'*ouïe*, les vibrations d'un milieu sonore; pour le *goût*, une certaine dissolution chimique des corps; pour l'*odorat*, les émanations des corps. Il appartient au physiologiste de déterminer la nature des phénomènes qui se passent dans les organes et leurs appareils.

Quant aux conditions psychologiques, nous ne pouvons que constater ici les principales. 1° La première, c'est que la *sensation* précède toujours la perception, et qu'elle varie selon les divers sens. Sans la sensation, la perception n'a pas lieu. Elle n'engendre pas pour cela l'*idée* sensible; elle reste un fait intime modificatif ou subjectif. 2° L'idée sensible ou la *perception* est accompagnée ou suivie d'actes de l'esprit nécessaires pour la compléter : la *conception de l'espace*, celle de la *substance* des corps, la notion de *cause*. Ces notions relèvent de l'entendement, qui fonctionne à la suite des sens. La *raison* intervient dans leur exercice, elle juge leurs données, les contrôle et régularise leur action. Le raisonnement saisit les rapports. L'acte préalable de la perception reste toutefois nécessaire et distinct. Par lui la raison est informée; sans lui l'esprit ne saurait sur quoi il juge. La notion des corps doit lui être fournie, et celle de leurs propriétés. — Quant aux lois particulières, une analyse détaillée de chaque sens peut seule les révéler. (V. Reid, t. II et III.)

III. Éducation des sens. — La nature a donné à l'homme des sens, mais c'est à condition qu'il apprendra à s'en servir comme de ses autres facultés. Comment doit-il s'y prendre pour manier ces instruments?

Nos yeux n'aperçoivent par eux-mêmes ni la grandeur ni la forme réelle des corps, ni leur distance et leur position relative. Si, par la nature du son qui frappe mon oreille, je juge que l'objet qui l'a produit est tel ou tel corps, de telle ou telle forme, situé à ma droite ou à ma gauche, ce n'est pas que le sens de l'ouïe m'apprenne toutes ces choses. Ce sont là évidemment des perceptions *acquises*. On peut en dire autant d'une foule de jugements dans lesquels les sens échangent leurs données, ou qui nous paraissent des perceptions; ce sont de véritables inductions ou le fruit d'une association d'idées.

Comment donc apprenons-nous à *voir*, à *entendre*, etc.? Nous prendrons pour exemple la *vue* et la manière dont ce sens apprend à juger les *distances*.

La vue nous fournit la sensation de *couleur* et une *forme apparente* qui varie par l'effet d'une foule de causes, et, en particulier, avec la distance des objets. Cette *apparence* n'est point la réalité; mais entre elle et la réalité la nature a établi un *rapport*, qu'il dépend de nous de connaître et d'apprécier avec plus ou moins d'exactitude. — La *grandeur apparente* des corps varie avec leur distance dans une proportion inverse : tel est ce rapport. Il nous permet de juger de la distance réelle. L'attention et la comparaison le découvrent, et il se fixe dans notre esprit. L'opération intellectuelle par laquelle s'exécute cette espèce de calcul devient, par l'habitude, plus facile et plus rapide, au point d'effacer presque entièrement l'effort de l'attention. Nous croyons alors *voir* la distance, tandis qu'en réalité nous la *concluons*. Nous prenons un raisonnement ou une association d'idées pour une perception directe.

D'autres signes de la distance s'ajoutent à la *grandeur apparente*. La nature s'est plu, en quelque sorte, à les multiplier. Tels sont : 1° le degré de détermination ou d'indécision dans la *forme* et les *contours* de l'objet; 2° la *dégradation des couleurs;* 3° l'*interposition des objets* placés entre nous et le corps que nous regardons; 4° l'*inclinaison de l'angle* formé par la direction des *axes optiques;* 5° la *modification* que l'œil éprouve, et la *sensation* qui y correspond, lorsque nous regardons un objet à une certaine distance. — Tous ces signes, combinés avec celui de la grandeur apparente, nous permettent d'apprécier, au moins approximativement, la véritable distance des corps. Ces rapports constituent, comme on le sait, les lois de la *perspective;* ils sont employés pour produire l'illusion dans la peinture. (V. Reid, t. II, p. 321.)

Trois actes principaux de l'intelligence sont à signaler dans cet exercice des sens : 1° l'*attention* donnée à la sensation ou à l'apparence, à ses nuances ou degrés; 2° la *comparaison* répétée et variée qui fait saisir le rapport et, le confiant à la mémoire, permet de le généraliser (*induction*); 3° le *raisonnement* (déduction), qui applique le rapport connu au cas particulier; en quoi surtout l'erreur est possible. — Ajoutez l'*habitude;* elle ne crée rien, mais elle rend les actes plus faciles et plus rapides. Le toucher intervient comme régulateur destiné à rectifier les autres sens et à détruire l'illusion quand elle se produit. Les sens, du reste, doivent fonctionner simultanément, se corriger et se prêter un mutuel secours.

> Que dis-je? chaque sens, par un heureux concours,
> Prête aux sens alliés un mutuel secours.
> (DELILLE, *l'Imag.*, ch. I.)

Le procédé de l'esprit, dans cette opération, est analogue à l'interprétation des signes du langage. En effet, le rapport entre l'apparence et la réalité étant saisi, le premier de ces deux termes devient signe du second. La nature parle à l'homme une langue qu'il doit savoir comprendre. Aussi, c'est avec justesse que Cicéron appelle les sens les interprètes et les messagers des choses, *interpretes ac nuntii rerum.* (De nat. Deor., II, 56.)

Erreurs des sens. — On le voit, en réalité, aucun sens ne nous trompe. L'erreur vient de nous; elle n'est autre chose qu'une fausse interprétation du signe naturel. L'enfant apprend cette langue en même temps qu'il apprend à parler, et la nature est pour lui un maître sévère qui l'avertit par la douleur et ne lui épargne pas ses leçons (1).

Du perfectionnement des sens. — Il repose sur les mêmes principes. — L'*attention* appliquée à nos sensations et à nos perceptions les rend plus vives et plus distinctes; elle nous fait démêler en elles les nuances les plus imperceptibles : elle communique ainsi aux sens un degré de finesse qu'on serait tenté de révoquer en doute, si l'exemple des aveugles et des sauvages n'était là pour convaincre les incrédules (2). — La *comparaison* de nos sensations et des objets qui les produisent nous fait découvrir une foule de rapports, qui échappent à la plupart des hommes au milieu des nombreuses distractions de la vie, et à l'aide desquels nous pouvons porter des *inductions* sur les corps et leurs propriétés cachées, sur les phénomènes dérobés à nos regards. — Quant à l'*habitude*,

---

(1) Sur les erreurs et le perfectionnement des sens, voyez : *Logique de Port-Royal*, Ire part., ch. II; Reid, t. IV, Essai 2.

(2) « L'exemple d'un illustre aveugle (Saunderson) prouve que le tact peut devenir plus délicat que la vue lorsqu'il est perfectionné par l'exercice; car en parcourant des mains une suite de médailles, il discernait les vraies d'avec les fausses, quoique celles-ci fussent assez bien contrefaites pour tromper un connaisseur qui avait de bons yeux; et il jugeait de l'exactitude d'un instrument de mathématiques en faisant passer l'extrémité de ses doigts sur ses divisions. » (Diderot, *Lett. sur les aveugles*, p. 220.)

en rendant plus faciles et plus rapides la comparaison et le jugement qui la suit, elle semble substituer au raisonnement la vue directe et immédiate. C'est comme une seconde vue qui s'ajoute à la première ; nos sens passent en quelque sorte à une plus haute puissance. (Reid, t. IV, p. 25.)

La nature a établi des rapports, non-seulement entre les sensations de chaque sens et des qualités des corps qui leur correspondent, mais aussi entre les perceptions des divers sens. Par là, ceux-ci peuvent échanger leurs perceptions. Nous entendons ce qui se voit, nous voyons ce qui se touche ; l'ouïe apprécie les distances que la vue, aidée du toucher, nous fait connaître ; les teintes sont dures, les sons suaves, etc.

Le monde est rempli de ces rapports qui sont ses propres lois : entre les qualités extérieures des corps et leurs propriétés cachées existe une relation que découvre un œil attentif et observateur. Les propriétés visibles deviennent ainsi des symboles ou signes des qualités invisibles. Ces caractères frappent les regards du vulgaire sans qu'il les comprenne. La nature est un livre ouvert à tous les yeux ; quelques-uns seulement savent y lire (1).

L'observation de ces rapports a fait découvrir des instruments qui augmentent la portée de nos sens d'une manière étonnante. Le *télescope* a ouvert les cieux ; le *microscope* a révélé le monde des infiniment petits. — Ainsi s'agrandit l'horizon de notre intelligence dans ses rapports avec le monde sensible ; l'homme s'empare de la création, et recule à l'infini les bornes de l'espace. Mais il ne faut pas oublier que les sens ne sont ici que les instruments de ces merveilleuses découvertes. Elles sont dues à la raison qui les dirige et nous apprend à nous en servir. L'animal aussi a des sens, et souvent plus parfaits que ceux de l'homme. Mais il ne sait en faire usage que dans la mesure limitée de l'instinct, et pour satisfaire ses appétits grossiers.

IV. RÔLE PARTICULIER DES SENS. — Chacun de nos sens a son organisation propre et sa fonction spéciale, qui ont été

---

(1) « Il y aurait de la témérité à assigner les limites de ce vaste champ ouvert au génie de l'homme et à ses recherches. Les rapports des qualités sensibles aux qualités cachées des corps sont une mine féconde qui peut enrichir nos sens d'une foule de perceptions inconnues. » (Reid, t. IV, p. 34.)

étudiées par les naturalistes et les philosophes (1). Il suffit de rappeler leur destination et leurs principaux usages.

1° Le *toucher*, on l'a vu, est le sens fondamental. Il perçoit les propriétés constitutives des corps et leurs modes : la figure, la dureté, la mollesse, etc. Il est aussi le sens régulateur qui corrige les erreurs des autres sens. Répandu sur toute la surface du corps, il a chez l'homme un organe particulier, la *main*, dont les avantages sont tels qu'on lui a attribué notre supériorité sur les animaux, erreur qu'Aristote redresse. Ce sens ne perd jamais son importance; mais celle-ci diminue à mesure que s'achève l'éducation des autres sens. Lent et successif, il est peu propre aux opérations rapides de la pensée; mais il exécute ses conceptions. La main est « l'instrument des instruments, » dit Aristote (2). (Ch. VIII.) Cicéron appelle les mains *omnium artium ministras*. Par elles, dit-il, il a été donné à l'homme de créer dans le monde un autre monde, *in rerum natura alteram naturam efficere*. (*De nat. Deor.*, II, 56-60.)

2° La *vue* est le plus noble de nos sens. Sa destination est de percevoir la forme et la couleur des objets, leur distribution dans l'espace, et tous ces riches tableaux de la nature que l'œil humain embrasse d'un regard simultané. Les signes de la vue lui permettent de juger de la distance, de la position relative, des mouvements apparents ou réels des objets. « C'est le sens de l'agrément et de l'ordre. » (Cic.) A lui s'adresse la beauté sensible (*forma*), objet propre des arts du dessin. Il est doué d'une merveilleuse sagacité d'interprétation. Il sait lire sur la figure humaine les passions et les pensées les plus secrètes; il distingue les vertus et les vices, la colère, la joie, la bienveillance, la douceur, l'énergie, la mollesse, le courage, la lâcheté. (*Ibid.*) Mais la noblesse de la vue lui vient surtout de son analogie avec l'intelligence et ses actes. L'acte simple, premier et parfait de l'esprit est l'intuition. Aussi nous disons que Dieu *voit*. La lumière physique, intermédiaire entre l'objet et l'organe, a une ana-

---

(1) V. surtout Reid, dont le tome II, *Œuvres complètes*, contient sur ce point les recherches les plus intéressantes.

(2) Ἡ χεὶρ ὄργανόν ἐστιν ὀργάνων. (*De Anima*, III, 8.)

logie non moins frappante avec la lumière intellectuelle qui produit l'évidence (1).

3° L'*ouïe* a ses prérogatives qui peuvent faire hésiter sur la prééminence de la vue. Si la vue nous livre simultanément le spectacle des objets de la nature éclairés par la lumière, elle nous retient dans le monde des formes matérielles et des images sensibles. L'ouïe, qui perçoit le son, le vrai signe, le signe adéquat de la pensée, offre un plus haut degré de spiritualité. C'est le sens propre de l'*entendement* (2). A lui s'adresse la *parole*, ce lien des intelligences placées dans l'espace et servies par des organes. Il est aussi le sens de la sociabilité, l'instrument de l'éducation et de la perfectibilité humaine. Sous le rapport de l'interprétation expressive, l'ouïe ne le cède pas à la vue et lui est peut-être supérieure. L'oreille qui perçoit le son de la voix humaine, cet écho de l'âme, en distingue les nuances et les modifications les plus fines. C'est le sens musical et de l'harmonie. (*Ibid.* et Platon, *Timée*, 48.)

4° Le *goût*. L'odorat et le goût sont particulièrement affectés aux fonctions de la vie animale. Leurs sensations, purement affectives, sont peu propres aux opérations de l'intelligence. Aussi sont-ils plus développés chez certains animaux que chez l'homme. Leur utilité pour l'homme n'en est pas moins réelle. Ils sont destinés à surveiller les deux grandes fonctions de la vie organique : la digestion et la respiration. Quand ils sont sains et non pervertis, ils nous avertissent des causes qui favorisent ou menacent notre existence. Ils contribuent aussi à nos jouissances, quoique d'un ordre inférieur. « Pour flatter et charmer ces sens, dit Cicéron, l'homme a été plus ingénieux qu'il n'aurait fallu. » (*Ibid.*) Le second de ces sens surtout est le plus matériel; lui accorder trop, c'est appesantir son intelligence, la rendre impropre aux travaux de l'esprit.

Le goût a pourtant une certaine analogie avec l'intelligence. Nous disons goûter la vérité, goûter une opinion.

---

(1) Platon, *Phèdre; Rép.*, VI; saint Augustin, *Confess.*; IX, ch. XXXV. (Sur l'excellence de la vue, voyez Reid, t. II, p. 141.)

(2) « L'ouïe est un sens spirituel, l'entremetteur et l'agent de l'entendement, l'outil des savants.., capable des secrets et intérieur des individus à quoi la vue n'arrive pas. » (Charron, I, XII.)

Mais cela indique moins un discernement qu'un plaisir et un agrément. Il faut bien aussi qu'il ait une analogie secrète avec la beauté, puisque dans notre langue le sens du beau est appelé le goût. Mais on distingue le goût intellectuel du goût physique. (V. *Raison*.)

5° *L'odorat*. C'est le plus borné de nos sens. Purement affectif, il est réduit à la sensation. Ce qui fait que dans notre langue son opération est désignée par le mot générique *sentir*. On dit palper, voir, entendre, goûter. Ce sens est le seul qui n'ait pas de mot propre dans son état passif. Mais on dit odorer, flairer, quand l'attention s'y applique. Une faible analogie avec l'intelligence subsiste encore.

Quelle que soit la perfection de nos sens, il ne faut pas oublier qu'elle vient de la supériorité de l'esprit lui-même, dont ils ne sont que les instruments. « L'homme n'est pas supérieur aux animaux parce qu'il a une main; mais il a une main parce qu'il est supérieur aux animaux. » (Aristote.) Le grand métaphysicien qui fait cette remarque est aussi le plus grand naturaliste de l'antiquité. Avant lui, Socrate avait dit : « L'animal qui aurait les pieds du bœuf et l'intelligence de l'homme aurait les mêmes volontés que nous sans pouvoir les remplir. Accordez-lui les mains de l'homme et privez-le de l'intelligence, il n'en sera pas moins un animal. » (Xénophon, *Mem. Socr.*, I, IV, 14.) Mais cette perfection des sens elle-même n'est rien, comparée à celle des hautes facultés qui dépassent l'horizon du monde sensible. C'est aussi un naturaliste qui l'a dit : « L'homme n'est pas plus raisonnable, pas plus spirituel, pour avoir beaucoup exercé son oreille et ses yeux. Preuve évidente qu'il y a dans l'homme plus qu'un organe matériel. » (Buffon.)

ART. III. DE LA MÉMOIRE.

> Omnis disciplina memoria constat, frustraque docemur si quidquid audimus præterfluat.
> (QUINTILIEN, XI, 2.)

Esprit fini, placé dans le temps, l'homme avait besoin d'une faculté pour conserver ses connaissances acquises et relier les instants de sa durée successive. Telle est la mémoire, dont il est facile d'énumérer les avantages. Sans elle, les autres facultés deviennent inutiles. Que serait la conscience bornée au présent? « Le moment où je parle est déjà loin de moi (1). » La réflexion est un retour sur une pensée qui n'est plus. Toutes les opérations de l'esprit sont successives et le raisonnement est impossible sans la mémoire. Le fil de notre existence étant rompu, les objets extérieurs frapperaient notre esprit sans y laisser de trace. A la mémoire est due l'*expérience,* principe de l'*art* (2). Le souvenir est le fondement de la prévoyance, *consilium futuri ex præterito venit.* (Sénèque, *Ep.* 83.) L'imagination emprunte ses matériaux à la mémoire. Sur elle repose l'éducation. Elle est le trésor où puise sans cesse notre esprit (3). Il importe de l'étudier avec soin, de reconnaître sa nature et ses lois, afin d'en tirer des règles pour son perfectionnement.

I. SA NATURE. — Écartons d'abord les définitions qui défigurent la mémoire en la matérialisant. Le sens commun croit expliquer un fait intellectuel en l'assimilant à un fait physique; il faut se défier de ces analogies. Elles font que l'esprit s'ignore davantage en croyant se connaître, et reste étranger à ses propres opérations. Jamais les métaphores n'ont été plus prodiguées que sur la mémoire. Les idées s'impriment, se gravent, se conservent dans l'esprit. Elles s'effacent, se réveillent ou reparaissent. La mémoire est le réservoir des idées. C'est un livre rempli de caractères, etc., etc. (4). Le métaphysicien lui-même ne peut éviter ces locutions; mais il ne doit pas en être dupe et faire reposer toute une théorie sur une comparaison. Faut-il rappeler que l'esprit ne ressemble en rien à des tablettes de cire ou d'airain (5)? Si les objets s'impriment ou se gravent en lui, c'est d'une façon toute spirituelle. Le souvenir est un acte de la pensée; il n'existe donc que quand nous pensons. S'il rend le passé présent à l'esprit, c'est comme passé, non comme présent. Qu'est-ce donc que le souvenir? la simple repro-

(1) Jam quod loquor inde est. (Perse.)
(2) Ars ex experimento venit. (Quintil. Cf. Aristote, *Mét.*, I.)
(3) Quid dicam de thesauro omnium rerum memoria? (Cic., *De Orat.*, I, XVIII.)
(4) Montaigne l'appelle le réceptacle et l'étui de la science. (*Ess.*, II, 17.)
(5) An imprimi quasi ceram animum putamus, et memoriam esse signatarum rerum in mente vestigia? Quæ possunt verborum, quæ rerum ipsarum vestigia? (Cic., *Tusc.*, I, 25.)

duction d'un acte antérieur de l'esprit? Nullement; ni cette répétition ni la tendance à répéter le même acte n'expliquent la mémoire. L'*habitude* ne peut créer un acte nouveau. Celui-ci, la reconnaissance du fait, suppose l'idée du temps avec la conviction actuelle que nous avons vu l'objet dans le passé, et c'est là précisément le souvenir. (V. Leibnitz, *Nouv. Ess.*, liv. II, x.)

La théorie des *idées images* de Démocrite, théorie toute matérialiste, a engendré celle de la mémoire, qui, favorisée par le langage vulgaire, a passé chez les écrivains spiritualistes. Elle n'a pas besoin d'être ici réfutée. (V. *Idées.*) D'autres ont ramené le souvenir à la sensation. Le souvenir est une *sensation prolongée*, dit Condillac. — Pour savoir qu'une sensation a duré et se continue, il faut se rappeler qu'elle a commencé. Voilà la mémoire invoquée pour expliquer la mémoire. Hume n'est pas plus heureux quand il définit le souvenir une impression moins vive que la sensation présente. La vivacité ne change rien à l'impression et n'en peut faire un souvenir.

Qu'est-ce donc que la mémoire? Une faculté simple *sui generis*, qui ne s'explique que par elle-même. Le souvenir est un acte de l'esprit tout particulier qui ne rentre dans aucun autre. Indéfinissable comme tout ce qui est simple, comme la pensée elle-même dont il est un mode, il doit être sévèrement maintenu dans sa nature propre. Le figurer, c'est le défigurer; le faire comprendre par un acte différent, c'est en ôter l'intelligence, altérer la notion vraie qui ne peut se prendre que sur lui-même. La science se borne à le distinguer des autres actes de l'intelligence, à reconnaître ses conditions, à déterminer ses lois. Avant tout, il fallait le replacer sous l'œil de l'esprit, dont ces analogies et ces définitions tendent à le distraire.

Le souvenir, si l'on y songe, est un des phénomènes les plus mystérieux de l'ordre intellectuel. Comment un objet, un événement qui ne sont plus, qui ne reparaîtront jamais, peuvent-ils revivre dans ma pensée avec toutes leurs circonstances, et cela, sans que rien, en réalité, se soit conservé dans mon esprit? C'est ce qu'il est assurément difficile de comprendre. Mais quiconque approfondit l'âme humaine, y découvre bien d'autres merveilles (1).

Son analyse; ses éléments. — En analysant le souvenir, on y trouve : 1° la conception d'un objet antérieurement perçu, accompagnée de la croyance à sa réalité ; 2° la notion du *temps* et d'un instant particulier de la durée où cet objet a existé ; 3° celle de notre existence antérieure, de l'*identité* de notre personne. L'une de ces conditions supprimée, le souvenir disparaît ou n'est plus complet. (V. Reid, t. IV, p. 51.) — Nous insisterons sur les deux dernières.

1° *Idée du temps.* — Ce qui distingue la mémoire de l'imagination, ce n'est pas seulement la croyance qui s'attache à son objet, c'est qu'elle nous reporte toujours sur un moment particulier de la durée antérieure. Sans l'*idée du temps*, le souvenir est donc impossible. Or, cette idée, elle est due à la raison. Ceci nous montre l'étroite union de nos facultés et le rôle ici de cette faculté supérieure. La raison intervient dans la mémoire, à qui elle donne l'idée du temps, condition de la succession des événements, comme elle intervient dans l'exercice des sens, à qui elle fournit l'idée de l'espace, condition de l'existence des corps. Mais les choses contingentes seules sont l'objet de la mémoire ; on ne se souvient pas de ce qui est éternel.

2° *Identité personnelle.* — Pour se souvenir, il ne suffit pas d'avoir présent un objet à sa pensée, il faut se rappeler qu'on l'a vu, qu'on a été témoin de l'événement. Or, ceci implique un retour sur nous-mêmes et notre existence passée. Le souvenir est un acte réflexif qui n'atteint son objet qu'en traversant un intermédiaire qui est nous-mêmes. L'expression : Je me souviens d'un objet, renferme une ellipse. Pour être complet, dites : Je me souviens d'avoir vu. « La mémoire ne nous fait pas faire connaissance avec les objets, mais avec nous. » (Reid, t. IV, p. 53.) — « A vrai dire, nous ne nous souvenons que de nous-mêmes. » (Royer-Collard, *ibid.*, p. 357.) Il s'ensuit que la mémoire serait impossible si la personne qui se souvient actuellement n'était pas la même qui a vu l'objet dans le passé, si elle perdait le sentiment de son identité,

---

(1) Voyez le beau passage de saint Augustin sur la mémoire. (*Confess.*, X, viii.)

Ses qualités. — Tels sont les éléments constitutifs de la mémoire. On y distingue comme trois moments ou trois actes : *apprendre, retenir, se rappeler,* trois qualités qui y répondent et qui sont les conditions d'une bonne mémoire : *facilité, ténacité, promptitude.* Rarement elles sont réunies.

Ses formes. — Le souvenir est ou *spontané* ou *volontaire.* A son origine, il est toujours spontané. L'attention, en s'y appliquant, l'éclaircit et le complète. Elle évoque toutes les circonstances. Aristote appelle *réminiscence* la mémoire volontaire, qui, selon ce philosophe, n'appartient qu'à l'homme et qu'il refuse aux animaux. (*De Reminiscentia.*)

Ses variétés. — Outre ces caractères généraux, la mémoire offre de grandes *variétés* selon les individus. Les uns retiennent plus facilement les figures et les couleurs, d'autres les sons, d'autres les chiffres, d'autres les dates et les faits de l'histoire, d'autres les mots. De là la mémoire du peintre, celle du musicien, du mathématicien, de l'historien, du philologue. L'habitude ajoute beaucoup à ces dispositions naturelles. La mémoire varie aussi selon l'âge, les dispositions de l'âme et du corps. Aucune faculté ne dépend plus des organes et n'est plus précaire. Plus vive et plus facile au premier âge, elle diminue de bonne heure s'affaiblit ou disparaît dans la vieillesse. Mille accidents peuvent l'enlever en tout ou en partie : les maladies, les lésions du cerveau, les narcotiques, etc.

II. Lois de la mémoire. — Il est des conditions qui, comme la notion du temps et celle de notre identité, forment l'essence de la mémoire ; d'autres tiennent à notre constitution actuelle et sont les lois de cette faculté. L'*attention* et l'*association des idées* sont les principales.

1° *Attention.* — On sait qu'un objet ne laisse de traces dans notre esprit qu'autant qu'il a fait sur nous quelque impression, qu'il a attiré et fixé à un certain degré notre attention. Mille objets frappent continuellement nos regards, dont nous ne conservons nul souvenir : c'est que nous ne les remarquons pas. Le souvenir est d'autant plus net et plus durable, que l'attention s'est plus longtemps arrêtée sur son objet (1).

(1) Quæ exspectantur et attentionem excitant melius hærent quam quæ prætervolant. (Bacon, *Nov. Org.* l. I, aph. 26.)

Aussi l'attention a-t-elle été appelée le *burin* de la mémoire.

2° *Association des idées.* — On nomme ainsi cette tendance qu'ont nos idées à s'attirer les unes les autres en vertu des rapports qui les unissent. Ce fait, que nous étudierons à part, joue un grand rôle dans la production du souvenir. Un objet rappelle un autre objet ; une idée évoque une autre idée. Ainsi reparaît le passé tout entier dans notre mémoire. Les idées se tiennent comme par la main ; elles forment des chaînes qui se brisent et se renouent sans cesse. Mille causes en font varier le cours. On connaît surtout la puissance des objets visibles. Que de souvenirs n'éveillent pas en nous les lieux de notre enfance : la vue des Pyramides, du Colysée, des monuments de la Grèce et de Rome! La vertu des mots est aussi très-grande. Miltiade, Thémistocle, Aristide, César, Napoléon, que d'événements et d'idées se pressent autour de ces noms! Les mots s'attirent comme les pensées. Voulons-nous nous rappeler une phrase entière, en répétant chaque mot nous espérons que les autres viendront à la suite. C'est comme un ressort dont on presse la détente. La réminiscence volontaire repose presque entièrement sur cette loi.

Ces associations d'idées sont de deux sortes et elles agissent diversement sur la mémoire. 1° Les unes, *accidentelles*, sont fondées sur les rapports de lieu et de temps, de contraste ou d'opposition, de ressemblance ou d'analogie dans les choses ou dans les mots. Quoique réels, ces rapports n'offrent rien de nécessaire et de rationnel. Qu'un événement se soit passé dans tel lieu, à tel jour, à telle heure, il n'y a là souvent qu'une coïncidence fortuite ; ainsi l'a voulu le hasard. — 2° Mais d'autres rapports, que la raison conçoit, règlent la succession de nos pensées. Quand la cause me rappelle l'effet, ou l'effet la cause ; quand le moyen me fait songer à la fin, ou la fin au moyen, c'est par un lien naturel et logique que s'associent mes idées. Ces associations sont appelées *naturelles*.

L'habitude d'associer nos idées d'après l'un ou l'autre de ces deux genres de rapports introduit dans la mémoire, qui offre d'ailleurs tant de variétés dans les individus, des différences fondamentales ; elle constitue comme deux sortes de mémoire. La première, qui se rappelle plus volontiers les objets et les idées par les rapports d'opposition et de contraste, par les similitudes et les analogies extérieures, est celle de l'homme d'esprit, du poète et de l'artiste. La seconde, qui s'appuie sur les rapports logiques de l'effet à la cause, etc., est celle des esprits chez lesquels domine la faculté de raisonner, celle du philosophe et du logicien.

Ces deux mémoires ont leurs avantages et leurs inconvénients : la première est plus facile et plus rapide, mais aussi plus précaire. Plus lente, la seconde est plus tenace et plus sûre. Le sens commun a consacré cette distinction par les expressions de *mémoire de mots* et de *mémoire de choses*, prenant le cas particulier le plus saillant pour le caractère général. (V. Cic., *De Or.*, II, 88.)

III. DU PERFECTIONNEMENT DE LA MÉMOIRE. — 1° *Moyens naturels.* — Les moyens de perfectionner la mémoire sont pris dans sa nature et dans ses lois. Le plus puissant est sans contredit l'*exercice*, *exercitatio et labor* (1). L'attention qui grave les idées dans la mémoire a besoin, il est vrai, d'être soutenue par l'*intérêt* que les objets excitent. La sensibilité prête ici son secours utile à l'intelligence. Mais, il y a deux genres d'intérêt : l'un, frivole et passager, s'arrête aux qualités extérieures; l'autre, sérieux, s'attache aux qualités intimes ou profondes et s'accroît avec leur étude. Savoir l'exciter est le vrai secret de l'éducation.

Un autre moyen non moins naturel est la *méthode*. L'ordre et la clarté secondent toutes les opérations de l'esprit. Conduit par un lien logique, il passe facilement d'une idée à une autre. Après l'exercice, Quintilien considère ce moyen comme le plus efficace. *Multum valent prope solæ, excepta quæ potentissima est exercitatione, divisio et compositio.* Une bonne disposition des idées conduit la mémoire. *Quæ bene composita sunt memoriam serie sua ducunt.* (*Inst.* XI, 2.) Tous les auteurs sont d'accord pour proclamer l'ordre le flambeau de la mémoire comme de toutes les facultés.

---

(1) *Si quis unam maximamque a me artem memoriæ quærat, exercitatio est et labor ; multa ediscere, multa cogitare, et, si fieri potest, quotidie, potentissimum est. Nihil æque vel augetur cura, vel negligentia intercidit.* (Quintili en, XI, 2.) — *Itaque quidquid frequens cogitatio exercet et renovat memoriæ nunquam subducitur, quæ nihil perdit nisi ad quod non sæpe respexit.* (Senec., *De Ben.*, III. c. 11.)

Ordinem esse maxime qui memoriæ lucem afferat. (Cic., *De Or.*, II, 86.) (1).

2° *Mnémotechnies.* — Des moyens artificiels ont été inventés pour aider la mémoire. Ils sont tirés des rapports plus ou moins factices et accidentels entre les idées que l'on veut retenir et les signes auxquels on les associe. Les rapports de temps, de lieu, les rapprochements singuliers, les combinaisons bizarres sont mis à contribution. Telle est la *mémoire topique* des anciens dont parlent Cicéron (*ibid.*) et Quintilien (XI, II). Elle consistait à rattacher les divisions d'un discours aux parties de la salle ou de l'édifice où parlait l'orateur. Tels sont les divers procédés mnémoniques inventés par les modernes, les *vers techniques* destinés à rappeler les figures et les modes du syllogisme, les dates de la chronologie, les radicaux des langues, des séries de chiffres, etc.

Ces moyens, par lesquels on obtient quelquefois des résultats surprenants, offrent un grave inconvénient, celui de familiariser l'esprit avec des rapports que la raison et le bon sens repoussent, et qui même sont quelquefois ridicules ; ils laissent la raison oisive, et faussent à la longue le jugement, en donnant à la pensée un tour bizarre et singulier. Un pareil artifice, qui répugnera toujours aux bons esprits, doit être sinon exclu totalement, du moins fort restreint dans l'éducation. Une règle absolue d'éducation est celle-ci : Ne jamais développer une faculté au détriment d'une autre, et surtout de la plus précieuse de nos facultés : le jugement. Qu'importe que vous m'étonniez par vos tours de force de mémoire, dont je rirai aussitôt que j'en aurai la clef, si, après tout, vous n'êtes qu'un sot? Vous mériterez tout au plus que l'on grave sur votre tombe l'épitaphe connue : *Vir beatæ memoriæ exspectans judicium.* Personne ne se soucie d'être ainsi canonisé (2).

(1) « Il est indubitable qu'on apprend avec une facilité incomparablement plus grande et qu'on retient beaucoup mieux ce qu'on enseigne dans le vrai ordre, parce que les idées qui ont une suite naturelle s'arrangent bien mieux dans notre mémoire et se réveillent bien plus aisément les unes les autres. » (*Log.* de Port-Royal, IVᵉ part., ch. x.)

(2) On sait que c'est l'épitaphe du père Hardouin. — « Tous ces talents-là et autres de cette espèce, nous n'en faisons guère plus de cas que des tours de souplesse des danseurs de corde et des tours de main des joueurs de gobelets ; car c'est, au fond, la même chose, les uns abusant des forces de l'âme comme les derniers abusent des forces du corps. » (Bacon, *De Augm.*, liv. V, ch. v.)

Les vraies méthodes sont moins brillantes; leurs effets sont lents, mais sûrs et durables. A elles il est réservé de former les bons esprits et les hommes judicieux.

L'art véritable d'aider et de perfectionner la mémoire consiste donc à disposer nos idées dans un ordre systématique conforme, autant que possible, à celui de la nature des choses ou aux lois de la raison. La meilleure mnémotechnie est une bonne classification (1).

Les avantages qu'on en retire sont nombreux et supérieurs.

Le premier, c'est de développer simultanément et harmoniquement deux facultés qui ne doivent jamais se séparer, la mémoire et le jugement.

Le second est de retrouver à volonté les idées que nous avons confiées à la mémoire, ce que permet seul un arrangement méthodique. Si la mémoire est en défaut, le raisonnement vient à son secours; le fil est-il brisé d'un côté, il se renoue de l'autre.

Un troisième avantage, qui dérive du précédent, est celui de disposer de nos connaissances acquises comme de matériaux pour en acquérir et en former de nouvelles, de faciliter l'invention et les découvertes.

Autre résultat précieux : l'esprit n'a pas à craindre d'être embarrassé par la multiplicité de ses connaissances, ce qui arrive lorsqu'elles sont entassées confusément. Au contraire, à mesure que les faits se multiplient, leurs rapports se dévoilent et se multiplient dans une proportion beaucoup plus grande encore. Les chances de rappel sont donc considérablement augmentées. « Et ainsi, comme dit Montaigne, notre âme s'élargit d'autant plus qu'elle se remplit. » (*Essais*, liv. I, ch. XXIV.)

A ces règles on peut ajouter quelques recommandations utiles pour cultiver cette précieuse faculté de la mémoire :

1° Faire un choix judicieux entre les objets que nous de-

— « Ils font de leur tête une espèce de garde-meuble dans lequel ils entassent sans discernement et sans ordre tout ce qui porte un certain caractère d'érudition. — Ils font gloire de ressembler à ces cabinets de curiosités et d'antiques qui n'ont rien de riche et de solide. » (Malebr., *Rech. de la Vérité*, Préface.)

(1) Bacon recommande les *lieux communs*, c'est-à-dire des TABLES où soient rangés les faits méthodiquement; mais au lieu de divisions banales et pédantesques, il veut des divisions qui pénètrent dans l'intérieur et la moelle des choses. (*De Augm.*, liv. V, ch. V.)

vous lui confier ; ne pas disperser l'activité de notre esprit sur une foule de sujets frivoles.

2° Se familiariser de bonne heure avec les objets de notre étude. Peu à peu l'intérêt s'accroît, ce qui était difficile s'apprend et se retient facilement.

3° Nous assimiler et nous approprier, autant que possible, les idées des autres, en les accommodant à la tournure de notre esprit et à notre manière d'associer les idées. « Il ne faut pas attacher le savoir à l'âme, dit Montaigne, il l'y faut incorporer » (*Essais*, liv. I, ch. XXIV) ; substituer par là à la mémoire passive une mémoire active (1). Enseigner pour apprendre est ici un excellent moyen : *Dum docent discunt*. (Sénèque.)

4° Repasser souvent dans notre mémoire les objets que nous pouvons oublier ; et c'est ce que permet un arrangement systématique.

5° Confier nos idées à l'*écriture*, faire des recueils et des sommaires, mais avec ordre et méthode. L'écriture est un moyen dont il faut se défier ; si elle soulage la mémoire, elle favorise la paresse. Sûrs de retrouver ce que nous avons écrit, nous l'oublions vite (2). Il ne faut pas, selon l'expression de Montaigne, se faire une mémoire de papier. L'âge d'or de la mémoire est antérieur à l'écriture. Ce qu'on raconte des bardes et des rapsodes en est la preuve. On voit des personnes qui ne savent ni lire ni écrire conserver, dans l'âge le plus avancé, une mémoire surprenante (3).

6° Enfin, pour conjurer les effets de la vieillesse, qui frappe cette faculté avant les autres, maintenir l'activité de notre

---

(1) Aliquid et de tuo profer... Aliud autem est meminisse, aliud scire. Meminisse est rem commissam memoriæ custodire. At contra scire est et sua facere quæque, nec ab exemplari pendere, et toties ad magistrum respicere. (Sénèque, *Ep.* XXXIII.)

(2) Memoriæ plerumque inhærent fidelius quæ nulla scribendi securitate laxantur. (Quintilien, X, 6 ; *ibid.*, XI, 2.) Cf. César, *De Bello Gallico*, lib. VI, 14.

(3) Voici ce que dit à ce sujet *Platon* : « Ingénieux Theuth, lui dit le roi, père de l'écriture, par amour pour ta découverte, tu lui attribues des effets qu'elle n'a pas. Car ceux qui sauront cet art négligeront leur mémoire et feront naître l'oubli dans leurs âmes, parce que, se reposant sur la fidélité de l'écriture, ils chercheront à se rappeler les choses extérieurement, à l'aide de caractères étrangers, et non intérieurement par leurs propres efforts. Tu n'as donc pas trouvé un moyen de se souvenir, mais de remémorer. » (*Phèdre*.) — Sur les moyens de cultiver la mémoire, voyez Quintilien, XI, II ; Bacon *De Aug.*, V, ch. V ; D. Stewart, *Élém. de la Phil. de l'esp. hum.*, t. II.

esprit, et surtout ne pas cesser de prendre intérêt aux choses de la vie, aux affaires et aux événements du temps présent, pour vivre dans le passé ; défaut, qui, indépendamment des causes physiques, explique en grande partie l'affaiblissement de la mémoire chez les vieillards.

ART. IV. DE L'IMAGINATION.

> « Elle a ses fous et ses sages...... Elle ne peut
> « rendre sages les fous, mais elle les rend heu-
> « reux. » (PASCAL, *Pensées*, III, 2.)

Les sens et la conscience nous font voir les objets présents; la mémoire nous en rappelle le souvenir. Mais ceux-ci peuvent se retracer à notre pensée sans les circonstances de temps et de lieu qui les ont accompagnés, et cela avec une vivacité telle qu'ils paraissent quelquefois remplacer dans notre esprit la réalité même. La faculté de se représenter ainsi les objets en leur absence s'appelle *imagination*.

1° C'est là, du moins, son premier degré. Elle est ici purement *reproductive*, et ne diffère de la mémoire que par la notion du temps. L'image est le souvenir dépouillé de cette notion. Comme dit le poète :

> Elle n'est qu'une immense et fidèle mémoire. (DELILLE

2° Mais elle ne se borne pas à ce rôle passif. Ces idées ou ces images se succèdent et se combinent dans notre esprit; elles obéissent à certaines tendances, en vertu desquelles elles s'attirent, s'évoquent et s'associent de diverses manières. Tantôt *passive*, tantôt *active*, l'imagination alors devient l'*association des idées* ou la *fantaisie*, fait curieux, important par ses conséquences, qui devra fixer notre attention.

3° Jusqu'ici, néanmoins, l'imagination ne nous offre rien qui l'élève au-dessus des facultés sensibles ; elle est commune à l'homme et aux animaux. Or, chez l'homme, elle affecte une forme supérieure par où elle prend place à côté des plus nobles et des plus hautes facultés de son intelligence. L'homme a le pouvoir de s'emparer des matériaux du monde réel, de se créer un monde idéal qui réponde mieux que le premier au type de beauté, de justice et de vérité que conçoit sa raison. Il peut rendre ses plus sublimes comme ses plus vulgaires pensées par des images empruntées à la nature, et disposées librement selon les lois du goût ; traduire ainsi ses plus abstraites conceptions en vivants symboles, et les revêtir des plus brillantes couleurs. Cette faculté, qui est spécialement celle de l'artiste et du poète, elle n'a été refusée, à un certain degré, à aucun homme. Elle est une des formes de l'intelligence humaine, et la plus brillante. Elle doit figurer sur la liste des facultés de l'esprit dans la science qui les étudie.

Nous avons donc à traiter : 1° de l'imagination *passive* ou *reproductive;* 2° de l'*association des idées;* 3° de l'imagination *créatrice.*

§ I. Imagination passive ou reproductive.

A ce premier degré, l'imagination est le pouvoir que nous avons de nous représenter les objets sensibles. Elle a été classée parmi les sens intérieurs. (V. Bossuet, *Conn. de Dieu*, I.) Elle tient, en effet, à la sensibilité, mais elle s'en distingue ; car même pour se représenter la forme des objets, il faut un acte de l'esprit. Aussi Aristote la place entre la *sensation* et l'*opinion.* (*De Anima*, III.) La mémoire ne peut rien sans elle. Conservatrice de la sensation, σωτηρία τῆς αἰσθήσεως, comme l'appelle Platon (*Philèbe*), celle-ci ne peut rien évoquer qu'en l'imaginant. L'imagination, selon Kant (*Raison pure*, II), fait plus, elle opère la synthèse des perceptions sensibles. A cette fonction il en ajoute une autre encore plus élevée, celle de fournir à l'entendement des formes générales (schèmes) nécessaires pour toutes ses opérations. (*Ibid.*) Mais ce n'est déjà plus le pouvoir reproductif. On voit par là combien l'homme, même dans ses facultés inférieures, diffère des animaux. (V. *Questions*, sect. II.)

Le rôle de l'imagination dans la connaissance et son rapport avec les autres facultés ont été souvent décrits. Elle est attachée à l'exercice de la raison elle-même. « L'âme, dit Aristote, ne pense jamais sans images (1). » Ces deux actes d'imaginer et d'entendre, encore que distincts, se mêlent tou-

---

(1) Οὐδέποτε νοεῖ ἄνευ φαντάσματος ἡ ψυχή· (Aristote. *De Anima*, III, ch. VII.)

jours ensemble. (V. Bossuet, *Conn. de Dieu*, I, x.) « L'entendement ne définit point le triangle et le cercle que l'imagination ne s'en figure un. Il se mêle des images sensibles dans la considération des choses les plus spirituelles. » (*Ibid.*) Telle est, réserve faite de l'intégrité de ses actes, la loi de notre esprit. « L'imagination et l'intelligence s'unissent et s'aident ou s'embarrassent mutuellement. Aussi, selon qu'on en use, cette faculté peut grandement nuire ou servir. Le bon usage est de rendre l'esprit attentif, de soutenir et fixer la pensée. Le mauvais usage est de la laisser décider. L'expérience fait voir qu'une imagination trop vive étouffe le raisonnement et le jugement. » (*Ibid.*) — Les phénomènes de l'imagination si étroitement liée aux organes et dans la dépendance de l'organisme offrent des particularités et des variétés sans nombre, objet de curieuses études. Pour les observer, il faut être à la fois physiologiste et moraliste. Tels sont l'enthousiasme, l'extase, les rêves et le somnambulisme, les illusions de la folie, etc. — Nous renvoyons aux auteurs qui en ont traité (1).

§ II. Association des idées.

> Apprenons maintenant quels ressorts invisibles
> Réveillent des objets les images sensibles.
> (Delille, *l'Imag.*, ch. I.)

Qui n'a remarqué cette propriété qu'ont nos idées de s'attirer les unes les autres, la tendance qu'elles ont à s'unir et à se provoquer d'après certains rapports, les uns faciles à reconnaître, les autres plus cachés et qui souvent nous échappent? Le poète Delille a bien décrit ce phénomène de l'imagination :

> Telle est de notre esprit la marche involontaire :
> Nulle pensée en nous ne languit solitaire,
> L'une rappelle l'autre, et grâce aux nœuds secrets
> Par qui sont alliés les différents objets,
> En images sans fin une image est féconde.
> (*L'Imagination*, ch. I.)

Ce fait qui, on l'a vu, joue un très-grand rôle dans la mémoire, n'influe pas moins sur les autres facultés. Il constitue une forme inférieure de l'imagination. Il détermine en partie

---

(1) Descartes, *Des Passions de l'âme*; Montaigne, *Essais*, I, 44 ; Malebranche, *Rech.*, II ; Bossuet, *Conn. de Dieu*, I, 5; III, 10, et les auteurs cités aux articles : Enthousiasme, Sommeil, Folie du *Dict. des sc. philosophiques*.

la nature de nos jugements en matière spéculative et pratique, et c'est une des sources les plus fécondes des aberrations de l'esprit humain. Il entre aussi beaucoup dans nos affections et nos sympathies, et n'intéresse pas moins le moraliste que le psychologue ou le logicien. Nous examinerons sa *nature*, ses principales *formes*, son *influence*, et le pouvoir qu'exerce sur lui la *volonté*, regrettant d'effleurer chacun de ces points.

1° SA NATURE. — L'attraction qui s'exerce entre nos pensées a quelque rapport avec celle qui régit les corps; mais elle conserve son caractère propre comme loi de l'esprit. Entre les phénomènes de l'esprit et ceux de la matière il y a analogie, non identité. Les idées sont des actes, l'âme une force vivante. Quand l'esprit passe d'un acte et d'un mode à un autre, il y a en lui *tendance*, *disposition*, non *attraction*. La loi physique aide à se représenter la loi morale, elle ne l'explique pas. Autrement, pourquoi ne pas aller jusqu'au bout et ne pas voir dans les liaisons souvent si tenaces qui s'établissent entre nos idées, la cohésion et l'affinité chimiques ? Pourquoi ne pas prendre à la lettre ces métaphores : le *fil*, la *pente*, le *cours* de nos idées, ou évoquer la fantasmagorie des *idées-images* et ressusciter les *esprits-animaux* qui ont si longtemps été en possession d'expliquer les faits de la mémoire et de l'imagination ? D'ailleurs, le mot *association d'idées* n'exprime qu'une partie du phénomène; ce ne sont pas seulement les idées qui appellent et provoquent les idées; les sensations, les émotions, les déterminations de notre activité, la présence des objets, l'action et l'état des organes font changer le cours de nos pensées et la direction de nos facultés.

Ainsi l'association des idées n'est que l'activité spontanée de l'esprit, la tendance, soit naturelle, soit fortifiée par l'habitude, en vertu de laquelle l'âme passe d'un objet, d'un état, d'une impression à une autre. Le lien, quel qu'il soit, qui unit nos pensées, nos impressions et nos déterminations, est un lien spirituel, qui ne s'explique que par les lois de l'organisation intellectuelle; il faut y ajouter l'action plus inexplicable encore du physique sur le moral. C'est un des faits les plus compliqués que la science ait à étudier; il tient à ce qu'il y a de plus mystérieux dans la constitution originelle de notre être. On a eu tort de l'attribuer exclusivement à l'*habitude*. (Reid.) Toutes les facultés concourent à le produire, mais l'imagination y a la part principale et même sous la forme active, la *fantaisie*, elle le réclame tout entier. L'habitude, ici comme toujours, ne fait que fortifier la tendance et cimenter le lien ; elle ne le crée pas.

2° SES FORMES PRINCIPALES. — De quelque manière qu'on l'explique, le fait est réel et il affecte une grande variété dans ses formes. On distingue deux sortes d'associations : 1° les unes dites *accidentelles;* 2° les autres, *naturelles* ou *logiques*. (V. *Mémoire*.) Que deux objets s'offrent à nous dans le même temps et dans le même lieu, ou qu'ils se succèdent, ils resteront associés dans notre esprit, l'un nous rappellera l'autre. Outre la *simultanéité* et la *succession*, la *ressemblance*, l'*opposition* et le *contraste* entre les choses et entre les mots sont autant de principes en vertu desquels les idées s'unissent dans notre esprit, et se présentent à l'imagination. Ces rapports sont accidentels. Mais que l'*effet* rappelle la *cause* ou la cause l'effet, que l'esprit suive une série de conséquences ou remonte des *conséquences* au *principe*, le lien est logique autant que la pente est naturelle. De même, la fin fait songer au *moyen*, comme le *moyen à la fin;* le *contraire* appelle *son contraire;* le *semblable son semblable*. Ces rapports sont *rationnels* et servent de base au raisonnement.

Un champ plus vaste encore s'ouvre au libre jeu de la *fantaisie*. Ici les principes d'association n'ont plus rien de rationnel. Ce sont de simples coïncidences, des oppositions, des analogies dans les termes ou dans les signes. Souvent les idées jaillissent dans notre esprit des rapprochements les plus singuliers, des contrastes les plus bizarres, soit que nous les ayons cherchés, soit qu'ils se présentent à nous d'eux-mêmes. Quelquefois la trame de nos pensées est si délicate, si subtile, qu'elle nous échappe entièrement. L'esprit, dans sa course vagabonde, semble n'avoir d'autre règle que l'arbitraire et le caprice. Mais le hasard est un mot ; c'est qu'alors les ressorts qui font mouvoir notre intelligence se dérobent à la conscience. Plusieurs de ces suites de pensées sont spontanées, d'autres sont réglées par la volonté ; quelques-unes sont mixtes; il en est auxquelles la réflexion avait présidé à l'origine, et qui redeviennent spontanées par l'habitude. Parmi ces associations d'idées, les plus raisonnables ne sont pas toujours les plus vivaces et les plus durables, ni celles dont le pouvoir est le plus grand sur notre imagination et notre jugement. — Il importe d'examiner cette influence.

3° SON INFLUENCE SUR NOS FACULTÉS. — On a vu la part que prend l'association des idées dans l'exercice de la mémoire. Elle n'est pas moins nécessaire à *l'imagination*. C'est elle qui amène successivement sous les yeux du poète ou de l'artiste les idées et les images entre lesquelles l'esprit fait un choix et qui sont les matériaux de ses compositions. L'imagination, en effet, à proprement parler, ne crée pas : elle se borne à combiner les idées dans des rapports nouveaux ; elle compose ses tableaux des formes et des couleurs qu'elle emprunte au monde réel, et ses matériaux lui sont fournis par la mémoire. D'un autre côté, la manière dont elle les dispose et les arrange dépend, en grande partie, du mode selon lequel les idées se présentent d'elles-mêmes à l'intelligence et des rapports selon lesquels elles s'y associent. Que l'on donne un thème poétique à développer à des esprits différents, en enfermant leur imagination dans les conditions les plus étroites, on verra quelle diversité dans la manière de le concevoir et de le traiter. On reconnaîtra, dans l'œuvre de chacun, ses pensées habituelles, les rapports qui président à leur combinaison, en un mot ce qu'on appelle son tour d'esprit et d'imagination.

Mais c'est sur le *Jugement* que l'association des idées exerce surtout son empire. Elle agit sur lui de plusieurs façons : — 1° Les choses associées se confondent à nos yeux au point de ne pouvoir se séparer, ainsi la couleur et la forme, la sensation et la perception. — 2° Le rapport accidentel se change en naturel, comme lorsque, dans la succession de deux faits, nous voyons un rapport de causalité. — 3° Dans le mélange des qualités contraires, la qualité dominante donne aux autres son caractère. L'erreur, mêlée à la vérité, devient la vérité. La qualité bonne ou aimable nous fait trouver aimable et bon ce qui est mauvais ou vicieux. Le laid ainsi devient beau ; le beau, laid, etc. Ce penchant, qui nous gouverne dans notre enfance, conserve son pouvoir, même lorsque la raison est en état de distinguer les vrais rapports des circonstances fortuites. Le lien est formé, souvent tous nos efforts ne peuvent parvenir à le rompre. Les têtes les plus fortes, comme les imaginations les plus faibles, en sont troublées. « Tel philosophe qui ne croit pas même à l'existence de l'âme ne peut demeurer dans l'obscurité sans être effrayé par les spectres et les esprits. Plusieurs personnes savantes et de très-bon sens ne sauraient se résoudre à être treize à table sans être extrêmement déconcertées (1). Un gentilhomme qui avait été blessé peut-être dans son enfance par une épingle mal attachée, ne pouvait plus en voir dans cet état sans être prêt à tomber en défaillance. » (Locke.) Nos goûts, comme nos jugements, sont souvent déterminés par ce principe. Descartes ayant eu dans sa jeunesse une inclination pour une personne louche, ne put s'empêcher d'avoir toute sa vie quelque penchant pour celles qui avaient ce défaut. (Leibnitz.) — On pourrait multiplier indéfiniment les exemples. Un très-grand nombre de nos erreurs, de nos préjugés, de nos préventions contre les personnes et contre les choses, de nos préférences, de nos sympathies et de nos antipathies tiennent à la même cause. La plupart des croyances superstitieuses, surtout dans les classes ignorantes de la société et chez les peuples d'une civilisation peu avancée, les coutumes plus ou moins bizarres, les modes et les convenances qui paraissent arbitraires, s'expliquent en partie de la même façon, et cesseraient de nous étonner si nous en connaissions l'origine. De là aussi la puissance de la *mode* (2). (V. *Sophismes.*) *

4° INFLUENCE DE LA VOLONTÉ ET DE L'HABITUDE SUR L'ASSO-

---

* *Remarque.* — Faut-il en conclure que tous nos jugements dépendent de cette cause et sont déterminés par la coutume? Cette thèse sceptique, renouvelée de Pascal (*Pensées*, art. III) et de Hume (*Essais*, III), reparaît dans le positivisme actuel (Stuart-Mill, *Log.*), qui n'excepte pas même les axiomes. (*Ib d.*) L'association des idées joue le rôle d'une magicienne qui transforme à son gré les intelligences et tient la raison en sa puissance. — C'est dépasser le but et professer le scepticisme. (V. *Questions de Phil.*, sect. III, Q. xx.)

(1) Voyez Locke, *Ess. sur l'Ent. hum.*, liv. II, ch. xxxiii; Leibnitz, *Nouv. Essais*, liv. II, ch. xxxiii; *Log.* de Port-Royal, 3ᵉ part., ch. xix; Reid, t. IV, p. 191.

(2) Tous ces points ont été très-bien traités et en détail, par Dugald Stewart, *Elém. de la Philos. de l'espr. hum.*, t. II, ch. v.

ciation des idées. — On voit, dès lors, combien il importe que la raison intervienne de bonne heure pour régler la suite de nos pensées et l'exercice de notre imagination. Une sage éducation, qui prend l'homme au berceau, doit épier les premières manifestations de son intelligence, veiller sur l'enfant, afin qu'aucune de ces fausses associations ne pénètre dans son esprit. Elle doit les dissiper à mesure qu'elles se forment, fortifier, au contraire, celles qui sont bonnes et légitimes; car les liaisons qui s'établissent alors entre nos idées durent toute la vie; les premières impressions sont ineffaçables. La manière dont nous devons, plus tard, envisager les choses et les juger en dépend; elles décident d'avance de nos opinions, de notre caractère, de notre conduite. — Lorsque nous sommes nous-mêmes en état de prendre en main la direction de nos facultés, le premier usage de notre raison doit être d'écarter de notre esprit tous ces rapports faux et chimériques: *sapientia prima stultitia caruisse* (1), afin d'assurer à notre volonté l'empire qu'elle doit avoir sur l'imagination. Mais cet empire ne s'acquiert pas facilement ni en un jour; il est au prix de longs et pénibles efforts; c'est le couronnement de toute notre éducation morale. Nos facultés sont naturellement rebelles et se plient difficilement aux ordres de la volonté. L'effort nous coûte, la fatigue nous répugne, les habitudes contractées nous entraînent. Après avoir quelque temps essayé de les diriger, nous lâchons les rênes, et elles reprennent leur allure irrégulière et vagabonde. Or, de toutes, la plus indocile au joug est l'imagination. Il est des hommes qui n'ont jamais essayé de la gouverner, ou qui, après l'avoir tenté faiblement, y renoncent. Ils laissent tomber le sceptre des mains du pouvoir qui doit commander dans celles de la faculté qui doit obéir. Aussi leur vie n'est qu'un rêve; ils assistent en spectateurs à la succession désordonnée de leurs pensées; esprits distraits, qu'une déplorable mobilité empêche de se fixer sur aucun objet, incapables de toute étude suivie et sérieuse. Ces dispositions sont souvent originelles, mais la volonté et l'habitude peuvent beaucoup pour les modifier. Un grand

---

(1) Virtus est vitium fugere, et sapientia prima
Stultitia caruisse. (Horace, *Ep.* I, 1, 4¹ \

nombre d'hommes parviennent à disposer à leur gré d'un ordre particulier d'idées, et à manier facilement une de leurs facultés ; mais, forts sur un point, ils montrent une grande faiblesse sur les autres.

Tel est le résultat ordinaire d'une éducation exclusive et des habitudes professionnelles. A un petit nombre il est donné d'exercer un égal pouvoir sur toutes leurs facultés, et surtout de régler leur imagination. Chez ceux-là l'homme est complet, l'éducation de l'intelligence est achevée, quoique par bien des endroits se trahisse encore la faiblesse humaine. La nécessité du repos, le sommeil, la rêverie, de nombreuses distractions les ramènent à la condition commune. Il n'y a pas d'intelligence si maîtresse d'elle-même à qui l'on ne puisse appliquer le mot de Pascal : « Chassez ce moucheron qui tient sa raison en échec. » Néanmoins, on doit reconnaître ici toute la puissance de la volonté. L'habitude vient à son aide, et l'on connaît ses effets. On sait que quand la volonté cesse de diriger elle-même le cours de nos pensées, elles suivent leur pente habituelle, repassent par les routes tracées et par les sentiers battus. C'est ici surtout que nous recueillons le fruit du travail que nous avons entrepris pour régler notre intelligence, comme nous portons la peine d'un lâche abandon envers cette noble faculté. Il est des hommes dont l'esprit, dans ces moments où la volonté n'intervient plus pour le diriger, ne peut se repaître que de pensées basses et vulgaires ou même n'enfante que des monstres ; d'autres, même dans leurs songes, ne sont visités que par des pensées bonnes et généreuses, par des images riantes, calmes et pures.

Heureux celui dont l'imagination ne connaît que de pareils hôtes (1) !

§ III. Imagination créatrice.

> Aux plus simples couleurs mon art, plein de magie,
> Sait donner du relief, de l'âme et de la vie.
> (La Fontaine.)

Idée de cette faculté. — La plupart des philosophes qui ont traité de l'imagination n'ont vu en elle que la faculté de

---

(1) Voy. Reid, *Œuvres*, t. IV, p. 157 et suiv.; Jouffroy, *Mél. phil.*, art. Facultés de l'ame.

se représenter les objets absents ou de combiner leurs images, d'agrandir ou de diminuer leurs proportions, de former de nouvelles combinaisons naturelles et raisonnables, ou arbitraires et bizarres. C'est la *fantaisie*. A elle revient la dénomination peu flatteuse de folle du logis. Elle est la cause d'une foule d'erreurs. (V. Malebranche, *Rech. de la Vér.*, II.) On sait comment la traite Pascal: « Cette partie décevante dans « l'homme, cette maîtresse d'erreur et de fausseté, cette su- « perbe puissance ennemie de la raison. » (*Pensées*, II, III.)

D'autres lui assignent un rôle plus sérieux et plus honnête. Elle combine les images et devient un mode de la comparaison (Laromiguière). Ou elle a le pouvoir de réunir la variété des idées sous une forme générale (σχῆμα), de *schématiser* les conceptions de l'esprit (1). (Kant.) Nous avons à enregistrer ici un mot nouveau, peu harmonieux, ou une simple opération de l'esprit, non une faculté nouvelle.

Si l'imagination n'est rien de plus, il est assez inutile d'en charger le catalogue des facultés de l'intelligence ; car ce que les scolastiques disaient des êtres, qu'il ne faut pas les multiplier sans nécessité, s'applique aussi aux pouvoirs de l'esprit. L'imagination serait un pouvoir mixte, un assemblage de plusieurs facultés agissant de concert, où l'on retrouve la part de la mémoire, celle de la comparaison, de l'abstraction, du jugement, etc. C'est ce qu'ont pensé plusieurs de ceux qui en ont essayé l'analyse. Ils lui ont refusé une existence propre et distincte (2).

Dans sa forme supérieure, du reste, elle a peu attiré l'attention des philosophes. Presque tous l'ont négligée et renvoyée aux poètes. De sorte que, pour tracer son portrait, elle-même a tenu le pinceau et fourni les couleurs. (Delille.) Mais s'il est bon qu'elle soit chantée, la science veut aussi qu'elle soit décrite. Sa vraie nature doit être reconnue, ou il reste une lacune dans la science de l'esprit humain. Essayons donc de déterminer ce qu'elle est et de marquer sa place, laissant à une autre science (l'Esthétique) l'étude de ses lois et de ses œuvres.

(1) *Raison pure*, IIe part., liv. II, ch. I. Ailleurs, Kant en fait un élément du génie. (*Crit. du jugement*, Ire partie, liv. II, § 49.)
(2) Dug. Stewart, *Phil. de l'esprit hum.*, ch. VII. — V. Cousin, *Du Vrai, du Beau et du Bien*, 6e leçon.

I. Sa nature. — La puissance d'imaginer, telle que l'homme seul la possède, est la faculté de créer quelque chose qui n'est pas le réel et qui s'appelle l'*idéal* (1).

Mais qu'est-ce que l'idéal, l'idéal de l'imagination, celui du poète et de l'artiste? Ce n'est pas une idée abstraite ou métaphysique, car la raison seule pourrait le saisir. C'est une idée sans doute, mais revêtue d'une forme qui la rend sensible. Prise dans le réel, celle-ci n'est pas la forme réelle; car l'imagination n'y serait aussi pour rien. C'est une forme plus générale, dépouillée des accidents du réel, plus pure, plus capable d'exprimer l'idée qui, à son tour, pour se prêter à ce mélange, doit s'individualiser et se montrer vivante.

Enun mot, l'idéal de l'imagination est l'idée apparaissant dans une forme qui l'exprime et la manifeste, forme empruntée au monde réel, mais créée ou façonnée par l'esprit de telle sorte qu'elle rende l'idée avec plus de vivacité, de clarté, de vérité.

L'analyse trouve donc deux termes dans cet idéal: l'*idée* et la *forme*, l'invisible et le visible. Est-ce tout? On pourrait le croire, et alors l'entendement et les sens concourant à sa production suffiraient à l'expliquer; mais il n'en est rien. Car ce qui constitue ici l'essence de l'idéal, c'est la fusion intime et harmonieuse des deux termes, le lien vivant qui les unit; le simple rapprochement ou la combinaison ne suffit pas. Le beau réside dans cette *unité*, vivant symbole, image resplendissante de cette vérité invisible que conçoit la raison et qui reste inaccessible aux regards des sens.

S'il en est ainsi, la faculté de l'idéal sera semblable à son objet; à la fois composée et simple, mais éminemment simple dans l'acte qui la constitue. L'acte qui saisit à la fois les deux termes et les réunit est un acte simple; autrement, il ne produira qu'une combinaison artificielle à laquelle manque la condition suprême : la *vie*. Ainsi doivent penser l'artiste ou le poète. L'idée et la forme naissent ensemble et jaillissent simultanément dans leur esprit; là est le secret de la création artistique et poétique.

Ainsi conçue, l'imagination suppose le concours d'autres

---

(1) « En quoi l'imagination est-elle créatrice? » Ce sujet est traité *in extenso* dans les *Questions de philosophie*, sect. II, Q. xii.

facultés; mais elle n'en est pas moins une faculté spéciale, *sui generis*. Si elle n'était qu'un mélange de sensibilité et de raison, elle n'offrirait qu'une perception sensible jointe à une conception abstraite; tandis que déjà la simple perception du beau est une intuition où les deux éléments de l'existence, l'invisible et le visible, sont saisis dans leur unité et leur intime harmonie. L'imagination n'est donc pas, comme on le prétend, une faculté *mixte*, mais *médiatrice*. Elle habite sur les confins des deux mondes, interprète des idées qu'elle traduit dans des formes visibles, messagère des choses divines dont elle offre la révélation à la fois aux sens et à l'esprit (1).

Nous insistons sur ce point capital. Vainement essayerez-vous de combiner ensemble des images; si une pensée supérieure ne les anime, si une idée ne les pénètre, cette œuvre sera insignifiante et ne nous dira rien. L'image nous plaît, lorsqu'elle renferme un sens et révèle une idée profonde. Cette fusion harmonieuse de la forme et de l'idée nous charme et nous ravit.

Mais pour incorporer ainsi une pensée à une forme sensible, il faut autre chose que faire agir les *sens* et l'*entendement* réunis ou séparés, ou même appeler le secours de la mémoire, de l'abstraction, de la comparaison et du goût. Un acte supérieur est nécessaire qui unisse instantanément, par un lien spirituel et vivant, l'idée à la forme et la forme à l'idée, comme l'âme s'unit au corps. Une combinaison artificielle, produit du concours simultané de plusieurs facultés, ne donnerait qu'une œuvre artificielle, froide et morte. Ce qu'il faut, c'est un acte vraiment créateur qui réalise ce prodige analogue à celui de la création divine dans les œuvres de la nature; car la vie ici est essentielle. Le poète le dit : « Le statuaire fera vivre le marbre (*vivos ducet de marmore vultus*) » (Virg., *Enéide*, VI); il fera respirer l'airain (*spirantia æra*); le peintre doit animer la toile, le poète créer des personnages vivants (2).

Ainsi l'imagination ne rentre dans aucune des facultés précédentes, et elle ne s'explique pas par leur combinaison. Les

---

(1) C'est la définition du poète donnée par Horace : *Sacer interpresque Deorum*. (*Art poét.*, v, 391.)
(2) Tout prend un corps, une âme, un esprit, un visage. (Boileau.)

sens et la *mémoire* lui fournissent des matériaux ; l'*abstraction* les sépare ; la *comparaison* les rapproche ; le *goût* préside à leur choix. La *raison*, de son côté, fournit ses hautes conceptions. Le *sentiment* échauffe la composition. Mais l'*acte de production* et de *création*, le souffle vivant qui doit animer ces éléments et en faire sortir une œuvre pleine de vie, émanent d'une faculté supérieure, qu'il n'est permis au philosophe de confondre avec aucune autre et qu'il aurait tort d'omettre dans ses analyses.

II. Son mode d'action. — Ce qui caractérise cet acte est, comme chacun sait, l'*inspiration*. Elle agit d'une manière *spontanée*, analogue à l'action des forces de la nature. Son mouvement a quelque chose de fatal, d'indépendant de la volonté humaine. Il ne faudrait pas toutefois pousser trop loin cette assimilation. Car c'est toujours l'esprit qui agit ainsi, et il ne peut le faire d'une manière complétement aveugle, inconsciente et fatale. Il reste encore *libre*, même lorsqu'il paraît être sous l'influence d'une puissance qui l'emporte et le domine. L'artiste n'a pas une parfaite conscience de lui-même et des procédés qu'il emploie, comme le savant ou le philosophe qui cherche la vérité méthodiquement et avec réflexion. Dans le *délire poétique* ou le feu de la composition, il doit pourtant se posséder encore. La *réflexion* s'ajoute à l'acte spontané, le régularise, le complète. Mais la conception et la production entière sont déjà dans le premier jet. Toutes les œuvres dont l'inspiration est absente sont froides et sans vie (1).

Cette faculté toute spéciale clôt la liste des opérations de l'intelligence qui s'exercent dans le domaine des idées sensibles, et elle ouvre déjà l'entrée d'un monde supérieur. Elle rapproche et unit les deux grandes facultés de l'esprit : les *sens* et la *raison*, comme elle réunit leur double objet, le *fini* et l'*infini*, le *contingent* et le *nécessaire*, la *forme* et l'*essence*, le *réel* et l'*idéal*. Elle traduit en images sensibles, en vivants

---

(1) « Celui qui approche du sanctuaire poétique des Muses, sans être possédé par le délire et se persuade que l'art suffit pour faire le poète, n'atteindra jamais la perfection, et sa froide poésie sera toujours éclipsée par celle du poète inspiré. » (Platon, *Phèdre*.) « Le poète est un interprète inspiré des Dieux. » (Id., *Ion*.) « Le poète est un être léger, ailé et sacré. (*Ibid.*) — Cf. Schelling, *Écrits phil.*, p. 215 de notre traduction.

symboles, les idées et les vérités de la raison. Elle nous donne des révélations d'un monde supérieur. De même elle réunit les deux procédés de l'activité humaine : l'activité *fatale* ou spontanée, et l'activité volontaire et *libre;* l'inspiration et la réflexion. En tout, elle est la faculté de l'harmonie et de l'unité. Il n'y a au-dessus d'elle que la raison elle-même, qui conçoit sans voiles et sans images les idées et les vérités éternelles.

III. Son rôle dans l'art et dans la vie humaine. — La place de l'imagination dans l'art et dans la vie humaine, son rôle et le rang qu'elle tient parmi nos facultés peuvent dès lors être justement appréciés. La vérité pure n'est pas son objet ; à la raison seule il appartient de la concevoir. Mais, représenter le vrai sous des apparences sensibles, le revêtir de formes idéales, c'est là aussi une fonction supérieure et elle lui est propre. L'homme est doué d'un pouvoir merveilleux, qu'il ne partage pas plus avec l'animal que la raison, et par lequel il lui est donné de se créer un monde nouveau, en idéalisant le monde réel, de s'y transporter et de l'habiter par la pensée. Cette faculté, que tous les hommes possèdent dans une mesure quelconque, constitue, chez l'artiste et le poète, lorsqu'elle est portée à un haut degré, le talent ou le génie. Elle crée l'*art*, une des grandes formes de la pensée humaine [*].

Elle ne s'exerce pas seulement dans le domaine de l'art et de la poésie ; elle a une grande part dans la vie réelle. Dans les arts industriels, où l'invention relève de la raison, elle est loin d'être inutile. Le savant lui-même ou le philosophe n'en doit pas être totalement dépourvu, quoiqu'il doive s'en méfier et la régler. C'est elle qui retrace les événements du passé et fait revivre les personnages qui ne sont plus; elle

---

[*] *Remarque.* — De l'idée qu'on se fait de l'art dépend celle de la faculté qui le produit. L'art n'est-il qu'un objet d'agrément ? Ne fait-il que façonner de belles apparences ? Ne s'adresse-t-il qu'aux sens, non à l'esprit? ou, selon le langage des anciens, est-il un organe des Dieux, un révélateur des mystères divins, une manifestation de la beauté immortelle (Schelling)? Il est clair que le rôle de l'imagination est tout autre dans ces deux opinions. Mais la seconde seule est la vraie. — Lisez Schiller, *Lett. sur l'Educ. esthétique*, *l'Idéal et la Vie*, *les Dieux de la Grèce;* Schelling, *loc. cit.*; Hégel, *Esthétique*, 1re partie Jean-Paul, *Esthétique*, 2e leçon.

tient le burin de l'histoire. Le jurisconsulte et le publiciste doivent lui demander des inspirations, s'ils veulent rapprocher les lois humaines de leur modèle éternel de justice, et se former de la société une image plus parfaite. Elle est en tout la faculté de l'idéal. Dangereuse quand elle n'enfante que des chimères et des utopies où l'absurde le dispute à l'impossible, elle est utile, nécessaire même, lorsqu'elle conçoit et indique les améliorations réelles, conformes à la véritable nature de l'homme et au vrai but de la société (1).

L'imagination est pour l'homme un don précieux et la plus brillante de ses facultés. Simplement reproductrice, elle nous retrace l'image des objets et des personnes qui sont loin de nous ou qui ne sont plus. Elle fait revivre le tableau entier de la nature et repasser devant nos yeux les scènes que nous avons vues. « Par elle je connais tous les corps de l'univers qui ont frappé mes sens depuis un grand nombre d'années. J'en ai des images distinctes qui me les représentent, en sorte que je crois les voir lors même qu'ils ne sont plus. De ce trésor inconnu sortent tous les parfums, toutes les harmonies, tous les goûts, tous les degrés de lumière, toutes les couleurs, toutes leurs nuances, enfin toutes les figures qui ont passé par mes sens et qu'ils ont confiées à mon cerveau. » (Fénelon, *Exist. de Dieu*, Ire partie.) Elle allége les misères de la vie réelle en créant un monde idéal qu'elle peuple à son gré des plus riantes fictions ; elle est pour l'homme une source inépuisable de jouissances et la principale cause des plaisirs de l'esprit.

Mais à côté de ces avantages sont les inconvénients. Si elle renouvelle la joie, elle peut éterniser les douleurs. C'est surtout quand elle usurpe le rôle des autres facultés, qu'elle devient dangereuse. Elle demande à être maîtrisée et réglée par la raison. Autrement ses images trop vives, prenant la place des perceptions, remplissent l'esprit de visions et de fantômes.

Par la puissance qu'elle a de changer les rapports des ob-

---

(1)   C'est peu de varier, de colorer le monde.
La vive enchanteresse en chimères féconde
Lui donne d'autres dieux, d'autres mœurs, d'autres lois.
(Delille, *l'Imag.*, ch. I.)

jets, d'agrandir et d'exagérer leurs proportions, elle peut nous rendre à la fois malheureux et insensés. Nous sommes dupes des rêves les plus absurdes ; elle fausse le jugement, nous ôte la vue saine des choses et nous empêche de les apprécier à leur juste valeur ; elle est la source la plus féconde des aberrations de l'esprit humain : ce qui lui a valu le nom de *la folle du logis*. Les moyens de se garantir de ces écarts sont l'empire que prend de bonne heure sur elle notre raison, l'habitude de soumettre à un contrôle sévère les hommes, les événements et les choses. (*Logique, Erreurs*.) (1)

ART. V. DE LA RAISON.

L'entendement a pour objet les vérités éternelles.
(Bossuet, *Conn. de Dieu*, IV.)

Les facultés précédentes n'atteignent que le *fini*. Les sens perçoivent les corps et leurs propriétés. La conscience nous fait assister aux actes de sa vie intime et nous révèle notre être spirituel. Or, ces objets sont limités dans leur existence, bornés dans l'espace et la durée, sujets à l'altération et au changement. La mémoire en conserve le souvenir. L'imagination nous en retrace plus ou moins vivement l'image. Dans son mode le plus élevé, elle revêt la vérité de couleurs idéales, mais empruntées au monde sensible ; elle est incapable de la concevoir en soi d'une manière abstraite et pure. Or, l'homme possède une faculté supérieure par laquelle son esprit dépasse la sphère des réalités finies et visibles. Sa raison conçoit l'*infini*, le *nécessaire*, l'*immuable*, l'*absolu*. Elle trouve en elle-même des idées et des vérités qui offrent ces caractères. Nous avons à l'étudier 1° dans son *objet* propre ; 2° dans ses *actes* ; 3° dans son *essence* et ses *formes* principales.

§ I. De l'objet de la Raison, ou des Idées et des Vérités nécessaires.

L'objet propre de la raison, ce sont les *Idées*. Les notions premières de l'entendement sont ainsi appelées, non qu'elles

---

(1) Sur la *force de l'imagination*, lisez Malebranche, *Rech. de la Vérité*, liv. II, 3ᵉ part., ch. II ; Pascal, *Pensées*, II, III ; *De l'Influence de l'imagination sur le caractère et le bonheur* ; D. Stewart, *Phil. de l'espr. hum.*, ch. V, sect. IV.

apparaissent les premières à notre esprit, mais parce qu'elles forment la base réelle de toutes nos connaissances. Sans elles, en effet, la connaissance humaine n'existe pas ou est incomplète. Elles donnent à la pensée son vrai caractère en rendant intelligibles ses objets. C'est ce caractère d'intelligibilité qui les a fait nommer par Platon *idées*, par opposition aux perceptions des sens.

Devant étudier ailleurs leur origine et leur formation, nous nous attacherons ici à constater simplement leur présence dans l'intelligence humaine, à les distinguer des notions ou des perceptions sensibles.

IDÉE DE L'ESPACE. — A la perception des corps est attachée la conception d'un espace infini, qui contient tous les êtres étendus et renferme l'univers entier des choses visibles. Il ne s'agit pas d'examiner ici quelle est en soi la nature de l'espace, mais simplement d'en distinguer la notion telle qu'elle existe dans notre esprit. Or, 1° l'idée d'espace est celle d'une grandeur *infinie* ou sans limites. L'espace, c'est l'*immensité*. « Nous avons beau, dit Pascal, enfler nos concep- « tions, nous n'enfantons que des atomes au prix de la réa- « lité des choses. » Quand il ajoute, d'après une antique comparaison : « C'est une sphère infinie dont le centre est partout et la circonférence nulle part, » lui-même fait une métaphore qui, loin de faire comprendre l'idée, la détruit. Une sphère a des limites ; un centre qui est partout n'est plus un centre. Cela prouve que les objets de l'entendement ne peuvent se figurer ; dès que l'imagination veut les saisir, ils lui échappent. 2° L'espace est *nécessaire;* nous pouvons supposer les corps anéantis, l'espace résiste à tous les efforts de notre pensée pour le détruire. Il nous apparaît comme éternel et absolu. 3° L'espace est l'objet d'une *conception pure* de l'esprit, non d'une perception; nous ne voyons pas l'espace, nous le concevons. L'intuition sensible et la conception sont deux actes de l'intelligence que la réflexion distingue facilement.

La notion d'espace diffère donc essentiellement de celle d'*étendue*. L'étendue est *finie, contingente* et *relative*. Toute étendue est finie, a des limites; l'espace est infini. L'existence des êtres étendus n'est nullement nécessaire; je puis supposer les corps anéantis. L'étendue est relative à l'espace lui-même; l'espace est indépendant et absolu. Je vois et je touche l'étendue, je conçois l'espace.

Qu'on ne dise pas que l'espace n'est que l'étendue ajoutée à elle-même ou multipliée à l'infini, ou que c'est une abstraction généralisée. Le fini ajouté à lui-même, abstrait ou multiplié, ne donne point l'infini. L'espace est sans limites, je le conçois immédiatement sans borne, illimité et absolu. Un espace indéfini n'est rien que la possibilité d'ajouter toujours une nouvelle portion de l'espace à une autre; c'est l'*indéterminé*. L'espace, l'immensité est une notion déterminée, puisqu'elle exclut toute limite. Reculer la borne n'est pas la supprimer. J'affirme du premier coup que la borne n'existe pas. Tel est le caractère de cette conception comme de toutes celles de l'entendement marquées du caractère de l'infini.

IDÉE DU TEMPS. — Une idée analogue à celle de l'espace est l'idée du temps, que nous révèle d'abord la succession de nos pensées (1). Le temps m'apparaît comme la succession continue des événements ou la durée finie; mais le temps fini suppose une durée sans bornes qui n'a pas commencé, sans succession, où s'écoulent tous les temps et qui elle-même reste immobile. Je distingue ces deux notions. La même opposition se reproduit ici entre le temps infini et la durée finie qu'entre l'espace et l'étendue. Le temps fini a un commencement, un milieu et une fin. L'éternité n'a pas de commencement et ne finira jamais. Le temps fini cesse d'exister avec les êtres qui se succèdent et qui en mesurent la durée; le temps détruit, l'éternité subsiste. Le temps lui-même n'est rien que par l'éternité. Le temps est mobile, l'éternité immobile. On sait la poétique définition de Platon : « Le temps, image mobile de l'immobile éternité. » (*Timée.*) Gilbert a dit :

> Sur les mondes détruits le temps dort immobile.

Ces caractères sont indépendants de la question ontologique de la nature du temps et de l'espace.

IDÉE DE L'INFINI. — L'attribut de l'*infini* est commun aux idées de l'espace et du temps comme à toutes les autres

(1) Sur l'origine de la notion de durée, voyez Reid, *Fragm.*; R. Collard. 355.

idées de la raison. Cette idée existe-t-elle dans notre esprit? est-elle distincte de celle du *fini?* « Il est constant que j'ai une idée précise de l'infini. Je discerne très-nettement ce qui lui convient et ce qui ne lui convient pas; je n'hésite jamais d'en exclure toutes les propriétés des nombres et des quantités finies (1). »

Cette idée n'est point, comme l'ont soutenu quelques philosophes (Locke), obscure, confuse ou *négative.* Obscure pour les sens, elle est très-claire pour la raison; confuse pour l'imagination, elle est distincte pour l'entendement; inintelligible, si l'on veut s'en rendre compte par les sens et l'expérience, elle rend tout intelligible et rien ne se comprend que par elle. Pour l'esprit qui la conçoit, elle est si loin d'être négative qu'elle seule est vraiment affirmative. Ce n'est point en reculant indéfiniment la borne, c'est en la supprimant que je me représente l'infini. Qui dit borne, dit une négation toute simple. Au contraire, qui nie cette négation affirme quelque chose de très-positif. Donc le terme infini, quoiqu'il paraisse dans ma langue un terme *négatif* et qu'il semble dire non fini, est néanmoins très-*positif.* C'est le mot fini, dont le vrai sens est très-négatif. Rien n'est si négatif qu'une borne; car, qui dit borne, dit négation de toute étendue ultérieure. La négation redoublée vaut une affirmation; d'où il suit que la négation absolue d'une négation est l'expression la plus positive qu'on puisse concevoir et la suprême affirmation (2). (Fénelon, *Exist. de Dieu*, IIe partie.)

IDÉE DE GRANDEUR ABSOLUE. — J'ai l'idée claire et distincte des grandeurs. Sur cette idée roulent les mathématiques ou les sciences exactes. Elle offre plusieurs aspects : la gran-

---

(1) « Que si l'on vient me parler d'*indéfini*, comme d'un milieu entre ce qui est infini et ce qui est borné, je réponds que cet indéfini ne peut signifier rien, à moins qu'il ne signifie quelque chose de véritablement défini, dont les choses échappent à l'imagination sans échapper à l'esprit. » (Fénelon, *Exist. de Dieu*, Ire part.) Sur la distinction entre *comprendre* et *entendre* l'infini, entre l'*indéfini* et l'*infini*, voyez Descartes, *Obj. et Rép.* sur la 3e *Médit.* (*Id.*); les *Principes de la Philos.*, Ire partie, § 26 ; — sur le sens des mots *négatif* et *positif* : Bossuet, *Logiq.*, liv. I, ch. XV et suiv.

(2) « Et je ne dois pas imaginer que je ne conçois pas l'infini par une inévitable idée, mais seulement par la négation de ce qui est fini, de même que je comprends le repos et les ténèbres par la négation du mouvement et de la lumière ; puisque, au contraire, je vois manifestement qu'il se rencontre plus de réalité dans la substance infinie que dans la substance finie. » (Descartes, *Méditat.*, III.)

deur *numérique* est l'objet de l'arithmétique ; la grandeur *extensive* engendre la géométrie ; la grandeur *intensive*, la mécanique. Or, les sciences qui étudient ces quantités ou les formes diverses de la grandeur supposent comme base de toutes ces grandeurs une grandeur absolue ou infinie, incommensurable (1). — Attachons-nous à la notion d'unité.

Idée de l'unité. — On ne peut concevoir la quantité numérique sans l'unité qui est le fondement essentiel de tout nombre. L'idée d'*unité* ne peut me venir de la perception des objets extérieurs ; les corps sont un assemblage de parties, et l'atome échappe aux sens. « Mon esprit étant un, et m'étant véritablement connu, on peut dire que c'est par là, et non par les corps, que j'ai l'idée de l'unité. » Mais si j'ai ainsi l'idée d'une unité simple, « j'ai au-dedans de moi une idée claire d'une unité parfaite qui est bien au-dessus de celle que je puis trouver dans mon âme. L'âme a tout au moins une composition successive de pensées. Je conçois une unité infiniment plus une, s'il est permis de parler ainsi. Je conçois un être qui ne change jamais de pensée. Sans doute, c'est cette idée de la parfaite et suprême unité qui me fait tant chercher quelque unité dans les esprits. » (Fénelon, *Exist. de Dieu*, Ire partie.)

Idée de l'être et de la substance absolus. — Une idée qui est au fond de toutes nos pensées, est celle de l'*être* et de la *substance*. A cette idée répond celle des *qualités* ou des *propriétés* des êtres. Est-il vrai que la substance ne soit que l'ensemble des qualités d'un être, c'est-à-dire une pure abstraction ? Nullement. Sans doute la substance ne peut exister sans des qualités ; mais elle s'en distingue. Elle est la base, le fond, la partie fixe et immobile de l'être, qui persiste sous la mobilité des qualités. Or, si je considère les êtres qui m'environnent et moi-même qui fais partie de ce monde, je n'aperçois que des êtres finis et des existences contingentes. Ma raison conçoit un être infini, nécessaire,

(1) « Rien n'est grand ni petit en soi. Un oiseau même est grand par rapport à une mouche... Il est lui-même très-petit par rapport au cercle que le soleil ou la terre même décrit à l'entour l'un de l'autre ; et ce cercle par rapport à l'espace contenu entre nous et les étoiles fixes ; et ainsi en continuant : car nous pouvons toujours imaginer des espaces plus grands et plus grands à l'infini. » (Malebranche, *Rech. de la Vérité*, liv. I, ch. vi.) Cf. Pascal, *Réflex. sur la Géométrie*.

être des êtres, qui renferme en lui la plénitude de l'être, substance immuable et absolue (1).

IDÉE DE LA CAUSE PREMIÈRE OU ABSOLUE. — Une autre idée, renfermée dans presque tous nos jugements, est celle de *cause* à laquelle se joint le principe de causalité. Par cause, j'entends un principe capable de produire des actes ou des effets. La vraie cause est la cause productrice ou *efficiente*. Le rapport de la cause à l'effet est donc celui de *production*, non de succession ou d'*antériorité* constante (Locke), ce qui est le caractère de la cause physique. Aussi l'idée de cause ne nous est pas révélée par le spectacle des phénomènes qui se passent dans le monde extérieur, nous la puisons en nous-mêmes dans la conscience que nous avons des actes émanés de notre volonté. Mais le sentiment de la cause qui est en nous ne nous révèle qu'une cause finie, limitée dans sa puissance et ses effets, c'est-à-dire contingente et relative. Or, à moins de nous perdre dans la succession indéfinie des causes et des effets, nous sommes obligés de concevoir une *cause première*, éternelle et absolue, d'où émanent toutes les causes secondes.

IDÉES DU VRAI, DU BIEN ET DU BEAU. — Trois idées semblent résumer la science et l'activité humaine : les idées du *vrai*, du *bien* et du *beau*. La première est le principe de nos connaissances dans l'ordre spéculatif. La seconde est la règle de notre conduite morale et la loi de la volonté. La troisième fournit aux arts leur modèle idéal (2).

1° *Idée du vrai.* — Au sens logique, le vrai, c'est la conformité de la connaissance avec son objet. « Être intelligent, j'entends les choses comme elles sont; ma pensée leur devient conforme (3). » (Bossuet, *Conn. de Dieu*, IV.) Mais pour moi, cette conformité n'existe pas toujours, et rarement elle est parfaite. Ma pensée est bornée et successive; je n'aperçois pas toute la vérité. Ce que j'en vois n'est qu'une parcelle de la vérité totale. Or, je conçois une intelligence qui voit la vérité dans son ensemble et sans obscurité, qui embrasse

---

(1) Voy. Descartes, *Médit.*, III.
(2) Sur la distinction de ces trois idées, voyez les *Questions de Phil.*, sect. II, Q. XI.
(3) Veritas consistit in adæquatione rei et intellectus. (S. Thomas, I, Q. x, art. 1.) Voyez Arist., *Mét.*, IX, x.

d'un regard unique l'universalité des choses. Lui seul possède la vérité, la vérité infinie.

Au sens métaphysique, le *vrai*, c'est l'*être*; mais dans l'être, il y a des degrés et des différences. L'être véritable, ce n'est pas la partie extérieure et mobile des choses, qui passe et se renouvelle sans cesse; c'est la *substance* qui persiste sous les qualités, les modes et les accidents. Le phénomène aussi perd son existence et sa vérité, détaché du principe qu'il manifeste, de la *loi* qui lui donne sa fixité ou sa permanence. Si l'on compare l'effet à la cause, c'est la *cause* qui est l'être, parce qu'elle ne s'épuise pas dans ses effets. En un mot, tout ce qui est l'existence fixe, immobile, non l'existence passagère et mobile, voilà l'être, le τὸ ὄντως ὄν. (Platon.) Il en est de même des rapports des êtres et des vérités entre elles. Parmi ces rapports, il y en a d'accidentels, d'autres sont fixes et permanents. Il en est de contingents, d'autres sont nécessaires, immuables et absolus. Toujours le mot *vérité* s'applique au terme supérieur. C'est là la vraie vérité. Et l'on comprend cette phrase d'Aristote : « Une chose est vraie par excellence quand les autres choses lui empruntent leur vérité. » — « De sorte que tel est l'ordre de la vérité dans l'ordre de l'être. » (*Métaph.*, II, I.)

Mais quand elle considère tous ces êtres et toutes ces vérités, la raison ne peut s'y arrêter. Elle les fait rentrer au sein d'un être et d'une vérité unique, qui est l'être véritable, l'être des êtres, la vraie vérité, cause, raison et fin des existences. Lui seul, alors, est l'*Être*, « Celui qui est. »

Il y a plus : si pour moi la vérité consiste dans la conformité de ma connaissance avec son objet, je conçois une intelligence pour laquelle la vérité est dans un rapport inverse : « Un esprit qui ne rend pas sa pensée conforme aux choses, mais, au contraire, rend les choses conformes à sa pensée éternelle. » (Bossuet, *Conn. de Dieu*, ch. I.) Comme il est l'idée et la raison primitive de tout ce qui est, les choses qui sont hors de lui n'ont leur vérité que par rapport à cette idée éternelle et primitive. (*Ibid.*) Enfin, toutes les vérités particulières font partie d'une seule et même vérité : elles ont leur principe dans une seule et même intelligence d'où émanent toutes les intelligences, siége de toute vérité, vérité infinie, intelligence infinie.

2° *Idée du bien.* — Le bien, c'est la *fin des êtres*, ou leur conformité à ce but, qui résulte de leur nature. Tous les êtres ont une fin, et de l'accomplissement des fins particulières résulte l'*ordre universel*. Or, ma raison conçoit une fin suprême, but de toutes les existences, un bien suprême et absolu. — Aucun des êtres finis que je considère n'accomplit sa destinée régulièrement, complétement et sans obstacles; partout le mal est mêlé au bien. Je conçois un être qui est à lui-même sa fin, qui jouit de sa nature et de ses attributs, étranger aux combats et aux vicissitudes de l'existence finie, en qui se réalise l'idée du bonheur et de la félicité. C'est le *Souverain bien*.

A la notion du bien se rattache celle de *Justice*, qui en est une des faces principales. La justice consiste dans l'exacte observation de la loi qui régit les êtres moraux. Cette loi m'apparaît comme nécessaire et absolue. Est-elle observée dans le monde actuel? Non. Aussi ma pensée s'élève à la conception d'un régulateur suprême de l'ordre moral comme de l'ordre physique, d'une justice absolue qui doit réparer les désordres de ce monde et rétablir l'harmonie du bien et du bonheur.

3° *Idée du beau.* — Identique au vrai et au bien, le beau pourtant en diffère. En quoi? *Facilius intelligi quam explanari potest*, comme dit Cicéron. (*De Off.*, I, 27.) Est-il la *splendeur du bien* ou du *vrai*, selon le mot prêté à tort à Platon, mais qui résume très-bien sa doctrine (*Phèdre*)? Est-ce l'unité dans la variété (saint Augustin)? L'ordre visible (Bossuet, *Conn. de Dieu*, I, § 7)? L'infini dans le fini (Schelling)? — Ce qui ressort de ces définitions, c'est que le beau réside dans l'harmonie de deux termes: l'*idée* (le vrai, le bien) et une certaine *forme* qui la révèle ou la manifeste. L'invisible devenu visible, voilà le beau. Il se distingue du vrai, en ce qu'il est contemplé, non conçu; et du bien qui est la fin des êtres, en ce que, dans le bien, la fin apparaît distincte de l'être qui l'accomplit, tandis que, dans le beau, la fin apparaît réalisée dans l'être lui-même. Le beau, au sens platonicien, c'est l'*idée visible*. C'est le rayonnement de la pensée et de la force, la face lumineuse et resplendissante de l'être; l'intelligence manifestée par l'ordre qui est la raison visible; la vie dans son développement facile et gracieux; l'âme se dévoilant elle-même par les qualités excellentes ou aimables de l'esprit et du caractère. C'est aussi la liberté victorieuse au milieu des combats qu'elle soutient dans la vie réelle, d'où naît le sublime moral. C'est enfin le repos ou la sérénité dans le bonheur, la félicité naturelle ou méritée. En tout, le beau c'est le symbole de la perfection (1).

Quoi qu'il en soit de la définition du beau, aucun objet, soit dans le monde physique, soit dans le monde moral, soit dans celui de l'art, ne nous offre le type de la beauté parfaite et absolue. « Toutes les beautés extérieures, produit de la nature ou de l'art, sont soumises à l'espace et au temps. » (Saint Augustin, *De Vera Relig.*, c. XXX.) Nous concevons une beauté parfaite, éternelle, dont toutes les beautés particulières n'offrent qu'un reflet, une imparfaite image. « Il y a un beau comme un bon idéal; c'est-à-dire que nous comprenons toutes les beautés particulières sous une idée simple et unique du beau et du bien. » (Platon, *Rép.*, liv. VI. Cf. *Phèdre* et *Banquet*.)

IDÉE DE L'ÊTRE PARFAIT. — Toutes ces idées se résument dans une seule et même idée, celle de l'*Être parfait*. En présence des êtres imparfaits que renferment la nature et le monde dont nous faisons partie nous-mêmes, nous ne pouvons pas ne pas concevoir un être parfait, source et principe de tous ces êtres, qui possède en lui-même ce qui manque à chacun d'eux et à leur ensemble, qui jouit de la plénitude de l'être et n'éprouve aucune limite à ses attributs. (V. Descartes, *Disc. de la Méth.*, IV, et *Médit.*, III et V.)

Telles sont les idées principales de la raison. Elles offrent toutes des faces diverses de l'*infini*. Ce n'est pas ici le lieu d'en former le système ni d'en discuter la valeur ou l'objectivité. Cette tâche est réservée à la métaphysique. La psychologie se borne à les reconnaître ainsi que la faculté d'où elles émanent. — Ne sont-elles que les perceptions sensi-

---

(1) Voy. les *Questions de Philosophie* et notre article BEAU du *Dict. des Sciences philosophiques* où cette théorie est plus développée.

bles, abstraites et généralisées, comme le veut l'*empirisme?* Cette opinion ne peut se soutenir qu'autant qu'on parvient à fausser et à dénaturer toutes ces notions, à les dépouiller de tous leurs caractères. Il faut alors les reprendre une à une, montrer comment l'esprit les tire des perceptions sensibles, faire rentrer l'infini dans le fini, le nécessaire dans le contingent, l'absolu dans le relatif, c'est-à-dire nier leur existence. Sans cesse renouvelée (1), cette entreprise a toujours échoué et elle échouera toujours. L'esprit humain ne se laisse pas ainsi déposséder de sa propre substance et de sa faculté la plus haute. Qu'est-ce en effet que la raison dans ce système? Pas même l'entendement inférieur. C'est l'*abstraction* ou *faculté d'abstraire*. Son rôle se borne à séparer, assembler, classer les qualités ou les formes des objets. Son plus haut emploi est d'en confectionner des catégories, notions artificielles et vides. L'entendement, c'est la somme des opérations par lesquelles s'exécute ce travail. C'est un magasin où sont rangés les objets eux-mêmes, sans existence fixe et permanente. Encore est-il incapable de ce travail; car, pour classer et coordonner, la notion d'*ordre* ou d'*unité*, qui vient de la raison, est nécessaire. L'idéal abstrait auquel on aboutit n'est rien qu'une collection d'individualités dont la loi elle-même manque de base et de sujet. Est-ce là le dernier terme où s'arrête la pensée humaine, son objet unique? Est-ce là aussi le vrai caractère de ses actes? Non, la raison est tout autre; il est clair qu'on la mutile et qu'on la méconnaît. Ce n'est pas tout: quand on a banni les idées de l'intelligence, tout devient inintelligible. Car c'est d'elles que vient la lumière. Elles sont le côté intelligible, rationnel de la connaissance, l'élément de la compréhension, ou la part de l'*intellect*. Notre esprit est ainsi fait : la vue du fini éveille en lui l'idée de l'infini. Le contingent appelle le nécessaire, le relatif suppose l'absolu, l'imparfait fait concevoir le parfait. Les deux termes coexistent, sans se confondre, dans notre pensée ; l'un s'oppose à l'autre, et en reste distinct. Le fini sans l'infini, le contingent sans le nécessaire, la cause seconde sans

---

(1) V. Locke, *Essai sur l'ent. hum.*, I et II; Leibnitz, *Nouv. Essais*: V. Cousin; *Réf.* de Locke. *Questions*. art. POSITIVISME.

la cause première, éternelle, nous paraît aussi absurde que le cercle sans un centre de ses rayons.

L'esprit conçoit des *vérités* qui ont les mêmes caractères. Les unes, qui sont des principes ou *vérités premières* (V. Axiomes), sont la base de nos jugements particuliers et de nos raisonnements. Les autres s'en déduisent et participent de leur nécessité et de leur immutabilité. (V. *Démonstration*.) Telles sont les vérités mathématiques et les lois morales (1).

§ II. Des actes de l'entendement.

La raison ne se distingue pas moins par ses actes que par son objet. Elle seule *conçoit*, *entend* ou *comprend* et *juge*. Le *savoir* aussi lui appartient dans l'acception véritable du terme.

1° Il y a une différence essentielle entre *voir* et *concevoir*, *percevoir* et *entendre*. L'acte de mon esprit qui conçoit l'es-

---

(1) « Toutes ces vérités, et toutes celles que j'en déduis par un raisonnement certain, subsistent indépendamment de tous les temps : en quelque temps que je mette un entendement humain, il les connaîtra ; mais en les connaissant, il les trouvera vérités ; il ne les fera pas telles, car ce ne sont pas nos connaissances qui font leurs objets, elles les supposent. Ainsi les vérités subsistent devant tous les siècles, et devant qu'il y ait eu un entendement humain : et quand tout ce qui se fait par les règles des proportions, c'est-à-dire tout ce que je vois dans la nature, serait détruit, excepté moi, ces règles se conserveraient dans ma pensée ; et je verrais clairement qu'elles seraient toujours bonnes et toujours véritables quand moi-même je serais détruit, et quand il n'y aurait personne qui fût capable de les comprendre. » (Bossuet, *Conn. de Dieu*, ch. IV, § 5.)

« Oh ! que l'esprit de l'homme est grand ! Il porte en lui de quoi s'étonner et se surpasser infiniment lui-même. Ses idées sont universelles, éternelles et immuables. Elles sont universelles, car lorsque je dis : « Il est impossible d'être et de n'être pas ; le tout est plus grand que sa partie ; une ligne parfaitement circulaire n'a aucune partie droite ; entre deux points donnés, la ligne droite est la plus courte ; le centre d'un cercle parfait est également éloigné de tous les points de la circonférence ; un triangle équilatéral n'a aucun angle obtus ni droit ; » toutes ces vérités ne peuvent souffrir aucune exception. Il ne pourra jamais y avoir d'être, de ligne, de cercle, d'angle qui ne soit suivant ces règles. Ces règles sont de tous les temps, ou, pour mieux dire, elles sont avant tous les temps, et seront toujours au-delà de toute durée compréhensible. Que l'univers se bouleverse et s'anéantisse ; qu'il n'y ait plus même aucun esprit pour raisonner sur les êtres, sur les lignes, sur les cercles et sur les angles, il sera toujours également vrai en soi que la même chose ne peut, tout ensemble, être et n'être pas ; qu'un cercle parfait ne peut avoir aucune portion de ligne droite ; que le cercle d'un centre parfait ne peut être plus d'un côté à la circonférence que de l'autre. On peut bien ne penser pas actuellement à ces vérités, et il pourrait m'me se faire qu'il n'y aurait ni univers ni esprit capable de penser à ces vérités ; mais enfin ces vérités n'en seraient pas moins constantes en elles-mêmes, quoique nul esprit ne les connût ; comme les rayons du soleil ne seraient pas moins véritables quand même tous les hommes seraient aveugles, et que personne n'aurait des yeux pour en être éclairé. » (Fénelon, *Existence de Dieu*, 1re partie, ch. II.)

pace, le temps infini, la cause nécessaire, n'a rien de commun avec les perceptions de mes sens. C'est une opération supérieure, pure de toute image ou représentation sensible (V. Kant, *Raison pure*.)

2° *Apprendre*, au sens vulgaire, c'est simplement retenir un fait, l'enregistrer dans sa mémoire ; *comprendre* (*comprehendere*), c'est saisir simultanément et dans leur rapport le fait et la raison du fait, l'objet sensible et l'idée ou le principe qui l'explique et le rend intelligible : c'est là le vrai sens du mot *entendre* (*intelligere*), et l'opération propre de l'*intellect*. C'est concevoir l'être et la raison d'être, saisir le pourquoi ou le comment; c'est embrasser dans une notion simple le double objet de la connaissance, le visible et l'invisible, le contingent et le nécessaire. « L'entendement, dit Bossuet, a pour objet quelque *raison* qui nous est connue. » (*Conn. de Dieu*, ch. IV, § 5.) Ce que le fabuliste exprime dans ces vers :

> Mon âme, en toute occasion,
> Développe le vrai caché sous l'apparence.
> (LA FONTAINE, F. VII, 18.

Il en résulte, qu'en réalité, la raison ne comprend qu'elle-même ; ses propres idées lui rendent intelligible tout le reste.

3° A la raison seule il appartient aussi de *juger*. Affirmer qu'une chose *est* ou n'est pas, c'est appliquer la notion de l'être commune à tous les esprits. Il y a de l'être en toute proposition, dit Leibnitz. L'affirmation, d'ailleurs, a un caractère absolu que la raison seule peut lui donner. Dire que la chose *est* en soi telle que je la conçois, c'est appliquer une règle qui dépasse la mesure individuelle de mon esprit. C'est mettre l'*absolu* dans le *relatif* ou sortir du relatif. Autrement l'affirmation ne vaudrait que pour chacun. Le droit d'imposer le jugement, en le déclarant universel, transforme l'*opinion* en *certitude*.

C'est le cas de toutes les affirmations de la science humaine. Non-seulement il en est ainsi des axiomes, mais toute vérité constatée ou démontrée perd son caractère individuel, relatif, personnel pour revêtir la forme de l'absolu.

4° *Savoir*, dans le vrai sens. ἐπίστασθαι (Platon. *Rép.* II;

Aristote, *Métaph.*, I; *Analyt.*, II, 2), ce n'est pas seulement posséder ou se rappeler des notions positives et les coordonner dans son esprit ; c'est s'en rendre compte, les rattacher à des principes clairs et certains par eux-mêmes, qui n'aient pas besoin d'explication. Par là aussi la *science* diffère de l'*opinion*, qui juge sans motif suffisant, et même de la *connaissance raisonnée*, qui ne s'appuie que sur des principes hypothétiques ou conditionnés ; ce qui est un demi-savoir, un intermédiaire entre la vérité et l'erreur, comme l'affirme Platon, et après lui Aristote (1). — Quant à l'*évidence* de la raison, il faut aussi distinguer cette lumière supérieure de la clarté fausse et trompeuse des sens, qui souvent nous abuse et produit l'*illusion* au lieu de la certitude. (V. *Certitude*.)

Ces actes reconnus, rien de plus aisé que de distinguer l'entendement des autres facultés et des opérations de l'esprit qui ont usurpé son nom dans plusieurs systèmes

Les *sens* perçoivent les qualités des corps, non leur substance, ni l'espace qui les renferme, ni les lois qui régissent leur existence. La raison conçoit ces choses ; elle conçoit aussi le rapport qui unit les deux termes de la connaissance. Les sens par eux-mêmes ne peuvent juger de la vérité. *Non est judicium veritatis in sensibus*. (Bacon.) (2) Les sens montrent les objets, la raison les *juge*. Aussi les erreurs des sens sont celles de la raison. La raison redresse mes sens (3). C'est elle qui calcule et apprécie la distance ainsi que la position relative des objets et leurs proportions. Le jugement que nous portons sur la proportion, la régularité, l'ordre et la beauté dans les choses sensibles, est également l'œuvre de la raison. « Nous avons beau dire que cette beauté se voit à l'œil... Ce jugement nous vient par ces sortes de réflexions secrètes qui, pour être vives et promptes et pour suivre de près les sensations, sont confondues avec elles (4). »

(1) Voy. Platon, *Théétète*, *Rép.*, VI, et Aristote, *Analyt. Post.*, l. II, c. XXXIII.
(2)   La raison décide en maîtresse ;
   Mes yeux, moyennant ce secours,
Ne me trompent jamais ou me mentent toujours. (La Font., F. VII, 18.)
(3) « Quand l'eau courbe un bâton, ma raison le redresse. » (La Fontaine.)
(4) « Il y a des actes de l'entendement qui suivent de si près les sensations, que nous les confondons avec elles. Le jugement que nous faisons des proportions et de l'ordre qui en résulte est de cette sorte. Connaître les proportions

Il est plus difficile de séparer les actes de la raison de ceux de la faculté discursive. L'entendement inférieur ne fonctionne qu'à l'aide de la raison ; celle-ci préside à la formation des catégories. Abstraire, généraliser, classer, dépassent la portée de l'animal et seraient impossibles sans les hautes notions de substance, d'ordre, de causalité. Quant au raisonnement inductif ou déductif, toute sa solidité lui vient des deux axiomes qui servent à le construire. (V. *Raisonnement*.) En lui-même qu'est-il? Une opération de l'esprit qui consiste à comparer des idées pour apercevoir leur rapport. Otez-lui ses principes, il est frappé d'impuissance et de stérilité.

La raison intervient dans le travail du raisonnement. Celui-ci ne fait que disposer les matériaux ; il les met sous les yeux de l'esprit qui, seul, saisit le rapport entre les conséquences et le principe. La faculté *discursive* s'appuie donc sur la facuté *intuitive*, qui conçoit et qui juge. La connexion des vérités s'établit par la même faculté qui comprend la vérité en général, et chaque vérité particulière dans son rapport avec elle. (V. *Démonstration*.)

§ III. De l'essence de la raison et de ses formes.

I. ESSENCE DE LA RAISON. — L'objet et les actes de la raison étant connus, quelle est son essence? Est-elle *personnelle* ou *impersonnelle*? Si on se borne à observer sans vouloir expliquer, on reconnaîtra qu'elle est l'un et l'autre. Sans doute c'est *moi* qui conçois la vérité, moi qui juge et qui raisonne. Sous ce rapport la raison est *personnelle*. Mais si je creuse plus avant, je m'aperçois bientôt que le fond de ma raison n'est pas moi, ma personne, mon individu. Cette lumière intérieure qui me montre la vérité et m'illumine au dedans, ne

est l'ouvrage de la raison. Le rapport de la raison et de l'ordre est extrême. L'ordre ne peut être mis dans les choses que par la raison, ni être entendu que par elle. Il est l'âme de la raison et est son propre objet. Apercevoir la beauté et en juger est un usage de l'esprit, puisque la beauté ne consiste que dans l'ordre, c'est-à-dire dans l'arrangement et la proportion. » (*Connaissance de Dieu*, ch. I, § 8.)

Voy. la différence établie par Descartes entre l'imagination et la pure intellection. (*Médit.*, VI.)

« Entendre s'étend beaucoup plus loin qu'imaginer ; car on ne peut imaginer que les choses corporelles, au lieu qu'on peut entendre les choses tant corporelles que spirituelles, Dieu, l'âme, les idées de la bonté, de la vérité, de la justice, de la sainteté. » (Bossuet, ch. I.)

m'appartient pas en propre (1), elle est indépendante de moi et supérieure à moi (2). De même, la vérité m'apparaît, elle se manifeste et se révèle à moi. Je la vois, je ne la fais pas. Les idées et les vérités qui forment la base et la substance de ma raison ne m'appartiennent pas plus en propre qu'à tout autre de mes semblables (3). Elles forment le domaine commun de tous les êtres intelligents. Aussi les appelle-t-on vérités universelles (4). Ainsi, ce qui m'appartient le moins en moi-même, c'est ma raison. Elle est en moi; elle n'est pas moi. Les intelligences finies participent de la raison infinie, qui ne s'individualise jamais au point de se confondre avec chacune d'elles.

Dans sa racine et son essence, la raison est donc *impersonnelle*. Par là elle diffère de la sensibilité et de la volonté. Plus je creuse avant dans mes affections, plus je me trouve moi-même; plus je pénètre au fond de *ma* raison, plus je m'efface pour faire place à *la* raison. Ce qui est réellement moi, ce qui constitue ma personnalité, c'est ma volonté. Mes actes, ce sont ceux que j'ai délibérés et voulus. Je ne

---

(1) « L'homme n'est point à lui-même sa propre lumière,.. il ne connaît rien que par la lumière de la raison... J'entends toujours de cette raison universelle qui éclaire tous les esprits par les idées intelligibles qu'elle leur découvre dans sa substance toute lumineuse. » (Malebr., *Entr. sur la métaphys.*, III, § 3.)

(2) « Ils ne peuvent trouver la vie des intelligences que dans la raison universelle qui anime tous les esprits. » (*Id., ibid.*)

(3) « Si mon esprit était ma raison ou ma lumière, mon esprit serait la raison de toutes les intelligences, car je sais que ma raison ou ma lumière éclaire toutes les intelligences. » (Malebranche, *Tr. de Morale*, ch. I.)

(4) « Il n'y a point deux ou plusieurs sagesses, deux ou plusieurs raisons universelles. La vérité est immuable, nécessaire, éternelle, la même dans le temps et dans l'éternité, la même parmi nous et les étrangers, la même dans le ciel et dans les enfers. Le Verbe éternel parle à toutes les nations le même langage, aux Chinois et aux Tartares comme aux Français et aux Espagnols; et s'ils ne sont pas également éclairés, c'est qu'ils sont inégalement attentifs; c'est qu'ils mêlent les uns plus, les autres moins, les inspirations particulières de leur amour-propre avec les réponses générales de la vérité intérieure. » (*Ibid.*)

« A la vérité, ma raison est en moi; car il faut que je rentre sans cesse en moi-même pour la trouver. Mais la raison supérieure qui me corrige dans le besoin, et que je consulte, n'est point à moi, et elle ne fait point partie de moi-même. Cette règle est parfaite et immuable; je suis changeant et imparfait. Quand je me trompe, elle ne perd point sa droiture; quand je me détrompe, ce n'est pas elle qui revient au but. C'est elle qui, sans s'en être jamais écartée, a l'autorité sur moi de m'y rappeler et de m'y faire revenir. C'est un maître intérieur qui me fait taire, qui me fait parler, qui me fait croire, qui me fait douter, qui me fait avouer mes erreurs ou confirmer mes jugements. En l'écoutant, je m'instruis; en m'écoutant moi-même, je m'égare. Ce maître est partout, et sa voix se fait entendre d'un bout de l'univers à l'autre, à tous les hommes comme à moi. Pendant qu'il me corrige en France, il corrige d'autres hommes à la Chine, au Japon, dans le Mexique et dans le Pérou, par les mêmes principes. » (Fénelon, *Existence de Dieu*, Ire partie, I.)

puis pas dire de la vérité : *ma* vérité, lors même que je l'ai découverte ; mais l'acte que j'ai prémédité, résolu, exécuté, m'appartient tout entier parce qu'il est émané de moi. La raison se mêle à la personnalité ; elle en revêt plus ou moins les formes ; mais elle s'en distingue. La sensibilité, c'est moi passif ; la volonté, moi actif et libre ; je *participe* de la raison, qui est l'essence commune de tous les esprits. *Homo est particeps rationis.* (Cic.) — Comment concilier dans la raison ces deux côtés personnel et impersonnel ? Grand problème qu'agite la métaphysique ! La psychologie n'a pas à le résoudre.

« Il y a un soleil des esprits, qui les éclaire tous, beaucoup mieux que le soleil visible n'éclaire les corps. Ce soleil de vérité ne laisse aucune ombre, et il luit en même temps dans les deux hémisphères ; il brille autant sur nous la nuit que le jour : ce n'est point au dehors qu'il répand ses rayons, il habite en chacun de nous. Un homme ne peut jamais dérober ses rayons à un autre homme : on le voit également, en quelque coin de l'univers qu'on soit caché. Un homme n'a jamais besoin de dire à un autre : « Retirez-vous, pour me laisser voir ce soleil ; vous me dérobez ses rayons, vous enlevez la portion qui m'est due. » Ce soleil ne se couche jamais, et ne souffre aucun nuage que ceux qui sont formés par nos passions. C'est un jour sans ombre ; il éclaire les sauvages même dans les antres les plus profonds et les plus obscurs : il n'y a que les yeux malades qui se ferment à sa lumière, et encore même n'y a-t-il point d'homme si malade et si aveugle, qu'il ne marche encore à la lueur de quelque lumière sombre qui lui reste de ce soleil intérieur des consciences. Cette lumière universelle découvre et représente à nos esprits tous les objets ; et nous ne pouvons rien juger que par elle, comme nous ne pouvons discerner aucun corps qu'aux rayons du soleil. » (Fénelon, *Existence de Dieu*, Ire partie, ch. II, § 58.)

II. FORMES DE LA RAISON. — La plus simple et la plus générale est le *sens commun*. C'est par lui que tous les hommes sont raisonnables ; malgré la diversité des esprits et des opinions, ils reconnaissent certaines vérités ou principes invariables et universels. Les intelligences sont loin d'être égales ;

mais entre un pâtre et Leibnitz ou Newton, il y a moins de distance qu'entre l'animal le plus intelligent et le plus borné des hommes. C'est le Verbe divin qui illumine tout homme venant au monde (1).

On distingue la *raison spéculative* et la *raison pratique*. La première a pour objet la vérité pure; son domaine est la science. La seconde, qui conçoit le bien, contient la loi de la volonté, la règle de ses actes. Elle n'est autre que la *conscience morale*. C'est aussi la raison qui discerne le beau. Le *goût* intellectuel, qu'à tort on a pris pour une forme de la sensibilité (Burke), lui appartient dans son élément principal: le jugement. Un poète a dit avec vérité:

> Le goût n'est rien qu'un bon sens délicat,
> Et le génie est la raison sublime. (J. Chénier.)

Ces distinctions sont réelles; mais il faut se garder de méconnaître l'identité de la raison sous ses formes ou applications diverses. La raison est une; c'est la même raison qui conçoit le *vrai*, qui juge du *bien*, qui discerne le *beau*. Rien n'est plus funeste à la philosophie que l'erreur d'une fausse analyse qui établit au sein de la raison même des différences essentielles contraires à sa nature. Telle est l'opposition que l'on établit entre la *raison théorique* et la *raison pratique* (Kant), inégales et diverses dans leur portée, leurs droits et leurs attributions. Telle est celle de la raison *réfléchie* et du *sens commun*, etc. Scinder ou diviser ainsi la raison, pour l'opposer à elle-même, c'est non-seulement briser l'harmonie de ses idées et de ses forces, mais, en créant d'avance d'insolubles antinomies, préparer et assurer le triomphe du scepticisme. (V. *Scepticisme*.)

(1) Sur le *Sens commun*, lisez Platon, *Ménon* (De l'opinion vraie); Cicéron, *De Leg.*, I, 10; *De Orat.*, III, 50; Fénelon, *Exist. de Dieu*, IIe partie, 2e preuve; Buffier, *Vérités premières*, introduc., par Boullier, p. 24; Reid, t. V, ch. II. Cousin, *Philos. écossaise*, 9e leçon; Jouffroy, *Mélanges philos.*; de Rémusat. *Essais de phil.*, t. I, essai III; *Diction. des sciences phil.*, art. Sens commun. — *Questions de phil. sect.*, I Q. XXI.

Consultez: Platon, *Rép.*, V, VI; *Phèdre*, *Phédon*, *Théétète*. — Aristote, *De Anima*, III; *Eth. à Nic.*, liv. I, V et VII. — Descartes, *Médit.*, III. — Bossuet, *Conn. de Dieu*, ch. I, 7; IV, 5. — Fénelon, *Exist. de Dieu*, Ire part., ch. II; IIe part., ch. II. — Malebranche, *Entr. sur la métaph.*, I et suiv.; *Rech. de la Vér.*, liv. III. — Leibnitz, *Nouv. Ess.*, liv. I et II. — Reid, t. V, Essai VI, ch. IV. — Kant, *Crit. de la Rais. pure*.

CHAPITRE VI

DU RAISONNEMENT

ET DES OPÉRATIONS DE LA FACULTÉ DISCURSIVE.

Après l'étude des facultés simples de l'intelligence, qui sont les sources immédiates de nos idées, vient l'analyse des opérations de l'esprit qui, nées de la réflexion, lui permettent de développer ses connaissances premières ou d'en acquérir de nouvelles. Considérées dans leur ensemble, elles constituent une faculté spéciale, l'*entendement inférieur* ou le *raisonnement*, qu'il faut se garder de confondre avec la *raison*, et dont les actes sont soumis au contrôle de cette faculté supérieure. Toutes ont pour condition et pour instrument le langage, ce qui a fait donner à la faculté entière le nom de *discursive*. Elle n'atteint la vérité que d'une manière détournée et indirecte, s'aidant des notions immédiates fournies par les sens, la conscience et la raison. Elle représente l'activité de l'esprit travaillant sur ces données naturelles et primitives, et arrivant ainsi, comme par artifice, à de nouvelles connaissances. La première de ces opérations est l'*attention*, point de départ et condition de toutes les autres. L'attention se continue par l'*abstraction*. Elle devient la *comparaison* lorsqu'elle s'applique à plusieurs objets. Celle-ci mène à la *généralisation*, qui forme les idées générales. Appuyé sur cette base des idées abstraites et générales, le *jugement* assemble ou sépare ces notions, par l'affirmation ou la négation. Enfin le *raisonnement* lui-même compare les jugements entre eux pour saisir leur rapport au moyen d'intermédiaires. Il clôt cette série d'opérations et en utilise les résultats. Des idées, il tire d'autres idées; des jugements, d'autres jugements, nous conduisant ainsi du connu à l'inconnu. Il féconde tout le travail antérieur de la pensée. Comme tout se résume dans cette opération finale, elle donne son nom à toutes les autres. Elle présente elle-même deux formes, l'*induction* et la *déduction*, celle-là allant du particulier au général, celle-ci revenant du général au particulier. — Tel est le mouvement de la pensée. Les actes particuliers de la faculté discursive sont autant de pas ou de degrés qu'il importe de décrire avec soin, puisque de ces procédés régulièrement suivis naît toute la science humaine. Leurs formes et leurs lois appartiennent à la Logique ; nous devons ici reconnaître leur nature et assigner à chacun sa fonction dans le mécanisme de l'intelligence humaine.

ART. I. DE L'ATTENTION.

« C'est proprement par l'attention que commence le raisonnement. »
(Bossuet, *Connaiss. de Dieu*, ch. III, § 17.

I. Nature de l'attention. — L'attention n'est pas une faculté spéciale : c'est l'effort que fait l'esprit lorsqu'il se porte sur un objet particulier pour l'observer et l'étudier. Elle n'est que la volonté appliquée à la direction de l'intelligence (1). L'énergie développée dans cette action, la tension plus ou moins forte de nos facultés s'appelle attention (*tendere ad*) (2).

Toutes nos facultés affectent dans leur exercice deux modes distincts et successifs. Elles entrent d'abord spontanément en action, sous l'influence de la seule nature. Puis, la volonté s'en empare, les concentre et les dirige : c'est ce qui est exprimé par ces mots *voir* et *regarder*, *entendre* et *écouter*, *toucher* et *palper*, *penser* et *réfléchir*. Avant de regarder, nous avons vu ; pour palper un corps et l'examiner, il faut savoir qu'il est là, l'avoir vu ou touché ; la réflexion est un retour sur une pensée antérieure.

Ces deux formes de l'activité de l'esprit présentent des caractères opposés : 1° La première vue, instinctive ou spontanée, n'est pas libre. La seconde, au contraire, est *libre ;* il dépend de nous de donner notre attention et de la retirer, de la continuer et de la suspendre, de la maintenir sur le même objet ou de l'en détourner, de l'appliquer avec plus ou moins d'énergie et de persévérance. 2° La vue première est *simultanée :* elle embrasse l'objet dans son

---

(1) « L'attention elle-même commence par la volonté de considérer et d'entendre. » (Bossuet, *Connaissance de Dieu*, ch. III, § 17.)
(2) Mens naturalem vim habet quam intendit ad ea quibus movetur. (Cic., *Acad.*, II, x.)

ensemble, mais sans en démêler les contours et les parties; elle est *vague* et *confuse*. L'attention étant une concentration des forces de l'esprit, ne peut se fixer que sur un seul point. Sa loi est *l'analyse*; la connaissance est *partielle* et *successive*. Mais aussi elle a un avantage précieux : la *clarté* et la *distinction* des idées.

II. SON INFLUENCE SUR LE DÉVELOPPEMENT DE NOS FACULTÉS. — L'attention a donc une grande influence sur le développement de nos facultés et la formation de nos connaissances. Cependant il ne faut pas y voir le principe générateur de nos idées. L'acte intellectuel seul produit l'idée, et il est toujours spontané. Pour comprendre, il ne suffit pas d'être attentif; l'effort n'est pas toujours couronné de succès. Souvent la vérité nous apparaît sans que nous l'ayons cherchée, et lors même qu'elle est le fruit d'une recherche laborieuse, elle se révèle à nous subitement comme par une illumination soudaine. L'attention prépare l'idée, elle ne l'engendre pas. On voit ici le défaut du système (Laromiguière) qui fait de l'*attention* appliquée au sentiment le principe de nos connaissances. (V. Cousin, *Examen des leçons de M. Laromiguière.*)

Faut-il placer dans l'attention la cause principale de l'inégalité des esprits? Entre des intelligences égales, la paresse et le travail introduisent sans doute de grandes différences; mais le talent et le génie sont des dons de la nature et non des vertus. On aurait tort de prendre à la lettre le mot de Buffon : *Le génie n'est qu'une longue patience*, et d'y voir une définition du génie. Newton, interrogé sur la manière dont il avait découvert le système du monde, répondit : *En y pensant toujours.* Newton sans doute; mais combien d'autres ont cherché toute leur vie et n'ont rien trouvé! La chute d'une pomme était-elle, avant le XVIIIe siècle, un phénomène nouveau et inobservé? (*Id., Ibid.*)

L'attention n'en conserve pas moins toute son importance. Elle est le principe de la clarté et de la distinction des idées; l'*évidence*, fondement de la certitude, en dépend (1). Sur elle

---

(1) « C'est elle qui rend les hommes graves, sérieux, prudents, capables des grandes affaires et des hautes spéculations. » (Bossuet, *Connaissance de Dieu*, I, XVI.)

repose la culture de nos facultés. L'art de l'éducation consiste à savoir la provoquer, la stimuler, la soutenir, lui imprimer une sage direction. L'empire que nous avons sur nos pensées est dû à la manière dont nous l'avons exercée et cultivée (1).

Son influence sur la *sensibilité* mérite d'être remarquée. Appliquée aux sensations de l'âme, l'attention les rend plus vives. Le pli d'une feuille de rose tiendra éveillé le Sybarite qui a coutume d'analyser ses sensations physiques. Au contraire, une forte distraction nous rend presque insensibles. Reid parle d'un joueur d'échecs qui conjurait la goutte en se livrant à son amusement favori. La concentration de toutes les facultés de l'esprit sur un objet nous fait perdre le sentiment de nous-même et de tout ce qui n'occupe pas dans cet instant notre esprit. Au fort de la mêlée, le soldat ne sent pas qu'il est blessé. Archimède, absorbé par la méditation d'un problème mathématique, ne s'aperçoit pas de la prise de Syracuse. (*Id., Ibid.*)

L'attention est comme un microscope qui nous fait découvrir les objets les plus imperceptibles. Mais elle a aussi l'inconvénient attaché à cet instrument, celui de les grossir. Nous finissons par ne plus voir que ce que nous avons étudié. Ainsi se forment les opinions exclusives.

L'*habitude* explique ces effets. Son pouvoir est double : elle rend plus faciles et plus rapides les actes de l'esprit ; elle diminue l'effort et finit même par le faire disparaître. La manière dont nous apprenons à lire, à calculer, à déchiffrer les notes de la musique, nous en fournit un exemple. Mais aussi l'habitude finit par nous rendre ces actes insensibles et nous en faire perdre la conscience. Elle les enlève à la volonté pour les replacer sous l'empire de l'instinct. Ils s'exécutent alors comme machinalement, et nous avons à nous garder de la routine. (V. *Habitude.*)

III. Moyens de perfectionner l'attention. — L'attention, c'est la volonté. Donc, pour être attentif, il faut premièrement vouloir l'être. Or, s'il est aisé de vouloir en général, rien n'est plus difficile que de vouloir avec persévérance. L'attention

---

(1) « L'attention de l'esprit est une prière naturelle, par laquelle nous obtenons que la raison nous éclaire. » (Malebr., *Traité de morale*, 1re partie, ch. xv. V. Ibid., *De la Force d'esprit*, ch. v.

demande un effort soutenu, persévérant. *Magna pars est profectus velle proficere.* (Senec., *Ép.* 72.)

Les habitudes naissent et s'affermissent par des actes réitérés. Il n'y a donc qu'à vouloir fréquemment, et cette volonté tournera en habitude. Ce qui était pénible deviendra plus facile. Après avoir voulu souvent avec effort, on voudra toujours et sans répugnance (1).

1° S'exciter à cette volonté, lui donner lieu de naître par le plaisir de se gouverner soi-même, d'être maître chez soi, d'obéir à la raison qui éclaire, et qui laisse toujours libre, plutôt qu'à des sentiments confus, à des penchants aveugles et rebelles qui nous tyrannisent et dispersent notre pensée. Suivre ce principe, c'est vivre en homme; se laisser entraîner sur la pente contraire, c'est consentir à n'être qu'une machine mal réglée. (Crousaz, *Logique*, t. II, ch. XIV.)

2° Réfléchir aux avantages qui naissent de ces efforts, et se livrer au plaisir d'en sentir les fruits. Profiter de toutes les occasions qui peuvent faciliter l'exercice de l'attention. La santé, la tranquillité, la solitude, les heures de calme et de loisir présentent de ces heureuses occasions qu'il faut soigneusement ménager. Mais, avant tout, faire le silence en soi-même. Si l'âme est agitée, la solitude ne vaut guère mieux que le tumulte. *Nam quid prodest totius regionis silentium si affectus fremunt?* (Sénèque, *Ép.* 28.)

3° Conduire avec ordre ses pensées. La *méthode* est un grand soulagement pour l'esprit; elle y fait régner la clarté, divise le travail, fait marcher avec assurance; elle établit la gradation du facile au difficile. Rien ne fatigue l'esprit comme la confusion des idées et les tâtonnements infructueux. (Leibnitz, *Nouv. Ess.*, liv. II, ch. XXI.) « Il vaut mieux aussi approfondir peu de choses que d'en parcourir beaucoup d'une manière superficielle. » (Platon, *Théétète.*) *Plus velle scire quam satis est intemperantiæ genus est.* (Senec., *Ép.* 88.)

Les mathématiques sont très-propres à affermir et à perfectionner l'attention. Nulle part ailleurs on ne rencontre des séries aussi longues de raisonnements; nulle part il n'est aussi nécessaire de prêter une attention soutenue. La plus légère inadvertance est immédiatement punie par la

---

(1) *Consuetudo et exercitatio facilitatem maximè parit.* (Quintil. X, c. VII.)

nécessité de recommencer les opérations. (V. Malebranche, *Rech. de la vérité*, liv. VI, 1re partie.)

4° Dans la lecture des ouvrages qui traitent d'autres sujets, prendre garde à la fois à l'ordre et à l'enchaînement des preuves, à la justesse des pensées, à la propriété des termes, à la beauté des images, à la force des expressions. On sent alors ce que vaut l'attention par l'inexprimable satisfaction qu'on en reçoit en mettant en jeu toutes les facultés de son esprit sur les sujets les plus légers comme les plus graves et les plus relevés. (*Ibid.*)

5° Ne rien faire de ce qui a rapport à l'étude sans application. « Il faut gagner, à la sueur de son front, le pain de l'âme, » dit Malebranche. (*Tr. de mor.*, I.) Pour les enfants même, l'étude ne peut être un amusement, « car l'étude est toujours pénible, » dit Aristote, μετὰ λύπης γὰρ ἡ μάθησις. (*Polit.*, VIII, ch. IV.) L'*intérêt*, sans doute, est un puissant moyen de faciliter l'attention ; mais il doit être puisé dans l'objet même de notre étude. Il est le fruit du travail et sa récompense.

6° La *lecture* nourrit l'esprit, *alit lectio ingenium* (Sénèq.) ; mais il ne profite qu'autant qu'il digère. Le plaisir de lire est un plaisir dangereux. Les livres inutiles gâtent le goût et accoutument l'esprit à la paresse. Ils détendent et dérangent tous les ressorts de l'intelligence (1).

7° Ce qui fatigue surtout est la continuité de l'attention fixée sur le même sujet ; il faut donc varier ses occupations, se délasser d'une étude par une autre ; une occupation agréable contribue beaucoup plus à rétablir les forces de l'esprit qu'un simple repos. De là le choix des amusements et des distractions. Se rappeler que la plus grande dépense est celle du temps. *Quod fugit occupandum est.* (Sénèque.)*

8° Se bien pénétrer de l'influence funeste de l'inattention sur nos jugements. Courir les risques de se tromper en déci-

---

* *Remarque.* — Nous placerons ici une explication ingénieuse de Condillac. « Dans le désœuvrement, dit-il, nous nous plaignons de la lenteur des jours et de la rapidité des années. L'occupation, au contraire, fait paraître les jours courts et les années longues : les jours courts, parce que nous ne faisons pas attention au temps dont les révolutions solaires font la mesure ; les années longues, parce que nous nous les rappelons par une suite de choses qui supposent une durée considérable. » (*Tr. des sensat.*, IIIe part., ch. VII.)

(1) Lisez Sénèque (*Ep.* 2 et 84).

dant légèrement sur un sujet qui ne paraît pas valoir la peine d'être examiné avec soin, c'est petitesse de génie. *Puerile est contemnere parva unde deduci possunt magna.* (Arist.) *Magna sæpe intelligimus ex parvis.* (Cic., De Offic., I, 41.) (1)

9° La *distraction* est un obstacle à l'attention. Elle provient, 1° soit d'une stupidité naturelle, 2° soit d'une dissipation continuelle, 3° soit d'une forte application à nos propres pensées. Il est difficile de remédier à la première de ces causes. La seconde se corrige par les moyens indiqués plus haut. On se préserve de la troisième par une fréquentation plus habituelle de la société et par une plus grande variété d'occupations. Toutefois la multitude des affaires rend aussi distraits les esprits les plus réglés et les plus capables d'attention. C'est alors la *préoccupation*. Il faut donc mesurer ses entreprises à ses forces; en outre, se faire des plans bien nets et bien exacts. Rien de plus propre à donner du repos et de la liberté à l'esprit. (V. Crousaz, *ibid.*)

ART. II. DE L'ABSTRACTION.

Telle est la nature de l'esprit humain qu'il ne peut embrasser à la fois plusieurs objets et les bien voir. Pour en obtenir une connaissance claire et distincte, il doit fixer son attention sur chacun d'eux en particulier, et les décomposer dans leurs diverses parties. *L'analyse* est la loi de l'attention. Mais cette décomposition ne s'arrête pas aux objets individuels et à leurs parties réelles, elle s'exerce aussi sur leurs propriétés, leurs modes et leurs différents points de vue. L'atome indivisible demande à être divisé par la pensée, qui distingue en lui son poids, son mouvement, etc. L'esprit sépare donc, en vertu d'un pouvoir qui lui est propre, ce qui en réalité ne peut être séparé et isolé : les propriétés de leur sujet, les propriétés entre elles, et chaque propriété du tout dont elle fait partie. Il prête à ces qualités une existence qu'elles n'ont pas par elles-mêmes. Cette opération de l'esprit qui vient en aide à sa faiblesse, et la faculté

---

(1) A *l'inadvertance* il faut opposer la *réflexion*, l'habitude de réfléchir. Elle peut être convertie en un *art*. « On ne s'avise pas toujours de penser quand il faut à ce qu'on sait. L'art de s'aviser quand il faut de ce qu'on sait serait un des plus importants s'il était inventé. » (Leibnitz, *Nouv. Essais*, II, ch. XXI.)

dont elle relève, s'appellent abstraction (*trahere ab*). L'idée qui en résulte est la *notion*, l'*idée abstraite*.

L'abstraction, quoique propre à l'entendement humain, n'est pas une faculté nouvelle, ce n'est qu'un mode de l'attention qui, elle-même, rentre dans l'activité volontaire.

Abstraire n'est pas, comme on le croit, une opération difficile de l'esprit, réservée aux savants et aux métaphysiciens : elle nous est aussi naturelle et familière que l'attention dont elle est la suite. Il y a une abstraction qui s'opère par le seul exercice de nos sens. Chacun d'eux perçoit isolément les qualités des corps : la vue, la couleur ; l'ouïe, le son ; l'odorat, les odeurs. Nos sens sont des machines à abstractions. La réflexion, appliquée aux phénomènes de l'âme, sépare et distingue les sensations des idées, et celles-ci des actes de la volonté ; elle considère les facultés de l'âme indépendamment de leur principe. Tout cela cependant forme un tout unique, une réalité vivante et indivisible. La raison, de son côté, conçoit, d'une manière abstraite, les idées et les vérités nécessaires. Elle les sépare des réalités sensibles et les considère en soi, détachées de l'intelligence humaine et divine où elles ont leur existence réelle et substantielle.

Il nous est impossible non-seulement de penser mais de parler sans abstraire. Abstraire, penser et parler offrent une alliance étroite et nécessaire qui résulte de la constitution de l'esprit humain. (V. *Langage*.) Les langues, suivant l'expression de Condillac, sont des méthodes d'analyse et d'abstraction. Le vocabulaire d'une langue est un répertoire d'idées abstraites. Dans la proposition, le sujet, le verbe et l'attribut sont trois termes abstraits, un seul cas excepté, lorsque le sujet est un nom propre. Un ordre particulier de sciences porte le nom de sciences abstraites ; mais elles le sont toutes. L'individu, l'être concret, n'y figure que dans son rapport avec son genre ou son espèce, ou avec sa loi (1).

M. Laromiguière combat, avec autant de raison que d'esprit, ce préjugé vulgaire qui attribue l'obscurité aux idées abstraites, et fait d'abstrait le synonyme d'abstrus et de difficile. L'idée abstraite, dit-il, étant simple, est nécessaire-

---

(1) Lisez la spirituelle leçon de M. Laromiguière sur les idées abstraites. (*Leçon de Philos.*, t. II, p. 262.)

ment claire, par opposition à l'idée concrète qui est toujours complexe. La plus haute clarté réside dans l'abstraction la plus haute, c'est-à-dire dans la simplicité. Aussi les mathématiques sont-elles les plus claires de toutes les sciences, parce qu'elles sont les plus abstraites. Mais cette observation, fort juste, appelle une distinction. Il y a la clarté des sens et celle de l'esprit. Ce qui est clair pour l'entendement paraît obscur aux sens ou à l'imagination, et difficile à comprendre. Il faut bien le reconnaître, l'intelligence humaine, unie qu'elle est à des organes, a beaucoup de peine à se dégager des notions sensibles, et « sans ce combat contre les impressions des sens, on ne fait point de conquêtes dans le pays de la vérité (1). » (Malebranche.) Les images du monde visible et les fantômes de l'imagination viennent assaillir l'esprit dans ses méditations les plus profondes et les plus solitaires. Le génie des spéculations abstraites n'est pas donné à tous. Il fait les grands géomètres et aussi les grands métaphysiciens, Pythagore, Platon, Leibnitz. La puissance de l'habitude est ici à remarquer (2).

A cette faculté sont attachés des inconvénients contre lesquels l'esprit doit se tenir en garde. — Le premier est la tendance à *réaliser* et à *personnifier* les abstractions. La mythologie et la poésie n'ont pas seules ce privilége; les sciences les plus positives l'ont partagé avec elles. On sait, par exemple, quel rôle ont joué dans la physique ancienne, le *chaud*, le *froid*, le *sec* et l'*humide*, et tant d'autres abstractions réalisées. — Un autre inconvénient consiste à se

---

(1) Malebranche, *Rech. de la Vér.*, liv. III, ch. IV, § 3 « Notre vie ayant commencé par de pures sensations, nous avons, dès l'enfance, contracté une si grande habitude d'imaginer et de sentir, que ces choses nous suivent toujours, sans que nous en puissions être entièrement séparés. » (Bossuet, *Conn. de Dieu*, ch. III.)

« On met en question s'il peut y avoir en cette vie un pur acte d'intelligence dégagé de toute image sensible, et il n'est pas incroyable que cela puisse être durant de certains moments, dans les esprits élevés à une haute contemplation et exercés durant un long temps à se mettre au-dessus des sens; mais cet état est fort rare, et il ne faut parler ici que de ce qui est ordinaire à l'entendement. » (*Id.*, *ibid.*)

(2) « Notre âme ne saurait s'arrêter à considérer longtemps une même chose avec attention, sans se peiner et même sans se fatiguer; elle ne s'applique à rien avec autant de peine qu'aux choses intelligibles qui ne sont présentes ni aux sens ni à l'imagination. » (Descartes, *Des Princ. de la Phil.*, 1re part.) Le bourdonnement d'une mouche est capable, malgré tous nos efforts, de nous empêcher de considérer les vérités abstraites. (Malebr., *Rech.*, liv. III, 1re part., ch. IV.

laisser trop facilement absorber par une idée, ou par une qualité qui nous intéresse et nous agrée dans les personnes ou dans les choses, au point que nous oublions tout le reste ; c'est pousser l'abstraction à l'excès. (Laromiguière, *ibid.*) Souvent deux idées sont si fortement associées dans notre esprit que nous ne pouvons les séparer. Nous péchons par défaut, et pour ne savoir pas abstraire (1).

ART. III. DE LA COMPARAISON.

La comparaison n'est que l'attention elle-même qui se porte en même temps ou successivement sur plusieurs objets. Elle a son principe dans cette loi de l'attention qui, forçant notre esprit à se concentrer sur un seul objet ou sur une de ses parties pour en acquérir la notion distincte, lui impose ensuite l'obligation de comparer, de rapprocher afin de saisir les *rapports*. Si l'analyse et l'abstraction sont des résultats ou des modes de l'attention, la synthèse, la généralisation, le jugement et le raisonnement sont plus particulièrement sous la dépendance de la faculté de comparer ; elle est leur condition, si elle ne suffit à les expliquer. Sans elle, tout développement ultérieur de l'intelligence serait impossible ; le lien entre nos pensées serait brisé ; les objets nous apparaîtraient isolés ; les matériaux de la connaissance resteraient épars et ne pourraient être employés.

ART. IV. DE LA GÉNÉRALISATION.

Toutes nos idées sont d'abord individuelles. L'idée abstraite est celle d'une qualité particulière propre à tel objet. Ainsi, la couleur est pour nous d'abord celle du premier objet coloré qui s'offre à nos yeux. Il en est de même des autres propriétés des corps. Mais l'esprit ne peut s'y arrêter. Il aurait beau répéter cette opération, il n'obtiendrait qu'une collection d'objets et de qualités sans liaison. Il se perdrait vite dans la confusion de ses pensées, et succomberait sous le fardeau de ses idées entassées sans ordre. Aussi à la faculté d'abstraire s'ajoute celle de généraliser ; l'esprit saisit

---

(1) Sur les avantages et les inconvénients attachés à la faculté d'abstraire, voy. Laromiguière (*ibid.*) ; Reid, t. IV, Essai 5 ; Condillac, *Art de penser*, ch. 8 ; D. Stewart, *Phil. de l'espr. hum.*, ch. VI, sec. 6.

les ressemblances entre les objets, il réunit leurs qualités communes dans une *notion unique*, et représente celle-ci par un terme du langage. Les idées ainsi obtenues, telles que celles de la couleur, de l'étendue, de la forme en général, s'appellent *idées générales;* les termes qui les désignent, *termes généraux*, et la faculté qui préside à ce travail, *généralisation*.

Ces idées, jusqu'ici, quoique générales, sont simples. Or, nous remarquons entre les objets plusieurs qualités qui leur sont communes, et alors nous les groupons d'après leurs ressemblances, faisant abstraction de leurs différences. Nous formons par là des classes, des genres et des espèces : les idées d'*homme*, d'*animal*, d'*arbre*, etc. ; ce sont des idées générales, mixtes ou composées.

Puis, nous distribuons ces genres et ces espèces dans un ordre plus ou moins méthodique. Nous en formons un système qui est une *classification*.

Ce n'est pas tout, si nous avons remarqué qu'une même qualité s'offre à nous constamment dans plusieurs individus de la même classe, nous étendons cette propriété à la classe entière. Nous en faisons la propriété de l'espèce ou du genre. On appelle aussi cela généraliser ou mieux *induire*.

Nous décrirons ailleurs (*Logique*) ces formes de la pensée. Bornons-nous ici à la généralisation proprement dite. La généralisation, qui suit de près l'abstraction, ne doit pas être confondue avec elle. Nous pouvons abstraire sans généraliser. Je puis faire attention à la blancheur de cette feuille de papier sans appliquer la blancheur à d'autres objets : toute idée générale est abstraite; mais la réciproque n'est pas vraie, puisque l'idée abstraite est d'abord individuelle.

Il faut distinguer aussi l'idée générale simple, celle de *couleur*, d'*odeur*, d'*étendue*, etc., de l'idée générale de classe ou de genre et d'espèce, qui se forme par la réunion de plusieurs idées abstraites. Ainsi, *homme* ne représente pas une seule qualité, mais toutes les propriétés communes à l'espèce humaine; *animal*, toutes les propriétés des êtres animés (1).

Il est un ordre d'idées auxquelles on donne souvent le

---

(1) Pour les développements, voyez Reid, t. IV, p. 214 ; Locke, *Ent. hum.*, liv. III, ch. III, § 6.

nom d'idées générales, et qui ne sont ni des qualités détachées des objets, ni des idées de classe ou de genre et d'espèce. Ce sont les notions simples de la raison dont il a été parlé, les idées du *temps*, de *l'espace*, du *bien*, du *beau*, du *vrai*. (V. *Raison*.)

L'opération de généraliser nous est aussi facile et habituelle que celle d'abstraire. Nous passons insensiblement de l'une à l'autre. C'est un acte naturel que nous accomplissons sans y songer. L'enfant généralise très-vite. L'esprit saisit encore plus facilement les ressemblances que les différences. Aussi cette opération, qui étend nos connaissances et les simplifie, a besoin d'être exécutée avec prudence et réserve. (V. *Raison*.) Si elle est la source de grands avantages pour l'homme, elle entraîne de graves inconvénients. Il appartient à la logique de signaler les abus, les causes d'erreurs qui tiennent au mauvais emploi de cette faculté qui, comme l'abstraction, est inséparable du langage. (V. Locke, *Essai sur l'Ent. hum.*, liv. III, ch. III; Leibnitz, *Nouv. Essais*, III, 3; Condillac, *Art de penser*, ch. VIII; Stuart Mill, *Log.*, liv. IV, ch. II.)

ART. V. DU JUGEMENT.

I. *Sa nature essentielle et primitive.* — Le jugement est l'acte de la raison par lequel nous affirmons la vérité. Soit qu'il porte uniquement sur l'existence du sujet, soit qu'il renferme un attribut, négatif, dubitatif même, son essence est toujours l'*affirmation*. Nier, c'est encore affirmer; douter, c'est affirmer son doute. L'acte intellectuel qui constitue le jugement est représenté par le *verbe*, qui affirme l'existence et qui est le lien, l'âme du discours.

Connaître et juger, quoique l'analyse les distingue, sont, à l'origine, les deux faces inséparables du même fait intellectuel. L'apparition d'un objet à l'esprit détermine avec la connaissance la foi en sa réalité. L'idée de l'objet et la croyance à son existence sont données simultanément dans une intuition rapide et confuse, qui produit dans l'âme la conscience de la vérité. Telle est l'affirmation mentale, le jugement concret, dans son essence pure et primitive. Ainsi considéré, le jugement ne suppose pas une faculté spéciale, il a toujours été regardé, à juste titre, comme une fonction de la raison. Seule, en effet, cette faculté supérieure, qui se mêle à toutes nos perceptions et à toutes nos pensées, conçoit l'être, la vérité en général, et prononce sur les objets particuliers qui lui sont offerts. (V. *Raison*.)

Descartes (*Médit.*, IV) et après lui [d'autres philosophes (Malebr., *Rech.*, I, 2) ont donc eu tort d'attribuer le jugement à la volonté. Celle-ci peut intervenir dans les opérations de l'esprit qui préparent le jugement; mais, ce travail accompli, les idées une fois présentes et le rapport saisi, l'esprit adhère à la vérité et le jugement suit infailliblement (1). Il nous arrive souvent, il est vrai, quand la perception est confuse, au lieu d'attendre l'évidence et de suspendre notre jugement, de le précipiter. Nous affirmons alors plus que nous ne voyons, ou ce que nous ne voyons pas (2); le jugement est volontaire; mais la passion ou la volonté usurpent ici le rôle de la raison; elles parlent quand celle-ci se tait, ou elles traduisent mal ce que dit le verbe intérieur.

Le jugement est un acte solitaire de l'esprit à qui l'expression n'est point essentielle, et qui peut n'être que tacite. Il faut donc se garder de confondre le jugement en soi avec la *proposition* qui le formule; ou le jugement primitif, spontané, concret, avec le jugement ultérieur, tel que nous l'offre la proposition, et qui est le fruit de l'abstraction et de l'analyse.

La définition que donnent la plupart des grammairiens et des logiciens s'applique, en effet, à la proposition ou au jugement abstrait, réfléchi. *Le jugement*, disent-ils, *est la perception d'un rapport de convenance ou de disconvenance entre deux idées*. D'abord, quel qu'il soit, primitif ou réfléchi, le jugement n'est point une perception, mais une affirmation. Ce jugement : *j'existe*, quand il s'est produit pour la première fois dans ma conscience, était-il le résultat de la perception d'un rapport de convenance entre ces deux

---

(1) « Tout ce qui est intelligible ou pensé, la pensée l'affirme ou le nie. » (Aristote, *Mét.*, IV, ch. vii.) — Non potest objectam rem perspicuam non approbare. (Cic., *Acad.*, II, 12. Cf. Reid, t. V, p. 59.) Sur le danger d'attribuer le jugement à la volonté, voy. Leibnitz, *Essai de Théodicée*, 2ᵉ part., § 187.
(2) « Je tiens que juger n'est pas proprement un acte de la volonté, mais que la volonté peut contribuer beaucoup au jugement; car quand on veut penser à autre chose, on peut suspendre le jugement ; et quand on veut donner de l'attention à certaines raisons, on peut se procurer la persuasion » (Leibnitz.)

termes : *je* ou *moi* et l'idée d'*existence*? Non assurément. Outre qu'un moi abstrait et une existence abstraite ne donneraient jamais un moi concret et réel, l'esprit ne débute pas par l'abstraction. La *simple appréhension*, comme précédant le jugement, est une fiction des métaphysiciens. Je commence par avoir la notion concrète et confuse, le sentiment de mon existence propre, et j'y crois. Le jugement que je porte sur moi-même embrasse, à la fois, dans un acte unique de mon esprit, le sujet, l'attribut et leur rapport. Tous nos jugements existent primitivement sous cette forme. Plus tard vient la réflexion qui, par l'analyse, distingue les éléments renfermés dans la notion primitive et les représente par des signes. Alors naît la *proposition;* de concret le jugement devient abstrait. L'esprit sépare, pour les réunir ensuite, les parties intégrantes de la pensée totale. Le jugement nous offre la connaissance décomposée d'abord dans ses éléments, puis réunie ensuite dans une synthèse artificielle, image plus ou moins fidèle de la réalité (1).

Voilà le jugement tel qu'il nous apparaît comme opération ultérieure de la pensée. Même alors, il conserve toujours sa nature originelle et propre, d'être une affirmation ; mais il offre des caractères particuliers, et il accomplit une fonction nouvelle et importante qu'il s'agit de déterminer.

II. *Du Jugement ultérieur ou comparatif.* — On a vu comment s'est accompli jusqu'ici le travail du développement de la pensée, et quelles opérations ont été mises en jeu. L'esprit venant à réfléchir, décompose la pensée et la réduit en abstractions; puis il forme des notions générales; les objets et les idées se classent ainsi dans notre entendement. Mais l'esprit n'est pas un pur magasin d'idées; ses idées, il les compare entre elles et aperçoit leur liaison, leur convenance ou leur disconvenance. Un objet particulier vient-il à s'offrir à lui, il le rattache à une des classes, genres, ou espèces qui lui sont connus, ou il l'en exclut, *subsumit aut dirimit.* Il lui donne ou lui refuse l'attribut du genre ou de l'espèce. Par là, il le détermine et le classe; il affirme de lui une qualité ou la nie. Tel est le jugement comme opération ultérieure de la pensée; sa fonction est de

(1) Ce point est traité à fond par V. Cousin dans ses *Leçons sur Locke*, 11ᵉ leç.

déterminer la nature des objets en énonçant leurs attributs : 1° soit en faisant ressortir un attribut compris dans le sujet lui-même ; 2° soit en joignant un attribut nouveau qui lui convient (jugements *analytiques*, jugements *synthétiques*). (V. Kant.) Les signes viennent en aide à cette opération qui se formule par une proposition.

Dès lors, l'esprit devient capable d'une opération nouvelle et plus compliquée, qui consiste à saisir le lien non plus de deux idées, mais de plusieurs idées et de plusieurs jugements. Cette opération, c'est le raisonnement.

L'étude des formes du jugement appartient à la logique. (V. *Logique*.)

ART. VI. DU RAISONNEMENT.

Lorsque, par l'application d'une des facultés de notre esprit, nous obtenons une connaissance immédiate des objets, le jugement qui accompagne celle-ci est *intuitif*; mais souvent cette voie nous est fermée. Alors nous avons recours à un artifice, qui consiste à tirer d'un jugement un autre jugement qui y était contenu, et cela, au moyen d'un troisième qui montre le rapport. Le jugement obtenu de cette façon n'est plus intuitif ou *immédiat* : il est *médiat*, et l'opération qui sert à le former s'appelle raisonnement, ainsi que la faculté à laquelle elle se rapporte (1).

L'analyse des formes du raisonnement et l'exposé de ses règles appartiennent à la logique. Nous devons nous borner ici à quelques réflexions générales sur la faculté de raisonner en elle-même.

Le raisonnement est, on le voit, une opération successive de la pensée, qui consiste à établir un rapport entre plusieurs jugements, et à disposer ceux-ci dans l'ordre propre à faire ressortir leur liaison. Il y a deux formes principales : ou nous nous élevons de la considération des faits particuliers à la connaissance des principes, ou nous tirons d'un principe général une vérité particulière qui y était contenue; nous allons du particulier au général, ou du général au particulier. Le premier de ces deux procédés est l'*induction*, le second la

---

(1) Sur la différence entre l'induction et la déduction, lisez Descartes, *Règles pour la direction de l'esprit*, R. II.

déduction, ou le raisonnement proprement dit. Mais, quelle que soit la diversité des formes de raisonnement, l'esprit, au lieu de saisir la vérité d'une manière immédiate ou directe, n'y arrive que par une marche plus ou moins lente et détournée. Ainsi, cette faculté, si précieuse, qui est le principe de tant de belles découvertes, qui engendre tout un ordre de sciences remarquables par leur évidence et leur certitude comme par la fécondité de leurs applications, n'appartient qu'à une intelligence finie, placée dans une région moyenne, entre les animaux qui ne raisonnent pas et les intelligences supérieures auxquelles le raisonnement est inutile. Elle accuse la faiblesse de notre esprit, en même temps qu'elle révèle une de ses prérogatives. (Reid, t. V, p. 203 et suiv.)

CONSULTEZ : 1° Sur *l'attention*, Bossuet, *Conn. de Dieu*, I, XVI ; III, XVII. — Malebranche, *Tr. de morale*, Iʳᵉ part., ch. v, xv. — Laromiguière, t. II, leç. 4, 5, 6. — V. Cousin, *Fragm. phil.* — Maine de Biran, *Examen de Laromig.* ; *Œuvres inéd.*, t. I, p. 112. — Reid, t. IV, p. 185. — D. Stewart, t. II, ch. II.

2° Sur *l'abstraction* et la *généralisation*, Laromiguière, t. II, leç. 11 et 12. — Reid, t. VI, Ess. IV. — D. Stewart, *Phil. de l'espr. hum.*, ch. IV. — Locke, *Ent. hum.*, III, ch. III.

3° Sur le *jugement*, Reid, t. V, essai VI, ch. 1. — Locke, *Ent. hum.*, IV, XII. — Leibnitz, *Nouv. Ess.*, IV, XII, XIV. — V. Cousin, *Réf. de Locke*, leç. 23. — Garnier, *Tr. des fac. de l'âme*, liv. VII. — De Rémusat, *Essais phil.*, VIII.

4° Sur le *raisonnement*, Reid, t. V, Essai VII. — Locke, *Ent. hum.*, IV, XVII. — Leibnitz, *Nouv. Ess.*, IV, XVII. — Bossuet, *Conn. de Dieu*, I, XIV ; V, II ; *Logique*, III, 1. — Garnier, *Tr. des fac.*, VIII, XVI.

5° Sur la question : « Si les animaux raisonnent, » voy. les *Questions de philosophie*, sect. II, L'HOMME ET L'ANIMAL, et les auteurs cités. (*Ibid.*, Q. XIV.)

Intuition, Raisonnement.

Toutes ces opérations de la faculté *discursive* ne doivent pas faire oublier l'acte primitif : l'*intuition*, point de départ de la connaissance. Là est vu simultanément l'objet total ; là sont réunis les trois termes que distingue ensuite la *réflexion* : le *moi*, le *non moi* et l'*infini* leur base. La *notion* et le *jugement* aussi ne font qu'un. Je sens et j'affirme mon être, le monde et Dieu. Ceci est la vie de l'intelligence : *Sic vivimus*. Les systèmes qui, comme celui de Kant, morcellent la connaissance et, oubliant l'objet réel, le réduisent en abstractions mènent au scepticisme. Voy. pp. 264, 266, 284, 608.

CHAPITRE VII

DES IDÉES

OU DES PRODUITS DE L'INTELLIGENCE.

NATURE, ORIGINE ET FORMATION DES IDÉES.

Après avoir étudié l'intelligence dans ses facultés et ses opérations, nous devons la considérer dans son produit qui est la connaissance elle-même. Bien qu'impliqué dans les recherches précédentes, le problème de la nature, de l'origine et de la formation des idées a un intérêt particulier et il occupe une grande place dans les discussions philosophiques. Le second point surtout mérite toute notre attention. La métaphysique et la philosophie entière sont engagées dans ce débat sur le principe des connaissances humaines.

ART. I. DE LA NATURE DES IDÉES.

> Si quelque chose de la vérité peut se dévoiler à l'âme, n'est-ce pas dans l'acte de la pensée?
> (PLATON, *Phédon*.)

§ I. De l'idée en général.

L'idée est l'acte le plus simple de la pensée. Comme tel il ne peut se définir. « Le mot d'*idée* est du nombre de ceux qui sont si clairs qu'on ne les peut expliquer par d'autres, parce qu'il n'y en a point de plus clairs et de plus simples. » (*Log.* de Port-Royal, ch. I.) « Penser, concevoir, connaître, apercevoir, sont les termes les plus simples dont je puisse me servir. Je ne puis donc expliquer ni définir ces termes; d'autres les obscurciraient, loin de les éclaircir. Si je ne conçois pas clairement ce que c'est que concevoir et connaître, je ne conçois rien. Il y a certaines premières notions qui développent toutes les autres et qui ne peuvent être développées à leur tour; et il n'y en a aucune qui soit plus dans ce premier rang que la notion de la pensée. » (Fénelon, *Exist. de Dieu*, 2ᵉ part.)

Si l'idée ne peut se définir, elle peut encore moins s'expliquer par les analogies tirées du monde matériel. Ainsi l'idée n'est point une *image* déposée dans le cerveau, comme l'ont pensé Démocrite, Epicure (1) et après eux un grand nombre de philosophes. L'*idée-image* peut, tout au plus, avoir un sens quand il s'agit des perceptions de la vue et des objets étendus; mais quelle est l'image d'un son, d'une odeur et d'une saveur? Cette théorie ne peut même pas s'appliquer à toutes les notions que nous nous formons de l'étendue. « Que si je veux penser à une figure de mille angles, je conçois bien, à la vérité, que c'est une figure composée de mille côtés;... mais je ne puis m'imaginer les mille côtés de cette figure;... et néanmoins je la puis concevoir très-clairement et très-distinctement, puisque j'en puis démontrer toutes les propriétés. » (*Log.* de Port-Royal, *ibid.*) Cela est encore plus vrai des phénomènes de la pensée. Que concevons-nous plus clairement que notre pensée lorsque nous pensons? et cependant, il est impossible de s'imaginer une pensée ou d'en prendre aucune image dans notre cerveau.

§ II. Des différentes espèces d'idées et de leurs caractères.

Les idées offrent divers caractères par lesquels on peut les classer. Les uns se rattachent à la forme plutôt qu'à l'essence et au contenu de la pensée. Ainsi, les idées sont *concrètes* ou *abstraites*, *particulières* ou *générales*, *simples* ou *composées*, *claires* ou *obscures*, *confuses* ou *distinctes*, *vraies* ou *fausses*. La logique étudie ces formes de la pensée. La psychologie envisage les idées dans leur nature intime comme actes de l'esprit, soit en elles-mêmes, soit par rapport aux facultés qui les produisent. Elles offrent trois espèces. Ce sont ou des *perceptions* immédiates de la conscience et des sens, ou des *conceptions* de l'entendement, ou enfin des *notions* formées par l'analyse, l'abstraction, la généralisation, etc.

Cette division répond à celle de Descartes en *idées adven-*

---

(1) ..... Ea quæ rerum simulacra vocamus.
Quæ quasi membranæ summo de corpore rerum
Direptæ volitant ultro citroque per auras,
Atque eodem nobis vigilantibus obvia mentes
Terrificant, atque in somnis....   (Lucrèce, 4ᵉ chant.)

Lisez Reid, t. III, Essai II, ch. VIII, et XIX ; V. Cousin, *Réf. de Locke*, leç. 10.

tices, *innées* et *factices* (*Médit.*, III) et elle s'accorde avec la théorie précédente des facultés de l'intelligence. Considérées par rapport à leur objet, les idées sont *contingentes* ou *nécessaires*.

1° Les *idées contingentes* sont celles qui se rapportent à des objets réels, mais dont nous pouvons supposer la non-existence. Telles sont les idées des corps et de leurs propriétés, l'idée que nous avons de nous-mêmes, de nos semblables et de tous les êtres de la création. Je puis concevoir que les corps n'existent pas et cette supposition s'étend à la matière. Je pourrais ne pas exister, car je n'ai pas été toujours et je puis cesser d'être : il en est de même de tous les êtres qui n'ont point en eux-mêmes la première raison de leur existence.

2° Les *idées nécessaires* sont celles dont l'objet est tel que nous ne pouvons concevoir sa non-existence. Telles sont les idées d'*espace* infini, de *temps* éternel, d'*être*, de *substance* et de *cause* absolus. Que l'univers soit anéanti, l'espace subsiste, au moins comme possibilité d'un nouveau monde et de nouveaux corps. Avec les événements qui la mesurent disparaît la durée successive; reste le temps éternel. Les êtres finis peuvent cesser d'exister, je ne puis étendre cette supposition à l'être infini, à la cause première.

Le nom de *vérités nécessaires* a été donné aux principes de la raison qui, comme les axiomes et les vérités mathématiques, ne peuvent être rejetés sans absurdité, et qui sont marqués du même caractère de nécessité. On nomme par opposition *vérités contingentes* les vérités de fait ou relatives aux lois de la nature qui pourraient être changées par la volonté du Créateur. (V. *suprà*, Raison.)

ART. II. ORIGINE DES IDÉES.

> « C'est en nous-mêmes que nous trouvons les semences de ce que nous apprenons. »
> (LEIBNITZ.)

La question de l'origine des idées est d'une importance capitale en philosophie. Nos connaissances ont-elles leur principe dans la sensation? Nous viennent-elles exclusivement des sens et de l'expérience? En est-il parmi elles qui dérivent d'une source plus élevée? Est-il vrai que ces dernières, l'âme les apporte en naissant, et qu'elles soient réellement innées? Nous sont-elles transmises par l'éducation, par le témoignage de nos semblables ou par la révélation? La solution de ces problèmes intéresse non-seulement la science, mais aussi la morale, l'art, la religion. On ne s'étonnera donc pas que les philosophes s'en soient vivement préoccupés. Depuis Descartes, l'origine des idées a été un des principaux sujets des controverses philosophiques.

Mais avant de rechercher l'origine de nos connaissances, il fallait déterminer leur nature et leurs caractères, tels que nous les trouvons actuellement dans notre esprit. Car comment chercher l'origine de ce que l'on ne connaît pas? On risque d'assigner à nos idées une fausse origine, et ce qui est plus grave, de les dénaturer pour les faire rentrer dans quelque système fait d'avance et que l'on est intéressé à défendre. Ce reproche s'adresse en particulier à la théorie sensualiste, qui trahit partout ce vice de méthode.

Il convient de fixer d'abord le sens précis des termes. Que signifie ce mot, *origine* des idées? S'agit-il de marquer la date de leur apparition dans l'esprit? Cette recherche de chronologie intellectuelle peut être curieuse; mais ce n'est nullement ce que se propose la science philosophique quand elle essaye de remonter à la source de nos connaissances. Il s'agit de savoir quel est le principe générateur de nos idées ou le pouvoir de l'esprit qui les engendre, en un mot, *d'où* elles viennent, non *quand* elles naissent dans notre esprit, ce qu'il est impossible de déterminer. Leur principe est-il la sensibilité? Ne sont-elles que des transformations d'un fait unique : la sensation? Si un grand nombre viennent de l'expérience, d'autres n'ont-elles pas une autre source? Quelle est, en ce cas, la part de l'*expérience* et celle de la *raison*? Les notions de l'entendement lui-même, les produit-il par sa vertu propre et native? Le raisonnement avec ses opérations est-il impuissant à les extraire des perceptions de nos sens? En un mot, l'âme les tire-t-elle d'elle-même et de son propre fonds? Viennent-elles du *dedans* ou du *dehors*? Voilà le vrai sens du problème, ce qu'il ne faut pas perdre un instant de vue dans cette grande discussion, dont nous marquerons les points principaux.

L'école sensualiste admet en principe que toutes nos idées viennent des sens, ce qu'elle formule en ces termes : *nihil est in intellectu quod non prius fuerit in sensu;* maxime faussement attribuée à Aristote par les scolastiques.

Cette maxime peut être envisagée d'abord comme l'expression de la théorie matérialiste, selon laquelle les idées sont des *images* détachées des objets, et qui pénètrent dans l'esprit par l'intermédiaire des organes des sens. Pour la réfuter, il suffit de rappeler que les idées sont des actes de l'esprit; qu'entre les idées et les images des objets extérieurs il n'y a aucune ressemblance. Les idées ne peuvent donc naître dans notre esprit par l'introduction de ces prétendues images empreintes dans le cerveau (1). Toute cette théorie dont Démocrite est le père, et qui, renouvelée, dans les temps modernes, par Hobbes et Gassendi, a laissé des traces jusque dans les ouvrages des écrivains spiritualistes, est aujourd'hui complétement ruinée. (V. *suprà*, p. 149.)

Mais l'école sensualiste, représentée surtout par Locke et Condillac, l'a remplacée par une autre non moins fausse, d'après laquelle toutes nos idées ne sont que des *sensations transformées*. (Condillac, *Tr. des sensations*.)

Il est impossible que la sensation soit le principe de nos connaissances. La sensation est une simple modification de l'âme. Comment d'un phénomène passif, d'une impression subie par le sujet sensible, tirer la connaissance d'un objet extérieur à nous, la conception d'une idée et d'une vérité abstraite? La sensation elle-même a besoin d'être aperçue par la conscience. Voir, apercevoir, concevoir, comprendre, ce sont là des actes de l'esprit qui n'ont rien de commun avec *sentir*, être affecté, éprouver telle ou telle impression. Entre des faits d'une nature si différente, aucune transformation n'est possible. Comment de la sensation faire naître les idées de l'espace, du temps, des nombres, des vérités nécessaires, de l'être et de la pensée?

La sensation ne peut donc être l'origine d'aucune de nos connaissances, pas même de la connaissance des objets sensibles. (V. Reid, t. III, Essai II, ch. XVI.)

(1) « Quoi? quelque chose de semblable à la marque d'un cachet, gravée sur cire ? Grossière imagination, qui ferait l'âme corporelle et la cire intelligente. » (Bossuet, *Connaiss. de Dieu*, ch. IV, § 9.)

L'origine commune de toutes nos idées ne peut donc être que l'*activité de l'esprit*, provoquée, il est vrai, par la sensation et par l'action des objets extérieurs sur les sens.

Mais l'idée une fois rendue à l'activité de l'esprit comme principe de toutes nos connaissances, celles-ci, qui sont de deux sortes, n'ont-elles pas aussi deux sources distinctes ou une double origine? C'est ce qu'il importe de rendre évident.

§ I. Origine des idées contingentes

Nous avons distingué deux ordres d'idées et de vérités. Les unes, qui offrent le caractère de la contingence, ont pour objet quelque chose de limité, de fini, de particulier, de multiple et de variable. Les autres, marquées du caractère de la nécessité, nous révèlent l'infini, l'universel, l'immuable et l'absolu.

On ne peut nier que les premières ne soient dues à l'*expérience* et au raisonnement appliqué aux données de l'observation. Ainsi la connaissance des corps et de leurs propriétés nous vient par les sens; elle appartient à cette faculté qui s'exerce par l'intermédiaire des organes et que l'on nomme *perception externe*. La sensation toutefois, même ici, n'est que la condition ou l'occasion de l'idée qui naît à sa suite. Car c'est l'esprit qui voit, qui perçoit les corps et leurs propriétés. — Quant à la connaissance des faits qui se passent en nous, elle est due à une autre faculté par laquelle l'esprit perçoit le dedans, comme par les sens il perçoit le dehors ou le monde extérieur. Cette faculté est le *sens intime* ou la conscience.

Ces deux sortes d'idées, celles du monde extérieur et celles du monde intérieur, forment le domaine de l'observation, et elles ont pour source commune l'*expérience*. L'esprit, s'appliquant à ces données premières, crée avec ces matériaux d'autres idées; il *analyse* les objets, les *compare*, les *classe*, il *généralise*. Des principes ainsi obtenus il tire de nouvelles connaissances, et ramène les cas particuliers à la loi qu'il a découverte; ou enfin, par l'imagination, il combine ses idées dans de nouveaux rapports. Mais il a beau les séparer, les rapprocher ou les combiner, il ne lui est pas donné de dépasser la sphère de l'expérience. Ces notions ainsi acquises s'appellent des *idées empiriques*, ainsi que les jugements qui s'appuient sur elles.

§ II. Origine des idées nécessaires.

En est-il de même des idées et des vérités nécessaires? Dirons-nous avec un spirituel écrivain, qui déserte ici la philosophie de Descartes, après s'en être constitué le défenseur sur des points souvent beaucoup moins solides : « A force d'opérer sur les premières idées fournies par les sens, d'y ajouter, d'en retrancher, de les rendre de particulières universelles, d'universelles plus universelles, l'esprit les rend si différentes de ce qu'elles étaient d'abord, qu'on a quelquefois peine à y reconnaître les traces de leur origine. Cependant qui voudra prendre le fil et le suivre exactement retournera toujours de l'idée la plus sublime et la plus élevée à quelque idée sensible et grossière. L'idée même de l'infini n'est prise que sur le fini dont j'ôte les bornes (1). »

Cette opinion, qui est celle de l'école sensualiste (2), est aussi fausse que superficielle. Que les connaissances relatives aux objets sensibles et aux existences contingentes aient ainsi leur source dans l'expérience, nul ne le conteste; mais il n'en peut être de même de celles dont l'objet dépasse les limites et la portée des sens, des vérités universelles et nécessaires. L'expérience nous révèle ce qui *est*, non ce qui *doit être*, ce qui ne peut pas ne pas être, ce qui est absolu et universel. Or, tels sont les caractères que nous offrent les idées de l'espace, du temps éternel, de l'infini, les axiomes et les vérités nécessaires.

En vain dira-t-on que l'esprit les forme à l'aide de celles qui lui sont fournies par les sens, par voie d'analyse et de comparaison ou d'induction, etc. Aucune opération logique ne saurait transformer le fini en infini, le contingent en nécessaire, le relatif en absolu, ou faire sortir l'un de l'autre. A celui qui soutient cette opinion, on peut dire avec Male-

---

(1) Fontenelle, *De la Connaiss. de l'esprit humain*. Voy. Locke, *Essai sur l'Ent. humain*, liv. III, ch. II, § 8; et Condillac, *Sur l'Orig. des Connaiss. hum.*, t. II, §§ 102 et 103.

(2) C'est aussi ce que prétend aujourd'hui l'école *positiviste*.

branche : « Votre esprit est un merveilleux ouvrier, il sait tirer l'infini du fini. Je ne sais si c'est ainsi que vous l'avez appris, je crois que vous ne l'avez jamais bien compris. » (*Entretiens sur la Métaph.*, 2ᵉ Ent., § 8.)

Le raisonnement inductif ou déductif est si loin de pouvoir créer ces principes qu'il les suppose et s'appuie sur eux : « Quelque nombre d'expériences qu'on ait d'une vérité universelle, on ne saurait s'en assurer pour toujours par l'induction sans en connaître la nécessité par la raison. » (Leibnitz, *Nouv. Essais*, liv. I.)

Pour rendre compte de ces idées et de ces vérités, on a eu recours à l'éducation, au témoignage des hommes, à la révélation et au langage primitif.

1° On se fait de l'*éducation* une bien fausse idée si l'on croit que ces principes puissent s'enseigner ; l'enseignement lui-même ne peut être compris sans ces données premières, base de tout enseignement. L'éducation fait sortir les idées de l'esprit, elle ne peut les y mettre : elle développe et ne crée pas. *Noli putare quemquam discere ab homine; admonere possumus per strepitum vocis nostræ; si non sit intus qui doceat, inanis fit strepitus noster.* (S. Aug., *Lib. de Magistro*, XI.)

2° Le *témoignage des hommes* repose sur certains principes de crédibilité sans lesquels il est de nulle valeur. Dès qu'il porte sur des vérités, il est contrôlé par la raison, qui ne peut rien admettre du dehors sans le trouver aussi dans son propre fonds. (Leibnitz.) — Le *consentement universel* n'existe sur ces principes que parce qu'ils sont les mêmes dans la raison de tous les hommes. « Je conclus qu'un consentement général est un indice et non pas une démonstration d'un principe inné. (*Id., Nouv. Essais*, liv. I.)

3° Recourir à la *révélation* pour expliquer ces idées n'est pas plus logique. Un enseignement divin ne peut être compris que par une intelligence qui possède déjà, au moins en germe, avec l'idée de Dieu, la notion de ces vérités premières. « L'idée de Dieu, continue Leibnitz, ne laisse pas d'être dans le fond de nos âmes sans y être mise. Les lois éternelles de Dieu y sont en partie gravées d'une manière encore plus lisible, et quand on attribuerait le premier enseignement à la révélation, toujours la facilité que les hommes ont marquée à recevoir cette doctrine vient du naturel de nos âmes. » (*Ibid.*) « En ce sens, dit Kant, la religion révélée n'en est pas moins naturelle. »

4° L'origine des idées, dit-on, se confond avec l'origine du *langage*. (De Bonald, de Maistre.) (1) C'est reculer la question sans la résoudre. De plus, c'est renverser l'ordre des termes, expliquer la cause par l'effet. Qu'eût été le langage pour une intelligence privée de raison, pour un esprit incapable de comprendre le sens des mots et la parole divine? Un don inutile, un vain bruit qui s'arrête à l'oreille. Sans ces idées qui sont l'essence de la raison, la plus simple proposition est impossible ou inintelligible. Le verbe, l'âme du discours, exprime l'idée de l'être. Comment cette idée pourrait-elle naître de la parole si elle n'était déjà dans l'intelligence?

§ III. Des idées innées.

Si les idées et les principes nécessaires ne nous viennent pas des sens ou de l'expérience, faut-il admettre des idées *innées?* Que doit-on penser de cette théorie à laquelle Descartes a attaché son nom, qui a soulevé tant de controverses au XVIIe siècle, et qui, vivement combattue par Locke et Condillac, a souvent été tournée en ridicule par leurs disciples?

Nous n'hésitons pas à la proclamer vraie au fond, malgré ce qu'elle peut avoir d'inexact dans la forme. On s'en souvient, il ne s'agit nullement de la date des idées, mais de leur source. Viennent-elles des sens ou de la raison? du dehors ou du dedans? L'esprit les tire-t-il de son propre fonds, de *chez soi* (Leibnitz)? ou lui *adviennent*-elles par la simple vue des objets? Ne fait-il que les fabriquer avec les matériaux du monde sensible? Tel est le vrai sens de l'*innéité* (2). Or, il est certain qu'il existe des idées et des

---

(1) « L'homme ne parle que parce qu'on lui a parlé, » dit M. de Bonald. — Mais pour comprendre la parole, il faut être intelligent.

(2) « C'est, observe Shaftesbury, un mot sur lequel Locke s'amuse sans cesse à jouer... Qu'ont à faire ici la naissance ou la sortie du fœtus? La question n'est pas de connaître l'époque où les idées arrivent, mais uniquement si la constitution de l'homme est telle que, dès qu'il sera adulte, plus tôt ou plus tard, peu importe *quand*, certaines idées lui viendront infailliblement, inévitablement, nécessairement. » (Dugald Stewart, *Essai sur Locke, Priestley*, etc.)

vérités que l'âme ne saurait obtenir par la vue des objets extérieurs et par les opérations de l'esprit s'exerçant sur les données sensibles, qui n'ont pas pu nous être transmises par le langage ou l'éducation, et que, par conséquent, elle ne tire que d'elle-même. Ces notions, ces vérités premières interviennent dans tous nos jugements en matière spéculative et pratique ; sans elles toute parole serait inintelligible. Peu importe le nom par lequel on les désigne. Qu'on les appelle avec Platon *réminiscences* d'une vie antérieure, avec les stoïciens *notions communes* (κοιναὶ ἔννοιαι) ou *raisons séminales*, avec Descartes *idées innées*, avec Reid *principes du sens commun*, avec Kant *formes de la raison*, là n'est pas le vrai sens du débat, à moins qu'on ne fasse dégénérer une haute question métaphysique en une vaine dispute de mots. « Si quelqu'un veut donner un autre sens à mes paroles, dit Leibnitz, je ne veux point disputer des mots. » (*Nouv. Essais*, liv. I.)*

Platon, en interrogeant un esclave, lui fait trouver par lui-même la solution de plusieurs questions assez compliquées de géométrie, et il en conclut que nous naissons géo-

---

* *Remarque.* — Descartes le dit lui-même : « Je n'ai jamais écrit ni jugé que l'esprit ait besoin d'idées qui soient quelque chose de différent de la faculté de penser. Mais bien est-il vrai que, reconnaissant qu'il y avait certaines idées qui ne procèdent ni des objets extérieurs, ni des déterminations de ma volonté, mais seulement de la faculté que j'ai de penser, je les ai nommées innées. » (*Réponses à Hobbes.*)

Sur le fond du problème, l'accord de tous les grands esprits et presque la communauté de leur langage est à remarquer. Aristote lui-même ne diffère pas de Platon autant qu'on le croit. « Ces choses, dit-il, sont en quelque sorte, dans l'âme elle-même : ταῦτα δὲ ἐν αὐτῇ πώς ἐστι τῇ ψυχῇ. » (*De Anima*, II, 5.) « L'esprit est inné à lui-même (ξύμφυτος). » C'est le mot de Leibnitz. — Cicéron, répétant ou commentant la doctrine platonicienne et stoïcienne, appelle ces principes des connaissances ébauchées, *inchoatæ intelligentiæ* (*De Leg.*, I, 9), ou *prima invitamenta naturæ*. (*De Finib.*, V, 6.) — L'âme a une certaine nature qui lui est innée, dit à son tour Quintilien : *animi quædam ingenita natura*. L'étude ne fait que lui donner l'essor, *studio exercitata velocitas*. (*Inst. or.*, V, x.) — On sait comment Leibnitz explique et corrige la méthode sensualiste : « Les idées de l'être, d'une seule et même substance, du vrai, du bon, et beaucoup d'autres, ne sont innées à notre âme que parce que notre âme est innée à elle-même et qu'elle découvre en elle-même toutes ces choses. Il est bien vrai que rien n'est dans l'entendement qui n'ait été auparavant dans les sens. Mais il faut excepter l'entendement lui-même : *Nihil est in intellectu quod non priùs fuerit in sensu ; nisi ipse intellectus.* » (Leibnitz, *Épître à Birling*.)

mètres. (*Ménon.*) Or, ceci n'est pas vrai seulement de la science des nombres et des quantités. Les notions premières du *bien*, du *juste*, du *beau*, de l'*infini*, et les *axiomes* qui s'y rattachent, les principes de la morale, du droit, de la religion nous sont également innés. L'éducation les développe et ne fait que stimuler l'activité de l'esprit qui les conçoit et les comprend de lui-même. A la lettre, sans doute, l'homme ne naît pas savant, φύσει μὲν σοφὸς οὐδείς. (Arist.) Qui a jamais soutenu cette opinion ridicule? Il ne naît pas moral, religieux, artiste, mais capable de le devenir. La nature a mis en lui les germes des plus hautes connaissances. *Ingenuit sine doctrina notitias parvas rerum maximarum.* (Cic., *De Finib.*, V, 21.) « C'est en nous-mêmes que nous trouvons les semences de ce que nous apprenons. » (Leibnitz.) Ce qu'il y a d'inné, c'est le jugement, le discernement et l'intelligence, γνώμην δ' ἔχει καὶ σύνεσιν καὶ νοῦν. (Arist., *Eth. à Nic.*, VI, XI.)

Il ne faut pas, dit Leibnitz, se représenter l'âme, à la naissance, comme vide en elle-même, comme des tablettes où l'on n'a rien écrit (*tabula rasa*). L'âme contient originairement les principes de plusieurs notions que les objets extérieurs réveillent seulement dans certaines occasions. « La logique et la métaphysique, la morale, la théologie sont pleines de telles vérités, et leurs preuves ne peuvent venir que des principes internes qu'on appelle innés. Il est vrai qu'il ne faut point s'imaginer qu'on puisse lire dans l'âme ces éternelles lois de la raison à livre ouvert, comme l'édit du préteur se lit sur son album; mais c'est assez qu'on les puisse découvrir en nous à force d'attention, à quoi les occasions sont fournies par les sens. » (*Nouv. Essais*, liv. I.)

Quel est donc le rôle des sens et de l'expérience dans l'origine de nos idées? Il est très grand sans doute; ils fournissent le fait, l'objet réel que l'esprit perçoit; mais la *raison* du fait, sa *loi*, son *principe* ou sa *cause* et la liaison du fait avec la loi ou son explication, etc., voilà ce que la raison seule conçoit et comprend. Elle seule fournit le principe, l'*idée* qui rend le fait intelligible.

Nous commençons par nous apercevoir des objets particuliers; nous débutons par le concret, non par l'abstrait;

mais les idées de la raison sont mêlées à toutes nos connaissances. Les principes généraux gouvernent notre esprit à son insu, et, ajoute encore Leibnitz, « ils entrent dans nos pensées, dont ils sont l'âme et la liaison. Ils sont nécessaires comme les muscles et les tendons le sont pour marcher, quoiqu'on n'y pense point. » (*Ibid.*)

Mais n'est-il pas étrange de dire que les vérités les plus abstraites et les plus difficiles soient *innées?* Cela dépend du sens qu'on donne à ce mot. Au sens vulgaire, rien n'est inné. Leibnitz le dit : « La connaissance *actuelle* ne l'est point; mais ce qu'on peut appeler la connaissance *virtuelle*, comme la figure tracée par les veines du marbre est dans le marbre avant qu'on les découvre en le travaillant. S'il y a des vérités innées, il n'y a pas de pensées innées; car les pensées sont des actions. » (*Ibid.*)

La théorie de Descartes recèle en effet un vice que corrige la manière nouvelle dont Leibnitz envisage la pensée. Descartes définit l'âme une *substance* dont la pensée est l'attribut, comme l'étendue est l'attribut de la matière. Or, l'âme n'est pas une substance passive, c'est une *force*, une cause. Son essence est l'activité. L'âme, comme force active et vivante, a, non des propriétés, des attributs, des qualités, mais des pouvoirs, *facultés* ou *virtualités*. Parmi ces facultés est la raison, la faculté supérieure. Or, la raison ne doit qu'à elle-même les conceptions et les principes nécessaires qui découlent de son essence; « ils sont *intrinsèques* à l'âme, » selon l'expression de Leibnitz. La connaissance sensible devance la connaissance rationnelle, elle l'enveloppe, si l'on veut, mais ne la contient pas. Celle-ci, la raison la tire de son propre fonds par la puissance qui lui est inhérente ou *innée*, ainsi que toutes les vérités qui y sont comprises comme conséquences. « En ce sens, une vérité découverte après de longues recherches n'en est pas moins une vérité innée. » (Leibnitz, *ibid.*, ch. I.) *

---

* *Remarque.* — En résumé, la théorie des idées innées contient une part d'erreur et une part de vérité. Au sens vulgaire ou *chronologique*, aucune vérité n'est innée ; au sens logique ou métaphysique, l'idée innée, c'est la *notion* que l'esprit, par sa virtualité propre, produit à l'occasion des perceptions sensibles. Elle est *à priori* ; mais comment ? Non comme précédant la perception, mais la transformant. En

§ IV. De l'origine des idées dans Dieu.

Dire que la raison ou l'entendement est la source des idées nécessaires et des vérités absolues, c'est sans doute se placer au-dessus du système grossier qui les fait dériver des sens et de l'expérience. Dire qu'elles sont innées en ce sens que l'esprit les puise dans son propre fonds et qu'elles sont comme sa substance la plus intime, c'est exprimer la même vérité d'une manière plus profonde. Contemporaines de l'âme, elles sont alors, suivant la belle expression de Descartes, « comme le sceau de l'ouvrier empreint sur son œuvre. » Et l'on peut dire qu'elles sont non-seulement innées, mais *concréées*. (Leibnitz.) Cependant ce n'est pas s'élever assez haut encore. La philosophie, qui est la recherche des principes, doit remonter jusqu'au premier principe de toute connaissance et de toute vérité. C'est ce qu'elle a fait par l'organe de ses plus illustres interprètes, Platon (*Rép.*, VI), Descartes (1), Leibnitz (2), Fénelon, Bossuet (3), Malebranche (4). Ces grands génies, en effet, n'hésitent pas à placer

s'ajoutant à la perception, elle en fait une vraie connaissance. Elle est donc *à priori* non comme venant *avant* l'autre, mais comme l'expliquant et la rendant intelligible. Ainsi pense l'esprit humain. L'entendement fonctionne à la suite des sens, mais il n'en vient pas. Lui seul crée la pensée, qui est enveloppée, non contenue dans la notion sensible. Seul il la féconde et la développe. En ce sens, la maxime sensualiste est vraie : *Nihil est in intellectu quod non fuerit in sensu* ; mais, ajoute Leibnitz, si ce n'est l'intelligence elle-même, *nisi ipse intellectus*. Cette addition renverse la théorie sensualiste et empirique.

(1) « Je n'aurais pas l'idée d'une substance infinie, moi qui suis un être fini, si elle n'avait été mise en moi par quelque substance qui fût véritablement infinie. » (Descartes, 3ᵉ *Méditation*.)

(2) « Ces vérités étant antérieures aux existences des êtres contingents, il faut bien qu'elles soient fondées dans l'existence d'une substance nécessaire ; c'est là que je trouve l'original des idées et des vérités. » (Leibnitz, *Nouv. Ess. sur l'Ent. hum.*, liv. IV, xi.)

(3) « Si je cherche maintenant où et en quel sujet elles subsistent éternelles et immuables comme elles sont, je suis obligé d'avouer un être où la vérité est éternellement subsistante, où elle est toujours entendue ; et cet être doit être la vérité même et doit être toute vérité, et c'est de lui que la vérité dérive dans tout ce qui est et ce qui entend hors de lui. C'est donc en lui, d'une certaine manière qui m'est incompréhensible, c'est en lui, dis-je, que je vois ces vérités éternelles ; et les voir, c'est me tourner à celui qui est immuablement toute vérité, et recevoir ses lumières. Cet objet éternel, c'est Dieu éternellement subsistant, éternellement véritable, éternellement la vérité même. » (Bossuet, *Connaiss. de Dieu*, ch. IV, § 5.)

(4) La théorie de la *Vision en Dieu*, de Malebranche, est une exagération sans doute ; mais le fond de cette doctrine est éminemment vrai. C'est la pensée de Platon, de saint Augustin, de tous les docteurs de l'Église et de

l'origine véritable de nos idées nécessaires dans Dieu, source et principe de toute vérité, comme à rattacher la raison humaine à la raison divine, dont elle est l'image et le reflet. Notre raison doit être éclairée par une lumière supérieure qui nous fasse apercevoir ces vérités. « Comme le soleil semble éclairer tous les corps, de même le soleil d'intelligence éclaire tous les esprits. » (Fénelon, *Exist. de Dieu*.) Mon esprit n'est point la raison primitive, la vérité universelle et immuable, il est seulement l'organe par où passe cette lumière et qui en est éclairé. Il y a un soleil des esprits qui les éclaire beaucoup mieux que le soleil visible les corps. » (*Ibid.*)

Telle est la réponse que fait le spiritualisme à la question de l'origine des idées. Qu'on l'accepte entière, ou qu'on s'arrête en chemin, toujours est-il que la *raison* est la vraie source de nos idées. Ces idées ne sont-elles que des *formes subjectives* de l'entendement *humain* (Kant)? ou sont-elles les idées de la raison absolue et divine apparaissant dans la raison humaine (Platon)? C'est à la raison elle-même à décider. Or, elle s'est toujours proclamée divine dans son essence et son principe. *Quid est, non dicam in homine, sed in omni cœlo atque terra, ratione divinius?* (Cic., *De Leg.*, I.)

ART. III. FORMATION DES IDÉES.

> Il saura sans avoir appris, tirant sa science de son propre fonds. (Platon, *Ménon*.)
> Tous les hommes, s'ils sont bien interrogés, trouvent tout d'eux-mêmes. (Id., *Phédon*.)

L'origine des idées reconnue, et les nuages amoncelés sur cette question dissipés, il est utile d'étudier la manière dont

---

l'école cartésienne tout entière. Bossuet, Fénelon, Leibnitz tiennent le même langage. Voici comment s'exprime Malebranche lui-même, quand il reste dans la généralité de son principe :

« Il faut savoir que Dieu est très-étroitement uni à nos âmes par sa présence, de sorte qu'on peut dire qu'il est le lien des esprits...

« Nous ne saurions rien voir que Dieu ne nous le fasse voir. C'est Dieu même qui éclaire les philosophes dans les connaissances que les hommes ingrats appellent naturelles, quoiqu'elles ne leur viennent que du ciel. C'est lui qui est proprement la lumière de l'esprit et le père des lumières, *pater luminum*. C'est lui qui enseigne la science aux hommes, *qui docet hominem scientiam*. En un mot, c'est la véritable lumière qui éclaire tous ceux qui viennent au monde, *lux vera quæ illuminat omnem hominem venientem in hunc mundum*. » (*Rech. de la Vérité*, liv. III, 2ᵉ part., ch. vi; Fénelon, *Exist. de Dieu*, 2ᵉ part., ch. iv; Bossuet, *Conn. de Dieu*, ch. iv, §§ 5 et 9.

se forme la connaissance humaine, de voir par quels procédés se développent dans notre esprit les deux ordres de connaissances. Cette nouvelle face du problème intéresse au plus haut point la science. Ici est le secret des méthodes par lesquelles elle se forme et se transmet. L'éducation entière repose sur cette base.

§ I. Idées contingentes; part de l'expérience dans leur acquisition.

A son origine, la connaissance humaine est vague et confuse. Elle est aussi concrète et individuelle. L'esprit, s'y appliquant, l'analyse et la décompose, elle devient distincte, simple et abstraite, de complexe et de concrète qu'elle était. Puis, l'esprit comparant les objets, saisit leurs ressemblances et leurs différences, les classe et forme ainsi des notions générales, des genres et des espèces. Par induction, il étend aux espèces et aux genres les propriétés des individus. Il s'élève à la conception des lois qui les régissent et les formule en principes. Arrivé là, il redescend des genres et des espèces aux individus par un procédé inverse qui fait succéder la déduction à l'induction. Tel est le cercle que parcourt l'intelligence humaine dans la formation des idées *contingentes* ou *empiriques*; la science le parcourt également; elle convertit ces procédés en méthode et les suit avec régularité.

Les opérations de l'intelligence qui concourent à cette formation ont été décrites; leurs règles seront étudiées dans la logique. Remarquons seulement qu'elles-mêmes sont soumises à des principes régulateurs qui viennent de la raison, que les idées de cause, de loi, le principe de causalité, etc., lui sont dus. Mais la base est l'*expérience*. C'est par la comparaison des objets et des faits particuliers que je forme les notions générales d'arbre, de plante, celle de propriétés particulières à chaque genre ou à chaque espèce du règne minéral, végétal ou animal. L'expérimentation fait découvrir les lois de la nature, les lois de la pesanteur, de la lumière, de l'électricité, etc. Ainsi se forment les idées *empiriques*. (V. *Logique*, *Méthode*.)

§ II. Idées nécessaires; part de la raison dans leur développement.

Est-ce ainsi que se développent les idées et les vérités nécessaires en mathématiques, en logique, en métaphysique, en morale, en religion naturelle, en esthétique ; les notions du *vrai*, du *juste*, du *beau*? Comment se forment-elles dans notre esprit? Je ne veux ni nier ni diminuer la part de l'expérience. Le fait, l'image, la figure, la notion concrète, sont indispensables pour que la raison conçoive l'idée et la vérité abstraite et qu'elle les comprenne. Mais ce n'est là que la matière du jugement et de la conception. L'esprit doit passer de la notion concrète à la notion abstraite, et pour cela, que faut-il? Un acte de *réflexion*. La réflexion, appliquée à un seul objet, saisira dans le cas particulier le côté général, le rapport d'égalité de deux nombres par exemple comme indépendant de la forme concrète où il se présente. Un corps étant donné, si l'esprit est attentif, il conçoit qu'il est dans un *lieu* et que ce lieu est dans un *espace* sans limites qui renferme tous les corps, *espace infini, nécessaire*. S'il est témoin d'un fait, il conçoit qu'il a une cause, *que tout fait a une cause*, qu'il ne peut y avoir de phénomène sans cause. Ainsi de tous les principes nécessaires et universels de la raison. Ici le cas particulier, le fait présent n'est qu'un *exemple* ; s'il est la condition de l'induction, il n'est point sa base. C'est le point de départ d'où l'esprit s'élève à la conception de l'idée, de la loi qui régit tous les cas particuliers, du principe qui domine l'expérience. Il en est de même des vérités que l'esprit déduit de ces principes, ou qu'il construit à l'aide de ces axiomes. De sorte que la science tout entière sort de ces vérités que l'esprit recèle en lui-même. « En ce sens, remarque Leibnitz, on doit dire que toute l'arithmétique et toute la géométrie sont innées et sont en nous d'une manière virtuelle. » (*Nouv. Ess.*, ch. I.) C'est ce qui faisait dire à Platon : « Il saura sans avoir appris, tirant sa science de son propre fonds, ἀναλαβὼν αὐτὸς ἐξ αὐτοῦ τὴν ἐπιστήμην. » (*Ménon.*) Pascal enfant créant la géométrie est la preuve frappante de ce procédé *à priori*. Or, ce qui est vrai de la géométrie l'est de toutes les connaissances rationnelles et morales. En ce sens, elles sont innées. « L'homme n'enseigne pas l'homme, » dit saint Augustin. (*Loc. cit.*) *

§ III. Des degrés dans la formation des idées.

Plusieurs *degrés* sont à distinguer dans la manière dont se forment et se développent dans notre esprit les idées et les vérités nécessaires. La science reproduit ces divers aspects dans les écoles philosophiques.

1º La forme la plus élémentaire et la plus générale est celle qu'elles prennent dans l'intelligence de tous les hommes comme vérités ou *principes du sens commun*. A ce premier degré s'arrête la philosophie écossaise. (V. Reid, t. V.)

2º On peut ensuite les concevoir comme les lois nécessaires et les *formes de la raison*. C'est le point de vue de Kant et de l'*idéalisme subjectif*. (*Raison pure.*)

3º Mais la science ne peut s'arrêter à ces degrés inférieurs ou intermédiaires. Après avoir considéré ces idées comme des formes de la raison humaine, elle doit remonter à leur véritable source. Si elles sont l'essence de notre raison, elles en sont indépendantes. Elles ne gouvernent pas seulement notre esprit, tous les esprits sont régis par elles. *Universelles* et *immuables*, elles forment la *raison* même dans son caractère *absolu*. La raison humaine reconnaît son identité avec la raison divine dont elle participe, et où elle trouve la propre origine.

En même temps, elle comprend que, si elles sont dans la raison absolue et dans l'homme, elles apparaissent aussi dans l'univers, dont elles forment l'harmonie, l'ordre et la beauté. (*Id.*) « Ces vérités nécessaires contiennent la raison déterminante et le principe régulateur des existences, en un mot ses lois de l'univers. » (Leibnitz, *ibid.*) Tel est le vrai *idéalisme*. (Platon, Malebranche, etc.)

---

* *Remarque.* — Que ce langage paraisse étrange, alors que l'empirisme, sous le nom de positivisme, a repris faveur, cela est naturel ; mais nous ne pouvons croire que la raison renonce à son initiative même dans les sciences expérimentales et consente à se dépouiller de ses prérogatives. Loin d'être un progrès, à nos yeux, ce serait un abaissement de la science et de la pensée humaine. Que l'on revendique la part de l'expérience même dans les sciences exactes, on fait bien ; mais le procédé rationnel reste ce qu'il est, un procédé *à priori*, ou on ne le comprend pas.

CONSÉQUENCES RELATIVES A L'ÉDUCATION.

On ne peut trop insister sur les conséquences de la théorie précédente relatives à l'*Education*. Ou l'on considère, en effet, l'esprit humain comme un être purement passif et réceptif, et alors on se borne à transmettre les vérités de la science comme des faits positifs dont celui-ci n'est que le réceptacle et le dépositaire. Ou l'on conçoit l'esprit comme le principe et l'artisan de ses propres connaissances. Dans cette conviction, on devra sans cesse faire appel à son activité, le stimuler et le diriger, le forcer à concevoir et à *produire* par lui-même. Car, dans les sciences mêmes où l'observation joue le principal rôle, l'esprit ne se borne pas à recueillir des faits, il doit les interpréter et en pénétrer le sens, les rattacher à leur loi et à leur fin, saisir leur ordre et leur enchaînement. Quant aux sciences rationnelles pures, telles que les mathématiques et la logique, on peut dire qu'il les crée de toutes pièces : il tire de son propre fonds jusqu'aux matériaux eux-mêmes, qui sont les idées de la raison. Les hautes sciences ne s'*apprennent* pas, elles se *comprennent*. Savoir, ici, c'est comprendre, et comprendre, c'est ou rattacher par la pensée une vérité particulière à une vérité abstraite, ou saisir le lien des vérités entre elles.

C'est le vrai sens de la théorie de la *réminiscence* de Platon. « Ce qu'on appelle *apprendre* n'est que *se ressouvenir*. » (*Ménon.*) La conclusion de Socrate, qui est aussi celle de saint Augustin dans son *Traité de la grandeur de l'Ame*, est que, dans les sciences démonstratives, nul homme ne peut rien enseigner à un autre homme ; que ce qu'on appelle art d'enseigner, dans un maître, n'est que l'art d'interroger son disciple avec méthode pour lui faire découvrir la vérité dans son propre esprit, et que ce qu'on appelle *apprendre*, dans un disciple, n'est proprement que développer, par son attention, ses propres idées, dont l'existence, dans tous les esprits, est par conséquent indubitable. » (Le P. André, *Œuvr. philos.*, éd. Cousin, p. 200.) « Apprendre suppose qu'on puisse savoir ; et savoir suppose qu'on puisse avoir des idées universelles et des principes universels, qui, une fois pénétrés, nous fassent toujours tirer de semblables conséquences. » (Bossuet, *Connaiss. de Dieu*, ch. v, § 5.)

« Les hommes peuvent nous parler pour nous instruire ; mais nous ne pouvons les croire qu'autant que nous trouvons une certaine conformité entre ce qu'ils nous disent et ce que nous dit le *maître intérieur* ; après qu'ils ont épuisé tous leurs raisonnements, il faut toujours revenir à lui et l'écouter pour la décision. Si un homme nous disait qu'une partie égale le tout dont elle est partie, nous ne pourrions nous empêcher de rire, et il se rendrait méprisable au lieu de nous persuader. C'est au fond de nous-même, par la consultation du maître intérieur, que nous avons besoin de trouver les vérités qu'on nous enseigne, c'est-à-dire qu'on nous propose extérieurement. Ainsi, à proprement parler, il n'y a qu'un seul véritable maître qui enseigne tout et sans lequel on n'apprend rien. Les autres maîtres nous ramènent toujours à cette école intime où il parle seul. » (Fénelon, *Exist. de Dieu*, 1re partie, ch. II.)

« Je vous dis ce que je vois, et vous ne le voyez pas ; c'est une preuve que l'homme n'instruit pas l'homme ; c'est que je ne suis point votre maître ou votre docteur ; c'est que je ne suis qu'un moniteur... e parle à vos oreilles. Apparemment je n'y fais que trop de bruit ; mais votre unique maître ne parle point encore assez clairement à votre esprit ; ou plutôt la raison lui parle sans cesse fort nettement ; mais, faute d'attention, vous n'entendez point ce qu'elle nous répond. » (Malebranche, *Entr. métaphysiques*, 3ᵉ entr., § 9.)

— En regard de ce langage profond et vrai des grands écrivains spiritualistes, combien est faux et superficiel celui des partisans de la théorie opposée ! « Les idées innées, dit M. Laromiguière, sous quelque forme qu'on les présente, de quelque nom qu'on les décore, de quelque couleur qu'on les embellisse, ne soutiennent pas l'examen de la raison, et la philosophie en les créant s'oublia elle-même pour faire l'office de l'imagination. L'homme n'entre pas dans la vie pourvu d'idées, riche de connaissances ; l'ignorance est son état primitif. Nous ne savons que ce que nous avons appris.... » (*Leç. de Philos.*, 2ᵉ part., leçon 9.)

L'ingénieux et spirituel auteur, à la fois partisan et adversaire de Condillac, ne paraît pas saisir le vrai point de la question, qui n'est pas de savoir si l'homme entre dans la vie pourvu d'idées, mais comment il *acquiert* ses idées. « Nous ne savons, dit-il, que ce que nous avons *appris*. » Mais comment *apprenons*-nous? Qu'est-ce qu'apprendre? Tout le problème est là, et il est assez grave pour avoir donné à réfléchir à de grands penseurs, dont il faudrait traiter l'opinion moins légèrement. Quand on dit qu'il y a des vérités que l'homme n'apprend pas, et sans lesquelles il ne pourrait rien apprendre, on énonce une vérité triviale et cependant plus profonde. Elle a été, il est vrai, contestée et tournée en ridicule par les philosophes sensualistes, par les partisans de la table rase et de la statue ; mais ce n'est pas une raison d'ériger leur sentiment en axiome. La vérité, au contraire, est que nous ne savons pas ce que nous n'avons fait qu'apprendre : *Tantum scimus quantum memoria tenemus*, a dit Cicéron. Soit, mais il est plus vrai encore de dire avec Vauvenargues : « Les choses qu'on sait le mieux sont celles qu'on n'a pas apprises. »

Un philosophe sensualiste a dit avec beaucoup de vérité : « Chacun n'a que les idées qu'il s'est faites, et personne ne peut penser pour un autre. » (Destutt-Tracy, *Idéol.*, ch. XVII.) Seulement cette phrase renverse tout le système sensualiste.

« Mais si tout ceci est vrai, il ne faut donc pas croire que la science *s'apprenne* de la manière dont certaines gens promettent de l'enseigner. Ils se vantent de pouvoir la faire entrer dans une âme où elle n'est point, à peu près comme on rendrait la vue à des yeux éteints. Mais le discours présent nous fait voir que chacun a dans son âme la faculté d'apprendre, avec un organe destiné à cela ; que tout le secret consiste à tourner cet organe avec l'âme tout entière, etc. » (Platon, *Rép.*, VII. Cf. *Théétète*, *Phédon*.)

Nous ne travaillons qu'à emplir la mémoire et laissons l'entendement et la conscience vides. On ne cesse de crier à nos oreilles comme qui verserait dans un entonnoir... (Montaigne, *Essais*, liv. I, ch. XXIV.)

CONSULTEZ : Platon, *Ménon*, *Phèdre*, *Théétète*, *Phédon*, *Rép.*, V et VI. — Saint Augustin, *Lib. de magistro*. — Descartes, IIIᵉ *Médit.*, Object. et rép. — Bossuet, *Conn. de Dieu*, I et IV. — Fénelon, *Exist. de Dieu*, 1ʳᵉ part., chap. II, et 2ᵉ part., ch. II. — Locke, *Ent. hum.*, liv. I et II. — Leibnitz, *Nouv. Ess.*, I, II. — Malebranche, *Rech. de la vér.*, III ; *Entr. mét.*, I, III. — Reid, t. III. — Buffier, *Vérit. premières*. — Kant, *Raison pure*. — Maine de Biran, *Œuvr. inéd.*, t. III.

CHAPITRE VIII

DU LANGAGE

> Deus ille princeps, parens rerum, nullo magis hominem separavit a cæteris animalibus quam dicendi facultate. (Quintil., *Inst. or.*, II, 16.)

ART. I. DU LANGAGE ET DES SIGNES EN GÉNÉRAL.

§ I. Du langage en général.

L'homme, esprit uni à un corps, a des organes qui le mettent en relation avec les objets extérieurs. Un autre moyen lui était nécessaire pour communiquer avec ses semblables, intelligences comme lui revêtues d'une enveloppe matérielle. Le langage, en effet, lui sert à exprimer ou à transmettre sa pensée. Cette faculté ne le distingue pas moins des animaux que la raison elle-même, qui sans cela serait inutile, ne pouvant se manifester (1). La parole ou le discours est le lien de la société humaine (2), il réunit ses membres épars dans l'espace et le temps. Par lui se fait l'éducation de l'individu et du genre humain.

Mais cette fonction n'est ni la seule ni la première. Les signes sont nécessaires à l'homme autant pour *penser* que pour *exprimer* sa pensée. Sans eux, il ne saurait concevoir, juger, raisonner. Cet usage de la parole n'a pas échappé aux anciens philosophes; c'est le sens du mot de Platon : « La pensée est un discours que l'âme se tient à elle-même. » (*Théétète;* Cf. le *Sophiste.*) Locke remarque ce double emploi du langage, « d'enregistrer la pensée qui nous fait parler « à nous-mêmes, et de servir à la communiquer. » (Liv. III, ch. IX.) « Nous ne pouvons penser sans signes, » a dit Condillac. (*Logique.*) — « Nous pensons notre parole avant de parler notre pensée, » ajoute un auteur plus récent (de Bo-

---

(1) « Sed ipsa ratio neque tam nos juvaret, neque tam esset in nobis manifesta, nisi quæ concepissemus mente promere etiam loquendo possemus. » (Quintilien, 11, XVI.) — « Moderationem vocis, orationis vim, quæ conciliatrix est humanæ maxime societatis. » (Cicéron, *De Leg.*, I, IX.)

(2) « Societatis humanæ vinculum es ratio et oratio. » (Cic., *De Offic.*, I, XVI.)

nald), commentant la phrase de Platon (1). La liaison étroite de la pensée et du signe est exprimée par le discours lui-même et l'analogie des mots : λόγος, raison, parole : *ratio*, *oratio*.

Ainsi envisagé, le langage est comme une faculté nouvelle qui s'ajoute aux facultés de l'esprit. Il importe de l'étudier en lui-même et dans son rapport avec les opérations de l'intelligence, de mesurer sa portée, de tirer quelques conséquences pratiques sur les moyens de le perfectionner, afin par là de perfectionner nos idées et la science humaine, qui est une création de la pensée.

Auparavant nous devons traiter des signes en général, la parole étant une combinaison de signes.

§ II. Nature et division des signes : langage naturel; langage artificiel.

I. On appelle *signe* tout objet sensible qui rappelle un autre objet ou en éveille l'idée (2). Trois choses sont nécessaires pour constituer un signe : 1° l'idée ou l'objet signifié; 2° le signe ou l'objet qui signifie; 3° leur rapport perçu par l'esprit. Otez une de ces conditions, il n'y a plus de signes.

Le nombre des signes est illimité. Tout objet sensible peut devenir signe d'un autre objet, soit physique, soit moral. Les phénomènes de la nature étant liés entre eux deviennent pour nous des signes. La flamme indique le feu, l'éclair annonce la foudre, la verdure rappelle le printemps. Dans l'ordre moral, la disposition des traits du visage, les gestes et les mouvements du corps expriment les sentiments de l'âme. Il suffit d'associer une idée à un objet quelconque, pour que l'objet rappelle l'idée, bien qu'ils n'aient aucune liaison naturelle; c'est le cas de la plupart des signes, de la parole et de l'écriture en particulier.

II. Une première division des signes est tirée des *sens* auxquels ils s'adressent et des *matériaux* qui servent à les former. Il y a des signes de la *vue*, de l'ouïe, du *toucher*,

---

(1) *Recherches philos.*, t. I, p. 100 et 104. — « L'homme qui parle est un homme qui pense tout haut. » (Rivarol.)

(2) Signum est quod sub sensum aliquem cadit et quiddam significat. (Cic., *De Inv.*, I, xxx.) Cf. *Log.* de Port-Royal, I, iv. Jouffroy, *Nouv. Mélanges*, art. Signes.

même de l'*odorat* et du *goût*. Leurs avantages ne sont ni les mêmes ni égaux. A la lenteur de la perception le signe tactile joignant la difficulté de l'émission, a un usage très-borné. Les odeurs et les saveurs ont un caractère affectif qui ne permet guère de les employer. Les véritables signes sont ceux de la *vue* et de l'*ouïe*. On peut hésiter d'abord sur leurs avantages respectifs. Les signes de la vue ont pour eux, avec la simultanéité et la fixité, le privilége de captiver notre attention. Le son instantané et fugitif nous frappe moins que l'image visible : *Segnius irritant animos demissa per aurem quam quæ sunt oculis subjecta fidelibus*. (Hor., *Art poét*.) Mais cet inconvénient est plus que compensé par les avantages qu'il tire de son apparente infériorité. Par cela même qu'il est successif et instantané, le son devient plus propre à s'unir à la pensée, à la suivre dans ses modes et ses combinaisons. Moins matériel et plus rapide, il facilite ses opérations sans les matérialiser. La nature elle-même a proclamé cette supériorité, en donnant à l'homme un organe propre à émettre des sons ; le *langage* en tire son nom. La *parole*, qui est une combinaison de sons, est le langage par excellence. *Nullo magis hominem separavit a ceteris animalibus quam dicendi facultate*. (Quintil.) (1)

III. Langage naturel et artificiel. — Une autre division, plus philosophique, est prise dans le *rapport* qui unit le *signe* à l'*idée*. Ce rapport est double. Ou il est une loi de la nature qui ne dépend pas de la volonté humaine; ou sans qu'il soit arbitraire, la volonté peut le changer ou le modifier. Le langage est ainsi *naturel* ou *artificiel*.

1º Le *langage naturel*, appelé aussi langage d'action, réside surtout dans les traits du visage et la physionomie, dans les cris, les gestes, les mouvements, les attitudes du corps, etc. — *Instinctif*, nous n'avons pour l'apprendre d'autre maître que la nature. Interprété par l'enfant, parlé

---

(1) Sur l'excellence de la *parole* et ses usages, V. Charron, I, ch. xii. « Or, ces deux, l'*ouïe* et la *parole*, se répondent et se rapportent l'une à l'autre, ont un grand cousinage ensemble, l'un n'est rien sans l'autre. Ce sont les deux grandes portes par lesquelles l'âme fait tout son trafic. (Id., *ibid*.) — « C'est l'ouïe qui rend les plus grands services à la pensée, puisque c'est par le langage que l'homme s'instruit et que le langage est perçu par l'ouïe. Aussi les aveugles-nés sont plus intelligents que les sourds-muets. » (Aristote, *De Sensu et Sensibili*, ch. ii.)

et compris par tous les hommes, à toutes les époques et sur tous les points du globe, il forme une sorte de langue universelle. C'est aussi le langage des animaux, auxquels il suffit pour exprimer leurs impressions et leurs besoins. Les formes, les mouvements, les sons de la nature entière ont aussi une expression symbolique (1). — *Synthétique*, il rend très-bien toute une situation, un sentiment, une action, d'une manière instantanée et simultanée. Ainsi l'âme apparaît dans le visage. *Imago animi vultus.* (Cic.) *Animi index et speculum.* (V. Charron, 1 et 3.) Expressif et pathétique au plus haut degré, il excelle à peindre la passion. Cicéron l'appelle l'*éloquence du corps* (2). Il n'y a pas un mouvement de l'âme qui n'ait son expression naturelle dans le visage, la voix ou le geste (3). C'est le langage de la sensibilité ; mais il est impropre à décomposer la pensée. Il ne peut ni l'abstraire ni en présenter les éléments dans un ordre successif.

— Ce qui constitue son essence, c'est l'invariabilité du rapport qui unit le signe à la chose signifiée. Ce rapport est une loi de la nature, qui le rend indépendant de la volonté humaine. L'homme peut faire exprimer ce qu'il veut à sa figure, mais il n'en peut changer l'expression. Toujours le signe de la douleur est le signe de la douleur, et ne peut devenir celui de la joie. Le geste de la colère ne peut échanger sa signification contre celle d'un autre geste qui traduit une autre passion. Entre les lignes, les formes du visage, les mouvements du corps et les sentiments attachés à ces signes, il y a une analogie secrète et mystérieuse tirée des lois qui règlent l'accord de l'âme et du corps (4).

2° Le *langage artificiel* est surtout la *parole*, le vrai langage de la pensée. Si on le prend extérieurement, il se compose des sons articulés de la voix que l'homme émet volontairement et auxquels il attache sa pensée dans le but, réfléchi ou non, de la faire comprendre.

(1) Oui, tout parle dans l'univers;
Il n'est rien qui n'ait son langage (La Fontaine).
(2) *Est enim actio quasi corporis quædam eloquentia.* (Orat., c. XVII.)
(3) *Omnis enim motus animi suum quemdam natura habet vultum et sonum et gestum.* (Cic., *De Orat.*, III, LVII.) Lire le passage entier. Sur les effets de la mimique, voy. Cic., *De Orat.*, III, Orat. 55. — Quintilien, XI, ch. III. — De Gérando, *Des Signes*, t. II, p. 288. — Condillac, *Grammaire*, ch. I. — Laromiguière, t. I, p. 331. — D. de Tracy, *Idéol.* ch., XVI.
(4) Aucun peuple ne secoue la tête en disant oui. (Jean Paul.)

Ses caractères opposés à ceux du langage naturel sont : 1° la *diversité* et la *mobilité*. Les langues ont toutes quelque chose de commun, des lois invariables et nécessaires comme les lois internes de la pensée qu'elles expriment. Mais elles n'en sont pas moins prodigieusement variées dans leurs matériaux, leurs formes grammaticales, leur syntaxe, leurs tours et leurs constructions, leur génie propre, etc. — 2° Comme il n'est plus instinctif, ce langage a besoin d'être interprété et appris pour être parlé. — 3° Quoique la propriété d'analyser la pensée ne manque pas tout à fait au langage d'action (Condillac, *Logique*), elle caractérise le langage artificiel à un point tel qu'elle lui devient spécifique. Il est essentiellement *analytique*, et c'est là surtout ce qui le distingue. Il est merveilleusement propre à décomposer la pensée, à la suivre dans toutes ses transformations, ses nuances et ses combinaisons, à seconder l'esprit dans toutes ses opérations. Créé pour les besoins de la pensée, il lui ressemble, et comme elle il est *abstrait*. Il la représente et la reproduit dans toutes ses formes, et dans ses lois. Emanant de la volonté, celle-ci y apparaît avec tous ses actes. Aussi est-il, à l'exclusion des animaux, le langage de l'homme, de l'être *raisonnable et libre*. Il en résulte que, malgré les analogies et les harmonies du langage naturel qui s'y reflètent, il n'y a aucun rapport nécessaire et naturel entre le signe et l'objet, le mot et l'idée. Quoiqu'il ne soit pas né du caprice ni d'une convention formelle, il conserve son cachet propre d'être une création de l'esprit. S'il ne dépend pas de la volonté humaine de changer ou de modifier le langage commun, l'homme peut créer à volonté de nouveaux signes et même raisonnablement ou non changer pour son usage la valeur des termes reçus. — Le langage est soumis à toutes les révolutions de l'esprit humain. L'usage est sa loi.

> *Multa renascentur, quæ jam occidere cadentque,*
> *Quæ nunc sunt in honore vocabula, si volet usus,*
> *Quem penes arbitrium est et jus et norma loquendi* (Hor.) (1).

(1) On voit dans quel sens est pris ici le mot *artificiel*. Il ne préjuge rien de l'origine du langage ni des lois de son développement : *spirituel* ou *rationnel* seraient plus justes, mais ne sont pas usités. Le langage doit-il être classé parmi les productions de la *nature*? (Max. Muller.) On ne peut l'accorder. C'est bien ici le règne de l'*esprit*. Quoique soumis à des conditions naturelles, l'esprit est l'artisan du langage. Sciemment ou non, spontanément ou librement, il agit dans toutes ses phases et ses révolutions.

3° *De l'Écriture.* — Signe artificiel, pris dans l'étendue visible, l'écriture rend à la parole le service que celle-ci rend à la pensée, celui de la fixer. Aussi n'est-elle pas le signe immédiat de la pensée. Elle représente la parole qu'elle décompose comme celle-ci décompose la pensée. Elle est le signe du signe. Telle est, du moins, l'écriture *alphabétique* qui représente les sons et les articulations de la voix humaine. *Hic enim usus est litterarum ut custodiant voces.* (Quintil., I, VII.) L'écriture *hiéroglyphique*, et les autres signes figuratifs ou emblématiques, représentant directement les objets ou les idées, sont de véritables langues, des langues pour les yeux. L'immense supériorité de l'écriture alphabétique lui vient de ce qu'elle décompose les sons au lieu des idées, de ce qu'elle est *phonétique*, non *idéographique*. Elle ramène l'infinité des sons à un petit nombre de caractères : *Sonos vocis, qui infiniti videbantur, paucis litterarum notis terminavit.* (Cic., *Tusc.*, I, 25.) Tous les peuples ont regardé comme une invention divine.

.... cet art ingénieux,
De peindre la parole et de parler aux yeux (1).

Mansuram rudibus vocem signare figuris. (Lucain, *Phars.*, III, 221.)

ART. II. RAPPORTS DU LANGAGE AVEC LA PENSÉE; SON INFLUENCE SUR LES OPÉRATIONS DE L'ESPRIT ET LES FACULTÉS INTELLECTUELLES.

§ I. Rapports du langage avec la pensée.

1° Le langage sert à *exprimer* la pensée, c'est là sa fonction la plus évidente. Il établit un lien de communication entre les hommes et rend la société possible ; il est la condition de tout perfectionnement intellectuel et moral. L'homme isolé de son espèce est incapable de progrès. Par l'éducation il reçoit les vérités découvertes avant lui, il puise à ce trésor amassé par les siècles. Sans le langage, livré à lui-même, il ne saurait faire usage de ses plus précieuses facultés. Celles-ci ont besoin d'être excitées, mises en jeu par la parole. Les germes de connaissances supérieures qui ont été déposés

---

(1) Sur les *avantages de l'écriture* et son influence sur les opérations de la pensée, voy. de Gérando, *Des Signes et de l'Art de penser*, t. II, p. 402 et suiv. — Destutt de Tracy, *Idéologie*, ch. XVII, et *Grammaire*, ch. V. — Laromiguière, *Disc. sur la langue du Raisonnement.*

en lui resteraient ensevelis dans son esprit. Il serait étranger à la science, à la moralité, à la religion.

Ne nous méprenons pas toutefois sur la nature et la portée du langage. La parole en réalité ne transmet pas, elle excite ou évoque les idées associées aux signes. L'esprit doit interpréter le signe, concevoir lui-même l'idée qui y est attachée et la reproduire dans sa pensée. C'est donc lui qui rend le signe intelligible. (V. Platon, *Cratyle*.) On voit combien est impropre le mot *véhicule* de la pensée appliqué à la parole, pour exprimer le mode de communication entre les esprits.

2° Mais telle n'est pas la première ni la plus importante fonction du langage. Celui-ci est nécessaire non-seulement pour communiquer les idées, mais pour les *former*. Il est indispensable à toutes les opérations de l'esprit, qui, sans lui, ne pourraient s'exécuter ou resteraient inefficaces. Pour reconnaître ici les liens étroits qui unissent la parole à la pensée, il faut prendre celle-ci à son origine, la suivre dans ses transformations et ses combinaisons. On verra que, si la pensée précède le signe, celui-ci est nécessaire pour la fixer et la développer ; elle revêt toutes ses formes, et s'identifie avec lui au point qu'il devient impossible, dans l'analyse des opérations de l'esprit, de séparer les idées des termes qui les expriment.

§ II. Influence du langage sur la formation des idées et les opérations de l'esprit (1).

1° A son origine, la pensée est *concrète*, vague et confuse. Pour qu'elle devienne claire et distincte, il faut que l'esprit, par l'attention et la réflexion, décompose les objets dans leurs parties et leurs qualités. Cette décomposition, qui est l'*analyse*, ne peut se faire sans le langage qui en fixe les résultats, présente les parties séparées du tout, les qualités isolées de leurs objets. Nous obtenons ainsi des idées partielles mais distinctes, abstraites mais claires. Les idées incorporées aux signes prennent le nom de *termes abstraits*. Le langage

(1) V. Cicéron, *De Off.*, I, XVI; *De Rép.*, III; *De Nat. deor.*, II; *De Orat.*, II.

est donc, comme le dit Condillac (*Grammaire*), » un instrument d'*analyse* et d'*abstraction*. »

2° L'idée est d'abord *individuelle*; elle devient *générale* par la comparaison. Or, l'esprit aurait beau comparer les objets, il ne saisirait nettement ni les ressemblances ni les différences, si le signe n'était là pour fixer et reproduire le résultat de la comparaison. Du moins n'en conserverait-il aucune notion précise. Il faut que la qualité qu'il envisage lui apparaisse dégagée de toutes les autres qualités ou des rapports qui viennent la compliquer. Pour cela, le signe est indispensable comme ne représentant que cette seule qualité ou ce seul rapport. La formation des idées *générales* est donc subordonnée à l'emploi des signes. « Essayez de vous tracer l'image d'un arbre en général, jamais vous n'en viendrez à bout. Malgré vous, il faudra le voir petit ou grand, ras ou touffu, clair ou foncé, et s'il dépendait de vous de n'y voir que ce qui se trouve dans tout arbre, cette image ne ressemblerait plus à un arbre (1). » Un de ces objets est-il pris comme type de tous les autres, l'individu devenu symbole de l'espèce ou du genre conserve ses qualités individuelles; l'abstrait ne peut se dégager du concret.

Si l'esprit ne peut former des idées générales sans signes, à plus forte raison ne peut-il les classer. Toute *classification* est inséparable d'une *nomenclature* qui en soutient l'échafaudage et la représente.

3° Le *jugement* a deux formes. L'une spontanée et mentale peut se passer du discours; mais ce n'est qu'un sentiment. Le jugement réfléchi, clair et distinct repose sur la comparaison. Deux termes sont séparés et réunis par une affirmation, qui elle-même, pour être clairement aperçue, a besoin d'être formulée. L'opération totale est ainsi fixée et rendue visible par les trois termes de la proposition, le *sujet*, le *verbe* et l'*attribut*. Or, l'esprit ne peut prononcer nettement l'accord ou la disconvenance des idées qu'autant qu'il les conçoit distinctes. Pour cela il faut qu'elles soient unies aux signes qui les représentent. La faculté de juger, ainsi comprise, est liée à la faculté de parler. Le mot de Platon : « La pensée

---

(1) Rousseau, *Orig. des Condit.* Cf. Euler, *Lett. à une princesse d'All.*, 2ᵉ part., lett. 33. — Locke, *Ent. hum.*, III.

est une parole intérieure, » est vrai du jugement avant de l'être du raisonnement.

4° Le *raisonnement* se compose de jugements. Le rapport qui les unit, pour être nettement perçu, suppose que les idées elles-mêmes et les jugements sont formulés dans des termes et des propositions. Ainsi, qu'il s'agisse d'induire de faits particuliers un principe général, ou de déduire d'une vérité générale les vérités particulières qui y sont contenues, cette opération, plus complexe que les précédentes, et qui s'appuie sur elles, n'est possible que par le langage : elle suppose la faculté *d'abstraire et de généraliser*, qui elle-même ne peut s'exercer qu'à l'aide des signes. Aussi ce qui dans les animaux ressemble au raisonnement ne mérite pas ce nom ; c'est une perception confuse des rapports extérieurs des choses, conservée et reproduite par la mémoire. Entre ce fait, qui se confond avec l'association des idées, et l'opération logique de saisir la connexion qui existe entre deux ou plusieurs vérités, il y a toute la différence qui sépare l'instinct de la réflexion (1).

En résumé, la pensée, à sa première apparition dans notre esprit, n'est qu'une intuition rapide et fugitive ; à peine née elle s'évanouit si elle ne prend une forme. C'est le signe qui la lui donne, et, par là, il la fixe. En lui elle prend un corps. Pour qu'elle puisse ensuite se former et se développer, affecter toutes les combinaisons dont elle est capable, il faut que les signes interviennent dans toutes les opérations de l'esprit, qu'ils conservent le résultat de son travail et le remettent sous ses yeux. L'esprit trouve ainsi dans le signe comme un point d'appui et de repère, une sorte de « pivot sensible » (de Gérando, *Des Signes*), qui sert de base pour les opérations ultérieures. La pensée en s'incorporant aux signes devient comme visible dans le langage, qui en reproduit les formes et les modes. L'idée simple devient le terme simple ; l'idée complexe, le terme complexe ; la notion abstraite et générale, le terme abstrait, etc. Le jugement se formule par la proposition ; celle-ci maintient séparés et réunis les idées et les termes de la pensée abstraite décomposés par la réflexion Le raisonnement, à son tour, lie les propositions, comme le

(1) V. Leibnitz, *Nouv. Essais*, liv. III, ch. ix, § 1.

jugement lie les termes. Le langage s'ordonne et se distribue ainsi selon les lois de la pensée. Il devient le *discours*, image ou miroir fidèle des opérations de l'esprit. Le tissu de la parole se mêle au tissu de la pensée et lui prête sa consistance (1).

Aucune des opérations qui président à ce travail ne serait donc efficace, ne pourrait s'exécuter distinctement et avec ordre, sans le secours des signes. Soutenue et allégée par le signe dépositaire de ses analyses (2), l'attention peut essayer une opération plus difficile, se fixer sur plusieurs objets à la fois; elle devient la comparaison. Celle-ci également secondée fraye la voie au jugement, qui lui-même exprimé ou formulé permet de comparer plusieurs jugements ou de raisonner. Les signes, en fixant à chaque pas la pensée, l'empêchent de s'échapper, de rentrer dans la confusion d'où elle est sortie. Le langage oppose une digue au torrent des idées qui, au lieu d'affluer à l'esprit, se distinguent, se succèdent et se coordonnent. Il suspend, assure, affermit et régularise la marche de la pensée; le mot de Condillac est vrai : les langues sont des *méthodes*. (*Logique* et *Langue des calculs*).

§ III. Influence du langage sur les facultés de l'esprit.

Si l'on examine maintenant le langage dans son rapport avec les facultés de l'intelligence, on verra ce que chacune doit aux signes.

1° Tout ce qui a été dit de la connaissance en général et des opérations de l'esprit s'applique aux *sens* et à la connaissance *sensible*. Pour saisir les qualités des corps, les abstraire, les comparer, les classer, les juger, généraliser, induire et déduire, les signes du langage et de l'écriture sont indispensables. Aucune science, dans l'ordre physique, n'est possible que par le langage, qui fixe et résume les idées, note et coordonne les résultats et permet à l'observateur de raisonner sur les données fournies par les sens.

(1) Ceci rappelle la comparaison de Platon : « Le nom est un instrument qui sert à démêler les manières d'être, comme le battant qui sert au tissage. » (*Cratyle*, VIII.)
(2) « On pourrait considérer le langage comme une sorte d'algèbre où l'on se contente d'indiquer les opérations sans les exécuter. Le mot *sagesse* par exemple renferme une foule d'idées particulières que l'on retrouve en analysant les termes. » (De Gérando, *ibid.*, t. II, p. 127.)

2° Mais si, pour réfléchir ou raisonner sur les objets sensibles, les signes sont nécessaires, combien à plus forte raison, quand il s'agit des phénomènes de l'âme ou de la *conscience*, c'est-à-dire quand la pensée se pense elle-même ou se prend pour objet! La réflexion ici n'est possible que parle langage. Il faut que le signe prête à la pensée la fixité qu'elle n'a pas, qu'il l'arrête dans sa course rapide et lui donne une prise sensible. Autrement nous n'aurions que le sentiment vague et confus de notre existence et de ce qui se passe en nous. Aucune de nos impressions, aucun des actes de la pensée qui se pressent et s'entremêlent dans ce mobile tableau, ne s'y dessinerait nettement et n'y laisserait de trace durable.

3° On sait quels secours les signes prêtent à la *mémoire*. Ils ont la propriété, à la fois, de conserver et d'évoquer le souvenir, de faciliter le rappel par l'étroite association des idées aux signes et leur coordination. (V. *Mémoire*.) (1)

4° Quant à l'*imagination*, que serait cette brillante faculté, si, au lieu de combiner les idées à l'aide des mots, elle était condamnée à se traîner lentement sur les objets eux-mêmes et à se reporter sur leurs qualités? Elle doit surtout la rapidité avec laquelle elle saisit les rapports les plus éloignés à l'emploi du langage. La parole lui rend un autre service : celui de lui offrir l'image dans un certain degré d'abstraction et de généralité, sans lequel elle ne pourrait se dégager de l'ensemble des qualités individuelles. Cet avantage du reste n'est pas spécial à cette faculté, il est général. La parole donne des ailes à la pensée en même temps qu'elle la fixe. Le signe a l'avantage de la présenter à l'esprit, dans le degré de généralité nécessaire pour qu'il puisse la saisir sans effort, sans être offusqué ni accablé par la multitude des objets ou des qualités qui viennent se mêler à la perception directe. Borné au seul point de vue qu'il envisage, déchargé du fardeau des détails et des accessoires, l'esprit fonctionne avec une facilité et une rapidité qu'il n'aurait jamais, s'il lui fallait travailler sans cesse sur les objets eux-mêmes. C'est ainsi que la parole facilite le jeu de toutes les facultés

---

(1) « Le langage est une sorte de mémoire artificielle. » (V. Stuart Mill *Log.*, t. II, liv. II.

de l'esprit, et, puisqu'il s'agit de l'imagination en particulier, on peut dire, en employant une comparaison, qu'elle fournit au vaisseau à la fois le lest et la voile.

5° L'*entendement* lui-même ne peut se passer du secours des signes. Cela est évident pour cette région moyenne où les idées et les vérités nécessaires se rapportent encore au monde sensible. Ici les signes soutiennent l'esprit et le guident à chaque pas dans toutes ses opérations. Que deviendrait la puissance du calcul et du raisonnement mathématique sans les chiffres et les figures (1)? Même, dans sa fonction la plus élevée, lorsqu'il s'agit des idées métaphysiques, l'intellect ou la *raison pure*, comme on l'appelle, ne peut se dégager des signes du langage écrit et parlé. Les plus hautes conceptions de l'esprit, les notions d'espace, de temps, d'infini sont mêlées aux perceptions sensibles. Pour les en dégager, la parole est nécessaire. Elle seule peut l'aider à passer du concret à l'abstrait, du particulier au général, à penser l'universel.

Comprenons bien ceci toutefois. Pour s'élever à la notion pure de l'infini, du temps, de la cause première, la pensée doit écarter tout symbole matériel et rompre avec la perception sensible. L'image est un obstacle plutôt qu'un moyen. Mais l'affranchissement ne peut se faire que par degrés, et il n'est jamais complet. La science, d'ailleurs, a besoin de termes abstraits et de formules pour fixer les idées, approfondir leur essence et les coordonner. Cela est vrai des plus hautes conceptions de la raison comme de la comparaison des idées sensibles et des combinaisons de l'entendement inférieur. Sans cela, l'esprit retomberait sur lui-même, épuisé par l'effort qu'il avait fait pour saisir l'idée dans son abstraction et sa généralité. Il resterait enchaîné dans les liens du monde sensible. Jamais il ne s'élèverait à l'intelligence claire et distincte des *idées*. La pensée de Platon serait arrêtée dans son vol, comme celle d'Archimède dans ses calculs (2).

(1) « Un arithméticien qui ne voudrait écrire aucun nombre n'achèverait jamais son calcul. » (Leibnitz.) — Après avoir débuté par les nombres 1, 2, 3, nous arrivons à l'idée étonnante d'un milliard, et de là à sonder les abîmes de l'infini. (V. de Gérando, t. III, p. 184.)
(2) V. Malebranche, *Rech. de la Vérité*; Bossuet, *Conn. de Dieu*, ch. I, § 2.

§ IV. **Limites de cette influence : le langage, simple instrument de la pensée. Antériorité de la pensée sur le signe.**

Mais il ne faut pas exagérer cette influence, retirer à l'esprit son initiative et sa virtualité propre, pour la transporter à la parole. (Condillac, de Bonald, de Maistre.) Le langage ne transmet pas la pensée, à plus forte raison n'a-t-il pas la vertu de l'engendrer, de créer une seule idée (1). Il est l'instrument, le moyen, non la force. Aucune des opérations de la pensée qu'il facilite ou rend possibles n'a en lui sa cause. C'est bien l'esprit qui les exécute, doué qu'il est d'une énergie spontanée et de facultés natives. (V. *Origine et formation des idées.*) Qui conçoit ? qui généralise ? qui juge ? qui raisonne ? l'esprit sans doute. S'il n'était capable de *concevoir* au lieu de *percevoir* les objets, il ne pourrait se servir de sons comme de signes de ses conceptions intérieures. Si la faculté de former des idées générales est la condition du langage (Locke), cette faculté doit préexister dans l'homme comme inhérente à son intelligence. L'antériorité et la supériorité de la pensée sur le signe, de la cause sur son instrument, doivent donc être maintenues. Comment le signe pourrait-il produire ou engendrer l'idée, lui qui n'est rien sans elle ? La parole éveille et fixe la pensée, elle aide à la former et la conserve, mais elle ne la crée pas. Otez à l'homme la raison, la faculté de réfléchir et de penser, il devient, comme l'animal, incapable de parler (2). L'homme ne pense pas parce qu'il parle, mais il parle parce qu'il pense. La parole est fille de la pensée, non sa mère. Renverser ce rapport, c'est tomber dans une espèce de nominalisme mystique, très voisin, quoi qu'on dise, du matérialisme.

---

(1) Bossuet (*Log.*, I, III) établit nettement cette distinction. « On ne parle point si on ne raisonne, etc.

(2) « L'homme, dit M. de Bonald, pense sa parole avant de parler sa pensée. » — Mais penser sa parole, c'est encore penser. *Ens rationabile quia est orationabile*, a-t-on dit. (V. Laromiguière, *ibid.*) C'est l'inverse qui est vrai. C'est notre esprit qui anime et pénètre toutes les formes du langage, qui donne aux mots leur sens et leur valeur propre, qui les combine et les enchaîne. L'unité de la proposition, comme celle de la phrase, est le fait de l'intelligence. Il en résulte que c'est dans la pensée et non dans le langage qu'il faut d'abord étudier la pensée. Les opérations de l'esprit se révèlent et se manifestent dans le langage, elles y prennent un corps; mais prétendre que le secret de la pensée est dans les signes est une erreur et un insoutenable paralogisme.

ART. III. INCONVÉNIENTS DU LANGAGE ET MOYEN D'Y REMÉDIER.

§ I. De l'imperfection du langage.

Si les avantages que les signes offrent à l'esprit sont grands, les inconvénients ne le sont pas moins. Un pareil instrument est celui d'une intelligence bornée et enchaînée à la matière. Son origine est une imperfection : le manque de vue immédiate et simultanée. Comme tous les instruments de l'esprit, il est à la fois obstacle et moyen. Intermédiaire placé entre l'esprit et son objet, il le lui cache en l'indiquant. Lui-même est un empêchement à l'acte qu'il supplée, l'intuition directe. En analysant la pensée, il aide à la démembrer; il la brise et n'offre plus que ses fragments épars qu'elle est obligée de rassembler. Il facilite à l'esprit ses opérations, mais il ralentit et appesantit sa course. Il l'accompagne et le soutient, marque tous ses pas et les affermit dans une voie semée d'écueils; mais lui-même est un péril, et il tend mille embûches à l'intelligence qu'il sert et à laquelle il nuit en la servant. Il donne un corps à la pensée, mais cette forme lui fait perdre sa pureté. En fixant, à chaque degré, le travail de l'esprit, il en consacre les défauts comme les qualités. L'idée obscure, vague ou fausse, s'empreint dans un terme obscur, équivoque ou trompeur, base fragile et peu sûre de nos jugements, sur laquelle à son tour le raisonnement construit son édifice. Dépositaires de nos connaissances, les signes le deviennent de nos erreurs. La tendance naturelle du signe est de détourner sur lui l'attention due à l'objet, substitution qui est loin d'être sans danger. Déchargé du fardeau de la pensée, l'esprit croit pouvoir opérer sur les signes, « vaines étiquettes des choses, » dit Bacon. (*Nov. Org.*) Métaphores, analogies, termes abstraits, homonymes, synonymes, équivoques, que dire de ce pâle ou brillant cortége des complices de nos erreurs! C'est ainsi que, si nous n'y prenons garde, les signes vicient d'avance toutes les opérations de l'intelligence en leur prêtant leur secours. L'esprit ne conçoit, ne juge, ne raisonne qu'avec des mots. Il se sert de mots tout faits, dépourvus de signification précise et adoptés sans examen. « La plupart des hommes, dit Descartes, donnent leur attention aux paroles plutôt qu'aux choses, ce qui fait qu'ils donnent bien souvent leur assentiment à des termes qu'ils n'entendent point. » (*Principes de phil.*) L'homme s'imagine ainsi être sur un terrain solide, il croit posséder la vérité, et n'embrasse que son ombre. Tous les vices de l'intelligence se reflètent dans le langage, miroir passif de l'erreur comme de la vérité. L'habitude les consacre et les perpétue. « Les hommes, dit Bacon, s'imaginent que leur raison commande aux mots; mais qu'ils sachent que les mots se retournent, pour ainsi dire, contre l'entendement, et lui rendent les erreurs qu'ils en ont reçues. » (*Nov. Org.*, I, aph. 49.) (1) — Que dire du penchant à réaliser les abstractions, de cette disposition à donner aux mots une valeur réelle et à nous en faire des idoles? La science elle-même sacrifie à ces idoles (2).

Tous ces inconvénients se reproduisent dans la transmission des idées, avec d'autres inhérents à cette fonction du langage. (*Idola fori*, Bacon, *Nov. Org.*). Comme nous apprenons à parler avant d'être capables de penser, nous recevons avec le langage des idées et des opinions toutes faites, sans pouvoir les contrôler. Ne pouvant refaire le système entier de nos connaissances, nous restons toute notre vie esclaves de ces préjugés. Dans ce commerce des esprits nous nous laissons payer de mots, et nous payons les autres de la même monnaie. Les mots sont comme les lettres de change de l'entendement, dit Leibnitz (3). Chacun de nous a sa langue, avec laquelle il ne s'entend pas plus avec les autres qu'avec lui-même. De là tant de disputes, qui souvent sont des disputes de mots. La diversité des idiomes (V. saint Augustin, *Cité de Dieu*, XIX, 7) est aussi un grand obstacle à ce que les peuples comme les individus

---

(1) Verborum præstigia et incantationes vim quamdam intellectui faciunt et impetum suum retro in intellectum, unde profecta sunt, retorquent. (*De Augm.*, lib. V, ch. IV.)

(2) Lisez les intéressantes leçons de Max. Müller sur la science du langage, trad. Harris et Perrot. (*Nouv. Leç.*, t. II.) — Est-il vrai que toute la *mythologie* soit née d'une fausse interprétation des mots (*nomina, numina*)? qu'elle soit une maladie du langage? (*Id.*, *ibid.*) — N'est-ce pas faire d'une des sources du fleuve le fleuve entier et méconnaître le génie des peuples? Il n'en est pas moins curieux de voir comment ici la puissance des mots peut donner le branle à l'imagination ignorante et naïve dans la création des fables.

(3) « On se sert des mots à la place des idées ou des choses, ainsi que dans le commerce on fait valoir des nombres, des jetons jusqu'au payement final. On voit par là combien il importe que les mots d'une langue soient bien formés, nets, exacts, distincts, expressifs, sonores, agréables, puisqu'ils sont les ébauches et pour ainsi dire les lettres de change de l'entendement. » (Leibnitz, t. VI, édit. Dutens, IIe part., p. 6.)

s'entendent. Toute langue humaine est imparfaite. Dans les plus belles langues et les mieux faites, que de mots obscurs, équivoques, sans analogie, trop grossiers ou trop pauvres pour suffire à tous les besoins de la pensée (1)!

§ II. Moyens de remédier aux imperfections du langage; impossibilité d'une langue parfaite.

Espérer détruire radicalement les causes d'erreur attachées à l'emploi des signes, c'est se faire illusion sur la nature de l'esprit humain, dont ceux-ci attestent la faiblesse. S'imaginer, d'un autre côté, qu'il est possible de créer une langue parfaite, destinée à remplacer celle dont nous nous servons, c'est une chimère, une utopie. De grands génies ont rêvé ce projet (Bacon, Leibnitz); ils ont méconnu la nature du langage et les lois de l'intelligence humaine (2).

Il est un principe qu'il ne faut jamais ici perdre de vue : c'est que la pensée est antérieure au signe et doit conserver sur lui sa priorité. Les signes facilitent les opérations de l'esprit et en fixent le résultat; mais c'est lui qui les exécute et rien ne peut le dispenser de le faire comme il le doit. Le vice est originalement dans la pensée elle-même. Là est le mal, et aussi le remède. L'observation mieux dirigée sur son objet, une analyse plus exacte, une comparaison plus approfondie, un jugement plus circonspect, un raisonnement plus rigoureux, en un mot l'attention partout donnée aux choses en même temps qu'aux signes, non aux signes seulement, voilà la condition capitale, que rien ne peut remplacer. Cela se réduit à cette maxime très-simple: « Pour bien parler il faut bien penser. » Or, pour bien penser, il faut être attentif aux objets de la pensée. Rien ne dispense l'esprit de cette loi de diriger son regard sur les objets eux-mêmes s'il veut les connaître (3). Ce

---

(1) Sur l'abus des mots et l'imperfection du langage, voy. Locke, *Essai sur l'Ent. hum.*, liv. III, ch. IX et X; de Tracy, *Idéol.*, ch. XVII; *Log.* de Port-Royal, I, II.

(2) Sur le projet d'une langue parfaite et universelle, voy. Destutt de Tracy, *Elém. d'idéologie*, t. II, *Grammaire*, ch. IV; de Gérando, *Des Signes*, t. IV, ch. XI; Max. Müller, *Nouv. Leç.*, t. I.

(3) S'il est un moyen d'apprendre les choses par les noms, et s'il en est un de les apprendre par elles-mêmes, quelle est la meilleure méthode et la plus certaine? Est-ce de connaître l'image elle-même et par elle-même pour savoir si elle est fidèle à la vérité qu'elle représente? Ou est-ce de connaître la vérité elle-même par sa propre lumière et ensuite son image, si elle a été bien faite? (Platon, *Cratyle*, XLIII.)

commerce direct de l'esprit avec les choses, *commercium mentis et rerum*, comme dit Bacon (*Nov. Org.*), doit être entretenu sans cesse. Car de la vue claire, distincte et nette des choses résulte la vérité, la perfection des idées. La réalité, voilà le modèle. Si l'idée claire reproduit l'original, elle transmet sa lumière et son exactitude au signe qui devient lui-même sa copie fidèle ; il se corrige et se rectifie sur elle. Tout travail de l'esprit en sens inverse est faux ou stérile, et n'est propre qu'à altérer la connaissance. *Curam verborum rerum volo esse sollicitudinem*, dit Quintilien (liv. VIII, pr.). Il est vrai qu'à son tour la perfection du signe réagit sur la pensée; mais celle-ci est la première et en acte et en date. Le signe n'est parfait que quand la pensée est parfaite. Cette condition suprême de la perfection du langage s'étend à toute science et à tout emploi légitime de l'intelligence. Cette loi, les poètes, les critiques et les orateurs l'ont exprimée comme les philosophes.

> *Scribendi recte sapere est et principium et fons.* (Horace.)
> *Verbaque provisam rem non invita sequentur.* (Id.)
> Ce que l'on conçoit bien s'énonce clairement. (Boileau, *Art poét.*)

Res verba rapiunt. (Cic.) *Verba rebus proba.* (Sénèque, *Ep.* XX.)

C'est aussi le seul remède efficace à l'imperfection du langage. Veut-on en bannir les termes vagues, obscurs, équivoques, il n'y a qu'un moyen, c'est de donner de la justesse et de la précision aux opérations de la pensée; c'est de faire une analyse plus exacte des objets que l'on étudie. Cette règle s'applique au perfectionnement du langage philosophique en particulier, destiné à représenter des faits et des vérités de l'ordre le plus élevé, et les plus difficiles à connaître. Sans cela le remède logique, la *définition*, est impuissant, ou l'on s'exagère son importance. (Sur l'insuffisance des définitions, voy. Locke, *Essai sur l'entend. hum.*, liv. III, ch. VI; Bacon, *De Dignit.*, V, IV.)

§ III. Comment se perfectionne la langue des sciences.

Du renversement des termes et d'une importance excessive accordée aux signes est sortie cette proposition de Con-

dillac : *La science se réduit à une langue bien faite.* Or, que veut dire cette maxime? Que « quiconque sait les mots sait aussi les choses? » Non sans doute. (Platon, *Cratyle.*) Elle n'est vraie qu'autant qu'elle signifie que la perfection du langage est le signe extérieur de la perfection de la science; autrement elle est fausse et dangereuse. Il y a toujours un grave inconvénient à reporter l'attention de l'esprit des idées sur les signes, ou à faire de la perfection du langage la première condition de l'exactitude de la pensée. Le contraire est le vrai : « Ce n'est pas dans les noms, mais dans les choses, qu'il faut étudier les choses. » (Platon, *ibid*). « Les mots sont
« les étiquettes des choses. Si les notions qui sont la base de
« tout l'édifice sont confuses et mal formées, l'édifice entier
« s'écroule. » (Bacon, *Nov. Org.*, I.)

Il faut revenir au principe. Les signes sont l'expression de la pensée. La pensée doit représenter dans notre esprit la vérité. Le seul moyen légitime de corriger et de perfectionner le langage est de se faire une idée nette, exacte et fidèle de la réalité; ce qui s'obtient par l'observation et par l'application immédiate des facultés de l'esprit aux objets eux-mêmes, selon les règles et les procédés de la méthode. C'est ainsi que s'est perfectionnée et se perfectionne tous les jours la langue de toutes les sciences. Toute réforme dans la science a son principe dans la découverte ou l'application de la méthode, et toute révolution qui s'opère au sein de la science entraîne une réforme analogue dans sa langue. Celle-ci, à son tour, réagit sur la science, et son rôle ne doit point être rabaissé. On conçoit, en effet, combien l'observation et le raisonnement sont puissamment favorisés par l'emploi d'un système de signes mieux approprié aux besoins de l'esprit et à l'exercice de ses facultés. La science et sa langue marchent de concert; leurs progrès sont simultanés; mais l'antériorité doit être conservée à la science elle-même et à ses procédés directs (1). Jamais l'esprit ne doit se

---

(1) C'est aux livres à suivre les sciences, non aux sciences à suivre les livres. » (Bacon, *Des Lois anglaises.*)

Nous pensons beaucoup à l'aide des noms; mais ce à quoi nous pensons, ce sont les choses désignées par les noms, et il n'y a pas de plus grande erreur que d'imaginer que la pensée puisse se constituer et s'exercer uniquement par des noms, ou que nous puissions faire penser les noms pour nous. (Stuart Mill, *Logique*, liv. II, ch. II.)

débarrasser de la pensée pour s'attacher à une combinaison de signes, si parfaite qu'elle puisse être (1).

La maxime condillacienne semble trouver sa justification dans l'*algèbre*, que l'auteur propose à toutes les sciences pour modèle. (*Langue des calculs*.) — Mais le modèle est mal choisi. Car, 1° ce qu'on appelle la langue de l'algèbre n'est pas une langue, mais un système de signes. Que sont ces signes, comparés pour la richesse à la plus pauvre des langues? 2° Ils ne peuvent servir qu'à l'algèbre. S'ils s'adaptent aux rapports des quantités, ils ne peuvent répondre à la variété des idées de l'esprit humain. Aussi leur usage est borné aux mathématiques. Dans cette science, le lien qui unit le signe à l'idée est plus étroit que partout ailleurs. Or, cela tient non à la perfection des signes, mais à l'extrême simplicité de l'idée et du rapport toujours le même qu'ils représentent. Cette simplicité permet de remplacer l'idée par le signe; l'esprit peut se décharger momentanément du contenu de la pensée, sûr qu'il est de le retrouver. Mais ce privilége, les mathématiques ne le partagent avec aucune autre science. Partout où il s'agit d'idées complexes que le raisonnement doit suivre à la fois, ou de faits plus compliqués encore, que l'esprit ne doit pas perdre de vue, il doit se résigner à porter à la fois le double fardeau de la pensée et des signes, ou il s'expose aux plus graves erreurs. C'est ce que n'ont pas assez vu ceux qui ont poursuivi le rêve d'une langue parfaite analogue à celle de la langue des calculs ou de l'algèbre. Leibnitz lui-même s'y est trompé, dans son projet d'une langue ou *caractéristique universelle* (2).

Quant à la *nomenclature chimique*, aussi invoquée à l'appui de cette théorie, est-elle l'œuvre de quelque habile grammairien. Lavoisier, à qui en partie elle est due, n'a-t-il pas d'abord, par l'analyse, découvert les véritables éléments des corps et leurs principales combinaisons? La langue de la chimie a contribué grandement à ses progrès; mais elle-

---

(1) Amplexi sumus grammaticam quamdam, quæ non analogiam verborum ad invicem, sed analogiam inter verba et res, sive rationem, sedule inquirat. (Bacon, *De Augm.*, VI, I.)

(2) *Opera omnia*, édit. Dutens, t. V. — Sur ce projet, voy. de Gérando, *Des Signes*, t. IV, ch. x; Max-Müller, *Nouv. Leç.*, t. I, p. 55; de Tracy, *Grammaire*, ch. 6. — Sur l'abus des mots, Locke, *Ent. hum.*, III, IX, X; Leibnitz, *Nouv. Ess.*, *ibid*.

même en a été le résultat et il ne faut pas plus s'exagérer que méconnaître son importance.

§ IV. Caractères d'une langue bien faite.

La perfection absolue d'une langue, comme devant répondre à tous les besoins de la pensée, est un idéal. Il ne s'agit pas ici non plus de la perfection relative que peut offrir un idiome comparé à un autre. Chaque langue a ses avantages souvent incompatibles avec d'autres et aussi ses inconvénients. Elle représente d'ailleurs le tour d'esprit, le caractère, le génie de chaque peuple. Nous devons nous borner au seul rapport qui intéresse la vérité. Or, deux caractères principaux ont été donnés comme constituant la perfection *logique* du langage : la *précision* et *l'analogie*. (Condillac.) — La propriété exacte des termes, la conformité parfaite du signe avec la chose signifiée, c'est la précision. Elle a pour conséquence la vraie clarté et n'exclut pas la richesse ; *rerum copia verborum copiam gignit*. (Cic., *De Orat.*, III, 31.) La véritable richesse du langage consiste à avoir autant de mots qu'il est nécessaire pour exprimer toutes les pensées. Hors de là, le luxe des mots indique la confusion ou la pauvreté des idées.

Une langue qui, dans son vocabulaire, dans ses déclinaisons, ses conjugaisons, sa syntaxe et ses constructions, reproduirait les véritables rapports des choses et des idées, offrirait le second caractère d'une langue logiquement bien faite. *Faire, défaire; voir, prévoir; juste, injuste; pair, impair*: voilà des mots composés d'après les lois de l'analogie. Mais quelle analogie y a-t-il entre ceux-ci : *penser, dépenser; tester, détester; fendre, défendre; secte, insecte; couper, coupable; boire, potable*? Quoiqu'aucun des idiomes parlés ne remplisse ces deux conditions, et surtout la dernière, elles ne servent pas moins à apprécier leur perfection relative du moins au point de vue scientifique. Elles s'appliquent aussi au discours ; la qualité souveraine du discours est la *clarté*, λέξεως ἀρετὴ σαφῆ εἶναι. (Arist., *Rhét.*, III, II, § 1.) *Perspicuitas orationis summa virtus*. (Quintilien.) Le langage doit montrer la pensée ; s'il est obscur, il ne remplit pas son office. (Arist. *ibid.*) S'il est le miroir de l'entendement (Leibnitz), il doit aussi l'être de la vérité. Tout doit concourir à ce but : la détermination précise et l'analogie des termes, la gradation des idées, etc. C'est là le premier *criterium* d'une langue bien faite, telle du moins que la réclame l'intelligence. La sensibilité, l'imagination demandent d'autres qualités : la variété, l'élégance, l'éclat des images, l'harmonie, etc. Mais ceci est déjà le *style* et nous n'avons pas à nous en occuper (1).

CONSULTEZ : Platon, *Cratyle*. — Aristote, *Hermeneia*, *Rhét.*, III. — Cicéron, *De Rép.*, III; *De Nat. Deor.*, III; *De orat.*, III; *Orat.* — Quintilien, II, XVI. — Bacon, *Nov. Org.*, I, LXX; *De Augm.*, liv. VI. — Descartes, *Disc. de la Méth.*, IV. — *Log.* de Port-Royal, I, ch. XI. — Euler, *Lett.*, 2e part., 32. — Locke, *Ent. hum.*, III. — Leibnitz, *Nouv. Ess.*, III. — Miscellanea Bérol, t. II et t. XII, édit. Dutens. — Condillac, *Art. de penser*, *Grammaire* et *Langue des calculs*. — Rousseau, *Essai sur l'Org. des langues*. — Court. de Gébelin, *Monde primitif*. — De Brosses, *Tr. de la form. des langues*. — D. Tracy, *Idéologi* et *Grammaire*. — Dumarsais, *Grammaire*. — Harris, *Hermès*. — De Bonald, *Rech. phil*. — De Maistre, *Soirées de Saint-Pétersbourg*, 2e soirée. — V. Cousin, *Anc. Fragm.* et *Réf. de Locke*. — Maine de Biran, *Œuv. inéd.*, t. III. — Jouffroy, *Nouv. Mélang.*; *Des Signes*. — Charma, *Essai sur le langage*, 2e édit. — P. Gratry, *Logique*. — Stuart Mill, *Logique*, t. I. — Max. Müller, *Leç. sur la science du langage*, trad. Harris et Perrot.

(1) Voy. Rivarol, *De l'Universalité de la langue française*; Buffon, *Disc. sur le style*.
Tres in universum laudes orationis mihi videntur, claritas, veritas et elegantia... Clara est oratio cujus omnium vocabulorum significationes notæ sunt... Claritas non est verborum tantum sed constructionis... Claritati seu notitiæ significationis duo vitia opposita sunt obscuritas et ambiguitas... (Leibnitz, *De Stylo philos.*, édit. Dutens, IV.) — Sur le caractère des principales langues anciennes et modernes, voy. de Gérando, *Des Signes*, t. IV, ch. XIII.

ORIGINE DU LANGAGE (dans l'individu).

Comment l'enfant apprend-il à parler? Nous aurions voulu traiter cette intéressante question. Ce qu'il y a de plus important à observer, c'est la manière dont l'enfant forme lui-même sa langue, son étonnante initiative. Sur combien de points ne devance-t-il pas le maître! L'innéité, l'*à priori* de ses jugements sont frappants. Mais le pas décisif, où se révèle la créature raisonnable, c'est le passage du *concret* à l'*abstrait*, la manière dont il *généralise*. « Jamais, dit Jean-Paul, les pattes du singe n'ont sauté ce fossé; » lui, le franchit avec facilité. Dès lors, la voie est ouverte; il comprendra toute la métaphysique des langues : verbes, pronoms, prépositions, etc.

CHAPITRE IX

VOLONTÉ

ART. I. DE L'ACTIVITÉ.

> Sentit animus se moveri : quod quum sentit, illud una sentit, se vi sua, non aliena, moveri; nec accidere posse ut ipse unquam a se deseratur. (Cic., *Tusc.*, I, 23.)

§ I. De l'activité en général.

L'homme est né pour agir. Un continuel besoin d'activité lui révèle sa nature (1). L'action, c'est la vie. Dans l'action est le bonheur et le malheur (2). Tout le prix de la vertu est dans l'action (3). Ce qui distingue l'homme des animaux, c'est moins le degré supérieur d'intelligence qui lui a été départi que le privilège de disposer de ses actes, de vouloir et d'agir par lui-même. L'âme est une cause, et une cause libre. Ses facultés ne sont que les pouvoirs ou les manifestations de cette force qui se développe en divers sens, sous des formes et à des degrés différents.

L'activité, disons-nous, constitue l'essence de l'âme (4). Aussi Descartes l'a mal définie : une substance pensante par opposition au corps, substance étendue (*res cogitans, res extensa*, 2ᵉ et 6ᵉ médit.). Les philosophes qui, comme Platon, Aristote et Leibnitz, l'ont définie un principe actif qui se meut lui-même, αὐτοκίνητον (Platon), dont l'activité est continuelle et permanente : *quamdam continuatam motionem et perennem* (5), ont mieux caractérisé sa nature. L'activité est-

---

(1) Notre nature est dans le mouvement; le repos entier, c'est la mort. (Pascal.) — Vivre, ce n'est pas respirer, c'est agir. (J.-J. Rousseau.)
« Sunt indicia naturæ, maxime scilicet in homine ut appetat animus aliquid agere semper. » (Cic., *De Finib.*, V, xx.)
(2) « Virtutis laus omnis in actione consistit. » (Cic., *De Offic.*, I, vi.)
(3) Ἡ εὐδαιμονία καὶ ἡ κακοδαιμονία ἐν πράξει ἐστί. (Aristote, *Poét.*, VI.)
(4) Sur la notion d'*activité* et de puissance active, voy. Reid, t. VI, p. 194 Leibnitz, *Nouv. Essais*, liv. II, ch. xxi, art. MONADOLOGIE.
(5) C'est ainsi que Cicéron traduit l'*entéléchie* d'Aristote, *Tusc.*, I, 10. Ailleurs il parle de « l'activité de l'âme qui jamais ne se repose, » *agitatio mentis quæ nunquam acquiescit.* (*De Off.*, I, vi.)
La *monade* de Leibnitz est aussi une force simple, douée d'une activité interne et continue. V. t. II; édit. Jacques, p. 391; *Monadologie*.

elle, en effet, permanente dans l'homme? On doit l'admettre, car il est difficile de concevoir l'âme plongée dans un état complet d'inertie. Le repos n'est pas la cessation absolue d'activité; c'est l'absence d'effort et d'activité concentrée. Il est douteux que le sommeil le plus profond, l'évanouissement, la léthargie, suspendent totalement l'exercice de nos facultés. Quoi qu'il en soit, la vie subsiste, *vivida vis animi;* si la force vivante est dans un état de torpeur qui ne laisse rien apercevoir au dehors, si même son activité est suspendue, reste au moins la *disposition*, la *tendance*; sans quoi l'âme serait incapable de reprendre le cours de ses actes. Comment concevoir en effet le retour à la vie et à la conscience? Une seconde création serait nécessaire.

Il résulte de là que « l'idée la plus claire de la puissance active nous vient de l'esprit. » (Leibnitz, *Nouv. Ess.*, I, 21.)

§ II. Des différentes formes de l'activité.

L'activité, comme tout ce qui est simple, ne peut se définir. Mais il est nécessaire de reconnaître ses modes et de marquer ses degrés, avant d'étudier sa forme principale qui, chez l'homme, est l'activité volontaire et libre.

I. Nous distinguons trois *formes* ou espèces d'activité dans l'homme : l'activité *sensible*, l'activité *intellectuelle* et l'activité *motrice*.

1° *Activité sensible.* — L'âme, sans doute, est passive dans la sensibilité; mais activité et passivité sont loin de s'exclure. Passive à son début, dans la sensation, la sensibilité engendre des phénomènes où se retrouve l'activité. Le désir est fatal, mais actif. Dans la joie, l'âme se dilate; elle se contracte ou se resserre dans la tristesse. De ces mouvements, qui ont quelque analogie avec l'expansion et la concentration des forces physiques (1), viennent les passions, mouvements, κινήσεις (Arist.) plus ou moins impétueux et désordonnés, *perturbationes animi.* (Cic.) Il est à remarquer que si le mot *passion* indique un état passif, toutes les épithètes affectées au vocabulaire des passions expriment l'activité et le mouvement.

(1) V. Jouffroy, *Premiers Mélanges*, III, 2. Maine de Biran, *Œuvres posthumes*, t. III, p. 444, 503.

2° *Activité intellectuelle.* — L'intelligence aussi est active. Les idées, les jugements, sont des actes. La vérité, sans doute, nous apparaît, les objets se manifestent à notre esprit; mais cela ne se fait pas à la manière dont l'image des objets physiques se reflète dans un miroir. Ou il faut dire que c'est « un miroir vivant. » (Leibnitz, *Nouv. Ess.*, I, 21.) L'intelligence perçoit ou conçoit la vérité. Pour se développer, elle est obligée de produire une série d'actes appelés *opérations intellectuelles*, où se font remarquer plus ou moins l'effort et l'énergie de la volonté. Tels sont l'attention, la comparaison, le raisonnement, etc.

3° *Activité motrice.* — Une activité plus extérieure est celle par laquelle nous imprimons le mouvement à notre corps et à ses organes. Des métaphysiciens l'ont refusée à l'âme, ne pouvant s'expliquer son action sur le corps et la communication des deux substances (Malebranche, Leibnitz). Mais l'impossibilité de rendre compte d'un fait, dans un système, doit-il faire méconnaître sa réalité? Parviendra-t-on à me persuader que ce n'est pas moi qui meus mon bras, lorsque je sens l'effort pour le mouvoir? Tout raisonnement vient échouer ici contre le témoignage décisif de la conscience. La force *physique* dans l'homme est improprement nommée; elle réside dans l'âme et est une de ses facultés.

C'est à cette dernière activité qu'appartiennent, à proprement parler, les *actions* humaines. Par elle, l'homme, cette intelligence unie à des organes, entre en communication avec le monde physique, change et multiplie ses relations dans l'espace; il exerce sa puissance sur les êtres qui l'entourent et sur les forces de la nature. Les arts mécaniques et l'industrie sont des créations de l'activité humaine. Par elle aussi l'homme prend une part active au drame de la vie sociale.

Mais l'activité motrice ne peut s'isoler de l'activité intellectuelle, l'action du savoir, les arts de la science. A la pensée appartient la prééminence sur la puissance physique. Sans elle, l'homme ne différerait pas des forces aveugles de la nature. Quant aux mouvements intérieurs de l'âme, appelés passions, ils ne peuvent guère être appelés des actes il n'y a que deux sortes d'actions dont nous ayons l'idée : *penser* et *mouvoir*. (Leibnitz.) Mais les passions sont de puissants mobiles de l'activité et de la pensée. Sans elles et les penchants qui nous poussent à l'action, l'âme, indifférente à l'action et au repos, posséderait en vain des facultés; elle ne sentirait pas le besoin de s'en servir et de les développer.

Ainsi se révèle l'unité dans les pouvoirs et les principes de notre nature. La vie est une, sous la multiplicité de ses manifestations.

II. L'activité humaine, dans son développement, passe par plusieurs *états* ou *degrés* successifs (1).

1° Le premier degré est cet état primitif, obscur et *indéterminé* de la force qui n'est plus simplement en puissance, qui agit, mais sans régler ses actes, et à peine en a conscience. Telle est la vie à l'origine. L'âme humaine en sort et elle y retourne après la fatigue de l'action. Dans cette situation *impersonnelle*, nous avons conscience d'une multitude d'actes, d'idées et de sentiments qui se produisent en nous, sans participation aucune de notre volonté. C'est ce que nous offrent, par exemple, la *contemplation* et la *rêverie*, où certes la pensée est loin d'être oisive. Dans le repos physique, nous sentons aussi la vie et une activité intérieure comme circuler dans nos membres. Le *repos* n'est donc pas, comme on le croit, la cessation absolue d'activité. Le *sommeil* lui-même en est-il la suspension absolue? ou cette activité vague et indéterminée? Il est difficile de le décider.

2° La force passe ensuite à l'action proprement dite ou *déterminée*; elle se concentre sur un objet particulier. Alors naît l'*effort* dans lequel se déploie plus ou moins d'énergie, et que nous remarquons parce qu'il nous coûte et qu'il est *personnel*.

3° Mais ici encore l'activité affecte bien des degrés et des modes. Deux formes surtout se distinguent : l'une *spontanée*, l'autre *volontaire*. Nous nous portons d'abord à l'action sans avoir ni délibéré ni réfléchi. La plupart de nos actes sont ainsi spontanés. Nous péririons mille fois si l'instinct ne veillait sur nous quand la raison sommeille, si une détermination subite et rapide ne nous épargnait les lenteurs de la délibération.

(1) V. Jouffroy, *Premiers Mélanges; Des Facultés de l'âme*.

Les actes délibérés et réfléchis sont en petit nombre, comparés aux actes spontanés ; mais ce sont ceux qui nous appartiennent véritablement ; car ils sont marqués du caractère qui les fait *nôtres*, la *liberté*. Nous leur devons une attention toute particulière.

Mais auparavant nous étudierons l'*activité fatale* dans ses deux principaux modes qui sont : l'*instinct* et l'*habitude*.

§ III. Des formes de l'activité fatale; de l'instinct et de l'habitude.

1° DE L'INSTINCT.

L'instinct est une impulsion naturelle et aveugle qui nous porte à certaines actions, sans que nous ayons de but devant les yeux, sans délibération, et très-souvent sans aucune idée de ce que nous faisons. (Reid, t. VI, p. 9.) Les ouvrages des animaux nous offrent une étonnante variété d'intincts particuliers à chaque espèce. Tels sont les nids des oiseaux, les magasins de fourmis, les ruches des abeilles, etc.

Ses caractères. — 1° Le principal caractère de l'instinct est, avec l'*irréflexion* qui le constitue, l'*invariabilité*. Les abeilles recueillent leur miel et leur cire, construisent leurs rayons, élèvent de nouveaux essaims ni mieux ni plus mal qu'au temps où Virgile chantait si doucement leurs travaux. (Reid.) (Cf. Sénèque, *Q. nat...*) 2° Cet *art inné* est doué d'une *perfection relative,* mais bornée, qui du premier coup atteint son objet, sans choix de moyens ni tâtonnement comme fait l'intelligence. 3° Il est déterminé ou enfermé dans de certaines limites qu'il ne peut franchir; ce qui le rend incapable d'extension ou de perfectionnement varié, quoique l'intelligence puisse le modifier à un certain degré. (Flourens.) 4° *Impersonnel,* il est la propriété de l'espèce plutôt que de l'individu. 5° Généralement il est approprié à quelque but pratique de conservation ou d'*utilité directe*.

L'instinct diffère de l'*habitude* en ce que celle-ci est acquise, variable et offre des degrés; qu'elle se modifie par la volonté qui conserve toujours ses droits sur elle. Les habitudes ne s'assimilent jamais tout à fait et se perdent par des habitudes contraires. L'instinct reparaît toujours, etc. Tels sont les points essentiels ici à constater (1).

L'instinct chez l'homme est moins développé que chez les animaux. C'est lui néanmoins qui préside à une multitude d'actes que nous exécutons machinalement dans l'enfance et dans l'âge de raison. C'est par instinct que je détourne la tête pour éviter le coup qui va me frapper ; c'est par instinct que les paupières s'ouvrent ou se ferment à propos, que je vais au secours de l'homme qui va tomber, etc. Tous ces actes n'ont été ni voulus ni délibérés. L'habitude seule n'en peut rendre compte. Leur caractère est la rapidité et l'irréflexion. On doit aussi remarquer qu'ils sont renfermés dans une sphère plus étroite et moins variée que ceux de la volonté éclairée et guidée par la raison. La différence entre l'instinct et la volonté raisonnable est assez bien exprimée dans ces vers de Delille :

> Je sais que de l'instinct notre raison diffère :
> L'une agit librement, l'autre est involontaire ;
> L'instinct veut deviner, la raison veut savoir ;
> L'un sait mieux pressentir, et l'autre mieux prévoir ;
> L'une luit par degrés, l'autre soudain s'enflamme ;
> L'un est l'éclair des sens, l'autre le jour de l'âme ;
> Enfin, quand la raison hésite et flotte encor,
> Souvent l'instinct rapide a déjà pris l'essor.
> (*L'Imagination*, ch. I.)

Parmi les instincts de l'homme, les plus remarquables sont ceux qui se manifestent dans l'enfance, quand nous ignorons encore tout ce qui est nécessaire à notre conservation. Nous péririons si nous n'avions un guide invisible qui, à notre insu, nous conduit et nous enseigne ce que nous devons faire. L'enfant n'a appris ni à ouvrir ni à fermer ses paupières, ni à sourire ni à sucer le lait de sa nourrice. Il est aussi beaucoup d'actes nécessaires à notre conservation et que nous accomplissons sans en connaître les moyens. Pour avaler, pour respirer, pour marcher il faut mettre en jeu un grand nombre de nerfs et de muscles. Tous ces mouvements s'exécutent sur-le-champ dans l'ordre qui convient. Quelle volonté fait mouvoir ces nerfs, ces muscles ? Celui qui s'en sert

---

(1) Sur l'*instinct*, lisez Fénelon, *Exist. de Dieu*, Ire partie ; Bossuet, *Conn. de Dieu*, V^e partie ; Reid, t. VI, ch. 1 ; Flourens, *Résumé des trav. de Fr. Cuvier*; Virey, *Hist. des mœurs des animaux*; l'article INSTINCT dans le *Dict. des sciences philos.*, et les auteurs cités, *ibid.*

ne connaît ni la nature ni la fonction de ces instruments. Ils sont mus par une impulsion soudaine et inconnue qui est l'instinct. — Une autre classe d'instincts qui survivent à l'enfance, a pour objet de déterminer certains actes qui doivent être si fréquemment répétés, que les concevoir ou les résoudre chaque fois occuperait trop notre pensée et ne laisserait point de places aux autres opérations de l'esprit ; ou bien ils interviennent lorsque l'action doit être faite si soudainement qu'on n'aurait pas le temps de la concevoir et de la vouloir. Qu'un homme perde l'équilibre, il fait, par instinct, un effort nécessaire pour le recouvrer. L'effort arriverait trop tard s'il fallait pour le déterminer la décision de la raison et de la volonté. — C'est ainsi que le bienveillant auteur de la nature appropria nos instincts au défaut et à la faiblesse de notre entendement. (Reid, à lire en entier.)

2° DE L'HABITUDE.

L'habitude est une manière d'être ou disposition (ἕξις) qui naît d'une situation prolongée ou de la répétition des mêmes actes. Cette tendance devient un principe d'activité très-énergique et comme une seconde nature, ὥσπερ γὰρ φύσις ἤδη τὸ ἔθος. (Arist., *De Mem.*) — *Consuetudo fit altera natura.* (Cic.) Qui ne sait quelle est la force de l'habitude ? *Consuetudinis magna vis est.* (Id., *Tusc.*, II, 17.) — « La coutume incline l'automate. » (Pascal.) (Cf. Montaigne, *Essais*, I, 22.)

Elle se manifeste de deux manières, selon qu'elle s'exerce sur la partie *passive* de notre être (la sensibilité), ou sur la partie *active* (l'intelligence et les actes corporels qui dépendent de la volonté).

I. HABITUDES PASSIVES. — Leur effet est d'affaiblir la vivacité de l'impression, de diminuer l'intensité des sensations, au point même quelquefois de nous en ôter la conscience. La douleur s'affaiblit insensiblement par degrés, *sensim et pedetentim progrediens extenuatur dolor.* (Cic., *Tusc.*, III, 22.) Le temps apporte de l'adoucissement aux peines les plus cuisantes (1) ; il endurcit à la douleur, *callum quoddam ob-*

---

(1) « Est enim tarda illa quidem medicina, sed tamen magna, quam affert onginquitas et dies. » (Cic., *Tusc.*, III, 16.)

ducit dolori. (*Ibid.*, II, 15.) L'habitude du travail en allège le fardeau et rend la douleur plus facile, *consuetudo laborum perpessionem dolorum efficit faciliorem*. (*Ibid.*) Elle fait même trouver du plaisir dans le travail imposé d'abord par la nécessité. *Paulatim voluptati sunt quæ necessitate cœperunt.* (Sénèque, *De Provid.*, c. IV.)

Le plaisir, comme la douleur, en se prolongeant, perd sa vivacité ; il finit par n'être plus un plaisir : la satiété, le dégoût souvent le remplacent; d'où la nécessité de varier nos plaisirs. L'ennui nous prend au sein du bonheur que rien ne trouble. Un autre effet de l'habitude est de créer en nous une disposition qui est un besoin. « Les sensations, tout en « s'affaiblissant par l'habitude, se transforment en besoins « impérieux. » (Maine de Biran.) Leur puissance se révèle par la privation. Ainsi s'explique la difficulté de rompre avec les habitudes même les plus contraires à notre nature. « La coutume alors, comme dit Pascal, est une seconde nature qui détruit la première. » (*Pensées*, III.) L'œil privé longtemps de la lumière est blessé par ses rayons; l'esclave ne sent plus le prix de la liberté, il est rivé à sa chaîne; le Lapon préfère sa hutte enfumée à nos palais; l'habitant du pôle regrette son climat de glace sous le ciel de l'Italie. On connaît cette pensée si vraie, si profonde de Tacite : *Subit quippe ipsius inertiæ dulcetudo et invita primo desidia postremo amatur.* (*Agricola*.) » La servitude abaisse les âmes, au point de s'en faire aimer. » (Vauvenargues.) (1)

II. HABITUDES ACTIVES. — Leur effet est d'abord tout opposé. L'habitude, qui affaiblit ou efface en nous la sensibilité, fortifie l'activité. Elle rend les actes plus faciles et plus rapides ; elle supprime l'effort ou l'adoucit. L'habitude ici, c'est l'*exercice*, et l'exercice est le maître par excellence en toute chose, *usus efficacissimus omnium rerum magister*. (Plin.) — *Tantum exercitatio, meditatio, consuetudo valet.* (Cic. Cf.

---

(1) « Assiduitate quotidiana et consuetudine oculorum assuescunt animæ ; neque admirantur neque requirunt rationes earum rerum quas semper vident. (Cic., *De Nat. deor.*)

Causarum ignoratio in re nova, mirationem facit ; eadem ignoratio si in rebus usitatis est, non miramur. (Cic., *De Div.*, II, 22.)

« Ce qui nous montre quelle est la force de l'habitude, ce sont les lois, où des fables et des puérilités ont plus de puissance, par l'effet de l'habitude, que n'en aurait la vérité elle-même. » (Aristote, *Mét.*, II, III.)

Quintil., *Inst. or.*, I, XI, ch. II.) — Cette influence s'exerce sur toutes les facultés et les opérations de l'intelligence. (*Mémoire, Associat. des idées, Attention*, etc.) Elle a lieu aussi pour tous les mouvements corporels qui dépendent de la volonté. Exemples : l'écriture, la lecture, le calcul, les arts, la musique, la peinture, la danse, la gymnastique. Dans la sphère morale, elle rend la pratique de la vertu plus facile et comme naturelle. La vertu est une *habitude*, dit Aristote. (*Eth. à Nic.*, II, 1.)

Si les avantages sont évidents, les inconvénients sont à côté. Le résultat final de l'habitude est de soustraire peu à peu les actes à la volonté et de les replacer sous l'empire de l'instinct. Elle crée en nous une spontanéité acquise et fatale qui nous dispense de réfléchir et de vouloir, avec une tendance ou penchant presque irrésistible à répéter les mêmes actes ou à perpétuer la même situation. « Les actes produisent les habitudes et les habitudes les actes. » (Malebr., *Tr. de mor.*, I, 4.) Elle adoucit l'effort ou le supprime, mais du même coup elle efface la personnalité. La *routine* s'insinue dans nos actes ; le mécanisme remplace la volonté libre ; l'homme devient un automate. « Dans l'exécution de tout mouvement volontaire, il est un degré modéré d'effort qui rend l'action précise et facile, sans la voiler à la conscience, et un degré supérieur qui, cachant à l'individu la part qu'il y prend, tend à la convertir en automatisme. » (Maine de Biran, sect. II, ch. VI.) — On sent tout ce qu'entraîne l'habitude dans le caractère, les mœurs, l'éducation, l'imitation, l'opinion, etc. La vertu elle-même doit être continuellement en garde et ne pas négliger les petites fautes. A l'objection ordinaire : *C'est si peu de chose*, on sait ce que répondit Platon. « Oui, mais ce n'est pas peu de chose que l'habitude. » — « Autant, dit Bossuet, l'âme est maîtresse de ses mouvements, autant elle est capable de se lier par ses actes. Elle s'enveloppe elle-même comme le ver à soie, et si les lacets dont elle s'entoure semblent de soie par leur agrément, ils surmontent le fer par leur dureté. » L'imitation passe dans les mœurs : *frequens imitatio transit in mores*. Notre opinion se forme sur celle des autres. C'est un des plus graves sujets de méditation pour le philosophe.

En résumé, l'habitude rend en quelque sorte la liberté

fatale en créant en nous une disposition qui est une seconde nature. Elle exige que l'âme soit constamment en éveil et garde la direction de ses facultés. Elle facilite alors tous ses actes, elle ne ravit pas à la volonté sa liberté, mais elle rend son exercice facile. Dans le bien comme dans le mal, elle nous affranchit ou nous enchaîne. « Elle établit en nous peu à peu, à la dérobée, le pied de son autorité. » (Montaigne, *Ess.*, I, 22.) Elle crée une multitude de besoins factices; ce qui était superflu devient nécessaire, *quæ supervacua fuerant facta sunt necessaria*. (Sénèque, *Ep.* 39.) Sans cesser d'être libre, la vertu ou l'habitude du bien nous rapproche de la liberté divine. L'habitude dans le mal fait déchoir la créature libre et la rapproche de la brute. Cette perversité acquise, plus terrible que la perversité de nature, le dernier châtiment du vice, est aussi le plus grand malheur, parce qu'il est sans remède. *Tunc autem est consummata infelicitas, ubi turpia non solum delectant, sed etiam placent; et desinit esse remedio locus ubi quæ fuerant vitia mores sunt.* (Sénèque, *Ep.* 19.) *Lex enim peccati est violentia consuetudinis.* (Saint Aug., *Conf.*, VIII, 6.) (1)

ART. II. ANALYSE DE LA VOLONTÉ.

Fatis avulsa voluntas. (Lucr., II, 257.)

Vouloir est un fait très-simple, toujours identique et semblable à lui-même; mais il est environné de circonstances dont il faut savoir le démêler. Reconnaître ces faits, les rapporter à leurs divers principes, mettre en lumière celui qui constitue la volonté, telle est d'abord la tâche de celui qui entreprend l'analyse de cette faculté (2).

§ I. De la volonté dans l'acte délibéré.

Nulle part l'acte de vouloir n'apparaît aussi clairement que quand il se produit à la suite d'une délibération. C'est donc

---

(1) Sur *l'habitude*, lisez Aristote, *Eth. à Nic.*, II, I; III, VI. — Cicéron, *Tusc.*, II, 15-16. — Sénèque, p. 98. — Montaigne, *Essais*, I, 22. — Pascal, *Pensées*, III, IV, 13, édit. Havet. — Maine de Biran, *Influence de l'habitude*. — Reid, t. VI, ch. I.

(2) « *Tanta est corruptela malæ consuetudinis ut ab ea tanquam igniculi extinguantur a natura dati, exorianturque et confirmentur vitia contraria.* (Cic., *De Leg.*, I, XCIII.) — *Non pronum iter est ad vitia sed præceps. Vitæ peccata delectant,* etc. (Senec., *Ep.* XCVIII.)

là qu'il faut d'abord le saisir, si l'on veut connaître sa nature et son vrai caractère.

Or, voyons ce que renferme le fait complexe de la *délibération*.

L'analyse y distingue, 1° la conception d'un *but* et d'un *acte* à produire pour le réaliser; 2° la *conscience de pouvoir* faire cette action ou au moins la vouloir; 3° des *motifs* qui nous y engagent ou nous en détournent; 4° la *comparaison* de ces motifs; 5° le *choix* ou la *préférence* accordée à l'un d'eux; 6° la *résolution* ou la *détermination*, 7° l'*action* enfin ou l'*exécution*, dans laquelle il faut distinguer l'*effort* de l'*effet* produit ou du résultat.

Prenons un exemple où tous ces faits soient représentés.

La patrie est en danger. Dois-je m'enrôler pour la défendre? Voilà un but : le salut de ma patrie; un moyen : le fait d'exposer ma vie. J'ai conscience de pouvoir produire ou vouloir cet acte de dévouement. Plusieurs motifs me sollicitent, l'amour de la patrie, l'honneur, la gloire, le devoir du citoyen. D'autres me retiennent : l'amour de la vie, la crainte du danger, le devoir de conserver un membre utile ou nécessaire à ma famille. Je compare ces motifs; les uns sont des sentiments, les autres des idées; les uns excitent, les autres conseillent ou ordonnent. Je les compare, et je vois ceux qui doivent l'emporter. Les autres pour cela ne cessent pas de me solliciter. Enfin je me décide; je prends une résolution, une détermination. C'est là le vouloir; tous les autres actes n'ont fait que le préparer. Je sens qu'il est libre, que je pouvais prendre une autre résolution, que je pourrais la changer, que je puis y persévérer. Mais il reste à passer de la résolution à l'acte, et, pour cela, j'ai un effort à faire, m'arracher des bras de ma famille. Un obstacle peut m'arrêter, la maladie, etc., ou je puis partir.

Tel est le *vouloir* accompagné de ses circonstances. Reprenons ces faits et voyons à quels principes ils appartiennent.

1° Concevoir un but et les moyens de l'atteindre, c'est un acte de l'intelligence : la raison le réclame tout entier. — 2° Savoir qu'on peut se déterminer et prendre tel ou tel parti, c'est encore un acte intellectuel; il est dû à la conscience et à la mémoire. — 3° Se sentir engagé par des motifs, c'est un fait indépendant de la volonté, quoiqu'il puisse avoir sur elle une grande influence. Or, à quels principes appartiennent les motifs qui sollicitent notre volonté? Les uns sont des penchants, des sentiments, des passions, des intérêts; ils appartiennent à la sensibilité; ce sont des *motifs sensibles*. D'autres viennent d'une source différente : c'est une idée, une conception morale, l'idée du devoir : nous reconnaissons là un *conseil* ou un *ordre* de la raison; le motif est *rationnel*. — 4° Maintenant, qui compare ces motifs pour savoir lequel je dois préférer? la raison : elle seule pèse les motifs. — 5° Quant à la *préférence* accordée à l'un d'eux ou au *choix*, c'est ici surtout qu'il importe de ne pas confondre des faits d'une nature différente, et que le langage ordinaire enveloppe dans la même dénomination, parce qu'ils sont presque simultanés et se pressent en quelque sorte sur le seuil de la volonté.

Préférer, c'est voir qu'un parti vaut mieux qu'un autre, le trouver plus convenable au point de vue de l'utilité ou de l'ordre; c'est alors un simple *jugement* porté sur la valeur des motifs et de l'action. Or, tout jugement est un acte de la raison; le jugement n'est pas libre, surtout lorsqu'il est environné de l'évidence. Quelquefois la préférence n'est qu'un *désir* plus vif qu'un autre. Dans ce cas, préférer, c'est aimer mieux un objet qu'un autre, se sentir plus attiré vers lui; la préférence est ici un fait purement sensible, la volonté n'y est pour rien. Nous ne sommes pas plus maîtres de nos préférences que de nos affections et de nos sympathies. — Enfin la préférence ou le *choix* peut s'entendre aussi de la *détermination* même en vertu de laquelle nous prenons un parti à l'exclusion de tout autre, et cela volontairement, librement ; alors la préférence se confond avec la détermination volontaire, et ici le choix est libre.

La volonté réside donc essentiellement dans la *détermination libre* qui s'accomplit à la suite de la délibération. Ce fait se distingue profondément de tous ceux qui le précèdent. Se résoudre, se déterminer, en un mot *vouloir*, ce n'est pas seulement préférer dans le sens de juger; c'est encore moins désirer : *sæpe aliud volumus, aliud optamus.*

(Sénèque, *Ép.* 95.) (1) La volonté est un pouvoir neutre et indépendant, qui se place entre les motifs et fait pencher la balance à son gré, sans être nullement forcée ou contrainte. Le caractère de la volonté est donc la liberté. — De la détermination volontaire, il faut distinguer l'*effort* (*nisus, conatus*); il tient à la fois de la résolution et de l'acte; mais il n'est pas l'action elle-même. « Du pouvoir et du vouloir joints ensemble suit l'action, » dit Leibnitz. (*Nouv. Ess.*, II, ch. XXI.) En lui réside l'énergie propre et vraiment personnelle de la volonté; par lui se mesure la valeur morale. L'intention peut être bonne, il ne suffit pas même qu'elle soit répétée et durable, l'effet doit s'y ajouter. La première est identique, le second varie d'intensité et comporte une foule de degrés.

Entre la résolution et l'*acte*, il y a pourtant un rapport intime, ce qui fait que l'action dépend en partie de la volonté; celle-ci lui communique son caractère de faiblesse ou d'énergie. Mais l'action ou la puissance d'agir est loin d'être en raison directe de la volonté. Nos facultés peuvent être empêchées par des obstacles ou paralysées dans leur exercice. La volonté n'en subsiste pas moins pleine et entière. On peut me contraindre dans mes actions, jamais dans ma volonté. Le sanctuaire de ma volonté est inviolable.

§ II. De la volonté dans l'acte spontané.

La liberté est manifeste dans l'acte délibéré, réfléchi, prémédité. Mais n'y a-t-il que les actes réfléchis qui soient libres ? L'acte *spontané* est-il toujours et nécessairement fatal ? Question grave et délicate, d'autant plus difficile à résoudre que le flambeau de la réflexion ne peut y porter la lumière. On a recours à des exemples. Le *qu'il mourût* du vieil Horace, le *me, me, adsum* de Nisus à la vue du glaive suspendu sur la tête d'Euryale, le cri du chevalier d'Assas *à moi Auvergne !* tant d'autres mots ou traits du même genre que nous admirons chez les poëtes ou dans l'histoire, ce sont là des actes spontanés. Faut-il les rayer de la classe des actes libres ? Appartiennent-ils au monde de l'instinct et de la fa-

---

(1) Aussi cette définition stoïcienne est fausse : *Voluntas est quæ quid cum ratione desiderat.* (Cic., *Tusc.*, IV, 6.)

talité ou au monde moral et de l'activité libre? Les admire-t-on comme une belle fleur, une scène de la nature physique? L'humanité n'hésite pas à décerner la gloire à ses héros pour s'être ainsi décidés ; de tels actes, elle en fait honneur à l'homme, non à la nature.

L'argument n'est pourtant pas décisif. Le caractère moral se compose de deux éléments ; l'un naturel, l'autre acquis et créé par la personne elle-même ; il est en partie le résultat d'une série d'actes libres, qui par habitude sont devenus naturels. L'*habitude* (V. *suprà*) est une seconde nature entée sur la première ; mais elle nous appartient, elle est nôtre, l'œuvre de notre volonté. Ainsi, qu'une noble nature qui s'est fait une habitude de l'héroïsme, se révèle tout à coup dans un acte spontané, fasse comme explosion dans un cri ou dans une action sublime, nous avons raison de l'admirer : c'est une vie tout entière qui se résume dans un instant solennel. L'humanité admire ces sortes de traits, par cela même qu'ils ne sont plus réfléchis. L'hésitation, la possibilité du choix leur ôterait leur charme et leur beauté ; mais cet acte maintenant fatal, ne l'oublions pas, c'est l'œuvre de la liberté.

La liberté d'ailleurs n'est pas incompatible avec la spontanéité. La pensée, qui devance l'éclair en rapidité, ne peut-elle pas quelquefois, par une sorte d'illumination soudaine, révéler à l'homme le parti qu'il doit prendre, lorsque le temps de délibérer lui est refusé? Pourquoi ne se produirait-il pas alors quelque chose d'analogue à ce que nous sommes obligés de supposer dans Dieu? Dieu ne délibère pas plus qu'il ne raisonne. Chez lui, la volonté, la pensée et l'acte sont simultanés. Il veut spontanément, et cependant librement. Ne serait-il pas permis de croire que quelque chose d'analogue a lieu chez certaines natures excellentes, presque divines, dans les moments où les facultés humaines sont vivement excitées ou exaltées? Cela s'appelle le coup d'œil du génie, l'instinct des grandes âmes, la détermination héroïque.

Une autre raison en faveur de la liberté dans la spontanéité est fournie par le raisonnement. Pour délibérer, il faut savoir qu'on est libre. Or, pour le savoir, il faut avoir déjà voulu et agi librement. Donc nous sommes forcés d'admettre que notre liberté s'est révélée une première fois à nous dans un acte spontané. En d'autres termes, le caractère de la volonté que suppose la délibération, c'est que la cause se sente maîtresse d'elle-même et de ses actes, qu'elle *se possède*, qu'elle soit *suî compos*. Or, quand et comment a-t-elle acquis cette conscience de sa liberté et a-t-elle pris possession d'elle-même ? Évidemment dans un acte spontané antérieur à toute réflexion.

Cette question, celle de l'origine de la liberté dans l'individu, est du reste fort mystérieuse. Un mystère enveloppe toutes les origines : est-il étonnant qu'un nuage plane sur le berceau de la liberté humaine ?

Quoi qu'il en soit, il n'en est pas moins vrai que l'homme ne jouit réellement de sa volonté que quand il est capable de délibérer sur ses actes, et de ne prendre une résolution qu'après un choix. C'est dans l'acte prémédité, réfléchi, délibéré, qu'il a conscience de la plénitude de sa volonté et de sa liberté (1).

§ III. De l'action des motifs sur la volonté.

> La volonté nous détermine
> Non l'objet, ni l'instinct...
> (La Fontaine, liv. X, f. i.)

La volonté se détermine par elle-même, mais elle ne le fait jamais sans motif. De quelle nature est cette action des motifs sur la volonté ? Deux faux systèmes la méconnaissent. L'un soutient la *liberté d'indifférence;* selon l'autre, la volonté est déterminée par les motifs, c'est le *déterminisme*. L'indifférence absolue est une chimère, ou c'est le pur caprice : mais alors l'homme n'agit plus en être raisonnable. —

Or, le motif admis, ainsi que son action réelle et puissante sur la volonté, en quoi consiste son action ? Est elle *nécessitante* ou déterminante ? Il y a deux sortes de motifs. 1° Les uns, qui sont des penchants, des passions, le plaisir ou la peine, le désir, etc., viennent de la *sensibilité*. 2° Les autres, qui sont des idées, des conceptions de l'esprit, ont leur

---

(1) « Aristote a déjà bien remarqué que, pour appeler les actions libres, nous demandons non-seulement qu'elles soient spontanées, mais encore qu'elles soient délibérées. » (Leibnitz, *Nouv. Essais*, liv. II, ch. xxi.)

siége dans la *raison*, leur mode d'action est différent. Les premiers nous excitent ou nous sollicitent. Ils agissent par *attrait* ou par *répulsion*. Cette action est quelquefois si forte qu'elle entraîne ou paraît entraîner la volonté. Mais dans l'état habituel ou normal, en est-il ainsi ? Ne me sens-je pas libre de céder à tel ou tel penchant, de suivre mon désir ou de lui résister ? Les passions se combattent en moi : je reste maître de moi, je me possède ; je puis même sortir de cet état par une résolution énergique qui mette fin à la lutte. — D'autre part, comment ma raison agit-elle avec ses idées sur ma volonté ? Comme font les idées quand elles sont accompagnées de l'évidence. Elles éclairent l'esprit et par l'esprit la volonté ; c'est alors un conseil. Parmi ces idées, il en est une qui fait plus : elle commande ; c'est l'idée du devoir. En somme, c'est un *conseil* ou un *ordre* qui vient de la raison. Ici encore suis-je libre ou forcé d'obéir ? Je suis libre. Je puis me décider pour l'intérêt, pour la passion ou pour le devoir. La raison *incline*-t-elle la volonté ? Non, si incliner est déterminer ; « c'est à l'âme seule à donner ce coup, dit Bossuet » (*Lib. arb.*, VIII); malgré l'ordre ou le conseil, elle reste maîtresse de sa détermination. Elle se sent libre après comme avant et pendant la délibération. Aussi assume-t-elle sur elle la responsabilité de la décision. Elle ne se sent pas moins libre dans l'effort où elle dépose son énergie propre, qu'elle peut continuer, faire cesser ou augmenter, qui reste faible ou énergique selon qu'elle le veut. — Telle est la vraie et réelle influence des motifs sur la volonté. Aucun ne la détermine, elle se détermine d'après eux et elle le fait librement. Tout système qui nie ou altère ces faits ment à la conscience et, sciemment ou non, renverse la morale (1).

§ IV. **De la volonté comme principe de la personnalité humaine.**

La personnalité humaine réside dans la volonté libre. Le *moi* se révèle sans doute dans la sensibilité; nos passions et nos désirs ont pour origine et pour but notre être individuel. Mais ils ne dépendent pas de nous, c'est la nature qui jouit et

---

1) Sur l'*influence des motifs* sur la volonté, voyez Reid, t. VI, *Essai* IV, ch. IV. — Leibnitz (*Nouv. Essais sur l'ent. hum.*, liv. II, ch. XXI) est instructif, mais subtil; sa *prévalence des motifs* détruit la liberté.

qui souffre en nous, qui se sent attirée vers les objets ou s'en détourne. D'un autre côté, si la raison constitue l'essence de l'âme humaine, elle a un caractère *impersonnel*. (Raison.) La volonté, au contraire, c'est la personne même. Les actes que nous avons délibérés, prémédités et voulus, sont nôtres; d'eux seuls nous sommes responsables.

La liberté est le principe de la dignité humaine, de toutes nos grandeurs et de toutes nos misères. Par elle, l'homme se sépare des autres êtres créés, et constitue à lui seul un monde à part, le monde moral, opposé au monde physique, où règne la fatalité. Dieu a communiqué à sa créature, en lui donnant une volonté libre, une portion de sa puissance créatrice. Dans sa sphère étroite, l'homme crée; ses œuvres sont de véritables *créations* qui se distinguent des *productions* de la nature. Si sa puissance est limitée, elle peut s'étendre et s'accroître indéfiniment. « Dieu, en faisant l'homme libre, lui a donné un merveilleux trait de ressemblance avec la divinité, dont il est l'image. C'est une merveilleuse puissance, dans l'être dépendant et créé, que sa dépendance n'empêche point sa liberté, et qu'il puisse se modifier comme il lui plaît. Il se fait bon ou mauvais à son choix; il tourne sa volonté vers le bien ou vers le mal; et il est, comme Dieu, maître de son opération intime... Il est à lui, il délibère, il décide, et il a un empire suprême sur son propre vouloir. Il est certain qu'il y a dans cet empire sur soi un caractère de ressemblance avec la divinité, qui étonne. » (Fénelon, IIe *Lettre sur la Métaph.*, ch. III, § 11.) « La liberté est une sorte de royauté naturelle que Dieu nous a donnée sur nous-mêmes pour nous gouverner selon ses ordres (1). »

ART. III. DE LA LIBERTÉ.

Τῶν γὰρ πράξεων κύριοί ἐσμεν.
(ARIST., *Eth.*, *Nic.*, II.)

§ I. Idée du libre arbitre.

La liberté est le principe sur lequel repose tout l'ordre moral. C'est parce que l'homme est maître de ses actes qu'il

---

(1) Le P. André, *Disc. sur la Liberté.* Œuvr. phil., édit. Cousin, p. 225. — Lisez Fénelon, *Exist. de Dieu*, 2e part. et IIe *Lettre sur la Métaph.*, ch. III. Sénèque : Quidquid facere te potest bonum, tuum est... Quid sit opus ut sis bonus? Velle, (*Ep.* 80.) In se ipsum habere maximam potestatem... Inestimabile bonum est suum fieri. (*Ep.* 75.) (Cf. *Ep.* 93. — *Ep.* 71.) — Actu vitam meliamur non tempore. (*Ep.* 9.)

a des devoirs et qu'il est chargé de sa destinée. De cette source découlent ses droits comme ses obligations; la société humaine diffère de celle des animaux en ce qu'elle est une réunion de volontés libres. Nous devons donc une attention toute particulière à ce grand fait de la nature humaine. Commençons par le définir.

Le *libre arbitre* ou la liberté morale est le pouvoir qu'a une cause de se déterminer par elle-même, sans y être contrainte par aucune nécessité extérieure ou intérieure. Une telle cause est maîtresse de ses actes ou de ses déterminations. Or, cet attribut est celui de la volonté humaine. La détermination volontaire est libre.

La liberté *morale* doit être distinguée, 1° de la liberté *physique;* 2° de la *spontanéité* d'action ; 3° de la liberté *civile*. La première n'est que l'absence d'obstacle. On en a un exemple dans l'arbre qui déploie librement ses rameaux. — La spontanéité est une nécessité intérieure sans contrainte. Tel est le caractère du désir. L'homme y suit la pente fatale de sa nature. Si l'aiguille aimantée avait conscience de ses mouvements, se croirait-elle libre en se dirigeant vers le pôle? Oui, dit Leibnitz; mais le bon sens consulté en juge autrement. Avec la spontanéité, l'homme serait, selon le mot que Leibnitz emprunte à Platon, « un automate spirituel. » (*Théod.*, I, § 52.) Le libre arbitre n'est pas pour cela la *liberté d'indifférence*, admise par d'autres philosophes, et contre laquelle s'élève, avec Descartes (4e *Médit.*) Leibnitz lui-même. (*Loc. cit.* et *Nouv. Essais*, liv. II, ch. xxi.) Sollicité par des motifs contraires, l'homme ne peut rester indifférent. Mais il n'est pas non plus déterminé, comme le veut le *déterminisme*. Il se détermine librement pour ce qu'il lui plaît de choisir. Sa volonté choisit avec la parfaite conscience de pouvoir choisir autrement et se déterminer en sens contraire. Tel est le libre arbitre. — Quant à la *liberté civile*, celle-ci ne porte que sur les actes; elle est toute dans le *droit* et le pouvoir d'agir dans certaines limites que la loi trace elle-même. Elle n'est pas la liberté morale, mais elle a en elle son principe.

A la liberté s'oppose la *nécessité* ou la *fatalité*. Une cause libre a en elle-même l'initiative et le choix de ses déterminations. Une force fatale est déterminée à l'action, soit par une cause étrangère, soit par sa propre nature régie par des lois nécessaires. — « Parmi les choses nécessaires, dit Aristote, les unes ont en dehors d'elles la cause de leur nécessité; les autres, au contraire, l'ont en elles-mêmes. » (*Mét.*, V, 5.)

§ II. Preuves de la liberté.

Sommes-nous réellement libres? Cette question peut paraître singulière au bon sens, qui ne s'imagine pas qu'un fait aussi évident puisse être contesté et ait besoin de démonstration. Cependant la liberté humaine a été tant de fois attaquée et par les philosophes et par les théologiens eux-mêmes; un si grand nombre de systèmes et de doctrines l'ont obscurcie ou défigurée, qu'il est nécessaire de reproduire incessamment ses titres méconnus ou effacés. C'est pour la philosophie un devoir de guérir elle-même les blessures qu'elle a faites.

La liberté se démontre de deux manières :
1° *Par le sens intime;*
2° *Par le raisonnement.*

I. *Preuve directe par le sens intime.* — Ce n'est pas, à proprement parler, une démonstration : c'est un appel à la conscience de l'individu et du genre humain, qui proclame hautement le libre arbitre. La méthode consiste à exposer le fait dans sa simplicité, à ranger autour de lui les autres faits qu'il explique et qui sans lui n'auraient pas de sens.

« Que chacun de nous, dit Bossuet, s'écoute et se consulte soi-même, il sentira qu'il est libre, comme il sentira qu'il est raisonnable. » (*Tr. du lib. arbitre*, ch. II.) — « Tout homme sensé, qui se consulte et qui s'écoute, porte au dedans de soi une décision invincible en faveur de sa liberté. » (Fénelon, IIe *Lett. sur la Métaph.*, ch. III. — A lire en entier.)

L'homme croit à sa liberté comme à son existence ; car sa volonté, c'est lui-même, et il sent que sa volonté est libre. — La liberté, dit-on, n'est pas du ressort de la conscience. — Cela est faux. Quel sera donc ici le juge compétent ? Pour savoir si une cause est libre, à qui faut-il s'adresser, sinon à cette cause elle-même, si elle se sent agir ? J'expérimente ma liberté à chaque instant de ma vie, et c'est peut-être pour ne l'avoir pas assez mise en pratique qu'on la nie en spéculation.

« Toute notre liberté, suivant Spinosa, consiste à croire que nous sommes libres. » (*Eth.*) (1) — Mais si nous sommes dans l'illusion sur ce point, qui nous garantit que nous ne le sommes pas sur tout autre ? Pourquoi en croirai-je mes sens qui me montrent des objets extérieurs, si je ne suis pas sûr de ce qui se passe en moi-même ? Pourquoi se fier à la mémoire, au raisonnement ? Une pareille assertion conduit droit au scepticisme absolu. — « Faut-il dire que l'homme n'est pas l'auteur et le père de ses actes comme il l'est de ses enfants ? Mais si cette paternité est évidente, il faut reconnaître que ces actes dépendent de nous. Τῶν γὰρ πράξεων κύριοί ἐσμεν. (Arist., *Eth. à Nic.*, II.)

« J'ai donc un sentiment clair de ma liberté... Aussi vois-je que tous les hommes sentent en eux cette liberté. Toutes les langues ont des mots et des façons de parler très-claires et très-précises pour l'expliquer ; tous distinguent ce qui est en nous, ce qui est en notre pouvoir, ce qui est remis à notre choix d'avec ce qui ne l'est pas ; et ceux qui nient la liberté ne disent point qu'ils n'entendent pas ces mots, mais ils disent que la chose qu'on veut signifier par là n'existe pas. » (Bossuet, *ibid.*) (2)

Cette manière d'établir la liberté est la plus sûre ; car c'est en nous que nous prenons la notion du libre arbitre. Ce sentiment persiste, malgré tous les raisonnements, et les réfute mieux que le raisonnement lui-même.

II. *Preuves indirectes.* — Le raisonnement, en s'appuyant

---

(1) *Atque hæc humana libertas, quam omnes habere jactant, in hoc solum consistit, quod homines sui appetitus sunt conscii, et causarum a quibus determinantur sunt ignari.* (*Ep.* 63.)

« Nous ne pouvons pas sentir proprement notre indépendance, et nous ne nous apercevons pas toujours des causes dont notre résolution dépend. » (Leibnitz, *Théod.*, Ire part., § 50.) — A cela je réponds que, quand je prends une résolution après avoir délibéré, j'ai parfaitement conscience des causes qui me font agir et des motifs de ma résolution. Si l'on objecte qu'il y a toujours une cause secrète qui me détermine et dont je n'ai pas connaissance, on affirme ce qui est en question, et à cette cause occulte j'oppose une cause très-claire, savoir, ma volonté qui se sent libre.

(2) « Le principe fondamental de toute raison étant posé, je soutiens que notre libre arbitre est une de ces vérités dont tout homme qui n'extravague pas a une idée si claire, que l'évidence en est invincible. On peut bien disputer du bout des lèvres, et par passion, contre cette vérité, dans une école, comme les Pyrrhoniens ont disputé ridiculement sur la vérité de leur propre existence, pour douter de tout sans exception ; mais on peut dire de ceux qui contestent le libre arbitre ce qui a été dit des Pyrrhoniens : « C'est une secte, non de philosophes, mais de menteurs. Ils se vantent de douter, quoique le doute ne soit nullement en leur pouvoir. » (Fénelon, IIe *Lettre sur la Métaph.*, ch. III.)

sur les principes de la moralité et de la sociabilité humaine, démontre aussi le libre arbitre ; mais il serait incapable d'en donner l'idée à celui qui ne la trouverait pas dans sa conscience. Ce genre de preuves suppose donc la preuve *directe* ou par le sens intime.

1° La morale repose sur l'idée du *devoir*. Or, la notion du devoir est inséparable de celle du libre arbitre. Le devoir ne s'adresse qu'à des êtres libres. On *contraint* une force fatale ; on *oblige* un être raisonnable et libre.

2° A la suite de l'idée du devoir naissent une foule de conceptions, de jugements et de sentiments, qui tous deviennent inintelligibles dès qu'on vient à nier la liberté. Tels sont les jugements que nous portons sur la *responsabilité* des actions, les idées de *vice*, de *vertu*, de *mérite* et de *démérite*, de *récompense* et de *châtiment*, la *satisfaction morale*, le *remords* et le *repentir*, la *louange* et le *blâme*, l'*admiration* et le *mépris,* etc. Tous ces jugements et ces sentiments, non-seulement perdent leur sens naturel, mais font place à d'autres tout différents ou opposés. La vertu n'est plus que le succès ou le bonheur ; le crime, un malheur. Peut-on imputer à un homme une action qu'il n'était pas libre de ne pas faire (1) ? Le châtiment, loin d'être une expiation, est un nouveau malheur ajouté au premier. L'idée du supplice infligé à celui qui n'est pas coupable, puisqu'il n'était pas libre, nous indigne et nous révolte. La vertu perd ses droits au bonheur dès que l'acte vertueux n'est plus le résultat d'un libre choix. La louange, comme le blâme et le mépris, n'a plus d'objet. Les relations et les actes de la vie sociale n'ont de sens que par la liberté. Que signifient la *demande*, la *prière*, le *conseil*, l'*exhortation*, la *promesse*, la *convention*, si ceux à qui nous nous adressons ne sont pas libres d'accorder ou de refuser, de suivre ou de ne pas suivre nos avis, de tenir leurs promesses et leurs engagements ?

3° La notion du *droit* repose également sur le fait de la liberté : celui-là seul a des *droits* qui a des *devoirs*. Le droit, c'est l'*inviolabilité de la personne*, tous les droits émanent d'un droit unique, celui qu'a la personne d'être res-

(1) *Crimen erit superis et me fecisse nocentem.* (Lucain.)

pectée dans l'exercice légitime et inoffensif de sa liberté. (V. *Morale*.) (1)

Pour échapper à ces conséquences, il faut donc admettre la liberté. Il n'est aucune des objections contre le libre arbitre qui soit aussi claire que le raisonnement qui en prouve la nécessité. « Ainsi, dit Bossuet, nous avons des idées très-claires, non-seulement de notre liberté, mais encore de toutes les choses qui la doivent suivre. Car non-seulement nous entendons ce que c'est que choisir librement, mais nous entendons encore que celui qui peut choisir, s'il ne voit pas tout d'abord, doit délibérer ; et qu'il fait mal s'il ne délibère ; et qu'il fait encore plus mal si, après avoir consulté, il prend un mauvais parti ; et que par là il mérite et le blâme et le châtiment, comme, au contraire, il mérite, s'il use bien de sa liberté, et la louange et la récompense de son bon choix. Par conséquent, nous avons des idées très-claires de plusieurs choses qui ne peuvent convenir qu'à un être libre ; et il y en a parmi celles-là que nous ne pouvons attribuer qu'à un être capable de faillir : et nous trouvons tout cela si clairement en nous-mêmes, que nous ne pouvons non plus douter de notre liberté que de notre être. » (*Ibid.*) (2)

---

(1) « Otez cette liberté, toute la vie humaine est renversée, et il n'y a plus aucune trace d'ordre dans la société. Si les hommes ne sont pas libres dans ce qu'ils font de bien et de mal, le bien n'est plus bien, et le mal n'est plus mal. Si une nécessité inévitable et invincible nous fait vouloir tout ce que nous voulons, notre volonté n'est pas plus responsable de son vouloir qu'un ressort de machine n'est responsable du mouvement qui lui est inévitablement et invinciblement imprimé. En ce cas, il est ridicule de s'en prendre à la volonté, qui ne veut qu'autant qu'une autre cause distinguée d'elle la fait vouloir. Il faut remonter tout droit à cette cause, comme je remonte à la main qui remue un bâton pour me frapper, sans m'arrêter au bâton qui ne me frappe qu'autant que cette main le pousse. Encore une fois, ôtez la liberté, vous ne laissez sur la terre ni vice, ni vertu, ni mérite. Les récompenses sont ridicules et les châtiments sont injustes et odieux. Chacun ne fait que ce qu'il doit, puisqu'il agit selon la nécessité. Il ne doit éviter ce qui est inévitable, ni vaincre ce qui est invincible. Tout est dans l'ordre, car l'ordre est que tout cède à la nécessité. » (Fénelon, *ibid.*) V. dans l'*Œdipe* de Corneille la belle tirade sur *la liberté* (acte III, sc. v).

(2) En disant que je suis libre, je dis donc que mon vouloir est pleinement en ma puissance, et que Dieu me le laisse pour le tourner où je voudrai ; que je ne suis point déterminé comme les autres êtres, et que je me détermine moi-même... C'est cette exemption non-seulement de toute contrainte, mais de toute nécessité, et cet empire sur mes propres actes, qui fait que je suis inexcusable quand je veux mal, et que je suis louable quand je veux bien... Tout se réduit, dans la vie humaine, à supposer comme le fondement de tout, que rien n'est tant en la puissance de notre volonté que notre propre vouloir, et que nous avons ce libre arbitre, ce pouvoir, pour ainsi dire, à deux tranchants,

ART. IV. OBJECTIONS CONTRE LE LIBRE ARBITRE; RÉFUTATION DU FATALISME.

> Aucune des objections contre la liberté n'est aussi claire que la liberté elle-même.
> (BOSSUET, *Tr. du libre arbitre.*)

Issu des écoles philosophiques et des sectes religieuses les plus diverses, le fatalisme nie la liberté. Sans entreprendre une réfutation complète, nous examinerons ses objections principales.

Elle sont de deux sortes. Ou ce sont des *faits* d'expérience puisés dans la nature, soit physique, soit morale de l'homme. Ou ce sont des *raisonnements* abstraits fondés sur des principes *à priori*, que l'on déclare incompatibles avec la liberté humaine. Ces principes eux-mêmes sont empruntés ou à la métaphysique ou à la théologie. De là, trois classes d'objections, 1° *psychologiques* et *physiologiques*, 2° *métaphysiques*, 3° *théologiques*.

I. OBJECTIONS PSYCHOLOGIQUES. — Elles ont leur origine dans une fausse analyse de la volonté et des faits qui l'accompagnent. Ici on confond la volonté avec le désir. « Le désir et la volition ne diffèrent que par le degré, » dit Spinosa. (*Eth.*, IVe part.) Or, le désir étant fatal, on en conclut que la liberté est une chimère. — Là, c'est Leibnitz (1) lui-même pour qui la liberté, n'étant que la *spontanéité*, se laisse déterminer à l'intérieur par la *prévalence* des motifs. — Suivant Descartes, la volonté étant toute dans l'acte de nier et d'affirmer ou *d'élire*, ne fait qu'un avec le jugement. (4e *Médit.*) Or, le jugement n'étant pas libre, la liberté est menacée de ce côté. — Malebranche veut que le jugement *incline* la volonté. Selon Leibnitz, la volonté suit le dernier *dictamen* de l'entendement. (V. Clarke, *Exist. de Dieu*, ch. XI.)

Pour toute réponse, il suffit de replacer la liberté là où elle est, dans la détermination volontaire ; c'est là que l'homme se sent libre, et ce sentiment est invincible. La résolution n'est pas plus la simple spontanéité d'action que le désir, que le jugement, que la puissance d'agir. Elle subit

cette vertu élective entre deux partis, qui sont immédiatement comme sous notre main. » (Fénelon, *Exist. de Dieu*, 1re part., ch. II, § 68.)

(1) V. *Nouv. Essais sur l'Ent.*, liv. II, ch. XXI, § 39 ; *Théodicée*, IIIe partie, §§ 228-288.

l'influence de la raison ou du désir, sans être inclinée par eux. La volonté n'obéit pas toujours au dernier dictamen de la raison ; il suffit de répéter les vers toujours cités du poète :

> . . . . *Video meliora proboque;*
> *Deteriora sequor.* (Ovide.)

« Être déterminé par la raison au meilleur, c'est être le plus libre, » dit Leibnitz. (*Nouv. Ess., ibid.*) Sans doute. Seulement cette liberté, qui est la liberté divine, est-elle le libre arbitre dans l'homme ? En tout cas, la raison ne détermine pas la volonté ; celle-ci se détermine et n'est pas déterminée. — Ailleurs, c'est la *liberté d'action* qui est prise pour la liberté morale. « Notre idée de la liberté s'étend aussi loin que notre pouvoir d'agir. » (Locke, *Ent. hum.*, II, 211.) (1) — Enfin le *choix* ou l'élection, qui tantôt vient du désir, tantôt vient du jugement, est pris pour la volonté même. Bossuet n'échappe pas à ce malentendu. (*Libre arb.*, I, et *Conn. de Dieu*, I, 18.)

La réponse à toutes ces assertions est une meilleure analyse de la volonté.

A cette catégorie d'objections appartient l'argument tiré des motifs ou du *motif le plus fort.* La volonté, dit-on, ne se détermine jamais sans motif ; s'il n'y en a qu'un, il la détermine ; s'ils sont plusieurs, c'est le plus fort qui l'emporte. — Il y a ici plusieurs sophismes en un seul. 1° La volonté ne se détermine pas sans motif ; est-ce à dire que le motif la détermine ? C'est se faire de la volonté l'idée la plus fausse, que de l'assimiler à une force inerte, ou indifférente, qui reçoit son action d'un mobile étranger. C'est transporter l'idée de la fatalité physique dans l'ordre moral et débuter par une pétition de principe. L'âme est une force autonome, maîtresse d'elle-même et de ses actes. Par là précisément la cause morale diffère de la force physique qui agit fatalement. Les motifs ne sont ni causes ni agents ; ils influent sur l'action, sans la déterminer. On peut les comparer à un avis ou à un ordre, qui laisse à l'homme qui le reçoit toute sa liberté. Autrement, ils n'auraient aucune influence. (V. Reid, t. VI, p. 212.) — 2° Si la volonté n'agit jamais sans motif, le motif peut être ma liberté elle-même, que j'expé-

(1) V. la réfutation par M. Cousin, *Cours de 1829*, leçon 25.

rimente, ou dont je me donne la preuve à moi-même. (Bossuet, *Conn. de Dieu*, ch. III, § 15.) Je remue le bras, la jambe, pour remuer la jambe et le bras, et parce que je le veux. — 3° Quand il y a plusieurs motifs, l'un deux, dit-on, est le plus fort. Que signifie cette expression. *Le plus fort?* n'est-ce pas celui que la volonté a rendu tel? On en juge après coup. Souvent il est impossible de prévoir le parti que je prendrai. Moi-même je l'ignore, et c'est pour cela que je délibère. Ainsi, le motif le plus fort l'emporte toujours : cela veut dire que le plus fort est toujours le plus fort. C'est clair, mais puéril. (V. Reid, *ibid.*; Buffier, III° part, ch. IV.)

Objections physiologiques. — L'action du *physique sur le moral* est un argument fort ordinaire aux savants contre le libre arbitre (Cabanis, Gall, Spurzheim). Que le matérialisme l'emploie et nie la liberté, c'est tout simple; il y est condamné. (V. *Matérialisme*.) Montrer le vice de l'objection ici nous suffit. Or, personne ne nie la part de fatalité qui vient de l'organisation et des causes qui agissent sur elle. Mais quelque grande que soit l'influence du physique sur le moral dans la santé et la maladie, etc., va-t-elle jusqu'à supprimer la liberté dans l'état normal? Je me sens libre malgré toutes ces influences. Aux faits invoqués s'oppose le fait même du libre arbitre, sans lequel l'ordre moral n'est rien et toute la vie humaine est absurde. — Les faits prouvent que l'action du physique sur le moral est très-grande. Que veut-on établir de plus? que la volonté n'est pas libre quand elle se sent libre? C'est une étrange manière de raisonner. D'ailleurs on supprime la moitié du fait et on oublie que l'inverse n'est pas moins vrai. Si le corps agit sur l'âme, l'âme aussi agit sur le corps. L'action première même lui appartient; c'est elle qui remue le corps, lui donne l'impulsion et préside à tous ses mouvements. Quelquefois opprimée par lui, ordinairement elle est maîtresse et le gouverne. Cet empire se manifeste de mille façons. « Nous voyons, dit Bossuet, que, dans cette parfaite société de l'âme et du corps, la partie principale, c'est-à-dire l'âme, est aussi celle qui préside, et que le corps lui est soumis. Les bras, les jambes, tous les autres membres, et enfin tout le corps est remué et transporté d'un lieu à un autre au commandement de l'âme;

les yeux et les oreilles se tournent où il lui plaît ; les mains exécutent ce qu'elle ordonne ; la langue explique ce qu'elle pense et ce qu'elle veut... C'est en cela que consiste la bonne disposition du corps. En effet, nous trouvons le corps sain, quand il peut exécuter ce que l'âme lui prescrit... Ainsi, on peut dire que le corps est un instrument dont l'âme se sert à sa volonté ; et c'est pourquoi Platon définissait l'âme en cette sorte : « L'homme est une âme se servant du corps. » (*Conn. de Dieu*, ch. III, 20.)

Dans la maladie, la souffrance et tous les états où le corps pèse si fort sur l'âme, qui oserait nier la puissance de la volonté et son énergie propre ? Le matérialisme sans doute ; mais l'évidence des faits parle plus haut que lui et le dément. Il les explique en rapportant la volonté elle-même au corps, en faisant de la force hyperorganique un résultat de l'organe. L'explication est une assertion gratuite. La raison proteste ; le fait et le principe subsistent. Ce qui est clair, c'est le fatalisme de la doctrine qui tourne contre elle. Cette conséquence renverse le système en le réduisant à l'absurde.

A tous ces faits exagérés ou mal interprétés on peut opposer le fait mille fois plus évident de la liberté elle-même, qu'aucun fait ni argument ne peut détruire. On peut affirmer hardiment que tout fait qui le contredit est mal observé, ou que la conclusion qu'on en tire est faussement déduite.

II. OBJECTIONS MÉTAPHYSIQUES. — Les auteurs des systèmes qui, comme le *panthéisme*, l'*idéalisme*, le *naturalisme*, etc., ne peuvent les concilier avec la liberté humaine, prennent le parti très-simple de la nier, ou s'ils conservent le mot, ils suppriment la chose. Les raisons qu'ils donnent sont de prétendus axiomes métaphysiques : « Il n'y a dans l'univers qu'un seul principe, une *substance unique*, dont tous les êtres ne sont que les manifestations ou les modes. » (Spinosa.) — Le monde est régi par des *lois invariables*. — Une cause libre serait une dérogation à l'ordre général ; elle échapperait au fil conducteur de ces lois et y causerait l'anarchie. (Kant, *Raison pure*, 3ᵉ antinomie). Ou l'on raisonne ainsi : la liberté est incompatible avec la *causalité* ; un acte libre serait un effet sans cause. (*Ibid.*) — La science n'admet pas qu'un seul événement ne soit pas soumis à sa loi et ne puisse se prévoir. — La liberté serait un miracle continuel. (V. *Positivisme.*) — Tout fait est déterminé par la série des faits antérieurs, etc.

Nous n'essayerons pas ici de réfuter ces systèmes. Qui ne voit que ce sont là autant de pétitions de principes? Il n'y a, dit-on, dans l'univers, qu'une seule cause, c'est ce qui est en question, ou plutôt ce qui n'est pas en question, c'est le fait d'une cause individuelle, qui se sent libre. Cette cause existe à côté de la cause universelle; elle joue son rôle dans le système des forces de l'univers sans y être assujettie comme l'est le rouage d'une machine. Comment cette cause se coordonne-t-elle avec la cause générale ou première et les autres causes? On peut le chercher et l'ignorer toujours. Mais l'existence de cette cause et sa liberté n'en sont pas moins évidentes.

On a aussi recours à des distinctions subtiles comme celles de Kant, qui exclut la liberté du monde des *phénomènes*, et l'admet dans le monde des *noumènes*. (*Ibid.*) — Ou bien au mot fatalisme on substitue un autre mot, le *nécessitarisme* (Stuart-Mill, *Logique*), dont on s'efforce d'atténuer le sens en donnant à l'homme une prise indirecte sur ses *désirs* (*id., ibid.*), ce qui est illusoire.

Mais ce qui prouve à quel point la logique et la métaphysique raisonnent à l'aveugle sur un fait aussi clair que la liberté, c'est de prétendre qu'elle est incompatible avec la causalité et « qu'un acte libre serait un effet sans cause. » — La vraie causalité, c'est précisément la causalité libre. La cause véritable, n'est-ce pas celle qui se détermine par elle-même, et dont le type est en nous, dans notre volonté?

Cicéron le dit très-bien : « Ad animorum motus voluntarios non est requirenda externa causa. Motus enim voluntarius eam naturam in se ipso continet, ut sit in nostra potestate, nobisque pareat, nec id sine causa. Ejus enim rei causa ipsa natura est. » (*De Fato*, XI.) — Quant à vouloir échapper au fatalisme avec de pareilles maximes, la logique elle-même ne peut qu'en sourire.

« Atqui introducunt causarum seriem sempiternam ii mentem hominis voluntate libera spoliatam necessitate fati devinciunt. » (Cic., *De Fato*, IX.) Le nier, c'est être plus que subtil (1).

III. OBJECTIONS THÉOLOGIQUES. — La plus célèbre est tirée de la *prescience divine*. On connaît le dilemme : « Ou Dieu prévoit toutes les actions humaines, et elles ne peuvent arriver autrement qu'il les a prévues, car il est infaillible. — Ou les actions humaines sont libres, et alors elles échappent à la prévision divine. » Dans le premier cas, la liberté est détruite : dans le second, l'omniscience n'existe plus. Placés dans cette alternative, les uns ont sacrifié à la prescience de Dieu la liberté humaine ; d'autres ont mieux aimé imposer des bornes à la prescience divine afin de sauver la liberté.

On fait cette réponse : « Si Dieu prévoit les actes libres, il ne contraint pas pour cela la volonté humaine. Car ils n'arrivent pas parce qu'il les prévoit, mais il les prévoit, parce que l'homme doit les accomplir librement. *Non quia ille ventura cognoscit, necesse est nos acere quæ ille præscivit, sed quod nos propria voluntate sumus facturi, ille cognoscit futurum.* » (Saint Jérôme.) « La prévision de Dieu n'est pas plus la cause de l'action que la prévision d'un astronome n'est la cause d'une éclipse. » (De la Luzerne, 319.) V. Reid, t. IV, p. 57 (2). — Mais s'il n'y a pas contrainte, n'y a-t-il pas nécessité *logique* ? — Non, car en réalité, Dieu ne *prévoit* pas, il *voit* simplement. En effet, Dieu prévoit-il ? se souvient-il ? tout n'est-il pas pour lui dans un éternel présent ? Son regard embrasse d'un acte unique le passé, le présent et l'avenir. N'appliquons pas à Dieu les formes de notre intelligence finie et successive. L'objection ainsi disparaît, ou, si l'on veut, elle fait place à un mystère.

Quoi qu'il en soit de ces explications, le fait de la liberté ne peut être ébranlé en rien par toutes ces objections. Science d'observation, la psychologie n'a point à s'occuper de tels problèmes. C'est à la métaphysique ou à la théodicée à les résoudre. Nous admettons donc l'harmonie des deux termes. Pour nous, cet accord doit exister. (V. *Théodicée*.) Aussi le

---

(1) Toutes ces doctrines sont combattues avec vigueur et lucidité dans un livre auquel on nous permettra de renvoyer : *la Liberté et les Lois de la nature*, par Th. Desdouits, in-8°, 1868.
(2) Non minus præscivit Deus suas actiones quam nostras, neque tamen propterea Deus destruit in se ipso libertatem. (*Comment. in Thomam.*)

parti le plus sage est celui que conseille Descartes : « Toutefois, la puissance et la science de Dieu ne doivent pas empêcher de croire que nous avons une volonté libre ; car nous aurions tort de douter de ce que nous apercevons intérieurement et savons par expérience être en nous, parce que nous ne comprenons pas autre chose que nous savons incompréhensible de sa nature. » (*Principes*, I, 41.)

C'est aussi par où conclut Bossuet : « Quand nous nous mettons à raisonner, nous devons d'abord poser comme indubitable que nous pouvons connaître très-certainement beaucoup de choses, dont toutefois nous n'entendons pas toutes les dépendances ni toutes les suites. C'est pourquoi la première règle de notre logique, c'est qu'il ne faut jamais abandonner les vérités une fois connues, quelque difficulté qui survienne, quand on veut les concilier ; mais qu'il faut, au contraire, pour ainsi parler, tenir toujours fortement comme les deux bouts de la chaîne, quoiqu'on ne voie pas toujours le milieu par où l'enchaînement se continue. » (*Traité du libre arbitre*, ch. IV.)

CONSULTEZ : Aristote, *Eth. à Nic.*, liv. III. — Cicéron, *De Fato.* — Reid, t. VI, Essai IV. — Bossuet, *Conn. de Dieu; Traité du libre arbitre*, ch. I. — Fénelon, *Lett. sur la Métaph.*, ch. III, § 3. — Descartes, *Principes*, Ire part., § 41. — Locke, *Ent. hum.*, II, 21. — Leibnitz, *Nouv. Essais*, II, 21 ; *Théodicée*, 1re part., ch. V, § 50. — Euler., *Lett.*, 2e part., lett. 18. — Clarke, *Exist. de Dieu*, ch. XI. — Le P. André, *Disc. sur la Liberté.* — Buffier, *Vérités premières*, 3e part. ch. III.

Voy. QUESTIONS DE PHILOSOPHIE, les articles destinés à compléter ce chapitre sur la *Volonté* et la *Liberté* : sect. II, du *déterminisme*, du *fatalisme*, de la *prévision des actes libres*, de la *personnalité*, de la *responsabilité*, de l'*antinomie Kantienne*, etc., et sect., VI la réfutation du *Positivisme* et du *Panthéisme*; — sur la Liberté, p. 418-436-444, 2e édition.

CHAPITRE X

DE L'AME

SON EXISTENCE ET SES ATTRIBUTS.

> Unde anima atque animi constet natura, videndum.
> (Lucr., I, 132.)

Jusqu'ici l'homme a été étudié dans ses facultés et dans les faits de sa nature morale. Il est temps d'aborder le principe même de ces facultés, de nous demander ce qu'il est et quels sont ses attributs. L'être qui sent, qui pense, qui veut et qu'on appelle l'âme, qu'est-il dans son essence et dans sa substance ? Est-il matériel ou immatériel, distinct ou non du corps auquel il est uni et des organes qu'il anime ? Si nous n'avons pas cru devoir agiter d'abord cette grave question, c'est que la méthode que nous nous sommes fait un devoir de suivre nous commandait de l'ajourner dans son intérêt même, afin d'écarter de nos raisonnements toute apparence hypothétique, de donner à nos preuves une base plus solide et l'autorité des faits observés. Maintenant donc que la tâche de l'observation semble achevée, nous chercherons à résoudre ce problème, qui n'intéresse pas moins la science que la religion et la morale, et dont les conséquences théoriques et pratiques s'étendent à toutes les branches de la philosophie.

ART. I. MÉTHODE POUR ÉTABLIR LA SPIRITUALITÉ DE L'AME.

> Je sens en moi certain agent;
> Tout obéit dans ma machine
> A ce principe intelligent.
> Il est distinct du corps, se conçoit nettement,
> Se conçoit mieux que le corps même :
> De tous nos mouvements c'est l'arbitre suprême.
> (La Fontaine, liv. X, fable i.)

Quand je rentre au-dedans de moi, et que j'y trouve une force qui sent, pense, agit et se détermine librement, qui se sait une, simple, identique à tous les moments de sa durée, n'ai-je pas une idée fort claire et très-nette de la nature d'un esprit? Ne suis-je pas en état de distinguer cet esprit, qui est moi, de l'être matériel qui n'est pas moi et que j'appelle mon corps, dont ma conscience ne me dit rien, que mes sens seuls me font connaître, qui possède des attributs opposés à ceux que je découvre en moi-même : objet étendu, figuré, divisible, incapable par lui-même de changer de lieu, et qui, pour se mouvoir, attend l'ordre et l'impulsion de ma volonté? Ne pourrais-je pas ignorer qu'il existe de la matière et des corps; que moi-même j'ai un corps, et avoir une parfaite connaissance de mon âme, de ses opérations, et en particulier de ma pensée? Pourquoi donc aller chercher si loin ce qui est si près (1)? A quoi bon recourir à une logique abstraite pour démontrer ce que je vois si clairement? La question de l'existence de l'âme est beaucoup plus simple qu'on ne l'imagine. C'est l'embrouiller, et mettre le matérialisme sur un terrain trop commode, que d'en faire un problème obscur et ardu de métaphysique. Elle est décidée immédiatement et souverainement par la conscience. L'âme est-elle donc si étrangère à elle-même, que, pour savoir si elle est, ce qu'elle est et ce qu'elle n'est pas, il lui faille recourir à de longs arguments? Non, notre âme, c'est nous-même; c'est ce *moi simple* et *identique* qui se révèle à lui dans l'activité libre de sa pensée; c'est « la substance où se trouvent toutes les modifications dont j'ai le sentiment intérieur. » (Malebr., *Rech. de la Vér.*, X.) Pour la connaître comme immatérielle, il n'est pas nécessaire de se livrer à des spéculations transcendantes sur la nature des substances et de se poser d'obscurs problèmes d'ontologie. L'esprit a droit, puisqu'il a conscience de lui-même, de se distinguer immédiatement de ce qui n'est pas lui, et il n'y a pas d'appel de ce jugement.

Telle est la vraie manière d'établir sur une base solide la distinction de l'âme et du corps. Cette preuve, que la logique n'a pas péniblement construite, nous défions la logique de la renverser.

Descartes est le premier qui ait su placer la question de l'existence de l'âme en dehors des argumentations de l'école

---

(1) *Quid propinquius meipso mihi*. (Saint Aug., *Conf.*, x, 16.) Noli foras ire, in te redi, in interiore homine habitat veritas. (*De Ver. Rel.*, LXXII.) Nihil enim tam novit mens quam id quod sibi præsto est, nec menti magis quidquam præsto est quam ipsa sibi. (*De Trin.*, XIV, 7.)

et l'ait portée devant le véritable tribunal, celui de la conscience. Après avoir montré que le point de départ de toute certitude est le sens intime, il y trouve également la preuve la plus solide de la spiritualité de l'âme. (*Disc. de la Méth.*, IVe part.) « Je ne suis point, dit-il, cet assemblage de membres qu'on appelle le corps humain ; je ne suis point un air délié et pénétrant répandu dans tous ces membres. Qu'est-ce donc que je suis? une chose qui pense? Qu'est-ce qu'une chose qui pense? C'est une chose qui doute, qui entend, qui conçoit, qui affirme, qui nie, qui veut, qui ne veut pas, qui imagine aussi et qui sent…. Y a-t-il rien de tout cela qui ne soit aussi véritable qu'il est certain que je suis ou que j'existe? » (2e *Médit.*)

« Pour ce que d'un côté j'ai une claire et distincte idée de moi-même, en tant que je suis seulement une chose qui pense et non étendue, et que, d'un autre, j'ai une idée distincte du corps, en tant qu'il est seulement une chose étendue et qui ne pense pas, il est certain que moi, c'est-à-dire mon âme, par laquelle je suis ce que je suis, est entièrement et véritablement distincte de mon corps et qu'elle peut être ou exister sans lui. » Descartes ne s'arrête pas là ; il prétend avec raison (*ibid.*) que nous avons de l'esprit une connaissance plus claire que de la matière et des corps, puisque ceux-ci sont dans un changement perpétuel, et que nous n'atteignons pas leur substance. « Rien ne nous est mieux connu que l'âme, ajoute Leibnitz, parce qu'elle nous est intime, c'est-à-dire intime à elle-même. » (*Théod.*, Ire part., VI.) (1)

ART. II. PREUVES DE LA SPIRITUALITÉ DE L'AME.

Nihil est in animis mixtum atque concretum.
(Cic., *Tusc.*, I, 27.)

Nous avons fait voir la véritable manière d'établir la distinction de l'âme et du corps. Toutes les raisons qu'on peut y ajouter ne font que développer cette preuve fondamentale.

---

(1) « Nous connaissons beaucoup plus de choses de notre âme que de notre corps, puisqu'il se fait dans notre corps tant de mouvements que nous ignorons, et que nous n'avons aucun sentiment que notre esprit n'aperçoive. » (Bossuet, *Connaiss. de Dieu*, ch. III, § 22.)

Ces preuves sont de deux sortes. 1° Les unes sont prises dans la nature du *moi* et de ses *attributs*. 2° Les autres se tirent de la *pensée* elle-même, de son essence et de celle de nos *facultés*.

§ I. Preuves tirées de la nature du moi et de ses attributs: unité, identité, liberté.

Du moi. — Le moi, c'est la personne humaine. Non-seulement l'homme a conscience de ses déterminations et des actes de sa vie intérieure ; mais le principe d'où ces faits émanent, leur sujet et leur cause, s'apparaît à lui-même ; il se distingue de ce qui est en lui phénoménal, comme une cause se distingue de ses effets, une substance de ses modes. Dire que le moi n'est que la collection ou la synthèse de nos pensées (Kant, *Raison pure*), soutenir qu'il n'est lui-même qu'un pur phénomène, ces assertions d'une fausse métaphysique sont réfutées par la conscience qui les dément. (V. *Conscience*.) Non, l'individu qui me constitue et qui s'appelle moi, être borné sans doute, est bien un être réel. On ne peut nier qu'il ne soit une *cause*, non fictive mais réelle et substantielle; car il se sent libre. Ce principe est doué d'attributs qui sont ceux d'une cause et d'une substance véritable : l'*unité*, l'*identité* et la *liberté*, et qu'il suffit d'approfondir pour rendre évidente sa spiritualité (1)

I. Preuves par l'unité du moi ou la simplicité du principe pensant. — L'unité, c'est la propriété d'un être *simple* ou indivisible, par opposition à l'être *composé* et divisible. Toute unité qui se laisse décomposer ou diviser n'est pas une véritable unité ; c'est une totalité ou une abstraction. L'unité réelle, c'est, comme l'appelle Leibnitz, *une monade*.

Or, telle est l'unité du moi. J'ai conscience de l'indivisibilité de mon être. (V. *Conscience*.) C'est ce que Descartes établit très-clairement, en ces termes : « Quand je considère l'esprit, c'est-à-dire quand je me considère moi-même,

---

(1) La force, la causalité interne, la libre activité, comme l'existence personnelle qu'elle constitue, n'est qu'une aperception première immédiate, un fait de sentiment. Mettre ce fait en question, prétendre le déduire de quelque principe antérieur, en chercher le comment, c'est demander ce qu'on sait et ne pas savoir ce qu'on demande. » (Maine de Biran, *Œuv. inéd.*, t. III, p. 409.)

je ne puis distinguer en moi aucune partie ; mais je connais et conçois fort clairement que je suis une chose absolument une et entière. Et quoique tout l'esprit semble être uni à tout le corps, toutefois lorsqu'un pied ou un bras ou quelque autre partie vient à en être séparée, je connais fort bien que rien pour cela n'a été retranché de mon esprit. Et les facultés de vouloir, de sentir, de concevoir, etc., ne peuvent pas pouvoir être dites proprement ses parties, car c'est le même esprit qui s'emploie tout entier à vouloir et tout entier à sentir et à concevoir ; mais c'est tout le contraire dans les choses corporelles ou étendues, car je n'en puis imaginer aucune, si petite qu'elle soit, que je ne mette aisément en pièces par ma pensée, et par conséquent je ne reconnaisse être divisible. Ce qui suffirait pour m'enseigner que l'esprit ou l'âme de l'homme est entièrement différent du corps. » (2ᵉ *Médit.*)

L'unité du moi est un fait attesté par la conscience, mais de plus, toutes nos facultés la supposent. — 1° Les *sensations* qui se produisent dans les différentes parties du corps doivent se réunir en un point unique. Ce *sensorium commune*, comme on l'a appelé, ne peut être que le moi lui-même. C'est lui qui sent la douleur du bras ou du pied, et celle de la tête. Si le siége des sensations était composé de parties, chaque partie sentirait séparément. L'acte de conscience qui doit les réunir et les percevoir serait impossible (1). — 2° Toutes les opérations de l'esprit, l'acte le plus simple comme le plus complexe, ne sont possibles qu'à cette condition. La *pensée* contient deux termes réunis dans l'unité qui la constitue. Supprimez l'un des deux, le sujet ou l'objet, la connaissance périt tout entière. Les opérations ultérieures, la *comparaison*, le *jugement* et le *raisonnement*, peuvent encore moins se concevoir sans un sujet simple qui saisisse les termes du rapport, qui compare, qui juge, qui raisonne. « Une substance ne peut comparer qu'elle n'ait au moins deux idées à la fois : si la substance est composée, ne fût-ce que de deux parties, où placerez-vous les deux idées? Seront-elles toutes deux dans chaque partie, ou l'une dans une partie et

---

(1) Quæ nunquam quinque nuntiis animus cognosceret, nisi ad eum omnia referentur, ut idem omnium judex solus esset. (Cic., *Tusc.*, I, 20.)

l'autre dans l'autre ? Il n'y a pas de milieu. Si les deux idées sont séparées, la comparaison est impossible. Si elles sont réunies dans chaque partie, il y a deux comparaisons à la fois, et. par conséquent, deux substances qui comparent, deux âmes, deux moi, mille, si vous supposez l'âme composée de mille parties. » (Laromiguière, *Lec. de Phil.*, IIe part., 13e leç.) —3° La *volonté*, à son tour, ne peut résider que dans un sujet simple. Si l'activité est l'essence de l'âme, celle-ci est une *cause* ou une *force*. Toute force est essentiellement une ; autrement, c'est un dynamisme, un assemblage de forces. En agissant simultanément, cessent-elles pour cela d'être plusieurs ? L'unité est dans l'action simultanée, non dans la cause, qui est multiple. Le moi qui a conscience de son activité est une cause ; à ce titre donc, il est simple. Il y a plus, c'est une force libre qui se possède et dispose d'elle-même, une *personne*. Mais la personne est indivisible ; c'est un *individu* dans toute la vérité du terme. On peut m'enlever une partie de mon corps, un bras, une jambe ; ma personne reste entière ou elle disparaît.

Ainsi, chacune de nos facultés atteste l'indivisible unité du moi. Mais elles-mêmes, prises isolément, que sont-elles, sinon des abstractions ? La *sensibilité*, la *raison* et la *volonté* ne constituent pas trois êtres ni trois personnes dans le même être. Elles ne sont pas proprement ses parties. (Descartes.) C'est la même personne, le même être, considéré sous trois aspects différents, à la fois sensible, intelligent et libre. Les deux hommes que Louis XIV trouvait en lui-même étaient bien le même homme partagé entre sa raison et ses passions. La lutte qui s'établit entre les puissances de l'âme n'affecte ni sa substance ni sa personnalité. Multiple dans ses attributs et ses facultés, changeante dans ses formes, elle se reconnaît toujours une, toujours identique à elle-même. Elle sent qu'elle ne peut perdre son identité ou son unité sans cesser d'être, sans être anéantie.

Voilà le *moi*. Que l'on considère le *corps* ; en les comparant, on verra qu'il est impossible de ne pas les reconnaître essentiellement distincts. Le corps humain est étendu, par conséquent composé et divisible. Il manifeste, il est vrai, une unité apparente ; en quoi consiste cette unité ? Dans la juxtaposition et dans l'arrangement de ses parties, ou dans la force inconnue qui les maintient réunies. L'unité corporelle est une totalité, une agglomération, une unité de nombre, de lieu ou d'harmonie entre les organes : elle est tout entière dans les rapports, nullement dans la substance; tandis que l'unité du moi est celle d'une cause simple et indivisible qui a conscience d'elle-même. L'harmonie du corps, dit Platon (*Phédon*), est comme l'harmonie d'une lyre, c'est un résultat, un effet, non la propriété d'une cause, d'un principe.

L'atome, aussi, dira-t-on, est simple. Mais les corps sont des agrégats d'atomes ; partant, ils sont multiples, composés dans leur substance. Ils se dissolvent dès que n'agit plus la force qui maintient réunies leurs parties. — Cet argument, tiré de la simplicité de l'âme, est fort ancien. Les épithètes employées par les premiers philosophes rappellent l'unité du principe de l'intelligence et de la vie. Pythagore le nomme une *monade*. Le νοῦς d'Anaxagore est un principe simple (ἁπλοῦς), sans mélange (ἀμιγής). Dans Platon, ces expressions et d'autres du même genre reviennent sans cesse (*Phédon.*) *Nihil est in animis mixtum atque concretum*, dit Cicéron, héritier des traditions du spiritualisme grec.

II. PREUVE PAR L'IDENTITÉ DU MOI. — L'identité du moi, c'est cet attribut par lequel la personne se sent toujours la même aux divers instants de sa vie, malgré la diversité de ses états et les changements qui s'opèrent dans ses organes ou ses facultés. On doit, en effet, distinguer dans l'âme deux éléments, l'un mobile et variable, l'autre immobile et invariable. Le premier se compose de la succession de nos pensées, de nos impressions et de nos déterminations, du développement de nos facultés; le second réside dans le moi lui-même, et constitue le fond de notre être ou de notre personne. Malgré les alternatives de repos et d'activité par lesquelles passe la force qui est en nous et où elle semble s'évanouir et défaillir pour renaître ensuite, comme dans le sommeil ou la léthargie, malgré les changements et les révolutions qui s'opèrent dans nos idées, dans nos goûts, dans nos organes et dans nos facultés, il y a une chose qui se retrouve toujours la même et qui ne change pas, savoir : le *moi* lui-même, la personne qui se reconnaît identique pendant le cours de la vie la plus longue.

La mémoire unie à la conscience m'atteste l'identité de ma personne. (V. *Mémoire.*) « Il n'y a point de souvenir sans la conviction que nous existions au temps que la mémoire nous rappelle. On peut me prouver que j'existais avant mes souvenirs les plus éloignés ; mais il est impossible que ma mémoire remonte à une époque sans que la conviction de mon existence passée y remonte avec elle. Pour l'homme qui perdrait cette conviction, la fable des eaux du Léthé s'accomplirait à la lettre. Il lui semblerait qu'il commence d'exister. Tout ce qu'il aurait pensé, dit, fait ou éprouvé avant cet instant, pourrait lui paraître appartenir à une autre personne ; mais il ne pourrait se l'imputer à lui-même, et sa conduite future ne présenterait rien qui fût la suite de sa conduite passée. » (Reid, t. IV.)

L'*identité personnelle* est une identité parfaite, qui n'admet point de degrés. Il est impossible d'être en partie la même personne et en partie une personne différente, parce qu'une personne est une *monade* indivisible. La même personne est toujours entièrement la même et ne saurait l'être seulement en partie et jusqu'à un certain point.

On peut observer que l'identité des objets sensibles n'est jamais parfaite. Les corps étant composés de parties innombrables, que mille causes peuvent diminuer ou accroître, sont dans une vicissitude continuelle. Ils gagnent, ils perdent, ils changent sans cesse. Quand ces altérations sont graduelles, comme les langues manquent de termes pour représenter par un nouveau mot chaque nouvel état, on dit que le corps reste le même et on lui laisse le même nom. Ainsi, on loue un vieux régiment de la bravoure qu'il a montrée dans une affaire qui date d'un siècle, quoique tous les hommes qui le composaient alors aient cessé d'exister. Un vaisseau dont les ancres, les cordages, les mâts, les voiles et la charpente ont été successivement renouvelés, passe pour le même tant qu'il garde le même nom. (*Ibid.*)

« L'identité des corps naturels ou artificiels n'est donc qu'une identité nominale. Elle admet tous les changements, pourvu qu'ils soient graduels, quelquefois même un renouvellement total). Mais l'identité, appliquée aux personnes, n'a rien d'équivoque; elle n'admet pas le plus ou le moins; la notion en est fixe et précise; elle est le fondement de tout droit, de toute obligation, de toute responsabilité. » (Reid, *ibid*. Cf. Buffier, *Vér. prem.*, IIe part., ch. XI.)

Telle est l'identité du moi. Or, ici entre l'âme et le corps apparaît une nouvelle opposition. Non-seulement le corps est composé dans sa substance, mais ses organes se renouvellent intégralement par un mouvement incessant qui substitue de nouveaux éléments à ceux qui sont rendus à la nature inorganique. Ce flux et reflux de molécules, que Cuvier appelait le *tourbillon vital*, constitue la loi même des êtres organisés (1). Le corps humain est soumis à cette loi. Or, ici, c'est la matière, la substance même du corps qui est changée et renouvelée. Au contraire, ce qui persiste, ce qui reste identique dans le moi, c'est la substance, le fond de la personne; ses formes seules varient. — Le corps offre bien une certaine identité : il conserve jusqu'à la mort le type particulier de l'espèce et de l'individu; mais cette identité n'affecte que sa forme, ce qui fait dire à Cuvier que, dans les corps organisés, la forme est plus importante que le fond (2).

Que conclure de ce parallèle? Quand deux êtres se présentent à nous avec des attributs opposés, nous sommes bien forcés de reconnaître qu'ils sont essentiellement distincts. Le principe pensant est simple et identique; le corps est multiple dans ses éléments, il change et se renouvelle sans cesse dans sa substance. Donc l'un n'est pas l'autre, quoiqu'ils soient étroitement unis. Ce raisonnement est d'une rigueur mathématique (3).

III. Preuve tirée de l'activité libre du moi. — Le moi

---

(1) « Il y a mutation continuelle dans la nature... Tout l'être paraît et disparaît ainsi, se fait et se défait, et une seule chose reste : celle qui fait et défait, celle qui produit et détruit, c'est-à-dire la *force* qui vit au milieu de la nature et qui la gouverne. » — On peut donc s'écrier avec Buffon : « Ce qu'il y a de plus constant, de plus inaltérable dans la nature est l'empreinte ou le moule de chaque espèce... Ce qu'il y a de plus variable et de plus corruptible, c'est la substance qui les compose. » (Flourens, *De la Vie et de l'Intelligence*.)
(2) « La matière n'est que dépositaire des forces; la matière passe et les forces restent. » (Cuvier.)
(3) « On peut dire que cette preuve est une démonstration aussi évidente que celles des géomètres, et si tout le monde n'en sent pas l'évidence, c'est à cause que l'on n'a pu ou que l'on n'a point voulu s'élever au-dessus des notions d'une imagination grossière. » (Bayle.)

n'est pas une substance inerte, c'est une *cause* et une cause libre. Aussi, quand on vient à considérer dans l'homme l'activité et la liberté qui sont les attributs de sa volonté et constituent sa personnalité, on y trouve des raisons de la plus parfaite évidence en faveur d'un principe immatériel, distinct du corps et de ses organes. Déjà, il faut bien admettre dans la nature des forces qui meuvent la matière, et une intelligence qui règle ses mouvements, *mens agitat molem*. On peut même soutenir avec Platon (*Philèbe*; *Lois*, X) que des deux principes l'âme est le premier et le plus ancien, πρεσβύτερον, puisque la matière est indéterminée, si un principe d'ordre ne l'organise et ne la détermine en lui donnant une forme. (*Ibid.*)

Si l'on se borne à considérer les êtres vivants, il faut reconnaître en eux, avec le mouvement spontané, un principe interne, dont l'activité est l'essence. On peut dire, avec Aristote, que l'âme est « le principe de la vie (1), » que le « mouvement est ce qu'il y a de plus naturel à l'âme (2). » « Tout être animé est mû par une force interne qui lui est propre (3). » Chez l'homme, l'âme c'est plus : c'est un principe doué d'une activité supérieure, non-seulement spontanée, mais libre, qui se possède, dispose de ses actes, se choisit un but, règle à son gré les mouvements du corps et le meut librement. A ce titre, l'âme qui se commande à elle-même commande au corps. Qui le prouve? Le sens intime d'abord, puis la vie humaine tout entière. Or, comment accorder au corps cet attribut de l'activité et de la volonté libre? S'il est mû, il ne meut pas; s'il se meut fatalement, il ne se meut pas librement. Lucrèce lui-même n'hésite pas à déclarer la volonté libre, *fatis avulsa voluntas*. (II, 257.) D'où vient-elle? du *clinamen* ou de la déclinaison des atomes? L'explication est puérile. Si l'on met l'activité dans les molécules, il n'y a plus de matière, ce sont des forces, et il y en a autant que d'atomes. Donne-t-on la liberté à l'une d'elles avec l'intelligence et la volonté? c'est celle-là qui est l'âme, et elle gouverne les autres. Mais elle est une, et de plus elle est cause, non effet.

---

(1) Ἔστι δὲ ἡ ψυχὴ τοῦ ζῶντος αἰτία. (*De Anim.*, I, 2.)
(2) Τὴν κίνησιν εἶναι οἰκειότατον τῇ ψυχῇ. (*Ibid.*)
(3) *Quod autem anima est motu cietur interno et suo.* (Cic., *De Finib.*)

Attribuer la volonté à chacune ou au tout, comme effet de la réunion, est absurde. Un être qui a la volonté libre est un principe, une cause, et il est un. — Cet argument est si simple qu'il est aussi le plus ancien; c'est celui des premiers philosophes (V. Arist., *De Anim.*, I), de Pythagore par exemple, qui l'accommode à son système en appelant l'âme « un nombre qui se meut lui-même, αὐτὸ ἑαυτὸ κινοῦν. » — *Mens movetur per sese.* (Cicéron.) « L'homme, a-t-on dit de nos jours, est une intelligence servie par des organes. » (De Bonald.) Platon dit et mieux, une âme qui se sert du corps, τῷ σώματι χρωμένη (Ier *Alcib.*, ch. xxv), ou qui commande au corps, τοῦ σώματος ἄρχουσα. Entre l'instrument et la cause qui s'en sert, ce qui commande et ce qui obéit, ce qui meut et ce qui est mû, il y a sans doute une différence. Aristote dit encore mieux : « L'âme, c'est ce qui possède le corps, ὃ ἔχει τὸ σῶμα. » (*Ibid.*)

Cette preuve n'est pas moins claire chez les modernes. « Je suis libre et je n'en puis douter... En voilà déjà assez pour me démontrer que mon âme n'est point corporelle. Tout ce qui est corps ou corporel ne se détermine en rien soi-même, et est au contraire déterminé en tout par des lois qu'on nomme physiques, qui sont nécessaires, invincibles, et contraires à ce que j'appelle liberté. De là je conclus que mon âme est d'une nature entièrement différente de celle de mon corps. » (Fénelon, *Exist. de Dieu*, Ire part., ch. ii.) « Un corps ne choisit pas où il se meut, mais il va comme il est poussé; et s'il n'y avait en moi que le corps, bien loin d'avoir quelque empire, je n'aurais pas même de liberté. » (Bossuet, ch. iii, § 45.)

Cet argument, il faut l'avouer, est embarrassant pour les matérialistes. Jamais le matérialisme n'a pu l'éluder. Ce grand fait de la liberté humaine, il est là patent, évident, et toute la vie humaine repose sur lui. Il faut alors le nier, on le nie donc ou on le détruit en l'expliquant. Pas un matérialiste conséquent qui ne soit fataliste. (V. *infrà*.)

§ II. Preuves tirées de la nature de la pensée et des facultés humaines.

Si de la nature du moi et de son essence on passe à la considération de ses actes et de ses facultés, on entre dans une nouvelle série de preuves dont quelques-unes peuvent paraître moins rigoureuses, mais qui n'en ont pas moins une haute valeur aux yeux des esprits habitués à réfléchir. Les défenseurs du spiritualisme auraient tort de les négliger. Le nom seul des philosophes qui les ont produites suffirait pour leur attirer l'attention qu'elles méritent par elles-mêmes et par la force de persuasion qui est en elles.

I. Preuve cartésienne fondée sur la nature de la pensée. — Nous ne nous arrêterons pas à la preuve qui se tire de la nature de la pensée parce qu'elle rentre au fond dans les précédentes. C'est surtout celle de Descartes et de son école. Selon Descartes, la pensée est l'essence de l'âme (1), comme l'étendue est l'essence des corps. Ces deux attributs, la *pensée* et l'*étendue*, sont incompatibles; donc les deux substances, intelligente et corporelle, sont distinctes. Je conçois d'ailleurs clairement la pensée, dit-il, sans que cette notion éveille en moi celle d'étendue. Je puis me représenter toutes les propriétés de l'étendue sans qu'aucune me rappelle la pensée. En outre, ce qui convient à l'une ne peut convenir à l'autre. Que sont les modes de l'étendue, la forme, la figure, la saveur, l'odeur appliqués à la pensée et à l'esprit? Que sont les modes de la pensée, le sentir, le désirer, le vouloir, transportés à un être étendu, figuré, divisible (2)?

Cette preuve a été attaquée et elle offre, en effet, un côté défectueux. Descartes y considère la pensée comme l'attribut d'une substance passive, attribut opposé mais analogue à l'étendue. Or, la pensée est un acte, l'âme une cause, une force libre. Mais le fond de l'argument est solide : la pensée ne peut résider que dans un sujet simple, inétendu. L'étendue étant divisible est incompatible avec la pensée. Aussi, je puis avoir de l'être pensant et de ses actes une idée très-

---

(1) « Je connus de là que j'étais une substance dont toute l'essence ou la nature n'est que de penser, et qui, pour être, n'a pas besoin d'aucun lieu. » (*Disc. de la Méth.*, IVᵉ part.) — Cf. *Méd.* II et IV; Malebranche, *Rech. de la Vérité*, liv. III, ch. v; *Log.* de Port-Royal, I, 9.

(2) Bossuet reproduit ainsi cette preuve : « Les propriétés de l'âme sont voir, ouïr, goûter, sentir, imaginer,... assurer, nier, douter, raisonner,... vouloir ou ne vouloir pas : toutes choses qui dépendent du même principe, et que nous avons entendues très-distinctement sans nommer seulement le corps. — Les propriétés du corps et des parties qui le composent sont d'être étendues plus ou moins, d'être agitées plus vite ou plus lentement, etc. En voilà assez pour connaître la nature de l'âme et du corps, et l'extrême différence de l'un et de l'autre. » (*Connaiss. de Dieu*, ch. ii, § 14.)

claire sans que la moindre notion de l'étendue s'y mêle, comme je ne puis concevoir l'être étendu, composé doué de la pensée. La preuve est irréfutable ; mais elle rentre dans ce qui précède. — Nous nous attacherons donc plutôt à l'examen de nos facultés ; leur nature bien interrogée jette une vive lumière sur celle de leur principe.

II. Preuve tirée des facultés humaines. — 1° *Sensibilité.* — Quand on envisage la nature sensible de l'homme, ses tendances, ses affections, ses passions, on voit combien ses fins diffèrent de celles de l'être corporel, les dépassent ou les contredisent. Le plaisir des sens lui-même, que l'âme souvent poursuit avec tant d'ardeur, n'est ni la fin du corps ni toujours en harmonie avec elle. Né du besoin satisfait, le plaisir est un effet, « l'achèvement de l'acte, » comme dit Aristote. Il est aussi un mobile ou un signe comme la douleur est un stimulant et un avertissement donné à l'âme sur ce qui se passe dans le corps. Pour être d'accord avec la fin du corps, le plaisir doit être contenu dans d'étroites limites, la *médiocrité* est sa loi. (Aristote, *Eth. à Nic.* ; Platon, *Philèbe.*) La souffrance elle-même doit souvent être affrontée dans l'intérêt du corps. Mais pour lui, le plaisir et la douleur ne sont qu'un moyen qui doit être rapporté à sa fin, la santé ou le bon état des organes.

Or, ce moyen, il se trouve qu'à tort ou à raison l'âme s'en empare et s'en fait un but à elle. Elle le recherche et s'attache à lui, non pour lui, mais pour elle, sans songer à l'intérêt du corps. Dans sa soif de bonheur, elle multiplie et redouble les jouissances, et fait ainsi du corps son instrument, son pourvoyeur ou son esclave, souvent sa victime. Elle l'énerve, le ruine ou le détruit. Sans doute elle s'amollit et se corrompt elle-même. Mais si elle va contre son intérêt, c'est en poursuivant son but propre opposé à la fin du corps. En plaçant le bonheur où il n'est pas, elle se trompe : l'erreur elle-même atteste que son but est ailleurs, que ni sa nature ni sa fin ne sont celles de l'être organisé auquel elle est unie. L'être qui veut jouir, être heureux à tout prix, n'est pas celui dont la loi est de vivre et de se conserver. De même, quand pour un motif à lui l'un se sépare violemment de l'autre, dans le divorce éclate la diversité ; car ce n'est pas le corps qui se tue, c'est l'âme qui tue le corps ; le motif est personnel, propre à l'être sensible. Malheureux avec son compagnon, il le rejette et se débarrasse du fardeau de la vie. Le suicide est mal nommé. L'âme ne se tue pas, elle tue le corps par égoïsme. S'anéantir ne peut être son but (1). Ce qu'elle veut, c'est changer d'état, dût s'ensuivre l'anéantissement. Elle affronte l'inconnu pour se débarrasser du présent. Quoi qu'il en soit de cet acte, entrepris tout dans l'intérêt du moi, non de l'être corporel, il faut en conclure que le premier a une nature et des fins à lui propres, distinctes de celles du corps qui est sacrifié.

S'il en est ainsi par rapport aux jouissances et aux passions corporelles, que dire des sentiments d'un ordre supérieur et dont la nature, comme la source, est différente? des plaisirs calmes et purs de la pensée que l'âme goûte à contempler la vérité, à chercher le vrai, à créer le beau? de ceux qu'elle achète au prix des souffrances et des privations, pour lesquels l'homme brave la mort, ruine sa santé, néglige sa fortune (2)? La joie qui causait le délire d'Archimède courant par les rues de Syracuse, celle de Newton ou de Keppler découvrant les lois du système du monde, sont-ce là des plaisirs du corps ou de l'esprit? Les jouissances de l'artiste et du poète, les ravissements et les extases de l'amour divin, ne sont-ils que les effets du tempérament surexcité? Aberrations, folies! dira-t-on. Soit, et il faut y joindre la folie de la vertu avec ses austères jouissances. Mais ces maladies, ces faiblesses de l'être humain prouvent au moins, aussi bien que l'infinité de ses désirs, que celui qui

---

(1) Nemo recte eligere potest ut non sit. (Saint Augustin, *De lib. Arb.*, III, XVIII.) — Cicéron dit aussi : *ab interitu naturam abhorrere*. (*De Finib.*) Mais, ajoute Malebranche, on préfère naturellement le bonheur à la vie, et le néant même ne paraît point si terrible que la douleur. (*Médit. chrét.*, XII, X.) L'être n'a de prix qu'avec le bien-être. Le néant prêché par le bouddhisme (la *Nyrvana*) n'a de sens que de cette façon. — On trouve aussi la même pensée dans Montesquieu parlant du suicide. « L'amour-propre, l'amour de notre conservation se transforme en tant de manières et agit par des principes si contraires, qu'il nous porte à sacrifier notre être pour l'amour de notre être ; et tel est le cas que nous faisons de nous-mêmes, que nous consentons à cesser de vivre, par un instinct naturel et obscur qui fait que nous nous aimons plus que notre vie même. » (*Gr. et Déc. des Rom.*, ch. XII.)

(2) « Qui ingenuis studiis atque artibus delectantur, nonne videmus eos nec valetudinis nec rei familiaris habere rationem, omniaque perpeti ipsa cognitione et scientia captos, et cum maximis curis et laboribus compensare eam quam ex discendis capiant voluptatem ? » (Cic., *De Finib.* V, XVIII.)

y est sujet à une nature et des besoins qui ne sont pas satisfaits quand le corps est repu et que sa fin est accomplie. Sans quoi, il serait insensé d'en poursuivre une autre et de chercher le bonheur hors de la vie animale. Rappelez l'homme à cette fin, et qu'il ne s'en écarte pas. C'est ce que ne fait pas assez bien, à notre avis, le chantre du matérialisme, Lucrèce, même quand il traite d'insensés les mortels qui poursuivent d'autres objets, et déplore en beaux vers leurs passions ambitieuses. (Liv. II.) Il blâme ces folies, il devrait les justifier et ne les explique pas. Lui-même s'oublie à parler d'autres plaisirs que ceux du corps, à vanter dans la sagesse la sérénité qu'elle procure, *templa serena*. (*Ibid.*) Il se contredit quand il décrit la conscience elle-même, ses aiguillons et ses supplices (liv. III), au grand profit de sa poésie, au détriment de sa logique.

2° *Intelligence.* — Dans toutes ses opérations, l'intelligence répugne à l'idée d'un principe matériel. Avoir conscience de soi, se *réfléchir* soi-même est le propre de l'esprit, d'un être qui n'admet aucun mélange, puisqu'il se saisit à la fois comme sujet et objet et, dans cette dualité, ne perd pas son unité. Conçoit-on la matière, une substance multiple et aveugle en soi, par un arrangement de parties, venant à se penser ou à se connaître elle-même? La raison s'y refuse, et cela, pour qui réfléchit, est inintelligible. Mais c'est surtout dans ses actes supérieurs et qui constituent proprement la pensée que l'âme révèle sa nature toute spirituelle et incorporelle. L'acte de la pensée lui-même, qui embrasse tant de choses diverses à la fois, exclut tout mélange dans l'esprit qui les saisit par sa seule intuition. Donc « il faut que l'esprit qui pense tout soit simple, » dit Aristote après Platon, ἀνάγκη ἄρα, ἐπεὶ πάντα νοεῖ, ἀμιγῆ εἶναι. (*De Anima*, III, ch. IV. — Cf. Platon, *Phédon*.)

A cet argument s'ajoute celui que Platon tire de l'objet même de la pensée. La vérité n'est pas dans les choses visibles. Pour la contempler, il faut donc que l'esprit rompe avec les habitudes matérielles, qu'il se dégage des sens; que, par un acte pur, il conçoive le simple, l'immuable, le nécessaire, l'universel, en opposition avec la variété et la particularité des objets sensibles. Or, c'est en se repliant sur elle-même que l'âme découvre l'être, la loi, la vérité, la substance. C'est de son propre fonds qu'elle tire ses idées. Mais se recueillir ainsi, rentrer en soi, c'est se séparer du corps. Le corps est un obstacle à la contemplation de la vérité. Pour entrer en commerce avec elle, il faut déjà opérer la séparation en cette vie. (*Phédon.*) (1)

Cette preuve favorite de Platon est dans le génie de toute école spiritualiste. Aussi a-t-elle été sans cesse reproduite par les écrivains de cette école. *Quæ autem pars animi rationis atque intelligentiæ est particeps, ea tum maxime viget quum plurimum abest à corpore.* (Cic., *De Divinat.*, I, 32.) « De là vient encore que tant que l'âme s'attache à la vérité, sans écouter les passions et les imaginations, elle la voit toujours la même; ce qui ne pourrait pas être, si la connaissance suivait le mouvement du cerveau toujours agité et du corps toujours changeant. » (Bossuet, *Conn. de Dieu,* ch. III, § 13.)

3° *Volonté.* — Sans revenir sur ce qui a été dit de l'activité libre comme attribut essentiel du *moi* ou de la force pensante, nous ferons remarquer combien ce pouvoir de se posséder et de se commander à soi-même qui éclate dans l'homme, contraste avec les propriétés de l'être organisé auquel l'âme est unie. Quand même on admettrait que la force est partout, qu'elle est l'essence des corps ou inhérente à la matière et à ses éléments, cet empire que l'âme exerce sur le corps par la volonté n'en serait pas moins la preuve la plus manifeste que le corps n'est pas identique à la force qui le maîtrise et qui lui est supérieure.

Ce côté a dû frapper les moralistes. « C'est le bel endroit de l'homme, » dit Bossuet, qui le développe admirablement (*Conn. de Dieu*, ch. III, § 12 et suiv.), non-seulement l'âme est libre, mais elle commande « et il lui convenait d'être la maîtresse, parce qu'elle est la plus noble et qu'elle est née par conséquent pour commander. » (*Ibid.*)

L'âme ne prouve-t-elle pas la supériorité de sa nature lorsqu'elle lutte courageusement contre la douleur, lorsqu'elle

---

(1) « Purifier l'âme, n'est-ce pas la séparer du corps, l'accoutumer à se renfermer et à se recueillir en elle-même? » (*Phédon.*) — « L'âme ne pense-t-elle pas mieux que jamais, lorsqu'elle n'est troublée ni par la vue, ni par l'ouïe, ni par la douleur, ni par la volupté, et que, renfermée en elle-même, se dégageant autant que possible de tout commerce avec le corps, elle aspire à connaître ce qui est. » (*Ibid.*)

réprime les penchants et les passions qui ont leur principe dans le corps ; lorsque, pour rester fidèle au devoir, ou faire triompher une idée, elle affronte courageusement la mort et les supplices ? lors même que comprenant mal sa fin et dans un but égoïste, par un acte que la morale condamne, elle rejette le fardeau de la vie ? Tout cela non-seulement prouve que l'âme est distincte du corps, mais qu'elle a une autre destination (1).

« Se déterminer à mourir avec connaissance et par raison, dit Bossuet, marque un principe supérieur au corps, et parmi tous les animaux l'homme est le seul où se trouve ce principe. La pensée d'Aristote est belle ici, que l'homme seul possède la raison parce que seul il peut vaincre la nature et la coutume. » (*Conn. de Dieu*, ch. I, § 9.)

Concluons : l'être qui conçoit l'infini, l'éternel, dont la pensée embrasse le passé et l'avenir, l'immensité de l'espace et du temps, dont les désirs sont infinis comme la pensée, qui sent en lui une force *autonome* et maîtresse de ses actes, n'est pas un simple agrégat d'atomes sortis du sein de la matière et destinés à y rentrer. « Les matérialistes, dit Rousseau, sont sourds à la voix intérieure qui leur crie d'un ton difficile à méconnaître : Une machine ne pense point ; il n'y a ni mouvement ni figures qui produisent la réflexion. Quelque chose en toi cherche à briser les liens qui te compriment. L'espace n'est pas ta mesure. L'univers entier n'est pas assez grand pour toi. Tes sentiments, tes désirs, ton inquiétude, ton orgueil même, ont un autre principe que ce corps étroit dans lequel tu te sens enchaîné. » (*Emile*, liv. IV.)

ART. III. DU MATÉRIALISME.

Avoir montré que l'âme existe, qu'elle est distincte du corps, et cela par des raisons de la dernière évidence, c'est avoir réfuté le matérialisme. Examinons néanmoins la base de ce système, ses arguments et ses conséquences.

I. *Son principe*. — Le principe sur lequel s'appuie le

---

(1) « Non M. Reguli magnitudo animi excruciabatur a Pœnis, non gravitas, non fides, non constantia, non ulla virtus, non denique animus ipse ; qui tot virtutum præsidio, tantoque comitatu, quum corpus ejus caperetur, capi certe ipse non potuit. » (Cic., *Parad.*, II.)

matérialisme est celui-ci : *Nous ne pouvons rien connaître que par les sens*. Une analyse sérieuse de l'intelligence humaine et de ses idées, de la manière dont elles naissent et se forment dans notre esprit, fait voir la fausseté de cette maxime. Nous ne l'entreprendrons pas de nouveau. Que l'on sache bien seulement où conduit ce principe pris, comme il doit l'être, dans son sens exact et absolu.

Ce qui tombe réellement sous nos sens, ce sont les corps, leurs propriétés extérieures, la forme, la couleur, le mouvement, etc. Mais leur substance nous échappe, elle est invisible, intangible. Épicure et Démocrite l'ont très-bien vu, et leur disciple le répète :

Quod nequeunt oculis rerum primordia cerni.
(LUCRÈCE, I, 269.)

Aussi ajoutent-ils aux sens la raison, *ratio*. (*Ibid.*) Mais comment la raison voit-elle ce que les sens ne peuvent voir ? Des perceptions sensibles le raisonnement ne peut tirer que des idées de même nature : or, les propriétés des atomes, l'éternité, l'immutabilité, la simplicité sont choses invisibles et contraires à ce que perçoivent les sens. Lucrèce a beau répéter :

Immutabile enim quiddam superesse necesse est (I, 790);

c'est la nécessité du système qui dit cela, non la logique. Il n'y a rien d'immuable pour les sens.

L'atome est une conception métaphysique. Qui a vu ou touché les atomes? La substance des êtres dépasse la portée des sens. Aussi, pour qui n'admet que leur témoignage, la matière est un problème aussi bien que l'esprit. Tout se réduit à l'objet de nos perceptions sensibles, c'est-à-dire aux corps, qui sont des collections non d'atomes, mais de qualités. Le raisonnement n'en saurait ni induire ni déduire un sujet simple, indivisible, éternel ou non. Le monde tout entier est un ensemble de phénomènes sans réalité ni permanence. Le mot d'Héraclite seul est vrai : παντα ῥεῖ, tout s'écoule. Comme les corps, les organes qui les perçoivent changent et se renouvellent. Les deux termes de la connaissance, également mobiles, engendrent un résultat mobile. Rien de fixe, rien de vrai : il ne reste qu'une opinion individuelle, dont la mesure est dans chacun, et qui varie avec lui. L'homme est la *mesure de toute chose*, selon la formule de Protagoras, disciple de Démocrite. C'est donc le scepticisme, qui dérive du principe matérialiste, *tout vient des sens*, et la matière elle-même n'existe pas pour qui n'admet que la matière. (V. Platon, *Théétète*.)

II. *Ses principaux arguments*. — Ils dérivent du principe et de la méthode. Tous sont eux-mêmes des pétitions de principe. Nous n'en donnerons qu'un échantillon : 1° Il n'y a de réel que ce qui est l'objet des sens; la seule réalité, ce sont les corps. — C'est ce qui est en question. — 2° la science se réduit aux *faits* sensibles et aux *lois* que l'analyse y découvre; le reste est abstraction, entité, fiction. — Ces assertions devraient être prouvées; comment les établit-on? On s'en dispense, ou, par un travail d'analyse grossière et superficielle, on essaye de ramener les faits intellectuels à des faits physiques, à des mouvements de la matière organisée; on affirme que la pensée est un mouvement du cerveau, etc. — 3° On affirme aussi que nous ne savons rien des *subtances* : l'idée de substance se réduit à celle des *qualités* des êtres sensibles. De même la *cause* n'est que la *loi* de réciprocité, ou la *connexion* des phénomènes. — Qu'il en soit ainsi des causes physiques, soit; mais la cause qui est moi, et qui se sent personnelle et libre, n'est-elle que cela? On ne craint pas de le soutenir; la conscience, dit-on, ne va pas jusque-là; elle s'arrête aux phénomènes. Le moi n'est qu'un pur phénomène, une entité verbale. La force pensante est aussi inconnue que la cause qui attire les molécules et fait mouvoir les astres. L'*unité*, l'*identité* n'ont aucune réalité. Le *moi* n'est que la collection des sensations et des idées, etc. *

---

* *Remarque*. — Ces arguments du matérialisme actuel, qui prend le nom de *positivisme*, on le voit, ne sont pas bien neufs; sont-ils plus solides? On peut en juger. Mais le chef-d'œuvre de cette argumentation est relatif à la *liberté*. Ce fait d'une volonté libre, si gênant pour les faux systèmes, que faut-il en penser? On le déclare net : « C'est une fiction. L'homme ici est dupe d'une illusion ; il se croit libre, il ne l'est pas. La science le lui démontre, la science qui est faite pour détruire tous nos préjugés. » Le savant donc (savant et matérialiste sont synonymes), le savant démontre que nous ne sommes pas libres. Pourquoi? « C'est qu'une volonté libre serait une dérogation aux lois invariables

Nous ne réfuterons pas de nouveau ces assertions, qu'une fausse et superficielle analyse croit établir et que maintient, contre l'évidence des faits les plus clairs de la conscience, l'esprit de système opposé au sens commun et à la raison.

L'argument favori du matérialisme est tiré de la considération des *rapports du physique et du moral.*

L'expérience, dit-on, montre partout que le moral dépend du physique. La sensibilité, l'intelligence, la volonté, suivent dans l'échelle des êtres vivants les lois de l'organisation. Elles se développent, s'accroissent, s'affaiblissent, se dérangent et disparaissent suivant les causes internes ou externes qui favorisent ou troublent les fonctions du corps organisé. (V. Cabanis, *Des Rapports du physique et du moral.*)

Chez l'homme en particulier, l'intelligence et ses facultés,

de la nature, un prodige, un miracle. » La science n'admet pas plus ce miracle que tout autre. Pourtant, contre ce miracle, la logique savante se croit obligée à faire un peu plus de frais. Elle se croit au moins ingénieuse en rajeunissant et en rajustant les vieux arguments du *déterminisme*. En quoi il faut admirer sa naïveté égale à sa profondeur; mais ce qui est bien plus admirable, c'est qu'elle prétend que tout cela s'accorde très-bien avec la morale, que dis-je! avec le sentiment religieux. Ceci est un autre miracle... Et c'est ainsi qu'on prétend établir le règne de la science! mais, à coup sûr, ce n'est pas celui de la logique. Celle-ci, la vieille logique du principe de contradiction, n'a plus qu'à se retirer.

Nous n'essayerons ni d'énumérer, ni de réfuter tous ces sophismes. Il suffit de faire remarquer que partout c'est le système qui s'affirme sans donner de raisons sérieuses; il nie tout ce qui lui est contraire; ce qui est aussi simple que commode. Ainsi, avec la prétention d'être *positif*, on nie les faits les plus clairs de la conscience et l'autorité la plus irrécusable des autres facultés. On invoque les découvertes des sciences physiques qui doivent déposer en faveur du système, bien qu'elles y soient étrangères, ou même souvent le contredisent. On proclame l'observation, la méthode unique, et on néglige ou on dénature les faits les plus importants de la nature humaine. Tout procédé de l'esprit supérieur à celui des sens et qui relève de l'entendement, est déclaré chimérique. Par un simulacre ridicule d'analyse sommaire ou expéditive, on fait rentrer les faits moraux dans les faits physiques. Toutes les opérations de l'intelligence sortent de ce procédé faussées ou méconnues. La *raison* elle-même n'est plus qu'une simple machine à abstractions, un instrument d'analyse mécanique, analogue au calcul algébrique, et destiné à filtrer ou à transformer les impressions des sens. Enfin, le fatalisme de la doctrine s'affiche hautement, sans se douter qu'il s'accuse lui-même en mettant à nu son vice radical manifeste dans sa conclusion. — Osez-vous protester au nom des idées morales, on déclare que la science est *indépendante* et qu'elle ne s'occupe que de la vérité.

les instincts et les penchants sont plus ou moins développés, selon que le cerveau et ses organes sont eux-mêmes plus ou moins volumineux et développés. (Gall.) Toute lésion du cerveau entraîne une lésion dans les facutés. (Id. Cf. Broussais, *De l'Irritation et de la Folie.*) Les causes ou dispositions physiques : les *tempéraments*, les *sexes*, les *âges*, la *santé*, la *maladie*, le *régime* et le *climat* déterminent le moral de l'homme, sa manière de sentir, de penser et d'agir. Ses mœurs, ses opinions, ses actions, son caractère en dépendent. (Cabanis, *ibid.*) Il est donc visible que l'âme dépend du corps et ne fait qu'un avec lui. Elle est un résultat de l'organisation : la pensée est une fonction du cerveau. Le cerveau sécrète la pensée, comme le foie sécrète la bile et l'estomac digère les aliments. (*Ibid.*) (1)

Cet argument contient un double vice à la fois expérimental et logique.

D'abord l'expérience est incomplète et ne donne que la moitié du fait; l'autre est supprimée. Le fait est mixte; si le corps agit sur l'âme, l'âme agit sur le corps. Ce côté, aussi réel que le premier, que devient-il aux yeux de l'observateur matérialiste? Il est, sinon nié, amoindri, atténué, hypothétiquement expliqué dans le sens du système. Or, à l'appui de ce fait, l'action de l'âme sur le corps, il y a toute une série d'expériences aussi frappantes, aussi claires que les précédentes, et qui établissent, à leur tour, la dépendance du corps par rapport à l'âme. Qui meut mon corps? Ma volonté. Qui le dirige? Ma raison. L'état de l'âme n'est-il pour rien dans les situations du corps? L'âme ne façonne-t-elle pas le corps à son image? n'apparaît-elle pas dans les traits du visage, dans les gestes et les mouvements du corps? Ne reçoit-il pas l'empreinte de la pensée habituelle et du caractère? N'est-il jamais courbé sous le travail de l'esprit? Et les passions! ne déposent-elles pas leur empreinte visible et ineffaçable à sa surface, comme elles le troublent à l'intérieur? Les maladies du corps n'ont-elles pas souvent leur principe dans les maladies de l'âme et dans ses vices? *Mens sana in corpore sano*, cela est vrai; mais la réciproque est aussi vraie. Les passions, la volonté,

---

(1) *Sécrétion*, depuis, a paru impropre ; la pensée aujourd'hui est un *mouvement* du cerveau. C'est, dit-on, un progrès qu'a fait la science... !

les idées ne sont-elles pas des causes qui doublent et centuplent la force physique? Qui soutient le corps contre la fatigue ou dans la maladie, sinon l'énergie morale? Niera-t-on les prodiges de la volonté dans des corps chétifs? l'enthousiasme et la foi n'ont-ils pas enfanté des milliers de martyrs? L'histoire des peuples ici est pleine d'exemples, comme celle des individus. Elle atteste que la vraie puissance des États n'est pas dans leur prospérité matérielle, ni toujours la force des armées dans le nombre (1).

Si l'argument pèche mis en regard de l'expérience, la logique n'en est pas plus satisfaite, il est plus vicieux encore dans sa conséquence que dans le fait mutilé qui lui sert de principe. Le corps agit sur l'âme. Cela est certain. Ce fait que personne ne nie, la science le précise et le développe, voilà tout. Or, de ce fait que conclut-on? Que non-seulement l'âme dépend du corps, mais qu'elle est l'*effet*, lui la *cause*. Avec cette manière de raisonner, du fait opposé on pourrait tout aussi bien (et plus justement) conclure que l'âme produit le corps, puisqu'elle est une cause, une force (*vis formatrix*). En tout cas, de quel droit convertir un rapport de *dépendance* réciproque en un rapport de *causalité*? La logique n'autorise pas ces substitutions. Dans son langage sévère et net, sinon poli, elle les qualifie de paralogismes ou de sophismes. Que cette licence (peu poétique d'ailleurs) soit accordée aux poètes (*quidlibet audendi*), Lucrèce est absous; mais le savant doit y regarder de plus près, ou, malgré sa prétention d'être positif, il sera soupçonné d'aimer les fictions. — Toute l'argumentation matérialiste ancienne et moderne roule sur cette perpétuelle confusion de la *causalité* avec la *réciprocité*. — La vraie conclusion, la seule que la logique avoue, c'est que l'âme et le corps sont étroitement unis. Aller au delà n'est plus raisonner, ou c'est raisonner mal. Le poète lui-même le dit au début :

Consentire animum nobis in corpore cernis. (Lucr., III, clxx.)
Inter se conjuncta valent vitaque fruuntur. (III, dlviii.)

Mais quand il ajoute :

Ergo, corpoream naturam animi esse necesse est,

(1) Voyez le parallèle des *Grecs* et des *Asiatiques*, par Bossuet, dans le *Disc. sur l'Hist. universelle*, IIIᵉ part., ch. v, et la supériorité du *soldat romain*, expliquée par Montesquieu. (*Gr. et Déc. des Rom.*, ch. ii.)

la logique l'arrête court, car pour être soumis aux lois du rhythme, un argument n'échappe pas à d'autres règles. Mis en vers, il n'est pas moins sophistique.

Le matérialisme, il est vrai, prétend que l'action du moral sur le physique vient elle-même du physique. (Cabanis.) Ceci est, pour la logique, un autre sophisme qu'elle appelle cercle vicieux ou pétition de principe. Mais le matérialisme ne se pique pas d'être logicien (1).

Bien que rajeuni par la science moderne, le vieil argument est resté ce qu'il était il y a plus de deux mille ans sous la prose de Démocrite et d'Épicure et dans la poésie de Lucrèce. Il n'a fait que changer de costume et de mots. Que prouvent les faits accumulés depuis? La corrélation des deux principes et leur dépendance mutuelle. La *causalité*? Non. S'il y a une cause, c'est celle que nous sentons en nous agir librement et qui, chose singulière! est appelée ici *effet*. Transformer en effet une cause et une cause libre, parce qu'elle est liée à un autre principe qui agit sur elle, c'est une hypothèse grossière et un raisonnement absurde. Transformer en cause intelligente et libre le corps aveugle, inerte, c'est faire comme l'enfant qui anime la pierre ou le sauvage qui se fait un fétiche de son arc ou de son carquois. Le bon sens éclairé voit plus juste. Il conçoit que la force étant liée à son instrument, elle en dépend et partage tous ses états, comme il dépend d'elle et est modifié par elle. Il est impossible avec les règles de la logique ordinaire d'aller au delà. Toute conclusion qui dépasse cette limite tombe sous le verdict de la logique qui déclare la conclusion fausse et en dehors des prémisses.

En résumé, si l'expérience prouve que le physique influe puissamment et de bien des manières sur le moral, elle montre aussi, sur une aussi grande échelle, que le moral influe de mille façons sur le physique. De là que conclure? que disent les faits interrogés par une logique exacte et impartiale? Qu'entre l'âme et le corps, le moral et le physique, il y a union intime, réciprocité. Mais en inférer une identité ou un rapport de l'effet à la cause, c'est pur sophisme.

(1) *Disserendi artem nullam habuit*, dit Cicéron, en parlant d'Épicure. (*De Finib.*, I., VIII.)

Les découvertes de la science n'ont fait sur ce point que confirmer la croyance du sens commun.

C'est, dit-on, le cerveau qui pense, la *pensée* est une *fonction du cerveau*, — le cerveau est une portion de matière organisée. Organisée ou non, la matière ne perd pas ses propriétés. Or, il a été démontré qu'elles sont incompatibles avec celles du principe pensant. Les expériences établissent ce fait : que le cerveau est le siége et l'organe de la pensée, qu'entre l'organe et la force qui l'anime, il y a une liaison intime, une étroite solidarité, de sorte que l'âme participe de tous ses états, comme lui-même participe de ceux de l'âme. Mais tirer de là cette conclusion, que c'est le cerveau qui pense, c'est prouver qu'on ignore les premières règles de la logique. C'est appuyer un système grossier sur le plus grossier paralogisme.

On s'est demandé (Locke) si Dieu, qui est tout-puissant, n'aurait pas pu donner à la matière la faculté de penser. — C'est demander si Dieu peut faire ce qui est contradictoire et absurde, comme par exemple que ce qui est composé soit simple, et ce qui est un soit multiple. Autant vaudrait dire que Dieu peut donner au cercle les propriétés du carré.

La matière en s'organisant ne peut-elle pas acquérir de nouvelles propriétés ? — Sans doute ; mais non des propriétés incompatibles avec celles de la matière. En s'organisant, la matière cesse-t-elle d'être composée ou divisible ? Comment, par une combinaison nouvelle, par un nouvel arrangement de parties, ce qui était inerte devient-il actif, ce qui était aveugle intelligent ? Cette métamorphose des contraires en leurs contraires est absurde et inintelligible.

Il y a d'ailleurs ici un renversement d'idées. Qu'est-ce que l'organisation ? Un effet sans doute. Or, un effet s'explique par une cause, l'organisation par une cause organisatrice. Cette cause, qui arrange et dispose les éléments dans un certain ordre, ne peut être qu'une intelligence. Loin donc que la pensée soit le résultat de l'organisation, c'est l'organisation qui est le produit d'une cause intelligente. Aussi, dit Platon, « ces systèmes ont renversé l'ordre des choses en mettant avant l'une ce qui n'existe qu'après elle. Toutes les productions de la nature sont subordonnées à l'art et à l'intelligence. L'âme est donc antérieure au corps. » (*Lois*, X.) Si l'on admet une intelligence qui ait organisé la matière, on lui accorde sans doute les attributs de l'esprit. Mais n'y a-t-il pas une contradiction évidente à admettre dans Dieu ce qu'on refuse à l'âme humaine.

Autre méprise. Quand on prétend que la pensée est l'*effet* de l'organisation, on oublie que c'est du principe de la pensée, du *moi*, non de la pensée qu'il s'agit. Le moi est une *cause* et une cause libre. Comment donc, le moi *cause* libre est-il l'*effet*... La question, pour qui réfléchit, est absurde dans ses termes.

Mais comment expliquer l'action réciproque de deux substances : l'une simple, inétendue ; l'autre, composée, figurée. N'y a-t-il pas incompatibilité, contradiction ? Le matérialisme insiste sur cette opposition et s'en fait un argument contre le spiritualisme.

La réponse est facile. 1° Les philosophes ont pu échouer jusqu'ici dans leurs tentatives pour résoudre le mystérieux problème de la communication des deux substances ; est-ce une raison pour nier le fait qui est évident, savoir : la réalité des deux principes ? Partout ces deux principes se rencontrent dans l'univers comme dans l'homme ; partout la force et l'inertie, ce qui meut et ce qui est mû, la matière et l'esprit, l'âme et le corps. Voilà le fait dont il faut partir.

> Un esprit vit en nous et meut tous nos ressorts ;
> L'impression se fait le moyen, je l'ignore.
> (LA FONTAINE, liv. X, fab. I.)

Comment une volonté produit-elle une action physique et corporelle ? Je n'en sais rien. Mais j'éprouve en moi qu'elle la produit. Il est étrange que l'on parte de cette incompréhensibilité même pour confondre les deux substances ; comme si des opérations de nature si différente s'expliquaient mieux par un seul sujet que par deux. (Rousseau, *Emile*, IV.) — 2° Mais avant de prononcer aussi hardiment l'incompatibilité des deux substances, il faudrait les connaître. Or, la matière elle-même, comme substance, nous est-elle bien connue ? Dans l'hypothèse, fort vraisemblable, où toutes les substances sont des forces et où l'inertie n'est que leur équilibre, l'objection perd sa valeur. Liée à un dynamisme, l'âme, qui est une force, agit sur d'autres forces. Cette explication (Leibnitz), loin de contredire la science, est d'accord avec ses expériences.

III. *Conséquences du matérialisme.* — Un système, quoi qu'on dise, se réfute aussi par ses conséquences; celles du matérialisme sont si évidentes qu'il suffit de les énumérer.

1° *Morale.* — Le *fatalisme* est la première conséquence d'une doctrine qui, faisant tout dépendre des organes, est obligée de nier la liberté humaine et, par là, fait disparaître avec la responsabilité des actes, le devoir, le mérite et le démérite, la vertu et le vice. La vertu pure et désintéressée est une chimère; l'*égoïsme* ou l'*intérêt* personnel est la règle comme le motif unique des actions humaines. (Helvétius, Bentham.)

2° *Droit et Législation.* — En soi rien n'est juste ni injuste; le droit, c'est l'*utile* (Bentham), et l'utilité générale se ramène à l'utilité particulière. La sanction positive des lois ou la pénalité fait toute leur force; elle est la seule garantie et leur véritable fondement. (*Id.*)

3° *Politique.* — La force érigée en droit élève et renverse les gouvernements; elle est le principe de la souveraineté. (Hobbes.) Le *fait* est la base comme l'origine de la légitimité; il est remplacé par un autre fait également légitime. L'instabilité des institutions n'a de limite, et l'anarchie de remède que dans le *despotisme*. Autrement la guerre de tous contre tous amènerait la dissolution de la société. (*Id.*) La moralité de l'homme d'État est dans le *succès*, qui absout et justifie tous les actes. Les deux grands ressorts de la politique sont la *force* et la *ruse* habilement combinées. (Machiavel, *Le Prince.*) Le bonheur des États est leur prospérité matérielle. Celle-ci est le premier but de la politique, l'objet de la science du gouvernement, qui elle-même, séparée de la morale, est ramenée à l'économie politique.

4° *Religion.* — L'*athéisme* et l'impossibilité d'une vie future sont deux corollaires évidents et directs. (Lucrèce, III.) La religion, c'est la superstition. (*Ibid.*) Invention des premiers législateurs, elle n'est qu'un moyen de gouvernement. La reconnaissance des peuples a divinisé les grands hommes et les bienfaiteurs de l'humanité (Evhémère), ou les dieux sont l'apothéose des forces de la nature. (Dupuis.) Les cérémonies du culte ont pour but de perpétuer le souvenir des grandes catastrophes du monde. (Boulanger. (*Primus in orbe Deos fecit timor.* (Petrone.) Moins conséquent, le matérialisme engendre une religion intéressée, toute de calcul, sans foi ni vraie conviction, dont la crainte et le désir sont l'âme, non le devoir et l'amour; religion toute de pratiques extérieures, séparée de la morale ou s'alliant très-bien à une morale corrompue. (V. Platon, *Euthyphron*, et *Rép.*, II.)

5° *Histoire*. — Le matérialisme y introduit le *fatalisme*, qui, supprimant la liberté des individus, en fait les instruments d'une force aveugle ou de causes générales, leur ôte la responsabilité de leurs actes, absout et justifie tous les crimes, comme commandés par la nécessité des circonstances. Ce système ôte ainsi à l'histoire sa moralité, et fait de l'historien, interprète de la conscience du genre humain, selon Tacite, un froid logicien ou un narrateur indifférent. L'histoire se réduit à n'être qu'un recueil de faits et de dates sans intérêt ni instruction, un chaos d'événements qui se succèdent, de ruines entassées (Volney), un labyrinthe où l'on ne s'oriente qu'à l'aide du fil chronologique. La philosophie de l'histoire, au lieu de la Providence qui préside à la destinée de l'humanité, des peuples et des individus, fait son Dieu du *hasard* ou de la force des choses. Les causes morales, qui expliquent les institutions et les révolutions des États, sont subordonnées aux causes physiques, aux influences géographiques, ou de race et de climat.

6° *Beaux-arts et Littérature*. — *L'imitation du réel* remplace l'*idéal*. L'expression de l'âme et de la beauté morale est abandonnée pour le culte de la beauté physique et de la forme. Le joli et le gracieux dérobent aux grâces sévères, ou chastes et modestes, l'admiration qui leur est due. L'extraordinaire et le gigantesque passent pour du sublime. Le laid et le difforme trouvent des amateurs et des partisans. La glorification de la matière, l'exaltation des penchants inférieurs de la nature humaine, la peinture des passions déréglées, deviennent le but de l'art, animent le pinceau des artistes, inspirent les poètes et font prendre la plume aux romanciers. La pratique supplée à l'inspiration. La règle et la mesure qui viennent de l'esprit, et se font sentir dans les plus grandes hardiesses du génie, sont violées ou dédaignées. L'art ne s'étudie qu'à plaire aux sens, à les flatter et à les exciter; en même temps qu'il farde le vice, il rend la vertu fade et ridicule. — Le matérialisme, c'est aussi le scepticisme. Le doute apparaît sous des formes diverses et s'exprime sur des tons différents : ici, l'oubli des soucis et de la brièveté de la vie au sein de la volupté et des délices, le sommeil de l'abrutissement dans les jouissances matérielles; là, l'indifférence; ailleurs, le désespoir : tout cela chanté dans des vers quelquefois forts beaux, comme ceux d'Anacréon, de Lucrèce ou de Byron, souvent vides ou bizarres, et d'où la vraie poésie est absente.

7° *Science*. — Dans la science règne l'*empirisme*. N'admettant que les faits matériels et leur observation sensible, le savant, s'il ne peut nier les faits moraux, méconnaît leur nature et la manière dont on les étudie. Il veut qu'on les soumette aux procédés mathématiques et physiques, ou il conteste aux sciences morales leur titre et leur certitude. Étranger à cet ordre d'idées, il traite de rêves et de systèmes ce qu'il ne connaît pas : au scepticisme s'allie le plus grossier *positivisme*. Dans les sciences elles-mêmes, l'empirisme, ennemi des idées, arrête l'essor de la pensée. Il rejette tout procédé *à priori*, qualifié d'hypothèse. Il livre ainsi au hasard les grandes découvertes, stérilise la science qui tend à s'immobiliser. La pratique prenant le pas sur la théorie, l'abandon des spéculations pures et désintéressées pour les applications utiles indique assez que l'amour du gain passe avant l'amour du vrai, que le premier stimulant des travaux n'est pas le désir de connaître et une noble curiosité.

8° *Éducation*. — Le perfectionnement moral de l'homme est sacrifié ou subordonné à son perfectionnement physique. L'éducation cesse d'être *libérale* pour être *professionnelle* et dirigée dans le sens de l'*utile*. La culture intellectuelle n'étant plus un but mais un moyen, l'instruction se réduit à l'acquisition des connaissances suffisantes pour conduire par un chemin rapide et facile à la fortune, à la richesse, au bien-être ou à la jouissance matérielle, but unique ou principal de la vie. C'est l'abandon des méthodes lentes et sérieuses qui, développant l'esprit pour lui-même et en tout sens, suivent l'ordre et la gradation de ses facultés; qui n'omettent rien et ne précipitent rien; qui s'attachent surtout à stimuler son activité native, à le rendre alerte et vigoureux plutôt qu'à le charger et à l'accabler; qui le tiennent sans cesse en éveil, attentives à le faire produire, tirer tout de lui-même par son énergie propre et de son fonds naturel. De là l'emploi des méthodes expéditives qui, traitant l'esprit comme une inerte capacité (*tabula rasa*), s'adressent à la mémoire, la remplissent de faits, de mots et de formules, et, au lieu de cultiver et d'exercer l'intelligence, la laissent inactive ou ne font aucun appel à sa spontanéité. Incapable de rien prévoir au-delà du cas particulier, de découvrir et de penser par lui-même, l'esprit, en qui est tarie la source de toute invention et de toute originalité, tombe dans l'atonie et l'engourdissement, ou ses mouvements sont réglés comme ceux d'une machine et d'un automate.

Tels sont les effets, les signes et les conséquences du matérialisme partout où il fait sentir son influence. Or, ces conséquences sont si évidentes, si rapprochées du principe, qu'il ne peut en nier ni en désavouer aucune. La logique des faits les tire elle-même. Quand les faits à leur tour veulent se défendre, la théorie projetant sur eux son impitoyable clarté, montre la liaison du fait et de l'idée, tant cette liaison est étroite et manifeste. — De semblables conséquences suffisent pour condamner le système qui les renferme (1).

Une pareille doctrine, subversive de l'ordre moral, hostile à toute religion, funeste à la société, a dû être, de tout temps, repoussée par la conscience du genre humain et frappée d'une sorte de réprobation universelle. Qu'elle semble

(1) V. *Questions de Phil.*, IIe sect. — La plupart des conséquences morales, politiques et religieuses du matérialisme ont été dramatiquement exposées par Platon, dans les dialogues où il réfute les sophistes. Pour le matérialisme *moral et politique*, voyez dans le *Gorgias* l'argumentation de Socrate contre e sophiste Calliclès; dans la *Rép.*, liv. II, celle contre Thrasymaque. Le matérialisme *religieux* est caractérisé dans l'*Euthyphron*, dans le IIe liv. de la *République* et dans le Xe liv. des *Lois*. Le matérialisme *scientifique* l'est dans le *Théétète*. Sur la morale, voyez le *Philèbe*. — Consultez aussi Cicéron, *De Finib.*, I, et *De Nat. Deor.*; Fénelon, *Exist. de Dieu*, Ire part., *Réfutation de l'Épicuréisme*. — Sur l'*Education*, nous demandons la permission de renvoyer à notre livre *De la Philosophie dans l'éducation classique*, IIe partie, et à l'*Essai sur la sophistique*. (*Gorgias.*)

prévaloir aux époques où le trouble et l'anarchie sont dans les intelligences; qu'elle ait servi de prétexte et d'excuse (1) aux mœurs relâchées et corrompues d'une société prête à se dissoudre, comme dans les derniers temps de Rome, il n'y a là rien qui doive nous étonner. Mais que des hommes de bonne foi, et très-estimables d'ailleurs, l'aient enseignée et l'enseignent dans leurs discours et leurs écrits, c'est ce que l'on croirait à peine, si l'histoire et l'expérience nous laissaient quelque doute à cet égard. On peut dire à l'honneur de la nature humaine que leurs actions réfutent leurs paroles; que chez eux la pratique dément la spéculation; l'homme vaut mieux que le système. D'ailleurs, ce sont là des exceptions, des ombres au tableau. Le genre humain, pris en masse, est spiritualiste. La véritable philosophie, celle qui doit interpréter, non contredire les croyances du genre humain, ne fait que prêter l'évidence démonstrative et les lumières de la réflexion à ce qui est déjà révélé par la conscience spontanée de tous les hommes.

Mais si le matérialisme théorique est moins à craindre, il est un matérialisme pratique beaucoup plus dangereux et plus général. Un siècle, tout en professant le spiritualisme en théorie, peut porter le matérialisme dans ses mœurs. Il engendre alors toutes les conséquences que la logique tire de la théorie, et que nous avons mises à nu. *Di, meliora!...*

APPENDICE.

I. *De l'union de l'âme et du corps.* — Diverses hypothèses ont été inventées pour expliquer l'union de l'âme et du corps.

1° Selon *Descartes*, l'âme et le corps, étant deux substances dont les attributs sont opposés, ont besoin d'un intermédiaire qui les mette en rapport. Cette fonction est remplie par les *esprits animaux*, d'une nature plus subtile que le corps sans être tout à fait spirituelle. C'est par eux que s'expliquent tous les phénomènes de l'âme qui sont liés aux organes, tels que la sensation, l'imagination, la mémoire, les passions, etc.

2° *Malebranche* admet également que l'âme ne peut agir sur le corps et réciproquement; mais il suppose qu'à l'occasion des actes de la pensée et de la volonté se produisent dans le corps des mouvements analogues, qui ont ainsi dans les actes de l'âme leur cause *occasionnelle*, mais non *efficiente*.

3° Suivant *Leibnitz*, tous les êtres, les corps comme les *esprits*, sont

(1) Non debet excusationes vitio philosophia suggerere (Senec., Ep. cxxvi.)

formés de substances simples et actives, qu'il nomme *monades*. L'action des monades émanées de la monade universelle ou de Dieu est réglée de toute éternité par des lois établies par Dieu même. L'âme et le corps sont dans un pareil accord; les mouvements de l'âme et ceux du corps sont ainsi réglés d'avance en vertu d'une *harmonie préétablie*.

Toutes ces explications sont démenties par le témoignage de la conscience, qui atteste l'action de l'âme sur le corps et du corps sur l'âme. Quelques-unes, comme l'harmonie préétablie, détruisent la liberté. Elles ont besoin elles-mêmes d'explication, et offrent une contradiction, comme celle d'une substance mixte qui réunit à la fois les propriétés de l'âme et du corps. Elles laissent subsister le problème sans le résoudre et n'ont de valeur que dans l'histoire des systèmes.

4° Entre Dieu et la matière, *Cudworth* conçoit un principe simple et actif, mais non intelligent, qui exécute par instinct sous les ordres de Dieu, dans le monde et dans le corps humain en particulier, tout ce qui est mouvement et vie organique. Les *natures* ou *forces plastiques*, comme il les appelle, se rapprochent de la *force vitale* de Barthez et de l'âme de Sthal, du *vitalisme* et de l'*animisme*. Ces deux systèmes se sont réveillés de nos jours :

1° Le *vitalisme* consiste à reconnaître dans les corps une force distincte des organes et de l'âme pensante, appelé *force vitale*, principe de tous les faits de la vie organique, inexplicables par les agents physiques ou chimiques. (Barthez, École de Montpellier.)

2° L'*animisme*, qui reprend aujourd'hui faveur, consiste à attribuer à l'âme elle-même, qui les exécute sans qu'elle le sache, tous les phénomènes de la vie organique dans le corps, la circulation, la digestion, etc. Aristote avait aussi admis une âme *végétative*, une âme *sensitive* et une âme *raisonnable*, comme puissances de l'âme.

3° L'*organicisme*, autre système peu précis, mais qui incline au matérialisme, admet des propriétés organiques inhérentes aux tissus et distinctes des propriétés physiques et chimiques, mais il ne s'explique pas sur leur principe (1).

Quelque opinion qu'on adopte, le point important est que l'âme existe et conserve sa spiritualité; le reste est accessoire. L'union de l'âme et du corps est un fait, et l'étude des *rapports du physique et du moral* doit se poursuivre en dehors des systèmes.

Mais le problème, tout mystérieux qu'il est, renferme-t-il, comme on l'a prétendu, une contradiction? Nullement. Si l'âme est active, et l'on n'en peut douter, si elle est une force, pourquoi n'agirait-elle pas sur le corps? Est-il plus difficile de comprendre cette action que celle des forces physiques dans la nature, ou que l'action que les corps exercent entre eux à distance, par l'attraction moléculaire ou planétaire?

II. *Du siége des Facultés. Phrénologie, système de Gall* (2). Le cerveau est l'organe de la pensée. Mais chacune de nos facultés n'a-t-elle pas aussi son siège distinct dans le cerveau? La *localisation* des facultés, telle est l'hypothèse qui sert de base au système de Gall.

Selon *Gall* et *Spurzheim*, le cerveau, siége des facultés mentales, n'est pas un organe unique, mais une *réunion d'organes*, distribués à sa surface, dont chacun recèle une faculté ou *force*. Dans l'état normal,

(1) Pour l'exposé de ces trois systèmes, voy. *Questions de Philosophie*, sect. II.
(2) Lisez Flourens, *Examen de la phrénologie*; Lélut, *la Phrénologie, son Histoire*; et notre article Phrénologie du *Dict. des Lettres, Beaux-arts et Sciences morales*, par Bachelet et Dezobry.

le cerveau ne peut s'observer; mais son enveloppe, le crâne, est visible, et tangible. Les organes se dessinent à l'extérieur par des *protubérances*, signes des organes intérieurs. Le volume de l'organe indique le développement de la faculté. De là la *cranioscopie*, méthode de cette science appelée *phrénologie*, la vraie science de l'âme, selon Gall.

Anatomiquement et physiologiquement, Gall et ses disciples n'ont jamais pu établir leur principe, savoir, la *pluralité des organes logés à la surface du cerveau*, sous la lame interne du crâne. La science aujourd'hui démontre que le siége des facultés intellectuelles n'est pas à la surface, mais dans les lobes du cerveau. (Flourens.) Les prétendus organes de Gall n'existant pas, les *protubérances* ne représentent rien. La proportion entre le volume de l'organe et le développement de la faculté est aussi une règle peu sûre, car elle ne tient compte ni de la structure intime des organes et de leurs rapports mutuels, ni de leur vitalité.

La psychologie avait déjà fait justice de ce système qui nie l'unité du *moi*, et la solidarité de ses grandes facultés, qui remplace celles-ci par de prétendues *forces* ou intelligences distinctes attachées à autant d'organes sentant, pensant, voulant, chacun pour leur compte (Homunculi), ce qui établit, comme on l'a dit, une espèce de république démocratique dans le cerveau.

Quant à la méthode *cranioscopique*, noter les penchants, les goûts, les aptitudes de chacun, les comparer à des protubérances, signes vagues, équivoques et trompeurs, cela peut réussir auprès du vulgaire et dans un salon, mais ne peut être pris au sérieux par un esprit sévère. Cette méthode qui, par son vague, permet de tout affirmer et de tout nier, favorise le charlatanisme. Des hommes de bonne foi et même très-savants ont pu y croire et la pratiquer; mais sa vogue est passée. — On ne doit pas confondre avec le système de Gall la science des *rapports du physique et du moral*. Son avenir est assuré si elle sait garder l'équilibre et ne pas, comme on l'a dit de Cabanis, se couper une jambe et se crever un œil pour mieux voir et marcher plus vite. C'est ce qu'elle fait quand elle se confine dans l'étude des faits organiques et néglige l'observation interne dont l'instrument est la réflexion.

Quoi qu'il en soit, les relations qui existent entre les facultés et les diverses parties du cerveau sont encore trop peu déterminées pour que nous ayons ici à les consigner, ce qui d'ailleurs dépasse notre cadre. — Nous ne pouvons qu'indiquer les recherches les plus récentes, en particulier les importants résultats des expériences de M. Flourens (*De la Vie et de l'Intelligence*, etc.), qui confirment d'une manière si frappante ceux de la psychologie.

CONSULTEZ : Platon, Ier. *Alcibiade, Phédon, Phèdre, Rép.*, IX. — Aristote, *De Anima*. — Cicéron, *Tusc.*, I, XXVII. — Descartes, *Disc. de la Méth.*, 4; *Médit.*, 2; *Principes*, § 2. — Malebranche, *Entr. sur la Mét.*, 1. — Fénelon, *Exist. de Dieu*, Ire part.; *Lett. sur la Mét.*, 1. — Bossuet, *Conn. de Dieu*, I, 4. — Clarke, *Lett. sur l'immatérialité de l'âme*. — Buffier, *Vérités premières*. — Locke, *Ent. hum.*, liv. IV, ch. III, § 4. — Leibnitz, *Nouv. syst. de la nature et de la communication des substances*, § 4. — Reid, t. IV, p. 67. — Laromiguière, t. II, leç. XIII. — Maine, de Biran, *Œuvr. inéd.* et *Rapport du phys. et du moral*. — V. Cousin, *Ecole sensualiste*. — Jouffroy, 1 et 2 *Mélanges*. — P. Janet, *Le matérialisme contemporain*.

LOGIQUE

> Toute notre dignité consiste dans la pensée; c'est de là qu'il nous faut relever, non de l'espace et de la durée. Travaillons donc à bien penser.
> (PASCAL, *Pensées*.)

NOTIONS PRÉLIMINAIRES

OBJET DE LA LOGIQUE

SON UTILITÉ. — SES RAPPORTS AVEC LES AUTRES SCIENCES.

§ I. Objet de la logique.

I. La logique est la science des lois ou des formes de la pensée et du raisonnement.

Telle est la définition admise en général par les logiciens d'après Aristote. Plus préoccupés du point de vue pratique, les modernes ont plutôt défini la logique *l'art de raisonner* (1) ou *l'art de penser*. (Port-Royal, Condillac.) Elle apprend à discerner le vrai du faux (2), à trouver et à démontrer la vérité. (Bacon, *De Augm.*, V.) Elle donne des règles pour la direction de l'esprit (3), la méthode en est la partie essentielle ou principale. (Descartes.) Elle contient les règles de l'entendement, comme la morale celles de la volonté. (Bacon, *Ibid.*; Bossuet, *Log.*, I.)

Nous ne discuterons pas la valeur de ces définitions. La première, plus exacte et plus précise (4), répond au côté théorique. Dans les autres ressort le côté pratique. C'est à celui-ci que nous devons surtout nous attacher.

La logique est-elle une *science* ou un *art*? Elle est l'un et l'autre. Si la science précède l'art, la pratique suit la

---

(1) Définition admise aussi par les anciens : Logicam rationem disserendi voco. (Cic., *De Fato*, I.)
(2) Artem disserendi et vera ac falsa dijudicandi. (Cic., *De Orat.*, II, XXVIII.)
(3) Descartes, *Disc. de la méth.*, I et II ; *Règl. pour la direct. de l'esprit*.
(4) C'est à peu près aussi celle de Kant : « La science des lois de la pensée et de l'usage légitime de l'entendement. » (*Logique*.)

théorie. Il est curieux de connaître les formes de la pensée et du raisonnement; mais si l'on n'en sait tirer des règles pratiques, la logique mérite le reproche d'être une étude aride et stérile. Il en est de la connaissance de l'esprit comme de celle de la nature : « Ce qui est principe, effet ou cause dans la théorie, devient règle, but ou moyen dans la pratique. » (Bacon, *Nov. Org.*, I.)

Dans la logique moderne apparaît le problème de la *certitude* qui, depuis Descartes, domine toute la philosophie. On peut dire avec raison qu'il appartient à la métaphysique; mais nulle science plus que la logique n'en réclame la solution. S'il n'est pas sûr que la vérité existe et qu'il est possible de la discerner de l'erreur, la logique ne fait que s'agiter autour des formes vides de la pensée et du raisonnement. Il lui faut un *criterium* de la vérité; c'est la règle supérieure qui éclaire et légitime toutes ses règles. Comment marquer à l'esprit humain la route qu'il doit suivre s'il ne connaît le but et n'est assuré de pouvoir l'atteindre? La question de la certitude sert donc d'introduction, sinon de base à la logique.

II. Telle est la raison du plan que nous suivrons. 1° En tête nous plaçons la *certitude* et la réfutation du système qui la nie, le *scepticisme*; 2° Vient ensuite l'analyse sommaire des *formes de la pensée et du raisonnement*, dont le détail est dans toutes les logiques. 3° L'exposé des *méthodes*, objet de la logique pratique, forme une troisième partie, la plus étendue, qui se termine par la recherche des *causes de nos erreurs*, comme contre-épreuve et récapitulation de la logique entière.

§ II. Utilité de la logique.

Quiconque s'est fait une juste idée de cette science, qui, par la connaissance exacte des lois de l'esprit, apprend à penser et à raisonner suivant des règles précises, ne peut contester ses avantages, soit pour la culture de l'intelligence en général, soit pour l'étude de chaque science en particulier. Aussi les suffrages des hommes éclairés et judicieux ne lui ont jamais manqué. Les attaques sont venues de l'ignorance ou du préjugé. A celui qui la méprise on peut appliquer le mot de Leibnitz : *Sprevit, non intellexit*. Les reproches ne peuvent porter que sur les abus de la scolastique (1).

N'exagérons pas toutefois cette utilité. Il est clair qu'ici, comme en tout, les préceptes et les règles ne peuvent rien sans la nature : *Nihil præcepta et artes valere nisi adjuvante natura.* (Quintilien, I, 23.) La logique ne donne pas la faculté de penser et de raisonner, elle la dirige (2). Rien ne peut suppléer à la rectitude de l'esprit. Mais, dit Descartes, « ce n'est pas assez d'avoir l'esprit bon, le principal est de l'appliquer bien. » (*Disc. de la méth.*, Ire part.) En cela, la logique peut être très-utile. Si dans les cas ordinaires le bon sens suffit, il n'en est pas ainsi des sujets difficiles. Il est bon alors d'avoir des règles pour discerner la vérité, pour combattre l'erreur et dévoiler ses artifices. Si à la logique naturelle que présuppose la logique artificielle, celle-ci vient ajouter ses règles et ses préceptes, il est permis d'espérer pour l'esprit un perfectionnement plus marqué, plus de force, de pénétration, de souplesse et de rigueur dans ses procédés. L'instinct, chez l'homme, est borné ; il a besoin d'une plus haute lumière, celle qui naît de la réflexion. Appuyé sur des règles fixes et des principes raisonnés, l'esprit a une allure plus ferme ; il prend l'habitude de l'ordre, et l'ordre est la plus précieuse comme « la plus rare des qualités de l'esprit. » (Fénelon, *Lett. à l'Acad.*) Il apprend à se corriger de ses défauts, à s'arrêter sur la pente qui mène de tous côtés à l'erreur. Le sens commun, d'ailleurs, n'est pas une qualité si commune que l'on pense. « Il est étrange combien c'est une qualité rare que cette exactitude de jugement. On ne rencontre partout que des esprits faux qui n'ont presque aucun discernement de la vérité. » (Port-Royal, Ier *Disc.*)

Il est donc certain qu'il est utile d'avoir des règles pour conduire l'esprit, de telle sorte que la recherche de la vérité en soit plus facile et plus sûre. « Et ces règles, sans doute, ne sont pas impossibles. Car, puisque les hommes se trompent quelquefois dans leurs jugements, et que quelquefois aussi ils ne s'y trompent pas, qu'ils raisonnent tantôt bien

---

(1) Je crois que ces ergotismes en sont la cause, qui ont saisi ses avenues. (Montaigne, 1, ch. xxv.)

(2) « Car elle n'est pas pour donner jour à l'âme qui n'en a point, ni pour faire voir un aveugle. — Son métier est, non de lui fournir de vue, mais de la lui dresser, de lui régler ses allures, pourvu qu'elle ait de soi les pieds et les jambes droites et capables. » (*Id.*, ch. xxiv.)

et tantôt mal, et qu'après avoir mal raisonné, ils sont capables de reconnaître leur faute, ils peuvent remarquer, en faisant des réflexions sur leurs pensées, quelle méthode ils ont suivie lorsqu'ils ont bien raisonné, et quelle a été la cause de leur erreur lorsqu'ils se sont trompés, et former ainsi des règles sur ces réflexions pour éviter à l'avenir d'être surpris. » (Port-Royal, Ier *Disc.*)

Ces raisons sont confirmées par le témoignage des plus sages esprits de tous les temps.

« L'objet avoué de la logique est d'apprendre aux hommes à penser, à juger et à raisonner avec précision et exactitude. Que ce soit là un art important, personne ne sera tenté d'en disconvenir. La raison est un don que Dieu a départi aux hommes dans des proportions très-différentes; quelques-uns en ont reçu beaucoup, d'autres peu; et dans ce dernier cas, aucun soin ne saurait suppléer à ce qu'elle n'a pas fait. Mais la raison peut demeurer engourdie faute de culture, même dans l'homme qui en a été doué au plus haut degré. Un sauvage peut avoir reçu de la nature des facultés aussi brillantes que Bacon et que Newton. En lui, cependant, elles restent endormies, parce qu'elles ne sont point employées, tandis que, en eux, grâce à l'éducation, elles atteignent le plus haut degré de développement. » (Reid, t. I, p. 198.)

« Les inégalités primitives, lorsqu'elles existent, s'effacent bientôt devant les grandes inégalités qui viennent de l'art et de la puissance des méthodes. Hercule est moins fort que l'enfant aidé d'un levier. Celui qui possède le secret des chiffres étonnera le génie d'Archimède, si Archimède ne calcule qu'avec ses doigts ou avec les signes du langage ordinaire. » (Laromiguière, Ire *Leçon*.)

« Je n'ai jamais beaucoup présumé de moi-même, disait Descartes, et souvent j'ai désiré d'en égaler d'autres, soit pour la facilité de retenir ou d'imaginer les choses d'une manière distincte, soit pour la rapidité de la pensée. Si j'ai quelque avantage sur le commun des esprits, je le tiens d'une méthode que j'ai eu le bonheur de trouver dès ma jeunesse. » (*Id., ibid.*)

S'il faut ajouter à ces témoignages ceux de l'antiquité, la connaissance et la méditation des règles, dit Sénèque, nourrit et fortifie l'esprit : *Ingenu vis præceptis alitur et crescit.* (*Ep.* 94.) Le génie lui-même ne peut s'affranchir des règles. Il n'a de prérogative que dans la facilité avec laquelle il sait découvrir de nouvelles méthodes et les appliquer.

L'art vient au secours des faibles, et fait arriver à la perfection les esprits heureusement doués : *Imbecilliores adjuvat, et in bonum pronos educit ad summum.* (Id., *ibid.*) La même pensée est exprimée par Cicéron : *Neque enim ignoro, et quæ bona sunt fieri meliora posse doctrinâ, et quæ non optima aliquo modo acui tamen et corrigi posse.* (De Orat., I, 25.) (1)

§ III. Rapport de la logique avec les autres sciences.

L'utilité de la logique n'apparaît pas moins dans ses rapports avec les autres sciences.

Toutes les sciences empruntent à la logique leur *forme* et leur *méthode*. La forme scientifique, pour chaque science, naît d'une coordination précise de toutes ses parties selon les lois du raisonnement. Or, bien que, sans avoir réfléchi sur ses procédés, une science ait pu faire des progrès, ce n'est pourtant qu'à ces deux conditions qu'elle est réellement constituée. Alors seulement elle a conscience d'elle-même ; elle voit clair dans ses principes et ses déductions; sa marche est régulière et assurée; ses résultats se vérifient, la discussion s'établit sur des bases certaines. Définitions, divisions, procédés d'analyse et de démonstration, tout est compris, motivé, mis à sa place; tout se classe et s'enchaîne. Or, que sont ces opérations de la science, sinon l'application des lois de la pensée? On peut les exécuter d'instinct avec un esprit juste ou par l'habitude ; mais la logique seule en a le secret. Elle seule les expose clairement, méthodiquement; seule elle en donne la raison.

Tel est le service que la logique rend aux autres sciences ; personne ne le niera pour celles qui, s'étant formées sous ses auspices, ont gardé son empreinte et comme sa livrée : la *grammaire,* la *rhétorique,* la *jurisprudence* et la *théologie.* L'exception n'est qu'apparente pour les *mathématiques.* Elles

---

(1) Le Ier *Discours prélim. de la Logique* de Port-Royal, contient sur ce sujet des réflexions très-judicieuses et qui offrent un mode de style.

aussi sont soumises à l'art de définir, de démontrer, de trouver et d'exposer les vérités d'après les lois générales du raisonnement. Ces règles, elles ne les expliquent pas plus qu'elles ne les enseignent. Donc ici, comme ailleurs, dans les opérations les plus exactes, si l'on ne réfléchit, tout en raisonnant juste, l'esprit ne sait ce qu'il fait. C'est la logique qui fournit la théorie du raisonnement mathématique et donne la raison de son infaillibilité. Les *sciences physiques* ont également leur logique qui est leur méthode. Celle-ci reste un secret même pour le savant, s'il ne s'en est pas rendu compte. Cela n'empêche pas d'être un habile physicien et de faire des découvertes; mais l'homme supérieur est celui qui sait raisonner les procédés de la science et en discuter les principes.

Cicéron exprime parfaitement ce rapport des sciences avec la logique, quand il parle de cet art supérieur et distinct qui, dans chaque sujet, permet de réunir les parties, et de ces parties former un tout régulier : *Ars extrinsecus ex alio genere, quæ rem dissolutam divulsamque conglutinaret et ratione quadam constringeret.* (*De Orat.*, I, 42.) — Sans cet art, les matériaux d'une science peuvent exister, non la science. Ils restent épars et mal connus : *diffusa ignotaque.* (*Ibid.*) — Qui oserait prétendre qu'un tel art n'a pas contribué à l'avancement des sciences ?

En résumé, l'esprit humain est l'artisan de toutes nos connaissances. Il en résulte qu'il est non-seulement curieux mais utile de connaître ses procédés dans la formation de la science en général et de chaque science en particulier. La logique exerce une influence sur sa marche et accélère ses progrès. Elle marque le but, le point de départ et la route. Elle régularise les recherches, surveille les principes, coordonne et contrôle les résultats. Elle accoutume à distinguer les produits légitimes de l'intelligence des conceptions fausses, hypothétiques ou conjecturales. En tout, elle enseigne à discerner le certain du probable et la vérité de l'erreur. Les sciences qui aujourd'hui la dédaignent ignorent ce qu'elles lui doivent et peuvent lui devoir. (V. Descartes, *Règles pour la direction de l'esprit*, R. 8.

§ IV. Réponse à quelques objections.

Il règne sur la Logique un ou deux préjugés, soutenus de l'autorité de quelques noms célèbres, et dont il est facile de faire justice, dès que la réflexion les soumet à l'examen.

I. La logique ne peut-elle pas être remplacée par d'autres sciences, en particulier par les mathématiques ? On s'appuie sur ce passage de Pascal : « La logique emprunte ses meilleures règles à la géométrie. — Les géomètres apprennent la meilleure manière de raisonner. » (*Réflexions sur la Géométrie.*) On en a fait cette maxime : *La meilleure logique est la géométrie.*

La meilleure logique, selon nous, est une logique bien faite. Toute simple qu'est cette proposition, elle nous paraît réfuter la précédente. La meilleure logique n'est ni la géométrie, ni l'algèbre, ni la grammaire, ni aucune autre science, par cette unique raison que ce sont là des applications du raisonnement. A ce titre, elles peuvent servir d'exemples ou de modèles d'un genre particulier de raisonnement, mais non fournir des règles générales applicables à tous les raisonnements possibles. En cela elles ne sauraient remplacer la logique qui trace ces règles. Dès que c'est le raisonnement appliqué que l'on considère, si parfait qu'il soit, ce n'est plus le raisonnement en soi, ses opérations, ses lois, indépendantes de la matière que l'on traite et de la forme qui lui convient. Quand même les règles y seraient comprises, encore faudrait-il les dégager, en faire la théorie, ce qui est l'affaire de la logique (*ars extrinsecus*), non de l'algèbre ou de la géométrie. Il faut donc ou nier la possibilité ou l'utilité de la théorie, ou reconnaître la fausseté de la maxime. — Ce n'est pas tout, nous disons qu'il n'y a pas de plus dangereux modèle que le raisonnement mathématique, s'il est donné comme type parfait et unique. Là est l'erreur de Condillac. (*Langue des calculs.*) Le raisonnement a bien d'autres formes que celle de la démonstration géométrique ou algébrique (astreinte d'ailleurs aux figures et aux chiffres). L'esprit doit les connaître et les pratiquer, sous peine de se fourvoyer en croyant aller droit à son but. A moins qu'on n'aille jusqu'à dire aussi avec Pascal, que « tout ce qui dépasse la géométrie nous surpasse (*ibid.*), » proposition sceptique bien autrement hardie et scabreuse. — Les mathématiques emploient la déduction ; mais l'induction qui s'appuie sur l'expérimentation leur est étrangère, sans compter toutes les formes du raisonnement probable fondées sur une tout autre base que celle des mathématiques. Ajoutez-y l'emploi des signes, auquel l'esprit se confie trop aveuglément. (V. *Langage*.) On ne peut trop le répéter, par cela seul qu'une science est spéciale, elle ne peut servir de modèle complet et général à l'opération de l'esprit qu'elle emploie. Elle suppose une théorie plus haute qui l'éclaire et l'explique elle-même. C'est ce que comprend sur-le-champ tout esprit versé dans ces matières ou qui réfléchit un peu. Tel est le cas de la géométrie, qui tire ses règles de la logique, loin que celle-ci lui emprunte les siennes. La géométrie ne discute ni ses définitions, ni ses axiomes, ni ses procédés de démonstration directe ou indirecte. Quand le géomètre fait cela, il n'est plus géomètre, il est logicien ou métaphysicien, comme l'est Pascal (1). Mais la géométrie alors tire sa lumière d'une autre science. C'est ce que dit formellement un autre mathématicien, Leibnitz : « Les règles des mathématiques ne sont qu'une extension des règles de la logique, » renversant ainsi la phrase de Pascal pour la rendre vraie.

La Logique, entre toutes les sciences, a cet avantage unique qu'elle tire ses lois de l'observation immédiate des opérations de la pensée, tandis que les mathématiques reportent l'esprit sur un objet différent de lui : les nombres et les quantités. Or, une science qui ne considère pas les lois de la pensée en soi et ne les embrasse pas toutes, qui n'en connaît ni la nature ni l'origine et n'en a pas le secret, qui distrait l'esprit de lui-même pour le reporter sur des objets étrangers à lui, ne peut servir de modèle général ni de guide à l'esprit, et remplacer la science des opérations de la pensée et du raisonnement. Si elle donne l'habitude des raisonnements justes, ce ne peut être que dans le cercle étroit d'idées où elle raisonne : partout ailleurs cette habitude serait dan-

---

(1) Ce n'est pas au géomètre qu'il appartient d'étudier ce que c'est que le contraire, le parfait, l'être, l'unité, l'identique, le différent ; il se borne à reconnaître l'existence de ces principes. (Arist., *Mét.*, IV, c. II.)

gereuse. Comme exercice général et gymnastique intellectuelle, cette méthode ne peut que fausser l'esprit, loin de le perfectionner. Cela est évident pour qui veut réfléchir. Les mathématiques n'étant qu'un cas particulier du raisonnement ne peuvent apprendre à raisonner et à juger sur tous les sujets. S'imaginer qu'une semblable science (admirable dans ses bornes) puisse jamais remplacer l'étude des formes et des lois générales de la pensée humaine, ou prétendre que la logique lui doit ses règles, c'est là une des plus énormes erreurs échappées à la préoccupation d'un grand esprit, égaré lui-même dans cette voie, et devenu sceptique pour avoir trop accordé à la puissance du raisonnement mathématique. Mais ce n'est pas une raison de répéter ce qu'il a dit, d'autant plus qu'il s'est dédit. (*De l'Esprit de finesse et de l'Esprit géométrique.*) Il faut en revenir à la proposition plus vraie de Leibnitz, autorité égale au moins en cette science, beaucoup plus grande en métaphysique, esprit plus vaste et moins exclusif.

Les mathématiques ne sont de toutes les sciences les plus exactes que parce qu'elles sont aussi les plus simples; mais, par là même, leur mode de raisonner ne peut servir qu'à elles ou ne peut être donné comme le type, le modèle de tous les raisonnements. Dès que nous sortons du domaine des quantités, le raisonnement roule sur des idées complexes, entremêlées de faits qu'il faut savoir constater et démêler. L'expérience doit y devancer le raisonnement. Est-ce lui qui marche en avant? c'est un aveugle qui en conduit un autre sur le bord de mille précipices qu'ils ne voient ni ne soupçonnent. Si donc les mathématiques apprennent à bien raisonner sur les quantités, elles égarent l'esprit sur d'autres sujets où il s'agit de toute autre chose que de rapports simples, d'équations, de nombres et de chiffres. Apparemment elles n'enseignent pas à juger des faits qu'elles ignorent, ni à les observer, puisqu'elles raisonnent toujours. Car alors, loin de former des esprits justes, elles ne seraient propres qu'à fausser le jugement, comme l'expérience trop souvent le prouve. — Si l'on se rejette sur les *sciences physiques*, ici la méthode d'observation et d'expérience peut être, en effet, un utile contre-poids à l'abstraction mahématique, mais elles ne sauraient pas davantage nous apprendre à penser, à juger ni à raisonner en général, n'étant elles-mêmes qu'une spécialité. Plus encore que les mathématiques elles détournent l'esprit de lui-même et le portent au dehors en fixant son attention sur les faits de l'ordre matériel. On prévoit les effets d'une telle direction sur l'éducation, si elle était exclusive (1).

La conclusion est que, si les mathématiques sont bonnes pour donner à l'esprit des qualités dont la logique fait très-grand cas, le besoin d'exactitude, d'ordre et de clarté, l'habitude de suivre des raisonnements longs et compliqués (V. *Attention*), elles ne peuvent pour cela nullement remplacer la logique dans la fonction qui lui est propre, celle de tracer à l'esprit des règles tirées de l'observation des lois mêmes de l'esprit.

Aucun art ne peut lui dérober cet avantage, et toujours la meilleure logique sera la logique, quand celle-ci sera bien faite. Précédée et vivifiée par la psychologie, cette science force l'esprit à se replier sur lui-même, à étudier ses propres actes et les conditions de leur légitimité. Qui peut nier que cette habitude ne soit très-salutaire?

Ses règles s'appliquent à tout. « Le jugement, dit Montaigne, est un outil à tous les sujets et se mêle à tout. » (*Essais*, liv. I.) « Les sciences rationnelles sont les clefs de toutes les autres, et de même que la main est l'instrument des instruments, de même aussi les sciences dont nous parlons sont les arts de tous les arts. » (Bacon, *De Augm.*, V.) « Leur effet est de fortifier, comme l'habitude de tirer de l'arc n'a pas seulement pour effet d'apprendre à tirer plus juste, mais encore à tendre un arc plus fort. » (Id., *ibid.*, ch. I.)

Voilà ce qu'ont dit des hommes qui ne manquaient ni de bon sens ni d'esprit, et qui savaient aussi raisonner. — Bacon, il est vrai, observe qu'il est une infinité d'esprits dont la logique ne flatte guère le goût et le palais. « Elle leur paraît une sorte de subtilité épineuse. La plupart ont un palais semblable à celui des Israélites dans le désert, lesquels

---

(1) Lisez W. Hamilton, *Frag.*, traduits par L. Peisse, art. MATHÉMATIQUES et D. de Tracy, *Logique*, ch. I.

soupiraient après les marmites pleines de chair, et brûlaient d'y retourner... Les sciences qu'on goûte le plus sont celles qui ont quelque chose de plus succulent, de plus substantiel, telles que l'histoire civile, la morale, la politique... La lumière sèche de la logique offense la plupart des esprits et semble les brûler. » (*De Dignit.*, *Augm.*, lib. V, c. I.) — Mais le tempérament du grand nombre ne peut être la mesure de la valeur d'une science et de son utilité. Cela prouve qu'eux-mêmes ont besoin d'être façonnés à cette gymnastique, ne fût-ce que pour mieux goûter, par un salutaire exercice, les mets que leur servent les autres sciences. C'est aussi le moyen de ne pas courir le danger d'un embonpoint qui n'est ni la force ni la santé.

II. L'étude de la logique est, dit-on, avantageusement remplacée par *l'exercice* et *l'imitation des modèles*. — C'est là une erreur que réfute spirituellement le docteur Reid en disant que ceux qui professent cette opinion auraient eux-mêmes grand besoin des règles de la logique. Qui ne sait, en effet, combien la théorie éclaire la pratique, donne plus d'étendue, de force et de sûreté à l'esprit (1)? *In omni disciplina infirma est artis præceptio sine summa assiduitate exercitationis.* (Cic., *De Inv.*, 3, Ad. Her., III.) Mais l'exercice sans les règles n'est que la *routine* ou un mécanisme. Quant aux modèles dans l'art de raisonner, il semble que le meilleur moyen de les imiter serait de faire ce qu'ils ont fait eux-mêmes. Or, ces règles que dédaignent les ignorants et les esprits médiocres, ces esprits supérieurs les avaient méditées; leur génie s'en était nourri et fortifié. « Trois choses, observe Ramus, un des plus célèbres dialecticiens du XVIe siècle, procurent la force dans le raisonnement, comme dans les autres arts : la *nature*, la *science* et l'*exercice* aidé des *modèles*. La nature fournit le germe; la science le

---

(1) « Peut-être n'est-il pas un seul art que la pratique et l'imitation ne puissent enseigner sans le secours des règles. Mais nul doute que les progrès ne soient plus grands et plus rapides, quand aux enseignements de la pratique vient de se joindre la lumière des règles. Il n'y a point d'artiste qui ne sente combien il est redevable à la théorie de son art, et combien de lenteurs elle épargne. Éclairé par les règles, il travaille avec plus d'assurance : elles lui indiquent ses propres erreurs et lui découvrent celles des autres ; et, dans l'approbation comme dans la critique, elles communiquent à ses jugements une certitude et une précision qu'ils n'auraient pas autrement. » (Reid, t. 1er, ch. VI. Lisez le chap. entier.)

développe et l'exercice achève l'œuvre de la nature et de l'art (1). »

(1) « *Comparatur dialectica, sicut vis reliquarum artium, natura, doctrina, exercitatione.* Natura namque disserendi principium instituit; institutum doctrina propriis et aliorum consiliis instruit; instructum ab arte exercitatio in opus educit atque absolvit. » (Ramus.)

Consultez : Cicéron, *De Orat.*, II, 38. — Bacon, *De Augm.*, 1. V, ch. I. — Descartes, *Règles pour la direct. de l'esprit*, ch. I. — *Log.* de Port-Royal, Iᵉʳ Discours prélim. — Bossuet, *Logique*, ch. I. — Reid., t. I. — Hamilton, *Frag.*, trad. par L. Peisse. — Stuart-Mill, *Logique*, Préf., § 6. — Et notre livre *De la Philosophie dans l'éducation classique*, IIᵉ partie.

Remarque. — Il peut paraître surprenant que ce soient précisément les purs logiciens qui nient l'utilité pratique de la logique. Pour eux, en effet, elle est toute dans les formes abstraites du raisonnement. C'est, disent-ils, la corrompre que de la mêler à des connaissances empiriques et d'en vouloir tirer des règles ou des préceptes. Son rôle se borne à faire connaître les procédés de l'esprit et le mécanisme de la pensée; sa valeur est exclusivement théorique. Il en est d'elle comme de l'étude de l'harmonie pour la musique, de celle de l'esthétique par rapport à l'art. La première a-t-elle jamais produit un musicien, la seconde créé un artiste ? La morale elle-même ne rend pas l'homme vertueux. Ce qui fait le mauvais raisonneur, ce n'est pas l'ignorance des règles, mais plutôt celle de la matière sur laquelle on raisonne. « La plupart des erreurs viennent bien plus de ce qu'on raisonne sur de faux principes, que de ce qu'on raisonne mal d'après les principes. » — Ce qu'il y a d'erroné dans cette opinion, nous croyons l'avoir montré (p. 251, Cf. 373). C'est d'abord se faire une idée étroite de la logique; mais surtout c'est mal comprendre son emploi dans l'éducation. Il est faux d'ailleurs que la connaissance théorique des lois de l'esprit n'influe pas sur sa direction. Ce qui est vrai c'est l'insuffisance de la théorie quand elle est seule; c'est aussi l'abus si fréquent qu'on fait des règles abstraites. Deux choses sont à observer dans l'éducation. 1° La théorie n'est rien sans les exemples et les exercices qui doivent s'y mêler; 2° la pratique doit y précéder la théorie et non la suivre. La méthode inverse est mauvaise quoiqu'elle soit constamment usitée. L'esprit doit avant d'aborder les règles être déjà meublé de faits et d'idées, s'être longuement exercé sur les réalités. Il en est ainsi de la logique comme de la grammaire et de l'étude des langues, etc. Les logiciens de P. Royal l'ont bien compris, quoiqu'ils aient trop déprécié les règles. — Quant aux principes d'où dépend avant tout la vérité du raisonnement, c'est sans doute l'expérience et la raison qui les donnent; mais la logique n'y est-elle pour rien ? On oublie qu'il est une logique inductive, qui apprend à les former et à les contrôler. (V. p. 408 et suiv.)

SECTION PREMIÈRE

CHAPITRE I

DE LA CERTITUDE

Verum index sui et falsi.

Importance et division du sujet.

De tous les problèmes que se pose la raison humaine, aucun ne surpasse celui-ci en importance et ne l'égale en étendue. Il embrasse l'universalité des connaissances, la pratique comme la spéculation, les croyances morales, religieuses, politiques et littéraires comme les vérités de la science. Aussi Descartes en a-t-il fait la question fondamentale de la philosophie.

On peut y distinguer plusieurs faces qui servent à le diviser. — 1° Qu'est-ce que la certitude? Un état particulier de l'âme, qui doit d'abord être décrit. C'est le côté psychologique, celui de la certitude dans l'esprit ou *subjective*. — 2° L'objet est-il tel que l'esprit croit le voir et le connaître? C'est le côté *objectif* ou absolu, celui de la *vérité* même. — 3° Si la vérité existe, il doit y avoir un signe pour la reconnaître et la distinguer de l'erreur; ce signe, appelé *criterium de la vérité*, est le fondement de la certitude. — 4° A ces trois faces du sujet envisagé dans sa généralité succède une autre recherche plus spéciale et plus longue. Si la vérité est une, les moyens de l'atteindre sont différents. La certitude restant identique revêt des formes différentes selon les vérités que l'esprit connaît, les moyens et les facultés qu'il emploie. De là diverses *espèces de certitude*, dont il faut reconnaître la légitimité, les motifs et les conditions. — 5° La réfutation du système qui nie la certitude, ou du *scepticisme*, est le complément de toutes ces recherches.

ART. I. DE LA CERTITUDE DANS L'ESPRIT OU SUBJECTIVE.

> Nihil est veritatis luce dulcius.
> (Cic., *Académ.*, II, 10.)

La certitude est *l'adhésion ferme et inébranlable de l'esprit à la vérité.*

Le caractère qui la distingue de toute autre forme de la croyance, c'est d'être absolue. Elle n'admet ni degrés ni différences. Elle est ou elle n'est pas. Quel que soit l'ordre de vérités dont il s'agit, elle exclut toute possibilité de doute ou d'erreur. Je suis, le monde existe; la partie est plus petite que le tout; tout fait a une cause. On doit honorer ses parents; César et Napoléon ont existé. Voilà des exemples de vérités diverses dont la certitude est égale et entière, sur lesquelles élever le moindre doute serait absurde.

Un second caractère qui dérive du premier, c'est qu'elle est accompagnée d'une sécurité profonde et du calme le plus parfait. L'esprit s'y repose comme ayant touché son but. Aussi n'y a-t-il rien de plus doux que la lumière de la vérité: *nihil est veritatis luce dulcius.* (Cic.)

Ces caractères distinguent la croyance certaine de tout autre fait analogue ou opposé : de la croyance fondée sur la *probabilité*, de la *vraisemblance* et du *doute*. La plus haute probabilité n'est pas la certitude; car elle suppose la possibilité de l'erreur. Si faible que soit la chance, elle suffit pour altérer la croyance et y introduire le doute. La probabilité n'a rien d'absolu; elle a une foule de degrés; elle se mesure et se calcule; la certitude est un tout indivisible et complet, un infini qui échappe à la comparaison. — La vraisemblance à son tour, loin d'être la vérité, n'en est que l'apparence souvent trompeuse; l'illusion y est à craindre. Le vraisemblable, comme le probable, est matière d'*opinion*, non de certitude; l'opinion est variable et individuelle. (V. Malebranche, *Rech. de la Vér.*, ch. II et III.)

Le *doute* est l'opposé de la certitude. Bien qu'on reconnaisse un doute absolu, qui en réalité ne l'est jamais, son caractère est de varier sans cesse; il a ses alternatives et ses vicissitudes. Aussi est-il accompagné de trouble et d'inquiétude. Nous sentons le besoin de sortir de cet état contraire à notre nature, bien que souvent approprié à notre condition présente. Lorsqu'il s'attache aux vérités qu'il importe réellement à l'homme de connaître et qui doivent le guider dans la vie, il est, après le remords, le plus grand des tourments intérieurs. Quoi qu'en dise Montaigne, le doute n'est pas un oreiller commode pour les têtes bien faites (1). « La suspension du doute nous est un supplice. » (Fénel., *Exist. de Dieu*, II, 4. Cf. *Log.* de Port-Royal, IV, 1.)

ART. II. DE LA CERTITUDE OBJECTIVE OU DE LA VÉRITÉ.

Jusqu'ici la certitude est un simple fait de l'âme, la croyance entière, absolue. Mais notre esprit, lorsqu'il croit ainsi invinciblement à la vérité, la possède-t-il réellement? Le *vrai*, c'est ce qui *est*, non ce qui lui apparaît (2). Entre lui et son objet y a-t-il conformité? Quel moyen a-t-il de s'en assurer. C'est le problème de la *vérité* et de la *légitimité* de nos connaissances.

Ce problème, il faut d'abord le bien comprendre. Y a-t-il une vérité? Celle-ci est-elle comme la raison humaine la conçoit et croit l'apercevoir? Il est évident que, posée ainsi, la question est insoluble par le raisonnement; vouloir la résoudre, c'est débuter par une pétition de principe. Comment démontrer que la vérité existe, sinon en s'appuyant sur une vérité admise sans démonstration? Avec quoi vérifier l'autorité de notre raison, sinon avec une faculté supérieure, dont il faudrait à son tour prouver la légitimité? C'est tourner dans un cercle ou reculer à l'infini. Il en résulte que nous sommes forcés de croire à la légitimité de nos facultés sur leur propre témoignage; de débuter par un *acte de foi* à la vérité (3).

---

(1) « Que s'il est avec cela tranquille et satisfait, qu'il en fasse profession, et enfin qu'il en fasse vanité, et que ce soit de cet état même qu'il fasse vanité, je n'ai point de termes pour qualifier une si extravagante créature. » (Pascal, *Pensées.*)
Voici la phrase de Montaigne : « Oh! que c'est un doux et mol chevet et sain que l'ignorance et l'incuriosité à reposer une tête bien faite. » (*Essais*, III, xiii.)
(2) « Le vrai, c'est ce qui est. » (Bossuet, *Log.*) — « Veritas est qua ostenditur id quod est. » (Saint Augustin.) — Dire que l'être n'est pas, ou que le non-être est, voilà le faux. Dire que l'être est et que le non-être n'est pas, c'est le vrai. (Arist., *Métaph.*, IV, vi.) Cf. *ibid.*, IX, x.
(3) « Tous les raisonnements possibles en faveur de la véracité de nos facultés se réduisent à prendre là-dessus leur propre témoignage; et c'est tout

S'ensuit-il que la certitude ne soit que dans notre esprit, qu'elle soit purement *subjective?* (Kant.) Non. Il suffit que la vérité qui ne se démontre pas se *montre*, qu'elle se fasse connaître à un signe tellement irrécusable, qu'il soit insensé de la méconnaître. Dès lors, cet acte de foi ne sera pas aveugle, mais clairvoyant. L'acquiescement de l'esprit ou son adhésion ne sera que la conséquence nécessaire et légitime de la perception immédiate, ou de l'intuition de la vérité. Hors le cas où la vérité n'est pas aperçue immédiatement, où entre elle et notre esprit il faut placer des intermédiaires (ce qui est celui de la démonstration), il est évident qu'il doit toujours en être ainsi; sans quoi l'on tombe dans toutes les absurdités du scepticisme absolu. (V. *infrà*.)

Si l'on approfondit la question, on voit qu'elle est susceptible de deux réponses : l'une indirecte, l'autre directe. La première consiste à montrer les absurdes conséquences du système qui nie la vérité, ou du scepticisme absolu. L'autre, nous l'avons donnée. La vérité, disons-nous, se montre et ne se démontre pas. Elle se voit, et quand elle apparaît claire, évidente, elle est à elle-même sa preuve : *Verum index sui*. L'acte qui la perçoit est un acte immédiat, intuitif. Entre l'esprit et son objet, il n'y a point d'intermédiaire. Le moyen terme, qui serait l'*idée* elle-même, n'est qu'une fiction des philosophes. L'idée est l'esprit qui voit, non une copie, une image de la réalité. L'intermédiaire, c'est la lumière, par laquelle la vérité se manifeste et qui est la vérité même, car la vérité est lumière. Hors le cas du raisonnement, qui lui-même rentre dans l'intuition, c'est ainsi que la vérité apparaît à l'intelligence. L'harmonie que l'on cherche est donc trouvée entre la pensée et l'être, le sujet et l'objet. Demander qu'elle se prouve, c'est se placer en dehors de la vérité et fermer à jamais le chemin qui y conduit. C'est par *intuition* que l'esprit saisit d'abord la vérité : *Immediate per sensum sui veritas cognoscitur.* (Bacon, *De Augm.*, V, 4.) Du moins en est-il ainsi des vérités premières de la raison et des faits de l'expérience, sans lesquels il n'y a ni déduction ni induction. L'évidence seule force l'esprit à les reconnaître. S'enquérir

---

ce que nous pouvons faire, jusqu'à ce que Dieu nous ait accordé de nouvelles facultés pour juger les anciennes. » (Reid, t. V, *Essai* VII, ch. VI.)

d'une autre preuve, vouloir une démonstration en règle, accuser l'esprit d'impuissance parce qu'il ne peut la donner, douter parce qu'un autre signe n'existe pas, c'est s'agiter dans le vide autour d'un problème insoluble. L'effort pour le résoudre est déjà un acte insensé (1).

ART. III. DU CRITÉRIUM DE LA VÉRITÉ OU DU FONDEMENT DE LA CERTITUDE.

§ I. De l'évidence comme fondement de la certitude.

Il y a donc un signe certain auquel la vérité se reconnaît et qui est le principe de toute certitude. Ce signe distinctif du vrai et du faux, *veri et falsi nota* (Cic., *Acad.*), c'est l'évidence. C'est ce que Descartes établit (*Disc. de la Méth.*, IV) en faisant voir que la vérité la plus certaine et dont il est impossible de douter, celle de notre propre existence attestée par la pensée, n'a pas d'autre fondement pour se faire admettre que son extrême évidence. Il en est de même de toute vérité. Il en conclut que « nous ne devons jamais nous laisser persuader que par l'évidence de la raison. » (*Ibid*). « Ainsi que la lumière se montre elle-même et avec soi montre les ténèbres, ainsi la vérité est à elle-même son critérium, et elle l'est aussi de l'erreur. » (Spinosa). Et l'opposé est vrai, ajoute Malebranche : « L'esprit ne voit jamais clairement ce qui n'est pas. »

§ II. Démonstration de ce principe.

Insistons sur ce point capital.

Le fondement de toute certitude, disons-nous avec Descartes et toute son école, est l'*évidence de la raison*. On établit ce principe de deux manières : 1° en faisant voir qu'il en est et doit être ainsi de toute vérité; 2° en montrant l'absurdité des hypothèses contraires.

Quel est le dernier principe sur lequel s'appuient tous nos jugements et nos raisonnements? N'est-ce pas l'évidence de ces sortes de vérités qui portent leur lumière en elles-mêmes, et que l'on nomme axiomes ou vérités de sens commun? Si l'on vient à les nier, les hommes cessent de s'entendre; le

---

(1) V. Descartes, *Règles pour la dir. de l'esprit.*

langage même est impossible, le lien intellectuel est brisé. — S'agit-il des faits simples, qui nous force à les reconnaître et à les admettre, sinon l'évidence qu'ils portent en eux-mêmes? Les faits se constatent et ne se prouvent pas. La clarté qui les environne est la seule garantie de leur certitude. — Si ce sont des vérités que le raisonnement démontre, le raisonnement lui-même n'est qu'une série de propositions dont le rapport avec une proposition première, évidente ou démontrée, est rendu évident; c'est ainsi que la conclusion devient certaine. L'évidence doit être au commencement, au milieu et à la fin ; ou la chaîne est rompue (1). Là est toute la force de la démonstration, et la certitude de la vérité démontrée. (V. *Démonstration*.) — Il en est de même des vérités qui sont l'objet du témoignage, comme on le verra en son lieu.

Ainsi, en fait, partout l'évidence est le fondement de sa certitude. Dès qu'elle cesse, l'esprit cesse de croire, ou la croyance n'est plus certaine. L'opinion remplace la certitude. Dès qu'elle apparaît, l'esprit acquiesce et rend hommage à la vérité. A moins de fermer les yeux à la lumière, il ne peut refuser son adhésion.

Que l'on consulte la nature de la vérité et de l'intelligence qui la saisit, on verra qu'il n'en peut être autrement. 1° L'essence de la *vérité* est de se manifester; elle-même est lumière. Or, l'évidence, c'est cette lumière de la vérité qui frappe notre esprit (2). 2° Quant à l'intelligence, son essence est de connaître, et connaître, c'est voir. L'acte intellectuel, primitif et simple est l'intuition, *intuitus mentis*. (Descartes, *Règl. pour la dir de l'espr.*) Dans toute langue, les termes qui caractérisent l'acte primordial de l'esprit rappellent la vue directe, la vision, comme ceux qui s'appliquent

---

(1) « La connaissance démonstrative n'est qu'un enchaînement de connaissances intuitives dans toutes les connexions des idées médiates. » (Leibnitz, *Nouv. Essais*, liv. IV, ch. II, § 7.)

(2) « L'évidence, qu'on a si souvent comparée à la lumière, lui ressemble à cet égard comme à tant d'autres ; et comme la lumière se manifeste elle-même, en même temps qu'elle nous découvre les objets visibles, ainsi l'évidence, qui est la garantie de toutes les vérités, est à elle-même sa propre garantie. » (Reid.) — « Comme il ne faut point d'autre marque pour distinguer la lumière des ténèbres que la lumière même qui se fait assez sentir, ainsi il n'en faut point d'autres pour reconnaître la vérité que la clarté même qui l'environne, et qui se soumet l'esprit et le persuade malgré qu'il en ait. » (Port-Royal, *Log.*, Ier Disc.)

à la vérité et à la connaissance rappellent la clarté et la lumière. L'erreur et l'ignorance sont qualifiées d'obscurité, de ténèbres, d'aveuglement. Aussi les scolastiques ont parfaitement défini l'évidence : *Fulgor quidam mentis assensum rapiens*.

Mais, dira-t-on, comment discerner la vraie de la fausse évidence? « Il faut avoir des marques de ce qui est clair et distinct. Autrement, n'est-ce pas autoriser les visions des gens qui se flattent et qui nous citent à tous moments leurs idées? » (Leibnitz, Helvétius.) — Nous répondons avec Descartes en distinguant, en effet, la vraie évidence, celle de la *raison*, de la fausse clarté des sens ou de l'imagination. Quel sera le juge? La raison elle-même, juge suprême en matière d'évidence et de vérité. Elle sait distinguer la vérité de l'illusion ou de l'apparence (1).

La vraie évidence est durable, elle brille, toujours du même éclat ou d'un éclat plus vif à mesure que l'intelligence la considère. La fausse évidence, celle des sens, est mobile comme eux. L'apparence croît et décroît, elle s'altère ou se dissipe devant l'œil pénétrant et attentif de l'esprit. Elle fuit alors comme l'ombre chassée par la lumière. Ainsi se discerne la vérité de l'erreur et de l'illusion après les états où la raison humaine subit quelque éclipse, tels que le sommeil, l'ivresse, la folie et l'aveuglement de la passion. Ces états sont momentanés. L'esprit lui-même les distingue, à moins qu'il n'y ait perturbation complète. La raison saisit donc elle-même cette différence, parce qu'elle possède une plus haute lumière. Il suffit qu'elle soit attentive à son objet. Telle est l'évidence des vérités nécessaires ou démontrées, de tout fait clair et palpable. Une telle évidence est permanente, éternelle. « Fût-elle trouvée pendant le sommeil, la vérité n'en est pas moins une vérité démontrée, » comme dit Descartes. (*Disc. de la Méth.*, IV.) Car il y a des vérités que l'esprit ne peut voir et concevoir autrement qu'il ne les voit et ne les conçoit. « La raison ici n'erre jamais. » (Aristote, *De Anima*, ch. x.) Cf. Bossuet, *Conn. de Dieu*, I et IV (2).

1) *Perspicuitas illa quam diximus satis magnam habet vim, ut ipsa per sese, ea quæ sint, nobis ita ut sint indicet.* (Cic., *Acad.*, II, 14.)
(2) « Il ne dépend pas de nous de croire que le oui est le non, qu'un cercle est un triangle, qu'une vallée est une montagne, que la nuit est le jour... Rai-

§ III. Des systèmes opposés à l'évidence de la raison.

On a nié que l'*évidence de la raison* fût le critérium de la vérité et l'on a cherché un autre fondement à la certitude. Sans parler de l'évidence des *sens* ou de la *sensation*, que proclame le *sensualisme*, ou de celle du *sentiment*, etc. (Pascal), la *véracité divine*, le *principe de contradiction*, celui de la *convenance des idées*, la *raison suffisante*, l'*autorité* de la *révélation*, le *consentement général* sont autant de principes qu'on a essayé de lui substituer. Il est facile d'en faire ressortir la contradiction et de montrer qu'eux-mêmes ne sont rien sans l'évidence de la raison, qui garantit leur vérité.

1° La *véracité divine* suppose que nous savons, de science certaine, que Dieu existe et qu'il ne peut tromper. Comment l'homme croira-t-il à Dieu et à la véracité divine, s'il ne croit à lui-même et à ses propres idées ? Dirons-nous avec Pascal que « personne n'a d'assurance, hors la foi, s'il veille ou s'il dort ? » (*Pensées*.) — Il y a pourtant du vrai dans cette opinion. Quand la raison, appuyée sur sa propre évidence, s'est élevée jusqu'à Dieu, elle trouve dans la conception claire de son rapport avec la vérité éternelle l'explication du principe qui sert de base à sa propre certitude. La raison est satisfaite. Mais l'*explication* n'est pas la garantie ; ni la confirmation, la preuve. Dieu est la source première de l'évidence, *fons luminum*. Mais il faut que l'esprit qui reçoit la lumière, le sache et se sente éclairé. Pour remonter jusqu'à son principe, elle doit avoir foi en elle-même. Le sceptique est athée.

Tout ceci est la confusion du rapport *ontologique* avec le rapport *logique*. C'est prendre la raison qui explique pour celle qui démontre, la confirmation pour la preuve. Otez l'évidence, il n'y aura rien, le doute est absolu. On tombe ainsi dans le cercle vicieux que Descartes lui-même n'a pas su éviter. (*Disc. de la Méth.*, IV, et *Médit.*, III.)

sonnez tant qu'il vous plaira, je vous défie de former aucun doute sérieux contre aucune de vos idées claires... C'est par elles que vous jugez, elles sont la règle immuable de vos jugements. Ceux qui rejettent cette règle spéculativement ne s'entendent pas eux-mêmes et suivent sans cesse par nécessité ce qu'ils rejettent dans la spéculation. » (Fénelon, *Lett. sur la mét.*, ch. III.)

2° Locke (*Ent. hum.*, IV, ch. I et III) considère l'*accord de la vérité avec elle-même*, ou la *convenance des idées*, comme le caractère de la vérité. Cela est vrai du raisonnement; mais le *critérium logique* en suppose un autre plus général. Comment savons-nous que la vérité s'accorde avec elle-même ou ne se contredit pas? Même paralogisme.

3° La *raison suffisante* de Leibnitz ne peut être qu'une vérité évidente d'elle-même qui se suffit ou en qui l'esprit se repose. A ce titre, elle prête sa lumière à d'autres vérités. Chercher ailleurs la raison de la certitude, dans l'accord des idées ou des vérités, c'est encourir le reproche précédent. « La raison n'a que ses idées. » (Fénelon.) Leur accord suppose leur vérité. Autrement, la logique ne combine que de vaines abstractions.

4° Est-ce la *sensibilité* qui doit fournir le *critérium* de la vérité et une base fixe à la certitude? On connaît ses caractères. (V. *Sensibilité*.) Une pareille mesure est la mobilité même. (V. Platon, *Théétète*.) Du sensualisme et de l'empirisme naît le scepticisme. (V. *infrà*.)

§ IV. Du système de l'autorité.

Quant au système qui, après avoir proclamé l'impuissance de la *raison*, prétend asseoir la certitude sur l'*autorité*, soit qu'il prenne son point d'appui dans la *révélation*, soit qu'il ait recours au *consentement général* ou à la *tradition*, il est facile de montrer qu'il ne peut se soutenir que par les plus évidentes contradictions. D'abord, en niant l'autorité de la raison *individuelle*, il méconnaît le caractère de la raison, qui est précisément de n'être pas individuelle. La raison en nous est au-dessus de nous : elle est *impersonnelle*. (V. *Raison*.) La raison aperçoit la vérité, elle ne la fait pas. Son évidence n'est pas notre évidence. (*Ibid.*) Sa lumière n'est pas notre lumière, elle brille pour tous les esprits. C'est le soleil des intelligences. (Fénelon, Malebranche.) Parler de raison ou de vérité individuelle, c'est confondre le domaine de l'*opinion* avec celui de la *certitude* et de la *science*. (V. Platon, *Théétète*.)

Un pareil système repose sur la plus palpable des contradictions; il ne conduit pas comme il le prétend, à la foi, mais au scepticisme même en matière religieuse. Il est forcé d'en appeler sans cesse à l'évidence de la raison qu'il combat. Il réfute celle-ci avec des arguments dont elle seule doit apprécier la valeur. Il produit de longs raisonnements sans s'apercevoir qu'il tourne dans un cercle vicieux perpétuel, et que la raison qu'il prétend convaincre étant incapable, selon lui, de discerner le vrai du faux, doit être sourde à tous ses discours. S'il est conséquent, il supprime toute communication entre l'homme et Dieu et rend la révélation impossible; car Dieu ne peut parler à l'homme qu'en s'adressant à ses facultés et en se mettant à leur portée (1). Les preuves morales ou historiques sur lesquelles s'appuie la révélation n'ont aucune valeur. Qui doit, en effet, apprécier la légitimité du témoignage, sinon cette même raison individuelle à qui on a refusé le droit de juger par elle-même? Ce système conduit au scepticisme absolu. *Ne hoc quidem cernunt omnia se reddere incerta.* (Cic., *Acad.*, II, 17.)

A ceux qui disent, avec les faux sceptiques :

> Homme, vante moins ta raison,
> Vois l'inutilité de ce présent funeste (Mme DESHOULIÈRES),

nous répondons avec Fénelon : « Que pouvons-nous faire, sinon suivre notre raison, et si c'est elle-même qui nous trompe, qui nous détrompera? Avons-nous, au-dedans de nous, une autre raison supérieure à notre raison même, par le secours de laquelle nous puissions nous défier d'elle, et la redresser*? » Toute l'étendue de notre raison, loin de nous révolter contre nos *idées*, ne consiste qu'à les consulter comme règle supérieure et immuable. « Si la raison est raison, elle ne consiste que dans la simple et fidèle consultation de mes *idées*. Je ne puis juger d'elle et je juge tout

---

* *Remarque.* — « La raison ne peut céder qu'à l'autorité de l'évidence ou à l'évidence de l'autorité, » a dit très-bien M. de Bonald lui-même. — « La raison n'a que ses idées; elle n'a point en elle de quoi les combattre; il faudrait qu'elle sortît d'elle-même et qu'elle se tournât contre elle-même pour les contredire. Quand même elle ne trouverait point de quoi montrer la certitude de ses idées, elle n'a rien en elle qui puisse lui servir d'instrument pour ébranler ce que ses idées lui représentent... Si je renonce à ma raison et si elle m'est suspecte en ce qu'elle me présente de plus clair, je suis réduit à cette extrémité de

(1) « C'est la raison qui fait connaître la vérité de la révélation. » (Leibnitz.)

par elle. Dans tous mes jugements, soit que j'affirme ou que je nie, c'est toujours mes idées immuables qui décident de ce que je pense. Il faut donc ou renoncer pour jamais à toute raison, ou suivre mes idées claires sans crainte de me tromper. » (*Ibid.*)

Tous les vrais théologiens s'accordent à reconnaître, comme base de la foi, la raison elle-même. Nous serions incapables de foi si nous n'étions doués de raison. *Credere non possemus nisi rationales animos haberemus*, dit saint Augustin. Toute science et toute intelligence viennent de l'évidence des principes : *Certitudo quæ est in scientia et in intellectu est ex ipsa evidentia eorum quæ certa videntur.* (Saint Thomas.) « Il est certain que la foi suppose toujours quelque raison, » dit Arnauld. (*Log.* de Port-Royal, IVᵉ part., ch. XII.) « Le véritable usage de la raison est de ne rien croire sans savoir pourquoi je crois. » (Fénelon, *Lett. sur la Mét.*) Et, ajoute Malebranche : « La foi doit régler les démarches de l'esprit; mais il n'y a que la souveraine raison qui la remplisse d'intelligence. » (*Entr. métaph.*, I.) — « Le sage soumet tout à la raison, jusqu'à la raison elle-même. » (Kant.) « La vie intellectuelle est une succession non interrompue, non pas seulement d'idées, mais de croyances explicites ou implicites. Les croyances de l'esprit sont les forces de l'âme et les mobiles de la volonté. Ce qui nous détermine à croire, nous l'appelons *évidence* (vue). La raison ne rend pas compte de l'*évidence*. L'y condamner, c'est l'anéantir. Si le raisonnement ne s'appuyait pas sur des principes antérieurs, l'analyse n'aurait point de fin, ni la synthèse de commencement. Ce sont les lois fondamentales de la croyance qui constituent l'intelligence. » (Royer-Collard; Reid, t. IV, p. 450.)

§ V. Rapports de la raison et de la foi.

Ici s'élève une haute et grave question, celle des rapports

douter si une chose peut tout ensemble être et n'être pas. Je ne puis me prendre à rien pour m'arrêter dans une pente si effroyable; il faut que je tombe jusqu'au fond de cet abîme. » (Fénelon, *Exist. de Dieu*, IIᵉ part., chap. I.) — Comme si nous possédions en nous un principe plus raisonnable que la raison même. (*Ibid.*, ch. IV.) — « Parler contre la raison est parler contre la vérité. » Leibnitz, *Nouv. Essais*, liv. II, ch. XXI, § 50.)

de la *raison* et de la *foi* et de leurs limites respectives. Nous n'avons point la prétention de la traiter. Nous nous bornerons à dire que la raison et la foi ne peuvent être opposées. A quoi aboutirait, en effet, cette opposition, si ce n'est à jeter le trouble et l'incertitude dans l'esprit, et à ruiner la foi elle-même (1)? La vérité ne peut se contredire. Quelle que soit sa source, elle est une et identique à elle-même. « D'ailleurs, comme la raison est un don de Dieu, aussi bien que la foi, leur combat ferait combattre Dieu contre Dieu. » (Leibnitz.) Loin donc d'admettre l'opposition entre les deux ordres de vérités, on doit maintenir leur conformité.

Mais à quelles conditions cet accord peut-il s'établir? Est-ce par l'abaissement et la soumission absolue de la raison? Nous croyons devoir ici nous ranger à l'avis des philosophes et des théologiens qui, en distinguant la foi de la certitude rationnelle, ont reconnu les droits de l'une et de l'autre, et nous adopterons en particulier sur ce point les explications de Leibnitz. Nous disons avec lui que la distinction ne peut aller jusqu'à une contradiction ; que ce qui est contradictoire aux yeux de la raison n'est plus un mystère, et que la raison ne peut l'admettre. Placée entre une affirmation et une négation également évidentes, son état naturel est le doute. Le *Credo quia absurdum* d'un Père de l'Église (Tertullien) ne peut être pris à la lettre; ce qui peut paraître absurde dans les vérités de la foi, le *paraît* seulement. On doit distinguer ce qui est *au-dessus* de la raison de ce qui est *contre la raison*. (Leibnitz.) Il ne faut pas non plus porter trop loin l'*être au-dessus de la raison*, confondre l'*incompréhensible* avec l'*inintelligible*. (*Id*.) Ce qui ne se comprend pas doit au moins se concevoir. Sans cela, que seraient les mystères? Pas même des mystères, mais des mots vides de sens, *sine mente soni*. (Leibnitz.) « Les mystères peuvent s'expliquer autant qu'il le faut pour les croire. » D'un autre côté, quand on dit que les mystères heurtent la raison et lui répugnent, s'agit-il bien de la raison? L'homme a plusieurs facultés qui doivent s'exercer chacune dans le

---

(1) « Je ne raisonne point, mais je veux croire... Penser de la sorte..., c'est manquer de foi, car la foi, je dis la foi chrétienne, n'est point un pur acquiescement à croire, mais un acquiescement raisonnable. » (Bourdaloue, *Pensées*, à lire.)

cercle qui lui est tracé et ne pas en sortir. Par les sens nous connaissons les choses visibles, par la conscience les phénomènes de l'âme. Le raisonnement proprement dit s'exerce également dans la sphère des vérités finies. Vient-il à la dépasser, il ne comprend plus, il s'égare, il applique à l'infini la règle et la mesure du fini; il n'est donc pas étonnant qu'il trouve partout des contradictions. Mais au-dessus du *raisonnement* est la *raison* elle-même qui conçoit l'infini si elle ne le comprend. Sans doute la nature divine reste pour elle enveloppée de voiles impénétrables; mais en contemplant les vérités qui l'expriment, elle ne se sent par blessée. On oublie que la raison de l'homme est une émanation et une image de la raison divine, et que, toute finie qu'elle est, elle représente l'infini dans l'âme humaine. « Cette portion de raison que nous possédons est un don de Dieu : cette portion est conforme avec le tout, et ne diffère de celle qui est en Dieu que comme une goutte d'eau diffère de l'Océan, ou plutôt le fini de l'infini. » (*Id.*) Il doit donc y avoir harmonie nécessaire entre la raison divine et la raison humaine. Celle-ci doit accueillir, non comme étrangères et opposées à elle, mais comme conformes à son essence, les vérités qui lui révèlent la nature de Dieu et la réalisation de ses desseins sur le monde.

En un mot, il nous semble que, s'il ne faut pas exalter l'orgueil de l'homme, ce n'est pas en abaissant sa raison, mais au contraire en l'élevant et en la rappelant à son principe, qu'on la dispose à accepter les vérités de la foi, surtout que l'on peut combattre avec avantage les arguments d'un étroit et faux rationalisme. (V. Leibnitz, *Théodicée*, Disc. prélim.) — Cf. *Log.* de Port-Royal, IVe part., ch. XII (1).

ART. IV. DES DIFFÉRENTES ESPÈCES DE CERTITUDE.

§ I. De la certitude médiate et immédiate, physique, métaphysique et morale.

La certitude, étant absolue, ne comporte ni degrés ni différence. Quel que soit l'ordre de vérités que l'on considère,

---

(1) « Toute vérité est conforme à la raison et un jour nous comprendrons ce qui nous est incompréhensible. C'est la fausse raison que seule il faut fuir. La vraie raison n'est pas détruite mais amplifiée par la foi. » (Saint Augustin.)

son principe est toujours le même : l'évidence rationnelle. N'est-ce pas la même raison qui juge, tantôt par les sens, tantôt à l'aide du raisonnement, etc. ? La raison est une et ne se laisse pas diviser. En réalité, il ne peut donc y avoir plusieurs espèces de certitude. (V. Reid, t. IV.)

Cependant, comme les conditions pour obtenir la vérité varient selon les objets et les facultés qui nous mettent en rapport avec eux, on distingue plusieurs sortes de certitude et d'évidence. 1° La certitude est *immédiate* ou *directe* lorsque la connaissance est *intuitive*, comme dans l'observation des sens ou dans la conception des vérités premières. 2° Elle est *médiate* ou indirecte lorsque nous n'atteignons la vérité qu'à l'aide d'intermédiaires ou à la suite de plusieurs jugements. On nomme *discursive* l'évidence du raisonnement.

On divise également la certitude en *physique*, *métaphysique* ou *morale*.

1° La certitude *physique* est celle qui repose sur le témoignage des sens. 2° On appelle certitude *métaphysique* celle qui s'attache aux vérités nécessaires de la raison. De ce genre est la certitude *mathématique*. 3° Par certitude *morale*, on entend celle qui repose sur le témoignage de nos semblables ou la certitude *historique*. Quant aux vérités morales, elles sont nécessaires et absolues.

Une règle importante, c'est que : pour les vérités de ces trois classes, il faut se contenter des preuves qui conviennent à chacune, et il serait ridicule de vouloir exiger une démonstration géométrique des vérités d'expérience ou historiques. « Il y a, dit Euler, des gens qui ne veulent rien croire ni admettre que ce qu'ils voient de leurs yeux et touchent de leurs mains ; tout ce qu'on leur prouve par les raisonnements les plus solides leur demeure toujours suspect, à moins qu'on ne le leur mette devant les yeux. L'expérimentateur ne veut que des expériences, le raisonneur que des raisonnements. J'ai connu des hommes qui, entièrement enfoncés dans l'étude de l'antiquité et de l'histoire, n'admettaient rien qu'on ne leur prouvât par l'histoire, ou l'autorité de quelque auteur ancien. Voilà un triple égarement, qui arrête bien des gens dans la connaissance de la vérité. Il faut être indifférent pour les trois espèces de preuves que chaque classe exige; et pourvu qu'elles soient suffisantes, on est obligé de les reconnaître. » (*Lett.*, II° part., XLVII.) (1)

§ II. Certitude ou légitimité de nos facultés.

Il y aurait à faire ici la critique de nos diverses facultés : tâche fort longue et difficile. Chacune a sa certitude et son *critérium*, qui relève, il est vrai, du *critérium* général. Elle a ses conditions, sa portée, ses limites. Bornons-nous à montrer leur légitimité.

1° — CERTITUDE DU SENS INTIME. — Pour révoquer en doute l'autorité du sens intime, il faudrait, comme l'a prouvé Descartes, douter de notre propre existence et de la pensée qui la révèle; mais douter de son existence et de sa pensée, douter même de son doute, c'est encore croire à son doute, à sa pensée et à son existence. Le scepticisme le plus absolu est donc forcé de s'arrêter devant le témoignage de la conscience. (V. *suprà*, p. 36.)

2° — CERTITUDE DU TÉMOIGNAGE DES SENS. — Elle n'est pas moins irrécusable que celle du sens intime. Nous croyons à l'existence des corps, à celle du monde et de nos semblables, comme à notre propre existence. Le doute ici ne pourrait manquer de produire les conséquences les plus absurdes dans la théorie et les plus funestes dans la pratique. Aussi ceux qui l'ont professé se sont-ils gardés d'être conséquents avec eux-mêmes. Ils croyaient, comme le vulgaire, à la réalité des objets. « Nous ne lisons pas, dans l'histoire de la philosophie, qu'aucun sceptique se soit jeté dans le feu ou dans l'eau pour avoir méprisé le témoignage de ses yeux, ni qu'il ait montré, dans une seule partie de sa conduite, moins de confiance en ses sens que les autres hommes. » (Reid, t. IV, p. 35.) Ce que l'on raconte de Pyrrhon, que ses disciples étaient obligés de l'accompagner, n'est qu'une fable. L'anecdote, fût-elle vraie, ne prouverait qu'une chose : c'est que ce philosophe serait devenu fou. On peut prouver, par des arguments plus ou moins spécieux, que nos sens ne méritent pas notre confiance; mais chacun ne

---

(1) « Il ne serait pas moins absurde de supposer un mathématicien qui ferait de la rhétorique que d'exiger d'un orateur des démonstrations géométriques. » (Aristote, *Eth. à Nicom.*, I, 2.)

se sert pas moins de « ces lunettes taillées par la main de Dieu. » (*Log.* de Port.-Royal, IV, ch. I.)

L'erreur de ces philosophes est d'avoir cru que l'existence du monde extérieur a besoin d'être prouvée. Descartes y est tombé le premier, et il a ouvert ainsi la porte au scepticisme de ses successeurs (Malebranche, Berkeley, Hume), qui ont nié la légitimité du témoignage des sens. (V. Reid, *ibid.*)

Ce qu'ils ont démontré, ce n'est pas que le monde n'existe pas, ou que nous devons douter de son existence, mais qu'il est en effet impossible d'en donner la preuve par le raisonnement. On se serait épargné aussi bien des déclamations sur les *erreurs des sens*, si on avait voulu reconnaître leur rôle. (V. *Perception.*) Nos sens, sauf le toucher, ne nous donnent que des signes. Si nous les interprétons mal, faut-il s'en prendre à eux ou à nous-mêmes, à notre défaut d'attention, à la précipitation de nos jugements? La perception extérieure a ses lois. Ne pas les observer, c'est risquer de se tromper. Les erreurs des sens ne prouvent pas plus contre leur témoignage que celles du raisonnement contre sa certitude, lorsque nous manquons à ses règles. L'évidence des perceptions sensibles ne le cède en rien à toute autre, pas même à l'évidence mathématique. Le physicien, qui étudie les phénomènes de la nature, sait se préserver des causes d'erreur attachées à l'imperfection de ses sens, en suivant les règles que lui prescrivent le bon sens et la méthode; la science qui résulte de ses expériences offre toutes les garanties de la plus complète certitude.

3° — CERTITUDE DE LA MÉMOIRE. — Les infidélités de la *mémoire* ont également fait révoquer en doute l'autorité de cette faculté. Plusieurs philosophes ont cru raffermir cette autorité en lui donnant pour base l'expérience ou le raisonnement. C'était fournir au scepticisme de nouvelles armes. Il suffit de remarquer l'étroite solidarité qui unit à la mémoire les autres facultés dont les opérations sont successives, pour voir qu'il est impossible de lui faire un sort à part et de l'attaquer sans ébranler l'édifice entier de la connaissance humaine. Sans elle, l'esprit humain est semblable au tonneau percé des Danaïdes. Si je ne puis me fier à ma mémoire, le fil de mon existence se rompt à chaque moment; je demanderais en vain à l'expérience ou au raisonnement de le renouer, puisqu'ils ne sont possibles que par la mémoire. Il faut donc lui reconnaître la même certitude qu'aux autres facultés. Toutes les fois que le souvenir est clair, accompagné de l'évidence, la conviction qui s'y attache est aussi irrésistible que si nous avions son objet sous les yeux. Vouloir en douter est absurde en théorie et impossible dans la pratique.

4° — CERTITUDE DU RAISONNEMENT. — Quoique le raisonnement ne nous fasse saisir la vérité qu'à l'aide d'intermédiaires, il n'est pas moins sûr que les facultés qui atteignent immédiatement leur objet. Car il se compose d'une série de jugements dont chacun est intuitif, et la perception du rapport est également intuitive. Si le principe est vrai, et que l'évidence se transmette sans interruption à la dernière conséquence, celle-ci est aussi certaine que le principe. — Le raisonnement a des règles certaines, faciles à appliquer dans un grand nombre de cas, et qui nous permettent de distinguer infailliblement l'erreur de la vérité. Quand elles ont été observées avec exactitude, l'évidence est complète, et nous ne pouvons nous y refuser. La démonstration mathématique en est un exemple et il n'est pas le seul. Qu'il s'agisse de quantités ou de vérités physiques et morales, le procédé est le même; les règles ne changent pas. La distinction que l'on fait quelquefois en faveur du raisonnement mathématique est fausse et superficielle (1).

5° CERTITUDE DE LA RAISON. — Au-dessus du raisonnement est la raison qui lui fournit ses principes. Le scepticisme ne l'a pas épargnée. Comme les premières vérités ne se démontrent pas, il a cru pouvoir les qualifier d'*hypothèses*, et dire que tout l'édifice de la science humaine repose, en définitive, sur une base hypothétique. (Sext. Emp.) Que répondre à cet argument? Rien. Il n'y a pas de raison à donner à ceux qui nient la raison. Au lieu de les réfuter, il faut leur laisser ce soin à eux-mêmes. Le scepticisme, en effet, porte la peine de ses insultes au sens commun; il ne peut ouvrir la bouche sans se contredire; chacune de ses paroles est un acte de foi,

---

(1) « Si la géométrie, dit Leibnitz, avait quelque rapport avec nos sentiments, on ne disputerait guère moins sur ses axiomes et ses théorèmes qu'on ne fait sur la morale. »

un hommage rendu à la vérité. Il suffit donc d'avoir montré que ces principes sont les bases de la croyance et de la science humaines. Quant à ceux qui les nient, comme ils se placent en dehors des conditions du raisonnement et de toute discussion, ils ne doivent pas exiger qu'on leur réponde; on doit les laisser triompher de leur victoire sur la raison et ne pas les troubler dans cette tranquille possession du vide. Le scepticisme arrivé à ce point serait, s'il était sérieux, une maladie de l'esprit, incurable par les moyens que possède la logique.

Un philosophe moderne, Kant, après avoir reconnu la nécessité et l'universalité des idées de la raison, leur refuse toute valeur *objective*. Selon lui, elles n'ont pas d'objet qui leur réponde en dehors de notre esprit qui les conçoit : ce sont de simples *formes* de notre entendement; elles dépendent de sa constitution et s'évanouiraient avec elle. — Il est aussi difficile de réfuter ce système que le précédent, dont il diffère peu. Avec quoi, en effet, le réfuter, si ce n'est avec cette même intelligence gouvernée par les lois inhérentes à sa nature, et en s'appuyant sur les idées qui sont précisément en cause? Mais si ce système est irréfutable, c'est qu'il se place en dehors des conditions de tout raisonnement.

L'objection que se fait Kant, tout esprit peut se la faire, Dieu lui-même aussi bien que l'homme, et il serait éternellement sceptique (1). Ceci prouve que le premier acte de la raison est un acte de foi à sa propre autorité. Sans cela, il est impossible d'échapper au doute absolu. La raison ne peut se démontrer elle-même à elle-même, parce qu'en matière de vérité, il n'y a rien au-dessus d'elle. Le système de Kant conduit, d'ailleurs, à des conséquences qui le réfutent et le condamnent. La logique le pousse facilement au scepticisme absolu. En vain son auteur, après avoir révoqué en doute, au point de vue spéculatif, l'existence de Dieu, l'immortalité de l'âme et la liberté humaine, essaye-t-il de relever les croyances religieuses et morales à l'aide d'une distinction entre la raison *théorique* et la raison *pratique*. La raison n'est pas double; quoique diverse dans ses formes, elle est une et identique. Si elle est condamnée au doute dans une

---

(1) V. Cousin, *Leç. sur Kant*, 8ᵉ leçon.

de ses formes essentielles, elle l'est dans toutes. « On ne fait pas au scepticisme sa part; dès qu'il a pénétré dans l'entendement, il l'envahit tout entier. » (Royer-Collard, *Fragm.*; Reid, t. IV, 454.) — Ce n'est pas tout : le philosophe allemand reconnaît la réalité des objets de l'expérience ou l'*objectivité* des perceptions sensibles ; mais 1° pourquoi cette distinction en faveur des sens et qui prouve à leur tour leur véracité? 2° Si les phénomènes sont réels, que sont les lois de la nature? Elles échappent aux sens ; elles aussi sont donc des formes de notre entendement, nous les imposons à l'univers. 3° Les *causes* ou agents physiques, la *substance* des êtres sont de pures conceptions et n'ont de réalité que dans notre esprit. Qu'est-ce alors que la nature? Un ensemble de phénomènes sans causes, de propriétés sans substance, de vaines apparences, d'ombres sans réalité. Le monde moral, à son tour, qu'est-il? Le *moi* n'est que la collection des phénomènes de la pensée. L'âme ou l'*esprit*, la substance spirituelle, est aussi une pure conception de la raison, elle n'a aucune réalité ontologique. Ce système aboutit au scepticisme et à une sorte de nihilisme. — Il n'y a qu'un moyen d'échapper à de telles conséquences ; c'est de maintenir, avec le sens commun, l'autorité de la raison, et la certitude des vérités qui servent de base à toute science comme à toute doctrine religieuse et morale.

6° CERTITUDE DU TÉMOIGNAGE DES HOMMES. — Le scepticisme (Bayle) n'a pas plus épargné ce moyen de connaître que les autres motifs de certitude; mais il est facile de le réfuter par ses absurdes conséquences. L'homme qui n'ajouterait aucune foi au témoignage de ses semblables serait par là même rayé de la société et obligé de vivre en solitaire. L'éducation a pour condition première la foi à la parole d'autrui (1). Ce scepticisme renverse à la fois tous les principes de la sociabilité, de la législation et de l'histoire.

Un autre système, l'opposé du précédent, fait reposer toute certitude sur le témoignage des hommes et sur le *consentement général*. (Lamennais.) Le cercle vicieux est palpable :

---

(1) Δεῖ πιστεύειν τόν μανθάνοντα. (Arist., *Réf. des Soph*, sect. II, ch. II.) — Cf. saint Aug., *De Ord.*, ch. IX; Portalis, *Usage et Abus de l'Esprit philos.*, ch. XXII et XXIII.

si je dois douter de la véracité de mes facultés, si la conscience, les sens, le raisonnement, la mémoire me trompent et ne méritent pas ma confiance, alors pour savoir, de science certaine, que j'existe, que le monde existe, que deux et deux font quatre, je dois consulter mes semblables et m'assurer si leur témoignage est unanime. Il est un autre point, le premier, sur lequel je dois aussi apparemment les consulter, savoir : s'ils existent réellement eux-mêmes. Les contradictions de ce système ont été trop de fois relevées pour qu'il soit nécessaire de l'entreprendre de nouveau.

DE LA PROBABILITÉ.

I. *Sa nature.* — La probabilité est ce degré inférieur de la croyance où, l'évidence manquant à l'esprit, il ne peut juger avec certitude, et où il échappe toutefois au doute, parce que le jugement est déterminé par quelque raison qui l'incline à croire plutôt qu'à rester en suspens. Elle diffère de la certitude en ce qu'elle n'a rien d'absolu et offre une foule de degrés. Il y a une échelle de probabilités dont chaque degré se mesure par le nombre des chances favorables et défavorables, ou s'apprécie par des motifs de crédibilité. Mais ni aucun de ces motifs, ni leur ensemble ne peut donner la certitude. Une part, si petite qu'elle soit, doit être faite à la possibilité de l'erreur.

« Ces jugements, comme l'observe Bossuet, sont les plus fréquents dans la vie ; ils décident des affaires et des délibérations. C'est par eux qu'on juge s'il faut faire la paix ou la guerre, hasarder une bataille, donner ou ôter les emplois. Tant de causes y sont mêlées qu'on ne peut prévoir avec certitude ce qui en résultera. Il est donc d'une extrême importance d'apprendre à bien faire de tels raisonnements. La certitude peut d'ailleurs s'introduire dans la probabilité dont elle est toujours le but. Car encore qu'on ne connaisse pas certainement la vérité, on peut connaître certainement qu'il y a plus de raison d'un côté que de l'autre. » En cela se fait voir la prudence humaine et la fermeté dans les actes. « La certitude qu'on trouve en ce genre n'est pas celle qui nous assure de l'événement, mais celle qui nous assure d'avoir bien choisi les moyens. En ce cas, le succès peut être incertain, mais la conduite est certaine. » (Bossuet, *Logique*, liv. III, ch. XVII, à lire). — Cf. *Log.* de Port-Royal, t. IV, ch. XVI.

II. *Ses espèces.* — Si la probabilité a des degrés, elle a aussi des formes très-diverses. — 1° Elle est relative aux *choses* ou à *nous* (objective, subjective). Elle dépend soit de la contingence, de la possibilité, du hasard des événements, soit de notre ignorance de leurs causes, seul côté où il soit donné de diminuer les chances. — 2° Elle s'applique à l'*ordre physique* ou à l'*ordre moral*. Et encore ici les conditions ne sont pas les mêmes. — 3° Elle peut s'évaluer numériquement ou se calculer, ou elle ne le peut pas.

III. *Méthodes.* — Le *Calcul des probabilités* n'est de mise que là où la *quantité* est l'élément unique ou essentiel du problème. Hors de là cette méthode est fausse. Même dans l'ordre physique, là où l'effet résulte de causes très-diverses et très-compliquées, elle est incertaine

(*Météorologie*). Lorsqu'il s'agit des *qualités* des êtres, d'une combinaison de fins et de moyens où les causes morales s'ajoutent aux causes physiques (*Statistique criminelle*), elle conduit souvent aux résultats les plus faux. Dans l'ordre moral, elle devient tout à fait vicieuse ; outre l'intervention de la volonté qui dérange les calculs, mille causes modifient le cours des événements (*Histoire*). — S'il s'agit même de la conduite des affaires (*Politique*, *négoce*), c'est à d'autres moyens qu'il faut recourir. La probabilité alors ne se calcule pas, elle s'apprécie et se devine. Le bon sens, l'expérience, le tact, l'esprit de finesse, l'habileté naturelle et acquise l'emportent sur les raisonnements abstraits. Sans cela plus le calcul est rigoureux, plus on se trompe. (V. Pascal, *Esprit de finesse, esprit géométrique*.) — En tous cas, le calcul ne peut embrasser que des masses ; appliqué aux individus, il perd sa valeur. On connaît les illusions de la statistique. — On peut l'employer avec succès dans certains cas, là où le champ est vaste et les conditions limitées, comme pour déterminer la probabilité de la vie des hommes sur une grande échelle. Avec le secours d'une table formée sur un grand nombre d'opérations, on peut ainsi résoudre des questions très-utiles (*Tontines, assurances*, etc.). — Mais quand le calcul porte sur la vie ou sur les actions de tel ou tel individu, dont le tempérament, la profession, la santé, les circonstances qu'un avenir inconnu recèle doivent être pris en considération, il ne peut produire que des conjectures où la prévision humaine sera souvent déçue. Il en est de même d'une foule de questions qu'on ne peut résoudre par des considérations abstraites, mais par une étude des cas particuliers dont l'appréciation dépend moins du nombre que de la nature des faits eux-mêmes. Ici les faits et leurs causes, leurs suites, leur valeur, leur portée, ne peuvent s'apprécier que par une observation attentive, patiente, délicate. Il faut savoir juger, non par des raisons extérieures, mais intrinsèques, souvent très-diverses, dont le rapprochement et la combinaison seuls produisent la vraie lumière. — Sans donc exclure cette méthode, il faut en faire un emploi sage et modéré, même dans les jugements probables.

IV. *Règles de Probabilité*. — Nous empruntons à un auteur quelques règles très-simples et très-générales qu'il est bon de se rappeler, quoiqu'il ne faille pas s'exagérer la portée de leur utilité pratique.

1° Pour être autorisé à regarder un fait comme probable, il faut être certain que le nombre des chances qui militent en sa faveur est plus grand que celui des chances contraires.

2° Pour déterminer avec assurance le degré de probabilité, il faut connaître avec exactitude le rapport qui existe entre le nombre total des chances et le nombre particulier des chances favorables au fait en question.

3° Il résulte de là que si, en faisant l'énumération du nombre absolu des chances, l'attention vient à en omettre plusieurs, le rapport qui exprimait la probabilité se trouvera altéré à l'avantage du fait opposé, et la probabilité sera exagérée.

4° Si, au contraire, c'est dans l'énumération du nombre particulier des chances favorables que l'attention commet cet oubli, le rapport sera altéré en sens contraire, et la probabilité se trouvera affaiblie.

5• Lorsque la probabilité est très-considérable, l'oubli d'une ou deux chances n'expose à aucun mécompte bien sensible ; mais à proportion que la probabilité serait plus faible ou le nombre des chances omises plus grand, l'erreur sera plus importante.

Si l'omission est telle que le nombre des chances oubliées excède celui qui constitue la différence entre les chances favorables et les chances contraires, on se trompera sur l'existence même de la probabilité. (De Gérando, *Des Signes et de l'Art de penser*, t. II, p. 275.) — On peut aussi consulter : — S'Gravesande, *Introd. à la Philosophie*, liv. II, ch. xvii. — Bossuet, *Logique*, III, ch. xvii. — *Logique* de Port-Royal, IV, xvi. — Reid, t. V, p. 223. — Stuart-Mill, *Log.*, III, xxiii. — Laplace, *Essai philos. sur le calcul des probabilités*. — Cournot, *Fondement des connaissances humaines*, t. I.

CONSULTEZ sur la *certitude* : Descartes, *Disc.* de la *Méth.* IV ; *Médit.*, IV ; *Règles pour la direct. de l'esprit*. — Malebranche, *Rech. de la Vér.*, I, ii ; IV, vi. — *Log.* de Port-Royal, ch. vi, IXe part. — Fénelon, *Exist. de Dieu*, IIe part., ch. i et ii ; *Lett. sur la Mét.*, ch. iii. — Buffier, *Tr. des Vérités premières*, ch. i et suiv. — Euler, *Lett.*, IIe part., liv. XLVII. — R. Collard, *Frag.*, p. 369. — Locke, *Ent. hum.*, liv. IV, XV et XVIII. — Leibnitz, *Nouv. Ess.*, IV, ch. xv et xviii. — Reid, t. III, Ess. 2, ch. v ; *ibid.* p. 369.

DE LA VRAISEMBLANCE ET DE L'OPINION.

I. La *vraisemblance* n'est pas tout à fait la probabilité, quoiqu'on les prenne pour synonymes. La probabilité, selon Kant (*Log.* Introd.) est fondée sur des raisons qui s'approchent de celles qui produisent plus ou moins la certitude et dont la valeur est *objective*. Homogènes ou hétérogènes, si on ne peut toujours mathématiquement les « estampiller, » on peut les peser et confronter le probable au certain. L'unité de mesure est la certitude. — Il n'en est pas ainsi de la vraisemblance. Fondée sur des apparences vraies ou fausses que l'esprit apprécie, sans règle certaine, elle a un caractère *subjectif* (personnel). On compare des raisons insuffisantes à d'autres insuffisantes ; l'unité de mesure fait défaut. — Le vrai peut quelquefois n'être pas vraisemblable. Peut-on opposer, en ce sens, le certain au probable ? Non, et ici encore se marque la différence.

II. L'*opinion* (δόξα) est la croyance qui s'attache aux objets probables, douteux ou vraisemblables. — On l'oppose à la *science* (v. p. 127, 489). La science est certaine, invariable, impersonnelle ; l'opinion est *incertaine, variable, personnelle*. Elle revêt mille formes selon l'esprit, le caractère des individus, les temps, les lieux, etc. Une vérité démontrée l'est pour toujours, elle produit l'adhésion invincible ; toutes les intelligences s'y soumettent ; il est absurde de la nier. L'opinion est toujours contestable. — On dit : l'opinion *reine du monde*, cela n'est vrai que de la science. Même en politique, le progrès est de substituer au règne de l'opinion celui de la science et de la raison. *Domina omnium et regina ratio*. (Cic. Tusc. II, 21). — L'opinion est *vraie ou fausse, aveugle ou éclairée, raisonnée ou non raisonnée*, l'opinion préconçue est le *préjugé*. — Ce sujet a été surtout traité par *Platon* (Théétète, Ménon, Rép. VI, Timée), par *Aristote* (2 Analyt. I. 23, Éth. Nic. VII, 3), par *Kant* (R. pure méth., sect. III). Voy. Dict. des sc. philos., art. *Opinion*.

CHAPITRE II

DU SCEPTICISME

> S'il détruit tout, il ne se détruit pas moins lui-même. (PLATON, *Euthydème*.)

Le scepticisme est le système qui nie la certitude et proclame le *doute* l'état naturel de la raison humaine.

Il y a deux sortes de scepticisme. L'un *partiel*, l'autre *universel*. Le premier se borne à attaquer tel ou tel ordre de vérités, ou à contester la légitimité de quelqu'une de nos facultés. On le réfute en faisant voir que la vérité est une, qu'il n'y a pas deux sortes d'évidence, que la raison est la même dans tous ses jugements. Nos facultés sont solidaires les unes des autres; nier la vérité sous une de ses formes, révoquer en doute la légitimité d'un de nos moyens de connaître, c'est ébranler tout l'édifice de la connaissance humaine et frayer la voie au scepticisme universel, le seul qui soit conséquent (1).

Nous n'entreprendrons pas de réfuter tous les arguments des sceptiques. Les anciens les avaient ramenés d'abord à dix, puis à cinq. Ils sont tirés de trois sources : 1° de l'*esprit* qui juge; 2° des *objets* dont il juge; 3° du *jugement* lui-même. Adoptant cette division, déjà indiquée par Sextus Empiricus (*Hypotyposes pyrrhoniennes*, I, 14), nous suivrons le scepticisme dans ces trois voies, qui souvent se croisent et se confondent. (V. Jouffroy, *Cours de Dr. nat.*, 8ᵉ leç.)

I. ARGUMENTS TIRÉS DE LA NATURE DE L'ESPRIT HUMAIN. — 1° Le principal argument contre la raison, c'est l'impossibilité où elle est de prouver sa propre légitimité et par suite la vérité. La raison ne peut, dit-on, rien démontrer qu'en s'appuyant sur un principe. Or, ce principe, qui en garantit la vérité, sinon un autre principe, qui lui-même dépend d'un autre, et ainsi à l'infini ? « Pour juger des apparences

---

(1) Le scepticisme religieux, politique, littéraire, historique, etc., se réfute par des arguments directs propres au genre d'idées auquel il correspond.

que nous recevons des sujets, il nous faudrait un instrument judicatoire; pour vérifier cet instrument, il nous y faut de la démonstration; pour vérifier la démonstration, un instrument : nous voilà au rouet... Aucune raison ne s'établira sans une autre raison : nous voilà à reculons jusqu'à l'infini. » (Montaigne, *Essais*, II, 12.)

Tel est le grand argument des anciens sceptiques : le *Diallèle*. (Sextus, *ibid.*) Tous les modernes l'ont répété.

Il est irréfutable; mais pourquoi? Aristote l'a dit : « Ceux qui ne veulent se rendre qu'à la force du raisonnement demandent l'impossible. » (*Mét.*, IV.) Il y a folie de vouloir tenter la solution du problème posé en ces termes. La raison ne peut se démontrer elle-même, ni prouver l'évidence, cela est évident. Mais on échappe à la contradiction en n'acceptant pas le débat sur ce terrain, en récusant le raisonnement là où il n'est pas de mise, comme opération secondaire de l'esprit qui détruit la raison en voulant la remplacer. Si l'esprit voit la vérité, il n'est pas tenu de se la démontrer, et si la vérité se montre, elle est à elle-même sa preuve. Or, c'est ce qui a lieu. La vérité première se connaît par *intuition* (1). L'unique médiateur entre elle et l'esprit, c'est la lumière qui la rend évidente et nous force à l'admettre. Il n'y a pas de contradiction à affirmer immédiatement ce qui se voit immédiatement. « Des philosophes, ajoute Aristote, pensent qu'on peut rendre raison de tout, et veulent y arriver par voie de démonstration. Ils veulent se rendre raison des choses dont il n'y a pas de raison. » (*Ibid.*) (2) C'est le scepticisme qui tombe ici dans une contradiction palpable. Car, en niant l'évidence, il affirme la contradiction comme évidente et se détruit lui-même. Si l'objection a quelque valeur, c'est qu'elle est claire apparemment, et qu'il y a un principe de raisonnement qui défend à la raison de se contredire. L'admet-on, la question est jugée et le scepticisme condamné par lui-même. Persiste-t-il à nier ce principe, et la vérité, et toute évidence, il tombe dans une inextricable confusion d'idées. Il prononce des mots qui

---

(1) Voyez Descartes, *Règles pour la direction de l'esprit*, R. III.
(2) « Ceux qui veulent la raison de toute chose ruinent la raison elle-même, et du même coup la science. (Théophraste.)

n'ont pas de sens. « Il est réduit à affirmer le néant comme l'équivalent de l'être. » (Fénelon, *Exist. de Dieu*, IIe part.) (1) Jamais le vers de Molière

> Et le raisonnement en bannit la raison (*Fem. sav.*, act. II, sc. vii)

ne fut plus à sa place, plus philosophiquement vrai. « Il faut s'arrêter quelque part. » (Arist.) Les principes ne se démontrent pas. Or, de tous, le premier, c'est qu'il y a quelque chose de vrai. Sans cela, il n'y a rien, ni vrai, ni faux, ni doute même. L'esprit s'évanouit dans ses pensées, il tournoie dans le vide. En raisonnant il déraisonne. *Nihilo plus agas quam si des operam ut ratione insanias.* (Térence.) — Toute cette argumentation n'est qu'un piége tendu au dogmatisme. Elle rappelle la manière de combattre des Parthes. Poursuivre le scepticisme dans sa fuite indéfinie, ce serait tomber dans la contradiction qu'il nous reproche. Il est clair que, pour discuter, il faut admettre des principes, qui eux-mêmes ne se prouvent pas. A qui nie la raison il n'y a point de raison à donner, et Dieu lui-même n'échapperait pas à un tel argument. Laissons donc le scepticisme triompher sur ce terrain. *Illa se jactet in aula.* Le retranchement derrière lequel il s'abrite est inexpugnable. Mais cette forteresse est pour lui une prison. Il n'en peut sortir qu'en affirmant quelque chose. On peut lui appliquer ce que dit Pascal de la superbe raison « froissée de ses propres armes. »

2° L'objection tirée de la faillibilité de la raison rentre dans la même catégorie. Nos facultés nous trompent souvent, donc elles ne doivent nous inspirer aucune confiance.

— D'abord la conclusion est mal tirée. De ce que nous nous trompons souvent, il ne s'ensuit pas que nous devions nous tromper toujours, il faut en induire précisément le contraire. Car, si nous ne pouvons distinguer la vérité de l'erreur, il n'y a pour nous ni erreur ni vérité, et nous ne saurions pas

---

(1) « Si tous les hommes disent également faux et vrai, de tels êtres ne peuvent articuler un son ni discourir, car en même temps ils disent une chose et ne la disent pas. » (Arist., *Mét.*, IV, 4.) — « Comprends-tu donc qu'il est impossible d'énoncer, de dire et de penser le non-être absolu, mais qu'il échappe à la pensée, au langage, à la parole et au raisonnement. » (Platon, *Sophiste*.) — Aussi Cratyle, disciple d'Héraclite, allait jusqu'à penser qu'il ne fallait rien dire ; il se contentait de remuer le doigt. (Arist., *ibid.*)

que nous nous trompons (1). Or, nous savons que nous nous trompons, et de plus nous en connaissons la raison : c'est que nous faisons un mauvais usage de nos facultés. Celles-ci ne sont point naturellement trompeuses ; mais pour être bien employées, elles exigent des conditions qu'il dépend de nous de remplir ou de négliger. Dans ce dernier cas, c'est la volonté, non l'intelligence qu'il faut accuser. Enfin, il est des points sur lesquels il n'est même pas possible à la raison d'errer. « L'esprit est borné jusque dans l'erreur qui est son domaine. » (Vauvenargues.) Ou plutôt ici il est *infaillible*. Il en est ainsi des axiomes. On peut les nier de bouche, mais la parole intérieure nous dément et déclare absurde notre jugement (2).

3° Un autre argument roule sur la *contradiction de nos facultés*. « La raison et les sens s'abusent réciproquement l'un l'autre. » — Or, « contradiction est une mauvaise marque de vérité. » (Pascal.) On oppose ainsi les sens entre eux, le raisonnement à lui-même et la raison à la raison. De là les fameuses *antinomies* de Kant. Ce philosophe prétend démontrer que, sur les points les plus importants, l'âme, la liberté, le monde, Dieu, la raison établit le pour et le contre avec des arguments d'égale force. — Un examen attentif de nos facultés fait évanouir ces contradictions. La dialectique de Kant repose sur une fausse analyse. Nos facultés ne se contredisent que quand elles sortent de leur rôle, quand l'esprit, par exemple, veut décider par le raisonnement de ce que la conscience seule nous atteste, ou lorsqu'il s'adresse au raisonnement pour prouver ce que la raison voit et doit décider. Nos facultés alors se contredisent ; l'anarchie et le désordre sont dans l'esprit. Qu'elles rentrent dans leurs limites, l'harmonie reparaît ; loin de s'opposer, elles s'accordent et se confirment. Bien appliqué, ce principe lève les

---

(1) « Comment te convaincre d'erreur si, suivant ton opinion, personne ne se trompe ? » (Platon, *Euthydème*.)

> Quæram, cum in rebus veri nil viderit ante,
> Unde sciat, quid sit scire et nescire vicissim;
> Notitiam veri quæ res falsique crearit,
> Et dubium certo quæ res differre probarit. (Lucr., IV, 475.)

(2) « Rappelle-toi, si jamais tu t'es dit à toi-même que le beau est laid et que le juste est injuste, de te dire même en dormant, que le pair est l'impair ou toute chose semblable ! » (Platon, *Théétète*.)

antinomies. Quand on vient à discuter celles de Kant, on reconnaît que ces contradictions de la raison ne sont que celles du raisonnement employé à faux; on voit où conduit l'abus des procédés logiques et des formules abstraites. Voulant combattre le scepticisme, lui-même est tombé dans le défaut de mettre sur le compte de la raison les faux raisonnements de ceux qui travaillent à la détruire et dont Hume dévoile l'artifice en ces termes : « Tenter de détruire la raison par le raisonnement, c'est ce qui paraît d'abord une entreprise fort extravagante ; et c'est cependant le grand but que se proposent les sceptiques dans leurs recherches et leurs disputes. (*Essais philos.*, t. II, p. 114.)

4° D'autres motifs de doute sont puisés dans la *mobilité de notre esprit*, qu'une multitude de causes font varier sans cesse. Les unes, comme les alternatives de la veille et du sommeil, la santé et la maladie, les âges, les sexes, les tempéraments, sont liées à notre nature; elles suspendent, affectent ou modifient nos facultés. D'autres, plus extérieures, telles que la coutume, l'éducation, la passion, l'intérêt, etc., ne sont pas moins puissantes. L'homme en santé ne juge pas comme l'homme malade, ni le vieillard comme le jeune homme, etc. « Plaisante raison, instrument ployable en tout sens! » (Pascal, *Pensées*; Cf. Montaigne, II, 12.)

Ces influences sont réelles; elles créent une grande diversité entre les jugements humains. Aussi sont-elles classées parmi les causes de nos erreurs. (V. *Erreurs.*) Mais doit-on en conclure qu'il n'y a rien de fixe et d'absolu dans la raison humaine, que tout y est variable et relatif? C'est tomber dans l'exagération. Ces perturbations n'empêchent pas la raison d'être identique en ce qui fait l'être raisonnable. La vie, a-t-on dit, n'est peut-être qu'un songe bien ordonné (V. Leibnitz, *Lett.*; F. de Careil, p. 37), « un rêve un peu moins inconstant. » (Pascal, *Pensées*; III, 14.) — En est-il moins vrai que la veille se distingue du sommeil, la santé de la maladie, le bon sens de la folie, l'ivresse du sens rassis, le calme de la passion? La raison se retrouve après ses égarements et ses éclipses, sans quoi elle ne saurait même pas qu'elle y est sujette.

Quand l'esprit rentre en possession de lui-même, il voit

qu'il s'était égaré et reconnaît son erreur ; ce qui serait impossible si la règle de juger avait totalement changé. Les axiomes, les faits simples et leurs premières déductions restent les mêmes et ils témoignent de l'immutabilité de la raison. Il est donc faux que tout soit variable dans l'intelligence au gré des causes qui la modifient. S'il y a de la mobilité, il y a aussi de la fixité. L'élément constitutif de la nature humaine ne change pas. Cet élément invariable, universel, c'est l'essence même de la raison.

Sans doute, si tout dépend des sens et des organes, l'objection est très-fondée. Mais cela ne prouve qu'une chose : l'affinité du scepticisme avec le matérialisme, et la pente logique qui conduit de l'un à l'autre. Le sophiste Protagoras, qui fut le disciple de Démocrite, soutenait aussi cette thèse. L'homme, disait-il, est la *mesure de toute chose*. (V. Platon, *Théétète*.) Il entendait l'homme sensible, l'homme physique. — Si l'on refuse de s'enrôler sous cette bannière, il faut reconnaître que l'esprit ne dépend pas entièrement des organes et que la raison n'est pas la sensibilité. Son fond est identique chez tous les êtres raisonnables et elle possède un critérium sûr pour distinguer la vérité de l'erreur au milieu des causes nombreuses qui viennent l'égarer. Autrement, il faudrait soutenir qu'il est impossible à un homme de savoir s'il dort ou s'il veille, s'il est malade ou en santé, s'il a un corps ou s'il n'en a pas, s'il est un homme ou un animal. Plaisanterie qu'il faut laisser au sceptique Montaigne, et que Pascal a eu tort de renouveler d'une manière plus sérieuse. Nous préférons l'ironie de Socrate qui s'étonne que Protagoras, en tête de son livre *Sur la Vérité*, n'ait pas dit que le pourceau, le cynocéphale, aussi bien que l'homme, est la mesure de toute chose. (*Ibid.*)

II. ARGUMENTS TIRÉS DES OBJETS DE LA CONNAISSANCE. — La *vérité* est l'objet de la connaissance humaine. Or, selon les sceptiques (1), elle est telle que l'homme ne saurait ni la *connaître*, ni la *comprendre*, ni la *communiquer*. C'était la

---

(1) Omnes ferè veteres.... nihil cognosci, nihil percipi, nihil sciri posse dixerunt: angustos sensus, imbecillos animos, brevia curricula vitæ, et (ut Democritus) in profundo veritatem esse demersam ; opinionibus et institutis omnia teneri ; nihil veritati relinqui ; deinceps omnia tenebris circumfusa esse dixerunt. (Cic., *Acad.*, I, 12.)

thèse d'un autre sophiste, le rhéteur Gorgias. Les raisons se tirent : 1° du caractère *variable* des objets; 2° de leur *complexité;* des *difficultés* et des obstacles qui les environnent. 3° Ce que nous voyons se réduit à des *apparences*. Nous ne pouvons pénétrer l'*essence* des choses. Les *causes*, les *substances* nous échappent. (V. Cic., *Acad.*, II, et Sext. Emp., *Hypoth. pyrrh.*)

La réponse sera courte. D'abord il est faux que tout varie dans les objets. La loi, l'axiome ne varient pas. — Tout objet a ses difficultés, ses obscurités. Qui l'ignore? Mais la science sait les démêler, résoudre des problèmes souvent très-compliqués. Il est aussi des vérités qui n'ont rien d'obscur, ni de difficile, et qui brillent de tout l'éclat possible. — Dire que nous ne voyons que des *apparences*, c'est une pure assertion. — Les apparences souvent nous trompent. Sachez les discerner : *res fallunt, illas discerne*. (Cic., *ibid.*) Pour cela il suffit d'être attentif. S'il ne l'est pas, l'esprit sera dupe des apparences; mais il ne tient qu'à lui de ne l'être pas, et la vérité n'est pas, pour cela, hors de ses atteintes. — Le scepticisme s'appuie sur le sensualisme quand il soutient que nous ne saisissons que des phénomènes. Cela prouve-t-il que la raison n'atteint pas les causes, les substances, le fond des êtres? Non, mais que le système qui le nie est faux et que sa conséquence tourne contre lui. (*Positivisme*.)

Quant à l'*incompréhensibilité* absolue des académiciens (*acatalepsie*, ibid.), elle n'est aussi qu'une hypothèse. L'esprit comprend dès que, voyant clairement une vérité, il la rapporte à une autre qui l'explique; il rattache alors le fait à sa cause, le phénomène à sa loi, la conséquence au principe. C'est ce qu'il fait sans cesse, tantôt bien, tantôt mal, comme tout ce qu'il fait; mais qu'il ne parvienne ni à rien savoir ni à rien comprendre, cela, dit Platon, est vraiment « trop insultant pour notre espèce. » (Platon, *Théétète.*) — L'homme, dit-on, ne peut *communiquer* la vérité sans l'altérer. — Cela, sans doute, est difficile; pourtant c'est un fait qu'il la communique. Les hommes s'entendent au moins sur quelques points. Autrement à quoi servirait le langage? Comment se ferait l'éducation? La société elle-même n'aurait pu se former ou se serait dissoute.

Il serait long de discuter en détail toutes ces objections. Pour simplifier, nous envisagerons la connaissance humaine dans ses trois grands objets : la *nature*, l'*homme* et *Dieu*. Que disent sur chacun d'eux les sceptiques ?

1° La *nature*. « Je suis fort assuré, dit Bayle, qu'il y a très-« peu de bons physiciens qui ne soient convenus que la « nature est un abîme impénétrable, et que ses ressorts ne « sont connus qu'à celui qui les a faits et les dirige. »

Cet argument a perdu beaucoup de son crédit. Les progrès des sciences naturelles et les merveilles de l'industrie donnent tous les jours un éclatant démenti au scepticisme dans cette sphère des connaissances et de l'activité humaines. Qui pourrait dire aujourd'hui que la nature soit pour nous un livre fermé ? La vieille inscription du temple de Saïs n'arrête aucun savant et ne ralentira pas l'ardeur de ses recherches (1). Suivant Platon, la science des choses du monde physique ne dépasse pas la conjecture, εἰκασία. (V. *Timée*.) — *Nulla acies humani ingenii tanta est, quæ penetrare in cœlum, terram intrare possit.* (Cic., *Acad.*, II. 39. (*Mirabiliter occulta natura est.* (*Ibid.*) Ces maximes, qui n'étonnent pas dans la bouche des anciens, seraient déplacées dans celle des modernes. « On pourrait prier les sceptiques de soumettre leurs objections à des hommes tels que Newton, Laplace, Cuvier, etc., on verrait de quel mépris ils seraient accueillis (2). Le monde pourtant renferme encore assez de secrets, que la science cherchera toujours vainement à pénétrer, pour qu'il soit bon de rappeler l'esprit humain d'une confiance exagérée de sa puissance à un sentiment plus juste de ses bornes et de sa faiblesse, en présence des *mystères* de la création. La philosophie fait bien ici de s'unir à la poésie et à la religion, qui tiennent le même langage. Et la phrase de Bayle, en ce sens, conserve sa valeur ; mais elle n'atteint nullement la certitude de nos connaissances dans l'ordre physique.

2° « L'*homme*, dit encore Bayle, est le morceau le plus « difficile à digérer qui se présente à tous les systèmes. Il

---

(1) « Personne n'a soulevé mon voile, » τὸν ἐμὸν χιτῶνα οὐδεὶς ἀπεκάλυψεν. (V. Proclus, *Comment. in Timeum*. 1. 1.)

(2) V. D. Saint-Hilaire, *Préf. de la Phys. d'Aristote.*

« est l'écueil du vrai et du faux, il embarrasse les natura-
« listes, il embarrasse les orthodoxes. Je ne sais si la na-
« ture peut présenter un objet plus étrange et plus difficile
« à pénétrer à la raison toute seule que ce que nous appe-
« lons un animal raisonnable. Il y a là un chaos plus em-
« brouillé que celui des poètes. » On connaît la manière
éloquente dont Pascal traite ce sujet toutes les fois qu'il
tombe sous sa plume (1).

Pour être plus spécieux, cet argument n'en est pas plus
solide. Que l'homme soit le plus difficile à connaître de tous
les êtres créés; que l'homme moral surtout, en ce qui touche
sa nature, son origine et sa destinée, renferme des problèmes que la science ne résoudra jamais d'une manière
satisfaisante, le spiritualiste le plus dogmatique peut l'accorder, sans craindre que l'on doive en tirer aucune conclusion
favorable au scepticisme. Mais l'homme s'ignore-t-il absolument? ne peut-il rien connaître de lui-même et de ses facultés avec certitude? la règle de sa conduite ne peut-elle lui être
clairement tracée? ses rapports avec ses semblables et avec le
souverain être lui échappent-ils entièrement? Sur son origine
même et sa destinée future, est-il condamné à une incertitude
et à une ignorance absolues? Posée ainsi, la question n'en est
pas une. Sans doute, sur tous ces grands problèmes, sur ceux
en particulier qui appartiennent à la spéculation, la curiosité
humaine ne sera jamais satisfaite en cette vie; mais ce qu'il
nous importe réellement de savoir, pour nous conduire raisonnablement en ce monde, Dieu l'a mis à notre portée (2).
Le précepte de la sagesse antique : *Connais-toi toi-même*, n'a
point été un défi porté à la raison. Les sciences morales, la
psychologie, la logique, la morale, la législation et l'histoire
y ont répondu; elles aussi ont marché. Leurs progrès,
quoique moins apparents, ne sont pas moins réels que ceux
des sciences physiques. Platon, Aristote, Descartes, Mon-

---

(1) « L'homme passe infiniment l'homme. » — « Quelle chimère est-ce
donc que l'homme, quelle nouveauté, quel monstre, quel chaos !... qui démê-
lera cet embrouillement? Connaissez donc, superbe, quel paradoxe vous êtes
à vous-même. » (*Pensées*.) — « L'homme est l'animal le plus difficile à sonder
et à connaître. » (Charron, liv. 1. ch. XL.)
« L'homme est un subject si divers, si ondoyant et si vain qu'il est malaisé
d'y fonder un jugement constant et uniforme. » (Montaigne.)
(2) Quidquid nos meliores beatosque facturum est, aut in aperto aut in
proximo posuit. (Senec, *De Benef.*, VII, 2.)

tesquieu et tant d'autres n'ont pas conquis la gloire par de stériles travaux ; leur nom n'est pas resté le symbole de l'impuissance de l'esprit humain se consumant dans d'inutiles efforts pour découvrir ses propres lois et celles du monde moral.

3° *Dieu.* Nous n'examinerons pas tous les arguments que le scepticisme fournit à l'athéisme, lorsque, s'appuyant sur le sensualisme et l'empirisme, il soutient que l'existence d'un être infini, sa nature et ses attributs, ainsi que tout ce qui est d'ordre métaphysique, sont des objets que doit s'interdire la raison humaine, comme étant au-dessus de sa portée. Ce système ne peut être ici discuté (1). Une seule objection, que Pascal aussi fait valoir, mérite d'être relevée. « L'esprit humain, dit-on, étant fini ne peut connaître l'infini (2). » — Si connaître veut dire embrasser toutes les perfections de Dieu et comprendre tous les mystères de sa nature, rien de plus vrai; et qui oserait le contester? Mais si par là on entend simplement avoir l'idée claire de l'infini, savoir avec certitude que Dieu existe, connaître clairement quelques-uns de ses attributs, oui, sans doute, toute finie qu'elle est, la raison connaît l'infini. Elle s'en forme une idée très-claire et très-nette. Elle ne conçoit même le fini qu'à l'aide de l'infini, l'être contingent que par l'être nécessaire, qui seul explique son existence. A cela il n'y a ni vaine prétention, ni fol orgueil. Il y aurait absurdité sinon hypocrisie à vouloir ici trop rabaisser la raison et exagérer sa faiblesse. Ce serait non-seulement renverser toute croyance religieuse, mais ôter à l'esprit humain sa prérogative la plus noble. Ce qui le distingue surtout de l'animal, n'est-ce pas cette faculté de concevoir, avec l'infini, des vérités qui lui révèlent sa céleste origine et dépassent l'étroit horizon de la vie présente? Dira-t-on que ces idées et ces vérités n'ont pas de réalité hors de notre esprit qui les conçoit? que c'est un idéal? Ce système a été déjà réfuté. (V. *Certitude.*) — Nous n'avons, dit-on, aucune connaissance de l'absolu. — C'est toujours nier ce qui est en question. L'absolu ici, c'est Dieu, l'être absolu; mais, pour

---

(1) V. *Questions, de philos.,* art. POSITIVISME.
(2) L'homme placé entre deux infinis.... le peu que nous avons d'être nous cache la vue de l'infini. (*Pensées.*)

être conséquent, il faut nier aussi toute vérité absolue, ce qui est le doute universel. (V. *Théodicée*.)

III. ARGUMENTS TIRÉS DE LA NATURE DE NOS JUGEMENTS. — Si dans les deux facteurs de la connaissance, l'*esprit* et son *objet*, rien ne garantit la vérité, que sera leur produit, la connaissance et le jugement? La même incertitude doit y régner. Aussi, dit-on : 1° la connaissance humaine n'est jamais *adéquate*; 2° tout est *mobile* et *contradictoire* dans nos jugements.

1° Le premier argument revient au mot de Pascal : « Nous ne savons le tout de rien. » Or, que prétend-on prouver par là ? Que nous ne savons pas tout? Nous n'en sommes pas à l'apprendre. Faut-il en conclure que nous ne savons rien et que nous n'avons le droit de rien affirmer ? Non, mais nous ne devons affirmer que ce que nous savons. C'est en effet la règle pour bien juger. (V. *Erreurs*.) La connaissance, d'ailleurs, est adéquate quand elle ne comprend ni plus ni moins que son objet tel qu'elle le considère. Or, c'est le cas pour certaines idées, de l'ordre abstrait, il est vrai. « Si vous considérez, dit Descartes, que n'y ayant qu'une vérité de chaque chose, quiconque la trouve en sait autant qu'on en peut savoir, un enfant instruit dans l'arithmétique, ayant fait une addition suivant les règles, peut assurer avoir trouvé, touchant la somme qu'il examinait, tout ce que l'esprit humain saurait trouver. » (*Disc. de la Méth.*, IV.)

On le voit, dès qu'on sort des généralités vagues, ces objections s'évanouissent. Comme l'oiseau de nuit, le scepticisme craint la lumière, qui le blesse et le force à fermer les yeux.

2° Le grand argument du scepticisme est celui qui roule sur *la diversité et la mobilité des opinions humaines*. — *Quot capita, tot sensus* : tel est le thème que les sceptiques de tous les temps ont complaisamment développé. Qui n'est frappé de cette mobilité et de cette diversité? Sur le *vrai* et le *faux*, le *bien* et le *mal*, le *beau* et le *laid*, le *juste* et l'*injuste*, les jugements des hommes n'ont-ils pas toujours été divisés selon les temps, les lieux, les mœurs, les croyances? Ainsi, pour parler comme Bayle, « la raison n'est qu'une coureuse qui ne sait où s'arrêter; nouvelle Pénélope, elle défait chaque jour ce qu'elle a fait la veille. » — « Trois degrés d'évélation du pôle renversent toute la jurisprudence. Un méridien décide de la vérité... Plaisante justice, qu'une montagne ou une rivière bornent! Vérité en deçà des Pyrénées, erreur au delà. » (Pascal.) (1)

Le scepticisme théologique, commentant le mot de l'Écriture, *mundum tradidit disputationibus eorum*, s'est servi souvent de ce mode d'argumentation contre la philosophie. — Il ne voit pas combien est dangereuse cette arme qui se retourne inévitablement contre ceux qui en font usage. Des défenseurs de la religion se bornent à dire que tout est incertain dans les systèmes philosophiques; mais le scepticisme, plus conséquent, va plus loin; il conclut non-seulement que la vérité n'est pas dans les systèmes philosophiques, mais qu'elle n'est nulle part; il attaque à la fois les croyances religieuses et les opinions philosophiques, politiques, littéraires.

Cette objection est celle qui trouble le plus l'esprit. *Perturbat nos opinionum varietas hominumque dissensio.* (Cic., De Leg., I, 17.)

Or, quand d'un œil calme la réflexion vient à l'examiner de près, elle trouve qu'on a tort de tant s'en effrayer. Regardé en face, l'épouvantail disparaît. Que penser, en effet, de cet argument qui a enfanté tant de volumes, si, après tout, ce n'est qu'une figure de rhétorique, une hyperbole? Pour s'en convaincre, il suffit de le dépouiller de son appareil oratoire, et de le mettre en présence de quelques-unes de ces vérités de sens commun, sur lesquelles l'esprit humain n'a jamais varié. « C'est la raison, dit Fénelon, qui fait qu'un sauvage du Canada pense beaucoup de choses comme beaucoup de philosophes grecs et romains les ont pensées. C'est elle qui tient tous les hommes, de tous les siècles et de tous les pays, comme enchaînés autour d'un certain centre immobile, et qui les tient unis par certaines règles invariables qu'on nomme les premiers principes. » (*Exist. de Dieu*, IIᵉ part.) Ces vérités de sens commun sont aussi la base de toutes les sciences. Elles sont plus nombreuses qu'on ne le croit; elles abondent non-seulement dans les mathématiques,

---

(1) Laissons à part cette infinie confusion des opinions qui se voit entre les philosophes et ce débat perpétuel et universel en la connaissance des choses. Combien diversement jugeons-nous des choses ; combien de fois changeons-nous de fantaisies ! (Montaigne, II, xii.)

mais dans la physique, dans la morale, le droit, la littérature. (V. Leibnitz, *Nouv. Essais*, I.) Nous ne les remarquons pas, précisément parce que nous nous en servons continuellement et qu'elles nous soutiennent. Elles sont nécessaires comme les muscles et les tendons le sont pour marcher. (*Ibid.*)

Quant aux systèmes philosophiques, que l'on fasse ressortir les contradictions qui les divisent, à la bonne heure. Que l'on répète même avec Cicéron : *Nihil tam absurde dici potest quod non dicatur ab aliquo philosophorum* (1). Soit. Mais n'y a-t-il que de l'absurde dans leurs écrits? N'y démêlerait-on pas aussi quelques vérités? D'ailleurs, la philosophie n'est qu'une des formes de la raison. A côté de la réflexion est le sens commun, dépositaire des vérités universelles. Tant pis pour les philosophes qui se mettent en opposition avec lui, mais on avouera qu'ils n'en ont pas le privilége. Quelles que soient aussi leurs dissidences, eux-mêmes sont d'accord sur certains principes de raisonnement, sans quoi leurs disputes seraient dès longtemps finies. Celui qui sait pénétrer plus avant reconnaît avec Leibnitz qu'ils sont au moins d'accord par ce qu'ils affirment, comme opposés par ce qu'ils nient. Au-dessus et en dehors des systèmes particuliers est la philosophie, cette philosophie éternelle comme la vérité, *perennis philosophia*. (Leibnitz.) Celle-là est à la fois *immobile* et *mobile*, car elle est progressive. Le progrès est nié en philosophie, mais par ceux qui ne savent ou ne veulent pas le voir. Là, comme partout, « la raison finit toujours par avoir raison. » (D'Alembert.)

Quoi qu'il en soit, il est évident qu'il y a une portion notable de la vérité qui échappe à la mobilité des opinions et des systèmes. Ainsi restreinte, l'objection perd sa valeur. Convaincue d'exagération, elle rentre dans l'arsenal des rhéteurs, où elle figure à côté des lieux communs et des sophismes dont se sert la fausse éloquence pour éblouir le vulgaire. (V. Jouffroy, *Cours de Dr. naturel*, 9ᵉ leç.)

---

(1) Qui fagoterait suffisamment un amas des âneries de l'humaine sapience, il dirait merveilles... Je dis de même de la philosophie : elle a tant de visages et de variétés, et a tant dit, que tous nos songes et rêveries s'y trouvent ; l'humaine fantaisie ne peut rien concevoir en bien ou en mal, qu'il n'y soit. (Montaigne, *ibid.*)

Non-seulement il y a une partie *invariable* dans les jugements humains, mais, pour la partie *variable* elle-même, on peut se rendre compte de sa mobilité. Elle s'explique très-bien : par la difficulté des problèmes, la complexité des objets, la diversité des points de vue, les passions et les préjugés, et mille causes d'erreur que le scepticisme sait fort bien énumérer, mais qu'il dénature en soutenant qu'elles sont insurmontables. En cela, il les exagère encore, et c'est son rôle; mais celui de la philosophie est de montrer que, s'il faut se tenir en garde contre elles, il est des moyens de s'en préserver et de discerner sûrement la vérité de l'erreur.

Enfin, si la connaissance humaine change, c'est qu'elle doit changer : il n'y a que la science divine qui ne change pas, car elle est parfaite. Mais si notre esprit est imparfait, il peut se perfectionner. Dieu l'a voulu ainsi : *rationem dedit imperfectam sed quæ perfici posset.* (Sénèque, Ep. 49.) Pour l'homme, rester immobile, c'est se vouer à l'ignorance. Telle est sa destinée. Il le sait et l'accepte. Tout changement n'est pas progrès, mais tout progrès est changement (1).

Une autre condition de l'homme sur la terre, c'est de ne rien obtenir que par la lutte et des efforts multipliés; il n'arrive à la vérité qu'après avoir passé par de nombreuses erreurs. Mais s'il doit combattre l'erreur et ses causes, il peut en triompher, la science s'accroît de ses travaux. *Transibunt dies, augebitur scientia.* (Bacon.)

Il n'est donc pas étonnant que, sur une infinité de points obscurs et difficiles, nos opinions diffèrent de celles des anciens. La science a marché, les erreurs se sont rectifiées. S'ils revivaient aujourd'hui, ils reconnaîtraient eux-mêmes qu'ils se sont abusés, et « ils penseraient comme des modernes; » car, selon la belle expression de Bacon, « l'antiquité des temps est la jeunesse du monde. » (*De Dignit. et Augm. scient.*) (Cf. *Nov. Org.*, I, Aphor. 84.) (2)

Ainsi, 1° il y a des vérités universelles qui n'ont jamais changé; 2° en ce qui touche la partie variable des connais-

---

(1) « Novator maximus tempus, quidni igitur tempus imitemur ? » (Bacon.) Omnium rerum principia parva sunt, sed suis progressionibus usa augentur. Cic., *Tusc.*, V, 21.)

(2) Antiquitas seculi juventus mundi.
« Errabat multis in rebus antiquitas : quam vel usu jam, vel doctrina, vel vetustate immutatam videmus. » (Cic., *De Divin.*, II, 33.)

sances humaines, les causes du changement nous sont connues, elles s'expliquent par la nature de l'esprit humain et de ses lois; 3° cette partie variable est soumise à un développement régulier; et elle diminue tous les jours devant les progrès de la science. *Opinionum commenta delet dies, naturæ judicia confirmat.* (Cic., *De Nat. Deor.*, II, 2.)

Il resterait à montrer la vérité du mot de Platon : « Le scepticisme qui détruit tout ne se détruit pas moins lui-même. » En effet, s'il est irréfutable, c'est qu'il se place en dehors des conditions du raisonnement; mais en niant les principes, il n'échappe pas à la contradiction. Prétendre qu'il n'y a pas de vérité, c'est dire qu'il est vrai qu'il n'y a point de vérité. *Verum esse veritatem non esse* (1). *Solum certum nihil esse certi* (2). En douter, c'est encore croire au doute et l'affirmer. (Descartes.) Le doute ne peut s'énoncer que dans une proposition. Une proposition est un jugement; tout jugement, même négatif ou dubitatif, est encore une affirmation formelle ou mentale. Il y a de l'*être* en toute proposition, dit Leibnitz. En vain le sceptique dira-t-il qu'il ne sait rien, qu'il ignore même son ignorance :

Nil sciri si quis putat, id quoque nescit
An sciri possit quo se nil scire fatetur.
(LUCRÈCE, IV, 470.)

Il faut savoir s'arrêter si l'on ne veut pas tomber dans un galimatias inintelligible.

Le sceptique ne peut ouvrir la bouche sans rendre hommage à la vérité. « C'est une secte de menteurs. » (Fénelon, Cf. Port-Royal.) « Le véritable rôle du sceptique, c'est d'être muet. (Spinosa.) (3) Cicéron avait déjà dit : *Philosophia quæ confundit vera cum falsis spoliat nos judicio, privat approbatione, omnibus orbat sensibus.* (*Acad.*, II.) (4) S'il reste muet, encore juge-t-il intérieurement. Quant à l'in-

---
(1) S. Thomas, *Summa Theologiæ*, pars I, quæst. 2, art. I.
(2) Pline, *Hist. nat.*, cité par Montaigne, *Essais*, liv. II, ch. XII.
(3) Ce que je trouve encore de doux et d'affable dans vos discours, c'est que quand vous dites qu'il n'y a rien ni de bon ni de blanc, etc., et que rien ne diffère de rien, vous fermez véritablement la bouche aux autres et non-seulement aux autres mais à vous-mêmes; ce qui est en vérité bien aimable et bien propre à calmer l'animosité de la dispute. (Platon, *Euthydème*.)
(4) Ratio omnis tollitur quasi quædam lux lumenque vitæ. (Cic., *ibid.*) — Totam vitam evertunt funditus. (*Ibid.*) — Veritas seipsa defendit. (*Ibid.*)

différence vraiment pyrrhonienne, celle qui dit : Οὐδὲν μᾶλλον, *pas plus ceci que cela*, elle est une fiction. S'abstenir en tout de juger (ἐπέχειν) pour uniquement *considérer* fût-il possible, cet état (σκέψις) ne serait pas sagesse, mais stupidité. L'*apathie* (ἀπάθεια), comme terme de cette indifférence, n'est qu'une sorte d'anéantissement intellectuel. Pour nous servir du mot de Pascal, « l'homme ici fait la bête, » ou, comme dit Bossuet, « l'homme, animal superbe, qui veut s'attribuer à lui-même tout ce qu'il connaît d'excellent, fait ici de vains efforts pour prouver qu'il ne sait pas. » (Bossuet, *Conn. de Dieu*, ch. v.)

Absurde en théorie, le scepticisme vient échouer contre la pratique. L'homme n'est pas indifférent à croire et à douter. Croire est son état naturel; le doute est exceptionnel dans la vie. La vie est l'affirmation. La négation et le doute, c'est la mort de l'intelligence. Aussi la pratique est la meilleure réponse au scepticisme. Un des principaux sceptiques l'avoue lui-même. « Le grand destructeur du pyrrhonisme et du scepticisme poussé à l'excès, dit Hume, c'est l'action, c'est le mouvement, ce sont les occupations de la vie commune. Que ces principes règnent et triomphent dans les écoles, à la bonne heure; mais ils ne quittent pas plus tôt ce séjour ténébreux que, se trouvant opposés aux principes les plus puissants de notre nature, ils disparaîtront comme une fumée, et laisseront le sceptique le plus déterminé dans le même état que le reste des hommes. » (Hume, *Essais philos.*, t. II, p. 111.) (1) Le scepticisme, sous ce rapport, est une espèce d'exercice gymnastique, semblable à celui de ces gens qui marchent sur leurs mains pour amuser le public. « Mais on ne remarque pas qu'ils fassent de longs voyages de cette manière. Détournez les yeux et cessez d'admirer leur adresse, ils retombent sur leurs pieds comme les autres hommes. » (Reid, t. V, Ess. VI, ch. v.)

Mais s'il est impraticable dans sa rigueur, ce système n'en est pas moins dangereux, il sape et mine peu à peu les croyances morales et religieuses. D'abord partiel et superfi-

---

(1) « Je mets en fait, dit Pascal, qu'il n'y a jamais eu de pyrrhonien effectif. La nature soutient la raison impuissante et l'empêche d'extravaguer à ce point. — Nous avons une idée de la vérité invincible à tout le pyrrhonisme. » (*Pensées*, VIII, III.)

ciel, il devient bientôt universel et plus sérieux. Il est très-capable d'ébranler les plus fermes convictions, de porter le trouble dans l'âme et de la dessécher ; il énerve la volonté, jette l'incertitude dans nos actes, éteint jusqu'à la lumière de la conscience, et fait régner à la place du devoir l'indifférence et l'égoïsme. C'est le système des époques de décadence, où l'on voit tant d'âmes faibles et découragées, où la jouissance matérielle seule conserve des attraits, parce que la vérité et la vertu ont perdu les leurs.

USAGE LÉGITIME DU DOUTE. — Le doute a pourtant sa place légitime dans la science et la pratique de la vie humaine. Il est un usage raisonnable du doute. « C'est une partie de bien juger que de douter quand il faut. » (Bossuet, *Conn. de Dieu*, I, § 16.) « Il faut savoir douter où il faut, assurer où il faut, se soumettre où il faut. Qui ne fait ainsi n'entend pas la force de la raison. » (Pascal.) « La vraie raison place toutes choses dans le rang qui leur convient. Elle fait douter de celles qui sont douteuses, rejeter celles qui sont fausses et reconnaître de bonne foi celles qui sont évidentes, sans s'arrêter aux vaines raisons des pyrrhoniens, qui ne détruisent pas l'assurance raisonnable des choses certaines, non pas même dans l'esprit de ceux qui les proposent... » (Port-Royal, Ier Disc.) Cf. Malebr., — *Tr. de Mor.*, l. VI (1).

Doute cartésien, ironie socratique. — Cette méthode, qui consiste à reconnaître sa propre ignorance sur ce que l'on ne sait pas, est la condition même de la science (2). Ce doute se distingue de celui des sophistes et des sceptiques, en ce qu'il repose sur la croyance à la vérité, et conduit à la cher-

---

(1) Il y a bien de la différence entre douter et douter. On doute par emportement et par brutalité, par aveuglement et par malice, et enfin par fantaisie et parce que l'on veut douter. Mais on doute aussi par prudence et par défiance, par sagesse et par pénétration d'esprit. Les académiciens et les athées doutent de la première sorte ; les vrais philosophes doutent de la seconde. Le premier doute est un doute de ténèbres, qui ne conduit point à la lumière, mais qui en éloigne toujours. Le second doute naît de la lumière, et il aide en quelque façon à la produire à son tour. (Malebranche, *Rech. de la Vér.*, liv. I, ch. xx.)

(2) Il y a ignorance abécédaire qui va devant la science, une autre doctorale qui vient après la science, ignorance que la science fait et engendre, tout ainsi comme elle défait et détruit la première. (Montaigne, *Essais*, I, ch. XLVII.) — « La reconnaissance de l'ignorance est des plus beaux et des plus sûrs témoignages de jugement que je trouve. » (*Ibid.*, II, ch. x.) — « L'ignorance qui se sait, qui se juge et qui se condamne, ce n'est pas une entière ignorance ; pour l'être, il faut qu'elle s'ignore soi-même. » (*Ibid.*, II, xi.)

cher. C'est la suspension légitime du jugement, le libre examen, jusqu'à ce que la lumière de l'évidence se fasse. (V. Descartes.) Il est un frein qui contient l'impatience naturelle de notre esprit, un remède à la témérité de nos jugements, une garantie de la certitude elle-même. « Qui veut trop tôt saisir la certitude, finira par le doute, au lieu que celui qui sait, pour un temps, suspendre son jugement, arrivera enfin à la certitude. » (Bacon, *De Aug.*, liv. V, ch. VI.)

Il est aussi des choses qu'il faut savoir ignorer. *Nescire quædam magna pars sapientiæ est.* (Publ., Scyrus.)

Du Probabilisme. — Moins hardi que le scepticisme, ce système (Nouvelle Académie, Arcésilas, Carnéade), tout en niant la vérité, admet la vraisemblance. Il rejette la certitude et reconnaît la probabilité. *Alia probabilia, alia non probabilia esse dicemus*, (Cic., *De Off.*, II, 2.) Il est facile de relever ses contradictions. La probabilité n'existe que par la certitude qui en mesure tous les degrés ; encore faut-il qu'il soit certain que quelque chose est probable. La vraisemblance est ce qui ressemble au vrai. Comment savoir si sa copie ressemble à l'original s'il n'y a pas d'original ? Le probabilisme, qui reproduit tous les arguments du pyrrhonisme, se réfute de même. Montaigne s'en acquitte assez bien, sans songer que ce qu'il dit s'applique à ses propres discours. « Si notre entendement est capable de la forme, des linéaments, du port et du visage de la vérité, il la verrait entière aussi bien que demie, naissante et imparfaite... Comment se laissent-ils plier à la vraisemblance, s'ils ne connaissent le vrai ? Comment connaissent-ils la semblance de ce de quoi ils ne connaissent pas l'essence ? ou nous pouvons juger tout à fait, ou tout à fait nous ne le pouvons pas. » (*Ess.*, II, XII.) — (Voy. *Questions de Philosophie*, sect. III.)

Consultez : Platon, *Théétète*. — Aristote, *Métaph.*, IV, ch. IV. — Cicéron, *Académ.*, II. — Descartes, *Disc. de la Méth.*, I et IV. — *Log.* de Port-Royal, 1ᵉʳ Disc. prél. et IVᵉ part., ch. VI. — Reid, t. III, p. 205-218 ; t. IV, Essai VI, ch. VI. — Royer-Collard, *Fragm.*, p. 451. — De Rémusat, *Essais*, t. II, Essai XI. — V. Cousin, *Leçons sur Kant*, VIIIᵉ leç.; *Hist. gén. de la phil.*, VIᵉ leç.; *Études sur Pascal*. — Jouffroy, *Cours de Droit nat.*, IXᵉ et Xᵉ leç., et *Premiers Mélanges*. — Saisset, *Enésidème* ; *Hist. du Scepticisme*. — *Dict. des Sciences phil.*, art. Scepticisme.

SECTION DEUXIÈME

DES FORMES DE LA PENSÉE ET DU RAISONNEMENT

Division

La logique pure ou théorique est la science des lois formelles de la pensée. Elle se divise en trois parties qui répondent aux trois opérations de l'esprit : *concevoir, juger, raisonner.* Les modernes (*Log.*, Port-Royal) ajoutent une quatrième partie, la *méthode*, qui apprend à *ordonner* les pensées. C'est la logique *pratique* et appliquée. Nous lui réservons une place à part.

Ce plan est aussi régulier que simple. Tout aboutit au *syllogisme* ou s'y ramène. Le raisonnement se compose de jugements, qui eux-mêmes se résolvent en idées. La *première* partie est donc consacrée aux *idées ;* la *seconde* à l'analyse du *jugement* et de ses différentes formes; la *troisième* contient la théorie du *syllogisme* auquel se ramènent tous nos raisonnements. Le but est la *démonstration* qui est une suite de raisonnements. Viennent ensuite les sources ou *lieux communs* du raisonnement (topiques). L'ensemble se complète par l'examen des *sophismes* ou des formes vicieuses du raisonnement (1).

Nous suivrons ce plan, qui est celui d'Aristote, et nous traiterons :

1° Des idées;

2° Du jugement;

3° Du raisonnement (2).

---

(1) La *Logique* ou l'*Organum* d'Aristote se compose de six traités : 1° des *Catégories* (Idées générales) ; 2° de l'*Interprétation* (de la Proposition) ; 3° *Premiers Analytiques* (du Syllogisme) ; 4° *Seconds Analytiques* (de la Démonstration) ; 5° *Topiques* (Lieux communs du raisonnement) ; 6° des *Argument sophistiques*.

(2) Ce qui suit est un simple résumé de la Logique ordinaire dont le détail est dans les auteurs. Nous recommandons surtout, avec la *Logique* de Port-Royal, celle de Bossuet, d'une parfaite clarté, malheureusement incomplète.

CHAPITRE I

DES IDÉES

ART. I. DES DIFFÉRENTES ESPÈCES D'IDÉES.

§ I. Idées complexes, simples, concrètes, abstraites, composées. Divers modes de simplicité et de composition.

I. IDÉES SIMPLES, ABSTRAITES. — L'idée dont la nature et l'origine nous sont connues (*Psychologie*) a différentes formes. Elle se distingue d'abord de la *perception* immédiate, qui n'est que la vue totale, vague et confuse des objets, sorte de synthèse où ceux-ci nous apparaissent dans un ensemble indistinct et où rien n'est démêlé nettement. En jetant les yeux sur la campagne, j'aperçois des plantes, des arbres, des animaux, tout un paysage qui se perd à l'horizon. Si mon regard se porte sur un objet particulier, je le vois d'abord dans l'ensemble de ses parties ; mon attention vient-elle à se fixer, elle ne voit plus distinctement qu'une seule partie, elle est même obligée de ne considérer qu'une seule qualité, qui elle-même se divise et s'offre sous divers aspects. Tel est le premier travail que l'esprit fait subir à la pensée, sa première forme. De *totale* et de *complexe* elle devient *partielle* et *incomplexe*; de *concrète*, *abstraite*; de *composée*, *simple*. On a vu combien le langage aide l'esprit dans cette opération et comment les idées s'incorporent aux signes. L'idée abstraite devient *terme abstrait*; l'idée générale, *terme général*. Ainsi se forment les éléments du jugement réfléchi ou de la *proposition*, qui elle-même sert à former le *raisonnement*.

On distingue, dans la connaissance simple ou abstraite, plusieurs degrés de simplicité qu'il ne faut pas confondre.

1° Le premier est la connaissance *partielle* qui laisse subsister les parties intégrantes du tout. Ainsi, je distingue dans un arbre, le tronc, les racines, les feuilles, les fleurs et les fruits. Les idées que j'obtiens ainsi sont des idées incomplètes qui néanmoins ne sont pas simples; chaque partie elle-même forme un tout concret, ce n'est pas encore l'idée abstraite proprement dite.

2° Le second mode est l'idée proprement *abstraite*, celle non d'une partie réelle détachée du tout, mais d'une qualité envisagée comme si elle existait seule : telle est l'idée de la forme ou de la figure des objets, indépendamment de la couleur, de la saveur, etc. Cette notion est elle-même plus ou moins *simple*. Ainsi l'idée de l'étendue solide est moins simple que l'idée de surface; celle-ci l'est moins que l'idée de longueur, qui elle-même se divise en points. L'idée tout à fait simple est le dernier terme de la décomposition.

3° Le troisième mode est l'idée *générale*, dégagée de toute considération d'individualité et de particularité. Ainsi je puis considérer le triangle en général, indépendamment de toute propriété appartenant à un triangle particulier, tel que me l'offrent la nature ou l'art, ou tel que le montre la figure que je trace moi-même sur un tableau. Je considère ainsi l'essence du triangle sans faire attention à aucune autre qualité que celle qui est comprise dans l'idée même du triangle ou la notion que s'en forme l'esprit. C'est là le triangle véritablement abstrait, celui que l'entendement conçoit et que la science étudie. (V. Port-Royal, Ire part., chap. v.)

II. Idées composées et complexes. — L'idée est simple quand elle ne comprend qu'une seule qualité, qu'un unique point de vue; elle est le dernier terme de l'analyse. Mais après avoir décomposé, l'esprit recompose. A l'analyse succède la synthèse. De plusieurs idées il refait une seule idée, qui alors est composée. Telle est l'idée du nombre, qui se forme des unités réunies. Les parties sont rapprochées; les qualités elles-mêmes se groupent autour d'un mot qui les comprend et les résume. De là les idées composées, soit *complexes*, soit *collectives*, soit *générales*, avec leurs degrés de généralité et de composition. Les idées *complexes* se forment par la réunion de plusieurs qualités ou parties : édifice, maison. En assemblant plusieurs objets, on forme des idées *collectives* : armée, parc, forêt. On obtient des idées *générales* en étendant une même qualité ou plusieurs qualités semblables à un certain nombre d'objets : arbre, homme, animal. Les êtres de raison représentent des qualités abstraites : vertu, justice, humanité. Plusieurs idées abstraites se combinent en une seule idée : l'État, l'industrie, la science. Les mots prêtent ici leur service et donnent de la consistance à ces notions. Celles-ci sont diversement complexes et composées. Les unes ne comprennent qu'un seul objet dans ses diverses parties : l'âme, le corps. D'autres embrassent la collection de plusieurs objets de même espèce. Ou elles offrent une réunion de plusieurs qualités, objets, rapports d'espèce différente : administration, gouvernement, législation, empire. Les plus complexes sont celles qui renferment tout un ensemble d'idées différentes représentées par un seul terme. Que d'idées diverses par exemple dans ce seul mot : civilisation? Aussi ces termes n'ont de valeur et n'offrent de clarté à l'esprit qu'autant que nous avons décomposé toutes les idées particulières et que nous sommes capables de les retrouver. Autrement, ce sont des mots vides et vagues qui n'ont pour l'esprit rien de déterminé. Là est un des grands inconvénients attachés à l'emploi des signes. (V. *Signes*.) (1)

§ II. Des idées générales. — Extension et compréhension des idées générales.

L'idée abstraite est d'abord *individuelle*. C'est la couleur de cette feuille de papier, la forme de cette table, de cette écritoire, non la couleur, la forme en général. Par la comparaison, la qualité prise dans un objet particulier devient générale ou commune à plusieurs objets. Ainsi l'idée d'*homme* est d'abord celle d'un homme en particulier; l'idée de *blancheur*, celle d'un objet blanc que nous avons eu sous les yeux. Le *cercle* a été d'abord pour nous un cercle particulier. Les idées générales du cercle en général, de l'étendue, de la forme, de la couleur sont le résultat de la comparaison et de l'abstraction. On distingue les idées

---

(1) Lisez Port-Royal, IIe partie. — Locke, de l'*Ent. hum.*, liv. II. — Leibnitz, *Nouv. Essais*, liv. II ch. II, 6. — Bossuet traite ce sujet avec une grande clarté, *Logique*, liv. I, ch. XXII, XXIII et XXIV. — Stuart-Mill, *Syst. de Logique*, t. I.

générales *collectives* ou de *genre* et d'*espèce* comme homme, arbre, animal, qui comprennent une collection d'êtres, et les idées générales *simples*, comme l'étendue, la forme, la couleur, qui ne désignent qu'une qualité prise en général.

Degrés de généralité. — Les idées présentent divers degrés de généralité. Ou la notion n'embrasse qu'un *seul* objet, ou elle comprend *plusieurs* objets, ou elle s'étend à *tous* les objets d'un même genre. Elle est *individuelle*, *particulière*, *universelle*. Les deux degrés principaux de généralité sont marqués par le *genre* et l'*espèce*. Le genre renferme plus d'individus et moins de qualités. L'espèce comprend plus de qualités et moins d'individus. Là-dessus est fondée une distinction très-importante en logique : celle de l'extension et de la compréhension dans les idées générales. (V. Reid, t. V, p. 205.)

Extension et compréhension. — Une idée est plus ou moins *étendue* selon qu'elle embrasse plus ou moins d'objets; elle est plus ou moins *compréhensive* en proportion du nombre de qualités qu'elle renferme. Ainsi l'idée d'homme est plus étendue que celle d'Européen ; celle-ci l'est plus que celle de Français, d'Anglais, d'Allemand. L'idée de triangle équilatéral est moins étendue que celle de triangle ; mais elle renferme plus de propriétés, elle est plus compréhensive. L'extension et la compréhension sont donc en *raison inverse* dans les idées générales. Plus une idée embrasse d'objets, plus elle exclut de qualités ; plus elle comprend de qualités, plus est restreint le nombre des objets auxquels elle s'applique. L'idée la plus étendue, l'idée de l'*être*, ne convient à tous les êtres que parce que l'on fait abstraction de leurs qualités ; elle convient aussi bien à la plante et au minéral qu'à l'âme et à Dieu.

Universaux. — Un philosophe ancien, Porphyre, a ramené à cinq classes les idées générales, considérées suivant leurs degrés de généralité : le *genre*, l'*espèce*, la *différence*, le *propre*, l'*accident*. Ce sont les *universaux* de la scolastique. (V. la *Log.* de Port-Royal et celle de Bossuet, liv. I, ch. XLIV.)

Catégories. — Aristote avait fait, à un autre point de vue, le dénombrement des idées les plus générales, qui sont aussi les termes les plus généraux du discours. Il en compte dix, qui s'appellent *catégories* (κατηγορεῖν, discourir). — 1° *Substance;* 2° *quantité;* 3° *qualité;* 4° *relation;* 5° *action;* 6° *passion;* 7° *lieu;* 8° *temps;* 9° *situation;* 10° *possession.*

Du réalisme et du nominalisme. — Nous dirons quelques mots de la querelle célèbre qui a divisé les scolastiques au sujet des idées générales ou des *Universaux.* Deux systèmes se firent la guerre : le *Réalisme* et le *Nominalisme,* entre lesquels intervint un troisième, le *Conceptualisme.*

1° *Réalisme.* — Les idées générales d'arbre, d'homme, d'animal, etc., ont-elles un objet réel, distinct des individus compris dans ces classes? Les espèces et les genres existent-ils en dehors des êtres individuels? Y a-t-il un homme-genre, type de l'espèce humaine, un arbre-type ou *archétype* de son espèce? C'est ce que soutenait le réalisme. De même la vertu, la justice existent indépendamment des hommes vertueux, justes et des actes humains.

2° *Nominalisme.* — Le nominalisme, au contraire, soutient que les individus seuls existent. Les genres et les espèces ne sont que des collections d'individualités représentées par des mots. Le langage leur donne une réalité qu'ils n'ont pas. Les idées générales ne sont donc que des mots (*flatus vocis*). En leur prêtant la réalité, l'esprit ne fait que réaliser des abstractions.

3° *Conceptualisme.* — Sans être ni de purs mots ni des réalités, les idées générales ne sont-elles pas des conceptions de notre esprit, une manière d'envisager les objets selon leurs ressemblances et leurs différences? Telle est la solution donnée par le conceptualisme. — Ce système paraît le plus raisonnable; cependant on ne peut l'accueillir sans réserve, et le problème est plus difficile qu'il ne semble à la première vue. Nous en signalerons au moins la difficulté.

D'abord le réalisme n'est pas aussi chimérique qu'il le paraît.

Sans doute, dans la nature, il n'y a que des individus ; mais les individus périssent ; l'espèce subsiste et se conserve. N'est-elle qu'un mot ou une simple conception de l'esprit? De plus, le monde a des lois. Que sont ces lois qui règlent le cours des phénomènes de l'univers, qui maintiennent les espèces et président au renouvellement des êtres? Les *idées* de Dieu, la pensée divine, avait dit *Platon.* Ces idées sont aussi dans le monde; elles en font l'harmonie, l'ordre et la beauté. Comment? — C'est le secret de la création.

Ce n'est pas tout ; dans l'intelligence humaine sont aussi des idées qui ne sont ni des mots vides, ni des entités, ni des conceptions artificielles : les idées du beau, du bien, du vrai, etc. Elles se distinguent des notions générales collectives comme de celles de genre et d'espèce, elles ne résultent pas de la simple comparaison des objets, des choses belles, des actions bonnes et des jugements vrais. Car, précisément, une chose est belle, une action bonne et un jugement vrai, selon qu'ils sont conformes à l'idée du beau, du vrai et du bien, et au type de la beauté, de la justice et de la vérité. (V. Platon.) Ces idées, elles existent dans l'intelligence humaine et dans Dieu, leur principe et leur source. Elles se réalisent aussi dans le monde par les objets et par les actions humaines. Voilà ce que dit le réalisme. Au fond, le réalisme, c'est l'idéalisme.

Le nominalisme a bientôt dit que les individus seuls existent et que

Ainsi, de quelque sujet que l'on parle, l'objet que l'on considère est envisagé sous un ou plusieurs de ces aspects, dans sa substance, sa quantité, sa qualité, dans un lieu, dans le temps, etc.

Trop exalté, ce travail a été aussi trop déprécié (Port-Royal) comme œuvre de métaphysique et de logique.

§ III. Des idées vraies ou fausses; parfaites et imparfaites; adéquates et inadéquates.

D'autres caractères sont importants à considérer dans les idées. Ainsi, les idées sont *vraies* ou *fausses* selon qu'elles sont conformes ou non à leur objet ou à leur modèle. La vérité ou la fausseté conviennent donc aux idées comme aux jugements. Néanmoins, la connaissance n'est complète que quand il s'y joint une affirmation expresse ou tacite, ce qui est à proprement parler la fonction du *jugement*. (V. *Jugement*.)

Les idées peuvent être aussi considérées comme *parfaites et imparfaites*, *complètes et incomplètes*, *adéquates et inadéquates*. L'idée est parfaite ou adéquate quand elle représente son objet tout entier, clairement et avec certitude. Cette qualité, en tant qu'elle est purement logique, ne s'applique qu'aux idées abstraites et simples, dont l'esprit a lui-même déterminé l'étendue et la compréhension. Telles sont les idées abstraites du point, du cercle, du carré, du triangle, les idées de l'étendue des corps, d'un être raisonnable, de la pensée en général. L'esprit conçoit ces objets ou ces qualités très-clairement et très-distinctement. Pour que la notion soit exacte et parfaite, il n'est nécessaire de rien ôter, ni de rien y ajouter. Mais cette perception n'est que relative à un esprit borné. En réalité, métaphysiquement et d'une manière absolue, aucune de nos idées n'est adéquate ni com-

tout ce qui est général est pure entité verbale. Le conceptualisme, qui dit, au fond, la même chose, ne saurait pas plus rendre compte de la nature ni des lois de l'esprit. Il ne reste plus qu'à ajouter que cela seul est réel qui tombe sous les sens. Le nominalisme alors c'est le sensualisme. Le conceptualisme, qui nie l'objectivité des idées de la raison, conduit au scepticisme sur tout ce qui n'est pas objet sensible. Il ne peut donc se soutenir dans ce milieu entre les deux systèmes; il est forcé de choisir.

On conçoit que ce problème ait rempli les écoles au moyen âge; c'es le plus ardu de la philosophie.

plète. Il n'est pas un seul objet dont nous connaissions la nature entièrement dans son essence et toutes ses qualités, dans tous ses rapports avec les autres objets. Nous ne savons le tout de rien, dit Pascal. La pensée de Dieu seule est adéquate à son objet, qui est infini.

Les idées sont appelées *réelles* ou *imaginaires*, selon que leur objet est quelque chose de réel, qui existe ou a existé dans la nature, ou qu'il est une pure invention de l'esprit, comme une chimère, un centaure, un cheval ailé. La distinction du *possible* et de l'*impossible* est aussi la base d'une autre division logique. L'esprit conçoit des qualités qui s'accordent et d'autres qui ne peuvent exister ensemble, comme la probité sans la bonne foi, la piété sans l'amour de Dieu, etc. Nous ne parvenons pas en réalité à concevoir les choses qui se contredisent et à nous représenter leur objet. Ce sont de pures négations, qui proviennent de la faculté que l'esprit a d'abstraire et de séparer les idées, de les réunir en une seule à l'aide des mots. Nous n'avons rien dans l'esprit quand nous exprimons ces choses. Une perception plus nette dissipe le fantôme et détruit la contradiction.

On distingue encore la connaissance *scientifique* et la connaissance *vulgaire;* celle-ci ayant pour objet les qualités extérieures des choses; celle-là l'essence, les qualités constitutives, la loi, la cause, le principe. (V. *Raison*.)

§ IV. Idées claires et obscures; distinctes et confuses.

La *clarté* des idées est un caractère qui marque aussi leur perfection. Elle se comprend aisément, quoiqu'elle ne puisse se définir. L'idée doit être claire, puisqu'elle est une aperception de la vérité. L'obscurité, dans la connaissance, est un défaut, une faiblesse; si elle était absolue, ce serait l'ignorance. Du défaut de clarté dans les idées vient aussi le vague ou la confusion; et la distinction doit se joindre à la clarté. Elle n'est pas tout à fait la même chose. Une idée est vague et indistincte, quand son objet ne nous apparaît pas séparé des autres ou que nous n'apercevons clairement ni ses parties ni son ensemble. L'idée distincte offre le caractère opposé.

Pour obtenir des idées *claires* et *distinctes*, l'attention est nécessaire. (V. *Attention*.) Mais alors notre esprit borné, se concentrant sur un point, perd de vue la totalité. Il est rare que la lumière se répande également sur toutes les parties. De là l'imperfection radicale de la connaissance humaine, partielle et, à cause de cela, presque toujours exclusive quand elle est distincte. Quoi qu'il en soit, la clarté réside surtout dans les idées simples, d'autant plus distinctes. Aussi les sciences qui opèrent sur les notions les plus simples sont-elles les plus exactes.

Il faut distinguer deux genres de clarté. La *clarté des sens* et celle de l'*entendement*, qui est la vraie clarté. (*Évidence, Certitude.*) Les objets qui frappent nos sens nous paraissent d'abord évidents ; en réalité, ils offrent un ensemble confus de qualités variables, où nous ne distinguons rien avec netteté. Ces qualités changent, et plusieurs ne sont que des apparences. Il faut que l'esprit les considère de nouveau, qu'il les démêle et distingue l'apparence de la réalité, qu'il rattache ce qu'il voit à ses propres conceptions. Alors seulement il acquiert la connaissance vraie et distincte des corps, la réalité extérieure lui devient intelligible. La clarté véritable est donc dans l'entendement. (V. Descartes, *Log.* de Port-Royal, Malebranche.) Sa lumière seule est la vraie lumière, qui se communique aux choses et nous les rend évidentes. — On voit encore ici l'erreur du système qui fait venir tout des sens. La clarté véritable vient de l'esprit, de cette lumière intérieure qui l'illumine au dedans. (V. *Raison.*)

Le remède logique à la confusion des idées est la définition.

ART. II. DE LA DÉFINITION.

> Definitio est oratio quæ quid sid id de quo agitur ostendit quam brevissime.
> (Cic., *Or.*, XXXII.)

I. NATURE ET BUT DE LA DÉFINITION. — La définition est l'explication courte et précise du sens d'un mot, ou du caractère essentiel et propre de la chose que l'on veut définir : *Est definitio, earum rerum quæ sunt ejus rei propriæ quam definire volumus, brevis et circumscripta quædam explicatio.* (Cic., *De Orat.*, I, 42.) — Son utilité est évidente : elle doit porter la clarté dans nos pensées, déterminer la compréhension des termes, dissiper les équivoques du langage, permettre à la discussion de s'établir sur des bases fixes et de suivre une marche régulière. Sans elle on ne peut bien raisonner, ni arriver à aucune issue dans la discussion : *Nec recte disseri, nec ad exitum pervenire potest.* (*Id.*)

II. DÉFINITIONS DE MOTS ET DE CHOSES. — On distingue des *définitions de mots* et des *définitions de choses*. Quoique souvent contestée, cette distinction est réelle. En effet, ou il s'agit uniquement de fixer le sens d'un mot, d'en donner la signification précise; ce qui ne préjuge rien sur la nature et la valeur de l'idée ou de l'objet qu'il représente; ou, le sens du mot étant connu, on veut déterminer la nature même de cet objet, ses caractères essentiels et propres. Dans le premier cas, la définition est purement *nominale*, elle suffit pour qu'on s'entende. L'objet est désigné, non réellement défini. Dans le second cas, il y a plus; l'objet est déterminé, distingué et classé parmi les autres objets. Sa nature est connue, ou au moins une de ses qualités essentielles : ce que la science se propose. Les mots d'une langue n'ayant pas de signification bien arrêtée, il est besoin d'en donner la définition verbale. Le Dictionnaire de l'Académie offre de semblables définitions ; la science ne peut s'en contenter. Il est vrai que l'on passe vite de la définition verbale à la définition réelle, et certaines définitions ont le double caractère. Mais la distinction n'en subsiste pas moins.

1° *Des définitions de mots.* — Les caractères de la définition de mots sont 1° d'être libre, 2° d'être incontestable, 3° de pouvoir toujours servir de principe. (Port-Royal.) Chaque signe, en effet, étant indifférent à exprimer toute sorte d'idées, peut être employé pour un usage particulier, pourvu que celui qui s'en sert avertisse dans quel sens il le prend. Il n'y a de limite à cette liberté que le respect dû à la langue commune et à l'usage. Il n'en est pas de même de la définition de choses ; celle-ci n'est pas libre, car il ne dépend pas de nous de changer la nature des êtres et de leur assigner des caractères qu'ils n'ont pas. — Par cela même qu'elle est libre, toute définition purement nominale est incontestable. Les définitions de choses sont sujettes à contradiction. — Les définitions de mots peuvent toujours être prises pour principes; mais ceux-ci n'ont de valeur que pour celui qui s'en sert (1).

2° *Définitions de choses.* — La définition de choses, avons-nous dit, est celle qui, étant connu le sens du mot, a pour but de déterminer l'essence et le caractère propre de l'objet qu'il exprime. Quand un botaniste définit une plante, on peut déjà savoir de quelle plante il s'agit; ce n'est donc pas le mot, c'est la chose qu'il veut faire connaître par ses propriétés essentielles. Quand un moraliste, comme Platon (*Rép.*, IV) ou Cicéron (*De Off.*, I), définit la *prudence*, le *courage*, la *tempérance*, la *justice*, personne n'ignore ce que ces mots signifient; mais c'est le caractère essentiel et propre de ces vertus qu'il s'agit de déterminer. Les discussions que Socrate engageait avec les sophistes et où il s'agissait du *bien*, du *beau*, de la *justice*, etc., n'avaient-elles pour but que de fixer le sens des mots de la langue grecque? Il en est ainsi de toute vraie définition. « La définition, dit Aristote, est l'expression de l'*essence* (2). »

Mais l'homme peut-il connaître l'essence des choses? Oui dans une certaine mesure. Le nier serait nier la science (3). Il est clair que parmi les qualités des êtres il en est d'accidentelles et d'essentielles, qui représentent leur vraie nature et les distinguent. Celles-ci, la science les détermine, et c'est là-dessus qu'est fondée la définition. Aussi y a-t-il de vraies et de fausses définitions, des définitions plus parfaites les unes que les autres.

---

(1) Les caractères que donne Pascal (*De l'Art de persuader*), et d'après lui Port-Royal, comportent plusieurs restrictions. 1° Beaucoup de définitions de mots rentrent dans des définitions de choses, et réciproquement. Souvent si les mots ont besoin d'être définis, c'est que les idées sont elles-mêmes peu précises, et que leur compréhension est mal déterminée; ce qui vient de ce que nous connaissons mal la nature de la chose elle-même. En définissant la chose, nous fixons le nom du terme qui la désigne. 2° Les définitions de mots sont plutôt des *appellations* que de véritables définitions. Aussi les reconnaît-on à ce signe, que l'on peut les faire précéder de cette formule : *je nomme, j'appelle*. 3° Elles ne sont *arbitraires* que dans le cas le plus rare, lorsque l'on crée un terme nouveau pour une idée nouvelle. Hors de là, nul n'est dispensé de se conformer aux lois de la langue. 4° Les définitions de mots ne sont pas de véritables principes. Leur but unique étant de s'entendre, elles ne préjugent rien sur le fond des choses. Elles ne peuvent donc être invoquées comme principes ou n'ont qu'une valeur hypothétique. La définition de choses peut très-bien être prise pour principe, si elle a été légitimement établie, si elle est évidente ou accordée.

(2) Ἔστι ὁρισμὸς τοῦ τί ἦν εἶναι λόγος (*Mét.*, VII, v)

(3) « Il est évident que les choses ont une essence fixe... qu'elles ne se rapportent pas à nous, ni ne varient au gré de notre imagination, mais qu'elles subsistent en elles-mêmes selon leur essence et leur nature. » (Platon, *Cratyle*.)

III. DIVERSES MANIÈRES DE DÉFINIR. — 1° *Définition logique.*
— Il y a plusieurs manières de définir. La vraie définition est la définition logique, celle qui se fait par l'énoncé du genre prochain et de la différence spécifique : *per genus proximum et differentiam proximam*, comme disent les logiciens. Exemple : *L'homme est un animal raisonnable.* Cette définition, à tort blâmée par Pascal, fait connaître l'homme par ce qu'il a de commun avec les êtres animés et par la propriété réelle qui le distingue : la raison. Il a d'autres qualités : la parole, la sensibilité, la liberté, la religiosité, etc.; mais celle-là les contient ou elles en dérivent. La définition, d'ailleurs, peut varier selon le point de vue. Celle de Platon : « L'homme est une âme qui se sert d'un corps, » est également bonne. Seulement il faut que la propriété qui caractérise soit essentielle. Ainsi le *rire* qui est aussi propre à l'homme n'étant qu'un accessoire, ou un accident, ne pourrait être choisi. — Mais doit-on définir l'homme? « L'homme est ce que chacun sait, » disait Démocrite. — Cette réponse d'un sage l'honore peu, si elle est de lui. Une définition verbale de l'homme peut être inutile, une définition réelle au contraire est très-utile. Qu'est-ce que l'homme? Quelle est sa vraie nature? En quoi diffère-t-il des autres animaux? Il importe de savoir au juste quelle est son essence? Est-ce la raison ou la sensibilité? est-ce la station droite ou un os qu'il a dans la bouche et qui manque au singe? est-ce le rire? — Les vrais auteurs abondent en définitions qu'on peut choisir pour exemples. (V. Aristote, Platon, Cicéron, etc.) « La vertu est l'habitude d'agir selon la droite raison. » (Aristote, *Eth. à Nic.*) — Elle est la bonne habitude de l'âme (Platon), etc. — La charité est la vertu qui nous fait aimer nos semblables. Là encore on trouve les deux éléments : le genre et l'espèce, le caractère général et la différence spécifique.

On a dit (Mélanchton, Pascal, Laromiguière) que le meilleur moyen de définir un objet serait de le *montrer*. C'est méconnaître la nature et le rôle de la définition qui s'adresse à l'entendement. La chose doit être non exposée aux sens et à l'imagination, *explicari imaginabiliter*, mais conçue distinctement par l'esprit, *distincte intelligi*. (Leibnitz.) A celui qui demande qu'est-ce que le beau, si on montre une belle femme ou l'Apollon du Belvédère, aura-t-on défini le beau?

(V. Platon, Ier *Hippias*.) Que servirait au naturaliste de montrer une plante, s'il n'en faisait connaître les propriétés essentielles ?

2° *Autres manières de définir*. — Il y a plusieurs moyens de remplacer la définition logique quand elle n'est pas possible. Le meilleur est la définition *synthétique* ou par *générations d'idées*.

Elle consiste à montrer comment la chose se fait ou est engendrée. Au lieu de définir le cercle : une ligne courbe dont tous les points sont également distants d'un centre commun, je puis dire : le cercle est formé par la révolution d'une ligne droite autour d'un point fixe qui est son centre. — On peut aussi définir une chose par ses *effets* : la justice est la vertu qui maintient l'ordre dans la société ; ou par ses usages : une horloge est une machine faite pour marquer les heures. — Mais ces définitions le cèdent à la définition *parfaite*, qui énonce les qualités *essentielles* et *propres* de l'objet.

3° *Définitions imparfaites*. — D'autres définitions, moins parfaites, sont usitées. Telle est la *description*, qui fait connaître l'objet par plusieurs de ses propriétés principales. C'est une véritable analyse. Théophraste et La Bruyère définissent les *caractères* en les décrivant. Aristote (*Rhét.*, II) et Horace (*Art. poét.*) font de même pour les *âges* de la vie. La définition *oratoire* est aussi une énumération plus ou moins longue des qualités et des effets. Exemple : la définition de l'éloquence par Cicéron (*De Orat.*, I, VIII). Bossuet ou Bourdaloue définissent autrement qu'Aristote ou saint Thomas.

On définit souvent par les *contraires*, en opposant le fini à l'infini, le contingent au nécessaire, la nécessité à la liberté. Le contraste fait ressortir l'idée ; mais ce n'est pas là proprement définir. Les *synonymes*, comme l'honnêteté et la vertu, la justice et l'équité, la bienfaisance et la charité, le risible et le comique, aident aussi par la ressemblance, à saisir l'idée commune sans préciser la nuance ou la différence. On emploie volontiers les *comparaisons* et les *exemples*. Telle est la définition que donne Montesquieu du despotisme (1). Mais d'abord toute comparaison est boiteuse,

---

(1) « Quand les sauvages de la Louisiane veulent avoir du fruit, ils coupent l'arbre au pied et cueillent le fruit. Voilà le gouvernement despotique. » (*Esp. des lois*, liv. V, ch. XIII.)

et si les images rendent sensible une idée, la raison ne peut s'en contenter. *Ut pictura poesis.* (Hor.) Celui qui verrait là une définition de la poésie n'aurait saisi que la ressemblance, les différences lui auraient échappé (1). « Le poète est un être léger, ailé et sacré. » (Platon, *Ion.*) Est-ce là une définition du poète? Non; aussi Platon ne la donne pas pour telle (2). Il ne faut donc pas se laisser abuser par des analogies et prendre des métaphores pour des définitions. Définir par un *exemple*, comme on fait si souvent, n'est pas définir. Le cas particulier, le plus frappant ne peut équivaloir à l'idée générale qui reste toujours à déterminer. — Tous ces moyens sont bons, pourvu qu'on n'en méconnaisse pas la portée. Le philosophe s'en sert comme les autres; mais ils conviennent surtout à l'orateur et au poète. *Sæpe etiam definiunt et oratores et poetæ per translationem verbi ex similitudine cum quadam suavitate.* (Cic., *Topic.*, VII; Cf. Aristote, *Rhétorique*, III, CXI.)

IV. DE LA PORTÉE DES DÉFINITIONS. — On ne doit pas se faire illusion sur la valeur et la portée des définitions. (V. Locke, liv. III, ch. IV.) 1° Elles ne valent que ce que valent nos analyses et nos classifications dont elles sont le résumé. 2° La définition logique en particulier ne peut s'étendre à tout. Bornée au genre et à l'espèce, les deux extrêmes de la classification lui échappent : l'*universel* et l'*individuel*. Les idées les plus générales ne peuvent se définir. Il faudrait les faire rentrer dans d'autres plus générales. L'individu comme tel ne saurait non plus être défini. Il ne peut l'être que par les qualités qui lui sont communes avec son espèce; mais alors il perd son individualité. L'individu se décrit et ne se définit pas.

A plus forte raison ne peut-on définir les notions premières et simples de l'entendement : le *temps*, l'*espace*, la *substance*, le *mouvement*, la *cause*, l'*infini*, etc. Comment définir l'*être* sans commencer par le mot *c'est* et employer dans la définition le terme à définir? (Pascal.)

Il en est de ces idées comme des axiomes, qui, dans les démonstrations, ne se démontrent pas, mais qui servent à

---

(1) Le *Laocoon* de Lessing a pour but de les montrer.
(2) Les dialogues de Platon fournissent des modèles de l'art de définir. Lisez surtout le *Gorgias*, le 1ᵉʳ *Hippias*, le 1ᵉʳ liv. de la *République*.

démontrer. « Il n'y a rien de plus faible que le discours de ceux qui veulent définir ces mots primitifs. » — « En ce sens le manque de définitions est plutôt une perfection qu'un défaut, parce qu'il ne vient pas de leur obscurité, mais au contraire de leur extrême évidence. » (Pascal.)

Mais si ces idées ne se définissent pas, elles s'analysent, et l'analyse leur tient lieu de définition.

V. Où DOIVENT SE PLACER LES DÉFINITIONS ? — Doivent-elles figurer au début de la science et des traités qui l'enseignent ? Les définitions de mots sans doute. En est-il de même des autres ? Toutes les fois qu'il s'agit d'idées faciles à comprendre, qui n'ont besoin d'aucune préparation antérieure, on peut les employer. C'est ce qui a lieu dans la géométrie. Mais si ce sont des idées auxquelles l'esprit ne s'élève que lentement et graduellement, qui demandent une initiation et des études préliminaires, il faut les ajourner. Elles sont mieux placées au terme de la science, dont elles forment comme le résumé et la conclusion (1). Nous avons défini la philosophie la *science des principes*, parce que l'on comprend déjà suffisamment le sens des mots *science* et *principes*. Mais cette définition elle-même n'est bien comprise que quand on a déjà fait des progrès dans la science philosophique.

Ne confondez pas la *définition* avec la simple *proposition*.

Toute définition est *réciproque*, c'est-à-dire que l'attribut peut prendre la place du sujet, ce qui n'a pas lieu dans la *proposition* proprement dite. Si je veux définir la logique, je peux dire indifféremment : *la logique est l'art de penser*, ou *l'art de penser est la logique*. — *Le temps est la mesure du mouvement* : voilà une simple proposition.

VI. RÈGLES DE LA DÉFINITION. — Une première règle est celle-ci : ne pas chercher à tout définir ; mais définir tout ce qui a besoin d'être défini. Il faut savoir s'arrêter dans la définition comme dans la démonstration. Les idées qui servent à définir les autres sont elles-mêmes indéfinissables, de même que les principes sur lesquels repose toute démonstration ne peuvent se démontrer. Vouloir définir les idées premières, c'est s'exposer à les obscurcir ; comme chercher

---

(1) Les définitions exactes sont le fruit de la recherche ; les autres en sont le fondement. Bossuet, *Log.*, LXXI, 13.) — « En philosophie la définition devrait plutôt suivre le travail, que le commencer. » (Kant, *Raison pures*, MÉTHODOLOGIE. Cf. Laromiguière, *Des Définitions*.)

à prouver les principes, c'est mettre tout en question et rendre le raisonnement impossible. Il y a des gens qui veulent qu'on leur définisse les notions les plus claires. On peut leur appliquer le mot de Leibnitz : « Ils demandent ce qu'ils savent, et ils ne savent ce qu'ils demandent. »

Ici se placent les règles données par Pascal :

1° N'entreprendre de définir aucune des choses tellement connues d'elles-mêmes qu'on n'ait point de termes plus clairs pour les expliquer;

2° N'admettre aucun des termes obscurs et équivoque sans définition;

3° N'employer dans la définition des termes que des mots parfaitement connus ou déjà expliqués.

Il faut y ajouter : ne jamais faire entrer dans la définition le terme à définir. Ces règles conviennent surtout à la définition de mots.

D'autres plus difficiles s'appliquent à la *définition de choses*. La règle suprême ici est d'exprimer la qualité *essentielle* et *propre* de la chose à définir. Pour être parfaite, une définition doit être : 1° *claire*; 2° *courte*; 3° *réciproque*; 4° *égale au défini, ou convenir à tout le défini et rien qu'au défini* (omni et soli definito).

1° La définition doit être *claire*; son but est de porter la clarté dans l'esprit. Il ne faut pas définir *obscurum per obscurius*, défaut souvent reproché aux définitions d'Aristote (1). Mais la clarté elle-même est relative; il y a la clarté des sens et celle de l'esprit. La clarté scientifique est obscure pour le vulgaire, qui veut tout saisir avec les sens et l'imagination. Beaucoup de définitions très-vraies et très-claires ont besoin d'un esprit préparé pour être comprises; plusieurs de celles d'Aristote peuvent ainsi se justifier. — 2° La *brièveté* est une qualité de la définition qui la distingue de la *description*. « Puisqu'elle est faite pour donner l'essence des choses, elle doit aller autant qu'il se peut au principe constitué et à la différence propre et spécifique sans se charger des propriétés et des accidents. La raison est que les propriétés se déduisent de l'essence et y sont comprises, de sorte qu'il suffit de l'expliquer; et pour ce qui est des accidents,

(1) Exemple : la fameuse définition de l'*entéléchie* : « *L'âme est la première entéléchie d'un corps organisé ayant la vie en puissance.* » (*De Anima*, II, 1, 4.

ils sont hors de la nature de la chose, et par là ils n'appartiennent pas à la définition. » (Bossuet, *Logique*, liv. II, ch. XIII.) — 3° La *réciprocité* consiste en ce que, dans la définition, le sujet peut s'échanger avec l'attribut. La rhétorique est l'art de bien dire; on peut renverser les termes : l'art de bien dire est la rhétorique. (V. *suprà*.) Cette substitution doit toujours être possible, puisque le mot à définir et les termes qui le définissent désignent le même objet, exprimé par un mot ou par plusieurs. — 4° La définition doit être *adéquate*, convenir *à tout le défini et au seul défini*. Ceci est la pierre de touche, la condition essentielle. Si elle ne convient qu'à une partie du défini, elle est fausse; car elle n'exprime pas la vraie nature des objets compris dans le genre ou l'espèce. L'idée est mal déterminée. Si elle convient à d'autres objets, elle n'est plus spécifique. Elle n'est ni universelle ni propre. Elle manque et dépasse son but; c'est une mauvaise définition.

Peu de définitions résistent à l'application de ces règles. Les meilleures laissent à désirer. Qu'on prenne pour exemple les définitions du beau : celle de Platon, de saint Augustin, de Bossuet, etc. *Omnis pulchritudinis forma unitas est*, dit saint Augustin. Le beau, c'est l'*ordre visible*. (Bossuet.) Cette définition s'applique-t-elle à toute la beauté et à la beauté seule (*omni et soli*)? Si l'unité est la condition essentielle du beau et se retrouve partout où la beauté existe, où est la propriété caractéristique et spécifique qui la distingue du bien par exemple? On peut faire subir la même épreuve à d'autres définitions, de la *justice*, de la *vertu*, de la *sainteté*, etc. (V. Platon.) — Que conclure de là? Que toute vraie définition est impossible? Non, mais qu'une définition parfaite est très-rare et qu'il y a des définitions meilleures les unes que les autres. Les meilleures sont celles qui approchent plus ou moins de la véritable essence générale et propre. Elles mesurent le progrès de la science *.

---

* *Remarque.* — « La philosophie, dit Kant, fourmille de mauvaises définitions, surtout de définitions qui contiennent bien des éléments de définitions, mais pas une définition complète. Si donc on ne pouvait se servir d'aucun concept qui ne fût pas défini, il serait bien difficile de philosopher. Mais comme on peut faire un bon et sûr usage des éléments de l'analyse, aussi loin qu'ils s'étendent, on peut aussi employer

ART. III. DE LA DIVISION.

> Recte habita partitio illustrem et perspicuam
> totam efficit orationem.
> (Cic., *De Invent.*, 1, 22.)

I. SA NATURE. — La première condition pour étudier ou traiter un sujet est de s'en former une idée nette; la définition répond à ce but. La seconde, c'est de le diviser. Il faut décomposer l'idée totale en autant d'idées partielles qu'elle en comporte. Descartes fait de la division une des règles fondamentales de sa méthode. La division est une véritable analyse, car elle décompose un tout en ses parties; c'est aussi une synthèse, puisqu'elle les range dans l'ordre le plus convenable.

II. SES ESPÈCES. — « Comme il y a deux sortes de *tout*, il y a aussi deux sortes de divisions. 1° Il y a un tout composé de plusieurs parties réellement distinctes, appelées en latin *totum*, et dont les parties sont appelées *parties intégrantes*. La division de ce tout s'appelle proprement *partition*, comme quand on divise une maison en ses appartements, une ville en ses quartiers, un royaume ou un État en ses provinces, l'homme en corps et en âme, le corps en ses membres. La seule règle de cette division est de faire des dénombrements bien exacts et auxquels il ne manque rien. » (Port-Royal, IIe partie, ch. xv.)
— 2° L'autre *tout*, appelé en latin *omne*, représente une classe d'objets que l'on divise en genres et en espèces. Le mot animal est un tout de cette nature. (V. *Classifications*.)

III. RÈGLES DE LA DIVISION. — Les règles de la division sont :

1° Qu'elle soit entière ou *adéquate*, condition qui se trouve remplie lorsque tous les membres de la division égalent le tout divisé. — Il n'y a presque rien qui fasse faire tant de faux raisonnements que le défaut d'attention à cette règle. Ainsi, entre ignorant et savant, il y a une certaine médio-

très-utilement des définitions incomplètes, c'est-à-dire des propositions qui ne sont pas encore des définitions, mais qui du reste sont vraies et qui par conséquent en sont des approximations. Dans les mathématiques la définition appartient à l'*esse*; dans la philosophie, au *melius esse*. Il est beau mais souvent difficile d'y parvenir. Les jurisconsultes cherchent encore une définition pour leur concept du droit. » (Kant, *Raison pure*, MÉTH.)

crité de savoir qui tire un homme du rang des ignorants et qui ne le met pas encore au rang des savants. Entre vicieux et vertueux, il y a aussi un certain état dont on peut dire ce que Tacite dit de Galba : *Magis extra vitia quam cum virtutibus.* Entre le jour et la nuit, il y a le crépuscule. (*Ibid.*)

2° La deuxième règle, qui est une suite de la première, est que les membres de la division soient *opposés*, comme pair, impair; raisonnable, privé de raison.

3° La troisième règle, qui est une suite de la deuxième, est que les membres se distinguent et ne rentrent pas les uns dans les autres. Ainsi, on ne doit pas diviser les opinions en *vraies*, *fausses* et *probables*, parce que toute opinion probable est vraie ou fausse. Mais on peut les diviser, premièrement en vraies et en fausses, puis diviser les unes et les autres en certaines et en probables. » (*Ibid.*)

4° Une division doit aussi être *naturelle*, ou présenter les parties du tout divisé dans l'ordre le plus convenable. Ainsi Platon (*Rép.*, IV) range les quatre vertus dans l'ordre suivant : *prudence, courage, tempérance, justice*. Cicéron (*De Officiis*, I) a tort d'intervertir cet ordre, et de placer la justice, la vertu sociale, avant le courage et la tempérance, qui sont des vertus privées.

La *brièveté* et la *clarté* sont aussi les qualités d'une bonne division. La diffusion et l'obscurité, qui partout sont des défauts, sont ici un vice capital. La clarté naît principalement de l'ordre. La précision, cette qualité du discours, est ici d'autant plus exigée, qu'il s'agit de graver les idées principales dans l'esprit et la mémoire.

On doit éviter aussi la multiplicité des divisions et des subdivisions. *Dividi, non concidi utile est... Idem enim vitii habet nimia quod nulla divisio. Simile confuso est quidquid usque in pulverem sectum est.* (Sénèque, *Ep.* 89.) « On veut éclairer les objets, et on disperse les rayons de lumière. On veut soulager l'esprit, et on le surcharge, on l'accable. » (Laromiguière, t. II, 10ᵉ leçon.) (V. Bossuet, *Logique*, liv. III, ch. v.)

Toutes ces règles sont difficiles à observer. Aussi, peu de divisions sont irréprochables, rarement même dans les sciences exactes ou abstraites, elles ont un caractère absolu. Dans les sciences qui ont la réalité pour objet, comme les sciences physiques, cette imperfection est plus sensible. La nature se joue de nos méthodes. Les transitions y sont insensibles. Les phénomènes se compliquent ; des êtres mixtes apparaissent qui renversent nos barrières. L'unité est de plus en plus frappante sous la diversité. Ainsi en est-il surtout des êtres organisés et vivants. Dans les sciences morales, la complexité et l'instabilité beaucoup plus grandes rendent les divisions sinon arbitraires, plus imparfaites encore et surtout inadéquates. Qu'on prenne pour exemples en psychologie la division des facultés de l'âme, en morale celle des vertus, en politique celle des formes de gouvernement (monarchique, aristocratique, démocratique), la division des genres d'éloquence (délibératif, judiciaire et démonstratif) en esthétique, la division des beaux-arts, etc., et enfin celle des sciences elle-mêmes dans une encyclopédie des connaissances humaines, on verra que toutes offrent des lacunes et quelque chose d'artificiel. Est-ce une raison de les dédaigner? Non, sans doute. Il en est comme des définitions. Il y en a de bonnes et de mauvaises ; les meilleures sont celles qui s'approchent le plus de l'idéal et en remplissent le mieux les conditions.

CONSULTEZ : 1° Sur les *idées* : *Log.* de Port-Royal, Ire partie. — Euler, *Lett.* — Locke, *Ent. hum.*, liv. II. — Leibnitz, *Nouv. Ess.*, liv. II.

2° Sur les *définitions* : *Log.* de Port-Royal, Ire, IIe et IIIe partie. — Bossuet, *Logique*, Ire partie. — Laromiguière, t. Ier, 12e leçon. — Locke, *Ent. hum.*, II.

3° Sur la *division* : *Log.* de Port-Royal, IIe partie, ch. xv.

Remarque. — On confond souvent les *idées* ou *notions* avec les *vérités*. Une *notion* ou idée est un acte simple de l'esprit qui conçoit un objet. On le désigne par un seul terme : l'infini, la cause, l'espace, le beau, le vrai, etc. — Une *vérité* est un rapport affirmé entre deux termes. Ici, c'est un jugement et il s'énonce par une proposition. Je suis, Dieu est, le monde existe. Or, on sait que, de même qu'il y a des idées dont l'objet est fini, contingent, individuel, il y a des vérités nécessaires, générales, universelles : tout corps est dans l'espace, tout fait a une cause. C'est surtout à ces rapports que s'applique le mot *vérités*, qui sont aussi des *principes*. V. suprà, p. 125.

CHAPITRE II

DU JUGEMENT

§ I. Nature du jugement et de la proposition.

I. Du Jugement. — Le jugement est l'acte de la pensée par lequel est affirmée ou niée l'existence d'un objet, ou la convenance de deux idées.

Quelle que soit sa forme, l'*affirmation* ou la *négation* demeure son essence. (V. p. 143.) C'est la seconde opération de l'esprit ; elle diffère du raisonnement en ce que le rapport entre les idées y est perçu d'une manière immédiate, tandis que, dans le raisonnement, il ne l'est qu'à l'aide d'intermédiaires. La *proposition*, qui est son énoncé dans le discours, le représente dans ses éléments et sa structure. L'analyse des formes du jugement est un travail long et compliqué dont les résultats généraux ne peuvent être ici qu'indiqués. Nous renvoyons aux auteurs qui en traitent plus en détail (1).

II. De la Proposition. — Il est facile d'assigner à chaque terme ou élément de la proposition son caractère et sa fonction spéciale : 1° le terme dont on affirme quelque chose est le *sujet* ; 2° l'idée affirmée ou niée du sujet est l'*attribut* ; 3° l'acte même d'affirmer ou l'affirmation est représentée par le *verbe*. Sans verbe, il n'y a point de proposition ou de *discours*. « Nommer *Dieu* ou *homme* ou *éternel*, n'est pas un discours ; mais assembler ou séparer ces termes, en disant : *Dieu est éternel, l'homme n'est pas éternel*, c'est une oraison (*oratio*), au sens auquel on emploie ce mot quand on parle des parties du discours. Cela s'appelle aussi *discours*. » (Bossuet, *Logique*, liv. II, ch. I.)

Le véritable verbe est le verbe *être*, qui implicitement ou non est contenu dans tous les autres verbes. Tantôt il affirme simplement l'*existence* ; tantôt il sert à lier deux termes et affirme l'*attribut* du sujet. Je suis ; Dieu est ; la chimère n'est

---

1) Spécialement à la *Logique* de Port-Royal, IIe partie, et à celle de Bossuet, II.

pas : voilà le premier cas. L'homme est libre; Dieu est libre; Dieu est éternel : voilà le second. D'où deux sortes de propositions correspondantes.

Le verbe se supprime quelquefois; mais il est sous-entendu. *Heureux celui qui craint Dieu!* Je joins un vœu à une affirmation, dont la force est dans le mot sous-entendu : celui qui craint Dieu est heureux. Ailleurs le verbe est compris avec l'attribut dans le même mot : *j'aime* veut dire *je suis aimant.*

§ II. Des formes du jugement et de la proposition.

Nous ne nous arrêtons qu'aux principales. Les propositions sont : *incomplexes* ou *complexes; simples* ou *composées; universelles* ou *particulières; affirmatives* ou *négatives*. Elles sont aussi *vraies* ou *fausses; absolues* ou *conditionnelles*, etc.

1° Une proposition *incomplexe* est celle dont le sujet et l'attribut sont exprimés en un seul mot : Dieu est bon; L'âme est simple. Elle est *complexe*, lorsque chaque terme ou l'un des deux est exprimé par plusieurs mots et présente plusieurs idées en une seule : L'Être tout-puissant est exempt d'envie; La substance simple n'est pas sujette à la dissolution. Dans la proposition complexe, on trouve souvent d'autres propositions incidentes, liées à la proposition principale : L'homme qui craint Dieu est véritablement sage. Mais il y a toujours une proposition principale dont l'autre n'est que l'attribut.

2° Les propositions *composées* sont celles où il entre en réalité plusieurs propositions en une seule, comme quand il y a plusieurs sujets ou plusieurs attributs. Ni l'or ni la grandeur ne nous rendent heureux. L'or d'une part, la grandeur de l'autre, sont le sujet de deux propositions qui peuvent être séparées et sont ici réunies. *J'existe, le sage est heureux.* Voilà deux propositions simples.

Il y a des propositions composées qui paraissent simples; d'autres simples paraissent composées. Il faut regarder alors à la pensée, non à la phrase ou à l'expression.

3° Les propositions considérées dans leur *quantité* sont *universelles* ou *particulières*, ou *individuelles*. — Elles sont *universelles*, quand le sujet est pris dans toute son étendue ou comprend tous les individus : Tout homme est menteur ; Nul n'est prophète dans son pays. — Elles sont *particulières*, lorsque le sujet ne s'applique qu'à plusieurs individus : Quelques hommes sont vertueux. — Elles sont *singulières*, lorsque le sujet est un seul individu : Platon est le plus éloquent des philosophes.

4° Envisagée dans sa *qualité*, une proposition est *affirmative* ou *négative*. La qualité en effet ou l'essence du jugement est l'affirmation et la négation. Mais une proposition qui paraît négative et l'est dans la forme, peut être au fond affirmative, comme quand je dis : La puissance divine n'a pas de bornes. En niant le fini de Dieu, j'affirme sa puissance infinie, et le fini, c'est la borne, la négation.

La proposition *dubitative* est aussi, en réalité, affirmative; car elle affirme le doute. Ne rien affirmer, ce n'est plus juger; il n'y a plus de proposition.

5° Toute proposition est *vraie* ou *fausse*. Elle est vraie si ce qu'on affirme est réel; fausse, s'il ne l'est pas. L'être dont j'affirme l'existence existe réellement ou n'existe pas; et l'attribut que j'affirme ou je nie du sujet lui convient ou ne lui convient pas. « C'est une qualité merveilleuse de l'entendement, dit Bossuet, de pouvoir se rendre conforme à tout ce qui est, en formant sur chaque chose des propositions véritables. » (*Log.*, II, ch. xi.)

6° Une proposition est *absolue* quand elle est l'énonciation simple d'une chose sans exception ni condition : L'homme est mortel. Elle est *conditionnelle* quand on énonce la chose sous condition : Si tu mens, tu seras puni.

On distingue beaucoup d'autres formes de la proposition. Il y a des propositions *copulatives*, *disjonctives*, *causales*, *relatives*, *discrétives*, etc., etc. Elles sont marquées par les mots *et*, *ou*, *parce que*, etc., qui les précèdent. (V. Port-Royal.) — Il est une espèce de propositions dont nous parlerons ailleurs, ce sont les propositions évidentes d'elles-mêmes ou les *axiomes*. (V. *Démonstration*.)

Un philosophe moderne, Kant, a essayé, après Aristote, de classer toutes les formes essentielles du jugement. Nous nous bornons à énoncer sa division. (V. *Crit. de la Rai-*

son pure, 2ᵉ part., liv. I.) Il rapporte tous les jugements à quatre catégories désignées par les mots *qualité*, *quantité*, *relation* et *modalité*. Chaque catégorie contient trois espèces ou degrés.

I. *Quantité.*	III. *Relation.*
Universels,	Catégoriques,
Particuliers,	Hypothétiques,
Individuels.	Disjonctifs.
II. *Qualité.*	IV. *Modalité.*
Affirmatifs,	Démonstratifs,
Négatifs,	Assertoriques,
Limitatifs.	Problématiques.

La *quantité* désigne le nombre d'objets auxquels s'étend le jugement; la *qualité*, la nature même du jugement ou de l'affirmation; la *relation*, le rapport entre les objets que le jugement rapproche ou sépare; la *modalité*, le rapport du jugement à l'esprit ou la manière dont il conçoit l'existence des choses.

Chaque catégorie exprime des notions correspondantes de l'entendement. Les notions de *totalité*, de *pluralité* et d'*unité* s'appliquent à la *quantité*. Celles de *réalité*, de *négation* et de *détermination*, à la *qualité*. La catégorie de relation est régie par les notions de *substance*, de *causalité* et de *réciprocité*. Celle de *modalité* suppose dans l'esprit les conceptions de *nécessité*, d'*existence* et de *possibilité*.

Une autre division moins systématique et plus féconde est celle qu'établit le même philosophe entre les jugements analytiques et les jugements synthétiques.

1° Les jugements *analytiques* sont ceux dont l'attribut énonce une idée déjà contenue dans le sujet. Dans cette proposition : *les corps sont étendus*, l'idée d'étendue est comprise dans celle de corps; l'attribut n'ajoute rien au sujet; mais il appelle l'attention sur une qualité que l'analyse sépare des autres propriétés des corps. Exemple : les corps sont étendus, — Dieu est infini, — l'âme est immatérielle.

2° Dans les jugements *synthétiques*, l'attribut, au contraire, exprime une idée qui s'ajoute au sujet, et n'y était pas comprise. *Les corps sont pesants, l'âme est immortelle.* Les corps peuvent se concevoir sans la pesanteur, et l'immortalité se démontre.

Kant, parmi les jugements synthétiques, distingue encore ceux qu'il appelle *synthétiques à priori*, c'est-à-dire antérieurs à l'expérience, et ceux qu'il nomme *synthétiques à posteriori*, comme étant dus à l'expérience. *Tout phénomène a une cause; tous les corps sont dans l'espace* : voilà des jugements synthétiques *à priori*. Pour savoir que tout fait a une cause, que tout corps occupe un lieu dans l'espace, il n'est pas nécessaire d'avoir été témoin d'un grand nombre de faits, d'avoir vu beaucoup de corps; le jugement devance l'expérience. *Tous les corps s'attirent; tous les métaux sont fusibles*, ce sont là des jugements synthétiques *à posteriori*; ils énoncent des propriétés dans les corps, qui n'ont pu être découvertes qu'à la suite d'un grand nombre d'expériences. Tous les principes de la raison et les vérités nécessaires rentrent dans la première classe; les principes contingents qui représentent les lois de la nature appartiennent à la seconde. (*Ibid.*, Introd.)

Consultez : *Log.* de Port-Royal, IIe partie, ch. III et suiv. — Aristote, *De l'Interprétation* et *Premiers Analyt.*, ch. I et suiv. — Euler, *Lett.*, IIe partie, 34. — Reid, t. I, ch. II et suiv. — Locke, *Ent. hum.*, V, ch. XII. — Leibnitz, *Nouv. Essais*, ibid. — Kant, *Raison pure*, Introd. et Log. transcendantale.

Remarque. — L'*à priori*, dans les jugements, donne souvent lieu à une confusion qu'il est bon de dissiper. L'empirisme (positivisme) suppose que soutenir qu'il y a des jugements à priori c'est déclarer ceux-ci indépendants de toute expérience. Nullement. Le fait précède toujours l'idée; le jugement particulier, le jugement général. Mais y a-t-il des jugements dont l'expérience seule ne peut rendre compte, qui dépassent sa portée, sans lesquels l'expérience elle-même est impossible, qui la règlent, la dominent et la guident? Telle est la question. Ailleurs, elle a été résolue (V. : *axiomes, vérités nécessaires*). L'*induction* elle-même a pour condition un principe *à priori* sans lequel elle serait tout à fait stérile (V. Induction, p. 413).

CHAPITRE III

DU RAISONNEMENT

> Ce que les instruments d'optique ou de mécanique ajoutent à la puissance de l'œil ou de la main, le raisonnement l'ajoute à la force de l'esprit.
> (LAROMIGUIÈRE, *Discours sur le raisonnement.*)

ART. I. DU RAISONNEMENT EN GÉNÉRAL.

§ I. Nature et base du Raisonnement.

I. SA NATURE. — Le raisonnement est l'opération de l'esprit par laquelle un jugement est inféré ou déduit d'un autre jugement.

II. SON ORIGINE. — Quand le simple rapprochement de deux idées ne suffit pas pour montrer leur rapport, il faut recourir à des intermédiaires, pour en saisir la convenance ou l'opposition. Cette interposition de jugements ou d'idées est ce qui constitue le raisonnement. (V. p. 146.)

III. SA BASE. — Quel est le principe qui permet de saisir la vérité entre des jugements qui se succèdent, leur accord ou leur opposition? C'est cet axiome de la raison appelé *principe de contradiction* et qui est ainsi formulé par Aristote : *Il est impossible que la même chose soit et ne soit pas en même temps sous le même rapport.* (*Mét.*, XII, ch. XV.) (1) Autrement la vérité se contredirait. Ce principe seul peut rendre légitime l'opération du raisonnement (2).

IV. DE L'IDENTITÉ. — Condillac a cru avoir fait faire un

---

(1) *Mét.*, III, III, XI, V).
(2) Ce principe est le plus certain des principes... Il n'est pas possible en effet que quelqu'un conçoive jamais que quelque chose existe et n'existe pas ; car il lui faudrait avoir simultanément deux pensées contraires. C'est donc à ce principe que se ramènent toutes les démonstrations. Il est le principe de tous les autres axiomes. (Id., *Mét.*, IV, ch. III.) — Cette impuissance à porter sur le même objet deux jugements contradictoires est le fondement de la raison humaine. Jamais la raison humaine au milieu de ses égarements les plus grands ne porte deux jugements contraires... C'est cette même impuissance de l'entendement à se contredire que les logiciens ont appelée principe de contradiction. (V. Leibnitz, *Nouv. Essais*, IV, II.) — « Il n'y a pas de démonstration de ce principe. Cependant on peut réfuter celui qui le nie, en prouvant qu'il se met en contradiction avec lui-même et qu'il ne se comprend pas lui-même, qu'autrement la parole humaine n'a plus de sens. » (Arist. *Mét.*, XI, ch. V.)

pas à la théorie du raisonnement en substituant à ce principe celui de l'*identité*. Selon lui, tout raisonnement se réduit à la perception d'une identité *totale* ou *partielle* entre des idées dont l'expression seule varie. L'équation algébrique devient ainsi le type de tout raisonnement possible, qui n'est qu'une série d'équations. (*Log.* 2ᵉ part., ch. ix; *Langue des calculs.* — Voy. Laromiguière, t. I, *Disc. prél.*)

Sans discuter à fond cette théorie, il est facile de faire voir qu'elle est inexacte. 1° Si elle éclaire en partie la nature du raisonnement mathématique, elle ne l'explique pas tout entier; car, même dans l'équation algébrique, l'identité n'est pas complète. Les changements que l'on fait subir aux signes indiquent des changements ou des aspects divers dans la manière d'envisager les quantités. (De Tracy, *Logique*, ch. i.) — 2° Dans le raisonnement par identité, celui où la conséquence est la même vérité que le principe, la forme diffère, et l'identité qui est au fond des choses n'existe pas pour l'esprit; il faut la lui montrer; c'est l'office du raisonnement *. Il faut distinguer alors entre l'identité *en soi* et l'identité pour l'*esprit*. (Kant.) — Dans le cas où la vérité démontrée est contenue dans le principe, l'identité n'est que *partielle*. Condillac le reconnaît. Mais alors qu'est-ce qu'une identité *partielle* ? Une identité qui n'est pas une identité. Pour qu'un raisonnement s'établisse légitimement, il suffit qu'une vérité soit avec une autre dans un rapport nécessaire, qu'il y ait connexité, accord ou *convenance*, et c'est le cas le plus fréquent. (Leibnitz, *Nouv. Ess.*, liv. IV, chap. i.) — Il faut donc en revenir au principe d'Aristote, qui seul embrasse tous les cas du raisonnement.

* *Remarque.* — Prenons quelques exemples. L'idée du droit est liée à celle du devoir; est-ce la même idée? De la liberté dérivent une foule de corollaires : la responsabilité, l'imputabilité, la propriété, le mérite et le démérite, etc. Dira-t-on que tous ces concepts sont identiques? Que la même idée y apparaisse sous des faces différentes, sans doute; mais il s'y ajoute quelque chose. Les divers aspects de la même idée sont eux-mêmes des idées différentes. — Dans le système où l'on identifie les contraires (Schelling, Hegel), la dialectique reconnaît des différences essentielles au sein de l'*idée* qui se divise et rompt son unité afin de pouvoir se développer. Entre ce système et celui de la sensation transformée de Condillac, il y a bien du reste quelque analogie, quoiqu'il s'agisse d'une logique transcendante qui échappe aux lois de la logique ordinaire.

§ II. Des formes générales du raisonnement : de l'induction et de la déduction.

Dans cette opération successive par laquelle il arrive à la vérité d'une manière indirecte, l'esprit suit une double voie. Ou il s'élève du particulier au général, et il raisonne par *induction;* ou d'une vérité générale, il tire une vérité particulière, et c'est la *déduction*. Le raisonnement par *analogie* n'est qu'un mode des deux autres. Toute science s'établit par ce double procédé inductif et déductif. « Nous n'apprenons rien, dit Aristote, que par induction et démonstration. » Ἅπαντα γὰρ πιστεύομεν ἢ διὰ συλλογισμοῦ ἢ ἐξ ἐπαγωγῆς.

§ III. De l'induction.

L'induction est le procédé qui va du particulier au général (1). Or, l'esprit débute toujours par le particulier. Des faits il s'élève aux lois, des effets il remonte aux causes. La raison sans doute n'arrive pas vide en présence des faits; elle possède en elle-même des principes sans lesquels ces faits resteraient incompris. (V. *Raison*.) Mais ces principes d'abord ne sont qu'à l'état virtuel, il faut les dégager des perceptions sensibles, qui les enveloppent s'ils ne les contiennent. (V. *origine des idées.*) La réflexion qui les dégage, l'abstraction qui les sépare et l'induction qui les généralise sont des procédés antérieurs à la déduction. Toute déduction suppose donc une induction préalable. (Aristote). (2)

On a soutenu que l'induction rentre dans la déduction. Cela peut être vrai en un sens, la base de l'induction étant elle-même une vérité générale ou un principe *à priori*. (V. *Méthodes*.) Toutefois, c'est s'attacher à la forme plus qu'au procédé intellectuel. Si l'induction est le procédé qui conduit à l'universel, ἐπὶ τὰ καθόλου ἔφοδος (Arist.), et que la déduction soit le procédé inverse, comment les identifier ? Il en est comme de l'*analyse* et de la *synthèse*. Aristote, il est vrai, fait rentrer l'induction dans le syllogisme ; mais

---

(1) Ἐπαγωγή δὲ ἡ ἀπὸ τῶν καθ' ἕκαστα ἐπὶ τὰ καθόλου ἔφοδος. (Arist., *Top.*, I, ch. x.)

(2) Il y a des principes d'où vient le syllogisme et pour lesquels il n'y a pas de syllogisme possible. (*Eth. à Nic.*, VI, III.)

c'est à condition d'égaler les parties au tout, le *mineur* au *moyen*, dans ce qu'il appelle « le syllogisme de la proposition *immédiate*. » (*Premiers Analyt*, liv. II, ch. xxiii). C'est d'ailleurs une pure forme, qui n'atteint pas le procédé vital de l'esprit distinct de l'arrangement postérieur des idées. L'esprit n'en est pas moins parti de l'individuel pour aller au général, sans quoi la déduction elle-même serait impossible. — Mais, dira-t-on, vous oubliez que la raison, quand elle aborde la réalité, est pourvue d'idées, de principes, et que c'est par ces concepts (Kant), ces principes *à priori*, qu'elle comprend le particulier, l'individuel. — Cela est vrai; et en ce sens le général précède logiquement le particulier (V. *suprà*, *Idées*, *Raison*), mais : 1° ces principes, on l'a dit, ne sont qu'à l'état virtuel, et la présence des faits est nécessaire pour les évoquer. 2° Ici encore on confond la raison avec le raisonnement. La raison est la base de l'induction comme de la déduction (1). L'induction est le procédé même de la raison, comme le reconnaît Aristote, ce qui ne l'empêche pas de dire que l'induction est opposée au syllogisme. (*Analyt.*, II, xxiii.) Quant à l'induction *empirique*, dont il sera question ailleurs (*Méth. des Sc. physiques*), il est certain qu'elle suppose des idées *à priori;* la notion de *loi*, le principe de la *stabilité des lois de la nature*, base identique, majeure commune de toute induction dans la sphère expérimentale ; mais cette base, c'est la raison qui la donne. S'agit-il de dégager la loi et de la reconnaître sous la diversité des faits, la déduction n'y est pour rien. C'est aussi la raison qui clôt le cercle des expériences, et déclare celles-ci suffisantes pour constater la loi. L'induction qui généralise ou étend cette loi à tous les cas possibles n'est toujours pas le procédé déductif qui de la loi ou du principe revient au cas particulier. Le mouvement de l'esprit est double; et les deux procédés restent distincts. L'un est l'opposé de l'autre. (V. Aristote, *Analytiques Post.*, I, xvii, et *Prem. Analyt.*, l. II, ch. xxiii).

L'induction n'est pas moins utile et moins féconde que la déduction, comme on le verra plus loin. (*Méthodes*.) (2)

(1) Νοῦς ἂν εἴη ἐπιστήμης ἀρχή. (*Analy.*, II, xvi.)
(2) Ainsi à quoi servirait-il d'avoir reconnu que dans un tube où on a fait le vide l'eau s'élève à 32 pieds si on n'en induisait le principe de la pression atmosphérique si fécond en résultats ?

§ IV. De la déduction.

C'est le raisonnement qui conclut du général au particulier. Mettre en rapport avec une vérité *générale* une vérité *particulière* qui s'y trouve contenue ou qui la reproduit sous une forme différente, faire voir ce rapport que l'esprit n'apercevait pas, tel est l'unique rôle du raisonnement déductif (1). Ce rapport se démontre au moyen d'une ou de plusieurs propositions intermédiaires, qui unissent le principe à la conclusion et révèlent leur identité, leur convenance ou leur opposition. Quelquefois la conclusion est voisine du principe; quelquefois elle en est éloignée, et l'esprit a besoin de passer par un plus grand nombre d'intermédiaires avant d'apercevoir le lien qui unit le principe à la conséquence finale; c'est ce qui a lieu, par exemple, dans la plupart des raisonnements mathématiques. Mais, quel que soit le nombre des intermédiaires, l'opération qui constitue le raisonnement déductif est toujours la même, et les conditions de sa légitimité ne changent pas. Ces conditions sont : 1° que le principe soit vrai ; 2° que son rapport avec la conclusion soit évident. La vérité du principe doit être saisie immédiatement, ou avoir été antérieurement prouvée (2).

Le raisonnement déductif n'est-il, comme l'ont prétendu les partisans exclusifs de l'induction, qu'un moyen de retrouver des idées que nous possédons déjà, de faire, en quelque sorte, l'inventaire de nos connaissances ? Est-il dénué d'invention ? — Soutenir une pareille thèse, ce serait accuser de stérilité les sciences qui emploient, comme instrument, le raisonnement déductif, les mathématiques, par exemple. Il y a ici une méprise. Oui, sans doute, le raisonnement n'apprendrait rien à une intelligence capable d'apercevoir immédiatement les rapports des choses et toutes

---

(1) « Les propositions complètement identiques sont loin d'être inutiles puisqu'à force de conséquences et de définitions on peut montrer que d'autres vérités qu'on veut établir peuvent s'y réduire. » (Leibnitz, *Nouv. Essais sur l'Ent. hum.*, 1.) — « Dire qu'un triangle a trois côtés, cela n'est pas si identique qu'il semble; car il faut peu d'attention pour voir qu'un polygone doit avoir autant d'angles que de côtés ; aussi y aurait-il un côté de plus si le polygone n'était point supposé fermé. » (*Ibid.*)

(2) « En toute chose c'est sur le principe que tout homme doit porter une longue attention et un long examen, pour voir si il est juste ou non et après l'avoir éprouvé suffisamment, il faut que tout le reste paraisse en découler. » (Platon, *Cratyle*.)

les vérités que renferme une vérité générale. Mais cette intelligence n'est pas la nôtre. L'esprit humain, dont la vue est faible et courte, ne voit pas d'abord ces rapports; il faut qu'il les cherche et les trouve ou qu'on les lui montre (1). A-t-il saisi un rapport entre une vérité inconnue et un principe connu ? il a fait une véritable découverte. Pour lui un problème est résolu, une proposition est démontrée. Le raisonnement déductif n'est donc pas d'une moindre fécondité que l'expérience et l'induction. Il crée tout un ordre de sciences, aussi remarquables par l'étendue de leurs applications que par leur exactitude. L'astronomie doit à la puissance du calcul ses étonnantes découvertes. Dans les sciences mixtes, comme la morale, la théologie et la jurisprudence, où il s'agit de développer ou de défendre les vérités de la conscience et de la révélation, d'interpréter et d'appliquer les lois positives, la déduction joue le principal rôle. Mais on ne doit pas oublier qu'au-dessus d'elle est la raison qui lui fournit ses *principes nécessaires*, et que, dans la sphère des choses réelles, les plus savantes déductions ne sont qu'hypothétiques, si l'observation des faits ne vient les confirmer et les justifier.

ART. II. DU SYLLOGISME

...... Servetur ad imum
Qualis ab incœpto processerit, et sibi constet.

§ I. Analyse du syllogisme.

I. SA NATURE. — Le raisonnement affecte un grand nombre de formes. La principale, celle à laquelle toutes les autres se ramènent, est le syllogisme.

Le syllogisme est un raisonnement composé de trois propositions dont la dernière suit des deux premières (2).

---

(1) « Quelqu'un a besoin dans le danger d'une balle de pistolet; il manque de plomb pour en fondre : un ami lui dit : Souvenez-vous que l'*argent* que vous avez dans votre bourse est *fusible* : cet ami ne lui apprendra point une qualité de l'argent, mais lui fera penser à un usage qu'il en peut faire pour avoir des balles de pistolet dans ce pressant besoin. Une bonne partie des vérités morales et des plus bonnes sentences des auteurs est de cette nature. Elles n'apprennent rien bien souvent, mais elles font penser à propos à ce qu'on sait. » (Leibnitz, *Nouv. Essais sur l'Entend. hum.*, liv. VI, ch. VII.)

(2) Le syllogisme est un raisonnement où certaines données étant posées, on en tire quelque conclusion qui en sort nécessairement. (Aristot., *Réf. des sophist.*) — Cf. *Analyt.*, I, ch. I.

On distingue dans le syllogisme les *éléments* et la *forme*. La matière, ce sont les *propositions* et les *termes*. La forme est leur disposition propre à faire ressortir leur rapport.

Les trois *propositions* du syllogisme se nomment *majeure*, *mineure* et *conclusion*. Les deux premières portent le nom de *prémisses*. La conclusion est aussi la *question*.

Il entre dans un syllogisme *trois termes*, qui, deux fois répétés, font le sujet et l'attribut des trois propositions. Ils se nomment *majeur*, *mineur* et *moyen*. Les deux premiers s'appellent aussi termes *extrêmes*.

On nomme *grand terme* celui des extrêmes qui exprime une idée plus générale; *petit terme*, celui dont l'idée a moins d'étendue. Le premier est l'attribut, le second le sujet de la conclusion. Ils figurent, l'un dans la majeure, l'autre dans la mineure, et donnent leur nom à ces deux propositions. Le *moyen terme* est celui qui, étant lui-même contenu dans un autre, contient un autre terme et devient ainsi moyen par sa position même. (Aristot., *ibid.*, ch. IV.)

Trois termes et trois propositions, voilà les matériaux du syllogisme. Voyons quel en est le sens et la forme.

Les trois termes du syllogisme représentent *trois idées*. Deux de ces idées exprimées par les termes extrêmes constituent la *question*. Il s'agit de savoir si ces deux idées se conviennent ou non. Pour saisir leur rapport on les compare à une troisième qui soit leur commune mesure.

II. SA BASE. — Le syllogisme a donc pour base cet axiome : *Deux idées qui conviennent à une troisième se conviennent entre elles; deux idées qui ne s'accordent pas avec une troisième ne s'accordent pas entre elles.*

Cet axiome, qui exprime l'*identité de la vérité* et l'accord des vérités entre elles, n'est autre, on le voit, que le *principe de contradiction* (V. *suprà*), et l'axiome mathématique n'en est lui-même qu'un cas particulier.

Trouver l'idée moyenne, mettre les autres en rapport avec elle, de manière à faire ressortir leur *convenance* ou leur *disconvenance*, c'est là tout le secret et l'artifice du syllogisme. Or, voici comment, pour arriver à ce but, on doit disposer les termes et les propositions.

III. Sa structure. — 1° On compare, d'abord, le terme *majeur* avec le terme moyen, ce qui donne la première proposition ou la *majeure*. 2° On compare ensuite le terme *mineur* ou le petit terme avec le même terme moyen; d'où résulte la seconde proposition, c'est-à-dire la *mineure*. 3° Enfin, dans la troisième proposition, qui est la *conclusion*, on affirme que les deux termes, successivement comparés au terme moyen dans les prémisses, se conviennent ou s'excluent.

Je veux prouver que *l'homme a des droits*. Pour cela, j'ai recours à une troisième idée, celle de *devoir*. — 1° Je compare d'abord l'idée de droit à celle de devoir et je dis : *Tout être qui a des devoirs a aussi des droits* (majeure). — 2° Je compare ensuite l'idée d'*homme* à la même idée de devoir et je dis : *Tout homme a des devoirs* (mineure). — 3° J'en conclus que les deux idées d'homme et de droit qui conviennent également à celle de devoir, se conviennent entre elles (conclusion).

Celui qui a des devoirs a des droits : l'homme a des devoirs; donc il a des droits.

On voit que le syllogisme n'est autre que le raisonnement déductif, qui conclut du général au particulier. La majeure est une proposition générale, affirmant qu'un attribut appartient à une idée générale. La mineure, proposition particulière, affirme qu'une idée particulière rentre dans l'idée générale, et la conclusion, que ce qui appartient à l'idée générale appartient à l'idée particulière.

§ II. Des modes et des figures du syllogisme (1).

I. Des Modes. — On appelle modes du syllogisme les formes qu'il affecte selon la nature des propositions considérées dans leur *quantité* ou leur *qualité*, c'est-à-dire suivant qu'elles sont *universelles* ou *particulières*, *affirmatives* ou *négatives*. Elles forment ainsi soixante-quatre modes, dont dix-neuf seulement sont concluants. Ces modes se répartissent en genres selon les figures, c'est-à-dire d'après la place qu'occupe le moyen terme dans les prémisses.

---
(1) V. l'exposé plus détaillé dans la *Log.* de Port-Royal et dans Euler, *Lettres à une Princ. d'Allemagne.*

II. Des Figures. — La figure est déterminée par la place qu'occupe le *moyen terme* dans les prémisses. Comme il ne peut occuper que quatre places, il y a *quatre figures*.

Première figure : le moyen y est *sujet* dans la majeure et *attribut* dans la mineure. Elle est la plus parfaite, à cause de la subordination régulière des termes, le moyen étant moins étendu que le grand terme et plus étendu que le petit. Elle ne renferme que quatre modes, mais des conclusions de toute quantité et de toute qualité.

Deuxième figure : le moyen y est à la fois *attribut* de la majeure et de la mineure. Elle renferme aussi quatre modes, mais elle ne donne que des conclusions négatives. Par là elle est inférieure à la première figure.

Troisième figure : le moyen est *sujet* dans les deux prémisses. Elle contient six modes et donne des conclusions de toute qualité, mais seulement particulières.

Quatrième figure : le moyen est *attribut* de la majeure et *sujet* de la mineure. Attribuée à Galien, est-elle de lui en effet? Aristote n'en parle pas; mais il est impossible qu'elle lui ait échappé. Ses cinq modes n'étant pas concluants, il l'écarte comme illégitime, ou il fait rentrer ses modes, sous le nom de modes indirects, dans la première figure.

La description de ces modes et de ces figures est à peu près toute la science syllogistique. Comme elle importe peu à la pratique, nous nous bornerons à renvoyer aux auteurs. (V. *Log.* de Port-Royal. — Euler, *Lettres*, IIe part.)

§ III. **Règles du syllogisme.**

Nous n'entreprendrons pas l'exposition détaillée des règles du syllogisme. Elles ont été ramenées à huit pricipales, et résumées dans les vers suivants :

> *Terminus esto triplex : medius majorque minorque.*
> *Latius hunc quam præmissæ conclusio non vult.*
> *Nequaquam medium capiat conclusio fas est.*
> *Aut semel aut iterum medius generaliter esto.*
> *Utraque si præmissa neget nil inde sequetur.*
> *Ambæ affirmantes nequeunt generare negantem.*
> *Nil sequitur geminis e particularibus unquam.*
> *Pejorem sequitur semper conclusio partem.*

De ces règles, les quatre premières regardent les termes; les quatre autres les propositions ; en voici l'explication :

1° Terminus esto, etc. *Un syllogisme n'admet que trois*

termes, puisqu'il ne contient que trois idées. Cette règle est même tellement rapprochée de la définition du syllogisme, que plusieurs l'ont jugée superflue. Mais il est bon de la rappeler, car il n'est pas rare qu'elle soit violée. Un des sophismes les plus fréquents, l'équivoque, a précisément pour résultat d'introduire dans le raisonnement un quatrième terme. (V. *Sophismes*.)

2° Latius hunc, etc. *Aucun terme ne doit avoir plus d'extension dans la conclusion que dans les prémisses.* Cette règle dérive de la nature même du syllogisme, qui conclut du général au particulier. Si un des termes de la conclusion était pris dans un sens plus général que dans la majeure ou la mineure, la conclusion dépasserait les prémisses.

3° Nequaquam, etc. *La conclusion ne doit jamais renfermer le terme moyen.* En effet, qu'est-ce que la conclusion? La question résolue. Or, celle-ci se compose des deux termes extrêmes; donc, elle ne peut renfermer le terme moyen, une proposition n'ayant que deux termes.

4° Aut semel aut iterum, etc. *Le moyen terme doit être pris au moins une fois d'une manière générale dans les prémisses.* S'il était pris deux fois particulièrement, il exprimerait deux idées différentes, et il y aurait, en réalité, quatre termes dans le syllogisme.

5° Utraque si, etc. *De deux prémisses négatives on ne peut rien conclure.* En effet, on affirme alors que les deux extrêmes ne conviennent pas au moyen terme. Or, de ce que deux idées comparées à une troisième n'ont rien de commun avec lui, que peut-on conclure? Rien. Elles restent après la conclusion ce qu'elles étaient avant. Le caractère des propositions particulières étant le mot *quelques-uns*, dès qu'on parle seulement de quelques-uns dans l'une des prémisses on ne saurait parler généralement dans la conclusion. (Euler, *ibid.*)

6° Ambæ affirmantes, etc. *Deux propositions affirmatives ne peuvent engendrer une conclusion négative.* Si l'on affirme successivement que les deux extrêmes conviennent au terme moyen, la conclusion doit affirmer qu'ils se conviennent entre eux.

7° Nil sequitur, etc. *De deux propositions particulières*

on ne peut rien conclure. Car alors il n'y a aucun moyen de constater si la conclusion est renfermée dans les prémisses, attendu que le syllogisme conclut du général au particulier.

8° Pejorem sequitur, etc. *La conclusion suit la partie la plus faible*. Ce qui veut dire que, *si l'une des deux prémisses est affirmative et l'autre négative, la conclusion est négative*, et que, *si l'une des prémisses est particulière, la conclusion le sera également*. Dans le premier cas, la conclusion sera négative. En effet, l'une des deux idées s'accordant avec le terme moyen et l'autre ne s'accordant pas, elles doivent être séparées dans la conclusion. Si l'une des prémisses est universelle, et l'autre particulière, la conclusion sera particulière. Autrement elle ne serait plus contenue dans les prémisses.

Nous examinerons plus loin l'utilité de ces règles comme de la science et de l'art syllogistique en général. Bornons-nous ici à dire qu'elles ont au moins l'avantage de rendre comme mathématiquement compte de la légitimité d'un raisonnement. Les quatre premières surtout, en portant l'attention de l'esprit sur les termes, peuvent rendre le plus grand service à celui qui raisonne. Les quatre autres, par cela même qu'elles énoncent les lois formelles du raisonnement, peuvent au moins servir à vérifier son exactitude.

Règle des modernes. — A ces règles les modernes ont substitué une règle unique et plus simple, elle est ainsi formulée : Des deux prémisses, la première, la majeure ou la *proposition contenante*, doit renfermer la *conclusion;* et la seconde, la mineure, proposition *ostensive*, doit montrer qu'elle y est contenue. C'est revenir à la définition du syllogisme.

On ajoute quelques prescriptions d'un caractère plus pratique : 1° bien préciser le sens des termes dans chaque proposition; 2° examiner si les termes conservent la même valeur en passant d'une proposition à une autre. (*Ibid.*) — Ce sont les règles de la démonstration. (V. *infrà*.)

§ IV. Des syllogismes irréguliers.

Le syllogisme complet et régulier se compose de trois propositions rangées dans un ordre invariable; mais cette forme par là même est sans élégance, lourde et monotone. Elle donnerait à la discussion une apparence pédantesque, ce qu'il faut éviter. Elle a donc besoin d'être remplacée par d'autres plus variées, plus faciles et plus rapides.

Aussi, l'orateur ou le poète, même lorsqu'ils veulent se rapprocher le plus des formes de l'argumentation, emploient-ils des tours différents et propres à en déguiser l'aridité scolastique.

> Cet oiseau raisonnait, il faut qu'on le confesse.
> . . . .
> Voyez que d'arguments il fit :
> Quand ce peuple est pris, il s'enfuit;
> Donc il faut le croquer aussitôt qu'on le happe.
> Tout ! Il est impossible. Et puis, pour le besoin,
> N'en dois-je point garder ? Donc il faut avoir soin
> De le nourrir sans qu'il échappe.
> Mais comment? Otons-lui les pieds.....
> Quel autre art de penser Aristote et sa suite
> Enseignent-ils, par votre foi?
> (La Fontaine, liv. XI, f. ix.)

Voilà le syllogisme défiguré, mais il prend une allure plus libre et moins uniforme; l'appareil logique disparaît. Quelle que soit la manière de déguiser l'aridité et l'uniformité du raisonnement, le fond ne change pas, le nombre des idées et des termes est le même. Un esprit tant soit peu exercé pourra facilement le dégager et les recombiner selon les lois de la logique. « Toutes les fois que nous trouvons dans le discours ces particules, *parce que, car, puisque, donc...*, c'est la marque indubitable du raisonnement, dit Bossuet. » (*Conn. de Dieu*, ch. I, § 13.)

Outre le syllogisme, la logique reconnaît divers arguments qui sont ou des abréviations ou des développements du syllogisme, ou plusieurs syllogismes combinés. Ce sont des *enthymèmes* ou des *sorites*. En voici l'énumération :

1° *L'Enthymème.* Veut-on abréger le syllogisme et donner par là plus de rapidité au raisonnement, on supprime une des trois propositions, et l'on a un enthymème. La troisième proposition reste dans l'esprit, ἐν θυμῷ.

> L'homme a des devoirs,
> Donc il a des droits.

Que l'on ne se méprenne pas toutefois sur la nature de l'enthymème. Loin d'être postérieur au syllogisme, il le précède dans le développement naturel de l'esprit humain. L'esprit ne débute pas par l'analyse et la réflexion, mais par une synthèse obscure, dans laquelle nous ne faisons qu'entrevoir vaguement les éléments de la pensée et du raisonnement. Il arrive de là qu'une des propositions intégrantes du syllogisme complet nous échappe ou reste dans l'ombre. Pour la saisir, il faut un effort de l'esprit. C'est tantôt la majeure ou le principe, tantôt la mineure, tantôt la conclusion que nous omettons. Dans ce cas, il est clair que l'enthymème ne sous-entend pas; s'il abrége, c'est que la pensée n'est pas assez claire pour être complète. L'enthymème est la forme naturelle et spontanée du raisonnement. Pour trouver le syllogisme sous l'enthymème, il a fallu trois siècles à la philosophie grecque, et le génie d'Aristote (1).

L'enthymème peut néanmoins être réfléchi; on *sous-entend* alors réellement une des propositions, comme pouvant être facilement suppléée. Il arrive aussi quelquefois que l'on renferme les deux propositions de l'enthymème dans une proposition qu'Aristote appelle *sentence enthymématique*, et dont il rapporte cet exemple : ἀθάνατον ὀργὴν μὴ φύλαττε θνητὸς ὤν,

Mortel, ne garde pas une haine immortelle.

L'argument entier serait : *Celui qui est mortel ne doit pas conserver une haine immortelle : or, vous êtes mortel; donc,* etc.

2° *L'Épichérème* (ἐπιχειρῶ, j'étends) est un syllogisme dont les propositions sont accompagnées de leur preuve ou explication. Lorsqu'une des propositions a besoin d'être prouvée ou éclaircie, on ajoute à sa suite une série d'autres propositions explicatives ou démonstratives. L'épichérème peut ainsi former un discours tout entier. « On peut réduire toute l'oraison pour Milon à un argument composé, dont la majeure est : *qu'il est permis de tuer celui qui nous dresse des embûches.* Les preuves de cette majeure se tirent de la loi naturelle, du droit des gens, des exemples. La mineure est

---

(1) Aristote l'appelle le *syllogisme oratoire*, ῥητορικὸν συλλογισμόν, (Rhét., I ch. II.)

que *Clodius a dressé des embûches à Milon*, et les preuves de la mineure sont l'équipage de Clodius, sa suite, etc. La conclusion est *qu'il a donc été permis à Milon de le tuer.* (*Logique* de Port-Royal.)

3° Le *Sorite* (σωρείτης, *ratiocinium acervale*) est une réunion de plusieurs syllogismes enchaînés entre eux de telle sorte, que l'attribut de la majeure devienne le sujet de la mineure, l'attribut de celle-ci le sujet de la proposition suivante, et ainsi de suite, jusqu'à ce que l'on arrive à une dernière proposition dont l'attribut soit combiné avec le sujet de la première. C'est pourquoi cet argument s'appelle *gradation* ou *accumulation*. L'exemple suivant, emprunté à Sénèque, montre comment, à l'aide du sorite, les stoïciens démontraient que le sage est heureux et que la sagesse suffît au bonheur. *Qui prudens est, et temperans est; qui temperans est, et constans est; qui constans est, et imperturbatus est; qui imperturbatus est, sine tristitia est; qui sine tristitia est, beatus est; ergo prudens beatus est, et prudentia ad beatam vitam satis est.* (*Épit.* 85.)

Un exemple moins sérieux est le sorite du renard de Montaigne. (*Essais*, II, xii.)

> Ce qui fait bruit remue ;
> Ce qui se remue n'est pas gelé ;
> Ce qui n'est pas gelé est liquide ;
> Ce qui est liquide plie sous le faix ;
> Donc ce ruisseau ne peut me porter.

4° Le *Prosyllogisme*, appelé aussi *Episyllogisme* ou *Polysyllogisme*, est un raisonnement formé de deux ou plusieurs syllogismes enchaînés à la manière du sorite, de sorte que la conclusion du premier devienne la majeure du second. *Ce qui est simple ne peut se dissoudre : l'âme est simple; donc elle ne peut se dissoudre. — Ce qui ne peut se dissoudre est incorruptible : l'âme ne peut se dissoudre, donc elle est incorruptible. — Ce qui est incorruptible ne périt pas avec le corps : l'âme est incorruptible; donc elle ne périt pas avec le corps.*

5° Le *Dilemme* est un raisonnement dans lequel, après avoir décomposé une question en ses parties, on prouve que la conclusion est la même dans chaque supposition. Il est souvent employé dans la discussion; c'est une manière d'argumenter vive et pressante. On pose à son adversaire une alternative, et après lui avoir laissé le choix entre deux partis, on montre que, dans l'un et l'autre cas, son opinion est fausse. De là le nom de dilemme (δὶς λαμβάνω, *je prends deux fois*), ou d'argument à deux tranchants, *utrinque feriens*. Voici à peu près le dilemme par lequel Platon renverse les fables du polythéisme : *Ou Jupiter (Apollon ou telle autre divinité) a fait ce que vous dites, et il n'est pas Dieu; ou il est Dieu, et il n'a pas fait ce que vous dites.* (*Rép.*, II.) (1) On peut dire aux sceptiques : Ou votre système est faux, ou il est vrai : s'il est faux, on doit rejeter le doute universel; s'il es vrai, il y a donc quelque chose de vrai, et l'on ne doit pas douter de tout (2).

Pour que le dilemme soit légitime, il faut que la proposition disjonctive n'admette pas de milieu, et que chacune de ses parties soit rejetée par une raison solide; l'exemple suivant pèche contre cette double condition.

Si vous vous mariez, votre femme sera belle ou laide :
Si elle est belle, elle plaira aux autres ;
Si elle est laide, elle vous déplaira ;
Donc vous ne devez pas vous marier (3).

Un dilemme fautif risque d'être rétorqué, comme celui-ci : Si, en acceptant une fonction publique, vous vous en acquittez bien, vous offenserez les hommes; si vous vous en acquittez mal, vous offenserez Dieu : donc vous ne devez pas vous mêler des affaires publiques. On rétorque ainsi l'argument : Que vous vous en acquittiez bien ou mal, vous pouvez déplaire aux hommes ; si vous vous en acquittez bien, vous plairez à Dieu : donc vous devez vous en charger

On reconnaît encore d'autres arguments, tels que l'*induction*, l'*exemple*, et l'*argument personnel* ou *ad hominem*. L'*induction*, qui conclut du tout ce qui a été démontré sé-

---

(1) Si Esculape était fils d'un Dieu, il n'était point avide d'un gain sordide ; ou s'il était avide, il n'était pas fils d'un Dieu. (*Ibid.*, III.)

(2) Tel est aussi le dilemme, souvent cité, de Mathan pour faire périr Joas, dans *Athalie* :

A d'illustres parents s'il doit son origine,
La splendeur de son sort doit hâter sa ruine;
Dans le vulgaire obscur si le sort l'a placé,
Qu'importe qu'au hasard un sang vil soit versé?

(3) Un faux dilemme, dit-on, fit brûler la bibliothèque d'Alexandrie. « Ou ces livres, disait Omar, sont conformes au Coran, et ils sont inutiles ; ou ils ne lui sont pas conformes, et ils sont dangereux : donc il faut les brûler.

parément de chaque partie, n'est autre que l'*induction aristotélique* dont il sera parlé. On conclut aussi du semblable au semblable, *à pari*, ou du contraire à son contraire, *à contrario*, ou du plus au moins, *à fortiori*. Cette manière d'argumenter revient fréquemment dans la méthode socratique (1). — L'*exemple* est une induction imparfaite qui s'appuie sur un cas particulier, mais dont l'identité est frappante avec ce que l'on veut prouver. « Quand deux choses sont du même genre et que l'une d'elles est plus connue, elle fait connaître l'autre. » (Arist., *Rhét.*, I, ch. II.) — L'argument *ad hominem* consiste à montrer qu'un homme est en contradiction avec lui-même dans ses paroles ou ses actions. Si l'art oratoire s'en sert, la logique le déclare peu légitime. On réfuterait mal un moraliste en faisant voir que sa conduite n'est pas d'accord avec sa doctrine. La contradiction n'est que trop dans la nature humaine ; personne n'en est exempt. Cependant, quand il s'agit d'attaquer par le ridicule des adversaires qui rejettent les principes du raisonnement et du bon sens, ce moyen est permis, et même le seul possible ; c'est le dernier argument contre les sceptiques et les sophistes. Mais on doit en user avec réserve et le tempérer par la forme ; l'injure et la personnalité doivent toujours être bannies des discussions philosophiques. L'*ironie* socratique est ici le modèle. (V. Reid, t. V, Essai VIII, chap. I, à lire.)

---

(1) *Argument à pari*. L'orateur qui flatte les passions et les goûts de la multitude ressemble au cuisinier qui flatte le palais des convives ; donc la rhétorique qui enseigne à persuader par ce moyen est un art vil et méprisable ; elle est à comparer à la cuisine. (Platon, *Gorgias*.)

A fortiori. Cimon, Miltiade, Périclès n'ont pas été de bons politiques parce qu'ils ont négligé la vertu des citoyens et n'ont pas cherché à les rendre meilleurs, trop préoccupés de la grandeur et de la prospérité matérielle de l'État ; à plus forte raison, les rhéteurs et les démagogues qui sont venus après eux. (*Ibid.*)

A contrario. Un souverain sage et juste qui rend son peuple heureux est lui-même le plus heureux des hommes ; donc un tyran est le plus malheureux. (Platon, *Rép.*, XI.) — Cf. Cic., *Tusc.*, V, 17.

L'exemple. Aristide fut exilé par ses concitoyens qui l'avaient surnommé le Juste ; donc il ne faut pas compter sur l'opinion des hommes et sur la faveur populaire.

Argument ad hominem. En voici un exemple assez plaisant. Un philosophe de la secte éristique, Diodore Cronus, niait le mouvement en s'appuyant sur ce sophisme : *Ce qui se meut est en un lieu ; ce qui est en un lieu ne se meut pas, donc ce qui se meut ne se meut pas.* Ce philosophe, ayant eu l'épaule démise, s'adressa au médecin Hiérophile pour lui demander de le guérir. Ce médecin le railla en ces termes : « Ou votre épaule, lui dit-il, s'est démise dans le lieu où elle était, ou elle s'est démise dans le lieu où elle n'était pas : or, elle n'a pu l'être ni dans l'un ni dans l'autre ; donc elle n'est pas démise. » Mais le sophiste le pria de laisser là ces subtilités, et de lui appliquer un remède convenable selon son art. (V. Sextus Empiricus, *Adv. Math.*, IX.)

ART. III. DE LA DÉMONSTRATION.

Ἐξ ἀναγκαίων ἄρα συλλογισμός.
(Arist., *Analyt.*, *Post.*, I, iv.)

§ I. Nature et but de la démonstration.

La démonstration, au sens propre, est cette forme parfaite de raisonnement qui d'une vérité universelle et nécessaire conclut une autre vérité nécessaire et universelle, en rendant évidente la liaison qui les unit. Aristote la définit : « le syllogisme du nécessaire. » Telle est la démonstration mathématique. « Une conclusion ainsi établie est une vérité éternelle. (*An. Post.*, I, viii.) L'enchaînement de telles vérités constitue la *science*, ajoute Aristote. » (*Ibid.*) (1)

Au-dessus des vérités démontrées sont celles qui ne se démontrent pas et que conçoit la raison. Aristote le reconnaît en plaçant au-dessus de la science l'entendement, « comme plus vrai que la science. » (*Ibid.*, II, xix.)

Il y a deux choses à considérer dans la démonstration : 1° ses bases, qui sont les *axiomes* et les *définitions*; 2° la démonstration elle-même.

§ II. Des bases de la démonstration. — Les axiomes.

I. Nature des axiomes. — On appelle axiomes certaines vérités évidentes d'elles-mêmes et qui, n'ayant pas besoin de démonstration, servent à démontrer d'autres vérités. On les appelle aussi *vérités premières* (Buffier) (2), *lois de croyance* (Reid) (3). Ce sont les *premières lumières*, dit Leibnitz. (*Nouv. Essais*, liv. IV, ch. ix.) Tel est l'axiome qui sert de base au raisonnement. « Ce qui est ne peut pas être et n'être pas en même temps. » — Le tout est plus grand que sa partie. — Des parties réunies se forme le tout; etc. La logique et les mathématiques n'ont pas le privilége de posséder des axiomes; partout où on raisonne, il faut admettre des principes qui ne se démontrent pas, des *præcognita* ou

---

(1) « Le fruit de la démonstration est la science. » (Bossuet, *Conn. de Dieu*, ch. i; Id., *Logique*, liv. II, ch. xvi.)

(2) Buffier, *Traité des Vérités premières*.

(3) Reid, t. V, en donne une énumération sous le nom de Principes des vérités nécessaires. — Bossuet, dans sa *Logique*, en cite aussi un assez grand nombre. (Ch. i, § 13.)

des *præconcessa*. (V. Leibnitz, *Nouv. Ess.*, IV, ɪɪ, 8.) Il serait absurde de discuter avec un physicien qui n'admettrait pas que tout fait a une cause; avec un grammairien qui nierait que tout attribut suppose un sujet; avec celui qui, en morale, soutiendrait que la vertu et le vice sont également louables. (Reid, t. V, p. 128.) (1)

Il ne faut pas confondre les axiomes ou les *vérités universelles* et nécessaires avec les *faits premiers*, qui ne se démontrent pas non plus, mais qui se constatent et sont aussi évidents : Je pense, j'existe, les corps sont étendus, les corps se meuvent, etc. L'axiome est une vérité nécessaire, que conçoit la raison; le fait est contingent et tombe sous l'observation. (V. p. 150.)

Des axiomes diffèrent aussi les *maximes*. Une maxime est une vérité générale, mais qui peut n'être pas évidente ni universellement admise, et qui comporte quelque restriction. « Peu de maximes sont vraies à tous égards, » dit Vauvenargues. Bacon appelle aussi improprement axiomes les faits généralisés de l'expérience et de l'induction. (*Nov. Org.*, I, aph. CIV.) (2)

II. Nécessité des axiomes; moyens de les distinguer.

Il est clair, dit Aristote, que le principe de la démonstration n'est pas la démonstration, ἀποδείξεως ἀρχὴ οὐκ ἀπόδειξις. (*An. Post.*, II, xɪv.) Pour les principes, il faut admettre de toute nécessité que tout n'est pas à démontrer, sans quoi il n'y aurait pas de démonstration. C'est pour le reste seulement qu'il est besoin de prouver. (*Ibid.*, I, x.)

Il ne faut pas trop multiplier les axiomes. Beaucoup de gens ne sont que trop disposés à ériger en axiomes leurs propres opinions. (V. Leibnitz, *Nouv. Ess.*, IV, ɪɪ, § 4.) Ils énoncent dogmatiquement quelque maxime qui, si on n'y prend garde, leur sert à prouver tout ce qu'ils veulent. Il est facile ainsi de bâtir tout un système, qui paraît se déduire géométriquement d'une première proposition. Tels sont les prétendus axiomes de Spinosa, la maxime antique : « Rien ne vient de rien, » prise en sens divers et invoquée à la fois

---

(1) Cum negantibus principia non est disputandum, disaient les scolastiques. Mais il faut que ce soit de vrais principes, que la raison reconnaisse comme tels. Autrement il serait trop facile de fermer la bouche à ses adversaires.

(2) Sur la différence des *maximes* et des *axiomes*, l'usage et l'abus des maximes, voy. Leibnitz, *Nouv. Essais*, liv. IV, ch. vɪɪ, § 7.

par les épicuriens et les panthéistes; cette autre : « Le semblable seul peut connaître son semblable, » etc.

Il y a donc de vrais et de faux axiomes, et il faut savoir les discerner. La *Logique* de Port-Royal donne à ce sujet (IVe part., ch. vi) quelques règles bonnes à suivre. On peut les résumer ainsi : L'évidence immédiate est le caractère des axiomes; or, il y a deux sortes d'évidence, l'une réelle, l'autre apparente et trompeuse. (V. p. 268.) La vraie évidence est celle qui persiste et augmente à un examen attentif. Plus l'axiome est médité, plus sa clarté brille à l'esprit; plus la maxime adoptée à la légère est considérée, plus sa clarté pâlit et devient douteuse. Soumis à cette épreuve, les faux principes des philosophes et les maximes du monde n'offrent qu'obscurité et incertitude.

Des Postulats. — On appelle ainsi une proposition qui n'est pas assez claire par elle-même pour être prise comme axiome, et qui, ne pouvant se démontrer directement, est tellement commandée par l'ensemble des idées sur lesquelles on raisonne qu'il serait absurde de la contester. Tel est le *postulatum* d'Euclide, plus clair que toutes les démonstrations qu'on a pu en donner, et qui pourtant ne peut être érigé en axiome (1).

Les axiomes doivent se réduire au plus petit nombre possible afin de conserver leur vrai caractère. Ce qui y touche même de près doit être démontré.

Les axiomes sont-ils des vérités identiques? Plusieurs ont ce caractère, d'autres ne l'ont pas. (V. Leibnitz, *Nouv. Essais*, iv, 7.) Cette question, du reste, peut être résolue différemment, sans que la démonstration en soit affectée. (V. D. Stewart, *Phil. de l'Esp.hum.*, t. III, p. 18.)

III. Manière d'établir et de défendre les axiomes. — On ne peut établir ni défendre les axiomes par voie de démonstration; cela est évident. « C'est de l'ignorance, dit « Aristote, que de ne pas savoir distinguer ce qui a besoin « de démonstration et ce qui n'en a pas besoin. Il est absolu-

---

(1) Aristote donne une autre définition du postulat. Celle-ci a prévalu. — La règle est qu'on ne doit jamais donner comme postulat ce qui peut s'établir, autrement et directement. Kant pèche contre cette règle quand il fait de la liberté, de Dieu et de l'immortalité de l'âme de simples postulats de la raison pratique. (V. Kant, *Raison pratique*.)

« ment impossible de tout démontrer. » (*Mét.*, liv. IV, ch. III.) — Néanmoins, les premiers principes admettent la preuve indirecte ou *par l'absurde*. (Reid, t. V, ch. IV, p. 87.) — « On peut établir par voie de réfutation cette impossibilité des contraires ; il suffit que celui qui conteste le principe attache un sens à ses paroles. S'il n'y en attache aucun, il serait ridicule de chercher à répondre à un homme qui ne peut dire la raison de rien, puisqu'il n'a aucune raison : un tel homme privé de raison ressemble à une plante. » (Arist., *Mét.*, IV, 4. Cf. Euler, *Lett.*, 37.)

« C'est qu'en effet, observe encore Aristote, ce n'est pas à la parole extérieure, mais à la *parole intérieure* que s'adresse la démonstration. Contre la parole extérieure on peut bien toujours trouver des objections, mais on ne le peut pas toujours contre la parole du dedans. » (*An. Post.*, I, x.) (1)

IV. DE LA FONCTION DES AXIOMES. — Quelle est la vraie fonction des axiomes? On commet souvent ici une méprise. Les axiomes sont, dit-on, les principes du *raisonnement*. Ce langage n'est pas exact. Les axiomes sont plutôt les conditions de la *démonstration* que de véritables principes. On entend en effet par là les vérités générales d'où nous déduisons d'autres vérités particulières qui y sont contenues. Or, que prétend-on tirer de ces propositions : ce qui est, est ; le tout est plus grand que sa partie ; il n'y a pas d'effet sans cause ; toute qualité est inhérente à une substance? (Cf. Locke, *Ent., hum.* IV, ch. VII, § 10.) « Les axiomes sont donc, par eux-mêmes, stériles ; mais ils n'en ont pas moins une grande importance, car sans eux nous ne pourrions construire un seul raisonnement. Les axiomes sont ces vérités élémentaires qui, par le fait, sont accordées à chaque pas du raisonnement, et sans lesquelles toute suite de raisonnement deviendrait impossible, quoiqu'on ne puisse déduire directement d'elles aucune conséquence. » (D. Stewart.) « Les principes des démonstrations sont les *définitions*, pour lesquelles

---

(1) Ceux qui nient les principes se réfutent eux-mêmes. Ils sont forcés de se servir à tout moment de ces mots *être, séparément, autre, même* et de mille autres, impuissants qu'ils sont à les écarter et à ne pas les mêler dans leurs discours. De manière qu'ils n'ont besoin de personne autre pour les réfuter ; mais, comme on dit, ils logent chez eux l'ennemi et le contradicteur, et ils s'en vont portant partout en eux une voix qui retentit sourdement comme ce fou d'Euryclès (devin qui rendait les oracles en parlant du ventre.) (Platon, *le Sophiste.*)

il n'y a pas de démonstration possible. De deux choses l'une : ou bien les principes seront démontrables, et le principe des principes aussi; ou bien les primitifs seront des définitions indémontrables. » (Arist., *An. Post.*, II, III.)

On doit donc distinguer deux sortes de principes dans le raisonnement : 1° ceux qui servent à établir le raisonnement et le soutiennent, les axiomes; 2° les idées ou les vérités, d'où l'on tire d'autres idées ou d'autres propositions. Elles sont contenues dans les *définitions*. Celles-ci, faisant connaître la nature ou l'essence de la chose dont il s'agit, sont les véritables principes, les principes *propres*, comme les appelle Aristote (*Anal., Post.* I, VIII et X), distincts des principes *communs*, qui s'appliquent à tous les raisonnements ou à plusieurs à la fois. Ceux-ci sont comme les nerfs et les articulations du raisonnement. (Leibnitz.)

§ III. Espèces, formes et méthodes de démonstration.

I. La démonstration proprement dite est un raisonnement exact et rigoureux faisant sortir avec une évidence parfaite d'une vérité nécessaire une autre vérité nécessaire qui y est contenue (1). Le mot s'applique néanmoins à d'autres arguments en matière contingente et même probable.

On distingue plusieurs FORMES DE DÉMONSTRATION. — Il y a une démonstration *directe* et une démonstration *indirecte*. La première, appelée aussi *ostensive*, établit la vérité par des preuves tirées de la nature même de la chose dont il s'agit. Ainsi en géométrie presque tous les théorèmes se démontrent en partant de la définition des figures ou par les théorèmes déjà démontrés. Dans la seconde, on procède en faisant voir l'absurdité de l'hypothèse ou de toutes les hypothèses contraires à la vérité qu'on veut prouver. C'est la démonstration *par l'impossible* ou la *réduction à l'absurde*, qui s'emploie aussi quelquefois en mathématiques.

Cette forme est inférieure à la première; car, bien qu'elle

---

(1) « C'est un argument en matière nécessaire et parfaitement connue qui en fait voir nettement la nécessité. » (Bossuet, *Log.*, liv. III, ch. XVI.) — Lisez le chapitre XVII, sur l'*argument probable*. Ce que Bossuet dit de son emploi est d'une haute raison pratique.

commande notre approbation, elle n'éclaire pas l'esprit, et ne montre pas la véritable raison de ce qu'on est forcé d'admettre. (V. *Logique* de Port-Royal, IVe part., ch. IX.) Aussi ne doit-on l'employer que quand l'autre est impraticable.

On oublie cette règle quand on a recours à des raisons éloignées et difficiles à entendre pour prouver une proposition claire, simple et évidente. C'est ce qu'on appelle *demonstratio per aliena et remota*. (*Ibid.*)

II. MÉTHODES DE DÉMONSTRATION. — Il y a aussi deux méthodes de démonstration. L'une consiste à partir de la proposition à démontrer, à en examiner attentivement les termes, et à remonter ainsi à quelque vérité générale qui sert de principe ; c'est la démonstration *ascendante* ou *l'analyse*. — L'autre, au contraire, part du principe, et, par une série de conséquences, arrive à faire voir la vérité ou la fausseté de la proposition en question. C'est la *démonstration descendante* ou *synthétique*. (V. *Analyse, Synthèse*.) Elles sont également légitimes et *directes*, car l'opération du raisonnement est toujours la même : trouver le rapport entre une vérité connue et une vérité inconnue. Que l'on parte de l'une ou de l'autre, peu importe ; c'est le rapport qu'il suffit de montrer. « Comme dans les courses du stade, dit Aristote, le point de départ peut être l'endroit où siègent les juges, ou la borne placée à l'extrémité de la carrière ; de même dans le raisonnement on peut partir des principes, ou remonter de la question aux principes. » (*Eth. à Nic.*, I, IV.)

§ IV. Des sources de la démonstration et de ses règles.

I. SOURCES DE LA DÉMONSTRATION. — Aristote a consacré une partie de sa *Logique*, sous le nom de *Topiques*, à indiquer les sources, non de la démonstration rigoureuse, qui sont les définitions, mais de la démonstration probable et la manière de *rechercher le moyen terme*. Les *lieux communs* sont des propositions générales qui peuvent aider à trouver des arguments. On a tort de dédaigner ce moyen. (*Log.* de Port-Royal.) — Bacon (*De Dignit.*, sc. V, 2) et Marmontel (*Log.*) l'ont réhabilité en faisant voir son véritable emploi et ses limites.

Mais ce que rien ne peut remplacer, la source vraiment

féconde, c'est la méditation du sujet particulier dont il s'agit. Elle seule mène à la découverte du moyen terme. On a eu tort (Laromig., t. I, p. 352) de faire un reproche à Aristote de n'avoir pas précisé ce point, qui ne peut être marqué à *priori* et doit être laissé à la *sagacité* de l'esprit (1).

II. PRÉCEPTES. — Quant aux préceptes particuliers, la *Logique* de Port-Royal en donne d'excellents, d'après Descartes, sur la manière de traiter un sujet par l'analyse. Voici les principaux :

1° De quelque nature que soit le sujet, la première chose est de concevoir nettement le point précis de la question. — 2° Bien que dans la question il y ait quelque chose d'inconnu, il faut que ce qui est connu soit marqué et désigné par certaines conditions qui le fassent reconnaître et le distinguent. 3° Lorsqu'on a bien examiné les conditions qui marquent ce qu'il y a d'inconnu dans la question, il faut examiner ce qu'il y a de connu, parce que c'est par là que l'on peut arriver à la connaissance de ce qui est inconnu. » (*Log.* de Port-Royal, IVᵉ part., ch. II. Cf. Descartes, *Règles pour la direction de l'esprit*.)

III. RÈGLES DE LA DÉMONSTRATION. — Pascal, à l'imitation de Descartes, a entrepris de poser ici quelques règles simples ; elles concernent les *définitions*, les *axiomes* et la *démonstration* :

1° Pour les *définitions* : 1° Ne laisser aucun des termes un peu obscurs ou équivoques sans les définir. 2° N'employer dans la définition que des choses parfaitement évidentes.

2° Pour les *axiomes* : Ne demander en axiomes que des choses parfaitement évidentes ; recevoir pour évident ce qui a besoin de peu d'attention pour être reconnu véritable.

3° Pour les *démonstrations* : Prouver toutes les propositions un peu obscures en n'employant à leur preuve que les

---

(1) « Ce qu'on nomme *sagacité* n'est que la découverte exacte du moyen terme dans un temps très-rapide. Par exemple, c'est en voyant que la lune a toujours sa partie brillante tournée vers le soleil, de comprendre sur-le-champ que la cause de ce phénomène est que la lune tire sa lumière du soleil ; en voyant quelqu'un parler à un homme riche, de deviner sur-le-champ qu'il lui emprunte ; de deviner que ce qui rend deux personnes amies, c'est qu'elles ont un ennemi commun. En effet, il a suffi dans tous ces cas de connaître les extrêmes pour connaître aussi les moyens qui sont les causes. » (Arit., *Anal. Post.*, I, XXXI.)

définitions qui auront précédé et les axiomes qui auront été démontrés. (*Log.* de Port-Royal, *ibid.*, ch. VIII.)

§ V. De l'évidence démonstrative. — De l'étendue et des limites de la démonstration.

Il importe de s'entendre sur le caractère de l'évidence démonstrative, comme sur l'étendue et les limites de la démonstration. En voulant tout ramener à ce mode d'établir la vérité, on a méconnu sa nature et compromis sa légitimité. Aussi est-il bon de le rappeler : 1° Les vrais principes ne se prouvent pas, « et cela même est un principe très-fécond. » (Vauvenargues.) Les faits premiers ne se démontrent pas davantage. 2° L'évidence démonstrative n'est pas supérieure à l'évidence intuitive, puisqu'elle en dérive. 3° L'évidence de fait, quand elle existe, ne le cède en rien à toute autre évidence. Insistons sur tous ces points.

I. DE L'ÉVIDENCE DÉMONSTRATIVE. *Intuition et Déduction.* — La démonstration repose sur des principes qui sont en dehors d'elle. Sans quoi elle serait sans base. (Arist.) « L'intuition et la déduction, dit Descartes (*Règles pour la dir. de l'espr.*, R. III), sont les deux moyens par lesquels l'entendement s'élève avec certitude à la connaissance, et l'intuition précède la déduction. » La connaissance démonstrative n'est qu'un enchaînement de connaissances intuitives. (Leibnitz, *Nouv. Essais*, IV, II, 7.) L'esprit les parcourt par un mouvement continu et non interrompu de la pensée, avec une intuition distincte de chaque chose, tout de même que nous savons que le dernier anneau d'une chaîne tient au premier, encore que nous ne puissions embrasser tout d'un coup d'œil. Or, les principes eux-mêmes ne sont connus que par intuition. (Descartes, *ibid.*) Il en résulte que l'intuition est partout et toujours le procédé inhérent à l'esprit, le caractère initial et général de la connaissance humaine. C'est à elle qu'il faut revenir pour les faits primitifs et pour les principes qui, dit encore Descartes (*ibid.*), nous sont connus par intuition. Ils échappent à la démonstration qui en dépend. C'est ce qu'Aristote, qui a porté cette théorie à sa perfection, a fort bien vu quand il a dit : « Il est absolument impossible de tout démontrer. Il faudrait pour cela aller à l'infini, de sorte qu'il n'y aurait même pas de démonstration. (*Métaph.*, IV, IV.) (1)

II. LIMITES DE LA DÉMONSTRATION. — Ainsi, tout en reconnaissant au raisonnement démonstratif sa supériorité sur tout raisonnement concluant en matière contingente avec des données empiriques ou probables, il faut se garder d'exagérer son importance, et de méconnaître ses limites. Autrement on le ruine lui-même. La démonstration partant d'une vérité nécessaire pour aboutir à une vérité nécessaire, et montrant le lien qui les unit, est le procédé rationnel qui satisfait le plus l'esprit et qu'il affectionne. Il y a, comme dit Pascal, une nécessité inévitable de convaincre, qui fait que l'âme reçoit ces vérités « dès qu'on peut les enrôler à des vérités déjà admises. » (*De l'Art de persuader*.) L'esprit est à la fois éclairé et convaincu. Pourtant cette lumière n'est qu'empruntée. La raison avec ses idées et ses principes domine le raisonnement. Mais il arrive souvent que, selon la remarque profonde d'Aristote, « de même que les yeux des chauves-souris sont offusqués par la lumière du jour, l'intelligence de notre âme est offusquée par les choses qui portent en elles la plus haute évidence. » (*Métaph.*, II, I.) Ce qui fait que certains esprits demandent qu'on leur démontre même les premiers principes. Ils ne savent ce qu'ils demandent, et demandent ce qu'ils savent, leur dit Leibnitz. Ce travers, on l'a vu, conduit au scepticisme.

III. SCIENCES DÉMONSTRATIVES. — Dans l'ordre spéculatif, les sciences qui emploient la démonstration sont supérieures à celles qui ayant pour objet le contingent sont sujettes aux erreurs de l'observation, et où la connaissance s'agrandit, s'affermit et se complète sans cesse en s'étendant. Néanmoins, il serait injuste de refuser à ces dernières le nom de sciences, comme y sont portés les esprits étroits, mathématiciens ou logiciens purs. Il serait facile de leur prouver que leur science elle-même, isolée de toute expérience, réduite à des abstractions, serait chimérique et sans base. Les sceptiques l'ont fort bien démontré. (V. Sext. Empiricus, *Adv. Math.*)

---

(1) Aussi la méthode que conçoit Pascal (*Réfl. sur la Géom...*) comme supérieure à la méthode géométrique, et qui consisterait à *tout* définir et à *tout* prouver, est-elle non-seulement impossible, mais absurde. Le scepticisme seul admire cette méthode. (V. *Certitude*.)

IV. ÉTENDUE DE LA DÉMONSTRATION. — De même que les uns ont trop étendu le champ de la démonstration, d'autres l'ont trop restreint en envisageant ce procédé comme spécial aux mathématiques, ou en donnant la démonstration mathématique comme le type et le modèle unique. Pascal est tombé dans ce défaut : « Hors de leur science (la géométrie) et de ce qui l'imite, il n'y a point de démonstration. » (*De l'Art de persuader.*) Leibnitz dit avec plus de raison : « Il y a des exemples assez considérables de démonstrations hors des mathématiques. En effet, la logique est aussi susceptible de démonstrations que la géométrie. De plus, on peut dire que les jurisconsultes ont plusieurs bonnes démonstrations. » (*Nouv. Essais*, liv. IV, ch. II.) (1)

ART. IV. DES SOPHISMES.

> L'art de faire des prestiges à l'aide du discours... celui qui dira que tels sont la race et le sang du vrai sophiste parlera, ce me semble, avec la plus grande justesse.
> (PLATON, *Le Sophiste.*)

§ I. Des sophismes en général ; nature et division des sophismes.

Après avoir décrit les formes légitimes de la pensée, il reste à démêler les faux raisonnements qui, sous une apparence de vérité, peuvent surprendre notre jugement et qu'on nomme sophismes.

Il faut distinguer du *sophisme* le *paralogisme*. Celui-ci est un faux argument dont nous-mêmes nous sommes dupes et qui vient de la faiblesse de notre esprit. Il n'en est pas ainsi du sophisme. Dû à la mauvaise foi et revêtu d'une forme captieuse, le sophisme suppose l'intention de tromper. Aussi est-il une injure ; celui qui s'en sert habituellement est flétri du nom de sophiste (2).

(1) Locke avait déjà dit : « c'est une opinion communément reçue qu'il n'y a que les mathématiques qui soient capables d'une certitude démonstrative ; mais comme je ne vois pas que ce soit un privilége uniquement attaché aux idées de nombre, d'étendue et de figure, d'avoir une convenance ou disconvenance qui puisse être aperçue intuitivement, c'est peut-être faute d'application de notre part, et non d'une assez grande évidence dans les choses, que l'on a cru que la démonstration avait très-peu de part dans les autres parties de la connaissance. » (*Essai sur l'Ent. hum.*, liv. IV, ch. II.)

(2) Ce qui fait le sophiste est non l'habileté mais l'intention. (Aristote.) V. notre *Essai sur la Sophistique* à la suite du *Gorgias* de Platon.

Il y a bien des espèces de sophismes. Tous les préjugés, toutes les erreurs dans lesquelles nous tombons si facilement, exploités par la mauvaise foi, la passion, le mensonge et la subtilité, peuvent ainsi nous abuser. On les divise ordinairement en sophismes de *logique* ou de *raisonnement*, et en sophismes de *grammaire* ou de *mots*. Les uns affectent particulièrement le sens des termes ; les autres sont des vices de raisonnement. Ceux-ci sont relatifs, soit à l'induction, soit à la déduction.

§ II. Sophismes d'induction.

I. PRENDRE POUR CAUSE CE QUI N'EST PAS CAUSE (*non causa pro causa*). Un des grands principes qui gouvernent notre raison est celui qui exprime la relation de l'effet à la cause, le principe de causalité. La fausse application que nous en faisons engendre une multitude d'erreurs. Prendre pour cause ce qui n'est pas cause est un sophisme des plus fréquents. On y tombe de plusieurs manières. 1° La simple ignorance des véritables causes fait qu'on en imagine souvent de fausses et de chimériques. C'est ainsi que les anciens expliquaient l'ascension des liquides dans un tube privé d'air en disant que la nature a horreur du vide. Certains philosophes disaient que le monde est parfait parce que sa forme est sphérique. — 2° On croit aussi rendre compte d'un fait en l'exprimant d'une autre manière par un terme général qui le formule. L'aimant attire le fer : nous disons qu'il a une vertu magnétique. Le séné a une vertu purgative ; le pavot a une vertu soporifique. C'est l'énoncé du fait par un terme scientifique, qui ne nous apprend rien, si ce n'est que l'aimant attire le fer, que le séné purge et que le pavot endort. (Port-Royal.) Cf. Malebr., *Rech. de la vér*. Si l'on se borne à cet énoncé, il n'y a pas d'inconvénient ; mais si l'on prétend avoir donné la cause ou la raison du fait, on nous induit en erreur. Avant la découverte de la circulation du sang, si on eût demandé pourquoi les artères battent, plus d'un médecin eût répondu : parce qu'elles ont la vertu pulsifique. Un Chinois à qui on présenterait une montre à répétition dirait qu'elle a une vertu sonorifique. Ce sophisme est très-commode à la paresse qu'il dispense de toute recherche, et à la vanité qui rougirait d'avouer son ignorance. On peuple ainsi le monde de causes, de forces, de vertus. La physique ancienne expliquait tout dans la nature par des forces occultes. Bacon et Descartes ont combattu les *formes substantielles*. La science y a substitué les *lois*. Mais celles-ci n'expriment que le côté invariable des phénomènes. Nous ne connaissons les agents physiques que par leurs effets, et la cause en elle-même reste inconnue. Ainsi la loi de l'attraction découverte par Newton n'est qu'un fait généralisé. — 3° D'autres donnent pour véritables causes de pures chimères, comme les astrologues, qui rapportaient tout aux influences des astres. L'apparition d'une comète ou d'une éclipse jadis épouvanta des peuples. Les plus grands hommes et les plus grands génies n'ont pas été à l'abri de cette superstition. On dit que Charles-Quint, à l'apparition d'une comète, crut y voir le signe de sa fin prochaine, et s'écria : *His ergo indiciis me mea fata trahunt*. Leibnitz lui-même donne comme une découverte importante que le Christ est né sous le signe de la Vierge. (*Otium Hanov.*) Cf. *Logique* de Dumarsais (1). C'est pis encore quand on prend ces influences chimériques pour la cause des inclinations des hommes, vicieuses ou vertueuses, et même de leurs actions particulières ou des événements de leur vie. (Port-Royal.) (2) Ainsi, tantôt on assigne à un fait moral une cause matérielle qui lui est étrangère; tantôt on donne pour raison d'un événement physique une cause morale qui n'a pas de rapport avec lui. Un voleur se casse la jambe en escaladant un mur ; on dira que c'est une punition du ciel. Mais autant il en arrive à un honnête homme qui se promène dans la rue. — 4° Quelquefois on confond des causes de nature différente. On prend la cause *occasionnelle* ou la condition matérielle d'un fait pour sa cause *efficiente* ou *finale*. Le sensualiste fait de la sensation le principe de la

---

(1) Keppler, à l'exemple de Pythagore, établit des analogies entre les harmonies du monde et celles de la musique. Il croyait à l'astrologie judiciaire et passa une partie de sa vie à tirer des horoscopes au moyen de formules mathématiques et de calculs compliqués. (V. *Harmonices mundi*, liv. V.)

(2) Le *Bélier* exerçait une action puissante sur les troupeaux; la *Balance* inspirait l'ordre et la justice... Les héros dépendaient du *Lion* qui est le symbole du courage. *Saturne* avait des influences meurtrières ou énervantes. *Jupiter* amenait des événements heureux et prolongeait la vie. *Mars* inspirait le goût des armes, etc. (Cf. Malebranche, *Tr. de morale*, ch. VI, § 9.)

connaissance; et pour lui, la sensation est l'ébranlement du nerf qui la précède. Le matérialiste considère l'organe de la pensée comme la cause de la pensée, il dira que c'est le cerveau qui pense. (V. p. 240.) Les anciens philosophes expliquaient l'origine et la formation du monde par des principes matériels, l'eau, l'air, le feu, la terre. Socrate, dans le *Phédon*, reproche à Anaxagore, qui admet une intelligence ordonnatrice, de n'avoir pas su tirer parti de son principe dans l'explication des phénomènes de la nature et d'avoir substitué partout la cause physique à la cause finale. (1).

On abuse à son tour du principe de la cause finale en l'appliquant là où il n'y a pas eu de dessein, comme quand nous attribuons à un calcul ou à une intention chez nos semblables ce qui souvent est accidentel et indépendant de leur volonté. Nous allons quelquefois jusqu'à personnifier le *hasard*, qui n'est qu'un mot, quand nous disons : ainsi l'a voulu le hasard, la fortune ou le destin.

Le sophisme *post hoc ergo propter hoc* rentre dans le précédent.

La raison et l'expérience bien consultées nous préservent de ces sophismes. 1° Qu'on examine attentivement la nature du rapport qui lie le fait à la cause, on verra qu'il est ici absurde. 2° Qu'on se place dans des circonstances différentes et qu'on varie les expériences, on se convaincra que la liaison imaginée n'existe pas ou n'est qu'accidentelle. C'est ce que fait saint Augustin, dans la *Cité de Dieu*, quand il réfute le sophisme des païens qui attribuaient aux chrétiens tous les maux de l'empire romain. Il fait voir que les dogmes des chrétiens n'ont aucun rapport avec les faits qu'on leur impute; puis, l'histoire à la main, il prouve que les mêmes maux ont affligé le peuple romain lorsque le paganisme était florissant.

II. LE SOPHISME DE L'ACCIDENT (*fallacia accidentis*). Il consiste à attribuer à une chose d'une manière absolue ce

---

(1) « Il me parut agir, dit-il, comme celui qui dirait : L'intelligence est le principe de toutes les actions de Socrate, et qui ensuite, voulant rendre compte de chacune d'elles, dirait, par exemple, que je suis assis sur ce lit dans ma prison, parce que mon corps est composé d'os et de muscles... Dire que ces os et ces muscles sont la cause de ce que je fais, en restant ici, et non ma résolution de préférer ce qui est le meilleur, voilà une explication de la dernière faiblesse. »

qui n'est qu'accidentel. Sa source est notre ignorance primitive des vrais rapports des choses. Les objets s'offrant à nous dans un ordre simultané ou successif, il est difficile de distinguer les liaisons constantes des rapports accidentels. Pour décider si une circonstance qui accompagne la production d'un phénomène est due à une coïncidence fortuite, ou est l'effet d'une connexion réelle, l'expérience et la raison sont nécessaires. En attendant, il est prudent d'agir comme si le rapport existait. De là, dans l'enfant et chez l'ignorant, ce penchant à croire à des rapports que la raison et un examen attentif dissipent. Mais cet instinct, que la nature a sagement placé, comme sauvegarde, à côté de l'inexpérience et de l'ignorance, devient la source d'une foule de faux jugements, de croyances superstitieuses et de pratiques absurdes. « Un sauvage étant malade a été soulagé en buvant de l'eau pure qu'il a puisée à une source voisine. Il éprouve de nouveau le même mal; il a recours au même remède. Pour en assurer l'effet, il se détermine à copier toutes les circonstances qui ont eu lieu dans la première expérience. Il fera usage de la même coupe, puisera à la même source, prendra la même attitude, tournera le visage du même côté. La source passera pour avoir des propriétés particulières. La coupe sera mise à part, etc. » (D. Stewart, *Phil. de l'espr. hum.*, t. II.) La plupart des préjugés populaires ont leur origine dans cette disposition de notre esprit trop souvent exploitée par le charlatanisme. Les jugements que nous portons sur nos semblables sont entachés fréquemment de ce préjugé, qui s'étend aux choses les plus respectables et les plus saintes. Que de fois n'a-t-on pas attribué à la religion les abus qui lui sont étrangers, et dont il faut chercher la cause dans l'ignorance ou les passions des hommes! Combien de fausses *associations d'idées* (V. p. 105) exercent une influence funeste sur nos jugements en matière de morale et de spéculation! — Nous devons nous tenir en garde contre une telle disposition, soumettre nos jugements au contrôle sévère de la raison et de l'expérience.

III. L'ÉNUMÉRATION IMPARFAITE. — C'est aussi une induction dont la base est trop étroite. Elle a lieu lorsque de quelques faits peu nombreux et mal observés on tire une conclusion générale. « Il ne faut que trois ou quatre exemples pour faire une maxime ou un lieu commun, et pour s'en servir pour décider de toutes choses. » (Port-Royal.)

L'énumération imparfaite est l'arme favorite des partis, arme dangereuse quand elle est maniée par des mains habiles. C'est ainsi que l'on attribuera à un corps entier les fautes de quelques-uns de ses membres. Plusieurs philosophes sont panthéistes, donc tous les philosophes sont panthéistes. Plusieurs géomètres sont athées, donc tous les géomètres sont athées. Plusieurs médecins sont matérialistes, donc tous les médecins sont matérialistes. Souvent même on conclut de l'exemple d'un seul, *ab uno disce omnes*. On cite cet Anglais débarqué en France, qui, trouvant son hôtesse rousse, écrit : Les femmes de ce pays sont rousses. Nous ressemblons tous à cet Anglais. Toujours les hommes seront dupes de ce sophisme. Que vingt factieux se réunissent, ils n'hésiteront pas à se proclamer le peuple, et à vouloir imposer leur volonté à une nation de plusieurs millions d'hommes. Quelques erreurs échappées à la faiblesse humaine suffisent pour condamner un livre tout entier et son auteur. On grossit, on exagère à dessein; sur un fait imperceptible, la calomnie dresse tout un échafaudage d'imputations odieuses. — Nous ne pouvons trop nous prémunir contre un pareil sophisme, qui a pour auxiliaires toutes les mauvaises passions du cœur humain. Il se réfute de lui-même, dès qu'on voit combien est faible la base de cette induction. « Un trait d'histoire ne prouve pas; un petit conte ne démontre pas; deux vers d'Horace et un apophthegme de Cléomène ou de César ne doivent pas persuader des gens raisonnables. » (Malebr., *Rech. de la Vér.*, liv. II, 3ᵉ part., ch. v.) La véritable induction s'appuie sur des faits nombreux et des expériences variées, elle est prudente et circonspecte, elle écarte la passion avec la précipitation. — Le remède est donc l'expérimentation guidée par la raison.

L'énumération imparfaite a une autre forme, propre à la déduction; c'est lorsque, raisonnant sur une question, on la décompose dans ses parties, et qu'on en omet une à dessein. Beaucoup de *dilemmes* sont dans ce cas. (V. *supra*, Di-

lemmes.) On pose avec assurance une alternative, et l'on prouve ainsi ce qu'on veut. Mais, à un examen plus attentif, il est aisé de reconnaître qu'il y avait une troisième supposition, qui est la vraie, et qui a été adroitement passée sous silence. — Le moyen de réfuter ce sophisme, c'est d'établir une meilleure division. (Port-Royal.)

Souvent aussi on pose une alternative qui n'admet pas de milieu là où précisément le vrai est dans le milieu et la mesure. Aristote, dans sa *Politique*, dévoile finement cet artifice, dont le but est de pousser à l'absurde par l'exagération. « C'est ce que font, dit-il, les adversaires du gouvernement tempéré, dont la force et la stabilité sont précisément dans la mesure. » Ils ne songent pas qu'un nez qui s'écarte de la ligne la plus favorable à la beauté de manière à paraître aquilin ou camus, peut encore donner de l'agrément à une figure; mais si on exagère à l'excès ce défaut, le nez d'abord perdra sa dimension propre, et enfin on fera si bien que, par l'excès ou le défaut, il n'y aura plus de nez du tout. Or, la même chose peut arriver à l'égard des États. » (*Polit.*, liv. V, ch. VII.)

§ III. Sophismes de déduction.

I. L'IGNORANCE DU SUJET (*ignorantia elenchi*). S'écarter du sujet et prouver autre chose que ce qui est en question, est le vice le plus habituel dans les discussions. On dispute avec chaleur et on ne s'entend pas. La passion ou la mauvaise foi fait que l'on attribue à son adversaire ce qui est éloigné de son sentiment, pour le combattre avec plus d'avantage, ou qu'on lui impute les conséquences qu'on s'imagine pouvoir tirer de sa doctrine, quoiqu'il les désavoue et qu'il les nie. (Port-Royal.) Qu'il s'agisse, par exemple, de prouver que l'excès du vin est nuisible, le sophiste prouvera qu'il ravive les esprits, qu'il réjouit l'âme, qu'il donne du courage à l'homme, qu'il augmente sa vigueur et son activité. Mais son adversaire lui démontrerait facilement que, malgré tous ces avantages, le vin est à la fois nuisible à l'âme et au corps, quand on en boit avec excès. (Watt's, *Logic.*)

Un argumentateur se rend coupable d'un sophisme de ce

genre quand, luttant contre un adversaire trop habile, et ne pouvant résoudre convenablement la question proposée, il se rejette avec adresse sur un autre point qui l'en rapproche et triomphe au moyen d'un nouvel argument que l'adversaire n'a jamais contredit. (*Ibid.*)

Pour déjouer ce sophisme, on doit avoir toujours l'œil fixé sur le point précis de la dispute, afin de ne jamais s'en écarter. En général, toutes les fois que l'on traite un sujet, il faut le définir, fixer le sens des termes : c'est le moyen d'abréger les discussions, d'empêcher les digressions inutiles, et, dans tout problème, d'arriver à une solution prompte et sûre. Une question bien posée est à moitié résolue; les questions mal posées éternisent les disputes. (1)

En toutes choses, dit Platon, lorsqu'on veut délibérer, il faut savoir ce sur quoi l'on délibère. La plupart des hommes ignorent qu'ils ne connaissent pas l'essence des choses. Mais croyant la connaître, ils ne s'accordent pas, en commençant, sur la nature de ce qu'ils examinent, et, à mesure qu'ils avancent dans leur examen, ils reviennent sur leurs pas, ce qui doit arriver, puisqu'ils ne s'entendent ni avec eux-mêmes ni avec les autres. (*Phèdre.*)

Le caractère sophistique n'est pas essentiel à cette manière de raisonner. L'homme de meilleure foi, s'il n'y prend garde, est exposé à prendre une face pour une autre dans un sujet compliqué. Voilà pourquoi il est difficile de discuter avec les esprits peu habitués à suivre un raisonnement. Très-peu sont capables de se maintenir dans les termes d'une question. La logique donne cet avantage; elle apprend à suivre une même idée, à ne jamais en dévier et à y ramener les autres. Mais il y a ici à craindre l'*esprit de dispute*, qui produit les mêmes effets et engendre le même sophisme. Car, dit Descartes, « de cela seul que quelqu'un se prépare à combattre la vérité, il se rend moins propre à la comprendre, d'autant qu'il détourne son esprit des raisons qui la persuadent pour l'appliquer à la recherche de celles qui la distraient. » (*Médit.*, Obj. et Rép., t. I, p. 450; éd. Garnier.) — « Nous entrons en inimitié, premièrement contre les raisons,

---

(1) Omnis enim quæ a ratione suscipitur de aliqua re institutio a definitione debet proficisci, ut intelligatur quid sit de quo disputetur. (Cic., *De Off.*, II, III.)

puis contre les personnes. Nous n'apprenons à discuter que pour contredire; et chacun contredisant et étant contredit, il arrive que le fruit de la dispute est d'anéantir la vérité. L'un va en Orient, l'autre en Occident ; on perd le principal et l'on s'écarte dans la presse des incidents. Au bout d'une heure de tempête, on ne sait ce que l'on cherche. L'un est en bas, l'autre est en haut, l'autre à côté. L'un se prend à un mot et à une similitude. L'autre n'écoute et n'entend plus ce qu'on lui oppose, et il est si engagé dans sa course qu'il ne pense plus qu'à se suivre et non pas vous. » (*Log.* de Port-Royal, III⁰ part., ch. xx.)

II. Pétition de principe (cercle vicieux). — Elle consiste à supposer prouvé ce qui est précisément en question. Le *cercle vicieux* en diffère peu : il a lieu lorsqu'on s'efforce de prouver une proposition par une autre qui s'appuie sur elle (Diallèle) ; on tourne alors dans un cercle. C'est ce qui arrive, par exemple, quand on place le principe de toute certitude dans la révélation, et qu'ensuite, pour établir la vérité de la révélation, on a recours à des preuves dont la certitude repose sur l'évidence de la raison. (V. p. 270.)

Ce qui abuse, en pareil cas, c'est qu'on se sert d'expressions vagues qui ne laissent pas voir l'identité du principe sur lequel on s'appuie avec la question à démontrer. Le remède à ce sophisme est donc la définition.

Un sophisme analogue consiste à se servir dans la discussion d'un principe contesté par celui contre lequel on discute. Il en est de même de tous les raisonnements où l'on prouve une chose inconnue, incertaine ou obscure par une autre qui l'est encore plus : *obscurum per obscurius*.

§ IV. Sophismes de mots.

A cette classe appartient cette innombrable quantité de sophismes qui tiennent à la signification des mots altérés, changés, détournés de leur véritable sens ou pris dans des sens différents. « Or, celui, dit Locke, qui n'emploie pas constamment le même signe pour signifier la même idée, mais se sert des mêmes mots, tantôt dans un sens et tantôt dans un autre, doit passer pour un homme aussi sincère que celui qui, au marché et à la bourse, vend des choses différentes sous le même nom. » (*Ent. hum.*, III, x, § 28.)

Pour ne citer qu'un exemple, à combien de faux raisonnements n'ont pas donné lieu chez les savants, les philosophes, les moralistes et les publicistes, ces deux mots : *nature*, *liberté*, et leurs dérivés? La *nature*, c'est le monde ou Dieu, selon qu'on la considère comme l'ensemble des lois de l'univers ou comme la cause qui le gouverne. S'agit-il de l'homme? Le même mot sert d'enseigne aux deux systèmes les plus opposés, l'épicuréisme et le stoïcisme. Ici nature est synonyme de *raison*; là il veut dire la *sensibilité*. Qui ne voit qu'en confondant ces choses et en abusant des mots qui les expriment, on peut réhabiliter tous les penchants et faire l'apologie de toutes les passions? Formulé par certains moralistes, ce sophisme sera mis en vers par les poètes, représenté par le drame et popularisé par les romans. — Le mot *liberté* prête à la même équivoque. A la faveur des mots on peut placer la liberté dans son contraire, la licence, tandis que la vraie liberté est dans la règle, l'obéissance volontaire à la loi. Toute l'argumentation de Rousseau, dans le *Discours sur l'inégalité des conditions*, roule sur ce sophisme. De là les fausses hypothèses sur l'*état de nature* comme antérieur à l'état social. (Hobbes, Mably.) — Les grammairiens appellent *naturelle* la construction logique ou directe. D'autres soutiennent que la construction inversive est aussi naturelle. Même confusion ; même logomachie. Ces équivoques ne sont pas toujours des sophismes ; mais elles y mènent, car il est très-facile d'abuser du sens des mots pour tromper. Il faut aussi placer dans cette catégorie les faux ornements du discours, les prestiges oratoires qui servent à déguiser l'erreur. Cet art « de faire des prestiges à l'aide du discours, » c'est l'art du sophiste. Les *rhéteurs* et les *sophistes* sont de la même race et du même sang. (V. Platon, le *Sophiste* et l'*Euthydème*.)

Analysons quelques-uns de ces sophismes.

I. L'ÉQUIVOQUE OU L'AMBIGUÏTÉ DES TERMES. — Ce sophisme consiste à employer dans le raisonnement un mot à double sens ou mal défini, qui est pris successivement dans deux acceptions différentes. Or, le raisonnement ne doit avoir que trois termes. (V. *Syllogisme*.) L'équivoque introduit donc dans le raisonnement un quatrième terme qui le fausse et le dénature. Si l'on n'y prend garde, on sera souvent dupe de cet artifice. Le vrai moyen pour le démêler et le repousser, c'est de forcer l'interlocuteur à définir les termes dont il se sert. Platon, dans son *Euthydème*, se moque des sophistes qui emploient cet artifice; il les réfute en précisant le sens des termes qu'ils emploient dans des significations diverses. Leur désappointement fait en partie le comique du dialogue.

II. PASSER DU SENS COMPOSÉ AU SENS DIVISÉ (*fallacia compositionis*). — Le *sophisme de composition* consiste à affirmer des choses jointes ensemble ce qui n'est vrai que quand elles sont prises séparément. Jésus-Christ dit, dans l'Évangile : *Les aveugles voient, les boiteux marchent droit, les sourds entendent :* cela ne peut être vrai qu'en prenant ces choses séparément et non conjointement, c'est-à-dire dans le sens divisé et non dans le sens composé; car les aveugles ne voyaient pas demeurant aveugles, et les sourds n'entendaient pas demeurant sourds; mais ceux qui avaient été aveugles auparavant voyaient, et de même des sourds. C'est ainsi et dans le même sens qu'il est dit, dans l'Écriture, que Dieu justifie les impies. (Port-Royal.) *Lux in tenebris lucet.*

III. PASSER DU SENS DIVISÉ AU SENS COMPOSÉ (*fallacia divisionis*). — Le *sophisme de division*, l'opposé du précédent, consiste à prendre dans le sens divisé ou séparément ce qui n'est vrai que dans le sens composé, c'est-à-dire quand les choses sont réunies; comme si on prétendait prouver que chaque soldat de l'armée grecque a mis en fuite cent mille Perses, parce que les soldats grecs l'ont fait; ou si on disait : cinq est un nombre; or, deux et trois font cinq; donc deux et trois font un même nombre. — On tombe dans ce sophisme toutes les fois que l'on prend le mot *tout* dans un sens collectif et dans un sens distributif; exemple : Tous les instruments de musique du temple des Juifs formaient un agréable concert; or, la harpe était un de ces instruments; donc la harpe formait un agréable concert. Le mot *tout* est collectif dans la majeure, tandis que la conclusion exige qu'il soit distributif. (Watt's, *Logic.*)

Dans cette classe de sophismes figurent la plupart de ceux

qui ont joui d'une grande célébrité chez les anciens, et qui pour nous ne sont que de misérables jeux de mots. Les Grecs aimaient ces subtilités. Les rhéteurs et les sophistes se les proposaient à la façon d'énigmes. (V. Platon, *Euthydème*.) L'un d'eux (Diodore Chronus) mourut, dit-on, de chagrin pour n'avoir pu résoudre l'argument qui lui était proposé en défi. Quelques-uns de ces arguments, le *Sorite* (1), le *Chauve* (2), le *Menteur* (3), l'*Électre* (4), inventés par l'école mégarique, tendaient à prouver l'impossibilité de la définition, un grand nombre de nos idées étant purement relatives, ou n'ayant rien de fixe et de déterminé (5).

ART. V. DES PARADOXES

Le plus grand de tous les malheurs est de haïr la raison. (PLATON, *Phédon*.)

I. NATURE ET FORMES DU PARADOXE. — Le paradoxe (παράδοξον) est un jugement qui contredit une opinion commune.

Celle-ci peut être vraie ou fausse. Ou c'est une maxime universelle de raison et de sens commun, ou ce n'est qu'une croyance générale et dominante, peut-être un préjugé. De là deux classes de paradoxes dont la première seule mérite ce nom. Soutenir que le pain est un poison (Linguet), que toutes les intelligences sont égales (Helvétius), que les arts corrompent les mœurs (Rousseau), que la propriété c'est le vol, que l'anarchie est la vraie forme de gouvernement (Proudhon), que les animaux nous sont supérieurs (Montaigne); voilà de véri-

---

(1) Le *Sorite*. « Un grain de blé ajouté à un grain de blé ne fait pas un tas, cependant un tas de blé est formé de grains de blé. — Cum aliquid minutatim et gradatim additur aut demitur, soritas hoc vocant, quia acervum efficiunt uno addito grano, vitiosum sane et captiosum genus. » (Cic., *Acad.*, II.)

(2) Le *Chauve*. « En ôtant un cheveu à une tête garnie de cheveux, on ne rend pas un homme chauve; en ôtant deux, trois, etc., pas davantage. Donc on peut lui ôter tous les cheveux de la tête sans le rendre chauve. »

(3) Le *Menteur*. « Si te mentiri dicis, idque verum dicis, mentiris et verum dicis. » (Cic., *Acad.*, II, 29.) — Epiménide a dit : *Les Crétois sont menteurs;* or, Epiménide était Crétois; donc il a menti en disant que les Crétois sont menteurs; donc les Crétois ne sont pas menteurs; donc Epiménide qui était Crétois n'a pas menti en disant que les Crétois sont menteurs; et ainsi de suite.

(4) L'*Electre*. « Électre, cette fille d'Agamemnon, connaissait et en même temps ne connaissait pas Oreste; car, en présence d'Oreste encore inconnu, elle sait qu'Oreste est son frère, mais elle ignore que celui qui est là est Oreste. »

(5) Sur les *sophismes*, lisez les deux chapitres justement estimés de la *Logique* de P.-Royal. La *Logique* de Dumarsais a aussi sur ce sujet des pages excellentes.

tables paradoxes. — Dire qu'il vaut mieux souffrir le mal que de le faire, être puni que ne l'être pas, si on est coupable, semble d'abord paradoxal, et ne l'est pas sans doute. (Platon, *Gorgias*.) Qu'étaient les maximes de la morale évangélique : Heureux ceux qui pleurent! etc., proclamées au milieu du monde païen? En général, toute grande vérité au moment où elle apparaît renverse une opinion dominante; elle doit triompher du préjugé et de l'ignorance. (Socrate, Galilée.)

Souvent le paradoxe est une opinion vraie au fond, fausse dans la forme ou par son excès. Tels sont les paradoxes des stoïciens : Le sage seul est libre, seul il est riche, seul il est beau, etc. (V. Cic., *Paradoxes*.) Entre l'*absurde* et le *paradoxe* il y a cette différence que le premier saute aux yeux et se détruit lui-même, tandis que le paradoxe est plus caché et a besoin d'être réfuté. S'il choque les esprits droits, les esprits faux s'en accommodent; les esprits subtils s'y complaisent, les esprits légers s'en servent comme d'un jeu, c'est pour eux un moyen de briller; mais ce jeu est dangereux. L'habitude du paradoxe a rendu extravagant et insupportable plus d'un homme sensé. On ne joue pas impunément avec la vérité. — « Il y a une infinité de gens qui perdent le sens commun parce qu'ils le veulent passer et qui ne disent que des sottises, parce qu'ils ne disent que des paradoxes. » (Malebr., *Rech. de la vérité*, IV, 8.)

Le paradoxe est quelquefois une boutade, une saillie, ou un sarcasme échappé à la mauvaise humeur, comme on en rencontre chez les auteurs les plus graves. « Se moquer de la philosophie, c'est vraiment philosopher » (Pascal, *Pensées*); ou « la philosophie ne vaut pas une heure de peine. » Ici, c'est Bossuet qui parle. Ce qui n'empêche pas Bossuet de composer ses traités philosophiques. Les écrivains satiriques (Montaigne, Voltaire, Rousseau) offrent une foule de ces traits qu'on aurait tort de prendre au sérieux et qu'il y aurait pédantisme à relever.

Il n'est pas rare de voir un dialecticien habile développer une thèse paradoxale. Les motifs sont divers. Tantôt l'intention est purement sceptique. On essaye de ressusciter ou de rajeunir quelque vieille opinion discréditée, de la réhabiliter et de la remettre en honneur en l'opposant à une vérité de sens commun ou généralement admise, comme fait habituellement Bayle ou Montaigne. (Cf. Plutarque, *Contre l'usage des viandes*). On parvient ainsi à rabattre la présomption du dogmatisme; à inspirer à la raison la défiance d'elle-même en lui montrant que les opinions en apparence les plus extravagantes peuvent être soutenues et devenir plausibles. — Ou bien il s'agit seulement d'insinuer que la vérité est dans une opinion moyenne également distante des extrêmes. (V. Cic., *Académ.*) — Il se peut enfin que le but qu'on se propose soit uniquement de mieux faire ressortir la vérité de la thèse contraire et de la mettre dans tout son jour.

On abuse souvent de cet art qui exige autant de mesure que de souplesse et de dextérité. Plaider le pour et le contre n'est pas le propre des avocats. Les gens d'esprit y sont aussi très-enclins, d'abord parce que cela met en relief leur esprit et ensuite parce que, parmi les gens d'esprit, il en est beaucoup qui ne savent pas se décider ni embrasser une opinion et s'y tenir fermes. Ils s'en dédommagent en se donnant le plaisir d'envisager en chaque sujet les côtés divers et les faces opposées qu'ils font très-habilement ressortir. Ils y déploient tout leur talent et y trouvent aussi leur profit. Ils paraissent ainsi avoir une manière de voir large, élevée, libérale, impartiale et compréhensive qui les met en contraste avec les esprits étroits, exclusifs, absolus. Cela donne un air de sagesse modérée et tolérante qui sied bien et concilie l'estime des hommes ennemis de la dispute où se plaisent les gens à convictions fortes et ardentes. L'inconvénient est que cette réserve cache souvent un grand fond d'indifférence et de scepticisme, ou au moins de l'indécision. Combien excellent à développer la thèse et l'antithèse et n'arrivent jamais à la synthèse! Beaucoup de personnes évitent de conclure parce qu'elles ne le savent ni ne le peuvent.

Le rôle d'avocat du diable, que d'autres prennent, n'est pas non plus sans danger. A force de développer des raisons mauvaises, on finit par les trouver bonnes. Il en est comme du médecin qui décrivant la folie se sentit devenir fou. Encore est-ce beaucoup que de le sentir. S'il est permis à des écrivains comme Erasme de faire *l'éloge de la folie*, c'est à condition qu'ils y mêlent beaucoup de sagesse et que l'erreur elle-même y serve de masque à la vérité. L'ironie de Socrate elle-même, cette feinte habile, fut souvent mal comprise, et le fit confondre avec ses adversaires les sophistes. (V. les *Nuées* d'Aristophane.) — Développer des paradoxes fut toujours un exercice dangereux, celui des rhéteurs et des sophistes. Les scolastiques aussi y excellèrent (V. les *Sic et Non* d'Abélard) ; mais cela n'a pas peu contribué à discréditer leur logique. « Leurs ergotismes en sont la cause, » dit Montaigne. (*Ess.*, I, xxv.) — Je ne parle pas de la dialectique des *antinomies* et de celle des *contraires* que l'on trouve chez Kant et ses successeurs. Nous pensons qu'eux aussi ont trop dédaigné de se mettre d'accord avec le sens commun. Si le divin Platon lui-même a cru devoir (dans le *Parménide* et le *Sophiste*) emprunter la méthode de Zénon et des Éléates pour l'exposition des hauts mystères de sa philosophie, il a bien fait d'en choisir une autre pour les grandes vérités morales qu'il enseigne dans ses autres dialogues. Bref, on ne peut trop rappeler ce conseil de Sénèque dont lui-même aurait dû profiter : *Nihil sapientiæ odiosius acumine nimio. Audi quantum mali faciat nimia subtilitas et infesta sit veritati* (*Ep.* 88.)

II. Ses origines. — Nous n'avons pas à examiner ici toutes les causes qui peuvent engendrer le paradoxe, ni à dresser l'inventaire des bizarreries et des excentricités de l'esprit humain. Le désir de paraître original et la manie de contredire sont sans doute les sources les plus fréquentes. Cela suffit pour que certains esprits aient horreur de la vérité commune. L'orgueil et la vanité y ont, en effet, beaucoup de part. Ceux qui épousent des opinions extravagantes et se chargent de les défendre ont habituellement moins pour but d'humilier la raison et de la rendre tolérante que de donner d'eux-mêmes une très-haute idée. Rompre en visière avec le sens commun, « prendre, comme on dit, sous sa protection la sottise humaine, » quoi de plus propre à révéler la vraie supériorité ? N'est-ce pas là la sagesse la plus haute ? Toute une école en a livré le secret en professant ces maximes (1). — Il faut compter aussi parmi les amis du paradoxe ceux que Platon

---

(1) L'*École de l'ironie dans l'art*; voy. les écrits de Frédéric Schlégel (*Lucinde*); l'*Esthétique* de Jean Paul, 6º leçon; Solger, *Erwin*, etc.

appelle *misologues*, les ennemis de la raison, selon lui, non moins nombreux que les *misanthropes*. (*Phédon*.) C'est surtout dans les époques d'anarchie intellectuelle, de trouble et de scepticisme que fleurit le paradoxe. Il est la ressource des esprits médiocres et mécontents dont l'imagination stérile n'enfante que des rêves et des utopies. — Quelquefois c'est un moyen de frapper vivement l'attention, de tirer l'opinion commune de son engourdissement. Le *Prince* de Machiavel peut être réputé de ce genre, ainsi que le discours de Rousseau sur l'*Inégalité des conditions*. Mais le paradoxe n'en est pas moins classé parmi les productions bâtardes et malsaines du génie. Le vrai génie se fait connaître par des œuvres fécondes. S'il renverse les opinions reçues qui sont des erreurs et des préjugés, c'est pour les remplacer par de grandes et solides vérités qui, loin de heurter la raison, se font accepter par elle. Il en est comme de la vraie gloire et de la fausse renommée : *Vera gloria radices agit*. (Cic., *De Off.*, II.) Les paradoxes tombent, *ut flosculi decidunt* (*ibid.*), parce qu'ils manquent de sève et de sol pour les nourrir.

III. Du paradoxe philosophique. — Parmi ces causes, il en est une qui mérite de fixer notre attention. De tout temps l'*esprit de système*, on le sait, fut le père d'un grand nombre de paradoxes. Ceux-ci, que nous offre si souvent l'histoire de la philosophie, forment une classe à part et méritent d'être traités avec plus d'égards. Ici, en effet, l'intention est droite, l'erreur est sincère. Les penseurs les plus profonds et les plus sages n'ont pas su s'en préserver; mais c'est malgré eux comme pis aller et en désespoir de cause qu'ils les ont adoptés. Le paradoxe ici n'est pas un but; c'est le corollaire d'un système non lui-même une opinion systématique. Le philosophe eût voulu l'éviter et ne l'a pas pu. La logique l'a placé durement entre sa doctrine et telle ou telle conséquence qui choque ou révolte le bon sens, mais évidente. Il eût fallu renoncer au *système*; c'est trop demander d'un esprit spéculatif. Dans cette alternative, tout philosophe niera la vérité commune ou cherchera à s'en tirer par quelque subtilité. La faiblesse humaine apparaît ici dans les plus grands esprits. Ainsi Zénon niait le mouvement pour sauver le système de son maître Parménide. Platon, le grand moraliste, admet la communauté des biens et des femmes dans sa république. Il voit bien, dit-il (*Rép.*, V), « le flot qui va le submerger, » mais il ne peut reculer; l'utopie l'emporte, le rêve de l'unité triomphe et lui fait accepter le paradoxe. C'est ainsi que les stoïciens arrivent à soutenir ces propositions, que livre au ridicule le bon sens d'Horace (V. *Satires*) : — toutes les fautes sont égales; la douleur n'existe pas; le sage est heureux dans le taureau du Phalaris. — L'histoire des systèmes est remplie de ces exemples bien propres à rabattre en effet l'orgueil du génie et à humilier la raison humaine. Descartes refuse l'intelligence aux animaux et en fait de simples machines. Malebranche va plus loin et met en pratique le paradoxe. Spinosa déclare la liberté une chimère. Le positivisme actuel est-il plus sensé quand il reprend la thèse du fatalisme et du déterminisme ?

Tous ces paradoxes éclos de l'esprit de système doivent être distingués du paradoxe léger, insultant, sophistique ou humoristique. On doit se rappeler aussi que les hommes qui les ont émis sont souvent de beaux et bienfaisants génies qui ont renversé bien des erreurs et des préjugés et fait prévaloir de grandes vérités, avant eux des paradoxes, aujourd'hui comptées parmi les plus solides conquêtes de la raison humaine et, grâce à eux, entrées dans le domaine commun des intelligences.

IV. LA LOGIQUE DU PARADOXE. — Mais revenons au paradoxe proprement dit ou vulgaire. Comme le sophisme, il a sa logique qui lui est presque entièrement empruntée. Il y ajoute certains artifices qu'il est bon de connaître pour les démasquer ou n'en être pas dupe. Cet art peut être converti en règles, dont voici les principales : — 1° Ne rien définir ou se servir de définitions fausses et arbitraires. — 2° Déplacer sans cesse la question ou se tenir dans le vague des généralités qui permette à la fois de s'en écarter et d'y revenir. — 3° Exagérer quelque détail qui fasse perdre de vue l'ensemble. Noyer une parcelle de vérité dans un flot de discours (1):

---

1) Pour soutenir un paradoxe, il suffit d'avoir de l'esprit et un peu de vérité. (Villemain, *Cours de littér. au XVIII° siècle.*)

accumuler les mots, les images, les métaphores de manière à éblouir l'auditeur ou le lecteur et à ne pas le laisser respirer. — 4° Là où il est difficile de soutenir une discussion sérieuse, prodiguer les saillies, les traits d'esprit, les sarcasmes et les plaisanteries, affubler l'opinion contraire d'un costume grotesque qui la rende ridicule. — 5° Affecter un ton tranchant et dogmatique qui fasse croire que l'on est convaincu de ce qu'on dit et de la valeur de ses raisons.

Ces moyens et d'autres qu'il serait long d'énumérer réussissent toujours auprès de la plupart des hommes, même les plus instruits, qui se soucient peu de la vérité pourvu qu'on les amuse et qui goûtent mieux ce qui est nouveau et piquant que ce qui est solide et sensé, mais peut paraître banal et passer pour un lieu commun. Ils échoueront toujours auprès des esprits droits et sérieux qui ne se laissent ni payer de cette monnaie, ni éblouir par ces prestiges.

Une dialectique fine, serrée, souple, assaisonnée elle-même d'ironie mettra à nu tous ces artifices. Elle saura faire justice des paradoxes, réintégrer la raison commune et la vérité dans leurs droits. Socrate, Platon, Pascal (*Provinciales*) sont les maîtres de cette logique (1).

Il est des cas où ce serait faire injure au bon sens que de vouloir réfuter le paradoxe :

> Quand l'absurde est outré, on lui fait trop d'honneur
> De vouloir, par raison, combattre son erreur.
> (LA FONTAINE, IX, I.)

(1) L'abbé Morellet, dans un livre intitulé *Théorie des paradoxes*, Amsterdam, 1775, expose cette logique où il raille les auteurs de son temps

---

CONSULTEZ : 1° Sur le *raisonnement* : Aristote, *Premiers* et *Seconds Analytiques*. — Descartes, *Règles pour la direction de l'esprit*. — La *Logique* de Port-Royal et celle de Bossuet. Les *Lett.* d'Euler à une princesse d'Allem. — Locke, *Ent. hum.* — Leibnitz, *Nouv. Ess.* — Condillac, *Logique*. — Laromiguière, *Leç.* ; *Disc. sur la langue du raisonnement*. — Dest. de Tracy, *Logique*, I. — De Gérando, *Des Signes* et de l'*Art de penser*. — Kant, *Logique*, tr. Tissot. — Duval Jouve, *Logique*. — Watt, *Logique*, et la *Logique*, de Stuart Mill, tr. Peisse.

2° Sur la *théorie du syllogisme* : les précédents et en particulier la *Logique* de Port-Royal et celle de Bossuet, et les *Lett.* d'Euler.

3° Sur la *démonstration* : les premiers chapitres des *Seconds Analytiques* d'Aristote, tr. par B. Saint-Hilaire, et la *Logique* de Bossuet.

4° Sur les *Sophismes* : les précédents et la *Logique* de Dumarsais.

CHAPITRE IV

DE L'USAGE DU SYLLOGISME

> C'est une espèce de mathématique universelle
> dont l'importance n'est pas assez connue.
> (LEIBNITZ, *Nouv. Ess.*, liv. IV, ch. XVII.)

I. DE LA LOGIQUE D'ARISTOTE EN GÉNÉRAL. — La Logique telle que nous venons d'en retracer l'esquisse dans l'analyse des formes de la pensée et du raisonnement, se résume dans la théorie du syllogisme et de ses règles. Or, la science et l'art syllogistique, après avoir été cultivés avec tant d'ardeur au moyen âge, sont tombés dans le mépris et l'oubli. Conservés, tout au plus, dans l'enseignement ecclésiastique, à l'ombre de la théologie, ils ont disparu presque entièrement de nos écoles. Cette réaction, comme il arrive toujours, n'a-t-elle pas dépassé le but? Une raison impartiale doit apprécier, sans l'exagérer, l'utilité de cette étude, et mesurer la place qui lui est due dans un système d'éducation destiné à développer toutes les facultés de l'esprit.

Avant de nous livrer à cet examen, nous devons insister sur une distinction importante. La Logique doit être envisagée sous le double point de vue *théorique* et *pratique* : c'est une *science* et un *art* (p. 249).

II. SA VALEUR THÉORIQUE. — Qu'est-ce en effet que la Logique d'Aristote? Une analyse et une description des formes abstraites de la pensée et du raisonnement. Sous ce rapport, elle doit être jugée indépendamment de ses applications et de son utilité pratique. Ramener toutes les formes du raisonnement à une forme unique, en démêler les éléments constitutifs, déterminer leur caractère, leur rôle et leur disposition régulière, les suivre dans toutes leurs combinaisons, en fixant à chacune les règles qui lui sont propres, voilà ce qu'a entrepris Aristote ; et ce travail d'analyse, abstraction faite de la méthode qui devait en sortir, la philosophie devait nécessairement l'accomplir. Quoi! l'homme étudie les êtres de la nature, leurs propriétés, le jeu compliqué de leurs organes, et il ne serait pas curieux de connaître le mécanisme de sa pensée! Il crée tout un ordre de sciences d'une rigueur et d'une exactitude parfaites à l'aide du raisonnement, et l'instrument qui lui sert à exécuter ces calculs, à mesurer les cieux, à comprendre les merveilles de la création, lui resterait ignoré? Il juge, il raisonne, et il ne saurait comment il raisonne, et à quelles conditions ses raisonnements sont légitimes (1)! La philosophie, dont l'objet principal est de connaître l'esprit humain, aurait manqué à sa mission, elle aurait été infidèle à sa devise, si elle eût négligé une pareille étude comme inutile. La Logique d'Aristote est donc, avant tout, un monument élevé à la science pure et désintéressée. Et l'on ne peut nier que ce philosophe n'ait déployé tout son génie dans cette œuvre admirable. Que de pénétration et de sagacité n'a-t-il pas fallu pour démêler, entre toutes les formes sous lesquelles se déguise le raisonnement ordinaire, la forme simple et qui est le type de toutes les autres, pour la décomposer elle-même dans ses éléments et ses termes! Quel beau travail d'analyse et de synthèse que celui où les termes, les propositions et les formes du raisonnement étudiés dans toutes leurs combinaisons, offrent, avec les règles propres à en faire reconnaître la fausseté ou la légitimité, un ensemble parfaitement lié dans toutes ses parties et enchaîné avec une rigueur qui n'a rien à envier aux mathématiques! « On ne saurait méconnaître, dit le docteur Reid, un grand effort de génie dans ce vénérable monument de l'antiquité. Pour être inutiles, les pyramides de l'Égypte et la grande muraille de la Chine n'en excitent pas moins notre admiration. Les *prédicaments* et les *prédicables* ont le même titre à notre respect. Ce sont des monuments extraordinaires du génie de l'homme, et qui caractérisent une époque remarquable des progrès de la raison humaine. » (*OEuvres*, t. I, ch. VI.) On peut ajouter que des générations entières ont travaillé à construire les pyramides, tandis qu'un seul homme a jeté les bases de la logique et en a posé le faîte. Kant, l'Aristote moderne, a dit de l'ancien,

(1) « On use des formes du syllogisme, dont les applications se répètent mille fois par jour. Il n'est pas plus ridicule de s'y arrêter que de connaître les fonctions du corps et la manière dont il absorbe les aliments. Il est pour le moins aussi grave de connaître les figures et les modes du syllogisme que de savoir qu'il y a plus de soixante espèces de perroquets et cent trente-sept environ de véricons. » (Hegel's, *Wissenschaft der Logik*.)

qu'il avait laissé peu de choses à faire à ses successeurs.

On ne nous accusera pas, sans doute, de rabaisser la Logique d'Aristote au point de vue de la science ; mais nous devons la considérer ici par un autre côté, celui de son utilité pratique.

III. SON UTILITÉ PRATIQUE. — La scolastique s'est méprise sur la nature et la portée des règles de la Logique d'Aristote, qu'elle a compliquée de nouvelles et plus subtiles encore. Elle n'a pas vu que la plupart de ces règles avaient un caractère purement théorique. Elle s'est imaginé qu'elles avaient par elles-mêmes la vertu de conduire infailliblement l'esprit à la vérité, et de le préserver de l'erreur. Or, la certitude de nos jugements dépend d'une foule d'autres conditions que de l'observation des lois abstraites du raisonnement. En réduisant l'activité de la pensée à un mouvement uniforme, l'on crée une espèce de mécanisme dont le jeu se substitue aux opérations vivantes de l'intelligence. L'art de Raymond Lulle en offre, à la fois, l'idéal et la condamnation. L'esprit, se confiant dans l'infaillibilité de ces formules, s'accoutume à ne plus porter son attention sur les idées et sur la réalité à l'image de laquelle celles-ci doivent être faites ; le fond est négligé pour la forme. La scolastique s'est également abusée en multipliant indéfiniment les règles (1). Loin de faciliter les opérations de l'esprit, les règles trop multipliées ne servent qu'à l'entraver, à l'embarrasser dans sa marche. Sous cette pesante armure, il lui est impossible d'exécuter facilement et rapidement ses mouvements. Ce sont là les inconvénients réels de l'art syllogistique, tel qu'il fut enseigné et pratiqué dans les écoles au moyen âge.

Est ce à dire cependant qu'il n'y ait rien à tirer du syllogisme et de ses règles générales ; qu'il soit inutile de se familiariser, dans une certaine mesure, avec les formes de l'argumentation régulière ? Le prétendre, ce serait avoir contre soi les plus grands esprits des siècles modernes : Descartes, Arnauld, Leibnitz, Bayle, etc., qui, après avoir secoué le joug de la scolastique, surent lui rendre cette justice, qu'ils devaient à

(1) « La multiplicité des règles provient souvent de l'impéritie des maîtres et les choses que l'on peut ramener à un seul principe général sont moins claires si on les divise en plusieurs règles particulières. » (Descartes, *Règles pour la dir. de l'esprit*, XVIII.)

sa discipline et à ses leçons la sévérité de leurs procédés logiques, l'exactitude et la précision de leur langage.

Insistons d'abord sur le syllogisme lui-même.

IV. UTILITÉ DU SYLLOGISME. — Nous admettons qu'on peut raisonner fort juste sans connaître le syllogisme ni soupçonner ses règles, et nous laissons à son avis celui qui

> . . . . croit que, sans Aristote,
> La raison ne voit goutte et le bon sens radote (BOILEAU),

ou, comme dit Locke, que Dieu ayant fait l'homme une créature à deux jambes, a laissé à Aristote le soin d'en faire un animal raisonnable. (*Essai sur l'Ent. hum.*, liv. IV, ch. XVII.) — Le syllogisme n'est point le raisonnement, mais sa *forme*. Il en dispose les matériaux et les termes ; il suppose donc que ces idées existent déjà, il met en lumière leur convenance ou leur opposition. Voilà tout. Lui demander davantage, c'est ne pas le comprendre et se montrer injuste à son égard. Le point essentiel, dans le raisonnement, c'est la découverte du moyen terme, de l'idée qui sert à comparer les deux autres. Or, ce n'est pas le syllogisme qui apprend à la trouver ; l'esprit, par sa *sagacité* (Arist.), sa force de pénétration et d'invention, doit la chercher et la découvrir (1). L'a-t-il trouvée, alors commence le rôle du syllogisme. C'est donc, nous le répétons, une forme, un mode d'arrangement et de disposition des idées ; mais la forme est-elle indifférente, inutile au fond ? N'influe-t-elle pas puissamment sur lui ? Voilà la véritable question, c'est celle de l'importance du syllogisme.

Le syllogisme est la seule forme *simple*, *complète* et *régulière* du raisonnement déductif. Sous ce triple rapport, il offre des avantages qui ne peuvent être méconnus.

1° Le raisonnement, tel qu'il se produit naturellement dans le discours, est toujours plus ou moins complexe. L'esprit aperçoit synthétiquement un ensemble de preuves qui viennent à l'appui d'une proposition à défendre ou à démontrer, et il les expose dans un ordre plus ou moins logique. Le raisonnement général est donc entremêlé de rai-

---

(1) « Terminorum mediorum inventio libero ingeniorum acumini et investigationi permittetur. » (Bacon, *De Augm. Scient.*) C'est aussi, comme le fait judicieusement observer M. Laromiguière, par l'analyse du sujet que l'on découvre l'idée moyenne. (*Sur l'Identité dans le raisonnement.*)

sonnements particuliers, d'explications et de développements qui masquent l'opération totale et nous dérobent les idées qui en forment le fond. Croit-on qu'il soit inutile de savoir démêler nettement ces idées, les dégager de leurs accessoires et les résumer dans un dernier argument? On peut dire que tant que l'esprit n'est pas capable d'exécuter ce travail, il n'est pas maître de ses raisonnements, comme il n'est pas maître de ses idées s'il ne peut les définir (1).

2° Mais si le raisonnement ordinaire est loin d'être simple, il n'en est pas plus complet. Sa forme naturelle est l'*enthymène*. Or, l'enthymène habituel, non réfléchi, n'abrége pas, il omet. La suppression d'une des parties intégrantes du raisonnement vient de la faiblesse de notre esprit et du vague de la pensée. Cette proposition, si improprement appelée *sous-entendue*, c'est ordinairement le principe lui-même qui nous échappe. Est-il bon de pouvoir le rétablir, d'arrêter sur lui le regard de l'esprit, afin de voir si la base du raisonnement est solide? — Quand c'est la mineure qui manque, est-il indifférent d'examiner si l'idée particulière qu'elle exprime est réellement contenue dans l'idée générale, si nous ne sommes pas abusés par quelque fausse analogie dans les mots ou dans les choses? — Que l'on prenne garde aussi à la conclusion; si elle n'est pas formellement énoncée, c'est peut-être qu'elle est mal déduite. Le sophisme glisse légèrement sur elle, et l'omet, lui, à dessein. On voit de quelle utilité il est de pouvoir recompléter un raisonnement pour en reconnaître le vice ou la légitimité (2).

3° Dans la marche naturelle du raisonnement, l'ordre des propositions et des termes est perpétuellement interverti. Le discours y gagne en variété et en élégance, le raisonnement y perd en rigueur et en clarté. Or, « il vaut mieux avoir égard à la sûreté qu'à l'élégance. » (Leibnitz, *ibid.*) Ce changement n'est pas sans danger. Qui vous assure qu'en mettant ainsi la conséquence à la place que doit occuper le

---

(1) « J'ai moi-même, dit Leibnitz, expérimenté quelquefois, en disputant avec des personnes de bonne foi, qu'on n'a commencé à s'entendre que quand on a argumenté en forme pour débrouiller un chaos de raisonnements. » (*Nouv. Ess.*, liv. IV, ch. XVII.)
(2) « Quoique bien souvent on ne pense pas distinctement en raisonnant, non plus qu'à ce qu'on fait en marchant et en sautant, il est toujours vrai que la force de la conclusion consiste en partie dans ce qu'on supprime, et ne saurait venir d'ailleurs. » (Leibnitz, *Nouv. Ess.*, liv. I, ch. I, § 19.)

principe, vous ne prendrez jamais l'un pour l'autre, et ne ferez pas un cercle vicieux? La nature et le rapport des membres du raisonnement sont plus faciles à saisir quand les propositions se succèdent dans l'ordre que veut la raison. Sachez donc le rétablir ; il sera plus difficile de vous en imposer; vous serez moins dupe de vos propres illusions et des sophismes de votre esprit.

En résumé, dans tous les exercices de la pensée où l'on se sert du raisonnement, le syllogisme est d'un grand usage pour en vérifier la valeur, simplifier, compléter et régulariser l'opération qui le constitue et celles qui s'y rattachent. Savoir dans le discours ramener à cette forme normale les raisonnements les plus compliqués, pouvoir démêler, sur-le-champ, le principe, la conséquence et la proposition qui les unit, les confronter à certaines règles infaillibles comme les lois mathématiques, doit donner aux esprits familiarisés avec cet exercice un incontestable avantage, si du reste on sait se préserver des abus qu'entraîne le mauvais emploi de cette forme et ne pas s'exagérer sa portée. (V. *infrà*.)

V. Son emploi. — Ce n'est pas que cette opération doive toujours se faire de vive voix (le plus souvent elle ne doit être que mentale), ni qu'il faille raisonner par syllogismes. Il serait puéril de vouloir jeter toutes ses pensées dans le même moule et de s'imposer inutilement cette contrainte. Mais il est bon de faire subir cette épreuve au raisonnement toutes les fois qu'il offre quelque chose d'obscur, de compliqué, d'incertain. Il est nécessaire d'imposer alors un frein à nos déductions précipitées, d'énumérer et de définir tous les termes, d'examiner la nature et le rapport des propositions, de dissiper les obscurités et les équivoques, en ramenant le raisonnement à sa forme simple, complète et régulière (1).

Le syllogisme est souvent une excellente pierre de touche pour reconnaître les sophismes. Rarement le sophisme le plus spécieux résiste à cette épreuve. Descartes a dit que

---

(1) « Je suis persuadé, dit Leibnitz, que si l'on employait plus souvent la forme syllogistique, on pourrait par là, dans les plus importantes questions, en venir au fond des choses et se défaire de beaucoup d'imaginations et de rêves. On couperait court, par la nature même du procédé, aux répétitions, aux exagérations, aux divagations, aux expositions incomplètes, aux réticences, aux omissions, au désordre, aux malentendus, aux émotions fâcheuses qui en résultent. » (*Nouv. Ess.*, liv. IV, ch. XVII.)

« les sophismes les plus subtils n'embarrassent que les sophistes. » Sans doute le simple bon sens les aperçoit à première vue, et il en fait justice par le ridicule ; mais souvent aussi on peut être embarrassé de répondre à un argument subtil, et rester court. Le ridicule tranche le nœud (*secat res*) ; il faut savoir le délier. Celui-là tue le Sphinx, qui résout ses énigmes.

Aristote fait ici une observation pleine de justesse. « Ce n'est pas une même chose, dit-il, quand on étudie un raisonnement, d'en voir et d'en corriger le vice ; car ce que nous savons, nous le méconnaissons souvent par cela seul qu'on le déplace. » (*Réf. des sophismes*, ch. XVI.) — « Il est vrai que les syllogismes peuvent devenir facilement sophistiques, mais leurs propres lois servent à les reconnaître. » (Leibnitz, *ibid.*) Le sophisme devient comme transparent, ou son masque le trahit. « Toutes les illusions d'un raisonnement se découvrent très-facilement quand on les fait ressortir en mettant un argument en forme. » (Kant, *Raison pure*, 2ᵉ part., liv. II, ch. III.)

VI. OBJECTIONS. — 1° On s'est autorisé, contre le syllogisme, des exemples donnés par les logiciens pour en expliquer les règles. Cela prouverait tout au plus qu'ils sont mal choisis. D'ailleurs, tous les exemples sont bons, pourvu qu'ils représentent fidèlement la règle.

2° Autre objection : Les mathématiques, qui sont l'application la plus exacte du raisonnement, n'emploient pas le syllogisme. — Du moins elles s'en rapprochent beaucoup : *tota fere constat syllogismis*, dit Quintilien de la géométrie. (I, IX.) Tous les raisonnements mathématiques pourraient se ramener à une série de syllogismes. Leibnitz cite deux fervents logiciens qui mirent en syllogismes les six premiers livres d'Euclide (un plus brillant exploit eût été de les mettre en vers). Peu s'en faut que les démonstrations d'Euclide ne soient des arguments en forme ; mais elles se rapprochent plutôt du sorite. (Leibnitz.) Le sorite, plus rapide, convient surtout aux mathématiques, où la longueur des raisonnements exige une simplification continuelle. Là où les idées sont simples, le langage exact et sans équivoques, il n'est pas besoin d'autre préservatif contre l'erreur que d'une attention continuelle; le sophisme y trouve difficilement accès. Dans les sciences où le raisonnement opère sur des faits et des idées complexes, où les signes n'ont pas une valeur fixe, il est nécessaire d'appeler à son secours tous les moyens que l'art peut ajouter au bon sens pour nous apprendre à distinguer la vérité de l'erreur et à confondre le sophisme. Un des plus efficaces est la forme syllogistique.

3° Mais l'époque où fleurit le syllogisme n'a enfanté que des discussions stériles ou frivoles. — C'est mal juger la scolastique. Ce qui a frappé ses raisonnements de stérilité, ce n'est pas la forme syllogistique, mais l'emploi de majeures admises sans examen ou imposées par l'autorité. Elle a montré, dans la déduction des conséquences, beaucoup de pénétration et de force d'esprit. Ce qui lui a manqué, c'est la méthode par laquelle se forment les principes, celle qui apprend à observer les phénomènes de la nature et de l'esprit, et à découvrir leurs lois. Cette méthode, proclamée par Bacon et Descartes, a renversé la scolastique; mais ces disputes n'ont pas été stériles, elles ont servi à l'éducation de l'esprit humain, dont elles ont fortifié et régularisé les facultés discursives. La science actuelle lui doit en partie la rigueur et l'exactitude de ses procédés. Si les langues modernes témoignent, dans leurs formes et leur génie, des habitudes qui ont présidé à leur formation, n'est-il pas remarquable que la langue du peuple chez lequel fleurit surtout la dialectique au moyen âge et qui dut faire le plus fréquent usage de la définition, soit aussi la plus claire et la plus logique dans ses constructions (1)?

VII. DE L'ARGUMENTATION SYLLOGISTIQUE. — L'art et la tactique, enseignés autrefois dans les écoles, n'ayant aucune part aujourd'hui aux discussions où s'agitent les grands intérêts de la science et de la société, seraient fort peu utiles à celui qui en aurait fait une étude approfondie et se serait exercé à manier les armes dont se servaient, au moyen âge, les habiles champions de la scolastique. Néanmoins la connaissance des règles générales du raisonnement et des lois de l'argumentation donnera toujours à celui qui la possède un

---

(1) V. Rivarol, *De l'Universalité de la langue française*; de Gérando, *Des Signes*, t. IV, ch. XIII

avantage incontestable, s'il y joint d'ailleurs les qualités auxquelles les règles ne peuvent suppléer : le jugement, la pénétration, la vivacité d'esprit, l'exercice et l'étude des modèles. Dans la réfutation, par exemple, il est bon de démêler sur-le-champ, au milieu d'une série d'arguments, l'argument principal, de pouvoir le dégager de ses accessoires et le résumer nettement dans un syllogisme. La réponse est plus sûre et plus directe; il est plus facile de rappeler l'adversaire à la question s'il s'en écarte; on donne ainsi à l'argumentation plus de force; la discussion prend une allure plus régulière. Ajoutez aux règles générales du raisonnement celles qui appartiennent à la définition, à la division, à la démonstration, vous possèderez un art éminemment utile, que les plus grands orateurs de l'antiquité ne cultivaient pas moins que les philosophes, et dont Leibnitz a dit, « que c'est une sorte de mathématique universelle dont l'importance n'est pas assez connue, et qu'un art d'infaillibilité y est contenu, pourvu qu'on sache en bien user. » (*Ibid.*)

VIII. DES ABUS DE LA FORME SYLLOGISTIQUE. — Tout en reconnaissant les avantages du syllogisme et de l'art qui lui emprunte ses règles, il ne faut pas fermer les yeux sur ses abus ni méconnaître sa portée. Le danger surtout, c'est le *formalisme*. Le syllogisme est la forme régulière et parfaite du raisonnement. Ceux qui en font une étude spéciale sont disposés à s'éprendre de cette forme jusqu'à négliger le fond, les idées qu'elle recouvre, les jugements qu'elle coordonne. On peut alors se confier dans l'observation de ces règles abstraites, comme si elles avaient le secret de conduire infailliblement à la vérité. L'emploi du syllogisme peut alors fausser l'esprit au lieu de le diriger. Le simple bon sens vaut mieux que l'application maladroite d'un art dont on méconnaît la nature et les limites.

Le syllogisme n'apprend pas à juger des *principes*. Il se borne à faire voir si les conséquences sont bien ou mal déduites. Or, « la plupart des erreurs des hommes viennent bien plus de ce qu'ils raisonnent sur de faux principes, que non pas de ce qu'ils raisonnent mal d'après les principes. » (P-R., IIIe part., ch. I.) Ceux-ci sont ou des idées et des vérités de la raison ou des faits de l'expérience. Les uns et les autres échappent à la déduction et à ses règles. « Le syllogisme n'est d'aucun usage pour inventer et vérifier les premiers principes des sciences. » (Bacon, *Nov. Org.*, I, aph. 13.) Descartes va plus loin : « Les syllogismes servent plutôt, dit-il, à expliquer à autrui les choses qu'on sait, ou même à parler des choses qu'on ignore, qu'à les apprendre. » (*Disc. de la Méth.*, III⁰ part.) Si le syllogisme, suivant Bacon, est un instrument trop faible et trop grossier pour pénétrer dans les profondeurs de la nature (*Nov. Org.*, I), à plus forte raison l'est-il quand il s'agit d'analyser les phénomènes de l'âme, et plus encore de scruter les mystères de la nature divine. L'esprit se met en face de lui-même par la réflexion, comme il remonte à Dieu par les *idées*. La base des sciences est hors de la logique, comme Aristote le reconnaît lui-même. (*Analyt. Post.*, liv. II, ch. xv.) « Le syllogisme est composé de propositions, les propositions le sont de mots, et les mots sont comme les étiquettes des idées. Si les idées, qui sont comme l'âme des mots, sont extraites au hasard et sans méthode, tout l'édifice s'écroule de lui-même. » (Bacon, *De Augm.*, ch. II, et *Nov. Org.*, I, aph. 14.)

Quant aux règles relatives aux modes et aux figures, et qui forment l'art compliqué de la syllogistique, la plupart sont de pure théorie. Sauf les plus générales, avec lesquelles il est bon d'être familiarisé, elles sont plus nuisibles qu'utiles, en ce qu'elles détournent l'attention des choses sur les mots, et qu'elles tendent à faire exécuter mécaniquement les opérations de la pensée. Nous ne voudrions pas répéter ce que disait Ariston de Chio, que les logiciens qui s'en nourrissent ressemblent aux mangeurs d'écrevisses, qui, pour une bouchée de chair, perdent leur temps sur un monceau d'écailles ; mais on peut s'en tenir au jugement plus modéré de Descartes, qui, tout en reconnaissant que cette logique contient beaucoup de préceptes très-vrais et très-bons, entreprend de la simplifier. « (*Disc. de la Méth.*, II⁰ part.) Ailleurs, il nie la vertu attribuée à certaines formules de conduire à la vérité *vi formæ*. « La vérité, dit-il, échappe souvent à ces liens, et ceux qui s'en servent y restent enveloppés (1). » — « Les règles doivent être simples, naïves, naturelles. Ce n'est pas *barbara* et *baralipton* qui forment le raisonnement. Il ne faut pas guinder l'esprit. Les manières tendues et pénibles le remplissent d'une sotte présomption, au lieu d'une nourriture solide et vigoureuse. « (Pascal, *De l'Art de persuader*.)

Si donc une part doit être faite à cette gymnastique intellectuelle, dans l'éducation, d'autres méthodes y réclament une place plus large et doivent conserver la prééminence. Ce sont celles qui, en donnant de la vigueur et de la souplesse à l'esprit, le fécondent et l'enrichissent en le mettant en commerce immédiat avec la réalité et avec les idées, celles, en un mot, qui développent nos facultés d'observation et de conception. Avant le raisonnement, la raison et le jugement ; avant la déduction, l'observation et l'expérience. En présence de ces puissants moyens qui ont imprimé un si rapide essor à la pensée humaine, depuis qu'elle a secoué le joug de la scolastique, il faut en convenir, le syllogisme et l'art syllogistique ont perdu beaucoup de leur importance. Quant à l'exercice de l'argumentation, s'il est bon que l'esprit y soit quelque temps façonné, il serait dangereux de s'y arrêter : *Non obstat per illam euntibus, sed circa eam hærentibus* (2).

---

(1) « Les dialecticiens ne peuvent former aucun syllogisme qui conclue le vrai sans en avoir eu auparavant la matière, c'est-à-dire sans en avoir connu auparavant la vérité. » (*Règles pour la dir. de l'espr.*, X.)
(2) Vous n'ignorez pas, dit Platon, que les jeunes gens, lorsqu'ils ont pris les premières leçons de la dialectique, s'en servent comme d'un amusement, et se font un jeu de contredire sans cesse. A l'exemple de ceux qui les ont confondus dans les disputes, ils confondent les autres à leur tour, et semblables à de jeunes mâtins, ils se plaisent à quereller et à déchirer, avec leurs sophismes, tous ceux qui les approchent. Après tant de disputes où ils ont été tantôt vainqueurs, tantôt vaincus, ils finissent d'ordinaire par ne rien croire de ce qu'ils croyaient auparavant. » (*Rép.*, liv. VII.) — Nimium altercando veritas amittitur. (P. Syrus.) — Sur l'esprit de dispute, lisez le spirituel passage de la *Logique* de Port-Royal, IIe partie, ch. xxii, Des Sophismes en matière civile.

CONSULTEZ : Reid, t. I, ch. vi. — Barthélemy Saint-Hilaire, *De la Logique d'Aristote*. — W. Hamilton, *Frag. de philos.*, tr. Peisse. — Stuart Mill, *Logique*. — Maine de Biran, *De l'Habitude*, sect. II, ch. vi. — Descartes, *Règles pour la dir. de l'esprit* et *Disc. de la méth.*, IIe part. — *Logique* de Port-Royal, 2e Discours prél. — Locke, *Ent. hum.*, liv. IV, ch. xvii. — Leibnitz, *Nouv. Ess.*, liv. IV, ch. xvii.

SECTION TROISIÈME

DE LA MÉTHODE ET DES DIFFÉRENTES MÉTHODES

CHAPITRE I
DE LA MÉTHODE ET DE SES RÈGLES GÉNÉRALES. ANALYSE, SYNTHÈSE.

ART. I. DE LA MÉTHODE ; SES RÈGLES GÉNÉRALES

Ordinis hæc virtus.
(Hor.)

§ I. **Idée de la Méthode ; son utilité.**

I. Définition. — La méthode a été définie : « l'ordre dans la suite de nos pensées (1) ; » « l'art de bien disposer une suite de pensées (2). » C'est l'art substitué à la nature, un ordre raisonné mis à la place du hasard ou des inspirations du bon sens. Ce qui a été dit de la logique en général (p. 250), de l'utilité de cette science, s'applique surtout à la méthode, qui en est le côté pratique.

II. Avantages de la méthode. — Descartes voit dans la méthode la principale cause de l'inégalité des esprits. (*Disc. de la Méth.*, I.) (3) C'est trop l'exalter aux dépens du talent et du génie. Mais son utilité n'en est pas moins évidente. Que la méthode soit nécessaire dans toute recherche scientifique, c'est ce qu'il semble superflu de vouloir prouver. Qui ne sait qu'à des objets divers répondent des facultés différentes dont l'emploi doit être sagement dirigé ? Qui ne sait qu'il est des questions qui ne peuvent être abordées qu'après que d'autres ont été résolues ? Elles ne peuvent l'être que par certains procédés et non par d'autres, qui ne feraient qu'éloigner du but à atteindre. Les unes se traitent par l'expérience ; d'au-

---

(1) Descartes, *Règles pour la dir. de l'esprit.*
(2) *Logique* de Port-Royal, IIIe part., ch. I.
(3) V. les *Questions de Philosophie*, sect. III : la *Méthode* et le *Génie*.

tres par le raisonnement ; d'autres par l'un et l'autre réunis. Celles-ci s'adressent à l'observation des sens ; celles-là ne relèvent que du sens intime ou de la conscience. S'agit-il des premières vérités de l'entendement, leur examen nécessite une méthode d'analyse et d'induction supérieures qui peut seule faire remonter aux principes. Quand l'esprit ne se conforme pas à ces conditions, il s'égare, fût-il doué du génie le plus fécond et le plus brillant. Souvent ses écarts sont d'autant plus grands, ses erreurs plus dangereuses, qu'il a mis au service de ses conceptions les facultés les plus puissantes. C'est déjà beaucoup de ne pas perdre son temps en tâtonnements inutiles, de ne pas consumer vainement ses forces, faute d'en avoir su mesurer la portée. Celui-là seul marche sûrement qui sait où il va, qui d'avance s'est marqué un but, qui connaît le point de départ et le chemin qu'il doit suivre. « Un boiteux qui suit le droit chemin devance le coureur qui s'égare hors de la route. *Claudus in via antecedit cursorem extra viam.* (Bacon, *Nov. Org.*, I, LXXXII.) (1) Ainsi la méthode, en même temps qu'elle nous enseigne le meilleur usage que nous puissions faire de nos facultés, nous épargne les lenteurs et les essais infructueux. Elle ménage les forces de l'intelligence en les réglant, elle la soutient et l'éclaire, elle féconde toutes ses opérations. C'est, pour chacun, le secret de tirer le meilleur parti possible de ses capacités naturelles, d'élever son esprit au plus haut point où il puisse parvenir. Descartes, qui fait ces remarques (*Règles*, etc., IV), blâme cette curiosité qui emporte la plupart des hommes dans les voies inconnues, où ils se laissent guider par le hasard, plus heureux qu'habiles s'ils rencontrent quelquefois la vérité. Il vaut mieux, dit-il, ne jamais songer à chercher la vérité que de le faire sans méthode. Car « des études sans ordre et des méditations obscures troublent les lumières naturelles, et aveuglent l'esprit, » ou elles l'émoussent. Or, « quiconque s'accoutume à marcher

---

(1) Cette comparaison est répétée par Descartes : « Ceux qui ne marchent que fort lentement peuvent avancer beaucoup davantage, s'ils suivent le droit chemin, que ceux qui courent et s'en écartent (*Disc. de la Méth.*, I) ; — et Malebranche ajoute : « Quand un voyageur a pris par malheur un chemin pour un autre, plus il avance, plus il s'éloigne du lieu où il veut aller. » (*Rech. de la vér.*, liv. II, 11ᵉ part.; ch. III.)

ainsi dans les ténèbres, s'affaiblit tellement la vue, qu'il ne peut plus supporter le grand jour. » (*Ibid*, R. III.)

L'histoire confirme ce jugement. Toutes les grandes découvertes de l'esprit humain sont dues au génie guidé par la méthode. Ce qu'on dit du hasard dans ces découvertes est plus apparent que réel, ou doit être fort restreint (1). Ce qui est hors de doute, c'est que la science ne fait de progrès rapides et constants que quand la méthode dirige et régularise ses recherches. Aussi les hommes qui ont marqué une ère nouvelle dans la science, Socrate, Bacon, Descartes, sont moins célèbres par leurs doctrines que par leur méthode. Les systèmes passent ; la méthode reste, si elle est légitime. Elle-même corrige les écarts de ses inventeurs et nous apprend à les dépasser. C'est à elle plutôt qu'aux individus qu'il faut attribuer les conquêtes qui se font sous ses auspices, dans la voie tracée où tous sont entrés en foule. Tel est le spectacle que nous offre l'esprit moderne. Le secret de sa supériorité sur les anciens, dans la science et dans les arts, est surtout dans la supériorité de la méthode et dans ses procédés inconnus des anciens ou mal suivis. Cette méthode a rallié les intelligences et mis en commun leurs travaux. Les progrès qu'elle devait enfanter ont été prédits par ceux qui l'ont proclamée, avec une justesse de prévision qui tient de la prophétie. L'admiration remplace la surprise quand on pèse la solidité des raisons sur lesquelles s'appuient leurs espérances et leur foi dans l'avenir (2).

§ II. Règles générales de la méthode ; leur importance.

MÉTHODE GÉNÉRALE. — Il y a sans doute plusieurs méthodes et des règles particulières à chacune d'elles ; mais il est aussi une méthode générale et des règles applicables à tous les travaux de l'esprit. Sans être tout d'une pièce, l'esprit est tout entier dans chacune de ses opérations. La vérité aussi est une, et les conditions pour l'obtenir sont partout conformes à sa nature comme aux lois de l'intelligence. Cela est vrai,

---

(1) V. *Questions de Philosophie*, sect. III, Du Hasard dans les découvertes de la science.

(2) La partie du *Novum Organum* de Bacon qui contient ces prédictions est du plus haut intérêt

quels que soient l'ordre de vérités que l'homme s'attache à connaître et les facultés qu'il mette en jeu. Ce sont ces principes que Descartes a su dégager de la multiplicité des règles spéciales de la logique ordinaire, et qu'il a formulés dans le *Discours de la Méthode* (II⁰ partie) (1). Les avoir présentés ainsi dans leur universalité et leur simplicité est peut-être le plus grand service qui pût être rendu à l'esprit humain, alors surtout que, rompant les liens de la forte discipline où il avait été longtemps retenu, il apprenait à faire usage de sa liberté. Il avait besoin d'être à la fois libre et contenu, dirigé sans être gêné dans ses mouvements, de conserver sa spontanéité en faisant usage des procédés calculés de la réflexion. Ces préceptes ont un autre avantage très-grand sur les règles particulières, celui d'être, par leur simplicité, éminemment pratiques, et de pouvoir se transformer en habitudes. Par là, ils sont supérieurs aux règles spéciales, pourvu, comme dit Descartes, « qu'on soit fermement résolu à ne pas manquer de les observer. » (*Ibid.*)

Voilà pourquoi nous croyons devoir les placer ici avant l'exposition des procédés particuliers aux diverses méthodes dans chaque ordre des connaissances humaines (2). Ils se réduisent à quatre et sont si faciles à comprendre, qu'ils semblent pouvoir se passer de commentaire. Mais leur simplicité même fait qu'on n'en saisit pas toujours bien le véritable sens, l'étendue et la portée.

§ III. Règles de Descartes.

1ʳᵉ RÈGLE. — *Ne recevoir jamais aucune chose pour vraie qu'on ne la reconnaisse évidemment être telle ; éviter soigneusement la précipitation et la prévention ; ne comprendre rien de plus en ses jugements que ce qui se présente si clairement et si distinctement que l'on n'ait aucune occasion de le mettre en doute.*

Cette première règle est le principe même de la philosophie

---

(1) Il les a développés dans un traité spécial, connu pendant sa vie, quoique publié après sa mort, *Les Règles pour la direction de l'esprit*, où Arnauld et Malebranche (*Rech. de la Vérité*, 1ʳᵉ partie) ont puisé.
(2) La *Logique* de Port-Royal les donne à propos de l'analyse, tout en reconnaissant qu'elles sont plus générales. (Voy. III⁰ part., ch. II.) — Sur ces règles, voy. Cousin, *Histoire génér. de la philos.* 11ᵉ leçon.

de Descartes. Elle a pénétré partout dans la science moderne et est devenue comme son caractère et son esprit. C'est l'*évidence de la raison* donnée comme *critérium* de la vérité. Le commentaire en est partout dans Descartes et ses successeurs. « Sur les points, dit-il, dont on se propose l'étude, on doit chercher non pas les opinions d'autrui ou ses propres conjectures, mais ce qu'on peut voir clairement et avec évidence, ou déduire avec certitude; car la science ne s'obtient pas autrement. » (*Règl. pour la dir. de l'esp.*, III.) Bien appliquée, cette règle doit servir non-seulement à découvrir la vérité, mais à la discerner de l'erreur et à perfectionner le jugement. « C'est la règle de bien juger, » comme dit Bossuet. (*Conn. de Dieu*, I, XVI.) L'opération de l'esprit à laquelle elle s'adresse est l'attention, condition suprême de l'évidence et des idées claires. La cause principale de l'erreur et le moyen de l'éviter sont également indiqués. C'est le défaut d'attention, la précipitation, source des faux jugements. La prévention qui ôte l'impartialité et vient de la passion ou de l'intérêt, est aussi un obstacle principal. Enfin, l'exacte proportion entre l'affirmation et la connaissance mesure la perfection du jugement et lui communique une sorte d'infaillibilité. (V. *Erreurs*.)

IIe RÈGLE. — *Diviser chacune des difficultés qu'on examine en autant de parcelles qu'il se peut et qu'il est requis pour les mieux résoudre.*

Cette règle désigne l'*analyse*, condition des idées claires et distinctes, procédé fondamental de la méthode. L'analyse est toujours le premier travail que doit exécuter l'esprit. De cette opération bien conduite dépend le succès de toutes les recherches ultérieures. Mais cette règle est plus générale qu'elle ne le paraît. Elle représente la grande loi du travail qui s'applique à tous les objets de la pensée humaine. Elle est imposée ici à l'individu comme à l'espèce, au travail isolé comme au travail collectif. C'est le faisceau de la fable qui, pour être rompu, doit être divisé. Cette condition si souvent recommandée, mais toujours violée, tant sont naturelles la précipitation et la présomption, cesse d'être une simple maxime isolée et vague pour prendre sa place dans la méthode comme loi de l'esprit. Elle acquiert ainsi une importance qu'elle n'avait jamais eue. C'est le propre de la philosophie quand elle s'empare d'une vérité de sens commun, non-seulement de l'environner d'une plus haute clarté et de la féconder, mais de la consacrer en la plaçant pour toujours au rang des lois universelles de l'esprit.

IIIe RÈGLE. — *Conduire par ordre ses pensées, en commençant par les objets les plus simples et les plus aisés à connaître, pour monter peu à peu, comme par degrés, jusqu'à la connaissance des plus composés, et supposant même de l'ordre entre ceux qui ne se précèdent point naturellement les uns les autres.*

On a vu ici avec raison la *synthèse* qui doit succéder à l'analyse. La synthèse, en effet, va du simple au composé, comme celle-ci du composé au simple. Mais le précepte est plus général, il prescrit de mesurer le travail aux forces de l'esprit en commençant par le plus simple qui est aussi le plus facile (*à facillimis ordiamur*, Cic.), de n'entamer les questions difficiles qu'après avoir résolu les plus aisées, et d'aller toujours du connu à l'inconnu. Cette gradation dans la marche de l'esprit, si contraire à ses habitudes, est le véritable secret du progrès intellectuel. Aussi n'y a-t-il pas de procédé méthodique sur lequel Descartes ait autant insisté. Il en fait le texte de conseils lumineux et féconds qu'on ne peut trop méditer (1).

Comme maxime, cette règle avait été souvent exprimée ; mais mise à sa place sous cette forme précise, ferme et réfléchie, après les vains efforts des siècles antérieurs qui l'avaient méconnue, elle a une portée et une fécondité merveilleuses.

Descartes, en l'expliquant, fait remarquer que « c'est en cela qu'est enfermée la perfection de l'habileté humaine, » et il y revient sans cesse. « L'observation de cette règle, dit-il, n'est pas moins nécessaire à celui qui veut aborder la science que le fil de Thésée à celui qui voudrait pénétrer dans le labyrinthe. » (Règle V.) — « Beaucoup de gens la

---

(1) « Il faut donc commencer par des choses faciles, mais avec méthode pour nous accoutumer à pénétrer par les chemins ouverts jusqu'à la vérité intime des choses. Par ce moyen nous deviendrons insensiblement et en moins de temps que nous ne pourrions l'espérer capables de déduire avec une égale facilité, de principes évidents, un grand nombre de propositions qui nous paraissent très-difficiles et très-embarrassées. » (*Règles pour la direction de l'esprit*, X.)

négligent ou présument n'en avoir plus besoin. Et souvent ils examinent avec si peu d'ordre les questions les plus difficiles, qu'ils me semblent agir comme un homme qui du pied d'un édifice voudrait s'élancer d'un saut jusqu'au faîte, soit en négligeant l'escalier destiné à cet usage, soit en ne l'apercevant pas. » (*Ibid.*) — « L'esprit humain, laissant de côté ce qu'il croit pouvoir atteindre plus facilement, se hâte aussitôt de courir aux objets les plus élevés. » (Règle IV. Cf. Bacon, *Nov. Org.*, I, aph. 83.) — Plus loin : « Il faut tourner toutes les forces de son esprit sur les choses les plus faciles et de la moindre importance, et s'y arrêter longtemps, jusqu'à ce que nous soyons accoutumés à voir clairement et distinctement la vérité. » (Règle IX.)

La dernière partie du précepte peut s'entendre de deux façons également vraies. On peut y voir l'utilité de l'ordre même hypothétique et d'un procédé artificiel (V. *Classifications*) analogue aux *tables d'invention* de Bacon. Mais Descartes ne veut pas dire qu'il faut remplacer l'ordre naturel par un ordre artificiel, mettre l'hypothèse à la place de la réalité. Seulement, *à priori*, il affirme que l'ordre se trouve là même où nous ne le voyons pas, que le monde étant l'œuvre d'une cause intelligente, souvent un ordre caché recouvre un désordre apparent, et que le but de la science est de le découvrir. Le savant doit donc le supposer, sachant bien, comme dit Bacon, que le Verbe divin lui-même, lorsqu'il travailla sur la masse des êtres, ne le fit pas sans ordre et sans méthode. (*Nov. Org.*, I, aph. 82.) — Mais voici le commentaire dans Descartes lui-même. « J'ai remarqué, dit-il, certaines lois que Dieu a tellement établies en la nature, et dont il a imprimé de telles notions en nos âmes, qu'après y avoir fait assez de réflexion, nous ne saurions douter qu'elles ne soient exactement observées en tout ce qui est ou qui se fait dans le monde. » (*Disc. de la Méth.*, V^e partie.) — Que Descartes ait abusé du procédé *à priori*, ce n'est pas ce dont il s'agit. La méthode elle-même rectifie les écarts de ceux qui l'emploient mal après l'avoir proclamée.

IVe RÈGLE. — *Faire partout des dénombrements si entiers et des revues si générales qu'on puisse s'assurer de ne rien omettre.*

Cette dernière règle est comme le sceau mis sur les précédentes; elle exprime la condition de leur perfection. Pour être parfaite, l'analyse doit être complète. La synthèse doit offrir le même caractère. (V. *Analyse, Synthèse*.) L'omission, la vue étroite et fausse, exclusive, sont le grand écueil de l'esprit humain qui est borné, et de la science qui est partielle et successive. L'esprit, dit Descartes, tend sans cesse à dépasser dans ses jugements les limites de la connaissance. Pour être vraie, celle-ci doit être non-seulement claire, mais complète; et plus elle est distincte, plus elle risque de n'être que partielle et de dépasser sa mesure, ou d'être exclusive. Le *dénombrement parfait* est le remède à un grand nombre d'erreurs et de sophismes.

On voit toute l'utilité et la portée de ces règles. Descartes reconnaît leur être redevable des progrès de son esprit. Elles l'ont guidé dans les découvertes qui ont immortalisé son nom; c'est d'elles surtout qu'il est vrai de dire avec Leibnitz : « Les lois de la logique ne sont que celles du bon sens mises en ordre et par écrit. » (*Nouv. Ess.*, IV, xvii.) Elles remplissent bien la condition que demande Pascal (*De l'Art de persuader*), « d'être simples, naïves, naturelles. » Elles ont sur celles de Pascal l'avantage de l'universalité, celui de n'être pas enfermées dans les limites d'un procédé unique, mais de comprendre le développement de la pensée; car « la vraie science consiste dans une certaine capacité à juger solidement de toutes choses qui lui sont proportionnées. » (Malebr., *Rech., de la vér.*, IVᵉ part.) Plus voisines de l'esprit par leur simplicité, l'habitude de les observer les assimile à sa substance, et elles se confondent avec ses allures naturelles. La science moderne se les est ainsi appropriées. Elles sont devenues comme l'âme de ses travaux et de ses recherches. Aussi peut-on affirmer qu'elle leur doit sa supériorité sur la science ancienne, la rigueur et l'exactitude de ses procédés, la certitude de ses résultats, la sûreté de sa critique, la clarté de son langage, ses avancements rapides, le nombre et l'importance de ses découvertes.

ART. II. DE L'ANALYSE ET DE LA SYNTHÈSE

> ..... Alterius sic
> Altera possit opem res et conjurat amice.
> (Hor.)

§ I. De l'analyse et de la synthèse en général.

Avant de descendre aux applications de la méthode aux diverses sciences, nous l'étudierons dans ses deux procédés généraux, l'analyse et la synthèse.

I. LEUR NATURE. — L'*analyse* (ἀναλύειν, délier) est la décomposition d'un tout dans ses parties. La *synthèse* (συντίθημι) réunit ce que l'analyse a séparé; elle combine les idées, saisit les rapports et forme des principes. L'une va *du composé au simple;* l'autre, *du simple au composé.* Ces deux opérations de la pensée, dont l'une est l'inverse de l'autre, et qui sont la loi même du développement de notre esprit, se retrouvent dans tout travail complet de l'intelligence, dans la formation et l'exposition de toute science.

II. LEUR DIFFÉRENCE. — Sont-elles réellement distinctes? ou, comme le veut Condillac, ne sont-elles qu'une seule et même méthode, dont les opérations se confondent? Est-il vrai que l'analyse soit la méthode entière et qu'elle renferme la synthèse? (*Log.*, 1re part., ch. II. Cf. Laromig., 4e leçon.) — Ce point mérite d'être examiné.

Tout objet, quel qu'il soit, être réel ou question à traiter, s'offre d'abord à l'esprit comme un tout complexe ou composé de parties. Le premier travail de la pensée doit être de le diviser ou de le réduire en ses éléments. Cette reconnaissance des parties d'un tout n'est-elle, comme le dit Condillac, qu'un travail préparatoire antérieur à la méthode? Il est évident qu'elle en fait partie intégrante et lui est essentielle; elle est la base de toutes les opérations ultérieures. La synthèse, en particulier, ne peut rapprocher les éléments, saisir leurs rapports qu'autant qu'ils ont été séparés et que l'esprit en a acquis la notion distincte. — Mais cette décomposition ne doit-elle pas se faire avec ordre? Il faut, dit Condillac, suivre l'ordre de la nature. — A cela je réponds que cet ordre est précisément à trouver : il faut le chercher, et, en attendant, se garder de le supposer. Si l'esprit est guidé par certaines règles *à priori*, ce n'est pas moins à observer les détails qu'il doit avant tout s'appliquer. — Il faut, dit-on, partir d'un principe. — Oui, si vous en avez un dont vous soyez sûr et qui puisse suffire à tout. Autrement, c'est à vous mettre en possession de ce principe que vous devez travailler, et l'analyse seule apprend à trouver les principes. — On recommande d'aller du simple au composé. — Cela serait à souhaiter, mais rarement est possible. La nature ne donne pas le simple, tout y est complexe, elle-même est une vaste synthèse. Il n'y a que les sciences exactes qui partent de notions simples, comme le fait la géométrie. Quelquefois les quantités sont complexes, comme en algèbre. S'agit-il d'êtres réels, d'une plante, d'un minéral, de l'homme, la condition pour les connaître, c'est de diviser, d'étudier séparément les parties. Ici, en allant du simple au composé, on suit un procédé hypothétique; au lieu d'observer, on suppose. Une synthèse, et une fausse synthèse, prend la place de l'analyse, ou usurpe son nom. C'est ce qui arrive à Condillac, qui partout pratique la synthèse en préconisant l'analyse. Le *Traité des Sensations* est un modèle de synthèse hypothétique. On forme ainsi un système ingénieux qui plaît à l'esprit par sa simplicité, amoureux qu'il est de l'unité, mais qui est faux et manque d'une base solide.

Il y a donc une première opération essentielle, l'analyse, dont dépend tout le succès de la méthode. Elle consiste à diviser l'objet en ses parties. Son œuvre achevée, on cherche à réunir les éléments, à saisir les rapports, travail nouveau et distinct réservé à la synthèse. Les deux opérations ne peuvent se confondre. Vouloir les mener de front, c'est compromettre tout le travail de la science, risquer de n'aboutir qu'à un résultat chimérique.

Également nécessaires, ces deux procédés qui se tiennent étroitement sont distincts; l'un est l'inverse de l'autre et Condillac a eu tort de les confondre. Sans doute on ne peut pas, même en examinant les parties d'un tout, ne pas apercevoir quelques rapports; mais si celui qui étudie chaque partie se préoccupe de l'ensemble, il ne verra clairement ni les parties ni le tout. L'esprit humain est borné et faible; une seule tâche lui suffit; la concentration de ses forces sur un point déterminé est la condition de la vue distincte. Il doit donc oublier momentanément l'ensemble pour fixer son attention sur chacun des éléments. Les a-t-il bien examinés, il doit les comparer et tâcher de découvrir leurs rapports. Ce double travail, s'il est simultané, sera mal exécuté.

L'analyse et la synthèse sont deux opérations de l'esprit si bien différentes qu'elles supposent, dans les hommes qui les représentent, des qualités diverses et qui s'excluent ordinairement. De même qu'elles représentent deux moments distincts dans la pensée de l'individu, elles se succèdent dans le développement de la science et de l'esprit humain. Elles alternent et dominent chacune à leur tour dans l'histoire. Il y a des époques analytiques et des époques synthétiques. Dans les premières, les savants sont préoccupés du besoin d'observer les objets et les faits particuliers, d'étudier les lois spéciales, sans les rattacher à des principes généraux. Dans les secondes, on sent la nécessité de coordonner les détails et de réunir ces matériaux pour reconstruire l'unité de la science. C'est ainsi que le xviiie siècle s'est appelé le siècle de l'analyse, parce qu'il a généralisé cette méthode, et lui a fait produire les plus beaux résultats dans les sciences naturelles.

III. Leurs rapports. — Mais si ces deux méthodes sont distinctes, loin de s'exclure, elles doivent se réunir pour constituer la méthode complète, dont elles ne sont, à vrai dire, que les deux opérations intégrantes. Qu'est-ce qu'une synthèse qui n'a pas été précédée de l'analyse ? Une œuvre d'imagination ou une combinaison artificielle du raisonnement, un système plus ou moins ingénieux, mais qui ne peut reproduire la réalité. Car la réalité ne se devine pas ; pour la connaître, il faut l'observer, l'étudier dans toutes ses parties et sous toutes ses faces. Une pareille synthèse, en un mot, s'appuie sur l'hypothèse. — D'un autre côté, supposez que la science s'arrête à l'analyse, vous aurez les matériaux d'une science plutôt qu'une science véritable. Si vous vous bornez à l'étude des faits isolés et que vous négligiez leurs rapports, vous vous condamnez à ignorer la moitié des choses et la plus importante, celle que la science aspire surtout à connaître : les lois qui régissent les êtres, leur action réciproque, l'accord admirable qui règne entre toutes les parties de cet univers. Vous ne connaîtrez même qu'imparfaitement chaque objet particulier; car son rôle et sa fonction sont déterminés par ses rapports avec l'ensemble (1). La synthèse doit donc s'ajouter à l'analyse.

IV. RÈGLES GÉNÉRALES. — Elles sont faciles à déterminer : 1° L'*analyse* doit toujours précéder la synthèse. 2° Elle doit être complète, n'omettre aucune partie importante ; autrement la synthèse n'ayant pas à sa disposition tous les éléments, ne pourra découvrir leurs rapports; elle sera obligée de les supposer et de combler les lacunes de l'analyse par des hypothèses. 3° L'analyse doit chercher à pénétrer jusqu'aux éléments simples et irréductibles. — Quant à la *synthèse*, elle doit 1° réunir tous les matériaux préparés par l'analyse, n'en rejeter et n'en méconnaître aucun ; 2° reproduire les rapports des objets, tels qu'ils existent, ne pas les intervertir ou en imaginer d'autres, telle est la tâche ou la fonction des deux méthodes.

V. LEUR RÔLE DANS L'HISTOIRE. — Ces règles sont évidentes, mais s'il est facile de les exposer, il l'est moins de les appliquer. Aussi, dans l'histoire, sont-elles loin d'être exactement observées. La science débute par une analyse superficielle, qui sert de base à une synthèse hypothétique. La faiblesse des théories dues à ce premier emploi de la méthode rend bientôt nécessaire une analyse plus sérieuse et plus approfondie, à laquelle succède une synthèse supérieure à la première. Tel est le rôle alternatif des deux méthodes dans le développement progressif de la science et dans son histoire. Les règles posées plus haut n'en conservent pas moins leur valeur absolue ; la vraie synthèse est celle qui s'appuie sur une analyse complète et reproduit les rapports naturels des choses, comme la véritable analyse est celle qui distingue tous leurs éléments et décrit fidèlement leurs caractères. Les savants et les philosophes ne doivent jamais perdre de vue cet idéal.

(1) « Toutes choses étant causées et causantes, aidées et aidantes, médiatement et immédiatement, et toutes s'entretenant par un lien naturel et insensible, qui lie les plus éloignées et les plus différentes, je tiens impossible de connaître les parties sans connaître le tout, non plus que de connaître le tout, sans connaître en détail les parties. » (Pascal, *Pensées*.)

§ II. De l'analyse et de la synthèse dans les opérations de l'esprit qui servent à former la science

S'il est facile de définir ces deux méthodes dans leur généralité, il l'est beaucoup moins de les suivre dans leurs applications, de les distinguer et de les reconnaître dans les opérations plus ou moins compliquées de l'intelligence humaine dont le produit est la science. Il est peu de questions qui aient été plus embrouillées et sur lesquelles les logiciens se soient moins entendus. Ce que les uns appellent analyse, les autres le nomment synthèse, et réciproquement. Le mal vient d'abord de ce qu'on n'a pas établi une distinction assez précise entre nos diverses espèces de connaissances dont les unes sont dues à l'observation ou à l'*expérience*, les autres au *raisonnement*, ensuite de ce que les deux procédés analytique et synthétique, bien que distincts, se trouvent réellement réunis dans tout travail de l'intelligence un peu compliqué et de quelque étendue. Nous suivrons les deux méthodes dans les deux voies que prend l'esprit pour arriver à la vérité, marquant les opérations de l'intelligence qui leur appartiennent.

I. ANALYSE ET SYNTHÈSE EMPIRIQUES. — 1° Examinons d'abord ce qui se passe dans notre esprit quand il observe et qu'il exécute les opérations qui dépendent de l'expérience ou qui la complètent. L'esprit part d'une vue synthétique des choses dont les limites sont à la fois en lui-même, dans sa faiblesse et dans les objets qu'il considère. Il embrasse confusément cet ensemble sans rien démêler ni distinguer les parties. Pour substituer à cette aperception vague une vue claire et distincte, il est obligé de diviser, de décomposer le tableau total, d'examiner chaque objet, chaque partie isolément et chaque qualité séparée des autres qualités. Telle est l'analyse. Elle est la loi même de l'*attention*, et l'*abstraction* en est la suite. (V. p. 133.)

2° Vient ensuite la *comparaison* qui rapproche les parties et les objets, fait saisir les rapports ; elle engendre la synthèse. Les procédés qui en relèvent sont d'abord la *généralisation* et la *classification*. Réunir plusieurs objets envisagés par leurs propriétés communes, en former des genres et des espèces, coordonner ces genres et les distribuer méthodiquement, c'est faire œuvre de synthèse.

3° Or, pour former une *classification*, on peut suivre deux procédés, dont l'un est l'inverse de l'autre. — On peut, embrassant la totalité des objets et s'attachant à leurs ressemblances, en négligeant les différences, former d'abord des genres, puis, en remarquant les propriétés particulières, distinguer dans les genres les espèces, dans les espèces les variétés, de manière à descendre ainsi jusqu'aux derniers degrés de l'échelle et aboutir aux individus. Cette méthode, appelée communément *division*, est en réalité une synthèse. On y va non-seulement du général au particulier, mais du simple au composé. Toute qualité générale ou abstraite est d'autant plus simple et moins compréhensive, qu'elle a plus d'étendue ou de généralité. (V. p. 305.) Ainsi, bien que l'analyse intervienne pour distinguer les qualités, le procédé général est synthétique.

Mais au lieu de commencer par les genres les plus élevés, je suppose qu'on s'arrête d'abord à considérer les individus, et leurs qualités particulières ; qu'après avoir saisi et démêlé leurs qualités constitutives on s'en serve pour confectionner d'abord les espèces ; qu'après avoir comparé ces espèces, on en forme les genres les plus rapprochés ; qu'on s'élève ainsi graduellement jusqu'aux divisions supérieures pour atteindre le sommet de la classification par une suite d'éliminations successives. Il est clair que si dans cette méthode, l'inverse de la précédente, la synthèse intervient pour comparer et coordonner les termes, le procédé principal et fondamental est l'analyse. La base est l'observation attentive et complète des individus et de leurs qualités distinctives. Une élimination successive dégage la loi, le caractère spécifique d'abord, générique ensuite ; et le mouvement total de la pensée est celui qui conduit du composé au simple, du concret à l'abstrait, du particulier au général. De ce procédé sortent les classifications *naturelles*, comme le premier engendre les classifications *artificielles*. (V. *Classifications*.)

4° Sur la classification s'appuie la *définition*. Dans les deux principaux modes de définir se retrouvent les deux procédés.

La définition *logique*, celle qui se fait par le genre et la différence, est *analytique* si les deux termes ont été déterminés par cette méthode. Celle qui se fait par *génération d'idées* est toujours *synthétique* ; elle va du simple au composé en faisant voir comment l'objet se forme, en indiquant sa fin, sa destination dérivant de sa nature. (V. p. 312.) La définition redevient l'analyse quand elle est une simple *description* des qualités principales.

5° Si, avant de passer au raisonnement, on examine le *jugement*, on y trouvera étroitement liés les deux procédés alternatifs de la pensée humaine. Le jugement est le résultat d'une première décomposition de la pensée, où l'existence apparaît séparée des qualités, et les qualités elles-mêmes détachées les unes des autres (1). La pensée totale est sortie comme démembrée de cette opération. Pour reconstituer l'unité, une synthèse est nécessaire, qui relie ces membres épars. C'est le rôle du jugement. Il opère la synthèse du *sujet* et de l'*attribut* au moyen du verbe, qui pour cela est appelé par les grammairiens *copule*. Ainsi le jugement reposant sur la comparaison est à la fois une *analyse* et une *synthèse*, où l'analyse précède. Le résultat se formule dans la proposition qui nous montre à la fois séparés et réunis les éléments de la pensée. — Même distinction dans les formes essentielles du jugement. Il y a deux sortes de jugements : les uns, qui se bornent à montrer dans l'attribut une qualité déjà comprise dans le sujet, sont *analytiques* (p. 146) ; les autres, ajoutant au sujet une qualité nouvelle, sont *synthétiques*.

6° Mais c'est surtout dans l'opération finale où aboutit tout ce travail, le *raisonnement*, que nous retrouvons les deux méthodes. D'abord qu'est-il en lui-même ? une synthèse nouvelle, fruit d'une analyse. L'esprit, n'apercevant pas directement le lien de deux idées, recourt à une troisième. Il rapproche les termes et le rapport apparaît, d'où sort la conclusion qui sépare ou réunit les termes. Le raisonnement est donc une opération synthétique de l'esprit qui, par l'interposition des idées moyennes, saisit les rapports les plus éloignés des idées. Mais cette synthèse s'appuie sur une analyse qui a dû distinguer les idées et qui laisse aper-

---

(1) En allemand, le mot *Urtheil*, jugement, veut dire première division.

cevoir leur identité, leur convenance ou leur opposition.

7° Du raisonnement ne peut se séparer le *langage*, instrument *d'analyse et d'abstraction*, qui maintient tous les termes sous l'œil de l'esprit et aide à les comparer. (V. p. 173.) Les langues sont des *méthodes analytiques* (Condillac), mais où reparaît la synthèse comme formant le lien du discours et le tissu de la parole. On sait qu'il y a aussi deux modes d'ordonner la pensée et le discours, un mode de *construction* grammaticale appelé *analytique*, et un autre *synthétique*. L'un, le mode direct ou logique, résulte de l'analyse logique de la proposition ; l'autre, indirect ou inversif, offre les idées dans l'ordre de leur apparition à l'esprit, comme cela se voit dans les langues anciennes.

8° Les deux procédés généraux *d'induction* et *de déduction* peuvent être eux-mêmes qualifiés d'analyse et de synthèse. Si, en effet, l'*induction*, qui étend le caractère des individus à tous les objets du même genre, peut être considérée comme formant la synthèse des cas particuliers, la loi qu'elle dégage est simple et c'est par l'expérimentation, procédé d'élimination et d'analyse, que cette loi s'obtient comme on le verra plus tard. (V. *Méth. des sc. physiques*.) La *déduction*, qui fait rentrer le particulier dans le général (subsumit), est une synthèse.

II. ANALYSE ET SYNTHÈSE LOGIQUES. — Dans la *démonstration*, les deux voies que parcourt l'esprit et le double mouvement de la pensée sont faciles à reconnaître. De là les deux méthodes décrites par tous les logiciens sous le nom d'*analyse* et de *synthèse* de raisonnement. (V. *Log.* de Port-Royal, IVᵉ part., ch. II et III.) Tâchons de les distinguer nettement (1).

1° S'agit il de traiter une question par le raisonnement, on peut suivre deux marches différentes. La première consiste à partir de l'énoncé du problème, à *analyser* les idées ou les termes de la proposition, et à remonter jusqu'à un principe général qui en fasse voir la vérité ou la fausseté. Dans ce cas, on décompose une idée complexe, et on la met en rapport avec une vérité simple, un principe évident par lui-même, ou antérieurement démontré. Cette méthode, qui va

---

(1) Ce sujet est traité avec une grande clarté par de Gérando, *Des Signes*, t. IV, ch. VI.

du composé au simple, a reçu le nom d'*analyse* ou de méthode de *résolution*; c'est celle que l'on suit en algèbre, et cette science lui doit son nom d'analyse.

2° Mais on peut suivre une marche tout opposée, prendre pour point de départ une vérité générale, évidente ou déjà prouvée, en déduire les conséquences, et parvenir ainsi à démontrer un théorème ou à trouver la solution d'un problème. Ici, on va du général au particulier, du simple au composé : la méthode est *synthétique*. Aussi a-t-elle été nommée *synthèse* ou méthode de *composition*. Employée pour démontrer la plupart des théorèmes de la géométrie, elle constitue la démonstration géométrique.

Mais ces deux méthodes ne trouvent pas seulement leur application dans les mathématiques. Toutes les questions qui peuvent se traiter par le raisonnement donnent occasion de les employer. Si je veux, par exemple, prouver l'immatérialité de l'âme, je puis partir de la simplicité et de l'identité du principe de la pensée, et en conclure que l'âme, ayant des propriétés opposées à celles de la matière, est incorporelle. Je pourrais également, en analysant l'idée d'immatérialité, reconnaître qu'elle ne peut convenir qu'à un sujet simple et identique, et démontrer ainsi par voie d'analyse ce que j'aurais prouvé auparavant d'une manière synthétique. (Lisez Port-Royal, *loc. cit.*)

Il est évident que, dans les deux cas, le raisonnement consiste toujours à mettre en rapport deux propositions, l'une générale, l'autre particulière, au moyen de propositions intermédiaires. Le point de départ seul est différent. Ou l'on part de la question pour remonter au principe, et l'on raisonne par l'analyse, ou l'on part du principe pour aboutir à la question : c'est la *démonstration descendante* ou synthétique. On appelle aussi l'une de ces deux méthodes *régressive*, et l'autre *progressive* (*regressus ad principia; progressus à principiis*).

Condillac a donc eu tort de dire que, puisque les deux méthodes sont contraires, l'une est bonne, l'autre est mauvaise. On ne peut aller, dit-il, que du connu à l'inconnu. Si l'inconnu est sur la montagne, ce ne sera pas en descendant qu'on y arrivera. — Cette comparaison est fausse. En effet, dans toute question il y a toujours quelque chose de connu, ne fût-ce que les termes mêmes de la question. Le véritable inconnu, quel est-il? Le *rapport* de cette question avec une vérité évidente ou déjà démontrée. Découvrir ou faire voir ce rapport est le but du raisonnement. Donc que l'on monte ou qu'on descende, peu importe, l'essentiel est de se frayer le passage (1).

III. AVANTAGES DES DEUX MÉTHODES. — Quels sont les avantages respectifs des deux méthodes? Cela dépend de la nature des questions que l'on traite et de la position de l'esprit par rapport à elles. La méthode analytique se renfermant dans l'énoncé du problème a l'avantage de ne pouvoir s'en écarter et de ne pas se perdre en raisonnements inutiles. Toutes deux sont naturelles; cependant la synthèse, qui va des principes aux conséquences, des causes à leurs effets, semble plus conforme à la nature des choses et aux lois de la raison. L'esprit s'y complaît davantage, et elle offre quelque chose de brillant qui le séduit; mais elle est plus aventureuse, plus exposée à s'éloigner de la question, à tâtonner, à suivre des routes sans issue, et à s'égarer, surtout si le point de départ est, comme il arrive souvent, quelque principe hypothétique. Lorsqu'elle n'a d'autre but que celui de déduire d'un principe fécond et bien établi les conséquences qu'il renferme, elle parvient souvent à découvrir des aperçus nouveaux et la solution de questions imprévues. C'est la méthode *démonstrative*. Lorsqu'en effet la vérité est trouvée, et qu'il ne s'agit que de la faire admettre, le rapport entre le point de départ et le but étant connu, sa marche est sûre, directe et plus rapide que celle de l'analyse. Elle est appropriée surtout à l'enseignement, ce qui l'a fait appeler *méthode de doctrine*, par opposition à l'analyse, plutôt désignée comme *méthode d'invention*.

Mais ces distinctions n'ont rien d'absolu. L'une et l'autre servent à la fois à découvrir et à transmettre les vérités de la science. L'analyse, elle aussi, occupe une place importante dans l'enseignement, lorsqu'il est vivant et fécond; au lieu d'exposer dogmatiquement les vérités, le maître fait repasser l'esprit par les voies que la science a

(1) V. de Gérando, *ibid.*

parcourues pour les découvrir. Il doit refaire, en quelque sorte, la science sous les yeux de l'élève, et savoir mêler habilement l'analyse à la synthèse. « Les bonnes méthodes d'enseignement sont toutes telles que la science aurait pu être trouvée par leur chemin, » dit Leibnitz. (*Nouv. Ess.*, IV, VII, II.)

On ne doit pas oublier d'ailleurs que, dans chacune des deux méthodes, il entre à la fois de l'une et de l'autre. Mais on considère l'ensemble des opérations qui constituent le raisonnement total, et qui donnent à la démonstration son caractère général. Enfin, les deux méthodes, loin de s'exclure, se prêtent un mutuel appui, elles se servent l'une à l'autre de vérification et de preuve.

CONSULTEZ : *Log.* de Port-Royal, IV, 2 et 3. — D. Stewart, *Phil. de l'espr. hum.*, t. III, ch. IV. — De Gérando, *Des Signes*, t. IV, ch. VI. — Ampère, *Essai d'une classif. des sciences*. — W. Hamilton, *Frag. philosophiques*, tr. Peisse. — Stuart Mill, *Logique*. — Bacon, *Nov. Org.*, liv. I, aph. LI ; II, VII.

* *Remarque*. — Sur l'analyse et la synthèse, le langage des auteurs est si varié et souvent si opposé qu'il importe d'insister sur la ligne à suivre pour ne pas s'égarer dans ce labyrinthe. Qu'on se rappelle donc que tout dépend du point de vue. Kant dira par exemple que la synthèse dans nos perceptions précède l'analyse. En effet, par synthèse il entend la première intuition simultanée mais confuse ; l'analyse la suit, qui amène une seconde synthèse. — Les jugements *synthétiques a priori* précèdent-ils les jugements analytiques ? Oui et non. Non s'ils sont réfléchis, oui, s'ils sont mêlés à la conception spontanée où la raison fonctionnant avec les sens y rend l'expérience possible. Il en est de même des opinions en apparence contradictoires des logiciens et des mathématiciens sur plusieurs questions délicates où les deux procédés se combinent et où il est difficile de distinguer l'analyse de la synthèse. (V. Cournot, Essai sur les fond. de nos connaiss. T. 2, chap. XVII.) — L'induction est-elle un procédé analytique ? Oui, puisqu'elle va du particulier qui est concret ou composé à la loi qui est générale et abstraite. Et pourtant la loi est la synthèse des cas particuliers. — C'est à la sagacité de chacun à démêler le vrai sens et à trouver la solution de ces problèmes. (Voy. le résumé, p. 718.)

CHAPITRE II

MÉTHODE DES SCIENCES EXACTES

Fere tota constat syllogismis.
(Quintil., *Inst. Or.*)

§ I. De la science en général.

I. *Idée de la science.* — Savoir, c'est connaître une chose d'une manière évidente et certaine ; c'est, de plus, en connaître la raison, l'*expliquer*. Une science est donc un ensemble de connaissances fondées sur des raisons claires et certaines. (*Log.* de Port-Royal, IVe part., ch. I.) Telle est l'idée de la science dégagée de toute opinion exclusive et arbitraire (1).

II. *Son utilité.* — Nous ne nous arrêterons pas à démontrer l'*utilité* ni la *dignité* de la science et de chaque science en particulier. « C'est un grand ornement que la science, dit Montaigne, et un outil d'un merveilleux service. » (*Essais.*, I, 25.) (Lisez Bacon, *De Dignit. et Augm. scient.*, liv. I. Cf. d'Aguesseau, *Mercuriale*, 7.)

III. *Division des sciences.* — On a divisé les sciences : 1° en *théoriques* et *pratiques*; 2° en *rationnelles*, *empiriques* et *mixtes*, etc. Nous adopterons la division ordinaire en sciences *mathématiques*, *physiques* et *morales* (2).

§ II. Des sciences mathématiques ou exactes.

I. *Leurs caractères.* — Au premier rang parmi les sciences de raisonnement figurent les mathématiques, appe-

---

(1) « Savoir, c'est connaître la cause. » (Aristote, *Métaph.*, I, 1.) — « La science est pour l'esprit la faculté de démontrer régulièrement les choses. » (Ibid., *Eth. à Nic.*, VI, 2. Cf. Platon, *Théétète.*) — « Toute science est une connaissance certaine et évidente. » (Descartes, *Règles pour la direct. de l'esprit*, II.) — « La science est l'ensemble systématique d'un ordre de connaissances. » (Kant, *Logique.*)
(2) Sur les diverses divisions des sciences, voy. Aristote, *Métaph.*, VI ; — Bacon, *De Dignit. et Augment. scient.*; — d'Alembert, *Disc. prélim. de l'Encyclop.*; — Bossuet, *Conn. de Dieu.*, ch. I ; — Leibnitz, *Nouv. Essais sur l'ent. hum.*, liv. IV, ch. XXI ; — Ampère, *Classif. des sciences.*

lées aussi sciences exactes, sciences par excellence, τὰ μαθήματα. Elles doivent ce privilége à trois avantages principaux. Le premier est leur caractère purement rationnel, qui les rend indépendantes de l'expérience, quoique « l'expérience puisse y garantir le raisonnement à chaque moment. » (Leibnitz, *Nouv. Ess.*, liv. IV, ch. II.) Le second, c'est que les idées et les rapports de *quantité* qui forment leur objet sont les plus simples de l'entendement (1). Le troisième est la clarté et la précision de leur langage, l'emploi de signes d'une égale simplicité, avantage qui est la conséquence des deux autres.

II. *Leur méthode.* — Leur méthode est la démonstration. S'appuyant sur un petit nombre de définitions et d'axiomes, elles en déduisent avec certitude des conséquences qui servent à résoudre toutes les questions, à découvrir ou démontrer toutes les vérités auxquelles l'esprit humain peut atteindre dans cette sphère. C'est le modèle de la déduction; elles offrent si bien l'application palpable et rigoureuse de ce genre de raisonnement, que l'on a pu croire que la logique leur emprunte ses règles : erreur qui a été réfutée. (V. p. 255.) — Ce qui est vrai, c'est qu'ici l'application est si rapprochée de la règle que celle-ci semble s'identifier avec elle. Nulle part les caractères de la démonstration, des définitions, des axiomes, de la forme directe et indirecte, du double procédé analytique et synthétique, des résultats certains auxquels elle arrive, ne sont aussi évidents. La démonstration tend même à se rapprocher de la forme qui sert de type au raisonnement et qui est le syllogisme. Quintilien dit de la géométrie, qu'elle se compose presque entièrement de syllogismes, *fere tota constat syllogismis* (liv. I, ch. X). (V. Leibnitz, *Nouv. Ess.*, liv. IV, ch. XVII.)

Il en résulte que, dans l'exposé de cette méthode, si l'on ne veut entrer dans les détails techniques et les applications de la science, on est réduit à répéter ce qui a été dit du raisonnement et de la démonstration en général. Car ce qui

---

(1) « Si l'arithmétique et la géométrie sont beaucoup plus certaines que les autres sciences, c'est que leur objet à elles seules est si clair et si simple, qu'elles n'ont besoin de rien supposer que l'expérience puisse révoquer en doute, et qu'elles ne consistent que dans les conséquences à déduire par voie de raisonnement. » (Descartes, *Règles pour la dir. de l'espr.*, R. II.)

est vrai des définitions, des axiomes, du syllogisme et de ses règles, de la démonstration elle-même, de ses formes et de ses procédés, etc., s'applique mot pour mot au raisonnement mathématique. Nous y ajouterons quelques réflexions.

§ III. Des bases de la démonstration mathématique.

I. Des définitions. — Quelle est la nature, le rôle et la place des définitions dans les mathématiques ?

1° On sait que les définitions sont des propositions explicatives qui font connaître le sens qu'on attache aux mots, et par lesquelles on détermine les notions que ces mots expriment. Telles sont, en arithmétique, les définitions des nombres pairs et impairs, de la numération, des opérations arithmétiques ; en géométrie, la définition des figures, celle du triangle, du carré, du cercle, etc. Ces définitions sont-elles, comme l'a prétendu Pascal, purement nominales et arbitraires ? ou rentrent-elles dans la définition d'idées et de choses ? Il nous semble qu'elles sont à la fois l'un et l'autre. Quand je dis : j'appelle cercle une ligne courbe dont tous les points sont également distants d'un même centre, j'affirme que pour tous les esprits, comme pour le mien, le cercle a certaines propriétés d'où se déduisent d'autres propriétés, et elles servent de base à ma définition. Il n'y a là rien d'arbitraire (1). Si l'on objecte que je puis appeler cercle un carré et carré un cercle, c'est une question puérile et qui ne mérite pas d'occuper la science. La *Logique* de Port-Royal en convient elle-même. A propos de la définition de l'angle par Euclide : « La rencontre de deux lignes droites sur un même plan, » elle ajoute : « Cette définition désigne si nettement l'idée que tous les hommes ont d'un angle, que c'est tout ensemble une définition du mot et une définition de la chose. » (IV° partie, ch. IV.) — Or, cette observation s'applique tout aussi bien à la définition du triangle, du cercle et de toute autre figure.

2° Quel est le rôle des définitions en mathématiques ? On l'a déjà dit : la définition, exprimant l'essence générale et

---

(1) « On ne saurait nier que la vérité même des propositions hypothétiques ne soit quelque chose qui soit hors de nous et qui ne dépend pas de nous... Ainsi la nature du cercle avec ses propriétés est quelque chose d'existant et d'éternel. » (Leibnitz, *Lett.* ; F. de Careil, p. 31.)

propre de la chose à définir, sert en réalité de principe au raisonnement. « Dans les mathématiques, les définitions ont deux objets : elles préviennent l'ambiguïté des termes, elles servent aussi de principes au raisonnement. » (D. Stewart.) L'axiome n'exprime que la condition de sa légitimité. C'est ce qui a lieu en mathématiques, où les définitions sont de véritables principes. Les idées qu'elles désignent sont très-simples ; ce sont les idées les plus simples de l'entendement. Aussi sont-elles incontestables, et comme le raisonnement tout entier s'appuie sur elles, elles communiquent à la démonstration, avec les axiomes, leur clarté et leur nécessité.

3° Ainsi s'explique la place qu'elles occupent. Elles figurent au début même de la science : « Mais n'oublions pas que c'est seulement dans les mathématiques pures que nous pouvons placer les définitions au commencement de nos recherches. Dans beaucoup de cas, une discussion est nécessaire pour montrer que nos définitions correspondent aux faits réels, et souvent une définition juste est le but même que nous nous proposons dans ces recherches. » De l'oubli de ces considérations et de l'aveugle imitation de l'ordre mathématique, dans des études où les faits sont compris parmi les principes de nos raisonnements, sont sorties mille erreurs qu'il serait facile de montrer dans les écrits des philosophes. (D. Stewart, *Philos. de l'esprit hum.*, t. III.)

II. DES AXIOMES MATHÉMATIQUES. — Ils ne diffèrent pas essentiellement des autres axiomes, et c'est à tort qu'on a voulu les regarder comme les seules vérités qui soient incontestables. L'axiome : *Tout fait a une cause*, est aussi vrai et aussi clair que celui-ci : *Le tout est plus grand que sa partie;* il n'y a pas de différence pour la raison qui conçoit ces deux vérités. Celle-ci seulement est une proposition identique ou analytique, l'autre une proposition synthétique. Est-ce à cela que les axiomes mathématiques doivent de n'être jamais contestés ? Peut-être ; mais la différence s'efface si on veut aller au fond des choses, se rappeler qu'en toute contestation de ce genre la parole intérieure dément la parole extérieure. L'identité, d'ailleurs, n'est jamais complète dans les propositions identiques, comme le démontre Leibnitz. (*Nouv. Ess.*, liv. IV, ch. II.) Quant au raisonnement, même algébrique, il est loin de rouler sur une identité parfaite, comme le veut Condillac. (*Suprà*.)

Le rôle des axiomes est donc le même en mathématiques que dans tout emploi du raisonnement. Ils soutiennent le raisonnement et le rendent possible, mais sans le féconder ni fournir les véritables données. Ils sont les conditions de la démonstration plutôt que les vrais principes.

Une règle est de ne pas trop multiplier les axiomes. Leibnitz veut que l'on démontre tous les axiomes qu'il appelle *secondaires*, ou les propositions qui, bien qu'évidentes, peuvent être démontrées par d'autres, les seules primitives ou *immédiates*; et cela, ne fût-ce que pour accoutumer l'esprit à la rigueur, à une salutaire exigence, et bannir la paresse, trop facile à contenter. (*Nouv. Ess.*, liv. IV, ch. VII.)

Même remarque sur les *postulats*. C'est diminuer la rigueur des sciences mathématiques que d'introduire ces propositions, qui laissent toujours une lacune et ne satisfont pas complétement la raison ; c'est faire un appel trop fréquent aux sens et à l'expérience, dans une science toute rationnelle et dont l'évidence démonstrative est l'essence.

§ IV. De la démonstration mathématique.

Quant à la démonstration mathématique en elle-même, nous n'avons rien à ajouter à ce qui a été dit de la démonstration en général, de ses règles et de ses formes. Ce que dit Pascal de la Méthode des démonstrations géométriques (*De l'Esprit géométrique*, sect. 1 et 2) n'est point, comme il le prétend, spécial à la géométrie, ni tiré de cette science, mais des lois de l'esprit humain, que cette science, comme toute autre, suit et applique. Aristote les avait toutes reconnues (*Analyt. Post.*); Pascal les a simplifiées. C'est un grand mérite et il est bon de les méditer telles que le grand géomètre les formule, il faut seulement se préserver des exagérations et des contradictions que n'a pas su éviter son génie. Elles pourraient conduire un esprit logique au scepticisme sur tout ce qui n'est pas vérité mathématique.

On a vu à l'article de l'*analyse* et de la *synthèse* qu'il existe deux méthodes de démonstrations différentes et inverses. Elles sont employées dans les mathématiques; sur elles a dû se porter l'attention des savants ou des géomètres qui ont voulu se rendre compte des procédés de leur science. De là des explications et des opinions diverses du plus haut intérêt, soit sur la nature, soit sur l'emploi et les avantages des deux méthodes. Sur ce point, qui mériterait d'être développé, nous sommes forcé de renvoyer aux auteurs spéciaux plus ou moins célèbres qui l'ont traité. (V. p. 405.)

§ V. De l'évidence mathématique et de la portée de cette méthode.

Il n'est pas inutile d'insister sur le caractère de l'*évidence mathématique* et sur l'emploi de cette méthode appliquée aux autres sciences.

Le privilège de la démonstration mathématique est de s'appuyer sur les notions abstraites les plus simples de l'entendement, les notions de quantité, d'être indépendante de l'expérience et de trouver néanmoins sa vérification dans les données des sens. Par là, elle diffère du raisonnement dans les autres sciences, où les principes manquent de cette simplicité et où les faits qui servent de base au raisonnement viennent aussi souvent le compliquer. Ses résultats ne s'appliquent qu'au monde matériel, et là seulement où la qualité se confond avec la quantité, où la loi se mesure, dans ce qui est étendue, nombre, mouvement, force. Encore ici, comme le fait remarquer Malebranche (*Rech. de la Vér.*, VI), l'application n'est jamais parfaitement exacte. Partout ailleurs quand il s'agit des objets physiques eux-mêmes, de l'organisation des êtres vivants ou des questions de l'ordre moral, là où les données sont des faits qui échappent aux sens et des vérités rationnelles d'une nature très-complexe, la démonstration mathématique perd sa valeur et son emploi. Ses auxiliaires, les figures, les chiffres, les définitions, les axiomes, les formules, les théorèmes, sont des moyens plus dangereux qu'utiles. Vouloir l'employer, c'est confondre l'ordre des connaissances et risquer de compromettre les vérités que l'on veut établir. Telle est la démonstration mathématique appliquée à l'existence de Dieu, aux faits et aux vérités métaphysiques. Là, partir de définitions, d'axiomes, procéder par théorèmes, lemmes, corollaires, scholies, etc., affecter la rigueur de la démonstration géométrique, c'est faire tout simplement fausse route, et masquer, sous l'appareil imposant des formules, l'inanité des preuves ; c'est, ou se payer d'analogies, comme ont toujours fait les mystiques, ou, avec la prétention d'une plus haute certitude, frayer la voie au scepticisme. Les plus grands philosophes, mathématiciens à la fois, Pythagore, Platon, Proclus, Pascal, Descartes, Leibnitz, Malebranche n'ont pas été à l'abri de cette séduction. Ils ont par là plutôt compromis qu'affermi, obscurci qu'éclairci les vérités qu'ils voulaient établir, défendre ou expliquer. Cela aussi est commode pour élever l'échafaudage d'un système. (Spinosa.) Aristote a raison, il faut d'autres méthodes pour d'autres sujets. « Entreprendre d'ouvrir une porte avec une hache ou de fendre du bois avec une clé, c'est vouloir gâter ces instruments et se réduire à n'en faire aucun usage (1). » (V. *Analyt.*, II, ch. XII.)

Il y a plus : « On ne doit demander dans chaque cas que la précision relative à la matière que l'on traite. Il faut même se résigner à ne l'obtenir que dans la mesure compatible avec les procédés qu'on emploie. C'est ainsi que le maçon et le géomètre recherchent très-différemment la ligne droite... Il faut savoir faire de même dans toutes les autres choses, de peur que les hors-d'œuvre ne deviennent plus nombreux que les œuvres. » (*Eth. à Nic.*, liv. VII, ch. v, § 2.) — Cf. d'Alembert, édit. Condorcet, p. 224.

(1) Plutarque, *De la Manière d'écouter.*

CONSULTEZ : La *Logique* de Port-Royal, IVe partie, ch. II. — Descartes, *Règles pour la Direction de l'esprit*, les derniers chap. — Malebranche, *Rech. de la Vérité*, liv. VI. — S' Gravesande, *Introd. à la Phil.*, liv. IIe, 3e part., ch. XXXIII et XXXVI. — Lacroix, *Elém. de Géom.*, Discours prélim. — D. Stewart, *Eléments de la Phil. de l'espr. hum.*, 1, 3. — De Gérando, *Des Signes et de l'Art de penser*, t. VI, ch. VI. — *Dict. des sciences phil.*, art. MATHÉMAT. — Ampère, *Essai d'une classif. des sciences.* — Cournot, *Essai sur les fondements de nos connaiss.*, t. II, ch. XVII. — Duhamel, *Méthode des sciences.* — Stuart Mill, *Logique.*

CHAPITRE III

MÉTHODE DES SCIENCES PHYSIQUES ET NATURELLES

> Homo naturæ minister et interpres tantum facit et intelligit quantum de naturæ ordine re vel mente observaverit.
> (Bacon, *Nov. Org.*, I, aph. 1.)

ART. I. DE L'OBJET ET DE LA MÉTHODE DES SCIENCES PHYSIQUES EN GÉNÉRAL.

I. Objet des sciences physiques. — Connaître les lois de la nature, l'ordre et l'enchaînement de ses phénomènes, l'action des forces qui agissent dans son sein et les propriétés des êtres distribués à sa surface, tel est l'objet des sciences physiques. La science, en initiant l'homme aux secrets de la création, ne satisfait pas seulement son désir de connaître, elle augmente indéfiniment sa puissance. Elle lui apprend à prévoir le retour des phénomènes, à diriger les forces en calculant leurs effets, à faire servir les propriétés des êtres à ses usages et à ses besoins. A la suite des sciences physiques marchent l'industrie et les arts utiles. « La science et la puissance humaine se correspondent et vont au même but. » (Bacon, *Nov. Org.*, I.) (1)

II. Leur méthode. — C'est à l'*observation* et à l'*expérience* aidées du calcul et guidées par la raison, que les sciences physiques doivent leurs rapides progrès et leurs merveilleuses découvertes. « L'homme, interprète et ministre de la nature, dit Bacon, n'agit sur elle et ne la connaît qu'à condition d'observer ses lois, soit par les sens, soit par la réflexion. Il ne sait et ne peut rien au delà. » (*Ibid.*) Cette méthode, déjà pratiquée par Galilée, Keppler et les grands observateurs du XVIe siècle, fut proclamée par Bacon qui a le mérite d'en avoir posé les règles générales. C'est l'objet du *Novum Organum* dont nous allons donner l'analyse, nous bornant à décrire

---

(1) « C'est l'ignorance où nous sommes de la cause qui nous prive de l'effet, car nous ne pouvons vaincre la nature qu'en lui obéissant. Et ce qui était principe, effet ou cause dans la théorie, devient règle, but ou moyen dans la pratique. » (Bacon, *Nov. Org.*, I, aph. 2.)

les procédés principaux de cette méthode sans entrer dans le détail des règles particulières. Quant aux exemples, il suffit d'ouvrir le premier ouvrage où sont exposées les découvertes de la science moderne.

III. DES FAUSSES MÉTHODES. — Dans une première partie (*pars destruens*), Bacon (1) attaque les fausses méthodes qui ont si longtemps retenu l'esprit humain dans l'ignorance de la nature et de ses lois.

1° *L'hypothèse* (*anticipatio naturæ*) ne peut servir à fonder la science. L'imagination substituée à l'observation met « les fantômes de l'esprit humain à la place des idées de l'esprit divin. » (Aph. 22.) Elle crée « ces petits mondes imaginaires et singes du grand, qu'on appelle systèmes, et qui ne sont que des romans en présence du monde réel. » (*Ibid.*, aph. 124.) « Le travail de la science ressemble à la toile de Pénélope. L'esprit perd son temps à défaire et à refaire ce qu'il a fait. » (*Ibid.*) Ces *anticipations* doivent donc faire place à une véritable *interprétation*; car c'est en observant la nature et en lui obéissant qu'on parvient à triompher d'elle, *natura non nisi parendo vincitur*. (Aph. 3.) (2)

2° Le raisonnement *a priori* et tous les artifices de la *dialectique* sont également impuissants à faire connaître ce qu'une sagesse supérieure a fait et ordonné. « La subtilité de la nature surpasse de beaucoup celle de nos arguments. » (Aph. 24.) « Le syllogisme est un instrument trop faible et trop grossier pour pénétrer dans les profondeurs de la nature. » (Aph. 13.) « Cette méthode ne fait que tordre et renverser l'ordre naturel. » (*Ibid.*) — En résumé, « les conjectures et les théories sont des productions de l'homme, que nous trouverons toujours très-différentes des œuvres de Dieu. Si nous voulons connaître parfaitement celles-ci, il faut les analyser et les observer, sans rien ajouter du nôtre aux résultats que nous donnera l'observation. Une juste interprétation de la nature, voilà la philosophie orthodoxe; tout ce que nous y ajoutons de nous-mêmes est apocryphe (3). » — L'expérience donc, non une expérience aveu-

---

(1) Bacon intitule *Pars destruens* la première partie du *Nov. Org.*, destinée à combattre les fausses méthodes, et la deuxième *Pars ædificans*.
(2) « Physici est, non disputando adversarium, sed naturam operando vincere. « (Bacon, *Nov. Org.*)
(3) Descartes et Leibnitz, qui ont souvent abusé du procédé *a priori*, par-

gle, mais guidée par la raison, aidée de l'hypothèse et du raisonnement, peut seule nous initier à la connaissance des êtres de la création. « La vraie philosophie est celle qui est l'écho fidèle de la voix du monde, qui est écrite, en quelque sorte, sous la dictée des choses. » — « Car, au fond, quel est notre but? C'est de tracer dans l'esprit humain une image, une copie de l'univers, mais de l'univers tel qu'il est, non tel que l'imagine celui-ci ou celui-là, d'après les suggestions de sa propre raison. » (Aph. 124.) « Quant à ces petits mondes imaginaires et singes du grand que l'imagination humaine a tracés dans les philosophies, nous déclarons sans détour qu'il les faut effacer entièrement. » (*Ibid.*)

ART. II. EXPOSÉ DE LA MÉTHODE EXPÉRIMENTALE OU INDUCTIVE.

L'exposé théorique de cette méthode dans la IIe partie du *Novum Organum* (*pars ædificans*) manque de simplicité et souvent de clarté. Les exemples ont vieilli. Nous essayerons de préciser les procédés principaux selon l'ordre dans lequel ils se succèdent et d'en marquer les conditions : 1° l'*observation* proprement dite est le point de départ, le procédé initial et général de la méthode; 2° l'*expérimentation* en est le côté actif; 3° l'*induction* la féconde; 4° l'*analogie* l'étend encore, et 5° l'*hypothèse* supplée ou devance et met sur la voie; quant à la *classification*, elle recueille et coordonne les résultats; elle occupe une place particulière dans les sciences dont le but est de décrire et de classer les êtres.

§ I. Observation, expérimentation.

I. OBSERVATION. — La simple application de nos sens nous donne déjà une certaine connaissance, mais vague et superficielle. L'homme ignorant, comme le savant, voit les objets; la différence est que l'un voit mal et ne pénètre rien, tandis que celui-ci voit clairement et comprend, parce qu'il sait observer avec intelligence et méthode.

lent de même : « Les choses ayant pu être ordonnées de Dieu en une infinité de diverses façons, c'est par la seule expérience et non par la force du raisonnement qu'on peut savoir laquelle de ces façons il a choisie. » (Descartes.) « Le plus grand génie du monde ne saurait forcer les choses, et il faut entrer de nécessité dans les ouvertures que la nature a faites. » (Leibnitz, *Lettres*.)

Observer, c'est regarder attentivement ; c'est, de plus, savoir regarder. Il y a un art d'observer. Ce que dit Fontenelle de l'astronomie que, dans cette science, « l'art d'observer est lui-même une grande science, » est vrai de toutes les sciences d'observation. L'*attention* doit être calme, patiente, elle doit démêler les parties et les propriétés, reconnaître leurs caractères réels et essentiels, leur ordre, leur fonction. Conduite avec méthode, elle devient l'*analyse* à laquelle doit succéder la *synthèse*, c'est-à-dire un travail inverse qui reconstitue le tout en réunissant les parties et les propriétés dans l'ordre même de la nature. (V. *Analyse, Synthèse*.)

A ces conditions, nous obtenons une notion claire, distincte, exacte et fidèle de l'objet soumis à l'observation.

Quelques règles de bon sens sont ici à rappeler.

1° Se dégager de toute préoccupation systématique (1). L'esprit troublé par un système voit dans les objets ce qui n'y est pas, ou ne voit pas ce qu'ils renferment.

2° L'observation doit être exacte et complète, n'omettre aucune des parties, aucune des qualités essentielles.

3° Suivre l'ordre indiqué par la nature elle-même, et supposer qu'il existe même quand nous ne le voyons pas, mais attendre qu'il se révèle ; s'attacher d'abord aux propriétés importantes, pour passer de là aux accessoires ; préparer ainsi, même dans l'analyse, le travail de la synthèse.

Les règles de la synthèse sont les mêmes. Elle doit recueillir tous les éléments de l'analyse, puis rétablir l'ordre véritable. C'est ici surtout qu'il faut se tenir en garde contre l'esprit de système.

II. Expérimentation. — L'observation, base et point de départ de cette méthode, n'en est que le prélude. La nature a mis un plus haut prix à l'intelligence de ses secrets. Ceux-ci ne se dévoilent à l'observateur qu'autant qu'il unit la patience et le travail au talent et au génie. L'observation pure et simple est un procédé trop passif ; elle attend que les phé-

---

(1) « Dans la science, nous trouvons des gens qui, à force d'érudition et d'hypothèses, arrivent à ne plus voir ni entendre.... Il faut pour observer la nature un certain calme, une sérénité d'esprit qui ne soit ni troublée ni préoccupée. L'enfant ne perd point de vue le scarabée qui grimpe sur la fleur ; tous ses sens se concentrent sur l'objet unique et simple qui l'intéresse. » (Gœthe, *Ent. avec Eckermann*.)

nomènes se montrent; elle les voit dans l'ordre où ils se présentent, souvent isolés. « Ce n'est pas assez de rassembler un grand nombre d'expériences et de les choisir. L'expérience vague et qui n'a d'autre guide qu'elle-même n'est qu'un tâtonnement. » (I, aph. 100.) — « La nature laisse plus aisément échapper son secret lorsqu'elle est tourmentée et comme torturée par l'art que quand on l'abandonne à son cours naturel. » (98.) (1)

La nature, en effet, agit d'ensemble; son action est *synergique*. Or, au milieu de l'action simultanée des causes qui produisent des phénomènes si divers, il est difficile de démêler ce qui appartient à chacune, de distinguer les liaisons fortuites ou accidentelles de celles qui sont constantes et constituent des lois.

Le trouble naît dans l'esprit, il ne peut sortir d'embarras qu'en substituant à la première observation une autre plus laborieuse et plus sagace (2). C'est une véritable *chasse*, comme l'appelle Bacon; elle a ses ruses, ses piéges, son plan de poursuite et d'attaque. C'est aussi une *interprétation*, car la nature nous parle un langage obscur, énigmatique, qu'il s'agit de déchiffrer et qui reste inintelligible pour le vulgaire. Il faut faire violence à la nature et la mettre à la question, saisir les faits au passage, les fixer sous nos yeux, profiter des heureux hasards que fournit l'expérience.

Tel est le grand art des *expériences*, art qui demande les qualités les plus rares, l'esprit d'invention et de combinaison, et des qualités moins brillantes, la patience, la persévérance, le dégagement des préjugés et des opinions systématiques.

(1) « Loin de se laisser conduire au gré de la nature, la raison doit la forcer à répondre aux interrogations qu'elle lui pose.... Elle doit aborder la nature pour s'en faire instruire, non comme un écolier qui se laisse dire tout ce que bon semble à son maître, mais comme un juge établi pour faire subir un interrogatoire à des témoins. » (Kant, *Raison pure*, Préf.)
« Au lieu d'errer à l'aventure et de vouloir tout faire avant le temps, elle (la méthode) commence par allumer son flambeau, dont elle se sert ensuite pour montrer le chemin, en partant, non de l'expérience vague et faite après coup, mais de l'expérience bien digérée, bien ordonnée. Puis elle en extrait les principes. Enfin, de ces principes une fois solidement établis elle déduit de nouvelles expériences, sachant assez que le Verbe divin lui-même, lorsqu'il travailla sur la masse immense des êtres, ne le fit pas sans ordre et sans méthode. »(Bacon, *Nov. Org.*, I, aph. 72.)

(2) « Prudens interrogatio est dimidium scientiæ, vaga enim experientia, et se tantum sequens, mera palpatio est, et homines potius stupefacit quam informat. » (*Ibid.*)

Mais cet art, quel est-il ? Qu'est-ce qu'*expérimenter* ? C'est 1° *produire* artificiellement les phénomènes ; 2° les *isoler*, écarter les circonstances accessoires et démêler celles qui sont liées à la production du fait que l'on observe; 3° *répéter* et *varier* les expériences, afin de reconnaître et de dégager la loi, les caractères invariables, en excluant les accidents qui s'y mêlent. Voilà les opérations essentielles de la méthode *expérimentale*.

Pour les exécuter, l'expérimentation se sert d'instruments dont l'invention et l'emploi ne sont pas une des moindres parties de l'art lui-même et du progrès scientifique. « Un instrument, a dit un homme d'esprit, est un raisonnement qui a pris une forme éclatante et visible. » (Rivarol.) C'est surtout un moyen d'isoler les faits que la nature offre simultanés, de les présenter sous des faces différentes et d'en calculer les effets. L'expérimentateur, se plaçant en dehors des cas particuliers, examine le phénomène sous toutes les formes qu'il peut prendre et dans des situations diverses. C'est ainsi que, quand on a voulu étudier la pression de l'air, on a dû se placer non-seulement dans différents lieux, mais à des hauteurs différentes, observer différents corps, l'eau, le mercure, l'air, etc. Lorsqu'on a voulu établir l'équilibre des liquides, on n'a pas dû se contenter de vérifier l'équilibre pour l'eau, mais pour tous les liquides connus. Parfois la nature elle-même se prête à ces expériences, mais le plus souvent c'est au savant à l'interroger, à se placer et à placer les faits dans des conditions nombreuses et différentes. Le calcul sert beaucoup quand il est possible. La déduction se combine avec l'induction et fait deviner ou conclure des faits nouveaux. La conjecture et l'hypothèse sagement employées sont des auxiliaires utiles. La classification même artificielle en rapprochant les objets permet de mieux saisir les rapports. Mais ces procédés méritent chacun un examen à part.

III. Procédés d'expérimentation. — Cet art ne comporte guère de règles et il s'apprend surtout par la pratique. C'est dans les laboratoires et les amphithéâtres, c'est aussi par l'exemple des savants qui s'y sont rendus célèbres, par l'étude de leurs découvertes et des procédés qui les y ont conduits qu'on devient soi-même un expérimentateur habile.

Il est pourtant quelques opérations générales qu'il est bon d'avoir sous les yeux, ne fût-ce que pour se rendre compte des procédés suivis par les savants, souvent à leur insu. Celles qu'indique Bacon méritent d'être connues. Ce qu'il appelle *expérience guidée* ou *chasse de Pan* (mot emprunté à la fable et synonyme ici de nature) traite des différentes manières de faire des expériences. Les principaux procédés de la méthode expérimentale consistent : 1° à *varier*; 2° à *prolonger*; 3° à *transporter*; 4° à *renverser*; 5° à *compulser*; 6° à *appliquer*; 7° à *coordonner* les expériences ; 8° enfin, à *s'abandonner aux hasards de l'expérience*. Bacon explique ensuite ces diverses manières de faire des expériences en ajoutant à ses règles de nombreux exemples destinés à les éclaircir. Bien qu'ingénieux, la plupart ne sont plus à la hauteur de la science actuelle. (*De Augm.*, liv. V, ch. XI.)

La théorie de l'expérimentation est tellement liée à celle de l'induction qu'elle ne peut s'en séparer. Ce qui suit servira à la faire comprendre et à la compléter.

ART. III. DE L'INDUCTION.

§ I. Théorie de l'induction expérimentale.

La science ne se borne pas à enregistrer les faits soumis à ses expériences et à les coordonner, elle aspire à dépasser le cercle étroit de l'observation ; elle veut nous conduire du connu à l'inconnu. Or, le procédé qui permet d'effectuer ce passage, d'atteindre au-delà des faits tout en s'appuyant sur eux, c'est l'induction. Avant de l'étudier, il est bon de montrer sa place dans la science et sa nécessité.

I. NÉCESSITÉ DE L'INDUCTION. — Le monde offre à nos regards un ensemble d'existences dont le caractère extérieur est la variété et la mobilité. Mais sous cette apparente mobilité se cache un *ordre* invariable. Ces phénomènes si fugitifs se reproduisent d'une manière uniforme et constante. De même, quelle que soit la diversité qui éclate parmi les êtres de la création, nous découvrons en eux des propriétés communes, des ressemblances qui nous permettent de les classer. La même permanence se fait remarquer dans les genres et les espèces : jamais un genre n'empiète sur un autre, ni une espèce sur une autre espèce (1). Le progrès lui-même a sa loi. Il y a donc partout dans cet univers *uniformité, stabilité, harmonie;* partout se révèlent un plan et des *lois invariables.*

Étudier les lois qui régissent la nature des êtres, et leurs propriétés essentielles, c'est le but de la science. « Il n'y a pas de science des choses qui passent, *nulla est fluxorum scientia,* » dit Bacon, d'après Aristote. Οὐ γὰρ εἶναι τῶν ῥεόντων ἐπιστήμην. (Arist., *Mét.*, XIII, ch. IV.) « Il faut, pour qu'il y ait science, la condition du *toujours* ou du *souvent,* ἢ τοῦ ἀεί ἢ τοῦ ὡς ἐπὶ τὸ πολύ. » (*Ibid.*, VI, ch. II.)

Mais il faut un moyen sûr, infaillible, pour découvrir la marche uniforme de la nature, pour dégager la loi de l'accident, et le constant du variable. Ce procédé, on l'a vu, est l'*expérimentation.* Une autre s'appuyant sur elle proclame la loi et l'étend à tous les cas, à tous les faits qu'elle embrasse et à tous les moments de la durée. C'est l'*induction.*

Nous devons : 1° préciser sa nature; 2° examiner sa base; 3° les conditions de sa légitimité; 4° en mesurer la portée.

II. Nature de l'induction. — L'induction est le procédé qui transporte (*inducit*) à une classe entière d'objets les propriétés que nous apercevons dans un certain nombre d'entre eux; de *quelques-uns* elle conclut à *tous;* elle étend à l'espèce le caractère des individus et attribue au genre le caractère constant des espèces; elle proclame la loi comme générale et universelle, l'applique au passé et à l'avenir comme au présent, en un mot elle généralise. C'est toujours le procédé qui conclut du particulier au général.

Or, comment un tel procédé qui contredit la règle suprême du raisonnement, d'aller du même au même ou du tout à la partie, peut-il être légitime? Y a-t-il une méthode, une règle certaine qui permette ainsi de conclure des cas particuliers : *ex particularibus istis certa via et regula?* (Bacon.) Pour le voir, il faut en examiner la base.

III. Principe d'induction, ses caractères. — Ce principe,

---

(1) Ce point est, il est vrai, aujourd'hui contesté. Mais sans engager une discussion qui ne peut entrer ici, il suffit qu'on admette des lois qui régissent la succession des êtres et selon lesquelles s'accomplissent ces transformations

c'est celui de la *stabilité des lois de la nature* comme le *principe de contradiction* est la base de la déduction. Il se formule ainsi : tout phénomène a sa loi : *les lois de la nature sont constantes.*

Une autre formule est celle-ci : dans la nature, *les mêmes causes produisent les mêmes effets*, ce qui revient à dire qu'à certains phénomènes sont liés invariablement d'autres phénomènes. Le principe d'induction est donc l'idée même de *loi* appliquée soit aux phénomènes, soit à leurs causes. Celles-ci ne nous sont connues que par leurs effets ; mais nous savons que ces causes n'agissent pas au hasard, que leur action est régulière : c'est la foi à l'ordre et à la raison dans l'univers.

D'abord simple croyance primitive et innée, il nous gouverne à notre insu, et nous fait attendre le retour des mêmes faits dans les mêmes circonstances. L'enfant y obéit ; toute la vie humaine est réglée sur ce principe ; l'animal même semble guidé par cet instinct. Quand la raison vient à s'y appliquer, elle reconnaît sous cette croyance un de ses principes ou une vérité nécessaire, qui est celle-ci : tout fait a sa cause et cette cause agit d'une manière constante. Or, l'uniformité, c'est la *loi ;* le caractère de la loi est d'être invariable et générale. De l'ensemble des lois résulte l'*ordre*, et l'ordre de l'univers fait sa stabilité. C'est donc la foi à l'*ordre* qui est le fond de cette croyance. Mais l'ordre, c'est la *raison visible*. De sorte que la raison humaine s'y retrouve elle-même ; elle applique au monde ce qui est en elle ; la raison pour elle est l'essence de tout être. Elle conçoit l'ensemble des êtres, le monde, comme gouverné par une cause intelligente qui le conserve et assure sa durée. Voilà pourquoi à tout phénomène elle assigne une loi, aussi bien qu'une cause. Partout où elle voit un fait se produire d'une certaine manière, elle croit qu'il se reproduira de la même façon et elle en attend le retour.

Le difficile est de démêler le fait principal sous la complexité des circonstances qui l'accompagnent, de saisir, dans l'action simultanée des causes qui concourent et dont l'action coïncide, la circonstance importante et invariable, afin de ne pas prendre l'accidentel pour le nécessaire, le variable pour le constant, en quoi elle est exposée à se tromper. Pour cela, une opération est nécessaire, l'*expérimentation*, le grand art de la science (1).

Ce principe est nécessaire, mais il est un côté par où il est frappé de contingence.

IV. SA CONTINGENCE. — L'homme conçoit la cause intelligente qui gouverne le monde, comme une cause sage mais libre. A ce titre, si les lois émanées d'elle sont invariables et non l'effet du caprice, elles peuvent être changées par sa volonté. Les lois de la nature (celles de ses agents ou de ses forces pesanteur, lumière, électricité, etc.) ne nous paraissent nullement nécessaires. Il en est de même de l'essence des êtres qu'elle renferme et qui sont périssables, sujets à l'altération, au changement et qui peuvent être anéantis. Le soleil, la lune, les étoiles, les minéraux, les plantes n'ont rien qui garantisse leur durée éternelle ; le ciel et la terre passeront. La loi subsiste, il est vrai, comme expression de la sagesse éternelle ; la parole divine ne passe pas, mais le principe ne garantit nullement le retour infaillible des mêmes phénomènes. Ce n'est qu'une probabilité. Là est l'infériorité du principe qui sert de fondement à l'induction, comparé au *principe* de la déduction ou du raisonnement démonstratif qui, d'une vérité nécessaire, tire une vérité nécessaire (V. *Démonstration*), éternelle comme son principe, où il n'entre rien d'empirique ni de contingent. Mais ce principe bien appliqué n'en est pas moins une garantie suffisante pour la science humaine et pour les arts qui se règlent sur elle. Si l'induction empirique le cède en certitude à la démonstration et les sciences expérimentales aux sciences de pur raisonnement, elles rachètent cette infériorité par leur fécondité. Souvent aussi elles combinent la démonstration avec l'expérience.

Toutes les sciences physiques reposent sur cette base qui assure leur légitimité.

V. CONDITIONS DE SA LÉGITIMITÉ. — Le principe reconnu, comment l'appliquer? Comment trouver la loi, dégager l'invariable du variable, le constant de l'accidentel? Le moyen, je l'ai dit, c'est l'*expérimentation*. C'est là tout le secret et le

(1) Voyez Reid, *Œuvres*, t. III et IV. — Royer-Collard, *Fragm.*, p. 444. — D. Stewart, *Élém. de la phil. de l'espr. hum.*, t. III, trad. Farcy.

nerf de cette méthode, qu'il est facile maintenant de bien comprendre.

Les phénomènes de la nature s'offrent à nos yeux dans un ordre simultané ou successif. Pour démêler les rapports invariables, on doit donc procéder par *élimination* ou par *analyse*. Il ne suffit pas d'observer les faits tels que la nature nous les présente, il faut les examiner dans des circonstances différentes, les soumettre à des expériences nombreuses et variées. L'expérimentation, avons-nous dit, n'est pas l'observation passive et contemplative, c'est un procédé actif et laborieux. Celui qui l'emploie ne reste pas simple spectateur; il invente des expériences qu'il sait habilement diriger et varier. La nature ne dévoile ses secrets qu'à celui qui sait l'*interroger* et les lui arracher. C'est la fable de Protée, qu'il faut enchaîner pour le forcer à rendre ses oracles. Le talent et le génie de l'observation, dans les sciences expérimentales, supposent autant d'imagination et d'invention que de patience et de persévérance.

L'expérimentation est donc surtout un procédé d'*analyse*. L'esprit, comme un feu divin, doit faire cette séparation. *Itaque naturæ facienda est prorsus solutio et separatio, non per ignem certe, sed per mentem, tanquam ignem divinum.* (Nov. Org., II, aph. 7.) (1) — C'est aussi un procédé d'*élimination*. Il faut, dit Bacon, opérer *per rejectiones et exclusiones debitas* (I, aph. 105), c'est-à-dire écarter du fait dont on veut trouver la loi les circonstances accidentelles et indifférentes à sa production. On doit aussi ne pas se hâter de généraliser, contenir l'impatience naturelle à l'esprit humain, attendre que les faits soient suffisamment nombreux et les expériences assez variées, pour dévoiler la nature du phénomène et révéler sa loi.

A ces conditions, l'induction est légitime; elle ne produit pas l'évidence démonstrative qui accompagne les vérités nécessaires, puisqu'elle repose sur la stabilité des lois de la nature, qui pourraient être changées; mais dans le cercle

---

(1) Newton appelle aussi cette méthode l'*analyse* : *Methodus analytica est experimenta capere, phænomena observare, indeque conclusiones generales inductione inferre.* Il donne le nom de *synthèse* à la méthode inverse : *Synthetica est causas investigatas et comprobatas affirmare pro principiis, eorumque ope explicare phænomena ex iisdem orta istasque explicatione comprobare.* (Optique, liv. III.)

des vérités contingentes, elle engendre une entière conviction, à laquelle tout homme raisonnable ne peut refuser son adhésion. Le soleil se lèvera demain. L'aimant ou le fer possèdent aujourd'hui les propriétés qu'ils avaient hier. La force expansive de la vapeur doit observer invariablement la mesure précise qui a été calculée : toute la vie des hommes est réglée sur de semblables convictions.

Telle est l'induction expérimentale ou empirique, qui s'aide aussi du raisonnement et du calcul, dans les sciences surtout où la loi se réduit en nombre et se rapporte à l'étendue. Cette méthode diffère de la fausse induction qui remplace l'expérience par l'hypothèse, méthode d'*anticipation*. « Celle-ci, partant des faits particuliers, s'élance du premier saut jusqu'aux principes les plus généraux. Puis, se reposant sur ces principes, elle en déduit les principes moyens et les conséquences. » (*Nov. Org.*, I, aph. 19.) — La vraie méthode part aussi des faits particuliers ; mais, s'élevant avec lenteur par une marche graduelle, elle n'arrive que plus tard aux propositions générales, et elle procède par des expériences nombreuses et variées. (*Ibid.*)

Mais il reste une lacune. Quand le nombre des expériences est-il suffisant ? Ici Bacon se tait. Il fallait dire au moins que le *nombre* est ici une formule inexacte pour un procédé qui n'est point le raisonnement déductif, mais une opération de la pensée qui relève de la raison. Elle seule en effet fournit la base ; seule aussi elle applique le principe et déclare close la liste des expériences, quand la loi lui devient évidente. Cela montre ce qui a été dit plus haut, que l'induction n'est point la déduction et qu'elle se comporte autrement, que la raison est à la base, au milieu et au faîte de toute induction même expérimentale ou empirique. Autrement jamais un physicien n'aurait le droit d'affirmer qu'il a découvert une loi, que la science en a trouvé une seule ; ce qui est absurde.

VI. Règles ou tables de Bacon. — Bacon ajoute quelques règles. La loi se reconnaît : 1° quand deux faits *s'accompagnent* dans tous les cas où ils sont soumis à l'expérience ; 2° quand ils *disparaissent* ensemble ; 3° quand l'un croît et que l'autre *augmente* dans la même proportion ; 4° quand l'un diminue et que l'autre *diminue* d'une manière également proportionnelle. Le rapport constant peut être considéré comme loi. Bacon dresse à ce sujet ce qu'il appelle des *tables de présence, d'absence, d'augmentation et de diminution*. — On a signalé l'insuffisance théorique de ces règles, qui n'en offrent pas moins un côté utile dans l'application.

VII. De la portée de cette méthode et de ses résultats. — La portée et la fécondité de cette méthode sont faciles à concevoir. — 1° S'il est constaté que la propriété observée dans les individus est la propriété de l'espèce entière, que celle de plusieurs espèces est la propriété du genre, c'est l'infini de la création qui s'ouvre devant nous. Que sont en effet les *quelques* individus sur lesquels l'observateur fait ses expériences, comparés à l'infinie variété des êtres du même genre ou de la même espèce qui sont dérobés à ses regards, mais qu'il atteint par une induction certaine? Un faible échantillon, un faisceau, *manipuli instar*. Combien est petit le nombre des faits observés comparativement à ceux que régit la loi! Qu'est-ce que la durée plus ou moins longue des expériences que fait l'observateur et le lieu qui en est le théâtre, en regard de la durée et de l'espace auxquels s'étend la portée de ses inductions? La loi découverte par Newton, les lois de Keppler régissent la création tout entière. Chaque loi constatée de la chaleur, de la lumière, embrasse des espaces sans bornes et des corps innombrables. En un mot, la loi d'un phénomène légitimement constatée, on peut l'appliquer à tous les faits du même genre, affirmer qu'ils se reproduiront constamment de la même manière, étendre à tous les points de la création le résultat d'expériences limitées par leur durée et par le lieu qui en a été le théâtre.

2° Ce n'est pas tout : deux faits étant donnés, le rapport invariable qui les unit étant connu, on peut affirmer que si l'un se produit, l'autre l'accompagnera et avec les mêmes circonstances qui ont été précédemment observées. Donc, le premier deviendra le signe du second; l'homme sera l'*interprète* de la nature, dont les phénomènes seront pour lui autant de symboles. « La philosophie est écrite dans le livre de la nature qui est sous nos yeux; mais ce livre ne peut être compris tant que nous n'avons pas appris la langue et les caractères dans lesquels il est écrit. » (Galilée.) Si ce sont deux phénomènes qui se succèdent, leur rapport d'antériorité constante étant déterminé, le premier sera le signe avant-coureur du second, dont on pourra *prédire* infailliblement le retour. La science aura, en quelque sorte, acquis le don de divination et de *prophétie*. « Celui, dit Plotin, qui annonce les mouvements des planètes, les effets de certains remèdes, les résultats des expériences chimiques, fait une espèce de prophétie naturelle. » (*Ennéades*.)

L'induction étend donc la portée de l'intelligence humaine hors des limites étroites de la durée présente et du lieu où nous sommes fixés dans l'espace ; elle transporte ses résultats du temps actuel au passé et à l'avenir, et à tous les points de la création.

3° Mais cette méthode, qui agrandit la sphère de nos connaissances, augmente aussi indéfiniment la puissance humaine. « La *science* et la *puissance* se correspondent. » « Ce qui était principe, effet ou cause dans la théorie, devient règle, but ou moyen dans la pratique. » (*Nov. Org.*, I, 3.) En effet, si l'homme connaît la loi des phénomènes de la nature et des forces qui l'animent, par là même il a prise sur eux ; il peut, en déterminant telle action, produire dans une mesure et une proportion calculées d'avance tous les effets qui sont liés au phénomène connu. Dès lors, il n'est plus seulement l'*interprète* et le *ministre* de la nature, il devient son *maître*, il se soumet ses forces et ses agents ; il en fait autant d'instruments dociles à sa volonté et appropriés à ses desseins. Tel est le secret des merveilles de l'industrie humaine (1).

§ II. Méthodes d'induction différentes de l'induction baconienne.

I. INDUCTION ARISTOTÉLIQUE. — On a contesté à Bacon la gloire d'être le représentant de cette méthode et d'en avoir le premier posé les règles.

On a prétendu que l'induction avait été connue d'Aristote,

---

(1) Sur la théorie de l'induction expérimentale, on lira avec un vif intérêt le livre de M. Biéchy, *De l'Induction* (1869, Delagrave), qui contient des développements et des exemples très-propres à compléter et à éclaircir cette théorie.

qui l'aurait décrite sous sa véritable forme. Il est vrai que l'induction (ἐπαγωγὴ) se trouve signalée dans la *Logique* d'Aristote, où elle constitue une forme particulière du syllogisme; mais il existe une différence capitale entre l'induction aristotélique et celle de Bacon, que celui-ci a signalée lui-même. L'induction, telle que la conçoit Aristote, procède par simple énumération, *per enumerationem simplicem*. Elle énumère toutes les parties et conclut des parties au tout : ἡ γὰρ ἐπαγωγὴ διὰ πάντων. (*Pr. Analyt.*, II, 23.) Elle fait la somme, le total ; procédé très-exact, mais impossible ou stérile dans les sciences de faits. Il n'est pourtant pas inutile de voir simultanément ce qu'on a vu partiellement. L'induction va ici du même au même, du connu au connu ; elle est parfaitement légitime, c'est un raisonnement par identité. Supposez, par exemple, que l'on énumère d'abord toutes les planètes : Saturne, Jupiter, Mars, Vesta, etc., comme empruntant leur lumière du soleil, et qu'on affirme ensuite que toutes les planètes tirent leur lumière de cet astre, on aura, selon Aristote, fait une induction, c'est-à-dire conclu des parties au tout. Bacon a tort d'ajouter que ce genre d'argument est puéril; c'est une synthèse après l'analyse; mais on ne peut nier qu'il ne soit stérile. L'induction moderne, qui est très-légitime, procède par une énumération incomplète; elle va du connu à l'inconnu. Si elle ne jouit pas de la certitude apodictique ou propre à la démonstration, ce n'est pas une raison de la reléguer, comme on l'a fait, dans la simple probabilité. Lorsqu'elle repose sur l'expérimentation, qui permet de découvrir la loi, celle-ci lui communique son infaillibilité. Son incontestable supériorité est dans sa fécondité *.

---

* *Remarque.* — L'induction moderne repose sur l'expérimentation. C'est là qu'est sa force et sa légitimité, là aussi est son originalité. Aristote n'a pas compris cette vertu cachée du procédé expérimental, véritable interprète de la nature, père de la science moderne. Il voit bien que le point de départ de la science est l'individuel : τὸ καθ' ἕκαστον (*Analyt. Post.*, II, 5) ; mais pour lui l'analyse des individus n'est qu'une base incertaine pour le raisonnement abstrait, dont le fruit est la conjecture (εἰκασία). La science vraie, selon lui, est dans la *démonstration* (ἀπόδειξις), le syllogisme *scientifique*, comme il l'appelle. Il n'a aucune foi dans le procédé qui part du particulier ; il s'arrête à la *forme* (εἶδος) des individus ; puis aussitôt il se livre ordinairement aux hypothèses et aux raisonnements les plus hasardés. Au lieu de continuer dans la voie de

II. INDUCTION SOCRATIQUE ET PLATONICIENNE. — Une autre espèce d'induction est celle qu'Aristote dit avoir été inventée par Socrate (*Mét.*, XIII, 4) et qui porte son nom ; telle est aussi la *dialectique* platonicienne dont il sera parlé plus loin. C'est la méthode par laquelle l'esprit s'élève à la conception des idées et des principes nécessaires. Elle diffère de la précédente, en ce qu'elle ne s'appuie pas comme elle sur l'expérimentation. La raison conçoit immédiatement les vérités nécessaires sans avoir besoin d'observer et de comparer successivement un grand nombre de faits particuliers. Ainsi, un seul phénomène étant donné, elle conçoit qu'il a une cause, que tout phénomène a une cause, que ce principe est universel et nécessaire. Toutefois, ces sortes de principes ne nous apparaissent pas d'abord sous leur forme pure, abstraite et générale. Ils gouvernent longtemps notre raison à son insu, et restent comme enveloppés dans les jugements particuliers que nous portons sur les objets qui nous environnent. Pour dégager ces vérités universelles, un effort d'*abstraction* est nécessaire ; l'attention et la réflexion ont besoin d'être excitées. Le moyen qu'employait Socrate,

l'expérience et de pénétrer plus avant dans l'intérieur des faits, il abstrait et raisonne : la spéculation remplace l'induction et l'observation. Bacon condamne avec raison cette méthode ; il veut qu'on substitue l'expérimentation au raisonnement. Là est la différence, elle est capitale ; c'est celle de la science ancienne et de la science moderne : l'une qui raisonne et discute, l'autre qui observe et compare; l'une qui invente des formules, l'autre qui s'entoure d'instruments, s'arme du calcul, cet instrument de l'esprit, et vit dans les laboratoires. On a donc beau répéter qu'Aristote a connu l'induction, qu'il l'a décrite et pratiquée (de Maistre, Hamilton), c'est s'attacher à la forme, non au fond des choses. L'induction péripatéticienne n'est qu'une forme logique, celle de Bacon est un *art*, une *méthode*. Aux yeux de la logique formelle, l'induction est un syllogisme *bâtard*, mais le bâtard a détrôné le fils légitime. Pour la science réelle, c'est un organe nouveau, *novum organum*. Aristote s'en est servi sans doute (surtout dans son *Histoire naturelle*), mais il n'en a pas eu la connaissance théorique, il n'a pas cru à sa légitimité ni soupçonné sa portée. (V. Bacon, *Nov. Org.*, aph. 98.) Le procédé générateur, l'expérimentation, est pour lui très-vague. Nulle part il ne le décrit ; il est obscur dans son laconisme toutes les fois qu'il parle de l'induction expérimentale. Il l'est bien plus encore sur l'*induction rationnelle*, celle qui dégage les principes nécessaires, quoique Platon lui eût frayé la route ; il la décrit très-mal et la confond avec le procédé comparatif. Dans son antagonisme aveugle contre la dialectique platonicienne, il lui échappe des phrases malheureuses, qui l'ont fait ranger parmi les sensualistes. (V. le dernier chap. des *Analyt. Post.*, ibid., liv. I, ch. XVIII.)

c'était une accumulation d'*exemples* empruntés à la vie commune, des *comparaisons* capables d'aider l'esprit à concevoir l'idée générale. Il se servait aussi de la *réfutation*. En faisant voir l'inconsistance des définitions vagues ou étroites du sens commun et des sophistes, il forçait l'esprit à s'élever au-dessus de toutes ces notions incomplètes et fausses. Platon applique et développe d'une manière plus savante encore la même méthode, à laquelle il donne le nom de *dialectique*. (V. *Méth. des sciences morales*.)*

ART. IV. DE L'ANALOGIE.

> Similitudo in contrariis et paribus, et in iis rebus, quæ sub eamdem cadunt rationem.
> (Cic., *De Invent.*, I, 30.)

Un procédé d'un fréquent emploi dans les sciences, et qui a beaucoup de rapport avec l'induction, est l'analogie ; examinons sa nature, sa base, ses conditions et sa portée.

I. SA NATURE. — L'analogie est une ressemblance extérieure ou imparfaite entre les objets, d'où l'on conclut une autre ressemblance plus réelle que nous ne voyons pas. Raisonner par analogie, c'est donc, de qualités apparentes et visibles, induire un rapport ou une qualité cachée commune à des objets d'ailleurs différents. C'est aller du connu à l'inconnu sur la foi du connu. Lorsque je vois pour la première fois un homme qui a des traits, des manières, un extérieur semblables à ceux d'une personne de ma connaissance, je

---

* *Remarque.* — Une autre induction analogue à la précédente, mais inférieure et différente pour le fond et le but, est celle que décrit Cicéron au traité de l'*Invention*, I, 31-32. C'est une forme d'*argumentation* dont le résultat est de mettre un adversaire en contradiction avec lui-même, sans qu'il s'en aperçoive, *imprudens*. Le procédé consiste à conduire par similitude, *propter similitudinem*, d'une proposition première à une proposition finale qui en fasse voir l'absurdité, et dont l'identité avec la première soit démontrée de manière que celui qui l'a accordée ne puisse s'y refuser. Tout l'artifice consiste à établir cette identité sans la montrer, si ce n'est à la fin. Cette méthode d'argumentation captieuse, *quæ captat assensionem*, est indigne de la science ; c'est un artifice oratoire. Elle n'est permise dans la discussion philosophique que lorsque, comme pour Socrate, elle a pour but de battre les sophistes avec leurs propres armes : elle n'a de commun du reste, avec la vraie induction, que la forme, en ce qu'elle conduit de plusieurs vérités particulières à une conclusion inattendue, *hœc ex pluribus perveniens quo vult appellatur inductio*. Mais elle rentre encore plus dans la déduction que dans l'induction.

suis porté à juger par analogie qu'il a aussi le même caractère.

Dans un sens plus étroit, l'analogie (ἀνὰ λόγος) est une *similitude de rapports* entre des objets de nature différente, *in contrariis et paribus quæ sub eamdem cadunt rationem.* (Cic.) Ainsi l'oiseau et le poisson sont des êtres d'espèce différente, ils offrent pourtant des ressemblances dans leur structure et leurs organes, et cette différence s'explique par celle du milieu où ils vivent. Entre les nageoires du poisson et les ailes de l'oiseau, l'analogie est évidente, la fonction étant la même, celle de soutenir l'animal et de servir à sa locomotion. Mais l'un se meut dans l'eau, l'autre dans l'air. Un ballon a de l'analogie avec un vaisseau, c'est un vaisseau aérien ; d'où les mots : aéronaute, navigation aérienne. On peut même, selon la remarque d'Aristote (1), mettre ce rapport sous la forme d'une proportion : les nageoires du poisson sont à l'eau comme les ailes de l'oiseau sont à l'air. Un ballon est à l'air comme le vaisseau est à l'eau. Les feuilles sont à la plante ce que les poumons sont aux animaux.

L'analogie est donc une espèce d'induction. Toutes deux vont du connu à l'inconnu, du particulier au général ; mais la véritable induction appliquant la loi à des faits semblables se renferme dans les objets de même espèce ou de même genre ; elle conclut seulement des individus à leur espèce, ou de plusieurs espèces semblables au genre qui les renferme. D'un phénomène observé elle induit la loi qui régit les faits identiques dans d'autres temps et dans d'autres lieux. L'analogie, procédé plus hardi, s'appuyant sur de simples rapports, étend ses conclusions à des êtres d'espèce différente, et raisonne sur les genres les plus éloignés. Essentiellement généralisatrice, elle rapproche les êtres et les lois particulières et les confond dans de plus générales, qu'elle ramène à leur tour à l'unité ; elle aspire à reconstituer l'unité de plan dans la nature.

II. Son principe. — Le principe qui sert de base à l'induction est la *stabilité des lois* de la nature. L'analogie a aussi le sien qui en diffère, mais le suppose, savoir : *l'unité de*

---

(1) C'est en parlant de la métaphore, fondée sur l'analogie ; et il donne cet exemple : La vieillesse est le soir de la vie ; la vieillesse est à la vie comme le soir est au jour. (*Poét.*, ch. XXI.)

plan dans la création, croyance également innée et qui n'est aussi que la foi à la raison divine et à la sagesse de celui qui a ordonné le monde. Mais cette conviction, qui laisse subsister toute notre ignorance sur la nature même de ce dessein, nous invite à juger avec prudence, à ne pas mettre nos conceptions à la place des desseins de Dieu. D'ailleurs, si, dans la nature, tout a été ordonné d'après des lois uniformes et sur le modèle d'une grande simplicité ou en vue de la plus haute *unité*, cette unité comporte une très-grande *variété*. Les différences ne sont ni moins nombreuses, ni moins profondes que les ressemblances. Il faut se garder de les effacer ou d'en méconnaître la réalité et l'importance ; c'est le grand écueil de cette méthode.

Si donc on ne peut méconnaître l'utilité de cette méthode, il ne faut pas s'aveugler sur ses dangers. L'analogie, dans la science, est un moyen fécond de découvertes (1), c'est aussi une cause fréquente d'erreurs. Elle est la base de cette méthode *hypothétique* dont nous avons apprécié la valeur. Elle joue aussi un grand rôle dans nos jugements ordinaires. Le monde est rempli d'analogies, et nous saisissons beaucoup plus facilement les ressemblances apparentes que les différences réelles. La manière dont juge l'enfant sur la plupart des objets en est un exemple. Si nous nous laissons aller à la pente naturelle de notre esprit, nous risquons à chaque instant de nous tromper, de faire des conjectures vaines ou hasardées. L'imagination se plaît dans les analogies et les comparaisons. Elle multiplie les rapports entre les faits de même ordre ou d'ordre différent ; elle unit le monde physique et le monde moral, transportant les lois de l'un à l'autre. C'est une des sources principales de la poésie, l'origine de la *métaphore* ; mais la science doit se défier de ce penchant naturel, n'admettre qu'avec réserve les analogies, ne leur accorder le rang d'explications véritables que quand elles ont été vérifiées par des procédés plus sévères d'expérience et de raisonnement.

III. CONDITIONS DE SA LÉGITIMITÉ. — A quelles conditions

---

(1) « Un grand nombre de découvertes dans les sciences sont dues à l'analogie. Je citerai comme une des plus remarquables l'électricité atmosphérique, à laquelle on a été conduit par l'analogie des phénomènes électriques avec les effets du tonnerre. » (La Place, *Syst. du monde*.)

doit-elle être soumise, pour être un guide sûr dans la science, au lieu de l'égarer dans les voies hasardeuses de l'hypothèse ? On conçoit quelles restrictions elle impose au jugement de l'observateur ou du savant, s'il ne veut pas substituer ici ses vues à celles de l'auteur de la nature. — 1° Tant que le raisonnement n'a pas été vérifié par l'observation, que la théorie et l'expérience n'auront pas été mises d'accord, on ne doit considérer le résultat que comme une hypothèse plus ou moins *probable*, et qui ne peut prétendre à la certitude. — 2° Plus les analogies sont importantes et nombreuses, plus elles tiennent à la nature essentielle des êtres et se rattachent à des lois déjà connues, plus le jugement acquiert de valeur et se rapproche de l'induction certaine. Si la similitude ne porte que sur un petit nombre de caractères extérieurs ou de rapports éloignés, douteux, mal déterminés, isolés, qui ne se lient à rien de bien connu et de certain, la probabilité sera d'autant plus faible et le jugement hasardé ; ce sera une simple conjecture. — 3° Une condition essentielle de la légitimité du jugement par analogie est de tenir compte de la diversité des objets dont on affirme le caractère commun, *mutatis mutandis*. Les nageoires sont dans le même rapport avec l'eau que les ailes avec l'air ; mais on conclurait mal que le poisson lancé dans l'air volera, et que l'oiseau nagera s'il est plongé dans l'eau. Il faut ici affirmer simplement la similitude de fonction et des effets analogues, en tenant compte du milieu. C'est le vice du raisonnement qui conclut que la lune est habitée de son analogie avec la terre. On ne tient pas assez compte des différences (1).

L'analogie dévoile les rapports cachés et éloignés des êtres, les grandes lois de la nature ; mais c'est une méthode qui demande à être maniée par des mains prudentes et délicates. Si elle favorise la hardiesse du génie, elle peut l'égarer dans des vues systématiques. Par elle les plus chimériques aperçus, les erreurs les plus grossières, les plus bizarres conceptions se colorent d'un faux vernis scientifique. Dans les jugements ordinaires, quand l'analogie ne porte que sur des ressemblances extérieures et des rapports superficiels, elle est encore plus trompeuse et l'on ne peut trop s'en défier. Ainsi, deux plantes peuvent offrir des caractères extérieurs tout à fait semblables, prospérer sous le même climat, exiger la même culture, et l'une sera une plante salutaire, l'autre un poison. Il faut avoir pénétré bien avant dans les mystères de la nature et s'être familiarisé avec ses procédés pour oser porter un jugement à l'aide des simples analogies qu'elle offre à l'extérieur. Mais lorsque les rapports ont été reconnus, par l'expérience et la comparaison, être de véritables lois, l'analogie cesse d'être une conjecture et elle rentre dans l'induction proprement dite. Elle jouit alors d'une certitude entière, et elle y joint une admirable fécondité. La méthode de Cuvier en offre le plus bel exemple. Cette méthode, en effet, qui repose sur les lois connues de l'organisation des êtres, peut conduire, par analogie, à retrouver des espèces perdues à l'aide d'échantillons déposés dans les couches du globe; mais ici l'analogie, c'est l'induction ou une déduction appuyée sur elle. Elle produit ainsi ses admirables effets.

IV. DEGRÉS DE L'ANALOGIE ; RAPPORTS SUR LESQUELS ELLE SE FONDE. — Il y a donc divers degrés d'analogie comme de probabilité. Les rapports surtout sont à distinguer, comme l'a très-bien remarqué Condillac. (*Logique*, part. II, ch. IX.)

Les principaux sont : 1° les rapports de *ressemblance réelle*; 2° ceux de la similitude des *fins* et des *moyens*; 3° la similitude des *effets* ou des *causes*. — Il faut encore ici distinguer des nuances et des degrés, les ressemblances extérieures ou profondes, les moyens et les fins particulières à chaque espèce, relatives ou inhérentes à la nature des êtres. — Même distinction dans les causes. Lorsque les rapports se combinent, l'analogie est plus grande. Ainsi, l'analogie des organes qui porte à la fois sur la ressemblance, l'identité de la fonction, et la ressemblance des effets est plus grande que quand les effets seuls se ressemblent, ou les fonctions, ou les causes. Certes, la plus raisonnable des analogies est celle qui induit de la ressemblance des effets celle de la cause : comme de l'identité des effets de la foudre et de ceux de l'électricité on conclut une cause identique; cette cause cependant reste inconnue. Mais si en observant les veines on fait attention que le sang est un liquide, que l'organe a la forme d'un conduit hydraulique, que des valvules en ferment l'entrée et empêchent le sang de refluer, que le pouls bat dans les artères, ce qui indique un mouvement, on conclura avec certitude la circulation de ce liquide.

V. COMPARAISON DE L'ANALOGIE ET DE L'INDUCTION. — Si nous comparons l'analogie et l'induction, il sera facile de saisir leurs ressemblances et leurs différences.

Elles ne diffèrent pas essentiellement comme opérations de l'esprit; mais leur base est différente.

L'*analogie* s'appuie soit sur des ressemblances imparfaites entre des faits d'espèce différente, soit sur la similitude des rapports. — L'*induction* véritable se fonde sur la connaissance des *lois* de la nature.

De là une différence quant à la légitimité de leur résultat: l'une produit la certitude, l'autre n'engendre que la probabilité.

L'*induction* conclut du particulier au général en étendant à une classe entière d'objets ce que l'on a observé dans quelques individus; mais elle ne le fait qu'après s'être assuré, par une *expérimentation* suffisante, que ce qu'elle affirme ainsi des individus est la propriété commune de l'espèce entière. De même, si elle transporte dans le passé et dans l'avenir le rapport observé entre deux faits, c'est après avoir reconnu que ce rapport est invariable et constant, et qu'il constitue leur *loi*. Sa légitimité repose sur la *stabilité des lois* de la nature.

L'*analogie*, procédé moins exact et moins sévère, de la ressemblance souvent extérieure de deux objets conclut à leur ressemblance cachée. De l'accord visible de deux faits, d'ailleurs dissemblables et soumis à des conditions différentes, elle infère une affinité plus profonde; elle transporte aux genres les propriétés des espèces, convertit des lois particulières en lois générales, se fondant sur l'*unité de plan* dans la nature et l'*harmonie* de ses lois.

Elle est un moyen fécond de découvertes, mais sa base est loin d'être aussi solide que celle de l'induction. Aussi un pareil jugement, tant qu'il n'a pas été vérifié par l'observation, reste à l'état de conjecture plus ou moins probable (1).

(1) « Le soleil faisant éclore par l'action bienfaisante de sa lumière et de sa chaleur les animaux et les plantes qui couvrent la terre, nous jugeons par analogie qu'il produit des effets semblables sur les autres planètes... Cependant

Plus la ressemblance est grande et la correspondance parfaite, plus la conjecture acquiert de probabilité et tend à se transformer en induction légitime. Exemple : Si je conclus que ce morceau de *cuivre*, ou tout autre métal, soumis à un certain degré de chaleur, entrera en fusion, je fais une induction certaine ; car ce raisonnement repose sur la connaissance d'une propriété commune à tous les métaux, la fusibilité. Il en serait de même s'il s'agissait de toute autre propriété physique également constatée. Si, ayant remarqué une certaine similitude dans les effets de l'électricité et du calorique, je transporte à l'un toutes les propriétés de l'autre, je ferai une conjecture fondée sur une analogie réelle ; mais jusqu'à ce que de nouvelles expériences révèlent l'identité des deux agents, je reste dans le champ de l'hypothèse et de la probabilité.

VI. Règles de l'analogie. — La règle fondamentale de l'induction, qui seule peut garantir sa légitimité, c'est une *expérimentation* antérieure suffisante pour se convaincre que la propriété observée entre les objets ou les faits en est la loi constante, uniforme, invariable.

L'analogie a des règles moins fixes et plus délicates à observer ; elles ressortent de ses conditions, qu'il suffit de répéter. 1° Non vérifiée, elle reste une probabilité. 2° Celle-ci sera d'autant plus haute, que le rapport sera plus ou moins frappant, important, voisin de l'essence des choses, et que l'expérience aura démontré qu'il est constant dans le plus grand nombre des cas. Ici l'induction et l'analogie se rapprochent au point de se confondre (1). Mais si les rapports sont éloignés et les expériences peu nombreuses, le degré de probabilité sera d'autant plus faible. 3° L'analogie laissant subsister des différences malgré la correspondance des rapports, il faut dans la conclusion tenir compte de la diversité (*mutatis mutandis*). Entre l'évidence, qui éclaire les esprits,

---

ce serait donner trop d'extension à l'analogie que d'en conclure la similitude des habitants des planètes et de la terre. Mais ne doit-il pas y avoir une infinité d'organisations relatives aux diverses conditions des globes de cet univers ? » (La Place, *Syst. du monde*.)

(1) « Nous sommes conduits par une forte analogie à regarder les étoiles comme autant de soleils doués, ainsi que le nôtre, d'un pouvoir attractif et proportionnel à la masse.... car ce pouvoir appartient à toute la matière.. » (La Place, *Syst. du monde*.)

ou la lumière intellectuelle et la lumière physique, qui éclaire les corps, il y a une analogie. Si on conclut de l'une tout ce qui appartient à l'autre, et que l'on transporte à l'esprit les lois de la réflexion de la réfraction, etc., on tombera dans des analogies forcées ; l'imagination pourra s'y plaire, la raison les repoussera.

ART. V. DES HYPOTHÈSES.

> Ceux qui professent une estime exclusive pour l'expérience oublient qu'elle n'est que la moitié de l'expérience.
> (GŒTHE, *Maximes et Réflexions.*)

1. DE L'UTILITÉ DES HYPOTHÈSES. — La méthode des sciences physiques et naturelles a pour base l'observation et l'expérimentation. L'induction et l'analogie, toutes deux fondées sur l'expérience, la fécondent et agrandissent sa portée. Il ne nous est pas permis de substituer à ces procédés légitimes et rigoureux des raisonnements *à priori* ou les créations arbitraires de notre esprit. *Hypotheses non fingo*, disait Newton.

Mais proscrire les hypothèses de la science et en bannir l'imagination serait donner dans un empirisme étroit et aveugle. On ne saurait sans doute méconnaître la part du raisonnement dans cette méthode. La raison, avec ses principes *à priori*, sert de guide à l'expérience, qui est une expérience *guidée*. (Bacon.) Le raisonnement appuyé sur les lois déjà connues peut supposer ou soupçonner d'autres lois ou d'autres faits plus ou moins probables, mettre sur la trace de vérités nouvelles. C'est aussi le cas de parler de l'*hypothèse* et de marquer sa place dans la méthode des sciences expérimentales.

Son rôle n'est que secondaire ; mais en se subordonnant elle devient un auxiliaire indispensable ; sans elle, la science avancerait trop lentement, elle se traînerait sur des expériences que rien ne viendrait féconder. L'expérimentation elle-même ne peut se passer de l'hypothèse. Son point de départ est une théorie ; car qu'est-ce qu'expérimenter ? C'est créer et varier habilement les expériences, imaginer des rapports, placer les faits dans un jour nouveau, dans des circonstances différentes. Il faut des expériences qui portent la lumière dans les faits, *experimenta lucifera*. (Bacon.) Cette méthode est une sage interrogation (*prudens interrogatio*); elle pose des questions à la nature et attend ses réponses. C'est une manière de flairer (*odoratio quædam venatica*) qui met sur la trace des faits cachés. (*Id.*) (1)

Tout dans la nature n'est-il pas arrangé d'après un ordre et un dessein conformes aux vues de la plus sage raison (2)? Donc, si elle est circonspecte, remarquant la correspondance et la liaison des faits, la raison humaine peut découvrir le plan de la sagesse divine. A cette méthode bien employée appartiennent les inspirations du génie dans les sciences, et les plus belles découvertes de l'esprit humain. La théorie de la gravitation ne fut qu'une conjecture fondée sur l'analogie, jusqu'au jour où Newton, par un calcul fondé sur la mesure exacte de la terre, démontra la coïncidence qui existe entre la loi qui détermine la chute des corps pesants et la puissance qui retient la lune dans son orbite. L'anneau de Saturne ne fut d'abord qu'une hypothèse imaginée par Huyghens pour expliquer les observations qu'il avait faites sur les corps célestes. (D. Stewart.) (3)

---

(1) « La nature agit bien ouvertement et librement, mais non isolément; elle agit sous l'influence d'une foule de causes qu'il faut y voir pour obtenir un résultat pur. Elle doit donc être forcée d'agir sous certaines conditions qui ne sont nullement ordinaires et qui n'existent que modifiées par d'autres. Une pareille violence faite à la nature s'appelle *expérimentation*. Chaque expérience est une question adressée à la nature et à laquelle elle est forcée de répondre. Mais toute question renferme un secret jugement *à priori*. Chaque expérimentation qui mérite ce nom est une prophétie. Le fait d'expérimenter lui-même consiste à *produire* des phénomènes. Le premier pas dans la science, du moins en physique, consiste donc à commencer par produire les objets de cette science. » (Schelling, *Ecrits philos.*, p. 373 de notre traduction.) — « Il est impossible à celui qui n'a aucune vraie théorie d'avoir à son service aucune vraie expérience, et réciproquement. Le fait en lui-même n'est rien ; il apparaît tout autrement à celui qui a des *idées* et à celui qui le considère sans aucune idée. Pour bien voir, il faut savoir de quel côté on doit regarder ; et beaucoup d'expérimentateurs ressemblent à ces voyageurs qui pourraient, disent-ils, faire beaucoup de questions sur le pays s'ils savaient seulement sur quoi ils doivent questionner. » (Schelling, *ibid.*) — Cf. Claude Bernard, *Introduction à la médecine expérimentale*, chap. II, De l'idée à priori dans la méthode expérimentale.

(2) « Le Verbe divin travaillant sur la masse des êtres ne le fit pas sans ordre et sans méthode. » (Bacon, *Nov. Org.*, 82.)

(3) « D'innombrables phénomènes ont été prévus par les physiciens avant d'être démontrés par l'expérience, et c'est ce qui arrivera toujours de plus en plus à l'avenir. — Aussi l'étude empirique de la nature fera des progrès d'autant plus rapides qu'elle ne sera plus obligée de se traîner çà et là, à l'aveugle, dans toutes les directions ; que le cercle dans lequel devront se faire toutes

« L'hypothèse rend à la science un autre service. En expliquant d'une manière satisfaisante un certain nombre de faits, elle aide à les classer, à mettre de nouveaux faits en lumière, et à préparer la voie aux recherches à venir. » (*Id.*)

« Toute théorie hypothétique, pourvu qu'elle offre quelque probabilité, suppose une connaissance générale des phénomènes dont elle cherche à rendre compte, et c'est en raisonnant synthétiquement de l'hypothèse et en comparant ses déductions avec l'observation et les expériences, qu'un sage physicien est conduit graduellement ou à la corriger, de manière à la réconcilier avec les faits, ou à l'abandonner définitivement comme une conjecture sans fondement. » (*Id.*) Les fausses hypothèses elles-mêmes ont été plus utiles qu'on ne pense : sans les tourbillons de Descartes, il est douteux que Newton eût découvert le vrai système du monde. L'erreur enseigne la vérité, dit Bacon. Il y a un cercle d'erreurs qu'il faut avoir parcouru avant d'arriver aux véritables solutions. « La maturité de la raison est le fruit des mécomptes réitérés qui corrigent les méprises de la jeunesse et de l'inexpérience. Qu'on se garde donc de croire entièrement inutiles ces systèmes dont on a reconnu la fausseté. Celui de Ptolémée est fondé sur un préjugé si naturel et si inévitable, qu'on doit le considérer comme un pas nécessaire dans la science astronomique, et s'il n'eût pas été proposé par l'antiquité, il eût infailliblement précédé chez les modernes celui de Copernic. (*Id.*) (1) ».

---

ses découvertes sera tracé ; que tous les points où se rencontrent les phénomènes seront désignés, ainsi que les parties du cadre qui, jusqu'ici, sont restées vides. » (Scheling, *ibid.*)

(1) Quand l'observateur a recueilli les faits, que le savant les a classés, le philosophe se demande quelles sont leur origine et leur signification ; et, au moyen de l'induction et quelquefois même de la divination, il tâche de s'élever dans des régions où le simple faisceau de collections ne peut jamais atteindre. Dans cette tentative, l'esprit a sans doute éprouvé souvent le sort le Phaëton ; mais sans se décourager par ses chutes, il redemande toujours les coursiers de son père. — « Aux limites des connaissances exactes, dit Humboldt, comme d'un rivage élevé l'œil aime à se porter vers les lointaines régions. Les images qu'il voit peuvent être des illusions ; mais comme ces images trompeuses que croyait apercevoir, bien avant le temps de Colomb, les habitants des Canaries ou des Açores, elles peuvent amener la découverte d'un nouveau monde. »

Copernic, dans sa dédicace au pape Paul III, avoue qu'il fut conduit à la découverte de la position du soleil au centre du monde et du mouvement diurne de la terre, non par l'observation, par l'analyse, mais par se sentiment de

« Il faut distinguer, d'ailleurs, entre les théories gratuites et celles qui sont fondées sur l'analogie. L'hypothèse peut tirer son évidence indirecte de son accord avec les faits. Ainsi, pour un anatomiste habile et expérimenté, des conjectures fondées sur l'analogie sont d'un grand secours comme moyen de découvertes. Les dangers de l'hypothèse sont d'ailleurs moins grands lorsque la science est avancée. La multitude des faits empêche alors l'imagination de s'égarer. Quand les faits se multiplient, le besoin des principes qui les coordonnent se fait sentir. Les chances de découvrir les vrais rapports s'accroissent avec le nombre des objets comparés. L'échelle des analogies s'agrandit, et celles-ci frappent les yeux les plus inattentifs. C'est ainsi que Bacon a pu dire avec raison : « Certo sciant homines artes inveniendi solidas et veras adolescere, et incrementa sumere cum ipsis inventis. » (*Ibid.*)

II. Règles de l'hypothèse. — 1° On examine une hypothèse en l'appliquant à tous les faits observés, afin de voir si elle est propre à en rendre compte. S'il se trouve qu'elle ne satisfait pas à tous, il faut la rejeter.

2° Que si elle les explique, c'est du nombre des circonstances dont elle rend raison que doit dépendre le jugement que nous en porterons. Si le nombre en est petit, il y aura lieu de supposer qu'il y a une autre hypothèse qui explique mieux les phénomènes. Mais à mesure que le nombre devient plus considérable, le soupçon diminue et il peut enfin s'évanouir. C'est alors qu'il faut acquiescer et que nous devons tenir pour bien prouvé ce qui auparavant n'était qu'une simple conjecture, dénuée de preuves.

3° Mais la meilleure garantie, c'est l'impossibilité prouvée d'une autre hypothèse qui explique les faits. Alors la con-

ce qu'il appelle le manque de symétrie dans le système de Ptolémée. Mais qui lui avait appris qu'il doit y avoir de la symétrie dans les mouvements de tous les corps célestes ou que la complication n'est pas plus sublime que la simplicité ? La symétrie et la simplicité, avant d'être découvertes par l'observateur, furent supposées sans preuve par le philosophe. La première idée de la révolution qu'il devait opérer dans les cieux fut suggérée à Copernic, comme il nous le dit lui-même, par un ancien philosophe grec, Philolaüs le pythagoricien.... Il est très-possible que, sans cette espèce de divination, nous n'eussions peut-être jamais entendu parler de son système. Pour l'œil perçant du génie, un cas peut en valoir mille et une expérience bien choisie peut amener la découverte d'une loi absolue. » (Max. Muller, *Leçons sur la science du langage*, 1re leçon.)

jecture perd son caractère hypothétique et devient une légitime induction. (S' Gravesande, *Introd. à la Phil.*, liv. II.) On peut ajouter que la meilleure hypothèse scientifique est celle qui indique elle-même les moyens de la vérifier (1).

ART. VI. DES CLASSIFICATIONS.

> Sunt notanda genera et ad certum numerum paucitatemque revocanda.
> (Cic., *De Orat.*, I, 42.)

I. NATURE ET BUT DES CLASSIFICATIONS. — On nomme classification un système où les objets sont rangés, selon leurs ressemblances et leurs différences, dans un certain nombre de genres et d'espèces méthodiquement distribués.

Classer les êtres, les ranger dans un ordre méthodique, de manière que chacun nous apparaisse dans l'ordre et à la place qu'il occupe dans la création, est un des grands objets que se propose la science. C'est l'objet principal de *l'histoire naturelle*. Un pareil système offre comme un tableau abrégé de la nature entière ; c'est un miroir où elle se reflète et où son ensemble se manifeste dans des proportions saisissables à notre esprit.

« L'histoire naturelle doit avoir pour base un système de la nature, ou un grand catalogue dans lequel tous les êtres portant des noms convenus puissent être reconnus par des caractères distinctifs et soient distribués en divisions et subdivisions, elles-mêmes nommées et caractérisées, où l'on puisse les chercher. — Cet échafaudage de divisions, dont les supérieures contiennent les inférieures, est ce qu'on appelle une méthode. C'est, à quelques égards, un dictionnaire où l'on part des propriétés des choses pour désigner leurs noms, à l'inverse des dictionnaires ordinaires, où l'on part des noms pour apprendre à connaître les propriétés. Mais quand la méthode est bonne, elle ne se borne pas à enseigner les noms. Si les subdivisions n'ont pas été établies arbitrairement ; si on les a fait reposer sur les ressemblances essentielles des êtres, la méthode est le plus sûr moyen de réduire les propriétés de ces êtres à des règles générales, de

---

(1) V. M. Claude Bernard, *Introd. à la médecine expérimentale.*

les exprimer dans les moindres termes (définitions) et de les graver aisément dans la mémoire. » (Cuvier, *le Règne animal*, Introd.)

II. Leur utilité. — On voit par là quels services les classifications rendent à l'esprit humain. Elles ont pour effet de soulager l'attention en renfermant l'objet de nos études dans des limites proportionnées à nos forces. Elles viennent au secours de la mémoire, en ramenant la multiplicité des objets à l'unité. Elles facilitent la comparaison, le simple rapprochement des objets nous dévoilant de nouveaux rapports. Elles satisfont la raison qui se plaît dans l'ordre et la symétrie. Elles rendent possibles et abrègent les définitions.

III. Des termes principaux; du genre et de l'espèce. — Il entre dans une classification un nombre plus ou moins grand de divisions et de subdivisions. Les deux termes essentiels sont le *genre* et l'*espèce*. (V. p. 305.)

Ces termes n'ont rien d'absolu. Le *genre* est la classe qui, placée immédiatement au-dessus de l'espèce, contient toutes les espèces. Celles-ci y sont considérées par leurs propriétés communes, abstraction faite de leurs propriétés particulières et distinctives. Le genre animal contient toutes les espèces animales; le genre humain, les diverses races d'hommes.

L'*espèce*, qui est la classe placée au-dessous du genre, représente les êtres qui, quoique semblables par leurs propriétés génériques, diffèrent entre eux par les propriétés particulières, essentielles, qui les distinguent. L'espèce humaine est contenue dans le genre animal, elle désigne tous les êtres qui, avec une organisation particulière, sont doués de raison et de liberté.

Puisque ces termes sont relatifs, l'espèce devient genre par rapport aux classes inférieures et le genre est pris comme espèce relativement aux termes supérieurs. Mais dans les êtres organisés et vivants, l'*espèce* prend un caractère fixe qu'elle n'a pas ailleurs. Ici l'espèce, c'est l'ensemble des êtres qui, offrant le plus grand nombre de qualités semblables, se reproduisent et engendrent d'autres êtres semblables à eux. La nature a mis ainsi une barrière qui sépare les espèces en refusant aux êtres d'espèce différente la faculté de se reproduire.

L'*immutabilité* des espèces est une des grandes questions de la philosophie naturelle (1). La logique n'a pas à s'en occuper.

IV. CLASSIFICATIONS ARTIFICIELLES ET CLASSIFICATIONS NATURELLES. — On distingue deux sortes de classifications : les unes *artificielles*, les autres *naturelles*.

1° Les *classifications artificielles* sont fondées sur des caractères extérieurs et peu nombreux, pris plus ou moins arbitrairement dans les objets. Elles ont pour origine la faiblesse de l'esprit humain, l'imperfection de la science à son début, la nécessité de mettre les connaissances acquises à la portée des intelligences, et de suivre dans l'éducation le développement graduel des facultés humaines. Elles ont aussi leur emploi dans la vie pratique; dans la science, elles frayent la voie aux classifications naturelles.

2° Les *classifications naturelles* reposent sur l'ensemble des caractères essentiels qui constituent la nature même des êtres. Comme la science dont elles offrent les derniers résultats, elles aspirent à reproduire l'ordre même de la nature (2); mais il ne peut exister de classification naturelle absolue. La plus parfaite contient des lacunes : la nature se joue de nos divisions et de nos méthodes, toujours plus ou moins arbitraires et factices. (V. p. 393.)

V. RÈGLES DE LA CLASSIFICATION. — La perfection relative d'une classification dépend de trois conditions principales : 1° la *constance*, 2° la *distinction*, 3° la *subordination* des caractères.

1° Les caractères doivent être *constants*. Si les caractère du genre et de l'espèce ne se retrouvent pas dans tous les individus de la même espèce et du même genre, on ne pourra les reconnaître. Le signe sera trompeur; il devient impossible de retrouver les objets qu'il est destiné à représenter.

2° Ils doivent être *distincts*. Si un membre de la division rentre dans un autre, il y a confusion. Malgré cette distinc-

---

(1) Sur les discussions qu'elle a soulevées et soulève aujourd'hui, voyez G. Cuvier, Flourens, Lamarck, Geoffroy Saint-Hilaire, Darwin, Agassis, Quatrefages, etc.

(2) Il ne peut y avoir qu'une méthode parfaite, qui est la méthode naturelle. On nomme ainsi un arrangement dans lequel les êtres du même genre seraient plus voisins entre eux que ceux de tous les autres genres, les genres du même ordre plus que ceux de tous les autres ordres et ainsi de suite. Cette méthode est l'idéal auquel l'histoire naturelle doit tendre, car il évident que si l'on y parvenait, on aurait l'expression exacte et complète de la nature entière. (Cuvier, *le Règne animal*, Introd.)

tion, une *transition* et une *gradation* naturelles doivent s'établir entre tous les membres de la classification. Il ne doit pas y avoir des sauts brusques d'un degré à un autre, surtout dans les classifications naturelles : *natura non facit saltus.* (Leibnitz.)

> Res sic quæque suo ritu procedit, et omnes
> Fœdere naturæ certo discrimina servant. (Lucrèce, V, 921.)

Une pareille méthode offrira en même temps à l'esprit la plus haute unité systématique.

3° Une condition capitale dans les classifications naturelles est la *subordination des caractères*, d'où résultent de très-grands avantages. Comme un caractère d'un ordre supérieur en entraîne à sa suite plusieurs autres d'un ordre différent, et en exclut au contraire un certain nombre d'autres, il en résulte que l'énonciation pure et simple suffit pour faire préjuger la présence ou l'absence de ces derniers.

Ces conditions ne peuvent bien se rencontrer que dans les classifications naturelles. Les suivantes, prises moins dans la nature des objets que dans leurs rapports avec nous et avec nos besoins, sont plus spéciales aux classifications artificielles.

Le signe doit être *simple, apparent* et facile à saisir. Autrement la méthode ne répondrait pas à son but. La classification ne doit offrir aussi qu'un nombre limité de subdivisions qu'il soit possible de retenir.

Les conditions du premier ordre semblent exclure les secondes. Cependant la conciliation est possible dans une certaine mesure. Voici comment les classifications naturelles retrouvent les avantages qui semblent n'appartenir qu'aux classifications artificielles :

La science a pour but de découvrir des rapports et des faits. Or, à mesure qu'elle avance dans la connaissance des êtres de la nature, elle saisit la liaison qui existe entre les propriétés intimes ou cachées des êtres et leurs propriétés extérieures. Ce rapport permet donc de prendre le caractère extérieur comme signe ou symbole des caractères intérieurs. Ainsi le minéralogiste, à l'aspect des propriétés physiques d'un minéral, reconnaît à quel genre il appartient et peut déterminer ses propriétés chimiques. Par là, pour le savant du moins, une classification naturelle offre le même avantage qu'une classification artificielle, uniquement fondée sur des caractères extérieurs et superficiels.

La nature procède toujours par les moyens les plus simples. De sorte que, plus la science pénètre avant dans la connaissance de ses secrets, plus la diversité et la multiplicité s'effacent, plus se dévoile l'unité du plan général de la création. Il suit de là que les classifications qui reproduisent de la manière la plus parfaite l'ordre même de la nature, doivent offrir en même temps le plus haut degré de simplicité. Quel que soit d'ailleurs le nombre des divisions et des subdivisions, la gradation observée entre les genres et les espèces introduira dans tout le système l'ordre et la clarté, et empêchera l'esprit de se perdre dans les détails.

La science débute par des classifications nécessairement superficielles, mais qui ont l'avantage de rendre possibles et de faciliter les recherches ultérieures. Bientôt de nouvelles découvertes font sentir la faiblesse des premières classifications. Celles-ci sont remplacées par d'autres qui, à leur tour, seront renversées par de meilleurs systèmes. Cette succession est loin d'être naturelle et pacifique. La lutte s'établit entre les anciennes et les nouvelles méthodes. Mais cette lutte, dans laquelle interviennent malheureusement les passions et les intérêts étrangers à la science, est la condition des progrès de l'esprit humain.

CONSULTEZ : 1° Sur la *méthode des sc. physiques* : Bacon, *Nov. Organum*, Ire part.; id., *De Dignit. et Augm. scient.* — Descartes, *Disc. de la méth.*, V^e part. — Newton, *Regulæ philosophandi*. — Reid, t. III et IV. — D. Stewart, *Phil. de l'espr. hum.*, t. III. — Herschel, *Disc. sur la phil. naturelle*. — Duhamel, *De la Méthode des sciences*. — Cournot, *Essai sur les fondements des connaiss. hum*. — Stuart Mill, *Logique*.

2° Sur la *méthode des sciences naturelles* : Cuvier, *le Règne animal*, Introd. — Ampère, *Essai d'une classif. des sciences*. — Geoffroy St-Hilaire, *Principes de philos. zoologique*. — Milne Edward, *Zoologie*. — De Gérando, *Des Signes*, t. III, ch. IV. — Claude Bernard, *Introd. à l'étude de la médecine expérimentale*.

CHAPITRE IV

MÉTHODE DES SCIENCES MORALES

Sint super omnia homini humana mediata.
(Cic., *Tusc.*, III, c. xiv.)

I. OBJET DES SCIENCES MORALES. — La science humaine ne se borne pas à étudier les lois qui régissent l'ordre matériel et les êtres de la nature. D'autres objets, plus dignes encore d'occuper notre esprit, éveillent sa curiosité et provoquent ses ardentes recherches. Ce sont les choses mêmes de l'*esprit;* leur ensemble forme un règne et comme un monde à part, le monde de la *pensée* et de l'*activité libre*. Ce n'est pas sans raison qu'on les appelle aussi les choses humaines, *res humanas;* car toutes sont relatives à l'homme ou l'intéressent particulièrement. Le champ en est vaste; c'est l'esprit humain lui-même et ses facultés; ce sont les formes que revêt sa pensée, les lois qui règlent l'exercice de la volonté, les devoirs et les droits; l'organisation de la société avec ses formes diverses, la famille, l'État, l'humanité; les mœurs, les lois, les institutions; d'autre part, les beaux-arts et la littérature, les formes du langage, les croyances religieuses, etc. De là naît un ordre particulier de sciences appelées *métaphysiques* ou *morales* (1). Les principales sont : la *psychologie*, la *logique*, la *morale*, le *droit* ou la *jurisprudence*, la *politique*, la *grammaire générale* et la *philologie comparée*, la *théodicée*, l'*esthétique*, l'*histoire* et la *philosophie de l'histoire*. Toutes ont pour objet les faits et les vérités de l'ordre intellectuel et moral. (V. Reid, t. III, Préf., p. 7.)

II. LEUR INDÉPENDANCE ET LEUR LÉGITIMITÉ. — Ce qui a été dit de la *science de l'esprit humain*, leur racine commune

---

(1) On les a aussi nommées *noologiques;* le mot n'a pas prévalu. *Biologiques* et *sociologiques* auront-ils un meilleur sort ? On peut en douter. Le premier ne distinguant pas la vie humaine de la vie animale ne peut convenir qu'à l'école positiviste qui l'a adopté. Le second est loin d'embrasser toutes manifestations de la pensée et de l'activité humaines.

et leur point de départ, s'applique à chacune d'elles et à leur ensemble. 1° C'est en vain qu'on voudrait en faire un annexe des sciences physiques et naturelles ; leur domaine est distinct et séparé, malgré les nombreux rapports qu'elles entretiennent avec les autres sciences. — 2° En vain contesterait-on leur caractère scientifique ou leur légitimité (1). Les raisons n'auraient pour effet que de monter leurs difficultés, le caractère à la fois élevé et compliqué des problèmes qu'elles agitent comme des faits qu'elles étudient et des lois qui les régissent.

Elles ont donc une existence à part et des conditions spéciales. Leurs procédés, bien qu'ils relèvent des lois générales de la pensée, offrent des caractères propres qu'il importe de ne pas méconnaître, des règles particulières qui doivent être suivies ; car là encore plus qu'en ce qui touche à l'ordre matériel, il importe de savoir discerner la vérité de l'erreur, de posséder des moyens sûrs de la découvrir et de la démontrer (2).

III. Leur méthode. — Nous avons ailleurs marqué ses traits principaux (Introd., ch. II). Il convient, sans entrer dans les détails, de la préciser et de la mettre en regard des autres méthodes, de voir en quoi elle leur ressemble et en quoi elle en diffère, de caractériser et d'apprécier chacun de ses procédés.

Sans exclure aucun des autres moyens dont l'esprit humain se sert pour arriver à la vérité, elle consiste dans trois moyens essentiels et principaux qu'elle combine et qu'elle varie selon son objet : 1° *l'observation interne* par la *conscience* ou la *réflexion;* 2° le *raisonnement* qui, s'ajoutant à l'expérience, la féconde et étend sa portée ; 3° la *raison* qui, avec ses procédés supérieurs, lui permet de dépasser les limites de l'expérience, de s'élever au delà des faits et des lois jusqu'aux principes d'où ils dérivent. Nous avons à l'étudier sous chacune de ces trois faces principales et différentes.

(1) *Questions de Philosophie*, sect. I.
(2) Les savants qui traitent des choses de l'esprit y apportent trop souvent leurs habitudes ; ils ne peuvent, dit Bacon, « se débarrasser de la suie et de la fumée de leurs fourneaux. » L'union dans la liberté, telle doit donc être aussi la devise des sciences.

ART. I. PARTIE EXPÉRIMENTALE.

I. OBSERVATION, EXPÉRIMENTATION. — Le monde moral, comme la nature physique, se compose de réalités que l'observation seule peut nous faire connaître avec certitude. L'esprit humain et ses facultés, les actes de la pensée, les idées, les mœurs, les lois, les monuments, les formes du langage, les événements politiques, etc., tout cela se constate et s'observe selon les règles ordinaires de la méthode expérimentale que suivent les autres sciences ; car en changeant d'objet, si l'esprit varie ses moyens, il ne change pas de nature. Ses procédés essentiels restent les mêmes : *observation, analyse, synthèse, comparaison, expérimentation, classification, induction, déduction.* Tous doivent se retrouver soumis aux mêmes règles générales. Le raisonnement doit s'y combiner avec l'expérience, la régulariser et la féconder. Si l'*analogie* et l'*hypothèse* y ont aussi leur place, elles doivent conserver le rang qui leur est assigné et ne pas dépasser leur rôle. Nous n'aurions donc qu'à répéter ce qui a été dit précédemment de cette méthode et de chacun de ses procédés. Mais elle offre aussi des différences graves sur lesquelles il convient d'insister.

1° Nous ne reviendrons pas sur ce qui a été dit ailleurs. (Introd., ch. II) de l'*étude de l'esprit humain* comme point de départ de toutes les recherches dans cet ordre de sciences. On sait aussi que la connaissance vraie de l'homme intellectuel et moral ne peut s'acquérir que par l'*observation interne* ou de la *conscience*. L'attention de l'esprit replié sur lui-même ou la *réflexion*, voilà le procédé initial, que nul autre ne remplace et ne supplée. Toute autre étude (*philologie comparée, histoire, physiologie,* etc.) n'apprendra jamais ce qu'est en soi, je ne dis pas l'esprit, cela est évident, mais aucun de ses modes, la pensée, les actes de l'entendement, ceux de la volonté, la sensation, la passion, etc. L'étude du cerveau et des autres organes, sur le cadavre ou sur le vif, ne surprendra pas un seul fait de ce genre, n'en révèlera ni la nature ni la loi (1). Les instruments qui augmen-

---

(1) L'anatomie microscopique du cerveau, dit-on, n'est pas assez avan-

tent la portée des sens ne feraient qu'aveugler l'esprit; le calcul, si sûr ailleurs, ne peut ici que l'égarer. Mais si l'observateur doit consulter avant tout le sens intime, ce n'est pas qu'il s'enferme en lui-même pour y vivre solitaire. La parole et les autres signes qui trahissent la pensée chez nos semblables, leurs actions diverses, tous les symboles et les œuvres de l'intelligence et de l'activité humaine, agrandissent le cercle de l'observation et de l'expérience, et nous sommes loin de méconnaître les services que les sciences *philologiques, historiques* ou *physiologiques* peuvent rendre à l'étude de l'esprit humain.

2º A l'observation doit se joindre l'*expérimentation*. Mais celle-ci est-elle possible? On ne doit pas, dit-on, faire violence à la nature humaine pour lui arracher ses secrets. Sans doute; mais l'exiger, c'est mal comprendre cette partie de la méthode. Le physicien lui-même ne le fait pas toujours. Il ne crée pas les phénomènes, il les suscite et les évoque. L'expérience ici se fait comme d'elle-même pour qui sait observer les faits et les interroger.

La vie humaine s'y prête à merveille. Le monde, la société, l'histoire offrent un vaste théâtre d'expériences sans cesse renouvelées et variées. L'expérimentateur, il est vrai, n'y peut forger à son gré des expériences, ni créer artificiellement des faits, décomposer l'esprit comme on décompose l'électricité ou la lumière. Ici, point d'instruments et de laboratoires. Le télescope et le microscope, les réactifs et les plus ingénieux appareils n'aideraient à rien. Mais en étudiant le monde moral, dont la face est si mobile et si diverse, on peut, par une comparaison attentive des objets, saisir l'élément fixe ou la loi, et, dans leur succession variée, démêler l'ordre et le progrès. Chaque science donc, psychologie, philologie, histoire, éducation, dans ce qu'elle a

---

cée. — Nous serions curieux de savoir ce que le microscope fait voir de la pensée dans le cerveau.

« Lorsque l'observation anatomique entreprend de découvrir les phénomènes intellectuels par les mêmes procédés que les lésions du foie ou du poumon, elle méconnaît le genre de certitude qui convient aux vérités philosophiques; elle répand, par un vain désir de rendre la science positive, un doute dangereux sur des vérités qui sont aussi claires que solides quand la raison les observe par la conscience. » (De Rémusat, *Essais phil.*, t. II, xi.) — Cf. *Questions de Philos.*, sect. III, art. POSITIVISME.

d'expérimental, suit les procédés déjà décrits et les règles qui les concernent.

II. INDUCTION. — L'induction se fait de même et offre les mêmes caractères. Que, dans certains cas, la loi se dégage plus vite ou qu'elle soit plus difficile à trouver, cela ne fait rien. Le procédé et la règle sont identiques. Il est telle loi de l'esprit qui, pour être aperçue, n'a eu besoin que du regard puissant d'un homme de génie; d'autres attendent encore le patient interprète qui doit les révéler. Plusieurs des lois de la raison dans ce qu'elle a de plus élevé ont été saisies et décrites par Platon. Celles du raisonnement, plus simples, ont été décrites et formulées par Aristote, qui n'a guère laissé à faire après lui. D'autres, plus complexes, qui président à la vie des sociétés, se dévoilent lentement. Plus d'une de ces lois qui régissent le corps social n'a pas échappé aux anciens philosophes ou publicistes, à Platon, à Aristote, à Cicéron, etc. (1). Peu à peu dégagées, elles fournissent une base à la déduction, qui peut en tirer des applications de plus en plus certaines. La liberté humaine a ici sa part sans doute, et peut déranger les prévisions; mais elle ne va pas jusqu'à changer les lois qui régissent l'ordre moral.

Tels sont les procédés fondamentaux de cette méthode envisagée dans sa partie expérimentale et inductive.

ART. II. PARTIE RATIONNELLE : DU RAISONNEMENT DANS LES SCIENCES MORALES.

I. DU RAISONNEMENT. — Le raisonnement joue aussi un grand rôle dans cet ordre de sciences. Sans doute on en a beaucoup abusé; mais dès qu'une base solide lui est donnée, et que ses règles sont observées, il est aussi certain que son emploi est fécond et utile. Outre qu'il se combine avec l'expérience dans l'interprétation des faits, il sert à discuter et à réfuter les opinions, à tirer les conséquences des principes; il applique les lois aux cas particuliers, démontre les propositions ou les théorèmes, et résout les problèmes. Quelles que soient ses applications diverses, ses règles essen-

---

(1) V. Platon, *Rép.*, VIII et IX. — Aristote, *Politique*, les premiers livres. — Cicéron, *De Off.*, II; *Républ.* et *Lois*, III.

tielles et sa méthode ne changent pas. Mais il importe de savoir distinguer les questions qui sont de son ressort de celles qui n'en sont pas, que l'expérience ou la raison décident. La nature mixte de ces sciences rend ce discernement nécessaire.

II. DE LA DÉMONSTRATION. — Un doute cependant s'élève. Le raisonnement peut-il ici revêtir la forme scientifique et rigoureuse de la démonstration qu'il offre ailleurs? On l'a nié, mais à tort. Si en effet les principes sont bien établis, les faits certains et les vérités qu'admet la raison hors de doute, si la déduction qui lie les conséquences aux principes est également claire, évidente, que peut-on exiger de plus pour avoir une entière certitude? Il y a, dit Leibnitz après Locke, de solides démonstrations en morale et en jurisprudence, qui n'ont rien à envier aux démonstrations géométriques. Le nombre en est plus grand qu'on ne croit. Seulement, pour être bien comprises, elles exigent que l'esprit y soit préparé, que son œil soit purifié, non rempli d'humeurs (Platon), c'est-à-dire dégagé de passion, d'intérêt et de préjugé.

Il faut en convenir; sur une multitude de points, l'erreur ici est plus difficile à éviter, les questions sont plus complexes et plus délicates; les faits s'y entremêlent aux idées; il y a plus à tenir compte des nuances et des influences. Les diverses causes qui concourent au même résultat sont plus difficiles à saisir. Aussi y a-t-il plus à faire preuve de cette qualité que Pascal appelle esprit de finesse. Le bon sens doit y corriger les écarts du raisonnement. — Est-ce une raison de prétendre que tout, dans ces sciences, est incertain, qu'une conviction solide ne peut naître d'un raisonnement bien conduit et bien assis? Cette opinion n'est pas moins absurde que dangereuse (1).

(1) « C'est une commune opinion qu'il n'y a que les sciences mathématiques qui sont susceptibles d'une certitude démonstrative ; mais comme la convenance et la disconvenance qui se peut connaître intuitivement n'est pas un privilège attaché seulement aux idées de nombres et de figures, c'est peut-être faute d'application de notre part que les mathématiques seules sont parvenues à des démonstrations. Il y a des exemples assez considérables de démonstrations hors des mathématiques, et l'on peut dire qu'Aristote en a donné déjà dans ses *Premiers Analytiques*. En effet, la logique est aussi susceptible de démonstration que la géométrie, et l'on peut dire que la logique des géomètres, ou les manières d'argumenter qu'Euclide a expliquées et établies en parlant des propositions, est une extension ou promotion particulière de la logique générale. De plus, on peut dire que les jurisconsultes ont plusieurs

Ce qu'on ne doit pas oublier, c'est que chaque méthode de démonstration a ses moyens, ses appuis, ses règles. Les règles générales sont les mêmes partout : des principes évidents ne tirer que des conséquences évidentes, maintenir l'évidence à tous les degrés. Mais si l'on veut introduire ici la démonstration mathématique, avec ses procédés spéciaux, ses chiffres, ses figures, etc., appliquer le calcul et ses lois à des faits et à des vérités qui y sont étrangers, il serait difficile au mathématicien lui-même de calculer au juste le nombre et la portée des conséquences absurdes qui naîtront de cette confusion des méthodes. Cette manie, on le sait, n'est que trop commune aux esprits familiarisés avec la méthode des sciences exactes et épris de leurs résultats. C'est ainsi que l'on a voulu souvent transporter le calcul mathématique dans les sciences morales, non-seulement pour des choses qui le comportent, comme la statistique, mais pour d'autres qui ne le comportent pas, comme la recherche et l'appréciation des témoignages, la décision des cas judiciaires, la critique des œuvres d'art. Nous n'aurions qu'à répéter ce qui a été dit plus haut à ce sujet. (V. *Démonstration.*)

III. DE L'ANALOGIE ET DE L'HYPOTHÈSE DANS LES SCIENCES MORALES. — Mais nous avons à nous expliquer sur deux autres procédés de raisonnement dont l'usage, plus fréquent dans les sciences morales que dans les autres sciences, demande à être restreint et soumis aux règles les plus sévères. Car s'ils rendent quelques services, nulle part on n'a tant à redouter leur abus. Leur emploi téméraire a discrédité cet ordre de sciences (1). Combien d'explications mensongères, de fausses

---

bonnes démonstrations, surtout les anciens jurisconsultes romains, dont les fragments nous ont été donnés dans les *Pandectes*. Cette manière précise de s'expliquer a fait que tous ces jurisconsultes, quoique assez éloignés quelquefois les uns des autres, semblent être tous un seul auteur, et qu'on aurait bien de la peine à les discerner si les noms des écrivains n'étaient pas à la tête des extraits. Ce qui a fait qu'il a été plus facile de démontrer en mathématiques, c'est en bonne partie parce que l'expérience y peut garantir le raisonnement à tout moment, comme il arrive aussi dans les figures des syllogismes ; mais dans la métaphysique et dans la morale, ce parallélisme des raisons et des expériences ne se trouve plus. » (Leibnitz, *Nouv. Essais*, liv. IV, ch. II, § 9. Cf. Reid, t. VI.)

(1) Il y a deux voies différentes par lesquelles les hommes peuvent se former des idées de l'esprit, de ses facultés et de ses actes. La première est la seule qui conduise à la vérité ; mais elle est étroite et fatigante, et peu de personnes l'ont suivie. La seconde est large et facile. On y marche à l'aise à la suite du

théories, de vains systèmes et d'absurdes utopies, reposent sur les bases fragiles de l'analogie ou de l'hypothèse ! Cette méthode n'est pas abandonnée. Toujours on la voit se rajeunir et refleurir.

Rarement du choc des analogies jaillit la vraie lumière. Une explication de ce genre n'est pourtant pas à rejeter; mais elle ne peut remplacer la vraie. Si elle joint le beau au vrai, la poésie à la science, cela est fort utile surtout dans l'exposition des vérités morales où le cœur veut être ému et l'imagination frappée ; mais l'entendement demande à être éclairé. On ne peut donc trop se mettre en garde contre les séductions de cette méthode. Les esprits prudents et sévères ne l'accueillent qu'avec une extrême réserve. Sans nier qu'il puisse y avoir *identité* au fond des choses, ni que les objets les plus opposés puissent se concilier, ils veulent 1° que l'identité soit évidente, 2° que la *différence* se maintienne et ne soit pas effacée.

Nous insistons sur cette méthode parce qu'elle reprend faveur parmi les savants à leur insu, et qu'elle séduit par son apparente facilité à tout expliquer. L'appareil savant de formules dont elle s'environne aujourd'hui ne doit pas imposer. C'est en allant au fond des choses, non en se payant de termes techniques empruntés à d'autres sciences, qu'on apprend à résoudre les problèmes délicats et ardus de la nature humaine ou divine. C'est en étudiant l'*esprit* comme *esprit* que l'on connaît l'*esprit*, non en l'assimilant à ce qui n'est pas lui et lui est inférieur. Le plus ne s'explique pas par le moins, mais le moins par le plus; le terme supérieur rend raison du terme inférieur, qui y trouve, sinon son explication, sa réelle et profonde analogie; or, l'esprit est la raison de tout, l'idée, la pensée est au fond de chaque être (1).

Cette méthode, dans les sciences morales, a toujours régné et elle remplit leur histoire. En veut-on des exemples,

---

vulgaire et de la plupart des philosophes. Le commun des hommes n'a pas besoin d'en connaître une autre. Elle suffit au poète et à l'orateur; mais dans les recherches philosophiques, elle mène à l'erreur et aboutit aux plus étranges illusions. — « Nous appelons la première *voie de réflexion*. La seconde peut s'appeler *voie d'analogie*. » (Reid, *Rech. sur l'ent. hum.*, t. II, Conclusion.)

(1) « Si l'on veut raisonner solidement par analogie, ce n'est pas de la matière à l'esprit, c'est de l'esprit à l'esprit qu'il faut raisonner. » (Card. de la Luzerne, *De l'Exis. de Dieu*, II° part., ch. III.)

les systèmes les plus opposés les fournissent. Qui, dans l'antiquité, plus que Platon, a fait un heureux emploi des analogies? Son génie poétique, suivant la trace marquée par Socrate, ne tarit pas en comparaisons ingénieuses et fécondes. Mais à quelles aberrations n'est-il pas conduit en voulant les pousser trop loin? Son spiritualisme ne le retient pas. Tout le plan de sa république idéale est une théorie des facultés de l'âme qui lui sert à fonder sa hiérarchie sociale. L'État est calqué sur l'individu ; or, ici c'est dans le même ordre d'idées qu'est prise la comparaison. Que sera-ce si les analogies sont tirées de deux mondes différents? L'analogie du corps humain et du corps social fournit à Hobbes sa théorie du despotisme. Souvent la logique des hommes d'État n'a pas d'autre appui. La théorie du gouvernement chez la plupart des peuples les plus civilisés de l'Europe repose encore sur l'assimilation de la souveraineté à la propriété, ce qui transforme l'État en un champ et en troupeau le peuple qui vit dessus. — Entre le monde physique et le monde moral, il y a des analogies réelles. La science elle-même ne doit pas les négliger ; mais elle doit en user avec mesure et ne jamais oublier la règle *mutatis mutandis*, qui veut qu'on tienne un compte sérieux des différences. Y a-t-il une comparaison plus belle et plus vraie que celle qui se tire de la lumière physique ou du soleil, quand on parle de l'évidence et de la manière dont l'esprit reçoit la vérité? Le philosophe s'en sert comme le théologien ; mais que dirait-on d'un métaphysicien qui voudrait construire toute une optique intellectuelle et en tirer les règles de sa logique? Les maladies de l'âme et celles du corps offrent de réelles similitudes ; mais il est entre elles des différences très-grandes, qu'il est dangereux de perdre de vue. Pour les avoir oubliées, Platon, tout grand moraliste qu'il est, est entraîné à des conséquences qui, en détruisant la liberté, portent le ravage dans sa législation et sa politique. Si différentes sont la nature, l'origine et la marche de ces maladies, autre est aussi la guérison. Que le moraliste ou le législateur viennent à l'oublier, on verra ce que peut produire la logique des analogies. Un *quiproquo* semblable sera celui du médecin qui, mis en présence de l'âme, veut la traiter comme on traite le corps. Ceci se voit tous les jours. Entre la morale et l'art, entre les arts eux-mêmes, malgré les lois communes, il y a des différences essentielles qu'on ne peut méconnaître sans renverser leurs limites.

En résumé, si une place doit être accordée à l'analogie dans les sciences morales, elle doit y être considérée comme un procédé inférieur et accessoire. Le résultat ne peut être l'équivalent d'une véritable analyse et d'une induction certaine; mais elle peut mettre sur la voie d'une découverte. C'est ou une conjecture ou une explication imparfaite, non définitive. Dans le raisonnement, elle ne vaut jamais une preuve intrinsèque et démonstrative. Elle est plutôt le moyen de rendre sensible la vérité à l'esprit incapable de la voir en elle-même. En tout cas, elle doit être préservée de ses écarts et corrigée par la règle des différences qui, si elles sont essentielles, doivent être fortement maintenues à côté des ressemblances.

Les mêmes remarques s'appliquent à l'*hypothèse* proprement dite. 1° On doit n'y avoir recours que quand on ne peut faire autrement, pour aider à l'observation ou y suppléer quand elle n'est pas possible; jamais elle ne peut valoir une analyse ni un raisonnement appuyé sur des principes évidents et certains. 2° Une hypothèse n'est qu'une hypothèse, il ne faut jamais l'oublier. Ce n'est qu'une conjecture ou une opinion plus ou moins probable. L'ériger en fait ou en principe, la confondre avec une vérité légitimement déduite, c'est confondre l'incertain avec le certain, compromettre la vérité et manquer de respect à la science. L'*animisme* est-il plus probable que le *vitalisme*? Le système des *monades* explique-t-il mieux l'univers que le dualisme de la matière et de l'esprit? Cela est possible; mais ce sont là des opinions, des systèmes. Telle étymologie qui ne peut se démontrer est-elle plus vraisemblable qu'une autre? Je le veux, mais ne l'affirmez pas. Un esprit sensé, en proposant ses hypothèses, n'emploiera jamais de formule catégorique. Mais quand on entend les plus contestables propositions, même les plus révoltantes erreurs se proclamer comme des vérités acquises à la science, sans autre preuve que le ton affirmatif et hautain de ceux qui les émettent, on est obligé d'en appeler à la sévérité des méthodes qu'eux-mêmes invoquent, de leur dire que la science, dont ils ont sans cesse le nom à la bouche, ne les avoue pas plus que la morale, qu'ils renvoient comme incompétente. Les sophistes seuls et les rhéteurs ont cette hardiesse affirmative. Sur les hauts problèmes des sciences morales, l'ami de la vérité garde un ton modeste et une sage réserve. Il pratique aussi le respect du passé sans manquer de foi à l'avenir.

ART. III. PARTIE SUPÉRIEURE OU MÉTAPHYSIQUE.

I. DE LA MÉTAPHYSIQUE. — La méthode des sciences morales suit, en les modifiant et en les appropriant à son objet, les procédés d'expérience et de raisonnement employés dans les autres sciences en s'adjoignant d'autres procédés accessoires et en les limitant. Mais il est un procédé spécial réservé à la science supérieure qui, liée à toutes les autres et en particulier à celle de l'esprit humain, s'occupe des premiers *principes* et des premières *causes*. (V. Arist., *Mét.*) La *métaphysique*, comme on l'appelle, est classée parmi les sciences morales. Vainement essaye-t-on de la bannir et de la rayer du catalogue des sciences (1). Les sarcasmes des esprits étroits et positifs n'empêcheront pas que l'esprit humain, dont les progrès ne changent pas sa nature et ne font qu'exciter les besoins élevés, loin de les éteindre, ne cherche la solution de ces ardus problèmes auxquels tous les autres, surtout ceux de l'ordre moral, sont suspendus. C'est cette opinion qui est condamnée, non ce qu'elle nie; rien de moins positif que ce qui est à ce point négatif ou sceptique.

II. SA MÉTHODE. — Si cette science est légitime, elle doit avoir sa méthode. Comment l'esprit humain parvient-il à connaître ces principes, à s'assurer de leur existence et de leur vérité? Une aperception spontanée, vague et obscure, ne lui suffit pas; il lui faut une connaissance claire, certaine, réfléchie ou raisonnée. C'est ce qui nous reste à examiner et c'est la partie la plus ardue de notre tâche. Où prendre en effet cette méthode? Ceux qu'l'ont le mieux pratiquée ne sont pas à l'abri des objections. Le mieux

---

(1) V. *Questions de Philosophie*, sect

néanmoins dans un enseignement classique est de recourir aux fondateurs, à ceux-là surtout qui les premiers en ont tracé les règles et donné l'exemple. Or, Socrate est le premier qui l'a pratiquée, Platon en a donné la théorie ; tous les grands métaphysiciens, Aristote lui-même, l'ont suivie en la modifiant, mais en lui conservant ses traits principaux. L'exposé de la méthode platonicienne, après celle de Bacon et de Descartes, ne peut d'ailleurs qu'avoir pour nous un haut intérêt. Nous en donnerons une simple esquisse en renvoyant aux immortels écrits du disciple de Socrate.

III. Exposé de la méthode socratique et platonicienne. — 1° *Son côté négatif.* — Elle a d'abord une partie négative qui est la *réfutation*, ἔλεγχος. Elle consiste à mettre en contradiction avec lui-même et à confondre tout esprit qui ose nier ces vérités ou cherche à les altérer et à les défigurer. C'est la *dialectique* employée par Socrate contre les sophistes et qui les a stigmatisés à jamais. La forme logique est cette *induction* que Cicéron décrit, montrant assez bien le procédé, sinon le but. On peut en voir le modèle dans les Dialogues réfutatifs où le disciple a immortalisé les entretiens du maître et nous fait assister à cette grande polémique. (V. le *Gorgias*, le *Protagoras*, l'*Hippias*, l'*Euthydème*, le *Sophiste*, etc.)

Elle a pour but d'abord de forcer l'esprit à se débarrasser de la *vaine science*, et celle-ci a plusieurs formes. Il y a : 1° celle qui croit savoir et ne sait pas, qui ignore son ignorance ; ce qui peut venir soit d'une présomption naturelle (Ier *Alcib.*), soit d'une doctrine qui, niant la vérité, remplace le savoir vrai par un art mensonger ayant pour but unique la persuasion, indifférente d'ailleurs à la vérité (*Gorgias*) ; soit enfin de quelque faux système qui aveugle l'esprit en plaçant la vérité où elle n'est pas. (*Théétète.*) — 2° Vient ensuite le savoir vulgaire et superficiel qui s'arrête à l'*opinion commune* (δόξα), laquelle peut être fausse aussi bien que vraie, mais ne s'attache qu'à la surface des choses et s'y complaît, incapable qu'elle est de remonter aux principes : science inconsistante qui ne rend compte de rien, intermédiaire entre l'être et le non-être, la connaissance et l'ignorance. (*Rép.*, V.) — 3° Un savoir plus réel est dû au raisonnement; c'est l'*opinion raisonnée*, λογιστικὴ δόξα. (*Ibid.*) Mais ce n'est pas encore la vraie science, car elle ne saurait non plus se légitimer, elle se sert de principes qu'elle n'a ni examinés ni contrôlés. La dialectique fait voir l'insuffisance d'un tel savoir comme des autres. Le résultat est une *ignorance savante*, ou qui se sait (*Apologie de Socrate*), premier fruit de cette méthode analogue au doute méthodique de Descartes, qui est la condition de la science ou la meilleure disposition d'esprit pour l'acquérir. (*Ménon*, 1ᵉʳ *Alcibiade*.) — 4° La même méthode force l'esprit à rentrer en lui-même (γνῶθι σεαυτόν), pour y chercher la vérité qui n'est pas au dehors, mais au dedans, à regarder dans l'âme, dans cette partie divine de notre être qui recèle la vérité et les idées. (1ᵉʳ *Albiciade*.)

Cette première partie est donc une sorte de *purification*, κάθαρσις. (*Le Sophiste.*) Elle contraint aussi l'esprit à se dégager des notions obscures et confuses des sens (*Phédon*), comme à sortir du cercle des vérités relatives, objet du raisonnement (*Rép.*, V), pour s'élever dans la région pure des idées, à la conception de l'immuable et de l'absolu. (*Phédon; Rép.*, VII, Allégorie de la caverne.)

2° *Côté positif.* — Reste à décrire la forme *positive* et directe de cette méthode. Lorsque l'âme s'est ainsi affranchie du joug de l'erreur et de la conjecture, qu'elle a secoué ses préjugés et rompu avec les sens, qu'elle a reconnu l'insuffisance du raisonnement, qui lui-même trouble l'esprit ne sachant où s'appuyer et établissant les contraires (*Parménide*), il faut diriger le regard de la pensée vers son objet, la vérité immuable et nécessaire. Auparavant, il est bon d'exercer l'intelligence sur des vérités elles-mêmes nécessaires comme les vérités mathématiques (*Rép.*, VII), puis de la mettre en présence d'images plus vraies, de fantômes, si l'on veut, mais de fantômes divins; ce sont les *idées* elles-mêmes, intermédiaires entre l'âme et Dieu, les idées du *vrai*, du *bien*, du *juste*, que l'esprit contemple en lui-même ou dans les actions humaines, pour de là les considérer dans leur essence et s'élever à Dieu, leur principe, leur modèle et leur source, l'idée des idées, l'idée du *bien*. (*Rép.*, VI.)

C'est là proprement la *marche dialectique*, πορεία διαλεκτική. Les procédés logiques employés comme préparation : la *définition*, la *division*, la *coordination des genres et des espèces* (classification), l'*hypothèse*, la *démonstration* elle-même, ne peuvent qu'aider l'esprit (*Parménide*), faciliter le moyen final, non le remplacer. (*Rép.*, VII.) Car il faut sortir de la voie du raisonnement ordinaire. Ces opérations retiennent encore l'âme dans une région moyenne. Ce qu'il faut ici, c'est faire l'emploi d'une faculté nouvelle, supérieure au raisonnement comme au sens, et qui est la *raison*, νοῦς, λόγος. Tout le secret de la méthode consiste à éveiller cette faculté, à susciter cette force cachée et innée, ἐνοῦσαν δύναμιν (*Rép.*, VII), à diriger convenablement l'œil de l'intelligence, ὄψιν. (*Rép.*, VI, 4.) Car « l'âme est capable de voir par elle-même. » (*Ibid.*) Elle est douée de cette vertu qui est son essence. L'esprit a la faculté de concevoir par la pensée, νοήσει, la vérité éternelle. La méthode, en réalité, ne consiste qu'à ôter l'obstacle, et, après l'avoir enlevé, à tourner l'œil de l'esprit vers son objet, « qui est en haut et non en bas. » — « Dans cette évolution que l'on fait faire à l'âme, dit Platon, tout l'art consiste à la tourner de la manière la plus aisée et la plus facile pour elle. » (*Rép.*, VII.)

C'est donc une sorte d'*induction* ou plutôt d'*évolution*, περιαγωγή (*ibid.*), mais une induction toute *rationnelle*, distincte du procédé empirique de Bacon, de l'induction aristotélique, pur résumé d'une analyse antérieure, mode de la déduction et de la démonstration. Au lieu d'étendre et de généraliser des expériences, d'aller du même au même, de déduire des principes donnés des vérités qui y sont contenues, l'esprit remonte ou plutôt *monte* et s'élève aux principes et de ceux-ci à la vérité absolue, au premier principe. Dans cette marche *ascensionnelle*, ἐπίβασις (*ibid.*), il part des faits ou des vérités contingentes, il s'élève aux vérités nécessaires; après avoir contemplé quelque temps (*Phèdre*) ces essences, ces copies, ces divins fantômes, il s'élève enfin à Dieu, leur principe immuable, éternel. On peut appeler cette méthode une élévation de l'âme vers les choses d'en haut et une intuition, ἄνω ἀνάβασιν καὶ θέαν τῶν ἄνω. (*Rép.*, VII.) Arrivée à ce terme de son voyage, τέλος τῆς πορείας, l'intelligence se repose. Elle contemple la vérité et s'en nourrit. (*Phèdre, Phédon.*)

IV. APPRÉCIATION DE CETTE MÉTHODE. — Que l'on ne se hâte pas de qualifier cette méthode de chimérique. Les formes poétiques dont elle s'enveloppe souvent dans Platon ne doivent pas faire méconnaître la réalité et la vérité du procédé de l'esprit par lequel l'homme conçoit les hautes vérités de la science et de la morale, comme de la religion naturelle. Si on le nie, il faut nier la pensée et la raison dans son mode le plus élevé, se résigner à une science en apparence positive mais incomplète, sans véritable base, comme à une morale sans religion, et à un art sans idéal.

1° *Son caractère propre : induction rationnelle.* — Si on analyse le procédé propre et distinctif de cette méthode, on voit qu'il n'est ni l'induction ordinaire, ni aucun des procédés de la déduction. L'induction empirique s'appuie sur l'expérimentation qui multiplie et varie les expériences. Celle-ci opère sur un seul fait, elle part du particulier, ἕκαστον, mais pour s'en dégager, saisir immédiatement l'idée, le principe, la vérité nécessaire qui y est contenue. Du fini elle extrait l'infini, ou, pour mieux dire, elle élimine le fini et dégage l'universel. De là elle remonte au premier principe, à l'idée des idées, et s'y arrête. C'est ainsi que l'absolu apparaît à l'homme, autant qu'il lui est donné de le concevoir et de le contempler dans ce corps mortel.

Or, comme l'âme n'agit ici que sur elle-même et n'a besoin que de rentrer en soi, tout en s'aidant du fait particulier qui lui suggère l'idée, ou du raisonnement qui, ne donnant qu'une vérité hypothétique, la force à chercher ailleurs, ce procédé de *réflexion* est analogue à la *réminiscence*, qui retrouve ce qu'elle a su déjà, *recordatio, reputatio*. C'est ce qu'il y a de vrai dans la théorie de la *réminiscence* platonicienne. (*Phédon, suprà*, p. 165.)

Quoi qu'il en soit, la raison, c'est bien ici ce *maître intérieur*, comme l'appellent saint Augustin, Fénelon et Malebranche. (V. p. 165.) Elle est pour chacun l'organe de toute instruction, τὸ ὄργανον ᾧ καταμανθάνει ἕκαστος. (Plat., *Rép*., VII, 4.) Elle est la lumière en nous, une révélation intérieure, le soleil des intelligences, qui à la fois éclaire et échauffe le monde, le crée et le féconde, source de lumière et de vie. (*Ibid.*)

Tel est le procédé que Socrate déjà pratiquait, sous une forme plus simple, dans son *art d'accoucher les esprits* (μαιευτική); ce qui a fait dire à Aristote que, le premier, il avait inventé les discours inductifs, ἐπακτικοὺς λόγους. (*Mét.*, XIII, 4.) Platon le décrit et en détermine les conditions. On peut dire qu'il dédaigne trop les faits et ne sait pas assez faire la part de l'expérience dans cette méthode où le côté empirique doit jouer un rôle essentiel; mais l'acte propre et suprême de la raison est tel qu'il l'a, le premier, défini.

Aristote lui-même reconnaît cette induction supérieure, quoiqu'il la décrive plus brièvement et combatte les *idées*. Plus attaché à l'individuel, il en dégage l'universel sans passer par la comparaison répétée des cas particuliers qui ne mène qu'au contingent. Le nécessaire que contient celui-ci s'en abstrait ou se discerne par la réflexion. Ce procédé de la raison, c'est la raison elle-même, l'entendement, νοῦς, supérieur au raisonnement, « l'entendement plus vrai que la science. » (Lisez le dernier chapitre des *Analytiques*.)

2° *Son double procédé d'analyse et de synthèse.* — Dans cette méthode se retrouvent partout les deux procédés de la pensée humaine, l'*analyse* et la *synthèse*. L'*analyse* est dans la dialectique qui dissout, décompose et met en poussière les fausses notions de l'esprit, les préjugés et les systèmes, en examinant les définitions qui les formulent, en montrant leur inconsistance ou leur fausseté, puis en dégageant de cet amas de jugements erronés ou de vérités sensibles, concrètes, complexes, l'idée, la loi, le principe, la vérité simple, éternelle, l'invariable caché sous l'apparence mobile. Elle va du composé au simple, du concret à l'abstrait, du particulier au général, à l'universel. Mais étant dégagé le principe, la loi, l'idée, elle revient aux faits, aux vérités particulières que le principe explique, et elle en fournit la raison ; c'est alors la *synthèse*. Ce double procédé, suivant Platon, caractérise l'esprit philosophique qui le suit alternativement. Savoir dans la multiplicité reconnaître l'unité, et de l'unité revenir à la diversité, c'est ce qui fait le vrai dialecticien, ou le philosophe. (*Rép.*, V; *le Politique*.)

3° *Sa légitimité et sa portée.* — Ainsi l'esprit humain conçoit l'*idéal;* il le conçoit distinct du réel, quoique ce soit dans le réel ou à propos du réel que l'idéal nous apparaisse. Le *vrai*, le *bien*, le *beau* absolus et *Dieu*, leur principe, ne sont-ils, en effet, que des chimères que forge l'imagination de l'homme ou des idoles de son entendement? Si l'on repousse de telles conclusions, il faut bien admettre, avec la légitimité des objets de la raison, celle du moyen qui y conduit et des procédés qui lui sont propres. Le procédé vital, l'acte même de l'esprit qui est le fond de cette méthode résiste aux objections. Ainsi se développent les notions de l'infini, de la substance éternelle des êtres et de la cause première, les vérités morales et métaphysiques qui servent de base à la pratique et à la spéculation, les axiomes et les premières vérités, ces *premières lumières*, comme les appelle Leibnitz. Sans elles, en particulier, les sciences morales n'ont plus de flambeau; la législation et la politique comme la morale se perdent dans les calculs d'une froide économie des choses humaines ou d'un faux équilibre impossible à réaliser et à maintenir. Les arts et la littérature, dénués d'inspiration et d'enthousiasme, cessent bientôt de créer, s'éteignent ou se corrompent. Elles ne sont pas seulement, suivant l'expression de Bacon, l'arome qui les conserve, mais l'âme, le ressort vivant de toutes les formes de la pensée humaine. Platon les appelle poétiquement les *ailes* de l'intelligence. (*Phèdre.*) Les sciences positives elles-mêmes, lorsqu'elles les dédaignent, attachées uniquement aux faits, se traînent dans les voies battues. Les sciences exactes, non éclairées de leur lumière supérieure, peuvent exécuter de grands calculs; mais, comme le dit Platon de l'astronomie, elles apprennent à regarder en bas en croyant faire regarder en haut. (*Rép.*, VII.) Keppler et Newton, Leibnitz, leur doivent la première conception des découvertes de leur génie. Elles sont le point culminant de la psychologie. Placées au seuil de la logique, elles en défendent l'entrée au scepticisme, elles planent au-dessus des formes de la pensée. La morale leur doit sa base solide, comme elles en sont le faîte élevé; sans elles la science de l'être, la métaphysique est un vain mot, et la religion une chimère; Dieu, l'idole de la pensée, créé par elle, n'est pas même son idéal.

ART. IV. DES CONDITIONS MORALES DE LA VÉRITÉ DANS LES SCIENCES MORALES.

Partout, sans doute, mais surtout dans cet ordre de sciences où il s'agit de la vérité supérieure, il est des conditions pour la connaître, qui, sans faire partie intégrante de la logique, n'en sont pas moins nécessaires pour garantir la sûreté de ses règles et assurer leur fécondité. Platon les a aussi admirablement décrites. (V. *Rép.*, VI; *Phèdre*, *Phédon*, *Banquet*.) La première, c'est que non-seulement pour goûter, mais pour comprendre la vérité il faut l'aimer. *L'amour du vrai*, un désir ardent de le connaître et de s'en nourrir sont inséparables de la recherche et en donnent l'intelligence. Locke le dit très-bien : « Quiconque veut chercher sérieusement la vérité doit, avant toute chose, concevoir de l'amour pour elle ; car celui qui ne l'aime point ne peut se tourmenter beaucoup pour elle, ni être beaucoup en peine lorsqu'il manque de la trouver. » (*Ent. hum.*, IV, 20.) Il est impossible d'arriver à la sagesse et à la vérité, avait dit saint Augustin, si on ne les désire de toutes ses forces, *si sapientia, veritas totis viribus non concupiscitur, inveniri nullo modo potest* (1). Au désir doit se joindre la pureté du cœur avec des habitudes conformes aux règles que prescrit cette même sagesse. Ce point, si excellemment développé par les auteurs chrétiens, n'est omis par aucun des vrais philosophes. Les plus profonds penseurs sont ici d'accord avec les moralistes religieux pour proclamer ces maximes : le sens des choses spirituelles, qui est plus ou moins en nous, ne doit être ni gâté ni corrompu. La pureté du cœur est une condition de la pureté de l'esprit. Aristote, dont le génie est si positif, ne le reconnaît et ne l'affirme-t-il pas lorsqu'il dit : « Il faut avoir des mœurs bien réglées et des habitudes honnêtes quand on veut tirer une véritable utilité des leçons qui nous sont données sur l'honnête et le juste. » (*Éth. à Nic.*, I, v.) « Les grandes pensées viennent du cœur. » (Vauvenargues) « Il faut connaître les choses humaines pour pouvoir les aimer, il faut aimer les choses di-

---

(1) V. *Soliloq.*, I, 6, et *Confessions* passim.

vines pour pouvoir les connaître. » (Pascal, *Pensées*.) *Animus, nisi purus ac sanctus est deum non capit.* (Senec., *Ep.* 87.)

— « La nature elle-même a des voiles qui ne se laissent soulever qu'à des mains délicates et pures. » (Leibnitz.) « Il faut invoquer la raison pour en être éclairé. » (Maleb., *Tr. de Mor.*, I, v.)

On ne saurait où s'arrêter si l'on voulait citer tous les passages où cette pensée est exprimée dans les auteurs sacrés et profanes. Pour revenir à Platon, l'âme, dit-il, est un miroir où la vérité se reflète. Si le miroir est terni, l'image est trouble ou elle est effacée. Comment l'homme qui veut se connaître, en s'observant lui-même, y trouverait-il ce qui n'y est pas, la beauté, la justice, la sainteté, etc? Comment, dirons-nous après lui, ceux qui nient la liberté, le devoir, le dévouement, l'abnégation, les nobles instincts et les hautes tendances de la nature humaine ne les nieraient-ils pas, si jamais ils ne les ont ni pratiqués ni cultivés, c'est-à-dire expérimentés en eux-mêmes? Sans aller jusqu'à dire que l'homme fait la vérité, au moins il la réalise, et c'est alors qu'il la sent, qu'elle lui devient comme palpable et visible. Autrement il la méconnaît et il en doute. « Lorsque le cœur est corrompu on n'est guère en état de contempler l'ordre en lui-même, » dit Malebranche. (*Tr. de Mor.*, I, v.) « Ceux qui n'aiment pas la vérité prennent le prétexte de la contestation ou de la multitude de ceux qui la nient, et ainsi leur erreur ne vient que de ce qu'ils n'aiment pas la vérité ou la charité. » (Pascal, *Pensées*.) « Les manières de vivre engendrent les manières de penser et réciproquement les idées engendrent les actions ; le cœur et la tête, au moral comme au physique, se fécondent ou se paralysent mutuellement (1). » — « La vérité est si obscurcie en ce temps de mensonge qu'à moins d'aimer la vérité on ne saurait la connaître. » (Pascal, *Pensées*.)

A tel homme d'un esprit supérieur il n'a manqué peut-être qu'une âme plus élevée, *mens excelsior*, et un vrai caractère pour avoir du génie. Il en doit être ainsi avant tout du philosophe et de la science qui s'appelle l'amour de la sagesse.

---

(1) (Jean-Paul Levana.) Le même auteur a dit avec raison : « Si la connaissance de soi-même est le chemin qui conduit à la vertu, la vertu est plus véritablement encore le chemin qui conduit à la connaissance de soi-même. »

CHAPITRE V

MÉTHODE HISTORIQUE

> Historia testis temporum, lux veritatis, vita memoriæ, magistra vitæ, nuntia vetustatis.
> (Cic., *De Orat.*, II, 9.)

OBJET ET IMPORTANCE DE L'HISTOIRE. — Parmi les sciences morales figure l'histoire, à laquelle ces sciences empruntent souvent leurs preuves ou leurs documents. Elle-même a un but moral. Son objet n'est pas seulement de perpétuer dans la mémoire des hommes le souvenir des événements passés. « C'est à sa foi, dit Bacon, que sont confiés les exemples de nos ancêtres, les vicissitudes des choses, les fondements de la prudence civile, et même le nom et la réputation des hommes. » (*De Aug.*, II, 5.) Elle enseigne aux peuples à se gouverner, aux individus à vivre (*magistra vitæ*, Cic.), en profitant des exemples qu'elle leur met sous les yeux (1) et des leçons de l'expérience. Grâce à elle, les enseignements du passé ne sont point perdus pour l'avenir. Elle est comme la voix des siècles (*nuntia vetustatis*). Témoin des temps qui ne sont plus, elle est une mémoire vivante et durable; c'est aussi un juge des actions humaines (2), et, comme l'a appelée Tacite, la conscience du genre humain, *conscientia generis humani*. — Notre but n'est point d'énumérer tous ses titres, ni de la suivre dans ses formes, soit qu'elle se borne à raconter les événements (Quintil., X, 1, 31), soit que, s'élevant à des considérations générales, elle suive la marche des sociétés, qu'elle étudie les causes de leur grandeur et de leur décadence, soit que, se plaçant à un point de vue plus général encore et plus élevé, sous le nom de philosophie de l'histoire, elle tâche d'embrasser le cours entier des événements humains, de saisir dans leur diversité des lois et un plan

---

(1) « Pauci prudentia honesta ab deterioribus, utilia ab noxiis discernunt; plures aliorum eventis docentur. » (Tacite, *Ann.*, IV, 33.) — « Il pratiquera, par le moyen des histoires, ces grands noms des siècles passés. » (Montaigne, I, 25.)
(2) Sénèque l'appelle *liberrimam principum judicem*. (V. Rollin, *Tr. des Etudes*.)

régulier, qu'elle entreprenne de retracer le développement de l'humanité à travers les siècles, ou de nous initier aux secrets de la Providence (1).

Plus grande est la dignité de l'histoire, plus sérieuses et difficiles sont ses conditions. Pour faire revivre les hommes et les événements dans un récit dramatique qui soit un tableau vivant, elle doit être un *art* ; les qualités du peintre et du poète sont exigées de l'historien ; mais elle est avant tout une *science;* sa vérité n'est point la vérité poétique, et sa loi suprême est la véracité (2). Il faut qu'elle fasse luire le flambeau de la vérité, dans l'obscurité des temps, *lux veritatis* (Cic.), que celle-ci se dégage des récits mensongers ou contradictoires qui nous la dérobent ou la défigurent. Pour discerner le vrai du faux, dans les traditions, les monuments et les écrits qu'il met en œuvre, l'historien a besoin d'une méthode sévère, dont les règles fixes et raisonnées soient comme la logique de l'histoire. Ces règles, dont l'ensemble forme la *critique historique,* se déduisent des principes généraux d'où dépend la certitude du témoignage des hommes et que nous devons d'abord étudier.

ART I. DE LA CERTITUDE DU TÉMOIGNAGE DES HOMMES; SON OBJET ET SES CONDITIONS.

L'homme possède une intelligence capable de connaître par elle-même la vérité ; mais seul et isolé de ses semblables, il ne saurait la développer. Fixé d'ailleurs, comme il l'est, à un point de l'espace et de la durée, combien, s'il en était réduit à sa propre expérience, l'horizon de ses connaissances ne serait-il pas borné (3)? Vivant au contraire en rapport avec les êtres de son espèce, il est éminemment perfectible; l'éducation cultive et développe toutes ses facultés ; elle lui

---

(1) Sur l'importance et l'utilité de l'histoire, lisez Bacon, *De Dignit. et Aug. scient.*, liv. II, ch. v ; — d'Aguesseau, 2ᵉ *Instruc. à son fils ;* — Rollin, *Tr. des études*, III, 1 ; — d'Alembert, *Pensées ;* — Bossuet, *Disc. sur l'Hist. univ.*, Av.-prop. et 3ᵉ part., — Fénel., *Lett. à l'Acad.;* — Leibnitz, *Nouv. Essais,* liv. IV, ch. xvi, § 18 ; — Montaigne, *Essais*, I, ch. xxv ; — Cic., *De Orat.*, II, 15 ; — Portalis, *De l'Usage et de l'Abus de l'esprit philos.*, ch. xxi. — Cf. Lucien, *Sur la manière d'écrire l'histoire.* (Quintil., XII, iv.)

(2) Primam esse historiæ legem ne quid falsi dicere audeat, deinde ne quid veri non audeat. (Cic., *De Orat.*, II, xv.)

(3) Nescire quid antea quam natus sis acciderit, id est semper esse puerum. (Cic., *Orat.*, 34.)

transmet les vérités traditionnelles et les découvertes du passé ; il communique avec tous les points du globe et recueille l'héritage des siècles. Cette merveille de la société humaine est l'œuvre du langage, et elle a pour condition l'autorité du témoignage des hommes.

La certitude du témoignage a déjà été reconnue (p. 279). Nous devons ici 1° déterminer son *objet* et ses *conditions*, 2° examiner son *fondement* ou sa base première, 3° poser les *règles* générales de la *critique historique*.

Son objet et ses conditions. — Le véritable objet du témoignage, ce sont les faits dont nous n'avons pu être témoins et qui nous sont attestés par nos semblables. Le témoignage des hommes, pour être un motif infaillible de certitude, doit offrir les garanties suivantes :

Il faut 1° que le fait soit *possible*. Un fait absurde, qui contredirait une des vérités nécessaires de la raison, n'aurait pas même besoin d'être vérifié; mais il faut être sur ce point très-circonspect, ne pas qualifier d'absurde à la légère ce qui peut n'être qu'invraisemblable.

On doit 2° s'assurer que les témoins ne sont ni *trompés* ni *trompeurs*, et que quand même ils voudraient nous tromper, ils ne le pourraient pas. L'examen de ces conditions repose sur des circonstances dont les unes concernent les *faits*, d'autres les *témoins*, d'autres la *forme du témoignage*.

1° Dans les *faits* qui sont l'objet du témoignage, plusieurs choses sont à considérer : s'ils sont *publics* ou *privés*, faciles à observer et à constater, ou d'une appréciation difficile; s'ils sont *importants* et par là propres à frapper davantage l'attention; s'ils s'écartent ou non des lois les mieux connues de la nature; s'ils favorisent ou contrarient les préjugés, les intérêts, les opinions des hommes.

2° Quant aux *témoins*, on doit examiner s'ils sont oculaires, ou s'ils se bornent à raconter ce qu'ils ont entendu. On doit aussi considérer leur nombre, leur caractère moral d'où dépend leur bonne foi, leur capacité, leurs intérêts, leurs préjugés, leurs passions, et surtout constater si, malgré la diversité de ces opinions et de ces intérêts, leur témoignage est uniforme; car il est impossible qu'un grand nombre de témoins divisés d'intérêts et d'opinions s'accordent sur le même fait, si ce fait n'est pas réel.

3° Dans sa forme, le *témoignage* doit être exprimé clairement, sans obscurité ni équivoque.

Il n'est pas nécessaire que toutes ces conditions soient réunies. Dans la plupart des cas où nous devons nous en rapporter au témoignage de nos semblables, une ou plusieurs doivent suffire. C'est ainsi que le témoignage d'un seul homme, mais dont la probité et la capacité nous sont bien connues, suffit pour entraîner notre adhésion et produire en nous la certitude morale.

Ces conditions s'appliquent aux faits *passés* comme aux faits *contemporains*; nous aurons à exiger pour ceux-là des conditions nouvelles. Leur appréciation forme l'objet de la *Critique historique*, dont nous poserons plus loin les règles.

Nous ferons observer que c'est à tort que l'on a regardé la certitude historique comme inférieure à celle des autres sciences. Nous le répétons : il n'y a pas de degrés dans la certitude. Toutes les certitudes sont égales; il serait aussi ridicule de nier l'existence de César, de Napoléon ou de tout autre personnage vraiment historique, que de contester les propriétés du cercle ou du carré *.

Remarque. — On a objecté que certains faits, généralement admis comme vrais par les anciens, ont été reconnus comme faux par les modernes : tels que le mouvement du soleil autour de la terre, l'existence du firmament ou de la voûte azurée, etc. La réponse est facile. Ces faits ne sont point de la compétence du témoignage, ou plutôt il il y a ici deux faits : le mouvement apparent et le mouvement réel, l'apparence et la réalité. Le premier est un fait attesté par les sens et qui subsiste aujourd'hui comme il y a deux mille ans. Le second est une vérité qui se démontre et qui ne tombe nullement sous les sens. Or, en pareille matière, un seul homme, armé du raisonnement et par une démonstration évidente, peut renverser une opinion fausse quoique généralement reçue. Il en est de même de toutes les vérités scientifiques. Toutes sont le résultat d'inductions ou de déductions, et par conséquent échappent au simple témoignage des sens. Ce sont des appréciations de faits, non de simples faits; le vulgaire n'y est point compétent. — Les vérités morales elles-mêmes, que l'on cherche souvent à prouver par le consentement général, ne sont pas davantage en réalité l'objet du témoignage. L'accord unanime des peuples sur ces vérités ne prouve qu'une chose : l'identité de la nature humaine et de la raison dans tous les temps et dans tous les lieux. Il prouve que l'intelligence est au fond la même chez tous les hommes, qu'elle a conscience des mêmes faits intérieurs, comme, par exemple, du libre arbitre, qu'elle conçoit de la même manière une vérité facile à con-

ART. II. DU FONDEMENT DE LA CERTITUDE HISTORIQUE.

Sur quel principe s'appuie, en dernière analyse, l'autorité du témoignage des hommes? Quelle est la première base de la *certitude historique?* Ce principe, c'est celui qui sert de garantie au témoignage de nos propres facultés : l'*évidence de la raison*.

Si en effet nous croyons à la vérité des faits attestés par nos semblables, c'est que nous pensons qu'ils ont les mêmes moyens que nous de connaître la vérité, et qu'en faisant un légitime emploi de leurs facultés, ils l'atteindront comme nous l'aurions fait nous-mêmes. Tout se réduit donc à une substitution de leurs facultés aux nôtres, légitimée par l'identité de la raison humaine. De plus, nous conservons tout entier le droit de discerner si l'emploi de ces moyens a été fait conclure, comme l'existence de Dieu et l'immortalité de l'âme, par un raisonnement qui se fait secrètement dans l'esprit de tous les hommes.

Il importe donc de distinguer ce qui est vraiment du ressort du témoignage, savoir les faits tels que nos sens les aperçoivent, et rien de plus. En effet, si le vulgaire croit à une découverte scientifique sans pouvoir la vérifier, il n'y croit pas comme à un simple fait, mais à une vérité réellement démontrée et dont la démonstration peut se renouveler à toute heure. Seulement, il croit aussi que les procédés et la méthode qui ont conduit à cette découverte sont légitimes et ont été légitimement employés.

En ce qui touche les vérités que nous ne pouvons comprendre ou apprécier par nous-mêmes, pour qu'elles obtiennent notre adhésion, il faut qu'elles soient admises par des hommes qui, par la supériorité de leurs lumières et leur caractère moral, nous inspirent une certaine confiance ; ce qui nous garantit qu'elles ont été trouvées par un emploi légitime des facultés humaines et des procédés de la méthode. C'est ainsi que les grands résultats scientifiques entrent dans le domaine commun des intelligences, et deviennent le partage des ignorants comme des savants. Combien peu d'hommes, même versés dans les sciences exactes, sont capables d'apprécier les découvertes de Galilée, de Keppler ou de Newton, et de vérifier leurs calculs! mais nous savons que les lois de la nature trouvées par ces grands génies l'ont été par les procédés d'une méthode qui, bien employée, conduit infailliblement à la vérité. Nous savons que ces lois peuvent être vérifiées de nouveau, et qu'elles sont admises par tous les savants capables d'en constater la vérité. Quelques esprits bizarres pourront sans doute les nier; la science aussi a ses Zoïles; mais leurs attaques sont impuissantes à renverser les vérités solidement établies, comme à ternir la réputation des grands hommes qui les ont découvertes.

Il est inutile de faire remarquer que les règles du témoignage et de la critique historique s'appliquent à la révélation comme à tous les faits de l'histoire en général.

venablement, et si la déposition est vraie. L'application de ces deux conditions de certitude revient tout entière à l'individu ; sa raison en porte la responsabilité. De sorte que, bien loin que la certitude de nos facultés repose sur celle du témoignage d'autrui, c'est celle du témoignage de nos semblables qui repose sur l'autorité de la raison.

Le témoignage humain étant la condition de l'éducation pour l'individu, la nature a placé en nous deux instincts également nécessaires à ce but et qui devancent la raison : la *crédulité* et la *véracité*. (V. p. 55.) Un penchant naturel nous porte à ajouter foi à la parole de nos semblables, comme notre premier mouvement est de dire la vérité. Sans ces deux instincts, l'éducation humaine serait impossible. L'homme né sceptique périrait, ou son intelligence ne se développerait jamais. Mais aussitôt que la raison est éveillée, elle ne se contente plus de l'affirmation, elle veut des preuves et contrôle le témoignage.

Si la certitude qui s'obtient ainsi étant égale à toute autre certitude, est absolue, il faut qu'elle repose sur un principe absolu, qui efface tout ce qui peut rester de contingent et écarte toute possibilité d'erreur. Or, bien que le témoignage humain, revêtu des conditions ordinaires de crédibilité, suffise pour engendrer la croyance raisonnable, il reste entaché d'un vice qui lui ôte ce caractère absolu. La seule supposition que tout homme se trompe et peut nous tromper, *omnis homo mendax*, suffirait pour placer la certitude morale au-dessous de la certitude métaphysique ou mathématique, celle des vérités nécessaires de la raison, et même au-dessous de la vérité physique des faits que l'intuition immédiate des sens nous fait percevoir.

La solution donnée à ce problème est fournie par le principe de la *raison suffisante*, comme l'appelle Leibnitz, identique au fond au *principe de causalité*.

Non-seulement tout fait a une cause, mais la cause doit être capable d'expliquer l'effet, sans quoi la raison n'est pas satisfaite. Or, quand nous voyons le témoignage se produire sur un fait important et public, émanant d'une foule de bouches différentes, attesté par un grand nombre de témoins d'ailleurs divisés d'intérêts, de passions, d'opinions, etc., cette unanimité ne peut avoir sa raison ou sa cause que dans la réalité du fait lui-même qui produit cet assentiment. La vérité du fait, sa souveraine évidence, peut seule imprimer cette unité au témoignage, soumettre les intelligences et les volontés les plus diverses. Voilà l'unique cause de l'effet, capable d'en fournir la raison suffisante. Autrement, il faut imaginer une puissance trompeuse, capable elle-même de produire l'erreur, le mensonge universel : ce qui répugne à la raison et suppose le renversement de l'ordre moral. C'est donc aussi le principe de l'accord de la vérité avec elle-même, le *principe de contradiction*, base de tout raisonnement que nous retrouvons sous le principe de causalité. Il soutient la certitude morale ou historique, qui rentre ainsi dans la certitude rationnelle et métaphysique ; les degrés et les différences s'effacent, la diversité est ramenée à l'unité. On voit pourquoi on a eu tort de distinguer une certitude morale inférieure à la certitude métaphysique ou physique, et de ne lui accorder que le plus haut degré de probabilité.

ART. III. RÈGLES DE LA CRITIQUE HISTORIQUE.

Nous devons nous borner à exposer les plus générales, laissant à l'historien leur détail et le soin de les appliquer. Une déduction immédiate du principe précédent, c'est qu'il y a des faits pleinement certains qui sont le principal fonds de l'histoire : ce sont des faits publics, importants, auxquels se rattachent toute l'histoire des peuples et les annales du genre humain. Leur fausseté supposerait un renversement des lois de l'ordre moral ; ils brillent d'un tel éclat qu'on ne saurait éprouver aucune difficulté à les discerner. « Ainsi les conquêtes d'Alexandre, celles de César, sa victoire sur Pompée, les croisades, la ligue, l'assassinat de Henri IV, ce sont là des faits tellement attestés qu'un homme raisonnable ne saurait pas plus en douter que des actions et des événements dont il a été témoin lui-même. » (V. Daunou.)

Mais tous les faits n'ont pas cette clarté, il en est beaucoup qui ne sont pas aussi faciles à reconnaître. Pour ceux-là, il est besoin d'un examen plus long et plus difficile, aidé des règles.

Cet examen doit porter non-seulement sur la nature des faits, comme il a été dit plus haut, mais sur les *sources his-*

toriques ou les témoignages par lesquels les faits arrivent jusqu'à nous.

Ces sources se ramènent à trois, savoir : les *traditions,* les *monuments,* l'*écriture* ou les *documents écrits.*

1° *Tradition orale.* — De ces trois sources, la première mérite le moins de confiance. Il faut y distinguer le fond de la forme. Quoique le fond en soit presque toujours quelque événement réel, les traditions n'ont la plupart rien de fixe ; l'imagination les modifie et les enrichit à son gré ; elles s'amplifient et s'altèrent en passant de génération en génération, de peuple à peuple. Toutefois, lorsqu'une tradition nous transmet quelque fait public, éclatant, lorsqu'elle est fixe, constante, cohérente avec d'autres traditions, elle acquiert un haut degré de probabilité et s'approche de la certitude ; car il est impossible d'expliquer comment la mobilité de l'imagination, la diversité des passions, des idées et des intérêts n'ont eu aucune prise sur elle. Mais fort peu de faits rapportés par la tradition présentent ces caractères. Seule, elle ne peut nous apprendre que quelques faits simples et éclatants. Lorsqu'elle se combine avec la tradition écrite, elle sert à la confirmer.

2° *Monuments.* — Les monuments sont une seconde source plus sûre qui sert à éclairer et confirmer l'histoire. « Ils sont une espèce de témoignage équivalent à la déposition des témoins vivants, mais beaucoup plus durable que la vie des hommes. Les bas-reliefs, les inscriptions, les médailles, les statues, etc., tiennent lieu d'une longue suite de témoins traditionnels et nous sauvent des incertitudes inséparables d'une pareille transmission (Boullier), » pourvu qu'on se soit assuré de leur authenticité, qu'ils appartiennent aux temps, aux lieux, aux faits, aux personnages auxquels on les rapporte ; qu'ils aient une signification claire, un sens déterminé et soient eux-mêmes véridiques, ce qui exige le même examen que pour les témoignages écrits. Ceux dont on n'a lieu de contester ni l'authenticité ni l'exactitude servent à fixer l'ordre des temps, à distribuer les faits et les personnages ; s'ils se rattachent à des traditions orales, ils leur prêtent plus de valeur ; enfin ils confirment les relations écrites.

3° *Relations écrites*. — Mais la principale, la vraie source de l'histoire, ce sont les documents et les témoignages écrits (1). Pour mériter notre confiance, il faut qu'ils soient contemporains ou voisins des faits qu'ils rapportent, ou qu'ils s'appuient sur des relations antérieures dont la fidélité nous soit garantie. Les règles de critique applicables à ces documents concernent leur *authenticité*, leur *intégrité* et leur *véracité*.

Authenticité. — Un écrit n'a d'autorité qu'autant qu'on est sûr qu'il n'est pas supposé, qu'il appartient à l'époque et à l'auteur auxquels on l'attribue. Voici les principaux moyens de reconnaître cette authenticité. — 1° Si un ouvrage n'a été cité par aucun des contemporains de l'auteur dont il porte le nom; 2° si on n'y aperçoit pas même le caractère connu de l'écrivain; 3° s'il y a eu quelque intérêt, soit réel, soit apparent à la supposition; 4° si, ce qui est plus grave, il n'est pas empreint du caractère du siècle où il passe pour avoir été écrit; 5° s'il fait allusion à des usages qui n'étaient pas encore connus; 6° si on y remarque des traces d'opinions et d'idées postérieures à ce siècle, on peut le regarder comme non authentique. — Les caractères opposés en démontrent l'authenticité. — Comment admettre qu'un livre a été supposé quand nous le voyons cité par les contemporains et fondé sur une chaîne non interrompue de témoins conformes les uns aux autres? Il y a, en outre, des ouvrages qui portent en eux-mêmes leur authenticité, qui intéressent des nations entières, le monde même, qui contiennent les annales d'un peuple, ses titres, ses lois, ses coutumes, ses croyances religieuses. Les supposer apocryphes serait insulter au bon sens comme aux peuples eux-mêmes dont ils renferment l'histoire.

Intégrité. — Mais il ne suffit pas qu'on puisse s'assurer de l'authenticité d'un livre, il faut qu'on soit certain qu'il est parvenu à nous sans altération. La diversité des manuscrits indique que des changements y sont introduits; mais le mal est à côté du remède, car s'il y a des manuscrits divers, il est évident qu'en tout ce en quoi ils s'accordent le texte ori-

---

(1) « Rien n'est plus propre à fixer le témoignage et le rend moins susceptible d'altération que l'écriture. Un bon manuscrit de Thucydide me transporte au temps où vécut ce célèbre historien et me rend presque aussi sûr de sa déposition, que si je l'avais ouï de sa bouche. » (Boullier.)

ginal est pur. Il est impossible d'ailleurs qu'un livre connu, intéressant, ait été altéré de façon que les différentes copies se contredisent dans les faits qu'il rapporte, surtout s'ils sont essentiels. Tout se réduit à des changements de certains mots qui ne détruisent point le fait, et à des explications différentes des mêmes mots.

Véracité. — Mais il reste une troisième condition plus difficile à reconnaître : c'est la *véracité* de l'historien. Que n'a-t-on pu dire, avec raison, des mensonges de l'histoire (1)? Combien ne doit-on pas se défier souvent des historiens les plus sérieux et les plus dignes de foi, parce que, s'ils ne sont pas trompeurs, ils peuvent être trompés, et que, d'ailleurs, ils mêlent à leurs récits leur manière de voir personnelle, leurs préjugés, leurs passions, etc. — Voici la réponse à cette objection qui menace la certitude historique entière. 1° Il faut distinguer entre les *faits* que rapporte l'historien et les *réflexions* qu'il mêle à son récit : et il n'est jamais difficile de distinguer un fait éclatant et important des réflexions d'un écrivain. 2° L'inconvénient signalé porte avec lui son remède et fournit un *criterium* infaillible pour discerner la vérité de l'erreur. Si, malgré les intérêts, les passions, les préjugés, l'esprit différent des historiens, tous s'accordent sur un même fait, ce fait est certain et ne peut être révoqué en doute. 3° Ni les préjugés, ni l'esprit de parti, ni la vanité nationale n'opèrent rien sur les faits éclatants et intéressants. Il y a lieu d'appliquer ici ce qui a été dit plus haut de la véracité des témoignages. Les faits d'ailleurs portent en eux-mêmes leur marque de vérité et d'authenticité. Un fait éclatant et important entraîne toujours des suites après lui. Souvent il fait changer la face d'un grand pays ; les événements s'enchaînent, ils se soutiennent, forment un échafaudage qui viendrait à crouler si l'un d'eux manquait à l'édifice. Otez un de ses grands faits, l'histoire du monde devient inintelligible et impossible.

Les trois sources dont nous venons de parler se confirment entre elles. Les monuments viennent au secours de

(1) Le quidquid Græcia mendax audet in historiâ ne s'applique pas seulement à la Grèce. Montaigne a dit : « L'histoire est la matière à laquelle s'applique la plus diverse mesure. »

l'écriture, et la tradition orale elle-même s'y ajoutant leur prête une nouvelle autorité. Qu'on ne dise pas qu'il y a cercle vicieux ; prouver ainsi des choses l'une par l'autre, c'est montrer leur accord, et cet accord parfait est précisément la base de la certitude historique. Dans les époques vraiment historiques, l'histoire et les monuments sont inséparables. « Un événement intéressant, qui fait prendre la plume à un historien, met le ciseau à la main du sculpteur, le pinceau à la main du peintre, échauffe le génie de presque tous les artistes... Les peuples, jaloux d'en perpétuer le souvenir, emploient le marbre et l'airain pour en transmettre la mémoire. » (Daunou.) Les monuments, muets, attendent que l'histoire ait parlé, ou que la tradition les interprète ; mais ils confirment l'une et l'autre *.

*Remarque. — On voit partout ceci combien est fausse la méthode mathématique appliquée aux choses morales et à l'histoire en particulier. Le calcul du géomètre (V. Laplace), qui détermine l'accroissement ou la diminution de la probabilité selon le nombre des témoins, roule sur un principe faux. La force du témoignage dépend de l'*accord* (*consensus*) bien plus que de la *quantité* abstraite. L'opinion qui prétend que la certitude historique décroît à mesure qu'elle s'éloigne de sa source est entachée de même défaut. L'étendue compense l'éloignement et la perpétuité est une preuve de plus de l'infaillibilité du témoignage. Si notre monde dure encore six mille ans, Thémistocle et Aristide, Régulus, Pompée, César ou Caton seront-ils alors des personnages fabuleux ? Les événements principaux de la Grèce et de Rome auront-ils cessé d'appartenir à l'histoire ?

Consultez, outre les auteurs cités p. 458 : Boullier, *Traité de la certitude morale*, suivi d'un Essai sur l'âme des bêtes, 2 vol. 17-37. (C'est encore le meilleur Traité sur la certitude historique. L'auteur y applique avec force et lucidité le principe de la raison suffisante de Leibnitz. Ceux qui depuis ont traité le même sujet n'ont guère fait que le répéter). — De Prades (l'abbé), *De la Certitude historique* (Encyclopédie) ; sa dissertation, réimprimée en 1842 (Bibliothèque philosophique), n'est pas sans mérite quoique diffuse. — S'Gravesande, *Introd. à la philosophie*. (Court, mais précis.) — Daunou, *Etudes historiques*, t. I. (Solide et instructif.) — On trouve aussi d'utiles réflexions dans la *Logique* de Bossuet (liv. III), dans celle de P. Royal (IVe part., ch. XIII et suiv.) ; dans Euler (Lett. 52) et dans Reid (t. II, p. 311).

CHAPITRE VI

DE L'ERREUR

SA NATURE, SES CAUSES ET SES REMÈDES

ART. I. DE L'ERREUR EN GÉNÉRAL.

> Nescio qui nos teneat error ac miserabilis ignoratio veri.
> (Cic., *Frag. Consol.*)

§ I. De l'erreur, de l'ignorance et du préjugé.

L'esprit a ses maux comme le corps (1). L'ignorance, le doute, le préjugé, l'erreur ne sont ni les moins nombreux ni les moins à redouter; ce sont ceux que la Logique en particulier doit combattre. L'*ignorance* diffère de l'*erreur* en ce qu'elle est la privation de la vérité, tandis que l'erreur est son contraire. Celle-là est un manque de connaissance, celle-ci un jugement faux. « Errer, c'est croire ce qui n'est pas ; ignorer, c'est simplement ne pas savoir. » (Bossuet, *Conn. de Dieu*, I, 14). (2) — Le *doute* est la suspension du jugement née de l'incertitude. — Le *préjugé*, *præjudicata opinio*, est un jugement dénué de preuves et antérieur à tout examen (3). Il peut être vrai comme il peut être faux; mais sa vérité ne nous appartient que quand il a été soumis au contrôle de la raison.

L'erreur, qui est un écart de l'esprit, est surtout funeste en ce qu'elle entraîne la volonté dans sa voie et peut ainsi devenir la règle de notre conduite; passant de la théorie dans la pratique, elle nous fait commettre des actions contraires à l'utile et au bien. Elle a pour complices la passion, l'intérêt, l'habitude; notre cœur s'y attache comme à la vérité, *nec tantum necessitas errandi, sed errorum amor*. (Sen., *De Ira*.) L'habitude l'enracine en nous. Elle est contagieuse; personne

---

(1) Morbi perniciosiores pluresque sunt animi quam corporis. (Cic., *Tusc.*, III.)
(2) Sur la *vérité* et la *fausseté*, les différentes sortes de vérités et de faussetés, voy. Malebranche, *Rech. de la Vérité*, liv. VI.
(3) Sur l'*ignorance* et ses *causes*, Locke, *Ent. hum.*, IV, ch. III, § 22. — Sur les *préjugés*, Kant, *Logique*, p. 112.

ne se trompe pour lui seul (1); nos erreurs deviennent celles d'autrui. — On voit combien il importe de ne pas laisser pénétrer ce mal dans notre esprit, de l'en bannir quand il y est entré, de dissiper les préjugés qui s'emparent de l'intelligence à notre insu et y prennent la place de la vérité.

Avant de rechercher les causes de l'erreur, nous devons constater sa nature et son origine.

§ II. Nature et cause première de l'erreur.

I. Sa nature. — Le vrai, c'est ce qui est; le faux, c'est ce qui n'est pas. « Penser et dire ce qui n'est pas, c'est ce qui fait le faux dans la pensée et le discours. » (Platon, *le Sophiste*.) L'erreur est donc un jugement faux, en tout ou en partie opposé à la vérité. La conception seule de ce qui n'est pas ou est opposé au vrai ne suffit pas pour la constituer; la croyance doit s'attacher au jugement. Elle est de bonne foi lorsqu'ayant conscience de notre jugement nous ignorons qu'il est faux. Autrement c'est le *mensonge* qui n'est plus un simple défaut de notre nature mais un vice. L'homme est sujet à l'un et à l'autre.

II. Son origine selon Descartes. — L'origine de l'erreur, suivant Descartes, est dans la disproportion entre nos deux principales facultés, la volonté et l'entendement. L'entendement de l'homme est borné ; sa volonté, libre et infinie. Quand nous jugeons mal, c'est que la volonté dépasse les limites de l'entendement. (*Médit.*, IV.) C'est que nos jugements ont plus d'étendue que nos perceptions. (Malebranche).

Cette théorie, qui place dans la volonté la cause première de nos erreurs, se réfute déjà par ses conséquences; elle tend à ériger toute erreur en faute et à retrancher les erreurs invincibles. Malebranche la formule nettement en ces mots : « Nous sommes aussi libres dans nos faux jugements que dans nos amours déréglées. » (*Rech. de la Vér.*) (2) Mais le bon sens repousse cette maxime dont on peut faire

---

(1) « Nemo sibi tantummodo errat, sed alieni erroris et causa et auctor est. » (Sénèque, *De Vita beata*, I.) — « Nulla ad aures nostras vox impune fertur. » (Id., *Ep.* 94. Lisez le passage entier.)

(2) « L'erreur ne consiste que dans un consentement précipité de la volonté, qui se laisse éblouir à quelque fausse lueur et qui, au lieu de conserver sa liberté autant qu'elle le peut, se repose avec négligence dans l'apparence de la vérité. » (*Rech. de la Vérité*, liv. V.)

un si redoutable abus. *Quis nomen sceleris errori addidit?* (Sénèque.) Ce mot, quoique l'histoire le démente, reste vrai : erreur n'est pas crime. « Nul homme ne veut se tromper, » dit Bossuet (*Conn. de Dieu*, I); Platon avait dit : « Personne ne se trompe volontairement (1). » Selon Aristote, « l'opinion n'est pas libre, » δοξάζειν οὐκ ἐφ'ἡμῖν. (*De Anima*, III, 3.) Aussi le vrai châtiment de celui qui se trompe, c'est d'être éclairé, *errantis pœna est doceri*. (Sénèque.) La méprise de Descartes (2) vient de ce qu'il attribue le jugement à la volonté, tandis qu'il appartient à la raison. Il n'est pas moins inexact de dire que l'entendement est indifférent en présence de la vérité, qu'il « ne l'affirme ni ne la nie. » (*Id.*) L'esprit ne peut refuser son adhésion quand l'évidence lui apparaît. « Quand j'ai l'idée claire d'une chose, il ne dépend pas de moi d'aller contre l'évidence de cette idée. » (Fénelon.) Mais la connaissance n'a pas toujours cette irrésistible clarté qui soumet le jugement; c'est alors que la volonté intervient. Elle peut le préparer, le suspendre, le précipiter, se mêler à l'acte pur de la raison ou usurper sa place ainsi que la passion. Sa part est très-grande, il ne faut ni l'exagérer ni la diminuer. Absoudre toute erreur dans sa cause serait aussi faux que de la condamner.

III. Sa véritable origine. — L'origine première et véritable de nos erreurs est l'imperfection de notre nature, et la faiblesse de nos facultés. Le défaut de clarté dans l'objet, l'obscurité dans les âmes, *caligo mentium*, la vue bornée de l'esprit, qui l'empêche d'embrasser l'ensemble et lui fait voir dans la partie le tout, une multitude de causes « qui agissent par le dehors et par le dedans » (Bossuet, *ibid.*), lui font prendre l'apparence de la vérité pour la vérité même. Il doit, autant qu'il peut, s'en défendre; mais il ne saurait en triompher tout à fait. — Telle est la vraie nature de l'erreur et on peut dire sa nécessité, *necessitas errandi*. (Sénèque.) — « Il demeure pour certain, dit Bossuet, que l'entendement, purgé de ses vices et véritablement attentif à son objet, ne se trompera jamais. » (*Conn. de Dieu*, I, 16.) Mais c'est un idéal: l'homme, dans sa condition présente, est sujet à l'erreur :

---

(1) V. *Gorgias*, XXIII; *Lois*, V.
(2) Descartes essaye de répondre à ces objections, mais sa réponse est faible. (V. *Médit.* et *Réponses à Gassendi*.)

errare humanum est. Moins sévère était la philosophie ancienne, quand elle disait par la bouche de Cicéron : *Nescio qui nos teneat error ac miserabilis ignoratio veri.*

Dans un grand nombre de cas, l'homme doit se contenter d'une sorte d'évidence moyenne. C'est ce que Locke appelle le crépuscule de la *probabilité* (1). Celle-ci résulte d'un ensemble de raisons dont aucune n'est démonstrative, mais qui suffit pour entraîner notre conviction et pour nous faire agir. Ainsi naît l'*opinion* (V. *suprà*, p. 280), qui n'est pas la *science*, mais la remplace et ne dépend pas tout à fait de nous. Quand on considère comment se forme la croyance humaine, on voit qu'elle s'engendre par une multitude de causes, qui la plupart agissent en nous à notre insu, avant que nous puissions nous en défendre et les examiner : l'éducation, l'autorité, la coutume (V. Pascal, *Pensées*), l'esprit du temps, etc.; *ut pæne cum lacte nutricis errorem suxisse videamur.* (Cic., *Tusc.*, III, I.) L'ignorance elle-même, si elle n'est pas l'erreur, n'en est-elle pas trop souvent la cause? et qui peut dire que l'ignorance soit toujours volontaire? Donc si la volonté est pour beaucoup dans les faux jugements des hommes, il faut chercher ailleurs la cause première et générale de l'erreur, et la replacer dans l'entendement lui-même. — N'y a-t-il, pour cela, d'autre alternative que de l'imputer à Dieu? (Descartes, *ibid.*) — Pas plus que pour le mal en général; mais Dieu a créé l'esprit humain fini, par conséquent faillible; l'erreur vient d'un défaut, *defectu*, du *néant*, non de l'*être* (V. *Théodicée, Mal*), ce que Descartes reconnaît lui-même. (*Ibid.*) Dieu est infaillible, l'homme est sujet à l'erreur; mais il peut, jusqu'à un certain point, s'en guérir, *sanabilibus ægrotamus malis* (Senec.), se purger de ses vices et se perfectionner, *dociles natura nos edidit, et rationem dedit imperfectam, sed quæ perfici possit.* (*Id., Ép.* 49.) — Dieu, dira-t-on, a donné à l'homme des facultés qui ne peuvent le tromper. — Sans doute, mais elles sont imparfaites, et il n'y a qu'un être parfait qui puisse faire un usage parfait de moyens imparfaits. De là l'erreur attachée à la condition humaine, *hâc conditione nati sumus.* (*Id.*)

IV. SES LIMITES. — Heureusement, l'erreur elle-même a

(1) *Entend. hum.*, liv. IV, ch. XIV. — Cf. Leibnitz, *Nouv. Ess.*, IV, XIV.

ses limites; nous ne pouvons nous tromper en tout. Sur les vérités simples et les faits évidents, la raison ne peut errer. Le génie d'Aristote a marqué ce point. « C'est toujours, dit-il, sur les choses complexes que portent l'erreur, » τὸ γὰρ ψεῦδος ἐν συνθέσει ἀεί. (De Anima, III, VI.) L'erreur, le plus souvent, n'est que la vérité elle-même, partielle ou défigurée; c'est la partie qui s'égale au tout (1). « Toute erreur est fondée sur quelque vérité dont on abuse. » (Bossuet.) « On peut bien se tromper en partie en joignant sans raison des êtres séparés, mais cette erreur est mêlée de vérité, et il est impossible de se tromper en tout; ce serait ne plus penser. » (Fénelon, Exist. de Dieu, IIe part., ch. I.) Souvent aussi le mal se cache à nous, parce qu'il est voisin du bien, *sæpe latet vitium proximitate boni*; et c'est l'apparence du vrai qui nous trompe, *decipimur specie recti*. (Hor.) (2)

En résumé, la cause première de nos erreurs est la faiblesse de notre esprit et l'imperfection de nos moyens de connaître. « L'esprit de l'homme est limité, et tout esprit limité est, par sa nature, sujet à l'erreur. » (Malebr.) L'intelligence humaine, finie et bornée, ne voit souvent la vérité ni clairement ni complétement; elle ne la saisit que d'une manière partielle et successive, à travers des intermédiaires qui lui en dérobent la vue immédiate. Elle se sert de plusieurs facultés dont l'exercice est soumis à de nombreuses conditions. Toute infraction à ces règles a pour conséquence l'erreur. Faut-il conclure, avec les sceptiques, qu'il n'est pas donné à l'homme de connaître le vrai? Non, sans doute. Mais il est très-difficile d'écarter l'erreur de notre esprit, et de bien diriger des facultés si peu aisées à manier et à gouverner. La raison humaine, lorsqu'elle se conduit sagement, peut connaître la vérité dans une mesure proportionnée à sa capacité et à ses forces. Mais il est une foule de choses qu'elle doit consentir à ignorer, des questions sur lesquelles elle devra toujours confesser son ignorance, ou dont elle n'obtiendra jamais une solution complète et définitive. S'il est

---

(1) « Nous avons tous la vue courte et nous ne voyons souvent qu'une seule face d'un objet. Il n'y a personne, que je sache, qui soit exempt de ce défaut. Nous ne voyons qu'en partie, nous ne connaissons qu'en partie; de sorte qu'on ne doit pas s'étonner si de nos vues partielles nous tirons des conséquences peu justes. » (Locke, De la Direct. de l'entend.)

(2) Quod insit in his aliquid probi quod capiat ignaros. (Cic., De Off., III, 3.)

des points sur lesquels l'évidence est entière et notre jugement infaillible, d'autres sont obscurs et incertains. L'esprit humain ne peut ici qu'édifier des systèmes où se trouve un inévitable mélange d'erreur et de vérité. Notre tâche est d'augmenter indéfiniment la part de la vérité et de diminuer celle de l'erreur.

§ III. Règle générale et préservatrice de l'erreur.

I. RÈGLE DE DESCARTES. — « Ne jamais dépasser dans notre jugement les limites de la perception distincte. » Telle est la règle générale que pose Descartes et que tous les cartésiens ont répétée (1).

Elle est fort bonne en théorie, car elle exprime la perfection du jugement. Les préceptes qui s'y joignent, et dont le premier est d'attendre pour juger que l'évidence se fasse, de la faire naître par l'attention, d'éviter la précipitation, l'inconsidération, etc. (2), sont excellents; mais ils sont trop simples dans leur généralité pour pouvoir être toujours suivis. Le conseil souvent vient échouer devant la pratique. Si l'homme, pour se décider, devait toujours attendre l'évidence absolue, il serait, la plupart du temps, réduit à l'indécision et à l'inaction; la règle de la certitude produirait le même effet que le doute; ce que Descartes lui-même conseille d'éviter en posant une règle de morale toute contraire. (*Disc. de la Méth.*, IIIe part.)

II. MÉRITES DE LA THÉORIE CARTÉSIENNE. — De toute cette théorie, il reste : 1° que la volonté est, sinon la cause première et unique de nos erreurs, une des causes pricipales (3), surtout si l'on y joint la passion avec laquelle les cartésiens ont aussi tort de la confondre; 2° que la perfection réelle du jugement, le moyen de ne pas errer, serait de mesurer exactement la croyance au degré de clarté de la connaissance, et d'établir la même gradation ou proportion partout entre les deux termes. C'est malheureusement trop exiger de la

---

(1) Voy. Malebranche, Fénelon, Bossuet, Leibnitz. « Ainsi la vraie règle de bien juger est de ne juger que quand on voit clair. » (Bossuet, *Conn. de Dieu*, I, 16.)
(2) Bossuet, *Conn. de Dieu*, I, § 16.
(3) Bossuet a trouvé le mot : « De tout cela, il paraît que mal juger vient, très-souvent, d'un vice de la volonté. » (*Ibid.*)

faiblesse humaine. Cette règle, l'esprit le plus sage ne peut l'appliquer; elle mène à l'abstention dans la pratique, et ne peut s'adapter aux conditions de la vie humaine; mais elle n'est pas moins la règle idéale de l'entendement. 3° Quant à la volonté, éclairée par la raison, elle est appelée à combattre toutes les causes, soit *déterminantes*, soit *occasionnelles* de l'erreur. C'est là son vrai rôle, et il est capital.

ART. II. CAUSES PARTICULIÈRES DE L'ERREUR.

> Hac conditione nati sumus, animalia obnoxia non paucioribus animi quam corporis morbis.
> (SENEC., *De Ira*, II, 10.)

DIVISION DES CAUSES DE NOS ERREURS. — « Il ne suffit pas de dire que l'esprit est faible, il faut lui faire sentir ses faiblesses. Ce n'est pas assez de dire qu'il est sujet à l'erreur, il faut lui découvrir en quoi consistent ses erreurs. » (Malebr., *Rech. de la vér.*) Non qu'il faille, comme font les sceptiques, en dresser l'inventaire pour le décourager, mais afin qu'il s'en corrige et s'affermisse dans la croyance au vrai. « Car, dit Aristote, quand on voit nettement pourquoi une chose a pu nous paraître vraie ne l'étant pas, on s'attache avec d'autant plus de force à la vérité certaine que l'on connaît. » (*Eth. à Nic.*, VII, 13.)

Énumérer toutes les causes d'erreur est impossible; on a dû au moins essayer de les classer. Chaque division a ses lacunes et donne prise à la critique. La plus célèbre est celle de Bacon, qui range toutes les erreurs ou *fantômes* de l'esprit humain en quatre classes : *idola tribus, specus, fori, theatri* [*]. Elle est loin d'être parfaite. Subordonnée au point de vue de sa réforme, elle est à la fois trop générale et trop spéciale. Celle de Malebranche, relative aux facultés de l'esprit: erreurs des *sens*, de l'*imagination*, etc., est incomplète. La *Logique* de Port-Royal confond dans le même chapitre les erreurs et les sophismes. — Sans prétendre mieux réussir, nous adoptons la division suivante, plus complète et dont la gradation nous paraît naturelle : 1° causes qui tiennent à la nature *de l'esprit et de ses facultés;* 2° causes relatives *aux objets de la connaissance;* 3° causes, soit *physiques*, soit *morales*, qui agissent sur l'esprit et modifient ses jugements.

[*] *Remarque.* — La 1re classe (*idola tribus*) est celle qui a sa source dans la nature même de l'homme; ce sont les erreurs communes à l'es-

§ I. **Erreurs qui tiennent à la nature de l'esprit humain et de ses facultés.**

I. ERREURS DE L'ENTENDEMENT. — 1° *De l'Entendement en général.* — C'est toujours l'entendement qui juge. (V. *Raison.*) De lui vient l'erreur, comme la vérité. Or, l'entendement par lui-même ne peut nous tromper : *intellectus non potest esse falsus*, dit saint Thomas d'après Aristote. « L'entendement, de soi, est fait pour entendre, et toutes les fois qu'il entend, il juge bien ; car, s'il juge mal, il n'a pas assez entendu. Ainsi tout ce qu'on entend est vrai. Quand on se trompe, c'est qu'on n'entend pas ; et le faux, qui n'est rien en soi, n'est ni entendu ni intelligible. » (Bossuet, *Conn. de Dieu*, I, 16.) « L'esprit, ajoute Malebranche, ne voit jamais ce qui n'est pas. » (*Rech. de la vér.*) Aussi, sur les faits et les vérités simples, la raison attentive ne peut errer. L'erreur ne porte que sur ce qui est complexe. (Aristote, *De Anima*, III.)

Mais rarement la vérité est simple, rarement l'esprit l'atteint par un acte pur et direct. Jamais il ne la voit dans son ensemble et ne l'embrasse dans tous ses rapports. Pour la voir clairement, il la fractionne ou la divise. Pourvu de plusieurs facultés, celles-ci la lui montrent séparément et rompent son unité. Il est sous l'action de mille causes internes ou externes qui le troublent et altèrent sa vue. Il devient alors, suivant la comparaison de Bacon, semblable à un miroir plein d'inégalités qui réfléchit mal la lumière, mêle sa nature à celle des choses, la tord et la corrompt. *Est intellectus humanus instar speculi inæqualis ad radios rerum, qui*

pèce humaine en général. — La 2ᵉ (*idola specus*) comprend les erreurs de l'homme individuel ; chaque homme a une sorte d'antre individuel où se forment, dans l'obscurité, ses opinions d'après les causes particulières qui agissent sur lui : l'éducation, la conversation, ses lectures, etc. — La 3ᵉ, les fantômes de la place publique (*idola fori*), viennent de la communication des hommes entre eux ; l'instrument de ce commerce est le langage, sorte de monnaie dans cet échange des idées (erreurs de langage, équivoques, fausses nomenclatures, etc.) — La 4ᵉ classe (*idola theatri*), la moins précise, désigne d'abord les systèmes des philosophes, sortes de pièces de théâtre que jouent leurs auteurs et qui occupent successivement la scène, puis les principes et les axiomes qu'accueille sans examen la crédulité vulgaire, transmis de bouche en bouche et qui s'emparent aussi des sciences. (V. *Nov. Org.*, I, 41 et suiv.) — Cf. *De Augm.*, V, IV. — Cette division est adoptée par Reid, t. V. — Cf. Locke, *Ent. hum.*, IV, XX ; Leibnitz, *Nouv. Ess.*, IV, XX.

suam naturam naturæ rerum immiscet eamque distorquet et inficit. (*Nov. Org.*, I, aph. 41.) De plus, « l'œil de l'entendement n'est point un œil sec, mais humecté par les passions et la volonté. » (Aph. 49.)

2° *Erreurs de nos facultés : erreurs des sens, de l'imagination,* etc. — La raison fait usage de certaines facultés qui sont pour elle comme des instruments. Elle connaît, au moyen des *sens*, de la *conscience*, de la *mémoire*, etc. Chacune de ces facultés a ses lois ou conditions qui ont été décrites. Pour elles comme pour les organes du corps, il est facile de voir qu'à chacune est attachée une déviation possible ou cause d'erreur ; qu'à côté du mal aussi est le préservatif ou le remède. La cause, au moins occasionnelle, c'est la condition non remplie; la loi violée, la limite dépassée, l'erreur suit inévitablement. Or, l'équilibre de la vie intellectuelle est beaucoup plus difficile à garder que celui de la vie physique, ses ressorts sont plus délicats. La tendance naturelle de l'esprit humain ignorant, inexpérimenté, impatient, est de franchir toute limite et de violer ses lois. On conçoit donc la difficulté de bien conduire ces facultés. Aucune n'est trompeuse, mais toutes sont soumises à des conditions. Chacune a sa sphère propre, sa fonction spéciale et son rôle distinct. Or, il arrive qu'elles empiètent les unes sur les autres, confondent et intervertissent leurs rôles. Les *sens* veulent juger de ce qui est du ressort de la *conscience* (1). Le *raisonnement* décide là où il faut observer, ou il se met à la place de la *raison*. La *mémoire* fait-elle défaut, un argument sourd et confus supplée au souvenir clair et distinct. L'*imagination*, « cette partie décevante dans l'homme » (Pascal), « cette folle qui fait la folle » (Malebr., *Tr. de Mor.*, I) (2), « cette maîtresse d'erreur et de fausseté d'autant plus fourbe qu'elle ne l'est pas toujours » (Pascal), vient mêler ses illusions à nos jugements, et, si la raison ne la maîtrise, nous fait vivre dans un monde de fantômes et de fictions.

(1) « Leurs yeux et leurs oreilles jugent de la vérité dans les choses qui ne dépendent que de la raison. » (Malebranche, *Rech. de la Vér.*)

(2) « Si l'on ne règle ses mouvements et ses saillies, elle vous transporte en un instant dans le pays des chimères. » (Malebranche, *Entr. sur la Méth.*, V. — Cf. Pascal, *Pensées*.)

> Chacun tourne en réalité
> Autant qu'il peut ses propres songes.
> (La Fontaine.)

Il y aurait donc à répéter ce qui a été déjà dit de chacune de ces facultés. Les erreurs des *sens*, de la *mémoire*, de l'*imagination*, du *raisonnement*, etc., ont été décrites par divers auteurs. Il suffit d'y renvoyer (1).

3° *Erreurs liées aux opérations de l'esprit.* — On connaît ces opérations (p. 132) ainsi que les lois qui président à l'origine et à la formation de nos idées (V. p. 162), les procédés que suit l'esprit dans l'acquisition de ses connaissances. Toutes les causes qui peuvent fausser ces opérations altèrent la connaissance elle-même, soit dans sa source, soit dans son développement. Ainsi, à son origine la connaissance est confuse et superficielle. S'y arrêter, c'est s'exposer à porter un jugement superficiel lui-même et souvent faux. L'*attention* est l'opération première et capitale. L'esprit *analyse, abstrait, compare, classe, induit* ou *généralise; il déduit* les conséquences des principes. Il est difficile que tout ce travail intellectuel s'exécute avec un degré d'exactitude et de perfection tel que l'erreur ne vienne pas s'y glisser, que la connaissance ne sorte de toutes ces transformations mutilée ou altérée. — Les moyens préservatifs de l'erreur sont fournis par la *méthode*, qui nous apprend à bien conduire toutes ces opérations de notre esprit.

4° *Erreurs du langage.* — Instrument de toutes nos pensées, comme on l'a vu (p. 173), le langage est aussi une source féconde d'erreurs. C'est à ce point qu'on l'a regardé comme la source unique ou principale (V. Locke, de Tracy). Cela même est une erreur. Nous avons fait voir ailleurs toute l'étendue de cette cause et les moyens de la combattre (p. 180). Nous y renvoyons.

II. Erreurs de la volonté. — *Défaut d'attention*, etc. — Tout ce qui précède tient à la nature même de l'entendement humain et aux conditions de son exercice : mais l'entendement n'agit pas seul; il subit l'influence des autres facultés de l'âme, et cette influence est bonne ou mauvaise. Pour n'être

---

(1) Sur les erreurs des *sens* : voyez Malebranche, *Rech. de la Vérité*; Reid, t. IV, p. 35 ; — de la *mémoire* : S. Augustin, *Conf.*, I, X, ch. xviii; — de l'*imagination* : Pascal, *Pensées*, art. 3 ; — du *raisonnement* : *Log.* de Port-Royal, Sophismes.

pas tout ce que veut Descartes (*suprà*), elle n'est pas petite. La volonté mêle sans cesse son action à celle de l'intelligence, elle intervient dans toutes ses opérations ; il dépend de nous de les exécuter avec plus ou moins de précision et d'exactitude. L'attention qui est la condition suprême dépend de la volonté. Aussi le *défaut d'attention* ou l'*inconsidération*, la *précipitation du jugement* (1), sont la cause d'un grand nombre de nos erreurs. Involontaire en soi, souvent l'erreur est volontaire dans sa source : ἐν ἀρχῇ γὰρ γίγνεται τό ἁμάρτημα (Arist., *Polit.*, V, III), et c'est là qu'il faut la combattre : *principiis obsta*. Au moins dépend-il de nous de la prévenir en luttant avec énergie contre les dispositions naturelles et la *paresse de l'esprit*, en les remplaçant par des habitudes contraires. (V. p. 135.) Les remèdes ici sont le travail et l'application, une attention soutenue, une surveillance attentive sur nos jugements afin de ne rien admettre à la légère ; il ne faut juger surtout les choses importantes qu'après mûre réflexion. L'école cartésienne ici abonde en excellents préceptes qu'on ne peut trop méditer (2).

III. Erreurs de la sensibilité. — *De la passion et de l'intérêt*. — Les causes qui tiennent à la sensibilité et aux passions ont été décrites par les moralistes. C'est là, en effet, la source la plus féconde des erreurs et des égarements dans lesquels tombe ou se laisse retenir la raison humaine.

1° La *passion* produit sur notre esprit deux effets également (3) funestes. D'abord elle *trouble* et *obscurcit* sa vue ; ensuite en nous faisant désirer que les objets soient, non tels qu'ils sont, mais conformes à notre intérêt, elle nous enlève, avec le calme nécessaire pour bien voir, l'impartialité sans laquelle nous ne pouvons sainement juger (4). Ainsi l'homme en colère s'irrite contre la vérité elle-même, si elle lui ap-

---

(1) « La cause de mal juger est l'inconsidération, qu'on appelle autrement précipitation. Précipiter son jugement, c'est croire ou juger avant que d'avoir connu. » (Bossuet, *Connaiss. de Dieu*, ch. 1, § 16.)

(2) Sur l'*inadvertance*, Leibnitz, *Nouv. Essais*, liv. II, ch. xxi ; — Locke, *Ent. hum.*, II, ch. xxi. — Sur la *préoccupation*, lisez Malebranche, *Rech. de la Vér.*, liv. II, ch. vi.

(3) « Quemadmodum oculus conturbatus non est probe affectus ad suum munus fungendum,... sic conturbatus animus non est aptus ad exsequendum munus suum. Munus autem animi est ratione bene uti. » (Cic., *Tusc.*, III, 7.)

(4) Chacun croit fort aisément
Ce qu'il craint et ce qu'il désire. (La Fontaine, liv. XI, f. 6.)

paraît contre son désir : *irascitur veritati ipsi, si contra voluntatem suam apparuerit.* (Senec., *De Ira*, I, 16.) « Le grand dérèglement de l'esprit, c'est de croire les choses par ce qu'on veut qu'elles soient, et non par ce qu'on a vu qu'elles sont en effet. » (Bossuet, *Conn. de Dieu*, ch. I, § 16.) « L'esprit, marchant d'une pièce avec la volonté, s'arrête à regarder la face qu'elle aime, et en jugeant par ce qu'il y voit, il règle insensiblement sa croyance suivant l'inclination de sa volonté. » (Pascal, *Pensées*.)

2° « Notre propre *intérêt* est encore un merveilleux instrument pour nous crever agréablement les yeux. » (*Ibid.*) « L'esprit est souvent la dupe du cœur. » (La Rochefoucauld.) Il est impossible que l'homme qui ne sait pas maîtriser ses passions soit un juge éclairé et intègre (1). « A celui qui n'est pas pur il n'est pas permis de contempler la vérité, » dit Platon. (*Phédon*.) La simplicité et la pureté du cœur, un amour sincère de la vérité sont les premières conditions pour la posséder et la goûter. Sans cela, eût-on reçu de la nature les facultés les plus brillantes et tous les dons de l'esprit, il serait à craindre qu'ils ne fussent employés qu'à servir la cause de l'erreur et du mensonge. (V. *suprà*, p. 456.)

Au même principe se rapportent d'autres causes d'erreurs, telles que : l'*amour-propre*, la *présomption*, l'*orgueil* et la *vanité*, une *confiance* excessive dans sa propre opinion, le dédain de l'opinion d'autrui, l'*esprit de contradiction* et de *controverse*, l'*amour du paradoxe* (p. 362). et en général ce qu'on appelle les *sophismes du cœur*, par opposition aux sophismes de l'intelligence dont il a été parlé plus haut (2).

§ II. Erreurs qui proviennent des objets de la connaissance.

Ici viennent se ranger toutes les causes d'erreur énumérées par les sceptiques, comme provenant de la nature même des objets auxquels s'applique notre esprit.

Les principales sont : 1° l'*obscurité* de certaines vérités;

(1) .... Male verum examinat omnis
Corruptus judex. (Hor.)
(2) Lisez la *Log.* de Port-Royal, III° part., ch. xx. — Sur *l'amour-propre* et la *vanité*, Malebranche, *Rech. de la Vér.*, liv. V, ch. vi.

2° la *difficulté des problèmes;* 3° le *mélange des propriétés* diverses et des qualités bonnes et mauvaises dans le même objet; 4° la *multiplicité des aspects* d'une même chose; 5° les *apparences* et les *dehors trompeurs*, les fausses *analogies*, les couleurs mensongères dont s'enveloppe l'erreur, et qui la font prendre pour la vérité; 6° les *prestiges* de l'éloquence et de la poésie, tous les moyens employés par le charlatanisme et le sophisme pour séduire et abuser l'esprit.

Nous renvoyons aux auteurs qui les ont décrites. (Malebranche, *Rech. de la Vér.*; Pascal, *Pensées; Logique* de Port-Royal; Bacon, *Nov. Org.*, I.) — Les moyens de s'en préserver consistent dans l'emploi énergique et régulier de toutes les forces de l'esprit, éclairé des lumières de l'instruction; car ici l'ignorance et l'inexpérience sont dupes de ces illusions ou de ces apparences. Aidé des méthodes et appuyé sur des découvertes déjà faites, l'esprit humain, plus expérimenté, triomphe en partie de ces difficultés; il pénètre l'obscurité de la nature, décompose les objets par l'analyse; il apprend à se défier des apparences, à discerner les qualités vraies dans le mélange, à n'admettre que ce qui est clair et à dégager la réalité de tout accessoire trompeur. Il juge avec calme, écarte tout ce qui est fait pour séduire l'imagination, et « regarde comme honteux de se repaître plutôt l'esprit de la vanité des paroles que de la solidité des choses. » (Malebranche.) Tout dépend donc ici du bon ou du mauvais emploi de la raison. *Bene adhibita ratio cernit quid optimum sit; neglecta multis implicatur erroribus.* (Cic., *Tusc.*)

Malgré ces moyens et ces précautions, l'esprit doit reconnaître souvent son insuffisance et mesurer ses jugements au degré d'évidence des objets. La réserve, cette sage ignorance recommandée par les philosophes, est le meilleur préservatif de l'erreur. Dans la plupart des choses il y a un *mélange d'erreur* et de vérité, de vice et de vertu, de perfection et d'imperfection. « Ce mélange est une des plus ordinaires sources des faux jugements des hommes. C'est par ce mélange trompeur que les bonnes qualités des personnes qu'on estime font approuver leurs défauts, et que les défauts de ceux qu'on n'estime pas font condamner ce qu'ils ont de bon,... le fort emportant le faible, et l'impression la plus vive étouffant celle qui est plus obscure. » (*Log.* de Port-Royal, IIIe part., ch. xx.)

Une fausse *apparence* de vérité, l'*agrément*, l'*antiquité*, la *nouveauté*, décident notre jugement et nous induisent en erreur. « Lorsque l'erreur porte la livrée de la vérité, elle est souvent plus respectée que la vérité même. » (Malebr., *Rech. de la Vér.*) — Il y a des hommes qui jugent de ce qui ne paraît point par ce qui paraît : de la grandeur, de la force, de la capacité, de l'esprit, qui leur sont cachés, par la noblesse, les dignités et les richesses, qui leur sont connues. (*Ibid.*, IIIe part., ch. xi.) — « Il y a des opinions fausses qui n'ont pour elles que leur antiquité. D'autres ne sont malheureuses que parce qu'elles ne naissent pas toutes vieilles, et pour ainsi dire avec une barbe vénérable. » (*Ibid.*, Ire part., ch. ii.) Tout ce qu'il y a d'hommes sont presque tous portés à croire, non par la preuve, mais par l'*agrément*,... comme si l'agrément devait régler la croyance. » (Pascal, *Pensées*, III.) « L'ombre de la vérité nous amuse. » (Fénelon.)

§ III. Erreurs dues aux causes physiques ou morales qui agissent sur notre intelligence.

I. CAUSES PHYSIQUES. — *Tempérament, âge, sexe, climat, régime, maladies,* etc. — Le matérialisme les exagère, elles ne sont pas moins réelles et profondes. Tous les moralistes qui ont entrepris la discipline ou la réforme des âmes et la direction des esprits, ont eu raison d'attacher une grande importance à tout ce qui tient à ces causes et à leur mode d'action sur les intelligences.

1° *Organisation physique; tempérament.* — La plus puissante est l'organisation physique. L'esprit uni au corps subit toutes ses influences, et par lui celle de la nature entière. Il se développe avec les organes et il change avec eux : *corpora mutantur et nos mutamur in illis.* — 2° Les *âges*, le *tempérament*, les *maladies* modifient sa manière de voir et d'envisager les choses. Sa vivacité s'accroît ou s'émousse au gré de ces causes. *Multa enim e corpore quæ existunt acuunt mentem, multa quæ obtundunt.* (Cic., *Tusc.*, I, 33.) — Malebranche va jusqu'à dire que « la solidité et la consistance qui se rencontrent dans les fibres des hommes font la solidité et la consistance de leurs erreurs (1)... C'est le sceau qui scelle leurs préjugés. » (*Rech.*, II.e part., ch. I.) Cela est vrai, quoique excessif. — 3° Les *sexes* sont aussi à considérer. Il y a une fausse manière d'envisager les choses qui suit le tour d'esprit et d'imagination des femmes, accoutumées à juger plutôt par sentiment que par une raison froide et calculée; il y a des préjugés auxquels elles renoncent plus difficilement que les hommes. En revanche, les hommes sont plus entêtés, plus opiniâtres, plus systématiques. — 4° L'*air* et le *climat* exercent sur l'esprit des peuples et des individus une influence qui se remarque même de ville à ville. *Athenis tenue cœlum, ex quo acutiores putantur Attici crassum, Thebis.* (Cic., De Fato.) *Bœotûm in crasso jurares aere natum.* (Hor.) (2) — 5° *Régime*. On ne peut nier que la diversité de l'esprit comme du caractère moral des individus, des nations ou des races, ne s'explique en partie par la différence du régime ou du mode d'alimentation. L'excès de la nourriture appesantit l'esprit : *Copia ciborum subtilitas animi impeditur.* (Senec., *Ep.* 15.) Il émousse sa vivacité, le rend incapable de penser aux choses abstraites, et nuit à la contemplation; ce qu'ont reconnu toutes les sectes mystiques et ascétiques. « Il est impossible, disait un orateur athénien, que deux orateurs, dont l'un ne boit que du vin, et l'autre ne boit que de l'eau, soient précisément du même avis. » (Bacon, *Nov. Org.*, I, aph. 103.) — 6° *Habitudes*. L'habitude des plaisirs des sens est préjudiciable à la connaissance et surtout à l'intelligence des hautes vérités. Ce qui est donné de trop au corps nuit à l'esprit. Le goût des choses intellectuelles s'éteint dans la débauche. On sait les effets de l'usage habituel de certaines substances sur nos facultés, qu'elles excitent ou assoupissent, dérangent, suspendent, fortifient ou dégradent, du vin, de l'opium, etc. Il y a ici toute une hygiène de l'âme qu'ont recommandée les

---

(1) Ubi jam validis quassatum est viribus ævi
  Corpus et obtusis ceciderunt viribus artus
  Claudicat ingenium, delirat linguaque mensque. (Lucr., III, 452.)
(2) « Non ingenerantur hominibus mores tam a stirpe generis ac seminis, quam ex iis rebus quæ ab ipsa natura loci et a vitæ consuetudine suppeditantur, quibus alimur et vivimus. » (Cic., *De Lege agr.*, II, 35.)

philosophes spiritualistes, Pythagore, Platon, etc., comme les écrivains religieux.

II. CAUSES MORALES. — « Ce serait entreprendre l'impossible, dit Malebranche, que d'énumérer toutes les *causes morales* de l'erreur. »

1° *L'éducation*. — Au premier rang se place l'*éducation*. Personne mieux que Cicéron n'a signalé son influence : *Simul atque editi in lucem et suscepti sumus, in omni continuo pravitate et in summa opinionum perversitate versamur, ut pœne cum lacte nutricis errorem suxisse videamur. Quum vero parentibus redditi, demum magistris traditi sumus, tum variis imbuimur erroribus.* (Tusc., III, Cf. Locke IV., 20; Leibnitz, *ibid.*)

Mais l'éducation la plus puissante est celle que nous recevons de la société. Nous participons des idées, des mœurs, des opinions de ceux avec lesquels nous vivons, de l'esprit de notre siècle. Le plus grand génie ne peut se mettre au-dessus des erreurs et des préjugés de son temps. On sait tout ce que l'on a pu dire de la puissance de l'*opinion*, « reine du monde, » dit Pascal. Notre plus grand maître est le peuple, avait dit Cicéron : *Maximus quidem magister populus.*

2° *La coutume.* — Que dire de la puissance de la *coutume*? « La coutume, selon Pascal, fait nos preuves les plus fortes; elle incline l'automate. » (Cf. Malebranche, *ibid.*) Ajoutez la puissance de la *mode*, de l'*imitation*, de la *tradition*. *Quisque sequitur priores male iter ingressos.* (Senec., *De Ira*, II, 10.)

3° *L'autorité*. — Si nécessaire, surtout au premier âge, elle devient, par un respect aveugle, une source de préjugés que la raison rarement dissipe, ou qu'elle n'abandonne que pour un scepticisme exagéré mille fois plus funeste.

4° Toutes ces causes auxquelles nous joindrons le *genre d'étude et d'occupation*, d'où naissent surtout les opinions exclusives, ont un effet d'autant plus assuré qu'elles sont secondées par notre paresse. Beaucoup de gens aiment mieux se servir de l'esprit des autres que de celui que Dieu leur a donné. (*Ibid.*, liv. II, 2ᵉ part., ch. III.) Combien d'ailleurs auraient le temps et seraient capables de suivre l'exemple d'un Descartes remettant au creuset toutes ses idées et les objets admis en sa créance! (*Disc. de la Méth.*) Et encore en le faisant lui-même ne s'est-il pas souvent trompé!

ART. III. DES REMÈDES DE L'ERREUR.

> Corporum adjumenta adhibentur extrinsecus, animorum salus inclusa in his ipsis est.
> (Cic., *Tusc.*, VI, 27.)

La nature et la cause du mal en indiquent le remède. Ainsi en est-il de nos erreurs. Les moyens soit *préservatifs* ou *préventifs* soit *curatifs* ont été indiqués ou sont faciles à trouver. Mais il est moins aisé de les appliquer. Comme, en ce qui dépend de nous, leur efficacité est toute dans la volonté, c'est sur ce point que nous devons insister.

L'homme est libre. Il l'est sinon en tout et absolument, dans une mesure dont il est impossible de fixer la limite.

Seul, privé de l'éducation, l'homme ne peut surmonter toutes les causes d'erreur qui assiègent son esprit, comme il ne peut vaincre seul son ignorance. Mais le rôle passif que lui conseillent le scepticisme et le fatalisme n'en est pas moins pour lui un rôle indigne d'une créature raisonnable et libre. Dans ses jugements comme dans ses actes, dans ses erreurs aussi bien que dans ses fautes, une part énorme, sans doute, est à faire à la fatalité; mais celle qui revient à sa volonté n'est ni moins réelle ni moins grande. Le mal primitivement est dans les imperfections et les misères de sa nature; qui peut le nier? Mais le remède aussi est en lui et le médecin c'est lui-même. Ici reparaît le rôle nécessaire et vrai de la volonté libre de l'individu, aujourd'hui si étrangement méconnu ou affaibli, et avec lui toute l'étendue de la responsabilité humaine.

Il n'est pas facile, sans aucun doute, de lutter contre le mensonge et d'établir en soi le règne de la vérité : mais ce but, tout homme doit s'efforcer d'y atteindre. Il doit entreprendre courageusement la lutte. « Il faut à tous moments faire usage de la force et de la liberté de son esprit. » (Malebr., *Tr. de Mor.*, Ire part., ch. VI.)

Ainsi, avec le secours de Dieu, c'est de lui-même que l'homme doit tirer ses moyens de salut. Les paroles de l'auteur ancien sont vraies : il n'en est pas ici comme des remèdes du corps, qui sont pris du dehors, *adjumenta corporum adhibentur extrinsecus,* le salut des âmes est en elles-mêmes : *animorum salus in his ipsis est.* (Cic., *Tusc.*, IV, 27.) Le moyen général est dans le bon usage de ces mêmes facultés que Dieu a placées en nous et dont aucune n'est trompeuse. Elles ne nous égarent que parce qu'elles sont mal employées : *non obtusa nec tarda, sed male acumine nostro utentia.* (Senec.) Ce que saint Augustin dit de l'oubli, qu'il se répare par la mémoire elle-même (*Conf.*, X, ch. XIX), s'applique à toutes nos facultés. Bien dirigées, elles conduisent toutes à la vérité et elles corrigent elles-mêmes leurs erreurs. *Multi etiam naturæ vitium meditatione et exercitatione sustulerunt.* (Cic., *De Div.*, II, XVI.) « Ceux qui entreprennent de rechercher la vérité manquent souvent de force et de courage pour arriver jusqu'au lieu où la vérité habite. » (Malebr., *Tr. de Mor.*, I, 6.) (1)

La volonté peut donc beaucoup si elle ne peut tout. La théorie cartésienne a cela d'excellent qu'elle ne tend pas comme la doctrine contraire à décharger l'homme de la responsabilité de ses jugements, non plus que de celle de ses actes. Elle fait de la force et de la liberté d'esprit « les deux vertus générales et cardinales. » (Malebr., *ibid.*) — Que la raison donc, tout en reconnaissant ses limites et sa faiblesse, n'aille pas, par une fausse humilité complice de la paresse, se déclarer impuissante. Qu'elle prenne confiance en elle-même, et elle trouvera chez elle ses armes et ses ressources. Elle possède dans les dons que Dieu a mis en elle les vrais moyens de s'affranchir du joug de l'erreur et de vaincre les obstacles qui s'interposent entre la raison et la vérité. Cette foi en soi, n'est-ce pas la foi en Celui qui l'a faite à son image, pour connaître le vrai ?

Que dit, en effet, l'histoire de la pensée humaine ? La science ne prouve-t-elle pas qu'elle peut vaincre les obscurités de la nature, percer bien des mystères, s'affranchir de bien des préjugés, démasquer bien des sophismes, et sou-

---

(1) Nihil tam difficile et arduum est quod non humana mens vincat. (Senec., *De Ira*, II, c. XI.) — Sanabilibus ægrotamus malis, ipsaque in rectum genitos natura, si emendari velimus juvat. (*Id.*, XIII.) — Naturam quidem si mutare velimus, difficile est sed in hoc nosse profuit. (*Ibid.*) — Omnibusque opibus et viribus ut nosmetipsos mederi possimus, elaborandum est. (Cic., *Tusc.*, III, 13.)

vent confondre l'erreur? Que l'esprit de l'homme, écartant de lui-même tout ce qui est personnel ou passionné, écoute le maître intérieur, le Verbe qui ne trompe pas et parle à tous le même langage, il saura conquérir la liberté dans la vérité et vivre dans la lumière. Il n'y a rien de nouveau sans doute, ni d'étrange à dire que l'homme peut, s'il le veut, vaincre sa paresse, éviter la précipitation, refaire en partie son éducation, soumettre ses préjugés au contrôle de la raison, se débarrasser au moins d'une partie de ses erreurs. S'il lui est impossible de s'en affranchir tout à fait, il est capable de s'élever à une certaine impartialité qui l'enlève aux conditions de l'espace et du temps et lui permet quelquefois de devancer les siècles. Les grands exemples ne manquent pas. Il peut aussi mettre son corps ainsi que son âme dans la meilleure disposition pour apercevoir la vérité et la goûter. Les influences physiques pèsent sur lui ; il peut les affaiblir, en partie les dompter, revendiquer en un mot vis-à-vis de la nature les droits et la liberté de l'esprit. S'il n'arrive pas, comme le dit Bossuet, « à se purger de ses vices (1), » il peut s'en délivrer en partie, entretenir son âme dans le meilleur état de force et de santé. L'amour de la vérité le rend de plus en plus digne de la posséder. Telle est la destinée de l'homme en cette vie. Il ne doit pas prétendre à l'infaillibilité, mais y tendre. Ce mot de Malebranche nous semble corriger heureusement Descartes et Malebranche lui-même. Aussi nous ne pouvons mieux finir cette Logique que par la maxime qui lui sert de devise : « Toute notre dignité consiste dans la pensée ; c'est de là qu'il nous faut relever, non de l'espace et de la durée. *Travaillons donc à bien penser.* » (Pascal.)

(1) On doit tendre avec effort à l'infaillibilité sans y prétendre.

CONSULTEZ : Aristote, *Métaphys., Prem. Analyt.*, liv. II, ch. XXI; *De l'Ame*, III, III; *Eth. à Nic.* — Cicéron, *Tusc.*, III et IV. — Sénèque, *De Ira*, II, XI et XIII. — Bacon, *Nov. Org.*, 1re part., aph. 41 et suiv. ; *De Augm.*, V, 4. — Descartes, *Médit.*, IV, et *Principes de philosophie*, I. — Malebranche, *Rech. de la vérité*, liv. I et suiv. ; *Tr. de Morale*, I. — *Logique* de Port-Royal, IIIe et IVe part. — Bossuet, *Connaiss. de Dieu*, ch. I, 16. — Locke, *Ent. hum.*, IV, XX. — Leibnitz, *Nouv. Ess.* — Reid, t. V, Essai VI, ch. VIII. — Pascal, *Pensées*, Ire part. et *passim*.

MORALE

Quod vitæ sectabor iter?
(Ausone.)

NOTIONS PRÉLIMINAIRES
OBJET ET DIVISION DE LA MORALE
SON UTILITÉ, SES RAPPORTS AVEC LA THÉODICÉE

§ I. Objet et division de la morale.

I. Son objet. — La morale a pour objet de déterminer la *loi de la volonté* ou la règle des actions humaines.

De quelque manière qu'on la définisse : *science des mœurs* (éthique), *de l'honnête*, *du devoir*, etc., l'idée comprise dans ces définitions doit être celle d'une *règle obligatoire*, à laquelle la volonté humaine est tenue d'obéir et d'où naissent tous nos devoirs. Toute formule qui, comme celle de *science* ou d'*art du bonheur* (*ars bene beateque vivendi*), tendrait à substituer à la loi qui doit commander à la volonté, de simples *conseils* ou des *règles de prudence*, doit être écartée.

II. Division. — 1° On la divise en *morale générale* et en *morale particulière*. La première, qui traite des principes, comprend toutes les questions relatives à la loi morale. La seconde, appelée aussi morale *pratique*, applique cette loi aux actions de la vie humaine. A la *science du devoir* succède la *théorie des devoirs* (1).

2° La morale particulière se subdivise, à son tour, en morale *individuelle* (devoirs envers nous-mêmes); morale *sociale* (devoirs envers nos semblables); morale *religieuse* (devoirs envers Dieu). Cette dernière partie ne peut être traitée qu'après la théodicée.

---

(1) Quant à la *casuistique*, qui s'y ajoute, elle ne fait partie de la science que dans ce qu'elle conserve de général. Les questions difficiles qu'elle soulève étant environnées de circonstances particulières ne peuvent guère se décider *a priori*.

§ II. Légitimité et utilité de la science morale.

I. SA LÉGITIMITÉ. — 1° *Ses adversaires*. — La morale philosophique a toujours eu contre elle des adversaires qui ont nié sa légitimité et son utilité.

Pourquoi, dit-on, faire de la morale une *science?* La loi morale n'est-elle pas gravée dans les âmes? Y est-elle écrite en caractères si obscurs et si énigmatiques qu'il faille des interprètes pour la traduire?

> ...... *Dixitque semel nascentibus auctor*
> *Quidquid scire licet.* (LUCAIN.)
> Je n'irai point, philosophe orgueilleux,
> Sur l'aile de Platon me perdre dans les cieux ;
> Écartons ces romans qu'on appelle systèmes,
> Et, pour nous élever, descendons en nous-mêmes.
> (VOLTAIRE.)

2° *Science et conscience*. — Parler ainsi, c'est méconnaître la science et ses rapports avec la conscience.

Sans doute la notion du bien est gravée dans la conscience de tous les hommes ; elle est innée et fait partie de sa raison; mais il ne faut pas s'imaginer, dit Leibnitz, qu'on puisse lire dans l'âme ces éternelles lois de la raison à livre ouvert, comme l'édit du préteur se lit sur son album. La nature a mis en nous les éléments de la vertu : *insunt tanquam elementa virtutis*. (Cic., *De Finib.*, V, 21); mais ce n'est là qu'une ébauche : *sed virtutem ipsam inchoavit, nihil amplius.* (*Ibid.*) Il reste à développer ces éléments, *notitias parvas*, et à en former, selon la belle expression de l'auteur latin, tout le poème de la vertu : *quibus auctis virtutis carmen efficitur.* (*Ibid.*, 15.) Pour cela l'éducation est nécessaire.

Or, la science y joue un rôle utile et qui lui est propre.

3° *Avantages de la science*. — Seule la science donne des idées claires et distinctes, seule elle peut rattacher les conséquences aux principes, et des principes tirer les conséquences : *artis est ad principia quæ accepimus consequentia exquirere.* (*Ibid.*) Les principes eux-mêmes n'ont-ils pas besoin d'être éclaircis et défendus, puisque sans cesse ils sont défigurés et attaqués? Il est des époques dans la vie des peuples et des individus où la conscience la plus droite et la plus pure ne suffit plus. Aristide avait été juste avant que Socrate eût défini la justice, dit Rousseau (*Émile*); mais quand les sophistes eurent paru, qu'ils eurent tout nié, mêlé le vrai avec le faux, le bien avec le mal, et jeté le trouble dans les esprits, il devint nécessaire que la vertu fût clairement définie et que quelqu'un, saisissant les armes de la dialectique, confondît cette vaine et fausse sagesse. Ainsi est née la science morale, et depuis elle n'a cessé de rendre les mêmes services. Platon, qui continua cette œuvre, ne fut le plus grand moraliste de l'antiquité que parce que son génie spéculatif sut rattacher les préceptes aux conceptions les plus hautes de la théorie. Il fixa les bases de cette méthode que nous avons décrite. (*Sciences morales.*) N'oublions pas aussi que souvent ce sont les choses les plus claires et les plus familières à l'esprit qui lui échappent. *Pleraque ante oculos posita transimus; sæpe animus etiam aperta dissimulat. Ingerenda est illi notitia rerum notissimarum* (Senec., *Ep.* 94. — Cf. Quintilien, XII, II.)

Outre cet avantage d'une clarté supérieure, la science a celui de présenter les vérités dans leur ordre et leur liaison. Cet ordre fait aussi leur lumière et leur force; et cela est vrai surtout des vérités morales. Les principes moraux ne nous paraissent jamais d'une sainteté et d'une beauté plus imposantes que quand on nous les fait embrasser dans leur application à tous les rangs, à toutes les relations, à toutes les affaires de la société humaine. » (Reid, t. VI, p. 314.) Platon montre très-bien l'insuffisance de l'*opinion vraie* et la supériorité qu'a sur elle la *science*. « Les opinions vraies, dit-il, tandis qu'elles demeurent, sont une belle chose; mais elles ne consentent guère à demeurer longtemps, et elles s'échappent de l'âme de l'homme; en sorte qu'elles ne sont pas d'un grand prix, à moins qu'on ne les arrête par la *connaissance raisonnée* de la cause. Ces opinions ainsi liées deviennent d'abord sciences et puis stables. Voilà par où la science est plus précieuse que l'opinion vraie. » (*Ménon.* — Cf. *Protagoras* et *Rép.*, VI.) (1).

En un mot, si la loi morale est écrite en caractères ineffaçables dans la conscience de tous les hommes, qui ne sait que l'intérêt, les passions, l'ignorance, le préjugé, le so-

---

(1) « La sagesse est un bâtiment solide et entier dont chaque pièce tient son rang et porte sa marque. » (Montaigne, VII, XIII.)

phisme peuvent l'altérer, l'obscurcir, la défigurer? La science qui la défend contre les faux systèmes où elle est attaquée et méconnue, qui cherche à l'environner d'une plus haute évidence, qui montre son identité dans ses applications les plus éloignées, et forme ainsi de nos devoirs un ensemble systématique où toutes les actions humaines se rattachent à des principes invariables, n'est pas oiseuse et inutile..

4° *Son utilité pratique.* — Elle ne peut pas plus être niée. Pour marcher sûrement dans la route qui conduit à la vertu et au bonheur, il est bon d'être éclairé par ce flambeau. « Le caractère lui-même n'a-t-il rien à y gagner? La réflexion affermit les actes. » (Bossuet, *Etats d'oraison*.) Pour voir clair dans notre conduite, il faut entrer dans la nature des choses, *intrandum est in rerum naturam*, et voir ce que la loi veut, *quid postulet providendum*. (Cic., *ibid*.) Autrement, nous ne nous connaîtrons pas bien nous-mêmes, *aliter enim nosmetipsos nosse non possumus*. (*Ibid*.) L'action sans doute et l'habitude de bien faire sont l'essence de la vertu (Aristote, *Eth. à Nic.*, II, 1); mais le savoir entre dans la sagesse. La vertu repose sur un jugement vrai et inébranlable, *quid est hæc virtus? judicium verum et immotum*. (Sénèque.) « Ce que je nomme ses propres armes (de l'homme), ce sont ses jugements fermes et déterminés touchant la connaissance du bien et du mal. » (Descartes, *Des Passions*, Ire part., art. 48.) Quant aux idées abstraites, qu'on ne peut éviter même en morale, et dont certains esprits s'effrayent, nous leur rappellerons ce que dit Leibnitz : « La métaphysique est à la morale ce que la théorie est à la pratique. — J'ai appris de plus en plus combien la morale reçoit d'affermissement des vrais principes de la philosophie. » (*Nouv. Ess.*) « Que la métaphysique, dit un autre grand moraliste, déplaise si fort à ces prétendus sages qui prononcent sur la morale à la manière des oracles et des génies, soit; mais ceux qui veulent s'élever jusqu'à la philosophie n'en sont pas moins obligés de remonter jusqu'aux premiers éléments de cette science. » (Kant, *Métaph des. mœurs*, Préf.)

La morale pratique elle-même, dont le caractère est moins scientifique, ne laisse pas d'exiger à un haut degré la réflexion, si nous voulons être, suivant Cicéron, « de bons raisonneurs de nos devoirs, » *ut boni ratiocinatores officiorum esse possimus*. (*De Off.*, I, 18.) La bienfaisance en est un exemple : rarement nous savons donner ou recevoir, *beneficia nec dare scimus nec accipere* (1). Donc la vertu doit s'enseigner, et il y a un art d'être homme de bien : *Discenda est virtus, ars est bonum fieri*. (Senec., *ibid.*)

Il est des situations difficiles dans la vie où l'honnête luimême semble s'opposer à l'honnête et les devoirs entrer en conflit. (Casuistique, V. Cic., *De Off.*, I, 7 et 10.) Qui décidera dans ces cas douteux? La conscience sans doute, mais une conscience éclairée autant que pure. La science doit s'y ajouter ; elle seule connaît les limites et sait les poser, *sapientia rerum terminos novit*. (Senec., *Ép.* 94.) « On n'est bon juge, dit Aristote, que de ce que l'on connaît bien : ἕκαστος δὲ κρίνει καλῶς ἃ γιγνώσκει καὶ τούτων ἐστὶν ἀγαθὸς κριτής. » (*Eth. à Nic.*, I, III.)

II. Son immutabilité. — La morale, dit-on, dès qu'elle veut être une science, n'est plus qu'un système, et le caractère des systèmes, c'est la mobilité. Une telle morale ne représente plus que les opinions des philosophes.

Cette objection est souvent faite à la légère par les hommes les plus graves qui n'en calculent pas la portée. Qu'est-elle en effet, sinon la *thèse* éternelle du scepticisme contre la raison humaine ? Les conséquences sont les mêmes et nous les avons montrées. (V. p. 294.) — Mais non, cette science n'est pas, ainsi qu'on affecte de la nommer, la *morale des philosophes*, à moins qu'on ne veuille appeler aussi la géométrie la science des géomètres. La morale des philosophes est celle du genre humain, c'est la loi *naturelle*. Cette loi, antérieure à tous les systèmes comme à tous les codes, n'a été inventée ni par Socrate ni par Zénon ; elle est éternelle, et Dieu l'a gravée au fond de l'âme humaine, où les philosophes cherchent à la lire. La religion positive ou révélée elle-même la présuppose. (V. *infrà*.) Sans doute il est des systèmes qui la défigurent, mais ces systèmes sont faux et la conscience du genre humain les repousse. D'autres en sont une image et une interprétation fidèle ; ceux-là, l'humanité

---

(1) « *Inter multos ac varios errores temere inconsulteque viventium nihil propemodum indignius, quam quod beneficia nec dare scimus nec accipere.* » (Senec., *De Benef.*, 1, 1.)

les accueille et honore leurs auteurs. Entre Socrate et les sophistes, Épicure et Zénon, la conscience humaine n'hésite pas. Cette morale, quant à son essence, n'a jamais varié quoiqu'elle se soit perfectionnée. Ce qu'elle était du temps de Socrate qui mourut pour elle, elle l'est aujourd'hui. Le paganisme l'a connue en partie; supérieure à lui, elle le renversa. Elle n'a pas été détruite par une morale plus parfaite; après lui avoir préparé la voie, elle s'est développée avec elle. Sans en différer par le fond, elle a conservé sa forme, ses procédés, sa méthode. De grandes vérités morales et sociales ont été par elle mises en lumière, développées et appliquées dans les temps modernes comme dans l'antiquité. En proclamant les droits de l'homme elle n'a pas oublié ses devoirs. Comment établir des droits sans mettre des devoirs à côté, qui en garantissent l'observation et les fassent respecter? — Si tout cela est nié, il faut avouer franchement que l'on est sceptique et l'être jusqu'au bout. Nous ne reprendrons pas cette thèse. (V. p. 293.)

III. Son autorité ; sa sanction. — On répète non moins inconsidérément que la morale philosophique manque d'*autorité* et de *sanction*.

Depuis quand la voix de la conscience a-t-elle cessé de parler à l'homme en souveraine? Cette voix, on oublie qu'elle est la voix divine, la révélation intérieure, le Verbe divin en nous, comme tous les vrais philosophes et les vrais théologiens l'ont reconnu. — Dénuée de sanction! Que signifie le remords et la satisfaction d'une bonne conscience? l'approbation et le mépris de nos semblables? La sanction divine sans doute peut seule donner à la loi son complément. Aussi la vraie morale ne s'isole pas de la religion ; elle remonte à l'idée de Dieu, source du bien, principe de la loi. (V. *infrà*.) — Aucune sanction ne manque à la loi morale; seulement, ce n'est pas par la vie future que s'établit la loi, c'est la loi qui établit la nécessité d'une vie future. Elle fournit la preuve la plus solide de l'immortalité de l'âme, comme il sera démontré en son lieu.

IV. Son efficacité. — Mais la morale philosophique a un grand défaut : l'enthousiasme lui manque, et avec lui l'*efficacité*.

On pourrait contester cette proposition. La philosophie a eu aussi ses héros et ses martyrs. Il est vrai, l'enthousiasme appartient surtout au sentiment religieux ; la religion s'empare de toutes les puissances de l'âme. La philosophie s'adresse surtout à la raison, mais la science n'exclut pas la foi, ni la réflexion le sentiment. Seulement la science a des avantages qui lui sont propres : la rigueur, la clarté, l'évidence ; ils n'ont jamais nui à la foi, et sont nécessaires pour éclairer son zèle. Si la foi suffit pour faire éclore dans les cœurs simples des vertus sublimes, la science doit s'ajouter à la foi chez les hommes appelés à éclairer et à diriger leurs semblables, ou à agir sur un théâtre plus élevé. On sait les déplorables excès où peut conduire un zèle aveugle, et les maux engendrés par le fanatisme. L'idéal de la vrai sagesse sera toujours l'union de la science et de la vertu (1).

La lumière aussi est une force. « C'est la lumière qui perfectionne l'esprit et qui règle le cœur. » (Malebr., *Mor.*, I, II.) (2) L'ignorance, c'est la faiblesse (Platon, *Rép.*, VI), ou une énergie aveugle, jouet des passions et du préjugé. (Cic., *De Off.*, I, 19.) « Rien ne serait plus fort que la vérité, dit Leibnitz, si on s'attachait à la bien connaître. » (*Nouv. Essais*, liv. II, ch. XXII.) (3) « La pureté d'illumination et la liberté de volonté n'ont eu qu'un même commencement et n'ont qu'une même fin ; il n'y a point dans toute l'immensité des choses de sympathie plus intime que celle du vrai et du bon. » (Bacon, *De Augm.*, liv. V, ch. I.) La science seule sait ne pas hésiter et ne se dément pas ; *semper idem velle et idem nolle*. (Senec.)

§ III. Rapports de la Morale avec la Théodicée.

Placer la morale avant la Théodicée, n'est-ce pas lui ôter, avec l'idée de Dieu, sa seule base vraiment solide ? N'est-ce

---

(1) Perfecta virtus, æqualitas ac tenor vitæ per omnia consonans tibi : quæ non potest esse nisi rerum scientia contingat et ars per quam divina et humana noscantur. (Senec., p. 31.)

(2) Ex magna luce in intellectu sequitur magna propensio in voluntate. (Descartes, *Corresp.*)

(3) « Sine ratione, ipsa veritas ducit... Illa vero efficacior est... quæ adjuvat ratione quod præcipit... Duæ res plurimum roboris animo dant, fides veritatis et fiducia. » (Senec., *Ep.* 94.) Lisez Xénoph., *Mém. Soc.*, III, 9. Platon *Rép.*, VI. Malebr., *Tr. de Morale*, 1, 2.

pas la déclarer indépendante ? Ce point grave et délicat doit être sérieusement examiné.

I. DE LA VRAIE MÉTHODE. — Mais avant tout, la question veut être bien comprise. De quoi s'agit-il ? De *science* et de *méthode;* rien de plus, rien de moins. Dans la science, la méthode a une haute importance; elle est nécessaire pour la constituer; mais elle ne compromet en rien les vérités qu'elle ajourne; loin de là, elle les assure d'autant mieux que l'ordre y est plus sévèrement observé. Ceci admis, on admettra aussi sans peine ces deux maximes : 1° L'ordre hiérarchique des sciences n'est pas l'ordre logique, il est précisément inverse. 2° La méthode va du connu à l'inconnu, elle veut que ce qui sert de point d'appui à la raison pour s'élever à des vérités d'un ordre supérieur soit avant tout fermement établi. C'est ce qui fait que toutes les sciences philosophiques doivent être précédées de l'étude de l'âme, de la psychologie. C'est aussi ce qui doit déterminer le rapport de la morale avec la théodicée.

Les liens les plus étroits les unissent; mais ce ne sont pas moins deux sciences distinctes*. La morale, la science du bien, repose tout entière sur l'idée du *bien*, comme la logique sur l'idée du *vrai*, comme l'esthétique sur l'idée du *beau*. Elle a pour but d'éclaircir et de développer cette idée, de décrire ses caractères et les sentiments qui l'accompagnent, et de l'appliquer aux actions de la vie humaine.

La morale s'établit donc sur cette base solide de l'*idée du bien*, une des notions nécessaires et universelles de la raison. Décrire les caractères de cette idée après avoir discuté la va-

---

* *Remarque.* — L'opinion qui proclame aujourd'hui la *morale indépendante* ne peut être victorieusement combattue qu'autant qu'on reconnaît ce qu'elle a de vrai. Le moyen de la réfuter est de la désarmer en lui enlevant ce qui fait sa force. Or, le vrai, c'est la distinction réelle des deux sciences, la différence de leur objet et de leurs procédés. Ce qui est faux, c'est leur séparation absolue. L'indépendance n'existe pour aucune des sphères de la connaissance et de l'activité humaine comme pour aucune des parties de la réalité. L'isolement c'est la stérilité, l'impuissance : *Væ soli*. Le monde est un système où tout se tient, agit, reçoit et réagit. Une telle conception est antiphilosophique. La philosophie est la science du tout. Elle est faite pour maintenir l'unité, non pour la détruire; mais elle reconnaît et maintient aussi la diversité. — Sur ce sujet que nous ne pouvons traiter ici, voy. nos *Questions de philosophie*.

leur des autres motifs de nos actions, montrer qu'elle seule remplit toutes les conditions de la loi morale; analyser la faculté qui nous la révèle, les sentiments qu'elle éveille en nous et les vérités qui s'y rattachent; faire voir que cette loi porte déjà avec elle sa sanction dans la satisfaction morale, le remords, l'estime et le mépris de nos semblables, les conséquences de nos actes, etc. ; suivre ces principes dans leur application aux devoirs de la vie humaine, tel est le programme de la morale comme science.

Sans doute, détachée du faisceau des autres sciences et en particulier de la théodicée, la morale est incomplète. Cette idée du bien, révélée par la conscience, il reste à la rattacher au bien et à la raison suprêmes. L'homme, de simplement moral, devient alors religieux ; il passe à une sphère plus haute, mais le terrain sur lequel il s'est d'abord placé n'en est pas moins solide. Autrement, il faudrait dire que la théodicée doit être la base commune de toutes les sciences, et qu'il est impossible de fonder l'esthétique, le droit, etc., les mathématiques elles-mêmes sans la notion de Dieu, parce que Dieu est la grandeur absolue, la racine première des nombres comme des existences. Qu'il en soit ainsi *ontologiquement*, cela est vrai; mais, nous le répétons, l'ordre de la science n'est pas celui des existences ; il est précisément inverse.

La science ne descend pas de Dieu aux idées et aux réalités ; elle remonte des idées à Dieu, leur principe éternel. Ainsi fait-on dans la recherche des lois du monde physique; ainsi doit-on faire pour les lois morales que nous révèle la conscience humaine. Toute autre méthode est hypothétique; loin de fonder la morale sur une base plus certaine, c'est ôter à la théodicée elle-même son fondement le plus solide et la précipiter dans les voies périlleuses qui mènent au scepticisme ou au panthéisme. Sans parler des preuves morales de l'existence de Dieu, où puisons-nous la connaissance des véritables attributs de la divinité, d'un Dieu juste et bon, sinon en nous, dans les notions de bonté, de justice et de moralité que nous portons en nous-mêmes et dans le sentiment de notre propre personnalité ? Il ne s'agit donc pas de déduire *à priori* la morale de la théodicée, mais plutôt de faire reposer celle-ci sur le fondement solide des vérités morales. La théodicée n'est pas la *base* mais le *faîte* de toutes les sciences philosophiques.

Cette marche seule est scientifique parce qu'elle est conforme aux lois de la pensée. (V. *Méthodes*, p. 451.) Ce n'est pas là, comme on dit, isoler la morale de la religion, et les rendre *indépendantes;* c'est maintenir leur domaine respectif. Les deux sciences n'en restent pas moins unies par des liens étroits et nécessaires. Si la théodicée n'est pas le point de départ et la base scientifique de la morale, elle est son complément indispensable, comme elle est le couronnement de toutes les sciences. Il y a plus : de ce que nous faisons de l'idée du bien le principe de la science morale, il ne s'ensuit nullement que le nom de Dieu doive en être banni. Mais ce nom auguste doit être prononcé à propos, et s'il ne doit pas être pris en vain dans le discours, il doit l'être encore moins dans la science, où tout a une signification précise et une portée logique. Après avoir décrit l'idée du bien et les vérités morales qui en dérivent, il est bon de faire entrevoir que cette idée a son origine dans Dieu, source de tout bien comme de toute vérité, et représentant suprême de l'ordre moral. (V. p. 129, 160, 164.) Après avoir énuméré les diverses sanctions de la loi morale, on doit insister sur leur insuffisance et sur la nécessité d'une sanction supérieure. Quand on a déterminé les devoirs de l'homme, on doit faire comprendre que tous se rapportent à un devoir plus élevé, qui les renferme et les résume : le devoir de l'obéissance à la volonté divine, principe de tout bien, comme de tout être et de toute vérité. Par là, en attendant que soit démontrée l'existence de Dieu et ses attributs, un souffle religieux a déjà pénétré dans toutes les divisions de la science morale. — C'est ce que fait Platon, par exemple, pour les diverses parties de sa philosophie et ce qui manque au traité *des devoirs* de Cicéron. Ce sentiment, partout présent dans la science, c'est, dit Bacon, l'arome qui la conserve. C'est aussi la pensée d'unité qui, pour le vrai philosophe, maintient réunies autour de leur centre commun les parties séparées ou distinctes de la science, malgré leur diversité.

II. Méthode opposée ; ses inconvénients. — Mais il y a loin

de là à vouloir asseoir tout un traité de morale sur la théodicée, et à faire de l'idée de Dieu la base de cette science, sans avoir démontré son existence et ses attributs par des preuves dont plusieurs doivent être fournies par la morale elle-même. Il y a loin de là, surtout, à vouloir tirer la loi morale de la volonté divine, sans avoir auparavant défini, analysé et développé les notions du bien et du juste, telles qu'elles existent dans la conscience humaine. Car ces notions, premières bases de toute morale, nous font précisément concevoir un Dieu juste et bon, qui règle la destinée des hommes selon les idées que l'homme se fait de l'absolue équité, du mérite et du démérite des actes moraux.

Non-seulement cela est contraire aux règles de la vraie méthode, mais présente des écueils et des dangers. En procédant ainsi, on prête le flanc aux attaques du scepticisme, ou l'on sera forcé de s'allier aux systèmes qui défigurent la loi morale. Si l'on commence par donner pour base à la morale l'idée de Dieu, sur quoi établira-t-on la théodicée elle-même? uniquement sur des preuves *métaphysiques* et *physiques?* On se prive ainsi des preuves *morales,* qui ne sont ni les moins fortes, ni les moins propres à produire sur les âmes un salutaire effet. Avec quoi déterminera-t-on les attributs moraux de la divinité? Où puisera-t-on la notion d'un Dieu juste et bon, dont la justice et la bonté répondent à l'idée que nous nous faisons d'un être parfait? Le scepticisme est là qui surveille les conséquences, ou plutôt les inconséquences, prêt à en profiter. Donne-t-on pour principe à la loi morale la volonté de Dieu? Mais alors cette volonté isolée de la justice apparaît comme arbitraire. Dieu est le Dieu fort, le tout-puissant, non le Dieu juste et saint. La loi perd ainsi, avec sa sainteté, sa véritable autorité. L'obéissance libre à la volonté d'un être souverainement juste fait place à la crainte et à l'espérance ; la morale en réalité est fondée sur l'intérêt.

Un argument décisif renverse toute cette méthode. Si la morale est fondée sur un décret de la volonté divine, sur quoi est fondé le devoir lui-même d'obéir à cette volonté? Faut-il obéir à Dieu, parce qu'il est tout-puissant, ou parce que sa volonté, essentiellement juste, se confond avec l'idée de la justice absolue? Dans le premier cas, vous détruisez la loi morale et vous lui faites perdre jusqu'à sa sainteté. Dans le second, on vous demandera où vous avez pris cette notion de la justice que vous faites remonter à Dieu; comment vous l'avez légitimement obtenue, quelle marche vous avez suivie pour la constater, la définir et reconnaître sa légitimité. Le paralogisme est inévitable.

III. Méthode suivie dans l'histoire. — Que cette distinction et cet ordre soient partout observés dans les écrits des théologiens et des philosophes qui se sont occupés à la fois de morale et de théodicée, nous sommes loin de vouloir le soutenir. Mais quiconque est attentif au progrès des deux sciences reconnaît que c'est en ce sens qu'il s'est accompli. Il y a plus, malgré la confusion qui se fait parfois dans les plus grands esprits, il est facile de voir que tous sont d'accord sur le procédé fondamental qui est l'essence de cette méthode. Or, quel est-il, sinon cette marche *ascensionnelle* ou d'*induction* supérieure que Socrate le premier enseigna, que décrivit Platon son disciple, et qu'adoptèrent ensuite saint Augustin, Bossuet, Fénelon, Malebranche lui-même, l'auteur de la *vision en Dieu*, aussi bien que Descartes, Leibnitz, Kant (1)? Si la suprématie de la science de Dieu leur fait momentanément oublier les exigences de la logique, ils reviennent sans cesse à ce qui est la pensée première, savoir : que l'âme doit partir d'elle-même pour aller à Dieu, mais non vouloir, sans cet appui, sonder tout d'abord les mystères de la nature divine. Ainsi, sans perdre de vue l'unité de la science, ils conservent aux questions leur caractère propre et leur rang dans l'ordre méthodique. Si une distinction plus précise de la morale et de la religion naturelle dans leurs limites respectives, devait être marquée plus tard (Kant), on voit qu'eux aussi l'ont implicitement admise. Ce qui les frappe surtout, c'est l'accord de la vérité morale et de la vérité religieuse; mais ils ne se croient pas obligés de commencer par les identifier et les confondre au point de départ. Ils les réunissent et les confondent, mais au sommet de la science, non à la base. Et

---

(1) « Hinc se illa ratio ad ipsarum rerum divinarum beatissimam contemplationem rapere voluit; sed ne de alto caderet, quæsivit gradus atque ipsa sibi viam per suas possessiones ordinemque molita est. » (Saint Augustin, *De Ordine*, lib. II, ch. XIV, § 39.)

alors, faisant succéder la synthèse à l'analyse, la déduction à l'induction, ils reviennent sur la base elle-même, et ils montrent pourquoi elle est si solide. Pour eux le *vrai*, le *beau*, le *bien*, le *juste*, le *saint*, qui servent de principe à la *science*, à l'*art*, à la *morale*, à la *législation*, à la *politique* et à la *religion*, sont les faces diverses d'une seule et même idée qui les comprend toutes, l'idée de Dieu. Mais ils reconnaissent qu'elles apparaissent d'abord distinctes à l'intelligence humaine. Ils les distinguent et les décrivent, déterminent leur nature et leurs caractères, les suivent dans leurs développements et leurs conséquences. (V. Bossuet, *Conn. de Dieu*, I.) Puis, ce travail que la science humaine est tenue d'exécuter une fois achevé, ils recueillent ces vérités et ces principes, ils en forment un faisceau dont l'idée religieuse est le lien ; ils font converger tous ces rayons vers leur centre commun, après être partis eux-mêmes de la circonférence. Arrivés au sommet de la science, dont ils ont franchi tous les degrés, ils allument un flambeau qui illumine toutes les parties de l'édifice et fait pénétrer la lumière à l'intérieur. Ils reviennent alors sur les questions déjà traitées et qui s'éclairent d'un jour nouveau ; ils redescendent par un autre côté les degrés de cette double échelle que Platon a si bien décrite. (*Rép.*, VI.) Après avoir été de l'homme à Dieu, ils reviennent de Dieu à l'homme, dont ils expliquent synthétiquement la nature, l'origine et la fin. Ainsi, cette loi, qu'ils avaient trouvée gravée dans les âmes, et qui déjà commandait à l'homme en souveraine, elle est maintenant la loi divine qui se confond avec la nature de Dieu et avec sa volonté toujours sage et toujours droite. La conscience elle-même est la voix de Dieu qui se fait entendre dans les profondeurs de l'âme humaine, la lumière qui éclaire notre raison et trace à notre volonté la route qu'elle doit suivre pour rester fidèle à l'ordre comme à la volonté divine. L'insuffisance des diverses sanctions de la loi morale en cette vie s'explique par une sanction supérieure qui devait être momentanément séparée de la loi, afin de fournir à l'homme le mérite de l'accomplir pour elle-même. Ils expliquent ainsi l'homme par Dieu, la destinée actuelle par la destinée future, après nous avoir conduits de l'homme à

Dieu (V. Bossuet, *ibid.*), et conclu de la destinée présente la nécessité de la vie à venir. Et ce retour est légitime, mais il serait impossible sans les analyses et les inductions antérieures.

Telle est, sauf les contradictions plus apparentes que réelles, la marche suivie, depuis Socrate et Platon, par presque tous les grands moralistes. Comme eux nous ferons de la théodicée, non la base, mais le couronnement de la philosophie.

Mais nous ne perdrons pas de vue cette vérité, que, si le tout se connaît par les parties, chaque partie ne se connaît bien que par le tout. Les parties de la science s'éclairent les unes les autres, et la science de Dieu éclaire toutes les autres. C'est ici surtout qu'il est vrai de dire avec Cicéron : *Difficile est in philosophia pauca esse ei nota, cui non sint aut pleraque aut omnia.* (*Tusc.*, II, ɪ.) (1)

---

(1) Omnes philosophiæ partes atque omnia membra tum facillime noscuntur quum totæ quæstiones scribendo explicantur. Est enim admirabilis quædam continuatio seriesque rerum ut alia ex alia nexa et omnes inter se aptæ colligatæque videantur. (Cic., *De Nat. Deor.*, I, 4.)

CONSULTEZ : Platon, *Euthyphron, Gorgias,* 1ᵉʳ *Alcibiade, Ménon* et *Rép.,* VI. — Aristote, *Ethique à Nicomaque,* I. — Cicéron, *De Finib. bonorum et malorum., De Officiis,* I; *Rép.* et *Lois.* — Saint Augustin, *Soliloques, Lib. de Magistro.* — Bossuet, *Connaiss. de Dieu,* I et IV. — Fénelon, *Exist. de Dieu,* 1ʳᵉ et 2ᵉ partie. — Clarke, *Disc. sur les devoirs immuables de la relig. nat.* — Reid, t. VI. — Kant, *Raison pure, Raison pratique* et *Crit. du jugement.* — V. Cousin, *Du Vrai, du Beau et du Bien.* — Jouffroy, *Cours de droit naturel.* — B. St-Hilaire, *Préf. de la Morale d'Aristote.*

Remarque. — Dans le nouveau programme classique (1874) on a cru devoir placer la théodicée avant la morale ; nous respectons cette décision. Mais, nos raisons subsistent. Il y a même pour nous une raison d'opportunité que nous dirons. Quand le Dieu des derniers systèmes, le Dieu de Spinosa, de Hegel, de Schopenhauer, etc., n'est plus qu'un *Dieu métaphysique,* sans liberté, ni conscience, à plus forte raison, sans bonté ni justice, ne convient-il pas de maintenir dans ses droits le *Dieu moral,* celui de Socrate, de Platon, de Leibnitz ? Or, philosophiquement parlant, qui le révèle ? où est son sanctuaire ? qui prouve son existence et ses attributs ? la conscience morale sans doute. Peut-on nier ici que la religion naturelle n'ait sa vraie base dans la morale ?

SECTION PREMIÈRE

MORALE GÉNÉRALE

CHAPITRE I

DE LA LOI MORALE

(PARTIE CRITIQUE)

ART. I. CARACTÈRES DE LA LOI MORALE.

Pour distinguer parmi les motifs de nos actions celui qui contient la règle des devoirs, il faut s'être fait une juste idée de cette loi. C'est le seul moyen d'éclairer la discussion sur la valeur des principes qui servent de base aux doctrines morales; c'est la pierre de touche des systèmes. Trois caractères principaux constituent la loi morale : l'*universalité*, l'*autorité* et l'*obligation*.

1° La loi morale doit être *universelle*; elle doit aussi être *uniforme*, *invariable*, c'est l'essence même de la loi. La loi est un rapport constant et commun qui s'étend à tous les êtres de même genre et de même espèce, qui régit leurs manifestations et leurs actes. Principe d'ordre et de stabilité (*regula*, *norma*), elle ramène la variété à l'unité, établit la permanence au sein du changement, permet de saisir les objets sous un point de vue identique. Elle réunit ou relie (*lex*) leurs actes, leurs mouvements et les modes successifs de leur existence. Telle est la notion même de loi, des lois mathématiques, physiques et morales.

2° Mais la loi morale a un caractère propre et qui la distingue : l'*autorité*. Cette loi, c'est la loi des êtres intelligents et libres, la loi des volontés. Or, ici la *force* ne suffit plus pour la constituer. Il y a plus, les deux idées s'opposent ou sont profondément distinctes. La force, c'est ce qui contraint à produire des actes. Telle est la loi physique. L'autorité est une puissance plus haute qui soumet les volontés sans les contraindre. Elle réside dans la loi même par cela seul que celle-ci est raisonnable et juste. Là est la vraie souveraineté, le droit de commander. La force peut s'y joindre ; séparée de la force, la loi reste ce qu'elle est ; tandis que la loi qui n'est que la force disparaît tout entière avec elle. La loi morale doit avoir ce caractère impératif ou de souveraineté absolue (1). S'adressant à des êtres *raisonnables* et *libres*, il faut qu'elle leur apparaisse comme l'expression de la vérité et de l'ordre éternel des choses, digne par elle-même d'être obéie ; autrement elle n'est plus qu'une nécessité physique. Ou elle anéantit la liberté ou celle-ci lui échappe. Elle doit donc laisser la volonté libre, alors qu'elle lui commande d'une manière absolue. La nécessité de la loi se concilie ainsi avec la liberté de l'agent, sujet de la loi, qui garde son autonomie (2). Celle-ci n'a rien d'emprunté qui lui *vienne du dehors ;* la sanction elle-même qui s'ajoute à la loi ne la constitue pas.

On ne peut trop insister sur ce point capital. La loi morale, disons-nous, n'est point la loi des êtres que régit une aveugle nécessité ; elle doit avoir ce caractère d'autorité qui lui soumette les volontés. Autrement, celles-ci lui restent étrangères ou rebelles. La loi qui traite les *personnes* comme des *choses*, aux yeux de la raison, n'est plus la loi, elle n'est que la force qui fait produire des actes, mais à qui la volonté reste insoumise. Cette loi, la loi des êtres libres, elle doit descendre au fond des âmes, régir les intentions, non simplement les actes extérieurs ; pour cela, il faut qu'elle se fasse admettre comme *raisonnable* et *juste*. Sa force alors lui vient de son autorité, non l'autorité de la force. Sa vraie garantie est son inviolabilité qui commande le respect et lui attire les hommages de ceux-là mêmes qui pourraient la violer, mais se sentent retenus par une puissance supérieure. Ce qu'elle demande est une *obéissance libre*. Elle n'est rien si les volontés lui échappent. Mais pour lui obéir librement, il faut qu'elles reconnaissent son autorité ; si elles n'y voient que la force, elles chercheront à s'y soustraire et le croiront permis aussitôt qu'elles pourront le faire impunément ; ce qui la rend précaire et lui ôte même son invariabilité.

(1) C'est le sens de l'*impératif catégorique* de Kant. (*Raison pratique.*)
(2) Kant appelle cela *autonomie* de la volonté. (*Ibid.*)

3° De ce caractère dérive l'*obligation* qui lui est corrélative. Elle se définit une *nécessité morale* qui s'impose à un être libre sans porter atteinte à sa liberté. La loi lie (*obligat*) la volonté, sans enchaîner ses déterminations et forcer ses actes. L'*obligation* diffère de la *contrainte* comme l'autorité de la force.

L'autorité dans la loi, l'obligation dans l'agent sujet de la loi, tels sont les deux caractères qui distinguent la loi morale et forment son essence.

4° D'autres s'y ajoutent, tels que la *clarté* et la *possibilité*. La loi qui s'adresse à des êtres intelligents doit être *claire*. Sans cela elle cesse d'être universelle. L'ignorant ne sera pas tenu de s'y conformer comme le savant, l'homme simple comme l'esprit cultivé. De même, pour être obligatoire, il faut qu'elle soit *praticable* : à l'impossible nul n'est tenu. Mais la possibilité n'est pas la facilité. Que la loi soit environnée d'obstacles, la volonté ne sera pas moins tenue de l'observer malgré les sacrifices qu'elle impose.

Telles sont les conditions que doit remplir la loi morale. C'est là le *critérium* des motifs qui la représentent et des systèmes qui la formulent.

ART. II. DES DIVERS SYSTÈMES DE MORALE.

Au premier aspect, ces systèmes sont très-nombreux (1). Si on les examine de près, on voit qu'ils se ramènent à deux principaux qui, sous des formes diverses, représentent les deux éléments essentiels de la nature humaine : la *sensibilité* et la *raison*. Mais ils offrent en effet de nombreuses variantes. Il y a aussi des systèmes mixtes où l'on reconnaît à la fois les deux motifs *sensible* et *rationnel*.

§ I. Morale du plaisir (Épicuréisme).

> La vertu qui résulte de l'échange mutuel des passions, est une vertu imaginaire, servile, sans force et sans vérité.
> (PLATON, *Phédon*, XIII.)

I. SA FORMULE. — L'expression la plus simple de la morale

---

(1) Varron, selon saint Augustin, reconnaît 288 sectes *possibles*. Or, ce chiffre effrayant, bien examiné, se réduit à trois. (V. Saint Augustin, *Cité de Dieu*, liv. XIX, ch. II.) Lucien (*Hermotime ou les sectes*) multiplie aussi les sectes à plaisir.

sensualiste est la doctrine d'Épicure. Elle se formule ainsi :
« Cherche le plaisir, évite la douleur, » *voluptas expetenda, fugiendus dolor.* (Cic., *De Finib.*, I, IX.)

II. Sa valeur théorique. — Quelle est d'abord la valeur théorique de ce principe ?

Le plaisir, dit Épicure, est la loi des êtres animés : *omne animal, simul atque natum est, voluptatem expetit, dolorem aspernatur.* (*Ibid.*) La nature elle-même, ajoute le disciple, nous crie d'éviter la douleur et de jouir du plaisir sans souci et sans crainte.

> Nil aliud sibi naturam latrare, nisi ut, cui
> Corpore sejunctus dolor absit, mente fruatur
> Jucundo sensu, cura semota metuque.
> (Lucr., II, 44.)

Le principe que proclame Épicure est en effet la loi des êtres animés, il est l'expression de leur nature sensible. Mais l'homme n'est-il qu'un être sensible ? Il est avant tout un être raisonnable, et sa sensibilité ne trouve de mesure fixe que dans la raison. (V. p. 65.) La fin de l'être sensible elle-même suppose d'autres fins. Qu'est-ce que le plaisir ? Le bien senti. La douleur ? Le mal senti. Mais cela suppose un bien et un mal, un être déjà pourvu d'une certaine nature, des besoins et des penchants qui en dérivent. Sans une nature déterminée et des fins antérieures, l'être animé serait impassible, indifférent ; il n'éprouverait ni douleur ni plaisir (1). Le bien donc préexiste au plaisir et à la douleur. L'un et l'autre sont un signe et un effet avant d'être un but. Le plaisir suppose la fin satisfaite ; la douleur, la fin ou la nature contrariée et blessée. Dès lors, le plaisir et la douleur doivent varier avec la nature des êtres. La fin d'un être raisonnable et libre ne peut être la fin de l'être inintelligent et purement sensible. C'est donc ne rien dire que d'assigner le plaisir comme la fin des êtres et d'y comprendre l'homme qui précisément s'en distingue. Là est le vice métaphysique du système d'Épicure : il croit énoncer la fin et n'en donne que le résultat ; la loi reste inconnue.

---

(1) L'enfant, dit Cicéron (*De Finib.*, 2), cherche le plaisir parce qu'il s'aime lui-même et désire se conserver. L'homme aime le plaisir parce qu'il aime la vie. (Aristot., *Éth. à Nic.*, X, ch. IV.)

III. Sa valeur pratique. — Comme règle de conduite, quelle est la valeur de ce principe ?

1° Il n'y a pas de plaisir *général*, mais des plaisirs particuliers, souvent incompatibles, qui changent avec les individus et les manières d'être du même individu, les causes physiques ou morales qui le modifient. De sorte que si ce principe est universel, c'est à condition de ne rien spécifier, d'égaler le plaisir de l'insecte et de l'animal immonde à celui que l'homme de génie goûte à contempler la vérité, ou l'honnête homme à faire le bien (1). *Cur igitur, inquam res tam dissimiles eodem nomine appellas?* (Cic., *De Fin.*, II, III.) « Quant au plaisir, je sais qu'il a plus d'une forme. A son nom seul, on le prendrait pour une chose simple ; néanmoins, il prend des formes de toute espèce et à quelques égards dissemblables entre elles. Nous disons que l'homme débauché goûte du plaisir dans le libertinage, que l'homme tempérant en goûte aussi dans la pratique même de la tempérance ; que l'insensé plein d'opinions et d'espérances folles a du plaisir, que le sage en trouve pareillement dans la sagesse. Or, si on osait dire que ces espèces de plaisir sont semblables entre elles, ne passerait-on pas à juste titre pour un extravagant ? » (Platon, *Philèbe*.)

Esto aliis alios rebus studiisque teneri. (Hor., *Ép.* I, I, 81.)
Quid placet aut odio est quod non mutabile credas? (*Ép.* II, I, 181.)

« Les principes du plaisir ne sont pas fermes et stables, ils sont divers en tous les hommes et variables dans chaque particulier, avec une telle diversité qu'il n'y a point d'homme plus différent d'un autre que de soi-même dans les divers temps. Un homme a d'autres plaisirs qu'une femme; un riche et un pauvre en ont de différents; un prince, un homme de guerre, un marchand, un bourgeois, un paysan, les vieux, les jeunes, les sains, les malades, tous varient; les moindres accidents les changent. » (Pascal, *Pensées*.) La sensibilité est la partie la plus variable et la plus mobile de notre nature. (V. p. 50.) Elle dépend du tempérament, du caractère, de l'éducation, de l'âge des individus, *trahit sua quemque voluptas.* (Virg.)

---

(1) *Voluptas etiam varia dici solet, quum percipitur a multis dissimilibus rebus, dissimiliter efficientibus voluptates.* (Cic., *ibid.*)

l est donc impossible de trouver dans ce motif une règle *invariable* de conduite, commune, et qui puisse s'appliquer à toutes les actions de la vie humaine. Cette morale laisse l'homme abandonné à lui-même et à ses passions.

2° Quand l'homme agit en vue du plaisir, il est purement *égoïste*. Or, dès qu'il prend en lui-même son motif d'agir, il ne sent rien qui ait *autorité* sur lui, rien qui l'*oblige*. L'individu ne peut se commander à lui-même, il n'a sur lui aucun droit. Tant qu'on lui parlera uniquement en son propre nom, il n'aura aucune idée d'une règle supérieure à laquelle sa volonté doive se plier. On pourra lui donner des conseils ou l'exhorter, non lui commander. Il n'y a là rien qui lui rappelle une puissance souveraine à laquelle il doive librement se soumettre; nul devoir, nulle obligation, partant point d'obéissance. S'il cède à l'attrait du plaisir, si la violence de la douleur le contraint, il se sent attiré ou repoussé, séduit ou forcé; mais il n'y a rien qui l'oblige de respecter la loi; celle-ci n'a pour lui rien d'inviolable. Jamais du plaisir ne sortira le *devoir*.

3° Clair en apparence, ce principe est équivoque et manque de *clarté* véritable. Il ne suffit pas de dire à l'homme : « Cherche le plaisir; » de quels plaisirs parle-t-on ? Un choix est à faire. La volupté ne tient pas à tous le même langage. « Le premier venu est-il en état de discerner, parmi les choses agréables, les bonnes d'avec les mauvaises? Ou bien est-il besoin pour cela d'un expert en chaque genre ? » (Platon, *Gorgias*.)

4° Ce précepte de la morale facile n'est pas aisé à pratiquer. La santé, la richesse, etc., sont nécessaires pour se procurer le plaisir et s'en assurer la jouissance. Pour la plupart des hommes, il est une amère dérision ou une excitation aux actes les plus coupables. En posant le but en effet, il laisse libre le choix des *moyens*. Ou plutôt la fin justifie les moyens; car il n'y a pas de règle, de loi supérieure au plaisir. Au nom de quel principe défendez-vous certaines jouissances ou condamnez-vous les actes qui doivent les procurer ? Tous les moyens sont bons, pourvu qu'ils réussissent; le succès seul est la mesure de la valeur des actions. Qui ne voit sur-le-champ où peut conduire une pareille morale? Les Sophistes, qui les premiers l'enseignèrent, eurent au moins le mérite de la hardiesse; ils formulèrent les moyens avec la fin. C'était, selon eux, la *force* et la *ruse*. (V. Platon, *Gorgias* et *Rép.*, I.) « Si l'on ne se propose que la jouissance, il est insensé d'être scrupuleux sur les moyens qui nous la procurent. » (Kant.)

Pour toutes ces raisons, le plaisir est incapable de servir de base à la morale : *non das virtuti fundamentum grave, immobile; sed jubes illam in loco volubili stare.* (Sénèque, *De Vita beata*, ch. XV.)

IV. SES CONTRADICTIONS. — Épicure, le maître de cette doctrine, ne la soutient qu'à force d'inconséquences; ce qui lui mérite le reproche d'être inhabile à raisonner : *confuse loquitur.* (Cic., *ibid.*) Après avoir proclamé son principe dans sa généralité, il sent le besoin de le restreindre, et il établit des distinctions qu'il ne comporte pas. Il distingue le plaisir agité, qui trouble l'âme, et le plaisir calme, dont la vertu est la condition. Il fait ainsi rentrer la vertu dans la morale, et toutes les vertus comme instruments du bonheur. Il admet les désirs naturels et *nécessaires*, d'autres *superflus*, de fausses jouissances et des douleurs qu'il faut savoir affronter. (V. Diog. de Laert., liv. X.) (1)

Ces distinctions sont vaines. Pourquoi préférer le calme à la vivacité des jouissances? Cela dépend de la manière de sentir et du tempérament de chacun. Où est la règle pour discerner les plaisirs vrais des plaisirs faux? Tout plaisir est vrai dès qu'il est réel. La règle qui préside au choix est-elle uniforme; est-elle supérieure à l'homme? Est-elle obligatoire et a-t-elle la vertu de lui commander? Sans cela le choix entre les plaisirs est arbitraire (2). Qui décidera entre Aristippe et Épicure? Le premier préfère la jouissance sensuelle; le second les plaisirs calmes que procure la vertu (3). Ses disciples trouvent plus commode le précepte d'Aristippe. Leur devise est :

.... Dum licet uti
Utere deliciis; omnia mors adimit.

---

(1) Hobbes aussi conçoit un état de société : *in quo vis et dolus sunt virtutes cardinales.* (I, 13.)
(2) « Crois-tu qu'après avoir mis en principe que le plaisir est le bien, on t'accorde qu'il y a certains plaisirs qui sont bons et d'autres qui sont mauvais? » (Platon, *Philèbe*.)
(3) *Nisi aliquis distinxerit voluptates, ut sciat quæ ex eis intra naturale desiderium extent.* » (Sénèque, *De Vit. beat.*, 13.)

Le maître doit-il les renier? Non, le principe est le même: *cherche le plaisir, évite la douleur;* le reste est affaire de goût et de tempérament. C'est Épicure qu'il faut taxer d'inconséquence quand il parle des jouissances de la vertu. Il n'y a pas de vertu dans ce système, et, par conséquent, pas de jouissances de la vertu, *virtus nulla potest esse nisi erit gratuita.* (Cic., *Acad.*, I.) La vertu est désintéressée. Dès qu'elle n'est plus qu'un instrument de bonheur, elle disparaît, et, avec elle, le bonheur, le calme de l'âme. Épicure l'a bien senti : le bonheur qu'il promet au sage est un leurre; il est plus négatif que positif; c'est l'absence de la douleur, *vacuitas doloris* (Cic., *De Finib.*, II, v), une sorte d'*insensibilité*, d'*apathie*, ἀταραξία καὶ ἀπονία. (Diog., l. X, 128.) Quant à la jouissance morale, elle est le prix du désintéressement, du sacrifice, du dévouement. Celui-là seul en est digne qui ne la cherche pas, qui fait le bien pour le bien et n'a pas les yeux fixés sur elle. Viser ce but, c'est le manquer.

Épicure fait de la vertu la condition du bonheur, *negat jucunde posse vivere, nisi cum virtute vivatur* (Cic., *Tusc.*, III, 20), et il loue toutes les vertus; paroles dignes d'un sage, observe Cicéron, mais contraires au principe, *omnia philosopho digna, sed cum voluptate pugnantia.* (*Ibid.*) Ce rôle que l'on fait jouer à la vertu est indigne d'elle. Elle doit marcher en avant, non à la suite, *virtus antecedat, comitetur voluptas.* (Sén., *De Vita beata*, ch. XIV. — Cf. *De Benefic.*, IV, 12, 13.) La volupté ne peut être ni le prix ni le motif de la vertu; *voluptas non est merces nec causa virtutis, sed accessio.* (*De Vit. beat.*, 9.) Comment gouvernera-t-elle le plaisir si elle est sa suivante? *Virtus quomodo voluptatem reget, quam sequitur?* (*Ibid.*, III.) Aussi est-ce avec raison que ces auteurs reprochent à Épicure de faire des vertus les satellites et les ministres des voluptés. *Tu voluptatum satellites et ministras esse voluisti.* (Cic., *De Fin.*, II, 12) (1). — De loin, ses préceptes sont bons; vus de près, ils sont tristes : *sancta et recta præcipere ait, si propius accesseris, tristia.* (Sén., *ibid.*, ch. XIII.)

V. Épicuréisme véritable. — La volupté, le plaisir des

---

(1) « Tanquam meretricem in matronarum cœtum, in virtutum consilium adducere. » (*De Finib.*, II, 4.)

sens, est le seul but véritable dans un système qui rapporte tout aux sens; c'est le vrai épicuréisme, celui des disciples, plus conséquents que leur maître (1). Vainement y voudrait-on assigner une mesure au plaisir, éviter ou corriger l'excès. « La vertu seule ne peut excéder, parce que la mesure est en elle : *in ipsa est modus*. » (Sén., *De Vit. beat.*, XIII.) — Une pareille morale ne s'enseigne pas dans l'école, elle tombe sous le coup des lois ou de l'opinion. Elle se chante et ne se discute pas, et le poète qui l'a célébrée a livré son secret.

> .... *Medio de fonte leporum*
> *Surgit amari aliquid, quod in ipsis floribus angat.*
> (Lucr., IV, 1129.)

Au lieu d'affranchir l'homme, elle le rend esclave et l'avilit. Aristippe se vante de conserver sa liberté; mais sa vie entière le dément. (V. Diog. de Laert., II, VIII.) C'est ailleurs qu'il faut chercher la loi des êtres libres, et avec la vertu, le principe de la dignité humaine.

§ II. Morale de l'intérêt (Helvétius, Bentham).

> Sit spes fallendi, miscebit sacra profanis
> (Hor., Ep.)

Au plaisir on a substitué l'*utile* ou l'*intérêt*. Voici comment se formule ce système.

I. DE L'INTÉRÊT. — En vertu de sa nature sensible, l'homme aspire au bonheur. Il s'attache d'abord indistinctement à tout ce qui lui paraît bon, et tout plaisir lui paraît bon; « mais l'agréable ne lui paraît tel et absolument bon que parce qu'il ne voit pas l'avenir, διὰ τὸ μὴ ὁρᾶν τὸ μέλλον. » (Arist., *De Anim.*, III, X.) L'expérience lui apprend qu'en satisfaisant le désir du moment, il se prépare des regrets et un mal plus grand que le plaisir actuel. *Nocet empta dolore voluptas*. (Hor.) Dès lors, raisonnable à ses dépens, il calcule et prévoit. Il sacrifie certaines jouissances à d'autres préférables, des biens moindres à des biens plus grands; il considère la somme des biens d'où résulte le bonheur. Tel

---

(1) Il le dit lui-même. « Je ne saurais me faire une idée du bien, si je supprimais les plaisirs du boire et du manger, de l'ouïe et de la vue et ceux de Vénus. » (Diog., l. X, 6.) — Le plaisir du ventre est le principe et la racine de tout bien. (Athén., XII, 67.) « C'est le ventre qui est le véritable objet de la philosophie conforme à la nature, » disait son disciple Métrodore.

est l'usage de la raison chez l'homme. « Le désir se détermine par le présent, διὰ τὸ ἤδη, l'intelligence par l'avenir, διὰ τὸ μέλλον. » (Arist., *ibid.*) Le bonheur est le fruit d'un calcul; le calcul de l'*intérêt bien entendu*. Le motif ne peut toujours être pris que dans la nature sensible; l'égoïsme est le fond de notre être. « La première loi de notre nature est de désirer notre propre bonheur. » (Bentham.) Mais la raison doit nous éclairer. La vertu est un égoïsme réfléchi; la prudence en est la base. L'intelligence sert de guide à la sensibilité.

Pour apprécier cette doctrine, il faut la bien comprendre. L'intérêt ou le bonheur est un motif très-réel, un des grands principes de la conduite humaine. Il s'accorde très-bien avec un autre motif, le bien, qui seul engendre la loi morale; mais tel n'est pas ce système. Celui-ci prétend qu'il n'y a qu'un motif, que le motif unique et universel des actions humaines est l'intérêt. Selon lui, tout autre est chimérique; la vertu désintéressée est une fiction. L'utile est la mesure et la règle de tous nos actes, le principe des lois divines et humaines, la source de l'honnête et de toutes les vertus. « Toutes les vertus se perdent dans l'intérêt, comme les fleuves dans la mer, » dit la Rochefoucauld. « Si l'univers physique est soumis aux lois du mouvement, l'univers moral ne l'est pas moins à celles de l'intérêt. » (Helvétius, *Disc.*, I, ch. II. Cf. Bentham, *Déontologie*.) (1)

II. APPRÉCIATION. — Dégagé du vague qui le fait accepter trop facilement du sens commun, ce système peut être apprécié. Il n'est en réalité que le précédent, revêtu d'une forme plus positive, et il est sujet aux mêmes objections. Si on veut le serrer de près et le soumettre à une critique régulière, il y a contre lui un argument de fait et d'autres qui détruisent le principe.

1° En fait, est-il vrai que l'intérêt soit l'unique mobile des actions humaines? Si cela est, le genre humain se trompe, qui croit le contraire. En dehors de tout système, la conscience universelle proteste contre cette assertion. Toujours

---

(1) Les questions de vice et de vertu se ramènent à peser ce qui est contre ce qui sera. — L'homme vertueux amasse dans l'avenir un trésor de félicité. — L'homme vicieux est un prodigue qui dépense sans calcul. — La vertu est un économe prudent. (Bentham, *ibid.*)

elle a reconnu deux motifs, deux côtés aux actions, l'un intéressé, l'autre désintéressé ; elle les désigne par des noms différents, l'*intérêt* et le *devoir*, qu'elle oppose. Elle distingue les idées et les sentiments relatifs à ces deux motifs et ne les confond pas. Les mots dévouement, désintéressement n'ont pas le même sens qu'égoïsme et intérêt, même très-bien calculé. Elle leur donne des épithètes contraires ; elle appelle louable, généreux, beau, grand, quelquefois sublime, ce qui lui paraît fait sans calcul ; heureux, ce qui est le fruit du calcul, jamais grand, ni magnanime, ni sublime. Au bonheur, elle attache la félicitation ; à la vertu désintéressée, la louange, le mérite, l'estime, quelquefois l'admiration. Pour que le système de l'intérêt ait raison, il faut donc que l'humanité ait tort et que sa langue soit mal faite, que le genre humain soit dans l'illusion ; car nier le fait en se déclarant positif, c'est être trop hardi ; il n'y a pas de fait plus positif que cette croyance.

Pour échapper à la difficulté, il n'y a qu'un moyen, c'est, tout en admettant le fait comme réel, de dire qu'on l'interprète mal ; qu'un observateur attentif et sagace de la nature humaine découvre dans les actions, en apparence les plus désintéressées, un côté intéressé, égoïste, que l'égoïsme est le fond caché de toutes nos actions. D'habiles moralistes l'ont entrepris, la Rochefoucauld en particulier.

Reste à savoir si l'homme se reconnaît dans cette profonde et clairvoyante analyse, et si le portrait, d'ailleurs peu flatté, est fidèle ; car si l'humanité ne doit pas être flattée, elle ne veut pas non plus être calomniée. Or, il est également de fait, qu'à tort ou non, l'opinion commune trouve à ces auteurs plus d'esprit que de raison, plus de malignité que de justice. Aussi, pour avoir le portrait vrai, c'est à d'autres peintres qu'elle s'adresse. Ceux-ci font l'homme moins simple. Ils reconnaissent en lui une double nature, ils disent qu'en effet l'homme est souvent, toujours même intéressé, puisqu'il est sensible, mais qu'il est aussi désintéressé, parce qu'il est raisonnable et qu'il voit la convenance absolue des choses. Il porte en lui deux principes, est mû par deux motifs, tantôt réunis, tantôt séparés, auxquels répondent des idées et des sentiments différents des *devoirs* et des *intérêts*.

Sans cela les faits restent inexplicables dans la sensibilité comme dans la raison, faits qui s'expliquent très-bien par les deux principes. Le sens commun se défie d'une doctrine qui cherche à tant simplifier ; il la soupçonne d'être elle-même trop intéressée à nier ce qui la contredit. Il y reconnaît un vieux système rajeuni, qui, définissant l'homme un être sensible, ramène tout à la sensibilité et donne à celle-ci le pas sur la raison, s'obstine à ne voir qu'un côté où il y en a deux, mutile l'homme et le rabaisse pour le montrer à son point de vue. Le sens commun, qui respecte la science quand elle est vraie, lui tient tête quand elle n'est plus qu'un faux système. Il exige de la science une observation plus complète et le respect de la vérité.

2º Les faits rétablis, que dit à son tour la logique? Elle dit que, supposé les faits bien décrits, du principe ne sortira aucun des caractères de la loi morale.

La loi doit être uniforme, invariable, claire, toujours réalisable ; elle doit commander avec autorité, engendrer le devoir et l'obligation. — Or, 1º l'intérêt est mobile; il varie avec les individus, les caractères, le développement des intelligences, les passions, les habitudes et mille autres circonstances. Les intérêts sont divers, opposés, contradictoires. Si l'on parle d'un intérêt commun ou du véritable intérêt, quelle en sera la mesure? Il faut invoquer une règle supérieure à l'intérêt même. L'ordre ou le bien devient dès lors la règle de l'utile, et on sort du système de l'intérêt. — 2º Ce principe, dans la plupart des cas, n'est ni simple, ni facile à comprendre. Le calcul de notre intérêt est souvent fort compliqué : un pareil motif ou laisse l'homme dans l'indécision, ou, s'il est ignorant, l'expose à l'entraînement aveugle des passions. — 3º La réalisation d'un pareil but est indépendante de notre volonté. La poursuite de nos intérêts presque toujours est vaine ou tourne contre nous (1), si l'intérêt n'est pas dominé par un but supérieur que la volonté humaine peut toujours atteindre. — 4º Mais le point capital, c'est que le principe est dénué d'autorité et complétement inobligatoire. Nul n'est tenu d'obéir à son propre intérêt, ni obligé à faire son bonheur. Aussi peut-on nous con-

---

(1) Initia in nostra potestate sunt; de eventu fortuna judicat. (Senec., *Ép.* 15.)

seiller d'agir dans notre intérêt, nous y exhorter; nous commander, jamais. Il faut nous plaindre si nous faisons mal, nous déclarer imprudents, insensés, mais nous blâmer, nous punir, de quoi ? d'avoir été imprudents ? Conseiller, rien de mieux; transformer le conseil en loi, en précepte, cela ne se peut. Vous parlez de devoirs et d'obligations : quelle obligation peut enchaîner ma volonté, si c'est moi qui suis ma propre loi ? Cicéron a prononcé l'arrêt contre toutes ces doctrines qui font de l'utile la règle de l'honnête; *Hæ disciplinæ, si sibi consentaneæ velint esse, de officio nihil queant dicere.* (De Off., I, c. 2.) — Quant à la *vertu*, elle n'existe pas dans un système où tout est calcul et qui fait de l'égoïsme le fond de toute action humaine. — On peut dire de ceux qui font ainsi le bien par calcul, que le bien n'est pour rien dans leur conduite, ils sont vertueux par le même motif qui les ferait vicieux(1). « Aussi, dit Platon, ils sont tempérants par intempérance; car ils ne renoncent à un plaisir que par la crainte d'être privés d'un autre. Ils ne surmontent certaines voluptés que pour satisfaire d'autres voluptés qui les tiennent asservis. » (*Phédon*, XIII.) Ce n'est pas un bon échange pour la vertu que d'échanger des plaisirs pour des plaisirs, comme on échange une grosse monnaie pour de plus petites. Mais la seule monnaie de bon aloi contre laquelle il faut échanger tout est la sagesse. (*Ibid.*) (2)

III. DU CALCUL DE L'INTÉRÊT. — La forme la plus savante sous laquelle s'offre la morale de l'intérêt est celle que lui a donnée *Bentham* ; elle mérite d'être examinée.

La vie humaine, dit Bentham, doit reposer sur un calcul, le *calcul de l'intérêt bien entendu;* c'est une sorte d'arithmétique morale. (V. *Déontologie.*) Or, dans ce calcul, il faut tenir compte à la fois : de la *quantité*, de la *qualité*, de la *vivacité* ou de l'*intensité* des jouissances; de leur *durée;* de leur *certitude.* (*Ibid.*) Voilà les éléments du calcul. — Mais 1° ils sont hétérogènes. « En fait de bonheur, dit très-bien Aristote, les éléments et le tout doivent être de même na-

---

(1) « Si les fripons, disait Franklin, connaissaient les avantages attachés à la vertu, ils seraient vertueux par friponnerie. » (V. Cabanis, *Préf.*, 65.) — Soit, mais ils n'en seraient pas moins fripons.
(2) Lisez Platon, *ibid.* et *Philèbe;* — Cicéron, *De Finib.*, II, et *De Offic.*, I ; — Sénèque, *De Vita beata.* Ép. 9 et seq.

ture. » (*Polit.*, ch iii.) Où donc est l'unité de mesure ou de poids qui permet de mettre dans la même balance la qualité avec la quantité, la durée avec la vivacité, la certitude avec le reste? Que dirait un mathématicien à qui on proposerait de comparer des quantités de nature différente? — 2° Parler d'un *maximum* (Bentham) (1), c'est tout réduire à la quantité, simplifier l'opération pour la rendre possible, mais dénaturer le problème. Or, entre la *quantité* et la *qualité*, quel rapport trouvez-vous? et que faut-il choisir de l'une ou de l'autre? — 3° Le choix est arbitraire, s'il n'y a pas une règle supérieure. Que direz-vous à celui qui trouve qu'une seule jouissance vive, présente, certaine, a plus de valeur à ses yeux que toutes les jouissances les plus pures que promet l'avenir? En fait de jouissances, la vivacité a son prix qui peut le disputer à la pureté ou à la durée. Que signifie donc cette arithmétique des plaisirs, sinon l'abus palpable d'une méthode dont l'emploi devient absurde et ridicule. D'ailleurs, comment convaincre d'erreur celui qui aura mal calculé? Le scélérat aura fait un mauvais calcul quand nous le verrons aller au bagne ou à l'échafaud. Nageant dans l'opulence et dans les délices, bravant la loi et l'opinion, il aura savamment raisonné; il sera digne d'être envié et admiré. — On parle d'une autre vie. (Bentham.) Comment la démontrer, dans un système où il n'y a point de vertu? — 4° Le calcul fût-il possible, on conviendra qu'il n'est pas aisé. Le problème est compliqué; mille chances en rendent la solution peu certaine (2). Or, l'erreur, même grossière, peut-elle être imputée à crime? Est-on coupable pour s'être trompé sur son véritable intérêt? Ce calcul n'engendre que la probabilité avant l'acte, et l'on n'est jamais sûr de bien faire avant que le résultat ait justifié la résolution : c'est ôter toute énergie à la volonté. Ce procédé est bien lent; n'est-il pas des situations où il faut savoir prendre une prompte détermination, d'autres où il est honteux de délibérer (3). — Tout cela répugne au bon sens. Il faut une rè-

---

(1) Il a même inventé les mots *maximiser, maximisation* du bonheur. (*Déontologie.*)

2) Sur les difficultés du calcul de l'intérêt, voy. Lebnitz, *Nouv. Ess.*, liv. II, ch. xxi.

(3) In ipsa dubitatione facinus inest. (Cic., *De Offic.*, III, 8.) Hésiter, ce serait

gle fixe, facilement comprise de tous, de l'ignorant comme du savant, de l'homme simple comme de l'habile homme et du sage. — 5° Enfin, ce principe est inobligatoire; nous ne trouvons dans toute cette morale que des conseils dictés par la prudence ; nulle part des devoirs et des préceptes (1).

La morale de l'intérêt est repoussée par la conscience du genre humain, qui l'a toujours flétrie. Elle est incapable, en effet, de rendre compte des jugements que portent les hommes sur leurs propres actions et celles de leurs semblables, ainsi que des sentiments qu'ils éprouvent. Le genre humain n'accorde ni son estime ni son admiration à ceux qui font le bien par calcul. Ses héros ne sont pas des marchands habiles, capables de supputer ce que rapporte un acte de bienfaisance ou d'apparente générosité. L'humanité ne décerne ses couronnes qu'aux martyrs du devoir et ne dresse des autels qu'à la vertu (2).

IV. DE L'INTÉRÊT GÉNÉRAL. — On n'a rien gagné quand à l'intérêt personnel on a substitué l'*intérêt général*. L'intérêt général se résout dans la somme des intérêts particuliers. De quel droit d'ailleurs ce principe prend-il la place du premier ? De deux choses l'une : ou lorsque j'agis dans l'intérêt général, c'est parce que le mien y est clairement compris, et alors ma conduite est purement égoïste; — ou mon intérêt propre est différent de celui de la société. Que dois-je faire dans ce cas ?, sacrifier mon intérêt personnel à l'intérêt général : pourquoi ? Dans ce système, le contraire seul est raisonnable, car il n'y a pas de motif supérieur qui commande le sacrifice de l'intérêt individuel. « Chacun, dit-on, concourt au bien public pour son intérêt; mais d'où vient donc que le juste y concourt à son préjudice ? Qu'est-ce qu'aller à la mort pour son intérêt ?... Ce serait une trop abominable philosophie que celle où l'on serait embarrassé des actions

choisir. (Lamotte.) Ea deliberanda non sunt in quibus est turpis ipsa deliberatio. (Cic., *ibid.*, 37.) — V. Senec., *De benef.*, II, 1.

(1) « Neque ulla officii præcepta firma, stabilia, conjuncta naturæ tradi possunt nisi aut ab iis qui solam, aut ab iis qui maxime honestatem propter se dicant expetendam. » (*De offic.*, I, 2.)

(2) « La vertu qui n'est utile à rien, dit Hume, n'est bonne qu'à mettre au calendrier. » — C'est encore trop d'honneur. Pourquoi la glorifier ? La sainteté, si elle est inutile dans ce système, doit consister dans l'égoïsme le plus parfait. On l'acquiert en faisant sa fortune ; les saints de ce calendrier sont les millionnaires.

vertueuses, où l'on ne pourrait se tirer d'affaire qu'en leur controuvant des intentions basses et des motifs sans vertu, où l'on serait forcé d'avilir Socrate et de calomnier Régulus... » (Rousseau, *Emile*, liv. IV.) — En supposant la conformité ou l'identité de l'intérêt général et de l'intérêt particulier, il faut que cet accord n'existe pas seulement *en soi*, mais qu'il soit *évident* pour tous. « Ce qui n'est pas utile à la ruche n'est pas utile à l'abeille, » dit Marc-Aurèle. Soit, mais si l'abeille raisonnait, elle pourrait penser comme le frelon. Ce qui frappe dans la considération des intérêts, c'est leur diversité, leur opposition, leur perpétuelle collision. Pour apercevoir la conformité de l'intérêt individuel avec l'intérêt général, il faut s'élever à de hautes considérations d'ordre social dont peu d'esprits sont capables. Pour être honnête homme, faudra-t-il être un grand publiciste, un philosophe, un homme de génie? Dans tous les cas, il est dangereux de placer l'homme entre son propre intérêt, motif intime, pressant, impérieux, et l'intérêt général, principe vague, éloigné, d'une appréciation difficile, et cela sans lui mettre entre les mains une règle supérieure. Cent fois pour une, il verra une opposition entre l'intérêt général et le sien propre. Le choix ne sera pas douteux : car il n'y a rien ici pour contre-balancer les passions et l'égoïsme. — Il est un moyen plus sûr : c'est de faire de l'honnête la règle de l'utile, non de l'utile la règle de l'honnête; c'est de graver cette maxime dans son âme : *Est nihil utile, quod idem non honestum.* (Cic., *De Off.*, III, 30.)

On doit, dit-on, éclairer les hommes sur leur véritable intérêt. — Sans doute, mais en les éclairant il faut leur mettre dans la main une règle plus sûre que l'intérêt lui-même, et qui fasse discerner sur-le-champ le vrai du faux intérêt. Cette règle est celle du bien et du juste, qui devient alors le principe du véritable intérêt. Mais si, renversant les termes, vous faites de l'utile la base du bien et la mesure de la moralité des actes, vous érigez une doctrine qui renferme les plus déplorables conséquences, et avec laquelle on pourra légitimer tous les crimes. Elle n'est pas moins dangereuse comme morale publique que comme morale privée. Sa maxime est connue : *Salus populi suprema lex esto.*

L'histoire enregistre avec horreur ses épouvantables corollaires.

Il n'y a d'utile pour les nations comme pour les particuliers que ce qui est juste. Le plus bel exemple est la réponse des Athéniens qui, consultés par Thémistocle sur un projet avantageux à l'État, mais contraire à la justice, jugèrent, sur l'avis d'Aristide, que ce qui n'était pas honnête n'était pas utile, *quod honestum non esset, id ne utile quidem putaverunt*, et le rejetèrent sans vouloir le connaître. (Cic., *De Off.*, III, 11.)

§ III. Morale du sentiment (Smith, Rousseau, Jacobi).

Sous ce nom sont compris divers systèmes qui tirent la loi morale de motifs plus nobles, quoique pris dans la nature sensible, tels que la *sympathie* ou *l'amour de nos semblables*, la *jouissance morale*, l'*amour de Dieu*, etc.

I. DE LA SYMPATHIE (SMITH). — Un des principaux sentiments de l'âme humaine est le penchant qui nous attire vers nos semblables, nous fait partager leurs jouissances et leurs peines, nous rend sensibles à leur approbation et à leur mépris. Ce principe, qui contient en germe toutes les affections sociales (V. p. 58), a été pris pour base de la morale entière. (Smith, *Théorie des sentiments moraux*.) — Certes, on ne peut nier son importance, c'est le lien le plus fort et le plus doux de la société humaine. Mais s'il est un auxiliaire puissant et indispensable de la loi, il n'est pas la loi elle-même.

La sympathie est un fait sensible. A ce titre, elle offre tous les caractères de la sensibilité. 1° Elle est variable et inégale chez les individus. Les hommes n'ont pas le même degré de sensibilité; leur âme ne s'émeut pas aussi facilement. Le même homme ne se sent pas à tous les moments également disposé à sympathiser avec ses semblables. Le cœur humain est mobile, capricieux, plein de contradictions. — 2° Ce motif qui agit par attrait est dénué d'autorité. — 3° La règle ici manque de clarté; avec la sympathie on confond l'estime, qui en diffère et naît d'un autre principe, l'honnête, le juste. — 4° Cette morale tend à absoudre les vices aimables et à écarter les vertus austères. Quintilien l'a dit : il est des hommes dont la vertu a peu de charme, d'autres dont les vices eux-mêmes nous plaisent ; *in quibusdam virtutes non habent gratiam, in quibusdam vitia ipsa delectant.* (XI, 3.) — Ce système ne rend compte que d'une partie des actions, des actions sociales ; la morale privée et religieuse lui échappe. Pour le rendre universel, Smith adopte cette formule : « Agis de manière que tes semblables sympathisent avec toi. » C'est déplacer la question sans la résoudre. Si sympathiser veut dire être bienveillant, les objections subsistent. Si c'est de l'estime, de l'approbation qu'il s'agit, celle-ci vient d'un jugement qui repose sur une idée, l'idée du bien. Or, cette idée, base du jugement et du sentiment, introduite dans le système, y prend le premier rang et détrône le principe. — Cette doctrine a le grave inconvénient de placer en dehors de l'homme la règle de ses actions, ce qui, dans la plupart des cas, le condamne à l'incertitude. Il faut distinguer l'opinion droite, éclairée, de celle du vulgaire. *Interdum vulgus rectum videt, est ubi peccat.* (Hor.) Avec quoi discernera-t-on le vrai ? N'est-il pas des situations où l'homme doit savoir se mettre au-dessus de l'opinion et se réfugier dans la conscience, où il doit dire : *Mea conscientia pluris est quam omnium sermo ?* (Cic.) Le jugement d'un seul, quand c'est celui de Socrate, d'Aristide ou de Caton, ne vaut-il pas mieux que l'avis de la multitude ? *plus esse in uno sæpe quam in turba boni.* (Sénèque.) Pourquoi admire-t-on ce vers, *Victrix causa diis placuit ?* Le monde a ses maximes, qui sont loin d'être celles d'une saine morale et qui ont fait dire à Sénèque : *argumentum pessimi turba est.* (De Vit. beat., ch. II.) « Les lueurs douteuses de l'opinion, surtout de l'opinion vulgaire, dit saint Augustin, ne doivent pas prévaloir sur les pures clartés de la conscience. (*Cité de Dieu*, liv. I, ch. XXII.) (1) Savoir user de son propre jugement est donc un devoir et une nécessité pour chacun : *tuo tibi judicio est utendum.* (Cic., *Tusc.*, II, 26.) (2)

Quant à ce *spectateur impartial* qu'invente Smith et

---

(1) « Quand j'entends la foule crier : Crucifiez-le, je me doute toujours de quelque supercherie. » (Leibnitz.) — *Et bibit infusam populo plaudente cicutam.*

(2) « *Remove existimationem hominum : dubia semper est et in partem utramque dividitur.* » (Sénèque, *Ep.* 26.) — « *Malis tibi placere quam populo.* » (*Ep.* 29.)

au point de vue duquel il faut se placer pour se juger soi-même, qui ne voit que c'est précisément en nous qu'est ce témoin et ce juge? *sacer intra nos spiritus sedet, malorum bonorumque nostrorum observator et custos.* (Senec., *Ép.* 44.) *Nullum theatrum virtuti conscientiæ majus est.* (Cic., *Tusc.*, II, 26.) Ces maximes, vraies aujourd'hui comme elles l'étaient quand la sagesse antique les proclamait, renversent le système de la sympathie. — Le principe même est-il aussi désintéressé qu'il le paraît? Si, en effet, nous jouissons ou nous souffrons du bien ou du mal de nos semblables, c'est que, nous mettant à leur place, nous éprouvons le contre-coup de leurs affections et de leurs impressions; en les soulageant, n'est-ce pas nous-mêmes aussi que nous soulageons?

II. Plaisir de la vertu, satisfaction morale, remords (Rousseau). — D'autres ont pris pour règle des actions humaines la satisfaction morale que l'homme éprouve en faisant le bien et le remords qui suit l'action mauvaise. C'est fonder la morale sur un paralogisme. On confond la conséquence avec le principe, l'effet avec la cause, la sanction de la loi avec la loi elle-même. Si la loi n'existait pas, elle n'aurait pas besoin de sanction. Le plaisir de bien faire suppose le bien; le remords, la conscience d'avoir mal fait ou violé la loi. C'est aussi prendre le signe pour la chose signifiée, et ce signe, s'il n'est trompeur, est variable. Ce plaisir est le plus pur, le plus profond que l'âme puisse éprouver; mais il faut être avancé dans la vertu pour en goûter tous les charmes. Les âmes grossières l'ignorent; le remords aussi s'efface chez les natures perverses. La jouissance morale d'ailleurs, prise pour but, perd sa pureté. Enfin, comment ce qui doit suivre l'action doit-il la précéder et servir de guide à la vertu? Si le plaisir est le but et la vertu le moyen, on retombe dans la morale de l'intérêt.

III. Sentiment moral, conscience instinctive (Rousseau, Jacobi). — Le sentiment moral a reçu une autre interprétation. Selon plusieurs moralistes, nous devons consulter la conscience dans ses décisions antérieures à toute réflexion, prendre pour guide l'instinct du bien qui ne trompe jamais. On connaît l'apostrophe éloquente de Rousseau : *Conscience,*

conscience! instinct divin, immortelle et céleste voix... (*Émile*, liv. IV.)

Il y a d'abord un grave inconvénient à ranger la conscience parmi les instincts; l'instinct est aveugle (V. p. 192), la conscience est clairvoyante; elle est une des formes de la raison, la raison elle-même, le verbe intérieur, et c'est pour cela que sa voix est divine. Ce qui est divin en nous, ce sont les *idées*. Elles seules éclairent la conscience, qui, sans cela, serait une forme variable de la sensibilité et n'aurait aucune autorité. Il ne faut donc pas opposer la conscience à la raison et dédaigner celle-ci; ce que Kant observe avec justesse. « Comme si, dit-il, semblable au génie de Socrate, ce sentiment précédait la raison ou pouvait se passer de son jugement. » (*Mét. des Mœurs.*)

Comme la raison, la conscience a deux formes, l'une *spontanée*, l'autre *réfléchie*. Toutes deux sont légitimes, et chacune a ses avantages propres comme ses inconvénients. Le système qui rejette la réflexion ou la tient pour suspecte conduit à un vague sentimentalisme et à une sorte de mysticisme moral. En outre, comme le sentiment renferme deux éléments, l'un rationnel (l'*intuition*), l'autre sensible (la *satisfaction morale*), on peut prendre facilement l'un pour l'autre, retomber ainsi, sans le vouloir, dans le sensualisme, ou adopter un terme mixte qui a reçu le nom d'*eudémonisme*. Sans doute, ordinairement, la première impression, le premier jugement sont vrais quand le cas est simple, et chez les hommes dont l'âme est pure, dont le sens moral n'a pas été altéré. Mais cette intuition est vague et fugitive; cet éclair rapide, on peut le confondre avec les fausses lueurs de l'imagination ou avec le jugement précipité de la passion. La réflexion doit donc s'ajouter au sentiment, l'éclaircir, le développer, l'expliquer et le fixer. En combinant ces deux facultés, en les corrigeant l'une par l'autre, on saura se préserver à la fois du vague et de la subtilité, des préjugés du sens commun et des sophismes de l'esprit systématique.

Pour préciser, le *sentiment* est ou une idée confuse, ou une sensation. Dans le premier cas, nous dirons, avec Kant, « que ce sentiment principe n'est autre chose que la métaphysique obscurément pensée. » Dans le second, on retourne au système précédent, où la sensation, qui n'est que l'effet, est prise pour le signe de l'action bonne ou mauvaise. Mais le signe pris pour *critérium* des actes suppose déjà l'aperception claire de la moralité elle-même, sans quoi il n'existerait pas ou ne signifierait rien. Il ne peut donc servir de règle d'appréciation ni de mesure.

§ IV. Morale mystique. — Amour de Dieu.

La forme la plus élevée du sentiment est l'*amour de Dieu*, premier précepte de la morale religieuse. Nous sommes loin de contester l'excellence de ce motif et son accord avec le bien. Mais dans le sens où l'entendent les mystiques, il renferme des exagérations qui l'ont fait condamner par l'autorité religieuse elle-même. Nous l'examinerons brièvement.

Ne l'oublions pas, c'est de la loi morale qu'il s'agit. Or, le mysticisme se met au-dessus d'elle. Il fait consister la perfection à pouvoir s'en passer : *ama et fac quod vis*. (S. Aug.) — Oui, sans doute, si l'amour a déjà sa règle, non s'il ne l'a pas ou s'y dérobe. Mais l'amour pur a la prétention de régner seul, de supplanter tous les autres motifs; il veut se substituer à la loi, la rendre superflue. L'amour ne se commande pas, il se développe de lui-même, sous l'influence de la cause qui le fait naître ou de la *grâce*; il agit par attrait et non par autorité. Au bout de ce principe, la dialectique et l'histoire nous montrent le *quiétisme*.

Nous l'excluons donc ici, 1° parce que lui-même il exclut la loi. — 2° L'amour de Dieu ne peut être transformé en précepte qu'autant qu'il y a une loi supérieure qui nous ordonne d'aimer Dieu. Cette loi, c'est qu'il est dans l'ordre d'aimer celui dont nous tenons tout, et qui est la source de tout bien. — 3° Ce motif n'a pas d'uniformité. Toutes les âmes ne sont pas susceptibles d'éprouver l'amour au même degré, et, chez le même homme, il ne reste pas identique à tous les instants de la vie. Les mystiques parlent eux-mêmes des moments de langueur, de sécheresse, de tiédeur. La loi ne peut languir, ni défaillir, ni s'éclipser un seul moment; toujours elle doit commander avec une égale autorité, et l'homme doit lui obéir, quelles que soient les dispositions de son cœur. — 4° L'amour par lui-même est aveugle s'il n'est éclairé et guidé par la raison. L'amour de Dieu doit reposer sur une idée exacte de la nature et des perfections divines. S'il est subordonné à un principe supérieur, ce n'est pas lui qui fournit la règle. — 5° Quelque désintéressé qu'il soit, l'est-il entièrement? L'essence de l'amour est à la fois de se perdre et de se retrouver dans l'objet aimé. L'amour divin qui débute par le renoncement, l'oubli de soi, aspire à la possession de Dieu, et par là à la suprême félicité. L'union de l'âme avec Dieu ne peut anéantir la personnalité. Autrement on tombe dans tous les excès du mysticisme, que des promoteurs plus éclairés et plus sages de l'amour divin ont condamnés. « Loin de nous, dit saint Augustin, l'insupportable folie « de croire qu'on puisse ne pas s'aimer, ni s'aimer sans dé- « sirer être heureux. » — « Prétendre exterminer l'amour- « propre est le comble de l'amour-propre. » (Bossuet.) Saint François de Sales ajoute ce mot plus énergique encore : « Grande folie de vouloir être sage d'une sagesse impossible. » (*De l'Amour de Dieu*, I, ch. II.) « Tout amour de Dieu est intéressé, en ce sens que le motif de cet amour c'est que Dieu nous touche comme notre bien. » (*Ibid.*) « Notre besoin essentiel nous attache et nous assujettit à Dieu, comme à celui qui nous rend heureux en se donnant lui-même. » (Bossuet, 5ᵉ Récit sur les *Maximes des Saints*.) (1)

§ V. Morale théologique. — Volonté de Dieu.

Selon quelques moralistes, théologiens ou philosophes, la morale n'a de fondement solide qu'autant que la loi qui s'impose à l'homme est prise dans la volonté supérieure de l'Être qui l'a créé et qui comme tel seul a le droit de lui commander. Là, dit-on, est la seule base légitime de l'*obligation* (Puffendorf).

Ce principe n'a rien qui choque au premier abord. Il faudrait s'empresser de l'accueillir s'il ne cachait une interprétation dangereuse, base de tout un système qu'il s'agit de préciser. Nous aussi nous professons que la loi morale doit être rapportée à Dieu comme à sa véritable source. Dieu est

---

(1) Lisez la controverse de Bossuet et de Fénelon au sujet du livre *Des Maximes des Saints*. — Malebranche, *Traité de l'Amour de Dieu*. — Leibniz, *Dissert. de philosophia platonica*, à propos de la querelle du quiétisme, t. II (Dutens), p. 224. — *Id.*, t. IV, p. 265 et 293.

le bien suprême, il est la raison souveraine. Et, la loi c'est la raison. *Lex est ratio summa.* (Cic., *De Leg.*, I.) En Dieu la volonté se confond avec la raison. Mais celle-ci conserve le premier rang parmi ses attributs. Autrement la volonté divine serait arbitraire, et l'institution des lois morales l'effet d'un pur caprice. Le *sic pro ratione voluntas* s'appliquerait à Dieu ; ce qui est une impiété.

En d'autres termes, une induction légitime et nécessaire transforme la loi morale en loi divine, la loi étant l'expression de la raison de Dieu avec laquelle s'accorde sa volonté. Par là s'explique le caractère de sainteté et d'inviolabilité de cette loi écrite dans la conscience ; elle revêt ainsi sa suprême autorité.

Mais tel n'est pas le sens du système que nous combattons. Forcé de se préciser, il prétend que la loi morale émane d'un décret arbitraire de la volonté de Dieu, qui aurait pu créer d'autres lois, établir d'autres commandements absolument contraires et leur donner la même sanction. Dans cette doctrine, la toute-puissance de Dieu décide de la nature du bien et du mal. Le bien et le mal, le juste et l'injuste ne sont tels que parce que Dieu l'a voulu ainsi.

Une pareille morale où s'est égaré un instant le génie de Descartes a été vivement combattue par tous les grands moralistes (Platon, Leibnitz, Malebranche) et par les vrais théologiens eux-mêmes (saint Thomas). En voici les raisons :

1° La loi qui *oblige* la volonté d'un être raisonnable et libre ne peut émaner d'une volonté qui apparaît seulement comme puissance, non comme raison. Pris à la lettre, que signifierait ce principe : que le bien n'est bien, que le mal n'est mal que parce que Dieu l'a voulu ainsi ? C'est ôter à la vérité morale son caractère absolu. Les lois morales n'existent pas par un décret de la volonté divine : elle sont éternelles comme Dieu, et participent de son essence. Au point de vue religieux, elles ne sont pas l'expression de la *volonté* mais de la *raison* divine. Autrement on demandera comme Socrate à Euthyphron : « Le saint est-il aimé des dieux parce qu'il est saint ou est-il saint parce qu'il est aimé des dieux ? »

2° Leibnitz dévoile les vices de cette dangereuse doctrine quand il dit : « Tous ces dogmes, quoiqu'un peu différents entre eux, savoir que la nature de la justice est arbitraire, qu'elle est fixe, mais qu'il n'est pas sûr que Dieu l'observe, détruisent et la confiance en Dieu qui fait notre repos et l'amour de Dieu qui fait notre félicité. » (*Théodicée*, 2ᵉ part., § 177.) « Il est évident, dit Malebranche, qu'il y a du vrai et du faux, du juste et de l'injuste, que ce qui est vrai au regard de l'homme est vrai au regard de l'ange et au regard de Dieu, que ce qui est injustice ou dérèglement au regard de l'homme est aussi tel au regard de Dieu même. » (Cf. *Traité de morale*, ch. I.) — Les vérités éternelles, objet de sa sagesse, sont plus inviolables que le Styx. (Leibnitz, *Théod.*, II, § 121.) (1)

3° Au fond, qu'est ce système ? Le scepticisme moral. On fait de Dieu un despote dont le règne est celui du bon plaisir ou une espèce de sophiste indifférent à la vérité et à l'erreur, transformant à son gré le bien en mal et le mal en bien ; pouvant dès lors dispenser qui il veut de l'observation des lois les plus sacrées de la moralité et de la justice par une exception qu'il peut multiplier en faveur de ceux qu'il aime, et dans l'intérêt de la religion. Qui ne voit les conséquences d'une pareille morale introduite dans la religion positive ? (Lisez Platon, *Euthyphron*, et *Rép.*, II.)

4° Si l'on se place au niveau de l'opinion vulgaire, presque toujours, dans l'esprit de ceux qui font de la volonté de Dieu le principe du devoir, la nécessité de faire le bien a sa source unique dans les châtiments et récompenses que Dieu tient en réserve pour une autre vie. C'est faire reposer la loi sur sa sanction, ce qui lui ôte son autorité propre et la détruit, donner à la conduite humaine pour unique mobile la crainte et l'espérance. On retombe dans le système de l'*intérêt*.

---

(1) « Si pour être juste il faut toujours vouloir ce que Dieu veut, c'est uniquement et précisément parce que Dieu veut toujours selon l'ordre immuable de ses perfections, et qu'il ne peut jamais se démentir. C'est à quoi il faut bien prendre garde. Car lorsqu'on attribue à Dieu des volontés purement arbitraires et indépendantes de cette loi, et qu'on s'imagine que c'est vertu que de s'y soumettre, on tombe dans l'erreur et le dérèglement. On fait Dieu injuste, c'est là l'erreur ; et le dérèglement consiste dans la conformité de sa volonté avec celle d'un Dieu imaginaire. La loi éternelle n'est point arbitraire, c'est l'ordre immuable des perfections divines. Dieu peut ôter à ses créatures l'être qu'il leur a donné librement ; mais le souverain domaine qu'il a sur elles ne lui donne pas le droit de les traiter injustement. L'être est pure libéralité ; mais

Cette critique se résume dans les paroles un peu vives de Leibnitz : « La justice suit certaines règles d'égalité et de proportion qui ne sont pas moins fondées dans la nature immuable des choses et dans les idées de l'entendement divin que les principes de l'arithmétique et de la géométrie. On ne peut donc pas plus soutenir que la justice et la bonté dépendent de la volonté divine qu'on ne peut dire que la vérité en dépend aussi : paradoxe inouï qui est échappé à Descartes; comme si la raison pourquoi un triangle a trois côtés, ou pourquoi deux choses contradictoires sont incompatibles, ou enfin pourquoi Dieu lui-même existe, c'était parce que Dieu l'a voulu ainsi. Il s'ensuivrait encore de là que Dieu peut sans injustice condamner un innocent, puisque, dans cette supposition, il pourrait, par sa volonté, rendre une telle chose juste. » (Leibnitz.) — Cf. Malebranche, *Ent. sur la métaph.*, VIII, 13.

CONCLUSION. — Aucun de ces systèmes et des motifs qui leur servent de base ne contient donc la loi morale. Reste à trouver un autre principe qui satisfasse à toutes les conditions de cette loi. Ce principe, c'est *l'idée du bien* révélée par la *conscience*.

le bien-être et le mal-être, le plaisir et la douleur, la récompense et la peine doivent être réglés selon l'ordre immuable de la justice, que le juge aime invinciblement et par la nécessité de sa nature. » (Malebranche, *Traité de l'Amour de Dieu.*)

CONSULTEZ : Platon, *Rép.*, I et II, *Gorgias*, *Philèbe*, *Eutyphron*. — Cicéron, *Tusc.*, III; *De Finib.*, I, 9, 19; *De Officiis*, I; *De Rép.*, III; *De Leg.*, I. — Sénèque, *De Vita beata*, IX; *De Benef.*, IV, 2, 19. — Malebranche, *Ent. mét.*, VIII; *Tr. de Morale*, 1re part. — Leibnitz, t. II; Dutens, p. 224; *ibid.*, t. IV, 295; *Théod.*, 2e part., § 17. — Kant., *Mét. des Mœurs* et *Raison pratique*. — Reid, t. VI. — V. Cousin, *Ecole sensualiste*; *Du Vrai, du Beau et du Bien*. — Jouffroy, *Cours de Droit naturel*.

CHAPITRE II

DE LA LOI MORALE

(PARTIE THÉORIQUE)

Οὔθ' ἕσπερος οὔθ'εῷος οὕτω θαυμαστός.
(Arist., *Eth. à Nic.*, v, 3.)

Art. I. DE L'IDÉE DU BIEN COMME BASE DE LA LOI MORALE.

§ I. Idée du bien ; ses diverses définitions.

I. IDÉE DU BIEN. — Lorsque nous descendons en nous-mêmes, nous trouvons, à côté des notions universelles et nécessaires de la raison qui servent de base à nos raisonnements en matière spéculative, une idée sur laquelle reposent les vérités pratiques et tous nos jugements relatifs à notre conduite et à celle de nos semblables. Cette idée d'où découlent les autres conceptions morales, celle du devoir et de l'obligation, du vice et de la vertu, du mérite et du démérite, des récompenses et des châtiments, premier fondement de la législation et des institutions humaines, c'est l'*idée du bien*, d'où naît la distinction du bien et du mal.

L'idée du bien est une de ces notions premières de la raison dont nous avons étudié la nature, l'origine et la formation dans l'intelligence humaine (p. 122). L'analyse peut bien faire ressortir ses divers aspects, la définir en cette sorte et la revêtir de formules différentes : mais en soi, comme toutes les notions simples de l'esprit, elle échappe à la définition et n'a pas besoin d'être définie. Voici quelques-unes de ces formules.

II. SES DÉFINITIONS. — 1° Le bien, c'est la *fin*, la destination propre à chaque être. Tout être, par cela même qu'il est doué de certaines propriétés qui constituent sa nature, a une fin qui leur correspond. De l'accord de ces deux termes, la nature et la fin d'un être, résulte le bien. Toutes les fins particulières tendent à une fin commune qui est le bien général. La fin suprême, ce centre commun qui attire à lui tous les autres êtres, c'est le *souverain bien*. (Aristote, *Mét.*, XII, 7; *Eth. à Nic.*, I, 7.) Le bien se définit donc *la conformité des êtres à leur nature ou à leur fin*. L'ensemble de ces fins constitue l'*ordre universel* ou le bien général, selon la formule stoïcienne. — « Le principe du rôle de chaque être dans l'univers, c'est sa nature. » (Aristote, *Mét.*, XII, 10.)

2° Le bien est aussi l'accomplissement de la *loi*. Chaque être a sa loi dérivant de sa nature et de son rapport avec les autres êtres. La loi est ce rapport invariable. C'est le sens de la définition toute platonicienne et stoïcienne de Montesquieu : « Les lois sont les rapports nécessaires qui dérivent de la nature des choses. » (*Espr. des Lois*, ch. I.) Le bien général est l'observation des lois qui régissent l'ensemble des êtres.

3° Mais la loi, c'est aussi la *raison* : *ratio profecta a rerum natura*. (Cic., *De Leg.*, II, 4.) La raison est en effet le premier principe des choses (Platon) ; elle détermine la nature ou l'essence de chaque être, lui assigne sa fin, mesure son rapport et constitue sa loi. L'accord des fins, la convenance des parties, la proportion, la régularité, la mesure, manifestent l'intelligence et sont la raison elle-même. (Platon, *Lois*, X; *Gorgias*, LXII.)

Ainsi, *faire le bien, suivre sa nature, observer sa loi, se conformer à la raison*, sont des formules équivalentes exprimant les divers points de vue d'une même idée. Ces expressions, λόγος, νόμος, φύσις, τέλος, sont synonymes dans la langue des anciens philosophes (Platon, Aristote, Zénon).

Toutes ces notions rentrent elles-mêmes dans la notion général d'*ordre*, *ordo*, τάξις. L'ordre, c'est l'accord, le développement régulier des natures, le concours harmonieux des êtres et l'ensemble de leurs lois (1). Le bien, c'est l'ordre, ἐν τῇ τάξει τὸ εὖ (Arist., *Mét.*, XII, 10) ; et « l'ordre, c'est la raison visible. » (Bossuet, *Conn. de Dieu*, I.)

En se plaçant à ce point de vue élevé, on trouverait que le *bien* et le *beau*, dans leur essence, sont identiques, καλὸν κ'ἀγαθόν (Platon); car le beau, c'est l'ordre visible, l'expression harmonieuse du bien, *forma, facies honesti*. (Cic., *De Off.*, I, 5.) Le bien, c'est aussi le *vrai*, car la vérité des cho-

---

(1) « C'est l'ordre qui règle et rend belle la vertu de chaque chose. » (Platon *Gorgias*, LVII.)

ses, c'est le fond de leur être, leur essence et leur loi ; c'est l'accord de la nature avec elle-même ou avec sa fin. La loi, c'est la vérité morale s'adressant à la volonté, comme la vérité métaphysique s'adresse à l'entendement. (V. Platon, *Philèbe, Phèdre, Gorgias.*)

Tels sont les principaux aspects de l'idée du bien. Nous devons la suivre dans ses formes ou applications diverses.

§ II. Idées qui en dérivent : obligation, devoir, vertu, justice, etc.

I. Bien physique, bien moral. — Appliquée d'abord au spectacle de la nature et des êtres qu'elle contient, l'idée du bien nous révèle l'*ordre physique*. Nous concevons l'univers physique comme un ensemble d'existences qui ont chacune leur destination particulière, et concourent à l'accomplissement d'une fin commune. Il y a partout *ordre, harmonie, beauté*. Le monde est l'ordre visible (κόσμος).

Appliqué aux créatures intelligentes et libres, ce principe éveille en nous l'idée de l'*ordre moral*. Ici encore tous les êtres ont une destination qui dérive de leur nature, et ils doivent concourir à la réalisation d'une même fin. Mais tandis que, dans le monde physique, les êtres accomplissent leur destinée aveuglément et fatalement, dans le monde moral ils l'accomplissent avec *conscience* et *liberté*.

II. Obligation; devoir. — Or, de ce fait d'une volonté libre mise en présence de la loi, naît, pour l'être capable de la réaliser, l'obligation d'y conformer ses actes. Elle lui apparaît comme la règle de toute volonté raisonnable. Elle ne le contraint pas, mais l'oblige; car la loi d'un être libre, c'est de l'être raisonnablement. Là est la vraie liberté.

De l'obligation naît le *devoir*. La définition stoïcienne τὸ καθῆκον, ce qui convient (Cic., *De Off.*, I, 3), ne dit pas assez. Le devoir est l'obligation comprise et sentie. Les êtres physiques obéissent forcément à la loi qui les régit et les gouverne à leur insu. L'être doué de liberté, au contraire, sait qu'il peut, s'il le veut, violer la loi; mais il sait aussi que, s'il *peut* l'enfreindre, il *doit* l'accomplir. Il se sent lié et enchaîné par une nécessité qui lui laisse toute sa liberté, mais en même temps lui impose, avec le devoir de faire ce qui lui paraît bien, la *responsabilité* de ses actes. Il comprend dès lors que se mettre en opposition avec cette loi, expression de l'ordre, est un mal qu'il doit éviter. La *nécessité physique* fait ici place à une *nécessité morale* parfaitement conciliable avec la liberté de l'agent, sujet de la loi, sans être son esclave.

III. L'HONNÊTE ET L'UTILE. — L'honnête (*honestum*) est le terme par lequel se caractérise le bien moral dans son opposition avec l'*utile*; c'est la conformité à l'ordre ou au bien pour le bien, abstraction faite de toute utilité. *Honestum id intelligimus, quod tale est ut, detracta omni utilitate, per se ipsum possit jure laudari.* (*De Finib.*, II, 14.)

L'homme, dit Cicéron d'après Platon, est le seul animal qui comprenne l'ordre, la convenance des choses : *Unum hoc animal sentit quid sit ordo, quid sit quod deceat.* (*De Off.*, I, 4.) Il le comprend parce qu'il est doué de raison, *quod rationis est particeps*. Il pense que l'ordre doit être la règle de ses pensées et de ses actes, *ordinem in consiliis factisque conservandum putat*. L'ordre, c'est l'*honnête*; *quod quærimus, honestum*. — L'honnête se distingue de l'*utile*, en ce que l'utile n'est rien par lui-même, mais simplement un moyen pour un but qui n'est pas en lui. Aussi change-t-il de nature avec la fin pour laquelle il est destiné; l'honnête qui repose sur la convenance absolue des choses est invariable et absolu. (Cf. Senec., *Ep.* 118.)

IV. DROIT; JUSTICE; ÉQUITÉ. — Le *droit* est la prérogative, attachée à l'être libre ou à la personne, d'être respectée dans tous les développements inoffensifs de sa liberté. Le droit est le corollaire du devoir. Ce qui rend notre liberté sainte et inviolable, c'est qu'elle a des devoirs à remplir et qu'elle est responsable de sa destinée. Son premier droit est donc le libre usage de ses facultés compatible avec la liberté de ses semblables. Le devoir est l'origine du droit, et la morale est le fondement du droit naturel. La *justice* est le respect du droit. L'*équité* est l'observation exacte de la loi et de ce qu'elle prescrit à l'égard de nos semblables.

V. VERTU; MÉRITE; DÉMÉRITE. — La vertu se définit l'habitude de bien faire, de conformer sa volonté à la loi morale. C'est, comme dit Aristote, « l'habitude d'agir selon la raison » (*Eth. à Nic.*, II), ou, suivant Platon, « la bonne habitude de l'âme. » (*Rép.*, IV.) A cette idée d'une action réitérée, dirigée par une intention droite et pure, se joint celle de *l'effort* et du *sacrifice*. La vertu désigne une force morale, *fortitudo moralis*. (Kant.) (1)

Mais par là même qu'elle est entourée d'obstacles, qu'elle exige l'effort et commande le sacrifice, elle se crée un droit au bonheur proportionné à l'effort et au sacrifice que le devoir a coûtés. Le bonheur n'est plus une simple conséquence du bien, c'est un *droit* acquis vis-à-vis de la justice absolue qui règle l'accord du bien et du bonheur pour les êtres libres. Telle est l'idée du *mérite*. Le rapport inverse engendre l'idée du démérite ; celle d'un malheur que doit subir le coupable et proportionné à sa faute ou à sa culpabilité. C'est une dette contractée envers la loi qui exige une réparation, une *expiation*. De là les idées de *récompense* et de *châtiment* ou de la double sanction rémunératrice et pénale.

« Ces idées, comme dit Platon, sont enchaînées par des raisons de fer et de diamant, » σιδηροῖς καὶ ἀδαμαντίνοις λόγοις. (*Gorgias*, LXIV.)

VI. Souverain bien ; justice absolue. — Elles sont parfaitement claires et distinctes dans la conscience humaine ; mais leur intelligence n'est complète et leur autorité n'a toute sa force qu'autant qu'elles ont été rattachées à leur dernier principe qui est Dieu même, le bien souverain, la justice absolue et parfaite. Nous trouvons en nous l'idée du bien ; mais quand nous examinons ses caractères, elle nous apparaît comme supérieure à nous, puisqu'elle nous commande. Toutes ces idées universelles et nécessaires qui l'accompagnent sont, comme elle, la raison même dont nous participons ; elles sont quelque chose de Dieu, ou Dieu même. (Bossuet.) Τοῦτο ὁ θεός. (Aristote.) — Cf. Fénelon, *Exist. de Dieu*, 2ᵉ part. — L'*idée du bien*, c'est l'idée des idées, c'est

---

(1) « Il n'y a point de vertu sans combat ; le mot de vertu vient de force ; a force est la base de toute vertu. La vertu n'appartient qu'à un être faible par sa nature et fort par sa volonté. » (Rousseau, *Emile*.) — « Nous nommons Dieu bon, libéral et juste ; mais nous ne le nommons pas vertueux ; ses opérations sont toutes naïves et sans effort. » (Montaigne, II, ch. II.) — Cf. Cic., *De Legib.*, XI, 10 ; *Acad.*, I, 5. — « La vertu est l'habitude des actes libres conformes à la loi. » (Kant.) — « C'est en jouant de la cithare que se font les bons et les mauvais artistes ; il en est de même pour la vertu. » (Arist., *Eth. à Nic.*, II, 12.)

le bien lui-même. (Platon, *Rép.*, VI.) Elle régit tout l'ordre moral, nous fait sujets du même maître et du même souverain. *Unusque erit quasi magister et imperator omnium Deus.* (Cic., *De Leg.*, III.)

ART. II. QUE L'IDÉE DU BIEN REMPLIT TOUTES LES CONDITIONS DE LA LOI MORALE.

Nec erit alia Romæ, alia Athenis.
(Cic.)

Cette loi souveraine, à la Chine, au Japon,
Inspira Zoroastre, illumina Solon.
(VOLTAIRE, *De la Loi naturelle.*)

L'idée du bien, d'où découlent toutes les notions morales, pour être la règle de nos actions, doit remplir toutes les conditions que nous avons vainement demandées à d'autres motifs. C'est ce que nous avons à établir si nous voulons démontrer la légitimité de notre principe.

I. UNIVERSALITÉ. — 1° *En quoi elle consiste.* — Elle est *universelle*. Par là, nous ne voulons pas dire qu'elle est également développée dans l'intelligence de tous les hommes, mais qu'il est de l'essence des êtres raisonnables d'avoir cette idée. Tout être doué de raison, aussitôt que celle-ci est capable de concevoir le vrai, conçoit et comprend aussi le bien; il le conçoit et le comprend dans ses traits généraux, comme le comprend et le conçoit tout être intelligent.

Cette idée sans doute n'existe pas d'abord sous cette forme claire et distincte qu'elle acquiert lorsque la raison s'est développée et que l'homme est capable de réfléchir. Elle n'est qu'à l'état de germe ou de sentiment; mais ce qui prouve qu'elle est inhérente à la raison humaine et fait partie de son essence, c'est que quand, par la réflexion, l'homme s'est mis en possession de cette idée, rien ne peut plus la bannir de l'esprit ni complétement la détruire. Ni la passion qui nous aveugle, ni le sophisme qui défigure la vérité ne sauraient l'anéantir ou l'effacer. Il y a une souveraine convenance entre les choses morales, qui leur assigne le même rang dans notre esprit qu'aux vérités nécessaires de l'ordre spéculatif et mathématique. C'est sur ce point que nous devons insister.

2° *Distinction du bien et du mal.* — L'homme, disons-nous, dès qu'il est capable d'intelligence et de discernement, distingue immédiatement le bien du mal dans les actes particuliers qui lui sont offerts. Il voit ou il sent sur-le-champ que telle chose est dans l'ordre, qu'elle est convenable, que telle autre est contraire à l'ordre et déroge à la convenance naturelle; que partant l'action qui réalise cet ordre ou viole cette convenance est bonne ou mauvaise (1). Pour cela il n'est besoin ni de calcul ni de raisonnement, *non tam definitione quam communi omnium judicio*. (Cic., *De Finib.*, II, 14.) Dans les cas simples et ordinaires, l'esprit démêle sur-le-champ le *bien* du *mal*, comme dans une proposition simple il discerne le *vrai* du *faux*. Il comprend, par exemple, qu'il est conforme à la nature d'un être intelligent de connaître la vérité, que l'ignorer volontairement, l'altérer et la défigurer est un mal. Pour lui la franchise et la véracité sont des qualités louables, le mensonge et la dissimulation des vices méprisables. Il comprend qu'il est bien de tenir sa promesse, de rester fidèle à ses engagements; qu'il est mal d'y manquer ou de les violer. L'ingratitude lui paraît odieuse, et la reconnaissance envers ceux qui nous font du bien, un devoir. Il en juge ainsi, non parce qu'il considère les conséquences de ses actes ou en faisant un retour sur lui-même, mais abstraction faite de tout intérêt, uniquement parce que de ces actions les unes sont conformes à l'ordre, les autres contraires à la raison (2).

3° *Son innéité; rôle de l'éducation*. — L'éducation sans doute est nécessaire pour développer ces premières notions, qui d'abord ne sont que des lueurs, *quasi scintillulæ* (Cic., *De Fin.*, V, 15); mais il en est de même de toutes les vérités

---

(1) « Les hommes savent qu'il vaut mieux être juste que d'être riche, être raisonnable que d'être savant, avoir l'esprit vif et pénétrant que d'avoir le corps prompt et agile. Ces vérités ne peuvent s'effacer de leur esprit, et ils les découvrent infailliblement lorsqu'il leur plaît d'y penser. » (Malebranche, *Rech. de la Vér.*, Préf.)

(2) « Qu'on prenne, si l'on veut, un homme d'une médiocre capacité, pourvu qu'il ait le jugement droit. Si cet homme n'a jamais ni lu ni ouï dire qu'il s'est trouvé des philosophes qui ont dit et soutenu sérieusement qu'il n'y a point de distinction nécessaire et naturelle entre le bien et le mal moral, je suis persuadé que, du premier abord, il aura tout autant de peine à croire que des gens d'esprit aient pu avancer des choses si absurdes et si extravagantes, qu'il en aurait à croire les gens qui lui diraient qu'un géomètre a osé affirmer sérieusement qu'une ligne courbe a des parties posées aussi également entre ses extrémités que la ligne droite. » (Clarke, *Disc. sur les Devoirs immuables de la Religion nat.*, chap. III.)

Elles ne sont *innées* qu'en ce qu'elles forment l'essence de la raison et se développent avec elle. La passion peut les obscurcir et aveugler l'esprit; mais la raison calme et dirigée sur elles ne peut les voir autrement qu'elles sont : l'expression de la nature éternelle des choses. Ceux même qui violent sans cesse la loi ne peuvent pas ne pas la reconnaître. *Etiam qui non sequuntur illam vident.* (Senec., *De Benef.*, IV, 17.) La vertu a de tels charmes que les méchants ne peuvent s'empêcher de lui rendre hommage. *Adeoque gratiosa virtus est, ut insitum sit etiam malis probare meliora.* (*Ibid.* — Lisez le passage entier.) Les esprits les plus froids et les plus sévères, accoutumés à méditer sur cet ordre de vérités, se sentent émus d'une admiration que la contemplation des lois de la nature n'excite pas à ce degré. « Non, l'étoile du soir et l'étoile du matin n'excitent pas autant l'admiration. » (Aristote, *Eth. à Nic.*, V, 3.) — « Il y a deux choses, dit Kant, qui remplissent l'âme d'une admiration et d'un respect toujours nouveaux, le ciel étoilé au-dessus de nos têtes, et la loi morale au-dedans de nos cœurs. » C'est le langage de Platon : *Quæ si oculis cerneretur, mirabiles amores, ut ait Plato, excitaret sui.* (Cic., *De Off.*, I, 5. Cf. Platon, *Phèdre*.)

On est donc autorisé à regarder cette idée comme une des notions fondamentales et absolues de la raison. Tout être humain la possède et ne peut la méconnaître sans renoncer à sa prérogative d'être raisonnable, comme il ne peut nier le rapport de cette idée avec sa volonté, sans cesser d'être un être moral. Mais nous voulons insister encore plus, afin de mieux faire ressortir le caractère d'universalité de ce principe, qui est la première condition de la loi morale.

L'homme conçoit l'ordre, *sentit quid sit ordo.* (Cic.) C'est un des attributs essentiels et distinctifs de sa raison, de voir que certaines choses sont dans l'ordre, d'autres contraires à l'ordre; or, le bien, c'est l'ordre dans les choses morales. Tout homme chez lequel la raison est éveillée et attentive, discerne donc le bien du mal, le juste de l'injuste, comme il distingue le vrai du faux, le beau du laid. Cet attribut de l'espèce humaine doit se retrouver dans tous les individus qui la composent. Aussi, malgré l'extrême inégalité qui se remarque entre eux, on reconnaît certaines notions communes qui servent de base à leurs jugements en matière morale. Au dernier degré de culture et d'abaissement, comme au plus haut degré de l'échelle morale, cette identité se révèle partout où l'on entrevoit les lueurs de la raison. Mais ce qui fait l'universalité de ces notions comme leur *innéité*, c'est qu'une fois la raison développée, dans un homme ou chez un peuple, elle ne peut pas ne pas voir ces vérités et les voir autrement qu'elles sont, comme formant l'essence même et la nature éternelle des choses. Ces vérités, quand la réflexion s'y applique, ont pour elles l'évidence des vérités mathématiques, dont elles ne diffèrent que parce qu'elles régissent les êtres libres, non les corps et la matière. Tous les hommes comprennent ces vérités et les comprennent de même. Il n'y a pas deux façons de les entendre (1). On peut les concevoir d'une manière plus ou moins claire, les revêtir de formules plus ou moins savantes; mais en soi la notion du bien et du mal, du juste et de l'injuste est la même dans l'esprit du pâtre ignorant que dans celui de Leibnitz ou de Platon. Ici toutes les intelligences sont égales. *Omnium una est regula*. (Cic., *De Off.*, III, 20.)

4° *Parallèle de la vérité morale et de la vérité mathématique.* — La parfaite similitude de la vérité morale et de la vérité mathématique a frappé tous les grands esprits (Pythagore, Platon, Aristote, Leibnitz, Clarke, etc.). Pour la mettre en lumière nous prendrons deux ou trois exemples.

1° Étant donné un *être intelligent*, par cela seul qu'il est intelligent, il s'établit entre lui et la vérité un certain rapport dérivant de la nature des deux termes et qui constitue sa loi. Cette loi se formule ainsi : connaître la vérité pour un être intelligent est un bien; l'ignorer, un mal; l'ignorer volontairement, un plus grand mal. Se tromper est également un mal; car l'erreur, surtout l'erreur volontaire, substitue à un rapport vrai un rapport faux contraire à la nature

---

(1) Alexandre n'avait pas besoin que les Scythes lui vinssent apprendre son devoir dans une langue étrangère; il savait de celui même qui instruit les Scythes et les nations les plus barbares, les règles de la justice qu'il devait suivre. La lumière de la vérité qui éclaire tout le monde l'éclairait aussi; et la voix de la nature, qui ne parle ni grec, ni scythe, ni barbare, lui parlait comme au reste des hommes un langage très-clair et très-intelligible. (Malebr., *Rech. de la Vér.*, Préf.)

et à la fin de l'être intelligent. Ainsi, le rapport entre l'intelligence et la vérité constitue une loi invariable, nécessaire, qui est la loi de tout esprit comme esprit. Un esprit peut être anéanti; sa loi subsiste, comme loi absolue des êtres intelligents. Et l'on peut en tirer une foule de lois particulières ou de règles pratiques, comme de dire la vérité, d'être droit et sincère dans ses discours et dans ses actions, de ne pas mentir, calomnier, etc. Cela est bien ou mal indépendamment de toute notion d'utilité et d'intérêt, *detracta omni utilitate*. (Cic.) Cela est évident comme une vérité géométrique.

2° Supposez un *être sensible*, capable de jouir, de désirer, d'aimer. De sa nature dérive pour lui cette loi d'aimer et de désirer ce qui est réellement aimable et désirable, c'est-à-dire ce que la raison conçoit comme ayant en soi des qualités bonnes; de se détourner des choses qui offrent les qualités contraires. Donc, si cet être a quelque empire sur ses inclinations, il doit leur donner une direction conforme à cette fin. Autrement sa conduite, comme ses sentiments, sera vicieuse et mauvaise. Et il en est ainsi comme en géométrie; quand une figure est donnée, il s'ensuit certains rapports qui sont les lois de cette figure. Là est donc l'ordre, le bien en soi, comme le vrai, indépendamment de toute considération d'intérêt ou de bonheur. Le bonheur sera compris dans l'accomplissement de la loi, il en sera la suite ou la conséquence, non la base et le principe. « Le bien engendre le bonheur, non le bonheur le bien. » (Aristote, *Eth. à Nic.*) — Toutes les lois dérivant de cette loi générale de l'être sensible auront le même caractère de nécessité d'universalité que cette loi elle-même.

3° Supposez un *être libre* ou maître de ses actes, capable de choisir et de se déterminer par lui-même; il en résultera un nouveau rapport de l'être moral avec lui-même et avec les autres êtres, comme lui créés libres. Une première loi sera qu'un être libre doit rester libre. La seconde sera de ne pas attenter à la liberté de ses semblables. Il irait contre sa nature en laissant sa liberté se dégrader, se perdre ou s'affaiblir, devenir le jouet du caprice et de la passion; il doit même chercher à la fortifier et à l'augmenter. Il viole cette loi s'il se laisse entraîner, dominer, asservir par ses penchants.

S'il ne maintient pas sa liberté contre toute cause matérielle ou morale qui tend à la lui enlever et à l'opprimer, il est alors dans un état contraire à sa nature. L'ordre moral en lui est violé. De plus, la liberté, quoique bonne en soi, étant un moyen pour une fin plus haute et pour un bien plus positif, la volonté doit faire effort pour réaliser ce bien. Supposons donc une volonté capable de choisir entre le bien et le mal, d'accomplir l'un et de rejeter l'autre, de faire effort dans l'un et l'autre sens, elle le doit. La loi de la volonté sera ainsi déterminée par sa nature même et son rapport avec son objet. Quiconque violera cette loi et intervertira ce rapport fera mal. Toute volonté créée libre sera régie par cette loi, qui ne peut être changée. Imaginez le contraire, qu'une volonté libre soit créée pour trouver sa destinée et sa loi dans le mal, l'avilissement, la dégradation, s'y complaire et choisir le mal pour le mal, vous ne le pouvez; ce serait dans l'ordre intellectuel une absurdité, dans l'ordre religieux une impiété, dans l'ordre moral une monstruosité.

Tout cela, disons-nous, est vrai d'une vérité aussi absolue et aussi évidente que la vérité mathématique.

En continuant de raisonner ainsi, on verrait se dérouler l'ensemble des lois morales avec leur immutabilité. Ces vérités, dans la pratique, sont méconnues; « mais si la géométrie, dit Leibnitz, s'opposait autant à nos passions et à nos intérêts présents que la morale, nous ne la contesterions et ne la violerions guère moins, malgré toutes les démonstrations d'Euclide et d'Archimède. » (*Nouv. Ess.*, I, II.)

Sans donc abuser de l'analogie, nous disons qu'il en est ici comme des côtés d'un carré, d'un triangle, du rapport des rayons du cercle à la circonférence. De ces rapports naissent des lois également nécessaires qui règlent le développement total de l'être pris en lui-même et dans l'ensemble de ses parties. Ainsi, entre la raison, la volonté et la sensibilité, dans l'homme, il existe un rapport qui dérive de la nature de ces facultés. La raison est appelée à diriger les deux autres facultés, à commander à la volonté et à régler la passion. « C'est le fil d'or, comme dit Platon (*Lois*, I), qui doit diriger les autres fils. » La volonté doit lui obéir et lui soumettre la passion; celle-ci doit être modérée et tempérée. L'individu sera bien réglé quand cet ordre sera établi et maintenu en lui. « Le désordre sera dans l'âme quand ce rapport sera interverti. » (V. Platon, *Rép.*, XI.) Tout cela est vrai comme la vérité géométrique. — Aussi nous croyons avoir suffisamment démontré l'universalité, l'immutabilité et l'invariabilité de l'idée qui sert de fondement à la loi morale.

II. AUTORITÉ. — Mais si la loi apparaît la même dans la conscience de tous les hommes, a-t-elle l'autorité qui doit lui soumettre les volontés comme les intelligences ? la vertu de commander lui est-elle inhérente ?

1° *Caractère impératif de la conscience*. — En vain essayerait-on de lui contester ce nouveau caractère; la vérité ici a une voix *impérative*. Le nier, c'est se mettre en opposition avec les faits les plus manifestes, ne tenir aucun compte du témoignage de la conscience; c'est oublier ou déclarer impropres les formes du langage humain qui traduisent la pensée universelle. Toutes les fois qu'il s'agit de la conscience, nous disons qu'elle ordonne et qu'elle défend, qu'elle approuve et condamne, récompense et punit. La loi qu'elle proclame est donc une loi souveraine qui veut être obéie ; elle parle avec autorité. Que l'on explique autrement les locutions les mieux consacrées des moralistes, interprètes les plus fidèles de la conscience humaine : *Lex est ratio summa, insita in natura, quæ jubet ea quæ facienda sunt, prohibet que contraria* (Cic., *De Leg.*, I, 6); *ejus ea vis, ut recte facere jubeat, vetet delinquere*. (*Ibid.*) Que veut dire le *dictamen* de la conscience, si elle n'a que des conseils à donner ? Il faut une étrange préoccupation d'esprit pour méconnaître ce caractère impératif empreint dans toutes les décisions de la conscience humaine. « L'homme qui voit ces vérités, dit Bossuet, par ces vérités, se juge lui-même et se condamne quand il s'en écarte, ou plutôt, ce sont ces vérités qui le jugent. » (*Conn. de Dieu*, ch. IV.) « Tous entendent la voix de la vérité qui *ordonne* de ne point faire ce qu'ils ne voudraient pas qu'on leur fît; et ceux qui n'*obéissent* point à cette voix sentent des reproches intérieurs qui les menacent et les punissent de leur désobéissance, pourvu qu'ils rentrent en eux-mêmes et qu'ils entendent la raison. » (Malebranche, *Entr. mét.*, III, IV.) C'est « ce tribunal intérieur qui siège au-dedans de nous, inflexible comme Rhadamanthe. » (Platon.) *Sacer intra nos spiritus sedet malorum bonorumque nostrorum observator et custos.* (Senec., *Ép.* 41.) Les poètes parlent comme les philosophes. Le paganisme lui-même, fort peu moral en ses dieux, a personnifié ces idées dans des images augustes et terribles. (V. les *Euménides* d'Eschyle.)

2° *Le dictamen de la conscience.* — Il y a plus, « ce qui oblige véritablement et formellement, c'est le *dictamen* de la conscience, le jugement intérieur que l'homme porte sur telle et telle loi, dont l'observation lui paraît juste et conforme aux lumières de la droite raison. » C'est en cela précisément que consiste le fondement de l'obligation; c'est ce qui la rend plus forte que ni l'autorité du dictateur, ni la vue des peines et des récompenses. « La plus grande, la plus forte des obligations, est celle qu'on ne saurait violer sans se condamner soi-même. L'obligation originelle est fondée sur la raison éternelle des choses. » (Clarke, 3ᵉ *Disc.*)

3° *Sa source divine; elle est une révélation intérieure.* — La raison reconnaît ensuite qu'elle-même n'a d'autorité que parce qu'elle participe d'une raison plus haute et d'une volonté avec laquelle elle se confond. Elle comprend que la conscience est la voix de Dieu se faisant entendre dans l'âme humaine ou une révélation intérieure, et cette induction est aussi légitime que naturelle. Quiconque ne remonte pas ainsi plus haut que la conscience, n'a pas l'explication véritable de son caractère impératif et de son autorité. Mais la loi, même abstraite, de la conscience, ne commande pas moins, quoique séparée de son principe. Tout ce qu'on peut dire, c'est que, l'identité de la loi naturelle et de la loi divine une fois clairement aperçue, celle-ci emprunte à cette consécration une autorité nouvelle et une majesté qu'elle n'avait pas. On a raison de dire aussi que si la loi ne subit cette transformation, elle risque de s'obscurcir, de s'affaiblir dans les âmes, qu'elle est moins efficace et moins puissante, moins capable d'engager victorieusement la lutte contre les mauvais penchants, de résister à la passion et à ses entraînements, que l'homme vicieux et corrompu parviendra plus facilement à comprimer sa voix et à étouffer le remords. Mais dire que par elle-même la conscience n'a aucune autorité, c'est afficher le paradoxe le plus hardi et le plus dangereux. Le dogme lui-même est mis en péril; car la morale religieuse emprunte aux vérités éternelles que révèle la conscience humaine le caractère d'obligation et d'inviolabilité dont ses préceptes sont revêtus indépendamment de la considération des châtiments et des récompenses dans une autre vie. C'est par là que la loi divine est sainte; autrement elle n'est plus que l'expression de la volonté d'un être tout-puissant, et l'on rentre dans le système de l'intérêt.

4° *Son caractère absolu.* — En vain dira-t-on que venant de notre raison cette loi manque d'autorité, que l'homme ne peut se commander à lui-même, qu'il n'obéit qu'à un *supérieur*. — C'est méconnaître le caractère de la raison qui est impersonnelle. (V. p. 128.) Cette loi que je trouve en moi, ce n'est pas moi qui l'ai faite; en lui obéissant, ce n'est pas à moi que j'obéis; elle est indépendante de ma personnalité; elle était avant moi et avant que les choses fussent; elle est éternelle et immuable comme l'immuable vérité qu'elle exprime. En conformant ma conduite à ces principes, je ne suis donc pas ma règle à moi-même. « C'est la loi à laquelle sont soumis et les dieux et les hommes, » dit Pindare (1). Malebranche, Bossuet, Fénelon parlent comme le poète ancien. (*Ibid.*)

III. OBLIGATION. — Cette loi ne tire que d'elle-même son autorité. N'y eût-il aucune puissance divine et humaine pour la faire respecter, elle n'en conserverait pas moins son empire sur des êtres raisonnables et libres. Ici est réalisée la véritable idée de l'obligation, d'une puissance qui commande sans contraindre, qui lie les volontés sans forcer les actes. Cette loi laisse à l'homme sa dignité et le mérite de ses œuvres : sa dignité, car en lui obéissant, il se sent pleinement libre; le mérite de ses actions, car le mérite ne peut naître que d'une conduite désintéressée. Enfin, la morale n'a plus seulement des *conseils* à donner; ses maximes prennent un caractère impératif. Ce sont des *préceptes* auxquels correspondent autant de *devoirs* stricts et rigoureux.

IV. CLARTÉ; POSSIBILITÉ. — Dès lors la conduite humaine

(1) ..... κατὰ φύσιν
Νόμος ὁ πάντων βασιλεὺς
θνατῶν τε καὶ ἀθανάτων. (*Fragm.*)

n'est plus livrée aux prévisions incertaines et aux lenteurs d'un calcul difficile de probabilité. La loi est claire et intelligible pour tous : *æquitas enim lucet ipsa per se.* (Cic., *De Off.*, I, 9.) (1) On peut se tromper dans ses applications, mais l'erreur involontaire n'est jamais imputable. — Des obstacles peuvent, doivent même s'opposer à sa réalisation; la vertu consiste à lutter contre eux. Si l'homme succombe dans la lutte, il n'en a pas moins triomphé. La victoire de la volonté est toujours possible. Tous ses efforts n'eussent-ils abouti qu'à remuer un grain de sable, le mérite est aussi grand que si elle avait déplacé des montagnes. La loi morale est donc toujours praticable à tous les instants de la vie, dans toutes les circonstances, parce qu'elle régit plutôt les intentions que les actes. *Bene vivere in omni loco positum est.* (Senec., *Ép.* 28.) — *Omnes bene vivendi rationes in virtute sunt collocandæ propter ea quod sola virtus in sua potestate est. Omnia præter ea subjecta sunt fortunæ dominationi.* (Cic., *Ad Her.*, 4.)

Aussi la vertu est accessible à tous; elle est la vraie noblesse de l'âme. *Omnes ad hoc nobiles sumus.* (Senec., *Ep.* 44.) *Non omnes curia admittit, bona mens omnibus patet.* (*Ibid.*)

ART. III. OBJECTIONS CONTRE LA LOI MORALE.

> Jamais un parricide, un calomniateur,
> N'a dit tranquillement dans le fond de son cœur :
> Qu'il est beau, qu'il est doux d'accabler l'innocence,
> De déchirer le sein qui nous donna naissance !
> Dieu juste, Dieu parfait, que le crime a d'appas !
> (Voltaire.)

1° *Diversité des jugements sur le bien et le mal.* — Diverses objections ont été faites contre l'universalité de la loi morale et l'uniformité de la conscience qui la révèle. On s'est attaché à faire ressortir la *diversité des jugements* que portent les hommes sur le *bien* et le *mal*, comme sur le vrai et le faux, le beau et le laid, etc. La divergence des opinions et des systèmes n'est, dit-on, pas moindre sur le juste et l'injuste que sur les vérités de l'ordre spéculatif; l'opposition éclate partout dans les mœurs, les lois et les coutumes. On s'est plu à re-

---

(1) *Si quid rectissimum sit quærimus, perspicuum est; si quid maxime expedit, obscurum.* (Cic., *Ép. ad. fam.* IV, 2.)

cueillir les faits qui semblent justifier cette opinon, des usages qui blessent la décence, des pratiques révoltantes et bizarres qui choquent toutes nos idées de bienséance et d'honnêteté, des institutions manifestement contraires aux notions les plus simples de justice et de moralité. On a cité le vol permis à Lacédémone, l'inceste autorisé par la loi chez les Perses, l'exposition des enfants dans les républiques grecques, les sacrifices humains dont les traces se retrouvent chez les peuples les plus civilisés de l'antiquité, etc.

2° *Scepticisme moral; réponse.* — Cette objection rentre dans l'argument général du scepticisme tiré de la mobilité des opinions. (V. p. 293.) La réponse est la même. 1° Il est faux que tout soit mobile dans les jugements humains en matière morale. Il y a un fond de vérité commun à tous les hommes. 2° Cette diversité a des causes qu'il est facile d'expliquer et le développement de la conscience tend à les supprimer.

L'idée du bien et du juste est une de ces notions qui font partie essentielle de la raison; elle est gravée dans toutes les consciences; mais elle ne naît pas toute faite. L'éducation et la réflexion sont nécessaires pour la développer. Seulement une fois éveillée et développée dans les intelligences elle y est la même. La conscience révèle alors partout et toujours son identité. C'est, comme le dit Malebranche, « le Verbe éternel qui parle à toutes les nations le même langage. — La vertu a je ne sais quel caractère divin qui ne permet pas même aux scélérats de la méconnaître. » (Platon, *Lois*, X.)

Quant aux applications de la loi morale, il faut distinguer celles qui sont rapprochées du principe de celles qui s'en éloignent. Les premières sont aussi uniformes, aussi invariables que le principe lui-même, avec lequel on les confond presque toujours. « Ainsi, de même que deux et deux font quatre chez tous les peuples, tous entendent la voix de la vérité, qui nous ordonne de ne pas faire aux autres ce que nous ne voudrions pas qu'on nous fît à nous-mêmes. » A ceux qui nient l'université des notions morales, nous demanderons avec Cicéron : *Quæ natio non comitatem, non benignitatem, non gratum animum et beneficii memorem diligit? Quæ superbos, quæ maleficos, quæ crudeles, quæ ingratos non aspernatur, non odit?* Ou nous les renverrons à Rousseau adressant cette apostrophe à Montaigne : « O Montaigne! toi qui te piques de franchise, dis-nous s'il est quelque pays sur la terre où ce soit un crime de garder sa foi, d'être clément, bienfaisant, généreux, où l'homme de bien soit méprisable et le perfide honoré? » Reid fait remarquer avec raison que la diversité des jugements des hommes est moins grande dans les questions relatives à la pratique que dans celles qui touchent à la spéculation. A chaque instant, chacun de nous est appelé à juger sur les actes de sa conduite et sur la conduite de ses semblables, et rarement il se trompe, s'il n'est aveuglé par la passion. En général, nos devoirs nous sont nettement tracés, il n'y a pas d'équivoque possible dans la manière d'entendre les égards que l'on doit à ses parents, l'amitié qui doit unir les membres de la famille, la bienveillance qui est le lien entre tous les hommes. Les préjugés et les passions peuvent *obscurcir* ces idées dans notre esprit, mais non les *effacer*. Dès que le nuage a passé, elles brillent de tout leur éclat. Les problèmes de la morale ne sont point comme ceux de l'algèbre et de la géométrie, l'intelligence la plus simple peut presque toujours les résoudre. Quant aux questions difficiles qui appartiennent à la casuistique, souvent le vulgaire bon sens y voit plus clair que les plus habiles. L'erreur involontaire, d'ailleurs, ne peut constituer qu'un mal physique et non moral.

3° *D'où naît la diversité de ces jugements?* — La conscience humaine, en ce qui touche le principe fondamental de la moralité ou ses conséquences les plus voisines et les plus claires, est donc invariable et uniforme. Mais le principe sort-il de sa généralité pour descendre dans les cas particuliers, dans le détail des mœurs et des affaires humaines; s'agit-il de prononcer sur l'accord d'un fait particulier plus ou moins complexe avec la loi, alors commence la diversité des jugements et des opinions. Un élément empirique se mêlant à la vérité générale lui fait perdre sa pureté et à la conscience son infaillibilité. Alors interviennent les passions, les intérêts, les préjugés, cet innombrable cortége de causes d'erreur, dont nous avons signalé ailleurs les principales. Ici, nous risquons d'autant plus de nous tromper, que nous sommes plus intéressés, et que nous manquons de la première condition de l'impartialité (1). Mais conclure de là qu'il n'y a rien d'absolu en morale, c'est prendre l'engagement, aux yeux de la logique, de nier aussi le caractère absolu de la vérité; d'adopter le scepticisme universel et ses absurdes conséquences. (V. Clarke, *Devoirs immuables de la Relig. naturelle*, ch. III, § 2.)

La conscience, comme toutes les facultés humaines, est susceptible de se développer et de se perfectionner. Il y a une éducation morale de l'individu et du genre humain. A quoi servirait à l'homme de cultiver son esprit, s'il n'apprenait en même temps à mieux régler les mouvements de son cœur et à donner une meilleure direction à sa volonté? A quoi bon tant de belles découvertes par lesquelles il lui est donné d'agrandir au dehors la sphère de ses connaissances et de contempler les merveilles de la nature, si, en ce qui l'intéresse lui-même et touche à sa vraie destination, un cercle infranchissable le retenait attaché aux mêmes erreurs et aux mêmes préjugés? Non, ces vérités participent du progrès de l'humanité et de la raison. Leur empire s'étend tous les jours; elles s'appliquent aux relations de la vie humaine et de la société, à la législation, aux institutions politiques et religieuses. Les principes qui formaient la base de la morale ancienne se retrouvent purifiés, développés dans celle des temps modernes. Entre l'antiquité représentée par Socrate et Platon et la civilisation chrétienne, il n'y a pas eu interruption, substitution, mais progrès. Cette continuité des grandes vérités morales forme une chaîne non interrompue qui lie les générations et les siècles; elle fait de tous les membres de la société humaine et de tous les

---

(1) La plupart des faits et des usages cités s'expliquent par l'ignorance et la barbarie des temps ou par quelque coutume exceptionnelle dont la cause primitive nous est inconnue. Souvent cette opposition roule sur ce qu'on appelle une *collision des devoirs*, analogue aux collisions qui forment le nœud des tragédies antiques! C'est un devoir de famille opposé à un devoir patriotique, ou un devoir de même espèce opposé à un autre devoir de même espèce, comme quand le fils tue son père pour lui épargner les infirmités de la vieillesse. La conscience peut être mal éclairée; mais elle n'est jetée dans l'incertitude ou ne se trompe que parce que le cas est complexe; il y a un nœud qui a besoin d'être délié par une raison éclairée et développée.

peuples une même famille régie par les mêmes lois et vivant sous l'autorité du même législateur.

DIVERS SYSTÈMES SUR L'ORIGINE DE LA LOI MORALE. — Nous nous croyons dispensé de réfuter les systèmes qui ont cherché l'origine de la loi morale dans l'*éducation*, la *coutume*, la *volonté des premiers législateurs* ou dans un *contrat primitif*. Les auteurs de ces systèmes n'ont oublié qu'une chose, c'est de nous expliquer cette origine, de montrer comment cette loi a pu s'établir et s'introduire dans l'esprit de tous les hommes, si elle n'y était pas déjà. — L'*éducation* développe et ne crée pas. — La *coutume* s'établit par un premier fait qui se perpétue; la coutume renverse la coutume. — L'institution des *lois positives* s'appuie sur une loi supérieure qui explique l'autorité du législateur. Si cette loi est la force, elle n'oblige pas et elle est bientôt renversée par la force. (Platon, *Rép.*, I, et *Gorgias*.) — Un *contrat primitif* n'existe que par une loi antérieure à toute convention, celle de le respecter. Une convention tacite ou formelle entre les premiers hommes ne lie leurs successeurs qu'autant qu'elle est juste. Autrement, il suffit d'une nouvelle convention pour la détruire; or, comment se fait-il que la loi morale ait survécu à toutes les révolutions des empires? C'est qu'elle est la base même de toute société, et que sans elle une réunion d'hommes ne peut subsister, pas même, comme dit Platon (*Rép.*), une association de voleurs (1). Socrate distinguait des *lois écrites* les *lois non écrites*, dont les lois écrites ne sont que la traduction plus ou moins fidèle. Ce sont ces lois immuables dont parle l'Antigone de Sophocle, *toujours immortelles et dont on ne connaît pas l'origine*. « Dire qu'il n'y a rien de juste ou d'injuste que ce qu'ordonnent ou défendent les lois positives, c'est dire qu'avant qu'on eût tracé le cercle, tous les rayons n'étaient pas égaux. Il faut donc avouer des rapports d'équité antérieurs à la loi positive qui les établit. » (Montesquieu, *Espr. des Lois*, liv. I, ch. I.) — « Il n'y a pas de droit contre le droit. Il est de certaines lois fondamentales contre lesquelles ce qui se fait est nul de soi. » (Bossuet.) — « Avant qu'il y eût des législations, il y avait

---

(1) Quin etiam leges latronum esse dicuntur, quibus pareant, quos observent. (*De Off.*, II, 11.)

une loi d'humanité qui nous unissait tous. » (Le P. André, *Essai sur le beau*, 1ᵉʳ disc., p. 27.) — « Les idées de la justice et de la tempérance ne sont pas de notre invention, non plus que celles du cercle et du carré. » (Leibnitz, *Nouv. Essais*, liv. IV, chap. IV, § 5.)

Lex est ratio summa, insita in natura, quæ jubet ea quæ facienda sunt, prohibetque contraria;... quæ sæculis omnibus ante nata est quam scripta lex ulla, aut quam omnino civitas constituta. (Cic., *De Leg.*, I, 6.) — « Les lois éternelles de la nature et de l'ordre existent. Elles tiennent lieu de loi positive au sage. Elles sont écrites au fond de son cœur par la conscience et par la raison. » (Rousseau, *Émile*, IV.)

ART. IV. CONSCIENCE MORALE.

Sacer intra nos spiritus sedet, bonorum malorumque nostrorum observator et custos. (Senec., *Ep.* 41.)
Nullum theatrum virtuti conscientia majus est. (Cic., *Tusc.*, II, 26.)

« Il est au fond des âmes, dit Rousseau, un principe inné de justice et de vertu, sur lequel, malgré nos propres maximes, nous jugeons nos propres actions et celles d'autrui, comme bonnes ou mauvaises, et c'est à ce principe que je donne le nom de conscience. » (*Émile*, IV.)

Cette faculté a été décrite en même temps que la loi qu'elle nous révèle et les idées qui s'y rattachent. Nous n'avons donc, pour faire son analyse, qu'à recueillir en peu de mots les observations éparses dans ce qui précède.

1° *Sa nature*. — La faculté par laquelle l'homme conçoit le bien, distingue le bien du mal, juge ses propres actes et ceux de ses semblables est identique à la *raison* dont elle est une des formes les plus hautes. (V. p. 131.) — Mais elle diffère du *sens intime* qui s'appelle aussi conscience. Celle-ci, faculté empirique, n'est que le témoin de ce qui se passe en nous ; tandis qu'elle, la raison morale, est un législateur et un juge, et elle a en elle-même sa sanction. Ce tribunal permanent et sans appel, qui siège en nous et y rend ses arrêts, *sacer intra nos spiritus sedet*, récompense et punit comme il approuve et condamne. La loi a sa sanction première et immédiate dans son observation même et sa violation. Le *remords* qui suit l'action mauvaise en est le premier châtiment ; l'action vertueuse a sa récompense dans la *satisfaction morale*, jouissance pure en qui réside la paix intérieure, le premier des biens de l'âme, s'il ne suffit à la rendre heureuse.

2° *Faits compris dans la conscience.* — Il importe, en effet, à distinguer les faits qu'elle renferme. Les uns relèvent de la *raison*. Ce sont les *idées* et les *jugements*, et ils gardent le premier rang. Les autres sont des *sentiments*, et ils appartiennent à la *sensibilité*. Ceux-ci, comme la jouissance morale ou le remords, l'amour du bien, l'estime ou le mépris, l'admiration, la honte, l'indignation, accompagnent ou suivent les actes de l'esprit ; mais ce sont des mouvements de l'âme émue ou affectée à la vue des objets qui lui sont offerts. Ils ont une grande valeur sans doute, mais ils ne s'expliquent que par les premiers et ils ne seraient rien sans eux ; on aurait tort d'y chercher la règle des actions. (V. p. 519.)

La dénomination de *sentiment*, ou même de *sens moral*, donnée à la conscience, ne peut donc être prise à la lettre ; celle de *raison pratique*, adoptée par Kant, lui convient beaucoup mieux. Mais il ne faut pas trop l'isoler de la raison théorique, comme l'a fait ce philosophe. (V. p. 131.)

3° *Ses fonctions ou formes diverses.* — On distingue en elle une double fonction : elle *conçoit* la loi et l'*applique*. Dans le premier cas, on peut la dire infaillible ; dans le second, elle est sujette à se tromper. C'est surtout quand le cas est complexe. (V. p. 543.) Elle a aussi ses formes et ses degrés. La *spontanéité* et la *réflexion* sont les deux formes principales, dont il a été aussi parlé (p. 521). Spontanée, elle est le sentiment moral (*ibid.*); et ici à l'idée et au jugement se mêlent les actes de la sensibilité (sympathie, amour, etc.), qu'il faut savoir distinguer. La faculté conserve toujours son essence qui est d'être la raison. Elle a aussi ses degrés ; l'éducation est nécessaire pour la développer. (V. p. 445.) Elle peut se pervertir comme se perfectionner. (V. *Causes d'erreurs*, *Sophismes*.)

Nous ne reviendrons pas sur ce qui a été dit de son *universalité*, de son *autorité*, etc. ; de son *éducation*, etc. (1).

---

(1) Sur les degrés par lesquels l'homme s'élève à la moralité, lisez Jouffroy, *Cours de Droit naturel*, 2ᵉ leçon.

4° *Excellence de cette faculté.* — Tous les vrais moralistes ont parlé de la conscience avec autant de vérité que d'éloquence. Nous renvoyons à leurs écrits, en citant quelques-unes de leurs paroles. — Dans le passage suivant de Fénelon est exprimée avec une grande force l'invariabilité de ses jugements contre les assertions du scepticisme moral. « On ne parvient point à estimer ce qu'on voudrait pouvoir estimer, ni à mépriser ce qu'on voudrait pouvoir mépriser. On ne peut forcer cette barrière éternelle de la vérité et de la justice. » (*Exist. de Dieu*, IIe part., ch. II.)

Le langage des auteurs anciens n'est ni moins énergique ni moins élevé, quand ils parlent de cette haute faculté qui est en nous la voix divine. « Maxime æstimare debemus conscientiam mentis nostræ quam a diis immortalibus accepimus, quæ a nobis divelli non potest : quæ si optimorum consiliorum atque factorum testis in omni vita erit, sine ullo metu et summa cum honestate vivemus. » (Cic., *Pro Clueni.*, 58.) — « Magna vis est conscientiæ et magna in utramque partem, ut neque timeant qui nihil commiserint et pœnam semper ante oculos versari putent qui peccarint. » (Id., *Pro Milone*, 23.) — « Mea conscientia pluris est quam omnium sermo. » (Id., *Ep. ad Att.*, XII, 28.) — « Meminerint Deum se adhibere testem, id est, ut arbitror, mentem suam... » (Id., *Pro Clueni.*, 58.)

CONSULTEZ : Xénophon, *Mém. Socr.*, IV, 4. — Platon, *Gorgias*, LXII; *Rép.*, II, III. — Aristote, *Eth. à Nic.*, I, VI, VIII. — Cicéron, *De Leg.*, I; *De Rép.*, III, 17; *De Offic.*, I, 4. — Sénèque, *Ep.* 31, 14, 98, 124. — Bossuet, *Conn. de Dieu*, IV, 5. — Montaigne, II, 5. — Fénelon, *Exist. de Dieu*, Ire part., ch. II. — Malebranche, *Rech. de la vér.*, Préf.; *Entr. mét.*, 3. — Clarke, *Disc.*, III. — Leibnitz, *Nouv. Ess.*, I, 2. — Reid, t. VI, *Essai* III, ch. VIII. — Rousseau, *Émile*, IV. — P. André, édit. Cousin, p. 289. — Kant, *Pr. mét. de la morale*, Ire part., p. 179. — Cousin, *Du Vrai, du Beau et du Bien*. — Jouffroy, *Cours de Droit naturel* (lire surtout les *Leçons* 2, 28 et 29.)

CHAPITRE III

DU BONHEUR

ACCORD DU BIEN ET DU BONHEUR; SANCTION DE LA LOI MORALE.

> Le bien parfait comprend aussi le bonheur; car celui qui a besoin et mérite d'être heureux, et qui ne l'est pas, présente une désharmonie choquante qui ne peut s'accorder avec la volonté d'un être raisonnable.
> (KANT, *Critique de la Raison pratique*.)

§ I. Du bonheur et de son accord avec le bien.

I. CARACTÈRE DÉSINTÉRESSÉ DU BIEN. — Toute créature sensible aspire au bonheur. Le bonheur, cependant, ne peut être proposé à l'homme comme le but immédiat, la règle et le motif premier de ses actes. Car, outre que ce motif ne renferme pas l'idée d'obligation, le but serait placé hors de sa portée*. Faire le bien pour le bien, remplir son devoir par devoir, voilà la vertu véritable (1). Quiconque ne voit dans la vertu qu'un moyen d'arriver au bonheur et ne l'aime pas, ne la pratique pas pour elle-même, n'est pas vraiment vertueux. La morale donc, qui, sous prétexte de se mettre mieux à la portée du grand nombre, fait sans cesse appel à la partie intéressée de l'âme et ne sait faire l'éloge de la vertu qu'en énumérant les biens qu'elle procure, est inférieure sinon fausse. La vertu dédaigne les hommages serviles; elle veut un culte désintéressé : *Justitia nil expetit pretii, per se igitur expetitur.* (Cic., *De Leg.*) Nous avons donc dû la dépouiller de tous ses accessoires, et en écarter momenta-

---

* *Remarque.* — C'est le défaut de la morale d'Aristote (*Éth à Nic.* I), qui fait du bonheur la fin des actions humaines. Quoiqu'il place le vrai bonheur dans la vertu, il n'échappe ni aux objections que soulève son principe, ni aux contradictions où il est entraîné pour le justifier. La doctrine de Platon, sous ce rapport, est bien supérieure. Son principe est l'idée du bien : « tout, dit-il, même l'agréable, doit être fait en vue du bien. (V. *Gorgias*, LXVII, et *Rép.*, II.)

(1) *Oderunt peccare boni virtutis amore.* (Hor., *Ep.* I, 16.) — La plus grande perfection morale est de remplir son devoir par devoir. (Kant, *Mét. des mœurs*, Intr.)

nément l'idée du bonheur, afin qu'on ne pût la confondre avec elle. (V. Platon, *Rép.*, II.) Mais, maintenant, nous devons lui restituer ce qui lui appartient, et ce qu'aucune puissance humaine ou divine ne peut lui refuser; réunir les deux termes, la cause et son effet, le principe et la conséquence. (Id., *Rép.*, X.)

II. IDÉE DU BONHEUR. — Le bonheur, c'est le bien senti, le *bien sensible*. Il réside dans la jouissance calme et durable qui suit la nature satisfaite. Le malheur est son contraire; c'est la souffrance continue que la nature ressent lorsqu'elle est contrariée, violentée, ou comprimée dans une ou plusieurs de ses tendances. Le *plaisir* et la *douleur* s'expliquent de même (V. p. 67), mais ils ont un caractère plus extérieur, mobile et passager, surtout le plaisir corporel qui vient de l'union de l'âme avec le corps. Aussi l'ensemble des plaisirs ne peut constituer le bonheur. Sans entrer ici dans une analyse et une discussion qui se trouvent chez tous les moralistes (V. Platon, *Philèbe;* Aristote, *Eth. à Nic.*, I et X), remarquons que dans la vie présente l'accord entre les jouissances est impossible; leur mélange avec les peines est inévitable; tout bonheur est imparfait; aucune félicité n'est durable. Mais si cela suffit pour que ce but soit écarté au moins comme règle et motif premier de la conduite humaine, le désir du bonheur comme fin absolue de l'être sensible n'en persiste pas moins; son accord avec le bien est l'idéal véritable, l'ordre même dans le monde moral.

III. ACCORD DU BIEN ET DU BONHEUR. — Entre le *bien* et le *bonheur*, l'*honnête* et l'*utile*, il existe, en effet, une harmonie nécessaire. En soi, le bonheur doit être la suite naturelle du bien; cela est vrai, non-seulement de natures plus parfaites, mais encore de l'homme lui-même. Qu'un être raisonnable se conforme à sa loi, c'est-à-dire à la raison, il doit se sentir heureux déjà de cet accord. C'est ce qu'ont bien vu les stoïciens, quand ils disaient que le sage seul est heureux, que la vertu et le bonheur sont inséparables (1). Cet accord existe déjà dans la vie présente; le bonheur est attaché à la pratique de toutes les vertus, et hors de la vertu

---

(1) In virtute posita est vera felicitas. (Senec., *De Vitâ beatâ*, 16.) — Sola virtus præstat gaudium perpetuum et securum. (*Ibid. et passim.*)

il n'y a que des plaisirs passagers et trompeurs. Épicure lui-même l'a reconnu (1), puisqu'il recommande au sage la vertu comme la source des jouissances calmes et du véritable bonheur.

Mais cet accord est-il parfait? Est-il vrai, comme l'ont soutenu les stoïciens, que « la vertu suffise au bonheur (2)? » Il est inutile de montrer combien cette thèse est fausse. Il est clair d'ailleurs qu'il n'en pouvait être ainsi dans la destinée présente. L'accord parfait, celui que la justice réclame, ne pouvait exister sans que la loi morale disparût, ou perdît son caractère. Si le bonheur accompagnait la vertu, celle-ci s'évanouirait; l'acte deviendrait intéressé. De plus, l'homme n'aurait pas la liberté du choix, il choisirait toujours le bien et il n'y aurait pour lui aucun mérite. Il fallait donc que l'accomplissement de la loi morale, au lieu d'être naturel et facile, fût entouré d'obstacles, exigeât de continuels efforts, et qu'il imposât de pénibles sacrifices. C'est l'idée même de la vertu.

IV. Nécessité d'une sanction de la loi morale. — De là aussi la nécessité d'une sanction de la loi morale. Cette loi, s'adressant à des êtres raisonnables et libres, a déjà sa sanction dans l'autorité souveraine dont elle est investie et dans l'inviolabilité qui la caractérise. Par là elle s'impose à l'homme et commande à sa volonté. D'autre part, l'homme éprouve en lui-même une secrète sympathie pour la loi que sa raison et sa conscience lui font envisager comme juste. L'amour du bien et de l'ordre est un de ces instincts nobles et primitifs de notre nature, comme l'idée en est innée dans nos âmes. Mais cet appui que la loi trouve en nous est loin d'être une garantie suffisante. A côté de ces sentiments élevés, « auxiliaires naturels de la loi et amis de l'ordre » (Platon, *Rép.*, X), sont des penchants déréglés, des passions aveugles et rebelles contre lesquelles la volonté est appelée à

---

(1) Negat quemquam jucunde posse vivere, nisi idem honeste. (Cic., *Tusc.*, v, 9.)

(2) Virtus ad beatam vitam satis est. (Senec., *Ep.* 92; Cf. *Ep.* 31, 92; *De Vitâ beatâ*, 16.) — Cicéron, qui soutient la même thèse dans la 5ᵉ Tusculane, avoue lui-même la faiblesse des arguments du stoïcisme qui ne sauraient convaincre un esprit sensé. Il les compare à ces petits vins qui ne portent point l'eau; s'ils ont quelque agrément quand on les goûte, ils le perdent quand on les avale. (Ch. v.)

lutter, que la raison doit contenir et soumettre. Or, pour cela, le courage est nécessaire, un courage que rien ne rebute et qui ne faiblisse jamais. Mais l'effort, surtout l'effort prolongé, nous coûte et nous répugne. La loi morale environnée d'obstacles souvent impose à l'homme de durs sacrifices. Il est donc nécessaire qu'à l'obéissance volontaire à la loi s'ajoute un intérêt puissant, un espoir fondé de bonheur, qui soutienne l'homme dans cette lutte périlleuse où son âme peut faillir. De même, s'il était tenté de violer la loi, il est bon qu'il soit retenu par la crainte du châtiment, d'un malheur inévitable et mérité. Sans cette double garantie, la loi risque de n'être pas ou de n'être que rarement accomplie, et dans les cas faciles.

Or, la base de cette sanction, c'est l'idée du mérite et du démérite.

§ II. Du mérite et du démérite.

I. Idée du mérite. — L'idée du mérite est celle du rapport que conçoit la raison entre la *vertu* et le *bonheur*.

Le mérite, c'est le droit que la vertu acquiert au bonheur par la souffrance ou par l'effort nécessaire pour faire le bien et résister au mal. Dès que l'homme, pour accomplir la loi, a su résister à une tentation, immoler un de ses penchants, qu'il a lutté contre un obstacle et est sorti victorieux de la lutte, il nous paraît *digne* d'une part de bonheur proportionnée à l'effort qu'il a fait et aux sacrifices qu'il s'est imposés. Ici le bonheur n'est plus seulement la suite naturelle du bien ; c'est un *droit* acquis à la personne morale ; une *récompense* qui lui est due. Ce droit est imprescriptible et inaliénable ; il subsiste devant Dieu comme devant les hommes ; c'est une loi de l'éternelle justice.

II. Idée du démérite. — Telle est l'idée du *mérite*, qui contient la solution la plus haute du problème de la destinée humaine. Celle du *démérite* s'explique de la même façon et offre les mêmes caractères. Elle est l'expression du rapport nécessaire entre le *mal moral*, l'infraction volontaire à la loi et le *malheur*, qui n'est plus simplement la conséquence naturelle du mal, mais son *expiation* par la douleur ou le châtiment, la *punition* que doit subir le coupable. Une loi qui devait rester inviolable a été violée par un être libre, elle exige une réparation. Entre la faute et le châtiment s'établit un lien nécessaire, absolu. La conscience humaine est si fortement empreinte de cette idée qu'on la trouve exprimée par les poètes, représentée par les images et sous les formes les plus terribles dans les croyances et les traditions de tous les peuples (1).

III. NATURE ET EFFICACITÉ DE LA PEINE. — Mais une idée plus élevée encore de la nature de la peine et de son efficacité est celle que l'on doit se faire de *l'expiation*. Sans doute le coupable doit subir un châtiment proportionné à la faute, et cette peine est méritée ; mais s'il subit la punition volontairement, s'il l'accepte avec repentir, et comme moyen de retour au bien, par là même la faute et le crime sont effacés; il rentre en grâce avec la loi ; il se trouve réintégré dans l'ordre dont il s'est écarté (2) ; la peine pour lui n'est plus un malheur, mais un bien. L'âme est ainsi *purifiée* ; elle est *guérie* de son mal. C'est ce qui fait dire à Platon, qui, le premier, a développé philosophiquement cette théorie (*Gorgias*, XXVII), que, pour le coupable, un premier malheur c'est d'avoir violé la loi, et un plus grand d'avoir échappé au châtiment. Cette idée de *l'expiation* se rencontre dans la religion de tous les peuples. Elle est, dans le christianisme, le nœud de l'histoire du monde. C'est aussi un des principaux thèmes de la haute poésie, et, en particulier, du drame ancien, de la tragédie grecque, éminemment morale et religieuse (3).

ART. I. DE LA SANCTION DES LOIS MORALES.

I. SA NATURE. — On appelle sanction des lois les *peines* et les *récompenses* attachées à leur observation ou à leur violation, et destinées à en garantir l'exécution.

II. SON VRAI CARACTÈRE. — La loi s'adresse à la raison et à

---

(1) « La peine est dans l'ordre, parce qu'elle ramène à l'ordre ceux qui s'en étaient dévoyés. » (Bossuet, 1ᵉʳ *Serm. pour le 2ᵉ Dim. de l'Av.*) — Ainsi la peine suit toujours la transgression ; en cela vous reconnaissez l'ordre divin. (Xénoph., *Mém. Socr.*, IV.)

(2) Voy. les *Euménides* d'Eschyle et l'*Œdipe à Colone* de Sophocle.

(3) Il n'y a personne ni parmi les dieux ni parmi les hommes qui osât soutenir que celui qui a fait une injustice ne doit pas être puni. (Platon, *Euthyphron*.)

la volonté, la sanction à la sensibilité. D'où il suit qu'en aucune façon la sanction ne peut être donnée pour le principe même de la loi. Autrement, celle-ci perdrait son véritable caractère : celui d'être l'expression de la justice. La crainte et l'espérance seraient les seuls mobiles de notre conduite, l'unique garantie de l'obéissance à la loi ; ce qui détruirait la notion même d'obligation, rabaisserait l'homme, et lui enlèverait, avec sa dignité d'être libre, le mérite de ses actes. Ce système n'atteint pas même le but qu'il se propose. Car la meilleure garantie d'obéissance à la loi est le respect qu'elle inspire comme essentiellement juste. Toute autre est faible et précaire. La loi qui ne s'appuie que sur la force et sur l'intimidation ne fait qu'éveiller, dans les âmes énergiques, le désir de la résistance, ou, chez les faibles, celui de l'éluder et de lui échapper par l'adresse et la ruse. (V. Platon, *Rép.*, II, *Lois*, V.)

Sans doute les lois humaines sont obligées d'employer le ressort de l'intimidation, car elles sont préventives ; elles sont instituées afin de pourvoir au maintien de l'ordre et au salut de la société. Mais l'intérêt même de la société n'est pas le premier principe de la justice pénale. Si le coupable n'avait pas enfreint une loi juste, jamais le salut de l'État ne pourrait autoriser le châtiment. Celui-ci perdrait même son sens. Il n'y aurait plus un coupable justement puni, mais une victime de la loi, dont le sort exciterait inévitablement la pitié et ferait prendre en haine la loi elle-même. La loi est donc, avant tout, l'expression de la justice. Aussi l'éducation morale des citoyens consiste surtout à savoir leur inspirer le respect des lois comme conformes à la justice (V. Platon, *Rép.*, II, *Lois*, II) et à faire envisager les peines portées contre leur infraction volontaire comme de justes expiations du crime ou du délit. La justice pénale doit aussi ne pas oublier que son but n'est pas seulement de prévenir le retour de la faute, mais de pourvoir à la réhabilitation et à l'amélioration du coupable. *Hæc tria lex secuta est.... aut, ut eum quem punit emendet; aut ut pœna ejus cæteros meliores reddat; aut ut, sublatis malis, securiores cæteri vivant.* (Senec., *De Clem.*, I, 22.)

§ I. Des diverses sanctions de la loi morale.

La loi morale a plusieurs sanctions. Les unes sont intérieures et enfermées dans la conscience; elles résident dans les actes mêmes, leurs suites ou leurs effets par rapport à l'âme. Les autres, extérieures, dépendent, soit de l'opinion de nos semblables, soit des effets de notre conduite pour le bonheur et le malheur dans la vie réelle, soit des institutions ou des lois humaines. La sanction religieuse, en s'y ajoutant, les complète et les corrige.

1° *Sanction de la conscience.* — « L'injustice est le plus grand mal de l'âme, la justice son plus grand bien. » (Platon, *Rép.*, II, *Gorgias*.) « Loger en soi le désordre, habiter avec une malade, c'est être malheureux. Une âme saine, au contraire, et bien ordonnée, par cela même qu'elle est saine et bien réglée, est heureuse. » (*Ibid.*) — La vertu et le vice portent donc déjà en eux-mêmes leur récompense et leur châtiment. « Quand l'âme tout entière marche à la suite de la raison et qu'il ne s'élève en elle aucune sédition, outre que chacune de ses parties reste dans les bornes du devoir et de la justice, elle a encore la jouissance des plaisirs les plus purs qu'elle puisse goûter. » (Id., *Rép.*, IX.) Le bonheur réside dans la vertu même et le malheur dans le vice. « In virtute posita est vera felicitas... Ipsa est pretium sui. » (Senec., *De Vit. beat.*, 16 et 9.) (1)

Le premier châtiment du vice est dans le vice même. « Prima et maxima peccantium est pœna, peccasse,... quoniam sceleris in scelere supplicium est. » (Senec., *Ep.* 97.) « Les intempérants ne sont-ils pas enchaînés à la plus cruelle servitude? La tempérance produit les effets contraires. Aussi est-elle pour les hommes le plus grand des biens, elle est même la vraie source de la pure volupté. Seule, elle peut nous faire connaître les vrais plaisirs. Voilà les fruits que nous offre la tempérance et qui sont refusés à la débauche. » (Xénophon, *Mém. Soc.*, IV, v. Cf. II, 1, Allég. de Prodicus.)

---

(1) Virtutum omnium pretium in ipsis est. Recte facti fecisse merces est. Non est quod speres quod sit justæ rei præmium majus quam justum esse. (Senec., *Ep.* 113.)

L'estime de soi, l'élévation à ses propres yeux, surtout la paix intérieure de l'âme, la joie et le calme d'une bonne conscience, ne sont-ce pas là, sinon tout le bonheur, les premiers et les vrais biens ? Tous les moralistes les ont à bon droit célébrés. « Quid est beata vita? securitas et perpetua tranquillitas. Hanc dabit constantia bene judicati tenax. » (Senec., *Ep.* 92.) — « Sola virtus præstat gaudium perpetuum. » (Id., *Ep.* 27.)

Le plus grand des maux n'est-il pas aussi dans l'abaissement et la dégradation morale, la laideur du vice? (V. Platon, *ibid.*, *loc. cit.*) Quant au *remords*, dans ce châtiment qu'inflige la conscience, les poètes et les philosophes ont vu le plus grand des supplices. Prima est hæc ultio :

> .... *Surdo verbere cædit,*
> *Occultum quatiente animo tortore flagellum,*
> *Nocte dieque suum gestare in pectore testem.*
> (Juv., XIII.)

« Hæ sunt impiis assiduæ domesticæque furiæ, quæ dies noctesque parentum pœnas a consceleratis filiis repetunt. » (Cic., *Pro S. Rosc.*, 24.) « Tuta scelera esse possunt, secura non possunt. » (Senec., *Ep.* 97.) « Consentiamus mala facinora conscientia flagellari. » (*Ibid.*) — « Ideo nunquam fides latendi fit etiam latentibus : quia coarguit illos conscientia et ipsos sibi ostendit. Proprium autem est nocentium trepidare. » (*Ibid.*) « Multos fortuna liberat pœna, metu neminem. » (*Ibid.*)

2° *Sanction de l'opinion; estime et mépris.* — Cette sanction, quand elle s'accorde avec la première et que l'opinion vraie de nos semblables traduit le jugement intérieur de la conscience, n'est pas moins réelle et légitime. La mépriser ici serait orgueil et signe de perversité. « Negligere quid de se quisque sentiat, non solum arrogantis est, sed etiam omnino dissoluti. » (Cic., *De Off.*, I.) (1) L'homme y trouve, quand elle est méritée, une douce récompense du bien qu'il a fait, quoiqu'il doive savoir s'en passer. Un juste mépris est aussi

---

(1) Nous avons une si grande estime de l'âme de l'homme que nous ne pouvons souffrir d'en être méprisés et de n'être pas dans l'estime d'une âme, et toute la félicité humaine consiste dans cette estime. Si d'un côté cette fausse gloire que les hommes cherchent est une grande marque de leur misère et de leur bassesse, c'en est aussi une de leur excellence. (Pascal, *Pensées.* Cf. Cic., *De Offic.*, II, IV.)

un châtiment que le moins sociable des hommes ou le plus pervers subit avec peine.

3° *Sanction naturelle des actes.* — Une sanction plus directe est dans les conséquences mêmes de nos actes. Les effets en sont tels qu'à tout prendre, il vaut mieux être honnête que de ne l'être pas et surtout qu'être vicieux ou criminel. Ainsi doit raisonner, au cas où nous devons agir par calcul, la sagesse humaine la plus intéressée. On ne peut nier, en tout cas, cette influence sur le bonheur et le malheur dans la vie des hommes. Ainsi, quoique les effets du vice et du crime soient loin d'être toujours visibles, ils n'en sont pas moins réels. Le vice nous cache sa suite toujours honteuse, souvent hideuse, quelquefois effrayante. La vertu a aussi ses avantages, même extérieurs, qu'elle produit à la longue et qui sont les plus assurés. Chaque vertu amène à sa suite un ordre particulier de biens qui lui sont propres et qui sont son ouvrage : la sagesse fait réussir dans les entreprises; le courage qui brave le danger nous y fait échapper; il en est de même de la sobriété et de la tempérance, de la probité et de l'équité, de la justice, etc. On peut énumérer leurs avantages, montrer qu'ils sont plus sûrs et plus durables que ceux qu'on obtient par d'autres moyens que condamne la morale (1). Mais il ne faut pas trop insister sur une pareille sanction dont l'exactitude, à bon droit contestée, reçoit chaque jour d'éclatants et si fréquents démentis, et qui, mal comprise, rend la morale intéressée. Mieux vaut la thèse stoïcienne.

4° *Sanction des lois positives.* — Telle est la force de la passion, la faiblesse et l'ignorance des hommes que ces sanctions seraient insuffisantes pour maintenir les sociétés et y faire régner le droit. De là la nécessité des lois positives, et d'une sanction positive donnée à ces lois. Plus pénales que rémunératrices, elles n'atteignent que les actes extérieurs qui intéressent l'ordre social. Mais conformes à la justice, elles sont nécessaires à l'ordre moral lui-même; les peines qu'elles portent sont un frein nécessaire à la malice et aux passions

---

(1) C'est ce que fait Cicéron, dont tout le second livre du *De Officiis* est consacré à cette thèse. La morale de Socrate dans Xénophon ne va guère au delà. Une foule de moralistes l'ont développée; Platon, aux 2ᵉ et 3ᵉ livres de sa *Rép.*, fait justice de l'opinion vulgaire qui la préconise.

des hommes; elles effrayent les méchants et les détournent du crime. « Legibus et præmia proposita sunt virtutibus et supplicia vitiis. » (Cic., *De Orat.*, I, 58.) Rarement le crime leur échappe :

> *Raro antecedentem scelestum*
> *Deseruit pede pœna claudo.* (Hor.)

« Plerumque improborum facta primo suspicio insequitur, deinde sermo atque fama, tum accusator, tum judex. » (Cic., *De Finib.*, I, 16.)

5° *Sanction religieuse.* — Mais toutes ces sanctions appellent comme complément une sanction dernière et plus parfaite, comme il sera démontré ailleurs. (V. *Immortalité de l'âme.*) En attendant, nous ne pouvons mieux terminer ici que par ces paroles du plus grand moraliste de l'antiquité : « Lorsqu'une âme a fait des progrès marqués, soit dans le mal, soit dans le bien, par une volonté ferme et une conduite soutenue, si c'est dans le bien, et qu'elle se soit attachée à la divine vertu jusqu'à devenir en quelque sorte divine comme elle, alors elle reçoit de grandes distinctions, et du lieu qu'elle occupait elle passe dans une autre demeure toute sainte et plus heureuse. Si elle a vécu dans le vice, elle va habiter une demeure conforme à son état. Ni toi, ni qui que ce soit ne pourra se vanter de s'être soustrait à cet ordre établi par les dieux. Tu ne lui échapperas pas quand ta petitesse te rabaisserait jusqu'au centre de la terre, ni quand tu serais assez grand pour t'élever jusqu'au ciel. Mais tu porteras la peine due à tes forfaits, soit sur cette terre, soit aux enfers. » (Platon, *Lois*, X.) — « Tu ne savais pas quel tribut les méchants doivent payer un jour à l'ordre éternel. » (*Ibid.*)

ART. II. RÉSUMÉ DE LA MORALE GÉNÉRALE : ACCORD DE L'HONNÊTE ET DE L'UTILE; DESTINÉE ACTUELLE.

La morale antique pose comme un axiome l'identité des deux principes : *l'honnête et l'utile, le devoir et l'intérêt.* (V. Cic., *De Off.*, II et III.) Bien que distincts comme motifs, ils ne peuvent être opposés dans la nature des choses. Mais à quelles conditions cet accord peut-il exister? C'est ce qu'il s'agit d'examiner en résumant toute cette partie de la morale qui traite des principes.

1° La première condition c'est que l'honnête soit la règle et la mesure de l'utile, non l'utile la règle et la mesure de l'honnête. *Honestate igitur dirigenda utilitas est.* (Cic., *De Off.*, III.) La formule est celle-ci : Ce qui est honnête est toujours utile; ce qui est déshonnête ne peut jamais être utile (1). Aristote l'avait dit lui-même : « La vertu est la vraie mesure de chaque chose. » (*Eth. à Nic.*, X, 6.)

Considère-t-on l'utile comme base de l'honnête, non-seulement il n'offre rien de fixe, mais la vertu réduite à n'être qu'un calcul s'évanouit. Si, au contraire, l'on fait de l'honnête la règle de l'utile : 1° celui-ci acquiert la certitude et la fixité qu'il n'avait pas; 2° l'opposition disparaît entre les deux principes, ou elle ne peut être qu'*apparente*. (V. *De Offic.*, III.) L'homme qui agit en vue du bien sait qu'il est impossible qu'un être qui se conforme à sa nature et à l'ordre soit malheureux, et qu'en définitive le bonheur sera la conséquence nécessaire de sa conduite. Il sait aussi qu'il est impossible que le bonheur, un bonheur vrai et durable, accompagne ou suive une conduite désordonnée, perverse ou criminelle. (Platon, *Rép.*, X.) Et ce n'est pas par un raisonnement compliqué ou par un calcul que sa conviction se forme; c'est par un jugement *à priori* de sa raison. Aussi rien ne peut ébranler cette croyance qui repose sur un des plus fermes principes de la vérité. Il resterait convaincu, lors même que l'expérience de chaque jour donnerait à cet accord un perpétuel démenti. (Id., *Rép.*, II.)

Donc, quand la vertu paraîtrait dépouillée de tous ses avantages et condamnée aux plus cruelles épreuves, il soutiendrait qu'il vaut mieux la pratiquer que de faire le mal, et subir l'injustice que la commettre. Voit-il le méchant réussir dans ses entreprises et recueillir les hommages destinés à la vertu, il déclare cette prospérité fausse. Loin d'envier son sort, il trouve qu'il vaudrait mieux pour lui être malheureux; qu'un premier malheur est de faire le mal, un second d'être heureux dans le mal, et que le résultat

---

(1) Quod autem bonum, id certe utile; ita quidquid honestum, id utile. (Cic., *De Off.*, III, c. 37.)

final n'en peut être que funeste, parce qu'il est dans la nature de l'éternelle justice que le malheur atteigne le coupable et que le crime soit expié. (Platon, *Gorgias*, et *Rép.*, II; Cicéron, *De Off.*, III.)

2° Une seconde condition de cet accord du bien et du bonheur, c'est qu'il ne soit pas conçu comme *immédiat*. En effet, si la conséquence suivait toujours immédiatement le principe, quel mérite y aurait-il à faire le bien? De même, la loi ne risquerait jamais d'être violée si le châtiment atteignait sur-le-champ le coupable. L'homme perdrait à la fois le mérite et la liberté de ses actes. Il fallait donc que les deux termes fussent au moins momentanément séparés, afin que l'acte fût méritoire et que l'homme conservât sa liberté. Que l'accomplissement de la loi rencontre ici-bas des obstacles, qu'elle exige de durs et pénibles sacrifices, il doit en être ainsi, c'est la condition même de la vertu. Ainsi, par ce côté, l'apparente contradiction entre le bien et le bonheur n'en est pas une, elle rentre dans l'ordre. Le bonheur et le malheur sont-ils répartis en sens inverse, l'esprit lève la contradiction et se réfugie dans une région où le temps n'est rien et où le trouble et l'impatience ne peuvent l'atteindre. Appuyé sur ce principe de la justice et du mérite, il affirme que l'homme de bien qui souffre en cette vie pour la loi se rend *digne* du bonheur et se crée des *droits* à la félicité vis-à-vis d'une justice supérieure qui ne peut lui refuser ce qui lui est dû; il conçoit une autre destinée, suite naturelle et nécessaire de la destinée présente, et croit à un autre monde où l'ordre sera rétabli, où sera réalisée l'harmonie des deux principes momentanément séparés (1).

Mettez cette règle entre les mains de l'homme, au lieu de la mesure incertaine et trompeuse de l'intérêt, sa conduite devient ferme et arrêtée; son esprit est débarrassé des calculs équivoques et difficiles qui pouvaient le faire hésiter dans l'accomplissement des devoirs les plus simples, et qui n'auraient pu résister à l'épreuve séduisante de la passion et du faux intérêt, capables d'aveugler les esprits les plus

---

(1) L'absence de cette idée dans le 3ᵉ livre du *De Officiis* marque le côté faible de cet admirable ouvrage.

éclairés. Car ici, encore une fois, il n'y a point de calcul, mais une croyance ferme fondée sur les principes invariables de la raison. Dans les plus rudes épreuves, dans les plus grands dangers, cette règle soutiendra son courage; seule elle est capable de réaliser l'idéal décrit dans les vers du poëte : *Justum et tenacem propositi virum*. (Hor.)

Ainsi deux mots résument notre destinée actuelle et la morale entière : *faire le bien pour le bien*, pratiquer la vertu, et, par la vertu, *mériter le bonheur*.

Consultez : Xénophon, *Mém.*, III, ix. — Platon, *Philèbe*, *Gorgias*, *Rép.*, IX; *Lois*, X. — Aristote, *Eth. à Nic.*, I, x. — Cicéron, *De Finib*, II; *Tusc.*, V; *De Offic.*, II et III. — Sénèque, *De Vita beata*, Ep. 92. — Clarke, *Disc.*, ch. vi et vii. — D'Aguesseau, *Institut.* — Kant, *Raison pure et pratique*. — V. Cousin, *Du Vrai, du Beau et du Bien*, 14ᵉ leçon. — J. Simon, *Le Devoir*. — J. Janet, *Philosophie du bonheur*.

* *Remarque.* — Toute la morale antique, on le sait, roule sur le *souverain bien*, de summo bono. (V. Cic. de finib. V. 6. Acad. II, 43, de Off. I, 2.) Les épicuriens le plaçaient tout entier dans le bonheur, les stoïciens dans la seule vertu, Platon dans l'accord des deux termes. (Philèbe.) Notre solution est la sienne. Mais avec Kant, nous distinguons le bien moral, la *vertu* du *bonheur*. Lui seul le devoir, qui engendre la vertu désintéressée, est la base de la morale. L'idéal du bien n'est pas moins la réalisation de cette harmonie. (V. Kant, R. pratique.) Mais n'est-ce qu'un idéal, et cet idéal n'est-il qu'une chimère que poursuit vainement l'homme de bien? S'il en est ainsi, nous disons avec Leibnitz : imperfectissima est doctrina de moribus, justitia, officiis, quæ solis hujus vitæ bonis nititur. (Ep. ad Bierling.) Nous accordons que l'obligation du bien subsiste même dans cette hypothèse; car l'homme, être raisonnable, doit selon sa nature tendre à la perfection. Mais quoi de plus triste qu'une telle destinée! Tendre au bonheur, le mériter sans cesse et n'y parvenir jamais, n'est ce pas chez l'être raisonnable et libre, une absurde et révoltante antinomie? Le pessimiste a raison : Mieux vaut n'être pas né (Schopenhauer). Il est contraire à la nature des choses que l'individu ne tienne pas compte de son bonheur. Neque enim per naturam rerum fieri potest ut quisque felicitatis rationem non habeat (Leibnitz. Ibid). L'efficacité d'une pareille doctrine morale qui rend inutile la Providence, est aussi fort douteuse. Inutilis est Providentiæ doctrina sublata animi immortalitate, nec plus efficit ad obligandos homines quam dii epicureorum providentiæ carentes (Leibnitz. Ibid). — (Voy. infra p. 661, 671, et *Questions de Phil.*, sect. VI, q. X, sect. IV, q. XI.)

SECTION DEUXIÈME

MORALE PARTICULIÈRE

(THÉORIE DES DEVOIRS)

CHAPITRE I

MORALE INDIVIDUELLE

I. DES DEVOIRS ; LEUR UNITÉ. — La *théorie des devoirs*, dont nous ne pouvons donner qu'un aperçu, est l'objet de la morale appliquée. Elle offre un haut intérêt et comporte de nombreux détails. Si, chez les moralistes qui l'ont développée, elle laisse à désirer du côté de la rigueur scientifique, cela tient en partie au sujet lui-même. A mesure que l'on s'éloigne des principes, la science, sans perdre son caractère absolu, se mêle au relatif; les règles ou les préceptes n'ont plus la même universalité. La division des devoirs elle-même, quoique fondée en réalité, offre quelque chose d'artificiel. Ramenés à leur principe, tous les devoirs se confondent en un seul, celui de *se conformer à la raison*, et, si l'on s'élève au point de vue religieux, d'*obéir à Dieu* (1). Les devoirs d'ailleurs se limitent réciproquement, quelquefois même s'opposent et semblent se contredire. Toute *collision* entre des devoirs de nature différente doit être levée par la raison, qui leur applique une règle supérieure, selon les circonstances qui déterminent la situation.

II. DIVISION DES DEVOIRS. — En suivant la division ordinaire, nous distinguons trois classes de devoirs : devoirs de l'homme

---

(1) En ce sens, Socrate soutenait qu'il n'y a au fond qu'une vertu, qui est l'habitude du bien. La vertu est la même sous ses formes diverses. — Les stoïciens ramenaient tous les préceptes de la morale à un seul, *Naturæ convenienter vivere*. Ζῆν ὁμολογουμένως τῇ φύσει. Qui unam habet omnes habet virtutes. (Cic., *De Offic.*, II, 10.)

envers lui-même, envers ses semblables, envers Dieu. Les premiers forment l'objet de la morale individuelle*.

III. DES DEVOIRS DE L'HOMME ENVERS LUI-MÊME. — L'homme se doit-il quelque chose? C'est disputer sur une équivoque. Sans doute il ne se doit rien, *nemo sibi debet* (Senec., *De Benef.*, V, 8); le devoir n'a pas son origine dans un droit de la personne sur elle-même. Mais si l'homme n'est pas le principe du devoir, il en est l'objet; il se sent obligé de respecter en lui la nature humaine et de réaliser d'abord sur lui-même l'idée du bien, qui doit être la règle de ses actes (1).

Ces devoirs sont de deux sortes : les uns regardent l'*âme*, les autres le *corps*; mais l'homme, en réalité, c'est l'âme. Le corps ne peut être le but direct de ses actes. Ce qui lui est dû, c'est ce qui est dû à la personne, à l'être spirituel. L'esprit est seul digne de respect et mérite nos soins (2).

ART. I. DEVOIRS ENVERS L'AME.

> Te quoque dignum
> Finge Deo.
> (VIRG. — SÉN., *Ep.* 31.)

I. DEVOIRS NÉGATIFS ET POSITIFS, PARFAITS ET IMPARFAITS. — Les premiers se formulent ainsi : ne rien faire qui soit contraire à la dignité morale. Par là sont flétris les vices qui abaissent l'âme, l'avilissent ou la dégradent : le mensonge, la lâcheté, l'intempérance, les habitudes honteuses, etc. Le devoir est de supporter avec courage les maux et les adversités de la vie. De là la maxime stoïcienne : *sustine et abstine* qui le résume. Mais on sent combien serait

---

* *Remarque.* — Chez les anciens, la division des devoirs repose sur celle des vertus (*prudence, justice, courage, tempérance*). Tel est le plan adopté par Cicéron dans le 1ᵉʳ livre du *De Officiis*. L'inconvénient est que les devoirs y rentrent souvent les uns dans les autres. La division moderne est plus précise, les membres en sont plus distincts; mais elle fait trop oublier le lien qui unit les devoirs. Il est bon de le rappeler : *Virtutes ita copulatæ connexæque sunt ut omnes omnium participes sint, nec alia ab alia possit separari.* (Cic., *De Finib.*, V, 23.)

(1) Forma mentis æternæ quam tenere et exprimere non per alienam artem, sed tuis ipse moribus possis. (Tacite, *Vit. Agricol.*)

(2) Homo ex animo constat. (Cic., *De Nat. deor.*, I, 33.) — Cogita præter animum nihil esse mirabile. (Senec., *Ep.* 8.) — Lisez le magnifique préambule du livre V des *Lois* de Platon, qui contient un aperçu général des devoirs.

incomplète une morale même purement individuelle, qui n'irait pas au delà. L'homme est tenu de perfectionner sa nature, non simplement de ne pas la laisser déchoir. La vertu est dans l'action, *virtus in actione consistit*. (Cic., *De Off.*, I.) L'action est le but de la vie. De là des devoirs *positifs* — Ceux-là sont plus stricts, ceux-ci offrent plus de latitude. La distinction en devoirs *parfaits* et *imparfaits* doit être prise en ce sens (V. Cic., *De Off.*, I, 3); mais tous sont obligatoires (1).

II. DEVOIR DU PERFECTIONNEMENT MORAL. — L'homme, esprit fini, par toutes ses facultés tend à l'infini; l'âme aspire à la perfection et au bonheur. Sa destinée, conforme à sa nature, n'est pas changée par les obstacles. Elle doit chercher à réaliser en elle cette idée du bien et de l'ordre qu'elle conçoit comme sa règle et sa loi. De là le devoir du perfectionnement moral qui embrasse tous les autres devoirs et dont il est facile de se rendre compte.

Tel qu'il sort des mains de la nature, l'homme possède des facultés qui l'élèvent au-dessus des autres êtres; mais elles n'existent encore qu'en puissance; pour être en réalité, il faut que la culture et l'éducation viennent les développer. L'animal est renfermé dans un cercle qu'il ne peut franchir, et ses facultés atteignent d'elles-mêmes le développement dont elles sont capables. L'homme, au contraire, en sa qualité d'être libre et perfectible, doit se détacher de la nature, s'affranchir de ses liens, et marcher vers un but qui l'éloigne de plus en plus d'elle. Ce but, c'est sa véritable nature à lui, celle de l'*esprit*. Tant qu'il ne l'a pas atteint, son état normal est d'y tendre, de faire effort pour y parvenir, par conséquent de se perfectionner. Autrement, il perd les nobles attributs qui le distinguent; il retombe même au-dessous de l'animal; car un être né pour se perfectionner se déprave et se corrompt par cela même qu'il n'obéit pas à sa loi. Les philosophes qui, comme *Hobbes* et *Rousseau*, ont vu l'*état de nature* dans l'état sauvage, se sont donc étrangement mépris. Le véritable état de nature est un idéal; c'est, pour un être intelligent et libre, l'entier

---

1) Aristote, *Éth. à Nic.*, liv. IV. Sénèque, *Ep. à Lucilius*. Epictète, *Manuel*. Marc-Aurèle, *Pensées*. Kant, *Doct. de la Vertu*, Introd.

développement de ses facultés. *Se perfectionner*, tel est donc le devoir général qui est imposé à l'homme à l'égard de son âme et des éléments qui la constituent.

Mais comment doit-il le faire? En développant ses facultés selon leur nature et leur rapport, en s'efforçant d'établir et de maintenir la hiérarchie des puissances de l'âme.

Au premier rang est la *raison*, faculté souveraine, *domina omnium et regina ratio*; au second la *volonté*, au troisième la *sensibilité*. (Cic., *Tusc.*, II, 20.)

III. DEVOIRS PARTICULIERS. — 1° *Devoirs relatifs à l'intelligence.* — Cultiver son esprit, chercher à connaître la vérité, est un devoir pour tous les hommes. La vertu qui les comprend et que les anciens plaçaient la première est la *sagesse*. (V. Cic., *De Off.*, I, 5.) Chacun n'est pas tenu d'être savant ou philosophe, mais chacun doit chercher à s'éclairer sur les vérités qui importent réellement à la vie, sur les problèmes relatifs à son origine, à sa nature et à sa destinée. *Connais-toi toi-même* est un précepte de morale aussi bien qu'une règle de sagesse spéculative. On y arrive par des routes différentes, par la foi, par la science, par l'une et l'autre réunies. Personne n'est dispensé d'y tendre selon ses facultés et ses moyens. En général, l'instruction, les lumières, ont pour effet d'épurer, d'ennoblir, d'élever l'âme. Elles sont la meilleure garantie de la moralité. A l'ignorance est attachée, avec la grossièreté des mœurs, leur dépravation. Si le paradoxe de *Rousseau* a quelque chose de spécieux, c'est que l'on a confondu avec la raison des facultés qui ne sont que ses instruments, et qui peuvent être mises au service des passions et du vice comme à celui de la vertu. Mais la ruse, l'artifice, le mensonge, sont-ils donc le privilége des mœurs polies? N'accompagnent-ils jamais l'ignorance et la grossièreté (1)?

(1) « Il est ridicule de s'imaginer que l'on puisse corrompre son âme en cultivant sa raison. L'homme n'est point corrompu parce qu'il est éclairé; mais quand il est corrompu, il peut se servir, pour ajouter à ses vices, de ces mêmes lumières qui pourraient ajouter à ses vertus, à peu près comme les bons aliments donnent la force et la vie à l'homme sain et tuent le malade... Il est de la nature de l'homme, et surtout de l'homme en société, d'user de sa force en tous sens. La prospérité et le pouvoir ont dû multiplier à la fois les moyens de connaissance et de corruption, comme la chaleur qui fait circuler la vie forme en même temps les vapeurs qui vont produire les orages. » (Grimm, *Corresp.*, IIe partie.)

Les facultés secondaires qui se rattachent à l'intelligence doivent aussi être développées chacune selon sa nature propre et selon les rapports qui les unissent. Une sage éducation doit savoir en régler l'exercice, faire en sorte que chacune reste dans ses bornes et se conforme à sa loi.

2º *Devoirs relatifs à la volonté.* Le premier est de soumettre la volonté à la raison, de l'accoutumer à lui obéir. Ici c'est surtout le *courage* (fortitudo) qui est la vertu principale. (*Ibid.*, I, 9.) Éclairée par la raison, la volonté constitue le véritable caractère. Hors de là, l'énergie volontaire ne peut produire que l'opiniâtreté d'un esprit étroit et aveugle. Cependant ces deux facultés sont distinctes, et l'une peut arriver à un haut degré de culture, tandis que l'autre, étant négligée, manque de force ou d'une sage direction. Il n'est pas rare de voir des hommes chez lesquels la faiblesse ou la perversité du caractère est alliée à une belle intelligence. Le caractère est inné, mais il se fortifie par l'habitude. L'homme n'acquiert cet empire sur lui-même, qui le rend maître de tous les mouvements de son âme, que par une lutte constante et des efforts sans cesse répétés (1).

Ainsi se développent les vertus qui ont leur source dans la volonté : la *constance*, la *force* et la *grandeur d'âme*, la *résignation* dans le malheur. Il faut donc augmenter en nous cette énergie de la volonté, mais surtout l'accoutumer à se plier aux ordres de la raison. Mise au service des passions, elle peut entraîner l'homme dans les plus grands crimes. Même alors, elle a quelque chose qui commande une sorte de respect, parce qu'une personnalité forte est encore l'expression de la liberté. Mais le caractère n'est beau que quand il offre l'alliance de la raison et de la volonté. L'homme vraiment fort et libre est celui qui sait se vaincre et se soumet à la raison. *Le sage seul est libre*, disaient les stoïciens; obéir à la raison, c'est se conformer à sa propre nature. La volonté raisonnable est *autonome.* Au contraire, si elle cède à l'entraînement de la passion, elle se laisse déterminer par une force étrangère ; elle abdique sa liberté et devient esclave. (Epictète, M. Aurèle, Sénèq.)

(1) Reliquum est ut tute ipsi imperes. (*Tusc.*, II, 21.) — Potentissimus est qui se habet in potestate. (Senec.) — Fortior est qui se quam qui fortissima rumpit mœnia. (V. Kant, *Rais. pratique.*)

3° *Devoirs relatifs à la sensibilité.* — Dans l'homme se développent des penchants et des passions inhérents à sa nature sensible. Doit-il, comme l'ont voulu les stoïciens, chercher à les détruire, faire taire ses affections, comprimer tous les mouvements de son cœur? — Dieu a créé l'homme sensible aussi bien qu'intelligent et libre. Détruire en lui la sensibilité, c'est le mutiler et refaire l'œuvre divine. En soi, les passions ne sont ni bonnes ni mauvaises; elles le deviennent selon qu'elles sont bien ou mal dirigées. Un homme qui craint de s'enivrer, dit Plutarque, ne jette pas son vin, il le tempère. La passion est tantôt un obstacle, tantôt un moyen. Quelquefois c'est l'auxiliaire indispensable de la vertu. Le grand point, c'est de la maintenir à sa place. Si, au lieu d'obéir, elle commande, alors elle porte le trouble et le désordre dans l'âme. Il faut donc savoir maîtriser ses passions, les façonner au joug de la raison. Les anciens appelaient *tempérance* (Platon, Cic., *ibid.*) la vertu qui modère les passions. (Platon, *Rép.*, IV; Cic., *De Off.*, I, XXVII.) Ainsi réglées, elles deviennent le principe des actions les plus héroïques. Rien de grand ne se fait dans le monde sans les nobles passions de l'honneur, de l'amour, de la gloire, etc. (1).

.... Un indiscret stoïcien :
Celui-ci retranche de l'âme
Désirs et passions : le bon et le mauvais,
Jusqu'aux plus innocents souhaits.
Contre de telles gens, quant à moi, je réclame :
Ils ôtent à nos cœurs le principal ressort;
Ils font cesser de vivre avant que l'on soit mort.
(LA FONTAINE, *Le Philos. scythe*, liv. XII, f. X...)

Mais que dirons-nous du *plaisir?* Qu'en soi il est naturel. « L'homme aime le plaisir comme il aime la vie, » dit Aristote. (*Eth. à Nic.*, X, 4.) « Borner le plaisir c'est le conserver. » (*Philèbe*).

Il est mauvais lorsqu'il est en dehors de la loi; il est légitime lorsqu'il est conforme à la loi et à l'ordre. Telles sont les jouissances nobles et pures qui accompagnent la vertu, la contemplation du beau, la connaissance de la vérité, et qui constituent le vrai bonheur. (V. Platon, *Philèbe.*) L'âme humaine a droit au bonheur comme résultant du développe-

---

(1) Oportet inesse ardorem quemdam amoris sine quo nihil tum in vitâ, tum in philosophiâ magnum effici potest. (Cic.) — Cf. Vauvenargues, *De l'Esprit hum.*; Descartes, *Des Passions*, IIIᵉ partie, 2.

ment naturel de ses facultés et comme mérité par ses efforts et ses sacrifices. Ainsi, le plaisir est bon toutes les fois qu'il est dans l'ordre, ou l'expression du bien. L'excès dans le plaisir, surtout dans les jouissances corporelles, est un mal, précisément parce qu'il sort de la règle. Or, la mesure du bonheur et du plaisir doit être prise non dans le plaisir lui-même, mais dans la raison. Aussi faut-il faire toutes choses, même les agréables, en vue du bien, et non le bien en vue de l'agréable (1). (Platon, *Gorgias.* Cf. Aristote, *Eth. à Nic.*, X.)

En résumé, l'homme où la *raison* commande, où la *volonté* est d'accord avec la raison, et où les *passions* leur sont soumises, est intérieurement bien gouverné. Il réalise en lui l'idée de l'ordre, dont la société doit offrir l'image dans de plus vastes proportions. (V. Platon, *Rép.*, IV.) (2) « Lorsque l'âme tout entière marche à la suite de la raison, et qu'il ne s'élève en elle aucune sédition, outre que chacune de ses parties se tient dans les bornes du devoir et de la justice, elle a encore la jouissance des plaisirs les plus purs et les plus vrais qu'elle puisse goûter. » (*Ibid.*, IX.)

ART. II. DEVOIRS ENVERS LE CORPS.

Mens sana in corpore sano. (Juv., xi.)

I. Devoir général. — L'homme est un esprit, mais un esprit qui anime un corps. Le rapport est celui de l'instrument à la force qui s'en sert. Le corps est le serviteur de l'âme.

Le devoir est donc d'entretenir le corps dans un état où, loin d'être inhabile au service de l'âme, et souvent même pour elle un obstacle, il soit comme un instrument souple et docile dont elle dispose à son gré pour atteindre à sa propre perfection (3).

Le soin même de la vie est subordonné à l'accomplissement d'une fin plus haute, celle de l'être moral. Ainsi,

---

(1) Ce n'est pas une petite chose, dit Aristote, que de savoir se réjouir et s'affliger comme il faut. (*Eth. à Nic.*, I, ii.) — Voy. sa *Théorie du Plaisir*, ibid.; le ch. x est à lire en entier.

(2) Platon appelle *justice* la vertu qui entretient l'harmonie entre les puissances de l'âme. (*Ibid.*)

(3) Exercendum corpus et ita efficiendum ut obedire consilio rationique possit in exequendis negotiis et in labore tolerando. (Cic., *De Offic.*, I, 23. Cf. d'Aguesseau, *Inst. au Droit civil.*)

vivre pour vivre n'est ni un devoir ni le but de la vie. *Non enim vivere bonum est, sed bene vivere.* (Senec., *Ep.* 70.) Le devoir de se conserver n'en est un qu'autant que l'homme se sent obligé de le faire pour remplir sa véritable destinée. Un jour employé à faire le bien, une heure, un instant marqués par un acte de vertu et de dévouement valent infiniment plus qu'une longue vie passée dans la mollesse, l'oisiveté, la nullité. Tel, dit Rousseau, a vécu cent ans, qui mourut dès sa naissance (1). La conservation de notre existence est cependant un devoir ; car c'est conserver les rapports qui nous unissent au monde actuel. Ici-bas s'accomplit notre destination présente. Mais si un devoir supérieur l'exige, le sacrifice de la vie est permis, c'est même un acte d'héroïque vertu.

II. Du suicide. — Le fait de se donner la mort de ses propres mains (αὐτοχειρία) est condamné par la morale comme par la religion. Le suicide proprement dit a pour cause et pour motif la souffrance physique ou morale, l'ennui et le dégoût de la vie. Or, la vertu consiste précisément à lutter jusqu'à la fin ; la vie est un combat, nul n'a le droit de déserter son poste avant l'heure (2).

Quelle que soit la force d'âme nécessaire pour se décider à mourir, elle est plus grande encore chez l'homme qui, pour ne rien faire d'indigne de lui, consent à supporter la vie, lorsque celle-ci ne lui offre en perspective que la douleur, ou lorsque, avec toutes ses jouissances, elle n'a plus aucun prix à ses yeux. S'il y avait tout à l'heure supériorité de l'esprit sur la nature, ici se révèle la supériorité de l'esprit sur lui-même, l'autonomie et l'indépendance de la raison. Là, c'était le triomphe de l'esprit ; ici, c'est le triomphe de la loi, la pure manifestation de la moralité. Car on ne peut exiger de l'homme rien de plus élevé que de supporter une vie qui lui est devenue insupportable. Ce courage manque au suicide, et c'est seulement sous ce rapport qu'on peut le taxer de lâcheté. Comparé à l'homme vertueux qui sup-

---

(1) « *Longa est vita si plena est... Quid illum octoginta anni juvant per inertiam exacti? Non vixit iste, sed in vita moratus est. Nec sero mortuus est, sed diu.* » (Sénèque, *Ep.* 93.)

(2) ὡς ἔν τινι φρουρᾷ ἐσμὲν οἱ ἄνθρωποι. (*Phédon*, VI.) La maxime stoïcienne : *Si pugnare non vultis, licet fugere*, est fausse. (V. Senec., *De Prov.*, VI.)

porte la vie, celui qui se donne la mort est un lâche. (Fichte. *Sittenlehre*.) (1)

Toutes les apologies du suicide reposent sur une fausse idée de la destination morale de l'homme (2). « Je dois, considéré comme être moral, vouloir vivre non pour vivre, mais à cause d'une action à laquelle la vie est nécessaire. Il ne peut être permis, à aucune condition, de quitter la vie, hors le cas où l'on aurait à remplir un devoir dans une autre vie, ce que ne peut soutenir un homme de bon sens. Nos devoirs bien connus appartiennent à la vie actuelle. La sphère où je dois agir est le monde présent. Ma vie est la condition nécessaire de l'accomplissement de la loi morale par moi-même. Or, il est ordonné absolument d'accomplir la loi. Il m'est donc ordonné de vivre en tant que cela dépend de moi... Je ne puis m'ôter la vie sans me soustraire à la domination de la loi morale. Je dois vivre uniquement pour faire mon devoir. Je ne veux pas vivre plus longtemps, cela veut dire je ne veux pas plus longtemps faire mon devoir. » (Fichte, *Sittenlehre*, p. 267. Cf. Platon, *Phédon*; Aristote, *Eth. à Nic.*, III, c. 9.) (3)

III. Du sacrifice volontaire de la vie. — Si l'homme est tenu de conserver sa vie toutes les fois que le sacrifice n'en est pas nécessaire, il ne doit pas non plus craindre la mort,

---

(1) Rebus in adversis facile est contemnere vitam;
Fortiter ille facit qui miser esse potest. (Martial, XI, 56.)

« Il y a plus de constance à user la chaîne qui nous tient qu'à la rompre, et plus d'épreuve de fermeté en Régulus qu'en Caton. C'est l'indiscrétion et l'impatience qui nous hâtent le pas. Nuls accidents ne font tourner le dos à la vive vertu ; elle cherche les maux et la douleur comme son aliment. Les menaces des tyrans, les gehennes et les bourreaux l'animent et la vivifient. » (Montaigne, *Essais*, liv. II, ch. III.)

(2) Voyez Montesquieu, *Lettres persanes*; *Esprit des Lois*, liv. XIV, ch. XII. — Rousseau, *Nouv. Héloïse*, III° part., lett. 21 et 22.

(3) « Que l'homme puisse se léser lui-même, c'est ce qui semble absurde (volenti non fit injuria). C'est pourquoi le stoïcien considérait comme une prérogative du sage de sortir tranquillement de la vie quand il le voulait, comme on sort d'une chambre pleine de fumée, par la raison seulement qu'il ne pouvait plus être utile en rien dans ce monde. — Mais ce courage, cette force d'âme qui fait braver la mort, aurait dû être pour lui un argument beaucoup plus fort pour ne point se détruire... L'homme, tant qu'il s'agit de devoir, par conséquent, tant qu'il vit, ne peut se défaire de sa personnalité. Détruire dans sa propre personne le sujet de la moralité, c'est autant qu'il est en soi faire disparaître du monde la moralité même. » (Kant, *Principes métaph. de la Morale*.)

« Piis omnibus retinendus est animus in custodia corporis, nec injussu ejus, a quo ille est nobis datus, ex hominum vita migrandum est, ne munus humanum assignatum a Deo defugisse videamur. » (Cic., *Somn. Scip.*)

mais savoir l'affronter quand il en est besoin (1). Qu'il sache aussi l'attendre paisiblement, sans vaines terreurs. S'il a bien vécu, elle n'a pour lui rien d'effrayant; elle doit être considérée comme la délivrance de l'âme. (Platon, *Phédon*, XII.) Ainsi l'ont envisagée les vrais philosophes. Vivre, disent-ils, c'est apprendre à mourir; cette vie c'est la mort, et la mort conduit à la vie. *Nam hæc quidem vita mors est.* (Cicéron, *Tusc.*, I; Sen., *Ep.* 70.)

IV. DE L'ENTRETIEN DU CORPS ET DE LA SANTÉ. — Mettre le corps dans le meilleur état possible pour accomplir la fin morale, tel est le précepte. Ce qui dépasse ce but dans les soins que nous prenons de notre corps est superflu et pris sur ce qui appartient à l'âme. « Il faut, dit Platon, cultiver la vertu pendant tout le temps de la vie; or, rien n'y apporte plus d'obstacles que le soin immodéré de son corps. » (*Rép.*, III.) La santé n'en est pas moins le premier des biens temporels, et la santé de l'âme elle-même en dépend : *mens sana in corpore sano*. Un corps sain et robuste n'est pas simplement un avantage physique; rarement une âme forte habite dans un corps débile. « Plus le corps est faible, plus il commande; plus il est fort, plus il obéit. » (Rousseau.) Rien n'est misérable comme de passer sa vie à s'occuper de son corps et de sa santé. C'est ce qu'ont senti tous les vrais moralistes; ils ont attaché la plus haute importance à l'éducation physique. Suivant Platon, celle-ci se compose de deux arts qui se combinent avec l'éducation morale, l'*hygiène* et la *gymnastique*. (*Rép.*, III.) La première est destinée à entretenir l'ordre dans les fonctions du corps; la seconde a pour but de donner de la force, de l'agilité, de la souplesse aux membres. Mais l'hygiène est moins un art qu'une vertu; les meilleures recettes sont la tempérance, la sobriété, la frugalité. Quant à la gymnastique, elle doit être restreinte dans de justes limites. Les Grecs lui accordaient trop; l'éducation n'a pas pour but de former des athlètes. (V. Lucien, *Les Gymnases*.)

V. DE L'EXTÉRIEUR DU CORPS. — Le corps, instrument de l'âme, est aussi sa demeure; il n'est donc pas défendu de

---

(1) Summum crede nefas animam præferre pudori,
Et propter vitam vivendi perdere causas. (Juvénal.)

l'embellir, de l'orner, de le parer. De plus, c'est une enveloppe transparente qui laisse apparaître l'âme dans les formes, les mouvements, les gestes, surtout dans la physionomie. Le devoir est de mettre l'extérieur en harmonie avec un intérieur lui-même bien ordonné et bien réglé. « Accordez-moi, disait Socrate, la beauté intérieure, et faites que mon extérieur soit en harmonie avec mon âme. » (*Phèdre*.) De là les devoirs de *propreté* (1), de *décence*, de *convenance* dans les *manières*, les *gestes* et les *discours* (2). Les règles se modifient selon le caractère, la position et le rang des individus. Cicéron a composé sur ce sujet tout un code moral des convenances, et la partie du *De Officiis* qui traite du *decorum* (liv. I) ne peut être trop lue et goûtée. Si elle n'a rien perdu de son prix, c'est que de telles convenances, fondées sur la nature de l'homme, n'ont rien de conventionnel et qui dépende de la *mode*. Pour en revenir au principe, « le corps et l'âme doivent être montés comme deux instruments toujours d'accord. Il faut savoir les tendre et les relâcher à propos dans un juste degré. » (Platon, *Rép*., III.)

VI. DES PLAISIRS DES SENS. — Prise pour but de la vie, la jouissance physique fait naître des désirs insatiables et bientôt amène la satiété et le dégoût. On ne peut trop s'élever contre la morale épicurienne, ni trop blâmer une vie molle et voluptueuse. On sait que les excès dans les plaisirs des sens ont pour résultat de nous enlever le plus précieux des biens temporels, la santé, d'énerver l'âme aussi bien que le corps, d'avilir et de dégrader l'homme, d'obscurcir et d'appesantir son intelligence, de porter le trouble dans les organes de la vie, de causer souvent une vieillesse ou une mort prématurée. « La volupté, pour nous tromper, marche devant nous et nous cache sa suite, » dit Montaigne. (*Ess*., liv. I, ch. XXXVIII.)

Mais si la modération dans le plaisir est une règle dont nous ne devons jamais nous écarter, il ne faut pas tomber

---

(1) « C'est avec raison que l'on regarde la propreté du corps et un extérieur soigné comme l'effet d'une certaine modestie de caractère et d'un certain respect, d'abord, envers Dieu, dont nous sommes les créatures ; puis, envers la société où nous vivons ; enfin, envers nous, qui ne devons pas avoir moins le respect pour nous-mêmes que pour les autres. » (Bacon, *De Aug*., liv. IV, ch. III.)

(2) Quand on se permet de dire des choses déshonnêtes, on est bien près d'en faire. (Arist., *Polit*., IV, 15.)

dans les exagérations de l'ascétisme, proscrire comme mauvaises toutes les jouissances physiques. La nature en nous donnant des besoins y a attaché des plaisirs. Tant que nous ne sortons pas des limites naturelles, ces jouissances sont permises et légitimes. Pourquoi Dieu aurait-il couvert la terre de si riches productions s'il nous est défendu d'y toucher? Nous devons en user, non en abuser. Quand nous refusons à la nature ce qu'elle demande légitimement, cela ne se fait pas sans quelque préjudice même pour l'être moral. Toute passion naturelle comprimée excite le développement anormal et intempéré d'une autre passion. L'équilibre doit être maintenu. On ne peut nier aussi que les jouissances permises ne répandent sur la vie et les relations sociales une sérénité qui sied bien à la vertu elle-même et nous la rend aimable. Entre l'homme et l'animal est cette différence, que l'homme peut rattacher la satisfaction de ses besoins et de ses appétits à celle de ses devoirs de l'ordre le plus élevé. Par là, la jouissance physique s'ennoblit et se purifie. « Cicéron (*Tusc.*, V, 34) a remarqué que le mot *convivium*, qui en latin signifie repas, ne dérive pas de l'action de manger ou de boire, mais du commerce social qui, étant l'élément principal de ce plaisir, lui a donné son nom. » (Reid, t. VI, p. 66.)

Le *jeu* et l'*amusement*, dit Aristote, sont aussi nécessaires à l'homme que le sommeil. Mais ils demandent à être soumis aux règles de la tempérance, de la sobriété et de la bienséance (1).

ART. III. DEVOIRS DE L'HOMME ENVERS LA NATURE ET LES ÊTRES INFÉRIEURS.

I. RAPPORTS DE L'HOMME AVEC LA NATURE. — La nature nous apparaît comme un ensemble de forces aveugles et fatales. L'homme, au contraire, a pour attributs essentiels la raison et la liberté. La nature n'a aucun droit sur lui, mais il a des devoirs vis-à-vis d'elle. Le premier, c'est de maintenir contre elle sa liberté. Elle exerce sur lui de profondes influences; il doit s'affranchir autant qu'il est en lui de

---

(1) Sur le *jeu*, de *ludo* et *joco*, lisez Aristote, *Éth. à Nic.*, IV, VIII; X, VI; Platon, *Lois*, II et VII; surtout Cicéron, *De Offic.*, I, XXIX

son joug, la vaincre par son intelligence et son activité. Le résultat de cette lutte, c'est le triomphe de l'esprit sur la matière, de la *liberté* sur la *fatalité*. Tel est le spectacle que nous offrent l'industrie et les merveilles qu'elle accomplit sous nos yeux.

II. DU BIEN-ÊTRE MATÉRIEL ET DE LA RICHESSE. — Le vrai but des arts industriels n'est donc pas la jouissance *physique* ou le bien-être matériel. Pour cultiver les facultés de son esprit et travailler à son perfectionnement moral, l'homme a besoin d'être en sécurité sur ses moyens d'existence; mais, ceux-ci assurés, qu'il ne s'imagine pas avoir accompli la loi de sa nature, ou pouvoir trouver le bonheur dans le luxe ou l'oisiveté d'une vie sensuelle et voluptueuse. L'ennui, le dégoût, la satiété, lui apprendraient bientôt qu'il s'est trompé et que là n'est pas sa vraie destinée, qui est de se commander à lui-même, de vaincre ses passions, de se faire une âme forte et réellement libre, riche de ses biens propres ou de ses vertus. *Animus est qui divites facit.* (Senec., *ad Helv.*) Que sert-il à l'homme d'être le maître de la nature entière s'il ne se possède pas lui-même, *potentissimus est qui se habet in potestate* (Senec.), s'il reste l'esclave de ses passions et de ses appétits, si son âme est faible, malade et découragée, vide d'espérances et de convictions, s'il est en proie à d'insatiables désirs? Là est le danger d'un semblable but quand l'homme s'y repose; la nature elle-même l'en avertit par mille maux qui prouvent qu'elle a repris sur lui son empire.

>   Non domus et fundus, non æris acervus et auri
>   Ægroto domini deduxit corpore febres,
>   Non animo curas.   (HOR.)

Mais qui peut nier que l'industrie ne concoure à l'accomplissement des fins morales de l'homme et de la société, en favorisant la circulation des idées, en rapprochant les membres épars de la famille humaine, en multipliant les relations et les communications entre les peuples, en faisant tomber peu à peu les haines nationales? Ainsi envisagée, elle prend place parmi les développements les plus nobles et les plus élevés de l'intelligence et de l'activité humaines.

III. Devoirs a l'égard des animaux. — Les êtres inférieurs à l'homme ont cela de commun qu'ils sont dépourvus de raison. Ils offrent néanmoins des différences qui marquent le progrès des espèces et les degrés de l'échelle ascendante des êtres. Parmi ceux qui se rapprochent de l'homme, plusieurs vivent sous son empire et partagent ses travaux; il est tenu de se comporter à leur égard en être raisonnable. Il peut et doit les faire servir à son usage et à ses besoins; mais il lui est défendu d'en faire un jeu pour ses caprices, de les détruire et de les faire souffrir sans raison. Il agirait alors non en maître, mais en tyran brutal et cruel. Il le doit d'ailleurs à lui-même dans l'intérêt de sa propre moralité. Si, dans ses rapports avec les *animaux*, il se laisse aller à la passion, aux emportements de la colère, s'il agit avec cruauté et sans pitié, lui-même se dégrade; il en résulte pour lui des habitudes mauvaises, qu'il transporte dans la société et dans son commerce avec ses semblables (1).

(1) Crudelitatis consuetudinem fieri, ubi in voluptatem esset adducta laceratio. (Senec., *Ép.* 108.) — Les naturels sanguinaires à l'égard des bêtes témoignent une propension naturelle à la cruauté. (Montaigne, II, xi.) Lisez Montaigne, II, xi; Plutarque, *De l'Usage des Viandes*; Kant, *Doct. de la Vertu*, II, 17; Ballanche, *Paling.*, IIIᵉ part., p. 329.

Consultez : Xénophon, *Mém. Socr.* — Platon, *Lois*, V (très-beau préambule). — Aristote, *Eth. à Nic.*, VI et VII. — Cicéron, *De Officiis*, I. — Sénèque, *Lettres à Lucilius*. — Epictète, *Manuel*. — Marc-Aurèle, *Pensées*. — Clarke, *Discours*. — D'Aguesseau, *Instruc. à son fils*. — Kant, *Raison pratique*. — D. Stewart, *Esquisses*. — J. Beattie, *Élém. de science morale*. — S. Pellico, *Des Devoirs*. — V. Cousin, *Du Vrai, du Beau et du Bien*; leçon 15ᵉ. — J. Simon, *le Devoir*.

LES DEVOIRS DU BEAU (l'éducation esthétique).

Le *beau* n'est pas le *bien*, mais leur racine est commune : l'ordre. De là leur affinité. Aussi cultiver en nous le sens du beau, développer notre goût est un devoir qui rentre dans le perfectionnement moral. Tous les grands moralistes (Platon, Aristote) ont compris l'importance de l'éducation esthétique. (Voy. Schiller, *Lettres sur l'éd. esthétique*. L'art adoucit les mœurs, *emollit mores nec sinit esse feros* (Ovid.), mais aussi lui-même, s'il n'est pur, les corrompt. Nous ne faisons qu'indiquer ce sujet que nous avons traité ailleurs. V. *Questions de Philosophie* Sect. V (De la morale esthétique).

CHAPITRE II

MORALE SOCIALE

Ἄνθρωπος φύσει πολιτικὸν ζῶον
(Arist., *Polit.*, I, 1.)

DE LA SOCIÉTÉ HUMAINE. — L'homme est né pour vivre en société. Son organisation, qui, plus longtemps que les autres animaux, le rend dépendant des êtres qui l'entourent, la multiplicité de ses besoins et des moyens nécessaires à sa conservation, l'instinct sympathique, ce penchant qui l'attire vers ses semblables et ne l'abandonne jamais lors même qu'il a le plus à se plaindre de leur injustice, la souffrance qu'il éprouve lorsqu'il se trouve isolé de tout commerce avec eux, tout nous démontre que l'état social est pour lui l'état naturel. Déjà les affections de la famille, ce berceau de la société civile, donnent à cette première association une fixité qu'elle n'a pas chez les espèces animales. D'autres rapports se forment qui établissent entre les hommes une réciprocité de devoirs et de droits propres à resserrer les liens qui les unissent; ils donnent à la société une base indestructible (1). La culture des facultés humaines n'est possible, leur perfectibilité n'est réelle qu'à la condition de l'échange et de la transmission des idées. La parole, instrument de cette communication, est une faculté sociale, inutile à un être destiné à vivre seul. L'homme ne peut remplir sa destination morale qu'en rapport avec ses semblables. Autrement, condamné à l'ignorance, esclave de ses appétits grossiers, il différerait peu de la brute, et le règne animal compterait une espèce de plus. C'est au sein de la société qu'il trouve l'occasion et les moyens d'exercer les nobles et brillantes facultés qui le distinguent. Elle est le champ destiné à faire éclore ses vertus et ses vices, la carrière ouverte à son activité, le théâtre où sa liberté se déploie, le monde

(1) Cette idée est éloquemment exprimée en plusieurs endroits du *De Officiis*, admirable traité de morale sociale, surtout liv. I, ch. VII, XVI, XLIII, XLIV.

des merveilles qu'enfante son génie dans l'industrie, la science et les beaux-arts. Le sentiment religieux, qui consacre, épure et resserre tous les autres liens, étend sa durée au-delà de la vie terrestre et des étroites limites où elle s'écoule dans l'espace et le temps ; il crée une société des âmes et des esprits, et réunit les hommes de tous les temps et de tous les lieux en une seule et même famille dont Dieu est le législateur et le père.

Toutes ces raisons suffisent pour réfuter l'absurde paradoxe (Hobbes, Rousseau) d'un *état de nature* antérieur à la société, et où l'homme devrait retourner pour échapper aux abus qu'amène à sa suite la civilisation.

ART. I. DEVOIRS DE L'HOMME ENVERS SES SEMBLABLES.

« Justitia, in qua virtutis splendor est maximus,
et huic conjuncta beneficentia. »
(Cic., *De Off.*, I, ch. vii.)

De ses rapports avec ses semblables naissent pour l'homme des devoirs, les uns généraux, les autres particuliers, selon qu'il est considéré comme membre de la *société humaine* en général, ou comme faisant partie des diverses associations qu'elle renferme dans son sein, telles que la *famille* ou la société domestique, la société civile ou l'*État*.

DEVOIRS GÉNÉRAUX. — Ils sont contenus dans ces deux préceptes : *Ne fais pas à autrui ce que tu ne voudrais pas qu'il te fût fait à toi-même; fais à autrui*, etc. Le sens de ces maximes n'est pas que la volonté ou le désir de chacun soit la règle de ce qu'il doit à ses semblables, ce qui détruirait l'idée même de toute loi ; mais l'homme trouve dans sa conscience une mesure fixe, qu'il doit appliquer aux autres, comme il veut qu'elle soit appliquée à lui-même : celle de la *justice* ou de l'équité à laquelle s'ajoute la charité ou la *bienfaisance*. Ces deux vertus embrassent, en effet, tous les devoirs de la morale sociale.

§ I. De la justice.

« Justitia in suo cuique tribuendo. »
(Cic., *De Finib*.)

I. SA NATURE ET SON PRINCIPE. — La justice se définit ordinairement : *Rendre à chacun ce qui lui est dû* (*suum cuique tribuere*) (1). Mais cette formule est peu précise. La justice est le *respect du droit* (2). Le droit (*jus*) est sa base ou son principe

II. Idée du droit. — L'idée du *droit* est une de ces notions simples et universelles qui échappent à la définition. Elle naît à la suite de celle du *devoir*, et lui est corrélative. Son origine est le sentiment de notre *liberté*, comme condition de l'accomplissement du devoir ou de notre destinée morale. En effet, si l'homme a le *devoir* de faire le bien, et doit le réaliser librement, il a le *droit* d'être respecté dans l'exercice de sa liberté, tant que celle-ci ne porte pas atteinte à celle de ses semblables (3). Sa personne participe de l'inviolabilité de la loi qu'il est chargé d'accomplir, il est sacré comme elle. Mais si je suis inviolable dans ma personne, je conçois qu'il en est de même des autres êtres qui, comme moi, ont été créés libres; ce droit que je possède, ils l'ont au même titre. De plus, si la liberté est inviolable, tout ce qui émane d'elle, ce que la personne s'est assimilé ou approprié par un développement légitime doit être également respecté. De là tous nos droits et toutes nos libertés : la *liberté individuelle*, celle de la *pensée*, le droit de *posséder*, de *contracter*, de *vendre*, d'*acheter*, etc. (4).

§ II. De la bienfaisance.

« Magna etiam illa communitas est quæ conficitur ex beneficiis ultro citro datis acceptis. »
(Cic., *De Off.*, I, 16.)

I. Sa nécessité. — *Sois juste*, ne porte pas atteinte aux droits de tes semblables, tel est le premier précepte de la morale sociale. Mais il est plus *négatif* que *positif*, c'est une défense plutôt qu'un ordre. Ne pas *nuire* à autrui n'est que la moitié de la loi. A la justice et à la probité doit donc s'ajouter la *bienfaisance*.

---

(1) « Quæ enim affectio suum cuique tribuens, atque hanc quam dico societatem conjunctionis humanæ munifice et æque tuens, justitia dicitur. (Cic., *De Rep.*, VII.)

(2) Justitia est constans et perpetua voluntas jus suum cuique tribuendi. (Justinien.)

(3) De là la définition de Kant : Le droit est l'ensemble des conditions sous lesquelles la liberté de chacun peut se concilier avec la liberté de tous selon une loi générale. (*Pr. du Droit*, Introd.)

(4) V. Cousin, *Justice et Charité*.

II. Son caractère. — Sans doute l'homme trouve dans son cœur un puissant motif qui le porte à venir au secours de ses semblables, à soulager leurs misères et leurs souffrances. La satisfaction intérieure qu'il éprouve à faire le bien lui est aussi une douce récompense. Mais un penchant n'est pas une vertu. Si la bienfaisance est obligatoire, elle a son principe, non dans la *sensibilité*, mais dans la *raison*, elle repose sur une idée, non sur un sentiment.

III. Son principe. — Quelle est cette idée? Celle de la *société humaine* elle-même. Les êtres qui composent cette société ont une nature, une origine et une destinée communes. En accomplissant leur destination particulière, ils concourent au bien général.

La société humaine nous apparaît comme un organisme dont toutes les parties sont liées entre elles : « Membra sumus corporis magni. » (Senec.) (1) Les membres de ce grand corps, *magna communitas* (Cic.), ne doivent donc pas se considérer comme étrangers les uns aux autres, et croire que leurs devoirs respectifs sont remplis dès qu'ils ne cherchent pas à se nuire, ne portent pas atteinte à leur liberté et à leurs droits réciproques. La société n'est possible que par un échange mutuel de services et de bons offices. « Homines hominum causa generatos, ut ipsi inter se aliis alii prodesse possent; in hoc naturam debemus ducem sequi, communes utilitates in medium afferre mutatione officiorum dando, accipiendo : tum artibus, tum facultatibus devincire hominum inter homines societatem. » (Cic., *De Off.*, I, 6.)

De cette idée de l'ordre social dérive le devoir de la bienfaisance. Au point de vue religieux, elle est la *charité*, qui a son principe dans la considération de notre commune origine, dans la confraternité de tous les membres de la famille humaine et leur *égalité* devant Dieu.

§ III. Comparaison des deux vertus.

I. Toutes deux, la justice et la charité, dérivent de la notion même de l'*ordre social*, non du penchant sympathique ou de l'intérêt, soit particulier, soit général. Aussi sont-elles

---

(1) Les stoïciens l'avaient compris Natura nos cognatos edidit quum ex iisdem et in eadem gigneret. Hoc nobis amorem indidit mutuum et sociabiles fecit. (*Ep.* xcv.)

deux devoirs également *obligatoires* et universels. Ce peut être un crime égal de laisser son semblable périr quand on peut le sauver, ou de lui ôter la vie. (Cic., *De Off.*, I, ch. vii.)

Mais la *justice* a son principe dans l'idée du *droit*, de l'inviolabilité de la personne humaine comme chargée de se développer elle-même, d'accomplir à ses risques et périls sa destinée individuelle.

La *bienfaisance*, au contraire, a sa source dans la nature et la destinée commune des êtres raisonnables et libres, dans l'idée d'une fin générale à laquelle ils doivent concourir tout en accomplissant leur destinée particulière, mais en conservant leur liberté individuelle, premier attribut de l'être moral.

De là des différences fondamentales souvent méconnues, et sur lesquelles il convient d'insister.

II. Comme la *justice* naît de l'inviolabilité de la personne et de ce qui lui appartient, elle a pour résultat non-seulement d'imposer l'obligation de respecter le droit d'autrui, mais d'en exiger l'observation et au besoin d'y contraindre. Le droit d'exiger fait partie du droit lui-même, qui autrement devient illusoire. Le caractère de la justice est donc l'*exigibilité* et la *coaction*.

La *bienfaisance* exigée ou forcée, au contraire, n'est plus la bienfaisance. Elle ne peut s'imposer comme un droit, sans violer le droit lui-même, puisqu'elle ôte aux individus leur libre arbitre sur une chose qui doit rester libre. De plus, en les chargeant d'accomplir la destinée de leurs semblables, elle crée un droit attentatoire à leur liberté, le droit de diriger tous leurs actes pour en prévenir l'abus. Cette tyrannie devient nécessaire pour prévenir une autre encore pire : celle de la paresse sur le travail, de la dissipation, de la maladresse et de l'imprévoyance, sur l'ordre, l'habileté et la prévoyance.

Le devoir d'aider et de secourir nos semblables n'en est pas moins un devoir; mais il doit s'accomplir librement. N'étant plus libre, le bienfait n'en est plus un. En outre, nous charger de pourvoir à la destinée de nos semblables, c'est nous conférer sur eux un droit de tutelle qui détruit leur liberté. Est-ce l'État qui remplira cette mission? La conséquence est la même. L'État, s'emparant à la fois du soin de pourvoir au sort de tous, fera concourir tous leurs actes à la fin commune. Il doit régler les mouvements de tous ces êtres, devenus les rouages d'une machine mue par un unique ressort; ce qui anéantit la liberté dans les parties et dans l'ensemble. La société n'est plus qu'un troupeau d'esclaves. On arrive ainsi, forcément, au despotisme le plus absolu. (V. *Communisme, Socialisme*.)

L'essence de la bienfaisance est donc la *spontanéité*.

Le bienfait doit être libre; *beneficium nullæ legi subjectum est*. (Senec., *De Benef.*, VI, vi.) C'est ce que comprend le plus vulgaire bon sens.

En vain, confondant les notions les plus simples, invoque-t-on le principe de la *corrélation des droits et des devoirs*. Ce principe cesse ici d'être applicable. Dans la bienfaisance, il n'y a point de droit corrélatif au devoir; ou le droit d'être secouru amène avec lui l'exigibilité, qui anéantit la bienfaisance et attente à la liberté. Tout devoir, dit-on, engendre un droit. Quel droit ici? et pour qui? le droit d'exiger le bienfait ou le droit d'accorder ou de refuser chez celui qui doit être bienfaisant, mais librement*? Ici donc expire la réciprocité du devoir et du droit.

Si l'on prétend que ce droit réside dans la *société* ou dans l'*État*, l'État, dirons-nous, s'arroge alors un droit qu'il n'a pas, et il ne peut l'exercer qu'en détruisant la liberté des individus qui composent la société civile, c'est-à-dire en

---

* *Remarque.* — Que peut être, pour la bienfaisance, le droit corrélatif au devoir? Le droit d'être secouru. Or, le caractère du droit c'est la contrainte. Ce faux droit en engendre un autre, celui d'exiger le secours et de contraindre quiconque s'y refuse : droit tyrannique, qui, ôtant à chacun la liberté de donner, efface du cœur des hommes la reconnaissance. Le moyen, il est vrai, est ingénieux pour empêcher l'ingratitude. Le gain est double; on aura déchargé l'homme d'un poids qui l'humilie, et banni un vice odieux. — C'est ainsi qu'on veut relever la nature humaine. Pour nous, nous croyons qu'il vaut mieux laisser subsister le vice à côté de la vertu que de les supprimer l'un et l'autre; maintenir la réciprocité entre l'obligé et l'obligeant. A cela il y a bien des raisons, mais surtout celle-ci : que l'un et l'autre subsisteront malgré tout; l'homme aura toujours besoin de son semblable. Il est vrai qu'il s'agit de refaire le monde et d'en bannir le mal. Soit; mais la liberté aussi s'en va dans cette utopie; le despotisme prend sa place. Que l'on choisisse.

supprimant le droit qu'il a pour mission de faire observer (1).

Mais que deviennent les *droits de l'humanité souffrante*? — N'abusons pas des mots. Ces droits n'en sont pas moins sacrés ; mais le mot *droit* est pris alors dans son sens large (*lato sensu*). Le prend-on dans le sens strict (*stricto sensu*), ou en ce sens que la personne qui souffre a le droit d'exiger le bienfait et de contraindre à l'accorder, la proposition devient absurde et légitime tous les crimes.

Mais où est la sanction de ce devoir? Elle est dans la conscience, dans l'opinion, etc. Elle est aussi dans Dieu. Seulement si Dieu voulait exercer lui-même ce droit qu'il a sur toutes les créatures et en exiger l'accomplissement immédiat, il ne le pourrait, comme l'État, qu'en détruisant la liberté dans les êtres qu'il a créés libres et en changeant leur destination morale. Il ne le pourrait qu'en anéantissant le bienfait, en chassant de la terre la plus belle des vertus, la *charité*, avec elle le devoir corrélatif qui doit marcher à sa suite, la *reconnaissance*. Il déferait ainsi ce qu'il a fait, et changerait le plan du monde actuel. Serait-ce pour le mieux? Nous ne savons; mais les êtres étant donnés, Dieu ne peut pas plus changer leurs rapports qu'il ne peut changer le rapport des figures mathématiques, celles-ci restant ce qu'elles sont. Dieu observe la raison parce qu'il est la raison même. Il n'y a que ceux qui prétendent tout changer en imposant la leur, qui ont inventé de pareils droits incompatibles avec la nature humaine et avec l'ordre social.

En résumé, la *justice*, sauvegarde de la personnalité, expression de la liberté et du droit, sans séparer les hommes, leur trace des limites qu'ils ne doivent pas franchir ; elle leur impose l'obligation de ne pas se nuire, de rendre à chacun ce qui lui est dû (*suum cuique*). Elle exige le respect de la personne et de ses droits, et elle s'arme de la loi pour contraindre ceux qui seraient tentés de les violer. Elle habite le double empire de la morale et du droit.

La *bienfaisance*, devoir non moins strict et non moins rigoureux, est essentiellement libre. Mais quoique placée en

---

(1) Hanc enim ob causam maxime ut sua tenerent, respublicæ civitatesque constitutæ sunt. (Cic., *De off.*)

dehors de la sphère du droit, elle influe puissamment sur lui. Sans effacer le droit, elle le fait plier; sans rompre ses barrières, elle les abaisse ; sans confondre les destinées, elle les réunit; sans détruire la responsabilité et la liberté des êtres moraux par une fausse solidarité, elle les rapproche et les unit par un lien d'amour et de services mutuels. Au nom de leur commune parenté, de l'identité de leur nature, de leur origine et de leur destinée, elle les engage à céder de la rigueur de leurs droits et à confondre leurs intérêts. Elle rétablit entre eux une communauté dont le principe est l'amour et la générosité. Quand sa voix est entendue, elle récompense par les plus pures et les plus douces jouissances qu'il soit donné au cœur de l'homme de goûter sur la terre ; quand elle est méconnue, elle s'arme non de la loi, mais du remords et de la menace des châtiments dans une autre vie.

De l'accord et de l'harmonie de ces deux vertus résultent l'accord et l'harmonie du monde moral. L'une est la base de la société, l'autre en est l'âme. Elle en est aussi le salut, car « ce n'est point la force des armes qui dompte les cœurs, c'est l'amour et la générosité. » (Spinosa, *Eth.*, V.)

ART. II. DE LA FAMILLE.

« Humani generis mores tibi nosse volenti
Sufficit una domus.. »
(JUVÉNAL, *Sat.* XI.)

§ I. De la famille ou de la société domestique en général.

Après avoir parlé de la société humaine en général, nous avons à considérer l'homme dans les deux sociétés naturelles dont il fait partie : 1° la famille ou la société domestique; 2° la société civile ou l'État.

NÉCESSITÉ DE LA FAMILLE. — La famille est d'institution naturelle ou divine; il ne dépend d'aucun pouvoir humain de la supprimer ou même d'en changer la nature et les bases. Il serait superflu de prouver cette évidente vérité, si elle n'avait été attaquée.

Pour démontrer la nécessité de la famille, on peut employer des arguments de diverses sortes. — 1° Les uns sont puisés dans la considération de la nature de l'homme, de ses besoins moraux et de ses affections les plus chères, les plus naturelles. — 2° D'autres sont tirés des devoirs et des droits qui s'établissent, dès l'origine, entre le père et la mère, les parents et les enfants, etc., et dont nulle puissance humaine ne peut les dégager ou les dépouiller. — 3° D'autres sont pris dans la nature de la société civile, dont la famille est la base et le premier élément, *seminarium reipublicæ*. (*De Off.*, I.) — 4° En consultant l'histoire, on voit que la famille s'est perfectionnée en resserrant ses liens à chaque nouveau progrès accompli par l'humanité.

Donc les théories sociales qui attaquent la famille méconnaissent la nature humaine et foulent aux pieds ses affections les plus légitimes. Elles renversent la morale en substituant à des obligations et à des droits sacrés des rapports monstrueux et factices. Elles méconnaissent surtout la nature et la destination de la femme, l'avilissent et la dégradent, lui ôtent toute dignité et toute vraie liberté (1); elles la placent hors de la sphère de ses devoirs et de ses droits (2). Elles dénaturent l'idée même de la société civile sous prétexte de la réformer et de la rapprocher d'un idéal plus parfait (3). Enfin l'histoire donne un démenti formel à ces théories en montrant qu'elles rétrogradent vers la barbarie et l'enfance des sociétés humaines au lieu de suivre le progrès de la civilisation.

§ II. Des bases de la société domestique.

> « Prima societas in ipso conjugio, proxima in liberis, deinde una domus, communia omnia. »
>
> (Cic., *De Off.*, I.)

La société domestique est formée essentiellement par l'union de l'homme et de la femme et par les enfants qui naissent de cette union. Elle repose sur la triple base du *mariage*, de *l'éducation des enfants* et de la *propriété*.

---

(1) « La pureté et la chasteté sont la source de toute noblesse et de toute grandeur dans la femme. Pour la femme, la chasteté est le principe de toute moralité. » (Fichte, *Sittenlehre*, 330.)

(2) V. Aristote, *Politique*, II.

(3) « L'amour de la patrie commence à la famille. » (Bacon, *De Augm.*, iv. VI.) — « Id autem est principium urbis et quasi seminarium reipublicæ. » (Cic., *De Off.*, I, ch. XVI.) — « La famille est une petite patrie; c'est le bon père, le bon fils, le bon époux qui font le bon citoyen. » (Rousseau.) — Sur la famille, lisez Aristote, *Éth. à Nic.*, VIII, x; Id., *Polit.*, I, 3; II, 6. — Xénoph., *Mém. Socr.*, II, II, *Econom.*, VI et suiv.

I. Du mariage. — Le mariage est le premier fondement de la société domestique et de la société humaine en général. *Prima societas in ipso conjugio.* (Cic.)

Quelle est sa nature ? A-t-il pour principe le *rapprochement des sexes*, la *procréation des enfants et leur éducation ?* l'*amour* à la fois physique et moral ? Est-ce un simple *contrat* ? Tous ces principes isolés ou réunis sont insuffisants à expliquer la nature de l'union conjugale qui, avant tout, offre un caractère *moral* et *religieux.* Sans doute chacune de ces fins est comprise dans le mariage ; mais elles ont besoin d'être épurées et consacrées par une fin plus haute. L'essence du mariage, c'est avant tout l'*union des âmes*, la fusion de deux personnes semblables et différentes, qui, mettant en commun leurs facultés, leurs sentiments, leurs volontés et leur existence tout entière, unissent leur destinée terrestre (*consortium vitæ*) dans le but de se compléter l'une par l'autre, de fonder une famille, d'élever leurs enfants et de partager ensemble les peines et les adversités de la vie comme ses biens et ses jouissances (1). C'est par là que le mariage diffère de toute autre association, de l'union animale, résultat du rapprochement des sexes, du simple contrat qui peut être dissous par la volonté des contractants, de l'amour, passion grossière quand elle n'a pour but que la volupté, mobile lors même qu'elle est pure de tout désir sensuel. Par là ce lien prend un caractère de *perpétuité* et d'*indissolubilité*, qui le soustrait aux caprices du sentiment ou à l'arbitraire de la volonté. Par là s'explique et se justifie son caractère d'*exclusivité* qui n'admet dans cette union que deux personnes se donnant entièrement l'une à l'autre ; c'est ce qui fait que la *polygamie*, le *divorce* même, en dénaturent l'idée.

II. De l'éducation des enfants. — Le second principe sur lequel repose la famille est l'éducation des enfants. Elle est à la fois un devoir pour les parents et un droit que l'État ne peut leur enlever. L'enfant arraché aux mains naturelles qui devaient le soigner et l'élever, former son esprit et son cœur, le guider dans la carrière de la vie et préparer son

---

(1) Matrimonium est conjunctio viri et mulieris individuam vitæ societatem continens. (*Droit rom.*)

avenir, soustrait à l'autorité paternelle et à la sollicitude maternelle, ne conserve plus, vis-à-vis de ceux qui lui ont donné le jour, d'autres rapports que ceux de l'animal, qui, au moins, est en état de se suffire à lui-même. La famille ainsi à peine formée se dissout. On ne peut toucher à cette base sans anéantir la famille.

III. DE LA PROPRIÉTÉ DANS LA FAMILLE. — Une troisième base de la famille est la propriété. Celle-ci est un droit inhérent à l'homme déjà comme individu. De plus, elle est essentiellement liée à l'existence de la famille. Le père et la mère, dépouillés du droit de rien posséder en propre, sont par le fait dispensés du devoir de nourrir et d'élever leurs enfants, de travailler pour eux, de songer à leur avenir et à leur établissement. Ils perdent l'autorité que leur confère cette mission providentielle, ainsi que les droits à leur affection qui naissent des sacrifices qu'elle leur impose. Tous les liens de la famille se trouvent ainsi relâchés, altérés, détruits.

Veut-on une preuve indirecte que ce sont bien là les bases essentielles de la société domestique, et que l'une d'elles ébranlée entraîne inévitablement la ruine de la famille? On n'a qu'à consulter les systèmes où celle-ci est attaquée. On verra que tous les ont également supprimées en établissant d'abord la communauté des biens, puis l'éducation en commun des enfants et, finalement sinon immédiatement, la communauté des femmes. (V. Platon, *Rép.*, V, Thomas Morus, etc.)

§ III. Devoirs des membres de la famille.

« Fundamentum omnium virtutum pietas erga parentes. » (Cic.)

Les membres de la famille offrent entre eux comme *époux*, *père*, *mère*, *enfants*, *frères* ou *sœurs*, etc., différents rapports d'où naissent des devoirs mutuels, qu'il suffit d'énumérer.

Le *mari* doit à sa compagne amour, fidélité, confiance, protection; la loi civile ajoute un entretien convenable et proportionné à ses moyens. — La *femme* doit à son mari fidélité, amour et soumission. — Le *père* doit à ses enfants de les aimer, de les nourrir, de les élever, de les entretenir, de les instruire ou faire instruire, de veiller sur eux, de les corriger lorsqu'ils font mal et de leur donner le bon exemple, de les mettre en état de se suffire en leur donnant un établissement assorti à ses moyens et à leur vocation. — Les *enfants* doivent honorer leurs parents, leur obéir, supporter leurs défauts, les soutenir dans leur vieillesse et leurs besoins. Ces devoirs sont compris dans la *piété filiale*, fondement de toutes les vertus, dit un ancien. Les devoirs des *frères* et des *sœurs* sont des devoirs d'affection, de concorde et de secours mutuels. (V. Aristote, *Eth. à Nic.*, VIII, 10.)

Si le chef de famille a des domestiques ou des *serviteurs*, il doit non-seulement remplir avec une scrupuleuse exactitude ses engagements avec eux, mais user à leur égard de douceur et de bonté ; il leur doit également ses soins et son assistance dans le malheur et dans le besoin.

ART. III. DE LA SOCIÉTÉ CIVILE. — DEVOIRS ENVERS L'ÉTAT.

§ I. Nature et but de la société civile.

« Concilia cœtusque hominum jure sociati. »
(Cic., *Songe de Scipion*.)

I. IDÉE DE LA SOCIÉTÉ CIVILE. — L'État ou la société civile n'est pas simplement une agglomération d'hommes vivant sur le même sol (1). La communauté d'origine, de mœurs et de langage, celle des intérêts, des traditions, des croyances religieuses ne la constituent pas encore. De là résulte l'unité sociale, qui, quand elle a conscience d'elle-même et est animée du même esprit, s'appelle un peuple, une *nation*. Mais l'État n'existe que quand un certain nombre d'hommes sont réunis sous l'empire des mêmes lois et reconnaissent une même autorité, c'est-à-dire lorsqu'intervient l'idée du *droit* et d'un pouvoir qui le représente. On peut donc définir l'État une association d'hommes soumis aux mêmes lois et au même gouvernement.

Entre la société *domestique* et la société *civile*, la famille et l'État, il est une différence essentielle qui ne permet pas de les assimiler, ni d'appliquer à l'un ce qui appartient à l'autre. La famille est fondée sur des rapports naturels;

---

(1) « Populus autem non omnis hominum cœtus quoquo modo congregatus, sed cœtus multitudinis juris consensu et utilitatis communione sociatus. » (Cic., *De Rep.*, I, 25.) — Une cité est la réunion d'un plus ou moins grand nombre d'hommes sous les lois de droit. (Kant, *Pr. du Droit*, IIe part.)

l'État, sur une idée, sur la notion du *droit*. La justice intervient dans la famille ; mais elle trouve les rapports déjà fixés par la nature. La justice crée l'État, qui est la réalisation du droit : *societas juris*. (Cic.)

II. Son vrai but. — Le but de la société civile résulte de sa nature ou de son idée. Ce n'est pas un intérêt particulier, commercial, industriel, scientifique, religieux même qui tient ainsi les hommes réunis ; c'est un lien humain plus général. Formée d'êtres intelligents et libres, la fin de cette société c'est la fin de l'humanité même, savoir, le développement complet et régulier des facultés humaines sous l'empire et la protection de la loi, qui en règle l'exercice extérieur et empêche que ces êtres n'empiètent les uns sur les autres, ne violent leurs droits réciproques. Ce pouvoir sans doute est limitatif, mais avant tout protecteur. L'oppression et le despotisme sont contraires à son essence. Son but est l'ordre, mais non l'ordre matériel ; c'est l'*ordre dans la liberté*. Car ce sont des êtres libres dont il s'agit de régler les rapports (1). Le *droit* et la *liberté* sont donc le vrai but comme le principe de la société civile.

III. Systèmes faux. — Hors de la société civile, le droit et la liberté n'existent pas ; aussi c'est une grande méprise de la part de quelques philosophes (Hobbes, Rousseau) d'avoir cherché le type de la liberté dans un *état de nature* antérieur à la société. L'état de nature entendu de cette façon laisse subsister entre les hommes les inégalités naturelles : c'est la tyrannie des forts exercée sur les faibles, la guerre de tous contre tous, le règne de la violence et de l'anarchie. Il n'est pas vrai non plus qu'en entrant dans la société civile, l'homme fasse l'abandon d'une partie de ses droits et de sa liberté ; il renonce à la liberté sauvage ; un frein est imposé à sa volonté capricieuse et à ses passions. Il se soumet à la loi, c'est-à-dire, si elle est juste, à la raison. C'est la passion, le caprice, la volonté arbitraire qui sont limités et contenus dans l'État bien ordonné. La volonté raisonnable, loin d'être comprimée, ne peut trouver qu'ici son libre développement. « Celui qui veut que la loi commande, dit Aristote, semble ne reconnaître d'autorité que celle de Dieu lui-même,

---

(1) La cité n'est qu'une association d'hommes libres. (Aristote, *Polit.*, III, IV.)

et de la raison... On peut dire de la loi qu'elle est une intelligence sans passion. » (*Polit.*, III, ch. XI.) (1)

§ II. Idée du gouvernement, sa nature, sa mission et sa légitimité.

> « Procuratio republicæ ad utilitatem eorum qui commissi sunt, non ad eorum quibus commissa est gerenda est. »
> (Cic., *De Off.*, I.)

I. NATURE DU GOUVERNEMENT. — Toute société régulièrement organisée et constituée suppose une puissance publique qui maintienne l'ordre, protége les faibles contre les forts, établisse des lois et les fasse exécuter, représente et personnifie l'État, le défende contre les agressions étrangères et contre les entreprises de l'anarchie. Ce pouvoir ou cet ensemble de pouvoirs, c'est le *gouvernement*.

Sans un gouvernement, la société ne peut subsister; mais le gouvernement n'a pas une existence indépendante de la société elle-même. Celle-ci est le but, lui le moyen. Elle existe par elle-même et pour elle-même; lui par elle et pour elle. L'État, c'est la chose du peuple, *res populi*. (Cic., *De Rep.*, I, 25.)

Pour déterminer les devoirs du citoyen, nous devons examiner sur quelle base reposent la *souveraineté* et la légitimité du pouvoir. Le devoir d'obéir suppose le droit de commander.

II. DE LA SOUVERAINETÉ. — Le but général de toute société, on l'a vu, est le développement libre des facultés humaines sous l'empire de la justice qui en règle l'exercice extérieur. En même temps, chaque peuple a une vocation particulière qui résulte de son génie propre, de ses traditions et de son histoire, de ses mœurs, de sa position géographique, de ses rapports avec les autres peuples, etc.

Cette destinée générale et propre de toute nation et qu'elle ne tient que de Dieu, voilà ce qui est sacré comme la nation

---

1) C'est le sens de la réponse de Xénocrate : « Quum quæreretur ex eo quid assequerentur ejus discipuli, respondisse, ut id sua sponte facerent quod cogerentur facere legibus. » (Cic., *Rép.*, I, 2.) — Cf. Diog. Laert., II, 68. Plutarq. adv. *Colot.*, 30.

elle-même (1). Rien ne peut prévaloir contre elle. Le devoir du gouvernement est donc de savoir comprendre cette double fin, de diriger vers ce but la société à la tête de laquelle il est placé. S'il est le plus propre à remplir cette mission et s'il la remplit en effet, s'il est en harmonie avec la société, avec son esprit, ses mœurs, ses intérêts et ses besoins, il est légitime. Se met-il en opposition ouverte et complète avec elle, il cesse de l'être et il risque de se perdre. Là est le principe des révolutions qui renversent les dynasties et les trônes. — Comment une nation renoncerait-elle à elle-même et à sa destinée pour suivre un pouvoir aveugle qui la précipite hors des voies que lui a tracées la Providence, ou veut la faire rétrograder vers le passé ?

Chercher ailleurs que dans cette conformité du gouvernement avec la fin de la société le principe de la souveraineté ou de la légitimité, c'est s'écarter de la notion même de la société et du gouvernement (2).

III. FAUX PRINCIPES. — Telle est la théorie absurde et révoltante qui confond la souveraineté avec le droit de propriété, comme si des hommes pouvaient être possédés au même titre que la terre qui les supporte et les nourrit. C'est se tromper aussi que de faire dériver la légitimité d'un gouvernement de son origine historique. Car celle-ci peut être la *force* et l'*usurpation* : la force ne peut fonder un *droit* (3). L'*ancienneté*, la *durée* peuvent expliquer l'accord dans le passé, non dans le présent ou l'avenir. Le temps sanctionne le droit, mais ne le crée pas. Le pouvoir fondé par la force peut devenir légitime, mais c'est précisément en faisant oublier son origine et en se rendant nécessaire, c'est-à-dire en devenant *juste* et en s'associant aux véritables intérêts de la société. La souveraineté peut se perdre par les mêmes raisons.

Nul doute que la souveraineté et la *justice* n'émanent de

---

(1) Intelligendum est etiam duabus quasi nos a natura indutos esse personis : quarum una est communis....., altera autem quæ proprie singulis est tributa. (Cic., *De Off.*, I, 30.)

(2) Le gouvernement le plus conforme à la nature est celui dont la disposition particulière se rapporte le mieux à la disposition du peuple pour lequel il est établi. (Montesquieu, *Esp. des Lois*, 1, 3.)

(3) Sur le droit du plus fort, voyez Platon, *Gorgias*, et *Rép.*, I. Rousseau, *Contrat social*, 1, 2. Cousin, *Réfutat. de Hobbes*, *École sensualiste*.

Dieu. Mais, pour représenter Dieu sur la terre, il faut remplir une mission véritablement divine. Un gouvernement sage, éclairé, juste, règne toujours par *droit divin*. Il est l'image de la Providence divine, et il participe de sa majesté, de son inviolabilité. Entendre autrement le *droit divin*, c'est fonder en principe la théocratie.

IV. Souveraineté nationale. — Le principe de la souveraineté nationale est donc vrai. Il l'est d'abord dans ce sens que la nation s'appartient toujours à elle-même, et à elle seule. Ce droit est inaliénable. Il l'est aussi dans celui de l'opinion juste et de la raison publique éclairée. La *volonté générale* est une mauvaise formule. Aucun droit n'émane de la *volonté*, à moins qu'elle ne se confonde avec la raison. C'est la *raison qui est souveraine*, quelque part qu'elle soit (1). Si nous avons refusé de reconnaître dans la volonté de Dieu (p. 522) le principe de la loi morale, ce n'est pas pour placer celui de la loi politique dans la *volonté du peuple*. La volonté sans la raison est aveugle, arbitraire et capricieuse ; elle défait le lendemain ce qu'elle a fait la veille. Ce système ne peut conduire qu'à l'anarchie (2). Mais la souveraineté du peuple est d'autant plus vraie et plus réelle que le progrès des sociétés humaines appelle toujours un plus grand nombre de citoyens à l'exercice des droits politiques à mesure que l'extension des lumières et de la moralité les en rend capables. Le peuple alors dispose avec sagesse de lui-même et de sa propre destinée, comme il en porte la responsabilité.

Les devoirs du citoyen envers l'État peuvent se ramener à deux : 1° l'obéissance aux lois et à l'autorité légitime ; 2° l'amour de la patrie et le dévouement au bien public.

Le citoyen doit savoir se soumettre à la loi, ne pas se

---

(1) La souveraineté doit appartenir aux lois fondées sur la raison. (Arist., *Polit.*, III, 6.)

(2) Dire au peuple qu'il peut tout ce qu'il veut, non ce qu'il veut *raisonnablement* ou selon la justice, fut toujours le langage des flatteurs du peuple ou des démagogues. Rousseau dit : « En tout état de cause, un peuple est toujours maître de changer ses lois, même les meilleures. Car, s'il lui plaît de se faire mal à lui-même, qui a le droit de l'en empêcher ? » — Personne ; mais, « 1° en se faisant mal, il est insensé ; 2° en se faisant mal, il fait mal à ceux qu'il opprime et il est injuste ; 3° injuste et insensé, il travaille à sa propre ruine, et s'expose à passer sous le joug d'une puissance voisine. » (V. Cic., *De Rep.*, III, ch. 1.)

mettre au-dessus d'elle, ni l'éluder ou la violer, lors même qu'elle n'est pas parfaite et qu'elle blesse ses intérêts ; sans cela, l'anarchie est dans les mœurs, et la société sans cesse à la veille de sa ruine. *Legum omnes servi sumus ut liberi esse possimus.* (Cic., *Pro Cluent.*, 53.) (1)

Il doit défendre les lois et la société si elle est menacée, lui faire le sacrifice de sa vie et de sa fortune ; contribuer, selon ses moyens, aux charges de l'État.

ART. IV. FONDEMENT DU DROIT CIVIL ET DE LA PROPRIÉTÉ.

« Constituendi juris ab illâ summâ lege capiamus exordium, quæ seculis omnibus ante nata est quam scripta lex ulla aut omnino civitas constituta. »

(Cic., *De Legib.*, I, 6.)

§ I. Principe du droit civil.

Il n'entre pas dans notre sujet d'exposer les principes de la législation ; nous nous bornons à ajouter, sous forme d'appendice à la morale sociale, quelques mots sur les bases du *droit civil* et de la *propriété*.

I. Distinguons d'abord le *droit positif* du *droit naturel*, dont le *droit positif* doit être l'expression. La loi *écrite* suppose la loi *non écrite*. Hors de là, le droit positif est l'opposé même du droit, et, comme dit Bossuet, « il n'y a point de droit contre le droit. » La justice alors serait l'injustice, le caprice, la force, la tyrannie.

II. Mais quel est le premier principe du droit civil en particulier ? — Nous l'avons dit : l'origine du droit, c'est la *liberté* ; elle est la racine commune de tous nos droits. Régler l'exercice des libertés individuelles de manière qu'elles ne se nuisent pas les unes aux autres ; par là assurer leur libre développement, tel est le but de la *loi civile*. Elle doit limiter, mais pour favoriser et protéger, non pour détruire ou empêcher. C'est là le véritable objet de la loi civile comme de la société en général. De là l'*égalité* devant la loi. Celle-ci consiste dans l'égale protection que la loi accorde à tous les membres de la société civile dans

---

(1) Lisez la belle prosopopée des Lois dans le *Criton* de Platon. — Sur l'amour de la patrie : Platon, *ibid.*; Cic., *De Off.*, 1, 17, 57, *De Leg.*, II, 2 ; Montesquieu, *Esp. des Lois*, V, 8 ; Silvio Pellico, *Des Devoirs*, VIII.

l'exercice légitime de leurs droits. *Jura certe paria debent esse eorum inter se qui sunt cives in eadem republica.* (Cic., *De Rep.*, I, 32.) (1)

§ II. Fondement de la propriété.

> « . . . . Omnes,
> Fœdere naturæ certo, discrimina servant. »
> (Lucrèce, V.)

La propriété est une des bases de la famille et de la société civile (*suprà*). Est-elle de droit naturel? ou une simple institution que la loi peut à son gré changer ou supprimer? Son principe étant méconnu (2) ou attaqué, il importe de l'établir d'une manière évidente et précise.

La propriété est de droit naturel, si elle dérive de la nature humaine comme conséquence nécessaire; car il ne dépend pas plus de l'homme de changer sa constitution morale et les lois qui en dérivent, que de changer les lois du monde physique.

Or, quel est le fait de la nature humaine que l'on peut considérer comme le véritable fondement de la propriété? — Sans doute on peut invoquer d'abord les éléments de notre constitution morale qui rendent la propriété nécessaire ou qui témoignent de sa nécessité, tels que les besoins, les instincts, les affections de notre nature individuelle, comme le fait Aristote. (*Polit.*, II.). — On peut aussi montrer sa nécessité comme condition de la famille; mais ce n'est pas là le vrai principe qui en fait un droit réel et indestructible.

Ce principe, d'où découlent tous nos droits comme tous nos devoirs, c'est la *liberté*; ce qu'il est facile de démontrer d'une manière à la fois directe et indirecte.

1° L'homme tel que Dieu l'a fait est un être libre. Or, le caractère essentiel de l'être libre, c'est de *se posséder soi-même*, d'être maître de soi (*suî compos*) et maître de ses facultés. Celles-ci, au moins, on ne peut le nier, lui appartiennent. Il a le devoir et le droit de les exercer, de les cultiver, de les

---

(1) Jus enim semper est quæsitum æquabile, neque enim aliter esset jus. (Cic., *De Off.*, II, 11.)
(2) Sunt privata nulla natura. (Cic., *De Off.*, I, 7.)

développer. L'homme n'est une *personne* qu'à cette condition ; ce qui distingue la personne de la *chose*, c'est que la chose ne se possède pas, et que l'homme se possède. On ne peut au moins lui contester cette première propriété (1); or, celle-ci reconnue, toutes les autres en dérivent.

Se possédant lui-même, l'homme ne peut être possédé sans cesser d'être homme. (Ceci condamne l'*esclavage*.) De plus, il ne peut exercer et déployer sa liberté qu'en possédant certains objets qui dès lors lui appartiennent en propre. Il possède ses facultés, elles font partie intégrante de son être individuel ou de sa personne; elles lui sont des moyens et des instruments pour l'étendre au dehors. Il prend possession ainsi de son corps et de ses organes. Par son corps, son activité libre passe dans le monde extérieur. Là il rencontre les *choses*. Le propre de la chose, c'est de ne pas s'appartenir et de pouvoir être possédée. Il s'en empare donc, si déjà elles ne sont possédées. Il les *occupe* d'abord et il ne le peut sans *énergie personnelle* ; il les façonne, les féconde et les transforme par son *travail*. Par là, il se les *approprie*, les fait *siennes*. Plusieurs même sont *créées* par lui. Le moi, la personne communique ainsi à la chose son inviolabilité. Mais ce qui lui appartient, il a le droit d'en *user* et d'en *disposer*, de le *donner*, de l'*échanger*, de le *transmettre*. Sans cela sa propriété est illusoire. Cela se fait, il est vrai, sous certaines conditions que la loi civile règle, mais qu'elle ne crée pas. La loi n'a pas le droit, sous le prétexte de régler les conditions de la propriété, de détruire en réalité ce qu'elle est appelée à garantir.

Tel est le principe du droit de propriété. Il n'a sa source, ni dans la *loi civile*, puisqu'il lui est antérieur, ni dans un *contrat primitif*. L'*occupation*, le *travail* et la *production* eux-mêmes ne doivent être regardés que comme des manifestations de la *liberté* humaine, véritable principe du droit de propriété comme de tous nos droits. De sorte qu'on peut définir la propriété : *la liberté dans sa manifestation extérieure*.

2° Tous les systèmes qui attaquent la propriété aboutis-

---

(1) Qu'on examine le livre de J. Proudhon contre la propriété, on verra que sa dialectique vient se briser contre ce principe. Il n'a plus ici que des sarcasmes et pas un argument sérieux. (V. 1er *Mém.*, ch. II.)

sent forcément au despotisme et à l'esclavage; ce qui constitue une preuve *indirecte* non moins concluante.

Là où la propriété est menacée, la liberté l'est aussi. En effet, supposons que je n'aie pas le droit de rien posséder en propre, ni d'acquérir, de recevoir, de donner, de transmettre, que devient ma liberté? Refoulée en moi, dans le for intérieur, ma volonté elle-même ne peut plus se manifester au dehors ni se développer. Je suis esclave de l'être individuel et collectif qui dispose de mes actes, de ma subsistance, de mes facultés, de ma vocation : qui peut, à son gré, régler, mesurer toutes mes actions, imposer à mon travail, à ma pensée, à mon activité tout entière telle direction ou telle limite qu'il lui plaira. Que ce despotisme soit exercé par un seul ou par plusieurs, au nom d'un individu ou au nom de l'État, le résultat est toujours le même : le *despotisme* d'une part, et l'*esclavage* de l'autre.

Que l'on donne tel nom particulier que l'on voudra aux systèmes qui abolissent ou attaquent la propriété, leur nom commun c'est la *tyrannie*.

CONSULTEZ : 1° Sur les *devoirs sociaux* : Xénophon, *Mém.*, II. — Platon, *Rép.*, I; *Lois*, V, IX. — Aristote, *Eth. à Nic.*, V; *Polit.*, III. — Cicéron, *De Off.*, I et II; *De Rep.*, I; *De Leg.*, I et II. — Sénèque, *De Benef.* — M.-Aurèle, *Pensées*. — D'Aguesseau, *Instit. au Droit public*. — Kant, *Raison pratique*. — A. Smith, *Théor. des sent. moraux*. — J. Beattie, *Élém. de sc. morale*. — Ferguson, *De la Société civile*. — V. Cousin, *Justice et Charité*; *Du Vrai, du Beau*, 21e et 22e leçons. — Duchâtel, *De la Charité*. — Garnier, *Morale sociale*.

2° Sur la *famille* : Xénophon, *Mém.*, II; *Œconomiq.*, VII. — Aristote, *Polit.*, I. — Cicéron, *De Off.*, I. — Sylvio Pellico, *Des Devoirs*. — P. Janet, *la Famille*.

3° Sur la *propriété* : Aristote, *Polit.*, II, IV. — Thiers, *De la Propriété*. — Troplong, *De la Propriété d'après le Code civil*. — Cousin, *Phil. morale*, 23e leçon; *Justice et Charité*. — Franck, *le Communisme jugé par l'histoire*. — Raybaud, *les Réformateurs*. — *Dict. des sci. phil.*, art. PROPRIÉTÉ.

4° Sur le *Communisme* et le *Socialisme*. Voy. QUESTIONS DE PHILOSOPHIE, Sect. VII. La nouvelle édition contient une réfutation de ces doctrines; on nous permettra d'y renvoyer.

THÉODICÉE

« Per animam meam ascendam ad illum. »
(SAINT AUGUSTIN.)

NOTIONS PRÉLIMINAIRES

OBJET DE LA THÉODICÉE

SA PLACE ET SA LÉGITIMITÉ.

I. SON OBJET. — La théodicée (1), ou théologie naturelle, est la *science de Dieu* tel qu'il est donné à la raison humaine de le connaître. Elle démontre son existence, détermine sa nature et ses attributs, ses rapports avec le monde et avec l'homme. A l'aide des lumières que lui fournit la connaissance de l'âme et de son auteur, elle aborde le mystérieux problème de la destinée future : elle marque les devoirs de l'homme envers Dieu et fait voir la nécessité d'un culte à rendre à la divinité.

II. SA PLACE ET SES RAPPORTS. — Sa place a déjà été fixée (p. 30 et 493). Elle est le complément et le faîte de l'édifice philosophique, dont elle éclaire et achève toutes les parties. La base, elle-même, par elle s'affermit encore. Cette base, c'est la pensée ; or, quand la raison se sent unie à son principe, elle puise dans la conscience claire de son rapport avec lui une foi nouvelle dans la vérité de ses conceptions. Ce lien est facile à établir pour toutes les parties de la philosophie.

1° La connaissance de l'âme nous élève à la connaissance de Dieu, *noverim me noverim te*. (S. Aug.) L'homme, après avoir médité sur lui-même, ne trouve qu'en Dieu la raison

(1) Ce mot, qui ne s'appliquait d'abord qu'aux problèmes sur la *justice* et l bonté divines (V. Leibnitz, *Théod.*), a fini par s'étendre à la science de Die tout entière.

des hautes vérités que recèle son esprit. L'essence de l'âme, ce qu'il y a de divin en elle, ne se comprend que quand on connaît son modèle. C'est aussi par sa comparaison à l'être parfait qu'elle peut s'estimer à sa juste valeur. « La connaissance de Dieu m'apprend à juger de la dignité de mon être, » dit Bossuet. (*Conn. de Dieu*, IV, § 12.) Par là s'explique à la fois ce qu'il y a de parfait et d'imparfait en elle, sa grandeur et sa faiblesse. On pénètre mieux la nature de ses facultés dont les unes témoignent de l'excellence de leur principe, les autres sont les formes de l'être fini. L'intelligence par ses idées, la volonté par sa liberté, la sensibilité par son désir inné du bonheur nous font conclure une origine et une destinée supérieures : mais cette origine et cette destinée, à leur tour, éclairent l'état actuel de l'âme, expliquent ses tendances et ses aspirations. Ce n'est donc que quand ces mêmes facultés ont été rapportées à leur premier principe ou à l'être qui les possède éminemment, qu'elles sont bien connues. Quant à la simplicité, à l'identité de l'être pensant, où trouver la raison de ces attributs, sinon dans l'être qui est l'esprit par excellence, la substance simple, immuable et absolue? La *Phychologie* a son dernier mot dans la théodicée.

2° La *Logique* a aussi son complément dans la connaissance de Celui qui est la vérité même, objet de toutes ses recherches. Autrement, on peut craindre qu'elle ne devienne une science aride et morte, qui s'agite dans le cercle vide des formes de la pensée. Les questions relatives à la certitude et à l'évidence, au raisonnement et à ses lois, aux différentes méthodes, laissent une lacune, un *desideratum* final, qu'une science supérieure seule peut combler. Descartes (*Disc. de la Méth.*, IV), après avoir placé le fondement de la certitude dans l'évidence de la raison, lui donne pour dernière garantie la véracité divine. Le cercle vicieux est évident, mais il cache une pensée vraie. Que sont aussi les axiomes, ces premières lumières, base du raisonnement, sinon un reflet de la vérité éternelle qui communique sa lumière à la raison humaine? Qu'est-ce que cette parole intérieure qui dément la parole extérieure et l'empêche d'extravaguer, qui confond le scepticisme et sauve le raisonnement lui-même des antinomies de la dialectique (p. 286)? Si elle ne va jusque-là, la logique chancelle sur sa base, ou du moins elle s'ignore elle-même ; le secret de l'infaillibilité de ses lois lui est dérobé. Elle reste une science positive, comme l'algèbre ou la grammaire, mais incomplète et inférieure. Le caractère philosophique peut lui être contesté, s'il est vrai que la philosophie est la science des premiers principes.

3° La *Morale* doit précéder la théodicée. (V. p. 493.) Mais si la loi morale a déjà sa base très-solide dans la conscience, elle n'est revêtue de toute son autorité et de sa véritable sanction que quand elle s'identifie avec la raison et la volonté de Celui qui est le législateur suprême et le représentant de l'ordre moral. Toutes ces idées du vrai, du bien, du beau ne sont que des intermédiaires, des copies, des fantômes divins (Platon) placés entre la raison humaine et son véritable objet ; leur réalité est en Dieu, l'idée des idées. (*Id.*) Dans la pratique surtout se fait sentir l'insuffisance de la morale détachée du principe religieux ; ici, la séparation est funeste. On cite quelques athées, rigides observateurs de la loi morale, pour lesquels le culte du devoir a remplacé celui de la divinité ; mais que l'on conçoive, si l'on peut, une société gouvernée par ces maximes abstraites, où la dernière sanction des lois ne soit pas dans l'idée de Dieu, juge inflexible, d'une Providence à laquelle rien n'échappe, qui rétablit l'équilibre, sans cesse troublé, du bien et du bonheur. *Atque haud scio an, pietate adversus Deos sublata, fides etiam et societas generis humani, et una excellentissima virtus justitia tollatur.* (Cic., *De nat. Deor.*)

III. SA LÉGITIMITÉ. — Quant à la légitimité de cette science, les sophismes par lesquels on l'attaque sont faciles à réfuter. Elle a deux sortes d'adversaires : 1° les esprits sceptiques ou positifs qui nient la métaphysique (1) ; 2° cette classe de théo-

---

(1) « Le plus ferme précepte de la philosophie positive est d'abandonner toute recherche sur le commencement et la fin des choses, recherche oiseuse puisqu'elle est impossible et qui, bonne pour l'enfance du genre humain, est indigne de son âge adulte. » — Ainsi parle cette philosophie. S'il en est ainsi, le plus haut degré de perfection pour l'esprit humain est de savoir que ses facultés les plus nobles lui sont inutiles, qu'il ne doit s'inquiéter ni de son origine ni de sa destinée. L'homme est un animal intelligent. Voilà le dernier mot de la sagesse. (V. *Questions de Philosophie*, art. POSITIVISME.)

logiens qui croient servir la religion révélée en dépréciant la raison.

Aux premiers, nous avons répondu aux articles du scepticisme (p. 202), et du matérialisme (p. 234).

L'histoire donne un démenti aux derniers et la logique fait voir combien ils sont imprudents. On ne peut nier que la raison humaine, personnifiée dans les anciens philosophes, Socrate, Platon, Aristote, ne soit parvenue, même avant la lumière du christianisme, aux plus hautes vérités sur la nature divine. C'est aussi en consultant la raison que les penseurs modernes, Descartes, Fénelon, Malebranche, Leibnitz, ont continué ces sublimes recherches. Que si la raison était impuissante à se former de Dieu et de ses attributs une idée claire et distincte, toute révélation positive serait impossible. Comment proclamer la supériorité d'un dogme sur un autre, si le *critérium* des doctrines religieuses, c'est-à-dire la vraie notion de Dieu, nous manque ? La sublimité du dogme chrétien lui-même ne saurait être appréciée. La religion est réduite alors à s'appuyer sur des preuves tout extérieures et matérielles. Nier la religion naturelle, c'est renverser la religion révélée. (V. p. 270.)

Ce qui est vrai, c'est que la raison humaine, dans de pareilles recherches, ne doit pas, méconnaissant ses limites et sa faiblesse, croire avec une présomptueuse audace pouvoir pénétrer tous les mystères de la nature divine. Parmi les philosophes, ceux qui sont entrés le plus avant et le plus sûrement dans les choses divines, sont ceux qui ont le mieux pratiqué ce précepte de la vraie sagesse.

* *Remarque.* — L'athéisme lui-même a sa théologie. C'est un athée qui le dit : « N'est-ce pas, s'il est permis d'accoupler ces deux termes, la théologie de l'athéisme, que cette critique de la raison, qui nous fait voir dans les idées de cause, de substance, d'esprit, de Dieu, de vie future, etc., etc., des formes de notre entendement, la symbolique de notre conscience et qui explique en conséquence toutes les manifestations religieuses, théologies et théogonies par le déroulement des concepts ? » — (P. J. Proudhon. Idée gén. de la Révol., 289). A cette théologie de l'athéisme, œuvre de la raison, ne faut-il pas opposer une autre théologie également rationnelle ? — « Si vous avez à soutenir un débat philosophique, ne donnez pas à entendre que, les dogmes étant supposés, vous n'avez plus rien à dire de solide et de fort. Quand la foi est ruinée dans un esprit, il faut bien que vous ne présentiez plus à cet esprit que des arguments fournis par la raison... (Ollé Laprune. Malebr., t. II, p. 435.)

CHAPITRE I

DE L'EXISTENCE DE DIEU

> « Nullus intelligens quid sit Deus non potest cogitare quia Deus non est. »
> (Saint Anselme, *Proslogium*, ch. III.)

ART. I. EXPOSÉ DES PREUVES DE L'EXISTENCE DE DIEU.

DIVISION DES PREUVES DE L'EXISTENCE DE DIEU. — On range ordinairement les preuves de l'existence de Dieu en trois classes : preuves *physiques*, *métaphysiques* et *morales*. Une division plus simple les ramène à deux : preuves *à posteriori* ou fondées sur l'expérience, preuves *à priori* ou fournies par la raison.

§ I. Preuves physiques.

I. PREUVE PAR LA CONTINGENCE DES ÊTRES (*ex contingentia mundi*). — Leibnitz l'expose en ces termes : « Dieu est la première raison des choses : car celles qui sont bornées, comme tout ce que nous voyons et expérimentons, sont contingentes et n'ont rien en elles qui rende leur existence nécessaire. Il faut donc chercher la raison de l'existence du monde, qui est l'assemblage entier des choses contingentes, et il faut la chercher dans la substance qui porte la raison de son existence avec elle, et laquelle par conséquent est nécessaire et éternelle. » (*Théodicée*, I, 7.) (1)

A la preuve précédente peut se rattacher celle dite de l'*être nécessaire*. Elle est développée ainsi par le docteur Clarke : « Quelque chose, dit-il, a existé de toute éternité; autrement

---

(1) « Si quelque chose, quel qu'il soit, existe, il faut accorder aussi nécessairement que quelque chose existe nécessairement, car le contingent n'existe que sous la condition d'autre chose, comme de la cause, et le raisonnement qui se fonde sur cette cause n'est valable qu'autant qu'il remonte à une cause qui n'est pas contingente, et qui, précisément pour cette raison, existe nécessairement sans condition. Tel est l'argument sur lequel la raison fonde sa progression vers un être primitif. » (Kant, *Crit. de la Raison pure*, IIᵉ part., liv. II.)

il faudrait dire que les choses qui sont maintenant sont sorties du néant et n'ont absolument point de cause de leur existence, ce qui est une pure contradiction. Admettre une succession infinie d'êtres dépendants et sujets au changement, qui se seraient produits les uns les autres sans avoir eu aucune cause de leur existence, serait également une supposition absurde. Ce n'est d'ailleurs que reculer la question touchant le fondement et la raison de l'existence des choses. Il faut donc qu'un être immuable et indépendant ait existé de toute éternité. » (*De l'Exist. de Dieu*, ch. II.) « Qu'il y ait un moment où rien ne soit, éternellement rien ne sera. Il y a donc nécessairement quelque chose qui est avant tous les temps et de toute éternité. » (Bossuet, *Conn. de Dieu*, ch. IV.)

On peut y rapporter également la preuve que Descartes tire de sa propre existence et de celle des êtres du monde sensible. « J'existe ; or, je ne puis tenir mon existence de moi-même. Ceux qui m'ont donné la vie l'ont reçue comme moi. Je suis donc forcé de remonter à un premier être qui ne tienne l'existence que de lui-même, être éternel, infini, parfait. » (3ᵉ *Médit.*)

II. Preuve du premier moteur. — Une seconde preuve est celle dite du *premier moteur*. Elle est déjà dans Platon (*Lois*, X.) Mais elle appartient surtout à Aristote, qui la formule ainsi : « Rien n'est mû par hasard ; il faut toujours que le mouvement ait un principe. Pour qu'il puisse y avoir production, il faut qu'il y ait un autre principe éternellement agissant. Il y a donc quelque chose qui meut éternellement. C'est un être qui meut sans être mû, être éternel, essence pure, actualité pure. » (*Métaph.*, XII, ch. VII.) (1)

III. Preuve par l'ordre de l'univers, ou des causes finales. — La preuve physique par excellence est celle qui est tirée du spectacle de la nature, de l'*ordre* qui règne dans

---

(1) « Il est nécessaire que tout ce qui est mû soit mû par quelque chose. Ce qui n'a pas en soi le principe du mouvement doit évidemment être mû par un autre... Il faut s'arrêter quelque part ; sans quoi on irait à l'infini. » (Aristote, *Phys.*, VII, ch. I.) — « Les premières causes du mouvement ne sont point dans la matière... D'effets en effets, il faut toujours remonter à une première cause... Tout mouvement qui n'est pas produit par un autre ne peut venir que d'un acte spontané, volontaire... Je crois donc qu'une volonté meut l'univers et anime la nature. » (Rousseau, *Em.*, IV ; Kant, *Crit. de la Raison pure*, IIᵉ part., liv. II.)

l'univers et dans toutes ses parties. « C'est, dit Fénelon, qui la développe longuement dans la première partie de son *Traité de l'Existence de Dieu*, une philosophie sensible et populaire, dont tout homme sans passion et sans préjugé est capable. » Une multitude d'écrivains l'ont exposée (1). Chaque science lui apporte un tribut nouveau par ses découvertes, en dévoilant quelque partie du plan de la création et en faisant admirer la sagesse de son auteur.

« Celui, dit Rousseau, qui entreprend d'écrire sur les merveilles de l'univers, composerait-il un livre plus gros que le monde, n'aurait pas épuisé son sujet. » Newton, à qui on demandait un jour une preuve de l'existence de Dieu, se contenta de montrer le ciel en disant : *Voyez*. — Fénelon la résume ainsi : « Nous venons de voir les traces de la Divinité, ou, pour mieux dire, le sceau de Dieu même, dans tout ce qu'on appelle les ouvrages de la nature. Quand on ne veut point subtiliser, on remarque, du premier coup d'œil, une main qui est le premier mobile de toutes les parties de l'univers. Les cieux, la terre, les astres, les plantes, les animaux, nos corps, nos esprits, tout marque un ordre, une mesure précise, un art, une sagesse, un esprit supérieur à nous, qui est comme l'âme du monde entier, et qui mène tout à ses fins avec une force douce et insensible, mais toute-puissante. Nous avons vu, pour ainsi dire, l'architecture de l'univers, la juste proportion de toutes ses parties ; et le simple coup d'œil nous a suffi partout pour trouver dans une fourmi, encore plus que dans le soleil, une sagesse et une puissance qui se plaisent à éclater en façonnant ses plus vils ouvrages (2). » — « Le monde est le livre où l'intelligence a

---

(1) Xénoph., *Mém. Socr.*, I; Cic., *De Nat. deor.*; Fénelon, *Exist. de Dieu*, 1re part.; Bossuet, *Conn. de Dieu*, ch. IV; Rousseau, *Em.*, IV; B. de Saint-Pierre, Bonnet, Nieuwentyt, Paley, Voltaire, Reimarus, etc.

(2) « Si la matière mue me montre une volonté, la matière mue selon de certaines lois me montre une intelligence... Agir, comparer, choisir sont les opérations d'un être actif et pensant. Donc cet être existe. Où le voyez-vous exister? m'allez-vous dire. Non-seulement dans les cieux qui roulent, dans les astres qui nous éclairent ; non-seulement dans moi-même, mais dans la brebis qui paît, dans l'oiseau qui vole, dans la pierre qui tombe, dans la feuille qu'emporte le vent. Je juge de l'ordre du monde, quoique j'en ignore la fin, parce que, pour juger de cet ordre, il me suffit de comparer les parties entre elles, d'étudier leur concours, leurs rapports, d'en remarquer le concert, etc. » (Rousseau, *Emile*, IV.)

« Quand nous voyons une belle machine, nous disons qu'il y a un bon machiniste et que ce bon machiniste a un excellent entendement. Le monde

écrit ses pensées, le temple qu'elle orna de statues vivantes en y peignant ses actes et ses images. » (Campanella.) — « Dieu explique le monde et le monde le prouve ; mais l'athée nie Dieu en sa présence. » (Rivarol.)

Si l'on vient à préciser cette preuve, on voit qu'elle repose sur le principe des *causes finales* et on peut la ramener à ce syllogisme : 1° *majeure :* Tout ce qui montre de l'ordre, un dessein, des moyens propres à atteindre une fin, suppose une cause intelligente ; — 2° *mineure :* or, partout dans l'univers, considéré soit dans son ensemble, soit dans les êtres qui le composent, apparaît un dessein, une admirable appropriation de fins et de moyens : — 3° *conclusion :* donc, le monde est l'effet d'une cause intelligente. (Cf. Reid, t. V, p. 457.)

§ II. Preuves métaphysiques.

I. P<small>REUVE PAR L</small>'<small>IDÉE DE L</small>'<small>INFINI</small>. — Descartes (*Disc. de la Méth.*, IV) démontre l'existence de Dieu par *l'idée de l'infini*. « Je trouve en moi, dit-il, l'idée d'un être souverainement parfait et infini : d'où me vient cette idée ? Elle ne peut me venir de moi, qui suis un être fini ; il doit y avoir dans la cause au moins autant que dans son effet. L'idée de l'infini doit donc avoir pour cause un être infini ; donc Dieu existe (1). »

II. P<small>REUVE DE L</small>'<small>ÊTRE PARFAIT</small>. — Mais la véritable preuve métaphysique ou *ontologique* est celle qui est puisée dans la

---

est assurément une machine admirable. Donc il y a dans le monde une admirable intelligence, quelque part où elle soit. Cet argument est vieux et n'en est pas plus mauvais. » (Voltaire, *Dic. phil.*, art. A<small>THÉISME</small>.)

(1) « C'est une chose manifeste par la lumière naturelle, qu'il doit y avoir pour le moins autant de réalité dans la cause efficiente et totale que dans son effet ; car d'où est-ce que l'effet peut tirer sa réalité, sinon de la cause ? Et comment cette cause pourrait-elle la lui communiquer si elle ne l'avait elle-même ? » — « Par le nom de Dieu, j'entends une substance infinie, éternelle, immuable, indépendante, toute connaissante, toute-puissante... Or, ces avantages sont si grands et si éminents que, plus attentivement je les considère, et moins je me persuade que l'idée que j'en ai puisse tirer son origine de moi seul. Et, par conséquent, il faut nécessairement que Dieu existe... Je n'aurais pas l'idée d'une substance infinie, moi qui suis un être fini, si elle n'avait été mise en moi par quelque substance qui fût véritablement infinie. » (Desc., *Médit.*, III.)

« J'ai en moi l'idée de l'infini. Où ai-je pris cette idée qui est si fort au-dessus de moi ? Rien de fini ne peut me la donner. Il est manifeste que je n'ai pu me la donner à moi-même, car je suis fini ; elle ne peut donc me venir que d'un être infini dont je porte en moi l'image. » (V. Fénelon, IIe partie, ch. II.)

notion même de l'*être parfait*. Le germe en est déjà dans Platon et dans saint Augustin. Elle fut exposée régulièrement pour la première fois par saint Anselme, renouvelée au xviie siècle par Descartes, reprise ensuite par Leibnitz, qui lui donne la forme d'un syllogisme régulier.

La voici telle qu'elle est dans saint Anselme. « L'être tel qu'on ne peut en concevoir un plus grand ne peut être dans l'entendement seul. *Ens quo majus cogitari nequit non posset esse in intellectu solo.* Car s'il n'existait que dans la pensée, on pourrait en concevoir un plus grand, celui qui existerait réellement, *quod tale sit etiam in re*. Il existe donc, à n'en pas douter, un être parfait, à la fois idéal et réel dans la pensée et dans la réalité : *Existit ergo, procul dubio aliquid quo majus cogitari non potest et in intellectu et in re.* De sorte qu'on ne peut penser à Dieu sans penser qu'il existe ; et son existence est si véritable qu'on ne peut le concevoir comme n'existant pas. *Quod utique sic vere est ut nec cogitari possit non esse.* » (*Proslogium*, ch. ii.)

Descartes la donne d'une manière un peu différente. — Si l'être parfait est possible, il existe : il y aurait contradiction à supposer un être parfait sans lui attribuer l'existence ; celle-ci découle de son essence comme la propriété du triangle de la nature du triangle. Si l'être parfait n'existait pas, il lui manquerait la première des perfections, l'être (1).

III Preuve platonicienne des idées. — Une autre preuve se tire de la nature même des *idées*. Ces idées et ces vérités

---

(1) « Je trouve manifestement que l'existence ne peut non plus être séparée de l'essence de Dieu que de l'essence d'une triangle rectiligne, la grandeur de ses trois angles égaux à deux droits, ou bien de l'idée d'une montagne, l'idée d'une vallée. En sorte qu'il n'y a pas moins de répugnance de concevoir un Dieu, c'est-à-dire un être souverainement parfait, auquel manque l'existence, que de concevoir une montagne qui n'ait point de vallée. » (Descartes, 5e Médit.) — Cf. *Principes de la Phil.*, Ire part., s et. xiv ; — la *Défense de cette preuve* dans Malebranche, *Rech. de la Vérité*, liv. IV, ch. xi ; Id., *Entr. mét.*, 1er Entr.

Fénelon s'exprime à peu près de même : « Si on ne le peut concevoir que comme existant, parce que l'existence est renfermée dans son essence, on ne saurait le concevoir comme n'existant pas. Le mettre hors de l'existence actuelle au rang des choses purement *possibles*, c'est anéantir son idée ; c'est changer son essence. Par conséquent, ce n'est plus lui, c'est se contredire soi-même. » (*Exist. de Dieu*, IIe partie.)

« Si vous niez Dieu, dit Spinosa, concevez s'il est possible que Dieu n'existe pas. Son essence n'envelopperait donc pas l'existence, mais cela est absurde : donc Dieu existe nécessairement. » (*Eth.*, Ire part., prop. XI.)

Leibnitz a cru devoir mettre cet argument sous la forme syllogistique. *Ens ex cujus essentia sequitur existentia, si est possible, id est si habet essen-*

éternelles ont en Dieu leur original et leur principe, elles sont une révélation directe de Dieu dans l'âme, qui participe de l'essence divine. Cette preuve, qui est celle de Platon, est trop conforme au génie spiritualiste pour n'avoir pas été reproduite par les philosophes et les théologiens de cette école. La voici exposée dans sa simplicité par Fénelon : « Tout ce qui est vérité universelle est idée. Tout ce qui est idée est Dieu même. » (*Exist. de Dieu*, IIe part., ch. IV.) — Bossuet la résume en ces termes : « Ces vérités éternelles que tout entendement aperçoit toujours de même, par lesquelles tout entendement est réglé, sont quelque chose de Dieu ou plutôt sont Dieu même. » (*Conn. de Dieu*, ch. IV.) (Cf. *Log.*, I, 38.) « Si je cherche maintenant en quel sujet elles (ces vérités) subsistent éternelles et immuables comme elles sont, je suis obligé d'avouer un être où la vérité est éternellement subsistante et où elle est toujours entendue. » (*Ibid.*)

« Quoi donc, mes idées seraient-elles Dieu ? Elles sont supérieures à mon esprit, puisqu'elles le redressent et le corrigent ; elles ont le caractère de la divinité, car elles sont universelles et immuables comme Dieu... Il faut donc trouver dans la nature quelque chose d'existant et de réel qui soit mes idées, quelque chose qui soit au-dedans de moi et ne soit pas moi, qui me soit supérieur, qui soit moi lors même que je n'y pense pas. Ce je ne sais quoi si admirable, si familier et si inconnu ne peut être que Dieu. » (Fénelon, *Exist. de Dieu*, IIe part., ch. IV.)

« Le même Dieu qui me fait être me fait penser ; car la pensée est mon être. Le même Dieu qui me fait penser n'est pas seulement la cause qui produit ma pensée, il en est encore l'objet immédiat. »

§ III. Preuves morales.

1° La première est celle du *consentement général des*

---

tiam, existit. Est axioma identicum demonstratione non indigens. Atqui Deus est ens ex cujus essentia sequitur ipsius existentia. (Est definitio.) Ergo Deus si est possibilis existit, per ipsius conceptus necessitatem.

« Si l'être de soi est impossible (*si nullam habet essentiam*), tous les êtres par autrui sont impossibles de même, parce qu'ils ne sont que par l'être de soi ; ainsi rien ne saurait exister. Donc si l'être nécessaire n'est point, il n'y a point d'être possible. » (Cf. *Nouv. Ess.*, liv. IV, ch. X, n° 7.)

« C'est le privilège de l'être souverain de n'avoir besoin que de son essence ou de sa possibilité pour exister. » (Leibnitz, *Lett. et Opusc.*, p. 56.)

peuples. « Il n'y a pas de nation, si barbare et si féroce qu'elle soit, dit Cicéron, qui ne reconnaisse un Dieu, quand même elle ignore sa nature. » *Nulla est gens tam immansueta tamque fera, quæ non, etiam si ignoret qualem habere deum deceat, tamen habendum esse sciat.* (Cic., *De Leg.*, I, 8. Cf. *Tusc.*, I, et *De Nat. Deor.*, I, 16.) Parcourez le monde, dit Plutarque, vous pourrez trouver des villes sans murailles, sans lettres, sans lois, sans richesses; personne n'a jamais vu une ville sans temples, sans dieux, sans prières et sans sacrifices. Je crois qu'il serait plus facile de bâtir une ville dans les airs que de fonder un État sans la croyance aux dieux. — 2° Le besoin qu'éprouve l'homme dans le malheur d'invoquer un être tout-puissant, arbitre de nos destinées, prouve aussi l'universalité du sentiment religieux. — 3° La conscience morale nous fait concevoir une *justice suprême* qui répare les maux et les désordres du monde actuel. Le remords et la crainte du châtiment qui s'attachent au cœur du coupable, même lorsqu'il est sûr d'avoir échappé aux lois humaines, confirment ce jugement. « C'est la crainte, dit Lucrèce, qui a créé les dieux. » *Primus in orbe deos fecit timor.* (Pétrone.) « Mais qui donc a créé cette crainte toute-puissante? » (Lichtenberg.)

ART. II. APPRÉCIATION DE CES PREUVES.

I. Leur caractère. — Telles sont les principales preuves de l'existence de Dieu. Pour apprécier leur légitimité et repousser les attaques, il faut d'abord reconnaître leur caractère et la méthode qui les établit.

Ces preuves renferment toutes un élément *à priori* ou métaphysique qui fait leur force. Aussi la division précédente qui les sépare est-elle artificielle. De plus, ce n'est point le *raisonnement* ordinaire qui les établit. Elles relèvent de la *raison*. C'est cette faculté supérieure qui, étant donné le contingent, nous force de concevoir le nécessaire; qui, des effets pris dans le monde, soit physique, soit moral, remonte à la cause, et, de cause en cause, nous conduit à une cause première; comme, à l'aspect de l'ordre qui règne dans l'univers, elle n'en peut trouver l'explication que dans une cause intelligente. A elle appartient la notion de l'infini. Si de cette notion, présente à la pensée, elle conclut à l'être qui en est l'objet et qui seul peut avoir déposé en elle son image, c'est qu'en cela elle suit la loi de sa nature. Si, ayant l'idée d'un être parfait, elle conclut que ce n'est pas une pure idée, que l'existence de cet être est inséparable de l'idée qu'elle en a, c'est encore à un mouvement irrésistible de la pensée qu'elle obéit. Il en est de même des preuves morales. De sorte que, pour mettre en doute la légitimité du résultat et lui prouver qu'elle se trompe, il faut qu'on lui prouve non-seulement que l'expérience ou le raisonnement ne va pas jusque-là, que les faits et les arguments sont impuissants, mais qu'elle-même, la raison, distincte de ces facultés et qui se croit supérieure, s'abuse sur elle-même, que ses idées, ses principes n'ont pas cette portée, que la certitude qui s'y attache est illusoire. — Voilà l'entreprise véritable de l'athéisme. Il ne va à rien moins qu'à nier l'autorité et la compétence de la raison sur son véritable objet. Il ne voit pas qu'il ruine par là toute croyance et mène droit au scepticisme.

Ce point clairement établi, il est facile d'apprécier ces preuves, de voir ce qu'elles ont de solide et aussi d'imparfait dans la forme, et ce qui a pu par là les compromettre. Nous nous bornons à tracer la marche à suivre.

Ces preuves sont vraies si la raison est véridique. Autrement celle-ci est mensongère. Ses idées n'ont pas d'objet réel; ce sont des concepts vides. L'*idéal* que conçoit la raison est aussi chimérique que celui de l'imagination. Il sert seulement à régulariser nos connaissances. C'est là en effet l'opinion et l'explication du nouvel athéisme. — La thèse à lui opposer est celle-ci : 1° Réaliste ou idéaliste, ce système est l'équivalent du scepticisme; il ne peut y échapper ni en éluder les conséquences. — 2° S'il est conséquent, il doit rejeter toutes les preuves, la preuve morale comme les autres. — 3° Il est illogique de conserver le sentiment religieux et la religion *sous quelque forme que ce soit*, d'en faire un objet de *sentiment*, un remède pour les âmes, etc. La définition de Dieu : *Je suis celui qui est*, devant être remplacée par celle-ci : Je suis celui qui n'est pas, frappe toutes les tentatives de réintégrer Dieu comme idéal de la *pensée*, l'*esprit pur*, etc., d'une impuissance qui ne peut même se sauver du ridicule.

Tel est le plan d'argumentation à opposer à la critique kantienne, qui, dit-on, a renversé toutes ces preuves, et à toute autre qui s'appuie sur elle. Avant de dire quelques mots de cette critique célèbre, nous avons à compléter ce qui a été dit plus haut de la nature de ces preuves et de la méthode qui leur est propre.

1° Toutes les preuves de l'existence de Dieu, avons-nous dit, sont à la fois *à priori* et *à posteriori ;* elles renferment deux éléments, l'un fourni par la raison, l'autre donné par l'expérience. Si les sens, la conscience, l'histoire ne nous montraient hors de nous ou en nous quelque chose de relatif, de fini, de contingent, jamais la raison ne s'élèverait à la conception d'un être infini. Le spectacle de l'univers frapperait vainement nos regards et n'éveillerait jamais dans la pensée de l'homme l'idée d'une cause première. Supprimer l'un de ces éléments dans chacune des preuves de l'existence de Dieu, c'est lui ôter sa force et la détruire; c'est s'appuyer sur un fait empirique, sans portée, ou sur une abstraction logique dépourvue de réalité.

2° Ce qui a compromis ces preuves, c'est la forme sous laquelle on les rencontre chez la plupart des philosophes et des théologiens modernes : celle de la démonstration logique et syllogistique. Le raisonnement déductif est, par sa nature, impropre à démontrer l'existence de Dieu. Son rôle est de tirer des conséquences de principes antérieurs et supérieurs à lui. Incapable d'établir un seul véritable principe, comment pourrait-il nous conduire au principe des principes? Les raisonnements prennent ainsi facilement l'apparence de cercles vicieux. On sent trop que la première proposition est tout, que l'échafaudage construit sur elle est inutile si elle est vraie, et croule si elle est fausse. Le syllogisme, d'ailleurs, s'exerçant sur des abstractions, ne peut révéler qu'un Dieu abstrait, et non un Dieu vivant, réel, personnel et libre. La vraie notion de Dieu doit être puisée dans l'âme humaine, à la source vive et pure de la raison, dont le point de départ, sinon la base, est l'expérience.

II. Vraie méthode d'arriver a Dieu. — La vraie manière d'établir et de défendre l'existence de Dieu est donc une méthode supérieure à la démonstration ordinaire et que nous avons décrite (p. 451); c'est le procédé de la raison, tel que Socrate et Platon l'ont exposé. Toute démonstration de l'existence de Dieu se réduit à l'analyse de ce procédé par lequel la raison humaine *s'élève* du fini à l'infini. C'est, comme dit Fénelon, une simple « consultation des idées. »

Ces idées sont-elles attaquées, il ne faut pas avoir recours aux raisonnements ni aux arguments de l'école pour les défendre, mais appeler à son aide une *dialectique* supérieure, qui confonde toute prétention à asseoir la science et la certitude sur une autre base que sur leur caractère absolu. On réduit ainsi l'athéisme au scepticisme. Telle est la méthode usitée par Socrate et Platon. C'est aussi celle que l'on doit employer contre Hume, Kant et ceux qui nient la certitude ou l'objectivité des idées de la raison.

Dégagez la preuve de saint Anselme, par exemple, de son enveloppe scolastique, vous trouvez l'*idée de l'être parfait* telle que la raison humaine le conçoit, c'est-à-dire inséparable *de la foi à son existence* (1). Présenté ainsi, l'argument, si c'en est un, résiste à toutes les attaques. Kant, il est vrai, nie la vérité ou l'*objectivité* de cette idée comme de toutes celles de la raison; mais la logique le pousse facilement au scepticisme absolu. (V. p. 278.)

Nicole a dit : « La raison n'a qu'à suivre son instinct naturel pour se persuader qu'il y a un Dieu. » — « Il suffit de penser à Dieu pour savoir qu'il est, » dit aussi Malebranche. *Nullus intelligens quid sit Deus, non potest cogitare quia Deus non est. (Proslogium.)* — « Si quelqu'un me demande comment est-ce que Dieu se rend présent à l'âme, je réponds qu'il n'a besoin ni d'image, ni d'espèces, ni de lumière; la souveraine vérité est souverainement intelligible. » — « L'homme a un sens des choses divines, il a une faculté pour s'élever à Dieu, il suffit d'ôter l'obstacle et de la bien diriger, de la tourner convenablement vers son objet. » (Platon.) « C'est se tourner vers celui qui est immuablement toute vérité. » (Bossuet.) Dieu est en nous immédiatement présent à l'âme. Dieu, « c'est l'être infiniment parfait qui se rend immédiatement présent à moi quand je le conçois, et il est lui-même l'idée que j'ai de lui. » (Féne-

(1) Celui qui pense Dieu pense aussi sa réalité. Hégel lui-même réhabilite ainsi la preuve ontologique. (*Œuvres*, t. X.)

lon, *Exist. de Dieu*, II⁰ part.) — Que l'on ait recours à de longs raisonnements pour prouver l'existence de Dieu, cela peut satisfaire certains esprits, mais n'est guère propre à convaincre l'athéisme. Cette méthode est même dangereuse si l'on ignore une voie plus courte et plus sûre. Celle-ci n'est pas le mysticisme, mais le vrai rationalisme qui, au-dessus du raisonnement, place la raison avec ses idées et ne s'épuise pas vainement à démontrer leur certitude.

III. EXAMEN DE LA CRITIQUE KANTIENNE. — Ce philosophe, on le sait, institue contre les preuves de l'existence de Dieu une argumentation par laquelle il prétend démontrer leur faiblesse et l'impossibilité d'arriver à Dieu en faisant usage de la raison *théorique*. Puis, ce qu'il a ainsi détruit, il essaye de le rétablir avec la raison *pratique*.

Il ramène toutes ces preuves à trois : *ontologique* (être parfait), *cosmologique* (contingence), *physico-théologique* (causes finales). — La première étant, selon lui, la base des deux autres, c'est sur elle qu'il concentre ses attaques. Conclure de l'idée de l'*être parfait* son existence, c'est, dit-il, faire un paralogisme. En effet, étant admis que l'idée de l'existence est liée à l'idée de l'être parfait, il reste à prouver la réalité de cet être, comme de l'idée d'un cercle parfait on ne peut conclure qu'un pareil cercle existe. Le jugement qui sert de base à la preuve est ou *analytique* ou *synthétique*. Si l'existence comme attribut est comprise dans le sujet, le lien n'est toujours que logique et il reste à passer de l'*idée* à l'*être*. L'attribut s'ajoute-t-il au sujet, comment se fait cette synthèse? Le cercle vicieux est évident. — La preuve *cosmologique* qui prétend s'appuyer sur l'expérience la dépasse. Celle-ci ne donne ni le nécessaire ni le contingent, mais simplement ce qui est. Le nécessaire, comme le parfait, est une notion pure de la raison. C'est donc la preuve ontologique qui reparaît ici sous la preuve physique, elle en fait toute la force. — Kant montre plus de respect pour la preuve des *causes finales;* mais elle manque de rigueur à ses yeux, car : 1° Elle repose sur l'analogie de l'art divin avec l'art humain; ce qui est arbitraire. 2° Elle repose sur l'idée d'une cause absolue qui est une idée de la raison. 3° Non-seulement la vue de l'univers mêlé d'imperfections ne donne pas une cause parfaite ou infiniment sage, mais elle révèle une cause ordonnatrice, un architecte du monde, non une cause créatrice. 4° L'unité de Dieu n'y est pas plus comprise. Le plan de l'univers s'explique par plusieurs causes comme par une seule. Des imperfections du monde on doit plutôt conclure le dualisme. — Conclusion, Dieu, pour la raison pure, n'est qu'un pur *idéal*.

La preuve *morale* seule trouve grâce aux yeux de Kant. Ce que ne peut prouver la raison théorique, la raison pratique l'établit comme *postulatum* nécessaire de la loi morale. Voici comment Kant raisonne. — La loi morale est absolue. Elle exige l'accord du bien et du bonheur. Cet accord n'existe pas dans le monde actuel. Donc, si la loi est absolue, elle exige que l'accord soit rétabli; il ne peut l'être sans un législateur suprême; donc Dieu existe. Dieu, l'*âme*, la *liberté* et l'*immortalité* sont des corollaires ou des postulats de la conscience morale.

Tel est le résumé de la critique kantienne. Que penser de cette critique? Est-elle victorieuse? Les preuves qu'elle combat sont-elles à jamais renversées? Heureusement non, la forme seule est détruite. Kant fait très-bien voir qu'il est impossible d'établir l'existence de Dieu par voie de démonstration logique. Mais n'y a-t-il que ce moyen pour connaître la vérité? Est-ce la vraie méthode pour arriver à Dieu? L'esprit humain n'est pas tout entier dans le raisonnement. Au-dessus du *raisonnement* est la raison avec ses idées, ses axiomes, ses principes. Kant nie leur vérité ou leur *objectivité;* mais il tombe dans le scepticisme et ne se relève que par une contradiction. Il n'y a pas deux raisons, l'une *théorique*, l'autre *pratique* (V. p. 431), l'une qui ne croit pas, l'autre qui croit. La raison réduite au rôle de régulatrice de l'expérience fait du monde un *fantôme* et des lois de l'univers une création de l'intelligence, ce qui est absurde. Aussi la philosophie ne s'est pas arrêtée à ce système. A l'idéalisme subjectif de Kant et de Fichte a succédé le panthéisme de Schelling et de Hégel (1).

---

(1) Kant est plus logicien que vraiment métaphysicien et surtout psychologue. La vie de l'esprit, ses procédés réels disparaissent sous cet amas de formules arides et mortes. Toute sa critique est fondée sur une psychologie de convention, celle de Wolf ou de Berkeley et de Hume. (V. Wilm., *Phil. allem.*, t. IV, p. 5.)

IV. NÉCESSITÉ DE RÉUNIR CES PREUVES. — Nous dirons donc avec Leibnitz que « presque tous les moyens que l'on a employés pour démontrer l'existence de Dieu sont bons. » (*Nouv. Ess.*, p. 357.) Seulement il faut reconnaître la nature du procédé qui les constitue. Ensuite il faut se garder de les séparer et de les isoler. Une première raison de les réunir, c'est, comme Locke l'a sagement remarqué, qu'elles répondent à la diversité des intelligences. « A l'égard d'une même vérité, les uns sont plus frappés d'une raison, les autres d'une autre. Or, ce n'est pas un bon moyen de fermer la bouche aux athées, que de faire rouler tout le fort d'un article aussi important que celui-là sur un seul pivot. » (Liv. IV, ch. x.) C'est le tort de ceux qui n'admettent que des preuves physiques, ou la preuve de l'être parfait, ou la preuve morale. — Un autre motif non moins grave, c'est, qu'isolées, elles ne donnent qu'une idée incomplète ou fausse de la Divinité. Seules, les preuves physiques conduisent à confondre Dieu avec l'univers ; la notion d'une causalité libre et créatrice n'est donnée qu'en nous dans le sentiment de notre volonté libre. C'est de même en nous que nous puisons l'idée claire et vraie d'une cause intentionnelle. Kant a raison, l'argument des *causes finales*, s'il est seul, nous représente Dieu plutôt comme architecte et ouvrier du monde que comme créateur ; il ne peut établir l'unité de Dieu que par conjecture, et il laisse insoluble l'objection du désordre qui règne à côté de l'ordre dans l'univers. Mais réuni aux autres preuves, il se complète et il ne perd rien de sa solidité ; il conserve son avantage de produire une vive impression sur tous les esprits. La preuve ontologique bien entendue, et rendue à sa réalité vivante, nous fait, en quelque sorte, sentir Dieu en nous comme présent à toute pensée ; elle est irréfragable, sans pouvoir encourir le reproche de mysticisme. Enfin, les preuves morales nous révèlent un Dieu souverainement bon et juste, une Providence qui veille sur les lois du monde et sur les destinées du genre humain. Celle de Kant, en particulier, nous fait envisager Dieu à la fois comme souverain bien et législateur suprême du monde moral, comme pouvoir rémunérateur et vengeur ; elle donne un gage certain de l'immortalité de l'âme et de notre destinée future. Mais ce n'est qu'autant qu'elle vient s'ajouter aux autres preuves, et toutes sont métaphysiques ou théoriques, même la preuve morale. On ne voit donc pas pourquoi Kant rejette celle-là et accueille celle-ci. Il n'y a pas une raison pratique et une raison théorique, mais une seule raison comme une seule vérité. — Ces preuves sont donc solidaires les unes des autres. On peut préférer l'une comme plus capable de produire un effet moral, de frapper l'esprit ou l'imagination ; mais entre elles la logique n'a pas à choisir ; elles sont toutes égales aux yeux de la raison ; elles forment un faisceau indestructible que ne pourront jamais rompre les efforts combinés du scepticisme et de l'athéisme.

CONSULTEZ : Xénophon, *Mém.*, I, IV. — Platon, *Rép.*, VI; *Lois*, X. — Aristote, *Métaph.*, XII; *Physiq.*, VIII. — Cicéron, *De Nat. Deor.* — Descartes, *Disc. sur la Méth.*, IV; *Médit.*, III et V. — Malebranche, *Entr. mét.* — Bossuet, *Connaiss. de Dieu*, IV. — Fénelon, *Exist. de Dieu.* — Clarke, *Exist. de Dieu.* — Leibnitz, *Théodicée.* — Rousseau, *Emile*, IV. — Voltaire, *Dict. phil.* — Kant, *Raison pure* et *Raison pratique*. — Cousin, *Réf. de Kant*. — Caro, *l'Idée de Dieu*. — Saisset, *Médit. relig.* — De Margerie, *Théodicée*. — J. Simon, *Religion naturelle*. — P. Gratry, *De la Connaissance de Dieu*.

DU SENTIMENT RELIGIEUX.

Quand on a parcouru toutes ces preuves, on sent le besoin de revenir à la source, le sentiment religieux. L'homme est le seul animal qui ait la notion de Dieu, *nullum est animal præter hominem quod habeat quamdam notitiam Dei* (Cic., *de Leg.* L. 8). Il a été défini : « un animal religieux ». L'homme croit à l'invisible comme il croit au visible. Sans Dieu, le monde et lui-même lui sont inintelligibles.

Dire que Dieu a fait son temps (positivisme), qu'il n'est plus « qu'un vieux mot, » c'est dire que l'animal religieux n'est plus qu'un animal. Est-ce là le progrès? le dernier fruit de la science? « La vraie science, a dit Jacobi, est celle de l'esprit qui rend témoignage de lui-même et de Dieu. » — Je m'appuie sur un sentiment invincible qui est le fondement de toute science et de toute religion. « Ce sentiment m'apprend que j'ai un organe pour les choses spirituelles, et cet organe, je l'appelle raison ». A ce titre, Newton ne serait plus un vrai savant parce qu'il termine ainsi son exposé des Principes : « Elegantissima hæcce solis, planetarum et cometarum compages nonnisi consilio et dominio entis intelligentis et potentis oriri potest. » (Princip. phil. nat. Schol. gen.)

CHAPITRE II

NATURE ET ATTRIBUTS DE DIEU

> « Les perfections de Dieu sont celles de nos âmes; mais il les possède sans bornes; il est un océan dont nous n'avons reçu que des gouttes. Il y a en nous quelque puissance, quelque connaissance, quelque bonté; mais elles sont entières dans Dieu. » (LEIBNITZ, *Théod.*, Préf.)

I. QUE POUVONS-NOUS SAVOIR DE DIEU ? — En essayant de pénétrer les mystères de la nature divine, la raison humaine doit se sentir accablée de son insuffisance. Mais doit-on dire, avec certains philosophes, que nous devons nous contenter de savoir que Dieu est, sans vouloir expliquer ce qu'il est ? Non, car si la raison ne comprend rien de Dieu, elle ne doit pas même savoir qu'il existe : nous ne connaissons les êtres que par leurs propriétés. Chacune des preuves de l'existence de Dieu ne nous révèle-t-elle pas un des côtés de sa nature, un de ses attributs ? Il importe donc de se mettre en garde à la fois contre une audacieuse témérité qui voudrait tout savoir ou tout expliquer et une excessive défiance qui, se résignant à tout ignorer sur Dieu, hors qu'il existe, débute par une contradiction et finit par un scepticisme qui ressemble beaucoup à l'athéisme.

II. MÉTHODE POUR LE CONNAITRE. — Mais à quelle méthode doit-on se confier pour déterminer les attributs de Dieu ? 1° Plusieurs de ces attributs sont contenus dans l'idée même de Dieu comme être infini, et il suffit du raisonnement pour les en déduire. Telles sont l'éternité, l'immensité, l'unité, etc. 2° D'autres ne peuvent être puisés que dans la connaissance de l'âme, cette image vivante de la Divinité. Nous ne pouvons nous former une idée de l'intelligence divine que par notre intelligence, de la volonté de Dieu que par notre volonté. Mais pour transporter à Dieu ces qualités de notre nature, il faut les dépouiller de ce qu'elles ont en nous d'imparfait. Le procédé est double : 1° rejeter ce qui est fini et *négatif* dans la créature, 2° conserver ce qui est *positif* et l'élever à l'infini, attribuer à l'être parfait toute perfection réelle dans les êtres que nous connaissons. Ce qui est bon, réel dans ces êtres, doit être *éminemment* dans leur cause ou dans l'être par excellence. « Quidquid entitatis, bonitatis, perfectionis est in quacumque creatura, totum est eminentius in Deo. » (Saint Thomas.) Cette méthode exclut ou nie de Dieu tout ce qui est fini, et cette négation qui nie la limite ou la négation est une vraie affirmation. — Elle est clairement indiquée par Descartes : « Pour connaître la nature de Dieu, autant que la mienne en était capable, je n'avais qu'à considérer, de toutes choses dont je trouvais en moi quelque idée, si c'était perfection ou non de les posséder ; et j'étais assuré qu'aucune de celles qui marquaient quelque imperfection n'était en lui, mais que toutes les autres y étaient. » (*Disc. de la Méth.*, V^e part.) « Dieu a tout l'être de chacune de ses créatures, mais en retranchant la borne qui la restreint. Otez toutes bornes, ôtez toute imperfection qui resserre l'être, qui le limite et le rende imparfait, vous demeurez dans la perfection infinie de l'être par lui-même. » (Fénelon, IIe partie, ch. I.) *

---

* *Remarque.* — Le reproche d'*anthropomorphisme* que l'on fait à cette méthode est-il bien fondé ? Oui, sans doute, si les qualités humaines sont attribuées à Dieu telles que l'homme les possède, ou dans ce qu'elles ont de fini, d'imparfait ; non, si ces qualités sont prises dans leur essence et leur perfection. Aime-t-on mieux la méthode abstraite de *construction* logique ou d'*évolution dialectique*, celle qui, partant de la notion de substance (Spinosa), ou de l'*absolu* (Schelling), ou de l'*idée* (Hégel), la suit dans ses déterminations et ses modes, identifiant Dieu avec le monde et lui faisant revêtir successivement divers attributs sans qu'il arrive jamais à être lui-même, bien loin d'être parfait ? Ce système qui proclame l'*identité des contraires*, de l'être et du néant, de l'infini et du fini, de la liberté et de la nécessité, peut séduire par sa facilité à résoudre les problèmes. Mais ceux-ci sont-ils résolus ? Dieu, identique au monde ou réduit à une abstraction sans conscience, est-il le Dieu de la conscience et de la raison, le Dieu qu'adore le genre humain ? Le monde et l'humanité n'étant que des modes ou des moments du développement divin y perdent leur existence réelle. Que devient l'homme et sa *liberté* dans ces systèmes ? Comment les vérités morales s'accordent-elles avec de tels principes ? La méthode que nous suivons avoue son insuffisance, elle laisse subsister bien des mystères ; mais elle a cet avantage d'être d'accord avec la conscience religieuse et avec les croyances fondamentales de l'humanité. Ailleurs celles-ci ne subsistent qu'à la condition d'être livrées à un mode d'interprétation qui les rend illusoires ou les dément sous prétexte de les expliquer.

Ceci posé, on distingue deux sortes d'attributs dans Dieu : des attributs métaphysiques et des attributs moraux.

§ I. Attributs métaphysiques.

I. INFINITÉ. — Dieu est l'être infini ; par conséquent, l'infini s'applique à tous ses attributs. « Il est infiniment tout ce qu'il est, infiniment puissant, sage, bon, etc. » (Fénelon.) Mais une difficulté s'élève. Le monde, quoique fini, s'il est distinct de Dieu, s'oppose à lui et le limite, à moins qu'il ne soit un pur néant. On est ainsi placé entre un double écueil : le *dualisme* et le *panthéisme*, celui-là qui maintient l'opposition des deux termes, celui-ci qui les absorbe dans l'unité et ne reconnaît qu'un seul être, à la fois l'Un et le Tout : τὸ ἕν καὶ τὸ πᾶν. — La réponse est que la cause n'est pas limitée par son effet, qui, au contraire, la manifeste. Le monde, créé par Dieu, ne peut s'opposer à lui qu'autant qu'il aurait une existence indépendante. Or, le monde n'est et ne subsiste que par Dieu : il reste dans une absolue dépendance vis-à-vis de celui qui est l'être absolu. Ainsi, sans s'absorber l'un dans l'autre, les deux termes conservent leur rapport. Loin que le fini s'oppose à l'infini et le limite, il est sa *manifestation* et révèle sa puissance.

II. IMMENSITÉ. — L'infini qui répond à l'espace, c'est l'immensité. Dieu est immense, il remplit le monde entier de sa présence. « Nihil vacat ab illo, ipse implet opus suum. » (Senec., *De Benef.*, IV, 8.) Mais il n'occupe aucun lieu, ce qui le rendrait commensurable et divisible. « Les notions de figure, de divisibilité, de mouvement ne conviennent qu'à la matière et aux corps. Dieu n'est en aucun lieu, comme il n'est en aucun temps; car il n'a, par son être absolu et infini, aucun rapport aux lieux et aux temps, qui ne sont que des formes et des restrictions de l'être. Demander s'il est *au-delà* de l'univers, s'il en surpasse les extrémités en longueur, largeur et profondeur, c'est faire une question aussi absurde que de demander s'il était avant que le monde fût, ou s'il sera encore après que le monde ne sera plus. » (Fénelon, *Exist. de Dieu*, IIe partie.)

III. ÉTERNITÉ. — L'infini par rapport au temps est l'éternité. Dieu est éternel. « Quomodo possumus intelligere deum nisi sempiternum? » (Cic., *De Nat. Deor.*, I, 25.) « On ne peut dire qu'il a commencé d'être, puisqu'il est la cause première et que, sans lui, rien ne serait. On ne peut dire non plus qu'il a été et qu'il sera, mais seulement qu'il est. » (Id., *ibid.*) C'est ce qu'exprime ce beau passage du *Timée* de Platon : « Le passé et le futur sont des formes du temps que nous appliquons sans réflexion et sans fondement à l'Être éternel, en disant qu'il a été, qu'il est et qu'il sera; tandis que, selon la vérité, il faut seulement dire qu'*il est*, le passé et le futur ne convenant qu'à ce qui est dans le temps; car ce sont là des mouvements. Mais ce qui est toujours exempt de changement et de mouvement ne peut être soumis au temps, ni devenir plus vieux et plus jeune, de même qu'il ne peut être ni avoir été, ni être un jour, ni avoir, en un mot, aucun de ces accidents que donne la génération aux choses sensibles, puisque ce sont des formes du temps qui imite l'éternité et roule mesuré par le nombre. » (*Timée*.)

IV. Unité, simplicité. — Il ne peut y avoir deux êtres infinis; deux infinis se limiteraient réciproquement et par là même ne seraient plus infinis. La simplicité et l'indivisibilité sont comprises dans cet attribut. Un être divisible est par là même multiple dans sa substance. La substance infinie est donc une et indivisible.

V. Immutabilité. — Elle est comprise dans la perfection de l'être infini. « D'où lui viendrait le changement? Il ne pourrait lui venir que de lui-même. Ce changement se ferait en mieux ou en pire; or, nous n'avons garde de dire de Dieu qu'il lui manque aucun degré de beauté et de vertu. » (Platon, *Rép.*, II.) Ceux donc qui disent que Dieu s'associe au mouvement du monde nient en lui la perfection. L'être parfait, c'est celui qui jouit de la plénitude de l'être, qui possède, non en puissance, mais en réalité toutes les perfections. C'est le sens de cette phrase d'Aristote : « L'actualité du bien est préférable à la puissance du bien et elle est plus digne de nos respects. » (*Métaph.*, IX, ch. II.) A cette idée s'oppose celle d'un éternel *devenir*, ou d'une *évolution* infinie comme propre à la nature divine. Dans ce système (Hégel), Dieu n'est jamais, il *devient* toujours; il n'est lui-même qu'après avoir parcouru toutes les phases de l'existence. Cette conception, si elle n'anéantit Dieu, en détruit la véritable idée. « Il faut présupposer que l'être qui est par lui-même renferme en soi la plénitude ou la totalité de l'être. » (Fénelon.) *Ipse non crescit sed semper perfectus est.* (Saint Augustin.)

§ II. Attributs moraux. — De la personnalité divine.

Trois choses constituent la personnalité : 1° l'*intelligence* qui se sait, 2° la *volonté* libre, 3° l'*amour* qui naît du sentiment de soi-même. Ces trois attributs de l'être moral doivent se trouver dans Dieu, s'il n'est pas un être abstrait, une puissance aveugle, impassible et fatale.

I. INTELLIGENCE DIVINE. — Elle se démontre de plusieurs manières. 1° Le spectacle de la nature et l'ordre qui y règne révèlent une cause intelligente. « Une cause aveugle ne prépare, n'arrange, ne choisit rien. » (Fénelon, Ire part.) « Et lorsque tous ces ouvages sont faits avec tant d'intelligence, vous doutez qu'ils soient le fruit d'une intelligence? » (Xénophon, *Mém. Socr.*, liv. I.) Ainsi la preuve de l'existence de Dieu par les causes finales donne à la fois la cause et l'intelligence dans la cause (1), quoiqu'elle ne puisse prouver que cette cause est créatrice. (Kant.) — 2° En nous-mêmes nous trouvons le type de l'intelligence comme de la vraie cause libre et intentionnelle. Aussi n'y a-t-il pas de preuve plus claire et plus directe que celle-ci : un esprit seul peut avoir créé des esprits. « Ceux qui ont dit qu'une fatalité aveugle avait produit tous les effets que nous voyons dans le monde, ont dit une grande absurdité; car, quelle plus grande absurdité qu'une fatalité aveugle qui aurait produit des êtres intelligents? » (Montesquieu, *Espr. des Lois*, I, 1.) — « Celui qui a fait l'œil ne verra pas! Celui qui a fait l'oreille n'entendra pas! Celui qui a fait l'intelligence pourrait en manquer! » (B. de Saint-Pierre, *Ét. de la nature.*) (2) — 3° L'idée de perfection implique l'intelligence. Comment

---

(1) Ou les astres sont de grands géomètres, ou l'éternel géomètre a arrangé les astres. (Voltaire, *Dict.*, ATHÉISME.)

(2) « Quid est enim verius, quam neminem esse oportere tam stulte arrogantem, ut in se rationem et mentem putet inesse, in cœlo mundoque non putet? » (Cic., *De Leg.*, II.) « Il est aussi impossible qu'une chose absolument destituée de connaissance et qui agit aveuglément et sans aucune percep-

l'être qui ne pense pas serait-il l'être parfait (1)? L'être est-il supérieur à la pensée, comme disaient les Alexandrins? La vraie perfection ne consiste pas dans une existence vide qui équivaut au néant, mais dans la plénitude de l'être. Placer l'être au-dessus de la pensée, c'est le fait d'une fausse méthode qui dépouille Dieu de tous ses attributs, au lieu de le concevoir comme possédant éminemment tout ce qu'il y a de positif dans les autres êtres. Dieu n'est plus qu'une vaine abstraction. Platon condamne avec raison ce système quand il dit : « Dans l'ordre des causes, l'intelligence est le plus ancien des êtres. » — « Eh quoi! nous persuadera-t-on que, dans la réalité, la vie, l'âme, l'intelligence ne conviennent pas à l'être absolu, que cet être ne vit ni ne pense, et qu'il demeure immobile, immuable, sans avoir part à la sainte intelligence? » (*Le Sophiste.*) C'est aussi le sens de ces paroles d'Aristote : « L'intelligence est la plus divine des choses que nous connaissons. » (*Métaph.*, XII.)

Comment Dieu connaît-il? quels sont les objets auxquels s'applique l'intelligence divine? — Quand nous cherchons à nous former une idée de l'intelligence divine à l'aide de notre propre intelligence, nous devons écarter de celle-ci tout ce qui tient à sa nature finie, exclure non-seulement l'erreur et le doute, mais la succession, la diversité, toutes ces facultés, instruments de notre faiblesse qui brisent l'unité de l'acte intellectuel : le raisonnement, la mémoire, l'imagination, l'attention qui accuse l'effort de la pensée, la fatigue qui en est inséparable. La pensée dans Dieu doit être un acte d'*intuition*, simple, infini ; d'un regard unique il embrasse l'universalité des choses. « Ce regard unique épuise toute vérité, et ne s'épuise jamais lui-même. » (Fénelon.) L'intelligence divine ne connaît ni effort ni affaiblissement. Selon la belle expression d'Aristote, « Dieu ne sommeille jamais. » (*Métaph.*, II.)

Dieu se connaît lui-même. Il connaît aussi en lui les idées et les vérités éternelles, leur ordre et leur enchaînement; car elles existent substantiellement en lui, elles sont sa

---

tion produise un être intelligent, qu'il est impossible qu'un triangle se fasse soi-même trois angles qui soient plus grands que deux droits. » (Locke, *Ess. sur l'Ent. hum.*, liv. IV, ch. x.)

(1) Un Dieu qui étant la source de l'intelligence est sans intelligence, un

propre essence. Dieu connaît aussi le monde, l'univers créé à l'image de ses idées, qui en forment l'harmonie et la beauté. — Dirons-nous, avec Aristote, que la pensée de Dieu serait souillée par le contact des choses finies et contingentes? Non, les choses viles ne le sont qu'au regard de l'homme, ou elles ne le sont qu'autant qu'elles participent du néant. Le dernier des êtres et le plus imperceptible ne peut échapper à l'œil de Dieu. « Pour les êtres futurs, ils ne le sont jamais à son égard, et ils ne seront jamais passés pour lui; car il n'y a pas même l'ombre du passé ou de l'avenir pour lui; tout lui est également présent. » (Fénelon.) — Dieu connaît-il les actes *libres?* Cette question peut paraître embarrassante, mais elle se résout si l'on réfléchit que Dieu voit tout dans un éternel présent.

II. DE LA VOLONTÉ ET DE LA LIBERTÉ DANS DIEU. — Dieu étant la cause par excellence est un *agent libre*. Sans la liberté, le titre de cause est un vain nom. Si la cause d'où sont sortis tous les êtres est fatale, tout ce qui est existe nécessairement, les manières d'être aussi bien que les êtres. Nous-mêmes, nous ne sommes pas libres, car il implique qu'il y ait dans l'effet ce qui n'est pas dans la cause. La cause seconde serait supérieure à la cause première : l'être qui agit avec choix l'emporte sur celui qui ne peut choisir. Il faut donc admettre dans Dieu la volonté et la liberté.

Quel est le mode de cette volonté? — Nous ne trouvons qu'en nous le type de la volonté libre. Mais notre volonté est faible et incertaine; elle hésite, elle délibère, et souvent se détermine pour le mal. La volonté divine ne connaît ni hésitation ni délibération. Toujours conforme à la raison, elle exclut l'arbitraire et le caprice. « Il faut entendre par là cette perfection et cette rectitude de volonté par laquelle Dieu se détermine toujours et immanquablement à faire ce qui est au fond et généralement le meilleur. » C'est une nécessité de sagesse et de convenance qui est très-compatible avec la plus parfaite liberté. (Clarke.) (1)

Dieu qui est tout et n'est rien, plus semblable au polypier qu'à l'homme et qui n'a conscience de lui que dans l'intelligence humaine... c'est de l'athéisme et du fétichisme. (Jacobi.)

(1) « La perfection morale de Dieu ne consiste point dans l'impuissance de faire le mal; autrement, comme l'observe avec justesse le docteur Clarke,

Dira-t-on qu alors Dieu est soumis à la raison? Mais la raison, c'est lui-même; en obéissant à la raison, c'est à lui-même qu'il obéit. Nous-mêmes, lorsque nous conformons nos actes à la raison, cessons-nous d'être libres? On trouve une image de cette haute liberté dans l'homme de bien, chez lequel l'habitude de la vertu finit par rendre le mal impossible. Choisir ainsi le bien par nature, c'est la vraie liberté, c'est la sainteté. (Leibnitz, Clarke.)

III. DE L'AMOUR ET DE LA FÉLICITÉ DANS DIEU. — Sans doute nous ne devons pas donner à Dieu nos passions et nos misérables jouissances; mais le principe même de nos affections et de nos plaisirs, c'est l'amour et le désir du bonheur. Sans l'amour et la félicité, l'être moral est incomplet, et la personnalité divine est inachevée. Si Dieu se connaît, il ne peut rester indifférent à ses propres perfections; un amour infini en est la conséquence. S'il agit et s'il est fécond, en créant des êtres qui manifestent ses perfections, il ne peut voir son œuvre d'un œil indifférent et ne pas s'aimer dans ses créatures. Il est lui-même le bien, il ne peut pas ne pas l'aimer partout où il existe. Dieu sans doute ne partage ni nos besoins ni nos passions. « La divinité se tient loin de la douleur et de la volupté. Le désir est le fils de la pauvreté, » dit Platon. Mais si le plaisir, l'émotion passagère est indigne de Dieu et de la majesté divine, l'être parfait doit puiser dans la contemplation de ses attributs et dans l'exercice de sa puissance une inaltérable félicité.

Tels sont les attributs qui constituent la *personnalité* divine et qui font de Dieu un être moral. Or, nier la personnalité dans Dieu, c'est altérer ou plutôt c'est détruire son idée. Qu'est-ce en effet qu'un Dieu privé de conscience, de liberté et d'amour? L'impassible et aveugle *destin*. Autant vaut l'athéisme *.

Objection. — Mais la personnalité n'est-elle pas incompatible avec l'infini? Qui dit personne dit un être individuel et fini; il y a donc contradiction dans l'idée de la personnalité divine. Un moi divin ne peut être qu'un moi humain agrandi. — A cela je réponds qu'on se fait une idée fausse de l'infini. L'infini véritable n'est ni l'indéterminé

---

nous n'aurions pas plus de motif de le remercier de sa bonté que de son éternité et de son immensité; mais Dieu est parfait, parce qu'ayant la puissance et la puissance irrésistible de tout faire, il ne l'emploie qu'à l'accomplissement

§ III. Attributs moraux.

Les attributs, à proprement parler, moraux de la divinité sont : la *sagesse*, la *véracité*, la *puissance*, la *justice*, la *bonté*. Ils découlent immédiatement de la notion de l'*être parfait* et de l'idée du souverain bien, appliquée aux attributs précédents. La sagesse en effet, c'est l'intelligence parfaite; la véracité répond à la vérité ; la bonté, la justice sont la perfection de la volonté et de l'amour, comme la toute-puissance se confond avec la volonté dans un être infini.

I. SAGESSE. — « Dieu, voyant d'un seul point de vue toutes les relations et toutes les dépendances des choses, doit avoir une connaissance infaillible de ce qui est le meilleur et le plus propre, et des moyens qu'il faut employer pour arriver aux fins qu'il se propose. Voilà ce que nous entendons par une sagesse infinie. » (Clarke, ch. x.) « Elle se démontre à

ni une totalité, ce qui en ferait une pure abstraction. Quoiqu'infini, c'est un être réel et déterminé. La cause véritable, le principe des existences individuelles est un être unique, indivisible, l'unité absolue dont notre âme, être également simple et indivisible, seule peut nous donner l'idée. En un mot, Dieu, l'âme universelle, est un *esprit*. Quelle contradiction y a-t-il à ce que l'esprit universel, s'il est réellement un, ait conscience de lui-même ? Est-il vrai qu'alors il se dédouble ? Pas plus que notre esprit, en se pensant lui-même, ne perd son unité. S'il est véritablement esprit, la pensée lui appartient et cette pensée se sait. Ce qui nous rend cette idée difficile à concevoir, c'est que notre pensée est finie et qu'un esprit fini doit concevoir l'esprit infini à sa manière. La raison va plus loin et rectifie ce procédé. Aussi un esprit infini n'a rien pour elle de contradictoire. « La raison s'élève à juste titre contre une manière de voir qui attribue à Dieu la forme humaine, des passions humaines ; mais ce qui doit la révolter bien plus, c'est un Dieu qui a fait l'œil et ne voit point, qui a fait l'oreille et n'entend point, qui, étant la source de toute intelligence, est lui-même sans intelligence ; un Dieu qui est tout et rien, plus semblable au polypier qu'à l'homme et qui n'a conscience de lui que dans l'intelligence humaine. Pour nous, nous professons un anthropomorphisme inséparable de la conviction que l'homme est fait à l'image de Dieu, et nous soutenons que, hors de là, il n'y a qu'athéisme et fétichisme. » (Jacobi.)
— « L'intelligence est la chose la plus divine que nous connaissons. » (Aristote, *Mét.*, XII.) — « Si nous étions seuls intelligents dans le monde, nous seuls vaudrions mieux, avec notre intelligence imparfaite, que tout le reste qui serait tout à fait brute et stupide ; et on ne pourrait comprendre d'où viendrait dans ce tout, qui n'entend pas, cette partie qui entend, l'intelligence ne pouvant pas naître d'une chose brute et insensée. » (Bossuet, *Conn. de Dieu*, ch. IV, p. 106.)

de ce qu'il y a de meilleur et de plus sage. Être soumis à la nécessité, c'est n'avoir aucune puissance. Car puissance et nécessité sont deux propriétés contradictoires. » (Reid, t. VI, p. 213.)

priori, car elle n'est que la perfection même de l'intelligence. Les arguments tirés de la perfection exquise et de l'ordre admirable qui règnent dans tous ses ouvrages forment une démonstration *à posteriori*, qui n'est pas moins forte ni moins incontestable. » (*Ibid.*)

II. Puissance. — Dieu possède une *puissance infinie*. « Puisqu'il n'y a que Dieu qui existe par lui-même, puisque tout ce qui existe dans l'univers a été fait par lui et dépend absolument de lui, qui ne voit qu'il n'y a rien qui puisse s'opposer à sa volonté? Il faut donc reconnaître qu'il a une puissance sans bornes. » Cependant ce pouvoir, qui embrasse toutes les choses possibles, ne peut s'étendre aux choses impossibles et contradictoires ou aux choses qui supposent une imperfection naturelle dans l'être à qui cette puissance est attribuée. « Il est aussi impossible et aussi contradictoire que Dieu agisse contre les lois de la vérité, de la bonté et de la justice, qu'il est impossible que sa puissance exécute des choses qui serviraient à l'anéantir. Ne pouvoir pas faire des choses qui ne sont pas l'objet de la puissance ne peut être censé un manque de puissance. » (Clarke, ch. XI.)

III. Justice. — C'est surtout comme représentant de l'ordre moral, comme législateur et juge suprême que Dieu apparaît à la conscience humaine. C'est de là que se tire la preuve de son existence, sinon la seule légitime comme le veut Kant, une des plus fortes, la preuve morale. Dieu, c'est la justice infinie ou parfaite, dont la justice humaine n'est qu'une imparfaite et souvent très-fausse image. Entre l'une et l'autre pourtant il n'est pas vrai qu'il n'y ait aucune ressemblance (Bayle); ce serait supposer que Dieu peut changer les lois morales et que sa justice est arbitraire. Mais l'une est le modèle, l'idéal de l'autre; ce qui est vrai surtout, c'est que la justice divine est parfaite, et la justice humaine imparfaite, souvent impuissante; que Dieu a des moyens d'appliquer la justice qui nous sont inconnus; que l'une est bornée, que l'autre n'a point de bornes, parce qu'alliée à une science infinie et à une sagesse infaillible, elle dispose à la fois du temps et de l'éternité.

IV. Bonté. — De tous les attributs de Dieu, c'est le plus

élevé, celui qui résume le mieux la nature divine. Sans doute il doit s'accorder avec la justice et ne pas la contredire. Il n'en reste pas moins l'essence première de l'être souverainement parfait qui ne peut donner l'être à ses créatures sans vouloir qu'elles soient heureuses. Cette idée de Dieu, qui est l'idée chrétienne, fut aussi celle des plus grands philosophes, de Platon et d'Aristote. (V. *Rép.*, VI; *Mét.*, XII.) Pour eux, Dieu est avant tout le *Bien*. Or, le bien non abstrait, mais réel, c'est la bonté et l'amour. On connaît le passage du *Timée* où Platon, se rapprochant de la Bible, fait de la bonté le premier motif et la cause finale de la création du monde.

« Disons la cause qui a porté le suprême ordonnateur à produire et à composer cet univers : il était bon, et celui qui est bon n'a aucune espèce d'envie. Exempt d'envie, il a voulu que les choses fussent, autant que possible, semblables à lui-même. » (Platon, *Timée*.)

La conscience humaine dans les peuples les plus éclairés a conçu aussi la bonté dans Dieu comme son attribut par excellence. Le polythéisme lui-même l'alliait à la grandeur dans la dédicace de ses temples : *Jovi optimo maximo*. C'est le nom que donne à Dieu l'âme humaine affligée quand elle s'adresse à lui par la prière. La charité pour le chrétien n'est dans l'homme la première des vertus que parce que l'*amour* et la *charité* sont en Dieu ses perfections les plus hautes.

L'INCOMPRÉHENSIBILITÉ DE DIEU.

L'*incompréhensible* n'est pas l'*inintelligible*, ni le *contradictoire*. Dieu est intelligible à la raison qui ne comprend rien sans lui. Mais comprendre c'est voir sans obscurité; c'est voir le *comment* des choses. Or, partout, même dans les êtres sensibles, le comment nous échappe. Le mystère nous enveloppe de toutes parts. Un insecte embarrasse et confond notre esprit. Savons-nous ce qu'est la matière simple en ses éléments et divisible à l'infini? ce que sont l'espace et le temps ces deux infinis? comment la lumière parcourt l'espace et le soleil nous envoie ses rayons? Et ces milliards de soleils semés comme la poussière sur nos têtes comment éclairent-ils d'autres mondes? Savons-nous comment du germe sort la plante, du grain l'épi, du gland le chêne? Nous assistons à ces merveilles sans surprise; tant nous sommes familiarisés avec elles. La science humaine reste muette en face de ces problèmes; elle-même n'est que notre ignorance dont nous reculons les bornes. Et nous voudrions comprendre l'infini !

CHAPITRE III

DE LA PROVIDENCE

> « Vous reconnaîtrez alors que la Divinité voit tout d'un seul regard, qu'elle entend tout, qu'elle est partout, et qu'elle prend soin de tout ce qui existe. »
> (XÉNOPHON, *Mém. Socr.*, liv. I.)

ART. I. DE LA CRÉATION.

I. DIFFICULTÉ DE CES PROBLÈMES. — Dieu existe, et quoiqu'il ne nous soit pas donné de comprendre les mystères de sa nature, nous avons la connaissance très-claire et très-nette de ses attributs. Nous savons qu'il est un, infini, éternel, immuable, qu'il est intelligent et libre, souverainement bon et juste, qu'il possède, au degré le plus éminent, toutes les perfections morales qui se trouvent dans les plus élevées de ses créatures. Un problème plus difficile est celui de son rapport avec le monde. Dieu est à la fois Créateur et Providence; il a créé le monde et le gouverne. Un Dieu qui veille sur son œuvre et sur l'univers moral en particulier, qui règle la destinée de l'homme conformément aux lois de sa justice et aux desseins de sa sagesse et de sa bonté, qui donne à la loi morale sa dernière et nécessaire sanction, voilà ce qu'il nous importe surtout d'établir et de défendre. Quant au problème de la création et aux difficultés qu'il soulève, il serait téméraire à la raison de prétendre le résoudre. Il suffit de maintenir la vérité dans ce qu'elle a d'essentiel et de fondamental.

Pour ne pas s'égarer dans de si hautes recherches, la raison humaine doit non-seulement se pénétrer de son insuffisance, mais ne pas séparer la vérité pratique de la vérité spéculative. Ce n'est pas trop ici du concours de plusieurs facultés. De plus, quand notre regard se trouble, et que la science ne fait luire à nos yeux qu'une clarté douteuse, il ne faut jamais laisser pâlir le flambeau des vérités morales. Toute solution spéculative contraire aux croyances morales et religieuses du genre humain doit donc être, par là même, rejetée. Ce *critérium* indirect, nous le savons, est méprisé des esprits systématiques qui ont leurs raisons de l'écarter. Mais il n'en est pas moins légitime et sûr. En ce qui touche aux choses de cet ordre, la vérité morale est ce qu'il y a de plus clair et de plus certain. Sans ce contre-poids, la spéculation est dangereuse. Elle mène vite à fouler aux pieds les faits et les principes qui, étant la règle de la vie, ont bien aussi quelques droits à être respectés. Il y a deux manières de juger un système. La plus philosophique, sans doute, est de l'apprécier en lui-même dans ses bases et son ensemble. Mais ses conséquences aussi témoignent pour ou contre lui. S'il contredit ouvertement des vérités reconnues comme étant la base de notre conduite et solidement établies, il doit être déclaré faux. Autrement la vérité ne s'accorde plus avec la vérité, et il faut condamner le principe sur lequel s'appuie toute la logique. Le mieux est d'employer simultanément les deux méthodes. Quoi qu'il en soit, tout système manifestement immoral ne peut être vrai; l'arbre se juge à ses fruits (1).

Ceci posé, nous dirons quelques mots du problème de la création.

II. Idée de la création. — Le monde est-il l'effet d'une cause qui lui a donné l'être et l'a créé librement? Quiconque admet Dieu comme cause véritable n'en peut douter. Aussi le système contraire s'attaque à l'idée de cause et au principe de causalité. « Si Dieu est une véritable cause, il crée; s'il est un Dieu personnel, il crée par un acte de sa volonté; sans cela, le monde engendré par lui se confond avec lui; ou non créé il s'oppose à lui; il est éternel, et alors il y a deux infinis. Il manquerait quelque chose à l'être parfait s'il ne pouvait rien produire hors de lui. » (Fénelon, *Exist. de Dieu*, IIe part., ch. IV.)

Mais comment concevoir que le monde ait été créé de rien? La création *ex nihilo* n'est-elle pas absurde? Cela dépend du sens qu'on attache à ces mots : *Rien ne vient de rien : ex nihilo nihil*. (Lucr.) Donner l'existence au néant est une contradiction; faire qu'une chose qui n'était pas commence d'exister n'en est pas une. Il suffit qu'une cause la produise. Créer, faire que ce qui n'était pas soit, nous est diffi-

(1) Voy. *Questions de Philosophie*, section III.

cile à comprendre, parce que nous ne créons que des actes et que l'homme a besoin d'une matière de ses œuvres (1). Cela ne répugne pas à l'idée de la première cause, de la cause infinie. C'est précisément la *création* comme nous la concevons par opposition à la simple *formation*, ou à la *génération* physique et à la *succession* éternelle des existences (2). Cette dernière idée soulève bien d'autres difficultés métaphysiques, sans parler de la liberté humaine et des vérités morales qu'elle détruit. Nous avons en nous-mêmes une idée, très-imparfaite sans doute, du pouvoir créateur; nous en trouvons le type dans notre volonté. Elle-même crée des effets et produit des œuvres qui sont les créations de l'homme. Il est vrai qu'entre créer des actes et créer des êtres, il y a une distance infinie qui sépare la cause seconde de la cause première. Tirer du néant, donner l'être, voilà une conception qui dépassera toujours l'intelligence humaine. Celui-là seul qui crée doit savoir ce que c'est que créer. Mais ce que nous ne comprenons pas, nous sommes forcés de l'admettre, sous peine de nous égarer dans des systèmes qu'il suffit de mentionner pour nous les faire rejeter, si nous sommes fidèles à la maxime que nous avons posée plus haut.

II. Systèmes opposés : naturalisme, dualisme, panthéisme. — Trois systèmes principaux sont opposés à la création ou en défigurent l'idée. Ce sont le naturalisme, le dualisme et le panthéisme.

1° *Naturalisme.* — Si l'on nie que le monde ait été créé, on doit admettre qu'il est éternel, le même cercle d'existences se reproduit sans cesse (*circulus æterni motus*). Tel est le *naturalisme* ou le *panthéisme matérialiste*. Dieu n'est rien, la nature est tout ou *le tout* (τὸ πᾶν). Le monde est l'universalité des existences, un assemblage d'êtres régis par la nécessité. Dieu est un vain mot désignant la collection des êtres finis. *Jupiter est quodcumque vides.* (Lucr.) Ce système en réalité est l'*athéisme*.

2° *Dualisme.* — On peut se représenter aussi Dieu et le

(1) Creator enim nulla re alia indigens, sua virtute et potestate id quod sit efficit. Opifex vero accepta ex materia condendi facultate, opus suum construit. (S. Justin, *Exhort. ad Græc.*, ch. xxii.)

(2) L'Ecriture donne une image sublime de la création spirituelle par ces mots : « Que la lumière soit, et la lumière fut; » montrant que c'est par un acte libre et volontaire de la raison divine ou du Verbe que le monde existe.

monde comme existant parallèlement. Dieu en dehors du monde n'agissant pas ou n'agissant qu'indirectement sur lui; le monde comme éternel et se conservant par ses propres lois. Être immobile, centre d'attraction vers lequel tendent tous les êtres finis, la Divinité reste plongée dans la contemplation solitaire de ses attributs. C'est le Dieu d'Aristote. (V. *Métaph.*, XII.) Ce système, qui est le *dualisme*, appartient à l'antiquité.

3° *Panthéisme.* — Un autre système plus capable de satisfaire les esprits spéculatifs, est celui qui conçoit Dieu comme *l'être unique*, et l'ensemble des êtres visibles comme autant d'accidents ou de modes de la substance universelle. Privés de substantialité propre, les corps et les esprits ne sont que des modes ou des formes de l'être absolu. C'est le *panthéisme* proprement dit, le véritable *spinosisme*. Parménide le représente dans l'antiquité. On peut y rattacher des systèmes plus modernes dont nous n'examinons pas la valeur théorique, mais dont les conséquences au fond sont identiques. Dieu y est associé au mouvement du monde, qui le réalise comme il le manifeste; il s'identifie avec la nature et avec l'humanité, il parcourt toutes les phases de l'existence et tous les degrés de l'univers physique et moral. Le caractère commun à tous ces systèmes, c'est que Dieu y est dénué de personnalité propre; il se confond avec le monde comme le monde se confond avec lui.

Le premier de ces systèmes étant l'athéisme doit être renvoyé aux preuves de l'existence de Dieu. Le second est rejeté par la raison qui ne peut admettre deux infinis, pas plus en durée qu'en puissance et en perfection. Quant au panthéisme, plus difficile à réfuter, il est des objections auxquelles il ne peut répondre et des conséquences qui doivent le faire rejeter (1). — 1° Il est forcé de nier le témoignage des sens qui nous attestent la réalité des êtres du monde visible. — 2° Il contredit le sens intime ou la conscience qui nous atteste notre existence permanente, réelle, individuelle et personnelle. — 3° Quoi qu'il fasse, il est obligé de nier le libre arbitre (2), ou il le détruit par la manière dont il

---

(1) Voy. *Questions de Philosophie*, sect. V, art. PANTHÉISME.
(2) Res nullo modo alio neque alio ordine a Deo produci potuerunt quam a Deo productæ sunt. (Spinosa.)

l'explique. On voit alors les conséquences morales, religieuses, etc., qui naissent de cette doctrine. Le fatalisme est son vice radical, il essaye vainement de s'en faire absoudre. Cela suffit pour le faire rejeter de quiconque attache encore plus de prix aux vérités pratiques qu'aux conceptions spéculatives, ou ne veut pas qu'on les sépare. Il est clair qu'en ôtant à Dieu la personnalité, on l'ôte aussi à l'homme. En l'admettant, on ne lui laisse qu'une liberté nominale. On sape ainsi par la base tout l'édifice moral et religieux. L'homme en qui Dieu se réalise et revêt une forme individuelle n'est plus lui-même ; il n'est plus responsable si c'est la cause universelle qui agit en lui. Dieu lui-même, qu'est-il, s'il n'est pas distinct des êtres où il se développe, s'il n'a d'existence et de conscience qu'en eux et par eux ? Manquant de personnalité propre, il n'a de personnalité que dans l'homme et dans l'être abstrait et collectif qui s'appelle *humanité*. Un pareil Dieu peut-il prétendre à notre culte et à nos hommages ? Que deviennent les rapports entre la créature et le créateur ? Tous sont faussés ou détruits. Distinct si l'on veut en spéculation de l'athéisme, ce système en est l'équivalent pour la pratique.

ART. II. DE LA PROVIDENCE

> « Ce Dieu, maître absolu de la terre et des cieux,
> N'est point tel que l'erreur le figure à vos yeux.
> L'Eternel est son nom, le monde est son ouvrage ;
> Il entend les soupirs de l'humble qu'on outrage,
> Juge tous les mortels avec d'égales lois,
> Et du haut de son trône interroge les rois. »
> (RACINE, *Esther*.)

§ I. Idée de la Providence.

Non-seulement Dieu a créé le monde, il le conserve et le gouverne par une action permanente, et avec la même sagesse dont il en a ordonné le plan et exécuté toutes les parties. Cette action providentielle, qui maintient les lois de l'univers physique et se manifeste dans les êtres de la nature, s'étend aussi au monde moral. Un plan non moins sagement conçu et aussi régulièrement suivi s'y fait remarquer et se déroule à travers les siècles. Les événements n'y sont point abandonnés au hasard ou aux caprices de la volonté humaine. Dieu les voit, les arrange et les fait concourir à l'accomplissement de ses desseins. S'il gouverne le genre humain et les sociétés par des lois générales, il préside aussi à la destinée des individus; sa providence n'embrasse pas seulement l'ensemble des choses, il n'est pas indigne de lui de descendre, pour ainsi dire, dans le détail des affaires humaines. Il est présent à toutes les pensées des hommes, et aucune de leurs actions ne lui échappe. Il intervient efficacement dans les déterminations de leur volonté, influe sur elle, la soutient, la dirige, coopère avec elle, sans toutefois lui ôter sa liberté. Loin d'être indifférent au bien et au mal qui sont le fait de ses créatures libres, celles-ci doivent reconnaître en lui le représentant des lois morales, le législateur et le monarque dont ces lois sont la volonté même. Il est aussi le juge suprême des actions humaines; il doit récompenser et punir chacun selon ses mérites, pourvoir à une juste répartition des biens et des maux, et rétablir dans un monde à venir l'équilibre momentanément rompu dans la vie actuelle entre la vertu et le bonheur.

Telles sont les idées principales que renferme la notion de la Providence dans toute philosophie conforme à la croyance éclairée du genre humain.

§ II. Démonstration de la Providence.

I. PREUVES A PRIORI. — Les preuves de la Providence se déduisent *à priori* des attributs moraux de la Divinité (1). « Si Dieu est un être tout-puissant, présent partout, intelligent, sage et libre, il est clair qu'en tous temps et en tous lieux il connaît certainement ce qui existe, qu'il prévoit ce qu'il y a de plus sage et de meilleur à faire en tous temps et en tous lieux, et qu'il a un pouvoir suffisant pour exécuter sans peine ni opposition tout ce qu'il juge à propos de faire. Il doit nécessairement diriger tous les événements qui arrivent dans le monde et faire tout immédiatement, à la réserve de ce qu'il laisse, par un pur effet de son bon plaisir, à la direction des agents libres subordonnés. Oter donc à Dieu le gouvernement du monde, et dire qu'il ne se mêle pas des

---

(1) *Si concedimus intelligentes esse Deos, concedimus etiam providentes, et rerum quidem maximarum.* (Cic., *De Nat. deor.*, IV, XXIV.)

affaires d'ici-bas, c'est lui ravir sa toute-puissance, sa connaissance et sa sagesse. » (Clarke.)

Dira-t-on que Dieu gouverne par sa providence les plus grandes et les plus considérables parties de l'univers, mais que les affaires humaines ne valent pas qu'il y fasse attention? C'est rabaisser la toute-puissance de Dieu. Si Dieu est présent partout, s'il connaît toutes choses, s'il est infiniment puissant, il doit connaître également toutes choses et gouverner les plus petites avec autant de facilité que les plus grandes. C'est, ensuite, méconnaître l'excellence de la nature humaine. « Ne faisons pas cette injure à Dieu de le mettre au-dessous des ouvriers mortels... Ne disons pas que Dieu qui est très-sage, qui veut et qui peut prendre soin de tout, néglige les petites choses auxquelles il lui est plus aisé de pourvoir, comme pourrait faire un ouvrier indolent ou lâche, rebuté par le travail, et qu'il ne donne son attention qu'aux grandes. » (Platon, *Lois*, X.) (1)

Prétendre que Dieu est indifférent au bien ou au mal qui se fait par ses créatures, c'est nier ses attributs moraux les plus élevés : la justice et la bonté, qui ne sont pas moins nécessaires que sa sagesse et sa puissance.

Dira-t-on que nous ne pouvons pas juger de la bonté et de la justice de Dieu par l'idée de ces vertus dans l'homme? « Si la justice et la bonté ne sont pas dans Dieu ce qu'elles sont dans nos idées, ce ne sont que des mots vides de sens que nous prononçons quand nous disons que Dieu est bon et juste. Par la même raison, ne pourra-t-on pas dire que, quand nous parlons de la connaissance de Dieu et de sa sagesse, nous n'avons aucune idée de ce que nous disons? Ainsi, on renverse par là tous les fondements sur lesquels il est possible de s'assurer de quelque chose que ce soit. » (Leibnitz, *Théod.*, Ire part.)

II. Preuves a posteriori. — D'autres preuves, appuyées sur l'expérience, se tirent de la conservation de l'univers et de l'ordre qui y règne, du cours des événements humains, des lois qui règlent la destinée des peuples et des individus, de la croyance universelle du genre humain. Enfin la con-

---

(1) « Et sustinendi muneris propter imbecillitatem minime cadit in majestatem Deorum. » (Cic., *De Nat. deor.*, IV, ch. XXIX.)

sidération de l'homme et de ses facultés, sa faculté de prévoir, l'empire qu'il exerce par son intelligence et sa volonté sur son corps et ses organes, sur les êtres qui l'entourent, fournissent un argument *à fortiori* qui n'avait pas échappé au premier des philosophes de l'antiquité qui démontra la Providence. « Sachez que votre esprit, tant qu'il est uni à votre corps, le gouverne à son gré; il faut donc croire aussi que la sagesse qui vit dans tout ce qui existe gouverne ce grand tout comme il lui plaît. Quoi! votre vue peut s'étendre à plusieurs stades, et l'œil de Dieu même ne pourrait tout embrasser! Votre pensée peut s'occuper des événements dont vous êtes témoin et des affaires de l'Égypte, et l'esprit de Dieu ne pourrait s'occuper à la fois de tout l'univers! » (Xénophon, *Mém.*, I.)

III. Déisme; théisme. — On appelle *déisme* tout système qui admet l'existence de Dieu, mais nie la Providence; la croyance à un Dieu providentiel reçoit le nom de *théisme*.

La réfutation du *déisme* est très-facile. Conçoit-on un Dieu qui, ayant créé le monde, l'abandonne à lui-même et à ses propres lois, pour rentrer dans son repos éternel, un Dieu placé en dehors de la création, ne prenant aucun souci de son œuvre, ignorant ce qui s'y passe, indifférent et oisif? Cette conception est logiquement inférieure à l'athéisme même, et, au point de vue pratique, équivalente. Dieu, dit-on, a donné au monde des lois par lesquelles il se conserve et se gouverne lui-même. — Ce sont là des mots vides de sens. Que sont les lois sans un législateur et sans un pouvoir qui les fasse exécuter? Des abstractions personnifiées, des entités nominales. Mieux vaut le polythéisme qui peuple l'univers de divinités. Le mot de *nature* n'est qu'un mot, quand il ne désigne pas l'être qui est le principe et l'âme de toutes choses. Que l'on admette, au sein de la nature, des forces et des puissances, il faudra toujours rapporter ces causes à une cause unique dont elles émanent, qui les dirige et régularise leur action. Toutes ces hypothèses ne dispensent nullement de reconnaître une direction suprême et une Providence qui s'étend à tout, aux plus petites parties comme à l'ensemble.

Les progrès seuls de la science et de la raison ont suffi

pour reléguer le déisme au nombre des systèmes vieillis et surannés qui appartiennent désormais à l'histoire. Mais ce que le déisme a perdu, le panthéisme l'a gagné. Or, ce système ne détruit pas moins que le précédent la véritable notion de la Providence. Nous n'entreprendrons pas de nouveau sa réfutation; nous l'abandonnons à ses conséquences. Il en est une surtout qui ressort trop évidemment du principe pour qu'elle ne frappe pas tous les yeux, et qui l'a toujours fait repousser par la conscience humaine : c'est, je l'ai dit, l'impossibilité d'admettre le libre arbitre. Quel que soit l'appareil imposant de formules scientifiques dont il s'enveloppe, le panthéisme moderne ne peut cacher ce vice fondamental (1).

« S'il n'y a dans l'univers qu'un seul principe qui agisse et qui pâtisse, si les choses dérivent les unes des autres par une série de causes dont chacune se ramène à celle qui précède, on ne pourra plus alors dire avec vérité que toutes choses arrivent par des causes; toutes en effet ne feront plus qu'un seul être. Dans ce cas, nous ne sommes plus nous, il n'y a plus d'action qui soit nôtre; ce n'est plus *nous* qui raisonnons; c'est un autre principe qui raisonne, qui veut, qui agit en nous, comme ce ne sont pas nos pieds qui marchent, mais nous qui marchons par nos pieds. Cependant il faut admettre que chacun vit, pense, agit d'une vie, d'une pensée, d'une action qui lui est propre. Il faut laisser à chacun la responsabilité de ses actions, bonnes ou mauvaises, et ne pas attribuer à la cause universelle des choses honteuses. » (Plotin, *Ennéades III*ᵉ, liv. I.)

Le panthéisme ancien, on le voit, avoue la contradiction; le panthéisme moderne l'a-t-il levée et résolu l'énigme en proclamant l'*identité des contraires?* Non, sans doute, et le mot de Newton est vrai : *Deus sine dominio, providentia et causis finalibus nihil aliud est quam fatum et natura.* (*Principes*, schol.)

(1) Irrevocabilis humana pariter ac divina cursus vehit. (Senec., *De Prov.*, V, 6.)

CONSULTEZ : Xénophon, *Mém.*, IV, III. — Platon, *Lois*, X. — Cic., *De Nat. deor.* — Séneq., *De Prov.* — Leibnitz, *Théodicée.* — Saint Augustin, *Cité de Dieu.* — Bossuet, *Tr. du Lib. Arb.*, ch. III.

CHAPITRE IV

OBJECTIONS CONTRE LA PROVIDENCE

ART. I. OBJECTIONS TIRÉES DU MAL PHYSIQUE.

> « Tout ce que nous pouvons sur ces infinités, c'est de les connaître confusément et de savoir au moins distinctement qu'elles sont. Autrement nous jugeons fort mal de la beauté et de la grandeur de l'univers. »
> (LEIBNITZ, *Nouv. Ess.*, Av.-Prop.)

§ I. Du mal en général et des diverses espèces de maux.

I. DU MAL EN GÉNÉRAL. — Il est impossible de méconnaître l'ordre admirable qui règne dans l'ensemble et dans toutes les parties de cet univers; mais on ne peut nier aussi que le désordre et le mal n'y occupent une grande place. Or, pourquoi le mal, et comment le concilier avec l'existence d'un Dieu souverainement bon et d'un être parfait? L'origine du mal est une des grandes énigmes qui, de tout temps, ont vivement préoccupé l'intelligence humaine, et dont elle a demandé la solution à la religion et à la philosophie. L'opposition de deux principes (*manichéisme*), le *dualisme* de la matière et de l'esprit, l'*optimisme*, tant d'autres explications que l'on rencontre dans les systèmes religieux ou philosophiques, témoignent de l'impression que la présence du mal en ce monde a toujours faite sur l'esprit de l'homme, et des efforts de sa raison pour s'en rendre compte. Les adversaires de la Providence ne pouvaient manquer de s'en emparer et d'y puiser leurs principales objections.

II. MAL PHYSIQUE. — Si l'ordre est manifeste dans la nature, le désordre aussi vient y frapper nos regards. Les forces naturelles nous offrent, au lieu du spectacle d'un développement harmonieux, celui d'une lutte constante. Cette guerre des éléments est marquée par les catastrophes et les révolutions qu'a subies notre globe, et par les fléaux qui en désolent encore aujourd'hui la surface. Même opposition entre les êtres vivants. La plupart des espèces sont ennemies et cherchent à se détruire; les individus naissent, croissent, dépérissent et meurent; très-peu atteignent leur développement complet, et le plus grand nombre périt avant le terme ordinaire de leur courte existence.

A ce mal, à proprement parler physique, s'en ajoute un autre, particulier aux créatures sensibles : la souffrance et le malheur. Tous les êtres créés qui ont le sentiment d'eux-mêmes sont soumis à cette loi : l'homme surtout, chez lequel la capacité de souffrir est en proportion du nombre et de la supériorité de ses facultés. Les maladies affligent son corps, l'ignorance et l'erreur obscurcissent ou égarent son esprit; le doute l'accompagne dans la poursuite ardente de la vérité, ou l'attend au terme de ses recherches. Mille peines viennent briser son cœur. Fût-il heureux autant qu'il peut l'être, son bonheur est fragile et passager. La vie humaine est enfermée dans des limites étroites et la mort en est le terme inévitable.

III. MAL MORAL. — Les êtres de la nature, obéissant à leurs lois aveuglément et fatalement, ne sont pas responsables du mal qui se fait en eux et par eux. Il n'en est pas de même de l'homme. Créé libre, le soin d'accomplir sa propre destinée lui a été confié. Son devoir est de réaliser la loi que conçoit sa raison et d'y conformer sa volonté. Mais au lieu d'obéir à cette loi, souvent il la viole; la violation intentionnelle de la loi constitue un nouveau mal propre aux créatures raisonnables et libres. Il a reçu le nom de *mal moral* (*malum culpæ*). Il n'est pas moins abondamment répandu que les autres maux sur la surface du monde. Que de crimes, de fautes, de faiblesses, pour un acte de véritable vertu! la passion, l'intérêt, l'égoïsme ne sont-ils pas les mobiles avoués ou secrets de presque toutes les actions humaines?

Un autre désordre non moins capable de jeter le trouble dans la raison naît de l'injuste répartition des biens et des maux dans le monde actuel. Qui oserait dire que l'homme de bien reçoit ici-bas la récompense exacte de ses actions; que le méchant est toujours puni comme il le mérite? Un pareil optimisme serait démenti par l'expérience et repoussé par le sens commun.

IV. OBJECTIONS CONTRE LA PROVIDENCE. — Le mal donc existe en ce monde et sous une multitude de formes. Comment le concilier avec les attributs de l'Être souverain qui a créé ce monde et le gouverne? Si Dieu est *tout-puissant* et *sage*, comment expliquer les imperfections de son œuvre? S'il est *bon*, comment le malheur de ses créatures? S'il est *saint*, comment le mal moral? S'il est *juste*, comment l'injuste répartition des biens et des maux?

§ II. Réponse aux objections du mal physique.

I. RÉPONSE GÉNÉRALE. — Une réponse générale est que ces objections ne peuvent ébranler en rien des vérités aussi solidement établies que celle de l'existence de Dieu et de ses attributs. (V. Descartes, IV° *Médit.*) Ainsi, quand même nous ne pourrions trouver une explication de l'existence du mal, capable de satisfaire de tout point la raison, ce ne serait pas un motif pour méconnaître la sagesse, la bonté, la justice de Dieu, dont l'homme ne pourra toujours pénétrer qu'imparfaitement les desseins. N'est-il pas plus conforme au sentiment de notre faiblesse, et à l'idée que nous avons de l'être parfait, de penser qu'il y a une raison dernière que Dieu sait et qui nous échappe? Nous connaissons *à priori* l'existence de Dieu, sa bonté et sa justice; nous devons donc aussi affirmer *à priori* que tout doit se concilier avec ses attributs; et, si quelque chose nous choque dans le plan du monde actuel, nous reposer avec confiance sur Dieu lui-même du soin de faire rentrer le mal dans un bien supérieur à celui qui aurait existé sans le mal. « Il faudrait juger les ouvrages de Dieu, dit Leibnitz, aussi sagement que Socrate jugea ceux d'Héraclite en disant : « Ce que j'en ai entendu me plaît, je crois que le reste ne me plairait pas moins, si je l'entendais. » (*Théod.* II° part., § 14.) — « L'objet de Dieu a quelque chose d'infini; ses soins embrassent l'univers. Ce que nous connaissons n'est rien, et nous voudrions mesurer sa sagesse et sa bonté à notre connaissance! » (*Ibid.*, II° part., § 134. Cf. saint Augustin, *Confess.*, VII.) — Tel est le raisonnement que l'on doit opposer à toutes les difficultés qui peuvent s'élever sur le dogme de la Providence. Cette pensée doit dominer les explications, toujours plus ou moins imparfaites, qu'a droit de chercher la raison humaine au problème de l'existence du mal.

II. — Cette réserve faite, nous essayerons de réfuter les objections précédentes, d'abord celle qui est tirée du mal physique

1° *Mal métaphysique.* — Il est un mal inhérent à la nature des êtres créés. Dieu seul est parfait, et il ne pouvait créer des êtres parfaits. Il a donné l'existence à ses créatures à des degrés différents, et aucune n'a le droit de se plaindre. Si toutes étaient égales, il n'y aurait aucune variété dans le monde; avec la diversité disparaîtrait l'harmonie, car celle-ci ne naît pas moins de la variété que de l'unité. Les maux qui dérivent de la nature des êtres finis et de leur imperfection nécessaire ne doivent donc point être considérés comme des maux réels, ce sont des négations de l'être. C'est là ce que plusieurs philosophes ont appelé *mal métaphysique*. Ce qui fait dire à Bossuet : « Le mal n'est point un être, mais un défaut. » (*Lib. Arb.*, III. Cf. saint Augustin, *Confess.*, liv. III. ch. VII.)

2° *Ordre universel.* — Pour juger un ouvrage, il ne faut pas se borner à considérer chaque partie isolément, mais chercher à embrasser l'ensemble (1). A ce point de vue, souvent les dissonances et les oppositions s'effacent, elles concourent à l'harmonie du tout ; le désordre apparent rentre ainsi dans l'ordre et les irrégularités dans la loi. Les bouleversements du globe ont cessé; qui ne voit que ces désordres ont servi à mener les choses au point où elles se trouvent maintenant, et que nous leur devons nos richesses et nos commodités. Ces désordres sont allés dans l'ordre. C'est comme il y a quelquefois des irrégularités dans les mathématiques, qui se terminent enfin dans un plus grand ordre, quand on a achevé de les approfondir. C'est dans ce sens que l'on peut employer ce mot de saint Bernard (*Ép.* 276, *ad Eugen.* III) : *Ordinatissimum est minus interdum ordinate fieri aliquid.* Il est dans le grand ordre qu'il

---

(1) « Un artiste ne couvre pas d'yeux le corps de l'animal qu'il représente... Nous ressemblons à des hommes qui ignorent la peinture et qui blâment l'artiste d'avoir mis des ombres dans son tableau. On ne blâme pas une tragédie parce qu'on y voit paraître d'autres personnages que des héros : un esclave, un paysan qui parle mal. Ce serait détruire la beauté de la composition que de retrancher ces personnages inférieurs et toutes les parties où ils figurent. » (Plotin, *Ennéad.* III°. liv. II ch. VII.)

y ait quelque petit désordre, et l'on peut même dire que ce petit désordre n'est qu'apparent dans le tout, et il n'est pas même apparent par rapport à la félicité de ceux qui se mettent dans la voie de l'ordre. » (Leibnitz, *Théod.*, III⁰ part., § 342.) « Il y a eu un temps où les planètes passaient pour des étoiles errantes; maintenant leur mouvement se trouve régulier : peut-être qu'il en est de même des comètes; la postérité le saura. » (Leibnitz, *Théod.*, III⁰ part.)

« Les individus périssent, les espèces subsistent; les êtres se renouvellent, la nature jouit d'une jeunesse éternelle (1). Dans toutes ces transformations que subit la matière, que deviennent les forces qui l'animent? Pas un atome n'est anéanti. Pourquoi en serait-il autrement des substances actives et simples? Nous ne connaissons de cet univers qu'une très-petite partie, et notre pensée se perd quand nous cherchons le rapport de cette partie au tout. Dieu sait coordonner les destinées du petit globe que nous habitons avec celles des autres mondes, dans le plan général de la création universelle. » (*Ibid.*, Iʳᵉ part., § 20.) « Toi-même, chétif mortel, tout petit que tu es, tu entres pour quelque chose dans l'ordre général, et tu murmures parce que tu ignores ce qui est meilleur à la fois et pour toi et pour le tout. » (Platon, *Lois*, X.) « Le genre humain, en tant qu'il nous est connu, n'est qu'un fragment, une petite portion de la cité de Dieu ou de la république des esprits, et nous en connaissons trop peu pour en remarquer l'ordre merveilleux. » (Leibnitz, *Théod.*, III⁰ part., § 146.)

3° *Ordre physique, ordre moral.* — L'ordre physique ne doit pas être lui-même envisagé indépendamment de l'ordre moral. « Dieu n'a pas créé le monde pour faire voir sa science infinie de l'architecture et de la mécanique, sans que son attribut de bon et d'ami de la vertu ait eu aucune part à la construction de ce grand ouvrage. Dieu n'a pas moins la qualité du meilleur monarque que celle du plus grand architecte. La matière est disposée de telle sorte que les lois du mouvement servent au meilleur gouvernement des esprits. » (*Ibid.*, III⁰ part., § 347.)

(1)   Et rien, afin que tout dure,
           Ne dure éternellement. (Malherbe.)

4° *L'homme artisan de son sort.* — La face la plus redoutable et la plus sombre du problème est celle du *bonheur* et du *malheur* pour l'homme. Il ne faut pourtant pas exagérer les maux de la vie et méconnaître les biens qu'elle renferme. Sans donner dans un faux optimisme qui place le bonheur dans la vie présente, on peut admettre que, pour qui en sait bien user, la vie offre généralement plus de biens que de maux. Pour cela, il faut considérer que le bien ne consiste pas seulement dans le plaisir, mais plutôt dans un état intermédiaire entre le plaisir et la douleur. La pensée, l'activité, l'exercice de toutes nos facultés, ce sont là des biens sans doute. Sont-ils moins réels pour n'être point remarqués? Si nous savions jouir des vrais biens que la nature met à notre portée, peu d'hommes auraient à se plaindre de l'ingratitude du sort. La maxime : *mores cuique sui fingunt fortunam* (V. Cic., *Paradox.*, V) est généralement vraie. Souvent l'homme est l'artisan de sa fortune ou de son malheur :

Nostrorum causa malorum
Nos sumus.

Si nous savions être sages, nous serions plus heureux. Que de maux ont leur source dans l'imprudence, la folie ou les passions des hommes! Ne rendons pas Dieu responsable des suites de nos excès et de nos vices (1).

5° *Destinée actuelle; la vertu.* — Mais cette explication est loin de suffire. La destinée actuelle de l'homme en fournit une meilleure. Cette destinée, qu'est-elle? le bonheur ou la vertu? La vertu. Or, la vertu n'est possible qu'à la condition de la souffrance et du malheur. Supposez que l'homme fût placé dans un monde où tout eût été arrangé pour le développement harmonieux et facile de ses facultés, un pareil monde pourrait être celui de l'innocence et du bonheur, mais la vertu n'y aurait pas de place. L'effort, l'énergie dans l'âme humaine, ne peuvent se développer que dans la lutte contre des obstacles. Semez la vie d'obstacles et d'épreuves,

---

(1) Et si de quelque échec notre faute est suivie,
Nous disons injures au Sort :
Chose n'est ici plus commune.
Le bien nous le faisons; le mal, c'est la Fortune.
La Fontaine, *Fabl.* VII, 14.

vous y introduisez la souffrance, mais vous ouvrez la carrière à toutes les vertus mâles, nobles et généreuses. Le courage, la patience, la résignation, le sacrifice et le dévouement, ne peuvent s'exercer qu'au milieu des adversités de la vie. La grandeur morale de l'homme ne se révèle que dans le malheur (1). « La tribulation est à l'âme comme un marteau qui la frappe, et qui en la frappant la fourbit et la dérouille. C'est la fournaise à recuire l'âme, » dit Montaigne. (*Essais*.) *Semper esse felicem ignorare est rerum naturæ alteram partem*. (Senec., *De Prov.*, IV.) « Celui qui n'a pas mangé son pain arrosé de ses larmes; celui qui n'a pas passé de tristes nuits assis sur sa couche en versant des pleurs, celui-là ne vous connaît pas, ô puissances célestes! » (Gœthe.) La question se réduit donc à savoir si un monde où la vertu existe avec le mal ne vaut pas mieux qu'un monde où le mal n'existerait pas, mais où la vertu serait impossible. C'est là le vrai *optimisme*.

6° *Mérite*. — A cette considération de l'excellence de la vertu vient s'ajouter celle du *mérite* et de la supériorité du bonheur mérité sur le bonheur naturel. « Qu'y a-t-il de plus grand pour la créature que le mérite? » dit Fénelon. Le mérite est un bien qu'on se donne par son choix et qui rend l'homme digne d'autres biens d'un ordre supérieur. Or, le mérite suppose non-seulement le choix libre, mais l'effort et le sacrifice. Le bonheur acheté ainsi volontairement par le travail et la souffrance a l'avantage de mieux faire comprendre le prix du bonheur. Mais son excellence véritable consiste dans la dignité d'un être qui s'est élevé lui-même à ce haut rang et qui s'est créé des droits à la félicité. N'est-il pas beau et digne de l'ordre que Dieu n'ait voulu donner à l'homme la béatitude qu'après la lui avoir fait mériter? Or, si nous regardons sur ce pied l'arrangement de l'administration de ce monde, tout ne saurait être mieux disposé pour ce grand but. Tous les événements et même les adversités que nous éprouvons sont les moyens les plus propres pour nous conduire à notre vrai bonheur (2).

(1) Sénèque a développé cette idée avec une grande force dans son *De Providentia*. (Lisez les chap. IV et V.)

(2) « Ecce spectaculum dignum ad quod respiciat intentus operi suo Deus,

7° *Épreuve; expiation*. — La face précédente de la destinée humaine est celle de l'*épreuve*; une autre s'y ajoute et la complète. L'épreuve peut être mal subie. L'homme, au lieu de monter, peut déchoir, ou il peut être déchu. En restant ici dans les limites de ce que la raison peut connaître par elle-même, on conçoit comment la chute et l'*expiation* font partie de la condition présente. L'homme étant libre peut choisir le mal au lieu du bien, au lieu d'accomplir la loi, la violer. Il démérite alors, et sa faute appelle une réparation. Le malheur est nécessaire comme châtiment et comme expiation. L'âme souillée de vices ne peut se purifier que par la peine volontairement acceptée. Le mal physique apparaît ici non-seulement comme une suite nécessaire du mal moral, mais comme mérité, c'est-à-dire créé par la volonté de l'homme lui-même. L'homme seul en est l'auteur comme il l'est du mal qu'il a commis. Or, il n'y a rien là qui doive plus faire accuser la bonté de Dieu que sa justice, surtout si l'on voit dans le malheur, avec la juste punition du mal, une expiation qui doit profiter au coupable. Accepté avec repentir comme un moyen de réparer la faute, de rentrer en grâce avec la justice et avec Dieu, il est alors un véritable bien. Les maux et les adversités de la vie prennent encore un autre caractère : ce sont des avertissements que Dieu envoie à l'homme juste lui-même, afin qu'il n'attache pas son cœur aux biens périssables de ce monde, et qui le rappellent à sa vraie destinée. Ainsi se trouvent conciliées à la fois la bonté, la justice et la miséricorde divines.

III. DE L'INJUSTE RÉPARTITION DES BIENS ET DES MAUX. — Aux accusations contre la Providence dont elle est la source il est plus d'une réponse.

1° *La plainte est exagérée*. — Le méchant, dit-on, prospère, le juste est malheureux. Si l'on y regardait de plus près, on tiendrait un tout autre langage. Évidemment, la règle avec laquelle on apprécie le bonheur est grossière et fausse. Même en cette vie, les véritables biens ne sont point la propriété du méchant, mais celle de l'homme vertueux. (Pla-

ecce par Deo dignum, vir fortis cum mala fortuna compositus, utique si et provocaverit. » (Senec., *De Prov.*, II.)

ton, *Gorgias*, et *Rép.*, IX.) Demandez, je ne dis pas à Platon ou à Zénon, mais à Épicure lui-même, il vous dira que le vrai bonheur est dans le calme, la tranquillité de l'âme, dans la satisfaction intérieure et le contentement de soi-même, qui accompagnent la pratique de toutes les vertus. Un stoïcien répondra que le bonheur, pour un être raisonnable, ne peut être que dans la conformité avec la loi de sa raison et la justice. L'expérience ne dément point ce raisonnement ; ce qui le prouve, c'est que rarement la plainte sort de la bouche du juste. C'est le méchant qui accuse Dieu de ne pas accorder à ce dernier tout le bonheur qui lui est dû. Si cela ne prouve pas que Dieu soit injuste, cela fait voir au moins que l'idée du mérite est profondément empreinte dans l'âme de tous les hommes, et que l'habitude du mal ne peut l'effacer.

2° *Des lois générales.* — S'il s'agit des biens et des maux provenant des circonstances extérieures et des lois qui règlent le cours ordinaire des choses humaines ou des événements du monde physique, voudrait-on que Dieu dérogeât à ces lois en faveur des justes, et qu'il fît sans cesse des miracles pour leur témoigner sa satisfaction et son amour? Dieu gouverne le monde par des lois générales et constantes (Malebr.); il fait luire son soleil à la fois sur les bons et sur les méchants.

3° *Le malheur utile aux bons et aux méchants; voies cachées de la Providence.* — Quant aux accidents, aux misères et aux afflictions dont la vie humaine est semée, le méchant en a sa part, sans doute, aussi bien que le juste. Si celui-ci paraît quelquefois privilégié, loin de s'en plaindre, il regarde ces adversités soit comme des épreuves, *omnia adversa exercitationes putat* (Senec., *De Prov.*, I, 2), soit comme des punitions, soit comme des avertissements que Dieu lui envoie, toujours comme des biens, comme des faveurs même. Il tremblerait d'en être affranchi ou privé; car il en juge au point de vue de la sagesse, de la justice et de la bonté divines. (V. Senec., *De Provid.*) Il sait que ces malheurs ou lui sont dus, ou sont pour lui la condition d'un bien plus grand; que Dieu sait en effet tirer le bien du mal, et que celui qui découvrirait les voies cachées de la

Providence reconnaîtrait souvent dans les maux apparents des biens cachés, *occulta beneficia* (1).

Quelquefois aussi il arrive

> Qu'aux yeux de l'univers le ciel se justifie ;

et on peut dire avec Claudien :

> *Abstulit hunc tandem Rufini pœna tumultum,*
> *Absolvitque deos.*

« Mais, quand cela n'arriverait pas ici, le remède est tout prêt dans l'autre vie : la religion et même la raison nous l'apprennent, et nous ne devons point murmurer contre un petit délai que la sagesse suprême a trouvé bon de donner aux hommes pour se repentir (2). »

4° *Plan du monde; ordre supérieur.* — Ce désordre apparent est d'ailleurs nécessaire au plan du monde actuel comme condition d'un ordre supérieur.

Si les biens et les maux physiques ne sont pas répartis conformément au bien et au mal moral, c'est qu'il n'en pouvait être autrement. Le raisonnement le plus vulgaire l'établit sans peine. Il est clair que si la récompense avait toujours suivi immédiatement l'action bonne et le châtiment l'action mauvaise, l'homme n'aurait jamais fait le mal; le plus grossier calcul lui aurait prescrit le choix à faire; il eût été toujours vertueux, ou, pour mieux dire, il ne l'eût été jamais, car il n'aurait plus été libre, et sa conduite eût été toujours intéressée; la crainte et l'espérance eussent été les seuls mobiles de tous ses actes. « Ainsi donc, non-seulement ces maux servent, mais ils sont nécessaires. »

La seule conclusion que l'on ait droit d'en tirer, c'est la nécessité d'un autre monde, où soit réuni ce qui est aujourd'hui séparé : le bien et le bonheur. L'objection n'atteint pas la justice, la sagesse ni la bonté de Dieu, mais elle établit, de la manière la plus solide, la preuve de notre destinée future et l'immortalité de l'âme.

---

(1) « Inter bonos viros ac Deum amicitia est, conciliante virtute... Itaque, quam videris bonos viros acceptosque diis laborare, sudare, per arduum ascendere, malos autem lascivire et voluptatibus fluere, cogita filiorum nos modestia delectari..., illos disciplina tristiori contineri. Idem tibi de Deo liqueat; bonum virum in deliciis non habet : experitur, indurat, sibi illum præparat. » (Senec., *De Prov.*, I.)

(2) Leibnitz, *Théod.*, I⁻ᵉ part., § 16. — Clarke, *Exist. de Dieu*, ch. XI.

IV. Résumé. — 1° Le mal considéré en lui-même n'est pas un être réel (saint Aug.), c'est une *négation*; il est la conséquence de l'imperfection nécessaire des créatures et il concourt au bien. — 2° Le mal physique (*malum physicum*), en ce qui n'est pas dû à l'imperfection des êtres finis, n'est mal que parce qu'il est considéré isolément. Dans son rapport avec l'ensemble de l'univers, il concourt au bien. Il est lui-même la condition de l'ordre, et rentre dans l'harmonie générale. — 3° Le *malheur* ou la *souffrance* physique et morale, quand l'homme n'en est pas lui-même la cause, est une suite des lois générales établies par la Providence, et il est lui-même un bien qu'il dépend de nous de rendre tel. Il est du moins la condition d'un plus grand bien, en ce qu'il fournit à l'homme l'occasion d'une lutte glorieuse; il est la condition de la vertu, but véritable de la vie actuelle. Le *mérite* ou le droit au bonheur en est le résultat. Le malheur est aussi une *expiation* nécessaire du mal moral, et sous ce rapport, la souffrance acceptée en réparation du mal est un moyen de retour à l'ordre, c'est-à-dire encore un bien. — 4° Le mal qui résulte du désaccord entre le bien et le bonheur en cette vie n'est que momentané; il était nécessaire comme condition de la vertu elle-même et doit disparaître dans un monde meilleur. — Ces explications non-seulement suffisent pour justifier la Providence, mais elles nous donnent l'idée la plus haute de la sagesse et de la bonté de Dieu; elles confirment pleinement ce que nous avions établi d'abord *à priori*, savoir : que Dieu, étant l'être souverainement sage, juste, tout-puissant et bon, n'a pu créer le monde, en déterminer le plan, et ne le gouverne que d'une manière conforme à sa sagesse, à sa puissance et à sa bonté. C'est là le sens du véritable *optimisme*.

ART. II. OBJECTIONS TIRÉES DU MAL MORAL.

« Et quel charme aurais-je trouvé dans une passive obéissance, si la volonté, si la raison, toutes deux vaines, inutiles et privées de liberté, eussent servi en esclaves la nécessité et non leur Dieu? »
(Milton, *Paradis perdu*; chant IV.)

Observation préliminaire. — Les mêmes raisons servent à prouver que l'existence du mal moral peut se concilier avec la bonté, la justice et les autres attributs de Dieu. Il est cependant des difficultés qui tiennent spécialement à cette face du problème et qui ont suscité les plus hautes et les plus difficiles controverses parmi les théologiens et les philosophes. Ne pouvant les aborder toutes, ni surtout les approfondir, nous ferons d'abord quelques réflexions.

La cause de Dieu peut être plaidée d'une manière plus ou moins habile par les hommes que leur zèle porte à la défendre, et, certes, un plus noble emploi ne saurait être fait de la science et du génie. Leurs explications plus ou moins satisfaisantes pour la raison, sans pénétrer ces mystères, ont pu répandre quelque lumière sur les rapports de la *liberté* avec la *prescience divine*, sur la *grâce* et sur d'autres points obscurs de ce grand et difficile problème, qui en renferme tant d'autres. Mais, si elles sont loin de suffire, il ne faut pas oublier, qu'en réalité ni Dieu, ni la liberté, ni les vérités morales qui y sont liées ne sont en cause dans ces discussions. Une idée plane au-dessus de tous les raisonnements auxquels nous pouvons nous livrer : celle de l'*être parfait* lui-même, qui comprend nécessairement en lui ces attributs. Cette idée nous est donnée *à priori*, c'est la notion même de Dieu ; car, si l'être est inséparable de la perfection, la perfection est inséparable de la conception de l'être suprême. Donc, s'il se présente quelque fait d'expérience qui paraisse se concilier difficilement avec une des propriétés de l'être parfait, nous devons nous dire que l'accord doit exister. Et ce *doit* n'exprime pas une simple conjecture, c'est la conséquence rigoureuse d'un principe reconnu, évident et nécessaire. Il ne faut pas non plus y voir un argument commode pour se dispenser de répondre ; c'est une réponse qui rétablit la question, et transforme les objections en *difficultés*. (V. Leibnitz, *ibid.*)

Quiconque n'accepte pas cette base d'argumentation, est convaincu de soutenir un athéisme déguisé, et doit être renvoyé aux arguments par lesquels se prouve l'existence de Dieu. Cette manière d'entendre le problème est aussi un hommage rendu à la supériorité de la raison divine sur la raison humaine, et un aveu de notre faiblesse. Quand il s'agit de concilier un fait faisant partie de l'ordonnance du monde avec un des attributs de Dieu, prétendre qu'il y a opposition, contradiction, c'est simplement mettre sa propre sagesse à la place et au-dessus de la sagesse divine ; c'est dire que les raisons qui l'ont déterminée n'auraient pas été les nôtres et ne sont pas les meilleures ; ce qui est le comble de l'orgueil dans un esprit borné. — Il ne faudrait pas, toutefois, entendre ceci dans ce sens que la raison divine et la raison humaine diffèrent entre elles essentiellement et non simplement en degré, dans le sens de Bayle, par exemple, qui soutient cette fausse et dangereuse doctrine, et la formule en ces mots (t. III, p. 997) : « Ce qui serait incompatible avec la bonté, la sainteté de l'homme, est compatible avec la sainteté de Dieu. » (Leibnitz, *ibid*.) Loin de là, nous disons, au contraire : Nous sommes sûrs d'avance que l'opposition n'existe pas, que les raisons qui ont déterminé Dieu à en agir ainsi sont précisément les plus conformes aux idées que nous nous faisons nous-mêmes de la sagesse, de la justice et de la bonté absolues, et nous auraient paru telles si Dieu nous eût fait part de ses desseins. « Par conséquent, toutes les fois que quelque chose nous paraît répréhensible dans les œuvres de Dieu, il faut l'imputer à ce que nous ne le connaissons pas assez, et croire qu'un sage qui le connaîtrait mieux jugerait qu'on ne peut même rien souhaiter de meilleur. » (Leibnitz, *ibid*.)

Deux sortes d'objections. — On peut distinguer deux sortes d'objections : « Les unes naissent de la *liberté* de l'homme, comme paraissant incompatible avec la nature divine ; les autres regardent la conduite de *Dieu*, qui paraît contraire à sa bonté, à sa sainteté et à sa justice. » (*ibid.*, IIe part., § 1.)

I. Objections tirées de la prescience divine. — Les premières n'étant point particulières à la question du mal, ne doivent pas nous arrêter. Mais nous ajouterons une observation analogue aux précédentes.

Dans les difficultés fort sérieuses et très-embarrassantes qui souvent s'élèvent au sujet du *libre arbitre* et de la *prescience divine*, de la toute-puissance de Dieu et de son action sur la volonté humaine, quel parti faut-il prendre ? Celui de maintenir également les droits de la liberté humaine et ceux de la toute-puissance divine. Si nous venons à nous engager dans les épineuses controverses, sans adopter comme absolue telle ou telle explication, la *prémotion*, la *prédétermination*, la *préordination* ou la *science moyenne* (V. Bossuet, *Tr. du libre Arbitre*), nous devons être fermement résolus à repousser toute doctrine qui, sous prétexte d'exalter la toute-puissance de Dieu, tendrait à enlever à l'homme son libre arbitre et le pouvoir qui lui a été donné par Dieu même de se déterminer librement, de produire des actes dont seul il est la cause et seul responsable, de mériter ainsi le bonheur : ce qui ferait disparaître du monde le bien moral et n'irait à rien moins qu'à changer le plan même de la Providence. (V. Euler, *Lett.* xix.) Nous repoussons également toute doctrine ou tout système qui, méconnaissant les limites de la liberté humaine, placerait l'homme hors de la main de Dieu, exclurait celui-ci du for intérieur de la conscience, retirerait à la Providence la direction suprême des volontés et des actions individuelles, comme des affaires humaines en général, et constituerait l'homme roi absolu dans son petit monde. (Leibnitz, *ibid.*) « Contre ces témérités sacriléges du raisonnement, nous affirmons deux choses : la première, c'est que Dieu connaît tous les événements avant qu'ils s'accomplissent ; la seconde, c'est que nous faisons par notre volonté tout ce que nous sentons et savons ne faire que parce que nous le voulons. » (Saint Augustin, *Cité de Dieu*, liv. V, ch. ix.) — « C'est pourquoi nous ne sommes nullement réduits à cette alternative, ou de nier le libre arbitre pour sauver la prescience de Dieu, ou de nier la prescience de Dieu, pensée sacrilége ; mais nous embrassons ces deux principes et nous les confessons l'un et l'autre, avec la même foi et la même sincérité, la prescience pour bien croire, et la liberté pour bien vivre. Impossible, d'ailleurs, de bien vivre si on ne croit pas de Dieu ce qu'il est bien d'en croire... » (Id., *ibid.*, liv. X, ch. x.)

C'est une limite à poser, deux parts à faire, une juste mesure à appliquer. Qui peut se flatter d'avoir résolu ce problème de géométrie morale ? Quelle est la main assez ferme pour tenir la balance égale ? Les excellents et rares esprits chez lesquels s'est montrée l'alliance du bon sens et du génie n'ont pas su toujours garder l'équilibre. Celui-là seul connaît la vraie mesure, qui a créé l'homme libre et qui gouverne sa volonté sans la nécessiter, comme sans lui permettre de troubler par ses écarts le plan et la marche régulière des choses, ni d'entraver ses desseins.

II. OBJECTIONS CONTRE LA SAINTETÉ, LA BONTÉ ET LA JUSTICE DIVINES. — Examinons maintenant à quoi se réduisent les objections tirées du mal moral qui peuvent attaquer la *sainteté*, la *bonté* et la *justice* divines.

1° *Contre la sainteté.* — On dit : En admettant que l'homme soit libre et qu'il soit, par conséquent, la cause du mal qu'il commet librement, Dieu y concourt de deux manières : *moralement* et *physiquement* : moralement, puisqu'en créant l'homme libre il a voulu le mal, qui est la conséquence de la liberté ; physiquement, en coopérant à la production du mal, l'homme ne pouvant rien sans l'assistance divine, et Dieu intervenant dans les opérations de sa volonté. — Je réponds : Dieu *permet* le mal et ne le *veut* pas. Dieu veut toujours et absolument le bien ; mais, s'il y a un bien qui ne puisse exister qu'à la condition de la possibilité du mal, Dieu veut ce bien qui est le *meilleur*, et, sans vouloir le mal, il permet celui-ci comme condition *sine qua non* d'un bien supérieur. C'est ce qui fait dire à Leibnitz que Dieu veut *antécédemment* le bien, *conséquemment* le meilleur, *jamais* le mal en soi ; qu'il veut le mal physique comme moyen pour une fin plus haute, le mal moral en aucune manière, ni comme fin, ni comme moyen ; mais comme condition *sine qua non* d'un bien plus grand, il le permet. (*Ibid.*, 23.) — Quant à concourir physiquement, ou d'une manière efficiente au mal, on ne le saurait dire davantage de Dieu : le mal est le fait de la créature libre. Autrement, c'est remettre en question la liberté. Dieu ne participe pas au mal ; l'homme n'a pas besoin d'être aidé pour faire le mal ; il suffit, hélas ! qu'on le *laisse faire*. Le nie-t-on, on nie aussi qu'il lui ait été donné le pouvoir de bien faire, et on supprime à la fois le bien et le mal moral. — Veut-on sauver à tout prix la toute-puissance divine sans violer sa sainteté, une explication a été donnée. Le mal est une privation, une négation. Il a pour principe une imperfection dans la créature. Pour le faire, l'homme n'a donc pas besoin de l'assistance divine, c'est assez de sa nature d'être imparfait et fini. *Bonum ex integra causa, malum ex aliquo defectu. Malum habet causam deficientem, non efficientem.* (Id., *ibid.*, § 33.) Et encore, ne faut-il pas outrer ce principe. — Cela suffit pour mettre à couvert la sainteté.

Cependant on insiste et on ajoute :

En supposant la liberté intacte et Dieu étranger au mal, Dieu en est toujours la cause indirecte comme l'ayant permis, et comme ayant donné à l'homme la liberté qui entraîne avec elle la possibilité du mal. — Cette objection se réduit à demander si, pour éviter un mal possible, Dieu a dû s'interdire un plus grand bien et ne pas créer l'homme libre. La possibilité du mal moral est attachée à la possibilité du bien moral, les abus de la liberté à la liberté elle-même. C'est là une vérité métaphysique à laquelle Dieu ne peut rien. Le moyen de réfuter cette objection est donc de faire ressortir l'excellence de la liberté et du bien moral et de montrer qu'un monde qui enveloppe la possibilité du mal, mais où doit être la vertu et avec elle le mérite, est infiniment meilleur que celui d'où le mal est exclu, mais où la vertu, condition du bonheur mérité, n'a aucune place.

2° *Contre la bonté et la justice divines.* — Dieu, dit-on, comme être souverainement bon, est tenu de rendre ses créatures heureuses. Or, en accordant la liberté à l'homme, il savait qu'il en ferait un mauvais usage et qu'elle servirait à le rendre malheureux. — D'abord, dirons-nous avec Leibnitz, c'est avoir une idée étroite et fausse de la Divinité que de n'envisager en elle que la bonté et de faire abstraction de ses autres attributs. Une notion également fausse est d'assigner à la création pour but unique le bonheur des créatures. « On suppose toujours cette fausse maxime qui porte que le bonheur des créatures raisonnables est le but unique de Dieu. » Dieu ainsi se manquerait à lui-même et à ce qui est dû à l'univers. « J'accorde que le bonheur des créatures intelligentes est la principale partie des desseins de Dieu, mais non son but unique. » « Dieu a plus d'une vue dans ses projets. La félicité de toutes les créatures raisonnables est un des buts où il vise, mais elle n'est pas tout son but, ni même son dernier but. » (Id., *ibid.*) Dieu, dans tous les cas, veut que ce bonheur soit mérité, ce qui est un plus grand bien que le bonheur immédiat. La combinaison du bien avec le mal est donc un plus grand bien dans l'univers que le bien seul, non mêlé de mal. — La liberté est en soi un bien. Dieu devait-il s'interdire de créer des êtres libres parce que la possibilité de l'abus est liée à la liberté ? « Vouloir que Dieu ne donne point « le franc arbitre aux créatures, c'est vouloir qu'il n'y « ait point de ces créatures, et vouloir que Dieu les em- « pêche d'en abuser est encore détruire leur liberté. » (Id., *ibid.*)

— Dieu savait, qu'en accordant la liberté à l'homme, il en abuserait et se rendrait malheureux. — Il savait aussi qu'il pourrait en faire un bon usage et se créer un droit au bonheur : c'est pour cela qu'il la lui a donnée ; ce qui assurément n'est pas plus opposé à sa bonté qu'à sa sainteté.

— Dieu n'aurait-il pu accorder la liberté à l'homme et lui donner une volonté plus disposée au bien, en y *inclinant* cette volonté ? — « Je réponds qu'il n'est point nécessaire, et qu'il n'a point été faisable, que toutes les créatures raisonnables eussent une si grande perfection qui les approchât de la Divinité. » (§ 120.) D'ailleurs, qui ne voit que plus on retire ainsi à la possibilité du mal, plus on enlève au mérite et à la vertu ? Il était plus conforme au but de créer l'homme faible et peccable, imparfait, mais capable de se perfectionner ; sujet à faillir, mais pouvant se relever de la chute.

Permettre le mal comme Dieu le permet, c'est donc la plus grande bonté.

Si mala sustulerat, non erat ille bonus. (§ 121.)

— Ne pas empêcher le mal lorsqu'on le peut, c'est y contribuer : or, Dieu qui est tout-puissant, pourrait empêcher le mal. — Il ne le fait pas ; donc il a une raison supérieure ; et cette raison nous l'avons dite. Dieu ne devait pas empêcher le mal, car, du même coup il empêchait le bien ou le rendait impossible, ce qui est la même chose. — Dieu savait de toute éternité que l'homme faillirait. — Il savait aussi qu'il pourrait se relever, et il en a fourni les moyens.

Ici s'offre une série de questions qui sortent du domaine de la *théologie naturelle*, et que nous devons abandonner à la *théologie révélée* : celles de la chute de l'homme et du péché originel, de sa réhabilitation, de la grâce, etc. En nous abstenant de toucher au dogme et en nous maintenant dans les généralités que la raison peut aborder seule, nous dirons en invoquant ici la méthode *à priori* dont nous avons parlé, et que nous croyons très-légitime : Si Dieu a créé l'homme faible, et s'il prévoyait qu'il abuserait de la liberté, il lui a ménagé, dans sa miséricorde et dans sa bonté, des moyens de se réhabiliter, de rentrer en grâce avec lui. Plus il l'a créé faible, plus il a dû multiplier ces moyens et, moins il doit exiger de lui. Dieu est juste, il est la justice même ; il ne peut donc exiger de sa créature qu'en proportion de ce qu'il lui a donné. Quant à sa bonté, on nous permettra d'ajouter avec Leibnitz : « Dieu est plus *philanthrope* que les hommes. »

— Le mal l'emporte sur le bien en ce monde. Que de crimes pour un acte de vertu ! Pour un juste, que de méchants ! — C'est ici le cas d'appliquer la maxime : *Non sunt numeranda, sed ponderanda.* Avez-vous bien pesé ce que vaut un acte de vertu ? Le prix en est infini. Ce juste vaut à lui seul tout un monde. Que peut faire le mal à Dieu ? Mais l'adoration libre d'un être intelligent, elle lui aurait manqué, si on peut parler de la sorte. D'ailleurs, sans être optimiste, on n'est pas forcé d'admettre ce pessimisme, et d'abandonner ainsi le monde au mauvais principe. (*Ibid.*, IIe part., § 18.) On pourrait faire voir que la plupart des hommes ne sont à les bien prendre ni aussi bons, ni aussi pervers qu'on le prétend. On démontrerait *à priori*, que les actes conformes à la règle sont infiniment plus nombreux que ceux qui s'en écartent. La raison en est simple : c'est que la loi est la condition d'existence des êtres moraux comme des êtres physiques. L'anomalie nous choque parce qu'elle est l'exception ; l'ordre, c'est la règle.

— Les écarts de la liberté humaine vont contre les desseins de Dieu, et limitent sa puissance. — Dieu, en accordant à l'homme avec la liberté le pouvoir de malfaire ne lui a délégué qu'une très-faible partie de sa puissance et il sait contenir cette liberté dans des bornes étroites. Il sait tirer le bien du mal, faire rentrer le désordre dans l'ordre, et faire concourir au bien le mal lui-même.

CONCLUSION. — *Véritable optimisme.* — De cette justification de la Providence résulte non pas le faux optimisme qu'a ridiculisé Voltaire, mais l'optimisme véritable, celui de Leibnitz, de Platon et des plus grands esprits. — 1° Ce monde n'est le meilleur (*optimum*) qu'autant qu'on le considère non dans ce point de l'espace et de la durée, mais dans sa totalité : l'univers entier *passé, présent* et *futur*. — 2° Quant à notre petit monde, pris en soi, il est loin d'être bon et *le meilleur des mondes possibles* au sens vulgaire. Le mal y tient une énorme place ; mais ce mal est la condition d'un plus grand bien. Rien n'y est absolu ni définitif. — 3° Le monde entier n'est pas parfait, mais digne de l'être parfait. Platon formule ainsi cet optimisme : « Celui qui prend soin de tout a pris des mesures efficaces pour maintenir l'univers dans son intégrité et sa perfection ; chaque partie n'éprouve ou ne fait rien que ce qu'il lui convient de faire ou d'éprouver ; en sorte que la perfection de l'ouvrage est poussée au dernier détail. Toi-même, chétif mortel, tout petit que tu es, tu entres pour quelque chose dans l'ordre général, et tu t'y rapportes sans cesse. Mais tu ne fais pas réflexion que toute génération particulière se fait en vue du tout, afin qu'il vive d'une vie heureuse ; que rien ne se fait pour toi et que tu es fait toi-même pour l'univers... Et tu murmures, parce que tu ignores ce qui est le *meilleur* à la fois pour toi et pour le tout, selon les forces de la génération commune. » (*Lois*, X.) — « Le roi du monde, voyant cela, a imaginé dans la distribution de chaque partie l'arrangement qu'il a jugé le plus facile et le *meilleur*, afin que la vertu eût le dessus et le vice le dessous dans l'univers. C'est par rapport à cette vue générale qu'il a fait la combinaison des places et des lieux que chaque chose doit prendre et occuper à mesure qu'elle est produite. Mais il a laissé à la disposition de nos volontés les causes d'où dépendent les qualités de chacun de nous ;

car chaque homme est d'ordinaire tel qu'il lui plaît d'être, suivant les inclinations auxquelles il se porte, et le caractère de son âme. » (*Ibid.*) (1)

« La vertu n'a point de maître ; elle s'attache à qui l'honore et abandonne qui la néglige. On est *responsable* de son choix, Dieu est innocent. (Platon *Rép.*)

(1) « Le meilleur des êtres n'a pu faire que la meilleure des œuvres. » (*Timée.*)

« Tout marche naturellement vers le bien. » (Aristote, *Mor. à Eud.*, II, 12.)

« Tout est bien, tout est bon, tout est grand à sa place.
(Lamartine, à Byron.)

LE PANTHÉISME ET LE PROBLÈME DU MAL.

En regard de ce qui précède, mettons la solution panthéiste. Le monde c'est Dieu manifesté, une théophanie. Le mal y entre donc nécessairement ; il y a plus, il fait partie de l'essence divine, il est nécessaire à sa manifestation. Il est le principe du mouvement, comme opposition, négation, mais il disparaît et s'efface dans une affirmation plus haute, dans le *progrès universel* de la manifestation divine. Donc en soi le mal n'est pas, ou il rentre dans le bien, comme le fini rentre ou s'absorbe dans l'infini, le particulier dans l'universel. (Identité des contraires, Schelling. — Progrès de l'idée, Hégel.) — De plus, comme tout est rationnel, tout est fatal et nécessaire ; la liberté rentre dans la nécessité. Le mal moral, le crime, le péché sont eux-mêmes des déterminations ou des modes du développement divin. On arrive ainsi à nier le mal moral ou à effacer la distinction du bien et du mal, à absoudre tous les crimes en se plaçant à un point de vue supérieur, celui de l'histoire prise en grand dans son ensemble. Écoutons les maîtres :

1° *Spinosa.* « Le bien et le mal, l'ordre et la confusion, le chaud et le froid, la beauté et la laideur sont choses relatives. Comme les hommes se croient libres, ils ont tiré de là ces autres notions de la louange et du blâme, du péché, du mérite, etc. » (Eth. 1re part. App.).

2° *Schelling.* Le mal est nécessaire à la manifestation divine, comme les ténèbres le sont à la lumière. — Le combat du bien et du mal est universel dans la nature et dans l'humanité. — Nécessité et liberté se confondent comme une chose qui considérée de différents aspects apparaît diversement. En soi la liberté est formellement la nécessité » (Rech. sur la nat. de la lib. 469). « Que Judas dût trahir le Christ, ni lui ni aucune autre créature ne pouvait le changer. Et cependant il ne fut pas forcé à trahir le Christ, il le fit volontairement et en pleine liberté. » (Ibid). Cf. Luther, *de servo arbitrio.*

3° *Hégel.* — Le mal est le produit du mouvement dialectique de l'esprit absolu (V. Phén. de l'espr. 587). — Dans le progrès de l'esprit universel, le bien et le mal étant conçus comme des déterminations immanentes perdent la signification propre qu'ils ont aux yeux de la conscience morale et religieuse. La distinction du bien et du mal s'efface. La vertu et la probité, l'injustice, la violence et le vice ont leur signification dans la sphère de la réalité consciente; l'histoire universelle se tient en dehors de ce point de vue. (Phil. du droit, p. 432, 1.)

V. *Question de Phil.*, sect. VII, art. Panthéisme, Q. III et iv.

CHAPITRE V

MORALE RELIGIEUSE

DEVOIRS ENVERS DIEU.

> « Il n'est pas d'autres moyens de se faire aimer de Dieu que de travailler à lui ressembler. »
> (PLATON, *Lois*, IV.)

§ I. Rapports de l'homme avec Dieu.

I. DIEU PRINCIPE ET FIN DES ACTIONS HUMAINES. — Tous nos devoirs, si on les considère du point de vue élevé où nous conduit la théodicée, ont Dieu pour principe et pour objet ; car nous savons que Dieu est le bien absolu et la raison suprême. L'idée du bien, base de la morale et révélée d'abord par la conscience, s'identifie avec celle de Dieu et se personnifie en lui. Obéir à la loi du devoir, c'est obéir à la volonté divine.

La loi morale, en effet, n'est pas une pure abstraction où la science elle-même puisse s'arrêter. Quoiqu'elle apparaisse immédiatement à la conscience avec tous les caractères qui la constituent, nous devons nous demander quels en sont l'origine et le principe et d'où lui vient cette autorité souveraine dont elle est revêtue. Or, comme toutes les vérités immuables et nécessaires qui servent de flambeau à l'intelligence et de guide à la volonté, cette loi, expression de l'ordre, ne peut être que Dieu même ou quelque chose de Dieu (Bossuet) ; elle se confond avec sa raison et sa volonté éternelle. Ainsi, l'homme, en y conformant ses actes, obéit à la volonté du souverain Être qui l'a créé, et qui, en le créant libre, lui a imposé le devoir de l'accomplir librement. La conscience alors nous apparaît comme une révélation constante et universelle de cette loi divine. Sa voix est la voix de Dieu même qui se fait entendre dans les profondeurs de l'âme ; ses préceptes sont ses décrets, et les arrêts de ce tribunal intérieur sont ratifiés par un juge supérieur et incorruptible. Qui manque à cette loi désobéit à Dieu et encourt les peines sévères de sa justice ; qui l'observe se rend agréable à lui, mérite son amour et doit partager sa félicité.

Une nouvelle lumière se répand alors sur tous les problèmes de la science morale. Un nouveau motif s'ajoute à ceux que nous a fournis la raison et qui ont été puisés dans la considération du devoir ou de notre véritable intérêt. Cette pensée supérieure doit intervenir dans tous les actes de la vie, et absorber tous nos devoirs dans un devoir unique. Un même sentiment, à la fois plus profond et plus élevé que tous les autres sentiments de l'âme humaine, les consacre et les purifie en rattachant l'*amour du bien* et de l'ordre à l'*amour de Dieu* (1).

II. Devoir général : obéir et ressembler a dieu. — Le précepte moral de conformer nos actions à l'idée du bien revêt une dernière forme, celle d'*obéir à Dieu*, et de s'approcher, autant qu'il est en nous, de l'être qui est le modèle et le type de toute perfection. Lorsque l'homme rapporte ainsi ses actions à Dieu comme à leur véritable fin, sa conduite, de simplement morale, devient religieuse. Il doit, comme dit Platon, se proposer dans tous ses actes de ressembler à Dieu autant qu'il est en lui, ὁμοίωσις Θεῷ κατὰ τὸ δυνατόν. Bossuet développe ainsi la même pensée : « L'âme étant faite à l'image de Dieu doit se tourner vers son original qui est Dieu, achever elle-même cette image de Dieu en se perfectionnant sans cesse par une volonté droite ; car le vrai et le bien sont la même chose, le souverain bien est la vérité entendue et aimée parfaitement. » (*Conn. de Dieu*, iv.)

§ II. Des devoirs religieux proprement dits, du culte intérieur, extérieur et public.

Mais ce culte indirect n'est pas le seul que la créature intelligente et libre soit tenue de rendre à son auteur. Puisqu'elle est capable de connaître Dieu, de l'aimer, de se mettre en rapport avec lui par toutes ses facultés, elle doit lui en faire un hommage direct. De là des devoirs qui for-

---

(1) « Celui qui voit ces rapports voit ce que Dieu voit ; celui qui règle son amour sur ces rapports suit une loi que Dieu aime invinciblement. Il y a donc entre Dieu et lui une conformité parfaite d'esprit et de volonté. En un mot, puisqu'il connaît et aime ce que Dieu connaît et ce qu'il aime, il est semblable à Dieu autant qu'il en est capable. » (Malebranche, *Traité de morale*, Iʳᵉ partie, ch. i.) — Lire en entier les premiers chapitres.

ment l'objet spécial de la morale religieuse et qui constituent le culte à la fois *intérieur*, *extérieur* et *public*.

I. CULTE INTÉRIEUR. — Ce culte est l'hommage que l'âme rend à Dieu par toutes ses facultés. Or, 1° le rapport de la pensée est de *connaître* Dieu, vérité suprême; 2° le rapport de la sensibilité est d'*aimer* Dieu, bonté infinie; 3° le rapport de la volonté est d'*obéir* à la volonté divine, source de tout bien et de tout devoir (1).

Pour déterminer, d'une manière plus précise, la nature du culte intérieur et des sentiments qu'il renferme, il faut considérer les divers *attributs* de Dieu auxquels ces sentiments correspondent. Ainsi la considération de son éternité, de son infinité, de sa sagesse infinie, doit nous remplir de la plus vive admiration. Sa toute-puissance doit nous tenir dans un perpétuel respect. L'autorité souveraine qu'il a sur nous, en tant que créateur et conservateur du monde, nous doit porter à lui rendre l'adoration et les honneurs qui lui sont dus. Sa bonté nous excite à l'aimer; sa miséricorde affermit notre espérance; ses bienfaits doivent exciter notre reconnaissance; sa véracité et son immutabilité, notre confiance. Le sentiment de la dépendance continuelle dans laquelle nous sommes, et du besoin que nous avons de lui, nous dicte que nous lui devons nos prières. Tous ces sentiments se confondent en un seul qui ne s'adresse qu'à Dieu, l'adoration en esprit et en vérité. (V. Clarke, *Disc. sur la Relig. nat.*, III.)

II. CULTE EXTÉRIEUR. — Le culte extérieur consiste dans les actes et les signes par lesquels se traduit et se manifeste au dehors le culte intérieur ou le sentiment religieux. Sa nécessité se démontre par l'étroite relation qui unit l'âme et le corps, la pensée et son expression. Sans doute, le véritable culte est celui de l'âme et de la pensée, « car Dieu est esprit et il veut être adoré en esprit et en vérité; » mais il n'y a pas un seul acte de l'esprit, un seul sentiment qui, pour peu qu'il ait de vivacité, n'aspire à se manifester et à s'exprimer. Tout sentiment qui reste enseveli dans la conscience et ne

---

(1) « Dieu est esprit et veut être adoré en esprit et en vérité. Le vrai culte ne consiste pas dans l'extérieur, dans telle ou telle situation de nos corps, mais dans telle ou telle situation de nos esprits en présence de la majesté divine. » (Malebr., *Entr. sur la mét.*, X, VI.)

prend pas une forme sensible s'évanouit bientôt. Comment donc le sentiment religieux, le plus profond et aussi le plus pur que l'âme puisse éprouver, ne se manifesterait-il pas au dehors par le langage, par des actes et des symboles? Mais on ne doit pas oublier que ces signes n'ont de valeur que par la pensée qui les anime; dépouillés du véritable sentiment religieux qui doit les pénétrer et les vivifier, ils ne sont plus que des actes matériels et des pratiques superstitieuses.

III. CULTE PUBLIC. — On appelle culte public celui que les hommes adressent à la Divinité en commun dans les temples. Sa nécessité repose sur ce principe que le sentiment religieux est éminemment sociable; il aspire à se communiquer et à former une société religieuse. Le mot religion, seul, indique assez que le sentiment religieux est le lien le plus puissant qui réunisse les hommes. Dès lors il serait contraire à sa nature que le culte rendu à Dieu fût simplement personnel, individuel et solitaire. D'ailleurs, les hommages les plus agréables à la Divinité ne sont-ils pas ceux qui lui sont adressés en public et dans les temples? C'est ce que Fénelon exprime en ces termes : « Il est vrai que ce qu'on nomme religion demande des signes extérieurs qui accompagnent le culte intérieur. En voici les raisons : Dieu a fait les hommes pour vivre en société. Il ne faut pas que leur société altère leur culte intérieur; au contraire, il faut que leur société soit une communication réciproque de leur culte; il faut que leur société soit un culte continuel : il faut donc que ce culte ait des signes sensibles qui soient le principal lien de la société humaine. Voilà donc un culte extérieur qui est essentiel et qui doit réunir les hommes. Dieu a sans doute voulu qu'ils s'aimassent, qu'ils vécussent tous ensemble comme frères dans une même famille et comme enfants d'un même père. Il faut donc qu'ils puissent s'édifier, s'instruire, se corriger, s'exhorter, s'encourager les uns les autres, louer ensemble le Père commun et s'enflammer de son amour. Ces choses si nécessaires renferment tout l'extérieur de la religion. Ces choses demandent des assemblées, des pasteurs qui y président, une subordination, des prières communes, des signes communs pour exprimer les mêmes sentiments. Rien n'est plus digne de Dieu et ne porte plus son caractère que cette unanimité intérieure de ses vrais enfants, qui produit une espèce d'uniformité dans leur culte extérieur. Voilà ce qu'on appelle *religion*, qui vient du mot latin *religare*, parce que le culte divin rallie et unit ensemble les hommes, que leurs passions farouches rendraient sauvages et incompatibles sans ce lien sacré. » (*Lettr. sur la Métaph.*, III, 11.)

« Quant aux cérémonies réglées et publiques, elles ne sont point l'essentiel de la religion, qui consiste dans l'amour et dans les vertus. Ces cérémonies sont instituées, non comme étant l'effet essentiel de la religion, mais seulement pour être les signes qui servent à la montrer, à la nourrir en soi-même et à la communiquer aux autres. Ces cérémonies sont, à l'égard de Dieu, ce que les marques de respect sont pour un père, que ses enfants saluent, embrassent et servent avec empressement, ou pour un roi qu'on harangue, qu'on met sur un trône, qu'on environne d'une certaine pompe, pour frapper l'imagination des peuples, et devant qui on se prosterne. N'est-il pas évident que les hommes attachés aux sens, et dont la raison est faible, ont encore plus de besoin d'un spectacle pour imprimer en eux le respect d'une majesté invisible et contraire à toutes leurs passions, que pour leur faire respecter une majesté visible qui éblouit leurs faibles yeux, et qui flatte leurs passions grossières. On sent la nécessité du spectacle d'une cour pour un roi, et on ne veut pas reconnaître la nécessité infiniment plus grande d'une pompe pour le culte divin. C'est ne connaître pas le besoin des hommes, et s'arrêter à l'accessoire après avoir admis le principal. Aussi voyons-nous que tous les peuples qui ont adoré quelque divinité ont fixé leur culte à quelques démonstrations extérieures, qu'on nomme des cérémonies. Dès que l'intérieur y est, il faut que l'extérieur l'exprime et le communique dans toute la société... » (Id., *ibid.*, II, 1.)

IV. DE LA PRIÈRE ET DE SON EFFICACITÉ. — L'élévation de l'âme vers Dieu par la prière, qui est un acte d'amour, d'adoration et de reconnaissance, fait partie essentielle du culte que l'homme doit rendre à la divinité. On ne peut nier l'efficacité de la prière. L'âme la plus simple, la plus ignorante se trouve élevée et purifiée par ce commerce intime avec Dieu. C'est aussi un appel à la puissance souveraine dans les souffrances et les misères de la vie (1). L'homme dans le malheur y puise à la fois force et consolation : en ce sens elle est toujours exaucée. Comme demande, il est plus difficile de la concilier avec l'immutabilité divine. Mais cette objection n'en est pas plus une que celle qui est tirée de la prescience. La vraie prière d'ailleurs débute par la soumission à la volonté de Dieu : *fiat voluntas tua*. L'homme vraiment religieux demande surtout les biens intérieurs, la vertu, le courage, etc. « Accordez-moi la beauté intérieure et faites que mon extérieur soit en harmonie avec mon âme. » (Platon, *Phèdre;* Cf. 2ᵉ *Alcib.*) *Roga bonam mentem, bonam valetudinem animi.* (Senec., *Ep.* 10.) Quant aux biens plus extérieurs, la raison, qui rencontre tant d'autres mystères, doit se borner à combattre les abus de la superstition. (V. Platon, *Rép.*, II, et l'*Euthyphron*.) « Il faut demander la vertu à tout prix, et la prospérité timidement. Demander, c'est recevoir quand on demande les vrais biens. » (Joubert.)

(1) « Comme l'encens ranime le charbon qui s'éteint, la prière ranime l'espérance dans le cœur de l'homme. » (Gœthe, *Maximes*.)

CONSULTEZ : Platon, *Loix*, X. — Senec., *Ep.* 10. — Saint Augustin, *Confess*. — Malebranche, *Tr. de morale*, IIᵉ part. ; *Ent. sur la mét.*, IX. — Fénelon, *Lett. sur la mét.*, III. — *Manuel de piété*. — Bossuet, *Élévations*, Serm. (œuvr. compl.) — Clarke, *Disc.*, ch. v. — Pascal. — Bourdaloue. — Nicole et les autres écrivains religieux.

CHAPITRE VI

DESTINÉE DE L'HOMME

ART. I. DESTINÉE ACTUELLE.

> Quem te Deus esse
> Jussit, et humana qua parte locatus es in re,
> Disce.
>
> (Perse III, 71.)

I. Problème de la destinée. — *Connais-toi toi-même*, c'est le précepte de la sagesse antique, et il résume toute la philosophie. Or, parvenus au terme de nos recherches, que savons-nous de l'homme? Nous connaissons sa nature et ses facultés, les lois de son intelligence, le but que doit poursuivre sa volonté, et la règle qui doit présider à ses actes. Le mystère même de son origine n'est pas resté enveloppé tout à fait d'une impénétrable obscurité. Nous savons qu'il ne doit son existence ni au hasard ni à la matière, que la cause dont il est sorti est une cause intelligente et libre, dont lui-même est l'imparfaite image. Nous sommes convaincus que cet être, d'une infinie sagesse et dont la bonté égale la justice, veille sur lui comme sur l'ensemble de l'univers. Ainsi les deux grands objets de la philosophie, l'*homme* et *Dieu*, ont été étudiés en eux-mêmes et dans leurs rapports. Que reste-t-il à faire pour clore ces investigations? Nous avons : 1° à conclure la destinée présente ; 2° à soulever, s'il se peut, le voile mystérieux qui recouvre la destinée future.

Pourquoi l'homme a-t-il été placé ici-bas? quelle fin s'est proposée la sagesse divine en le plaçant sur cette terre avec les facultés dont elle lui a laissé le libre exercice? La réponse à ce problème sort de toutes les parties de la science que nous avons étudiée.

II. Résultats généraux de la science philosophique. — 1° L'*Étude de l'âme*, par l'analyse des éléments constitutifs de sa nature, nous a montré une intelligence qui contient en elle-même le germe des idées éternelles et des plus hautes vérités ; un être sensible, capable d'aimer, de jouir et de souffrir et qui aspire au bonheur ; une cause volontaire et libre ayant le pouvoir de se déterminer par elle-même et responsable de ses actes ; l'âme enfin, quoique unie à des organes, essentiellement distincte du corps et douée des attributs d'une substance immatérielle.

2° La *Logique* nous a convaincus que l'homme, en faisant un usage légitime de sa raison, peut connaître la vérité ; mais elle nous l'a montré sujet à l'erreur, obligé de se tenir en garde contre la faiblesse et l'imperfection de ses facultés, poursuivant la vérité sur une route semée d'écueils, ayant à combattre des préjugés de toute espèce et mille causes d'erreur qui tendent à obscurcir ou à égarer son intelligence.

3° La *Morale*, en nous révélant la loi des actions humaines, nous a enseigné que la volonté doit se proposer pour objet la pratique constante et désintéressée du bien ; que, pour l'accomplir, elle doit se soumettre à la raison, dompter les passions, surmonter des obstacles, s'imposer souvent les plus pénibles sacrifices ; que l'homme ainsi se crée des droits à la félicité. Cette idée du *mérite* nous a semblé contenir la solution la plus haute des questions qu'agite cette partie de la science. L'examen des diverses sanctions que reçoit la loi morale, en cette vie, nous a conduits à conclure la nécessité d'une sanction supérieure et fait entrevoir une destinée future. C'est ainsi que la morale nous a mis sur le seuil de la théodicée.

4° La *Religion naturelle* enfin, confirmant toutes ces vérités, nous en a fait découvrir d'autres d'un ordre plus élevé. Après avoir démontré l'existence d'un être parfait, infiniment sage, juste et bon, elle en a conclu, par rapport au monde et à l'homme en particulier, un plan conforme à sa sagesse, à sa bonté et à sa justice. Elle nous a révélé en partie l'excellence de ce plan dans un *optimisme* raisonnable. Ce but, en ce qui concerne le monde moral, a été de créer des êtres capables de rendre à Dieu un hommage intelligent et libre et de les associer à sa propre félicité. Mais Dieu a voulu, en soumettant l'homme au malheur et à la souffrance, qu'il méritât le bonheur, qu'il se purifiât de ses fautes et se rendît digne de lui. Tel est le spectacle sur lequel, selon les expressions d'un philosophe ancien, la Divinité elle-même baisse ses regards avec complaisance, celui de l'homme de bien aux prises avec l'adversité.

Ce dessein où s'arrête la raison humaine, incapable de franchir ces limites, nous a néanmoins paru tellement digne de la sagesse, de la grandeur et de la bonté de Dieu, qu'il a justifié à nos yeux les moyens ou les conditions nécessaires à son accomplissement. Il a expliqué, en partie du moins, les désordres et les maux qui peuvent blesser nos regards dans le monde actuel, et tous ces raisonnements ont abouti à une éclatante justification du plan de la Providence.

III. DESTINÉE DE L'HOMME. — Ainsi *faire le bien*, pratiquer la vertu, et, par la vertu *mériter le bonheur*, voilà ici-bas notre destinée. Elle est belle et noble, sans doute, mais elle est incomplète. La vie actuelle ne la contient pas tout entière ; elle ne présente qu'une de ses faces, celle de la vertu ; l'autre, pour se dérober à nos yeux, n'en est pas moins certaine. Ce monde nous en cache un autre où se continue et s'achève notre destinée présente, où se rétablit l'accord, momentanément rompu, entre le bien et le bonheur

Mais, pour que sa destinée s'accomplisse tout entière, il faut que l'âme humaine survive au corps qu'elle anime et auquel elle est unie, et qu'elle ne descende pas avec lui dans la tombe; il faut qu'elle soit immortelle.

ART. II. DESTINÉE FUTURE. — IMMORTALITÉ DE L'AME.

> Oui, Platon, tu dis vrai, notre âme est immortelle.
> (VOLTAIRE.)
>
> Non omnis moriar : multaque pars mei
> Vitabit Libitinam...
> (HOR., *Od.*, III, 30.)

Les preuves qui servent à établir philosophiquement la légitimité de la croyance à l'immortalité de l'âme sont en grand nombre. Toutes ne sont pas d'une valeur égale aux yeux de la raison ; mais elles se tiennent étroitement, s'expliquent et se confirment les unes les autres.

§ I. **Preuves métaphysiques tirées de la nature de l'âme.**

I. La première se tire de la nature même de l'âme et de sa spiritualité. Substance simple et identique, l'âme ne peut se dissoudre ni se corrompre. Aucune des causes qui altèrent la composition des corps et finissent par les détruire ne peut agir sur elle ; elle est indestructible et *incorruptible*.

Les véritables substances, étant simples, sont étrangères à toutes les transformations qui s'opèrent au sein des êtres composés. Pas un atome ne périt dans la nature : comment supposer que l'âme, substance douée de propriétés supérieures, ait moins de durée que la dernière des molécules de de la matière inerte (1)? (Cf. Malebr., *Rech.*, IV, 12.)

Mais si l'âme ne peut périr à la manière du corps, par décomposition, ne peut-elle pas être détruite avec lui par *annihilation*? Si l'âme a commencé, elle peut cesser d'être, et la volonté qui l'a tirée du néant peut l'y faire rentrer. Dire qu'elle est éternelle, qu'elle est une parcelle de la Divinité, c'est dépasser le but et retomber dans le panthéisme. L'éternité de la *substance* ne garantit pas l'immortalité de la *personne*. Qu'importe que je sois éternel si ma personnalité m'abandonne, si je dois m'endormir pour toujours dans le sein de le substance éternelle? Cette apothéose équivaut pour moi au néant.

II. C'est en effet de la survivance du *moi* qu'il s'agit, ou de la continuité de la personne humaine dans ses attributs essentiels, non d'une existence vague, sans individualité ni conscience. Or, est-il vrai qu'en interrogeant la nature de l'âme telle que la conscience la révèle, on puisse trouver dans sa constitution même, des garanties de sa durée au-delà de la vie présente?

Oui, sans doute, pour qui se fait une juste idée de cette âme, non en se confiant à la lumière trompeuse de la spéculation abstraite, mais en s'appuyant sur l'expérience la plus positive, sur l'observation interne.

---

(1) « Animus certe nec secerni, nec dividi, nec discerpi, nec distrahi potest; nec interire igitur. Est enim interitus quasi discessus et secretio ac diremptus earum partium, quæ ante interitum junctione aliqua tenebantur. » (Cic., *Tusc.* I, 29. — Cf. Descartes *Méd.* III.)

« Puisque tu vois que ce qu'il y a de plus faible dans l'homme subsiste encore après la mort, ne te paraît-il pas de toute nécessité que ce qui est durable subsiste également? » (Platon, *Phédon*.) « N'ayant point de parties, elle doit subsister éternellement dans son intégrité! »(Bossuet, *Conn. de Dieu*, I, xiii.) — Cf. Fénelon, *Lett. sur la Mét.*, II, 2. — Un argument plus faible qu'ajoute Platon et qui témoigne du sens moral de sa doctrine est celui-ci : L'âme ne peut périr; car, tandis que les maladies du corps altèrent sa constitution et finissent par le détruire, les maladies de l'âme, qui sont l'ignorance, le vice, la perversité, la laissent intacte et ne peuvent causer sa mort. (*Rép.*, X.)

Qu'est-ce en effet que l'âme telle que nous la sentons vivre en nous? Une simple substance dont l'activité, la pensée, le sentiment ne seraient que des modes passagers et fugitifs? Non, l'âme véritable est un principe actif, une force, et une force pensante, sentante, agissante, qui arrive à se posséder et se gouverner elle-même. L'*activité*, la *vie*, la *pensée*, la *liberté* elle-même sont des attributs qui forment son essence, les vraies puissances de l'âme. Elle ne s'en sert pas toujours. Latents, enveloppés, voilés, interrompus souvent dans leur action, ces pouvoirs n'en subsistent pas moins et se retrouvent sans cesse malgré ces alternatives. Donc, ils lui sont inhérents; ce sont les propriétés permanentes de l'être qui les possède; il ne peut les perdre sans cesser d'être. Or, rien ne se perd dans la nature. Non-seulement la même quantité d'être, mais aussi la même quantité de mouvement subsiste. Nulle loi n'est mieux établie que celle-là. Comment donc ce qu'il y a de plus élevé et de plus réel serait-il soustrait à cette loi? L'esprit serait-il inférieur en ceci à ce à quoi il est supérieur en tout le reste? Aurait-il moins de réalité? Les transformations n'atteignent pas le fond des existences. Les substances et les forces restent intactes et se conservent. Et le contraire serait vrai de l'être et de la force, au point culminant de la création! Qui ne voit l'invraisemblance de cette opinion? Tout donc se réduit à ceci: l'*individualité* dans les êtres, et la *personnalité* dans les forces supérieures font-elles ou non partie intégrante de leur nature? sont-elles le fond de leur existence, ou de simples modes d'une existence générale et d'une substance universelle, ou bien encore le résultat des combinaisons de la matière? Si l'on ne partage pas ces systèmes, l'âme séparée du corps doit conserver les attributs essentiels de la personnalité (1).

(1) C'est ce qu'exprime très-bien un éloquent écrivain dans le passage suivant, qu'on nous permettra de citer. « Aucun pouvoir ne peut périr; car que signifie un pouvoir qui périt? Nous n'en avons aucun exemple dans la nature; bien plus, nous n'en avons aucune idée dans nos âmes. C'est une contradiction de penser que l'être soit ou devienne le non-être; c'est plus qu'une contradiction d'assurer qu'une activité vivante, qui révèle par des pouvoirs divins la puissance du Créateur, aille se perdre dans le néant. L'instrument peut être détruit par des circonstances externes; mais, comme il ne renferme pas un seul atome qui puisse être perdu ou anéanti, il en est de même des forces invisibles qui agissent dans cet atome...... La fleur s'épanouit et se fane... l'arbre meurt quand il a porté ses fruits. La machine a péri et les parties élémentaires se sont séparées; mais on ne peut nullement conclure de là que le pouvoir qui animait ces parties, qui, doué de la force de végétation et de

Ces raisonnements ont au moins l'avantage de montrer que l'âme peut exister indépendamment du corps, de dégager ainsi la question de ses difficultés métaphysiques, et de préparer la voie à d'autres preuves plus directes et plus décisives.

§ II. Preuves tirées des facultés humaines.

Quand on vient à considérer l'âme, dans ses facultés, on peut en tirer, sinon des démonstrations complètes et à l'abri de toute objection, des inductions très-fortes en faveur de son immortalité.

Dans l'état présent, l'âme, sans doute, est liée à un organisme, elle ne peut agir qu'à l'aide des organes. Mais quand on vient à la comparer à ceux-ci et à étudier ses pouvoirs en eux-mêmes, on est plutôt tenté de croire que les organes sont pour elle des obstacles plus encore que des instruments nécessaires au développement libre et facile de ses facultés. Sans invoquer les faits et les expériences qui prouvent, en effet, que les sens ne sont pas toujours indispensables à leur exercice, la seule considération de deux principes aussi dissemblables fait qu'il est plus difficile de les comprendre réunis que séparés : *Mihi quidem naturam animi intuenti, multo difficilior occurrit cogitatio, multoque obscurior, qualis animus in corpore sit, tanquam alienæ domi quam qua-*

reproduction, réglait l'exercice de mille pouvoirs secondaires qu'il avait attirés ait péri quand l'organisation, à laquelle il appartenait, s'est décomposée. Après la destruction de la machine, chaque atome conserve le pouvoir intérieur qu'il renferme. N'est-ce pas une preuve évidente de la survivance du principe suprême qui dirigeait tous les autres à une fin unique ? Eh quoi ! Une créature possède, à l'heure où je parle, dans chacun de ses membres une spontanéité puissante, irritable, qui veille à sa propre conservation ; et, le moment d'après, tous ces pouvoirs, preuves vivantes d'une toute-puissance organique et inhérente, disparaîtraient de la chaîne des êtres, de la sphère de la réalité, comme s'ils n'eussent jamais existé ! L'intelligence se révolte à cette idée.

« Et cette contradiction cessera-t-elle, quand il s'agira de la force la plus pure et la plus active que nous connaissons sur la terre, la puissance de la pensée humaine ? elle qui occupe un rang si élevé au-dessus de toutes les capacités des êtres inférieurs, elle qui non-seulement exerce, avec une sorte d'omnipotence et d'ubiquité, un empire souverain sur la foule des pouvoirs organiques de mon corps ; mais qui, ô prodige des prodiges ! est douée de la faculté de s'étudier et de se gouverner elle-même... Ce pouvoir qui est capable de connaître, d'aimer et d'imiter Dieu, qui a pour loi rationnelle de l'aimer et de l'imiter ne serait plus, et le plus puissant souverain de la terre périrait, parce qu'une circonstance externe est changée... L'artisan cesse-t-il d'exister, parce que l'instrument a échappé à sa main ? Si cela est, la chaîne de nos idées n'est-elle pas brisée pour toujours ? » (Herder, *Idées sur l'hist. de l'hum.*, V, I.)

lis quum exierit. (Cic., *Tusc.*, I, 22.) Nous finissons par regarder comme essentiel ce qui n'est qu'accidentel, lorsque nous le voyons habituellement. Si un homme eût été élevé dès son enfance dans une chambre où la lumière ne pénétrât que par un petit trou pratiqué dans un volet, il regarderait ce trou comme essentiel à la faculté de voir, et l'on ne parviendrait pas sans peine à lui persuader que la perspective s'agrandirait si l'on venait à démolir les murs de sa prison. (Id., *ibid.*) (1).

La dépendance où l'âme est du corps est étroite : le sommeil, les maladies, la vieillesse, etc., révèlent un assujettissement ou une servitude. Le sommeil est un tribut payé au corps; du corps vient aussi la fatigue. Dans cette union mystérieuse, l'âme partage ses misères et ses infirmités. Mais d'autres faits révèlent l'indépendance de l'âme et sa supériorité. Ne semble-t-il pas que, si elle pouvait se dépouiller de son enveloppe matérielle, sa vue serait plus distincte et plus vive? qu'une fois affranchie des liens qui l'attachent à la matière, elle doive déployer librement toutes ses facultés. (*Ibid.*, I, 19.) Qui n'a senti toute la pesanteur des chaînes du corps dans les moments d'inspiration ou de méditation ardente et profonde? Qui n'a vu sa pensée s'obscurcir ou s'évanouir en prenant une forme positive? Nous n'égalons jamais nos idées, dit Bossuet, Dieu a pris soin d'y marquer son infinité. Quel poëte ou quel artiste n'a maudit les moyens d'expression donnés pour réaliser ses conceptions, et ne s'est dit que la meilleure partie de sa pensée restait en lui-même, faute de pouvoir se formuler? Qui oserait affirmer que cela tient à l'impuissance radicale de la force intelligente, et non pas plutôt à l'imperfection de ses moyens actuels? S'il en est ainsi, la mort, loin d'anéantir l'âme et de lui ravir aucun de ses véritables attributs, doit la rendre à elle-même et à sa liberté (2).

---

(1) Major sum et ad majora genitus quam ut mancipium sim mei corporis, quod equidem non aliter adspicio quam vinculum aliquod libertati meæ circumdatum. (Senec., *Ep.* LXV.)

(2) « Il y a en nous des facultés qui restent dans leur germe et dont nous avons conscience ; d'autres qui se développent exclusivement et séparément. Les plus grands hommes sont des êtres incomplets. » (Ballanche.) — Lisez, dans Herder (*Idées sur la Philosophie de l'Histoire*, t. I, liv. IV), les éloquents chapitres sur l'immortalité de l'âme.

Considérons chacune de nos facultés ; l'immortalité de leur principe n'apparaîtra pas moins que sa spiritualité.

1° *Intelligence*. — La nature de l'intelligence humaine est de connaître la vérité, non telle ou telle portion de la vérité, mais la vérité totale. Aussi est-elle possédée d'un immense désir de connaître. *Natura inest mentibus nostris insatiabilis quædam cupiditas veri videndi.* (Cic., *Tusc.*, I, 19.) « Notre âme fuit les bornes (1), » elle voudrait explorer toutes les parties de l'univers, en comprendre toutes les merveilles, s'expliquer tous les mystères ; elle n'aspire à rien moins qu'à tout savoir et à tout comprendre, non d'une manière vague, confuse, incertaine, mais avec l'évidence et la certitude qui caractérisent la vraie connaissance.

Voilà le but : rapprochons le réel de l'idéal. On convient que ce que l'homme sait et peut savoir n'est rien en comparaison de ce qu'il ignore et de ce qu'il ignorera toujours. Il ne possède qu'une parcelle de vérité, et encore le doute vient-il la lui disputer. Pour lui, la vérité n'est jamais pure, l'erreur s'y mêle plus ou moins ; elle s'enveloppe de nuages et d'obscurités ; il ne la voit qu'à travers des intermédiaires qui la lui cachent ou lui en dérobent la vue immédiate. Souvent, quand il croit la saisir, elle lui échappe ; il a beaucoup de mal à fixer ses idées fugitives, à empêcher qu'elles ne s'effacent de sa mémoire. Pour les exprimer et les transmettre, il les dépose dans des signes qui les matérialisent et les défigurent. Tous ces moyens artificiels auxquels la science humaine a recours, soit pour faciliter ses opérations et ses recherches, soit pour en conserver les résultats, témoignent de la faiblesse de notre esprit. Ils nous livrent la connaissance divisée, morcelée, éparpillée. Méthodes, classifications, nomenclatures, bibliothèques, science aride et morte, qui est dans les livres, non dans les intelligences, dans l'espèce, non dans les individus, ou dans quelques individus qui résument très-imparfaitement l'espèce. Aussi, plus l'esprit de l'homme s'élève et son horizon s'agrandit, mieux il est en état de mesurer la distance qui le sépare de son but. Il

---

(1) Montesq. *Essai sur le goût*. — *Ratio non impletur manifestis. Pars ejus major ac melior in occultis est.* (Senec.) — *Cogitatio nostra mundi mœnia perrumpit, nec contenta est id quod ostenditur scire.* (Id., *De Otio sap.*, 32.) — *Æstuat infelix angusto in limine mundi.* (Juvénal, X, v, 169.)

reconnaît ses infranchissables limites et les bornes étroites où il est condamné à s'agiter, et il proclame la vanité de la science comparée à son modèle. Ce que Socrate sait, c'est qu'il ne sait rien. Platon termine ses plus beaux dialogues par des mythes. Aristote et Proclus composent des hymnes. Newton commente l'Apocalypse. Le scepticisme et le mysticisme ont tort sans doute de dénigrer la science humaine; mais ils sont dans leur rôle quand ils la rappellent à son idéal, quand ils font voir combien elle est vaine en comparaison de la véritable science. L'un est frappé de la nullité du résultat, et en conclut l'impuissance des moyens; l'autre en appelle à des moyens surnaturels. Tous deux démontrent à merveille que, dans les conditions de l'existence actuelle, l'homme ne peut posséder la vérité telle qu'il la conçoit et se sent appelé à la connaître. Cela prouve ce que dit un grand poète, que l'homme ne serait pas sur la terre le plus parfait des êtres s'il n'était trop parfait pour elle. (Gœthe, *Maximes*.) (1)

2° *Sensibilité.* — *Infinité des désirs humains.* — Cette disproportion éclate surtout dans les affections humaines. Le cœur de l'homme n'est pas moins vaste que son esprit; ses désirs sont infinis. Or, cette soif ardente du bonheur qui le tourmente, on sait comme elle est satisfaite. Sans cesse froissé, flétri, brisé dans ses affections les plus chères, déçu dans ses espérances les plus légitimes, il n'obtient que rarement, au prix de mille peines et de nombreux mécomptes, un bonheur fragile et passager, au lieu de celui que son âme ambitionne (2).

Direz-vous qu'il est, en effet, trop ambitieux? L'inviterez-vous à réprimer ou à modérer ses désirs? Lui répéterez-vous le vers du poète: *Sors tua mortalis, non est mortale quod optas?* Il répondra que ces désirs dérivent de sa nature; qu'il n'en est pas des besoins de l'esprit comme de ceux du corps; ceux-ci sont finis, parce que leur objet est fini et que

---

(1) « L'homme, par ses facultés, déborde partout le temps, l'espace, la matière. Sa pensée hante dès à présent une hauteur sublime, d'où l'univers matériel ne lui apparaît que comme une sorte de reflet, image confuse du monde intelligible. » (Fichte, *Dest. de l'homme*.) — O quam contempta res homo, nisi supra humana surrexerit. (Senec., *Quest. nat.*, Préf.)

(2) Tous se plaignent, princes, sujets, nobles, roturiers, vieux, jeunes, savans, ignorans, sains, malades de tous pays, de tous âges, de toutes conditions. (Pascal.)

la mesure est leur loi, tandis que ceux-là sont infinis comme leur objet. L'inviter à se contenter de peu, à être sobre, quand il s'agit de vérité, de beauté, de perfection, est dérisoire. Pourquoi Dieu lui a-t-il donné l'idée de biens qu'il ne possèdera jamais? Direz-vous que cela était nécessaire au progrès de l'espèce? Vous soulevez plusieurs difficultés pour une. Pourquoi le progrès indéfini de l'espèce si l'individu est arrêté dans son développement? Pourquoi sacrifier l'individu à l'espèce? Qu'est-ce que l'espèce, sinon la collection des individus? Si les hommes sont malheureux, oserez-vous proclamer l'humanité heureuse?

3° *Volonté*. — La volonté humaine se sent créée pour être libre. C'est là son essence et sa fin. Mais cette volonté si faible y parvient-elle? Je fais le mal que je ne veux pas et je veux le bien que je ne fais pas, dit saint Paul. Mille causes physiques et morales restreignent singulièrement, quand elles ne le détruisent, cet empire que la volonté a tant de peine à établir au dehors et au dedans de nous. L'homme n'est donc jamais vraiment libre. Cette liberté relative qui doit être la conquête de toute sa vie, à peine l'a-t-il obtenue, qu'il la voit déchoir malgré qu'il fasse, et finalement elle lui est ravie, car il faut qu'il meure. Auparavant les infirmités, la vieillesse, les maladies l'entament et la dégradent. La matière reprend pied à pied le terrain que lui a longuement disputé l'esprit, ou tout à coup le lui enlève. Or, à quoi bon entreprendre cette lutte si le fruit de la victoire lui est enlevé? Pourquoi ces efforts pénibles et multipliés pour former et discipliner des facultés qui d'elles-mêmes se dégradent ou s'éclipsent? Les trésors de l'âme ne sont donc pas plus à l'abri que ceux de la terre; la rouille et les voleurs ne sont pas pour eux moins à craindre.

En résumé, si l'on compare le but auquel tendent les facultés humaines avec le degré auquel il leur est donné d'atteindre en cette vie, on sera forcé de reconnaître que, si elles n'obtiennent pas ailleurs un plus entier développement, notre nature renferme une contradiction manifeste. L'auteur de notre être, en formant son chef-d'œuvre, a manqué de sagesse et d'habileté, n'ayant pas su proportionner les moyens avec la fin, ce que l'on exige du plus obscur ouvrier dans la confection des plus vils ouvrages. De plus, comme ce défaut d'harmonie et de proportion introduit dans l'âme des tendances et des désirs qui ne peuvent être satisfaits, il s'ensuit que l'homme est le plus malheureux des êtres sortis de la main de Dieu, ce qui n'accuse pas moins la bonté que la sagesse divine (1).

« Si cette terre, au lieu d'être pour l'homme un lieu de passage, devait renfermer toute sa destinée; si la condition actuelle de l'humanité, au lieu d'être un échelon dans l'enchaînement progressif des destinées humaines, devait être éternelle, le monde au milieu duquel je vis ne me semblerait plus qu'une bizarre illusion dont je serais condamné à être la dupe et la victime; mon existence terrestre ne serait plus pour moi qu'une sorte de jeu tout à la fois douloureux et puéril, auquel m'aurait voué une main inconnue. Et où trouverais-je alors, grand Dieu! assez de courage pour en supporter le fardeau? Dans quelle pensée puiserais-je la résignation d'en traîner longtemps les fatigues et la misère? Dans quel lieu pourrais-je reposer un instant ma tête, à l'abri du mécompte et de la douleur? Ma vie entière serait-elle autre chose qu'un long effort, plein d'amertume et d'angoisses, vers un avenir mystérieux et terrible?

« Je mange et je bois, afin d'avoir encore faim et soif, pour boire et manger de nouveau. La tombe sans cesse entr'ouverte saisit enfin sa proie : j'y descends pour devenir la pâture des vers, et je laisse derrière moi des êtres semblables à moi, afin qu'ils boivent, mangent aussi, jusqu'à ce qu'ils meurent, remplacés eux-mêmes par d'autres êtres semblables à eux, qui, à leur tour, viendront aux mêmes lieux faire les mêmes choses : voilà ma vie! voilà le monde! C'est une courbe qui revient éternellement sur elle-même. C'est un fantasque spectacle où tout naît pour mourir et meurt pour renaître. C'est une hydre aux innombrables têtes, ne se lassant jamais de se dévorer pour se reproduire, et de se reproduire pour se dévorer encore.

« Croirais-je donc que c'est dans le cercle de ces éternelles

---

(1) « L'homme seul est en contradiction avec lui-même. » (Herder.) — « Ce qu'il y a de plus noble n'est jamais accompli sur la terre. Ce qu'il y a de plus pur est rarement solide et durable. » (Id.)

et monstrueuses vicissitudes que doivent se consumer en efforts inutiles toutes les forces de l'humanité? Ne croirais-je pas plutôt que si l'humanité les subit, c'est momentanément, dans le but d'arriver à un état qui demeurera définitif, pour parvenir enfin à un lieu de repos, où, se remettant de tant de fatigues, elle demeurera immobile pendant l'éternité, au-dessus des flots agités de l'océan des âges? » (Fichte, *Destination de l'homme*, III.)

§ III. Autres preuves tirées de la nature humaine et de la croyance générale.

I. Désir de l'immortalité. — A ces raisons viennent s'ajouter des faits pris également dans la nature humaine, et qui ne peuvent s'expliquer que par la conscience que l'homme a de sa destinée : l'amour de la gloire (Cic., *Pro Archia*, XI), le désir de léguer un nom à la postérité (1) et de vivre dans la mémoire de nos semblables (Cic., *Tusc.*, I, 14), l'horreur que nous inspire l'idée de l'anéantissement; puis ce lien invisible qui nous unit aux personnes que nous avons aimées ou connues; le commerce qui s'établit entre les intelligences de tous les âges malgré les barrières naturelles qui les séparent, et qui nous les fait regarder comme appartenant à la société générale des esprits; ces adieux sur la tombe, qui s'adressent à des parents et à des amis, avec l'espoir d'être réunis un jour; cette consolante pensée qui seule peut calmer les grandes douleurs et faire supporter la vie, que les saintes amitiés d'ici-bas ne sont pas rompues pour jamais; les honneurs rendus à la dépouille des morts; les prières et les cérémonies funèbres qui font partie de toute religion et de tout culte; les tombeaux et les monuments destinés à nous rappeler un monde invisible; ne sont-ce pas là autant de manifestations d'une croyance universelle? Dire que ce sont des moyens par lesquels l'imagination humaine cherche à se faire illusion et à prendre le change sur le néant de notre existence est une assertion gratuite. Et sur quoi s'appuie cette désolante hypothèse? Les créations de l'imagination n'ont pas cette univer-

---

(1) « L'appel à la postérité naît d'un sentiment vif et pur de l'immortalité. » (Goethe, *Maximes*.)

salité (1). L'imagination revêt de formes un idéal qu'elle ne crée pas; les images lui appartiennent, le fond lui est fourni par les idées de la raison et par les sentiments de l'âme humaine. Or, nous avons fait voir que cette croyance n'est point imaginaire, qu'elle repose sur des motifs nombreux de raison et de sentiment, qui doivent engendrer une conviction profonde.

II. CONSENTEMENT GÉNÉRAL. — Le consentement général n'est qu'une confirmation des autres preuves. L'immortalité de l'âme est au fond des croyances de tous les peuples. (Cic., *Tusc.*, I, 16.) Trouve-t-on des exceptions, elles n'embarrassent pas celui qui place l'identité de la nature humaine, non au plus bas, mais au plus haut degré de culture, et n'égale pas l'abrutissement de la barbarie à la civilisation.

§ IV. Preuve morale fondée sur la justice et la nécessité d'une sanction des lois morales.

Ces preuves sont de puissantes inductions. Toutefois elles n'ont pas l'évidence démonstrative qui accompagne les raisonnements fondés sur des vérités nécessaires. Or, dirons-nous avec Platon : « Il faut choisir, parmi tous les raisonnements humains, le meilleur et le plus difficile à renverser, et s'y embarquer comme sur une nacelle pour traverser à tout hasard cette vie; à moins qu'on ne puisse le faire d'une manière plus sûre et moins périlleuse en nous confiant à quelque vaisseau plus solide, à quelque raisonnement divin. » (*Phédon.*)

Il est en effet une preuve plus décisive que les autres. Nous devons l'exposer avec toute la rigueur logique qui lui convient et qui fait sa supériorité.

1° Examinons d'abord la nature du principe qui lui sert de base. Ce principe, c'est l'idée de *justice*, la loi qui règle l'accord du bien et du bonheur.

Entre le bien et le bonheur, le mal et le malheur, la raison conçoit un rapport nécessaire. Toute action vertueuse mérite une part de bonheur proportionnée à l'effort et au

---

(1) « Omni autem in re, consensio omnium gentium lex naturæ putanda est. » (Cic., *Tusc.*, I, 13.) — « Il n'y a pas d'erreur universelle. » (Bernardin de Saint-Pierre.)
La voix de la nature est-elle un préjugé ? (Voltaire, *Irène*.)

sacrifice qu'elle a coûtés; toute infraction volontaire à la loi, un châtiment proportionné à la faute. Ce rapport, la raison le déclare universel et absolu; il constitue à ses yeux une loi de l'éternelle justice. Dieu lui-même ne pourrait le changer. Loin de là, si Dieu est le représentant des lois morales, s'il est la justice même dans son principe, il est obligé de le faire observer, et, s'il a été violé, de le rétablir. Elle nierait Dieu et la morale entière, si l'on venait à lui contester cette vérité qui est l'un de ses axiomes et l'expression de l'ordre moral.

Ainsi, le droit que l'homme acquiert au bonheur en obéissant à la loi du devoir, et en acceptant les sacrifices qu'elle impose, est un droit absolu, inaliénable, imprescriptible. Il n'y a pas de vérité plus profondément gravée dans l'âme humaine et contre laquelle le sophisme ait plus constamment échoué.

Tel est le principe qui sert de base à la sanction des lois morales. Il est, je le répète, nécessaire et absolu, il n'admet donc aucune exception. De plus, il constitue une *proportion;* de sorte que, pour montrer qu'il trouve son application véritable, il ne suffirait pas de faire voir que toutes les actions bonnes reçoivent une récompense, toutes les actions mauvaises un châtiment; il faut que, partout et toujours, la récompense soit proportionnée au mérite, la punition à la faute ou au crime. La proportion fait partie du principe et se confond avec lui. Attaquer l'une, c'est vouloir renverser l'autre. Sur tous ces points, la conscience humaine ne peut transiger ni faire la moindre concession, parce qu'il n'y a pas d'exception ni de transaction avec les vérités nécessaires et absolues.

2° Nous venons de poser la *majeure* du raisonnement, c'est un axiome de la raison. La *mineure* est une question de fait. Est-il vrai que, dans le monde actuel, les biens et les maux soient distribués selon la règle et l'exacte proportion que veut la justice absolue; que la vertu y jouisse du bonheur, de tout le bonheur auquel elle a droit; que le vice et le crime soient punis comme ils le méritent? Quelques philosophes l'ont soutenu; mais le genre humain s'est toujours formellement prononcé pour la négative; toujours il a cru que ce monde n'est pas celui de l'ordre, et de tous les maux dont le spectacle des choses humaines afflige nos regards, c'est celui qui lui paraît le plus grand, le plus choquant. Il repousserait tout optimisme tendant à faire admettre que tout y est bien, que chacun, tout compensé, a ce qui lui appartient, est heureux ou malheureux selon ses œuvres et ses mérites.

On l'a vu d'ailleurs, l'idée seule de vertu implique la séparation du bien et du bonheur. Qu'est-ce que la vertu ? une lutte constante contre des obstacles et la souffrance. Le mal et le malheur entraient donc comme condition dans le plan du monde actuel, pour que la vertu fût possible.

La vie de l'homme vraiment vertueux qu'est-elle en réalité ? une vie de privations, de sacrifice et de dévouement. Qu'il trouve une compensation et un soutien au sein des plus cruelles épreuves dans la satisfaction morale, là n'est pas la question. Cette récompense est-elle suffisante ? est-elle proportionnée au mérite ? Cette joie intime et profonde n'est-elle pas mêlée d'amertumes ? — Le juste est-il délivré des misères de la vie humaine ? ne ressent-il pas cruellement la pointe de la douleur et les déchirements de l'âme lorsqu'il est frappé dans quelques-unes de ses affections les plus naturelles et les plus chères (1) ? La disproportion entre ses facultés et le but où elles tendent n'existe-t-elle pas pour lui et ne la sent-il pas ? L'espoir et la certitude d'un bonheur à venir entrent pour beaucoup, sans doute, dans son bonheur actuel. Otez-lui cet espoir, il pourra encore se soumettre à la loi de sa raison ; mais rien ne sera plus triste qu'une telle destinée. « Parfois le sage, effrayé des maux qui désolent l'espèce humaine, craint que la vie ne soit un jeu capricieux du hasard, et l'immortalité un rêve. Alors un sombre désespoir torture son âme, car cette fille mystérieuse du ciel a horreur du néant. » (Klopstock, *Messiade*, ch. II.) On parle de compensation. Pour un être qui, par sa nature, aspire à un bonheur complet, il n'y a qu'une compensation à la souffrance volontairement acceptée pour rester fidèle à la loi, c'est la possession de ce bonheur auquel il a droit. Cette manière

---

(1) « Aderit enim malorum turba quædam, paupertas, ignobilitas, humilitas, solitudo, amissio suorum, graves dolores corporis, perdita valetudo, debilitas, cæcitas, interitus patriæ exilium, servitus denique. » (Cic., *Tus.*, V., 10.)

avare et mesquine de mesurer le bonheur ne répond ni à la grandeur de Dieu, ni à sa justice, ni à l'excellence de la vertu. Le prix de la vertu est infini ; un bonheur infini peut seul payer la dette de Dieu envers sa créature qui, faite pour être heureuse, a supporté sans murmure le poids du malheur et a lutté courageusement jusqu'à la fin contre les obstacles dont la vie est semée. Il y a d'ailleurs des actions qui ne peuvent recevoir leur récompense en ce monde, et ce sont les plus méritoires. Le juste qui périt dans les supplices, martyr d'une sainte cause, l'homme qui expose sa vie pour sauver son semblable et qui meurt victime de son dévouement, sont-ils suffisamment payés par quelques vains témoignages qui s'adressent à une ombre ou à un nom ? Et les vertus modestes et cachées qui n'ont pour témoin que l'œil de Dieu, Dieu ne leur doit-il pas de les glorifier ?

D'autre part, oserait-on prétendre qu'ici-bas tout est dans l'ordre, que la proportion entre le mal et le malheur soit exactement observée, et que la justice soit satisfaite ? Il serait facile de démontrer ici l'insuffisance des diverses sanctions que reçoit en ce monde la loi morale. Tous les crimes sont-ils punis ou le sont-ils comme ils le méritent ? Le coupable échappe souvent à la loi; de combien de manières la justice humaine n'est-elle pas imparfaite ? que de fois n'aurait-on pas à demander justice de la justice ? Quant aux châtiments infligés par la conscience, l'habitude du crime finit par effacer le remords, et il est en raison inverse de la perversité. Combien l'opinion n'est-elle pas facile à égarer et à séduire ? La ruse hypocrite, non contente de calomnier l'innocence, ne va-t-elle pas jusqu'à se faire décerner les hommages dus à la vertu ? « Le juste périt dans sa justice, le méchant vit longtemps dans sa malice. » (*Ecclésiaste*.) (1)

La prospérité du méchant n'est pas un faux lieu commun qu'aucun exemple ne justifie. Le scandale d'une vie chargée de crimes et comblée de biens a plus d'une fois fait accuser la Providence et porté le trouble jusque dans l'âme du juste. L'idéal que Platon nous retrace de l'injustice parfaite et réa-

---

(1) . . . . Prosperum ac felix scelus
Virtus vocatur. (Senec, *Herc. fur.*, v, 251.)

« Le juste est livré à ses ennemis et il meurt abandonné de Dieu et des hommes. » (Bossuet.)

lisant son chef-d'œuvre, en opposition avec la vertu dépouillée de tous ses avantages, n'est pas une pure fiction de sa dialectique. (*Rép.*, II.) Quand le poète nous représente le tyran jouissant paisiblement du fruit de ses rapines et de ses forfaits, vivant au sein de l'opulence et des délices, bravant les dieux et mourant le blasphème à la bouche, ce n'est pas non plus un portrait de fantaisie auquel l'histoire n'ait au moins fourni quelques traits.

3° S'il est impossible de nier l'évidence sur cette partie de la preuve comme de méconnaître le caractère du principe, la *conclusion* en sort avec la même évidence; l'argument établit d'une manière invincible la nécessité d'une autre vie, et, comme condition, l'immortalité de l'âme.

Cet argument, il y a longtemps que la logique du genre humain le possède, la philosophie n'a pas l'honneur de l'avoir inventé; il se formule spontanément dans l'esprit du dernier des hommes, aussi bien que dans celui de Socrate ou de Platon; car la conscience renferme le principe, le spectacle du monde réel permet de rapprocher facilement le fait du droit et la conclusion s'échappe d'elle-même du choc des deux prémisses. Aussi est-il la véritable base de la croyance à l'immortalité de l'âme. Plus ou moins contenu dans toutes les autres preuves, il les explique, les complète, et transforme ces inductions en une démonstration évidente et certaine. Il fait voir pourquoi cette croyance est universelle et se retrouve dans la religion de tous les peuples; il constitue le fond commun des conceptions mythologiques plus ou moins imparfaites et grossières où l'imagination s'est exercée à construire un monde invisible. Immobile, il a survécu à bien des formes religieuses; il survivra aux systèmes qui osent le contredire *.

---

* *Remarque.* — Quant à des témoignages sensibles, nous dirons que notre vie terrestre n'en comporte pas de semblables. L'évidence sensible sur ce point entraînerait les mêmes inconvénients que la vue immédiate de Dieu : « Toutes les occupations de ce monde finiraient. Cette perspective de félicité divine nous jetterait dans un ravissement léthargique. » (Bernardin de Saint-Pierre, *Études de la nature.*)

ART. III. DE LA VIE ÉTERNELLE OU DE LA VÉRITABLE IMMORTALITÉ.

Toutes ces preuves établissent la nécessité d'une vie future ; suffisent-elles pour démontrer que, réellement immortelle, l'âme ne périra jamais? Cette objection était présente à l'esprit de Platon, qui la met, en un endroit du *Phédon*, dans la bouche de Socrate. « Montrer que l'âme est quelque chose de fort et de divin ne prouve pas qu'elle soit immortelle, mais seulement qu'elle est un être d'une très-longue durée. » (*Phédon.*) — Peut-on réclamer pour la créature l'éternité qui n'appartient qu'à Dieu?

— On a prétendu que la solution de ce mystérieux problème dépasse la portée de la raison humaine, que de la révélation seule peut venir la lumière. Nous ne pouvons croire que la raison soit aussi impuissante. Si l'on approfondit les preuves précédentes, et que surtout on entre dans leur esprit, on verra en sortir plus qu'une simple probabilité en faveur de l'immortalité réelle.

1° D'abord comment le désir d'immortalité et l'horreur du néant ont-ils été placés par un Dieu bon dans le cœur d'un être intelligent dont la pensée franchit d'un bond toutes les limites, si ce n'est un pressentiment de l'immortalité véritable? Et comment ce désir ne s'accroîtrait-il pas dans une existence supérieure où l'âme doit jouir davantage de l'exercice de ses facultés? « Si amitti vita beata potest, beata esse non potest. » (Cic., *De Finib.*, II, 47.) — « Nullo modo poterit vita veraciter dici beata, nisi erit sempiterna. » (St Aug., *De Trin.*, XIII, 8.) Déjà dans la vie actuelle, dit Bossuet, « le désir d'une telle vie s'élève et se fortifie d'autant plus en nous, que nous cultivons avec plus de soin la vie de l'intelligence. Et l'âme qui entend cette vie, et qui la désire, ne peut comprendre que Dieu qui lui a donné cette idée, et lui a inspiré ce désir, l'ait faite pour une autre fin. » (*Conn. de Dieu*, v, § 14.)

2° Mais qui envisagera la vertu comme elle doit être envisagée, qui la mettra en regard de la justice et de la bonté de Dieu, verra naître une conviction autrement sérieuse et motivée. N'est-ce pas méconnaître l'excellence de la vertu que d'en borner la récompense à une durée quelconque? Quel est l'effet de la vertu, sinon, comme le dit un philosophe ancien, de nous rapprocher de Dieu, d'établir entre Dieu et l'homme une sorte d'amitié, de parenté, et même de similitude (1)? Ainsi l'âme du juste, cette âme « que Dieu s'est préparée pour lui (Sénèque), » ne se réunirait pour quelque temps à son auteur, que pour être rejetée par lui dans le néant, à un terme plus ou moins reculé, mais inévitable (2)! Cet espoir d'une vie éternelle que Dieu a déposé en elle, et qui doit augmenter avec la possession légitime du bonheur, serait un espoir finalement déçu! Que deviendrait alors cette affinité, cette parenté, cette ressemblance avec Dieu? « Non, l'âme ne peut être atteinte de vieillesse, parce qu'elle a dans son être plus de ressemblance avec l'immuable et l'éternel qu'avec le mobile et le passager. » (*Phédon.*)

L'Évangile dit : « Soyez parfaits comme votre Père céleste est parfait. » La philosophie elle-même, en disant : « Sois semblable à Dieu autant qu'il est donné à l'homme (Platon), » doit en tirer cette conséquence : « et tu partageras pour toujours sa félicité. »

CONCLUSION

Nous ne pouvons mieux terminer ce sujet et ce livre qu'en empruntant au philosophe dont la doctrine a mérité d'être appelée la préface humaine de l'Évangile, les paroles graves et solennelles qu'il met dans la bouche de Socrate, au moment de finir cet entretien où le sage, peu d'instants avant sa mort, démontre à ses disciples le dogme de l'immortalité de l'âme. « Puisque l'âme est immortelle, il n'y a d'autre salut pour elle que de devenir aussi vertueuse que possible. Car lorsqu'elle se rend dans l'autre monde, elle n'emporte avec elle que ses œuvres. Qu'il soit donc plein de confiance dans la destinée de son être, celui qui, pendant sa vie, a orné son âme non d'une parure étrangère, mais de celle qui lui est propre, comme la tempérance, la force, la justice, la

---

(1) « Inter bonos viros ac deos amicitia est conciliante virtute. Amicitiam dico ? immo etiam necessitudo et similitudo. » (Senec., *De Prov.*, I.)

(2) « Croire que l'âme périt quand elle est purifiée par cette rude épreuve et préparée pour les plus nobles exercices dans une autre vie, c'est une opinion que je ne puis m'empêcher de regarder avec mépris et pitié. » (Reid.)

liberté. Celui-là doit attendre tranquillement l'heure de son départ pour l'autre monde, comme étant prêt à partir quand le destin l'appellera. » (*Phédon.*) « Une chose qu'il est juste de penser, mes amis, c'est que, si l'âme est immortelle, il faut en prendre soin non-seulement pour ce temps que nous appelons le temps de la vie, mais encore pour l'éternité. » (*Ibid.*) *

* *Remarque.* — Cela est très-édifiant, dira-t-on, mais la morale ainsi devient intéressée. — Non, la morale n'est pas intéressée, parce que le bonheur est la suite nécessaire du bien. C'est confondre l'effet avec le motif. Le motif principal est toujours le bien ; le juste pratique la justice pour elle-même. C'est la justice qui veut pour lui le bonheur ; plus il est désintéressé, plus il le mérite. — Mais il y a une plus haute vertu, celle qui ne demande rien, dont la vertu seule est le prix, *ipsa pretium sui* (Sénèque). — Vaine déclamation qui n'éteint pas la soif du bonheur au cœur de l'homme. Cela est beau sans doute et peut satisfaire les esprits spéculatifs, mais n'en est pas moins chimérique. Le sens commun n'y verra jamais qu'une thèse de rhéteur, une belle hyperbole, qui, si on la prend à la lettre, devient paradoxale. Aristote l'a très-bien démontré. (*Éth. à Nic.*, I.) On aura beau faire, le mot de Platon reste vrai : Celui-là seul prend soin de son âme qui la sait immortelle ; celui qui la croit vouée au néant, l'estime peu et s'en occupe peu. (*Phédon*, XXXIII.) A quoi bon ? S'occupera-t-il davantage de celle de ses semblables ? se dévouera-t-il pour eux ? Qu'on réponde sans ambages ni grands mots. Ira-t-il se déchirer les entrailles pour la vertu ? non, il arrangera sa courte vie de manière à en jouir et à en profiter le mieux possible (1). Mais la vertu ? elle sera belle, il l'admirera comme une belle statue, une belle fleur. Cette morale d'artistes ne fera guère de héros ni de saints. Celle qu'on dit intéressée en est un peu plus capable. Qu'on cesse donc d'attaquer la preuve morale de l'immortalité de l'âme en invoquant la morale. La morale qui n'a pas cette croyance pour complément, je ne dis pas pour base, est au moins très-inférieure (2). « Tout au plus, enseigne-t-elle à vivoter dans la région moyenne. » (Montaigne, I, 54.) Si elle suffit à quelques âmes fortes, elle ne peut faire de nombreux prosélytes. Et encore quelque fortement trempé que soit le caractère, comment retenir le mot de Brutus sur les lèvres de celui qui, ayant toute sa vie souffert et combattu pour la justice, se voit en face du néant ? — L'humanité, dites-vous, hérite de ses sacrifices. — Soit ; mais l'humanité, ce sont les hommes. Et que sont les hommes ? comme lui des êtres éphémères.

(1)   Dum licet, in rebus jucundis vive beatus,
   Vive memor quam sis ævi brevis. (Hor., *Sat.*, II, 6.)

(2) Kant le dit lui-même :

« Sans un Dieu, ou sans un monde qui ne nous est pas connu maintenant, mais que nous espérons, les idées pompeuses de vertu sont à la vérité dignes d'approbation et d'admiration, mais elles ne sont pas des motifs d'intention et d'exécution, puisqu'elles n'atteignent pas le but qui est naturel à tout être raisonnable et qui est déterminé *a priori* et nécessairement par cette raison même. » (Kant, *Raison pure; Méth.*, t. II, p. 512.)

NOTIONS D'HISTOIRE DE LA PHILOSOPHIE

Objet. — Nous voulons, dans une rapide esquisse, marquer la succession des divers systèmes qui ont paru depuis l'origine de la philosophie jusqu'à nos jours.

Division. — L'histoire de la philosophie, qui a pour objet de faire connaître et d'apprécier ces systèmes, se divise en trois grandes époques : *Philosophie ancienne*, philosophie du moyen âge ou *Scolastique*, *Philosophie moderne*.

I. PHILOSOPHIE ANCIENNE

Ses époques. — La Grèce, qui fut la terre classique des arts et des sciences dans l'antiquité, fut aussi celle de la philosophie. L'Orient est la patrie des mythes; la pensée s'y enveloppe de symboles. Si dans l'*Inde* et la *Chine* apparaissent des systèmes, ils sont sans date précise et mal connus. A peine sait-on le nom des auteurs. La philosophie ancienne est donc surtout la *philosophie grecque*; la philosophie *romaine* n'en est qu'une imitation.

Elle commence à Thalès (600 ans avant J.-C.) et finit au VIe siècle de l'ère chrétienne. On y distingue trois périodes. — La première, de Thalès à Socrate, n'est qu'un prélude ou un essai. — La seconde, de Socrate à l'école d'Alexandrie, comprend le développement original de la pensée grecque et voit éclore tous les grands systèmes. — La troisième, l'école d'Alexandrie, est une tentative de conciliation de tous ces systèmes dans leur lutte contre le christianisme naissant.

I. Période antésocratique : de Thalès a Socrate — Les systèmes de cette époque sont des spéculations sur l'origine et la formation du monde. Elle offre deux écoles principales : l'école *ionienne*, et l'école *italique* dont l'esprit est tout opposé. L'une, école de physiciens, ne s'en rapporte qu'au témoignage des sens; l'autre, école de mathématiciens et d'astronomes, prend pour guide la raison. Elles sont comme le *sensualisme* et l'*idéalisme*, l'*empirisme* et le *rationalisme*.

I. **École ionienne.** — *Thalès*, qui en est le chef, admit comme principe des choses l'*eau* ou l'élément humide; *Anaximandre*, son successeur, l'*infini* ou l'indéterminé; *Anaximène* et Diogène d'Appollonie, l'*air*. Plus tard, *Héraclite* d'Éphèse (1) considéra le *feu* comme l'agent universel. On distingue chez ces philosophes une double tendance *mécanique* et *dynamique*. Les uns, comme Anaximandre, regardent le monde comme le produit mécanique d'une combinaison d'éléments éternels; selon les autres (Héraclite, Thalès), il est le produit vivant d'une force animée qui se développe sans cesse.

II. **École italique.** — *Pythagore* (2) et ses disciples regardèrent les *nombres* comme les principes des choses; ils cherchèrent à expliquer les phénomènes du monde physique et moral par les propriétés ou les lois mathématiques. Le génie de Pythagore influa beaucoup sur celui des plus éminents philosophes des âges postérieurs.

III. **École éléatique.** — Après Pythagore et son école, *Parménide* d'Élée, disciple de Xénophane (3), fonde le *panthéisme* mathématique. Niant le témoignage des sens et la pluralité des êtres, il ne reconnaît qu'un être, *absolu*, éternel et immobile. Son disciple *Zénon* d'Élée nia le mouvement et, pour défendre cette doctrine, créa la dialectique.

IV. **École atomistique.** — Issue de l'école ionienne, elle formula nettement le matérialisme. Selon *Leucippe* et *Démocrite* (4), la matière seule existe : les *atomes* se mouvant éternellement dans le vide, ont formé, par leur rencontre et leurs diverses combinaisons, le monde et les êtres qui le remplissent. Épicure adopta plus tard ce système, qui est resté celui de tous les philosophes matérialistes.

Empédocle (5) admit les quatre éléments : l'*eau*, la *terre*, l'*air* et le *feu*; il y ajouta deux autres principes, l'*amitié* et la *discorde*.

Anaxagore (6), le précurseur de Socrate, l'ami de Périclès, fut le premier qui reconnut un *esprit* (νοῦς) ordonnateur de l'univers, qui a tiré du chaos la matière composée d'*homœoméries*, ou parties similaires.

V. **Sophistes.** — Cette époque se termine par l'apparition des sophistes, qui attaquent tous ces systèmes, les détruisent, et, sur les ruines de la philosophie, font régner le scepticisme. A la recherche sérieuse et désintéressée de la vérité succède un art frivole et mensonger qui, indifférent au fond, s'attache à la forme, et par lequel le sophiste parvient à la fortune, aux honneurs et à la puissance.

Les principaux sophistes furent *Protagoras* d'Abdère (7), disciple de Démocrite, et *Gorgias* de Léontium (V. p. 288).

(1) Flor. vers. 500. — (2) Né à Samos vers 584. — (3) Vers 460. — (4) D'Abdère, né vers 490. — (5) D'Agrigente, flor. vers 460. — (6) Né à Clazomène vers 500. — (7) Fl. vers 440.

II. Période socratique. — C'est dans ces circonstances que parut Socrate. La révolution dont il fut l'auteur devait avoir pour effet : 1° de renverser la fausse philosophie des sophistes; 2° de ramener la pensée de l'homme du spectacle des choses extérieures sur lui-même; 3° de trouver un point d'appui solide à la science et à la morale dans la conscience humaine.

Socrate, né à Athènes en 470 ou 469, fils d'un pauvre sculpteur nommé Sophronisque, et d'une sage-femme, Phœnarète, « se forma un esprit complétement opposé à la frivolité et aux habitudes sophistiques de l'époque de raffinement où il vécut, en se proposant sans cesse à lui-même l'idée imposante d'un sage dont la vie entière, et comme homme et comme citoyen, offrît, sous tous les rapports, un modèle de ce que l'humanité peut devenir. Il fut le précepteur du genre humain comme de ses compatriotes, non par amour du gain ni de la réputation, mais en vertu d'une vocation intérieure (1). » — Son éducation fut celle que recevaient les jeunes Athéniens à cette époque ; il assista aux entretiens des sophistes et apprit à leur école à manier les armes avec lesquelles il devait les vaincre. Doué d'un sens droit et d'un esprit fin, il excellait dans l'art de discuter et de converser ; ses entretiens avaient un charme irrésistible.

Simple dans ses manières et ses discours, il savait se mettre à la portée de ses auditeurs par des comparaisons empruntées aux objets vulgaires ; mais son langage était relevé et ennobli par la pensée et par le but moral. Sa vie et ses mœurs offraient la même simplicité ; il dédaignait le faste, les richesses et les honneurs ; il ne voulut pas prendre part aux affaires publiques, et se contenta de remplir avec exactitude et probité, quelquefois avec un courage héroïque, ses devoirs de citoyen. Il passait sa vie sur la place publique, dans les gymnases, conversant familièrement avec ses disciples et les personnes qui venaient le consulter ou l'entendre. Il recherchait principalement les jeunes gens, persuadé que c'est à eux que doit s'adresser une doctrine nouvelle ; il professait même son amour pour ceux qui, à la beauté de l'âme, réunissaient celle du corps, car il prétendait que celle-ci est l'image de l'autre. Il vécut ainsi jusqu'à l'âge de soixante-dix ans. C'est alors qu'il fut accusé et traduit en justice comme coupable de corrompre la jeunesse, de mal parler des dieux et d'enseigner le mépris des lois ; il ne voulut pas se défendre ni être défendu : il prononça seulement, par respect pour la loi, une courte apologie. Condamné d'abord à une simple amende, et obligé, suivant la loi athénienne, de la fixer lui-même, il irrita ses juges par sa réponse fière qui parut orgueilleuse et hautaine ; il fut condamné à boire la ciguë. L'exécution de la peine ayant été retardée, il passa ce temps dans sa prison à converser avec ses amis, et refusa de

(1) Ce qui est en italique est emprunté à Tennemann, *N. d'hist. de la Phil.*

profiter des moyens d'évasion que l'un deux (Criton) lui avait offerts. Le jour même de sa mort, il s'entretint avec eux de l'immortalité de l'âme. Ses derniers moments furent ceux d'un sage ; il but la ciguë et mourut en recommandant à un de ses amis de sacrifier un coq à Esculape, voulant dire que la mort est la guérison de tous les maux (400 ans avant J.-C.).

Socrate ne laissa pas de système, mais une doctrine, et mieux encore, une méthode ; ses disciples comprirent l'une et l'autre et leur firent porter tous leurs fruits.

1° La science avait besoin d'une base certaine : il la trouva dans la conscience humaine et dans les idées nécessaires, éternelles, de la raison ; il formula sa méthode dans cette maxime empruntée à l'oracle de Delphes, *connais-toi toi-même*.

2° La connaissance de soi-même, but de la philosophie, doit avoir pour condition et pour point de départ la conscience réfléchie et raisonnée de l'ignorance qui précède la science. C'est ce qu'enseignait d'abord Socrate : toute sa science, disait-il, se réduisait à savoir qu'il ne savait rien ; il opposait son ignorance raisonnée à la vaine science des sophistes qui prétendaient tout savoir ; il tâchait d'inspirer aux jeunes gens la même modestie et le sentiment de leur ignorance. L'*ironie* de Socrate n'était donc pas simplement une feinte, une tactique de discussion, elle avait son principe dans le sentiment de l'état de la science et des limites du savoir humain.

3° Socrate ne se bornait pas à réfuter, il enseignait les grandes vérités qui sont la base de la science, de la morale et de la religion : l'*unité de Dieu*, la *providence*, l'*immortalité de l'âme*. L'interrogation était la forme de cet enseignement. Par des questions habilement posées et graduées, auxquelles se joignaient des comparaisons tirées des objets les plus familiers, il conduisait insensiblement l'esprit d'une vérité à une autre plus élevée, d'un fait particulier à une idée générale ; par là l'interlocuteur semblait avoir trouvé de lui-même ce qui lui était enseigné ; Socrate n'avait fait que mettre au jour les idées que renfermait son intelligence. Il appelait cette méthode *art d'accoucher les esprits*, faisant allusion à la profession de sa mère. (V. p. 449.). C'est l'*induction socratique*.

Le procès et la condamnation de Socrate, bien qu'injustes, n'ont rien qui doive nous étonner. L'unité de Dieu reconnue et enseignée par lui détruisait le polythéisme. Admettant des lois non écrites supérieures aux lois écrites il rabaissait la loi positive. Cette voix divine, appelée *démon de Socrate*, qu'il disait entendre, cet écho de la conscience rendait inutiles les oracles. Sa méthode, cette dialectique fine et un peu subtile avec laquelle il embarrassait ses adversaires, devait ressembler beaucoup aux yeux du vulgaire et des ignorants à l'art des sophistes. Ainsi s'explique le rôle que joue Socrate dans les *Nuées* d'Aristophane.

ÉCOLES SOCRATIQUES. — Les écoles *cyrénaïque*, *cynique* et *mégarique*, contemporaines de Socrate, marquent la transition à d'autres plus importantes.

I. PLATON (*Académie ancienne*). — « Né à Athènes en 430, fils d'Ariston et de Périctione, de la race de Codrus et de Solon, il avait reçu de la nature des talents éminents pour la poésie et la philosophie. Socrate le détermina à suivre cette dernière vocation. Ses talents furent heureusement cultivés par son activité laborieuse, par ses travaux en poésie et en mathématiques, par beaucoup de voyages, particulièrement en Italie et en Sicile, enfin, par ses rapports habituels avec les esprits les plus distingués d'Athènes, surtout avec Socrate, dont il suivit les entretiens pendant huit années, et avec les pythagoriciens de la Grande-Grèce. Ainsi se forma ce grand et puissant philosophe, unique, peut-être, pour l'étendue et la profondeur de ses vues, et l'exposition toute vivante de ses doctrines, en même temps que, par son caractère, il se plaça dignement à côté de Socrate. Il fonda, dans l'*Académie*, une école philosophique qui, pendant longtemps, fut une pépinière d'hommes vertueux et de penseurs éminents. Platon mourut dans l'Olympiade 108, 358 ans avant J.-C. »

Son système, où la méthode de Socrate, devenue plus savante et s'alliant aux spéculations précédentes, prend le nom de dialectique, fut l'*idéalisme*. La base en est la *théorie des idées*, types éternels des êtres, reflets de l'intelligence divine, qui apparaissent à la fois dans l'univers et dans la raison humaine. Ses dialogues sont des chefs-d'œuvre où l'art s'allie à la pensée philosophique. Sa morale, par son élévation et sa pureté, a mérité d'être appelée la préface humaine de l'Évangile.

II. ARISTOTE (*École péripatéticienne*). — Aristote, disciple de Platon, génie plus sévère et plus positif, embrassa la science tout entière et en cultiva toutes les parties.

« Il naquit à Stagire, 384 ans avant Jésus-Christ. Le goût des études naturelles lui fut transmis par son père, Nicomaque, médecin et ami d'Amyntas, roi de Macédoine. Il suivit vingt ans les leçons de Platon. Il devint en 343 le précepteur d'Alexandre et fonda en 334 une école nouvelle dans la promenade du *Lycée*, d'où vient à cette école le nom de *Péripatétique*. Il mourut en 322, à Chalcis, en Eubée.

Aristote possédait à un égal degré le talent de l'analyse et le génie spéculatif. Il rejeta les *idées* de Platon, soutenant que toutes nos pensées, même les notions les plus élevées, sont le produit de l'intelligence qui en donne la matière, tandis que la raison les développe. Ce n'est point, comme Platon, de l'universel au particulier, c'est toujours du particulier à l'universel qu'il procède dans son système. »

La philosophie, selon Aristote, est la science qui connaît selon les principes. La logique est l'instrument ou plutôt la forme de toute science ; car c'est l'expérience qui doit fournir la matière pour être travaillée et convertie en principes généraux.

Aristote élargit plus qu'aucun autre le champ de la philosophie. Il y comprit toutes les sciences empiriques, rationnelles et mixtes.

Sa philosophie représente l'ensemble des sciences dans l'antiquité, accrues, agrandies, et résumées en un vaste système. Plusieurs lui durent leur existence, telles que la logique, la poétique, l'histoire naturelle ; d'autres leur avancement et leurs progrès : la métaphysique, la physique, la morale et la politique. La base de son système est sa théorie des quatre principes (*matière, forme, cause efficiente, cause finale*). Il créa la *logique* en lui donnant pour base la théorie du syllogisme. Sa morale, fondée sur le *bonheur*, est moins élevée que celle de Platon ; mais sa politique, où il pose les bases du gouvernement tempéré, est très-supérieure à l'idéal de république rêvé par son maître. Il donna à la science son langage et ses formules et fut le précepteur de l'esprit humain, surtout au moyen âge, où son autorité fut invoquée à côté de celle de l'Eglise.

III. EPICURE, ZÉNON (*Epicuréisme, Stoïcisme*). — Après ces deux grands systèmes se fait sentir la décadence de la philosophie grecque. La morale devient presque son unique objet. *Épicure* donna pour but à la vie humaine le *plaisir*; *Zénon*, l'*honnête* ou la *raison* : de là deux écoles opposées. Le *stoïcisme*, vrai, mais exclusif, tombe dans l'exagération et la subtilité; mais il produit de grands et nobles caractères. La philosophie épicurienne, retenue dans certaines bornes par la sagesse de son fondateur, engendre à Rome toutes ses conséquences : elle favorise la corruption des mœurs ou lui sert de prétexte et d'excuse chez les esprits cultivés.

1° *Epicure* (né en 357, mort en 270), du bourg de Gargettos, près d'Athènes, appartenait à des parents pauvres. Il suivit à Athènes, mais d'une manière superficielle, les leçons de l'académicien Xénocrate, de Théophraste et d'autres. Dans sa trente-deuxième année, il ouvrit lui-même une école à Lampsaque, et la transporta cinq ans après à Athènes. Là, il enseigna, dans son jardin, une philosophie qui se recommandait par son indulgence pour les besoins des sens, embellis des agréments de la vie sociale. Selon lui, la philosophie est l'art de conduire l'homme au bonheur par le moyen de sa raison. Par conséquent l'éthique (morale) en est la partie principale, et il ne considère que comme accessoires la physique et la canonique (logique). La logique et la physique d'Épicure n'ont rien d'original, et sont empruntées à Démocrite.

En morale, il place le souverain bien dans le *plaisir*, dont il fait la règle de toutes nos actions. (V. p. 503.) Mais il est nécessaire, pour arriver au bonheur, de savoir faire un choix entre les plaisirs. Il recommande donc la prudence, le courage, la modération et la justice, comme moyens pour arriver au bonheur. La vertu en général, pour lui, n'a de prix que par ses suites, parce qu'elle est inséparablement unie au plaisir. L'école d'Épicure subsista longtemps sans éprouver de modifications importantes ; plus tard, à Rome, sa doctrine, dont il avait su corriger le principe par d'honorables inconséquences, fut interprétée dans le sens des mœurs relâchées et corrompues de cette époque.

2° *Zénon*, né à Cittium, en Chypre (vers 340). — Il forma, dans le Portique (Στόα), à Athènes, une école qui s'illustra par une foule de philosophes habiles et passionnés pour la vertu. Zénon mourut après Épicure, vers 300 ans avant J.-C. Son système fut étendu, développé et perfectionné pendant le cours d'une longue rivalité avec les autres écoles, particulièrement avec celle d'Épicure et la nouvelle Académie. — Les principaux soutiens de cette école furent : *Ariston*, de Chio ; *Cléanthe*, d'Assos ; *Chrysippe*, de Soli, la colonne du Portique ; *Diogène*, de Babylone ; *Panétius*, de Rhodes, et *Posidonius*, d'Apamée, surnommé le Rhodien, à cause de l'école qu'il établit à Rhodes.

La philosophie, selon les stoïciens, est la science de la perfection humaine ; ses parties principales sont la *Logique*, la *Physique* (science de la nature) et la *Morale*. La morale est la partie importante de ce système.

Les stoïciens considéraient la raison comme l'essence des choses et de la nature humaine en particulier. Le but que doit se proposer l'homme doit donc être la conformité de ses actions avec la loi de sa nature, qui est la raison. De là les deux maximes fondamentales de la morale stoïcienne : *Vivre selon la loi de la droite raison* (ὀρθὸς λόγος), ou *vivre conformément à la nature* (τῇ φύσει). — Ce principe, vrai, mais exclusif, engendre plusieurs aberrations, telles que la destruction de la sensibilité et des passions, la suppression de toute distinction entre les actions comme étant ou n'étant pas conformes à la raison, et de tout intermédiaire entre le vice et la vertu, etc. « Ce caractère exclusif et absolu, joint à des idées fausses sur la nature et sur Dieu, donnèrent lieu, dans cette doctrine, à beaucoup d'inconséquences et de défauts, qui se font remarquer surtout dans les idées sur la liberté absolue et dans son incompatibilité avec le destin. C'est aussi le principe d'un orgueil exclusif et d'une âpreté farouche qui ne s'accorde même pas avec la culture morale. Mais on trouve dans cette école le germe de nobles doctrines, faites pour élever l'homme et lui donner le sentiment de sa dignité. Plus d'une fois elle a communiqué à ses adhérents une force invincible et une audace soutenue, pour résister à toutes les rigueurs du despotisme. »

IV. SCEPTICISME, PYRRHONISME. — La lutte des systèmes amena *Pyrrhon* (d'Elis, fl. vers 340) à professer le doute universel et l'indifférence absolue comme terme de la sagesse. Il formula le *scepticisme* qui a gardé son nom. Plus tard *Énésidème* et *Sextus Empiricus* donnèrent à ce système sa forme régulière et savante.

V. PROBABILISME (*Nouvelle Académie; Arcésilas, Carnéade*). — Le dogmatisme rigoureux et plein d'assurance qui dominait dans le Portique, ses débats avec l'épicuréisme et le stoïcisme, et les attaques dirigées par Zénon et Chrysippe contre le fondateur de l'Académie, engagèrent les successeurs à éprouver, par un examen plus sévère, les systèmes dominants des dogmatiques. Il en résulta une manière de traiter la philosophie par le doute, manière qui distingue toute une série d'académiciens. De là la nouvelle Académie. Son chef fut *Arcésilas*, de Pitane en Éolie (né en 318). C'était un homme d'une science très-étendue, d'une grande habileté en dialectique, et d'une vertu sans reproche.

Le caractère de la nouvelle Académie fut d'abord l'esprit de doute et d'examen, une modestie, une réserve qui tend à limiter les prétentions de la raison philosophique; mais, plus tard, ce caractère se prononça davantage et donna lieu à un système qui porte le nom de *probabilisme*, et dont *Carnéade* fut le principal représentant. Ce philosophe (né vers 215), doué d'un rare talent oratoire et secondé par une grande force de dialectique, attaqua la certitude de la connaissance, et ne laissa subsister à la place de la vérité que la *vraisemblance*. Il adopta aussi en morale un principe mixte entre la vertu et le plaisir.

VI. PHILOSOPHIE CHEZ LES ROMAINS. — « Le génie des Romains, plus porté à l'action qu'à la spéculation, ne permit pas à la philosophie de s'élever d'elle-même parmi eux. Leurs révolutions politiques, la perte de leur constitution républicaine, le despotisme de la plupart des empereurs et la corruption toujours croissante ne furent point favorables aux développements de l'esprit philosophique dans sa pureté. Toutefois, ils ne laissèrent pas de manifester de temps à autre un certain intérêt pour la philosophie; ils la regardèrent comme une partie indispensable des études d'un esprit cultivé, et comme un moyen utile pour parvenir à d'autres fins. Conséquemment à leurs pratiques et à leur caractère, ils montrèrent plus de goût pour la philosophie du Portique et celle d'Épicure que pour celle d'Aristote et de Platon, où prédominait la partie spéculative. Les Romains propagèrent la philosophie grecque, réussirent à en discuter quelques parties dans leur langue nationale, et, par l'application qu'ils en firent, perfectionnèrent leur jurisprudence et leur science politique. » — La philosophie fut représentée à Rome surtout par *Cicéron*, qui, sans adopter exclusivement aucun système, se montra favorable, en spéculation, aux doctrines de la nouvelle Académie, et développa en morale les principes du stoïcisme tempérés par les idées de Platon et d'Aristote. « Ses ouvrages philosophiques, dans lesquels il imite surtout Platon, sont un précieux recueil de discussions intéressantes et de jugements lumineux sur les sujets les plus importants, sur Dieu, sur le souverain bien et les devoirs moraux, sur la destinée, la divination et les lois, et ils sont devenus une source d'instruction pour les siècles suivants, sans toutefois qu'on puisse y découvrir beaucoup de profondeur. — Le système d'Épicure eut pour interprète, à Rome, *Lucrèce* qui l'exposa dans son poème didactique *De Natura rerum*. Parmi les stoïciens, on doit remarquer, comme s'étant rendus célèbres par leur philosophie morale et leur sagesse pratique, *Sénèque*, *Épictète* d'Hiérapolis en Phrygie, esclave qui conserva dans la servitude une âme libre, et *Marc-Aurèle Antonin*, philosophe sur le trône.

IIIᵉ PÉRIODE. — ÉCOLE D'ALEXANDRIE. — La philosophie grecque, dont nous avons remarqué le déclin depuis Aristote et Platon, se relève et fait un dernier effort vers la fin du monde ancien pour soutenir la lutte contre la religion nouvelle. Le théâtre principal de cette lutte fut Alexandrie, et l'école à qui ce rôle était réservé fut l'école alexandrine.

Le caractère général de l'école d'Alexandrie s'explique par les circonstances qui présidèrent à sa naissance et à son développement. C'est, d'abord, une tentative d'*éclectisme* auquel succèdent le *panthéisme* et le *mysticisme*. Tous les systèmes et toutes les religions se donnèrent rendez-vous à Alexandrie pour commencer cette guerre contre la religion qui menaçait de les anéantir.

Cette entreprise devait nécessairement échouer; mais la lutte fut assez longue. Des esprits remarquables, auxquels ne manqua pas le génie, y prirent part. L'école d'Alexandrie succomba, et avec elle disparut de la scène du monde la philosophie grecque.

Les principaux philosophes de l'école d'Alexandrie furent : *Philon le Juif*, *Ammonius Saccas*, *Plotin*, *Porphyre*, *Jamblique*, et *Proclus* qui en est regardé comme le dernier et le plus grand représentant.

Philon, né à Alexandrie quelques années avant J.-C., entreprit de réunir et de concilier le système de Platon avec les principaux dogmes de la religion judaïque; on a dit de lui qu'il avait platonisé le judaïsme et judaïsé le platonisme.

Ammonius, homme d'une naissance obscure, réduit à gagner sa vie dans l'état de portefaix (de là le nom de Saccas), mais possédant à un haut degré l'ardeur de savoir, le talent et l'enthousiasme, fonda une école (vers 193 après J.-C.) qui s'efforçait de rapprocher Platon et Aristote sur les questions importantes. Il communiqua son enthousiasme à ses disciples, entre lesquels se distinguent *Longin*, *Plotin*, *Origène* et *Herennius*.

PLOTIN était né à Lycopolis, en Égypte, en 205. La nature l'avait doué de qualités supérieures, particulièrement d'une rare profondeur d'esprit et d'une imagination grande et forte. De bonne heure il développa ces dispositions dans l'école d'Ammonius. Il ne put rédiger lui-même son système de rationalisme mystique. Ses divers traités épars furent revus par Porphyre, et classés en six *Ennéades*. C'est le principal monument de la philosophie alexandrine. Il mourut dans la Campanie, en 270, après avoir donné des leçons à Rome, où il devint l'objet d'une vénération presque religieuse de la part de ses disciples. *Porphyre* et *Jamblique* sont connus comme adversaires déclarés du christianisme. Porphyre nous a laissé la vie de son maître Plotin.

Proclus, né à Constantinople en 412, esprit aussi vaste que profond, possédait toutes les connaissances que renfermait la science de son temps. A la fois géomètre, astronome, philosophe, il avait étudié toutes les religions de l'Orient, et s'était fait initier à tous les mystères et à tous les secrets de la théurgie. Il s'intitulait lui-même l'*Hiérophante universel*. Son esquisse de la théologie contient un commentaire sur les doctrines de Platon. Il mourut en 485, avec une réputation de sagesse et même de puissance miraculeuse presque divine, et eut une foule de disciples parmi lesquels on compte aussi des femmes, telles qu'Hypatie, Sosipatra, Ædésie, Asclépigénie. — Le dernier qui enseigna dans l'Académie, à Athènes, fut *Damascius*. Un décret rigoureux de Justinien (en 529), ordonnant la clôture des écoles des philosophes païens, l'obligea, ainsi que les autres Alexandrins, de se réfugier en Perse, auprès du roi Chosroès. Ils revinrent en 533; mais on vit de jour en jour décliner l'ardeur que cette philosophie avait inspirée dans des contrées si diverses, et qui même avait passé dans les idées habituelles des philosophes chétiens. »

Pères de l'Église. — Dans cet aperçu doit figurer la philosophie des *Pères de l'Église*. C'est une alliance de la pensée chrétienne ou révélée avec ce qu'il y a de plus élevé et de plus profond dans les doctrines spiritualistes de la philosophie grecque, celles de Platon en particulier et des Alexandrins. Le génie de saint *Augustin* la représente dans sa perfection la plus haute et la plus complète. Viennent après lui saint *Clément*, saint *Justin*, *Origène*, etc., et les Pères latins, *Tertullien*, *Arnobe*, *Lactance*.

II. MOYEN AGE (scolastique)

Le caractère de la *scolastique* est la subordination de la philosophie à la théologie. Elle se divise en trois périodes, distinguées par l'élément qui y prédomine et par les diverses phases que présente la grande querelle des *réalistes* et des *nominaux*. (V. *supra*, p. 306.)

1er période (du IXe au XIIIe siècle). — La philosophie y est soumise à la théologie (*ancilla theologiæ*). On voit naître la dispute du *nominalisme* (Roscellin) et du *réalisme* (*Guillaume de Champeaux*). Un troisième système, le *conceptualisme*, celui d'*Abailard* (1)

(1) Né 1079, m. 1142.

essaye inutilement de les concilier. Le plus grand métaphysicien de cette époque fut saint *Anselme* (1), l'auteur du *Monologium* et du *Proslogium*, où il expose sa preuve de l'existence de Dieu par l'être parfait. (V. *supra*, p. 603.)

2e PÉRIODE (XIIIe et XIVe siècles). — La philosophie s'unit plus étroitement à la théologie. Le réalisme l'emporte, mais un réalisme éclairé et modéré. A cette époque appartiennent les plus grands noms de la scolastique : *Albert le Grand* (2) et saint *Thomas d'Aquin* (3). Saint Thomas surtout représente le plus haut point de perfection qu'atteignit la philosophie au moyen âge. Sa *Somme de théologie* (Summa theologiæ), vaste compendium, est le plus grand monument de la scolastique. Un mysticisme éclairé se fait remarquer dans les écrits de saint *Bonaventure*. *Duns Scott*, *Raymond Lulle*, ont aussi des noms illustres. Mais on doit citer surtout *Roger Bacon* (4) dont le génie devina la réforme que devait annoncer deux siècles plus tard le chancelier Bacon.

3e PÉRIODE (XVe siècle). — La lutte reprend vivement entre le réalisme et le nominalisme. Celui-ci l'emporte à son tour, et alors commence à s'opérer la séparation de la philosophie et de la théologie. Les plus célèbres nominalistes furent : *J. Occam* (5), *Buridan*, *Pierre d'Ailly*. A côté d'eux se distinguent des mystiques plus illustres encore : *Gerson*, *Nicolas Clémengis* et *Thomas à Kempis*, l'auteur présumé de l'*Imitation de Jésus-Christ*.

RENAISSANCE. — Au XVIe siècle, tous les systèmes de l'antiquité reparaissent; ils sont étudiés et interprétés avec ardeur. L'autorité d'Aristote est ébranlée (*Ramus*). Platon lui est préféré et trouve de zélés disciples (*Marsile Ficin*). Beaucoup de rêves mêlés à de hardies conceptions, voilà ce qu'on trouve dans les écrits de cette époque, où manque la méthode (*Agrippa*, *Cardan*, *Paracelse*). Plusieurs de ces esprits expient sur le bûcher ou dans la prison la hardiesse de leurs idées (*Vanini*, *Jordano Bruno*, *Campanella*). On voit poindre l'esprit moderne.

III. PHILOSOPHIE MODERNE

XVIIe SIÈCLE : BACON ET DESCARTES. — La philosophie moderne commence au XVIIe siècle, avec Bacon et Descartes. Sans doute l'esprit philosophique était déjà né dans l'époque antérieure, et il avait conquis sa liberté; mais il ne savait encore ni se posséder ni se diriger; il s'abandonnait souvent aux plus folles rêveries. Dans ses conceptions grandioses et bizarres on remarque un mélange d'imitation servile et d'aventureuse originalité. Ce qui manquait, c'était donc une méthode. Bacon et Descartes la lui donnèrent; aussi sont-ils regardés comme

---

(1) Né 1034, m. 1109. — (2) Né 1025, m. 1205. — (3) Né 1227, m. 1274. — (4) Né 1214, m. 1292. — (5) Né 1280, m. 1347.

les fondateurs de la philosophie moderne. Le premier proclama la méthode qui s'applique à l'étude des lois de la nature ou du monde physique. Le second, en ramenant l'esprit sur lui-même, ainsi que l'avait fait Socrate, et en donnant pour point de départ à toutes les recherches philosophiques la *pensée*, pose la base inébranlable sur laquelle doit s'élever l'édifice entier de la science.

I. BACON. — François Bacon, baron de Vérulam, né à Londres en 1560, mort en 1626, fut chancelier d'Angleterre sous la reine Élisabeth. Après avoir occupé les plus hautes fonctions de l'État, il consacra les années de sa vieillesse à la réforme des sciences. Il exposa ses vues dans un grand ouvrage, dont le titre, *Instauratio magna*, annonce son dessein. Deux parties seulement ont été exécutées. Elles forment deux ouvrages : le *De Dignitate et Augmentis scientiarum* et le *Novum Organum*. Dans le premier, il passe en revue toutes les sciences, il indique leurs lacunes et les progrès qu'elles doivent réaliser. Le *Novum Organum*, rédigé en aphorismes, renferme sa méthode, qu'il oppose à la logique d'Aristote ou des écoles. Cette méthode est l'*observation* et l'*induction* fondée sur l'expérimentation ou sur des expériences nombreuses et variées. Le syllogisme ne peut être un moyen de découvertes, il sert tout au plus à confirmer celles que l'on possède et à en donner l'inventaire ; il n'y a que deux méthodes pour découvrir la vérité : « l'une, partant des sensations et des faits « particuliers, s'élance du premier saut jusqu'aux principes les « plus généraux, puis, se reposant sur ces principes, elle en « déduit les principes moyens et les conséquences, c'est elle que « l'on suit ordinairement. L'autre part aussi des faits particuliers, « mais s'élevant avec lenteur, par une marche graduelle, elle « n'arrive que bien tard aux propositions générales. Cette der- « nière méthode est la véritable, mais personne ne l'a encore « tentée. » C'est elle qui doit substituer aux opinions fausses, aux préjugés et aux hypothèses, en un mot aux *anticipations de la nature*, la connaissance de ses lois, ce qu'on peut appeler de véritables *interprétations*; c'est elle enfin qui seule peut bannir de l'entendement humain les fantômes qui l'obsèdent, les sophismes et les erreurs qui obscurcissent la vérité.

Quant aux causes qui ont retardé les progrès de la science, la première est le peu de temps qu'on a consacré à l'étude ; la science n'a été cultivée que dans l'antiquité et par un seul peuple, elle est donc encore jeune, et tous les peuples sont appelés à prendre part à ses travaux. L'antiquité, c'est la *jeunesse du monde*. L'âge mûr et la vieillesse sont le présent et l'avenir. Le plus grand obstacle tient donc au respect aveugle qu'on a eu pour l'antiquité et à la dépendance sous laquelle a été tenue, pendant le moyen âge, la philosophie par rapport à la théologie. Enfin, ce qui explique avant tout le peu de progrès des sciences, c'est qu'on a négligé l'observation : on a disputé sans fin au lieu d'observer la nature. Un préjugé non moins fatal, c'est qu'on s'est imaginé que tout était fait, que tout était dit, tandis que presque tout reste à faire. — Bacon expose ces raisons qui le portent à croire que, si l'on veut suivre une autre méthode, la science fera de rapides progrès, et il s'étend longuement sur ses espérances dans l'avenir. Elles sont fondées sur la nature de l'esprit humain, que Dieu a dû organiser de manière à lui rendre possible la connaissance de la vérité, s'il la cherche par des moyens convenables. Les erreurs du passé seront elles-mêmes utiles; en apprenant à la raison à se défier d'elle-même, l'erreur enseigne la vérité. Suivant Bacon, la méthode expérimentale doit servir, non-seulement dans les sciences physiques, mais pour l'étude de l'homme moral et de ses facultés.

En lisant Bacon, on est frappé de la grandeur et de la justesse de ses vues; il paraît comme doué d'un coup d'œil prophétique.

II. DESCARTES. — Né à la Haye en Touraine en 1596, fit ses études chez les Jésuites à la Flèche, vint à Paris où il séjourna quelque temps, puis il s'engagea comme soldat, visita les camps et les cours de l'Europe, se fixa et vécut en Hollande et mourut en Suède, où il avait été appelé par la reine Élisabeth. C'est lui qui fut le véritable fondateur de la philosophie moderne. La méthode de Bacon ne s'applique qu'aux sciences physiques, et Bacon ne l'a pas lui-même mise en pratique; il se compare à ces statues qui indiquent le chemin aux voyageurs et qui restent immobiles. Dans l'antiquité, Socrate ne créa pas de système, mais sa méthode est tout entière dans ses entretiens; on peut dire que sa vie fut sa méthode en action. Descartes ne se contenta pas d'inventer une méthode, il en fit éclore tout un vaste système qui régna pendant le XVIIe siècle, et fut accepté par les plus grands esprits de cette époque. La scolastique ayant eu pour principal théâtre de son développement la France, et pour centre l'Université de Paris, il était naturel que la France se mît à la tête de révolution d'où devait sortir la philosophie moderne. Le génie de Descartes nous offre au degré le plus éminent les qualités de l'esprit français, la clarté et la précision. Enfin, une révolution universelle avait besoin, pour se propager rapidement, de l'universalité de la langue française. Le *Discours de la méthode*, publié en 1637 et qui annonce cette révolution, est un des premiers monuments de notre langue; la prose française y paraît définitivement fixée. Devant donner plus loin l'analyse de ce discours, bornons-nous ici à rappeler l'esprit général de la philosophie de Descartes ou du *cartésianisme*.

Cet esprit, c'est le *libre examen* appliqué à toutes les formes du savoir humain et d'abord revendiqué dans la science. Il apparaît déjà dans le *doute méthodique*, où Descartes, rejetant toute autorité, après avoir essayé de douter de tout, ne trouve que dans sa *pensée* le fondement de la certitude, et dans l'*évidence* de la raison le *critérium* de la vérité. Il formule ce principe en ces termes : *Je pense, donc je suis, Cogito, ergo sum.*

Par cette proposition, Descartes donne pour base à la philosophie l'étude de la pensée et l'autorité de la conscience ; c'est le pendant du γνῶθι σεαυτόν de Socrate. Sur cette base il entreprend de réédifier toutes ses connaissances, et en particulier ces vérités fondamentales : la spiritualité de l'âme, le principe de la certitude, l'existence de Dieu. De la conscience de sa pensée et de lui-même comme être pensant, il tire immédiatement la distinction de l'*âme* et du corps, comme *substance pensante* et *substance étendue*. Il déduit également du *cogito* le critérium de la certitude, qui est l'*évidence*. Il démontre l'existence de *Dieu* par l'idée du contingent et de l'imparfait, comme supposant un être *parfait* qui ait mis en lui sa propre idée. Enfin il procède à ses recherches sur le monde physique en partant des notions et des lois dont Dieu a aussi déposé la notion dans notre intelligence.

Le système de Descartes est déjà presque tout entier dans sa méthode ; c'est un spiritualisme exagéré sans doute, auquel se mêlent beaucoup d'hypothèses que le temps a emportées. Mais les hypothèses et le système de Descartes ne sont pas toute sa philosophie. Les bases de celle-ci sont : la *pensée*, comme point de départ de toute recherche philosophique ; l'*évidence*, comme critérium de la vérité et fondement de la certitude ; l'*âme* et sa *spiritualité* ; *Dieu* comme *esprit*, être parfait démontré par la conscience et y résidant. En comparant Socrate et Descartes, on trouvera de profondes ressemblances avec des différences qu'expliquent la nature de l'esprit moderne et le progrès de la pensée.

III. Successeurs de Descartes : **Malebranche, Spinosa, Leibnitz.** — Les vrais successeurs de Descartes sont les philosophes qui, appliquant sa méthode, ont développé avec originalité ses principes, et en ont tiré des systèmes nouveaux. Ce sont *Malebranche, Spinosa, Leibnitz, Locke* lui-même, qui combat Descartes et fonde une école opposée.

1° Malebranche. — Né à Paris en 1638, mort en 1715, l'un des Pères de l'Oratoire, génie profond, admirable écrivain, et le plus grand métaphysicien que la France ait produit depuis Descartes, développa les idées de Descartes avec originalité en les reproduisant sous des formes plus claires et plus animées ; mais son tour d'esprit éminemment religieux lui fit donner à sa philosophie un caractère mystique qui lui est particulier. L'analyse de la connaissance, celle de l'origine de nos erreurs, surtout des erreurs qui tiennent aux illusions de l'imagination, enfin la méthode pour bien conduire notre pensée, telles sont les parties dont il a traité avec le plus de succès. Exagérant la pensée de Descartes, il refuse toute vérité aux sens. Comme lui, il considéra l'*étendue* comme l'essence des corps, l'âme comme une substance *pensante*, et Dieu comme le fonds commun de toute existence et de toute pensée. La passivité de l'entendement combinée avec une certaine activité de la volonté le conduit à soutenir que nous voyons tout en Dieu. C'est la *vision en Dieu* le côté le plus saillant de son système. A ces idées, qui sont assez rapprochées du spinosisme, se rattache étroitement la doctrine de l'*occasionalisme*, d'après laquelle il n'accorde aux corps et aux âmes qu'une capacité passive ; il considère Dieu comme l'unique cause fondamentale de tous les changements qu'ils subissent. Tel est l'idéalisme religieux et mystique auquel parvint ce philosophe. Il fut discuté et vivement combattu par une foule d'écrivains, surtout par Arnaud, dans son livre : *Des vraies et des fausses idées*.

2° SPINOSA. — Plus hardi et non retenu par l'orthodoxie, le Juif Spinosa (né à Amsterdam en 1632, mort en 1677) entra dans la route spéculative de l'école cartésienne avec toute la puissance d'un génie original et d'une pénétration profonde. Il ne recula ni devant le principe du panthéisme ni devant ses conséquences. Suivant Spinosa, il n'existe qu'une seule *substance*, Dieu, l'être infini avec ses *attributs* infinis d'*étendue* et de *pensée* ; toutes les choses finies sont de pures apparences, des déterminations ou modes de l'étendue infinie et de l'infinie pensée. La substance n'est pas un être individuel, mais elle fait le fond de toute individualité. Tout corps particulier, toute intelligence finie ont pour fond et pour soutien, les uns l'étendue sans limites, les autres la pensée absolue, et ces deux infinis forment entre eux une unité nécessaire. Toutes les choses finies, corps et âmes, sont en Dieu. Dieu est leur cause immanente.

Ce système, exposé sous une forme géométrique, est la formule la plus nette du panthéisme moderne.

On a dit que Spinosa en avait rencontré la première idée dans la lecture du Talmud et des rabbins; mais sa méthode sévère dut surtout la tirer des principes de la philosophie de Descartes. Leibnitz a qualifié ce système de cartésianisme immodéré.

Son défaut essentiel consiste dans la valeur dogmatique donnée à certaines notions pures de l'intelligence et dans la confiance exclusive qu'il attache à la démonstration logique ou géométrique.

3° LOCKE. — *Jean Locke* (né en 1632, à Wrington, près de Bristol, mort en 1704) abandonna la philosophie scolastique, du moment qu'il eut goûté dans l'étude des classiques un meilleur aliment pour son génie. Les ouvrages de Descartes donnèrent un nouvel essor à son ardeur pour les sciences, particulièrement pour la philosophie et la médecine, et bien qu'il rejetât la doctrine cartésienne sur plus d'une question, entre autres sur ce qui concerne les idées innées, cette philosophie ne laissait pas de lui plaire par ses efforts vers la clarté et la netteté des pensées. Une manière de penser pleine de réserve et de tolérance, une raison savante, lumineuse et calme dans ses discussions avec les hommes les plus habiles de son temps, assurèrent à Locke l'estime générale et des succès éclatants. Il donna à la philosophie, selon l'esprit de Bacon, une direction opposée à la méthode spéculative, et tournée de préférence vers l'observation, en l'appliquant surtout aux faits de notre nature interne.

Le plus important de ses travaux fut l'*Essai sur l'entendement humain*. Il y recherche l'origine, la réalité, les limites et l'usage de notre connaissance. Il combattit l'hypothèse des idées innées et s'efforça de montrer dans l'expérience l'origine de toutes nos idées. La *sensation*, qui appartient aux sens extérieurs, et la *réflexion*, ou la perception des actes de notre âme, sont les seules sources premières de toutes nos pensées. De là le nom de sensualisme donné à la doctrine de Locke. Cette philosophie fut développée plus tard, et il doit être regardé comme le fondateur de l'école sensualiste du XVIIIe siècle.

4° LEIBNITZ (*Godefroi-Guillaume*). — Il naquit en 1646, à Leipsick. Il étudia la philosophie sous Jacques Thomasius, s'adonna en même temps aux mathématiques et à la science du droit, lut les classiques dans leur langue originale, surtout Platon et Aristote, dont il se proposa de bonne heure de rapprocher les doctrines. Le développement de son esprit en mille sens divers fut secondé par une lecture et une correspondance immenses, par les succès qu'il obtint très-jeune, par ses voyages, ses liaisons avec les savants, les hommes d'État, et les princes les plus illustres de son temps. Il mourut à Hanovre en 1716.

Leibnitz embrassa le domaine tout entier de la philosophie. Tout ce qui mérite d'occuper la pensée était du ressort de ce génie vaste et original, surtout les mathématiques et la philosophie. Aucune branche des connaissances humaines ne lui était étrangère. Dans toutes, soit pour les rectifier, soit pour les étendre, il a prouvé, par des tentatives ou des découvertes, la puissance de son investigation philosophique. Il créa en Allemagne une école qui se distingua par la solidité des principes et l'esprit systématique, école qui a définitivement renversé la scolastique et dont l'influence s'est fait sentir utilement dans les autres sciences. Leibnitz posa les fondements de ce grand édifice par ses travaux et par son exemple, par la comparaison et la combinaison des systèmes philosophiques connus jusqu'à lui, son érudition supérieure, la libéralité de ses études philosophiques et cette haute indulgence qui savait découvrir toujours quelque bon côté, quelque matière à d'utiles recherches dans les opinions les plus dédaignées des écoles les plus obscures, par le sentiment de l'harmonie qu'il portait dans tous les sujets, par cette multitude d'aperçus, d'idées, de conjectures, d'hypothèses, qui jaillissent comme des étincelles de son génie éminemment inventif, mais dont il laissa à des mains étrangères le soin de former le lien ou de retravailler les détails.

La *monadologie* est le centre du système de Leibnitz : c'est par cette théorie qu'il crut avoir trouvé les dernières bases de la connaissance réelle. L'expérience nous apprend qu'il existe des substances composées. Par conséquent, il doit y avoir des substances simples (monades), car le simple est le principe du composé. Dieu est la source première de toute connaissance, de toute réalité, de toute substance. Il existe donc une *monade* primitive infinie et des monades secondaires ou produites, périssables ou bornées, qui se distinguent les unes des autres par le degré et la qualité de leurs phénomènes, savoir : monades sans aperception (corps inertes), monades avec conscience obscure de leurs aperceptions (âmes des bêtes), avec conscience claire (âmes raisonnables ou esprits). Chaque monade est un miroir vivant doué d'une faculté interne de représenter l'univers tout entier, d'après son point de vue respectif, et ordonné en lui-même sur le même plan que l'univers. Il n'y a point d'action immédiate entre les substances simples, il n'existe qu'une connexion idéale, une *harmonie établie* par Dieu dès l'origine des choses (harmonie préétablie).

Leibnitz n'a donné nulle part une exposition complète de toutes les parties de son système. Sa philosophie fut enseignée, rédigée et développée par *Wolf*, qui le premier a tracé une encyclopédie complète des sciences philosophiques.

XVIIIᵉ SIÈCLE. — Ce qui frappe au premier coup d'œil dans la philosophie du XVIIIᵉ siècle, c'est l'absence de grands noms parmi les métaphysiciens. Qui mettre en parallèle avec Descartes, Malebranche, Spinosa et Leibnitz? Un seul homme a le droit de se placer à côté de ces illustres penseurs, c'est Kant. Il termine le XVIIIᵉ siècle et ouvre le XIXᵉ. Au XVIIIᵉ siècle, les hommes de génie furent les grands écrivains, *Montesquieu*, *Voltaire*, *Rousseau*, etc., qui popularisèrent les idées philosophiques, et surtout agitèrent les questions sociales. Plusieurs écoles occupent la scène philosophique au XVIIIᵉ siècle. Elles reçoivent leur dénomination des divers pays où elles se développèrent.

I. ÉCOLE ANGLAISE (*Berkeley*, *Hume*). — Locke avait jeté les bases d'une philosophie empirique et sensualiste, en donnant pour origine à toutes nos connaissances la *sensation* et la *réflexion*. Après lui, deux hommes, raisonnant selon son point de vue, en tirent comme conséquences : l'un, la négation du monde extérieur, ce fut *Berkeley*; l'autre, un scepticisme complet qui s'attaque à toutes les notions et à tous les principes de l'entendement et en nie la légitimité : *David Hume*. Des raisonnements bien déduits l'amenèrent à ce résultat : qu'il ne saurait y avoir une connaissance philosophique de la vérité en soi; que nous sommes réduits à notre conscience, à la perception des phénomènes qui passent devant elle, et de leurs relations. Dans les recherches de Hume, le scepticisme philosophique se montre accompagné d'une puissance logique, d'une vigueur, d'une netteté, d'une clarté, d'une élégance telles qu'il n'a jamais paru ni aussi formidable ni aussi séduisant. D'autres philosophes développèrent les principes et les conséquences du matérialisme.

II. École française (*Condillac, Helvétius*, etc.). — En France, la philosophie sensualiste eut pour métaphysicien et pour chef Condillac. Disciple de Locke, il développe et simplifie son système. Locke admet deux sources de nos idées, la sensation et la réflexion; Condillac supprime la réflexion et fait dériver toutes nos connaissances d'une source unique, la *sensation*. Toutes nos connaissances ne sont que des *sensations transformées*. La sensation est également le principe de nos déterminations et de nos actes. L'homme tout entier, intellectuel et moral, s'explique par la sensibilité. Tel est le système dont Condillac donna la théorie scientifique, et qui fut adopté et développé par presque tous les philosophes et les savants du xviiie siècle; on le retrouve dans la plupart des productions intellectuelles de cette époque. En morale, le principe sensualiste est représenté par *Helvétius*, qui fait de l'intérêt l'unique mobile des actions humaines; d'autres l'appliquèrent au droit, à la religion, à l'histoire, à la théorie des beaux-arts, et s'en servirent pour attaquer les formes et les croyances religieuses : *Voltaire, Diderot, d'Alembert*, les encyclopédistes.

III. École écossaise (*Hutcheson, Reid*, etc.). — Cependant cette philosophie ne régna pas sans contradiction; en France, la voix éloquente de *Rousseau* s'éleva contre les conséquences du matérialisme et du sensualisme. Mais la réaction scientifique vint du dehors, surtout de l'Écosse et de l'Allemagne. L'école écossaise ne se contenta pas de protester au nom du *sens commun* contre les résultats accumulés par les écoles du xviie et du xviiie siècle, elle essaya de ramener la philosophie dans une meilleure voie, en rappelant le véritable esprit de la méthode qui avait été le point de départ de ses recherches.

Selon elle, les philosophes antérieurs, Descartes lui-même, au lieu d'analyser les faits de la pensée tels que la conscience nous les révèle, s'étaient livrés à la spéculation et à l'hypothèse, qui devaient les conduire, soit au sensualisme, soit au scepticisme. Il fallait donc reprendre ce qu'ils avaient négligé ou effleuré, faire une analyse sérieuse et complète des phénomènes et des facultés de l'âme. L'école écossaise a rendu, sous ce rapport, un véritable service à la philosophie; d'autant plus qu'en faisant revivre le précepte, elle le pratique. Elle a produit des travaux estimables où se fait remarquer un zèle sincère pour la science et qui se recommande par la sagesse et la modération des jugements, la pureté des intentions et le caractère irréprochable des doctrines morales. On ne peut choisir de meilleurs guides au début des études philosophiques. Tels sont les mérites que présentent en particulier les écrits de *Reid*, le chef de cette école qui compte aussi d'autres philosophes distingués, *Hutcheson, Ferguson, Dugald Stewart, Béattie*, etc.

IV. ÉCOLE ALLEMANDE. — L'école écossaise n'a guère abordé l'analyse de la raison et la critique de ses hautes conceptions. Elle se contente de les désigner sous le nom de *principes du sens commun*, sans même en dresser la liste. Encore moins essaye-t-elle d'en donner la théorie. C'est là précisément le point de départ des spéculations de la philosophie allemande.

En Allemagne, en effet, commence à la fin du dernier siècle un vaste mouvement philosophique dont le développement appartient au siècle suivant.

XIX° SIÈCLE : PHILOSOPHIE ALLEMANDE. — Ier PHASE (CRITICISME, IDÉALISME SUBJECTIF).

KANT (né à Kœnigsberg 1724, m. 1804) fut le fondateur de cette philosophie. Reprenant l'œuvre de Socrate et de Descartes, il entreprend une Critique *de la Raison* qui, faisant voir sa portée et ses limites, rende impossible à la fois le scepticisme et le dogmatisme. De là le nom de *criticisme* donné à sa philosophie. Elle contient trois critiques. — 1° Dans sa *Critique de la raison pure*, séparant de la partie empirique la partie rationnelle de la connaissance, il analyse les concepts de l'entendement et décrit leurs caractères ; puis il se demande quelle est leur valeur objective ou leur légitimité et il nie leur *objectivité*. Pour lui, les hautes conceptions de l'esprit, l'espace, le temps, l'infini, la cause première et absolue des êtres n'ont qu'une valeur *subjective*, ce sont de pures formes de l'intelligence. — 2° Ainsi du moins en juge la raison théorique ; mais la *Raison pratique* rétablit ce qu'a détruit la spéculation. Dieu, l'âme, sa liberté, sa spiritualité et son immortalité sont des postulats de la *loi morale*. — 3° Dans la *Critique du jugement*, Kant analyse et apprécie de même une autre classe de jugements, ceux qui ont pour objet l'ordre dans la nature et la *beauté* dans les œuvres d'art. — Telle est en aperçu la philosophie kantienne (*idéalisme subjectif*, p. 610). Ce système original et sévère exerça une grande influence. Vivement combattu par *Jacobi, Herder, Hamann*, qui l'attaquèrent au nom du *sentiment*, il prévalut partout, surtout dans les universités.

FICHTE, né en 1762 en Lusace, mort à Berlin en 1814, fut le continuateur de Kant. Métaphysicien profond et hardi, il réduisit le système à l'unité et en leva les contradictions. Il ramena tout au *moi* dont il fit le principe et le centre de l'univers physique et moral. Le *moi* absolu, en se posant, par son activité propre, crée, dans son évolution éternelle, la nature, l'homme et Dieu (Panthéisme subjectif). Ce philosophe fut aussi un moraliste et un publiciste éloquent. Il développa l'idée du droit en l'appuyant sur celle de la liberté, et sut communiquer à la jeunesse des universités l'enthousiasme d'un patriotisme élevé, dans ses *Discours à la nation allemande*.

IIᵉ PHASE : IDÉALISME OBJECTIF (*Schelling, Hégel*). — A l'idéalisme subjectif succède l'idéalisme *objectif* ou *absolu*, ou le panthéisme de Schelling et de Hégel.

SCHELLING, né à Leonberg (Wurtemberg) en 1575, mort à Berlin en 1854, fut l'auteur de cette nouvelle philosophie qui prit d'abord le nom de *Philosophie de la nature*. Le *non-moi*, la nature avait été méconnue, il la rétablit dans ses droits. S'efforçant de concilier les principes jusque-là opposés, il les absorbe dans un principe supérieur, *l'absolue identité* des contraires, à la fois infini et fini, unité et diversité où s'effacent les contradictions, et dont l'éternelle évolution crée l'univers physique et moral (Panthéisme objectif).

HÉGEL, né à Stuttgart en 1770, mort à Berlin en 1831, part du même point de vue et construit un nouveau système qui, par sa base, diffère peu du précédent. La *notion* ou *l'idée*, l'indéterminé pur, à la fois l'*être* et le *néant*, par un mouvement intérieur et incessant, surmontant toutes les contradictions, s'élève progressivement à toutes les formes de l'existence et de la pensée, se réalise dans les règnes de la nature et prend conscience de lui-même dans l'homme et dans l'humanité. L'*idée* de Hégel ressemble beaucoup à l'absolu de Schelling. Mais le développement du système est différent. Schelling, génie tout d'intuition, manque de méthode. Hégel, esprit plus sévère, fait de la méthode la science même. Pour lui, la *Logique* identique à la métaphysique est la science universelle en abrégé. Il crée des formules pour toutes les parties de la science et cherche à les réunir dans une vaste synthèse, entreprise gigantesque où il a montré beaucoup de force d'esprit et semé des vues profondes; mais son système, hérissé d'obscurités, repose sur une base fausse et hypothétique; les résultats en sont contestables et les conséquences funestes. Il est impossible de les concilier avec les croyances morales du genre humain; l'âme, la liberté disparaissent ou sont défigurées dans un système qui absorbe l'univers dans Dieu et Dieu dans l'univers.

III. Ces quatre penseurs représentent surtout, mais non tout seuls, la philosophie allemande. A côté d'eux d'autres esprits distingués élèvent des écoles rivales et dissidentes : 1º l'école du sentiment (*Jacobi, Hamann, Herder*), 2º le catholicisme mystique de *Baader*, 3º le *rationalisme* de *Rheinhold*, 4º l'école de *Fries*, 5º l'*idéalisme* mathématique de *Herbart*, 6º l'école *humanitaire* de *Krause*. Plus tard, *Schopenhauer*, esprit original mais bizarre, attaque violemment tous ces philosophes. — La spéculation s'arrête; la pensée allemande est lasse de produire et s'épuise. Rien d'original n'apparaît. Les écoles se divisent (l'école hégélienne en gauche, droite, centre). Les systèmes perdent leur crédit. A la domination des grandes doctrines succède une sorte d'anarchie intellectuelle. Le matérialisme et le scepticisme s'affichent de nouveau. Le spiritualisme lui tient tête (H. Fichte, Lotze, etc.), mais le règne des systèmes est passé, l'ère de la critique et de l'érudition le remplace et se prolonge.

PHILOSOPHIE FRANÇAISE. — *En France*, au début de ce siècle, une réaction se produit contre le sensualisme qui avait dominé au siècle précédent. Disciple de Condillac, M. *Laromiguière*, en substituant l'*attention* à la sensation comme origine de nos idées, détruit le système en le modifiant. Puis vint M. *Royer-Collard*, dont la forte logique commentant Reid et l'école écossaise porte un rude coup à cette philosophie. *Maine de Biran* s'en détache et, creusant plus avant dans la conscience, fait de l'*activité du moi* le principe de la pensée. V. *Cousin*, dans ses écrits et ses éloquentes leçons, achève cette révolution et la popularise. M. *Jouffroy*, appliquant à la psychologie la méthode rigoureuse des sciences naturelles, poursuit une œuvre semblable. Ce qui caractérise, en outre, la philosophie française au XIXe siècle, c'est, avec la réhabilitation des doctrines spiritualistes du XVIIe, l'impulsion donnée à l'histoire de la philosophie. M. Cousin fut le principal promoteur de ces travaux, et son *éclectisme*, malgré ses défauts, a rendu cet important service de préparer les matériaux d'où doit sortir une philosophie nouvelle.

D'autres écoles se produisent animées d'un esprit différent. — L'école *Théologique* (*de Maistre, de Bonald, Lamennais*) agite les questions au point de vue religieux. — L'école *St-Simonienne*, quoique préoccupée des problèmes sociaux et économiques, essaye de fonder une religion nouvelle. — Le *Fouriérisme* prétend réorganiser la société au moyen d'une théorie des passions (*attraction passionnelle*). — L'école *Positiviste* (*A. Comte*) conçoit une encyclopédie des sciences dont la base est tout empirique et dont elle proscrit la métaphysique. — D'autres doctrines trahissent une origine étrangère, quoique l'esprit français s'y révèle.

ITALIE, ANGLETERRE, etc. — Moins originale et moins féconde dans les autres pays de l'Europe, la pensée philosophique n'est pourtant pas stérile. — En *Italie*, un éclectisme éclairé (*Galuppi*, etc.), dont le fond est le spiritualisme, ou un rationalisme théologique élevé et libéral (*Gioberti, Gioja, Rosmini*) produisent des œuvres distinguées. — L'*Angleterre* reste fidèle à son génie, et à celui de ses penseurs, l'empirisme. L'utilitarisme de *Bentham*, le positivisme de *Stuart Mill*, etc., continuent la tradition de Locke, de Hume, etc. L'Ecossais *W. Hamilton* se distingue par sa critique analogue à celle de Kant et ses efforts pour renouveler la logique.

Aujourd'hui le mouvement de la pensée philosophique semble s'être arrêté. Les divers systèmes se disputent les esprits. Le positivisme et le scepticisme, sauf les exceptions, menacent d'envahir les âmes. Mais l'esprit humain ne peut ni s'arrêter ni s'endormir. Des travaux accumulés de la science et de l'histoire sortira une philosophie nouvelle. La condition de succès est le respect des grandes vérités : Dieu, l'âme, la liberté, la loi morale. Quant à la partie positive de la science philosophique, son sort est indépendant des systèmes. Les faits observés et les vérités acquises subsistent, et le nombre, aux yeux des esprits non aveuglés ou superficiels, s'en accroît tous les jours.

Conclusion. — Que conclure, en effet, de ce tableau général que vient de mettre sous nos yeux l'histoire de la philosophie ? Que cette science est stérile et qu'elle est sans cesse à recommencer, comme le disent ses ennemis ? Non ; mais il faut distinguer. Il y a dans la philosophie la *science* et les *systèmes*. La science a marché sur tous les points et dans toutes les directions. Les sciences morales ou philosophiques (la psychologie, la logique, la morale, le droit naturel, etc.) ont obtenu de grands et solides résultats ; elles ont conquis d'impérissables vérités ; leur champ s'est étendu, les faits se sont amassés, les questions sont mieux posées, les solutions préparées. Ici, comme partout, l'esprit humain a prouvé sa puissance, la raison a été en progrès. Sur d'autres points elle connaît mieux sa faiblesse et ses limites. Quant à la partie systématique, c'est ne pas comprendre ce qu'est un système, explication universelle, que de demander s'il en est un qui soit définitif. Chaque système détruit celui qui le précède, et en prépare un autre qui le détruira à son tour. Les systèmes sont soumis à cette loi du progrès. Un système définitif serait la science de Dieu. La philosophie est l'amour de la vérité et de la sagesse, non la sagesse elle-même. C'est le mot de Socrate. Mais si les systèmes passent, la philosophie reste et elle est immortelle, comme l'a dit un poète philosophe (Schiller), et comme l'avait dit avant lui Leibnitz : *Perennis philosophia*.

Consultez : Tennemann, *Manuel d'hist. de la Philosophie*, 2 vol., tr. V. Cousin, et les indications bibliographiques, *ibid*. — Le *Dictionnaire des sciences philosophiques*, par Ad. Franck et une Société de professeurs de philosophie, 6 vol., et *ibid*. (à la fin des articles), l'indication des sources et des travaux sur chaque école et chaque philosophe. — L'*Hist. générale de la Phil.*, par V. Cousin, 1867, 1 vol. — F. Nourrisson, *Tableau des progrès de la pensée*, et la bibliographie, *ibid.*, 1 vol., 1867. — Pour une étude plus approfondie, les historiens de la philosophie, Brucker, de Gérando, Buhle, Tennemann, H. Ritter, etc.

NOTIONS

DE

MÉTAPHYSIQUE GÉNÉRALE

> « Toute la philosophie est comme un arbre
> dont les racines sont la métaphysique. »
> (Descartes, *Préf. des Principes*.)

INTRODUCTION

I. OBJET DE LA MÉTAPHYSIQUE. — Science des *premiers principes* et des premières causes, *philosophie première*, la métaphysique est aussi la science de *l'être* ou du *suprasensible*, etc. (1), toutes définitions faciles à justifier.

Toute connaissance philosophique remonte aux principes (*cognitio ex principiis*, v. p. 1-5). Chaque science a ses principes. La science générale qui les embrasse tous est la métaphysique; son objet spécial est de les analyser, de les discuter, de les coordonner, de les rattacher à un principe supérieur d'où ils dérivent. Elle est ainsi la *philosophie première*, ἡ πρώτη φιλοσοφία (Arist. Met. 1). Base et centre des autres sciences, elle est leur lien, les achève et les couronne. Tout système philosophique a en elle son unité, s'appuie sur elle et doit être jugé par elle. — Elle s'appelle aussi la *science générale de l'être*, ἐπιστήμη τις ἣ θεωρεῖ τὸ ὂν ᾗ ὄν (Arist. III). De toutes les idées, en effet, l'idée de l'être est la première et la plus générale. Partout où il y a une question de principe, c'est de l'être qu'il s'agit. La *substance*, la *cause*, l'espace, le *temps*, l'*infini*, le *parfait*, le *vrai*, le *bien*, le *beau*, etc., sont des faces ou des conditions de l'être. La cause première est le premier être, l'être parfait ou suprême. — La métaphysique, dit-on, a pour objet le *suprasensible*. Aucun de ses objets ne tombe, en effet, sous les sens. L'expérience externe ou interne n'atteint pas le fond des existences. Elle ne saisit ni la cause dans son essence, ni la substance, ni la loi suprême. Le raisonnement lui-même inductif ou déductif, s'arrête en chemin. L'induction généralise les faits, la déduction tire les conséquences. Ni l'une ni l'autre ne va

---

(1) L'origine de ce mot est curieuse. Quand on vint à classer les écrits d'Aristote, on en trouva plusieurs qui venaient après ses traités de physique, on y inscrivit ces mots : τὰ μετὰ τὰ φυσικά (qui vient après). Le mot métaphysique prit ensuite un sens plus en rapport avec son objet. — Plus d'une étymologie a une origine semblable.

jusqu'à la dernière raison des choses. C'est par un acte supérieur que l'esprit s'élève aux vrais principes (V. supra, p. 448).

II. SA NÉCESSITÉ; SA LÉGITIMITÉ. — 1° Elle est un produit nécessaire de l'esprit humain ; la retrancher serait le mutiler ; 2° Elle est la base et le couronnement de toute science; nier sa légitimité et sa possibilité, c'est effacer de la science les plus hauts problèmes ; 3° C'est se condamner à se contredire.

Le *Positivisme*, on le sait, nie la métaphysique. Ces problèmes étant, selon lui, au-dessus de la portée de notre esprit, elle doit être rayée du catalogue des sciences. — La réponse est facile :
1° Un besoin irrésistible porte l'homme à agiter ces questions : quelle est l'origine et la fin du monde, la substance des êtres? la destinée de l'homme, etc.? Vouloir les bannir c'est méconnaître la loi de l'esprit, rapetisser la science et borner son horizon. L'homme, a-t-on dit, est un animal métaphysique (*animal metaphysicum*) comme il est un être religieux, moral, social. C'est le trait qui le distingue de la brute. Sa raison cherche la raison des choses et ne s'arrête qu'à la dernière. Il faut donc en prendre son parti: possible ou non, cette science est nécessaire. — 2° Toute philosophie a pour base des principes qu'elle est forcée de discuter. Ceux qui rejettent ces problèmes eux-mêmes les agitent. Le relatif, l'absolu, l'essence, la substance, l'infini, le fini, la cause et les causes sont des mots qu'ils ont sans cesse à la bouche, qui reviennent partout dans leurs écrits. Sur l'univers, son ensemble et ses lois, sur l'homme, son origine n'ont-ils pas leur opinion qu'ils expriment? Fût-elle négative, toute solution en est une. Le scepticisme aussi a la sienne, qui est au fond de toutes ses discussions. *Naturam expellas...* — 3° Prétendre que cette science est impossible, c'est affirmer que les vrais principes de toute science n'existant pas ou, ce qui est la même chose, nous étant inconnus, la science elle-même n'est pas possible. La science, qu'est-elle alors ? un catalogue de faits, régis par des lois. Mais ces lois, qui sont elles-mêmes des faits généralisés, qui en garantit la généralité, la durée, la nécessité? On s'enferme ainsi dans le présent sans oser s'avancer au-delà, ni affirmer la certitude absolue des plus solides vérités. Un aussi étroit empirisme ferme la voie aux grandes découvertes.

III. SES DIFFICULTÉS; SA MÉTHODE, SES RAPPORTS AVEC LES AUTRES SCIENCES ; SES PROGRÈS. — Mais il faut l'avouer, cette science est la plus ardue et la plus difficile. Cela résulte de son objet et de ses conditions. — Quant à sa *méthode* on en connaît la nature et les règles. (V. Logique, p. 448.) Il est un point sur lequel il convient d'insister. Tout en conservant ses procédés supérieurs elle ne doit pas s'isoler des autres sciences. Ce qui lui est propre, c'est la discussion de leurs principes, leur coordination et la solution des problèmes qui l'intéressent. Mais si elle les dirige et les inspire, elle reçoit d'elles sans cesse son aliment comme la matière sur laquelle elle travaille. Cette matière, elle la transforme; mais elle s'en sert, elle y puise sans cesse des lumières. Elle ne doit donc pas se séparer de l'expérience et du raisonnement, mais y ajouter ce que la raison seule, faculté supérieure, peut concevoir et comprendre. — Est-il vrai qu'elle ne fasse aucun progrès? que seule entre toutes les sciences elle soit condamnée à l'immobilité? Cette opinion quoique générale est fausse et superficielle: les progrès de la métaphysique sont parallèles à ceux des autres sciences. Bien comprise son histoire le prouve. Mais ils sont moins visibles et s'effectuent autrement. Vouloir qu'ils soient semblables est absurde. Celles-là construisent leur édifice en y ajoutant sans cesse; elle qui s'occupe des principes creuse et affermit la base; elle avance en étendue, mais surtout en profondeur, en certitude critique, en solidité. Les autres s'enrichissent de faits nouveaux et accumulent les découvertes; elle examine, discute, remet en question les principes; ceux-ci en sortent plus clairs, plus solides, plus approfondis, mieux coordonnés. C'est ce qu'un œil exercé découvre, ce qui échappe au vulgaire et à quiconque n'est pas assez versé dans ces matières. De plus, cette science a aussi sa partie positive, qui avance et se perfectionne sans cesse: l'analyse et la critique des *idées* et des *vérités* de l'*entendement humain*. Par là elle fait partie intégrante de la science de l'esprit, qu'on ne peut renier sans ébranler toutes les autres sciences. (Voy. *Questions de Phil.* sect. I. Q. 7 et suiv.)

DIVISION. — Elle a deux parties, l'une *générale*, l'autre *spéciale*. De plus les progrès de cette science ont amené à reconnaître dans les questions qu'elle traite, deux points de vues distincts qui éclairent sa marche et servent à la diviser : le côté *subjectif* et *objectif*. — 1° En effet, que sont d'abord les principes? les idées et les vérités premières qui sont la base de toutes nos connaissances. Ce sont les *principia cognoscendi*. Depuis Descartes et Kant, c'est à les analyser, à les discuter, à mesurer leur portée que la philosophie doit surtout s'appliquer. Ainsi l'*analyse* et la *critique de la raison* et de ses *principes*, telle est la première recherche métaphysique. La science a marché dans ce sens depuis Socrate. Tout le monde en convient. — 2° Mais ce problème résolu, s'offre une recherche plus ardue et plus vaste: celle qui a pour objet les premiers principes des choses (*principia essendi*). Ces idées et ces principes en effet, quelle est leur valeur et leur portée hors de l'esprit qui les conçoit? Que sont les causes, ces forces, ces agents supérieurs qu'ils nous révèlent? Comment s'appuyant sur eux et sur les données que la science tous les jours accumule s'élève-t-on à la conception de ces principes et du premier être, de la première cause? C'est ainsi qu'à la science des idées et des vérités, première partie de la métaphysique, succède une seconde partie : celle des hauts problèmes sur les principaux objets de la pensée: le *monde*, l'*homme*, *Dieu* (*Cosmologie*, *Anthropologie*, *Théologie*). Qu'avons-nous le droit d'affirmer de ces grands objets en interrogeant toutes les sciences et la science de l'esprit humain, elle-même, qui recèle ces idées ? — Obligé de nous renfermer dans d'étroites limites, nous nous contenterons d'une simple esquisse de la métaphysique générale.

PREMIÈRE PARTIE

ANALYSE DES IDÉES PREMIÈRES DE LA MÉTAPHYSIQUE

I. De la distinction fondamentale des jugements analytiques et synthétiques.

I. La métaphysique repose sur une distinction essentielle qui lui sert de base et que Kant a placée en tête de sa *Critique de la raison pure* (Introd.) : celle des jugements *analytiques* et des jugements *synthétiques*. Nous l'avons indiquée (p. 324), nous devons y revenir.

Voici comment Kant s'explique lui-même : « Tous les jugements sont de deux sortes, *analytiques* et *synthétiques*. Un jugement analytique est celui dans lequel je ne dis du sujet que ce que son idée contient déjà et que je puis en tirer par l'analyse. Un jugement synthétique est celui dans lequel j'attribue au sujet un prédicat que j'ajoute au sujet et que je ne puis en tirer par l'analyse. Quand je dis : l'or est un métal jaune, ce jugement est analytique ; mais si je dis : l'or n'est pas sujet à la rouille, le jugement est synthétique. Les jugements analytiques sont purement *explicatifs*, mais les jugements synthétiques sont *extensifs*. Les jugements analytiques servent donc à expliquer la chose et sont d'une grande importance ; toute la philosophie en est remplie. La morale s'en compose presque entièrement. » (Kant. Leç. de Mét. p. 74.) — « Comment les jugements analytiques sont-ils possibles *à priori* ? Par cela même que le prédicat est tiré du sujet. Tous ces jugements résultent du *principe de contradiction*. Il n'en est pas de même des jugements *synthétiques*. — Ceux-ci peuvent se diviser : 1° En jugements *à posteriori* ou d'expérience et en jugement *à priori* qui n'en viennent pas. Tous nos jugements d'expérience sont synthétiques ; mais il en est d'autres qui sont synthétiques *à priori*. Toutes les mathématiques le démontrent (l'arithmétique et la géométrie). La philosophie est pleine de ces jugements. — (*R. pure*, Introd.). On a cherché à ébranler cette distinction (le *Positivisme*, Suart Mill, Log., t. I, p. 262). Y est-on parvenu ? Pour cela il eût fallu changer le caractère des axiomes, les dénaturer, en nier l'universalité, la nécessité, le caractère absolu. (Voy. Questions. Log., VII.) « Une proposition empirique, dit Kant, ne peut jamais renfermer la nécessité et l'universalité absolue ; ce qui est le caractère de toutes les propositions géométriques (Ibid., 1re part., 68). — Tout ce qu'on a pu faire a été de montrer que beaucoup de jugements réputés à priori ou synthétiques étaient analytiques; ou que l'expérience y a une plus forte part, etc. Mais la distinction est restée et défie les attaques.

II. Comment la métaphysique entière repose-t-elle sur cette distinction? Le voici. 1° Qu'il y ait des *jugements analytiques* où l'attribut est lié au sujet par un rapport d'identité, on peut croire que la raison n'y est pour rien. On se trompe; ici la base est un principe de la raison, le principe d'*identité* ou de *contradiction*. Ce qui est est, une chose ne peut pas être et n'être pas en même temps et sous le même rapport, cet axiome est la condition, le fondement de toute opération intellectuelle et il n'est pas une tautologie (V. Leibnitz. Nouv. Ess., VII, § 55). Supprimez-le, impossible de formuler un seul jugement ou raisonnement. — 2° Les *jugements synthétiques*, d'où viennent-ils? De l'expérience seule? Erreur encore plus grande. Dans l'expérience, il y a deux choses : la *matière* et la *forme*. La matière, c'est le fait que le sens aperçoit; mais l'espace qui le contient? le temps où il se passe? la loi qui le régit, sa cause, sa substance? tout cela dépasse l'expérience et lui échappe; elle-même sans cela est impossible. — 3° Ce n'est pas tout : il est des jugements *synthétiques à priori* où l'attribut n'est plus donné par l'expérience, encore moins le rapport. Exemple : « Tout fait a une cause. » L'idée de cause n'est pas contenue dans le fait qui se passe sous nos yeux, elle s'y ajoute. Les mathématiques, la morale, on l'a dit, la physique elle-même sont pleines de ces notions *à priori* dues à la raison seule. Or ces notions : l'*être*, la *substance*, la *cause*, l'*espace*, le *temps*, etc., et les *principes* qui s'y joignent sont l'objet premier de la métaphysique. Celle-ci les examine, détermine leur nature, leur nombre; elle discute leur valeur et les coordonne. Elle en fait la critique et le système. S'il n'y avait pas de *concepts à priori*, dit Kant (ibid.), aucune métaphysique ne serait possible. Mais s'ils existent, il y a aussi une science qui les étudie, science de la *raison pure* qui, dans chaque notion, dégage le côté rationnel de l'empirique, qui détermine ces concepts, fait voir leur origine, leur nombre, ce sur quoi ils se fondent. » (Ibid.)

II. Des Catégories.

Déterminer la nature, l'origine, le rôle de ces notions premières de l'entendement, etc., est le premier objet de la métaphysique. Avant de faire cette étude nous devons en parler en général; on les désigne sous le nom de *catégories*.

I. NATURE DES CATÉGORIES; LEURS ASPECTS DIVERS. — Le mot *catégories* (de κατηγορεῖν, discourir) est employé pour signifier d'abord les termes les plus *généraux du discours*. Ce sont les racines véritables, la partie la plus abstraite et métaphysique du langage. Les notions premières se reflètent dans ce miroir de la pensée. Elles en sont l'âme et la liaison Leibnitz), comme les articulations et les muscles (V. suprà, p. 156). — Dans un autre sens, ce sont ces notions elles-mêmes, notions élémentaires et simples, *à priori*, comme on l'a vu, venant de la raison seule et non de l'expérience, qui les devance mais qu'elles dirigent et régularisent. On peut y voir simplement une manière de classer nos idées et les êtres de la création en rapportant à quelques genres élevés tous les objets de nos connaissances, mais leur rôle est plus élevé. Elles sont la base réelle de nos jugements et de nos raisonnements. Il y a plus, ces *formes de la pensée* humaine peuvent être considérées comme celles de la *pensée universelle*. L'univers lui-même alors les reflète et les réalise. Par là, elles ont un caractère *objectif* et *absolu* comme types ou idées, formes de la pensée divine, immanentes aux choses. C'est ainsi qu'elles apparaissent dans les derniers systèmes. — Bref, les catégories sont à la fois, 1° *grammaticales*, 2° *logiques*, 3° *métaphysiques*, et, dans ce dernier cas, *subjectives* ou *objectives* ou l'un et l'autre. (V. infra.) — Leur histoire le fera mieux comprendre.

II. Historique des catégories. — Partout où il y a eu une métaphysique réelle, apparaissent les catégories. Déjà dans l'Inde la logique de *Gotama* (le Nyaya) en offre un échantillon (V. Cousin, Hist. gén., Leç. VI. — Barth. St-Hil. La Log. d'Arist., t. II, p. 330). — A l'école pythagoricienne en est dû le 1er essai dans la philosophie grecque. (V. Arist. Mét., 1, vi.) *Archytas* l'aurait perfectionné. — *Platon* établit une certaine hiérarchie des idées sans en faire le système. — *Aristote* est le véritable créateur des catégories; son nom y est attaché. Elles figurent à la fois dans sa Logique (1. Traité) et dans sa Métaphysique (liv. v). La Logique les réduit à 10 : *substance, qualité, quantité, relation, action, passion, temps, lieu, situation, manière d'être*. — Kant, qui en fait la critique (Mét., p. 83), y signale des lacunes, le défaut d'ordre et des termes qui rentrent les uns dans les autres (R. pure, 2e part., liv. I, ch. 2). La liste de la métaphysique, plus complète, est plutôt une explications de termes qu'une théorie. Le nombre va jusqu'à xxx. La catégorie de *substance* seule est traitée avec étendue. Celle de la *puissance* et de l'*acte* qui tient aux quatre principes est le dernier mot du système. — Les écoles suivantes peu spéculatives négligent ce sujet. — Les *Stoïciens* seuls qui se servent des catégories comme moyen de classer les idées, profitant du travail d'Aristote, les ramènent à quatre (substance, qualité, absolu, relatif). — Dans l'école d'Alexandrie, où la spéculation se relève, leur importance est mieux comprise. *Plotin* (VI Ennéade) qui les reprend, combat à la fois Aristote et les Stoïciens, il divise les catégories en deux classes (monde intelligible et monde sensible). Il en compte cinq dans chaque classe : substance, relation, quantité, qualité, mouvement. — La *scholastique* qui relève d'Aristote, devait dès le début rencontrer ce sujet. Dans la première époque le problème apparaît. On sait que c'est un passage de

Porphyre sur les catégories qui a suscité la querelle des *réalistes* et des *nominaux* (v. supra, 366). — Au xv° siècle, l'art universel de R. Lulle, le grand art, est un nouvel essai de classer les idées générales. — Les deux réformateurs *Bacon* et *Descartes* attaquent les catégories comme tout ce qui vient d'Aristote. Mais *Bacon* lui-même s'en sert. (Nov. org., II, 10.) Que sont ses tables de coordination et d'exemples (ibid.) sinon des catégories nouvelles? Il définit la métaphysique « la recherche des formes éternelles et immuables. » Sa division des sciences répond aux principes de l'ancienne métaphysique quoiqu'il les fasse venir de l'expérience. — *Descartes* attache peu d'importance aux catégories; mais lui aussi s'en sert et les reproduit. Celles du *relatif* et de l'*absolu*, chez lui, reviennent sans cesse. — La Logique de *P. Royal* (1° part., ch. 3) les maltraite. « C'est chose peu utile, peu propre à former le jugement, dangereuse même parce qu'elles accoutument à se payer de mots, etc. » Ce qui n'empêche pas ces logiciens de s'en servir et de parler la langue d'Aristote. — Le xviii° siècle qui les méprise encore plus fait de même. Cela frappe surtout dans *Locke*; ce sont pour lui les modes simples (Ent. hum. Liv. II, ch. 13). *Leibnitz* les réhabilite (Nouv. Ess., av.-prop.) et les rétablit sous le nom de *principes innés*. La notion de substance est la base de tout son système, comme la *raison suffisante* est pour lui le premier des principes.

Mais c'est à *Kant* que revient le mérite d'avoir ressuscité les catégories. De nouveau il pose le problème et de la solution sort toute une métaphysique nouvelle. On a vu sa distinction fondamentale (supra) base de toute sa *critique*. Il reconnaît d'abord (Esthét. transc.) deux formes de la sensibilité : l'*espace* et le *temps*. Puis, dans sa *Logique transcendentale*, sous le nom de *formes du jugement*, il dresse une liste nouvelle des catégories. Nous l'avons donnée page 324 et nous y renvoyons. — Plus systématique que celle d'Aristote, elle est aussi plus étroite, plus artificielle, toute subjective. Au-dessus, il admet une catégorie suprême : celle de l'*idéal* qui y établit l'unité. (Ibid.) — Les catégories de Kant ont été après lui, non sans raison, à leur tour attaquées. On a dit : 1° qu'elles étaient arbitraires, affirmées non prouvées; 2° qu'elles constituent un formalisme artificiel; ce sont des moules commodes, des cadres vides; elles offrent une symétrie apparente, un échafaudage édifié pour les besoins du système; 3° leur forme rigide est un lit de Procuste sur lequel il étend toutes les questions; avec elles il traite tous les sujets et croit légitimer ses solutions. Les disciples eux-mêmes le disent (Schopenhauer, Herbart). — Après tant d'essais et de chutes, il semble qu'on doive renoncer à l'entreprise. Loin de là! Viennent à la suite de gigantesques systèmes. Les catégories de Kant sont reprises par ses successeurs; mais elles s'offrent sous un nouvel aspect. *Fichte, Schelling, Hegel* s'en emparent et les transforment; modifiées et coordonnées elles sont les éléments d'un *progrès* (processus) ou d'une *évolution* dont les degrés s'échelonnent comme termes de la *pensée* et de l'*être*. — 1° Pour *Fichte*, qui ramène à l'unité le système de Kant, ce mouvement progressif s'opère en trois termes : la *thèse*, l'*antithèse* et la *synthèse*; ce sont les moments du développement du *moi absolu*. Sur ce patron s'ordonne toute la métaphysique (Doctrine de la science) où se déroule l'univers physique et moral. — 2° Après lui *Schelling* convertit le côté *subjectif* en *objectif*; il proclame l'*absolue identité des contraires*. L'infini et le fini, l'idéal et le réel sortent de ce principe par une évolu-

tion successive où les catégories sous le nom de *puissances* (Potenzen) se retrouvent et aboutissent comme terme de l'évolution aux plus hautes formes de l'univers physique et moral : la religion, l'art, etc.
— 3° Enfin *Hegel*, qui reprend et achève l'entreprise, emploie pour élever l'édifice de son système un procédé nouveau, la *dialectique*. Celle-ci n'est autre qu'une construction métaphysique des catégories. L'*idée* hégelienne, identité de l'*être* et de la *pensée*, suit dans son développement la loi de son évolution. Celle-ci est une gradation de tous ces termes dont chacun est une catégorie inférieure qui conduit à une catégorie supérieure où elle s'absorbe (aufhebt). Chaque terme devient un moment de l'idée, qui s'élève par tous ces degrés à la création de l'univers physique et moral. Les catégories de la pensée sont les catégories de l'être. La métaphysique et la logique se confondent. Dans ce *Panlogisme*, l'univers entier reproduit les lois de la raison. — Telle est, en abrégé, l'histoire des catégories.

Conclusion. — On ne s'attend pas que nous prenions parti pour ces systèmes. Nous n'avons voulu que montrer l'importance de la question. Notre tâche est plus modeste et plus facile. Obligé de suivre un certain ordre, dans notre analyse, nous rejetons la classification de Kant comme trop systématique. Celle d'Aristote nous conviendrait mieux. Observer une certaine gradation nous suffit. La méthode est d'aller du simple au composé. Ainsi nous débuterons par l'idée de l'*être*, la plus simple et la plus universelle, nous y rattacherons la *substance*, l'*essence*, le *possible*, etc. Les conditions de l'être, l'*espace* et le *temps*, nous occuperont ensuite. Après un simple coup d'œil sur d'autres telles que l'*unité*, d'*identité*, la *quantité*, nous arriverons aux idées supérieures, de la *cause* et de la *finalité*. Nous signalerons celles de la *nécessité* et de la *contingence* qui touchent déjà à d'autres plus élevées, comme la *liberté*. Nous dirons quelques mots de celles déjà connues, de l'*infini* et du *fini*, de l'*idéal* et du *réel*; nous terminerons par le *parfait*, qui couronne et réunit toutes les autres. Quant aux idées du *vrai*, du *bien* et du *beau*, auxquelles nous avons consacré ailleurs une étude spéciale, nous y renvoyons. (V. *Questions de Phil.*, sect. v.)

III. Analyse des catégories.

I. L'ÊTRE (*Idée de l'être*), c'est la plus abstraite de nos idées. Aussi ne peut-on la définir (p. 314). Dieu, l'animal, l'âme, l'atome sont des êtres, et, si l'on abstrait leurs qualités, rentrent dans la même catégorie. On conçoit même des êtres fictifs ou imaginaires, un sphinx, un cheval ailé, etc., mais que notre esprit ne crée qu'à l'aide des êtres réels. Il y a aussi des êtres abstraits (êtres de raison) qui ne sont que des qualités (la blancheur, la justice, la vertu). Réalisés, ce sont des *entités*. (L'homme, l'humanité.) — On distingue aussi l'être *en acte* et l'être *en puissance* (*actu* et *potentia*) : l'être pensant, la faculté de penser, l'arbre réel et l'arbre en germe. — L'opposé de l'être est le néant. Le *néant*, la négation de l'être, peut-il être pensé? N'étant rien il ne peut être l'objet d'une idée; mais comme acte de l'esprit qui nie l'existence il a sa réalité dans le jugement. Il n'y a pas l'idée d'un carré rond, d'un cercle triangulaire, mais un jugement qui affirme que les deux idées sont incompatibles. Dans l'être, l'analyse distingue l'être et la *manière d'être*, *l'être* et ses *attributs, propriétés, qualités, modes*, etc. (v. substance). Il n'y a pas plus d'être sans attributs que d'attributs sans être. L'être en soi, pur, vide de qualités, n'existe pas. Mais la somme des qualités n'est pas l'être. (v. Ibid.) — Entre l'*être* et le *non être*, il y a un intermédiaire : le *devenir*. Une chose qui devient est et n'est pas; mais son fond subsiste. Il ne faut donc pas dire que *tout devient*, que *rien n'est*; car que peut être une succession de phénomènes sans base, de termes que rien ne relie? Renouvelé d'Héraclite, ce système supprime toute existence réelle. Dieu lui-même, l'être absolu n'est pas; sa loi étant un éternel devenir, il n'est jamais lui-même. L'être réel par excellence (ens realissimum) n'aurait pas de réalité. Il est, au contraire, l'être *en acte* non en puissance. (Arist. Mét. X.) — Mais cela regarde la Théodicée. Les êtres finis eux-mêmes, dans leur instabilité, ont quelque chose de fixe. Quoi? le fond même de leur existence. Autrement, ce sont des ombres sans réalité. — Mais on distingue des *degrés dans l'être*, depuis l'être au plus bas degré, le plus pauvre d'attributs, jusqu'à l'être parfait qui contient éminemment ce qu'il y a de réel dans les autres êtres. Il y a une gradation, une échelle ou série ascendante, une chaîne non interrompue d'existences; aux qualités s'ajoutent à chaque degré des qualités ou perfections nouvelles : atome ou matière informe, minéral, plante, animal, homme, âme, Dieu. Est-il vrai que toute détermination est alors une négation? *omnis determinatio est negatio* (Spinosa). C'est le contraire, et le plus déterminé des êtres est aussi le plus réel, le plus positif et le plus vrai.

Principe de contradiction. — Ce qui est est. « Une chose ne peut pas être et n'être pas en même temps et sous le même rapport », telle est la formule de ce principe. Aristote, qui l'expose dans sa métaphysique, en fait la base de toute la logique (v. *suprà*, 326). On a tenté d'y ramener tous les autres. D'autres lui ont été substitués : la raison suffisante, etc. (Leibnitz.) Nous n'entrons pas ici dans ce débat. Base de la logique ordinaire, est-il vrai qu'il n'ait plus de valeur en métaphysique? Ici, dit-on, l'être et le non-être s'accordent dans un troisième terme qui les concilie. C'est la dialectique des contraires, le mouvement dialectique de l'idée (Hegel). Ce système que nous ne pouvons discuter reparaîtra plus tard.

Questions relatives à l'être — Toutes le sont. Pas un problème, pas une idée qui ne s'y rattache. Ainsi : que savons-nous de l'être? Passage de l'*idée* à l'*être*. (Certitude) dogmatisme, scepticisme, nihilisme.) — Le fond de l'être nous est-il connu? *Phénomènes* et *noumènes* (Kant). L'idéalisme n'admet que les idées. Pour lui, l'être, c'est l'idée (Platonisme). Dans le système contraire, les individus seuls sont des êtres (Nominalisme). L'*unité* et la *pluralité* des êtres (Éléalisme, Atomisme). Le dualisme et le monisme ; la matière et l'esprit (Descartes). — L'être est-il identique à la *pensée*? (Divers systèmes.) — On le voit, le problème ontologique est au fond de tous les systèmes. Tout ce qui est relatif au vrai, au beau, au bien, comme au temps, à l'espace, à l'idéal, à l'infini, au subjectif et à l'objectif, soulève la même question d'être ou de n'être pas en réalité et en vérité. — Signalons seulement quelques idées principales qui rentrent plus directement dans cette idée.

II. Le possible et l'impossible. — Notre esprit conçoit certaines choses comme pouvant être ; d'autres comme ne le pouvant pas. 1° Est *impossible* tout ce qui est contradictoire, *impossibile est quod sibi ipsi contradicit*. Ce qui se contredit est impossible. Suit-il de là que tout ce qui ne contient aucune contradiction est *possible*? Non, car d'abord nous ne devons pas regarder la possibilité des pensées comme étant la possibilité des objets (Kant). L'être imaginaire (ens imaginarium) est une chose dont la pensée est possible et qui ne peut exister, une chimère. — 2° L'impossibilité peut venir d'autres causes comme de l'*impuissance des moyens* : à l'homme, par exemple, de vivre sans air, de voyager dans les astres. Sur ce point, sans doute il faut être réservé. Que de choses jugées impossibles il y a un siècle qui sont devenues possibles! Hors les mathématiques, a-t-on dit, le mot impossible est téméraire (Arago). — C'est être bien timide. Mais prenez garde que l'utopie ne s'en fasse un argument peu valable. Nous disons, nous : Que de choses sont hors de la portée de l'homme et lui seront à jamais impossibles dans la condition présente, ne fût-ce que de se préserver de la mort et des maladies! La sagesse est de ne pas l'oublier ; la toute-puissance n'appartient qu'à Dieu. — 3° Enfin certaines choses étant posées, il s'en suit que d'autres sont impossibles qui, sans elles, eussent été possibles ; et cela est vrai au moral comme au physique. Une loi a été violée par un être libre. Elle pouvait ne pas l'être. Si l'expiation et le repentir ne s'en suivent, pouvez-vous faire que l'ordre moral se rétablisse? Étant donnée la loi de pesanteur, tout corps tombe ; cela est inévitable (v. *nécessaire* et *contingent*).

III. La substance. I. Cette notion, la plus voisine de celle de l'être, est plus spéciale. C'est le fond même de l'être comme opposé à ses attributs, qualités, modes ou manifestations (τὸ ὑποκείμενον). Mais y a-t-il un *substratum* ou substance dépourvue de qualités? non sans doute. Est-ce une raison de confondre les deux termes ou de faire de la totalité des attributs la substance elle-même? On le dit; mais la raison résiste (v. 119). — Quant au rapport il est toujours le même : Les qualités d'un être supposent l'être, comme l'être ne révèle son existence, et n'est saisissable que par ses qualités. — D'autre part est-il vrai que le fond de l'être nous est totalement inconnu? Encore en savons-nous ce que les qualités nous révèlent de son *essence* (*infrà*). Quoi qu'il en soit, la vraie substance est ce qui persiste sous les qualités, les actes, les changements qui s'opèrent dans les formes ou manifestations de l'être. On distingue ce qui est *permanent* et *accidentel*, les *attributs* des *modes* et des *accidents*. (V. *Essence*.) — II. *Principe des substances*. Il s'énonce ainsi : Tout attribut suppose une substance, et réciproquement. Ce principe est à la fois logique, grammatical et métaphysique. — III. *Questions*. Y a-t-il des substances qui ne soient que substances, c'est-à-dire non actives? Toute substance au contraire (v. *Cause*) n'est-elle pas active? (Identité de la substance et de la cause. Système des forces. C'est le système de Leibnitz.) — Mêmes questions que sur l'être. *Unité* ou *pluralité* des substances? — Que connaissons-nous des substances? Le moi, se connaît-il comme substance? etc., etc.

IV. L'ESSENCE. *Essence, types, archétypes, idées, espèces*, etc. On définit l'essence ce par quoi une chose est ce qu'elle est, ou ce qui la constitue. L'essence (οὐσία) est en effet la qualité où la réunion des qualités constitutives de l'être, ce qui exprime sa *nature*. Parmi ces qualités des êtres, il en est d'extérieures et qui peuvent en être détachées. D'autres plus intimes ne peuvent s'en séparer; elles constituent la nature et sont inséparables de son idée. Celles-là sont des accidents ou des modes; celles-ci forment son essence. Ainsi la raison et la liberté dans l'homme, la sensibilité dans l'animal, la vie dans la plante, etc. Le naturaliste, le physicien, le psychologue font cette distinction; le logicien aussi; l'essence sert de base à la définition (p. 311).

Questions. — Le problème des essences est un des plus importants et soulève bien des difficultés. — Que sont ces qualités intimes, ces *types, archétypes* ou *idées*, qui servent à distinguer et à classer les espèces? Ces types sont-ils invariables? Peut-on les séparer des individus qui les réalisent? Périssent-ils avec eux? Le réalisme lui-même ne peut échapper à ces questions. L'essence, cette « qualité maîtresse », ce caractère dominateur qui entraîne avec lui d'autres caractères et se les subordonne, qu'est-elle? Est-elle immobile ou non? Mystérieuse question qui divise les écoles, les savants comme les philosophes. Le problème des essences s'est toujours posé en métaphysique. Pour les Pythagoriciens les essences sont les *nombres*, pour Platon les *idées*. Aristote y voit la *forme* (εἶδος), un de ses quatre principes. Appelées raisons séminales (σπερματικοί λόγοι), par les Stoïciens, *archétypes* ou *intelligibles* par les Alexandrins, ce sont plus tard les *formes substantielles* de la scolastique. — Bacon les rejette à la fois et les admet; avec *Descartes* ce sont les *idées innées*. L'école allemande les reproduit. Sans parler des *noumènes* de Kant, que sont les idées et les *puissances* de Schelling, les *moments de l'idée* de Hegel? Dans son incohérent système *Schopenhauer* lui-même les ressuscite. — Enfin les savants les plus positifs les retrouvent au bout de leurs expériences comme dernier résultat de la méthode expérimentale. (*Cl. Bernard, Agassiz*, etc.)

V. L'IDENTITÉ ET LA DIVERSITÉ. — L'*identité* est ce qui fait qu'une chose est la même et non une autre. Elle peut se trouver soit dans des êtres divers, soit dans le même être considéré aux états successifs de sa durée. C'est alors la *permanence*. La *diversité* est ce qui apparaît comme différent dans la comparaison d'un objet avec lui-même ou avec d'autres objets. — Il y a plusieurs sortes d'identité et de diversité. 1° La vraie identité, l'identité réelle, est l'identité de *substance*. Telle est l'*identité du moi*, celle de l'âme qui se reconnaît le même être aux divers instants de sa durée, identité attestée par la mémoire (p. 93, 223). Elle constitue l'être humain, la *personne humaine*. — 2° Il y a l'*identité de forme*, qui est celle du corps dont le type se conserve malgré le renouvellement intégral et incessant de ses éléments matériels (ibid.). — 3° L'identité de *ressemblance* ou de similitude en est une autre. Deux êtres peuvent conserver leur individualité distincte et se ressembler en tout ou en partie. Y a-t-il dans la nature deux êtres absolument semblables? On connaît le principe des *indiscernables* de Leibnitz, selon lequel deux gouttes d'eau, deux feuilles ne peuvent absolument se ressembler, ne fût-ce qu'à cause de leur position différente dans l'espace. Quant à l'identité réelle, nous en avons traité à propos de l'âme et de ses attributs. (V. p. 224.)

Questions. — D'importantes questions surgissent à propos de ces deux idées. La principale est celle-ci : Comment le même être peut-il être à la fois identique et divers? Dans les changements qu'il subit comment peut-il conserver sa nature identique tout en affectant tant de formes différentes? Ce problème se rencontre partout dans la nature où tout change, naît, périt, renaît, et dans le monde moral des esprits et des âmes. C'est le mouvement de la vie universelle. « Est-il vrai que, dans ce perpétuel changement, rien de ce qui a été ne subsiste, que le fond de l'être lui-même est changé ? Le monde est-il un flux et reflux de phénomènes qui passent sans laisser de trace après eux ? L'instabilité est-elle la loi universelle ? (Héraclite). Faut-il admettre, au contraire, que le changement n'est qu'à la surface, que tout se conserve et que rien ne périt? » Mais alors nouvelle question : le fond identique quel est-il? Le monde visible qui se compose d'individus a-t-il une existence réelle ou apparente? Les existences qui, sur cette trame unique, se déroulent, ne sont-elles qu'une succession de modes de la substance universelle (Parménide, Spinosa)? Ou se composent-elles d'éléments indestructibles dont la combinaison forme les êtres individuels (Atomisme, Démocrite)? Ces systèmes ont leurs représentants dans l'histoire. Un autre système cherche une meilleure solution dans la notion d'une pluralité de substances individuelles (Monades) émanant d'une substance unique mais conservant leur substantialité et où l'immobilité s'allie au changement (Leibnitz). Ici les substances simples, à la fois identiques et diverses, diffèrent par leurs formes et leurs qualités, unissant la permanence et la fixité à la diversité. Elles ont leur principe et leur centre dans une substance unique dont elles émanent, qui préside à leur ensemble et, sans s'associer au mouvement des choses finies, les règle et les dirige. — Cette solution, sans être à l'abri des objections, est encore, à tout prendre, la meilleure.

VI. L'UNITÉ ET LA PLURALITÉ. — Parmi les notions fondamentales est celle d'*unité* dont le terme corrélatif et opposé est la *pluralité*. Elle joue un rôle si important dans la connaissance humaine qu'elle mérite un examen particulier.

Comme toute idée simple, il est malaisé de la définir. Elle n'est pas moins claire. La propriété d'être *un* et non *plusieurs* se conçoit nettement. C'est avant tout celle d'un objet indivisible. Du moins, le vrai caractère de l'unité est l'*indivisibilité*, la *simplicité*. Son type est l'unité du *moi* révélée par la conscience. Ce point a été établi (v. 79, 230). Mais l'unité simple n'est pas 'unité morte ; elle-même comporte la multiplicité dans ses manifestations, ses facultés et ses actes (p. 44). — Elle n'est pas la seule unité. Il y a plusieurs sortes d'unités : l'*unité abstraite*, celle du nombre, de la durée, ou de la quantité. Celle-ci se divise à l'infini. Le *point*, l'*instant*, le *moment* servent à la former. — L'*unité concrète* elle-même a bien des formes. Elle s'offre d'abord à nous dans les corps qui, quoique composés, ont leur individualité, et se distinguent les uns des autres, puis dans les éléments des corps que l'esprit conçoit comme indivisibles : *atomes, molécules, forces*. — Une autre unité ~ celle des corps organisés : l'*unité organique*. — Nous avons cité l'unité psychologique de l'âme ou du moi. — Enfin la raison conçoit l'*unité absolue* comme constituant la nature divine. — Ce n'est pas tout, il existe une *unité de rapports*, unité multiple, celle qui lie entre elles les parties d'un tout. Ce qui en fait l'unité est la réciprocité, la convergence vers un but, ou la soumission à une loi, la *régularité*, la *proportion*, la *convenance*, l'harmonie, la correspondance des fins et des moyens, etc. Il y a encore l'unité de *type* comme constituant l'espèce ou le genre, sans compter toutes les unités que forme notre esprit, ou qui résultent de sa nature. — L'unité est en effet la loi de l'esprit; elle préside à toutes ses opérations et à ses actes, idées, jugements, raisonnements. Il y a l'unité *logique*; l'unité *grammaticale* qui la reflète et qui relie les termes d'une proposition. Il y a l'*unité morale*, qui met l'accord dans la vie humaine, l'*unité esthétique*, où la variété se combine avec l'unité dans les œuvres de l'art et de la poésie. L'unité s'applique à toutes les œuvres de l'esprit. — Nous ne la suivrons pas dans ses formes diverses.

Questions. — L'unité étant l'attribut de l'être, les plus difficiles questions de la métaphysique s'y rattachent. 1° Nous laissons de côté l'unité abstraite et la question qui divise les mathématiciens : si l'unité racine des nombres en fait ou non partie. En nous bornant à l'*unité concrète*, que de problèmes non résolus sur ce qui constitue l'unité véritable des corps et de la matière, sur les atomes, les forces, etc., sur l'unité qui fait la vie et sur son principe, sur l'âme elle-même et son union avec le corps, la manière dont un être simple peut être lié au multiple, agir à la fois sur les diverses parties du corps (ubiquité). — Quant à l'*unité absolue*, celle de Dieu elle-même, quelle est sa nature? La raison ne la conçoit-elle pas aussi comme une et triple à la fois (Trinité)? Cette trinité ne se reflète-t-elle pas en d'autres unités (triades, Proclus)? N'apparaît-elle pas dans la nature et dans ses œuvres, dans l'homme esprit fini, émané de l'infini, en ses facultés et dans ses œuvres! Quand on aborde toutes ces questions, on est amené à s'en poser d'autres où l'on voit la pluralité se combiner avec l'unité, pour constituer l'*ordre* et l'*harmonie*. En quoi ces unités diffèrent-elles les unes des autres. l'*unité morale* de l'*unité logique*, l'*unité esthétique* de l'une et de l'autre? Tous les hauts problèmes du vrai, du bien et du beau, de la science, de la morale et de l'art, s'offrent sous cet aspect. L'unité apparaît aussi comme loi universelle de l'esprit, comme reflet de la raison divine dans l'univers et dans l'homme dont elle régit les œuvres.

VII. DE LA QUANTITÉ. — La *quantité* qui déjà est comprise dans ce qui précède, se définit ce qui est susceptible d'augmentation et de diminution. Toute quantité est en soi finie; mais on peut toujours y ajouter ou en retrancher. L'étendue est une quantité, la durée, une autre quantité, la force également puisqu'elle peut être mesurée. On distingue entre la quantité *discrète*, celle dont les parties sont séparées (le nombre), et la quantité *continue* dont les parties se succèdent sans se séparer (la durée), la quantité *extensive* ou de l'étendue, la quantité *intensive* (de *la force*); la quantité *arithmétique*, *géométrique* et *mécanique*. — La science des quantités s'appelle les mathématiques, sciences exactes. On sait d'où vient leur exactitude (p. 400). — La logique détermine leurs conditions et leur méthode comme science de raisonnement. (Ibid.) — Que doit faire à son tour la métaphysique ? — 1° Etudier dans leur généralité les formes de la quantité. — 2° Approfondir les axiomes ou les principes qui s'y rattachent ; en discuter la matière, la valeur et le nombre, en former le système, étudier leur rôle et leur portée ; — 3° faire la même chose pour les définitions ; — 4° examiner les divers procédés que suivent ces sciences, reprendre la question des méthodes à un point de vue supérieur ; — 5° discuter certaines idées d'un ordre également supérieur qui interviennent dans ces sciences, en particulier la *notion de l'infini*, agiter les problèmes qu'elle soulève (calcul infinitésimal, controverse entre Leibnitz et Newton). — L'*infini mathématique* est-il l'infini réel ou *absolu* ? — Nous nous bornons à indiquer ces problèmes. — 6° Les *grandeurs morales* peuvent-elles se déterminer exactement ? — 7° Autre question : est-il vrai que toute science relève des mathématiques et n'est science qu'autant qu'elle se ramène au calcul ? (Ce qui est mesurable et incommensurable.) Est-il vrai que le calcul puisse s'appliquer en dehors des sciences physiques aux phénomènes de la vie et aux objets de l'ordre intellectuel et moral, comme à la démonstration de l'existence de Dieu, à la solution des questions de morale, d'art, de littérature, à la politique, etc. ? (V. 19, 257, 281.) Toutes ces questions et d'autres trouvent leur place dans la métaphysique de ces sciences.

Consulter, outre les auteurs indiqués, *supra*, p. 405, *Leibnitz*, *Nouv. Essais*. — *Kant*, *R. pure*, méthodologie — *Reid*, t. I, *Essai sur la quantité*. — *Buffier*, *Vérités premières*, — *V. Cousin*, *Ancien fragm. Dissert.* sur la *métaphys.* de la géométrie (*Fribault*).

VIII. L'ESPACE ET LE TEMPS. — Ce sont les conditions de l'existence, l'un de l'existence des corps ou des choses matérielles perçues par les sens, l'autre de la succession des phénomènes et, d'abord, de nos pensées révélées par la conscience. L'espace fixera surtout notre attention.

L'ESPACE. — La question de l'espace, dont celle du temps ne peut guère se séparer, est une des plus difficiles de la philosophie. La méthode pour la traiter est celle-ci. — 1° Quelle est la *notion* de l'espace dans notre esprit ? Quels sont ses caractères et son origine ? — 2° Cette notion a-t-elle un *objet* réel ?

— 3° Si l'espace est réel quelle est sa *nature*? Est-il un être ou l'attribut d'un être, du monde ou de Dieu? N'est-il qu'un rapport? — De ces trois questions la première est psychologique, les deux autres métaphysiques.

1° L'esprit conçoit l'espace comme une grandeur infinie, qui renferme toutes les existences naturelles;

Il le conçoit comme nécessaire, universel et absolu. Cette notion ne peut venir ni des *sens* ou de l'*imagination*, ni même du raisonnement appliqué aux choses finies. C'est une conception pure de la raison. (V. Kant. R. pure, I.) Tout cela a été décrit et reconnu à l'article de la raison (p. 116). — 2° Ainsi conçu l'espace existe-t-il? Ou n'est-il, comme le dit Kant, qu'une *forme de la sensibilité*? N'a-t-il aucune réalité objective hors de l'esprit qui le conçoit? Il est difficile au sens commun d'être de cet avis. Qu'on se figure un homme de bon sens à qui un métaphysicien vienne dire : « Vous avez cru jusqu'ici que les corps et que vous-même occupiez un lieu dans l'espace, que vous vous transportiez d'un espace dans un autre, que les astres dans leurs révolutions parcourent les différentes parties du ciel; que la lumière traverse cet espace, et, pour arriver à nous, franchit des millions de lieues; vous étiez dans l'erreur : ce ne sont pas les corps qui sont dans l'espace, c'est au contraire l'espace qui est en vous; ou plutôt, l'espace n'existe pas, c'est une pure conception de votre esprit. Je mets, il est vrai, entre cette idée et les fantômes que crée votre imagination une notable différence; c'est une conception transcendante qui, malgré vous, s'impose à vos jugements quand vous pensez aux choses extérieures; mais son objet n'est pas plus réel, c'est la forme que prend votre esprit quand il perçoit les objets sensibles. » Je doute que ce métaphysicien parvienne à convaincre son interlocuteur. Il pourrait bien l'embarrasser, troubler son esprit en lui montrant les contradictions que fait naître cette notion de l'espace, quand on vient à raisonner sur son essence, d'un espace à la fois divisible et indivisible, pénétrable aux corps et distinct d'eux et par eux mesurable, sans activité ni individualité; mais sa foi n'en serait pas ébranlée. Nous avouons penser ici comme le vulgaire sur l'espace. Sans pouvoir résoudre les difficultés que soulève son existence, nous l'admettons. — 3° Mais si l'espace est réel, qu'est-il? Est-ce un être? l'attribut d'un être, ou un simple rapport? Cette question a mis les métaphysiciens à la torture. On sait que Démocrite et Épicure admettaient deux principes : la matière et le vide. Platon identifiait l'espace et la matière (Timée). Aristote l'appelle la dernière limite du ciel et le compare à un vase immobile (Phys. IV, 6, 27), Descartes (Princip. II, 10, 13) ne distingue pas l'espace de l'étendue; il nie le vide des corps. Spinosa, qui fait de l'étendue un des deux attributs de la substance unique, distingue entre l'étendue infinie et l'étendue finie celle des corps. Malebranche fait à peu près de même. L'étendue infinie, selon Spinosa, est un attribut de Dieu. *Extensio attributum est Dei sive deus est res extensa* (Eth. II, 12). Newton prétendit que l'espace, il est vrai, n'est pas Dieu, mais que Dieu présent partout constitue l'espace et le temps. *Non est duratio et spatium, sed durat et adest et existendo semper et ubique spatium et durationem constituit*, (Principes de Phys.) Telle fut l'origine de la célèbre controverse entre Leibnitz, Newton et Clarke, son disciple. Clarke défend Newton, et fonde sur cette base sa preuve nouvelle de l'existence de Dieu. Leibnitz le combat, il s'élève contre la supposition d'un espace réel et absolu qu'il traite d'idole philosophique. Il distingue l'immensité de Dieu de celle de l'espace. La métaphore d'un sensorium appliqué à Dieu pour lui n'a pas de sens. L'espace n'est que l'*ordre des coexistences* des choses matérielles; le temps, l'*ordre de succession des événements*. Son argumentation contre Clarke est victorieuse. Mais ce système est-il à l'abri des objections? Ne peut-on lui objecter que dans l'idée de coexistence matérielle est impliqué l'espace, et dans celle de succession celle de temps? Supprimez l'espace et le temps, il n'y aura ni êtres étendus coexistants, ni événements qui se succèdent, il n'y aura ni *dehors*, ni *dedans*, ni *à côté*, ni *avant*, ni *après*. De sorte que si Leibnitz a raison contre Clarke, celui-ci n'a pas tout à fait tort contre Leibnitz, et le problème reste non résolu. Si l'on définit l'espace une possibilité (l'ordre des possibles), n'est-ce pas se payer de mots? Le possible ici, c'est l'espace qui rend les corps possibles, comme le temps seul rend possible la succession. C'est tourner dans un cercle. — Au XIXe siècle la question sommeille; elle se réveille avec Kant, qui lui rend toute son importance. On connaît sa solution. Elle ne pouvait être la dernière. Au sein de la philosophie allemande, d'autres solutions se produisent où l'absolu de l'espace et du temps est rétabli et où s'affirme leur réalité. Pour Fichte, le disciple de Kant, ce sont des formes subjectives du moi absolu. Mais il faut sortir du subjectivisme. Avec Schelling est rendu à l'espace le caractère objectif, ou plutôt il est objectif et subjectif, à la fois. L'espace et le temps sont des formes de l'absolu. L'espace c'est l'être; une de ses catégories. C'est l'être pur avec la négation de toute activité. Le temps est l'*activité pure* avec la négation de tout être. (Voy. Schelling, *Ecrits philos.* de notre traduction, p. 64). Aucun être comme tel n'est dans le temps mais seulement les changements de l'être. Simples reflets de l'être absolu, l'espace et le temps sont deux absolus relatifs (Ibid). — La solution de *Hegel* est peu différente. Pour lui, on le sait, l'absolu est l'idée réalisée. L'idée à la fois l'être et la pensée, l'unité de l'être et du non-être dans le *devenir*. Son expansion réelle se manifeste d'abord sous les deux formes élémentaires de l'espace et du temps, l'une comme extériorité ou simultanéité d'existences, en dehors les unes des autres; l'autre comme succession des choses finies. Ce sont les deux formes élémentaires de l'être absolu, et à ce titre indéterminées. (Log., t. 3, liv. I, sect. 2, Encyclop. § 254, 261.)

Conclusion. Que conclure de ce tableau d'opinions si diverses? Et quelle solution admettre? A vrai dire, aucune ne nous satisfait et nous n'en proposons pas une nouvelle. L'espace subjectif, rien qu'une forme de l'esprit, nous répugne. L'espace objectif nous embarrasse. L'espace, un être en dehors des êtres, nous paraît absurde. L'espace attribut de Dieu, ou même infini relatif, être pur, le temps activité pure, l'un et l'autre à la fois objectif et subjectif, reflet de l'absolu, tout cela se conçoit difficilement. Que faire donc? Avouer d'abord ce que nous ignorons, ce qui n'est pas être sceptique. Puis, sans être non plus panthéiste, ne peut-on au moins admettre ce qui semble accordé dans presque tous ces systèmes? Or 1° sauf le sensualisme, ce que tous admettent, c'est l'immensité de Dieu et son éternité. 2° Ce qu'ils répètent encore c'est que le monde, si l'on veut l'infini relatif, n'est pas Dieu, mais est *en Dieu*. *In eo vivimus, movemur et sumus.* On peut être ainsi panthéiste avec saint Paul et avec d'autres [1]. Leibnitz lui-même ne le dit-il pas? « L'espace et le temps n'ont leur réalité que de lui. (Nouv. Essais, « II, 15.) Ces absolus ne sont autres que des attributs de Dieu. « L'idée de l'absolu par rapport à l'espace n'est autre que celle « de l'immensité de Dieu. » (P. 100.) — Tous les corps, dit aussi Malebranche, sont étendus dans l'immensité de Dieu. (Ent. Mét. VIII, 4.) Mais comment cela se fait-il? Nous l'avouons, le rapport nous échappe..

Saint Augustin disait : *Quid est tempus, si nemo a me quœrat, dico. Si quœrat explicare, nescio* (Conf. XI, 14). Le mot reste vrai. — Doit-on dire que le problème n'a fait aucun pas, que la philosophie révèle ici son impuissance? Non car 1° c'est beaucoup d'avoir soulevé le problème et d'en avoir montré les difficultés. C'est beaucoup d'apercevoir ce que le vulgaire ne voit pas et ne soupçonne pas : quoi? le mystère. Ainsi en est-il de tout problème qui a pour objet l'infini. Sous quelque face qu'il s'offre à notre esprit, il le trouble et l'étonne. Le sens commun, lui, ne s'étonne de rien. La philosophie est née de la surprise. (Platon, Théétète. Arist. Mét.) S'étonner, admirer, être jeté hors de la région des sens dans celle de l'infini, c'est prendre conscience de soi et de son esprit, de son affinité avec l'être infini. Toute question métaphysique, même insoluble, produit cet effet Ce que Pascal dit si éloquemment : « Qu'est-ce qu'un homme dans l'infini? — Qui se considérera de la sorte s'effraiera de lui-même. — Il tremblera à la vue de ces merveilles, sa curiosité se chan-

---

[1] *Ipse manet intra omnia unus idemque totus ubique* (Grég. de Naz.). *Nihil vacat ab illo. Ipse implet opus suum.* (Senec., de Benef., IV, 8.)

gera en admiration. » Incapables de savoir certainement et d'ignorer absolument, nous voguons sur un milieu vaste, etc. (Pensées, I.) — L'homme sentira « qu'il est lui-même le plus prodigieux objet de la nature. » — 2° Avoir nettement distingué les trois faces du problème est déjà un progrès. Que l'on s'arrête au premier ou au second, c'est quelque chose d'acquis à la science. — 3° Je ne dis pas non plus que toutes ces solutions soient mauvaises, ni égales, qu'on n'en trouvera pas avec leur aide une meilleure et qu'il faut couper court à toute recherche. Non, mais ici notre rôle est de savoir nous arrêter et de nous tenir en dehors des systèmes.

IX. DE LA CAUSALITÉ. *(De la cause et des causes)*. — A cette catégorie se rapportent les questions les plus importantes de l'ordre physique et moral : celles de l'origine du monde, de l'existence de Dieu et de la nature divine, de l'âme humaine, de sa personnalité et de sa liberté, etc. — Nous n'aurons souvent qu'à rappeler les endroits où elles ont été traitées.

I. *Idée de cause*. — La cause se définit en général ce qui étant posé amène à sa suite un changement. Mais cette définition trop vague ne donne pas une idée nette de la causalité. La vraie notion de cause est celle d'un être actif doué d'une énergie propre qui produit des actes ou qui donne naissance à des effets dont lui-même est le principe. Le terme de cause, il est vrai, a d'autres acceptions : Il se dit de tout évènement qui en précède constamment un autre dans l'ordre naturel. Ceci est la *cause physique* ou la loi, qu'on a tort de confondre avec la vraie cause. Aucune cause, dans la nature, n'est en soi visible ; nous n'apercevons que des effets. L'école sensualiste (Hume), qui fait partout cette confusion de la succession constante avec la causalité, défigure la notion de cause, ce qui entraîne les erreurs les plus graves. On ne peut trop le redire : l'*antériorité* d'un fait par rapport à un autre n'est point la causalité. La vraie cause est la *cause efficiente*, celle qui tire d'elle-même ses actes. Le moi seul, la cause libre, en donne la réelle et claire notion. La cause se dit quelquefois de la *matière* même dont une chose est faite ou des éléments qui la composent : de l'airain d'une statue, des lettres de l'alphabet. Mais le terme est impropre ; il n'éveille pas l'idée d'un pouvoir actif qui donne à la matière sa forme et préside à l'arrangement de ses parties. Plus souvent, la cause, c'est la *fin*, le *but*, le *motif* pour lequel une chose se fait : Ceci est la *cause finale* dont il sera question plus tard. Elle-même suppose le principe actif qui agit en vue d'une fin, est mû par ce motif. — De là les *quatre causes* reconnues par Aristote : *matérielle, formelle, efficiente et finale* (Mét. v). — On distingue aussi la *cause première* et les *causes secondes*. La cause *première* est celle qui ne relève que d'elle-même quant à son existence et à sa puissance. La cause *seconde*, celle qui tire son existence d'une autre cause et dépend de la première. Elle peut être cause première à son tour, du moins cause première de ses actes si elle est libre; ce qui ne lui ôte pas sa dépendance. Je suis la cause première des actes que produit ma volonté: d'où l'imputabilité; mais cette volonté n'en est pas moins limitée et dépendante. Tout cela a été expliqué ou n'a pas besoin de l'être. — Enfin on admet aussi des *causes occasionnelles*. La cause alors est l'occasion, la circonstance qui a donné lieu à la cause véritable d'agir, ou à d'autres événements de se produire, dont la cause était dans des événements antérieurs. Telle guerre a eu sa cause occasionnelle dans un mot réel ou fictif, quand la cause véritable était la haine de deux peuples, des événements préparés d'avance, la volonté d'un homme, la décision d'un souverain ou d'une assemblée. — De toutes ces manières d'envisager la causalité, nous l'avons dit, la seule qui réponde à son idée réelle est la notion de *cause efficiente*, d'une *cause productive* qui a en elle-même le principe de ses actes. — Avons-nous cette idée? Quelle est son origine? la *conscience* ou le sens intime qui nous *révèle notre arbitre libre*. Là est le type de la vraie causalité. Ces points ont été établis ailleurs et nous y renvoyons p. 78, 220.

II. *Principe de causalité.* — Différent de l'idée de cause qu'il présuppose, il exprime la relation de l'effet à la cause. Tout fait a une cause, ou tout ce qui commence d'exister a une cause de son existence : telle est sa formule. Universel et nécessaire, ce principe a sa source dans la raison comme toutes les vérités de ce genre. Il est à *priori* (suprà, p. 158), supérieur à l'expérience qu'il régit, la réflexion le dégage des faits particuliers où il apparaît (p. 163). Nous ne reviendrons pas également sur ces points.

Questions sur la cause. — Il suffit d'en indiquer quelques-unes en restant sur le terrain métaphysique. 1° La *cause* et la *substance* sont-elles diverses ou identiques? Toute cause est substance; toute substance est-elle cause? (Système des forces. Leibnitz). — 2° La cause est-elle simultanée avec ses effets? En quoi consiste l'antériorité de la cause? (V. Kant. R. pure). — 3° Distinction de la *cause* et de l'*acte*, de l'acte et de ses effets, de l'acte et de la *puissance*. — 4° De la *réciprocité* des causes et des effets. Faut-il admettre d'une façon absolue ce que dit Pascal : « Toutes causes étant *causées* et *causantes*, etc. (Pensées)? — 5° Une question plus importante encore et à l'ordre du jour est celle-ci : — La connexion des causes et des effets forme-t-elle une série indéfinie sans commencement ni fin? C'est un des termes de la troisième antinomie kantienne? (V. infrà). — 6° Faut-il admettre avec Kant que la cause véritable est placée en dehors du monde phénoménal dans une région *suprasensible*, ou inaccessible Cela est-il vrai pour la liberté humaine comme pour la cause absolue ou divine? Admettre une série indéfinie de causes et d'effets, n'est-ce pas détruire la notion même de causalité? (P. 600.) — Si de la région abstraite on passe à la métaphysique appliquée, on verra surgir toutes les questions de la théodicée et de la psychologie : sur la cause première et les causes secondes. 1° *Sur la cause première* : Dieu, cause première, agit-il librement ou en vertu des lois de sa nature? (Liberté divine (619). Problème de la création (626). A ces problèmes d'autres s'ajoutent : Dieu, la puissance infinie, agit-il toujours ? En Dieu l'acte n'est-il pas supérieur à la puissance ? sa définition est l'*acte pur*. (Aristote, Mét. XII. St Thomas). Peut-on dire de Dieu qu'il est la cause de lui-même, *causa sui* ? (aséité). — 2° Sur les *causes secondes*, d'autres questions se posent, aussi délicates que difficiles. Dans quel rapport est la cause seconde vis-à-vis de la cause première : Questions relatives à la *liberté*, à la *prescience*, à la *grâce*, etc.; c'est l'origine des plus épineuses controverses. — II. *Sur le principe de causalité* nous signalerons quelques questions, aujourd'hui débattues : 1° Quelle est sa valeur? Est-il purement subjectif? (Kant). 2° Quelle est sa portée? Est-il vrai qu'en dehors de la nature et du monde phénoménal, qu'il est appelé à régir, il perd sa valeur et ne peut plus s'appliquer? Quand on sort du monde phénoménal et qu'il s'agit de l'absolu, un autre principe, celui d'une *évolution* éternelle, doit-il le remplacer? (Schelling, Hegel.) V. *Panthéisme*. D'autres questions se rattachant à ce principe sont plus directes : examen de la maxime antique : *ex nihilo nihil fit*. Comment doit-on l'entendre? Cette autre : *sublata causa tollitur effectus*, doit aussi être interprétée. — *Quidquid est in effectu est eminenter in causa* : ce principe base d'un raisonnement appliqué à Dieu est-il légitime? — *Ex operari sequitur esse* est un axiome; sa réciproque est-elle vraie? *Effectus testatur de causa, quoad qualitatem causalitatis*. — *Qualis causa talis effectus*, etc.

X. DE LA FINALITÉ. (*Causes finales*). — La cause finale est la fin, τέλος, en vue de laquelle une chose est faite. C'est le but, οὗ ἕνεκα, le *pourquoi*, comme la cause efficiente répond à cette question: *d'où vient* (unde)?

Le principe des causes finales, ou *téléologique*, est celui-ci : Tout être a sa fin, comme tout être a sa cause. Cette fin, qui est sa raison d'être, l'explique et le rend intelligible. Un être sans but est aussi inconcevable à la raison qu'une existence sans loi et sans cause. Universel et nécessaire, ce principe s'applique à tous les êtres finis du monde physique et moral et à leur ensemble. L'être nécessaire seul y échappe comme ayant son but et sa cause en lui-même. Le monde est un ensemble de fins concourant à une fin commune, d'où résulte l'*ordre universel*. Le monde en tire son nom (κόσμος). — De cette idée dérivent plusieurs notions qui ont été définies ailleurs,

p. 526. Outre la notion d'*ordre* ou du *bien* total et partiel, les principales sont celles du *beau* et de l'*utile*. La distinction de l'*utile* et du *bien* est à rappeler. Le *bien*, c'est la fin elle-même ou la conformité d'un être avec sa fin dérivant de sa nature même; il est *absolu*. (Ibid.) L'*utile* est le moyen pour une fin qui lui est étrangère ou placée en dehors de lui. Il est *relatif*. (Sur le Beau, voy. Quest. de Phil., p. 311 et suiv.)

Questions relatives à la finalité. — 1° Quelle est la valeur et la portée de cette idée et de ce principe? Sont-ils objectifs ou purement subjectifs? — 2° L'idée de fin, manifeste dans les ouvrages de l'homme ou de l'art humain, s'applique-t-elle aux œuvres de la nature? — 3° de la nature physique et de la nature organique? (nexus finalis). Peut-on méconnaître dans les êtres organisés l'appropriation des parties au but, des organes à leur fonction, l'œil fait pour la vision, etc.? Que disent les matérialistes à ce sujet? (Epicure, Lucrèce, etc. V. *Questions de Phil.*, p. 217.) — Les idées de finalité ne sont-elles que des fictions de notre esprit comme le veut aussi Spinosa (Ibid.)? Comment le panthéisme à son tour explique-t-il la finalité immanente, type réalisé, etc. (Ibid.)? — Ces questions sont aujourd'hui vivement débattues. (V. Ibid.). — 4° Que doit-on penser de la distinction, établie par Kant, entre la *finalité externe* et la *finalité interne*? (Ibid., 123). — Doit-on admettre avec ce philosophe que ces idées n'ont qu'une valeur législatrice et régulatrice? — 5° Quel rôle doit jouer la recherche des causes finales dans la *méthode* des sciences physiques et naturelles? (Ibid.) N'est-elle qu'un coussin de la philosophie *paresseuse*? (Ibid.) — 6° Dans l'*ordre moral* bannir la finalité n'est-ce pas anéantir la moralité elle-même? (Suprà, 507.) — 7° Dans la *théologie naturelle*, que vaut l'argument des causes finales appliqué à l'existence de Dieu (p. 601)? Cette question se présente aussi au sujet de la *destinée* de l'homme présente et future, et de l'*immortalité* (p. 666).

XI. LE NÉCESSAIRE ET LE CONTINGENT. — Le *nécessaire* (τὸ ἀναγκαῖον) c'est ce qui ne peut pas ne pas être ou être autrement qu'il est. Le *contingent* est ce qui pourrait ne pas exister ou être autrement. La nécessité (ἀνάγκη), dit Aristote, présente quelque chose d'inévitable ou dont le contraire est impossible. (Met. V, 5.) — Cette catégorie s'est présentée : 1° à propos des idées et des vérités nécessaires (150); — 2° des *axiomes* et de la *démonstration* dont la conclusion est nécessaire (342) (nécessité logique). — 3° Les lois morales elles-mêmes sont nécessaires et obligatoires (501). — Enfin dans la théodicée la première preuve de l'existence de Dieu est celle de l'être nécessaire (599). — En métaphysique, où elle s'offre d'une manière abstraite, elle soulève de hauts et difficiles problèmes.

Questions. 1° Le nécessaire qui revêt tant de formes n'exclut-il pas le contingent? En effet 1° dans les mathématiques, toutes les lois sont nécessaires; 2° Si les faits physiques sont contingents, tous sont régis par des lois qui en rendent le retour inévitable; 3° Quant aux lois morales, si la liberté humaine semble y déroger, elle-même n'est-elle pas déterminée par des motifs qui rendent ses actes nécessaires et les font rentrer dans la chaîne des causes et des effets? 4° Dieu enfin, la cause universelle elle-même, échappe-t-il à la nécessité? L'arbitraire et le caprice sont bannis de ses décrets. Eternels et invariables, ceux-ci sont dictés par sa sagesse à laquelle sa volonté obéit et comme tels sont assujettis à des règles de convenance qui la décident. D'ailleurs elle-même, la cause première doit obéir à sa propre nature. En créant le monde elle lui a donné des lois auxquelles elle ne saurait déroger (Stoïcisme). On arrive à cette maxime de Spinosa : *Res nullo modo alio neque alio ordine a Deo produci potuerunt quam a Deo productæ sunt.* (Eth.) Alors se pose cette question : La *contingence* n'est-elle pas le fait de notre ignorance? Une vue plus claire et plus complète ne la ferait-elle pas disparaître? Grave question qui a soulevé les plus vives controverses. (Malebranche, Fénelon, Bossuet, Spinosa, Leibnitz, Kant.)

Sans vouloir y entrer, nous ferons quelques remarques : 1° sur la question elle-même; 2° sur la manière de la traiter. La *morale* surtout, cela est clair, est intéressée dans ce problème. Elle disparaît avec tout son cortége, si la contingence n'est pas ou n'est qu'apparente. La liberté humaine est une illusion, un vain mot que la science ne peut pas prendre au sérieux. — Or, pour la réintégrer et en général le contingent, que fait-on? — Deux méthodes peuvent être employées.

La première, la plus longue et la plus lente, gravit péniblement tous les degrés de l'être, démontrant ou s'efforçant de prouver qu'à chaque degré le contingent existe, qu'il s'ajoute au nécessaire et s'y superpose. La tâche est difficile, le langage abstrait et embarrassé, le raisonnement aussi; aux degrés inférieurs surtout, la clarté fait défaut; on est inquiet; la sécurité manque. L'œuvre de la méthode devient plus facile aux degrés supérieurs, mais ce qui précède l'a rendue suspecte. — La seconde méthode consiste à se placer de prime abord en pleine lumière, au grand jour de l'activité libre. Ici le fait lui-même est patent, et la contingence éclate avec la liberté dans les actes de la volonté libre qui a conscience d'elle-même, de ses déterminations, qui sait parfaitement qu'elle pourrait se déterminer autrement dans un sens ou dans un autre. Tout l'ordre moral suspendu à ce fait lui prête son autorité, atteste qu'il n'est point une illusion. Ce fait confond les contradicteurs et leurs raisonnements subtils. On a beau professer le dédain, invoquer la science, le bon sens et l'humanité entière protestent contre les sophismes de la science abstraite. Expliqué ou non le fait est là inébranlable, environné de lumière.

Or ce fait bien établi, on peut ensuite regressivement aborder tous les points où la science se croit sûre d'avoir éliminé le contingent; montrer qu'elle n'est pas aussi ferme qu'elle le dit, et discuter avec elle en toute confiance et sécurité. Sans proscrire l'autre méthode, nous conseillons celle-ci comme la plus sûre. — Il y a donc du contingent. Comment le concilier avec la nécessité? Ceci est une autre question. L'antinomie peut-elle être résolue? Nous le croyons. (V. infrà.) — En tout cas, le *contingent* n'est pas l'*accidentel*. — Celui-ci qu'est-il? A-t-il sa part dans le monde et l'existence humaine? On peut encore l'admettre sans reconnaître le *hasard*, qui n'est qu'un mot et ne prouve que notre ignorance des véritables causes et de leur concours. (V. *Questions*. Sect. III) (1).

XII. L'INFINI ET LE FINI. — Partout ces deux termes s'opposent comme objets de la raison et de l'expérience. Celle-ci nous montre des objets finis, limités dans leur existence, p. 115. L'infini est impliqué dans toutes les catégories de la raison (espace, temps, être, substance, cause absolue, etc.). Cette idée a été, à plusieurs reprises, étudiée en elle-même et dans les problèmes qu'elle soulève. Nous ne ferons que rappeler ici les endroits où sont posés et agités ces problèmes. 1° Quant à la notion elle-même, quels sont ses caractères? L'infini est-il la négation du fini qui serait le terme affirmatif ou positif? p. 118. Se confond-il avec l'indéfini ou l'indéterminé? p. 117. Cette notion est-elle claire ou confuse? 118. Quelle est son origine? 154. — 2° Quelle est sa valeur objective? 278. L'esprit humain étant fini peut-il connaître l'infini? 292. L'infini se comprend-il? Doit-on distinguer entre concevoir et comprendre l'infini? 632, 126. — 3° Quelle est la vraie nature de l'infini? L'infini, conception abstraite (l'infini, mathématique, de la durée, du nombre ou de l'étendue), est-il l'infini réel? Dieu, l'être infini, réel et concret, n'est-il pas le seul infini? Toutes les manières d'envisager sa nature et ses attributs, puissance, durée, liberté, etc., ne sont-elles pas des faces diverses de l'infini? 615. Le monde fini est-il une limite qui s'oppose à l'infini? *Ibid.* — 4° La personnalité divine est-elle incompatible avec l'infini? 620. — Que penser de la preuve de l'existence de Dieu par l'idée de l'infini? — Tous ces points ont été abordés ou indiqués. Nous ajouterons un mot sur le problème principal qui enveloppe tous les autres, tel que l'histoire le montre sans parcourir ses phases. Quel est le rapport du *fini* à l'*infini* et de l'*infini* au *fini*? Toutes les hautes discussions métaphysiques et religieuses roulent sur ce problème.

Or, si l'on supprime un des deux termes ou si on le fait ren-

---

(1). On consultera avec fruit sur ce sujet deux thèses intéressantes : l'une de M. Boutroux, *de la Contingence des Lois de la Nature*, 1874; l'autre de M. Desdouits, *de la Liberté des Lois de la Nature*.

trer dans l'autre, la question est-elle résolue? — 1° C'est ce que font pour l'infini toutes les écoles sensualistes qui n'admettent que le fini au nom de l'expérience. Le monde alors se suffit à lui-même; comme collection des êtres finis? — 2° D'autre part, si l'on prétend que l'infini seul existe, que le fini n'est pas ou n'est qu'une vaine apparence, une ombre de réalité, on vient se briser contre l'écueil du panthéisme. Parménide, Spinoza et les derniers systèmes nous offrent cette solution. Aucun de ces extrêmes ne satisfait l'esprit humain. Le vrai problème subsiste qui est de concilier non de sacrifier un des deux termes. Sera-t-il jamais résolu? Nous ne savons, mais incessamment il se pose. — 3° Que dit-on aujourd'hui? que l'infini réel est à la fois infini et fini, que les deux termes opposés trouvent leur identité dans l'*absolu*, ou dans l'*idée* leur principe d'où ils sortent pour engendrer par leur évolution infinie tous les êtres finis du monde réel et moral (Schelling, Hegel). Cette solution où le *progrès* apparaît, il est vrai, comme loi universelle à laquelle la nature divine elle-même est soumise, n'est qu'une nouvelle forme du panthéisme; elle ne peut se dérober aux graves objections qui lui sont faites (V. *Questions*, p. 421). Ses vices ne sont pour personne un mystère. La philosophie doit-elle désespérer d'elle-même et se réfugier dans le scepticisme? Non, mais elle doit se souvenir de sa devise et de son nom; elle doit maintenir ce qu'elle ne peut détruire : le fini que les sens et la conscience nous attestent et l'infini que la raison conçoit avec les attributs qui lui conviennent et qui ont été démontrés (V. *Théodicée*).

XIII. L'ABSOLU ET LE RELATIF. — L'*absolu* (absolutum), c'est ce qui, existant par soi-même, est indépendant de toute relation et de toute condition. Le *relatif*, son opposé, est ce qui dépend d'un autre et est conditionnel. L'*inconditionnel* et le *conditionnel* s'opposent ainsi partout et apparaissent dans toutes les sphères de la pensée comme termes corrélatifs. Ainsi, partout se pose le problème de l'absolu. D'abord, y a-t-il quelque chose d'absolu ou tout est-il relatif dans la connaissance humaine? Y a-t-il des *idées* et des *vérités absolues* qu'on appelle nécessaires? Remarquons-le en passant, l'absolu se distingue du nécessaire en ce que celui-ci est encore relatif, puisqu'il peut dépendre des formes de la raison humaine (Kant). L'absolu ne dépend de rien que de lui-même; il est ce qu'il est en toute supposition; telle est la vérité absolue. L'être absolu est de même. S'il offre une relation avec les autres êtres, c'est que ceux-ci dépendent de lui et tirent de lui leur existence, comme ils empruntent de lui leur puissance. Or, ainsi conçu l'absolu existe-t-il? Ce qui est sûr, c'est que l'esprit humain le conçoit et qu'il a un mot pour le désigner. Il y a des vérités absolues qu'il conçoit vraies en toute supposition, qu'il déclare immuables (p. 125). Il conçoit un principe absolu des existences, une *cause absolue* qu'il appelle aussi *cause première*. Il y a pour lui un *vrai*, un *bien*, un *beau absolus* (p. 120), quoiqu'il reconnaisse en eux un côté relatif, changeant, qui varie sans cesse au gré des goûts et de l'opinion. On a beau vouloir bannir l'absolu, et proclamer que tout est relatif, on n'y parviendra pas. Cette forme du scepticisme aujourd'hui à la mode est irréfléchie et se contredit. Toute science est absolue. — Quant au *relatif*, il a une énorme part en toute chose, et d'abord dans nos connaissances; mais lui-même ne serait pas relatif ni saisissable à la pensée s'il n'y avait quelque chose d'absolu auquel on le compare. Il en est comme de la certitude (262). Les deux termes sont donc corrélatifs. — Nous ne répéterons pas ce qui a été dit sur ce sujet dans les diverses parties de ce livre. Nous nous bornons encore à y renvoyer. 1° Des *idées* et des *vérités* absolues à l'article de la raison en psychologie (p. 125); — 2° en logique; des axiomes (242); — 3° en morale; de la loi morale comme loi absolue indépendante de la volonté divine elle-même (359), — 4° enfin de Dieu, et de l'absolu de ses attributs.

Comment concilier l'absolu et le relatif? Au fond c'est le problème posé plus haut, du fini et de l'infini, et les remarques sont les mêmes. — Il y a aussi une façon d'entendre l'absolu qui se rencontre dans les derniers systèmes. L'absolu serait précisément cette identité du relatif et de l'absolu dont l'opposition, après s'être posée, s'efface ou se concilie dans un terme plus élevé, qui incessamment se détruit et s'absorbe lui-même dans un terme plus élevé (Hégel). Le vrai absolu (lui-même relatif) serait le dernier terme qui jamais n'est atteint, mais dans sa fuite infinie revient à lui-même et forme un cercle éternel. Ce cercle qui enveloppe le monde et où se meut avec lui la nature divine, est-ce la vraie notion de l'*absolu*, ce que doit reconnaître toute religion comme le fond de ses mystères? Est-ce là sur Dieu et sur l'univers physique et moral, le dernier mot de la philosophie?

XIV. L'IDÉAL ET LE RÉEL. — Deux termes qui reviennent aussi, sans cesse, dans la langue humaine. — L'*idéal*, que de sens divers attachés à ce mot! Il y a l'idéal du poète et de l'artiste, l'idéal du savant, l'idéal du moraliste, celui du politique et du jurisconsulte; l'idéal du vrai, du bien, du beau, l'idéal de la justice et du bonheur, l'idéal religieux, etc. Dans l'acception générale, l'idéal est synonyme de la perfection en chaque genre. Dans sa signification précise, il désigne soit l'idée que conçoit la raison comme type ou modèle dont le réel n'est qu'une imparfaite image, soit la conformité plus ou moins grande du réel lui-même dépouillé de ses accidents avec l'idée qu'il représente. Enfin, l'idéal absolu, c'est Dieu considéré comme l'être infini ou parfait, type ou modèle suprême vers lequel tendent tous les êtres, auquel l'homme en particulier doit s'efforcer de ressembler. Il y a ainsi un idéal de bonté, de beauté, de justice, de sainteté, dont le principe est en Dieu qui possède en lui tous ces attributs. Telle est la notion précise de l'idéal qui se définit : l'*idée*, ou la *conformité à l'idée*.

Questions. — Nous ne pouvons aborder ici toutes les questions relatives à l'idéal, mais seulement celles qui tiennent de plus près à sa généralité. — 1° L'idéal existe-t-il? Aux yeux de l'*empirisme*, il n'est autre que le réel. C'est une pure abstraction détachée de la réalité. L'idée, le type, le modèle, est une fiction, une chimère. — On réfute ce système en lui demandant d'abord pourquoi, de quel droit, dans la science, il choisit parmi les qualités des êtres une ou plusieurs de ces qualités, pour en faire le type d'un genre ou d'une espèce et lui subordonner d'autres qualités. Or, ce qui déjà est presque inexplicable dans la science et dans l'ordre physique, le devient tout à fait dans l'ordre moral. Ici le réel ne peut plus du tout servir de modèle au réel, ni ce qui est, mesurer ce qui doit être; car sur quoi jugeons-nous les actions d'autrui et les nôtres? sur un modèle supérieur qui est en nous, mais n'est pas nous, puisque nous nous y soumettons. Le réel est loin d'égaler ici l'idéal. « D'autre part, « dit très-bien Kant, de ce qu'un homme n'agit jamais d'une ma-« nière parfaitement adéquate à l'idée pure que nous avons « de la vertu, il ne s'en suit pas que cette idée soit chimérique; « car c'est seulement à l'aide de cette idée que nos jugements « sur la valeur morale des actions sont possibles. Par consé-« quent elle est le fondement nécessaire de tout perfectionnement « moral. » (R. pure. Log. transc.) — A ce système on demande aussi ce qu'il pense de l'idéal artistique, comment il l'explique et en rend compte. On le convainc facilement d'impuissance et de contradiction, de même s'il s'agit d'idée politique, du progrès de l'humanité, etc.

2° D'autre part, pour l'*idéalisme*, l'idéal seul est le vrai. Le réel n'est que l'ombre, la copie infidèle. Ce qu'il a de vrai, il le tient de l'idée. Le vrai, l'être, le τὸ ὄν est l'idée ou ce qui y répond. Ainsi l'entendent Platon et toutes les écoles idéalistes, après lui. L'idéal, c'est l'idée ou ce en quoi l'idée rayonne. (Phèdre.) Le réel lui emprunte sa vérité, sa beauté, etc. — Voilà les deux systèmes en présence. L'histoire les montre sans cesse en lutte. — Nous n'hésitons pas à reconnaitre ce dernier. Mais lui-même est exagéré. — Un troisième conçoit l'idéal non comme une simple idée, une conception ou forme de la pensée. Nous le connaissons et l'avons réfuté. (Kant.) — Que conclurons-nous? Nous dirons : le vrai est dans l'accord des deux termes. Ainsi 1° en maintenant l'idéal, l'idée, comme terme supérieur, nous soutenons les droits du réel, de l'individuel. Le problème consiste à rapprocher et accorder les deux termes, mais en conservant la supériorité au premier sur le second comme type, règle et modèle. L'individuel ou le réel, en qui se réalise l'idée, dès lors, participe de son essence et de sa valeur, et sans lui l'idée n'est qu'une vaine abstraction sans réalité. C'est le reproche qu'on fait au platonisme. — Du reste ce problème touche à d'autres non moins difficiles à résoudre : Que sont les *idées?* où résident-elles? etc.

XV. LE PARFAIT ET L'IMPARFAIT. — Cette catégorie résume et complète toutes les autres. Le parfait, c'est ce qui est achevé, ce à quoi rien ne manque de ce qui est compris dans son idée. Par là même, c'est ce qui ne peut être surpassé, ce qui n'a rien au-dessus de soi dans son genre ou dans l'ordre d'idées auquel il appartient. En d'autres termes encore, le parfait, c'est ce qui possède toutes les qualités ou toutes les conditions réunies pour ne rien laisser à désirer dans son existence et sa manière d'être. L'imparfait est ce qui manque d'une ou de plusieurs de ces qualités ou conditions, un défaut ou un moindre degré dans la comparaison d'un être avec d'autres êtres; c'est l'absence de puissance ou de développement dans son activité arrêtée ou contrariée par des obstacles qui l'empêchent d'atteindre à son but ou à sa réalisation complète. — Il y a deux manières d'envisager le parfait ou deux sortes de perfection. Le parfait *relatif* et le parfait *absolu*. Le parfait relatif s'applique à tout objet fini. Il exprime dans chaque espèce sa relation avec son type, ou son idée, et se confond avec l'idéal. Cela se dit d'une figure mathématique, d'une plante, d'un animal, d'un homme, d'un instrument, ou d'un objet d'art, etc. Le cercle parfait est celui qui répond à son idée et réalise sa définition, c'est le cercle idéal; de même le carré parfait, le triangle parfait. Un homme serait parfait qui réaliserait le degré de perfection que comporte la nature humaine. Les stoïciens ont rêvé cet idéal. Chaque qualité, vertu, action, peut être aussi parfaite. C'est un parfait honnête homme, d'une vertu parfaite, sa conduite est parfaite, etc. Cela se dit même des défauts et des vices. C'est un parfait hypocrite, un parfait scélérat. Le parfait exprime ainsi ce à quoi rien ne manque pour réaliser son idée; c'est un rapport de conformité entre deux termes dont l'un varie et entraîne l'autre à sa suite. — Mais est-ce là l'idée vraie que l'esprit humain se fait de la perfection véritable? Non, sans doute. Celle-ci est celle d'un être qui contient en soi tout ce qu'il y a de parfait dans les autres êtres et le possède à un degré infini, sans qu'il s'y mêle le moindre défaut, qui réunit en lui toutes ces perfections, puissance, sagesse, bonté, justice, comme autant d'attributs de sa nature infinie. C'est en un mot un être tel qu'on n'en peut concevoir un plus grand (*ens quo majus cogitari nequit* (v. p. 603). Dieu seul ainsi est l'être parfait. Cette idée se confond avec celle d'infini, d'absolu, etc. Elle comporte l'idée de tous les avantages réunis des autres attributs, et de l'excellence de l'être, mais surtout au point de vue des attributs supérieurs : intelligence, liberté, sagesse et félicité. — Nous n'avons pas à revenir à ce sujet sur les questions déjà traitées qui appartiennent à la psychologie et à la théodicée (V. 150, 603, 619).

Nous ajouterons quelques remarques. — 1° Que dire de l'opinion sans cesse renouvelée que la perfection ainsi conçue est semblable à la perfection relative et ne comporte pas l'existence réelle? De même, dit-on, qu'il n'y a pas de cercle parfait, il n'y a pas d'être parfait. La perfection est un obstacle à sa réalité. Ainsi, bien loin qu'on en tire avec saint Anselme et Descartes un argument en faveur de l'existence de Dieu (603), ce serait une preuve de sa non-existence. L'être parfait est un pur idéal. — Bossuet, Descartes et Leibnitz ont répondu à cette objection. Voici les paroles de Bossuet : « Le parfait est plutôt que l'imparfait et l'imparfait le suppose, comme le moins suppose le plus dont il est la diminution, comme le *mal* suppose le bien dont il est la privation... Si une sagesse imparfaite, telle que la nôtre, qui peut douter, ignorer, se tromper, ne laisse pas d'être, à plus forte raison devons-nous croire que la sagesse parfaite est et subsiste et que la nôtre n'en est qu'une étincelle. Car si nous étions tout seuls intelligents dans le monde, nous seuls vaudrions mieux, avec notre intelligence imparfaite, que tout le reste qui serait tout à fait brut et stupide, et on ne pourrait comprendre d'où viendrait, dans tout ce qui n'entend pas, cette partie qui entend, *l'intelligence ne pouvant pas naître d'une chose brute et insensée*. Nous connaissons donc par nous-même et par notre propre imperfection, qu'il y a une sagesse *infinie*, qui ne se trompe jamais, qui ne doute de rien, qui n'ignore rien, parce qu'elle a une pleine compréhension de la vérité ou plutôt qu'elle est la vérité même. » (Bossuet. *C. de D.*, ch. IV, § VI.)

2° Mais il existe un autre système où le problème change de face. Ici, le parfait n'est pas nié, mais il s'allie à l'imparfait de façon à concilier les contraires. L'imparfait c'est la négation; or la négation, le mal même, font partie de l'essence divine. (V. suprà, p. 652.) Il y est compris comme nécessaire à la vraie nature de l'idée divine qui est le développement : car il est en elle l'excitant, le *stimulus* qui la fait sortir d'elle-même, créer le monde et parcourir tous les moments ou degrés successifs de son évolution éternelle. L'imparfait est vaincu, et surmonté à chaque degré qui le rapproche sans cesse de la perfection véritable (Hegel.) — Les objections s'offrent ici en foule. 1° Qu'est-ce que la perfection qui n'est jamais atteinte? 2° Quelle perfection que celle d'un être infini qui partage toutes les imperfections des êtres finis et les misères de l'existence réelle? Ce système, nous l'avons examiné ailleurs (V. *Questions de Phil.* Sect. VI.) Ce qui le distingue du panthéisme de Spinosa c'est l'idée de *progrès* ou d'évolution infinie ; mais en quoi cela change-t-il le problème ? La perfection n'existe toujours ni dans l'homme ni en Dieu. Elle serait plutôt dans l'homme qui a conscience de ses misères. Selon le mot de Pascal, il est plus grand que la nature qui l'écrase mais ne sait rien de son avantage sur lui.

— Ce système place le plus haut degré de la perfection dans la liberté divine et humaine. Or qu'est-ce que cette liberté qui se confond avec la nécessité et qui, elle aussi, n'est jamais atteinte ? Qu'est-ce que la liberté dans un être qui n'a conscience de lui-même que dans l'homme ? — 4° Comment la liberté humaine sort-elle de la nécessité ? Nous ne croyons pas qu'il soit possible de résoudre ces objections. (V. suprà, p. 52, et *Questions*, p. 427.)

IV. La synthèse des catégories.

I. Après l'analyse, la synthèse. Le travail d'analyse des catégories achevé ou supposé tel, il reste à en faire la synthèse ou à les coordonner. D'abord ne peut-on en réduire le nombre, les ramener même à l'unité ? Il faudrait aussi montrer comment elles se déduisent les unes des autres, leur assigner leur rang, leur place, leur rôle dans la série des idées et des principes. Ainsi se forme un vrai système de métaphysique. Toute grande école philosophique a dû, au moins en partie, exécuter ce travail. De plus, il est aisé de voir que dans chaque système, il y a une idée mère, une catégorie supérieure qui en est la base et le centre, qui rayonne dans toutes ses parties. Elle sert à le classer dans la série des systèmes. C'est son *alpha* et son *oméga*; le principe d'où découlent toutes ses grandes solutions. L'*histoire* le prouve pour tous les vrais systèmes (1).

(1) En voici le résumé succinct : Les Pythagoriciens, qui ramènent tout à la quantité, voient dans les *nombres*, les principes des choses et la *monade* les engendre. — Pour les Éléates, l'*unité* seule existe, immobile et éternelle. — Platon inaugure les *idées*; et au sommet de la hiérarchie place l'*idée* du bien, l'idée des idées. — Aristote reconnaît quatre principes qu'il réduit à l'*acte* et la *puissance*. Dieu est l'être éternellement en acte, l'acte pur. — Les Stoïciens distinguent la *matière* et la *forme*; le principe *passif* et le principe *actif*; — Epicure et Démocrite, le *plein* et le *vide* ou les atomes. — Chez les Alexandrins Plotin, Proclus, c'est l'*un* qui engendre la triade et les hypostases. Descartes admet le dualisme de la matière et de l'esprit que Spinosa ramène à l'unité comme attributs de la *substance* unique. — Leibnitz conçoit une autre idée de la *substance*, active à tous les degrés. La pluralité s'allie avec l'unité (monades). — Kant, l'auteur des nouvelles catégories, les classe comme on sait (suprà) ; mais pour lui ce ne sont que les formes de la pensée. Quant à l'être lui-même, il distingue les *phénomènes* et les *noumènes* ; il laisse subsister la dualité du *sujet* et de l'*objet*. — Fichte rétablit l'unité dans le *moi* sujet et objet, il fait sortir l'un de l'autre, le non *moi* du moi. — Schelling conçoit l'*absolu* qui réunit les contraires, l'*infini* et le *fini*, l'*idéal* et le *réel*. — Pour Hegel l'*absolu* c'est l'*idée* qui, par son évolution dialectique, crée l'univers physique et moral. La catégorie la plus haute selon lui est la liberté, dernier terme de l'évolution divine dans le monde moral.

Voilà pour les *catégories*. Le même travail s'est fait pour les *principes* dont le nombre aussi peut se réduire et qu'on s'est efforcé de ramener à l'unité. Pour les uns, c'est le *principe* de *contradiction*; pour d'autres, le principe de *causalité*; pour d'autres celui de la *raison suffisante* ou la *finalité*; dans les derniers systèmes l'*identité* des contraires. Chacun peut renouveler ce travail. — Quant à nous, nous n'avons pas plus à nous l'imposer que le premier. Dans un livre comme celui-ci, il serait ridicule d'improviser un système. Mais il est pour nous une tâche plus facile. C'est de montrer en quoi le problème peut en effet se simplifier, puis de faire ressortir la vérité qui, après tant d'efforts, semble devoir planer sur les divers systèmes, être accueillie comme planche de salut sauvée du naufrage par quiconque tient à voir la science se concilier avec la foi éclairée du genre humain.

1° Quand on jette un coup d'œil sur la liste des catégories on voit qu'elles forment deux séries bien distinctes et se rangent en deux lignes parallèles. Deux termes s'y reproduisent partout : l'*être* et le *non être*; la *substance* et l'*accident*; le *fini* et l'*infini*; le *contingent* et le *nécessaire*; le *relatif* et l'*absolu*, etc. Or toutes les idées d'une série rentrent plus ou moins les unes dans les autres. Le problème se trouve ainsi *simplifié*. Il consiste à chercher le rapport des deux termes opposés, ce qui d'abord forme une opposition ou *antinomie*.

Tous les *problèmes métaphysiques* naissent de là. Nous aurons à en examiner quelques-uns en posant plus loin le problème général des antinomies. — 2° Un autre résultat à constater est celui-ci. Il est aisé de reconnaître que parmi les catégories les unes sont inférieures, les autres supérieures. Ainsi l'être est la plus élémentaire et la plus vide, la quantité est inférieure à la qualité, qui l'est à la causalité. Dans la causalité la cause finale prime la cause efficiente qui agit en vue d'elle. Enfin les hautes catégories, de la pensée, de la liberté morale, du vrai, du bien et du beau, de la justice absolue, n'apparaissent qu'aux degrés supérieurs de l'être dans le monde moral. Si on les transporte en Dieu, principe de la pensée, de la liberté, de l'amour, elles atteignent leur maximum dans l'idée du parfait. Alors se pose cette question : Parmi toutes ces perfections qu'elle est la plus haute, celle en qui se réalise surtout la nature divine, qui donne de Dieu la plus parfaite idée et qui explique en même temps la création, l'existence et le but du monde, qui donne la raison de l'univers physique et moral? — Il n'est guère possible, selon nous, à moins d'être athée, de se refuser à la conclusion admise par les plus grands esprits d'accord avec la foi de l'humanité : que cet attribut c'est en Dieu, avec la *pensée* qui se sait, l'*amour* et la *bonté*. Le monde serait sorti d'un acte d'amour libre réalisant la bonté infinie de l'être parfait qui a voulu communiquer une partie de son être et de ses perfections à ses créatures.

Cette idée qui s'allie à celle d'un *optimisme* raisonnable est celle de Platon, de St Thomas, de Leibnitz, etc. La vraie définition de Dieu est celle de l'être infiniment bon, comme le but des créatures, la ressemblance avec lui, est le souverain bien. L'amour divin, la charité, est le fond de la pensée chrétienne. Le dernier mot de la religion de la partie la plus éclairée du genre humain serait donc aussi le dernier mot de la philosophie et le couronnement de la métaphysique (v. *suprà*, p. 520).

DEUXIÈME PARTIE

I. Les Antinomies.

I. Le problème des antinomies. — On nomme *antinomie* une contradiction qui a sa source non dans un faux raisonnement, mais dans la nature et les lois mêmes de la raison. Dire qu'une chose est et n'est pas en même temps et sous le même rapport, que le bien est le mal, le mal est le bien, etc., est une pure contradiction; la logique en fait justice. Mais il est un autre genre plus élevé de contradictions qui vient de ce que la raison, quand elle dépasse ses limites, porte sur le même sujet deux jugements contradictoires, qu'elle appuie d'arguments d'égale force. Il en est ainsi, selon Kant, toutes les fois que la raison affirme quelque chose de l'*absolu*. Ainsi elle soutient, avec une égale vraisemblance, que le monde est *infini* et qu'il est *fini* en espace et en durée, que les corps sont dans leur substance *divisibles à l'infini* et *indivisibles*, que l'âme est et n'est pas *composée*, que la *liberté* existe et que tout est soumis à des *lois fatales*. En face de la *thèse* que pose la raison se dresse l'*antithèse* qui la contredit au nom de l'expérience. L'antithèse renverse la thèse, et la synthèse ne peut s'opérer. L'anarchie est dans l'esprit. Les sens et la raison s'opposent et ne peuvent se concilier (V. Raison pure. Log. transc.).

II. Solutions diverses des antinomies. — Comment sortir d'un tel embarras ? On connaît la solution kantienne. Pour Kant, l'infini, l'espace, le temps, etc., en soi n'existent pas ; ce sont des formes de notre raison; elles n'ont qu'une réalité *subjective* non objective. Il n'y a donc pas à se demander si le monde est infini ou fini, etc. Nous ne connaissons, par intuition, que des *phénomènes*. Le monde des noumènes ou de l'*être en soi* nous est inconnu. L'élément métaphysique n'a pour notre esprit qu'une fonction législative. Telle est la *raison théorique*. Le mieux pour elle est de s'abstenir de juger de ces hauts objets. Il n'en est pas de même de la *raison pratique*; celle-ci a le droit d'en juger. L'antinomie, il est vrai, se reproduit entre elle et la raison théorique; mais elle se résout affirmativement en sa faveur. Dieu, l'âme, la liberté, l'immortalité, sont donnés comme *postulats* de la loi morale qui seule garantit leur existence.

Une telle solution ne pouvait satisfaire l'esprit philosophique; les écoles suivantes la rejettent. *Fichte*, qui rétablit l'unité au sein du système, place l'absolu dans le *moi* à la fois sujet et objet. L'univers entier s'y concentre. Le moi le crée par son activité libre. Les antinomies trouvent leur explication dans son développement progressif. — Pour sortir du subjectivisme, les systèmes suivants proclament *l'absolu* comme principe unique et universel (Schelling, Hegel). Les deux termes : *l'infini* et le *fini*, le *sujet* et l'*objet*, etc., ont leur unité dans un terme supérieur : *l'absolu*, qui les contient et dont ils ne sont que des développements (évolution). — *Schelling* l'appelle *l'identité* absolue des contraires (Syst. de l'identité). — Pour Hegel, c'est *l'idée*, l'idée qui d'abord abstraite puis concrète, se *pose*, *s'oppose* et *s'absorbe* (aushebt) ou se *concilie* dans un terme supérieur en vertu d'un mouvement fatal et nécessaire (*dialectique de l'idée*). Ce mouvement inhérent à l'idée est *immanent* aux choses. L'idée dans son *évolution* crée l'univers, la nature et l'humanité. L'antinomie à chaque pas posée est résolue par son élévation à un terme supérieur. Le monde s'ordonne selon l'ordre même des catégories, Dieu est le dernier terme de l'*idée réalisée*. — Sans essayer de faire ressortir le vice de ces systèmes, nous ferons quelques remarques. 1° Au fond la solution kantienne, c'est le scepticisme (V. p. 278). 2° Dans les systèmes suivants, le panthéisme succède au criticisme. Ici l'un des deux termes est sacrifié; il paraît absorbé dans l'autre. Le fini, le réel, l'individuel, s'efface dans l'infini, l'universel, l'absolu. L'infini, de son côté, qui se réalise dans le fini, perd son vrai caractère. Dieu est identique au monde, le monde identique à Dieu. Dans Dieu et dans l'homme l'individualité, la personnalité, la liberté, sont de vains mots : la solution est inacceptable et le problème se pose de nouveau.

Quel parti prendre ? Faut-il maintenir les deux termes sans espoir de les concilier? A tout prendre cela serait plus sage que de les détruire. Mais la philosophie n'en est pas réduite à ce pis aller. D'abord on peut revenir au point de départ, examiner si la contradiction est telle qu'on le dit. Or, quand on fait la critique de la critique de Kant et quand on reprend une à une ses antinomies, on voit qu'il les a forcées à plaisir. S'il parvient à opposer les termes, c'est en intervertissant le rôle de nos facultés, en faisant juger par les sens ou par le raisonnement ce qui est du ressort de la raison et rejeter par la raison ce que les sens et l'expérience nous attestent. Ainsi, est-il vrai que la raison qui conçoit l'infini doit pour cela nier le fini? D'autre part, les sens et la conscience qui nous montrent le fini ont-ils le droit de nier l'infini comme incompatible avec lui? Pour les sens, le monde n'est pas une vaine apparence. Pour le sens intime, le moi n'est pas non plus un être chimérique ou une simple collection de pensées. La liberté est un fait réel et indubitable. La personne, l'âme ne sont pas de vains mots. D'autre part, faut-il nier Dieu et la personnalité divine comme incompatibles avec l'infini? cela est-il bien prouvé? En tout cas, les sens qui affirment le fini n'ont rien à voir avec l'infini. Que chaque faculté reste dans son rôle et la contradiction s'efface, l'harmonie reparaît. Comment s'opère l'accord? C'est autre chose. Mais ne dût-il pas être saisi, le problème n'être jamais résolu, cela vaudrait mieux que d'en fausser les termes. Le rapport resterait un mystère, voilà tout. Est-ce bien s'y prendre pour le trouver que de supprimer l'un de ces termes? Et si on ne le supprime doit-on crier à l'anarchie? Le problème, je le répète, est le *quomodo*, le comment que la philosophie cherche et cherchera toujours. La solution parfaite lui est refusée. Pourquoi? c'est qu'elle-même, la raison, est imparfaite, et qu'il en est ainsi toutes les fois qu'elle raisonne sur l'absolu. Le problème qui s'agite, c'est le problème des problèmes, le mystère des mystères. La raison humaine a-t-elle le droit d'affirmer la contradiction si elle n'y voit pas clair? Chaque système, on le sait, a la prétention d'apporter au problème une solution définitive. Cette solution laisse toujours à désirer. A Dieu seul appartient la solution complète. — Telle est la règle à suivre à l'égard des antinomies. Cette réserve faite, nous jetterons un coup d'œil sur celles de Kant.

II. Antinomies kantiennes (cosmologiques).

1re ANTINOMIE. — *Thèse*. Le *monde* a un commencement quant au temps et une limite dans l'espace. — *Antithèse*. Le monde n'a ni commencement, etc.

2me ANTINOMIE. — *Thèse*. La matière n'est pas *divisible* à l'infini. — Tout ce qui existe se compose de substances *simples*. — *Antithèse*. La matière est *divisible* à l'infini, etc.

3me ANTINOMIE. — *Thèse*. L'enchaînement des causes et des effets ne peut expliquer tous les événements du monde. Il faut admettre une *cause libre* qui ne soit pas l'effet d'une autre cause. — *Antithèse*. L'enchaînement des causes et des effets s'étend à l'infini; il est impossible d'admettre une cause non assujettie à cette loi, qui agirait avec liberté.

4me ANTINOMIE. — *Thèse*. A l'univers appartient un *être nécessaire* qui en est ou partie intégrante ou cause première. — *Antithèse*. Ni dans l'univers ni hors de l'univers il n'existe quelque chose de *nécessaire* comme cause des événements ou changements qui s'y passent.

Est-il vrai que, sur tous ces points, la thèse et l'antithèse se valent? Ainsi 1° l'antithèse de la *divisibilité à l'infini* est-elle bien sérieuse? Leibnitz la trouverait-il solide? (v. 695). 2° Celle qui nie la *liberté* en s'étayant de la thèse stoïcienne, l'enchaînement fatal des causes et des effets, vient échouer contre le fait lui-même qu'aucun raisonnement ne peut détruire (p. 214). 3° Affirmer qu'il n'est pas d'*être nécessaire* est tout simplement absurde, car, comme l'a dit Bossuet, que rien ne soit, éternellement rien ne sera, et le monde est impossible (p. 600). Reste la première antinomie; nous la discuterons plus loin. — Ainsi vu de près l'épouvantail n'est pas si grand. Il en serait de même des *Paralogismes* de la raison pure par rapport à l'*âme*. L'âme est-elle *simple* ou *composée*? Sur ce point l'antithèse est-elle égale à la thèse? Kant le dit; mais la conscience le contredit. Elle affirme la simplicité du moi qui, à ses yeux, n'est point une chimère ou une pure collection de pensées (220). Qui a raison d'elle ou de Kant? La conscience, selon nous. Kant est surtout un logicien. Pour soutenir ses antinomies et ses paralogismes, il a fallu une grande dépense d'arguments subtils, sinon de sophismes. Il faut l'avouer, l'auteur excelle à embrouiller et obscurcir les faits les mieux avérés et les vérités les plus claires. Or entre un fait évident et un raisonnement abstrait souvent très-subtil, y a-t-il parité? Mais nous en convenons, c'est un échafaudage difficile à renverser que la Critique. Nous renvoyons à ceux qui ont essayé cette tâche pénible. Pour nous, nous n'aborderons qu'une seule des antinomies.

III. La première antinomie kantienne.

Le monde est limité quant à sa durée et quant à son étendue. — Le monde n'a de limites ni dans le temps ni dans l'espace.

Telle est la première antinomie de Kant. Les raisons de la *thèse* sont connues : 1° Le monde est successif. Or, toute succession d'instants finis suppose un premier instant qui commence la série. De plus, leur somme étant finie ne peut égaler la durée infinie, éternelle. Donc le monde a commencé. 2° Chacun des corps qui composent l'univers étant étendu est limité; la somme des êtres étendus l'est également. Donc, le monde est limité. — La *thèse contraire* se prouve ainsi : 1° Supposons un commencement, dit Kant, un temps doit avoir précédé où le monde n'était pas, c'est-à-dire un temps vide. Or, rien ne peut commencer dans un temps vide. Donc, le monde n'a pas commencé. 2° Supposons le monde d'une étendue limitée, il se trouve alors dans un espace vide. Mais le rapport à un espace vide est un rapport sans objet; un tel rapport n'est rien. La thèse et l'antithèse se valent.

En est-il ainsi? Pour nous, la thèse subsiste et conserve sa valeur. L'expérience, il est vrai, paraît la contredire; mais remarquons-le, l'expérience ici est impuissante; le problème la dépasse infiniment. Les découvertes de la science moderne, j'en conviens, semblent donner de la force à l'opinion qui regarde le monde comme infini en étendue et en durée. L'univers des anciens n'est pas le nôtre. Le télescope de Galilée a brisé les cieux de cristal et fait voler en éclats la voûte céleste. Quand on songe à l'innombrable multiplicité des astres, à ces milliards d'étoiles, centres d'autant de mondes, cela confond l'esprit, effraie l'imagination : on est disposé à croire l'univers sans bornes et sa grandeur infinie. D'autre part, un autre infini, l'infini en petitesse, s'ouvre à nous révélé par nos instruments. Des milliers d'êtres apparaissent là où l'on pensait avoir atteint de ce côté la dernière limite. Nous nous trouvons suspendus entre deux infinis. L'idée du *cosmos* a changé, et n'est plus celle des anciens. Même résultat quant à la durée du monde. Le temps le plus long est devenu très-court. L'astronomie calcule par millions d'années les grands phénomènes célestes. Notre petit globe lui-même que l'on croyait jeune est fort ancien. Les jours de la création sont devenus des époques que mesurent les siècles. La chronologie a reculé les bornes du passé qui de plus en plus s'éloigne de nous.

Tout cela est vrai et ne peut être nié. Mais cet infini dont on parle, est-il bien l'infini réel, le véritable infini? Non. Celui-ci ne se révèle ni au sens, ni à l'imagination, ni même au raisonnement, mais à la *raison*. Elle seule tranche le nœud. Or, la raison, que dit-elle? Elle dit que cet infini, l'infini de la science, c'est l'infini *mathématique* ou de la *quantité*. C'est l'infini abstrait, simple possibilité idéale, qui n'a pas de réalité. Il est si peu l'infini réel qu'on peut toujours y ajouter et en retrancher sans jamais égaler le vrai infini. Hors de la portée de l'expérience, l'infini échappe aussi aux prises du raisonnement; il fuit devant lui d'une fuite infinie, s'il veut le saisir. Je le répète, c'est une simple possibilité que cet infini abstrait qu'on oppose au véritable infini. Celui-ci n'a ni plus ni moins, ne se calcule ni ne se mesure; étranger à la quantité, il est en dehors des conditions de l'espace et du temps. On ne peut dire de lui qu'il est ici ou là, qu'il a été où sera, mais *qu'il est*. Il est partout et toujours, *semper et ubique*. Ses attributs sont *l'éternité* et *l'immensité*, deux attributs qui ne peuvent convenir au monde, pas plus à son ensemble qu'à chacune de ses parties.

Ceci admis, revenons à l'antinomie. Le monde a-t-il commencé? Oui, comme tout ce qui est fini. Quand? avec le temps qui a commencé avec lui. Est-il limité? Sans doute. Où est sa limite? Là où finit l'étendue. — Mais alors un temps vide a précédé? un espace vide est au delà? — Non, car un temps vide n'est rien qu'une possibilité; l'espace vide, une autre possibilité. Un temps et un espace ne se conçoivent que là où il y a succession ou étendue; en soi, ils n'existent pas. Le monde est sorti de l'éternité non du temps; il est temporel, non éternel. Manifestation de l'infini, lui-même ne peut être infini. Le monde est contenu dans l'immensité, mais cette immensité c'est l'immensité de Dieu, l'être absolu, partout présent, qui l'anime, le soutient, le vivifie, *in eo vivimus movemur et sumus* (V. suprà 718).

Donc la thèse subsiste supérieure à celle qu'on lui oppose. La contradiction peut exister encore, mais pour qui? pour les sens ou pour le raisonnement; mais ni l'un ni l'autre ne sont appelés ici à juger. La raison seule est compétente; elle conçoit très-bien que de l'infini sorte le fini, de l'éternel le temporel, de l'illimité le limité, etc. — Comment? Ceci est le problème de la *création* et nous n'avons pas à le traiter (V. 625).

IV. La deuxième antinomie kantienne.

La matière est composée d'éléments simples. — La matière est divisible à l'infini.

L'antithèse peut-elle balancer la thèse ? Il faudrait d'abord savoir ce qu'est en soi la matière. Si l'on admet, avec Leibniz, que tout corps est un composé de *forces*, la thèse seule est vraie. La matière, comme substance étendue, disparaît. L'étendue n'est qu'une propriété des corps ; un pur phénomène. Les corps sont divisibles, leurs éléments ne le sont pas, toute force étant simple. Tout se réduit à savoir si c'est la vraie notion de la substance. L'étendue n'est divisible à l'infini que parce qu'elle est conçue d'une manière abstraite, à la façon des géomètres. Telle n'est pas l'étendue réelle ou concrète.

Celle-ci, celle du physicien, du chimiste, a son point d'arrêt dans l'atome ou la force. L'atome divisible est contradictoire ; la force est indivisible. L'étendue réelle est un résultat, l'effet de la combinaison ou de l'action réciproque des forces. La science et l'expérience la révèlent ainsi. Le monde est un mécanisme ou un dynamisme. Le mouvement, le poids, la résistance, voilà ce qui est essentiel au corps. Le reste est phénoménal. Ce système, qui contredit l'imagination et les sens, est seul d'accord avec la raison. Aussi, tous les jours, gagne-t-il parmi les savants. La chimie, la physique, les sciences naturelles sont entrées dans cette voie. Le mouvement, les lois du mouvement, tout s'explique par ce fait général, dans le monde physique.

L'objection de Pascal et d'Euler : « Comment avec des zéros d'étendue former l'étendue ? » réputée insoluble, n'a plus de sens. Il ne s'agit pas de zéros d'étendue mais de forces. Comment de l'action combinée des forces résulte ce phénomène, l'étendue ? — Comme tout autre phénomène. Le monde sensible qui se déroule à nos yeux n'est qu'un ensemble de phénomènes, et ses agents sont invisibles.

D'ailleurs, comment échapper à ce raisonnement ? Tout composé est composé de quelque chose ; ou le corps lui-même s'évanouit. La limite est l'indécomposable ou le simple. Le mathématicien peut inventer tant qu'il veut de nouvelles divisions, forger à son gré des unités et les fractionner ; mais c'est une simple possibilité logique, un procédé de l'esprit. Le réel, le concret, atome ou force, y résiste.

Dira-t-on qu'on ne doit donner aux composés que ce qui est dans les composants ? L'expérience le contredit. Au physique, que sont les couleurs, les propriétés chimiques, physiques, organiques ? Au moral, ne dira-t-on d'une armée, d'une assemblée, d'un peuple que ce qui est vrai des individus ? L'action isolée n'est pas l'action simultanée. De même, une pluralité de résistances en un même lieu, discontinue, mais continue à l'œil, ne peut-elle engendrer ce phénomène qui est l'étendue ? Rien là n'est contradictoire. L'antinomie est ainsi résolue. Voyez Leibniz, Ampère, Cauchy, Cournot, Helmholtz.

V. La troisième antinomie kantienne.

La Liberté existe. — La Liberté est incompatible avec l'enchaînement nécessaire des causes et des effets dans le monde réel.

Cette antinomie qui menace l'ordre moral et trouble la conscience, appelle une solution claire et non subtile. Comment Kant la résout-il? Il n'y voit de moyen que d'exclure la liberté du monde empirique, et de la placer dans le monde idéal des *noumènes*. Que penser d'une telle solution? qu'elle équivaut à une négation de la liberté. Si le monde réel, au moral comme au physique, est assujetti à des lois nécessaires, la liberté n'y a plus de place. Vainement on lui en cherchera une ailleurs. Pur noumène, idéal abstrait, fait transcendant, de quelque nom qu'on la décore, elle est une chimère. Le monde moral, qu'on ne l'oublie pas, c'est le monde des actes libres; la liberté, c'est la volonté libre de l'homme agissant. Cette volonté n'est et ne vaut que par ses actes. Les actes volontaires, sans doute, se distinguent de la volonté, comme les effets de la faculté, et celle-ci de l'être qui la possède. Mais en réalité, l'être qui veut, le pouvoir et les actes, ne font qu'un; l'abstraction seule les sépare. Voilà le réel, mais placer la liberté d'un côté, le vouloir ou les actes de l'autre, loger ceux-ci dans le monde phénoménal, transporter celle-là dans le monde idéal, c'est un pur jeu de la dialectique, l'expédient du métaphysicien embarrassé qui veut sauver la morale à tout prix. Le psychologue rétablit le vrai. Pour lui, je le répète, la liberté, c'est la volonté libre qui ne se révèle que par ses actes. Ce n'est pas une conception pure de l'esprit, mais un fait expérimental que chacun trouve en soi dans sa conscience. La vie en est faite (tant que l'homme se possède). C'est la réalité la plus réelle. En vain la métaphysique fait prendre le change et la convertit en concept. La vertu, le devoir, le dévouement, sont-ce là des concepts, des noumènes? Le libre arbitre de l'homme n'a-t-il rien à y voir? La vertu, l'habitude de bien faire, qu'est-elle, sinon une série d'actes vertueux? Ces actes, oui ou non, sont-ils libres? Ramenée à ces termes, la question devient claire; et la solution kantienne peut être appréciée. La proposition qui sert de base à l'antithèse est une pétition de principe. On parle d'enchaînement fatal des causes et des effets. On oublie que la volonté, elle aussi, est une cause et une cause libre; elle rompt cet enchaînement fatal. On affirme que cela ne peut être; c'est la question. On nie le fait: puis, le fait nié, on essaie de rétablir ce qu'on a détruit; on y échoue; cela devait être. Pour nous, la liberté est un fait évident, le grand fait sur lequel roule l'ordre moral. Cette liberté n'est point une étrangère, ni une exilée; elle n'habite pas au-delà des frontières. Elle est l'hôte permanent du monde que nous habitons, et qu'en partie par elle, nous faisons. Elle a dans les événements de notre vie extérieure comme intérieure une importance capitale. Elle s'y mêle sans cesse; elle les modifie et partout fait sentir son influence. C'est la croyance du genre humain. La métaphysique qui la contredit ne la changera pas; elle-même devrait plutôt se changer.

Soutenir le contraire est d'un quiétisme révoltant. Cette voie ouverte par Kant, tous les *déterministes* s'y sont précipités (Stuart Mill, Schopenhauer, etc.). Leur système en a besoin, pas un ne s'en tire que par des subtilités.

Que leur importe? mais pour Kant, moraliste à la fois et métaphysicien, l'embarras est extrême. Cette volonté, c'est la base de son système moral. L'édifice croule, s'il ne la rétablit. Il y a là une bien autre antinomie; c'est celle de la raison *pratique* et de la raison *théorique*. La distinction de l'homme *noumène* et de l'homme *phénomène* qui servira à d'autres (Mill), ne vaut pas mieux, est une semblable fiction.

II. Ainsi le problème subsiste. Est-il insoluble?

Comment concilier ces deux ordres de faits, les uns libres, les autres nécessaires ? la *liberté* et la *fatalité* ? C'est à nous que la question s'adresse.

Nous avouons ne pas y voir l'opposition qu'on nous signale. Le libre arbitre et les lois naturelles peuvent très-bien s'accorder. A *priori*, cela doit être. Les deux termes existent, il faut bien qu'ils s'accordent, dût-on ne pas délier le nœud. Mais qu'y a-t-il d'incompatible à ce qu'une cause libre agisse sur ce qui n'est pas libre et garde sa liberté ? Trouble-t-elle en cela l'ordre universel ? Tout au plus elle le modifie.

De part et d'autre les lois subsistent. Ma volonté agit sur mon corps et par mon corps sur ce qui l'environne. Change-t-elle les lois des corps et du monde ? L'homme se soumet la nature et ses agents (industrie). Change-t-il ses lois ? Son action qui dirige ces forces se combine avec la leur. Voilà tout. De même, un esprit dirige d'autres esprits par voie d'ordre, de conseil. Trouble-t-il l'ordre intellectuel et moral ? Non, car c'est l'ordre moral. Résister à la passion est-ce en changer la nature et la loi ? — La liberté, dit-on, introduirait dans la série des faits une série de faits nouveaux (Kant). — Pourquoi non ? Qu'y a-t-il à cela d'étrange ? Nous admettons même qu'un acte libre rayonne en tout sens ; souvent il change la direction commencée des faits, leur imprime une direction nouvelle. Et cela souvent a une portée immense. Nous le croyons ; est-ce un rêve ? L'historien qui le constate pour l'espèce ou une fraction de l'espèce, écrit-il ce rêve ? La vie de l'individu est-elle autrement faite ? On dit le contraire. On le dit ; mais c'est le fatalisme qui s'affirme, rien de plus. Pour qui n'a pas de système, l'efficacité des actes libres est le fait évident. Dans cette vue seule nous agissons ; sans cela ne pas agir, s'abandonner au cours fatal des événements serait sage. Le nier est absurde. La logique qui accumule ces sophismes ne peut prévaloir. Voilà ce qui est à opposer au dogmatisme des systèmes.

III. Mais on dit : c'est la science, non le dogmatisme qui parle ainsi. La science est *déterministe*. Ceci nous force à insister.

La volonté libre, disons-nous, rompt l'enchaînement fatal des causes et des effets ? Elle n'y introduit ni le *hasard* ou l'*accident*, ni l'arbitraire pur, quoi donc ? de *libre*. Tel fait qui est, pouvait être autre qu'il n'est, ou ne pas être. Voilà notre *thèse*. L'*antithèse* qui le nie n'articule rien qui soit clair et que le bon sens ne contredise. Ce que nous maintenons c'est ceci : Tel homme, par un acte libre de sa volonté, maître de soi, peut changer, modifier le cours de ses actes, et par là celui des événements de sa vie. S'il agit sur un grand théâtre, il peut modifier le cours des événements du monde social, et cela par un acte de libre décision, prise à un moment donné. Son choix aura des conséquences graves, terribles, pour le sort d'une nation et pour lui-même. Car il peut donner telle ou telle direction aux affaires, peser sur ses destinées. Cela est le fait constant, normal dans le monde moral ou des volontés. C'est ce qui le distingue du monde physique où tout est fatal. Autrement le théâtre sur lequel nous agissons est un théâtre de marionnettes, et la pièce est absurde. Il vaut mieux ne pas y prendre part. — Nous n'irons pas plus loin dans ce sujet qui a enfanté tant et de si vives controverses. L'antithèse kantienne n'est qu'un épisode. Je dis donc que la supposition sur laquelle elle s'appuie est fausse. L'objection qui la suit : l'ordre du monde en serait troublé, n'est pas plus vraie. La comparaison du caillou jeté dans un étang, qui y produit des ondulations jusqu'à la circonférence sans en troubler le fond, le fait comprendre.

L'eau fût-elle troublée un moment, le calme se rétablit. Il n'y a pas à s'inquiéter de l'ordre universel. En tout cas, si la thèse est fausse, qu'est-ce que l'histoire ? Qu'est-ce que la vie humaine ? Qu'on réponde. Et si c'est la science qui contredit ici la croyance commune et la vie réglée sur cette croyance, il n'y a plus alors qu'à proclamer l'antinomie nouvelle de la science et du sens commun.

IV. Mais la liberté alors, serait un *miracle*. — Si cela est, le miracle n'est pas rare, mais un miracle perpétuel cesse d'être un miracle : Un miracle dans l'ordre physique, soit, dans l'ordre moral, non, car c'est le fait moral même, à lui seul il constitue un monde. L'ordre physique et l'ordre moral sont deux. Ils vont très-bien ensemble. Distincts non séparés, ils conservent leurs attributs propres, de fatalité et de liberté, l'un ne détruit pas l'autre ni ne le contredit. Le fait est vulgaire, nous marchons dessus. Je résiste au penchant fatal qui me sollicite. Je puis, bravant le danger au lieu d'éviter le coup qui va me frapper, recevoir le coup mortel, être un martyr. En quoi ma résolution, quoique libre, déroge-t-elle à l'ordre naturel ? Qu'un physicien ne le comprenne pas, soit ! un moraliste le comprendra. Si cela n'est pas, tout est fatal, il n'y a qu'à répéter avec le stoïcien lui-même inconséquent, *irrevocabilis humana pariter ac divina cursus vehit* (Sen. de Prov. 5), laisser agir l'ordre universel, adopter le *déterminisme* avec toutes ses conséquences.

Ainsi l'antinomie kantienne est un fantôme. Pour qui a une idée vraie de la liberté, de la cause libre, finie, mais efficace et réelle, maîtresse de soi, créatrice dans sa sphère, le spectre s'évanouit. Loin de heurter la raison, la notion d'une causalité libre seule la satisfait, c'est la lumière du monde intellectuel. Pour celui qu'elle n'éclaire pas tout est ténèbres, et devient inintelligible. Mais ce qui choque surtout, c'est ce sophisme d'une liberté *transcendante*, en dehors de l'espace et du temps, qui réside hors du monde et n'y intervient pas, impuissante et inutile spectatrice des événements qui s'y passent et s'accomplissent sans elle, impuissante à troubler l'ordre parce qu'elle n'y fait rien ; c'est la distinction analogue dans chaque individu, d'un caractère *intelligible* (inintelligible) opposé au caractère *empirique* ou temporel, qui ne peut rien sur lui-même, créé *à priori*, éternel comme Dieu. C'est la fiction d'une raison *pratique* opposée à la raison *théorique*, qui admet ce que l'autre rejette, qui crée des *postulats*, pour se tirer d'affaire, que la science ne reconnaît pas et qu'elle reconnaît. Ce sont là les chevilles d'un système, ou les béquilles qui l'aident à marcher, mais qui ne montrent que mieux qu'il est paralysé.

VI. La quatrième antinomie kantienne.

Il y a un être nécessaire. — *Un être nécessaire n'existe pas.* — *La succession des effets et des causes le rend inutile.*

Nous nous y arrêterons moins. La *thèse* seule est conforme à la raison. L'imagination seule, ou le raisonnement appuyé sur le sens, fournissent *l'antithèse*. Admettre une série infinie de causes et d'effets, c'est supprimer l'idée même de *cause*, dont la notion est de commencer des effets puisqu'elle en est le principe. Une succession de causes et d'effets, sans autre lien que des lois, fait disparaître la causalité ; cela est évident. Or, pour la raison, retrancher cette idée, c'est supprimer son objet propre, l'inviter à se suicider. L'objet nécessaire de la raison, c'est le premier terme de la série, savoir : un principe, une cause, une substance qui soit le premier, la source des existences finies. Là est la raison des êtres et de l'ordre du monde. Elle ne saurait consentir à remonter la série indéfinie des causes et des effets. Il faut s'arrêter quelque part (Arist.). Si l'on admet que le monde est éternel, cela ne dispense pas de lui assigner une cause, un principe qui le fait être ce qu'il est, qui explique son unité, sa stabilité, l'uniformité de ses lois. Dans ce flux de phénomènes, il y a permanence. Supprimer cette cause est impossible. Quelle soit transcendante ou immanente, contemporaine ou non de ses effets, cette cause ne leur est pas moins supérieure. Logiquement et métaphysiquement la dépendance subsiste. Mais des phénomènes sans cause, une série indéfinie de causes et d'effets que rien ne relie, ne produit et ne soutient, des modes sans substance, une pluralité sans unité, une succession sans permanence, voilà ce que la raison ne conçoit pas, n'admettra jamais, ou le monde est un monde d'ombres, l'ombre d'une ombre. C'est le nihilisme. Le panthéisme qui vient après Kant l'a très-bien compris (Fichte, Schelling, Hegel). Cela suffit pour écarter la supposition de Kant, effacer son antithèse. D'autres difficultés peuvent s'offrir, nous n'avons pas à les examiner.

TROISIÈME PARTIE

MÉTAPHYSIQUE APPLIQUÉE (SUITE)

LA MATIÈRE ET L'ESPRIT

Matérialisme, Panthéisme, Spiritualisme

Ne pouvant aborder tous les problèmes de métaphysique appliquée, nous choisirons le principal, celui qui, à nos yeux, a une importance souveraine.

L'antinomie de la *matière* et de *l'esprit*, qui déjà occupe une si grande place dans la philosophie ancienne (1), apparaît dans la philosophie moderne, avec Descartes, dont le système est le dualisme. Rétablir l'unité au sein de la substance fut depuis le grand effort de la métaphysique. On y arrive par trois voies différentes. — 1° *Spinoza* supprime la dualité en faisant de l'étendue et de la pensée, des corps et des esprits, des attributs et des modes de la substance unique (*Panthéisme*). — 2° Aux yeux des encyclopédistes (Diderot, d'Holbach, etc.), l'esprit est le résultat de la matière organisée (*Matérialisme*). — 3° *Leibniz*, cherchant à concilier les contraires, ouvre au spiritualisme une porte nouvelle. Tout en maintenant à l'esprit et au corps leurs propriétés distinctes, il les réunit dans la même notion de substance

---

(1) Pythagore : la *Monade* et la *Dyade* ; — Platon, l'*être* et le *non être* (τὸ ὄν, μὴ ὄν), le *déterminé* et l'*indéterminé* (τὸ πέρας, τὸ ἄπειρον); — Aristote : l'*acte* et la *puissance* (ἐνέργεια, δύναμις); — les stoïciens, le principe *actif* et le principe *passif*; les alexandrins, la *matière* (ὕλη) et les *idées*.

active et simple (*Monadisme*). Les éléments des corps sont des forces simples, analogues à la force pensante (*Monades*). Il rétablit ainsi l'unité sans détruire la dualité. Les trois solutions se retrouvent aujourd'hui en présence avec les modifications que le progrès des sciences et de la philosophie a rendues nécessaires : *matérialisme, panthéisme, spiritualisme* tempéré ou monistique. Le *monisme* est la devise commune. Un examen de ces doctrines nous permettra de fixer notre choix et de le motiver.

1° MATÉRIALISME ACTUEL (POSITIVISME)

I. Et d'abord est-il le matérialisme ? Il s'en défend et le nie. Ce que la matière est en soi, ce qu'est en soi l'esprit, il ne le sait pas. La science ne s'occupe pas des substances ; les phénomènes et les lois, voilà son unique objet. Au-delà le savant ignore tout et consent à tout ignorer. Tous ces problèmes sur Dieu, l'âme, la matière, l'origine et la destinée des êtres ne la regardent pas; insolubles la science les rejette. La philosophie fait de même; son but est de faire la synthèse des autres sciences, de systématiser leurs résultats, de trouver la loi générale qui les relie. Tout ce qui dépasse ce but appartient à la métaphysique. Or celle-ci a fait son temps comme la théologie (*V. Questions, Sect. V.*)

Cela est-il bien sérieux ? on l'a vu (p. 702). En particulier le problème de la matière et de l'esprit est-il supprimé ? Non, mais il est résolu. Quand on affirme que l'esprit est une fonction du corps, que la pensée est un acte cérébral, quand avec cela on ne craint pas d'affirmer que l'être pensant, l'âme est une abstraction, une entité, une chimère, peut-on soutenir qu'on n'est ni matérialiste ni spiritualiste, qu'on reste neutre entre les deux doctrines ? Un pareil sophisme à l'entrée d'un système, est peu fait pour le recommander. Il est vrai qu'on ajoute : nous aussi nous reconnaissons deux ordres de faits, des faits physiques et des faits moraux ou psychiques, perçus les uns par les sens, les autres par la conscience, les uns externes, les autres internes, l'*objectif* et le *subjectif*. — Mais si ces deux ordres de faits sont des modes de l'organisation corporelle, si le dedans et le dehors ici sont le dehors et le dedans du corps, on a beau parler de l'objectif et du subjectif, il en est comme de l'envers et de l'endroit d'une tapisserie ; c'est toujours la même étoffe. Le corps est le substratum des deux sortes de faits. Si l'esprit est un mode du corps, le corps organisé seul existe. Ne dit-on pas qu'il n'y a pas d'âme qui habite ce corps, que c'est un être imaginaire ? Avec cela on n'est pas matérialiste ! L'auteur des Provinciales n'a pas eu en face de lui de pareils équivoques.

Le matérialisme, qui ne le sait ? ne consiste pas à ignorer ce qu'est en soi la matière, mais à nier que l'âme existe. Quand on supprime l'être spirituel, ou, ce qui est le même, quand on en fait une résultante de l'organisation corporelle, est-on ou non matérialiste ? Dire que non, est se moquer du lecteur. Vous ignorez ce qu'est en soi la matière, mais vous connaissez le corps et ses propriétés. Le corps est étendu, divisible, sujet à décomposition. Si l'âme est une fonction du corps, apparemment elle est corporelle. Si elle est corporelle, elle n'est pas spirituelle. L'esprit n'a pas d'existence propre. De tout temps cela s'est appelé le matérialisme. Ainsi l'ont entendu Démocrite, Epicure, Lucrèce, Lamettrie, Cabanis, Broussais. Le mot ne les révolte pas, aucun ne la renie. De plus, le nouveau système accepte toutes les conséquences théoriques sinon pratiques qui découlent du principe : la réduction des lois morales aux lois mécaniques ; la pensée est un des modes combinés du mouvement ; il nie la liberté et professe le déterminisme. (V. *Questions*, ibid.)

Ceci est le début, entrons dans le système.

On supprime, dit-on, la matière, mais on parle sans cesse des *atomes*. Qu'est cela ? Sinon la matière qui reparaît. On explique tout par les combinaisons de la matière et de ses molécules. Il est vrai qu'on lui donne et lui ôte des propriétés. Le mouvement lui est inhérent, l'inertie disparaît (*force et matière*). Tout s'explique par les lois du mouvement susceptibles de se modifier à l'infini. De la combinaison des atomes infiniment variée, résulte l'infinie variété des êtres, les esprits et les corps. Quand on explique ainsi toute chose, les faits de l'ordre intellectuel comme ceux de l'ordre physique, on a beau répéter qu'on n'est pas plus matérialiste que spiritualiste, un pareil langage ne trompe personne. Pour l'honneur du système, il vaudrait mieux ne pas l'employer.

La tendance évidente est de tout ramener aux lois mécaniques. La vie, la sensation, la pensée, les actes volontaires, sont des modes plus compliqués du mouvement. Tel est le but avoué, espéré, prédit. Le siège se fait, un jour la place sera prise. Cela, on y croit, on le voit des yeux de la foi dans cette école. Savants et philosophes le répètent. Dire qu'on ne s'occupe pas des substances, qu'il ne s'agit ni de la matière ni de l'esprit, quand on affirme ces choses de l'une et de l'autre, qu'on leur prédit ce qu'ils seront un jour, c'est une des plus fortes plaisanteries qui aient été faites en matière sérieuse, quoiqu'elle n'ait rien d'humoristique et de spirituel.

Entre le matérialisme ancien et le nouveau matérialisme, la différence est que, moins savant, celui-là était plus hardi, qu'ici pour ne pas effrayer on joue sur des mots et on s'enveloppe d'équivoques. On accorde aussi plus à la matière, douée de la force et privée d'inertie ; mais cela ne fait absolument rien à la question, qui est que l'esprit n'existe pas.

II. Ce système, nous l'avons réfuté (supra p. 233 et suiv. et *Questions*, sect. V). — Nous ajouterons quelques réflexions.

1° Le matérialisme actuel a, disons-nous, une logique singulière. Il dit : « Nous ne connaissons ni la matière ni l'esprit ; le fond des êtres nous échappe. » Puis il ajoute, parlant de l'esprit, qu'il est le résultat de la matière organisée. Cela, il le sait de science certaine ; l'expérience le lui atteste. De la matière, qu'il ne connaît pas, il affirme aussi qu'elle n'est pas inerte, que la force est son essence. Il va plus loin ; selon lui, tout vient d'elle et de ses combinaisons de molécules ; ses lois qui sont les lois mécaniques régissent les corps et les esprits ; les lois des esprits s'y ramènent. Mais si l'on ne sait rien des substances, pourquoi tant donner à l'une ou à la matière, la douer de tels attributs ? Pourquoi dire que l'autre, l'esprit, en résulte ? Cela est peu conséquent. — C'est le progrès de la science qui le veut, elle marche dans ce sens. — On l'affirme et rien jusqu'ici ne l'a pu démontrer ; on a élevé de vains échafaudages qu'un souffle de sérieuse critique renverse aisément. Mais passons. Cette matière et ces molécules, dont l'essence est le mouvement, prises en soi, elles sont aveugles, soumises à des lois fatales, immuables. Donc l'esprit qui en vient est soumis aux mêmes lois. Dans le monde de l'esprit, tout est déterminé, fatal. La nécessité règne partout. Cela on l'admet, c'est même un dogme. Au moins cela est conséquent, conforme à la logique sinon à la saine raison. Aussi niera-t-on la liberté, mais non ce qui s'y rapporte. Ailleurs *on a* fait ressortir ces *inconséquences*. (*Questions*, V. *Déterminisme*.)

2° Ce n'est pas tout, de cet esprit dont on ne sait rien, dont l'être, la substance est inconnue, on affirme une chose grave, selon nous, la plus singulière de toutes. C'est que le *moi*, qui est cet esprit, ayant conscience de lui-même et se disant moi, n'est rien par lui-même, qu'il n'est qu'un *groupe d'états mentals*. Cela veut dire en langue vulgaire qu'il est une pure collection de sensations, de pensées, d'actes, etc. Mais d'abord si vous ne le connaissez pas cet esprit, comment oser affirmer de lui ce que vous dites ? — C'est, dit-on, que si nous ne connaissons pas l'esprit dans son fond, nous connaissons le *moi* qui est sa forme. Or le moi est un pur phénomène ou une collection de phénomènes. Le moi est un groupe, une collection de faits, d'états mentals (*H. Spencer*, Mill, Lewes, etc.). Cela est net et non moins hardi. Mais l'entend-on ? Si c'est clair est-ce intelligible ? Il s'agit ici non de logique mais d'expérience interne. Or les états mentals (pensées, sensations, etc.), le moi les appelle *siens*, donc il s'en distingue, et il se croit quelque chose de plus. Quand il dit *je* pense, *je* veux, *je* sens, il est plus qu'un lien nominal entre ces faits, une entité verbale. Aussi lorsqu'on déclare que c'est la *science* qui dit cela, la *conscience* proteste et affirme le contraire. On nie son autorité. Mais un tel démenti donné au bon sens et à l'évidence ferait plutôt croire que ce n'est pas la science qui parle ainsi, mais un système usurpant son nom et qui modestement se met à sa place.

Est-ce bien là, en effet, cet être que chacun sent vivre, agir et penser en soi, qui dit moi ? Le vrai moi se reconnaît cause et sujet de ses actes, il sent qu'il les produit, qu'ils émanent de lui. N'est-il donc qu'un effet ? une collection de faits ? Cent fois cette question a été faite au matérialisme et à ce système. Il nie et niera toujours, ou il répond par des abstractions. Lui objecte-t-on la *responsabilité* ou telle autre difficulté impossible à résoudre dans ce cas, ou il nie encore, ou il entasse les subtilités. C'est le talon d'Achille du système.

3° Ce moi qui se sait, qui se meut, qui est maître de lui et se gouverne, qui distingue le vrai du faux, le beau du laid, le bien du mal, qui agit sachant qu'il peut ne pas agir ou agir autrement qu'il ne fait, c'est la *personne humaine*. Elle se sent *responsable* de ses actes, mais elle se trompe, elle n'est rien qu'une collection d'états mentals ou de pensées. Pour qui réfléchit et n'a pas de système, je dis que cela n'a pas de sens. Collection d'idées, groupe de faits, groupe de groupes, vivant en société avec d'autres groupes, eux-mêmes groupes de faits ou d'états mentals, contractant avec eux, etc., ce sont là des mots vides, inintelligibles, ou, s'ils ont un sens, une claire absurdité. Anglais ou Français, ceux qui ont créé cette langue ou la parlent ont fait et font du galimatias scientifique.

4° Mais voici qui n'est pas plus intelligible ; *l'éternelle objection* cent fois reproduite et jamais réfutée. *Ce moi qui n'est pas un pur phénomène, mais qui est cause et se sent cause, ce moi aussi se sent simple, identique* à lui-même, comme il est doué d'une *activité propre, cause et cause libre*. Cela étant, comment les corps étant composés, multiples dans leurs éléments, de leur combinaison résulte-t-il un être simple ? Comment d'aveugles deviennent-ils intelligents ? — par le seul fait de leur juxtaposition ou combinaison ? Quoi ! isolés ils ne pensent pas, mis à côté les uns des autres ils pensent ou sont capables de penser. Admirable effet de la réunion ! De plus, ces éléments sont soumis à des lois fatales ; de leur réunion résulte un être libre. L'association dont on a dit en politique tant de merveilles n'a rien de comparable à celle-ci due au pouvoir magique de la science positiviste. Que l'on accorde, si l'on veut, la spontanéité aux atomes, cela ne fera pas que leur collection devienne libre. Il est vrai qu'on nie le fait. Toujours il faut se heurter à cet écueil.

III. Voilà ce qu'on objecte sans cesse au matérialisme, ce à quoi il n'a jamais répondu. Nous ne voulons pas rentrer dans cette discussion ; nous ajouterons quelques mots sur l'*identification des lois physiques et des lois morales*, si chère aux partisans du positivisme. C'est pour eux le but que poursuit la *science* qui, dit-on, avance toujours de ce côté. La barrière s'abaisse, l'abîme se comble tous les jours.

Cela est-il vrai ? Le vérifier ici est impossible ; mais il y a une voie plus courte. Selon nous, le point principal n'est pas même abordé. Partout il est éludé. Pour le voir, il suffit de préciser.

Le problème est celui-ci. Les lois de la pensée sont-elles les lois du mouvement ? la pensée est-elle une des modifications innombrables du mouvement ? Je dis que la science qui poursuit ce but n'y arrivera jamais. Pourquoi ? c'est que cela est impossible ; la contradiction est dans les termes, et l'absurdité radicale. Il suffit de comparer ces deux termes : la *pensée* et le *mouvement*.

Faites attention à ceci. Un *esprit* (car nous n'en sommes pas réduits à ignorer tout à fait ce qu'il est), un esprit c'est un être qui se sait, qui se meut, se gouverne, à certains moments du moins, qui se sent maître de ses actes. Il se croit capable bien ou mal de se conduire lui-même.

Le *mouvement* est le changement de lieu d'un corps dans l'espace, le déplacement en tout ou en partie de ses molécules. Maintenant, dites si vous comprenez cela : un corps qui, en se déplaçant, se mouvant, par cela qu'il se meut d'une certaine façon, se sait se mouvant ; un ensemble de mouvements qui se pense lui-même ; un mouvement qui se voit se mouvoir, un mouvement qui se souvient, qui prévoit, se voit dans l'avenir, qui calcule ses propres mouvements et prédit leur retour ; un mouvement qui se dirige lui-même, prend une direction comme il le veut ? Je dis que c'est un non-sens inintelligible à ce même esprit qui seul est pris pour juge. Autant dire qu'un cercle ou un carré, un triangle se mesure lui-même. Autant donner aux esprits les propriétés du carré, du triangle ou du cercle. — Un mouvement qui prend conscience de lui-même, un ensemble de mouvements qui réfléchit, se pose à la fois devant lui-même, sujet et objet, un mouvement qui se possède, se dirige, change à son gré son mouvement, délibère, se résout ; un mouvement qui hait, qui aime, qui veut, espère, regrette, etc., autant dire un carré rond, un cercle carré, ou un cercle qui se calcule lui-même. C'est pourtant ce qu'on dit quand on donne à la matière la propriété de régler ses propres mouvements ; tout cela c'est claire absurdité.

C'est ce qu'on dit quand on dit que la matière peut penser et que la pensée est un mouvement ou un résultat des lois du mouvement. Il y aura toujours un abîme entre ces faits. La science ne parviendra pas à le combler. Il vaudrait certes mieux placer la pensée à l'origine du mouvement que le mouvement à l'origine de la pensée, dire que le minéral est la pensée pétrifiée, le cristal une idée cristallisée, ou dispersée, ou éteinte, l'organisme une pensée organisée. J'appuie sur ce point capital. La science ne franchira point cet abîme. On peut lui jeter le défi. Si engouée qu'elle soit de ses découvertes, celle-là lui est interdite. Mieux instruite elle reviendra de son engouement.

Précisons encore plus. Je prends le fait même de la *pensée*. La pensée suppose deux termes (suprà p. 70), le *sujet* qui pense et l'*objet* pensé, le sujet et l'objet et leur lien, l'acte de l'esprit qui les saisit et les réunit. Cette unité de l'être pensant qui se dédouble et reste lui-même dans cette dualité, qui revient sur soi et se prend pour objet, voilà ce qui est inintelligible pour l'être matériel. Cette unité de l'être pensant présent dans toutes les opérations, on ne l'obtiendra jamais en épuisant toutes les combinaisons possibles du mouvement, dans cet être multiple qui est la matière, mue dans l'espace, affectant tous les rapports de lieu possibles. Atomes isolés ou groupes d'atomes, faites-les mouvoir comme il vous plaira, vous n'obtiendrez jamais qu'ils se sachent, se sentent, veulent. Il faudrait donner la pensée à un de ces éléments ; mais on en ferait un esprit et lui seul le serait. Mais on sort du système. Je laisse de côté mille autres absurdités où l'on est conduit dans cette voie. La science qui progresse ne poursuit pas l'absurde ; elle s'en écarte et lui tourne le dos.

Qu'objecter à tout cela ? La seule objection que je connaisse est celle-ci. C'est que le *moi* lui-même se sent parfois divisé. Louis XIV reconnaissait en lui deux moi. Dans certains états, l'halluciné se croit un autre que lui. — Mais quoi de plus grossier ! Le moi, qui se divise ainsi, le sait et il sait qu'il reste lui-même malgré cette division. Il reconnaît son illusion, puisqu'il l'accuse et s'en souvient. — En d'autres termes le moi qui se croit non-moi sous ce non-moi reconnaît son moi qui persiste puisqu'il le juge, le voit et le dit. — C'est un halluciné qui, tout halluciné qu'il est, reconnaît son hallucination. Le fait se détruit lui-même. Il en est comme du sceptique qui en affirmant son doute le détruit. Tout cela n'est pas sérieux.

Concluons : le premier des trois systèmes qui par la suppression de l'esprit croit résoudre l'antinomie est faux. Cette solution qui semble aujourd'hui triompher ne peut prévaloir qu'aux yeux des ignorants ou des savants prévenus et ignorants des choses de l'esprit. Triomphera-t-elle toujours ? Nous augurons mieux de la science et de son avenir.

2° PANTHÉISME ACTUEL

Ce n'est pas en quelques lignes qu'on peut exposer et juger ce système. Nous renverrons à ce qui en a été dit ailleurs, (QUESTIONS, Sect. V), nous bornant à ce qui a trait à notre sujet.

La *matière* et l'*esprit* y sont facilement conciliés. La *matière* c'est l'être à son premier degré, sa forme ou détermination première. L'*esprit*, c'est l'être sous sa forme la plus haute, le dernier terme de l'*évolution divine*. C'est ainsi qu'ils apparaissent dans les derniers systèmes (Schelling, Hegel). La matière est le plus bas degré de l'être, ou le développement de l'*absolu* à sa première *puissance*. (Schelling). Ou elle est l'*idée* sortant d'elle-même, se posant en dehors d'elle-même (extériorité), (Hegel). L'esprit est l'idée revenant sur elle-même, prenant conscience de soi, le dernier terme de l'activité libre. Dans ce *processus*, l'être conserve partout son unité, son identité. Les êtres individuels n'ont pas d'existence propre, distincte et séparée de l'existence divine qui leur sert de *substratum* ou de base. La nature et l'esprit sont les deux formes ou manifestations de l'être divin. Le *monisme* est évident.

Ce système, sans doute, résout facilement en apparence toutes les antinomies, mais à quel prix? (V. Ibid.). Les objections théoriques et pratiques auxquelles il est sujet ont été indiquées. (Ibid. p. 428.)

3° SPIRITUALISME ACTUEL

N'y a-t-il pas une solution meilleure et plus vraie du problème que nous agitons? Faut-il, pour échapper au matérialisme, se réfugier dans le panthéisme? D'autre part, ne peut-on conserver à la matière et à l'esprit leurs attributs distinctifs sans être pour cela dualiste? Le spiritualisme actuel n'admet pas cette alternative : non stationnaire mais progressif, il n'en est pas réduit à admettre avec Descartes et ses disciples le divorce absolu de la matière et de l'esprit. Il pense pouvoir échapper aux difficultés que soulève le dualisme. Nous indiquerons brièvement cette solution.

La base de cette doctrine est la conception leibnizienne (v. p. 737) de la *force* comme constituant la nature commune des corps et des esprits. L'univers est un ensemble de substances simples et actives. (Monades). Le monde est un dynamisme. Seulement cette conception doit être dégagée des hypothèses qui, chez Leibniz, la déparent et l'ont discréditée (Harmonie préétablie, etc.). Le spiritualisme actuel qui l'admet et la développe, s'efforce de la mettre en rapport avec les résultats de la science positive. Voyons comment notre question y est résolue.

Dans ce système, on l'a vu, la matière comme substance étendue, divisible et inerte, n'existe pas. Toute substance est simple et active. L'étendue est un pur phénomène (Supra). Que sont les corps? des agrégats de forces. — 1° Le corps *inorganique*, le *minéral*, est la juxtaposition et l'action réciproque des forces qui le constituent. La cohésion et l'affinité suffisent à l'expliquer. — 2° Dans les corps *organisés*, une des forces s'empare des autres, les coordonne, et se les assujettit. Tant que l'être organisé subsiste, cette force est liée à cet organisme et agit en lui; elle en est comme l'âme ou le principe vivant; elle lui survit, aucune force ne périt. Ainsi en est-il de la plante et du *règne végétal*. — 3° Dans l'*animal*, la force se révèle par des propriétés nouvelles qui s'ajoutent aux précédentes : la sensation, l'activité motrice et spontanée, un premier degré d'intelligence, l'instinct, la volonté. — 4° On arrive ainsi à l'*homme*, dont l'âme, monade supérieure, unie à un corps, possède des facultés qui la distinguent, et font d'elles un esprit : la raison, et la liberté. Dans ce système, Dieu, monade suprême, la monade des monades, est le centre d'où émanent tous les êtres, qui crée l'univers et le conserve, préside à l'ensemble et le gouverne, à la fois architecte du monde et monarque des esprits. Le monde est la cité de Dieu. Dans l'univers, tous les mondes et tous les êtres ont leur place et forment une harmonie. Entre l'homme et Dieu il existe un nombre infini d'êtres ou d'esprits intermédiaires qui remplissent cet intervalle et forment le lien.

La *Loi de continuité* des êtres, cette loi, aujourd'hui partout vérifiée, est proclamée. Chaque être, chaque monade s'avance vers la perfection et se transforme. Il y a une échelle ascendante des êtres depuis la molécule, qui est dans le minéral, jusqu'à l'être par excellence ou parfait. — Nous n'irons pas plus loin. Il suffit d'avoir donné une idée de ce système. Il n'a rien, du reste, de clos et de définitif et peut se prêter aux modifications qu'exigent les découvertes scientifiques sans que sa base soit changée. Au moins a-t-il l'avantage de conserver intactes les vérités morales, et ce qui est le fond des croyances du genre humain, que les autres systèmes ne peuvent admettre sans se contredire : l'individualité, la personnalité humaine et divine, la liberté, l'immatérialité de l'âme, sa destinée future et l'immortalité. La raison théorique s'y trouve d'accord avec la raison pratique. Cette grande antinomie qui éclate chez les autres y est résolue. Et, quoi qu'on dise, la science elle-même ne peut y être indifférente.

Conclusion. — De l'examen de ces systèmes il résulte que, si le dernier n'est pas à l'abri des objections, au moins on ne peut nier qu'il n'aplanisse les difficultés insolubles des autres systèmes. — 1° Le *Dualisme cartésien* disparaît; le *Monisme* est rétabli : « Cette métaphysique réformée n'admettra plus deux grandes classes d'êtres, entièrement séparées l'une de l'autre, et excluant tout intermédiaire ; mais une seule et même chaîne embrasse et lie tous les êtres de la création. La force, la vie, la perception sont partout répartis entre tous les degrés de la chaîne. La loi de continuité ne souffre point d'interruption ni de saut dans le passage d'un degré à l'autre, et remplit sans lacune, sans possibilité de vide, l'intervalle immense qui sépare la dernière monade de la force intelligente suprême d'où tout émane. (*M. de Biran*, t. *IV, Œuvr. phil.*) — 2° Le *Matérialisme* qui fait de l'âme une résultante, ne peut expliquer comment du composé sort le simple, comment de la réunion et du concours fatal d'éléments aveugles, naît l'intelligence et l'activité libre. Ici c'est le simple, l'actif par essence qui produit le composé, le corps; dans les règnes supérieurs, c'est lui qui donne la vie à l'être organisé. Plus haut l'intelligence virtuelle devient l'intelligence en acte; elle acquiert l'activité libre en se développant. Liée à des organes, l'âme apparaît d'autant plus parfaite qu'eux-mêmes sont plus parfaits; mais elle s'en distingue, les domine et conserve, avec son excellence, sa destinée propre. — 3° Le *Panthéisme*, en faisant des êtres des modes déterminés de la substance unique, efface leur individualité réelle; dans l'homme et dans Dieu la vraie personnalité disparaît. — Ici, l'individualité est l'essence même de l'être; elle est partout, au plus bas comme au plus haut degré. Mais la personnalité, attribut de l'esprit, n'éclôt qu'avec la raison aux degrés supérieurs. Distincte de l'être divin, l'âme humaine conserve avec Dieu, dont elle émane, son rapport de dépendance ; mais elle a son action et sa sphère d'activité propre. Liée au corps elle lui survit comme elle conserve sa supériorité. Aucune substance ne périt. Le faisceau des existences individuelles n'est pas pour cela brisé : Dieu est leur centre, établit et maintient entre elles l'harmonie. — Bien des obscurités subsistent, sont-elles moindres ailleurs ? ce qui est certain c'est que, seul, le spiritualisme, on l'a dit, peut s'allier aux croyances morales et religieuses, seul il peut donner la solution des problèmes de l'ordre moral.

ANALYSES

I. — XÉNOPHON. Les Mémoires sur Socrate.

Xénophon composa ces mémoires pour justifier son maître, injustement condamné à mort. L'accusation portait : 1° Socrate ne reconnaît pas les dieux de l'Etat ; 2° il corrompt la jeunesse. — Par des exemples tirés de la vie de Socrate et par l'exposé de sa doctrine, Xénophon fait voir qu'il fut le plus religieux des hommes et un modèle de toutes les vertus, que ses enseignements respirent la morale la plus pure.

Le but apologétique de ce livre, l'esprit tout pratique de l'auteur ne laissent qu'entrevoir ce qu'il y a d'original et de profond dans la doctrine de Socrate, surtout le côté spéculatif. On peut néanmoins en démêler les points principaux.

I. *Philosophie en général et méthode.* — Socrate, dit Xénophon, n'aimait pas les sciences abstraites ; il bannissait les recherches obscures et difficiles ; il n'estimait les sciences que par leur rapport avec les usages de la vie. (Liv. I. IV.) Ainsi comprenait Socrate l'homme d'action, le grand capitaine qui assista à ces entretiens. Est-ce bien là le maître de Platon, le fondateur d'une philosophie nouvelle ? Dédaignant les vaines spéculations, il s'entretenait non de la nature de l'univers mais des choses humaines, περὶ τῶν ἀνθρωπείων ἀεὶ διελέγετω. (I. 1.) Selon sa maxime *connais-toi toi-même* (III. 7. IV. 3) il examinait ce qui est *pieux* ou *impie*, *honnête* ou *honteux*, *juste* ou *injuste*. — Cela est vrai ; mais le successeur d'Anaxagore qui démontre Dieu par les merveilles de la nature (L. I. 4. IV. 3) ne voyait-il dans la géométrie et l'astronomie (IV) que le moyen de mesurer un champ et de diriger un vaisseau ? N'estimait-il que la physique appliquée aux arts utiles ? L'auteur des Mémoires ne dit-il pas de Socrate qu'il faisait de la *justice une science* et de toutes les vertus *des sciences*, (III IX) ? Il définissait chaque chose et formait ses disciples à la *dialectique* (IV, V). N'assure-t-il pas qu'il l'a connu capable d'éclairer les plus graves questions et de donner des définitions des choses les plus difficiles (IV, VIII) ?

Quant à la *méthode*, l'étude de l'homme en est le point de départ, mais ce qu'il considère dans l'homme c'est sa raison, les *idées* du vrai, du bien, du juste, l'*universel* en un mot, non l'individuel ou le sensible qui est le fond de la doctrine des sophistes. Très-simple en apparence, cette méthode consistait à interroger chacun, à donner des conseils, à exhorter à la vertu. Par des questions habilement posées, il conduisait l'esprit du connu à l'inconnu. Selon *Aristote*, il institua le premier les discours inductifs, τοὺς ἐπακτικοὺς λόγους, et apprit à définir, καὶ τὸ ὁρίζεσθαι καθόλου (Met. XIII, 1). Cette méthode est la *dialectique* qui du particulier dégage le général, objet de la science, et distingue les genres et les espèces, τὰ γενα. Elle est partout mise en action dans les Mémoires. Quels sont ses résultats ?

II. *Morale.* — Socrate a fondé la morale comme science ; elle est la base de sa philosophie. Or la science réside dans l'universel. L'universel ici, c'est l'*idée du bien* révélée par la raison, notion universelle et nécessaire. Il l'oppose à la sensation, au plaisir ou à l'agréable qui est toute la morale des sophistes. — Dans Xénophon, cette morale paraît plutôt intéressée. L'utile s'y confond avec le bien ; mais on voit que partout le bien particulier s'y ramène au bien en général. La vertu est la base, le principe, l'utile est la conséquence ; l'*honnête* sert de mesure à l'utile. Seule la vertu est la règle. D'ailleurs, une autre maxime de Socrate, c'est que la vertu est la science et cette science est celle du bien. Socrate fait du savoir le principe même de l'action raisonnable. Il professe l'*identité du savoir et de la vertu.* Celui qui connaît le bien, s'il le connaît vraiment, ne peut manquer de le pratiquer. On ne pèche que par ignorance. Il pensait, dit Aristote, que toutes les vertus sont des sciences (Eth. Nic. VI. 13).

Ces maximes apparaissent, quoique voilées, dans Xénophon. L'identité du *bien* et du *bonheur,* de l'*honnête* et de l'*utile* est plus marquée. Elle s'exprime par le mot εὐπραττειν, qui veut dire à la fois bien faire et être heureux : εὐπραξία (Mem. III. 9). Aussi toutes les vertus se ramènent à la *sagesse.* Il ne séparait pas la sagesse et la tempérance, σοφίαν δὲ καὶ σωφροσύνην οὐ διώριζεν. Il disait que toute vertu était sagesse, ἔφη δὲ... πᾶσην ἀρέταν σοφίαν εἶναι. (Mem., III. 4. 9.) — Telles sont les bases de la morale de Socrate.

Socrate plaçait la *justice* dans l'observation des lois (IV, 6) ; mais il distinguait des *lois écrites* et des *lois non écrites* (ἀγράφους νόμους) (IV, 4). Celles-ci ont leur source dans la nature humaine et la volonté des dieux ; elles ne changent pas et portent avec elles leur sanction. Socrate fondait ainsi le *Droit naturel.*

En *Politique,* la *liberté* lui paraît le but de la société. Il flétrit la tyrannie. Adversaire de la démagogie comme du despotisme, il veut le règne des lois et de la *raison* éclairée. Toute réforme politique non fondée sur les mœurs lui semble une chimère (I, 2.; III, 9).

III. *Religion.* — Développant la pensée d'Anaxagore, il démontre la Divinité par les merveilles de l'univers. Pour lui, la sagesse divine est visible dans ses œuvres, et la Providence est attestée par ses bienfaits (I, 4).

En proclamant un Dieu unique, Socrate admet les divinités subalternes (I, 5). Il avait foi dans l'*inspiration divine* (I, 3) et croyait qu'un être supérieur daignait l'inspirer. Tel est le sens du *démon* de Socrate, qui est aussi une révélation de la conscience (IV, 23). Il demandait aux dieux de lui accorder ce qui est bon, persuadé qu'ils savent mieux que nous ce qui nous est avantageux (I, 3).

Sa *théorie du beau* n'est pas sans intérêt. Il ne séparait pas le *beau* de l'*utile* (III, 19). Mais l'expression des qualités morales lui paraissait le but des arts, de la sculpture, de la peinture, etc. (III, 17).

II. — PLATON. Le Phédon.

Platon nous a laissé dans le Phédon, avec le récit des derniers moments de Socrate, l'entretien qu'il eut avec ses amis sur l'immortalité de l'âme. Par l'importance du sujet, la sublimité des doctrines, l'éloquence et la beauté du discours, le Phédon est un des monuments de la sagesse ancienne qui sera toujours admiré. Toute l'antiquité, dans ses plus illustres représentants, l'a lu et médité. Caton relisait le Phédon avant de mourir. Quant au personnage et à ses discours, Cicéron n'a pas exagéré quand il a dit : *Locutus est ita ut non ad mortem trudi, verum in cœlum videretur ascendere.* (*Tusc.*, IV. 29.)

I. **Personnages.** — Les personnages sont, avec Socrate, *Phédon* d'Elis, ami de Socrate et qui lui-même fut chef d'une école ; *Simmias* et *Cébès* qui soutiennent la discussion ; Simmias le Thébain de l'école Pythagoricienne ; Cébès l'ami de Philolaüs également pythagoricien. Xénophon les cite comme disciples aussi très-zélés de Socrate. Les autres assistants sont *Apollodore*, *Hermogène*, *Euclide* de Mégare. *Xantippe*, la femme de Socrate, paraît au début et à la fin avec ses enfants. Il y a aussi le serviteur des Onze et l'esclave qui apporte le poison. Platon malade était absent.

II. **Plan.** — Le plan est simple. Socrate est dans sa prison avec ses amis. Après quelques mots sur la cause qui a retardé l'exécution du jugement (l'envoi du vaisseau à Délos), l'entretien s'engage ainsi : Est-il permis d'attenter à ses jours ? Non, car c'est déserter le poste assigné par les Dieux. Mais le philosophe ne craint pas la mort ; loin de là, il la désire comme étant la délivrance de l'âme. Prié de donner les motifs de son espoir de jouir bientôt de la félicité dans une autre vie, Socrate expose ses raisons. Après, viennent les objections de ses amis qu'il combat et réfute. La thèse établie que l'âme ne meurt pas avec le corps, quel sera son état dans la vie future ? Question mystérieuse qui ne comporte pas une réponse précise. La raison étant muette, l'imagination a le droit d'intervenir et à un fond vrai de créer une forme fictive dont la pensée générale doit seule être prise au sérieux. C'est ce que fait toujours Platon, il a recours alors à un mythe. Le sens de celui-ci est que les âmes des justes seront heureuses, celles des méchants malheureuses. Chacun emporte avec soi les conséquences de ses actes. (V. Gorgias.) Le récit de la mort de Socrate termine le dialogue.

III. **Preuves de l'immortalité de l'âme.** — Les unes sont indirectes, les autres directes. I. *Arguments indirects.* — 1° Philosopher, c'est apprendre à mourir. Déjà dès cette vie, l'âme doit se détacher du corps. La vie c'est la mort, la mort c'est la vie, car elle rend l'âme à elle-même. L'âme ne commence à vivre de sa vie propre que quand elle est affranchie des liens du corps. Le corps est un tombeau qu'elle traîne après soi comme l'huître sa coquille. — 2° Les contraires naissent des contraires, la mort de la vie, la vie de la mort. C'est la grande loi de la nature vivante, celle des transformations successives. —

3° Apprendre c'est se ressouvenir. Théorie de la *réminiscence* platonicienne (V. suprà, p. 157, 165). L'âme bien interrogée se souvient d'avoir eu certaines idées qui sont encore la base de ses jugements. Si elle a préexisté à la naissance, elle peut survivre à la mort. — II. **Preuves directes.** — 1° Simplicité, immatérialité. — L'âme substance *simple* ne peut périr par décomposition. Elle est distincte du corps et ne partage pas sa destinée. — 2° Preuves par les essences et par les *idées*. (C'est la preuve platonicienne.) Les essences sont immatérielles ; elles ne peuvent être perçues que par la pensée, elles ne changent pas. Or l'âme qui est une essence invisible appartient à la nature des choses qui ne changent pas. « L'âme a plus de ressemblance avec ce qui est toujours le même qu'avec ce qui change. » L'âme ressemble à ce qui est divin ; le corps est ce qui est mortel. De plus l'âme commande au corps. — Conclusion : A la mort, le semblable se réunit à son semblable. Le corps se dissout, l'âme retourne à son principe. Elle jouit d'une vie analogue à celle qu'elle a possédée ici-bas. Elle emporte avec elle ses habitudes, ses vertus et ses vices. — Suit une éloquente digression sur la vie du vrai philosophe qui est un affranchissement continuel de ce qui est un obstacle à la vie de l'intelligence ou à la contemplation du vrai, du bien, du beau absolus. — « Après que Socrate eut ainsi parlé, il se fit un long silence. » En effet avec ce magnifique discours on doit regarder comme terminée la démonstration de l'immortalité de l'âme. Le reste est consacré aux objections.

IV. **Objections et réponses.** — 1re *objection*. (Simmias.) Notre âme n'est qu'une *harmonie*. Comme l'harmonie d'une lyre cesse, la lyre étant brisée, de même l'âme qui résulte d'un mélange ou d'une combinaison d'éléments n'existe plus quand le corps vient à se dissoudre. — Réponse (Socrate). — 1° Il n'appartient pas à l'harmonie de précéder les éléments, mais de les suivre, car elle-même est un effet, c'est donc mettre l'effet avant la cause. La cause c'est l'âme, c'est elle qui maintient les éléments. — 2° L'harmonie a ses degrés, or une âme ne saurait être plus harmonique qu'une autre à moins qu'on n'entende la vertu et le vice. — 3° L'âme gouverne ou maîtrise les éléments dont on la dit composée, donc elle en est distincte et elle est quelque chose de divin. — 2e *objection*. L'âme ne peut-elle pas s'user et s'affaiblir par sa propre durée ? En supposant qu'elle soit bien plus durable que le corps, qu'elle ait été avant lui et soit après lui, qui prouve qu'après avoir parcouru plusieurs existences elle ne soit pas à la dernière, comme un vieux tisserand qui s'est tissé et a usé plusieurs vêtements en est à son dernier vêtement ? — Pour répondre, Socrate (ici Platon) se voit obligé de recourir aux plus hautes conceptions de son système idéaliste. L'âme est quelque chose de fort et de divin, car premièrement il faut savoir quelle est la cause de la vie et de la naissance des êtres (âmes du monde). Deuxièmement, il invoque les lois générales de l'univers, il interroge la physique d'Anaxagore qu'il trouve insuffisante. C'est à une autre méthode qu'il faut recourir.

Son principe est la raison du mieux (causes finales). Cette méthode est celle des *idées*. Elle se résume ainsi : Il est un *vrai*, un *bien* et un *beau* absolus dont participent les choses réelles. L'*idée* existe par elle-même. Elle existe en soi et ne peut admettre son contraire, car il n'est pas un seul contraire qui puisse devenir son contraire. En vain a-t-on dit que les contraires naissent des contraires, ceci n'est vrai que des réalités sensibles, mais ce qui a en soi la vie, ce qui est vivant par essence ne peut cesser de vivre. La véritable essence est immortelle.

V. **Appréciation.** — Plusieurs de ces raisons, aujourd'hui surtout, paraissent faibles. Leur réunion ne laisse pas d'être imposante. Il faudrait en dégager le côté vrai et le présenter sous une forme que la science actuelle puisse accueillir. (*V. Suprà*). On est étonné de ne pas rencontrer la preuve morale, de toutes la plus persuasive. En réalité, elle est partout quoique non explicite. Elle est même formellement dans ces mots : « Si la mort est la fin de l'homme tout entier, ce serait un grand gain pour les méchants. » Elle est aussi le sens du mythe.

Toutes ces raisons cependant laissent à désirer. Platon lui-même l'a senti, quand il parle de la grandeur du sujet, de la faiblesse de la raison humaine et de l'obscurité de ce mystère. Son ton n'est nullement dogmatique. Et néanmoins la confiance de celui qui parle est imperturbable. On l'a dit : lui-même est le grand argument. Socrate victime de la calomnie, mourant pour la justice, après une vie entière consacrée à la vertu, ne peut périr tout entier. Une telle destinée ne saurait être finie. L'âme de Socrate ne peut s'en aller en fumée. Quelques gouttes de poison contenues dans une coupe auraient raison de l'esprit ! Et la loi morale, pour elle quel éclatant démenti ! Les juges ont mal jugé. Qu'importe si la force et le mensonge ont le dessus ? La conscience humaine se révolte à cette idée. Tout homme dont le sens moral n'est pas corrompu fait ce raisonnement et sent la contradiction.

Voilà ce qu'on se dit, ce qu'ont dit en lisant ce livre tant d'âmes d'élite, qui chez les anciens y ont puisé la force de mourir. L'humanité en écoutant les dernières paroles du sage, qui fut un de ses héros les plus purs, est de leur avis. Lui-même prête à ses raisons la force qui lui manque du côté de l'évidence démonstrative. Et comment n'être pas persuadé quand il ajoute en terminant : « Qu'il soit donc plein de confiance sur la destinée de son âme celui qui, pendant sa vie, a repoussé loin de lui les plaisirs et les ornements du corps, qui a orné son âme non d'une parure étrangère mais de celle qui lui est propre, comme la tempérance, la force, la justice, la liberté... Celui-là doit attendre tranquillement l'heure de son départ pour l'autre monde comme étant prêt à partir quand le destin l'appellera. »

PLATON. — **République, liv. VII.**

(*Allégorie de la caverne, Théorie des idées*).

La théorie des idées est la clé du système de Platon, le centre de sa philosophie. On l'a vu dans le Phédon, les preuves principales de l'immortalité de l'âme en sont tirées. Elle est exposée dans d'autres dialogues. Dans le VIᵉ et le VIIᵉ livre de la République, elle est ainsi amenée : Platon veut confier aux philosophes le soin de gouverner sa république. Les magistrats doivent être formés à la science des idées et à celle du bien, l'idée des idées. Cette science est la *dialectique* qui en est aussi la méthode. Il institue donc un plan d'éducation destiné à former des philosophes. Il en marque tous les degrés. La dialectique, la dernière de ces études, en sera le couronnement. Auparavant il décrit les qualités de l'*esprit philosophique* propres à le faire reconnaître chez ceux qui en sont doués et qui doivent se livrer à cette étude ; puis il donne une idée de cette science elle-même, la seule qui contienne la vraie vérité, la science des idées. C'est l'objet du livre VI.

Le livre VII débute par une *allégorie* où est représenté l'état de la nature humaine par rapport à la science et à l'ignorance.

Le monde y est assimilé à une *caverne* où les hommes enfermés comme des captifs n'aperçoivent la lumière du jour que par une fente qui éclaire le dedans. Enchaînés ils ne voient que les ombres des objets qui se dessinent sur les murs de la prison et qu'ils prennent pour les réalités. Quand on les délivre de leurs chaînes et qu'on les fait sortir, rendus à la lumière du jour, ils sont d'abord tout éblouis et ne peuvent supporter ses rayons, encore moins fixer le soleil. Ils ont beaucoup de mal à tourner leurs regards de ce côté et à voir les objets tels qu'ils sont. Il leur faut de grands efforts pour s'y habituer. C'est la méthode qui doit, par degrés, produire ce résultat. — Cet antre, dit Platon, c'est le monde visible dont les objets ne sont que les ombres des réalités du monde invisible. Celui-ci est éclairé par la vraie lumière et le vrai soleil, soleil de vérité et de justice, source de lumière et de vie qui éclaire et féconde les intelligences. Plongés dans les ténèbres des sens, abusés par eux, nous prenons pour le vrai et le bien ce qui n'en est qu'une trompeuse image. Pour tirer l'esprit de cet état, le forcer à concevoir et à contempler le vrai, il faut user des moyens qu'indique la méthode et suivre ses procédés. Ces procédés nous les avons décrits ailleurs (p. 449 et suivantes) au sujet de la méthode qui apprend à remonter aux principes. Nous n'avons donc ici qu'à y renvoyer.

Sur les *idées* de Platon, voy. *suprà*, pp. 683 ; 306 ; 450, 157, 130, 124.

Le reste du livre est consacré aux études préparatoires qui doivent conduire à la science supérieure ou à la philosophie. Ces sciences pour Platon ce sont surtout les *mathématiques*, l'*astronomie*, la *musique*, la *physique*. L'affinité de l'idéalisme de Platon avec le pythagorisme dans ce plan est visible (*V. suprà*, p. 18).

III. — CICÉRON. De officiis.

Cicéron composa ce livre pour son fils Marcus, qui étudiait la philosophie à Athènes. Adoptant la division du stoïcien Panétius, il traite : 1° de l'*honnête*; 2° de l'*utile*; 3° de l'*honnête* et de l'*utile* comparés.

LIVRE I. — *De l'honnête*. — Cicéron définit l'honnête, la *conformité à l'ordre dans les conseils et dans les actes* (*ordo in factis dictisque*). Il lui assigne quatre sources : la *prudence*, la *justice*, le *courage* et la *tempérance*. La *prudence* consiste dans l'intelligence de la vérité (*perspicientia veri*) et dans le discernement (*solertia*). La *justice* a pour but de conserver la société en rendant à chacun ce qui lui est dû (*in societate tuenda tribuendoque suum cuique*). Le *courage* réside dans la grandeur et la force de l'âme (*animi magnitudine et robore*); la *tempérance*, dans l'ordre et la mesure des actions et des paroles (*in omnium quæ fiunt atque dicuntur ordine et modo*). Cicéron développe ensuite chacune de ces vertus et les devoirs qui s'y rattachent.

1° *Prudence*. Il s'étend peu sur cette vertu. Tout en vantant les avantages de la science et en signalant les effets funestes de l'erreur et de l'ignorance, il recommande d'éviter les écueils de la spéculation, de ne pas se consumer dans des recherches oiseuses ou difficiles. Tout le prix de la vertu est dans l'action. (*Virtutis enim laus omnis in actione consistit*). On reconnaît ici le caractère tout pratique de la philosophie romaine.

2° *Justice*. Cette seconde vertu fournit les développements les plus étendus. Elle se divise en deux branches, la *justice* proprement dite, qui donne son nom aux gens de bien, et la *bienfaisance* (*benignitas*,) qui en est inséparable.

La première règle de la *justice* est de ne faire de mal à personne, si ce n'est pour repousser une injure (*ne cui quis noceat nisi lacessitus injuria*). Le fondement de toute justice est la *bonne foi* (*fides*), la fidélité dans nos promesses et nos engagements. Il y a deux sortes d'injustices, celle que l'on fait et celle qu'on laisse faire pouvant l'empêcher. Cicéron ici dépasse le but, en attribuant à la justice ce qui appartient à la charité.

La *Bienfaisance* fournit de sages préceptes sur le discernement à apporter dans l'exercice de cette vertu qui demande autant de judicieuse clairvoyance que de zèle à secourir les misères de nos semblables. Sénèque (*de Beneficiis*) les a plus tard développés. On voudrait dans Cicéron un peu plus d'abandon et de chaleur d'âme, moins de conseils restrictifs ou négatifs. Viennent ensuite les devoirs relatifs à la *patrie*, à la *famille*, à l'*amitié*, à la société des gens de bien, etc. — 1° Parmi les différentes sociétés, il n'y en a point de plus sacrée que celle qui nous lie à la République. *Cari sunt parentes, cari liberi, propinqui, familiares, sed omnes omnium caritates patria una complexa est* (*XVII. 37.*) — 2° La *famille* a pour fondement le mariage : *prima societas in ipso conjugio*. Elle est la pépinière de la *république*, *seminarium reipublicæ*. — 3° Pour ce qui est de l'*amitié*, la société des gens de bien seule est solide et durable : *Nulla firmior quam quum viri boni, morum similes, sunt familiaritate conjuncti.* (XVII, 55).

3° *Courage.* Le courage dans lequel Cicéron fait rentrer la magnanimité, la clémence, l'égalité d'âme, la modération, devient également un texte abondant d'observations aussi justes que d'un sens élevé, la plupart empruntées à Platon et à la doctrine stoïcienne. Le vrai courage est inséparable de la justice et des autres vertus. Le courage n'est une vertu que quand il combat pour l'équité; autrement il n'est que la férocité. Deux choses caractérisent surtout le vrai courage : le mépris des biens extérieurs et l'empire exercé sur ses passions; la recherche du grand et du noble, malgré les obstacles et les périls.

4° *Tempérance.* Sous ce titre Cicéron a su réunir une foule de devoirs qui tous ont pour principe la *mesure*, l'*ordre*, la *convenance*, une juste *proportion* dans les mouvements de l'âme, dans les actes, les paroles et les manières. Ce que Cicéron résume dans le mot de *decorum*, synonyme du mot grec πρέπον, le *quod decet*. Nous renonçons à suivre cette idée sous toutes ses formes. Cicéron traite : 1° de ce qui *convient* dans les rapports des puissances de l'âme, de leur hiérarchie en particulier, des passions dans leur subordination à la raison ; 2° de ce qui *convient* même dans les actions indifférentes et peu sérieuses, comme les jeux et les amusements ; 3° de ce qui *convient* par rapport à la dignité de l'homme et des devoirs qu'elle comporte; 4° de ce qui *convient* sous le rapport des caractères et des dispositions naturelles et, à ce propos, du choix d'un état, du genre de vie le plus convenable et le mieux assorti à nos goûts et à notre vocation ; 5° de ce qui *convient* selon les différents *âges* et les différents états. Passant aux devoirs qui concernent principalement le *corps*, il établit des règles relatives à la *bienséance* et à la *décence*, à la *beauté* du corps, à la *parure*, aux *gestes*, à la *démarche*, aux *mouvements*. Il donne même quelques détails sur la *prononciation* et la *conversation*. Il indique la manière dont il convient qu'un homme de condition règle l'intérieur de sa maison. Il définit ce que c'est que l'ordre (εὐταξία), la règle, la mesure, l'à-propos (εὐκαιρία) dans les actions et dans les paroles. Il recommande la réserve, l'attention donnée à ses sens, à ses yeux et à ses oreilles, le soin d'éviter les plus petites fautes d'où suivent les grandes.

A l'égard des usages établis, il rappelle le respect dû au mérite, les honneurs et la vénération à l'égard de ceux dont la vie a été un tissu d'actions honnêtes, utiles et belles, la déférence envers la vieillesse et les magistrats, etc.

Ce livre se termine par une comparaison des devoirs entre eux. Cicéron donne la préférence aux devoirs sociaux sur ceux de la vie privée, surtout sur ceux qui ne sont relatifs qu'à la spéculation. Dans ce code de morale sociale le même esprit partout se révèle.

Livre II. — *De l'utile.* — Le second livre, qui contient plus de conseils que de préceptes, met en lumière ce grand principe que *l'utile et l'honnête sont inséparables et que l'honnête engendre l'utile.* Cicéron s'attache à démontrer la vérité de cette maxime, en parcourant les principales situations de la vie privée ou publique et en faisant voir que les meilleurs moyens de se procurer le bonheur, d'acquérir l'estime et d'arriver aux honneurs et à la fortune, c'est la pratique de toutes les vertus telles que la prudence, la justice et la bonne foi, le courage et la tempérance, la libéralité, etc.

LIVRE III. — *De l'honnête et de l'utile.* — Ce livre a pour objet de montrer la règle à suivre quand l'*honnête* et l'*utile* paraissent s'opposer. Cicéron nie cette opposition et soutient qu'elle n'est qu'apparente. Selon lui, l'utile est toujours compris dans l'honnête et ne peut exister hors de lui : il serait par conséquent honteux de balancer un moment entre l'honnête et l'utile (1).

Cependant, n'est-il pas des circonstances où l'utile est contraire au devoir, comme le meurtre d'un tyran, d'autres où l'intérêt personnel ne peut s'accorder avec l'intérêt public ? Cicéron répond en posant cette règle, que tout ce qui porte atteinte aux droits de l'individu tend à dissoudre la société universelle. Donc l'intérêt privé est le même que l'intérêt public. Il s'ensuit aussi que nous devons éviter toute action dont nous profitons personnellement au préjudice d'autrui. L'utile ne peut être mis en opposition avec l'honnête, mais avec ce qui le *paraît* seulement. Cicéron suit ici Platon, qui insiste avec tant de force sur cette *identité de l'honnête et de l'utile*, et il lui emprunte sa comparaison de l'anneau de Gygès. Le reste du livre est rempli par des exemples, la plupart tirés de l'histoire romaine, et qui mettent en lumière cet accord et cette identité.

— Le *De officiis* est le code le plus achevé de morale sociale que nous ait légué l'antiquité. Malgré ses défauts, que son auteur ne pouvait guère éviter, l'omission des devoirs religieux et le peu de place donné à ceux de la vie privée, ce livre mérite l'éloge qu'en fait Pline en disant qu'il faudrait non-seulement le lire, mais le savoir par cœur. (*Hist. nat.*)

CICÉRON. — De Finibus.

Le livre des Devoirs est un traité de morale pratique. Le *de Finibus* pose le principe qui sert de base aux devoirs. Ce principe, on l'a vu, est l'honnête. Mais il a besoin d'être établi et discuté. C'est ce que fait Cicéron dans le *de Finibus bonorum et malorum*, un de ses principaux ouvrages philosophiques.

Il a cinq *livres*. Le sujet est le souverain bien (*summum bonum*), la fin et le but suprême auquel se ramènent les autres biens ou les autres fins. *Quid sit extremum et ultimum bonum ut ad id omnia referri oporteat.* Les divers systèmes des Épicuriens, des Académiciens, des Stoïciens, etc., y sont l'objet d'une discussion approfondie. Les 1er et

---

(1) Sed hæc etiam inter se comparare et in his addubitare, turpissimum est. (*Ibid.* 19.)

2º livres sont consacrés à l'exposition et à la réfutation de la morale d'Epicure.

Livre I. *Exposition.* Après un préambule sur les lettres latines, Cicéron introduit l'Epicurien Torquatus qui expose et défend la doctrine Epicurienne. Epicure place le souverain bien dans la volupté. *Hoc Epicurus in voluptate ponit* (I, IX). Voici ses raisons : — 1º « Tout animal, dès qu'il est né, aime le *plaisir* et hait la *douleur* comme le plus grand mal. » (V, suprà, p. 501). Telle est la loi de la nature. Il est vrai qu'un choix est à faire entre les plaisirs. La raison doit en calculer les suites, préférer les uns, rejeter les autres. Mais s'il en est qui accusent la volupté et qui louent la douleur, ce n'est jamais pour elles-mêmes. Personne ne craint ni ne fuit la volupté parce que c'est la volupté. Personne ne recherche la douleur. Nous blâmons avec raison ceux qui, se laissant corrompre par les attraits de la volupté présente, ne prévoient pas les maux et les chagrins qui s'en suivent. — 2º Par *volupté* il ne faut pas entendre celle-là seule qui nous attire par sa douceur, mais celle qui est exempte de douleur. L'*absence de douleur* est elle-même la plus grande volupté (*carere dolore summa voluptas*). — 3º Quand on dit que la volupté est le souverain bien, on entend qu'il n'y a rien de plus heureux que celui qui jouit de tous les plaisirs de l'*esprit* et du *corps*; de plus malheureux que celui qui est accablé de toutes les peines du corps et de l'esprit. Ceux qui placent le souverain bien dans la *vertu* ne voient pas qu'elle n'est pas pour eux le but mais le moyen de produire le plaisir, et ainsi en est-il de toutes les vertus, *prudence, courage, justice, tempérance*. Elles sont nécessaires pour procurer la vraie jouissance ou le bonheur, mais elles sont de simples instruments; toutes sont intéressées. — 4º Epicure, qui avoue que les plaisirs et les peines de l'esprit viennent du corps, les met au-dessus des affections corporelles, car celles-ci se bornent au présent tandis que ceux-là s'étendent au passé et à l'avenir; et ainsi vivre heureux, c'est vivre sans chagrin, jouir de tous les plaisirs de l'esprit et du corps : *vacare omni molestia et dolore, perfrui maximis animi corporisque voluptatibus*. — 5º Cet Epicure qu'on dit adonné à la volupté, il ne cesse de crier que pour vivre heureux il faut être sage, honnête, juste. *Non posse jucunde vivi nisi sapienter, honeste, justeque vivatur*. Il blâme la passion, les convoitises, l'ambition, les voluptés sensuelles, qui amènent les soucis, les chagrins; il exalte toutes les vertus. Comme les Stoïciens, il vante la sagesse, mais il est mieux fondé qu'eux. Le sage est borné dans ses désirs, il méprise la mort, etc. — 6º Quant à l'*amitié*, loin d'y porter atteinte, qui mieux que lui l'a pratiquée? C'est qu'elle est la source des plus pures et des plus vives jouissances; aimer nos amis, partager leurs joies et leurs peines, quoi de plus propre à contribuer au bonheur de la vie? Il en est même qui disent que l'habitude nous fait croire que nous aimons nos amis non pour nous, mais pour eux-mêmes, qu'un contrat nous lie et nous fait une obligation de les aimer. — Tous ces principes sont tirés de la nature, confirmés par le témoignage infaillible des sens. Les enfants, les bêtes même nous crient par la voix de la nature que rien ne peut nous rendre heureux que la volupté, malheureux que la douleur. Epicure est son véritable interprète.

LIVRE II. *Réfutation*. Cicéron combat cette doctrine. Il fait remarquer que le mot volupté, ἡδονή, est mal défini. Pris à la lettre c'est le plaisir des *sens*. Pourquoi donc l'appliquer à des choses si différentes ? Epicure est mauvais logicien ; sa doctrine est pleine de contradictions. Il distingue les plaisirs dans le *mouvement* et le plaisir *calme*. Les premiers seuls en réalité sont des plaisirs. Comment le second, qui est l'*absence de douleur*, qui est aussi la négation du plaisir, est-il un plaisir ? C'est mettre la volupté suprême dans l'insensibilité. Aristippe est plus vrai et plus clair. Pour lui la volupté est le plaisir sensible qui chatouille les sens, celui que les bêtes mêmes appelleraient volupté. — 1º Le voluptueux c'est l'homme adonné aux plaisirs sensuels ; mais alors comment vouloir qu'il règle ses désirs ? S'il le fait, il ne sera plus voluptueux. La passion ne se règle pas elle-même. La volupté alors sera la frugalité, la tempérance, etc. Quelle philosophie qui place la médiocrité dans les vices ! On sera donc adultère, avare, sensuel, modérément. — 2º Epicure distingue des plaisirs *naturels*, *nécessaires* et *superflus*. Pourquoi ces distinctions ? Qu'appelle-t-on désirs naturels ? où est la règle, le *criterium* ? — 3º S'il faut consulter les animaux, les enfants pour savoir où est le bien, la volupté stable, qu'est-ce qu'un animal, un enfant peut nous dire là-dessus ? Les bêtes, ces miroirs de la nature, *specula naturæ*, font elles-mêmes des actes qui n'ont pas pour but le plaisir, mais leur conservation. Cela est clair dans leurs instincts.

Dire que les sens jugent de la volupté c'est leur donner trop d'autorité ; ils perçoivent le doux, l'amer, le rude, etc., nullement la valeur ou la qualité des choses : c'est la raison qui en juge. Que dit-elle des vertus ? qu'elles sont les ministres de la volupté ? Non, mais que celle-ci n'est rien à côté de l'honnêteté. La vertu, c'est elle qui occupe le trône. Elle dit que ni la volupté, ni la privation de la douleur, ni quoi que ce soit ne sont à opposer à l'*honnête*. Elle dit que le bien est l'honnête, qu'il n'y a de mal que ce qui est honteux. Aussi toutes ces opinions qui retranchent la vertu du souverain bien sont à rejeter.

L'*honnête*, c'est ce qui est *louable en soi*, abstraction faite de toute utilité : *Quod tale est ut detracta omni utilitate per se ipsum possit laudari* (XIX). De même que la raison distingue le vrai du faux, le beau du laid, elle distingue aussi le *bien* qui est l'*ordre*. — C'est donc l'*honnête*, non la *volupté*, qui règle le bien et mesure aussi le bonheur. En vivant honnêtement on vit agréablement. Mais il ne faut pas renverser les termes. On ne vit agréablement que justement, honnêtement. Quand Epicure le dit, c'est que la force de la vérité lui arrache ces paroles ; mais cela est contraire à sa doctrine. S'il était conséquent, il faudrait dire que la ruse, la force, le mensonge, tous les moyens sont bons pour se procurer le plaisir. Le sage serait l'homme méchant et habile, pervers, mais fort et rusé. Le chef-d'œuvre de la justice serait de se mettre au-dessus des lois, d'étouffer sa conscience. Le juste serait un simple et un niais. Il est clair que si tout se rapporte à l'utile il ne saurait y avoir d'homme de bien. Appliquez cela aux vertus, à la prudence, au courage, tout se réduit à ce calcul. Le vrai portrait du sage serait celui du voluptueux nageant dans les délices, de Sardanapale non de Régulus. Ces grands hommes, Miltiade, Epaminondas, etc., les a-t-on jamais entendu citer dans l'école d'Epicure? Epicure est sage et débite de belles maximes. Cela fait honneur à l'homme, mais sa doctrine le contredit. D'ailleurs ne soutient-il pas que les voluptueux ne sont pas blâmables mais imprudents? Un homme qui n'est juste que parce qu'il craint n'est pas juste. Il cessera de l'être dès qu'il cessera de craindre, et s'il peut cacher son injustice. C'est donc là une justice fausse, simulée, qui n'a rien de solide. De même, les autres vertus reposent en l'air. Quant à l'*amitié*, si elle est intéressée, est-elle la vraie amitié? Elle doit cesser dès que l'intérêt n'y est plus. L'égoïsme engendra-t-il jamais le dévouement et les actes qu'on admire? (Oreste et Pylade). — Le reste du livre relève d'autres contradictions. Cicéron cite une belle lettre et le testament d'Epicure qui recommande à ses amis de fêter tous les ans sa mémoire. Qu'est-ce que le souvenir d'un homme quand celui-ci n'est plus qu'un vain nom? Le néant peut-il être sensible aux hommages qu'on lui rend? — Tout cela est faux. *Conclusion* : Le *souverain bien* pour l'homme doit être cherché ailleurs que dans la volupté. Il faut laisser la volupté aux bêtes dont on invoque le témoignage. Une autre destinée a été donnée à l'homme avec la *raison* et ses facultés supérieures. Rien de grand, rien de noble dans le monde à attendre d'une pareille doctrine.

Cette réfutation est de tout point excellente. On peut y ajouter; la science moderne l'a fait; mais il n'est pas un de ces arguments qui ait vieilli, à qui il ait été fait une réponse sérieuse. Et ce n'est pas seulement la doctrine d'Epicure, c'est la *morale sensualiste* entière, de toute secte et de tout temps, qui est convaincue ici d'impuissance et de fausseté. Jamais sur cette base : la *sensation*, ne s'établira une morale véritable. (V. supra, p. 503 et suiv.)

IV. — ÉPICTÈTE. Manuel.

I. Epictète est un vrai stoïcien. D'autres, comme Sénèque, avaient, dans leurs discours ou dans leurs livres, donné de beaux préceptes auxquels leur conduite prêtait souvent peu d'autorité. Ils ont débité de belles maximes, lui a vécu stoïquement. En lui la secte se reconnaît. « Supporte et abstiens-toi » n'était qu'une formule ; il l'a mise en pratique. Chez lui, est visible cette parfaite concordance des actes et des paroles, le *vita sibi consonans*, le *tenor vitæ* tant recommandé par les maîtres de la doctrine. Cette liberté qui n'est que dans la volonté, qui suppose le plus complet détachement de tout ce qui n'en dépend pas, il l'a montrée dans sa personne; son caractère, ses actes, sa vie entière jusqu'à sa mort la réalisent. Jamais un instant elle ne s'est démentie. On avait fait le portrait du sage; lui est le sage. Et il l'est sans orgueil, avec la simplicité d'un homme qui ne songe pas aux autres mais à lui-même, occupé à cultiver son âme, à maintenir le calme à l'intérieur. Avant la doctrine voyons le personnage.

II. Il naquit à Hiéropolis en Phrygie dans une condition pauvre.

Vendu comme esclave à Epaphrodite, affranchi et confident de Néron, il eut à subir les mauvais traitements de son maître. Un jour celui-ci, par caprice, lui tordit la jambe. « Vous allez la casser, » dit l'esclave, et il la cassa en effet. — « Je vous l'avais bien dit, » fut la seule parole d'Epictète. Devenu libre il vivait à Rome dans une petite maison sans porte avec une table et une couchette pour mobilier. Il suivit les leçons du stoïcien Musonius Rufus. Lorsque Domitien exila de Rome les philosophes, il se retira à Nicopolis en Epire. Il y vécut dans l'indigence, vénéré pour la pureté de ses mœurs et la sagesse de son enseignement. Seul jusque-là, il finit par prendre à son service une pauvre femme pour lui confier les soins d'un enfant abandonné qu'il avait recueilli. A sa mort on lui composa cette épitaphe : « Je suis Epictète, l'esclave boiteux, le pauvre, mais cher aux dieux. » Un riche amateur acheta trois mille drachmes sa lampe de terre qui devint un objet de curiosité dans le séjour du luxe et de l'opulence.

III. Comme Socrate, Epictète n'a rien écrit. Ses *Entretiens* ont été recueillis par Arrien, son disciple. Le *Manuel* en est le résumé. Ce résumé ne se résume pas, il faut le lire. — La Morale d'*Epictète* peut s'exprimer en un mot : *La liberté dans la volonté*. Une seule chose dépend de nous : *juger* et *vouloir*. Là seulement l'homme est libre, mais il l'est entièrement. Jupiter lui-même ne pourrait le contraindre. Le reste ne dépend pas de nous. Donc il faut, pour être libre, s'accoutumer à regarder comme étranger tout ce qui ne dépend pas de nous et de la volonté : 1° Les *biens extérieurs*, la richesse, la renommée, la gloire; 2° Les choses que l'homme regarde comme *siennes* et qui ne le sont pas, ses parents, sa femme, ses enfants qui pourront lui être ravis, qui lui sont prêtés, qui doivent être rendus; 3° Les avantages *personnels* du corps et de l'esprit, la santé, la beauté, les talents, le savoir.

Sur l'idée exacte qu'il doit se faire de ces choses, il doit régler ses *désirs*, ses *affections*, ses *craintes* et ses *espérances*, ce que nous devons aimer et haïr, surtout nos actes et toute notre conduite. Ainsi n'accusant ni les dieux ni les autres de ce qui ne dépend pas de nous, il sait conserver toujours le calme et la tranquillité de l'âme. — Quant aux *devoirs de la vie*, ils doivent s'accomplir d'après cette pensée qu'ici-bas, le rôle a été donné, non choisi, mais qu'il dépend de chacun de le bien remplir. La vie n'est qu'un passage; la mort n'a rien d'effrayant. La Providence divine, en distribuant avec les rôles les biens et les maux, l'a fait avec justice et bonté envers tous les hommes. La vertu seule est agréable aux dieux. Cultiver son âme, l'orner de toutes les vertus, prudence, courage, patience et résignation, telle est notre destinée. Le reste est indifférent. Voilà toute la morale d'Epictète.

IV. Cette morale sans doute est admirable; mais, comme le dira Pascal (V. infrà), elle est incomplète. Epictète connaît la grandeur de l'homme, il ne connaît pas sa faiblesse. En connaît-il même bien la vraie nature? L'homme est avant tout fait pour agir. La vertu est dans l'action, *virtus in actione consistit* (Cic., *De officiis*, 1). Supporter et souffrir n'est pas un but et n'est bon que là où agir est impossible.

Cette morale est celle d'un esclave dans un monde de servitude et de corruption, elle ne peut être admise comme morale universelle. Prise en soi elle conduit à l'ascétisme. Elle abandonne le monde aux méchants.

Fait-elle la part vraie aux affections? Non; car d'abord il y manque l'amour, principe des nobles et généreux dévouements, mobile des grandes entreprises. N'y a-t-il pas aussi de saintes joies et de saintes douleurs qu'il serait mal de s'interdire comme de s'y livrer avec excès? Mais ce qui manque surtout à cette morale, c'est la foi à l'immortalité. Épictète ne croit pas à la vie future. Ce qu'il prêche, c'est la résignation sans espoir; ce qu'on ne fera jamais accepter à l'humanité. Dans ce qu'il dit, il y a une tristesse profonde que déguise mal cette froide et austère dignité. On a comparé ce livre à l'*Imitation*. Malgré des ressemblances la différence est grande. Elle est toute dans ces mots : *Per contemptum mundi tendere ad regna cœlestia, ab amore visibilium ad amorem invisibilium*. Il est d'autres différences; Pascal les dira.

V. — PASCAL. Entretien avec M. de Saci.

Cet entretien roule sur Épictète et Montaigne dont Pascal apprécie et compare la doctrine. Il trouve que chacun d'eux n'a connu qu'un des côtés de la nature humaine et il en conclut la nécessité d'une doctrine supérieure qui les dépasse et les concilie : la morale chrétienne.

1° *Épictète* est un des philosophes qui ont le mieux connu les devoirs de l'homme. Il reconnaît la Providence de Dieu, sa justice et sa bonté. Il veut qu'on se soumette de bon cœur, sans plaintes, à sa volonté. Il professe le plus parfait détachement des choses de la terre. « Ce grand esprit mériterait d'être adoré s'il avait connu l'impuissance de l'homme, mais il se perd dans la présomption de ce qu'il peut. » Il dit que l'homme se suffit à lui-même, qu'il est libre de croire et d'aimer; il cherche sa félicité dans ce qui ne dépend que de lui; il croit qu'il peut se rendre saint et compagnon de Dieu, acquérir toutes les vertus. « Ces principes sont d'une superbe diabolique qui le mène à toutes sortes d'erreurs, comme de soutenir que les douleurs ne sont pas des maux. »

2° *Montaigne*, lui, est un pur pyrrhonien; son doute qui s'étend à tout abaisse et humilie la raison humaine. C'est là-dessus que roulent tous ses discours. Il se moque de toutes les assurances, ravi de montrer les contrariétés et la faiblesse des opinions. « Dans cette assiette toute flottante et chancelante il ne sait ce que c'est que vérité. » Il montre l'incertitude jusque dans les axiomes de la géométrie. Médecine, histoire, politique, morale, rien n'est certain. Il met l'homme en parallèle avec les bêtes. Pascal avoue qu'il ne peut voir sans joie, dans cet auteur, « la superbe raison froissée par ses propres armes. » Il aurait aimé « le ministre d'une telle vengeance » s'il eût été disciple de l'Église et de la foi; mais c'est plutôt un païen. Il conclut le repos, l'insouciance, l'indifférence; la règle de son action est la commodité et la tranquillité. L'ignorance et l'incuriosité lui sont de doux oreillers pour une tête bien faite. — Pascal trouve en ces deux hommes les plus grands défenseurs des deux plus grandes sectes, conformes à la raison.

La source de toutes ces erreurs est de n'avoir pas reconnu que l'homme présent diffère de celui de la création. L'homme actuel porte à la fois des traces de grandeur et de corruption. L'un connaissant les devoirs de l'homme et ignorant son impuissance se perd dans la présomption. « L'autre connaissant l'impuissance et non le devoir s'abat dans la lâcheté. » Il semble que puisque l'un conduit à la vérité, l'autre à l'erreur, on formerait en les alliant une morale parfaite. « L'un établit la certitude, l'autre le doute; l'un la grandeur, l'autre la faiblesse. Ils ruinent les vérités aussi bien que les faussetés l'un de l'autre. Ainsi ils se brisent et s'anéantissent pour faire place à la morale de l'Évangile. Unissant ce qui est vrai et chassant ce qui est faux, elle fait une sagesse véritable en qui s'accordent les opposés incompatibles. »

Tel est, en abrégé, cet entretien. La pensée, comme le style, est fort belle sans doute, bien que la couleur janséniste y soit visible. « La foi, dit Pascal, nous apprend à mettre en des sujets différents tout ce qui est infirme dans la nature, tout ce qui est puissant dans la *grâce*. » C'est en tout le dernier mot de Pascal. Il ne dit pas comment s'accordent ces contraires. De plus en abaissant trop la raison avec Montaigne n'affaiblit-on pas les preuves de la révélation ? En ôtant toute force à la volonté qu'exalte Epictète ne lui retire-t-on pas le mérite de ses actes. Ne met-on pas en péril la liberté humaine ?

VI. — DESCARTES. Discours de la Méthode.

Le vrai fondateur de la philosophie moderne, comme Socrate le fut de la philosophie ancienne, c'est Descartes. Nous n'avons pas à exposer son système, mais sa méthode. Elle est contenue dans le *Discours de la Méthode*, qui est aussi un des monuments de notre langue.

Descartes l'a divisé lui-même, pour la commodité du lecteur, en six parties. — La 1re contient des *Considérations touchant les sciences;* — la 2e les *Principales règles de la méthode;* — la 3e *Quelques-unes des règles de la morale;* — la 4e les *Raisons qui prouvent l'existence de Dieu et de l'âme humaine qui sont les fondements de la métaphysique;* — la 5e l'*Ordre des questions de physique;* — la 6e les *Choses requises pour aller plus loin en la recherche de la nature,* et les raisons qui ont déterminé l'auteur à écrire ce discours.

Il faut savoir distinguer dans ce discours ce qui appartient réellement à la méthode de Descartes et ce qui est particulier à son système. C'est surtout l'esprit général de cette méthode dont il faut se pénétrer. Savoir : 1º le *libre examen*, ou l'*évidence de la raison* comme principe de certitude, 2º la *pensée* comme point de départ de toute recherche philosophique.

Les trois premières parties renferment l'histoire du *doute méthodique*. — 1° Descartes raconte comme il fut amené dès sa jeunesse à douter de la vérité de ce qu'il avait appris de ses maîtres et dans les livres. S'étant mis à voyager, le spectacle de la diversité des mœurs et des opinions le confirme dans cette disposition. — 2° Il prend alors la résolution de s'étudier en lui-même et de refaire toutes ses connaissances; mais il ajourne ce dessein. En attendant, il se fait une logique de bon sens qu'il réduit à 4 règles (V. *supra*, p. 383), où l'on entrevoit déjà toute sa méthode. — 3° Il se fait aussi une *morale provisoire* composée de quelques maximes que lui dicte sa conscience et il se remet à voyager. — 4° Après neuf années, il reprend son dessein, et la *quatrième partie*, nous montre comment il le met à exécution.

Doutant, non pour douter, mais pour arriver au vrai, et cherchant une vérité qui échappe au doute, afin de servir de base à la science et à la philosophie, il passe en revue ses facultés et, par un procédé hypothétique, il met en suspicion leur autorité. Mais il s'aperçoit qu'il est une chose dont il ne peut douter, et qui résiste aux plus extravagantes suppositions : *sa pensée*, et sa propre existence attestée par sa pensée. Il formule cette vérité ainsi : *Je pense, donc je suis*. Puis, sur ce principe, il entreprend de rétablir les autres vérités qui sont les bases de la métaphysique : l'âme, le principe de la *certitude*, Dieu enfin, qu'il démontre par l'idée de l'infini. (V. *supra*, p. 228; 265, 604.)

Les deux autres parties, consacrées à l'*ordre des questions de physique*, et à des considérations personnelles, ont moins d'importance. Mathématicien, Descartes adopte, dans sa physique, le procédé *a priori* opposé à celui de Bacon, mais seulement pour les grandes lois de la nature; il revient à l'expérience pour les faits particuliers. Il traite sévèrement ses adversaires livrés à la routine et à l'imitation : il dit en terminant les raisons qui lui ont fait préférer au latin le français ou la langue vulgaire plus propre à sa réforme et à l'extension des idées nouvelles.

Ce Discours, placé à l'entrée de la philosophie moderne, est aussi un monument de la langue française.

VII. — PASCAL (1). Opuscules.

I. *De l'autorité en matière de philosophie.* — Ce morceau (*fragment d'un traité sur le vide*) est écrit sous l'inspiration de la pensée de Descartes. Pascal y combat le respect aveugle pour l'*antiquité*; il fait la part de l'*autorité* et celle de la *raison*, et développe admirablement cette thèse déjà soutenue par Bacon : *l'antiquité est la jeunesse du monde*. Il établit l'idée du *progrès* incessant de l'humanité en opposition avec l'immobilité de la nature animale guidée par l'*instinct*. « Toute la suite des hommes doit être considérée comme un même homme qui subsiste toujours et apprend continuellement. »

II. *Réflexions sur la géométrie.* — Cet écrit a pour objet l'exposi-

---

(1) Sur Pascal, V. *Questions de Philosophie*, Q. d'hist.

tion de la *méthode géométrique*, que Pascal regarde comme le modèle de l'art de démontrer. Pascal établit la nature et la supériorité de cette méthode, ses procédés et ses conditions ; il soulève ensuite une discussion métaphysique sur les propriétés des principes géométriques, ce qui le mène à parler de la *divisibilité à l'infini*. — 1° La *méthode géométrique* est celle qui part de *définitions* et *d'axiomes* et fait reposer dessus toute la démonstration. Elle ne consiste pas à tout définir ni à tout prouver, mais elle définit les mots qui manquent de clarté et les propositions qui ne sont pas évidentes ; car il n'y a rien de plus faible que le discours de ceux qui veulent définir ces mots primitifs.

Pascal blâme Platon et Aristote d'avoir donné de semblables définitions. En outre, ils ont confondu les définitions de *mots*, libres et incontestables, avec les définitions de *choses*, qui sont sujettes à être contredites. On évitera ce défaut en suivant l'ordre de la géométrie. — On peut en dire autant des axiomes. — 2° La partie métaphysique, qui vient après, est remplie par la discussion sur la *divisibilité à l'infini* de la matière, pour laquelle Pascal prend vivement parti contre l'opinion contraire.

III. *De l'art de persuader.* — Dans ce morceau, qui fait suite au précédent, Pascal formule en règles précises ce qu'il a dit de sa méthode. Il traite d'abord de *l'art de persuader*. Cet art, qui s'adresse à *l'entendement* et à la *volonté*, a deux sortes de règles, les unes pour l'esprit, les autres pour le cœur. Trouvant celles-ci trop difficiles, et moins fixes, parce que les principes du plaisir sont variables, Pascal revient à sa méthode. Elle consiste en trois choses : 1° les *définitions* ; 2° les *axiomes* ; 3° la *démonstration*. A chacune desquelle il assigne des règles. (V. *supra*, p. 316.) — Bonne pour les sciences abstraites, cette méthode ne peut sans danger s'appliquer aux autres sciences. (V. *supra*, p. 257, 348, 403).

VIII. — Logique de PORT-ROYAL.

Arnauld en est l'auteur principal. Rédigée dans le but de simplifier la logique scolastique, elle se distingue par sa clarté et l'abondance des exemples.

Outre les *deux discours* attribués à *Nicole* qui servent d'introduction, elle est divisée en *quatre parties*, d'après les quatre opérations de la pensée : *percevoir, juger, raisonner, ordonner*.

Le premier discours démontre l'*utilité* de la logique en général. — Le second répond aux *objections* dont cette logique était l'objet à cause de ses exemples nombreux et du peu de respect pour l'autorité d'Aristote. Dans l'un et l'autre, l'esprit cartésien se fait partout sentir.

La PREMIÈRE PARTIE traite des *idées*, de leur nature, de leur origine, de leurs diverses espèces, des définitions propres à remédier à la confusion des idées.

La DEUXIÈME contient l'analyse du *jugement* et de la *proposition*, des diverses propositions, de leur opposition et de leur conversion, de deux propositions en grand usage dans la *science* : la *définition* et la *division*.

La TROISIÈME PARTIE renferme la théorie du *syllogisme*, ses règles, ses *figures* et ses *modes*, les *lieux communs* de logique et deux chapitres très-estimés sur les *sophismes*, dont le dernier est de Nicole.

La Quatrième, presque toute empruntée à Descartes et à Pascal, est consacrée à la *méthode*. Les deux méthodes d'*analyse* et de *synthèse* y sont décrites en elles-mêmes et dans leurs applications, surtout aux mathématiques. On donne des règles relatives aux *axiomes*, aux *définitions* et à la *démonstration*. Elle se termine par l'indication de quelques principes applicables aux faits de la *croyance* humaine.

— L'esprit de Descartes, manifeste dans les deux discours et dans la méthode, règne d'un bout à l'autre de cette logique. L'induction, la méthode de Bacon, est absente. L'endroit le plus neuf et le plus goûté est le chapitre de Nicole sur les sophismes.

IX. — BOSSUET. Traité de la Connaissance de Dieu et de soi-même.

Ce livre, composé pour l'instruction du Dauphin, fils de Louis XIV, contient l'exposition succincte des principales vérités de la philosophie rattachées à ses deux grands objets, *Dieu* et l'*homme*.

Bossuet, fidèle à la méthode de Socrate et de Descartes, part de l'homme pour *s'élever à Dieu*.

Chapitre I. — *De l'âme*. — Il y décrit les *opérations sensitives* et les *opérations intellectuelles*. Les sensations, les passions, l'imagination; puis l'*entendement*, la distinction de l'entendement et des sens ou de l'imagination, sont passés en revue. Il parle ensuite de la *volonté*, qu'il attribue à l'entendement.

Chapitre II. — *Du corps*. — Ce chapitre est un abrégé d'anatomie ou de physiologie. Bossuet y montre surtout la correspondance des diverses parties ou des organes du corps humain.

Chapitre III. — *De l'union de l'âme et du corps*. — Il étudie ensuite les rapports des deux substances. Il distingue ce qui est du corps et ce qui est de l'âme, marque leur action réciproque ; il s'attache surtout à faire ressortir la supériorité de l'âme sur son instrument et l'empire que la volonté exerce sur le corps.

Chapitre IV. — *De Dieu, créateur de l'âme et du corps*. — S'appuyant sur les résultats précédents et l'étude de l'homme dans son âme et dans son corps, l'auteur en tire les preuves de l'existence de Dieu. Il démontre : 1° que l'âme et le corps, la structure du corps et les facultés de l'âme ne peuvent être que l'œuvre d'un grand dessein ; ce qui prouve une *cause intelligente* et sa haute sagesse. Il tire une autre preuve des *vérités éternelles* de la raison, qui ont leur type et leur principe dans l'entendement divin. Une troisième lui est fournie par l'imperfection de notre intelligence et par l'idée d'un *être parfait*. De Dieu, Bossuet revient à l'homme fait à l'image de Dieu, et dont la nature s'explique par son origine.

Chapitre V. — *De la différence de l'homme et de la bête*. — Dans ce chapitre complémentaire, où Bossuet démontre la supériorité de l'homme sur les animaux, il fait ressortir ce qu'il y a d'exagéré dans ce qu'on a dit de leur intelligence. Les animaux n'inventent rien, ne raisonnent pas, l'instinct ne leur appartient pas, ils sont incapables de perfectionnement.

— Ce livre porte l'empreinte, sinon du génie de Bossuet, de sa haute raison ; son auteur n'a pas cherché à être original, mais il a choisi et exposé d'une manière qui n'appartient qu'à lui, ce qu'il y a d'excellent dans les doctrines des grands philosophes anciens et modernes, Aristote, Platon, saint Augustin et surtout Descartes.

X. — FÉNELON. Existence de Dieu.

Cet ouvrage, composé, comme le *Télémaque*, pour le Duc de Bourgogne, est divisé en deux parties : l'une contient les preuves *physiques*, la seconde, les preuves *métaphysiques* de l'existence de Dieu.

PREMIÈRE PARTIE. — Elle est tout entière remplie par l'exposition de la preuve dite des *causes finales*, celle qui est tirée de l'*ordre de l'univers* et des merveilles qui éclatent dans son ensemble et dans toutes ses parties. Elle peut se résumer ainsi : — 1° Tout ouvrage qui révèle un dessein, une appropriation parfaite des parties à une fin, suppose une *cause intelligente*. — 2° Or, le monde offre partout cette exacte appropriation entre les fins et les moyens : — 3° donc il existe une cause du monde intelligente, souverainement sage et toute-puissante.

Le développement de la mineure de ce raisonnement fournit à l'auteur une magnifique description des merveilles de la nature dans son ensemble et les principaux êtres qu'elle renferme : le *soleil*, la *terre*, les *plantes*, les *animaux*, l'*homme* surtout, qu'il considère à la fois dans son *corps* et dans son *âme*, et dans leur correspondance.

L'analyse des facultés de l'*âme*, des *idées* et des *vérités* éternelles de sa raison, est des plus remarquables par sa profondeur et son éloquence. Fénelon réfute le système des *épicuriens*, et termine par cette conclusion : S'il faut tant de pénétration pour remarquer l'ordre et le dessein merveilleux de la structure du monde, combien à plus forte raison en a-t-il fallu pour le former !

DEUXIÈME PARTIE. — Fénelon y suit pas à pas la méthode de Descartes. Il débute par le *doute méthodique* ; il pose, comme Descartes, la *pensée* comme premier principe de la science, l'*évidence* comme *critérium* de la vérité. Comme lui, il part de la pensée pour démontrer Dieu par l'*idée de l'être parfait* ou de la notion de l'*infini* gravée dans nos âmes. Il termine par l'exposé des principaux attributs de Dieu, l'*unité*, l'*éternité*, l'*immutabilité*. Cette partie renferme aussi une réfutation du *spinosisme*.

— Quoique non achevé, cet ouvrage, digne de son auteur, mérite la faveur dont il jouit auprès des esprits élevés et religieux. Aucun écrivain n'a donné une plus poétique description des merveilles de la nature : la seconde partie conserve une haute valeur métaphysique.

XI. — LEIBNITZ. Théodicée.

Par Théodicée il ne faut pas entendre ici une théologie rationnelle et complète, mais une suite d'*Essais* ayant pour but, selon l'étymologie, de répondre aux objections contre la bonté, la justice divine, etc. Elle se compose de trois parties précédées d'un discours sur la *Conformité de la raison avec la foi*. Dans ce discours, Leibnitz combat l'opinion de ceux qui prétendent que la foi contredit la raison, qui de son côté élève contre la foi des objections invincibles. Il soutient, comme il dit, les droits de l'une et de l'autre, et s'attache à prouver que cette opposition n'est qu'apparente et non réelle. Dans les trois Essais, il réfute les objections de Bayle sur la *bonté*, la *liberté humaine* et l'*origine du mal*. Partout il expose le système d'optimisme qui porte son nom.

Les *Essais de Théodicée* sont remplis de controverses théologiques sur la *grâce*, le *libre arbitre*, l'*origine du mal*, le *péché originel*, qui ne peuvent trouver ici leur place. Quant à ce qui est réellement philosophique, nous en avons donné ailleurs la substance (*Examen des objections contre la Providence*, p. 628 et suiv.), ce qui nous dispense de le faire de nouveau. Nous marquerons seulement par ordre l'objet des différentes parties.

Préface. — Leibnitz y fait connaître l'objet de son livre et le but qu'il se propose. L'idée lui en a été fournie par ses conversations avec la reine de Prusse, Sophie-Charlotte, qui l'exhorta à publier ses sentiments sur les objections de Bayle.

Discours. — Entre la raison et la foi on ne peut admettre qu'il y ait *contradiction*, ni même qu'il y ait contre la foi des objections invincibles. Il faut distinguer ce qui est *au-dessus* de la raison, et ce qui est *contre* la raison. Une vérité est au-dessus de la raison si notre esprit ne peut la comprendre; mais elle ne saurait être contre la raison. Celle-ci est un don de Dieu; elle ne diffère de celle de Dieu que comme une goutte d'eau de l'Océan. Ce qui semble contraire à la raison dans les mystères le *paraît* seulement, ce sont de simples *apparences* qu'une raison plus haute dissiperait. Loin d'être contraire au christianisme, la raison sert de fondement à cette religion. (V. 271.)

Ire Partie. — Elle offre l'ensemble de la discussion. Les difficultés naissent de deux sources, de la *liberté* et de l'*existence du mal*. Dieu, dit-on, est la *cause du mal*, il l'est *physiquement* et *moralement*, physiquement comme cause de tout ce qui existe, moralement puisqu'il le permet. — Leibnitz répond par son optimisme (Voy. *supra*, p. 630.) Dieu, l'être parfait, n'a pu choisir que le meilleur (*optimum*), et ce monde est en effet le meilleur. Mais tout y est lié, et le mal y est entré comme condition d'un plus grand bien. (*Ibid.*)

— Dieu, dit-on, cause de tout ce qui existe, l'est aussi du mal dans ses créatures et dans l'homme en particulier. — Réponse : Dieu n'est l'auteur que du fond des actes, non de leur direction, de ce qui en fait le *défaut*. Il en est comme d'un bateau chargé qui descend un fleuve. Le cours du fleuve entraîne le bateau, son poids le retient ou le fait dévier.

Sur la *liberté* deux difficultés s'élèvent : l'une relative à la *prescience*, l'autre à la *préordination*. 1° Dieu prévoit les actes libres ; mais cette prévision n'entraîne pas leur nécessité. Ils ne sont pas moins libres pour être prévus. 2° Sur la *préordination*, Leibnitz est entraîné par son système à soutenir le *déterminisme*. Pour lui, la liberté c'est la *spontanéité*, la volonté est inclinée par les motifs (prévalence des motifs). (V. p. 210.)

L'homme est un *automate spirituel*. Dès qu'il agit spontanément, il agit librement. C'est le côté faible du système.

IIe Partie. — Dieu, dit Bayle, n'a pu avoir en vue que le bonheur de ses créatures. Il ne doit donc pas permettre qu'elles soient malheureuses. Leibnitz répond : La félicité des créatures n'est qu'une des fins de Dieu et non la première. Bayle voit toujours les choses séparément, il faut les prendre dans leur ensemble. Tout est lié dans la création. Dieu ne veut pas le bien particulier détaché du tout. Ne voir en tout que l'homme comme fin unique de la création est une vue étroite qui mène à l'*anthropomorphisme*. En se plaçant à un point de vue plus élevé, on verrait que ce qui est désordre dans la partie est ordre dans le tout ; il suffit que notre bien soit compris dans le bien général.

IIIe Partie. — Elle roule d'abord sur le *mal physique*. Nous ne pouvons que renvoyer à ce qui est dit plus haut, p. 128 et 129. Le reste, consacré à la *liberté humaine* et à la *liberté divine*, reproduit et développe ce qui est déjà dans la première partie. L'ouvrage se termine par le dialogue de *Laurent Valla* et l'*apologue de Sextus* qui va consulter l'oracle sur sa destinée. Leibnitz y présente en un tableau son système du meilleur des mondes possibles. Le mal néanmoins y a sa place, et la *liberté humaine* se concilie avec la *prescience divine*.

La *conclusion* à tirer de cet *optimisme*, c'est qu'il est vrai dans sa généralité. Nous l'avons montré plus haut. (V. p. 633). Il n'est faux que sur les points particuliers qui tiennent au système, tels que l'*harmonie préétablie*, etc.

TABLE ANALYTIQUE [1]

A

Absolu. — Opposé au relatif. — Idées nécessaires et absolues. — Espace, temps, infini, etc. — Vrai, bien, beau, absolus, 116, 122. — Vérités absolues, 125, 342. — L'être parfait ou absolu, 123, 600. — Raison absolue ou divine, 120, 161, 164. — L'absolu dans la connaissance humaine, 263 : la vérité est-elle absolue ou purement relative, variable et subjective? 264, 287, 288 et 295. — Les idées de la raison n'ont-elles aucune valeur objective ou absolue (Kant)? 278, 610, 697.

Abstraction. — Sa nature, 138; est liée au langage, 173. — Idées abstraites, 303. — Comment elles se forment, 162, 302; avantages et inconvénients de l'abstraction, 140.

Activité (Idée de l'). — 188; est l'essence de l'âme, ibid.; — est continuelle en nous : nous puisons en nous son idée, ibid. — Ses formes diverses; et ses degrés, 192. — Activité fatale (instinct et habitude), 192, 494 — activité libre ou volontaire, 197, 216.

Affections de l'âme (Passions). — Leur nature, 62; — leurs diverses espèces, 58, 61; — leur principe et leur fin, 68. — Affections sociales, etc., leur principe: la sympathie, 57; — doivent être réglées, 65; non déracinées, 566.

Affirmation. Négation. — V. Jugement; 143, 220.

Âme. — Son existence et sa spiritualité, 217; comment elle se démontre, ibid.; — ses attributs : unité, identité, activité libre, 220; — son union avec le corps et leur action réciproque, 241, 246; — rapports du physique et du moral, 236.

Amour. — Sa nature, 66; — principe des passions, 68; — amour physique (V. Appétits), 54; — amour du vrai, du beau et du bien, 55; — Amour de nos semblables (V. Sympathie), 57; — Amour de Dieu, 60. — Amitié (V. Affections), 59.

Analogie, — 422. Sa nature; — son principe; — ses degrés; — ses rapports avec l'induction; — ses règles, 422, 429.

Analyse, Synthèse, 388. — Leur différence ; — leur rôle alternatif et nécessaire ; — leurs formes principales (empirique, logique); — leurs règles ; — leur place dans la science et dans son histoire, 388, 398. — Leur application dans les divers ordres de sciences (V. Méthodes) : mathématiques, 396; physiques, 416; morales, 440, 453.

Animaux. — En quoi l'homme en diffère et leur est supérieur : 1° par l'intelligence; la faculté d'abstraire et de généraliser, 139, de juger et de raisonner (entendement inférieur) ne leur appartient pas, 138, 147. — La raison proprement dite encore moins, 115, 125. — La réflexion, id., 77; le langage, id., 169; — la liberté, id., 204. — Sentiments pro-

---

[1] NOTA. Cette table est faite pour offrir à la fois au lecteur un répertoire commode et utile, et aux élèves des *programmes* et des *plans de dissertation philosophique*. Pour l'approprier à ce dessein nous avons rédigé chaque titre principal de telle sorte qu'il présentât les questions analysées dans un ordre logique et méthodique. Mais nous devons le rappeler, pour faire une vraie dissertation, il ne suffit pas de rassembler et de juxtaposer les réponses indiquées dans un livre, il faut que chaque point soit développé et *discuté* selon les règles.
On trouvera des programmes et des plans plus détaillés, avec des modèles, dans les *Questions de philosophie*; aussi nous permettra-t-on d'y renvoyer dans cette table. Quant aux règles, qui sont aussi résumées en tête de ce livre, elles sont exposées plus en détail dans le petit *Petit traité de la dissertation* et dans la *Logique enseignée par les auteurs*.

pres à l'homme, 55, 64. L'instinct chez les animaux, 192. — Devoirs à leur égard, 574. V. Questions, sect. II.

Animisme, Vitalisme. — En quoi consistent ces systèmes, 34, 247 (V. Questions de phil., sect. II).

Anthropomorphisme, — 614, 621.

Anticipation (Méthode d') ou hypothétique, — 21, 407.

Antinomies (kantiennes), —286. —Comment on les résout, ibid.

Antiquité.—Jeunesse du monde, —690, 707;— respect de l'., V. Autorité.

Apathie (sceptique ou pyrrhonienne), 298 ; — stoïcienne, 266; — épicurienne, 508 ; — mystique (Quiétisme), 521.

Apodictique, — V. Démonstratif, 342.

A priori, à posteriori. — Rationnel, expérimental. —Idées et principes à priori ou de la raison, V. Idées et vérités nécessaires, 154. — Méthode à priori hypothétique et spéculative, 22, 25. —Preuves à priori et à posteriori de l'existence de Dieu, 399, 607; — de la providence, 629.

Appétits, — 54. — Leur nature et leurs caractères, ibid. — Naturels, factices. — Appétits principaux, ibid.

Archétypes (Idées), — V. Platonisme, 306, 683.

Argumentation (V. Dialectique), — syllogistique, 376. — Son utilité; ses abus, ibid. et 422.

Arguments. — Syllogisme, Enthymème, Dilemme, etc., à priori, à fortiori, etc., 333, 337, 441.

Arts (Beaux-). — Idéal de l'art, 110; — rôle de l'art, 113. — Instinct artistique, 57. —Inspiration, 112. — V. Imagination et Questions, sect. II).

Ascétisme. — (Morale ascétique), 572.

Assentiment. — V. Certitude, 262, — Jugement, 143, 321.

Assertoriques (Jugements). — De simple assertion, opposés aux démonstratifs, 324.

Association des idées, — 102. —Sa nature; ses formes ; son influence sur nos facultés ; influence de l'habitude et de la volonté, 106. —Son rôle dans la mémoire, 95. — Action sur le jugement, 105. — Source d'erreurs et de préjugés, ibid. et 355.

Athéisme. — Corollaire du sensualisme, 152, du matérialisme, 242, 292; — identique au naturalisme, 626, — attaque la raison elle-même et mène au scepticisme, 606, 608. — Que devient la connaissance humaine dans ce système? 124. — Athéisme théorique et idéaliste de Kant : ses arguments, 609 ; — ses contradictions, 610. — Conséquences morales et sociales de l'athéisme, 597.

Atomes (V. Matière). — Echappent aux sens, 223, 234. — Le vrai atome est le moi, 221, 79.

Atomisme. — de Démocrite et d'Epicure, 680. — (Voy. Matérialisme, Athéisme.)

Attention, — 133.— Sa nature ; — son rôle dans le développement de nos facultés; — moyens de la perfectionner, 133, 138. — Son défaut, cause principale d'erreur, 473.

Attribut (V. Jugement). — Attributs de Dieu. — Comment on les détermine 613 ; — métaphysiques et moraux, 615, 617.

Autonomie — De la volonté, 502; — incompatible avec la matière, 226. — Obéissance libre à la loi morale, 502.

Autorité (Système de l'), — 269; — ses contradictions, ibid; — soumission raisonnable à l'., 271; — l'autorité en philosophie, 22, 707; — cause d'erreurs, 483. — Autorité de la loi morale, 505, 537.

Axiomes. — Leur nature, 342; — de diverses espèces, ibid. — Comment on les distingue et on les établit, 343. — Leur fonction dans le raisonnement, 345. — Chaque science a ses axiomes, 16, 344. — Des axiomes mathématiques, 402 ; — ne diffèrent pas des autres, ibid.

B

Beau (Idée du). — Sa nature et ses définitions, 122; — son origine, 154, 158; — son rapport avec le vrai et le bien, 527 (V. Questions de Phil., sect. II). — Beau idéal, beauté parfaite et absolue, 123. — Idéal de l'art ou de l'imagination, 110. — La raison saisit et discerne le beau, 127, 191.

Bien (Idée du). — Sa nature et ses définitions, 526 ; — son origine, 154, 158 ; — idées qui en dérivent ; — ses formes : bien physique, bien moral, 528 ; — seule elle contient la loi morale et en remplit les conditions, 531 ; — son rapport avec le bonheur, 547. — Bien absolu, souverain bien, 122, 530, 623.

Bienfaisance. — Sa nature, 577 ; — son principe, 578 ; — en quoi elle diffère de la justice ; comparaison des deux vertus, *ibid*.

Bonheur (Idée et désir du). — 69, 549. — Ne peut servir de base à la morale, 548. — Son accord avec le bien, 549. — Conditions de cet accord, 558. — Mériter le bonheur, destinée actuelle, 661. — Sa grandeur, 639. — Le bonheur impossible dans la vie présente, 667. — Fausseté de la thèse stoïcienne : la vertu suffit au bonheur, 550, 673.

C

Canonique (d'Epicure). — 688.
Cardinales (Vertus). — 562, 704.
Catégories (V. Idées générales). — Catégories d'Aristote, 301, 305.
Causalité. — N'est pas la simple succession, 120. — Son idée vraie fournie par la conscience, 79. — Principe de causalité, un des axiomes de la raison, 349. — Dérive-t-il de l'expérience ? 154. — Part de l'expérience et part de la raison dans sa formation, 163.

Cause ; causalité. — Divers sens du mot cause (loi, fin, élément) ; cause véritable, cause efficiente, n'est pas la simple succession (cause physique), 120. — La conscience seule la révèle, 79, 188, 216, 226. — Principe de causalité (tout fait a une cause), un des axiomes de la raison, 349. — Ne vient pas de l'expérience, 154. — Part de l'expérience dans sa formation, 163. — Cause première ou absolue, 120, 600. — Cause du mouvement (premier moteur), 600. — Cause créatrice, 625.

Cause finale (Idée et principe de la). — V. Bien, 526 ; — dans la nature et dans l'ordre moral, 528. — Preuve dite des causes finales, 600, 710. — Objections de Kant, 609 ; — sa valeur et sa portée, 611. — L'ordre révèle une cause intelligente, 617. — V. *Questions*, sect. III.

Cause physique ou occasionnelle. — Prise pour la cause efficiente, 353 ; — système des causes occasionnelles (V. Occasionnalisme).

Cercle vicieux, — 359. — Exemples, 268, 270.

Certitude. — Sa nature et ses caractères, 260 ; — subjective, 661 ; — objective, 262 ; — son principe, l'évidence, 265. — Démonstration de ce principe et critique des principes contraires, 265, 273. — Différentes sortes de certitude et d'évidence, 273. — Certitude de chacune de nos facultés, 275, 280.

Charité. — V. Bienfaisance.

Classifications. — Leur nature et leur utilité, 433. — Termes principaux : genre, espèce, 434. — Artificielles et naturelles, 435. — Méthodes pour les former, 393. — Règles, 435.

Cogito, ergo sum, comparé au γνῶθι σεαυτόν, 6. — Comment Descartes y arrive, 707. — Vérités qu'il en déduit, 692. — 1° La spiritualité de l'âme, 228 ; — 2° le critérium de la vérité, 265 ; — 3° l'existence de Dieu, 602.

Comparaison, 141. — Sa nature et sa fonction ; — idées qui lui sont dues, *ibid*. — Comparaisons, métaphores, leur abus en philosophie, 91, 211, 445.

Complexes (Idées), — 303.

Compréhension. — Distincte de la perception, 126. — Compréhension, extension des idées générales, 305.

Conception. — Acte de l'esprit distinct de la perception, 125. — Conceptions pures de la raison, 119 ; — distinctes des simples concepts ou perceptions généralisées, 143, 505. — Leur objectivité, 278, 610.

Conceptualisme. — V. Nominalisme, Réalisme, 305.

Conclusion (V. Déduction, Syllogisme). — Comment elle doit être tirée, *ibid*. — Cas où elle est sous-entendue, V. Enthymème, 338. — Nécessité de conclure, 373, 364.

Concret, abstrait (Idées concrètes, abstraites), — 143, 302.

Consentement général (Système du). — Sa réfutation, 269, 279.

Conscience (Sens intime). — Sa nature, 76 ; — son objet et son étendue ; — idées qui lui sont dues ; — ses limites ; — sa forme spontanée et réfléchie, ibid. ; — son autorité, 35, 275. — Instrument de la psychologie, 24, 36, 440 ;— faits de conscience ou psychologiques, 33.

Conscience morale. — Sa nature, 545 ; — distincte du sens intime, ibid. ; forme de la raison, 131. — Faits qu'elle comprend, 546 ; — sa forme spontanée et réfléchie, 519 ; — son autorité, 537 ; — sa sanction, 554 ; — diversité de ses jugements, 540 ; — son éducabilité, 543.

Contingent et nécessaire. — Idées contingentes, idées nécessaires, 150. — Leur caractère, ibid. ; — leur origine, 153 ; — leur formation, 163. — Etres contingents, être nécessaire (V. Dieu). — Preuve par la contingence des êtres, 599.

Contradiction. — Principe de contradiction, sa formule, 326 ; — base du raisonnement, ibid., et du syllogisme, 332. — Critérium logique, 269. — Attaques vaines du scepticisme, 284.

Contradiction des opinions. — Argument sceptique ; comment il se réfute, 293, 540.

Corollaires (Conséquences). — V. Déduction. — Exemples : — corollaires de la loi morale, de la spiritualité de l'âme, 528 ; de la liberté, 208.

Corps (Idée des). — Distincte de celle de la matière, 228 ; — comment ils se perçoivent (V. Perception, 81). — Qualités premières et qualités secondes, 82 ; — la sensation suffit-elle pour nous en donner l'idée (V. extériorité)? — Leur existence réelle. — Ne sont-ils que la collection de nos sensations, 275.

Coutume — Incline l'automate (V. Habitude). — Cause d'erreurs, 483.

Création (Idée de la), 525 ; — systèmes opposés, 526 ; — leur réfutation, ibid.

Critérium de la vérité, — 265 ; — évidence de la raison ; — démonstration, directe et indirecte ; — critique des systèmes contraires ; — critérium particulier à chaque mode de connaître (V. Espèces de certitude), 273.

Critique historique (Règles de la), 463.

D

Déduction. — Sa nature, 330 ; — opposée à l'induction, 329 ; — sa base, 226 ; — sa forme régulière, (V. Syllogisme), parfaite (V. Démonstration) ; — sa fécondité, 330 ; — sciences qui l'emploient exclusivement (V. Sciences exactes), 400 ; — son emploi dans les autres sciences soit physiques, 331, 429, soit morales, 442.

Définitions. — Leur nature et leur utilité, 309 ; — de mots, et de choses, 310. — Diverses manières de définir, 312. — Définitions parfaites et imparfaites, 313. — De la définition logique. — Valeur et portée des définitions, 314. — Leur place, 315. — Règles de la définition, 315. Exemples, ibid.

Déisme (Théisme, Panthéisme), 631. — Réfutation, ibid. et 627.

Démonstration. — Sa nature, 343 ; — ses bases et ses conditions, 350 ; — sa portée et ses limites, ibid. ; — méthodes de démonstration, 395 ; — sciences démonstratives (ou exactes), 400 (inductives ou expérimentales), 408.

Désir. — Distinct de la volonté. — Leurs caractères opposés, 50, 199 ; — leur action réciproque et leurs effets opposés, 211, 203 ; — conséquences fâcheuses de leur confusion, 210 (V. Questions, sect., II).

Destinée humaine, 659. — La destinée présente est la vertu non le bonheur, 548, 638. — Du mérite et de l'épreuve, 639 ; — de l'expiation, 640. — Grandeur de cette destinée.

Destinée future complément nécessaire de la destinée actuelle, 661 (V. Immortalité).

Déterminisme (V. Fatalisme), 202, 205 ; — ne peut échapper aux conséquences du fatalisme, ibid.

Devoir (Idée du), 528 ; — ne peut naître d'aucun motif sensible ou intéressé — ni du plaisir, ni de l'intérêt, ni de la sympathie, etc., 501, 525 ; — son origine, l'idée du bien, révélée par la conscience. — Cette idée seule offre les caractères de la loi morale, 526, 547.

Devoirs (Théorie des), 561. — Leur unité. — Division des devoirs *ibid.*, — Négatifs et positifs, — parfaits et imparfaits. — Ancienne division, fondée sur les vertus ; — division moderne. — Collision des devoirs, *ibid.*

Dialectique. — Méthode socratique et platonicienne, 449. — Son côté négatif ou réfutatif ; — son côté positif ou dogmatique, 452. — Appréciation de cette méthode, 453.

Diallèle — Cercle vicieux, 359. — Le diallèle des sceptiques, 284.

Dieu. — Idée de Dieu, idée suprême de la raison, 123. — Existence de Dieu. — Exposé des preuves, 599, 605. — Leur appréciation, 605. — Examen de la critique kantienne. — Nécessité de les réunir, *ibid.* — Attributs de Dieu. — Comment on les détermine. — Leur énumération, 613, 623.

Division. — Sa nature ; — ses espèces, ses règles, 318. — Exemples de bonnes et de mauvaises divisions, 43, 131, 333, 360, 361, 599.

Dogmatisme. — Opposé au scepticisme, engendre dans l'antiquité le probabilisme, 300, chez les modernes, le criticisme (Kant), 697. — Dogmatisme sensé : affirmer où il faut, douter où il faut, 299.

Doute. — Sa nature, 262 ; — érigé en système (V. Scepticisme), universel ou partiel, 282. — Motifs de doute, 283, 297 (arguments sceptiques). — Exposés et réfutés. — Se détruit lui-même ; absurde en théorie, impossible en pratique, 298. — Usage légitime du doute, 299. — Doute méthodique de Descartes, *ibid.* et 701, 707, de Fénelon, 710.

Droit (Idée du), 577. — Son origine : le devoir et la liberté, *ibid.* — Corrélation des droits et des devoirs, *ibid.* — Où elle finit, 580. — Droit naturel, droit positif, 591. — Droit, base de la société humaine, 587. — Systèmes qui le détruisent, *ibid.*

Dualisme. — De la matière et de l'esprit ; du monde et de Dieu, 626 ; — du bien et du mal, du bon et du mauvais principe, 633. — Dualisme de l'âme et du corps, 241. — Double nature dans l'homme : *homo duplex*, 63, 66, 222.

E

Éducation. — Son vrai but, 97, 165, 215, 97 ; — faux systèmes, 97 ; — vraies et fausses méthodes, 97, 245. — Éducation physique, 570 ; — intellectuelle, 165 ; — morale, 563.

Empirisme. — Système qui rejette toute idée à priori et n'admet que l'expérience. Il est incapable de rendre compte de l'expérience elle-même, 410, de l'expérimentation, 429, de l'induction, 414. — Sa fausse analyse de la raison et de ses idées, 124. — Identique au sensualisme, 152, conduit au scepticisme, 234, au matérialisme, 244 ; — aboutit aux mêmes conclusions, 254, 165. — (V. Positivisme.)

Entéléchie (d'Aristote), — 188.

Entendement. — V. Raison.

Enthousiasme. — V. Inspiration, 27.

Enthymème. — Sa nature, 337. — Exemples, *ibid.* ; spontané, réfléchi, 338. — Sentence enthymématique. — Nécessité de le recompléter, 373.

Entité. — Être abstrait, abstraction réalisée (V. Abstraction).

Épichérème. — Sa nature, 338. — Exemples, *ibid.* — Nécessité de le ramener au syllogisme, 373.

Épicuréisme (Syst. d'Épicure), 684 ; — morale du plaisir, 503-509.

Erreur. — Sa nature ; — sa cause générale ; — ses causes particulières ou occasionnelles ; — ses remèdes, 469-486.

Espace (Idée de l'), 116. — En quoi diffère de celle d'étendue, *ibid.* — Sa nature et ses caractères, 117 ; — son origine, 154, — et sa formation, 162, 163 ; — part de l'expérience et de la raison dans son acquisition, *ibid.* — Problème ontologique de la réalité de l'espace, 117. — Immensité attribut de Dieu, 615.

Etendue (Idée de l'). — Est-elle primitive ou dérivée? 82 ; — l'étendue, essence des corps selon Descartes, 188, 693. — Etendue visible, 85; étendue tactile, 82.

Extériorité (Notion d'). — Comment elle s'acquiert (V. Perception externe, 81). — La sensation ne peut la révéler, 49; — elle est donnée dans le fait de la résistance; son analyse, 82 ; — nécessité d'un acte de perception directe, 81. — Conceptions qui s'y ajoutent, 84 ; — rôle de la raison, 127 ; — rôle de la sensation, 70.

Evidence, — V. Certitude, 265.

F

Facultés. — Idée des facultés de l'âme ; leur rôle en psychologie, 41. — Méthode pour les déterminer, 42 ; — théories des philosophes, 43. — Division générale, 44. — Leurs rapports et leur action réciproque, ibid. — Méthode pour les étudier, 46.

Facultés et opérations intellectuelles. — Leur tableau général, 74, 75. — Leur analyse, 76, 147.

Famille. — Sa nécessité, 582 ; — ses bases, 583 : — ses affections, 58, — devoirs de ses membres, 585.

Fatalisme. — Sa nature, et ses origines diverses, 210 ; — ses arguments, ibid.; — leur réfutation, 211, 216 ; — systèmes dont il est la conséquence : Matérialisme, 242, Panthéisme, 627-632.

Foi naturelle. — Acte de foi à la vérité condition de toute la certitude 263,278. — Foi au témoignage ou à la parole d'autrui condition de l'éducation, 279. — Instincts qui y répondent, crédulité, véracité, 55.

Foi religieuse. — Fondée sur l'autorité, et distincte de la certitude qui naît de l'évidence de la raison, elle doit être elle-même raisonnable, 271. — Accord de la foi et de la raison, ibid. — Scepticisme théologique funeste à la foi, 270-294.

Force. — Opposée à l'autorité, 501.

Forces (Système des), 82. — V. Monadologie, 695.

G

Généralisation. — Divers sens de ce mot, 141. — Degrés de généralisation. — Ses avantages et ses dangers, 143. — V. Induction. Idées générales.

Goût. — Goût physique, sa nature et son rôle, 89. — Goût intellectuel ; — est un mode de la raison, 132 ; — a un côté absolu (on peut disputer des goûts) et un côté variable, 293. — Causes qui le font varier, 296, 481, 107.

H

Habitude. — Sa nature, 194. — Habitudes passives et actives, 195. — Influence de l'habitude sur chacune de nos facultés : sur le sens intime, 80; les sens, 85 ; la mémoire, 96 ; l'imagination, 106 ; le jugement et la raison, 105, 483, 275; sur la sensibilité, 51, et le caractère, 201. — Action réciproque de la volonté et de l'habitude, 107. — Puissance de l'habitude, 197.

Hasard. — Est un mot ; — l'ordre n'en peut sortir ; — n'est pas là où un dessein se révèle. — V. Causes finales.

Histoire. — Son objet et son importance, 456. — Certitude, 279, et méthode historique, 457. — Ses bases et ses conditions. — Règles de la critique historique, 457-467.

Histoire de la philosophie. — Sa place dans la philosophie et ses rapports avec la psychologie, 32. — Exposé de ses systèmes, 679-700 ; — sa conclusion, ibid. V. Questions.

Honnête (Idée de l'). — En quoi diffère de l'utile, 529. — Leurs caractères opposés, 512. — Leur accord et conditions de cet accord, 557.

Humanité (Société du genre humain). — Bien définie par Cicéron et Sénèque, 578. — Devoirs à l'égard de ses membres, ibid. — Le genre humain considéré comme un seul homme qui subsiste toujours (Pascal), 707.

Hypothèses. — Méthode hypothétique, 21, 407. — Utilité des hypothèses ; leur rôle dans la science, 429. — Règles, 422.

I

Idéal. — Idéal de la raison ; l'infini, le parfait ; idéal du vrai, du bien, du beau, 120-123. — Idéal de l'imagination, 110. — Leur différence, 671. — L'homme tend vers l'idéal par toutes ses facultés, 533. — Idéal de l'intelligence, 666 ; de la sensibilité, désir du bonheur, immensité de nos désirs, 667. — Idéal de la volonté, 668. — L'idéal est-il une conception chimérique de notre esprit ? V. Vérité, Certitude, 278, 610.

Idéalisme. — Système qui refuse la vérité aux sens et ne l'accorde qu'aux idées de la raison, 683, 306 (Platon, Malebranche) ; — l'opposé du sensualisme et de l'empirisme (V. Locke). — Part d'erreur et de vérité dans les deux systèmes, 306. — Tendance de l'idéalisme au mysticisme et au panthéisme (V. Alexandrins ; Parménide, Spinoza, Hégel). — Idéalisme transcendental (subjectif et objectif), 697.

Idées. — I. Problème psychologique de la nature, de l'origine et de la formation des idées, 148. — 1° Leur nature et leurs caractères : idées contingentes et nécessaires. — 2° Leur origine : empiriques et rationnelles, ou adventices, factices, innées, 149. — Leur formation, 160. — II. Problème logique des formes de la pensée : idées concrètes, abstraites ; individuelles, générales, etc., 302-309. — III. Problème métaphysique de la vérité des idées (certitude), 262-278.

Idées-images (de Démocrite et d'Epicure), — 152. — Idées de Platon, types ou archétypes des êtres (V. Archétypes).

Identité personnelle — En quoi elle consiste, 223. — Un des attributs du moi, *ibid.* — Condition de la mémoire, 93 ; — sert à prouver la spiritualité de l'âme, 225.

Imagination. — Sa nature, ses degrés et ses formes, 100. — Imagination reproductive ; — son rôle dans la connaissance, 101. — Source d'erreurs, 115, 105, 476. — Comment on les corrige, 107. — Imagination créatrice, sa nature, son mode d'action ; son rôle dans l'art et dans la vie humaine, 108-115.

Imitation. — Instinct d'imitation, 56.

Immatérialité. — V. Ame.

Immortalité de l'âme. — Preuves tirées : 1° de sa substance ; — 2° de ses facultés ; — 3° de la croyance universelle ; — 4° de l'idée de la justice et de la sanction des lois morales (preuve morale), 661-675. — De la vraie immortalité, 676.

Imputabilité. — V. Responsabilité.

Impératif catégorique (de Kant), — 502. — Caractère de la conscience, 537.

Impersonnel. — La raison est impersonnelle ; en quel sens ? 128 ; — l'opinion est personnelle, 262 ; — la science impersonnelle, 269-294. — (V. Axiomes. V. Absolu.)

Impressions sensibles, en quoi diffèrent des sensations et des perceptions (V. Perception), 81.

Indéfini. — Distinct de l'infini, 118.

Indivisibilité, propriété des atomes ; — l'âme en offre le vrai type, 79. — V. Atomes, Ame, Moi.

Induction. — Sa nature, 228. — Distincte de la déduction, *ibid.* — 1° Induction expérimentale ou baconienne : sa nature, son principe, ses conditions, sa légitimité, sa portée et sa fécondité, 413-418. — 2° Induction aristotélique, 419. — 3° Induction socratique et platonicienne, 422-451.

Infini (Idée de l'), — 117 ; — ses caractères, 118. — Son origine, 154. — Sa formation, 163. — Dieu, l'Etre infini, prouvé par son idée, 602. — L'infini s'applique à tous les attributs de Dieu, 615. — Est-il incompatible avec sa personnalité ? 620.

Innéité. — Sens vulgaire ; son vrai sens, 159, 531. — V. *Idées innées*, 156.

Inspiration. — Participation de la raison humaine avec la raison divine (révélation naturelle), 120. — Dieu, soleil des esprits, 100; — vision en Dieu, *ibid.* — La conscience, voix divine, 538. — Inspiration poétique, 112; — scientifique, 26; — mystique, 28.

Instinct. — Sa nature et ses caractères, 192. — En quoi il diffère de l'habitude, *ibid.* — Moins développé chez l'homme que chez les animaux, 193. — A quoi il sert, *ibid.* — Principaux instincts, 194.

Intellect. — V. Entendement; Raison, 115-125.

Intellectuelles. — V. Facultés, 76 ; — opérations, 132.

Intelligence. — Sa nature et ses caractères, 71; — en quoi diffère de la sensibilité et de la volonté, *ibid.* — Division de ses facultés, 74.

Intuition. — Acte essentiel et primitif de l'intelligence, 264-266. — Antérieur à la réflexion et au raisonnement, 133. — Engendre un acte de foi à la vérité, 263. — Se retrouve dans la déduction, 349; — comme base de toute certitude, 261. — Vérités intuitives (axiomes), 343. — Rend seule possibles la vérité inductive ou déductive, 340. — Vainement le scepticisme les nie, 297-264.

Ironie socratique ; — comment elle tient à la fois à la méthode et au caractère de Socrate, 682, 419-422. — Son rapport avec le doute méthodique de Descartes, 299. — V. *Questions.*

J

Jugement. — Sa nature, 143; — spontané et réfléchi, 145 ; — son rapport avec le langage, 174. — De la proposition, *ibid.* — Formes du jugement et de la proposition, 322. — Jugements analytiques et synthétiques, *a priori* et *a posteriori*, 324.

Justice (Idée de), — 529, 576. — Sa nature et son origine, *ibid.* — Ses caractères (V. Idée du bien), 531, 540, 514. — Base de la société civile, 587; insuffisante pour la conserver, 576. — Justice humaine ; — imparfaite, 674; — justice divine, parfaite, 622 ; — non arbitraire, 524. — Objections contre elle (V. Mal), 640, 618. — Fausses idées de la justice, 703, 502.

Justice et Charité. — Leurs rapports ; — parallèle des deux vertus, 578.

L

Langage, — 167. — Sa nature ; — sa double fonction, *ibid.* — Ses formes (naturel et artificiel). — Leurs caractères, 169. — Rapport du langage avec la pensée, 172; — son rôle dans la formation des idées ; — son influence sur les opérations et les facultés de l'esprit, *ibid.* — Vrai rapport de la parole et de la pensée, 179. — Inconvénients et erreurs de langage, 330. — Moyens d'y remédier, 182. — Comment se perfectionne la langue des sciences, 183. — Caractères d'une langue bien faite, 186.

Liberté. — 204; — ses divers sens, 205. — Liberté morale ou *libre arbitre*, son idée, 205. — Ses preuves directes et indirectes, 206. — Objections du fatalisme, leur réfutation, 210. — Liberté divine, 619.

Liberté civile. — Base de la société humaine, 587. — Systèmes faux, *ibid.* — But de la loi civile, 591. — Liberté politique, 590. — N'est possible que par l'obéissance aux lois, 591.

Logique. — Son objet, 249. — Science et art, *ibid.* — Son rapport avec la psychologie et avec la morale, 29. — Son utilité, 250. — Ses rapports avec les autres sciences, 253. — Objections contre elle, 225 — V. *Questions,* sect. III.

Loi (Idée de), — 501, 527. — Lois physiques, 412. — Leur contingence, 415. — Comment on les découvre (V. Méthode expérimentale), *ibid.* — Leur application aux arts, 418. — *Lois mathématiques* ; leur nécessité, 400. — Comment on les démontre, *ibid.* — Ne s'appliquent bien qu'au monde physique, 404, 20. — *Lois morales* ou de l'esprit : objet des sciences morales, 438. — Comment on les découvre, *ibid.*

Loi morale. — Ses caractères et ses conditions, 501. — Aucun motif sensible (plaisir, intérêt, désir du bonheur, sympathie, amour ou crainte de Dieu) ne peut la contenir, 503, 525. — Son principe : l'idée du bien révélée par la conscience, 526, 547. — Objections et réponses, 540, 545. — Ses diverses sanctions, 552.

Loi civile. — Ses caractères. — Loi naturelle et loi positive, 591. — But de la loi civile, *ibid.*, obéissance aux lois condition de la liberté, 591.

M

Mal (Idée du), 633. — Ses diverses espèces (mal physique, mal moral), *ibid.* — Objections contre la Providence tirées : 1° du mal physique, 635, 643; 2° du mal moral, 643, 652. — Réponses, *ibid.*

Mariage. — Sa nature, ses caractères ; fondement de la famille, 584.

Matérialisme. — Sa nature et son principe, 233. — Ses arguments et sa réfutation, 235, 243. — Ses conséquences, 242, 246. — Spéculatif et pratique, 246. — Ses principaux représentants, 680, 684, 687, 284, 337. — V. *Questions*, sect. II.

Mathématiques. — Leurs caractères et leurs conditions propres, 399. — Leur méthode, 400. — De la démonstration mathématique, 401-403. — Evidence mathématique. — Abus de cette méthode, 405, 19, 257. — Rapports des math. avec la philosophie, 18, 404.

Matière (V. Atomes). — Ne tombe pas sous les sens, 234. — (V. Corps, 223). — Incapable de sentir, de penser et de se mouvoir spontanément, 221-227. — Organisée, ne perd pas ses propriétés, 240. — Suppose un principe intelligent qui la meuve et l'organise, *ibid.* — Ne peut expliquer le monde et ses lois, 600. — (V. Atomisme, Athéisme.)

Mémoire. — Fausses théories. — Sa nature, ses éléments, ses qualités et ses variétés, 90. — Ses lois ou conditions, 94. — Moyens de la perfectionner (mnémotechnies), 96-100.

Mérite. Démérite (Idée du), — 551. — Est liée à l'idée de vertu et de justice, 529. — Principe de la sanction des lois morales, 552 ; — explique la destinée actuelle, 639, 661.

Métaphysique. — Son objet, 448, 1, 31 ; — son rapport avec la psychologie, 31 ; — rejetée par le positivisme, 448, 597, 699. — Sa légitimité et sa méthode, 448. — (V. *Questions*, sect. I.)

Méthode. — Sa définition, 380 ; — son utilité, *ibid.* ; — ses règles générales (Règles de Descartes), 383 ; — leur importance, 387.

Méthodes. — Méthode *philosophique*, 21-27. — Méthode *psychologique*, 36, 439, 442. — Méthode des *sciences exactes*, 400-405. — Méthode des *sciences physiques*, 406-437. — Méthode des *sciences morales*, 438. — Méthode *historique*, 457. — Méthode socratique et platonicienne 449, 701, 682.

Moi (Idée du), — 220. — Ses attributs : unité, identité, activité libre, 223-225 (V. Personnalité) servent à démontrer la distinction de l'âme et du corps, *ibid.*

Monades (Monadologie). — Syst. de Leibnitz, 695, 247.

Monde (Conception du), 527. — Monde physique, monde moral, 528. — Ordre du monde, ses lois, 628. — (V. Ordre; V. *Providence*.)

Morale, — 487. — Son objet, sa division, sa légitimité et son utilité, *ibid.* — Ses rapports avec la psychologie, 29, et avec la théodicée, 493.

Moteur. — Dieu, premier moteur, 600.

Mysticisme. — Méthode mystique, 23, 26. — Morale mystique, 521. — Mysticisme alexandrin, 687. — Mysticisme au moyen âge, 689.

N

Nature (Divers sens du mot), — 330. — Nature, monde physique ; Dieu prouvé par l'ordre de la nature, 601. — Rapports de Dieu avec la nature, 629. — Etat de nature (Hobbes), 576, 587.

Naturalisme, — 626 ; — équivalent de l'athéisme, *ibid.*

Nécessaire. — Opposé au contingent. — Idées et vérités nécessaires, 115. — Etre nécessaire (V. Dieu). — Preuve de l'Etre nécessaire, 599.

Nécessité. — Opposée à la liberté, 205. — nécessité physique, 502 ;

— nécessité morale ; — s'accorde dans l'homme avec la liberté, *ibid.* ; — avec la sagesse divine, 619, 215.

Négation, — V. Jugement.

Nombres, — Mundum regunt numeri, 20 ; — nombres de Pythagore, 620.

Nominalisme, — Réalisme, — Conceptualisme, 306. — Nominalistes et réalistes, 688.

Néoplatonisme, V. Ecole d'Alexandrie, 687.

O

Objectif ; Subjectif. — Sens de ces mots, 71. — Certitude ou vérité subjective et objective, 261, 263. — Les idées de la raison n'ont-elles qu'une réalité subjective (Kant) ? 278, 610, 697.

Obligation (Idée de l'). — Opposée à la contrainte, 503. — Ne convient qu'à l'idée du bien (V. Loi morale).

Observation (Méthode d'). — Sa nature, ses procédés, ses règles dans les sciences physiques, 408; — dans les sciences morales, 440.

Occasionnalisme, — Causes occasionnelles (Syst. des), 246, 693.

Ontologie (Science de l'être), — V. Métaphysique.

Opérations intellectuelles, — 132-147.

Opinion. — En quoi diffère de la science, 126, 262, 309. — Opinions des philosophes. — Argument sceptique tiré de leur diversité, 14, 283.

Optimisme. — Vrai et faux optimisme, 643, 651.

Ordre (Idée de l'). 527, 122. — Attribut distinctif de la raison humaine, 533. — Comment l'homme s'élève à cette idée, 531. — Ordre physique, ordre moral. — Comment toutes les notions morales en dérivent, 528. — Beauté de l'ordre moral, 533. — Désordre (V. *Mal*).

Organum (Logique d'Aristote). — Son objet ; son plan, 301. — Sa valeur théorique et pratique, 369. — Novum Organum, 407, 690.

P

Panthéisme. — En quoi il consiste, 627. — Deux sortes de panthéisme. — Réfutation de ce système dans son principe, 627, et ses conséquences, 632. — (V *Questions de philosophie*.)

Paradoxes. — Leur nature ; leurs espèces ; leurs origines ; logique du paradoxe ; manière de le réfuter, 362-368.

Paralogisme. — En quoi il diffère du sophisme, 351. — Moyens de le réfuter, V. Sophismes.

Parole. — Lien de la société humaine, 167, 172 ; — distingue l'homme de l'animal, 169. — La raison est-elle due à la parole ou celle-ci à la raison ? 179. (V. *Questions de philosophie*.)

Passions, — 62. — Divers sens de ce mot. — Leur nature ; leurs diverses espèces (générales et particulières ; simples et mixtes ; primitives et dérivées). — Difficulté de les classer, *ibid*. — Leur origine commune, 66. — Leur antagonisme, 65. — Nécessité de les régler, *ibid*. — Leur rôle dans la vie humaine, 70. — Devoirs relatifs aux passions, 566.

Pénalité. — Sa nécessité, 550. — Son principe le démérite, 551. — Efficacité de la peine et de l'expiation, 552. — Sanction des lois morales, 552.

Penchants primitifs de notre nature, 67, 55 ; — en révèlent les fins ; — sources du plaisir et de la douleur ; — aspirent au bien, mais aveuglément. — Nécessité de la raison pour les régler, 67. — Leur origine commune (V. *Passions*). — Penchants acquis (V. *Habitudes*), 59.

Pensée. — Sa nature, 70. — Penser n'est pas sentir, 72. — Penser est plus que percevoir ; c'est concevoir, 125. — Toute pensée est abstraite et générale, 139. — Penser, c'est penser sa pensée, 77. — La pensée, parole intérieure. — Lien du langage et de la pensée, 167. — Penser, c'est penser l'absolu, le nécessaire. — L'idée, élément intelligible de la pensée, 116-124. — Hautes conceptions de la pensée (Idées), *ibid*. — La pensée distingue l'homme de l'animal (V. *Raison*).

Perception (externe). — Du fait de la perception des corps, son analyse, 80. — Qualités premières, qualités secondes. — Perceptions premières, perceptions acquises, 83. — Lois de la perception, *ibid.* — Education et perfectionnement des sens. — Erreurs des sens, 86 275. — Leur rôle particulier, 80, 90.

Perfectionnement moral (Devoir du), — 563.

Personnalité (Idée de la), — 520, 617. — Ses conditions : identité personnelle, 223. — La volonté libre est son élément principal, 203. — S'affaiblit et se fortifie avec elle. — Ses conséquences, 204. — Principe du droit, 577. — Les *personnes* et les *choses, ibid.* — Personnalité divine, 617.

Péripatétisme. — Ecole péripatéticienne, 683.

Pétition de principe, — 359. — Exemples, 235, 270. — Moyens de l'éviter, 310, 374.

Philanthropie (V. *Affections*), — 60.

Philosophie (Idée de la), — 1-6. — Diverses manières de la définir. — Amour de la sagesse (Définition étymologique), 2. — Définition générale : la science dans son ensemble et dans ses principes. — Définition plus spéciale : la connaissance de l'homme conduisant à la connaissance de Dieu, 3. — Utilité de la philosophie, 6. — Objections contre elle, 14. — Ses rapports avec les autres sciences, 15-20.

Philosophique (Esprit). — Ses qualités, 3. — (V. *Questions*, sect. I.)

Philosophiques (Systèmes), — 700, 17, 14, 298.

Phrénologie (système de Gall), — 247.

Platonisme (méthode et système de Platon), 449, 683. — Le *Gorgias* de Platon, 702.

Politique. — La base de la vraie politique est la moralité, 702-703. — Son but : la justice, l'ordre dans la liberté ; le règne du droit, 587. — Faux systèmes, 389. — Principe de la souveraineté, 590. — Devoirs du citoyen, *ibid.*

Positivisme. — Système qui n'admet que l'expérience et rejette tout ce qui la dépasse. (V. *Empirisme*, et *Questions*, sect. III.)

Postulat, — 344. — Postulats de Kant, 610, 697.

Prédétermination. — Préordination, 646.

Prédicat, — V. *Attribut.*

Préjugés. — Leur nature, 468. — Diverses espèces, 483. — Moyens de les combattre, 484.

Prescience. — Ses rapports avec la liberté, 215, 645.

Principes (Divers sens du mot) : — 1° commencement ou origine des choses ; — 2° causes ou principes d'existence ; — 3° vérités générales, principes du raisonnement ; — 4° lois ou faits généraux. — Métaphysique, science des premiers principes, 1. — Théorie des principes, selon Aristote, 684.

Probabilité. — Sa nature. — Ses espèces et ses degrés. — Du calcul des probabilités. — Son usage et ses abus ; — ses règles, 280-282.

Probabilisme. — En quoi diffère du scepticisme ; se réfute de même, 300. — (V. *Questions de phil.*)

Progrès (Idée du), — 296. — Loi de l'esprit humain. — Progrès intellectuel. — Explique le changement des opinions et s'accorde avec l'absolu dans la vérité, *ibid.* — Portion variable et invariable de la connaissance humaine, *ibid.* — Progrès moral, 543. — politique, 590. — Progrès des systèmes, 700. — Mot de Pascal, 707.

Proposition, — V. *Jugement.*

Propriété (Droit de). — Une des bases de la famille, 585, et de la société. — Son principe, la liberté, 592. — Démonstration directe et indirecte. — Les systèmes qui la combattent mènent au despotisme. — Droits qui en dérivent, 585.

Propriétés générales des corps, — V. *Corps.*

Psychologie. — Son objet, 32. — Sa légitimité, 35. — Distincte de la physiologie, *ibid.* — Ses limites ; sa division ; — point de départ des sciences philosophiques, 28. — Sa méthode, — V. *Méthodes.*

Pyrrhonisme (V. *Scepticisme*), — 298, 685.

Q

Qualité, quantité, relation, modalité, — (V. *Catégories, Jugement*), 324.
Quiétisme (V. *Mysticisme*). — Ses excès, ses dangers, 521.

R

Raison. — Faculté supérieure et attribut distinctif de l'homme, 115, 713. — Distincte des sens, etc., du raisonnement, 127. — Sa nature et son objet propre, 115-125. — Ses actes particuliers, 125. — Son essence et son origine, 128. — Ses formes, 130. — Intervient dans toutes nos facultés et les dirige, 127. — La raison liée à la parole, 168. — Raison spontanée (sens commun), réfléchie, 131. — Son identité, 131. — Son autorité, 265. — Ses rapports avec la foi, 271. — Attaques du scepticisme contre la raison, V. *Scepticisme*, 283.
Rationalisme. — Système qui nie la révélation, 273.
Réflexion (conscience réfléchie), — 80. — Instrument de la psychologie, 37, 440. — Ses avantages sur la spontanéité, 133. — Accord des deux formes de la pensée, 520. — Réflexion forme réfléchie de la pensée en général, 134.
Réminiscence,—V. *Mémoire*, 94.—Réminiscence platonicienne, 165, 157.
Responsabilité. — Son principe, 208, 242. — Ses conditions : (celles de la liberté), varie avec elles, 481, 481, 237. —Ses conséquences : mérite, démérite, droits, etc., 208, 530, 571. — V. *Questions*, sect. IV.

S

Sagesse (Amour de la). — En quoi elle consiste, 2. — Sa définition, 4. — Spéculative et pratique, 2 ; — divine 621 ; — humaine, 4. — Mot qui la résume,5. — Comment elle s'acquiert, 455. —Fausse sagesse (des sophistes), 680.
Scepticisme, — 283. — Sa nature et ses formes diverses; ses arguments et leur réfutation ; — ses contradictions ; — ses conséquences théoriques et pratiques, 283-300. —Ses causes, etc. (V. *Questions*, sect. III).
Science (Idée de la), — 389. — Son utilité, 251 488. — Division des sciences, *ibid*.
Sciences. — Sciences exactes, 399-405. — Sciences physiques et naturelles, 406, 437. —Sciences morales, 431, 456. — Leur objet, leurs conditions, leurs méthodes, *ibid*.
Sens. — Analyse des sens (V. *Perception*). — Rôle de chacun d'eux, *ibid.*, 87. — Leur mode d'exercice et leur éducation, 84. — Leurs rapports ; leur perfectionnement, 86.— Certitude de leur témoignage, 275. — Erreurs des sens, 86, 275. — Leur portée.—Toutes nos idées viennent-elles des sens? 152.
Sensation. — Sa nature et ses caractères, 49, 72 ; —distincte de la perception, 72, 81. — Ses diverses espèces, 53. — Son rôle dans la connaissance, 69 ; — dans l'activité volontaire, 70.
Sens commun. — Sa nature, 130. —Principes ou vérités du sens commun, 125, 295. — Son rapport avec la philosophie, 14, 294. — Bon sens, pris pour son synonyme, en diffère ; rien de si rare, 251. —Sa portée et ses limites, 14, 488. — Bon juge dans les cas simples, 542 ; — est exposé à s'égarer, 542. — Avantages de la science, 491. — V. *Questions*, sect. I.
Sensibilité, —48. — Sa nature et ses caractères.— Ses formes diverses ; — analyse des faits qui s'y rapportent ; — ses lois ; — son principe et sa fin ; — son rôle dans le développement des facultés humaines, 48, 70.
Sensualisme. — Système qui fait de la sensation l'origine de toutes nos idées et de tous nos actes, de la sensibilité le principe de toutes nos facultés.—Sa réfutation, 49, 72, 152.—Engendre le matérialisme, 234, et plus logiquement le scepticisme, *ibid.* et 288. — Sa morale, 504, 509 ; — son droit naturel, etc., 242. — Écoles sensualistes, V. *Démocrite*, *Épicure*, *Condillac*, *Helvétius*, *Bentham*, etc.
Signes, — V. *Langage*.

Sociabilité (Instinct de). — L'homme est né sociable, 57, 575. — La sympathie principe des affections sociales, 57, 62.

Société (Idée de la), — 575. — L'état social est pour l'homme l'état de nature, *ibid.* — Devoirs sociaux : devoirs généraux de justice et de charité, 576. — Devoirs particuliers : envers la famille, 585, — envers l'Etat, 590.

Socialisme. — Divers systèmes compris sous ce nom. — Tous établissent une fausse solidarité et ont pour effet direct ou indirect de détruire la liberté, de briser ou de relâcher tous les liens de la famille, 580, 584, 585, 594 ; — méconnaissent le vrai but de la société civile, 587 ; — aboutissent au despotisme, 594.

Sophismes, — 351. — Définition ; division ; énumération et réfutation des principaux sophismes, 351, 362.

Sophiste. — Opposé au philosophe, 357. — Les sophistes, 680.

Sophistique (art des sophistes). — Méthode à lui opposer (V. *Ironie socratique;* V. *Questions,* sect. I).

Sorite. — Sa nature, 339 ; — exemples, *ibid.* ; — son emploi ; — le raisonnement mathématique s'en rapproche, 375.

Souveraineté, — 588. — Son idée, *ibid.* — Faux principes. — Ne réside que dans la raison et la justice. — Souveraineté du peuple ; comment on doit l'entendre, 590.

Spéculation. — Procédé rationel ou *à priori* opposé à l'expérience. — Méthode hypothétique ou spéculative, 22, 407. — Ses erreurs et ses dangers, *ibid.* — Nécessité de prendre pour base l'expérience sans exclure la théorie, de les combiner et de les accorder, 25. — Systèmes nés de la spéculation philosophique (sensualisme, idéalisme, panthéisme, scepticisme, mysticisme). — Derniers systèmes construits d'après cette méthode (V. Phil. allemande), 677.

Spéculatif (V. Théorique). — Raison spéculative et pratique, 131 ; morale spéculative ; morale pratique, 487. — Scepticisme spéculatif et pratique, 298. — Matérialisme, *id.*, 246.

Spiritualisme. — Système qui admet la spiritualité de l'âme et les vérités qui s'y rattachent : Dieu, la liberté, la vie future, etc. ; — preuves par lesquelles il les démontre (V. *Ame, Libre Arbitre, Immortalité*). — Seule compatible avec les croyances morales et religieuses de l'humanité, *ibid.* — Ses exagérations ne détruisent pas ses principes, 692. — Sa méthode ; l'étude de l'homme par la conscience, 217, 440, 448. — Ses représentants principaux : Socrate, 681, Platon, 68, Descartes, 691, Leibnitz, 694, etc. — V. *Questions*, sect. IV.

Spontanéité, — V. *Réflexion.*

Stoïcisme. — Morale stoïcienne, 685. — Ses mérites et ses défauts, *ibid.* — Paradoxes des stoïciens, 363.

Subjectif. — V. *Objectif.*

Substance (Idée de). — N'est-elle que la somme des qualités des êtres ? 119. — Substance matérielle (V. *Matière, Atomes*). — Substance spirituelle (V. *Ame*). — Substance absolue (V. *Dieu*). — Problème de la communication des substances, 241. — Dieu, l'unique substance (V. Spinosa, 693).

Suicide, — 568. — Raisons qui le condamnent, *ibid.*

Syllogisme, — 331. — Sa nature, son principe, sa structure, ses modes et ses figures, 334 ; — ses règles, *ibid.* ; — syllogismes irréguliers et composés, 331, 346. — Autres arguments, *ibid.* — Importance et utilité du syllogisme ; ses usages et ses abus, 369, 379.

Sympathie. — Sa nature. — Affections qui en dérivent, 57, 61.

Systèmes (Idée des), — 700. — Leur nécessité comme œuvres de la pensée philosophique, 17. — Part de vérité contenue dans les systèmes, 295. — Leur imperfection nécessaire. — Leur mobilité et leur contradiction, 14, 295. — La science et les systèmes, 700. — V. *Questions,* sect. I.

T

Téléologie. — Preuve téléologique ou des causes finales, V. *Causes finales.*

Témoignage des hommes (Certitude du), — 279, 280 ; — son objet et ses conditions, 450 ; — sa base, 461 ; ses règles, 463. — Appliqué aux faits ou aux doctrines, 460.

Temps (Idée du), — 117. — Durée finie et infinie. — Origine de cette notion dans l'esprit, *ibid*. — Eternité attribut de Dieu, 615.

Théisme et Déisme, — 631.

Théodicée. — Son objet, 595 ; — ses rapports avec les autres parties de la philosophie, en particulier avec la psychologie et avec la morale, 29, 31, 493, 596 ; — sa légitimité, *ibid*.

Théorie. — Sa nécessité et son utilité, 10 ; — doit éclairer la pratique, *ibid*., dans les arts de l'esprit comme dans les autres arts, en logique, 250, 259 ; en morale, 488 ; en philosophie, 2. — Leur séparation, funeste à l'une et à l'autre et signe de décadence, 488.

Théorique, Pratique — Raison théorique, raison pratique ; leur opposition, (Kant), 131, 278, 610.

Transcendant, trancendantal (V. Kant, 697, idéalisme). — V. Fichte, 697.

U

Unité (Idée de l'), — 220. — Révélée par la conscience, 79. — Unité du moi, preuve de l'immatérialité de l'âme, 220. — Unité absolue, Dieu, 119. — Unité corporelle, composée, 223. — V. Atomes, Monades.

Universaux. — V. Catégories.

V

Vérité de la connaissance humaine ; en quoi elle consiste, 70. — Comment elle s'établit, 263. — Critérium de la vérité, V. *Certitude*, 265. — Système qui la nie, V. *Scepticisme*, 283. — Divers ordres de vérités, 282. — Vérités métaphysiques, physiques, morales, 273, également certaines. — Unité de leur principe. — Parallèle de la vérité morale et de la vérité mathématique, 534.

Vérités contingentes et nécessaires ; relatives et absolues (V. *Idées*), intuitives et déductives, V. *Intuition et déduction* ; — primitives ou acquises, et transmises, V. *Témoignage*. — Unité de la raison qui les conçoit, 273.

Vertu (Idée de la), — 529. — Ses caractères et son origine. — Idées qui s'y rattachent (mérite, etc.), sentiments qu'elle excite ; admiration, 533 ; jouissance morale, 554, etc. — Excellence de la vertu, 668 ; — but de la vie terrestre, *ibid*. — Suffit-elle au bonheur ? 549, 672. — Peut-elle s'enseigner ? 491.

Vertus. — Leur unité, 561. — Leur diversité, *ibid*. — Division. — Vertus cardinales, 562.

Vie (Idée de la), — 188. — Deux vies dans l'homme et deux ordres de phénomènes : vie physiologique, vie psychologique, 33. — Systèmes à ce sujet (vitalisme), 247. — Degrés de la vie morale : 1° vie instinctive, animale et sensible. — 2° Vie intelligente, mais égoïste, 509. — 3° Vie supérieure, morale, 529, et religieuse, 654. — (V. *Questions*, sect. II.)

Volonté. — Sa nature ; distincte de la sensibilité et de l'intelligence, 73, de la détermination volontaire, 197. — Son analyse, 197. — Action des motifs sur la volonté, 202. — Action de la volonté sur l'intelligence (opérations intellectuelles, attention, etc.) ; — sur les passions et la sensibilité, 65. — Son rôle dans l'habitude, 196.

Vrai (Idée du), — V. 120. — Au sens logique ; au sens métaphysique, *ibid*. — Divers degrés dans la vérité et dans l'être, V. *Vérité*. — Le vrai et le faux ; en quoi ils consistent, 469.

Vraisemblance, — 262. — V. *Probabilité*, 280, et *Probabilisme*, 300.

FIN.

RÉPONSES

AUX QUESTIONS DU PROGRAMME DE 1874 (1)

I. — Objet de la Philosophie. — Ses principales divisions. — Ses rapports avec les autres sciences.

I. — Connaître la *raison* des choses en remontant à leurs premiers *principes*, connaître *l'homme* en particulier, sa nature, son origine et sa destinée, tel est *l'objet* de la philosophie, selon la maxime antique : *Connais-toi toi-même* (1-5).

II. — Cet enseignement comprend : 1° la *Psychologie*, 2° la *Logique*, 3° la *Métaphysique* et la *Théodicée*, 4° la *Morale*, et 5° enfin l'*Histoire de la Philosophie*. L'étude de l'*esprit humain* est leur point de départ et le lien qui les unit (28-32).

III. — Toutes les sciences, étant des créations de l'esprit humain, ont des *rapports* avec la science qui étudie ses lois et ses facultés. 1° La philosophie examine et discute les principes des autres sciences ; 2° elle se rend compte de leur méthode et systématise leurs résultats ; 3° elle refait la synthèse des sciences que l'analyse a séparées (15).

PSYCHOLOGIE

II. — Des faits psychologiques. — De la conscience. — Distinction des faits physiologiques et des faits psychologiques.

I. — La psychologie a pour objet l'âme et ses facultés. Son instrument est la *conscience* ou la réflexion (33).

II. — La *conscience* ou sens intime est cette faculté par laquelle nous avons la connaissance immédiate de ce qui se passe en nous, des opérations de notre esprit, des actes de notre volonté, etc.

III. — La *psychologie* et la *physiologie* sont deux sciences distinctes quoique étroitement unies. Les faits psychologiques, en effet, sont ceux dont l'âme a conscience, par opposition aux faits physiologi-

---

(1) Les chiffres renvoient aux pages de ce *Précis* où les réponses sont expliquées et développées.

ques qui se passent dans le corps et dont nous n'avons pas conscience. La sensation, la pensée, la volonté sont des faits psychologiques ; la respiration, la digestion, la circulation du sang sont des faits physiologiques (33-35).

III. — Des Facultés de l'âme. — Sensibilité. — Intelligence. — Volonté.

Les facultés de l'âme sont ses pouvoirs ou ses capacités (41).

L'âme a trois facultés principales : la *sensibilité*, l'*intelligence* et la *volonté*. La première embrasse tous les faits qui se rapportent à la partie affective de notre être : la *joie* et la *douleur*, les *émotions*, les *affections* et les *passions*. La seconde comprend tous les actes de l'esprit et les facultés dites intellectuelles. La troisième renferme toutes les déterminations qui ont pour caractère la liberté (44). Sentir n'est pas penser, penser n'est pas vouloir ; mais penser, vouloir et sentir ne sont pas des actes isolés. L'unité c'est la vie, un lien étroit unit nos facultés (45).

IV. — Sensibilité. — Sensations. — Sentiments. — Instincts. — Penchants ; passions.

I. — La sensibilité se détermine par la nature des faits qui lui appartiennent. La sensation est *passive, fatale* et *aveugle* ; de même l'affection, le désir, la passion. Ces caractères distinguent la sensibilité de l'entendement qui est *actif* et de la volonté qui est *libre* (48).

II. — On distingue dans la sensibilité des *sensations* et des *sentiments*. Les sensations sont particulièrement liées au corps et constituent la *sensibilité physique*. Les *sentiments* ont uniquement leur siége dans l'âme et constituent la sensibilité *intellectuelle* et *morale* (52-64).

III. — Les *instincts, penchants, passions* sont difficiles à distinguer et à classer. Les uns se rapportent à notre nature *intellectuelle* (curiosité, instinct d'*imitation*, amour du *bien*, etc.). Les autres tiennent à notre nature *morale, sociable* et *religieuse* (amour du bien ; sympathie, sociabilité, etc.) ; (affections *domestiques, patriotiques, religieuses*) (52-63).

IV. — Les *Passions* sont ou des affections plus vives ou des mouvements désordonnés et aveugles de la sensibilité. Leur étude appartient surtout au moraliste (62).

V. — Intelligence. — Perception extérieure. — Perception intime. — Raison.

L'*intelligence*, ou la faculté générale de connaître, diffère de la sensibilité en ce que seule elle connaît le vrai et est *objective*, tandis que la sensibilité est purement *subjective* (71). Elle ne diffère pas moins de la *volonté* en qui réside la détermination *libre* (Ibid.). Elle a plusieurs modes ou facultés particulières qu'il s'agit d'étudier.

I. — La *Perception externe* est la faculté par laquelle nous connaissons les corps et leurs propriétés. Elle s'exerce par les cinq *sens* : le *toucher*, la *vue*, l'*ouïe*, l'*odorat* et le *goût*. Le *toucher* nous donne l'étendue réelle et la solidité ; la *vue*, la forme apparente et la couleur des objets ; l'*ouïe*, les sons ; l'*odorat* et le *goût*, les odeurs et les saveurs. Mais pour percevoir les qualités réelles et les rapports des objets, chaque sens a besoin d'une éducation qui se fait à l'aide de l'expérience et du raisonnement (**80-90**).

II. — La *Conscience* ou *perception intime* est la faculté par laquelle l'homme se connaît lui-même et toutes les opérations de son esprit. Elle saisit non-seulement les faits intérieurs de l'âme, mais l'âme elle-même ou le *moi*, du moins, comme cause simple, active et libre (**76**).

III. — La *Raison* est cette faculté supérieure par laquelle l'homme conçoit et discerne la vérité. Mêlée aux autres facultés, elle les éclaire et les dirige, mais elle a son objet propre, les *idées* ou les hautes conceptions de l'esprit (**115**) ; elle conçoit l'*infini*, le *nécessaire*, l'*absolu*, en tout le *vrai* caché sous l'apparence. Elle fournit une règle à la volonté et aux passions. Partout elle est la faculté souveraine (**115-131**).

VI. — Des Idées en général. — Classification des idées. — De l'origine des idées. — Différentes théories sur cette question.

I. — L'*idée*, l'acte le plus simple de l'esprit, ne peut se définir. Mais elle se distingue de la sensation et de l'acte volontaire (**148**).

II. — On *classe* les idées de différentes façons : 1° d'après leur origine comme venant des sens ou de l'expérience (*idées sensibles* ou *empiriques*) ou de la *raison* (idées rationnelles) ; 2° d'après leur *nature* et celle de leurs objets en *contingentes* et *nécessaires* selon que leur objet est nécessaire ou contingent (**150**) ; 3° d'après leur *forme* ; elles sont ou *individuelles*, *particulières*, *universelles*, *concrètes* ou *abstraites*, *claires*, *confuses*, etc., etc. — La division principale est celle des idées contingentes et nécessaires (**149**). On doit distinguer entre *idée* et *vérité*. L'idée est une simple notion et s'exprime par un terme. Une vérité est l'énoncé d'un *jugement* et se formule par une *proposition*. — La division de Descartes en *adventices*, *factices* et *innées* rentre dans la première.

III. — L'*origine des idées* est un problème qui a divisé les écoles. Toutes nos idées viennent-elles des *sens* et de l'*expérience* ? Viennent-elles de la *raison* ? De là deux grands systèmes, l'*empirisme* et le *rationalisme*. La solution est intermédiaire. On doit faire la part de l'*expérience* et celle de la *raison*. L'*expérience* fournit la base ; mais la *raison* seule conçoit, explique les faits avec ses propres idées. (**150** et suiv).

VII. — Notions premières. — Axiomes et principes de la raison.

I. — Les *notions* et les *vérités premières* sont celles qui sont antérieures à toute démonstration et qui servent à établir d'autres vérités (**125-342**).

Toute science renferme donc des idées et des vérités *premières*, des idées et des vérités *acquises* ou *déduites*. Les premières sont la base de l'édifice, les autres l'édifice lui-même.

II. — Les axiomes ou *principes* de la *raison* sont des vérités premières, évidentes d'elles-mêmes, qui sont la base de tous nos jugements et de nos raisonnements. Toute science possède de ces principes. Citons seulement quelques-uns de ces axiomes ou principes : 1° le principe de *contradiction* : *Ce qui est est;* une chose ne peut être et n'être pas en même temps. 2° Principe *de causalité* : *Tout fait a une cause.* 3° Principe des *substances* : toute *qualité* a un *sujet* d'inhérence.

Nier les principes de la raison est une entreprise insensée. Le scepticisme le fait, mais il se réfute lui-même (V. Scepticisme).

VIII. — Opérations intellectuelles. — La mémoire. — L'association des idées. — L'imagination.

I. — La *Mémoire* est la faculté de se souvenir du passé. L'on doit se garder de prendre à son sujet des métaphores pour des définitions (90).

La mémoire a deux conditions essentielles, l'*idée du temps* et celle de notre *identité personnelle*. Elle en a deux autres qui tiennent à notre constitution actuelle, savoir : l'*attention* et l'*association des idées* (95).

De cette double condition dépend tout le développement de la mémoire.

II. — L'*association des idées* est la propriété qu'ont nos idées de s'attirer les unes les autres par les rapports qui les unissent. Les unes sont *accidentelles* (de lieu, de temps), les autres *rationnelles* (de cause à effet, etc.). Cette loi joue un grand rôle dans nos jugements, impressions, etc. (102-108).

III. — L'*imagination* est la faculté de se retracer l'image des objets (*imagination passive*), ou de combiner les idées dans des rapports nouveaux (*imagination active*), ou enfin de représenter les *idées* de l'intelligence sous des formes sensibles (*imagination créatrice* ou poétique) (100).

L'imagination, dans ce dernier cas, a besoin d'être soumise aux lois du *goût*. Son mode particulier d'action est l'*inspiration* (100-115).

IX. — L'attention. — L'abstraction. — La comparaison. — La généralisation.

I. — L'*attention* est l'activité de l'esprit appliquée à un objet particulier. C'est l'effort volontaire d'où naît la clarté de nos idées. Tout travail de l'esprit, en dépend; sa loi est l'analyse (133-138). — II. L'*abstraction* est l'attention appliquée à une qualité des objets séparée des autres qualités et considérée isolément. De là l'*idée abstraite.* Elle a ses avantages et ses inconvénients (138). — III. La *comparaison* est l'attention portée sur deux ou plusieurs objets à la fois ; par elle on saisit les *rapports*. Elle intervient dans toutes les opérations du raisonnement (41). — IV. La *généralisation* est l'opération de l'esprit qui, saisissant les ressemblances, les réunit et crée des classes, des genres, à l'aide des mots. De là les idées générales (homme, animal, etc.). Il faut distinguer les degrés de généralité, l'*extension* et la *compréhension* des idées générales (305). Elles sont la base du *jugement* et du raisonnement.

X. — Le jugement. — Le raisonnement.

I. — Le *jugement* est l'acte par lequel nous *affirmons* la vérité ; nier est encore affirmer. Le jugement est ou primitif et *spontané* ou *réfléchi* ; il est *mental* ou *exprimé* par la *proposition*. Comme la proposition, le jugement est *affirmatif*, *négatif* ou *dubitatif* ; il est *universel*, *particulier* ou *individuel*, etc. La logique étudie ces formes du jugement (143).

II. — Le *raisonnement* est l'opération de l'esprit qui, ne pouvant voir immédiatement le rapport entre deux idées, se sert d'une idée moyenne qui montre ce rapport. L'esprit saisit ainsi, d'une manière indirecte, la vérité qu'il ne voyait pas d'une manière directe ou par intuition. L'intuition précède donc le raisonnement. La base du raisonnement est cet axiome : Une chose ne peut pas être et n'être pas en même temps : *principe de contradiction* (146-326).

XI. — Les Signes et le Langage. — Des rapports du langage avec la pensée.

I. — On appelle *signes* tout objet sensible qui exprime ou rappelle une idée. Le nombre des signes est indéfini (168).

Le *langage* est un *ensemble de signes* propres à exprimer la pensée. On distingue le langage *naturel* et le langage *artificiel* : l'un composé des signes de la physionomie, des *gestes*, des cris inarticulés ; l'autre, des sons articulés, de la *parole*. Le premier est *synthétique*, universel, commun à tous les hommes ; le second est *analytique*, se diversifie selon les idiomes, les lieux et les temps (169-172).

II. — Le langage offre avec la pensée un double rapport : il sert non-seulement à exprimer ou à *transmettre* la pensée, mais aussi à la *former* : *nous ne pouvons penser sans signes*. Nous ne pouvons ni abstraire, ni comparer nos idées, ni les classer, ni juger, ni apercevoir leur convenance ou leur disconvenance, ni *raisonner*, sans le langage. Le raisonnement est un *discours intérieur*. Aussi a-t-on appelé les langues des *méthodes d'analyse et d'abstraction* (173-178). — Il ne faut pas cependant exagérer cette influence. La pensée conserve sa priorité et sa supériorité sur son expression, et l'esprit sur l'instrument dont il se sert (179).

XII. — Volonté. — Instinct. — Habitude.

I. — Le fait constitutif de la volonté est la *détermination* ou la *résolution* qui suit la délibération et précède l'action (197).

Ce fait se distingue de la *conception d'un but* d'action et de la conscience des motifs qui nous sollicitent à la faire, de la *préférence* accordée à l'un d'eux, du *désir* plus ou moins vif que nous éprouvons, enfin de l'*action* elle-même qui succède à la résolution. L'acte de vouloir est tout entier dans cette *détermination*. Le caractère de la détermination volontaire est d'être *libre*. La *liberté* chez l'homme est la nature et l'essence de la volonté. Aussi sur elle repose tout l'ordre moral.

II. — L'*instinct* est une impulsion aveugle qui se porte vers un but et qui fait produire certains actes sans conscience ni réflexion. L'instinct est *inné, irréfléchi, invariable, impersonnel*. L'homme a aussi des instincts moins nombreux que l'animal et qui diminuent à mesure que sa raison se développe (192).

III. — L'*habitude* est une disposition, acquise par la durée ou la répétition des mêmes actes; elle est une seconde nature. Il y a des habitudes *passives* et des habitudes *actives*. Leur effet est d'émousser la sensibilité, de rendre les actes plus rapides et plus faciles; son rôle est immense dans l'éducation et la vie humaine (194-197).

XIII. — De la Liberté morale ou libre arbitre. — Démonstration de la liberté. — Des principaux systèmes qui nient la liberté.

I. — La liberté morale ou *libre arbitre* est la faculté de se déterminer par soi-même, avec la conscience de pouvoir se déterminer autrement (204).

II. — La liberté se démontre : 1° par le *sens intime* qui nous atteste que nous sommes libres ;

2° Par le *raisonnement* appuyé sur les principes de la *moralité humaine*. Le raisonnement démontre que si on nie la liberté, il n'y a plus ni *bien*, ni *mal*, ni *devoir*, ni *obligation*, ni *mérite*, ni *démérite*, ni *crime*, ni *vertu*, ni *droits*, ni *obligations*. Toutes les relations de la société, la législation et l'histoire, etc., sont renversées par cette hypothèse (207).

III. — Les principaux systèmes qui nient la liberté sont : 1° le *matérialisme* ; la volonté n'étant qu'une fonction du cerveau obéit aux lois fatales qui régissent la matière (242) ; 2° le *panthéisme*, qui n'admettant qu'une seule cause dans l'univers supprime la cause humaine (213) ; 3° les systèmes *théologiques* (*mysticisme*), qui rapportant tout à Dieu nient l'efficacité des actes humains et ne peuvent éviter l'écueil du fatalisme (Syst. de la grâce). — Aucun système ne peut prévaloir contre le fait évident du libre arbitre sur lequel repose l'ordre moral tout entier.

— Les *objections* tirées soit des *motifs* qui agissent sur la volonté soit des principes *abstraits,* soit de la prescience divine, etc., n'ont aucune valeur et ne prouvent que la fausseté des théories qui les émettent (210).

XIV. — Harmonie des facultés de l'âme. — Unité du principe de ces facultés. — La personnalité humaine.

I. — Les facultés humaines sont les pouvoirs d'une force unique ; distinctes elles ne sont pas isolées, elles agissent les unes sur les autres et forment un tout harmonique. Ce sont les faces diverses d'un fait unique et complexe : *la vie.* Sensibilité, intelligence, volonté, ces puissances fonctionnent simultanément ; leur réciprocité est constante. Il ne faut pas perdre de vue cette unité (44).

II. — Mais ce qui importe encore plus, c'est l'*unité du principe* (202). Ce principe c'est le *moi.* Le moi est-il un simple *agrégat* d'idées, d'états mentaux, etc. ? Ou est-il un être réel, une force simple, une véritable cause ? question capitale. La *personnalité* en dépend (220-222).

III. — Une *personne* est un être qui sent, qui pense et qui veut. Telle est notre personne. La *personnalité* suppose le sentiment de l'individualité propre ; mais ce qui fait de l'individu une personne, c'est qu'il est maître de ses déterminations et de ses actes. C'est donc dans la volonté libre que réside la vraie personnalité ; c'est ce qui sépare les *personnes* des *choses.* Aussi la liberté est-elle le principe de nos droits et de nos devoirs. L'inviolabilité, comme la responsabilité, en dérive (202, 226, 617).

XV. — La Spiritualité de l'âme. — Distinction de l'âme et du corps ; leur union ; loi de cette union. — Des différents systèmes qui nient la distinction de l'âme et du corps.

I. — Pour démontrer la *spiritualité de l'âme,* il suffit de consulter le sens intime, de comparer le *moi* et ses attributs à ceux de la matière ou du corps (217).

Or 1° le *moi* se sent *un* et *simple.* Nous avons conscience de l'indivisibilité de notre être. De plus, toutes les opérations de l'esprit, la comparaison, le jugement, le raisonnement, réclament un sujet simple. Or, le corps humain est un composé de parties et d'organes. Donc l'âme est immatérielle et distincte du corps (220).

2° Le *moi* est *identique* à lui-même. Malgré les changements qui s'opèrent dans le physique et le moral de l'homme, il y a quelque chose qui reste le même : le *moi,* la personne humaine. La mémoire nous atteste que c'est la même personne, le même moi qui a existé autrefois et qui existe aujourd'hui. — Or, le corps humain est dans un changement continuel de ses parties ; au bout d'un certain laps de temps, aucune des molécules qui servaient à le former ne subsiste en lui. Donc l'âme est distincte du corps (223).

3° Le moi est *actif* et *libre* : or, la matière est réglée par des lois fatales. Donc, à moins de nier la liberté, il faut reconnaître une cause libre qui imprime au corps le mouvement et détermine ses actes (225)

4° Comment attribuer au corps ou à la matière la pensée et les idées qui dépassent les limites du monde matériel, les idées de l'*infini*, de l'*éternité*, du *temps*, de l'*espace* ? — La supériorité de l'âme sur le corps est aussi attestée par la puissance qu'exerce sur lui la volonté. Si le corps agit sur l'âme, il n'en sait rien, et cette action, qui prouve leur union, prouve aussi leur distinction (232).

II. — L'âme est *distincte du corps* ; mais leur *union* n'en est pas moins intime. Le corps agit sur l'âme, l'âme agit sur le corps, et cette action réciproque est permanente. La science dévoile ces rapports. Comment s'explique cette union étroite et mystérieuse ? Sur ce point, on n'a encore bâti que des hypothèses (236-276).

IV. — Les *lois de cette union* sont l'objet d'une science particulière : celle des *rapports du physique et du moral*. Elle suit les variations qui s'opèrent dans le moral, selon les *âges*, les *sexes*, les *maladies*, les races, etc., et les variations réciproques que produit l'*influence* du *moral* sur le *physique*. Le grand point est de ne pas convertir cette action qui est *réciproque* en une dépendance absolue ; de ne pas transformer la loi de *réciprocité* en une loi de *causalité* ou d'*identité* (236).

V. — Quant aux *systèmes* qui nient la distinction de l'âme et du corps, c'est le *matérialisme* dont les arguments sont faciles à réfuter (233) ; c'est aussi le *Panthéisme* qui considère l'âme et le corps comme deux modes d'une même substance (Spinosa) (693). — L'*animisme* prétend que le corps est produit par l'âme, que l'âme y produit d'une manière *inconsciente* tous les phénomènes de la vie physique (V. *Questions de Phil.*, Sect. II, p. 112).

LOGIQUE

XVI. — Du fondement de la Certitude. — Du Scepticisme. — Formes principales du scepticisme ancien et moderne.

I. — L'homme est fait pour connaître le vrai. La certitude est l'adhésion inébranlable à la vérité ; ses caractères sont l'*invariable*, l'*absolu*, qui la distinguent de l'*opinion* et du doute, variables et relatifs (262). — Son fondement est l'*évidence* de la raison, qui est le *critérium de la vérité*. Tout autre principe la suppose ou se contredit et mène au scepticisme absolu.

II. — Le système qui nie la certitude est le *scepticisme* (283). Il a varié à différentes époques. — Le scepticisme ancien, d'abord représenté par les *sophistes*, puis par *Pyrrhon*, *Énésidème* et Sextus, tire surtout ses arguments des objets de la connaissance tels que l'*obscurité* de la nature, la *complexité des objets*, etc. ; — le scepticisme moderne (*Montaigne*, Hume), s'appuie plutôt sur la nature de l'esprit, la faiblesse de ses facultés, etc. — Chacun de ses arguments peut se réfuter, mais le scepticisme se réfute et se détruit lui-même (283, 300).

XVII. — **Des différentes espèces de certitude.** — **L'évidence sensible.** — **L'évidence rationnelle.** — **L'évidence morale.**

La certitude est une ; mais, si elle n'a pas de degrés, elle a des formes diverses, qui répondent à nos moyens de connaître. Ainsi il y a la certitude de nos sens, une évidence *rationnelle* et une autre évidence appelée *morale* qui vient surtout du *témoignage*. Chacune a ses conditions qui sont les lois mêmes de l'esprit et de chacune de ses facultés. (Voy. Perception, Raison, Raisonnement, Témoignage.)

XVIII. — **De la méthode en général.** — **L'analyse et la synthèse.**

I. — La *méthode* est la marche que suit l'esprit humain dans la recherche ou la démonstration de la vérité (381).

II. — L'*analyse* et la *synthèse* sont les deux procédés fondamentaux de toute la méthode. La première va du composé au simple, la seconde du simple au composé (388).

Deux sortes d'analyse et de synthèse : — Dans les *sciences expérimentales*, l'analyse consiste à décomposer un objet dans ses parties et ses qualités, à expérimenter pour dégager la loi des cas particuliers. La synthèse recompose le tout en réunissant les parties, compare et généralise (302) ; — 2° Dans les *sciences de raisonnement*, l'*analyse* consiste à partir de l'énoncé de la question et à examiner ses termes, à remonter ensuite à quelque principe connu qui fournisse la solution. La synthèse, procédé inverse, part d'un principe général, en tire les conséquences jusqu'à ce qu'on arrive à la question dont la vérité ou la fausseté se trouve par là démontrée. La première s'appelle aussi *résolution*, la seconde est proprement la *démonstration*. L'analyse s'emploie surtout en algèbre, la synthèse est la méthode *géométrique* (395).

XIX. — **Méthode déductive.** — **Définition.** — **Déduction.** — **Syllogisme.** — **Démonstration.** — **L'Abus du Syllogisme.** — **Sophismes.**

La *méthode déductive* est celle qui, partant d'une vérité générale, en tire les vérités particulières qui y sont contenues. S'appuyant sur des *définitions*, à l'aide d'axiomes, elle établit des démonstrations. Elle est surtout employée dans les sciences exactes ou les mathématiques.

I. — La *définition* est l'explication courte et précise du sens d'un mot ou de la nature d'une chose (définition de *mots*, définition de *choses*) ; elle se fait par l'énoncé du genre prochain et de la différence spécifique (*per genus et differentiam*) ; elle ne peut s'appliquer à tous les mots et à toutes les idées ; on y supplée par les synonymes, la description, l'analyse, les contraires. Une définition doit être : 1° *claire*, 2° *courte*, 3° *réciproque*, 4° *convenir à tout le défini et rien qu'au défini* (*omni et soli definito*) (309-317).

II. — La *déduction* a ses règles qui sont celles du raisonnement (330). Sa forme rigoureuse est le syllogisme.

III. — Le *syllogisme* est un raisonnement composé de trois propositions dont la dernière découle des deux premières. Les propositions s'appellent *majeure, mineure, conclusion*; les deux premières, *prémisses*. Le but du syllogisme étant de *comparer deux idées à une troisième* pour apercevoir leur rapport, il renferme trois termes : *majeur, mineur, moyen*. Les premiers sont les *extrêmes*. L'un, plus général (majeur), uni au terme moyen forme la *majeure*; l'autre, moins général (mineur), combiné avec le moyen, donne la *mineure* : et les deux termes successivement comparés au terme moyen dans les prémisses, sont affirmés ou niés l'un de l'autre dans la *conclusion* (**331**). — Le syllogisme repose sur cet axiome : *Deux idées qui conviennent à une troisième se conviennent entre elles*. Il est la forme *simple, complète* et *régulière* du raisonnement. De là ses *avantages* (**372**).

IV. — La *démonstration* est un raisonnement qui établit la vérité d'une manière certaine et nécessaire. Elle s'appuie sur les *définitions*, qui sont ses principes. — Quant aux axiomes, ils servent non *de base* mais de conditions. — Deux méthodes de démonstration : *synthétique* et *analytique;* l'une va des principes aux conséquences; l'autre des conséquences aux principes : *progressus a principiis, regressus ad principia*. Il y a aussi la *démonstration directe*, et indirecte ou par *l'absurde* (**346**).

V. — Le *syllogisme* n'est que la forme du raisonnement. De là, ses *abus* si l'on s'exagère sa portée : 1° le syllogisme n'apprend point à trouver les idées et ne garantit pas la vérité de ses principes. C'est une méthode d'exposition ou de discussion, non d'invention. Les principes sont donnés par l'observation ou par la raison, l'analyse les découvre. 2° Une attention exclusive donnée aux règles, aux figures du syllogisme, fait qu'on s'attache à la forme au préjudice du fond; le raisonnement dégénère en subtilité. Les règles alors embarrassent l'esprit plus qu'elles ne le dirigent (**377**).

VI. — Les *sophismes* sont des raisonnements captieux, propres à nous induire en erreur (**351**). Ils diffèrent par là des *paralogismes*. On les distingue en sophismes de raisonnement et sophismes de *mots*, et les premiers en sophismes d'*induction* et de *déduction* (**352**). Les principaux sophismes sont : 1° *prendre pour cause ce qui n'est pas cause* (non causa pro causa); 2° le *sophisme de l'accident* (fallacia accidentis); 3° l'*énumération imparfaite*; 4° l'*ignorance du sujet*; 5° la *pétition de principe* ou *cercle vicieux*; 6° l'*équivoque* ou l'ambiguïté des termes (**359**). — Le remède aux sophismes d'induction est l'*expérimentation*; aux sophismes de déduction, l'observation des *règles*, et aux sophismes de mots, la *définition*.

XX. — **Méthode inductive. — Observation. — Expérimentation. — Induction. — Hypothèse. — Division. — Classification.**

I. — La *méthode inductive* est celle qui des faits particuliers s'élève à des principes généraux, comme dans les sciences physiques. Elle s'appuie sur l'*observation* et l'*expérimentation* ; elle s'aide de l'*hypothèse* et établit des *classifications*.

II. — *Observer*, c'est considérer attentivement un objet, le décomposer dans ses parties, afin d'en découvrir les propriétés, la nature et la constitution. L'observation doit être attentive, scrupuleuse et complète (408). — L'*expérimentation* est l'art de faire des expériences. Elle consiste à créer, *multiplier* et *varier* les expériences, afin de découvrir la loi des faits que l'on observe. C'est une sorte d'*analyse*.

III. — L'*induction* étend à toute une classe d'objets les propriétés ou la loi des individus ; elle conclut du particulier au général ; elle étend aussi au passé et à l'avenir ce qui a été observé dans le présent, s'appuyant sur la *stabilité des lois de la nature* (328, 412). Elle est légitime quand elle repose sur une *expérimentation* suffisante (415).

IV. — L'*hypothèse* est un principe supposé, non prouvé, qui sert à expliquer un ordre de phénomènes. Elle est nécessaire : 1° pour grouper les faits ; 2° coordonner les expériences et en inventer de nouvelles (429). Sa valeur dépend du nombre de faits qu'elle explique ; sa meilleure garantie est l'impossibilité d'une autre hypothèse qui en rende compte (432).

V. — La *division* est, ou la distinction des différentes parties d'un tout (partition), ou la distribution d'un genre en ses espèces (division). Elle doit être entière ou *adéquate*, *distincte*, *naturelle* et *graduée* (318, 320).

VI. — Classer, c'est distribuer les objets dans un ordre méthodique d'après leurs ressemblances et leurs différences. Les classifications soulagent la mémoire, facilitent l'attention et la comparaison ; elles nous permettent de retrouver les objets que nous avons mis en ordre (433).

Les *classifications naturelles* sont fondées sur le plus grand nombre de caractères importants qui représentent la nature et la constitution des êtres. Les *classifications artificielles* ne reposent que sur quelques caractères extérieurs, plus ou moins arbitrairement choisis d'après le but que l'on se propose. Les conditions d'une bonne classification sont la *constance* ou l'uniformité des caractères, leur *importance* et leur *subordination*. Les méthodes artificielles doivent être simples, faciles à saisir, et ne contenir qu'un nombre limité de divisions et de subdivisions (435).

XXI. — L'Erreur. — Les causes logiques et morales de l'erreur.

I. — 1° L'erreur est un faux jugement accompagné de croyance ; elle se distingue de l'*ignorance*, qui n'affirme rien, et du *préjugé*, qui peut être vrai (468).

La *cause générale* de toutes nos erreurs est l'*imperfection* de notre esprit et la *faiblesse de nos facultés* (469).

II. — 1° Les causes *logiques* principales sont les infractions aux règles de nos jugements et de nos raisonnements. (V. Sophismes.) — 2° Les *causes morales* sont surtout la paresse, le *défaut d'attention* ou l'*inconsidération*, la précipitation de nos jugements ; la *passion* ou l'*intérêt*, l'amour-propre, la présomption, la vanité. Il faut y joindre la *coutume*, la soumission aveugle à l'autorité, les préjugés d'*éducation*, de *secte* et d'*école*, etc. (**474, 484**). Les *remèdes* à toutes ces causes sont indiqués par leur nature même (Ibid.).

XXII. — Application de la méthode : 1° Aux sciences exactes ou mathématiques. — 2° Aux Sciences physiques et naturelles. — 3° Aux Sciences morales et politiques (philosophie ; droit, économie politique). — 4° Aux Sciences historiques. — Le Témoignage des hommes, etc. — La Critique du témoignage.

I. — *Sciences exactes*. — On appelle *sciences exactes* ou *mathématiques* celles qui ont pour objet des rapports de quantité. Leur méthode est la *démonstration* qui a pour base des *axiomes* et des *définitions* (**400**).

Les *axiomes* sont des vérités évidentes d'elles-mêmes, qui servent à démontrer d'autres vérités. On les reconnaît à leur évidence même, et parce qu'il serait absurde de les nier (**402**).

Les *définitions*, dans les sciences exactes, font connaître à la fois le sens du mot et l'idée qu'on y attache. Cette idée, commune à toutes les intelligences, ne peut varier. De là le sens clair et précis du mot et l'impossibilité de nier ou de contester la définition. De là aussi la possibilité de partir des définitions comme principes. Il n'en est pas de même dans les autres sciences. Là les définitions ayant pour objet des idées plus complexes, ont besoin d'être préparées, et sont le but même de la science (**401**).

La *démonstration* est un raisonnement parfait, propre à produire l'évidence. Elle offre un enchaînement de vérités tellement liées entre elles que l'évidence de la première se communique sans interruption jusqu'à la dernière, qui est alors une vérité démontrée (**342, 403**).

II. — *Sciences physiques et naturelles*. — Leur méthode consiste dans l'*observation* et l'*expérimentation* (**408**), qui a pour but l'*induction* (**412**) ; elles emploient aussi l'*hypothèse* (**429**). Quant aux *sciences naturelles*, tout en suivant les mêmes procédés, elles les modifient selon leurs conditions spéciales. Leur résultat définitif est la *classification* (**435**).

III. — *Sciences morales*. — Ces sciences, comme la *morale*, la *législation*, la *politique*, l'*histoire*, etc., s'occupent des faits et des vérités de l'ordre moral et social (**438**). Leur *méthode*, quant aux procédés généraux d'*observation* et de *raisonnement*, ne diffère pas de celle des autres sciences. L'observation constate les faits, le raisonnement en déduit les conséquences. Seulement l'observation des faits de l'âme se fait par la *conscience* ou le *sens intime*, non par les sens. Quant au raisonnement, il offre les mêmes formes ; l'*analogie*, l'*induction*, la *déduction*, et les règles sont identiques (**439**).

IV. — *Sciences historiques*. — L'histoire est aussi une science, ou les autres sciences lui empruntent ses lumières (457). Elle aussi a sa méthode dont la base est le *témoignage des hommes*.

Le *témoignage des hommes* est infaillible, et produit la certitude quand il remplit les conditions relatives : 1° aux *faits* ; 2° aux témoins (458) ; 3° à la *forme* du témoignage.

I. — 1° On doit examiner si le *fait* est possible, s'il est facile à constater, s'il s'est passé en public ou en secret, s'il contredit ou favorise les intérêts, les passions ou les préjugés (459). — 2° Quant aux *témoins*, on doit considérer leur nombre, leur caractère moral, leur degré d'instruction, et surtout constater si, malgré la diversité de leurs passions et de leurs intérêts, leur témoignage est unanime (ibid.). — 3° Le *témoignage* doit être exprimé sous une forme claire et sans équivoque (ibid.).

II. — La *Critique historique* apprend à discerner le vrai du faux dans les témoignages relatifs aux événements de l'histoire (463). Ces témoignages se ramènent à trois : les *traditions*, les *monuments*, et les *témoignages écrits* (464). — 1° Pour qu'une *tradition* mérite d'être crue, il faut qu'elle soit fixe, qu'elle s'accorde avec elle-même et avec d'autres traditions ou d'autres témoignages, ce qui ne peut s'appliquer qu'à quelques faits simples et éclatants (464). — 2° Les *monuments* servent à éclaircir et à confirmer l'histoire ou la tradition, quand leur *authenticité* est reconnue et que leur signification est *claire* (ibid.). — 3° La vraie source de l'histoire, ce sont les *témoignages écrits*. Les règles de critique qui s'y appliquent concernent leur *authenticité*, leur *intégrité* et leur *véracité* (465).

MÉTAPHYSIQUE ET THÉODICÉE

XXIII. — **Notions principales de métaphysique générale** [1].

XXIV. — **Existence de Dieu. — Preuves de l'existence de Dieu.**

On distingue des preuves *a posteriori* et des preuves *a priori* ; des preuves *physiques*, *métaphysiques* et *morales* (599) :

1° Les preuves *physiques* ou *a posteriori* sont tirées de la *contingence* des êtres, de la *nécessité d'un premier moteur*, de l'ordre de l'univers ou des *causes finales* (Ibid.) ;

2° Les preuves *métaphysiques* ou *a priori* reposent sur l'*idée de l'être nécessaire*, sur l'*idée de l'infini* et sur celle de l'*être parfait* (602) ;

3° Les *preuves morales* se tirent du *consentement général* et de la nécessité d'une *justice suprême* qui rétablisse l'ordre troublé dans le monde actuel par l'inégale répartition des biens et des maux (604).

Toutes ces preuves sont légitimes et solidaires. Leur vérité consiste

---

1. Ces notions, exposées plus haut, ne peuvent se résumer ; nous nous bornons à y renvoyer.

dans le procédé qui s'élève du fini à l'infini, du contingent au nécessaire. Or, nier la légitimité de ce procédé, c'est nier la certitude de la plus haute faculté de l'esprit. L'athéisme conduit au scepticisme (605).

XXV. — **Attributs de Dieu.** — **Providence.** — **Réfutation des objections tirées du mal physique, du mal moral.**

I. — *Attributs.* — Les attributs appelés *métaphysiques* sont ceux qui dérivent de l'essence même de Dieu comme être infini. Tels sont l'*éternité*, l'*immensité*, l'*unité*, l'*immutabilité* (613).

Les attributs *moraux* répondent à l'idée de Dieu comme être intelligent et moral. Dieu a une *intelligence*, une *volonté* parfaites. La *sagesse*, l'*omniscience*, la *toute-puissance*, la *bonté*, la *justice*, la *sainteté*, entrent dans l'idée d'un être parfait (617).

II. — *Providence.* — La providence est l'action par laquelle Dieu gouverne le monde (628). L'ordre dans l'univers est inexplicable sans un régulateur suprême, une cause intelligente qui règle la marche des événements (Ibid.).

III. — 1° Le *mal physique* résulte de la nature des êtres finis. Dieu seul, être parfait, en est exempt (636). La vie est une *épreuve*; la souffrance en est la condition. La *vertu* consiste à lutter contre l'adversité et à supporter courageusement le malheur (638).

2° Le *mal moral* (643) est le fait de la *liberté*. Or la liberté est en soi un bien. Elle est la condition du bien moral et d'un bonheur mérité (645).

Quant à l'*injuste répartition des biens et des maux*, elle ne peut être une objection si l'on admet l'immortalité de l'âme.

MORALE

XXVI. — **Morale générale ou théorique.** — **Principe de la loi morale.** — **Réfutation des principes contraires ou incomplets.**

I. — Les caractères de la *loi morale* sont l'*universalité*, l'*invariabilité* et l'*obligation*, auxquels s'ajoutent la *clarté*, la *possibilité*. Ils servent de critérium pour apprécier les systèmes contraires ou incomplets (501).

II. — Le vrai principe de la loi morale est l'*idée du bien* révélée par la *conscience* (526). Elle seule possède ces caractères d'*invariabilité*, d'*universalité*; elle seule est *obligatoire*; seule elle est *claire* dans ses applications simples et journalières; elle seule est toujours *praticable* parce qu'elle régit les intentions plus que les actes (531).

III. — Les principes opposés à la loi morale sont : 1° le plaisir épicuréisme) (503); 2° l'*intérêt* (509); 3° d'autres, le *sentiment*, l'*amour de Dieu*, la *volonté divine*, quoique ayant un côté vrai, ne peuvent donner un fondement solide à la morale (517-521-522).

XXVII. — **La Conscience morale.** — **Principaux phénomènes de la conscience.** — **La distinction du bien et du mal.** — **Les divers motifs de nos actions.**

I. — La *conscience* est la faculté par laquelle nous distinguons le bien du mal et qui nous révèle nos devoirs (545).

Ses jugements sont accompagnés de sentiments particuliers qu'on appelle *sentiments moraux*. Tels sont la *satisfaction morale* et le *remords*, l'*estime* et le *mépris*, l'*admiration* et l'*indignation*, etc. (ibid.)

II. — La *distinction du bien et du mal*, comme celle du vrai et du faux, est une application immédiate de la raison. Tout être raisonnable distingue le bien du mal, le juste de l'injuste. Cette notion peut s'obscurcir, s'altérer, se dégrader; les jugements peuvent différer; mais l'idée fondamentale subsiste et l'identité reparaît dans les cas simples (531).

III. — Deux sortes de motifs déterminent les actions humaines : 1° les motifs sensibles : le *plaisir*, l'*intérêt*; 2° les motifs rationnels : le *bien*, le *devoir*. — 1° Le *plaisir* n'a rien de fixe (505), 2° l'*intérêt* (509) varie avec les individus et les circonstances. Ces motifs n'ont aucune autorité et n'éveillent aucune idée d'obligation. Le *calcul* de l'*intérêt* (513) est difficile, la poursuite du bonheur incertaine. Un seul motif réunit les conditions de la loi morale : l'*honnête* ou le *devoir* (526).

XXVIII. — **Le Devoir et le Droit.** — **La Justice et la Vertu.** — **Les sanctions de la loi morale.**

I. — Le *devoir* est défini par les Stoïciens ce qui *convient*, τὸ καθῆκον; par Cicéron (*De Offic.*, I, 3.), l'*honnête* (honestum) (Ibid.), ou ce qui est *raisonnable* : *quod ratione actum sit*. (*De Finib.*, III, 18.) Son essence est l'*obligation* (528).

II. — Le *droit* corrélatif au devoir a en lui sa source. C'est l'*inviolabilité* de la personne morale. Otez le devoir, la personne n'a plus rien qui la rende respectable. Faites-la responsable de son bien, elle devient sacrée. — L'origine du droit c'est la *liberté*, mais la liberté astreinte au devoir. — La *corrélation* des *devoirs* et des *droits* doit s'entendre de cette façon (577).

III. — La *justice* (Ibid.) est l'observation du droit, la loi qui régit les êtres en société. Il y a des lois *écrites* et *non écrites*. La loi naturelle est l'expression de la raison, immuable comme elle. *Lex summa a ratione profecta*. (Ibid.)

La *vertu* est l'habitude du bien, l'observation constante et désintéressée de la loi morale, malgré les sacrifices qu'elle impose. Elle est le but même de la vie, notre vraie destinée (529-551).

IV. — La *Sanction de la loi morale* réside dans les *récompenses* et les *peines* qui suivent son accomplissement et sa violation (552). La première sanction c'est la *satisfaction morale* ou le *remords*; la deuxième, les *conséquences* mêmes de nos actes; la troisième la sanction de *l'opinion*, l'estime ou le mépris de nos semblables ; la quatrième est celle des *lois humaines*. Leur complément est la *sanction religieuse* des peines et des récompenses dans une autre vie (554).

XXIX. — **Morale pratique et division des devoirs. — Devoirs de l'homme envers Dieu, envers lui-même, envers ses semblables, envers la famille, envers la société et l'État.**

La morale pratique comprend la *théorie des devoirs*. Ceux-ci se divisent ainsi : 1° Devoirs envers *Dieu* ; 2° envers *soi-même* (morale individuelle) ; 3° envers nos *semblables* (morale *sociale*) : envers les hommes en général ; la *famille*, la *société*, l'*État* (561).

1° Tous nos devoirs dans leur principe sont des *devoirs envers Dieu*, le bien suprême. Une classe de devoirs a directement Dieu pour objet. L'ensemble des actes qu'ils déterminent forme le *culte* à la fois *intérieur, extérieur* et *public*. L'adoration, l'amour, le respect, la reconnaissance, la prière, en forment les éléments essentiels (654-656).

2° Les devoirs envers nous-même peuvent se ramener à un seul, le *perfectionnement moral* (563).

3° Les *devoirs envers nos semblables* sont compris dans ce double précepte : *Ne fais pas à autrui ce que tu ne voudrais pas qu'il te fût fait à toi-même. Fais à autrui*, etc. (576).

4° La *famille* est d'institution naturelle ou divine. Les devoirs de ses membres, époux, père, mère, sont indiqués par les rapports qui les unissent (582).

5° L'*État* est la société organisée et constituée. La constitution ou forme de gouvernement peut varier, mais le but de la société est absolu. Ce but est le développement libre des facultés individuelles, sous l'empire de la loi qui en règle l'exercice. Tel est le vrai principe de la politique (586).

Le devoir des citoyens est l'obéissance aux lois et le dévouement au bien public (590).

Destinée de l'homme. — Immortalité de l'âme.

I. — La *destinée de l'homme* ici-bas consiste à faire le bien, à pratiquer la *vertu*, et par la vertu, à mériter le *bonheur* ; au point de vue religieux, c'est d'obéir à la volonté de Dieu, et de mériter d'entrer en partage de sa félicité (659).

La destinée actuelle suppose donc une destinée future et l'immortalité de l'âme.

II. — Les preuves de l'*immortalité de l'âme* se tirent : 1° de son *immatérialité* ; 2° de la *nature de ses facultés* ; 3° de l'idée de *justice*.

4° Le *consentement général* ou la croyance universelle à l'immortalité de l'âme est une confirmation de toutes ces preuves (671).

Coulommiers. — Imprimerie Albert PONSOT et P. BRODARD.

TABLE DES MATIÈRES

	Pages
Avant-Propos.	v

INTRODUCTION.

CHAP. I.	Objet de la Philosophie; son utilité, ses rapports avec les autres sciences	1
CHAP. II.	De la méthode philosophique.	24
CHAP. III.	Division de la philosophie	28

PSYCHOLOGIE.

CHAP. I.	Objet, division et légitimité de cette science	33
CHAP. II.	Théorie des facultés de l'âme.	41
CHAP. III.	SENSIBILITÉ.	
	Art. I. Caractères généraux de la sensibilité	48
	Art. II. Analyse des faits sensibles : sensations, sentiments, affections, passions.	52
	Art. III. Lois, principe et fin de la sensibilité; sa place dans le développement de nos facultés	64
CHAP. IV.	INTELLIGENCE.	
	Caractères généraux; division des facultés intellectuelles	71
CHAP. V.	FACULTÉS INTELLECTUELLES.	
	Art. I. Du sens intime.	76
	Art. II. Perception externe	80
	Art. III. Mémoire	90
	Art. IV. Imagination (association des idées)	102
	Art. V. Raison ou Entendement	115
CHAP. VI.	OPÉRATIONS INTELLECTUELLES	132
	Art. I. Attention	133
	Art. II. Abstraction.	138
	Art. III. Comparaison.	141
	Art. IV. Généralisation	Ibid.
	Art. V. Jugement	143
	Art. VI. Raisonnement	146

		Pages
CHAP. VII.	DES IDÉES OU DES PRODUITS DE L'INTELLIGENCE.	
	ART. I. Nature des idées	148
	ART. II. Origine des idées.	150
	ART. III. Formation des idées	161
CHAP. VIII.	DU LANGAGE.	
	ART. I. Des signes et du langage en général.	167
	ART. II. Influence du langage sur la formation des idées	173
	ART. III. Du perfectionnement du langage.	180
CHAP. IX.	VOLONTÉ.	
	ART. I. De l'activité et de ses différentes formes.	188
	ART. II. Analyse de la volonté.	197
	ART. III. De la liberté	204
CHAP. X.	DE L'AME.	
	ART. I. Méthode pour établir la spiritualité de l'âme.	217
	ART. II. Preuves de la spiritualité de l'âme.	219
	ART. III. Examen du matérialisme	233
	De l'union de l'âme et du corps	246

LOGIQUE.

Objet et division de la Logique; son utilité; ses rapports avec les autres sciences. 249

SECTION I. — DE LA VÉRITÉ DE NOS CONNAISSANCES.

CHAP. I.	DE LA CERTITUDE.	261
CHAP. II.	DU SCEPTICISME	283

SECTION II. — THÉORIES DES FORMES DE LA PENSÉE ET DU RAISONNEMENT.

CHAP. I.	DES IDÉES.	302
	ART. I. Des différentes espèces d'idées.	Ibid.
	ART. II. De la définition	309
	ART. III. De la division.	318
CHAP. II.	DU JUGEMENT.	321
CHAP. III.	DU RAISONNEMENT	326
	ART. I. Du raisonnement en général	Ibid.
	ART. II. Du syllogisme et de ses règles	331
	ART. III. De la démonstration	342
	ART. IV. Des sophismes et des paradoxes	354
CHAP. IV.	DE L'USAGE DU SYLLOGISME	369

SECTION III. — DE LA MÉTHODE ET DES DIFFÉRENTES MÉTHODES.

		Pages.
CHAP. I.	DE LA MÉTHODE EN GÉNÉRAL.	380
	ART. I. Règles générales. Règles de Descartes.	382
	ART. II. De l'analyse et de la synthèse.	388
CHAP. II.	MÉTHODE DES SCIENCES EXACTES. — Définitions, axiomes, démonstration	399
CHAP. III.	MÉTHODE DES SCIENCES PHYSIQUES	406
	ART. I. Objet des sciences physiques.	Ibid.
	ART. II. Méthode expérimentale, observation, expérimentation	408
	ART. III. Induction	412
	ART. IV. Analogie	422
	ART. V. Hypothèses.	429
	ART. VI. Classifications	433
CHAP. IV.	MÉTHODE DES SCIENCES MORALES.	438
CHAP. V.	MÉTHODE HISTORIQUE	457
	ART. I. Autorité du témoignage des hommes.	458
	ART. II. Fondement de la certitude historique.	461
	ART. III. Règles de la critique historique	463
CHAP. VI.	DE L'ERREUR, SA NATURE, SES CAUSES ET SES REMÈDES	468

MORALE.

Objet et division de la Morale; son utilité, ses rapports. 487

SECTION I. — DE LA LOI MORALE.

CHAP. I.	RÉFUTATION DES FAUX SYSTÈMES DE MORALE.	501
	ART. I. Caractères de la loi morale.	Ibid.
	ART. II. Des divers systèmes de morale : 1° Morale du plaisir ; 2° de l'intérêt; 3° du sentiment; 4° morale mystique et théologique	503
CHAP. II.	DU BIEN	526
CHAP. III.	DU BONHEUR	548
	Accord du bien et du bonheur; sanction de la loi morale.	Ibid.

SECTION II. — MORALE PARTICULIÈRE.

		Pages.
CHAP. I.	MORALE INDIVIDUELLE.	561
	ART. I. Devoirs envers l'âme.	562
	ART. II. Devoirs envers le corps.	567
CHAP. II.	MORALE SOCIALE.	575
	ART. I. Devoirs envers nos semblables.	576
	ART. II. De la famille.	582
	ART. III. De l'État.	586
	ART. IV. Fondements du droit civil et de la propriété.	591

THÉODICEE.

	Objet et importance de la Théodicée.	595
CHAP. I.	EXISTENCE DE DIEU.	599
CHAP II.	ATTRIBUTS DE DIEU.	613
CHAP. III	PROVIDENCE.	624
	ART. I. De la création.	Ibid.
	ART. II. De la Providence.	628
CHAP. IV.	OBJECTIONS CONTRE LA PROVIDENCE.	633
	ART. I. Du mal physique.	635
	ART. II. Du mal moral.	643
CHAP. V.	MORALE RELIGIEUSE, DEVOIRS ENVERS DIEU.	653
CHAP. VI.	DESTINÉE DE L'HOMME, IMMORTALITÉ DE L'AME.	659
	ART. I. Destinée actuelle.	Ibid.
	ART. II. Destinée future.	661
	ART. III. Immortalité de l'âme.	676
NOTIONS D'HISTOIRE DE LA PHILOSOPHIE.		679
ANALYSES.		704
RÉPONSES AU PROGRAMME DE 1874.		721
TABLE ANALYTIQUE.		747

FIN DE LA TABLE DES MATIÈRES.

COULOMMIERS. — Typogr. ALBERT PONSOT et P. BRODARD.